Phraseologie disziplinär
und interdisziplinär

Phraseologie
disziplinär und interdisziplinär

Herausgegeben von Csaba Földes

gnv Gunter Narr Verlag Tübingen

Bibliografische Information der Deutschen Bibliothek

Die Deutsche Bibliothek verzeichnet diese Publikation in der Deutschen Nationalbibliografie, detaillierte bibliografische Daten sind im Internet über http://dnb.d-nb.de abrufbar.

Dieser Band ist am Germanistischen Institut der Pannonischen Universität Veszprém entstanden.

Redaktionsmitarbeit

Anna Árvai-Németh, Bianka Burka, András Kocsis, István Kontor, Andreas Korpás, Sophia Matteikat, Ágota Kinga Nagy, Attila Németh und *László V. Szabó*

© 2009 · Gunter Narr Verlag Tübingen
Dischingerweg 5 · D-72070 Tübingen

Das Werk ist einschließlich aller seiner Teile urheberrechtlich geschützt. Jede Verwertung außerhalb der engen Grenzen des Urheberrechtsgesetzes ist ohne Zustimmung des Verlages unzulässig und strafbar. Das gilt insbesondere für Vervielfältigungen, Übersetzungen, Mikroverfilmungen und die Einspeicherung und Verarbeitung in elektronischen Systemen.

Internet: http://www.narr.de
E-Mail: info@narr.de

Druck: Universitätsdruckerei der Pannonischen Universität Veszprém
Arbeitsnummer: 2009/117

ISBN: 978-3-8233-6534-1

Inhaltsverzeichnis

Vorwort XIII

Diachrone Aspekte

Marcel Dräger
Kurz angebunden – historisch-lexikographische Betrachtungen
einer Redewendung 3

Natalia Filatkina
Und es dŭncket einem noch/wann man euch anſiehet/daß ihr Sand
in den Augen habt. Phraseologismen in ausgewählten historischen
Grammatiken des Deutschen 15

Tibor Örsi
The Etymological Origin of some Fixed English Prepositional
Phrases that Follow the Pattern "without + noun" 33

Astrid Scharipowa
Volksetymologische Deutungen russischer und
deutscher phraseologischer Einheiten 45

Semantisch-pragmatische Aspekte

Nils Århammar
sü måål as en meelen „so wütend wie eine Windmühle"
Phraseologische Vergleiche vom Typ Adj. + *wie* + Nomen
im Sinnbereich des Zorns (mit besonderer Berücksichtigung
der germanischen Dialekte) 55

Dragica Bukovčan
Phraseologie im metasprachlichen Diskurs 71

Attila Cserép
The Interaction of Metaphor and Metonymy in Idioms
of *Brain, Head* and *Mind* 87

Csilla Dobos
Sprechakttheorie und Phraseologismen 99

Dmitrij Dobrovol'skij, Tatjana Filipenko
Polysemie in der Idiomatik 109

Wolfgang Eismann
Situationsspezifische Redensarten 117

Tamás Forgács
Probleme der Klassifizierung phraseologischer Einheiten 131

Erla Hallsteinsdóttir
Wörtliche, freie und phraseologische Bedeutung.
Eine korpusbasierte Untersuchung des Vorkommens von freien
und phraseologischen Lesarten bei deutschen Idiomen 145

Regula Hohl Trillini, Andreas Langlotz
To Be Or Not To Be – Is Existence a Question of Phraseology? 155

Erika Kegyes
Phraseologische Einheiten als Gendermarker
in studentischen Aufsätzen 167

Ana Mansilla
Ironie aus phraseologischer Sicht 179

Sonia Marx
Phraseologie im Spiegel italienischer Binnenansichten.
Eine interdisziplinäre Fallstudie 189

Wenke Mückel
Ein Spiel dauert 90 Minuten. und ... *die Hütte voll kriegen*
– Phraseologismen bei Sportübertragungen im Fernsehen 201

Marija Omazić, Nihada Delibegović Džanić
Constraints to Mechanisms of Idiom Modification 211

Antonio Pamies, Beatriz Cortina
Idioms on Drunkenness and Drunkenness on Idioms 223

Oksana Petrova
Negative Modality in Finnish Phraseological Units 237

Sonja Poulsen
Break an Appointment: A Functional and Cognitive Study
in Phraseology 253

Roberta V. Rada
Phraseme im Slang 267

Georg Schuppener
Funktionen von Zahlen in deutschen Phraseologismen 281

Karolina Stammel
Modifikation – ein phraseologisches Paradox? 293

Textlinguistische Aspekte

František Čermák
What One Can Do with Proverbs in Text 307

Sabine Fiedler
Phraseology and Proper Names: Textual Occurrences in the Press
and in Literature 323

Variationslinguistische Aspekte

Peter Ernst
Österreichische Phraseologismen als Teil
des österreichischen Deutsch und ihre Stellung innerhalb
der gesamtdeutschen Phraseologie 339

Kerstin Knop
Der kennt e Gääß zwische de Hörner kisse
– Zu einigen Besonderheiten der Phraseologie des Pfälzischen 351

Elisabeth Piirainen
Phraseologie und Areallinguistik:
ein interdisziplinärer Forschungsansatz 361

Kontrastive Aspekte

Péter Balogh
Vers la typologie des faux amis phraséologiques
(Difficultés d'emploi lors de l'usage des locutions) 375

Anneli Baran
On German Influences on Estonian Phraseology 389

Hana Bergerová
Zum semantischen Feld des Ärgers. Am Beispiel deutscher
und tschechischer Phraseme 401

Lina Chen
Bilder in deutschen und chinesischen Traurigkeits-Phrasemen 413

Melanija Larisa Fabčič
Eine kognitiv-semantische Interpretation der phraseologischen
Äquivalenz am Beispiel der EPHRAS-Datenbank
(Kontrast: Deutsch-Slowenisch) 423

Anna Gondek
Gift und Galle spucken oder *komuś w duszy gra*
– menschliche Emotionen in den deutschen und polnischen
Phraseologismen 433

Britta Juska-Bacher
Der Einfluss sozialer Faktoren auf die Phraseologismenkenntnis
– Eine kontrastive Studie zum Niederländischen, Deutschen,
Schwedischen und Englischen 443

Marek Laskowski
Ich will Emil heißen, wenn dummer August weiß, wo Barthel den Most holt. Vornamen als phraseologische Strukturkomponenten in der deutsch-polnischen Konfrontation. Ein Beitrag zur kognitiven Phraseologie und Phraseodidaktik 453

Carmen Mellado Blanco
Intensivierung durch Vergleich im Deutschen und Spanischen. Intralinguale und kontrastive Analyse der semantischen Beziehungen unter den Vergleichskomponenten 465

Ilga Migla
Eigennamen in den deutschen und lettischen Phraseologismen 477

Márton Náray-Szabó
Dialogic Expressions and Foreign Language Teaching 483

Anikó Szilágyi-Kósa
Völkernamen und Sprachbezeichnungen in phraseologischen Einheiten. Eine kontrastive Untersuchung: Deutsch-Italienisch-Ungarisch 495

Lexikographische Aspekte

Monika Bielińska
Behandlung der Phraseologismen im Umspann allgemeiner einsprachiger Wörterbücher. Kriterien der Evaluation 509

Axel Heinemann
Le traitement métalexicographique des unités phraséologiques dans les dictionnaires du XVIIe au XIXe siècle 517

Joanna Konieczna
Zur lexikographischen Darstellung mehrwortteiliger Einheiten in einem bilingualen Fachwörterbuch 527

Jarmo Korhonen
Sprichwörter und zweisprachige Lexikografie. Deutsch-schwedische
und deutsch-finnische Wörterbücher im Vergleich 537

Franziska Wallner
Aspekte der lernerlexikographischen Bearbeitung von Kollokationen ... 551

Übersetzungswissenschaftliche Aspekte

Berit Balzer, Consuelo Moreno, Rosa Piñel, Margit Raders
Te trataré como a una reina. Soll ich dich wie eine Königin behandeln
oder lieber auf Händen tragen? Phraseologische Untersuchungen
zur Adäquatheit deutscher Übersetzungen von Rosa Monteros Werk 563

Aina Būdvytytė-Gudienė, Reda Toleikienė
„Sich zwischen zwei Stühle setzen": Äquivalenzprobleme
beim Übersetzen deutscher und litauischer Kinegramme 581

Andrea Kret
‚Den Trommelton angeben'. Zur Übersetzung sprachspielerisch
verwendeter Phraseologismen in Günter Grass' Roman
Die Blechtrommel (Deutsch – Englisch/Französisch/Polnisch) 593

József Tóth
Phraseologismen und ihre Übersetzung: Äquivalenz- und
Repräsentationsbeziehungen zwischen Texteinheiten 603

Interkulturelle Aspekte

Annelies Häcki Buhofer
Phraseology as a Prototype of Intercultural Academic Work 619

Wolfgang Mieder
"Don't Swap Horses in the Middle of the Stream". An Intercultural
and Interdisciplinary Study of an International Proverb 635

Parömiologische Aspekte

Peter Barta
French Compound Proverbs 655

Dóra Boronkai, Anna T. Litovkina
Appreciation of Humor in Anglo-American Anti-Proverbs 671

Cornelia Cujbă
Phraseologische Sprachporträts in Pieter Bruegels
„Holländischen Sprichwörtern" 683

Hrisztalina Hrisztova-Gotthard
Zu einer thematischen Klassifizierung von Sprichwörtern 691

Katalin Kocsis-Csízy
Proverbien und proverbiale Redewendungen in den Werken
von Julian dem Abtrünnigen 703

Barbara Komenda-Earle
Moderne Sprichwörter untersuchen – das Was und das Wie,
dargestellt an deutschem und polnischem Material 711

Gyula Paczolay
The Teachings of the Hungarian Decsi Proverb Collection of 1598 723

Stanisław Prędota
Zur deutsch-polnischen Sprichwörtersammlung
von S. J. Malczowski 741

Autorenverzeichnis 759

Vorwort

Das Diskursfeld Phraseologie gehört zweifellos zu den innovativen und dynamischen Bereichen der Linguistik, welches in den letzten zwei, drei Jahrzehnten eine sprunghafte Entwicklung vollzogen und sich mittlerweile mit einem beträchtlichen Wissenstand als frequentiertes Untersuchungsgebiet etabliert hat. An der imposanten Entwicklung der Phraseologieforschung und an ihrer Öffnung für neue Denkrichtungen sowie ihre Präsenz in immer mehr Forschungskulturen ist die Europäische Gesellschaft für Phraseologie (EUROPHRAS) maßgeblich beteiligt.

Vom 9. bis 11. Juni 2006 fand in Veszprém (Ungarn) die *EUROPHRAS-Tagung 2006*, veranstaltet vom Germanistischen Institut der Pannonischen Universität Veszprém, in Verbindung mit EUROPHRAS, statt. Die mehr als hundert Referate in deutscher, englischer und französischer Sprache repräsentierten das breite Problemspektrum, die vielfältigen Methoden und den erreichten Erkenntnisstand der Phraseologieforschung – disziplinär wie interdisziplinär – eindrücklich. Sie gaben Impulse, Forschungsaktivitäten zu bündeln und neue Forschungsperspektiven zu erschließen. Den Referent(inn)en aus 25 Ländern, insbesondere den vier Plenarrednern – Frau Prof. Dr. Annelies Häcki Buhofer (Basel), Herrn Prof. Dr. František Čermák (Prag), Herrn Prof. Dr. Peter Ernst (Wien/Veszprém) und Herrn Prof. Dr. Wolfgang Mieder (Burlington/USA) – sei auch auf diesem Wege für ihre produktive Teilnahme herzlich gedankt, mit der sie zum Gelingen der Veranstaltung beigetragen haben.

Der vorliegende Band dokumentiert eine Auswahl der Tagungsbeiträge, wobei von der diachronen Phraseologie über semantisch-pragmatische, varietätenlinguistische, kontrastiv-interkulturelle und lexikographische Aspekte der Phraseologieforschung bis hin zur Parömiologie eine ansehnliche Bandbreite inhaltlicher Fragerichtungen und methodischer Ansätze vorgestellt wird. Möge dieser Band der Vertiefung des interkulturellen Wissenschaftsdialogs und der kontinuierlichen Weiterentwicklung der internationalen Phraseologieforschung dienen.

Ein Teil der Tagungsbeiträge erschien unter dem Titel „Disciplinary and Interdisciplinary Phraseology. Selected papers of the EUROPHRAS conference in Veszprém" (ed. Csaba Földes) bei University Press, University of Pannonia, Veszprém 2009 als CD-ROM.

Veszprém, im Sommer 2009   Csaba Földes

Diachrone Aspekte

Marcel Dräger (Freiburg)

Kurz angebunden - historisch-lexikographische Betrachtungen einer Redewendung

1 (Miss-)Verständnisse einer *Faust*-Stelle

In der so genannten „Straßen-Szene" in GOETHEs *Faust* beginnt das folgenschwere Aufeinandertreffen Fausts und Margaretes mit diesen Worten:

[FAUST. MARGARETE vorübergehend.]
FAUST. 2605 Mein schönes Fräulein, darf ich wagen,
2606 Meinen Arm und Geleit Ihr anzutragen?
MARGARETE. 2607 Bin weder Fräulein, weder schön,
2608 Kann ungeleitet nach Hause gehn.
(Sie macht sich los und ab.)
FAUST. 2609 Beim Himmel, dieses Kind ist schön!
2610 So etwas hab ich nie gesehn.
2611 Sie ist so sitt- und tugendreich,
2612 Und etwas schnippisch doch zugleich.
[...] 2617 Wie sie kurz angebunden war,
2618 Das ist nun zum Entzücken gar!

Liest man *kurz angebunden* mit der heute geläufigen und im 10-bändigen *Duden Das große Wörterbuch der deutschen Sprache* mit „unfreundlich, abweisend" (s.v. *anbinden*) umschriebenen Bedeutung, dann ergeben die letzten beiden Verse keinen Sinn. Margarete verhält sich zwar abweisend und vielleicht auch unfreundlich, aber es bleibt die Frage, weshalb dies Faust in Entzücken versetzen sollte – es ist „zum Entzücken gar" heißt es, und das dürfen wir als nahezu ekstatischen Zustand verstehen.[1]

Unser Textverständnis wird erschwert durch das, was FUHRMANN (1985: 43) mit „sekundärer Dunkelheit" bezeichnet hat: Es ist das Un- oder Missverständnis historischer Texte aufgrund des heute veränderten kulturellen und sprachlichen Wissens. Daher ist die Redewendung *kurz angebunden* ein Kandidat für das *Klassikerwörterbuch*[2], das ausgerichtet ist auf die Sprache der

---

[1] ADELUNG schreibt im *Grammatisch-kritischen Wörterbuch der Hochdeutschen Mundart* zu *entzücken*: „Des Bewußtseyns berauben, und zugleich in den Zustand übernatürlicher Empfindungen versetzen, gleichsam jemanden sich selbst entziehen".
[2] Erste Informationen hierzu: *www.klassikerwortschatz.uni-freiburg.de*.

neuhochdeutschen Literatur vor 1900, wie sie uns heute in vielen „Klassikern" begegnet. Erklärt wird der „Differenzwortschatz", also all jene Ausdrücke, die für den heutigen Leser un- oder missverständlich sind, weil sich ihre Bedeutung in irgendeiner Weise verändert hat. Am Beispiel von *kurz angebunden* werde ich nun demonstrieren und problematisieren, was es für den Lexikographen bedeutet, dass – wie es FLEISCHER (1982: 31) formuliert hat – die historische Phraseologieforschung auch heute noch „ganz am Anfang steht". In nahezu allen Wort- und Sachkommentaren der verschiedenen *Faust*-Ausgaben fehlt eine Erläuterung der unverständlichen Stelle, oder *kurz angebunden* wird – so in zwei Fällen – mit *schnippisch* gleichgesetzt. Wäre diese Bedeutung zutreffend, hieße das, Faust wiederholt lediglich die kurz zuvor geäußerte Aussage, Gretchen sei „etwas schnippisch doch zugleich". Auch das auf Goethe-Texte spezialisierte und den Kommentaren nahezu gleichwertig anzusehende *Goethe-Wörterbuch* (s.v. *anbinden*) scheint von der Bedeutung ‚schnippisch' für *kurz angebunden* auszugehen, denn es wiederholt an Stelle einer Bedeutungsangabe lediglich die besagten Verse – wohl in der Hoffnung, dass sie sich selbst erklären. Mit der Bedeutung ‚schnippisch' allerdings lässt sich das Entzücken Fausts ebensowenig verstehen wie mit der vom *Duden* vorgeschlagenen Bedeutung ‚unfreundlich, abweisend'. Konsultieren wir als nächstes die beiden gängigsten zu GOETHE zeitgenössischen Wörterbücher von ADELUNG und CAMPE, finden wir – zumindest für den vorliegenden Fall – wenig Klärendes. ADELUNG (s.v. *anbinden*) erklärt lediglich: „leicht zum Zorne zu bewegen sein; weil man dasjenige, was im eigentlichsten Verstande kurz angebunden ist [also durch ein Band an einem anderen Körper befestigt ist], leicht und bald haben kann".[3] CAMPE (s.v. *anbinden*) gibt darüberhinaus einen Hinweis auf die Zeitschrift *Beiträge zur weitern Ausbildung der deutschen Sprache*, in welcher er sich mit der Adelungschen und einer von LESSING vorgeschlagenen Bedeutungsangabe für das Verb *abbinden* auseinandersetzt.[4] Darauf werde ich weiter unten eingehen, wenn ein für die *Faust*-Stelle akzeptabler Bedeutungsvorschlag gefunden ist, denn auch der von ADELUNG und CAMPE vorgeschlagene Zorn ist in Gretchens Reaktion auf Fausts „Anmache" nicht zu erkennen. Im *Deutschen Wörterbuch* der Brüder GRIMM (s.v. *anbinden*) heißt es noch in der neubearbeiteten Ausgabe von 1998 ähnlich wie in jener von 1854: „ungeduldig (wie die mit einem kurzen strick ohne genügend auslauf angebundenen tiere)". Zusätzlich wird in der

---

[3] ADELUNG bleibt bei seiner Bedeutungserläuterung kryptisch. Eventuell meint er, dass jemand genauso schnell zornig wird, wie man etwas bekommt, das nur kurz, also nahe angebunden ist. ADELUNGs Erklärung geht zurück auf FRISCH (1977: s.v. *anbinden*), der *kurz angebunden* lateinisch mit „facile irarci - iram in promtu gerere" erklärt (‚es ist leicht zu zürnen' – ‚den Zorn sehen/merken lassen').

[4] Als Bedeutungsangabe formuliert CAMPE (s.v. *anbinden*): „leicht auffahren, in Zorn gerathen. Über diesen Ausdruck sehe man Beitr. zur weitern Ausbild. der D. Spr. IX. S. 50ff."

Neubearbeitung ergänzt: „in neuerer sprache, wortkarg, nicht sehr entgegenkommend, unfreundlich"', also jene zwei Bedeutungen, die wir auch bei ADELUNG und im *Duden* finden. Im *Wörterbuch der deutschen Sprache* von SANDERS aus dem Jahr 1859 ist unter *anbinden* zu lesen:

> Ein Verhältnis u. a. anknüpfen, anspinnen, wobei dies als ein freundliches oder als ein feindliches erscheinen kann. [...] – am häufigsten von feindlicher Berührung, Kampf [...] = es mit Einem aufnehmen: [...] hierher scheint mir auch die Redensart zu gehören: kurz angebunden [5] = leicht in Händel verwickelt, rasch zum Kampf entschlossen.

Mit dem mittlerweile dritten verschiedenen Bedeutungsvorschlag ‚rasch zum Kampf entschlossen' bekommt die *Faust*-Stelle einen anderen, nun überzeugenden Sinn: Faust ist begeistert von Margaretes Angriffslust und Schlagfertigkeit und gerät darüber in Ekstase. Nur nebenbei bemerkt: *Entzücken* als Präfixbildung zu *zücken* erlaubt zwei Lesarten – die übertragene, schon genannte Bedeutung ‚in einen ekstatischen Zustand versetzt werden' einerseits und die ursprüngliche Bedeutung ‚herausziehen, entreißen' andererseits. Letztere ist stark mit der Kollokation *ein Messer/Schwert/einen Degen etc. (ent)zücken* verbunden und lässt in Kombination mit der Bedeutung ‚schlagfertig, angriffslustig' ein Wortspiel offensichtlich werden, das dem Vers „Das ist nun zum Entzücken gar!" einen doppelten Sinn verleiht: Er bringt einerseits Fausts Begeisterung über Margarete zum Ausdruck und deutet andererseits an, dass Faust – fechtersprachlich metaphorisch gelesen – ebenfalls sein Schwert (ent)zücken will, um verbal mit Margarete weiterzufechten, um den Schlagabtausch mit ihr fortzusetzen. Auf die Gefahr einer interpretatorischen Überlastung des ohnehin reichhaltigen Textes sei abschließend hingewiesen.

2 Geheimnisvolle Sprichwörterlexika und die Tradition des Abschreibens

Das Nachschlagen in verschiedenen Wörterbüchern führt zu drei verschiedenen Bedeutungen[5], ein Ergebnis, das bei Zuhilfenahme der gängigen Sprichwörterlexika nicht anders ausfällt. WANDERs *Deutsches Sprichwörterlexikon* verzeichnet drei Bedeutungsangaben: ‚ist immer schlagfertig', ‚rasch entschlossen' und ‚Geräth leicht in Zorn'. Die letztgenannte Bedeutung ist als einzige dem Lemma *kurz angebunden* direkt zugeordnet, was sehr stark die Vermutung nahe legt, dass sich WANDER von ADELUNG oder CAMPE inspirie-

---

[5] Andere Wörterbücher – beispielsweise das vielleicht nahe liegende *Frühneuhochdeutsche Wörterbuch* – nennen keine anderen Bedeutungen und meist nur eine von drei möglichen. Häufig ist sogar die Quelle ADELUNG oder GRIMM deutlich an der Wortwahl der Bedeutungsangabe zu erkennen.

ren ließ. ‚kurz, rasch entschlossen' ist WANDERs Erklärung für die Redewendung *Er ist angebunden, wie Gretchen im Faust*, womit er eine der *Faust*-Stelle zumindest nicht widersprechende Bedeutung nennt, welcher der Aspekt des Kampfes allerdings noch fehlt. Die der Stelle angemessene Bedeutung ‚schlagfertig, angriffslustig' hat er an einer für den Leser der gedruckten Buchausgabe nahezu unauffindbaren Stelle verzeichnet: Unter *Leder* wird die Redewendung *Er zieht gleich (leicht) vom Leder* mit ‚Ist immer schlagfertig, kurz angebunden, geräth leicht in Zorn' erklärt. WANDER zeigt damit, dass – abgesehen von der unterschiedlichen Motivation – die beiden älteren Bedeutungen ‚angriffslustig, schlagfertig, rasch zum Kampf entschlossen' einerseits und ‚ungeduldig, leicht zum Zorne zu bewegen sein' andererseits semantisch nicht sehr weit auseinander liegen. Hier wird auch der Wert der digitalisierten Ausgabe offensichtlich, denn mit dieser kann man per Volltextsuche nach gut 130 Jahren eine Bedeutungsangabe wieder finden, die sonst in den Tiefen des *Sprichwörter-Lexikons* verschollen geblieben wäre. Es bleibt noch zu klären, wie die heute geläufige Bedeutung ‚wortkarg' zu den genannten „historischen" Bedeutungen passt.

Ein kurzer Blick in die beiden mehr oder weniger rezenten und umfangreichsten phraseologischen Nachschlagewerke – von welchen man eine adäquate Beschreibung der Phraseologismen erwartet – kann die Kritik am jetzigen Stand der semantisch-phraseographischen Praxis nicht mildern und auch nichts zu der offenen Frage beitragen. Sowohl RÖHRICHs *Lexikon der sprichwörtlichen Redensarten* als auch das von SPALDING verfasste *Historical Dictionary of German Figurative Usage*[6] übernehmen mehr oder weniger unreflektiert die Grimmsche Geschichte vom zu kurz angebundenen Tier. RÖHRICH führt zudem unter den Lemmata *anbinden* und *kurz* variierende Bedeutungen mit unterschiedlichen Erklärungen an: So wird *kurz angebunden* unter *anbinden* erläutert als „in mürrischer, abweisender Stimmung sein, barsch, unwillig oder schnippisch antworten, sich nicht weitläufig auslassen. Das Bild der Wendung kommt wohl von dem kurz angebundenen Hofhund, der als bissig gilt". Unter *kurz* ist neben einem Verweis auf die *Faust*-Stelle zu lesen: „zurückhaltend, wortkarg, abweisend sein; [...] Ursprünglich ist dabei wohl an ein Pferd oder ein anderes Tier zu denken, das an einer kurzen Leine gehalten wird und deshalb reizbar ist; jedenfalls hat die Redensart zunächst diesen Sinn". Ganz davon abgesehen, dass einmal der bissige Hofhund und das andere Mal ein Pferd oder anderes Tier zu kurz angebunden wurden, nennt RÖHRICH in leicht spezifizierter Form einmal die ältere von ADELUNG erstmalig angeführte Bedeutung ‚ungeduldig, leicht zum Zorne zu bewegen sein' vermischt mit der heute gängigen Bedeutung ‚wortkarg, unfreundlich

---

[6] SPALDING (s.v. *anbinden*): „*kurz angebunden sein* (coll.) to be brusque, to give curt replies, to be a person of few words; reference to short temper of a dog kept on too short a lead."

abweisend' und das andere Mal lediglich die zweite Variante. Doch auch hier merkt er an, dass diese Bedeutung „zunächst" einen anderen Sinn gehabt habe. RÖHRICH bemerkt also einen Bedeutungswandel von *kurz angebunden*, führt als Erklärung aber nur das schon Bekannte, Irreführende an.[7] Aus lexikographischer Sicht ist abschließend zu ergänzen, dass die Erklärung eines Phraseologismus in einem Wörterbuch oder Lexikon durchaus mehrfach – beispielsweise unter jeder bedeutungstragenden lemmatisierten Komponente – geschehen kann, jedoch sollte dann die Identität der Erklärungen gewährleistet sein.

3 *kurz angebunden* – drei Bedeutungen, drei Motivierungen

Stichproben und einige phraseographisch ausgerichtete Aufsätze[8] deuten an, dass die aufgezeigten Probleme der Bedeutungserläuterung von Phraseologismen in Wörterbüchern und Lexika sich nicht auf *kurz angebunden* beschränken. Brechen wir jedoch die Kritik hier ab und fassen zusammen, was bisher über die Redewendung bekannt ist. Es existieren vier Bedeutungen: Erstens nach SANDERS ‚rasch zum Kampf entschlossen, angriffslustig, schlagfertig' (= *kurz angebunden 1*); Zweitens recht ähnlich aber anders motiviert nach ADELUNG und dem Grimmschen Wörterbuch ‚ungeduldig, leicht zum Zorne zu bewegen sein' (= *kurz angebunden 2*); Drittens die in den *Faust*-Kommentaren und dem *Gothe-Wörterbuch* zu findende Bedeutung ‚schnippisch' (= *kurz angebunden 3*); Und viertens nach dem *Duden* und der neubearbeiteten Auflage des Grimmschen Wörterbuchs ‚unfreundlich, abweisend, wortkarg' (= *kurz angebunden 4*). Die beiden ersten Bedeutungen unterscheiden sich vor allem hinsichtlich ihrer Motivierung und in diesem Zusammenhang auch in der Etymologie ihrer einzelnen Komponenten. Das Adverbial *kurz* wird in *kurz angebunden 1* temporal (‚rasch') aufgefasst. *Anbinden* steht hier im Sinne von ‚eine Auseinandersetzung friedlicher oder feindlicher Art mit jemandem beginnen', eine Bedeutung, die heute noch in dem österreichisch-bairischen *anbandeln* steckt und in zahlreichen – vor allem älteren – Wörterbüchern belegt ist. Das *Frühneuhochdeutsche Wörterbuch* (s.v. *anbinden*) erklärt hierzu, dass „das schwert anbinden […] für ‚die Waffen als Zeichen des Kampfkontaktes zusammenschlagen' steht." Die Zeichnung aus *Tallhofers Fechtbuch,* einer Bilderhandschrift von 1467, zeigt diese ganz ur-

---

[7] Die *Faust*-Stelle bringt RÖHRICH mit der Bedeutung ‚zurückhaltend, wortkarg, abweisend sein' in Verbindung und widerspricht damit den *Faust*-Kommentaren, die ‚schnippisch' bevorzugen. Dieses wiederum nennt RÖHRICH unter *anbinden*, wo aber der Hinweis auf den *Faust* fehlt.
[8] Z.B. von BURGER (1988), PILZ (2002) und auch SCHOLZE-STUBENRECHT (1988).

Mit einem Anbinden: Zeichnung aus *Tallhofers Fechtbuch* (1467)

sprüngliche aber schon übertragene Bedeutung von *anbinden*.⁹ Übertragen ist die Bedeutung deshalb, weil die Wortgeschichte von *anbinden* auf ein meist ledernes Band (*port d'épée*¹⁰) zurückgeht, welches an der Fechtwaffe befestigt war und vor dem Kampf um das Handgelenk gebunden wurde, um den Fechter vor dem Verlust seiner Waffe zu bewahren. Dieses Anbinden stand dann als pars pro toto für den Kampfbeginn überhaupt. Zusammen mit dem temporalen Adverbial muss *kurz anbinden* gelesen werden als das schnelle zur Fechtwaffe Greifen, diese aus der Scheide ziehen und sich für den Kampf vorbereiten bzw. den Kampf eröffnen oder den ersten Angriff des Gegners parieren. Das gleiche Bild liegt auch der von WANDER mit *kurz angebunden* in Verbindung gebrachten Redewendung *Er zieht gleich (leicht) vom Leder* zugrunde.¹¹ Im Fall von *kurz angebunden 2* und *3* steht *angebunden* in der heute geläufigen Bedeutung ‚etwas ist mit einem Band befestigt', und *kurz* wird parallel dazu räumlich aufgefasst im Sinne von ‚die kurze Leine'.¹² Die Motivierungen hierfür erstrecken sich vom kurz angebundenen, fast erreichbaren Gegenstand bis zum wütend-zornigen an der kurzen Leine angebundenen Tier. Für *kurz angebunden 4* sind abgesehen von der Bezugnahme auf einen Vers im *Faust* keine weiteren Motivierungen bekannt.

---

9   MEHL (1968: 50) weist in seinem Aufsatz *Woher kommt der Ausdruck „mit jd. anbinden"* auf die diffusen Bedeutungsangaben hin, die zu der besagten Wendung in diversen Wörterbüchern gemacht werden, und kommt zu dem Schluss, dass „die genannten Gelehrten [...] offenbar keine Fechter und erst recht keine Kenner der Fechtgeschichte" waren. Bei ihm ist der Hinweis auf den Zusammenhang der Wendung mit dem port d'épée zu finden.

10 Die Bezeichnung für das Band *Portepee*, *porte-épée* oder *porte d'épée* stammt aus dem Französischen und könnte mit „Degenträger" oder „Degengehenk" übersetzt werden. Das port d'épée wird meist von einer silbernen oder goldenen Quaste geziert und dient in neuerer Zeit der Auszeichnung bestimmter militärischer Offiziersgrade.

11 „Vom Leder", oder besser: Aus der ledernen Scheide wird der Degen gezogen, eine Aktion, die ebenfalls den Beginn einer feindlichen Auseinandersetzung markiert.

12 Der Wandel von einem verbal gebrauchten Partizip *angebunden*, das der Motivierung von *kurz angebunden 1* zu Grunde liegt (*jemand bindet kurz an*), zu dem adjektivischen in den Motivierungen von *kurz angebunden 2* und *3* lässt sich bisher nicht belegen. Es ist allerdings anzunehmen, dass bei dem Verblassen der ursprünglichen Bedeutung das adjektivische Partizip das nahe liegendere und schließlich auch für die Motivierungen ausschlaggebend war.

Ein allgemeinsprachliches Wörterbuch oder Lexikon und besonders ein auf Redensarten spezialisiertes wie das *Lexikon der sprichwörtlichen Redensarten* sollte oder muss alle drei genannten Bedeutungsnuancen verzeichnen und deren verschiedenartige Motivierung erläutern.[13] Bisher allerdings ist mir kein Nachschlagewerk bekannt, dass diese Forderung für die Redewendung *kurz angebunden* nur annähernd erfüllt.

4 Die Auseinandersetzung zu *kurz angebunden* – ein alter Hut

CAMPE (1798: 35) hat in seiner Zeitschrift *Beiträge zur weitern Ausbildung der deutschen Sprache* zur Vorbereitung seines eigenen Wörterbuchs den Artikel *Ankündigung und Probe eines Deutschen Wörterbuchs zur Ergänzung und Berichtigung des Adelungischen* verfasst und geht darin auf ADELUNGS Artikel zu *abbinden* ein. In diesem Zusammenhang gibt er LESSINGS (2001: 329f.) Kritik am Adelungschen Wörterbuch wieder, die im Original folgendermaßen lautet:

> Damit ich es kurz abbinde war so viel als: damit ich es kurz mache, daß ich endlich mit Wenigem anzeige, worauf die Sache hauptsächlich und allein ankommt. Ich führe diese Redensart an, nicht sowohl, weil sie für sich selbst wert wäre, wieder in Gang gebracht zu werden, sondern weil sie mir eine andere zu erklären scheint, welche sehr gewöhnlich ist. Nemlich man sagt von einem Manne, der wenig Worte macht, der seinen Entschluß auf der Stelle faßt: er ist kurz angebunden. Was heißt dieses anders, als: er bindet in Allem kurz ab? Nur weil man diese Bedeutung von abbinden zu vergessen anfing, machte man daraus anbinden, und indem Leute, die den ganzen Sinn der Redensart nicht faßten, vielleicht an einen Hund dachten, den man um so kürzer anzubinden pflegt, je böser er ist, brauchte man die Redensart von einem Jähzornigen.

CAMPE kritisiert die „Schiefheit" dieser Bemerkung und führt folgende Gegenargumente an:

> 1. Ich finde nicht, daß die Redensart: kurz angebunden seyn, für: einen Entschluß auf der Stelle fassen, je gebraucht worden sey. Man verband vielmehr immer den Begriff einer leicht reizbaren, schnell auffahrenden Gemüthsart damit. 2. Kann hier unmöglich anbinden mit abbinden verwechselt seyn; denn sonst müßte man nicht sagen: kurz angebunden, sondern kurz anbindend seyn, so wie man, wenn hier abbinden selbst gebraucht werden sollte, nicht in der

---

[13] Selbst wenn die Bedeutung von *kurz angebunden* 2 lediglich ein Konstrukt der Lexikographie ist, sollte darauf eingegangen werden, da nicht ausgeschlossen werden kann, dass die Wendung entweder autonom oder angelehnt an die Wörterbücher auch außerhalb dieser vorkommt.

Form des Leidens [gemeint ist hier Passiv], er ist kurz abgebunden, sondern in der Form des Wirkens, er ist kurz abbindend [Aktiv], sagen müsste. Die Herleitung, welche Ad. [Adelung] unter anbinden davon angibt, scheint mir noch unglücklicher zu seyn.

Der Motivierung der Redewendung *kurz angebunden* mit „weil man das, was im eigentlichen Verstande kurz angebunden ist, leicht und bald haben kann" widerspricht CAMPE und scheint die von LESSING erwähnte und schließlich im Grimmschen Wörterbuch abgedruckte Begründung des angebunden, gereizten Tieres zu favorisieren. Er stimmt der Bedeutungsangabe Adelungs – nicht aber dessen Erklärung – zu und übernimmt diese auch in seinem Wörterbuch. LESSINGs Bedeutung wie auch deren Herleitung erscheinen ihm abwegig. Die Gründe hierfür sind plausibel, hinzufügen könnte man noch, dass die Wendung *kurz abbinden* in den gängigen Wörterbüchern oder Lexika nicht verzeichnet ist.[14] Diese um 1800 herum diffuse und strittige Erklärung von *kurz angebunden* kann als Anzeichen des Übergangs von einer alten zu einer neuen Bedeutung gesehen werden. So erwähnt LESSING einerseits die Wendungen *jemand macht wenig Worte* und *jemand ist rasch entschlossen*, die ‚schlagfertig, angriffslustig' noch mehr oder weniger implizieren, er führt diese aber andererseits nicht mehr auf *mit jemandem anbinden* zurück und sucht deshalb mit *etwas kurz abbinden* eine neue Motivierung. CAMPE – und zuvor auch ADELUNG – wiederum kommt die Bedeutung ‚jemand fasst rasch einen Entschluss' ungewöhnlich vor, er plädiert stattdessen für ‚jemand mit einer leicht reizbaren, schnell auffahrenden Gemüthsart'.[15]

Die nachgezeichnete Detektivarbeit zu *kurz angebunden* zeigt in erster Linie, dass es bei phraseologisch-semantischen Fragen zu historischen Sprachstufen nicht ausreicht, in zwei oder drei Wörterbüchern nachzuschlagen. Man

---

[14] Das schließt natürlich nicht aus, dass *kurz* und *abbinden* häufig kollokativ im Sinne von ‚etwas gleich beenden' verwendet wurden, aber dann war dies – wie CAMPE anmerkt – nicht im passivischen Gebrauch.

[15] Diese Bedeutung dürfte die Interpretation einer Lutherischen Verwendung der Redewendung *kurz angebunden* sein. LUTHER (ENDERS 1881: 78) schildert in einer Predigt die Verwunderung eines Fuhrmanns über einen Bauern, der seine letzten Körner sät, anstatt sie seiner hungrigen Familie zu bringen. „Wäre der Bauer ungedüldig und kurz angebunden", schreibt LUTHER, dann würde er „wohl auffahren, und [den Fuhrmann] gröblich abweisen". Diese Stelle lässt sich, wie auch die *Faust*-Stelle, mit der Bedeutung ‚angriffslustig, rasch zum Kampf entschlossen' mindestens ebenso sinnvoll lesen wie mit der Bedeutung ‚jemand mit einer schnell auffahrenden, leicht reizbaren Gemüthsart'. Man kann also vermuten, dass LUTHER die alte Bedeutung verwendet und sich an dieser Stelle aber etwas allgemein ausgedrückt hat. ADELUNG und in dessen Folge CAMPE war diese alte Bedeutung jedoch offensichtlich nicht bekannt, weshalb sie auf der Basis der Luther-Stelle ihre eigenen Bedeutungen – die Formulierung bei CAMPE zeigt dies eindeutig – formuliert haben: „geräth leicht in Zorn" bei ADELUNG bzw. „leicht reizbare[e], schnell auffahrende[e] Gemüthsart" bei CAMPE.

muss schon bei der unserer Sprachstufe nur scheinbar so ähnlichen Sprache des 18. und 19. Jahrhunderts alle Nachschlagemöglichkeiten wahrnehmen, um Irrtümer zu vermeiden oder deren durch Abschreiben immer fortgesetzte Tradierung zu unterbrechen. Ein Wörterbuch zur Sprache des 18. und 19. Jahrhunderts ist daher notwendiger als man vermuten mag und wird mit wachsender sprachlicher Distanz immer dringlicher werden.[16] In einem solchen Wörterbuch muss der das Verständnis historischer Texte erschwerende Wandel für den Leser benannt werden, damit dieser ein brauchbares Hilfsmittel für die Rezeption historischer Texte an die Hand bekommt und gleichzeitig für die Gefahr des Missverstehens der in diesen Texten vorgefundenen Sprache sensibilisiert wird.

5   GOETHES Einfluss auf die Redewendung *kurz angebunden*

Kehren wir noch einmal zur *Faust*-Stelle zurück. Die Redewendung *kurz angebunden* kommt im ganzen Werk GOETHES[17] – in seinen literarischen, seinen naturwissenschaftlichen und den sonstigen Schriften und in seinen Briefen – nur einmal an der genannten Stelle vor. Man kann daher davon ausgehen, dass die Wendung nicht zu GOETHES allgemeinsprachlichem (schriftlichen) Repertoire gehörte. Ein weiterer Beleg für die Seltenheit der Redewendung am Anfang des 19. Jahrhunderts steht in engem Zusammenhang mit dem *Faust*: Bei der nachträglichen Aufzeichnung eines Gesprächs mit GOETHE zu Übersetzungsfehlern seiner Texte notierte FÖRSTER folgendes:

---

[16] Das *Klassikerwörterbuch* setzt hier an und wird mit einem Bestand von etwa 15% Phraseologismen auch einen wichtigen Beitrag leisten zur – wie wir am Beispiel *kurz angebunden* sehen – notwendigen Aufklärung von Missverständnissen und Irrtümern, wie sie zahlreich bei der Interpretation historischer Phraseologismen entstehen.

[17] Verwendet wurden hierfür die beiden der Weimarer Sophien-Ausgabe folgenden CD-Roms von *Directmedia*: GOETHE: *Werke* (Digitale Bibliothek; 4) und GOETHE: *Briefe, Tagebücher, Gespräche* (Digitale Bibliothek; 10).

Das gab Veranlassung, noch anderer dergleichen belustigender Übersetzungen zu gedenken. [...] Von Gretchen sagt Faust: Und wie sie kurz angebunden war, / Das ist nun zum Entzücken gar! Hierbei läßt der Übersetzer das ‚gar' unberücksichtigt, allein das ‚kurz angebunden' – d.h. schnipisch [sic!] – nimmt er für kurz aufgeschürzt und übersetzt: Et sa robe courte, juste, / Vraiment, c'était à ravir! (zitiert nach KLETKE 1873: 190f.).

Bemerkenswert an FÖRSTERs resümierender Aufzeichnung des im Oktober 1829 mit GOETHE geführten Gesprächs ist der Einschub „– d.h. schnipisch –", denn dieser verrät, dass FÖRSTER *kurz angebunden* in einem Sinn versteht, der zuvor als Verstehensmöglichkeit für die *Faust*-Stelle ausgeschlossen wurde und der sich nur aufgrund der *Faust*-Stelle selbst erklären lässt, denn nach dem zeitgenössischen Wörterbuch ADELUNGs müsste er ‚ungeduldig, leicht zum Zorne zu bewegen sein' als Erklärung für *kurz angebunden* schreiben. FÖRSTER hat *kurz angebunden* ebenso – wenn auch anders – falsch verstanden wie der von ihm belächelte französische Übersetzer, und er hat mit seiner Äußerung den Irrweg für die *Faust*-Kommentare und das *Goethe-Wörterbuch*, die natürlich seinen Brief kannten, bereitet. Die Tatsache, dass FÖRSTER überhaupt eine Erklärung für *kurz angebunden* einschiebt, ist ein weiterer Hinweis darauf, dass die Wendung zu Beginn des 19. Jahrhunderts nicht geläufig war und einer Erläuterung bedurfte.

Die Suche nach anderen Belegen für *kurz angebunden* in großen Korpora mit literarischen wie auch privaten und öffentlichen Texten zeigt, dass – abgesehen von vereinzelten Wörterbucheinträgen – in die Zeit vor dem und um das Veröffentlichungsdatum des *Faust* (1808) herum keine Belege für *kurz angebunden* existieren. Das mag zwar zum Teil an der starken Affinität und der großen Neigung der Redensart zur mündlichen Verwendung liegen, doch unterscheidet sich diese Beleglage stark von der Zeit nach dem *Faust*. Mit einem ersten nachweisbaren Beleg in HAHNEMANNs (1828: 354) Buch *Die chronischen Krankheiten*[18] nimmt die Verwendung von *kurz angebunden* mit

---

[18] Der *Faust* wurde 1808 veröffentlicht und in den Jahren danach im Theater gespielt, wodurch die Menschen mit der Wendung *kurz angebunden* konfrontiert wurden. Dass der früheste Beleg für die Wendung erst 1828 nachgewiesen werden kann, darf aus zwei Gründen nicht verwundern. Erstens ist davon auszugehen, dass HAHNEMANN die entsprechende Passage schon eher schrieb – das Buch wurde lediglich erst 1828 veröffentlicht. Zweitens ist es wahrscheinlich, dass die Wendung auch in früheren Texten zu finden ist, diese allerdings nicht digital vorliegen und daher nicht durchsucht werden können.

der in der Neubearbeitung des *Deutschen Wörterbuchs* als ‚wortkarg, nicht sehr entgegenkommend, unfreundlich' resümierten Bedeutung exponentiell zu, wobei der Rückbezug zur *Faust*-Stelle häufig eindeutig ist. So heißt es in RAABES (1964: 219) *Der Hungerpastor*: „Das Wetter ließ heute weniger zu wünschen übrig als die Stimmung des Leutnants. Auf dem ganzen Wege sprach oder brummte der vielmehr mit sich selbst; [...] Wie er kurz angebunden war, war durchaus nicht zum Entzücken". Der Leutnant, das geht aus dem Kontext der Stelle hervor, war an besagtem Tag anderen gegenüber unfreundlich und wortkarg. RAABES Rückgriff auf *kurz angebunden* wie auch die im *Deutschen Sprichwörterlexikon* mit der Bedeutung ‚rasch entschlossen' notierte und heute ungebräuchliche Redewendung *Er ist angebunden, wie Gretchen im Faust* verdeutlichen die Faszination, die von der *Faust*-Stelle ausgegangen ist. Diese Faszination hat die „Wiederbelebung" der Redewendung begünstigt, allerdings geschah dies nicht mit der von GOETHE intendierten Bedeutung ‚schlagfertig, angriffslustig' sondern mit einer bis dato für *kurz angebunden* nicht gängigen Bedeutung ‚wortkarg'.

Wir können aufgrund der Unsicherheit der Lexikographen LESSING, ADELUNG und CAMPE sowie des offensichtlichen Irrtums von FÖRSTER davon ausgehen, dass das Verständnis der Redewendung *kurz angebunden* um 1800 diffus bis nicht vorhanden war. GOETHE hat nun die alte, im 15. Jahrhundert bei Luther belegte Redewendung *kurz angebunden* mit der Bedeutung ‚schlagfertig, angriffslustig, rasch zum Kampf entschlossen' archaisierend verwendet, um damit dem Faust die Sprache seiner ebenfalls im 15. Jahrhundert lebenden Romanvorlage zu verleihen.[19] Aus den genannten Gründen ist zu vermuten, dass die Textstelle „Wie sie kurz angebunden war, Das ist nun zum Entzücken gar" für das Publikum des beginnenden 19. Jahrhunderts verwirrend oder gar unverständlich gewesen ist. Aus dieser Verwirrung oder aus dem Unverständnis heraus wurde eine neue, wahrscheinlich aus dem Kontext abgeleitete Bedeutung ‚unfreundlich, nicht sehr entgegenkommend, wortkarg' geprägt, die in leichter Variation noch heute aktuell ist. Dabei spielten wahrscheinlich zwei Einflüsse, die mit der ursprünglichen von GOETHE intendierten Bedeutung nur mittelbar verbunden sind, eine Rolle: Einmal war es die diffuse Bedeutungsvorstellung von *kurz angebunden*, die sich bei ADELUNG und CAMPE erkennen lässt und die – wie anfangs aufgezeigt – kein zufrieden stellendes Verständnis der *Faust*-Stelle erlaubt. Zum Zweiten könnte die von LESSING angeführte Wendung *jemand bindet etwas kurz ab* (in der Bedeutung ‚jemand macht wenig Worte um etwas zu sagen') ausschlaggebend gewesen sein für die in der Folge des *Faust* entstandene Bedeutung ‚abweisend, wortkarg, unfreundlich'.

---

[19] Ob GOETHE die Wendung von LUTHER kannte oder eine andere Quelle besaß, ist bislang unklar.

Das Beispiel *kurz angebunden* zeigt, dass die klassische Literaturepoche aufgrund ihrer weiten Verbreitung und langfristigen Rezeption für die lexikographische Bearbeitung von Phraseologismen eine nicht zu vernachlässigende Rolle spielt: Es wurden nicht nur viele neue „geflügelte Worte", die wir heute als Redewendungen und Sprichwörter kennen, geprägt, sondern auch bestehende Wendungen haben durch ihre Kontextualisierung in einem „Klassiker" Veränderungen erfahren, die heute das Verständnis der Texte behindern.

Literatur[20]

ADELUNG = Grammatisch-kritisches Wörterbuch der hochdeutschen Mundart. Mit beständiger Vergleichung der übrigen Mundarten, besonders aber der Oberdeutschen (1873). Hrsg. v. ADELUNG, Johann Christoph, 4 Bde. Leipzig. [Nachdruck hrsg. v. HENNE, Helmut, Hildesheim 1970]

BURGER, Harald (1983): Phraseologie in den Wörterbüchern des heutigen Deutsch. In: WIEGAND, Herbert Ernst (Hrsg.): Studien zur neuhochdeutschen Lexikographie III. Hildesheim/Zürich/New York. (Germanistische Linguistik; 1-4/82). S. 13–66.

BURGER, Harald (1988): Die Semantik des Phraseologismus: ihre Darstellung im Wörterbuch. In: HESSKY, Regina (Hrsg.): Budapester Beiträge zur Germanistik. Budapest. S. 69–97.

CAMPE, Joachim Heinrich et al. (1798): Ankündigung und Probe eines Deutschen Wörterbuchs zur Ergänzung und Berichtigung des Adelungischen. In: Beiträge zur weitern Ausbildung der deutschen Sprache. Bd. 3. Leipzig. S. 1–108.

ENDERS, Ernst Ludwig (Hrsg.) (1881): Dr. Martin Luther's Vermischte Predigten. Enthaltend die Predigten der Jahre 1544 bis 1546. 2. Aufl. Frankfurt am Main (Dr. Martin Luther's sämmtliche Werke; 20,2). [=Erlanger Ausgabe].

FLEISCHER, Wolfgang (1982): Phraseologie der deutschen Gegenwartsprache. Leipzig.

FRISCH, Johann Leonhard (1977): Teutsch-lateinisches Wörterbuch. (Nachdruck der Ausgabe Berlin 1741). New York/Hildesheim.

FUHRMANN, Manfred (1985): Kommentierte Klassiker? Über die Erklärungsbedürftigkeit der klassischen deutschen Literatur. In: HONNEFELDER, Gottfried (Hrsg.): Warum Klassiker? Frankfurt am Main. S. 37–57.

GOETHE, Johann Wolfgang (1998): Briefe, Tagebücher, Gespräche, eingerichtet von Mathias Bertram. Berlin. (Digitale Bibliothek; 10). (Weimarer Sophienausgabe).

GOETHE, Johann Wolfgang (1998): Werke ausgewählt von Mathias Bertram. Berlin. (Digitale Bibliothek; 4). (Weimarer Sophienausgabe).

GRIMM = Deutsches Wörterbuch (1854–1960). Hrsg. v. GRIMM, Jacob/GRIMM, Wilhelm, 16 Bde. Leipzig.

---

[20] Die allseits bekannten Wörterbücher und literarischen Primärtexte können wegen des eingeschränkten Platzes nicht alle bibliographisch wiedergegeben werden.

HAHNEMANN, Samuel (1829): Die chronischen Krankheiten. Ihre eigenthümliche Natur und homöopathische Heilung. Bd. 4. Dresden/Leipzig.

KLETKE, Hermann (Hrsg.) (1873): Kunst und Leben. Aus Friedrich Förster's Nachlaß. Berlin.

LESSING, Gotthold Ephraim (2001): Anmerkungen über Adelungs Wörterbuch der Hochdeutschen Mundart. In: SCHILSON, Arno/SCHMITT, Axel (Hrsg.): Lessing. Werke 1778–1781. Frankfurt am Main. (Werke und Briefe; 10). S. 329–330.

MEHL, Erwin (1968): Woher kommt der Ausdruck „mit jd. anbinden" (österr. „anbandeln")?. In: Muttersprache. Zeitschrift zur Pflege und Erforschung der deutschen Sprache 78. S. 50.

PILZ, Klaus-Dieter (2002): Vorschläge für ein Phraseolexikon der deutschen Sprache. Oder: Vorschläge für ein Lexikon der deutschen Phraseme/Phraseologismen. In: HARTMANN, Dietrich/WIRRER, Jan (Hrsg.): Wer A sägt, muss auch B sägen. Beiträge zur Phraseologie und Sprichwörterforschung aus dem Westfälischen Arbeitskreis. Baltmannsweiler. (Phraseologie und Parömiologie; 9). S. 299–311.

RAABE, Wilhelm (1964-1966): Ausgewählte Werke in sechs Bänden. Bd. 3. hrsg. v. Peter GOLDAMMER u. Helmut RICHTER. Berlin/Weimar.

RÖHRICH = Das große Lexikon der sprichwörtlichen Redensarten (2002). Hrsg. v. RÖHRICH, Lutz, 3 Bde. Darmstadt/Basel.

SANDERS = Wörterbuch der Deutschen Sprache mit Belegen von Luther bis auf die Gegenwart (1860). Hrsg. v. SANDERS, Daniel, 3 Bde. Leipzig. [Nachdruck, Hildesheim 1969].

SCHOLZE-STUBENRECHT, Werner (1988): Phraseologismen im Wörterbuch. In: HARRAS, Gisela (Hrsg.): Das Wörterbuch. Artikel und Verweisstrukturen. Düsseldorf/Bielefeld. (Sprache der Gegenwart; 74). S. 284–302.

SPALDING = An historical dictionary of German figurative usage (1952f.). Hrsg. v. SPALDING, Keith, Oxford.

THIELE, Ernst (Hrsg.) (1996): Luthers Sprichwörtersammlung. Nach seiner Handschrift zum ersten Male herausgegeben und mit Anmerkungen versehen. Leipzig. (Reprint der Ausgabe von 1900).

WANDER = Deutsches Sprichwörter-Lexikon. Ein Hausschatz für das deutsche Volk (1867–1880). Hrsg. v. WANDER, Karl Friedrich Wilhelm, Bd. 5. Leipzig. [unveränderter fotomechanischer Nachdruck, Darmstadt 1964].

Natalia Filatkina (Trier)

Und es důncket einem noch/wann man euch anſiehet/ daß ihr Sand in den Augen habt. Phraseologismen in ausgewählten historischen Grammatiken des Deutschen

Die folgenden Ausführungen ergaben sich aus den Vorarbeiten zum Projekt „Historische Formelhafte Sprache und Traditionen des Formulierens",[1] das im Oktober 2006 von der Alexander von Humboldt-Stiftung mit dem Sofja Kovalevskaja-Preis ausgezeichnet wurde (Stifter: Bundesministerium für Bildung und Forschung). Das Projekt widmet sich der epochenübergreifenden Untersuchung der historischen Phraseologie des Deutschen in ihrer Dynamik und soziokulturellen Vielfalt, wobei die Phraseologie im größeren Rahmen der formelhaften Sprache betrachtet wird. Zu den Erkenntnissen der ältesten Teildisziplin der Sprachwissenschaft – der Historiolinguistik – gehört das Verständnis, dass eine moderne Sprache nur in ihrer historischen Entwicklung begriffen und beschrieben werden kann. Während über den historischen Werdegang der lautlichen, grammatischen und lexikalischen Systeme des Deutschen unterschiedlich umfangreiche und detaillierte Informationen vorliegen, ist das Wissen über die Herausbildung des phraseologischen Systems fragmentarisch und mosaikartig. Das Projekt versucht, diese Forschungslücke korpusbasiert zu schließen. Historische Phraseologismen sollen in ihrer Variation dokumentiert, nach den neusten linguistischen Kriterien interpretiert und in Form einer Datenbank der *scientific community* sowie dem breiten nichtwissenschaftlichen Publikum zeitnah zur Verfügung gestellt werden. Durch die Verbindung der Historischen Linguistik mit der EDV-Philologie und den modernsten Informationstechnologien wird versucht, sich der Geschichte der phraseologischen Einheiten anzunähern, die sich bis jetzt jeglicher Aufbereitung mit modernen Technologien entzogen haben.

1 Fragestellung und Materialgrundlage

In Bezug auf das Verhältnis von Phraseologie und Grammatik stellt BURGER (2004: 29ff.) fest, dass hier „nach wie vor Grundlagenarbeit zu leisten" ist. In den gegenwärtigen Grammatiken des Deutschen, so etwa in der IDS-

---

[1] Weitere Informationen zum Projekt finden sich unter http://www.hifos.uni-trier.de.

Grammatik von ZIFONUN et al. (1997), wird die Phraseologie zwar verwendet, es bleibt aber eher „bei einem punktuellen oder gar stillschweigenden Einbezug phraseologischer Phänomene in eine Grammatik" (BURGER 2004, 37).[2] Ein Blick in die anderen wissenschaftlichen Grammatiken des gegenwärtigen Deutschen, z.B. in EISENBERG (2004) bestätigt die Burgerschen Thesen. Die für den fremdsprachlichen Unterricht konzipierten Grammatiken führen zu demselben Befund. Etwas differenzierter geht die Duden-Grammatik in der 7. Auflage (2005) mit Phraseologismen um. Woran es fehlt, ist eine „eingehende theoretische Reflexion – von Seiten der Phraseologie wie der Grammatik –, um das Verhältnis von Grammatik und Phraseologie genauer zu bestimmen" (BURGER 2004: 37).

Der vorliegende Beitrag versucht, die von H. BURGER gestellte Frage nach dem Verhältnis von Grammatik und Phraseologie aufzugreifen, wendet sie aber nicht auf die sprachsystematische, sondern auf die metasprachliche Ebene an. Im Mittelpunkt der Betrachtung stehen die Funktionen und Beschreibungsansätze der Phraseologismen in den historischen Grammatiken des Deutschen von den Anfängen der Überlieferung bis 1700, deren umfangreiches Archiv sich an der Universität Trier befindet und derzeit im Rahmen des Projekts „Historische Formelhafte Sprache und Traditionen des Formulierens" neben anderen Textsorten ausgewertet wird.

Unter *Grammatik* werden hier jene normativen Werke des Deutschen verstanden, die primär auf eine grammatische oder orthographische Darstellung der deutschen Sprache zielen oder Abschnitte mit entsprechender Zielsetzung enthalten (MOULIN-FANKHÄNEL 1994, I, 20ff.).[3] Vertreten sind sie durch Prosawerke (vor allem Übersetzungswerke in humanistischer Tradition) mit beigefügten Interpunktionslehren zum leichteren Lesen des Textes, Kanzlei-

---

[2] Die von BURGER (2004) analysierten Prinzipien der Behandlung von Phraseologismen lassen sich wie folgt zusammenfassen: 1) Phraseologismen werden zwar an einigen Stellen explizit thematisiert, die Terminologie ist dabei oft widersprüchlich und die Charakterisierung der Phraseologismen sowohl in semantischer als auch in syntaktischer Hinsicht unzureichend (vgl. z.B. die Notation der Nennformen *den Garaus machen, dem Fass den Boden ausschlagen* oder *jmdn. laust der Affe*). Phraseologismen werden häufig als 2) Beispiele für eine bestimmte grammatische Erscheinung oder für 3) Ausnahmen von den grammatischen Regeln gegeben, ohne dass sie als Phraseologismen deklariert werden. Bei der Erläuterung grammatischer Phänomene werden oft ausschließlich phraseologische Wendungen herangezogen, die von den Grammatik-BenutzerInnen implizit verlangen, dass sie sie als Realisierungen nicht-markierter syntaktischer Konstruktionen auffassen (vgl. etwa das Sprichwort *Was Hänschen nicht lernt, lernt Hans nimmermehr* bei der Erklärung der Nebensätze in der Funktion eines Akkusativkomplements). 4) Äußerst selten sind Ansätze zu einer grammatischen Erklärung einer phraseologischen Erscheinung wie etwa bei der Besprechung der „satzartigen Realisierungen" von Komplementen in Form von W-Sätzen (z.B. *Was der Bauer nicht kennt, frisst er nicht*).

[3] Vgl. dort auch Näheres zum Aufbau des Grammatiken-Archivs insgesamt.

und Formularbücher mit orthographischen Teilen, Werke für den Schreib- und Leseunterricht mit entsprechenden grammatisch-orthographischen Abschnitten, Wörterbücher und Poetiklehren mit angeführter deutscher Grammatik, aber auch die seit den 70er Jahren des 16. Jahrhunderts aufkommenden mehr oder weniger vollständigen grammatischen Abhandlungen zum Deutschen. Die rund 70 ausgewerteten Werke richten ihr Beschreibungsziel auf die deutsche Sprache an sich und sind innerhalb des deutschsprachigen Raums entstanden. Im Hinblick auf die Fragestellungen bleiben Sekretariats-, Kanzlei-, Formular- und Titularbücher, Briefsteller, Schreiblehren, Lesefibeln, Poetiken, Rhetoriken, Stillehren, ein- oder mehrsprachige Wörter-, Gesprächs- und Lehrbücher ohne grammatische Teile in diesem Beitrag unberücksichtigt.

Zu Phraseologismen in historischen Grammatiken existieren zwar einige Untersuchungen; sie beschränken sich aber thematisch entweder auf einzelne barocke Autoren (PILZ (1981) zu Schottelius; MIEDER (1974, 1975, 1982) zu Schottelius, Gottsched und Harsdörffer; HUNDT (2000) zu Schottelius, Harsdörffer und Gueintz) oder auf einzelne Jahrhunderte.[4] In WEICKERT (1997) liegen die Schwerpunkte nicht auf den Funktionen der Phraseologismen oder den Zusammenhängen, in denen sie in den Grammatiken vorkommen, sondern auf der Geschichte der in Bezug auf Phraseologisches verwendeten Termini sowie auf dem Umgang der Grammatiker mit Phraseologismus-Typen wie Sprichwörter, Zwillingsformeln, konjunktionale, präpositionale und pronominale Phraseologismen. Auf Funktionen von Phraseologismen in den historischen Grammatiken des Englischen geht KNAPPE (2004) ein und liefert somit eine Vergleichsbasis für die Beantwortung der Frage nach der Behandlung der Phraseologie im gesamteuropäischen Kontext.

Das Interesse an den historischen Grammatiken wird von der Prämisse getragen, dass trotz einiger Gemeinsamkeiten mit der gegenwärtigen grammatikographischen Literatur die Phraseologie in dieser Textsorte in der (Frühen) Neuzeit einen breiten Raum einnimmt und andere Funktionen erfüllt. In der derzeitigen Untersuchungsetappe kann es sich aber nur um eine erste Bestandsaufnahme, um einen Bericht über „work in progress" handeln. Die funktionalen Unterschiede in der Bearbeitung der Phraseologie sind durch die Adressaten- und Aufbauspezifik der älteren Grammatiken sowie ihre Zielsetzung bedingt und lassen sich in vier unterschiedliche Bereiche einteilen, die aber eng miteinander verflochten sind.

---

[4] Der Überblick in BURGER/BUHOFER/SIALM (1982: 362ff.) konzentriert sich auf Grund der damaligen Quellenlage im Wesentlichen auf das 18. und 19. Jahrhundert.

2 Funktionen der Phraseologismen in ausgewählten historischen Grammatiken

2.1 Phraseologismen und die „Kunst, rein zu schreiben"

2.1.1 Phraseologismen als Mittel des korrekten Titulierens

In den ältesten sprachtheoretischen Werken des Deutschen aus dem späten 15. Jahrhundert. (MOULIN-FANKHÄNEL 2000, 1903–1911) finden sich nur selten explizite Äußerungen zur Phraseologie. Die Schriften von Wyle, Steinhöwel, Neithart und Pleningen enthalten Prosawerke zum Lesenlernen „zu Gottes Ehren". Sie verstehen sich meistens als Lehren von Buchstaben und Silben und sind manchmal durch Interpunktionslehren und kürzere orthographische Überlegungen, etwa zur graphischen Gestaltung der Buchstaben, ergänzt. Den ersten Grammatikern ging es somit vor allem um die Rezeption der Texte in der Volkssprache. Bei Fragen der Textrezeption stehen phraseologische Zusammenhänge (noch) nicht im Mittelpunkt.[5]

Das Entstehen der ältesten Grammatiken erklärt sich aber auch aus dem praktischen Bestreben, den Schreibern in städtischen und fürstlichen Kanzleien ein Werkzeug in die Hand zu geben, mit dem sie lernen konnten, Deutsch richtig zu schreiben. Dieses an den Bedürfnissen eines bestimmten Benutzerkreises orientierte Interesse hat dazu geführt, dass sich die so genannten Kanzlei-, Formular- und/oder Titelbüchlein zu einem florierenden Typ der grammatikographischen Literatur entwickelten. Als Grammatiken sind sie insofern zu betrachten, als sie – anknüpfend an die antiken Traditionen – die Grammatik vor allem als die Kunst, Deutsch richtig zu schreiben, verstehen. Zur Vermittlung dieser Kunst enthalten sie mehr oder weniger vollständige Briefmuster bzw. formelhafte Wendungen, die sich für den Gebrauch in der Geschäfts- wie Privatkorrespondenz eignen und an sozial unterschiedliche Empfängergruppen adressiert sind. Für phraseologische Zusammenhänge interessant sind die formelhaften Ausdrücke des Briefanfangs und Briefendes. So betont F. FRANGK in seinem 1531 erschienenen *[Ein] Cantzley und Titel büchlin* die Wichtigkeit des angemessenen Titulierens in Deutsch. Die aufgezählten Wendungen (vgl. Abbildung 1) bringt er mit dem sozialen Status, der gesellschaftlichen Lage, dem Alter, Geschlecht und Verwandtschaftsgrad des Adressaten

---

[5] Dies lässt sich ferner für einige grammatikographische Schriften des 16. Jahrhunderts feststellen: Das Interesse an „sprachlichen Phänomenen über der Lexemebene" (BURGER/BUHOFER/SIALM 1982: 362) zeichnet z.B. die *Teütfche Grammatica* V. Ickelsamers aus, wozu der Verfasser sich auch in der Vorrede bekennt; Phraseologisches im heutigen Sinn findet sich im weiteren Text allerdings kaum. Ähnliches gilt für *Enchiridion* des J. Kolroß' (1530) oder J. Grüßbeutels *Ein befonder fast nüzliches Stimmenbůchlein* (1533).

in Verbindung (1531, f. Eiij^v) und vertritt somit die Tendenz, die bis ins 17. Jahrhundert hinein besteht.⁶

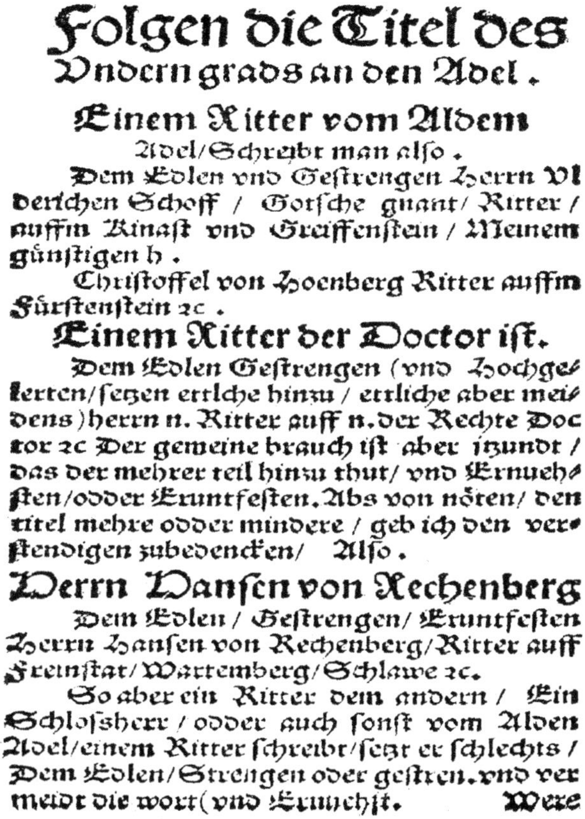

> **Folgen die Titel des**
> **Vndern grads an den Adel.**
>
> **Einem Ritter vom Alden**
> Adel/Schreibt man also.
> Dem Edlen vnd Gestrengen Herrn Vl
> derichen Schoff / Gotsche gnant/ Ritter /
> auffm Kinast vnd Graffenstein / Meinem
> günstigen h.
> Christoffel von Hoenberg Ritter auffm
> Fürstenstein ꝛc.
>
> **Einem Ritter der Doctor ist.**
> Dem Edlen Gestrengen (vnd Hochge/
> lerten/setzen etliche hinzu / etliche aber mei/
> dens)herrn n. Ritter auff n. der Rechte Doc
> tor ꝛc Der gemeine brauch ist aber itzundt /
> das der mehrer teil hinzu thut/ vnd Ernueh/
> sten/odder Eruntfesten. Abs von nöten/ den
> titel mehre odder mindere / geb ich den ver
> stendigen zubedencken/ Also.
>
> **Derrn Dansen von Rechenberg**
> Dem Edlen / Gestrengen/ Eruntfesten
> Herrn Hansen von Rechenberg/Ritter auff
> Freinstat/Wartemberg/Schlawe ꝛc.
> So aber ein Ritter dem andern / Ein
> Schlosherr / odder auch sonst vom Alden
> Adel/einem Ritter schreibt/setzt er schlechts /
> Dem Edlen/Strengen oder gestren.vnd ver
> meidt die wort(vnd Eruncht. Were

Abbildung 1

Im Gegensatz zu den zeitgenössischen, im 16. Jahrhundert florierenden und viel rezipierten Sprichwörtersammlungen,⁷ geraten hier zum ersten Mal in der deutschen Sprachgeschichte die Phraseologismen im weiten Sinn – Routineformeln – in den Blick der Grammatiker. Metasprachlich nimmt FRANGK nicht Stellung zu den erfassten Einheiten. Ihm geht es vor allem um das stilistisch und rhetorisch konforme Erstellen von Briefen. Allerdings ist der kor-

---

⁶ Ähnlich und genauso ausführlich gehen mit Titeln und Formeln des Briefanfangs sowie des Briefendes Fron in *Ein new Epistel Büchlein* (1564) oder Harsdörffer im *Teutschen Secretarius* (1656ff.) um.

⁷ Sie geben MIEDER den Anlass, das 16. Jahrhundert als das „goldene Zeitalter des deutschen Sprichworts" zu bezeichnen.

rekte Umgang mit formelhaften Ausdrücken im Hinblick auf ihre Institutionalisiertheit und Gebundenheit an den gesellschaftlichen Status der Adressaten für FRANGK ein notwendiges Zeichen der stilistischen Kompetenz in der Schriftlichkeit. An zwei Stellen in seinem Werk (f. Jiij[r]; f. Jv[r]) berichtet FRANGK, dass Briefe aller Art ohne „geschmückten verblümbten worten" nach Luthers Vorbild bzw. nach dem Vorbild der besten Kanzleien verfasst werden sollen. Die in Abbildung 1 angeführten Briefformeln, die aus heutiger Sicht gerade als „verblümt" erscheinen mögen, gehören FRANGK zufolge zum Stil des 16. Jahrhunderts.

2.1.2 Phraseologismen als Mittel der Gestaltung der Eloquenz

Die Kunst, rein auf Deutsch zu schreiben, besteht allerdings nicht nur in der angemessenen Verwendung von Routineformeln in der Funktion von Anreden. Zur stilistischen Kompetenz in der Schriftlichkeit gehören auch Höflichkeit und „Zierlichkeit" des Ausdrucks. Das 1538 erschienene *HandtBüchlin grundlichs bericht* MEICHSSNERs enthält einen Abschnitt mit der Überschrift *Etliche Sprüchwœrter und verglychungen*. Darin werden fast ausschließlich mehr oder weniger feste Vergleiche angeführt. Sich in der Schrift höflich und „zierlich" auszudrücken, heißt laut MEICHSSNER, die Weisheit der ältern gelehrten Männer nachzuahmen und die Einfältigkeit der Unwissenden zu vermeiden (f. J[r]). Dazu verhelfen die Vergleiche, die die Weisheit inkorporieren, und Idiome, die sich an den Stellen finden, in denen MEICHSSNER Synonyme zu Wörtern anführt, die in den Briefen zu verwenden sind. Wertvoll ist MEICHSSNERs Kanzleibuch in der Hinsicht, dass er vermerkt, Synonyme, „die im teutſchen ſchreiben wenig gebrucht/[...] umb kürʒe willen vnderlaſſen" zu haben (f. Jij[r]). Den Auflistungen geht die Erklärung voran, dass derjenige, der sich auf Deutsch zierlich ausdrücken will, sich nicht wiederholen soll. Idiome werden dabei auf die gleiche Ebene mit Einzellexemen gestellt und eben als Mittel des Sich-Nicht-Wiederholens betrachtet.

Diese Tatsache sowie die fehlenden metasprachlichen Aussagen über die Idiomatizität zeigen, dass die semantisch-pragmatische Spezifik dieser Einheiten in den Grammatiken zu der Zeit nicht im Vordergrund stand, trotz der bereits existierenden sprichwörtlichen und idiomatischen Sammlungen wie die von AGRICOLA (1534) oder FRANCK (1541). Ausschlaggebend für die Auseinandersetzung mit Phraseologismen waren ihr formelhafter Charakter und die pragmatischen Werte des richtigen Titulierens.

Phraseologie als Teil der Synonymik in den Kanzleibüchern ist als ein Reflex der im 16. Jahrhundert verbreiteten und auf die antike Rhetorik zurückgehenden Meinung aufzufassen, dass Eloquenz mittels der *variatio,* d.h. der alternierenden Synonymenverwendung, erzielt werden kann. Nicht umsonst wird in den Grammatiken und Rhetoriken des 16. Jahrhunderts für Phraseologie der Terminus *sinonima rhetoricalia* verwendet; so z.B. auch im Formularbuch L. SCHWARTZENBACHS *Synonyma* (erste Auflage 1554). Im Vorwort erklärt SCHWARTZENBACH, dass er sich mit seinem Werk vor allem an junge Kanzlisten wendet, „die zu der zier deß redens und schreibens kommen mögen" (f. III^v).

Abbrechen.
Abblaten.
Abklauben.
Ablesen.
Abnemmen.
Abreissen.
Abzwicken.

Wir sagen Blumen/ Opffel/ Birn/ Kerschen/ vnd dergleichen Obß abbrechen oder abnemmen/ Aber nit Hopffen abbrechen/ sondern abblaten/ abklauben oder abzwicken/ Also auch Wein oder Trauben lesen/vnd nicht abbrechen noch abblaten. Derhalben sind dergleichen vnterschied auch in andern Synonymis warzunemmen/ vnnd nicht alle vermischt gleich zu gebrauchen.

Abbildung 2

Ähnlich wie bei MEICHSSNER gilt sein Interesse nicht unmittelbar den Phraseologismen; nichtsdestoweniger sind sie – insbesondere Kollokationen – ein konstitutives Merkmal seines Formularbuchs. Seine Lemmata versieht SCHWARTZENBACH nicht nur mit einer Synonymenreihe, sondern mit einem Kommentar zur ihrer syntaktischen Verbindung, was als ein Musterbeispiel auch für die gegenwärtige Wörter-in-Kontakt-Diskussion der modernen Linguistik betrachtet werden kann. Als Beispiel mag hier der Eintrag *Abbrechen* (vgl. Abbildung 2) dienen. Nach der Auflistung der Synonyme zum Verb *Abbrechen* beschäftigt sich SCHWARTZENBACH mit der Frage nach ihrer korrekten syntagmatischen Verknüpfung. Dabei werden auch die semantisch-pragmatischen Unterschiede zwischen den Synonymen ausgearbeitet.

2.2 Phraseologismen und die „Kunst, rein zu reden"

Zierlichkeit und Höflichkeit sind nicht nur Elemente der schriftlichen Stilkompetenz. Besonders in den Werken des 17. Jahrhunderts wird die Auffassung vertreten, dass die Grammatik die Kunst ist, Deutsch rein zu schreiben und zu *reden*.[8] Dabei fungieren Phaseologismen als kennzeichnende Attribute des mündlichen Gesprächs. Was zur Auseinandersetzung mit phraseologischen Wendungen im Zusammenhang mit der Mündlichkeit berechtigt, ist nicht so sehr ihr idiomatischer Charakter oder ihre syntaktische Festigkeit, sondern ihre Institutionalisiertheit und/oder soziale Gebundenheit, also ihr pragmatischer Stellenwert im Sprachgebrauch. Ausschlaggebend ist die Einstellung zur Phraseologie als ein Redemittel, das die Sprache der Gebildeten auszeichnet. Diese Einstellung hat m.E. im 17. Jahrhundert ihren Anfang und reicht ins 19. Jahrhundert hinein.[9] Alles, was im Sprachgebrauch usuell geworden ist und zum vornehmen Stil gehört, ist des Erlernens und der Verwendung im Gespräch wert.

In den *Frauenzimmer Gesprächsspielen* (1644) greift HARSDÖRFFER bei der Vermittlung der gehobenen Redekunst zur didaktisch gut geeigneten Form der Gespräche.[10] Im zweiten Band schlägt er den höfischen Jugendlichen vor, nicht nur Briefe, sondern ganze mündliche Dialoge auf der Grundlage der sprichwörtlichen Redensarten zu führen. Die sprachspielerischen Musterdialoge sind in Form von kurzen Theateraufführungen verfasst und dem Bestreben untergeordnet, eine ganze Komödie aus Phraseologismen zu verfassen. Dabei greift HARSDÖRFFER zu einem für die „Spracharbeit" neuen Medium der theatralischen Inszenierung und wendet es in Bezug auf Phraseologismen an. Die Möglichkeit, ganze Dialoge aus Phraseologismen zusammenzustellen, wird als ein Mittel betrachtet, den Reichtum der deutschen Sprache zu beweisen und sie in eine Reihe mit Französisch, Italienisch und Spanisch zu stellen.[11] Die Spielenden werden aufgefordert, neue Phraseologismen zu erfinden, die dem Leser ermöglichen sollen, „seine Kompetenz in Bezug auf die existierende Phraseologismusvielfalt auszuweiten" (HUNDT 2000: 382). Ferner wird die Aufgabe gestellt, die Sprichwörter zu variieren. Die Varianz soll vor allem die Flexibilität der Sprachbenutzer erhöhen und wird weiterhin als Indiz für die Elaboriertheit des Deutschen genutzt: Wo das Lateinische und Griechische über eine Form des Phraseologismus verfügen, hat das Deutsche zahlreiche Möglichkeiten.[12]

---

[8] Vgl. exemplarisch *Hochdeutsche Kantzeley* von S. Butschky von Rutinfeld (1659), J. R. Sattlers *Teutsche Orthographey und Phraseologey* (1610), J. Kromayers *Deutsche Grammatica* (1625), C. Gueintz' *Manuductio brevis ad orthographiam* (1684) oder J. Bellins *Hochdeudsche Rechtſchreibung* (1657).

[9] Vgl. dazu die Modeerscheinung des gebildeten Bürgertums im 19. Jahrhundert, Sprichwörter und Zitate in der Rede zu verwenden.

[10] Vgl. dazu ausführlich MIEDER (1974, 1975).

[11] Die Musterdialoge HARSDÖRFFERS stellen eine Übersetzung der französischen *Comédie des Proverbes* dar.

[12] Dieser ganz besondere Umgang mit phraseologischer Variation ist für das 17. Jahrhundert genauso neu wie verbreitet und charakteristisch und findet sich auch in K. Stielers *Sekreta-*

Neben den oben aufgezählten komplexen Aufgaben bestehen drei weitere Grundformen der Sprachspiele darin, 1) den Ursprung der Phraseologismen zu erklären, 2) ihre aktuelle Bedeutung zu klären und 3) den Phraseologismus in konkreten Verwendungskontexten einzusetzen.[13] Das Bestreben, adäquate Verwendungskontexte zu finden, ist in einem größeren didaktischen und sprachtheoretischen (vgl. 3.3.) Rahmen zu sehen, in dem Phraseologismen – nicht zuletzt dank ihrem moralisch-lehrhaften Inhalt – genauso wie Stammwörter als notwendige Elemente des primären und sekundären Spracherwerbs betrachtet werden. J.G. SCHOTTELIUS weist in der *Ausführlichen Arbeit Von der Teutschen HaubtSprache* (1663, II, 1112) in der Einführung zu seiner Sprichwörterliste ausdrücklich darauf hin und stellt somit die idiomatische und formelhafte Ebene des Deutschen gleichberechtigt neben die Stammwörter. Die präventive bzw. regulative Funktion der Phraseologismen (HUNDT 2000: 360) wird dabei nicht nur im Zusammenhang mit dem Erwerb des Deutschen als Fremdsprache erwähnt; die Wichtigkeit des möglichst frühen Erwerbs der lehrhaften Sprüche wird auch für die tugendhafte Erziehung der deutschen Jugendlichen hervorgehoben. Dieses Merkmal der Lehrhaftigkeit scheint nicht erst im 17. Jahrhundert entdeckt worden zu sein und erinnert an die ethisch-didaktischen Funktionen der Phraseologismen in den sog. Sprichwortpredigten Freidanks.[14]

---

riats=Kunst (1673, II, 65). Als eine Vorübung für den Sekretär betrachtet Stieler „die Redenderung" oder den „Spruchwechſel". Der variantenreiche Ausdruck ist nicht nur ein Zeichen der Schreibfertigkeit, sondern auch „Beyſpiel und Beweiſ / waſ unsere teutſche Sprache hierinnen vermag" (1673, II, 68). Somit stellt sich bereits im 17. Jahrhundert die Variation nicht nur als ein ausschließlich mündliches Phänomen dar, sondern rückt in den Skopus der Schriftlichkeit hinein.

[13] Ausführlicher zu jedem Typ der Dialoge HUNDT (2000: 349ff.).

[14] Die Rolle der Phraseologie bei der Entwicklung der sprechsprachlichen Kompetenz in Deutsch lässt sich ferner am besten anhand der Grammatiken verfolgen, die für den Erwerb des Deutschen als Fremdsprache bzw. als eine fremdsprachliche Grammatik mit Deutsch als einer der Sprachen konzipiert waren. Solche Grammatiken enthalten zahlreiche längere Gesprächssequenzen in zwei oder mehreren Sprachen zu unterschiedlichsten alltäglichen Themen, die dem Benutzer helfen sollen, sich in einem fremden Land verständlich zu machen. Im ersten Gespräch der *Frantzöſischen Grammatica* (1695) von N. Düez, das vom Aufstehen und Sich-Kleiden handelt, werden zahlreiche Phraseologismen wie *Die Morgenstund hat Gold im Mund* (76), *Sand in Augen haben* (77), *gestiefelt und gespornt* (83f.), *was soll man sagen* usw. verwendet. Metasprachliche Äußerungen dazu finden sich kaum, aber allein ihr Vorkommen in einer für Ausländer konzipierten Grammatik ist m.E. ein überzeugender Beweis für ihre Geläufigkeit im Frühneuhochdeutschen. Ein weiterer Beweis besteht in der Unabhängigkeit ihres Vorkommens von der zweiten Sprache der Quelle. So steht etwa dem Sprichwort *Die Morgenstund hat Gold im Mund* (76) der Eintrag *La diligence du matin aporte beaucoup de bien* im Französischen (76) gegenüber.

2.3 Phraseologie und barocke Sprachtheorie bzw. -pflege

Die Sprachgesellschaften des 17. Jahrhunderts und die barocke Sprachphilosophie bringen neue Einblicke in die Beschäftigung mit Phraseologie. Phraseologisches steht im engen Zusammenhang mit dem Dienst an der eigenen ausdrucksreichen, heldenhaften und lobenswerten Sprache. Es avanciert zu einem wichtigen Mittel im sprachpuristischen Bestreben. Anknüpfend an die sprichwörtlichen Sammlungen des 16. Jahrhunderts widmen die Grammatiker ein Jahrhundert später ihre ersten theoretischen Abhandlungen der Phraseologie.

2.3.1 Phraseologismen, Sprachpurismus und das Lob der Muttersprache

Sprachpflege bedeutet im 17. Jahrhundert vor allem das Lob der eigenen Muttersprache, die Hervorhebung ihrer Ebenbürtigkeit und Eigenständigkeit, ihres Reichtums und Alters. Phraseologie wird mit der Entwicklung des Deutschen in Verbindung gebracht, wobei die hohe Zahl an Phraseologismen auf das hohe Alter des Deutschen projiziert wird (SCHOTTELIUS 1663, II, 1102). Der Zuwachs an Sprichwörtern ergibt sich mit der Ausbreitung des Kommunikationsradius einer Sprache, der seinen Niederschlag in der Möglichkeit findet, in dieser Sprache dichterische Werke zu verfassen. Um den besonderen künstlerischen Wert des Deutschen hervorzuheben, stellt SCHOTTELIUS bereits am Anfang seiner *Ausführlichen Arbeit* (1663) in der siebten Lobrede eine Liste der Wendungen mit der aktuellen Bedeutung ‚sterben' zusammen und wendet sich damit an die zeitgenössischen Dichter. Mit den angeführten Beispielen, unter denen sich übrigens die aus heutiger Sicht stilistisch niedrig markierten Ausdrücke wie *ins Gras beißen* finden, sollen die Dichter den Zustand des Sterbens bzw. Tötens poetisch umschreiben.[15]

Phraseologismen sind nicht nur Beweise für das hohe Alter des Deutschen. In der für das 17. Jahrhundert charakteristischen Diskussion über den Ursprung der Sprachen fungieren sie als wichtige Indizien für die Verschiedenheit menschlicher Sprachen. Genauso wie ein Stammwort ist ein Phraseologismus landes- und sprachspezifisch, denn er

> [...] nimt ſeine Auſkunft alſ ein eigeneſ angeborneſ Landkind im Lande/ wechſet und wird gebohren den Landſleuten im Munde/ und iſt alſo ein natuerlich Klang der Sprache und ein Auſſpruch und Schluß deſſen/ waſ alſ eine Teutſche Landlehre/ bekant worden (SCHOTTELIUS 1663, II, 1111).

---

[15] Vgl. vor allem den Kommentar zu dieser Stelle „Dieſeſ iſt gut Teutſch [...]" (SCHOTTELIUS 1663, II, 1102).

SCHOTTELIUS geht deshalb ausführlich auf die Schwierigkeiten des Übersetzens 'der phraseologischen Einheiten ein und hebt wie HARSDÖRFFER hervor, dass aus den anderen Sprachen „verteutſchte" Phraseologismen leicht als fremde zu identifizieren sind. Im Bestreben, die Eigenständigkeit der Muttersprache zu beweisen, erwähnt der Grammatiker allerdings nicht, dass solche von ihm ebenfalls als unübersetzbar eingestuften Phraseologismen wie *Öl ins Feuer gießen* oder *alles über einen Kamm scheren* (Bl. 1111) gerade in mehreren Sprachen verbreitet sind und daher im Hinblick auf ihre aktuelle Bedeutung und Bildlichkeit keine Verständnis- und Übersetzungsschwierigkeiten bereiten sollten.[16]

2.3.2 Phraseologie und die erkenntniskonstitutive Funktion der Sprache

Sprachpflege beinhaltet im 17. Jahrhundert ferner die Entwicklung des Bewusstseins für die erkenntniskonstitutive und welterschließende Funktion der Sprache (GARDT 1994: 227ff.). Die für das 17. Jahrhundert kennzeichnende Einstellung, dass Wörter und Syntagmen nicht einfach als Bezeichnungsmittel dienen, sondern das Denken der Sprachträger und die Welt konstituieren, veranschaulichen die Abhandlungen zu Phraseologismen am besten. Denn sie sind „Kern der Wiſſenſchaft/ der Schluſſ auf der Erfahrung/ der menſchlichen Hendel kurʒer Auffpruch und gleichſam deſ weltlichen Weſens Siegel" (Bl. 1102). Sie inkorporieren die *vox populi*, die Erfahrung und die spezifischen Umgebungsbedingungen eines Volkes und werden in der metaphernreichen Diktion der SCHOTTELIUS'schen Sprachtheorie sogar zu der ewigen Wahrheit, zur *Vox DEI*, erhoben (HUNDT 2000: 358).

Zur Beherrschung einer Sprache gehört deshalb die Kenntnis der in Phraseologismen tradierten spezifischen Umgebungsbedingungen der Sprachträger, d.h. die Kenntnis der phraseologischen Etymologie. Den Begriff Etymologie definiert z.B. HARSDÖRFFER an keiner Stelle, aber aus seinen Beispielen wird ersichtlich, dass er darunter sowohl das kulturell-historische Hintergrundwissen über einzelne Sprichwörter als auch die bildlichen Vorstellungen der Muttersprachler versteht. In Teil IV der *Frauenzimmer Gesprächsspiele* plädiert er für die malerische Interpretation des in den sprichwörtlichen Redensarten tradierten kulturell-historischen Wissens. Versehen mit hinzugefügten lehrreichen Sprüchen sollen die malerischen Auslegungen der Tugendlehre dienen. Mit diesem Appell knüpft HARSDÖRFFER an die seit dem Mittelalter bekannten illustrierten Rechtshandschriften (z.B. an den Sachsen-

---

[16] Ähnliche Überlegungen zur Übersetzungsproblematik sind – sicherlich nicht ohne Einfluss SCHOTTELIUS' – auch in der *Neuen, kurtz- und deutlichen Sprachkunst* Praschs (1687) zu finden. Vereinzelt führt der Autor phraseologische Beispiele an, die er den Einzellexemen zuordnet und seinen Lesern vorschlägt, sie ins Lateinische zu übersetzen.

spiegel) oder an die „Sprichwörterbilder" des 16. Jahrhunderts, z.B. von P. von Bruegel d.Ä., an, in denen die Bilder keinesfalls rein illustrative Funktionen erfüllen.

2.3.3 Phraseologismen und ihre sprachsystematische Verortung

Auch die sprachsystematische Verortung der Phraseologismen und die Ansätze zu ihrer Klassifikation beginnen bereits, so weit ich sehe, im 17. Jahrhundert. SCHOTTELIUS stellt seine Definition der „Redart" in strenge Abgrenzung zu den Begriffen Rede, Zeichen und Sinnbild. Bei Phraseologismen oder „Redarten" hebt er besonders ihre allgemeine Bekanntheit, Kürze, den lehrhaften Inhalt und den semantischen Mehrwert hervor, der dem Sprecher ermöglicht, sich mittels der Phraseologismen ökonomisch auszudrücken. HARSDÖRFFER unternimmt einen der ersten Versuche, Sprichwörter und sprichwörtliche Redensarten zu klassifizieren (1664, II, Bl. 313ff.). Bei der Unterscheidung zwischen a) „bekannten Reden" (*von ihm nimmt kein Hund ein Stück Brot*), b) „Lehrsprüchen" (*Jung gewohnt, alt gethan*) und c) „Gleichnissen und figurlichen Reden" (*es sind nicht alle gleich, die mit dem Kåiser reuten*) geht es ihm jedoch nicht um die deutliche Auseinanderhaltung einzelner Typen, sondern wiederum um den Vergleich der Ebenbürtigkeit des Deutschen gegenüber anderen Sprachen: Das Deutsche verfügt über ebenso viele Typen wie z.B. das Französische.

2.4 Phraseologismen, Poetik und Grammatik im engen Sinn

Den oben vorgestellten Bereichen ist gemeinsam, dass Phraseologismen dort nicht nur objektsprachlich behandelt werden, sondern auch wichtige Elemente der Metasprache im Prozess der Sprachbeschreibung und der Sprachlegitimation sind. Besonders deutlich tritt es in den Abschnitten in Erscheinung, die Poetiklehren bzw. Beschreibungen genuin grammatischer Phänomene enthalten. Phraseologismen werden dort zu veranschaulichenden Zwecken als Beispielsätze angeführt.

Poetik mit ihren beiden Teilen Reim- und Dichtkunst ist konstitutiver Bestandteil der Sprachbetrachtung vom Anfang der grammatikographischen Tradition an. Als Teil der Grammatik vermittelt sie, wie die deutsche Sprache situationsadäquat („kunstgründig") und systemgemäß („grundrichtig") im Bereich der Literatur verwendet werden kann. Der breite Einsatz der phraseologischen Beispiele ist z.B. für Chr. PUDORS *Der Teutſchen Sprache Grundrichtigkeit und ʒierlichkeit* (1672) kennzeichnend. Bei der Erklärung der Versfüße greift PUDOR fast ausschließlich zu Sprichwörtern, Sentenzen und Maximen als veranschaulichenden Beispielen, wozu sie sich wohl dank ihres Rhythmus und Reims gut eignen.

Phraseologische Einheiten zur Erklärung der metrischen Zusammenhänge heranzuziehen, ist kein neues, von den frühneuhochdeutschen Grammatikern eingeführtes Verfahren. Es ist vergleichbar mit der bereits von Notker dem Deutschen Anfang des 11. Jahrhunderts benutzen Technik: In seine rhetorische, in Latein verfasste Schrift „De partibus logicae" fügte Notker einige volkssprachliche Sprichwörter ein (z.B. *Sôȝ régenót, só náȝȝênt tî bôumá* „wenn es regnet, werden die Bäume naß"; *Sô iȝ wât, só wágônt tê bouma* „Wenn es weht, so wogen die Bäume" oder *Úbilo tûo, beȝȝeres né wâne* „Tue Übles und erwarte nichts Besseres"). Das Ziel war dabei, seinen Lateinschülern Übungsbeispiele für die Übersetzungstechnik aus dem Lateinischen in die Volkssprache und ein Mittel zur Übung der Rhetorik, Logik und der Versschreibung zu liefern.[17]

In den Skopus der eng grammatischen Ausführungen gelangen die Phraseologismen nach wie vor unter dem Aspekt der Zierlichkeit des Ausdrucks und schlagen als polylexikalische Einheiten eine Brücke zu der sich im 17. Jahrhundert erst herauskristallisierenden Syntax. So geht J. GIRBERT in seiner *Deutschen Grammatika* (1653) ausführlich auf die Syntax (hier verstanden noch als „Wortartenverbindungslehre") ein und beschäftigt sich mit der Frage, welche Stellung im Satz für verschiedene Wortarten zierlicher sei. Folgende „Redarten" (vgl. Abbildung 3) können ihm zufolge

„ȝu der ȝierlichen Wortfúgung geȝogen werden, welche: 1) Vermittelſt der Præpoſionû gemachet werden/ *Von Jahren ȝu Jahren, Von Haus ȝu Hauß* [...], 3) Durch reimen gleichſam ȝuſam=men kom=men/ alſ: *Im Sauſe und Brauſe leben. Eſ kan Krafft und Safft geben. Er muß ſich ſchmiegen und biegen. Ich habe dran geſchoben und gehoben. Weit und breit erkant und bekant. Viel geworben nichtſ erworben.* [...] 4) Von Sprichwörtern sind: *Leer Stroh dreſchen. Sich bey der Naſen ȝiehen. Auff grünen Zweig kommen* [...]" usw.[18]

---

[17] Zu der ähnlichen Methodik am altenglischen Material vgl. KNAPPE (2004: 155ff.).

[18] Ähnlich verfährt Girbert bei der Hervorhebung der Notwendigkeit der Variation (*syntaxis variabilis*). Zum Ausdruck *der reiche Mann ist endlich gestorben* schlägt er folgende ausschließlich phraseologische Synonyme vor: *hat die Hütten des Fleiſches endlich abgelegt. hat endlich auch die Erden kåwen mueſſen. hat abgelegt/was er einmal der Natur ſchúldig war. Hat den Weg alles Fleiſches/ eben wie Lazarus, gehen můſſen. hat auch endlich ins Graß beiſſen mueſſen. iſt endlich der Menschlichkeit entnommen worden.* Wie auch in den obigen Beispielen stehen hier allerdings nicht die Spezifika der Phraseologismen im Vordergrund, sondern die Tatsache, in welchem Kasus dabei das Subjekt *der reiche Mann* steht. Die aufgezählten Phraseologismen werden an keiner Stelle als solche deklariert. Im Kapitel zur Adjektivflexion im *Sendschreiben* (1647) geht Bellin auf Einheiten wie *eines guten muthes, der guten dinge* ein und erklärt die grammatische Form durch die Verfestigung des Ausdrucks im Sprachgebrauch. Ähnlich verfährt Bellin in *Syntaxis Praepositionum* (1660: 85ff.), in dem er anhand der phraseologischen Beispiele den Gebrauch der Präpositionen erklärt. Am ausführlichsten nutzt die veranschaulichende Funktion der Phraseologismen SCHOTTELIUS in der *Ausführlichen Arbeit*, vgl. insbesondere die Darstel-

Abbildung 3

Mittels der Phraseologie wird ferner die orthographische Kompetenz entwickelt. Indem die Rechtschreibung eines Lexems bzw. die Interpunktion im Satz erklärt wird, werden phraseologische Beispiele, insbesondere sprichwörtlichen Charakters, zu veranschaulichenden Zwecken angeführt. Dazu fühlen sich die ersten Sprachtheoretiker, vor allem auf Grund der Polylexikalität der Belege und ihrer Auffassung als ganze Syntagmen, berechtigt.[19]

Trotz der Tatsache, dass die phraseologischen Spezifika hier nicht im Mittelpunkt des eigentlichen Interesses stehen, sind gerade diese Beispielsätze

---

lung der Flexion des bestimmten Artikels, die Wortbildungslehre und die syntaktischen Abhandlungen.

[19] Vgl. exemplarisch die Belege im ersten Band des *Teutschen Secretarius* von HARSDÖRFFER.

eine wichtige Quelle der historischen formelhaften Sprache. Denn was hier ihre Notation berechtigt, sind ihre Geläufigkeit und die pragmatische Größe der Sprachverwendung, die semantische und morphosyntaktische Abweichungen legitimieren. Dass zur Erklärung grammatischer Phänomene seltene Wendungen herangezogen wurden, scheint angesichts der Orientierung der Grammatiker an dem „gemeinen Gebrauch" eher unwahrscheinlich zu sein.

3 Zusammenfassung

Die Analyse der ausgewählten historischen Grammatiken des Deutschen hat gezeigt, dass Phraseologismen konstitutive Elemente der ersten sprachtheoretischen Auseinandersetzungen darstellen. Sie erfüllen erkenntnisstiftende Funktion und werden deshalb als Objekte der Sprachpflege und Mittel der Sprachlegitimation behandelt. Sie sind eng an eine Sprache gebunden, gehören zu ihrem Kern und werden in Verbindung mit dem Alter des Deutschen und seiner Ebenbürtigkeit in Verbindung gebracht. Ihr lehrhafter Charakter berechtigt ihre Verwendung bei der Verhaltensorientierung im Prozess des primären und/oder sekundären Spracherwerbs. In der Praxis der Vermittlung der deutschen Grammatik sind sie einerseits Hilfsmittel beim Erlernen der Schreib- und Sprechkunst, bilden aber andererseits auch unentbehrliche Elemente der schriftsprachlichen und sprechsprachlichen Kompetenz. Die Produktivität der Phraseologismen begünstigt ihre Verwendung in veranschaulichenden Funktionen, sei es in den Poetiklehren oder bei der Erklärung genuin grammatischer Phänomene. In diesem zuletzt genannten Punkt finden sich am meisten Parallelen mit dem Umgang mit Phraseologismen in den gegenwärtigen Grammatiken.

Literatur[20]

AGRICOLA, Johannes (1534/1970): Sybenhundert und fünfftzig Teütscher Sprichwörter. Verneüwert und gebessert. Mit einem Vorwort von Mathilde Hain. Reprographischer Nachdruck der Ausgabe Hagenau 1534. Hildesheim/New York.

BURGER, Harald (2004): Phraseologie – Kräuter und Rüben? Traditionen und Perspektiven der Forschung. In: STEYER, Kathrin (Hrsg.): Wortverbindungen – mehr oder weniger fest. (Jahrbuch des Instituts für deutsche Sprache; 2003). Berlin/New York. S. 19–40.

---

[20] Aus Platzgründen sind nur die im Haupttext erwähnten Primärquellen aufgelistet. Die Werke, auf die im Haupttext oder in den Fußnoten verwiesen wird, bleiben unberücksichtigt und sind dort auch nicht in Kapitälchen gesetzt.

BURGER, Harald/BUHOFER, Annelies/SIALM, Ambros (1982): Historische Phraseologie. In: BURGER, Harald/BUHOFER, Annelies/SIALM, Ambros (Hrsg.): Handbuch der Phraseologie. Berlin/New York. S. 315–382.
Duden (2005): Grammatik der deutschen Gegenwartssprache. Band 4. 7. Aufl. Mannheim u.a.
EISENBERG, Peter (2004): Grundriss der deutschen Grammatik. Band 1: Das Wort. Stuttgart/Weimar.
FRANCK, Sebastian (1541/1987): Sprichwörter/Schöne/Weis/Herrliche Clugreden/und Hoffsprüch. Mit einem Vorwort von Wolfgang Mieder. Nachdruck der Ausgabe Frankfurt am Main 1541. Hildesheim/Zürich/New York.
FRANGK, Fabian (1531/1979): Ein Cantzley und Titel büchlin. Beigebunden ist: Fabian Frangk Orthographia Deutsch. Nachdruck der Ausgabe Wittenberg 1531. Hildesheim/New York.
GARDT, Andreas (1994): Sprachreflexion in Barock und Frühaufklärung. Entwürfe von Böhme bis Leibniz. Berlin.
GIRBERT, Johann (1653): Die Deutsche Grammatika. Mühlhausen. Harsdöerffer. In: Sprachspiegel 31. S. 65–71.
HARSDÖRFFER, Georg Philip (1644ff./1968): Frauenzimmer Gesprächsspiele. Teile I–VIII. Hrsg. von Irmgard Böttcher. Tübingen.
HUNDT, Markus (2000): „Spracharbeit" im 17. Jahrhundert. Studien zu Georg Philipp Harsdörffer, Justus Georg Schottelius und Christian Gueintz. Berlin/New York.
KNAPPE, Gabriele (2004): Idioms and Fixed Expressions in English Language Study before 1800. A Contribution to English Historical Phraseology. Frankfurt am Main u.a.
MEICHSSNER, Johann Elias (1538/1976): HandtBüchlin grundlichs berichts. Recht vnd wolschrybens der Orthographie vnd Grammatic. Nachdruck der Ausgabe Tübingen 1538. Hildesheim/New York.
MIEDER, Wolfgang (1974): „Das Schauspiel Teutscher Sprichwörter" oder Georg Philipp Harsdörffers Einstellung zum Sprichwort. In: Daphnis 3. S. 178–195.
MIEDER, Wolfgang (1975): Zwei Sprichwörterbriefe von Georg Philipp. In: Sprachspiegel 31. S. 65–71.
MIEDER, Wolfgang (1982): Die Einstellung der Grammatiker Schottelius und Gottsched zum Sprichwort. In: Sprachspiegel 38. S. 70–75.
MOULIN-FANKHÄNEL, Claudine (1994): Bibliographie der deutschen Grammatiken und Orthographielehren. I–II. Heidelberg.
MOULIN-FANKHÄNEL, Claudine (2000): Deutsche Grammatikschreibung vom 16. bis 17. Jahrhundert. In: BESCH, Werner/BETTEN, Anne/REICHMANN, Oskar/SONDEREGGER, Stefan (1999–2004): Sprachgeschichte. Ein Handbuch zur Geschichte der deutschen Sprache und ihrer Erforschung. 2., vollständig neu bearb. und erw. Aufl. Teilband 2. Berlin. S. 1903–1911.
PILZ, Klaus Dieter (1981): Phraseologie. Redensartenforschung. Stuttgart.
PUDOR, Christian (1672/1975): Der Teutfchen Sprache Grundrichtigkeit und 3ierlichkeit. Nachdruck der Ausgabe Cölln a. d. Spree 1672. Hildesheim/New York.
SCHOTTELIUS, Justus Georg (1663/1995): Ausführliche Arbeit Von der Teutschen HaubtSprache. Hrsg. von Wolfgang Hecht. I–II. 2., unveränderte Aufl. Tübingen.

SCHWARTZENBACH, Leonhard (1554): Synonyma. In: HAß, Ulrike (1986): Leonhard Schwartzenbachs „Synonyma". Beschreibung und Nachdruck der Ausgabe Frankfurt 1564. Lexikographie und Textsortenzusammenhänge im Frühneuhochdeutschen. Tübingen.

WEICKERT, Rainer (1997): Die Behandlung von Phraseologismen in ausgewählten Sprachlehren von Ickelsamer bis ins 19. Jahrhundert. Ein Beitrag zur historischen Phraseologie. Hamburg.

ZIFONUN, Gisela/HOFFMANN, Ludger/STRECKER, Bruno (1997ff.): Grammatik der deutschen Sprache. 3 Bände. Berlin/New York.

Tibor Örsi (Eger)

The Etymological Origin of some Fixed English Prepositional Phrases that Follow the Pattern "without + noun"

In learner's dictionaries of present-day English like the *Oxford Advanced Learner's Compass* we find a fairly great number of idiomatic expressions that follow the pattern "without + noun". Most of these fixed prepositional phrases including *without doubt, without delay* consist of the native preposition *without* followed by a noun of French origin. Other phrases like *without exception, without hesitation* contain a lexical word that may have come either from Latin through French or directly from Latin. In these cases, I prefer the term Romance to cover both French and Latin. I suspect that whenever the English phrase has a Romance word, the whole phrase may have entered English as one syntactical unit. Sometimes this can be proved *without difficulty*. A number of other phrases apparently of foreign origin turn out to have been created in English. This paper examines – obviously from a diachronic perspective – whether the phrases containing *without* are

1. genuine borrowings from French (and/or Latin)
2. calques based on Romance models
3. or native formations in English.

I compare the data of the earliest attestations available in the *Oxford English Dictionary*, the *Middle English Dictionary*, the *Altfranzöschises Wörterburch*, *Le Littré* and other dictionaries. My own research provided some of the examples quoted directly from primary sources. I arrive at conclusions on the chronological evidence of the occurrences.

1 *without fail – sans faille*

ME *failen* v. 'cease to exist or function, come to an end, be unsuccessful' is first recorded in *Ancrene Riwle* (probably a1200), was borrowed from OF *faillir* 'be lacking, miss, not succeed', from VL **fallire*, corresponding to L *fallere* 'deceive, be lacking or defective'. The historical and etymological dictionaries do not explain the origin of ME *fail* n. satisfactorily. The *OED* derives it from OF *faille* n. 'deficiency, failure, fault', from the Old French verb, and adds that the noun is "obsolete, except in the phrase *without fail*, now only used to strengthen an injunction or promise, formerly also with statements of fact, = unquestionably, certainly." A look at the recorded examples will prove that the whole phrase was taken over as a whole. The *OED* only quotes Middle English examples where *fail* n. occurs in a phrase. The *MED* supplies the following examples that date from before the first attestation as an independent noun:

> ?a1300 *Sirith* (Dgb 86) 187: *He saide me, wiþ-outen faille, þat þou me coupest helpe and uaile.*
>
> c1300 *SLeg.Cross* (LdMisc 108) 185: *Þare þov mi3t with-oute faille to parays euene gon.*
>
> c1330 *St.Greg.* (Auch) 115/617: *Þe douk was proude, wiþ outen feyle.*

The phrase frequently occurs with the French preposition in Middle English, which proves its French origin. *Sans fail* is a separate entry both in the *OED* and in the *MED*. The first recorded example for this variant dates from about the same time as for the phrase with the native preposition:

> c1300 *SLeg.Patr.* (LdMisc 108) 156:
> *Saunt faille, we ne beoth nou3t so onkuynde þat we it nellez 3elde þe.*

Under SAUNS FAILE phr. the *MED* lists altogether twenty-eight examples assigned to two categories:

> a. 'without fail, without doubt; certainly, assuredly';
> b. with diminished force, as rhyme tag: 'indeed, actually'.

Notice that in the example from ?a1300 *wiþ-outen faille* also appears as a rhyme tag. Interestingly, the original Old French phrase occurs earlier than its lexical element. According to the *Dictionnaire historique de la langue française*, the phrase *sans faille* is first attested in French in 1130–1140 and *faille* "en emploi libre" c1160. *Le Littré* quotes an early example under RECEVOIR:

> XIIe s. St Bern. 534 *Belleem est senz faille et digne de rezoyvre notre Signor.*

In the *Chevalier au Lion* (*Yvain*) by Chrétien de Troyes the phrase occurs six times, always as a rhyme tag, as in the quotation below:

> 1267 *Ne vet tracent perdriz ne caille.*
> *Peor avez eü sanz faille.* (ed. ROQUES)

In the *Roman de la Rose* we find several attestations. The phrase usually – but not exclusively – appears as a rhyme tag, as in the following examples:

| 11183 | Et vois par toutes regions
çarchant toutes religions;
mes de religion *s a n z   f a i l l e*
j'en lés le grain et pregn la paille. |
| --- | --- |
| 12781 | Bien fet qui jennes genz conseille.
S a n z   f a i l l e, ce n'est pas merveille
s'ous n'en savez quartier ne aune,
car vos avez trop le bec jaune. (ed. LECOY) |

We could cite a wealth of examples to illustrate the extensive use of the phrase *sans faille* in Old French. We must mention here that OF *faillir* first attested c1050 in *Alexis* also yielded *faillance,* which in fact appears earlier than *faille*. OF *faillance* 'lack, loss, deprivation' in independent use is first recorded at the end of the eleventh century in *Gloses de Raschi.* The corpus of *Le Littré* contains three Old French examples of the phrase *sans faillance* 'unquestionably, undoubtedly'. The earliest – quoted under FAILLANCE n. from Wace – dates from c1169:

Rou V. 1432 *Parjure sunt vers tei, si veintras s a n s   f a i l l a n c e .*

The phrase *sans faillance* does not seem to have entered Middle English.

Conclusion: the phrase *without fail* is a genuine borrowing from French. Its shortness and ease to make rhymes seem to have contributed to its spread both in Old French and in Middle English.

2 *without doubt – sans doute*
   (ME *withouten ony drede* – OF *saunz doute)*

The *Chambers Dictionary of Etymology* supplies the following etymology under DOUBT v.: "Probably a1200 *duten,* in *Ancrene Riwle*; later *douten* 'be afraid of, dread'; borrowed from OF *douter* 'doubt fear', from L *dubitare* 'hesitate, waver in opinion'." DOUBT n.: "Probably a1200 *dute,* in *Ancrene Riwle*; later *doute* (c1300); borrowed from OF *doute,* from *douter* 'to fear, doubt', from L *dubitare.* The spelling *doubte* is occasionally recorded, probably a1425, in imitation of the Latin."

The primary sense of OF *douter* is 'to fear'. The meaning 'to fear' developed in Late Latin. The first attestation in the *Chanson de Roland* illustrates the prominent meaning in Old French until the beginning of the seventeenth century:

Roland 3580 *Li amiralz, il nel crent ne ne d u t e t .*

OF *redouter* (intensifying prefix *re* + *douter*) – first recorded in the *Vie de saint Alexis* c1050 – eliminated the old sense 'to fear'. OF *redouter* also entered Middle English as *redowte*, in Chaucer. The earliest quote in *Le Littré* under DOUTE n. is a late twelfth century example where OF *sans* + *doute* co-occur accidentally:

XIIe s. Couci, XVIII: *Sans doute* ['fear'] *de perir...*

Throughout the history of the French language, the phrase *sans doute* is used in five major senses:

(a) 'without fear'
(b) 'certainly, undoubtedly'
(c) ? 'sans faute'
(d) 'certes, je vous accorde que, admettons que' (first attested c1464 in Commynes)
(e) 'probably'. This is the current sense (first attested in 1665 in Racine).

I found recorded evidence for sense (b) in Béroul (c1181):

Béroul 4019 *Il sont faé, gel sai s a n z d o t e .* (ed. MURET/DEFOURQUES) ['Ce sont des chevaliers magiciens, j'en suis absolument certain.'] (trans. Jonin)

The earliest example for sense (b) in *Le Littré* can be found under DOUTE n.:

XIIIe s. Lais inédits p. IV.: *Car donc, quel part la pointe* [de l'aiguille aimantée] *vise, La tresmontaigne* ['le nord'] *est là s a n s d o u t e .*

Notice the following example with a meaning that cannot be fitted into any of the above categories. The editor suggests 'sans faute'. The *FEW* dates the manuscript to c1200:

Dole 3484: *La kalende de mai conmence*
 qu'il m'i estuet estre s a n z d o u t e ... (ed. LECOY)

In Old French a variant phrase *sanz doutance* also appeared. (OF *dotance* is first recorded in *Roland*). The meaning of the earliest attestation cited in *Le Littré* under LE pr. seems to correspond to (a):

XIIe s. Ronc. 147: *Et li François les suigent* ['suivent'] *s a n s d o u t a n c e .*

The same phrase with meaning (b) is recorded in *Le Littré* under POUDREUX adj.:

XIIIe s. Ruteb. II, 167: *Piez poudreus et pensée vole,*
 Et oeil qui par signes parole
 Sont trois choses, tout s a n z d o u t a n c e ,
 Dont je n'ai pas bonne esperance.

Already in Old French both variants of the phrase could occur side by side. In the *Conte du Graal*, Chrétien de Troyes uses *sanz dotance* four times (always as a rhyme tag) of which I quote one, *sanz dote* once and *sanz nule dote* once:

Perceval 6160   *Sire, chiés le Roi Pescheor*
                fui une foiz, et vi la lance
                don li fers sainne s a n z   d o t a n c e ...

Ibid. 4836   *Prenez un tornoi a mon pere*
                se vos volez m'amor avoir,
                que ge vuel s a n z   d o t e savoir
                se je l'avoie or an vos mise.

Ibid. 8630   *Et cil respont: Se Dex me salt,*
                la ert la corz s a n z   n u l e   d o t e,
                la verité an savez tote. (ed. LECOY)

The whole phrase entered English unchanged. The French preposition is maintained. The phrase may be "over-represented" in verse literature in both languages as it is frequently used as a common rhyme tag. Under SAUNS prep., the *MED* gives three attestations of *saunt dotaunce* and seven of *sanz doute*. Interestingly, the two phrases are first recorded at exactly the same time:

c1330 SMChron. (Roy 12.C.12) 497:
Thilke he spende, s a u n t   d o t a u n c e, Aboute thoht ant purveaunce Hou he myhte... ys lond ariht lede.

c1330 *Why werre* (Auch) 119:
At even he set upon a koife... Adihteth him a gay wenche of the newe jet, s a n z   d o u t e, And there hii clateren cumpelin whan the candel is oute.

Within the same manuscript, a phrase may have variants representing various degrees of the integration of the foreign phrase. In *Kyng Alysaunder* both ME *saunz dotaunce* (with a preposition of French origin) and ME *wiþouten doutance* (with a native preposition) occur.

c1400 (?a1300) *KAlex.*(LdMisc 622) 1827:
Þat londe was lorne, s a u n z   d o t a u n c e.

c1400 (?a1300) *KAlex.* (LdMisc 622) 5909:
Hij ben men, w i þ o u t e n   d o u t a u n c e,
Of hard lijf and stronge penaunce.

Under DOUTE n. 1d., the *MED* gives only one sense for the phrase *withoute doute*: 'doubtlessly, certainly, surely'. The earliest quote is rather late:

c1385 Chaucer *CT.Kn.* (Manly-Rickert) A.1322:

After his deeth man moot wepe and pleyne... W i t h o u t e n d o u t e, it may stonden so.

Under DOUBT n. def. 4d, the *OED* gives two meanings for the phrase *without doubt*: (a) 'certainly, undoubtedly', †(b) 'without fear, fearlessly'. The three Middle English examples cited in the *OED* all seem to have sense (a):

a1300 *Cursor M.* 2053 (Cott.): *Cham w i t - o u t e n d o u t Sal be his brothers vnderlote.*

a1300 *Cursor M.* 6657 (Cott.): *Cums again, w i t - u t e n d u t e.*

c1410 Sir Cleges 44: *Rech and pore ... Schulde been there w y t h o u t t o n d o u g h t.*

Occurrences with meaning (a) vastly outnumber the ones with (b). An exhaustive search in the *OED* corpus produced the following example (under PRUNE v^1 B. 1 where meaning (b) can be illustrated with certainty):

1423 JAS. I. *Kingis Q.* lxiv.:

The birdis said 'wele is vs begone', We proyne ['preen'] *and play w i t h o u t d o u t and dangere.*

So far we have proved that OF *sans doute* was partially calqued in Middle English and senses (a) and (b) of the OF phrase had corresponding forms in Middle English. The Cotton Version of *Mandeville's Travels* (c1400) contains two examples of the more general sense 'without doubt':

C 17/28 *For w i t h o u t e n d o u t e I am non other than thou seest now, a womman, and therefore drede the nought.*

C 69/36 *And yit men seyn there that it wexeth and groweth euery day w i t h - o u t e n d o w t e.*

W 47/42 *Et vnqore dient ils qelle croist touz les iours s a n z n u l l e d o u t e.*

The phrase in C 17/28 does not have a corresponding form in the original French text published by WARNER. To the phrase in C 69/36 corresponds W 47/42: *sanz nulle doute*. This attestation is worth noticing. According to the short etymological reference under SANS NUL DOUTE loc. adv. in the *Grand Larousse de la langue française* (1972: 1408), the phrase originated in the twentieth century.

There is no mention of the sense 'doubt' in any of the cognate forms supplied in the etymology of ME *drede*.

ME *withouten ony drede* is listed as a phrase in the *MED* under DREDE 4b.: "*withouten (eni) drede* 'without doubt, assuredly, surely'; – often merely emphatic." We quote the two earliest attestations:

a1325 *Heil beo þou Marie Mylde* (StJ-C S. 30) 9: *Ioyful was þin herte w i t h - o u t e n   e n i   d r e d e , Wan ihesu crist was of þe boren.*

(1340) *Ayenb.* (Arun 57) 105/8: *Huo þet heþ wel þise uour þinges zoþliche, w y þ o u t e   d r e d e he ssel by yblyssed.*

The first quote is taken from a prayer, while *Ayenbite of Inwyt* was translated from French. These two occurrences consisting of native words are contemporaneous with ME *saunt dotaunce* and *sanz doute*, which points to native origin. The occurrences of *withouten (ony) drede* predate those of *withoute doute*, which again is in favour of native origin. Other Middle English phrases are also recorded: *out of doute, no doute* both meaning 'doubtlessly, certainly, surely'.

ME *withouten (ony) drede* only occurs in dialects after the sixteenth century. Even if it arose independently of (Old) French *sans doute*, it was associated with it. It is the form *without doubt* – with the lexical word of French origin – that has survived into Present-Day English.

The crucial issue before forming a judgement on the possible French origin of ME *withouten doute* is to explain the origin of ME *withouten (ony) drede*. ME *drede* is a native English word. The appearance of the now obsolete sense supplied in the *OED* under DREAD n. def. 3 'doubt, risk of the thing proving otherwise' (five examples dating from 1340 to 1556, always in phrases; as a verb, one example c1400) and in the *MED* under DREDE n. def. 4. a, 4 b. 'doubt, uncertainty' (nineteen examples from 1325 to 1500, always in phrases; as a verb, three examples from c1350 to a1425). In corresponding words in the rest of the Germanic languages, this sense is absent. ME *drede* n. previously only meant 'fear' but adopted the sense 'doubt' from its synonym – ME *doute* n. 'doubt'. This sense of ME *drede* is attested chiefly in phrases, in the fourteenth and fifteenth centuries.

Conclusion: *Withoute doute* shows direct French influence, *withouten ony drede* shows ultimate French influence.

3 *without let or hindrance* (formal or law) 'freely, without being prevented from doing sg' – Phrase of native English origin

Let us now examine a phrase in whose history no direct French influence can be pinpointed as both lexical words are of Germanic origin. We see only indirect French influence in the use of the nominal suffix *-ance*, which was added to the verb *hinder* after such French words as *résistance*. The now archaic noun *let* used to mean 'hindrance, stoppage, obstruction'. It survives into ModE in the present phrase as well as a term in tennis: 'a serve that has touched the top of the net'. ME *lette* n. is first attested a1225. It first collocates with *without* c1330.

> c1330 (?a1300) *Arth.& M.* (Auch) 1755:
> *Her conseyl was sone ynome,*
> *Wiþ o u t e n l e t forþ to wende,*
> *Her fomen for to schende.*

> c1330 (?a1300) *Arth.& M.* (Auch) 4873:
> *Þis paiens, wiþ outen let.*
> *O3ains þis children set.*

The phrase seems to have proved too short and longer lexical words were added for emphasis.

> (a1438) *MKempe A* (Add 61823) 109/25: *Sche...askyd... why sche was somownde to come be-for hym; it was to hir gret n o y e & h y n d e r a w n s in-as-meche as sche was a pilgryme.*
>
> a1450-a1500 (1436) *Libel EP* (WARNER) 432: *They lyve... in London wyth suche chevesaunce That men call usure to oure l o s s e and h i n d e r a u n c e.*

The addition of longer words – very often of French origin – to give weight to the expression was fairly frequent. They were sometimes only used as mere rhyme-tags.

4 *without rhyme or reason* 'in a way that cannot be easily explained or understood' – Genuine borrowing from French

Rhyme is coupled with *reason* chiefly in negative sentences to express 'lack of good sense and reasonableness'. The exact origin of the sense of the phrase is not satisfactorily explained. *Reason* itself is ambiguous as it refers to 'rationality' and 'cause' at the same time. Medieval and classical rhetoricians frequently contrast the *rhyme* that is 'the poetical form' and *reason*, which refers to 'the conceptual or narrative content'.

Rhyme was borrowed from OF, from ML *rithmus*, via Latin from Greek *rhutmos*. In Middle English, the spelling was *rime*. The current spelling was introduced in the early 17th century under the influence of *rhythm* (also from Greek *rhutmos* and originally in the sense 'rhyme'). *Reason* – the second lexical word in the phrase – was also borrowed from Old French. Both *rhyme* and *reason* entered English in the early 13th century. According to the entry RIME du *Trésor*, the two words co-occur first in French as early as the late 13th century.

c1300(1400) *n'y regarder ne rime ne raison* «abandonner toute considération de convenance et de bon sens» (*L'Art d'Amours*, ed. Br. Roy, 3669);

c1400 *n'y avoir ryme ne raison* «n'y avoir ni logique ni cohérence» (EUSTACHE DESCHAMPS, *Œuvres*, ed. Queux de Saint-Hilaire, t. 7, p. 351, 113);

1405 *sans rime et sans raison* (GERSON, *Œuvres*, ed. P. Glorieux, t. 7, p. 1159);

1784 *sans rime ni raison* (DIDEROT, *Jacques le Fataliste*, p. 642).

a1475 Russel *Bk. Nurt.* (Hrl 4011) 1243:
As for ryme or reson, þe forewryter was not to blame,
For as he founde hit aforne hym, so wrote he þe same.

1530 Tindale *Answ. More* XVI. Works (1573) 285/1
... thou shalt finde here cleane w i t h o u t   r i m e   o r   r e a s o n

The fact that both lexical words of the phrase are borrowings from French and the French occurrences largely precede the occurrences in that language, it is reasonable to suppose that the phrase is of French origin.

5 *without delay* 'without waiting, immediately, at once' Genuine borrowing from French

c1165-70 *sanz delai* (CHRÉTIEN DE TROYES, *Erec* 4724, in the *AFW*)

?a1300(a1250) *Harrow.H.*(DgB 86) 237:
Þou dedest wel w i þ h o u t e n   d e l a y þe comaundement of þe lay.

c1300 *Lay.Brut* (Otho C.13) 17480:
Þe king.. lette beade.. þat hii come to Ambres-buri wiþ houte delaie.

(c1384) *WBible(1)* (Dc 369(2)) Deeds 25.17:
Thei camen to gedire hidur w i t h o u t e   o n y   d e l a y [L *sine ulla dilatione*].

This is a fairly common phrase that shows French influence. The earliest French occurrence comfortably predates the English one. As always, possible Latin influence must also be examined. It is even more likely in the case of the translation from the Bible. In the present case, the Middle English phrase seems to have caught on before Wycliff's translation was made.

6 *without exception* – Doubtful borrowing

1461 Villon *Test.* 312 *Mort saisit s a n s   e x c e p c ï o n .*

c1400 *RRose* 4087   *I shalle defende it ...*
                     W i t h o u t e n   o n y   e x c e p c i o u
                     Of each maner condicioun...

A learned word like *exception* borrowed either from French or from Latin points to French or Latin influence. The French origin of this phrase is doubtful as the earliest English example clearly antedates the French example.

7 Conclusion

The small number of phrases examined here certainly does not suffice to draw far-reaching conclusions. However, the following observations can be made:

The number of prepositional phrases increases spectacularly during the Middle English period, largely due to French influence. The phrases of the type "without + noun" fit into this tendency.

The increased use of prepositional phrases fits into the general tendency towards analyticity in English and in French alike.

Both in Old French and in Middle English a number of prepositional phrases are used with diminished force as mere rhyme tags.

Before the time of Shakespeare, the now archaic preposition *sans* was also used, almost exclusively with nouns adopted from Old French, in collocations already formed in that language, as *sans delay, sans doubt, sans fable, sans pity, sans return*. Even in some of the earliest examples, however, a native English has been substituted for the Romance noun, as in the phrase *sans biding = sans delay*.

References

AFW = TOBLER, Adolf/LOMMATZSCH, Erhard. (1925–): Altfranzösisches Wörterbuch. Berlin, later Wiesbaden.
BARNHART, Robert K. (ed.) (2000): Chambers Dictionary of Etymology. New York.
Grand Larousse de la langue française (1971–1978). Paris.
JONIN, Pierre (trans.) (1982): Le Roman de Tristan. Paris.
Le Littré. Dictionnaire de la langue française. Version CD-ROM. (n.d.). Marsanne.
LECOY, Félix (ed.) (1974–1975): Le Roman de la Rose. 3 volumes. Paris.
LECOY, Félix (ed.) (1975–1979): Le Conte du Graal (Perceval) 2 vols. Paris.
LECOY, Félix (ed.) (1979): Le Roman de la Rose ou de Guillaume de Dole. Paris.
MED = Middle English Dictionary. <http://ets.umdl.umich.edu/m/med>
MOIGNET, Gérard (ed.) (1972^3): La Chanson de Roland. Paris.
MURET, Ernest/DEFOURQUES L. M. (eds.) (1974^4): Le Roman de Tristan. Paris.
OED = Oxford English Dictionary (2004). Second Edition on CD-ROM. Version 3.1. Oxford.
Oxford Advanced Learner's Compass. (2005): Oxford.
ROQUES, Mario (ed.) (1978): Le Chevalier au Lion (Yvain). Paris.
SEYMOUR, Michael C. (1967): Mandeville's Travels. Oxford.
Trésor de la Langue Française informatisé (2004). Paris.

WARNER, George F. (ed.) (1889): The Buke of John Maundeuill. Westminster.
WARTBURG, Walter von (1928–): Französisches Etymologisches Wörterbuch. Bonn, later Leipzig/Berlin, later Basel.

Astrid Scharipowa (Kasan)

Volksetymologische Deutungen russischer und deutscher phraseologischer Einheiten

Wer hat sich nicht schon einmal gefragt, warum ein Wort so und nicht anders heißt, woher seine Bedeutung kommen mag, wie es wohl entstanden ist. Auch Wörter haben ihre Geschichte, die zuweilen so undurchsichtig ist, dass wir ihre genaue Herkunft nur schwer bestimmen können. Viele Wörter bedeuteten ursprünglich nicht das, was sie uns heute mitteilen. Durch Jahrhunderte währende Verwendung wurden sie von den Sprechenden verändert und angepasst, ihre Herkunft wurde vergessen und ihre Bedeutung neu ausgelegt. Das geschah natürlich nicht wissenschaftlich fundiert, sondern im Rahmen der Volksetymologie. Diese wird auch als Fehletymologie oder Pseudoetymologie bezeichnet. Unter Volksetymologie versteht man die „begriffliche und lautliche Angleichung fremder oder (durch Lautveränderung bzw. Ungebräuchlichkeit) fremd gewordener, etymologisch undurchsichtiger Wörter und Wortteile an begrifflich verständliche, hervorgerufen durch das Verlangen nach Deutlichkeit." (*Lexikon sprachwissenschaftlicher Termini*)

Wörter, die ähnlich klingen, wurden miteinander in Verbindung gebracht, weil man dachte, dass sie eine ähnliche Bedeutung hätten. Wortbestandteile der Komposita wurden verwechselt, Fremdwörter wurden an das phonetische System der Sprache angepasst und möglichst nahe an schon bekannte Wörter angeglichen. Andere Fehldeutungen sind durch sachliche Unkenntnis entstanden. So ist z.B. die Erdbeere im botanischen Sinne keine Beere, sondern eine Sammelsteinfrucht.

Aber nicht nur einzelne Wörter unterliegen den fehlerhaften Erklärungen der Volksetymologie, sondern auch Sprichwörter und Redensarten bekommen einen Sinn, den sie früher nicht hatten. Die aktuelle Bedeutung einer phraseologischen Komponente verdrängt nicht selten ihren ursprünglichen Sinn, der im Prozess der Entwicklung der phraseologischen Einheit verloren ging. Eine neuere Erklärung der Komponente führt zu neuen Assoziationen, zu einer neuen logischen Rechtfertigung der Komponente (Мокиенко 1975: 40).

Beispiele für eine „bildlose" Herkunft bildhafter Ausdrücke gibt es in der Sprache in umfangreicher Menge. Man könnte viele interessante Beispiele nennen, um die Vielfalt und den Ideenreichtum der Volksetymologie zu illustrieren. Oft sind diese mit mundartlichen Veränderungen verbunden. In der Sprachforschung wird eine solche Möglichkeit der Bildung stehender Wortverbindungen oft nicht genügend Aufmerksamkeit gewidmet, was seinerseits zu fehlerhaften etymologischen Deutungen führt. POTEBNJA sah in der Bildhaftigkeit die wichtigste Rolle bei der Bildung von Phraseologismen. Selbst ursprünglich bildlose Wortverbindungen strebten nach Bildhaftigkeit. Phraseologismen durchlaufen einen schwierigen Weg von freien zu festen Wortverbindungen durch eine bildhafte Umdeutung der ersten. Die Bildhaftigkeit eines Phraseologismus zu erkennen, heißt nicht gleichzeitig auch, seine Geschichte zu kennen. Ein phraseologisches Bild, das als Metapher der Komponenten einer phraseologischen Einheit entsteht, behält seine Aktualität so lange, wie die Sprachträger seine Doppeldeutigkeit fühlen. Es herrscht eine gewisse Spannung zwischen direkter und indirekter Bedeutung der Wortverbindung. Die Aktualität der direkten Bedeutung wird durch extralinguistische Faktoren beeinflusst, die historischen Prozessen unterliegen. Die reellen Vorstellungen, die das phraseologische Bild zum Leben erweckten, veralten und verschwinden. Dieser Prozess führt zum Veralten und Verschwinden der Lexeme, die diese Vorstellung widerspiegelten. Die phraseologischen Einheiten jedoch bleiben erhalten und werden weiterhin aktiv genutzt, obwohl das ursprüngliche Bild schon nicht mehr existiert. Es bleibt nur noch die übertragene Bedeutung der Wortverbindung erhalten und diese wird oft als unmotiviert empfunden oder volksetymologisch gedeutet (Мокиенко 1975: 33). Oft ist es notwendig, sich der Sprachgeschichte zuzuwenden.

Da es sowohl im Russischen als auch im Deutschen volksetymologische Deutungen fester Wortverbindungen gibt, sollen im Weiteren einige von ihnen, stellvertretend für ihre Gesamtheit, erläutert werden. Besonders anschaulich kann man Fehldeutungen bei den folgenden russischen Ausdrücken erklären: «сидя на санях», «с копыльев долой/с копылов долой», «большая шишка / важная шишка» и «остаться / уйти с носом».

So kann man z.B. in Wladimir Monomachs „Vermächtnis" lesen: „Сидя на санях, глупость эту сказал".Wörtlich übersetzt heißt das: „Auf dem Schlitten sitzend sagte er diese Dummheit." Diese Phrase bedeutet: „Готовясь к смерти он сказал эту глупость", d.h. „Sich auf den Tod vorbereitend sagte er diese Dummheit." Die Verbindung von Schlitten und Tod ist in diesen Wendungen kein Zufall. Sie spiegelt die alte Tradition wider, den Leichnam, ungeachtet der Jahreszeit auf einem Schlitten zur Begräbnisstätte zu fahren. Davon zeugt schon die älteste russische Geschichtsschreibung – „Повесть временных лет", wo es heißt: „Возложив на сани, везли его по Киеву, попы пели погребальные песни, а народ причитал по нему." In der deutschen Übersetzung: „Nachdem sie ihn auf den Schlitten gelegt hatten, zogen sie ihn durch Kiew, die Popen sangen Begräbnisweisen und das Volk wehklagte um ihn." Die Worte Momomachs beweisen, dass schon im 12. Jahrhundert die Wendung „auf dem Schlitten sitzen" zu einer festen Metapher geworden war (Мокиенко 1999: 34–35).

Als Schlitten bezeichnete man eine nicht sehr große Wagenart, mit welchem man sommers wie winters fahren konnte und der mit dem Toten bis zur Beerdigung in der Kirche verblieb (Гвоздарёв 1982: 122). Anderen Quellen zufolge wurde das Gefährt mit dem Toten auf eine Anhöhe gezogen, dort mit rituellen Gegenständen und trockenem Reisig umlegt, mit warmem Hahnenblut besprenkelt und angezündet. Der Schlitten ist so zu einem Symbol des Todes geworden. Im 16. Jahrhundert, als der alte Beerdigungsritus schon in Vergessenheit geriet, sprachen die Geschichtsschreiber noch von militärischen- bzw. Heeresschlitten", wenn sie über die Wahrscheinlichkeit berichteten, das Leben im Kampf bzw. im Gefecht, also vorzeitig zu verlieren (Колесов 1982: 76–77).

Eine Befragung unter Studenten hat ergeben, dass von 20 Personen 12 angaben, diese Redewendung nie gehört zu haben. Bei den Erklärungen zur Herkunft des Nomens „Schlitten" – «сани» gab es folgende interessante Varianten:

1. früher hat man auf dem Schlitten Gutsbesitzer gefahren, deshalb verweist der Ausdruck auf Menschen, die nichts machen (fünf Personen)
2. der Schlitten war das Hauptverkehrsmittel
3. auf dem Schlitten sitzen bleiben heißt zurückbleiben.

Ein anderes, hiermit verbundenes Beispiel ist das Substantiv „копыл", das in der Literatursprache in zwei Wendungen existiert: „поднять всё копылом" in der Bedeutung „beunruhigen; aufwühlen; das Unterste zuoberst kehren" und „с копыльев/копылов долой" in der Bedeutung ‚sterben; fallen; eine persönliche Katastrophe erleiden'. Die Tradition, den Sarg auf einem Schlitten zu befördern, ist in Russland längst vergessen und nur wenige wissen noch, was das Wort „копыл" bedeutet. Man findet es auch nicht mehr in neueren Wörterbüchern in seiner gesamten Bedeutungsbreite erklärt. Im Russisch-Deutschen Wörterbuch von PAWLOWSKI hingegen stoßen wir auf folgende Übersetzungen. Копылъ

1) *der Ständer* (an Schlittenbäumen)
2) *der Bauernschlitten* (Nordrussland)
3) *der Bastschuhleisten* (Südrussland), *der Stiefelleisten*
4) (prov.) *der Waschpleuel* (mit langer Handhabe, für den Winter)
5) *ein krummer Meißel zur Bearbeitung des inneren Bienenstocks* (PAWLOWSKI: 573)

Oft hört man in der Umgangssprache statt «с копылов долой» – «с копыт долой», was soviel heißt, wie „von den Hufen fallen". Das in Vergessenheit geratene Ritual und die Unkenntnis des Nomens «копыл» und der damit verbundenen Realien führten zu einer paronymischen Transformation – zum

Austausch des Nomens «копыл» gegen das verständlichere «копыто». Diese Variante fand ihren festen Platz in der Sprache unter dem Einfluss solcher phraseologischen Modelle wie «протянуть ноги, откинуть копыта, отбросить коньки ».

Auch hier gibt es bei der Befragung der Muttersprachler die gleiche, noch ausgeprägtere Tendenz, wie schon im vorhergehenden Beispiel. Keiner der Befragten gab an, die Redewendung zu kennen und nur einer verband sie mit „Pferdehufen" – «копыта лошадей».

In der phraseologischen Einheit «поднимать/поднять всё вверх копылом» läßt sich noch eine semantische Verbindung zum Nomen zurückverfolgen. Ein mit Kufen und Stützverstrebungen nach oben gekehrter Schlitten kann auch heute bildhaft als Symbol fuer Unordnung und Aufruhr verstanden werden.

Das Nomen „шишка" wird in den meisten Wörterbüchern als „Beule" oder „Tannenzapfen" übersetzt. Im Gegensatz dazu werden Ausdrücke, wie „большая шишка; важная шишка; шишка на ровном месте" als ‚großes, bzw. hohes Tier' erklärt. So gibt „Das historisch-etymologische Wörterbuch der russischen Phraseologie" folgende Erklärungen für „большая шишка" – ‚wichtiger, bedeutsamer Mensch' und „шишка на ровном месте" – umgangssprachlich, herablassend; ‚Mensch der sich selbst oder seine Fähigkeiten zu hoch einschätzt, von sich eine sehr hohe Meinung als Beamter, Wissenschaftler o.a. hat'.

Diese Übersetzungen widerspiegeln die russische volksetymologische Auffassung, dass es sich um eine Art Beule oder Erhebung handele. Andererseits geben etymologische Wörterbücher und das Deutsch – Russische Wörterbuch von PAWLOWSKI noch eine andere Erklärung, nämlich: „der Vordermann (an der Zugleine beim Ziehen eines Flussfahrzeuges); das Vorderpferd (von den hintereinander gespannten)" (PAWLOWSKI: 1749). So wurde das Nomen in dem Maße, in dem der Beruf in Vergessenheit geriet, umgedeutet und mit der Semantik assoziiert, die im Bewusstsein der Sprachträger aktiver in Gebrauch ist.

Von den befragten Muttersprachlern gaben lediglich 11 an, den Ausdruck nicht zu kennen.Was die Erklärung des Nomens betrifft, rangiert auf Platz 1 die Assoziation mit großen Tannenzapfen (auf russisch «шишка»). Andere Interpretationen verbinden das Wort mit einer hohen Frisur oder dem Helm eines Heerführers, obwohl die diese Denotate bezeichnenden Lexeme eine völlig andere lautliche Gestalt haben.

Die russische Redewendung «остаться/уйти с носом» wird in der Bedeutung ‚leer ausgehen', ‚Misserfolg haben' benutzt. Die Befragung der Studenten hat ergeben, dass sieben von ihnen das Nomen «нос» in seiner heutigen

Bedeutung verstehen, nämlich als ‚Nase'. Die Befragten interpretierten die Herkunft des Nomens in der Redewendung auf verschiedene Art, wie z.B.:

1) *die Nase ist der wichtigste und empfindlichste Teil des Gesichts;* d.h. „nur das Wichtigste ist einem Menschen geblieben'
2) die Nase ist mit dem Geruchssinn verbunden; man spürt etwas Falsches und geht leer aus
3) die Redewendung hätte die Bedeutung ‚nicht weiter als bis zu seiner eigenen Nase sehen'
4) die Redewendung hängt mit dem Ausdruck *jemandem eine lange Nase zeigen* zusammen

Nur eine Person bemerkte eine Verbindung zu dem Verb «носить» – „tragen" und sah in dem Nomen die übertragene Bedeutung für „Verpflichtung" oder „Schuld". Bezeichnend ist, dass die Hälfte der Erklärungen antonymisch zum eigentlichen Inhalt des Ausdrucks steht. Neudeutungen der Komponenten sind durch den Wunsch der Sprachträger bedingt, die Aktualität der phraseologischen Einheit zu erhalten (Мокиенко 1975: 43).

Die Redewendung wird so aufgefasst, dass jemand seine Nase behält, mit seiner Nase verbleibt, also das Wichtigste behält, bzw. retten konnte.

Historisch hat dieses Nomen eine völlig andere Bedeutung. Nach einer alten Tradition bedachte der Bräutigam die zukünftigen Schwiegereltern mit einem Geschenk, das man als «нос» bezeichnete. Dieses Nomen ist seinerseits vom Verb «носить» abgeleitet, was „tragen" oder „bringen" bedeutet. Wenn der Bräutigam nun eine Absage bekam, also das Geschenk nicht angenommen wurde, dann verblieb er mit seinem Geschenk. Hochzeitsbräuche hatten ihre strenge Reihenfolge. Hierzu gehörten Brautwerbung, Geschenke, Polterabend, Brautkauf, Trauung, Hochzeitsfeier und Hochzeitsnacht. Jedes dieser Elemente war mit einem bestimmten Brauch verbunden. Eine Hochzeit war wie eine theatralisierte Vorstellung, an der sowohl die Brautleute als auch die Gäste teilnahmen. Eine andere Bedeutung des Nomens «нос» entspricht dem deutschen „Bestechungsgeschenk, Bestechungsgeld, Schmiergeld", das in erster Linie Richtern gegeben wurde, um eine Angelegenheit zum eigenen Vorteil zu entscheiden (Гвоздарёв 1988: 127). Wenn dieses Geschenk bzw. Geld nicht angenommen wurde, verblieb der Bittsteller mit diesen Gegenständen, aber seine Bitte wurde nicht erhört, sein Problem nicht gelöst. Folglich ist die erste Bedeutung des Ausdruckes: eine Absage bei der Brautwerbung bekommen. Die neuere Auslegung mit der Bedeutung: ‚jemanden hintergehen' bzw. ‚leer ausgehen lassen' ist auf den Ausdruck „водить кого-либо за нос" – *jemanden an der Nase herumführen* zurückzuführen (Гвоздарёв 1982: 115–116).

Ebenso wie im Russischen trifft man auch im Deutschen auf volksetymologische Auslegungen der Redewendungen und sprichwörtlichen Redensarten. Auch hier sollen stellvertretend einige Beispiele genannt werden.

Die Redewendung *vor die Hunde gehen* bezieht sich einigen Quellen zufolge nicht, wie oft fälschlich angenommen, auf das Haustier. Mit „Hund" oder „Hunt" bezeichnete man die Transportkarren im Bergbau, die von den Bergleuten gezogen werden mussten. Oft kam diese Tätigkeit einer Strafarbeit gleich. In dieser Interpretation findet man den Ausdruck im *Lexikon der populären Sprachirrtümer* (S. 198).

Eine andere Ansicht vertreten die Autoren des *Herkunftswörterbuches* (1) und des Werkes *Die sprichwörtlichen Redensarten im deutschen Volksmund.* (2). Hier werden folgende Erläuterungen gegeben: (1) Die wichtige Stellung, die der Hund im Leben der Menschen einnimmt, spiegelt sich auch in den zahlreichen Wendungen und Redensarten wider, beachte z.B. *auf den Hund kommen, vor die Hunde gehen, ein ganz dicker Hund.* In der Bergmannssprache bezeichnet „Hund" – auch in der Form „Hunt" gebräuchlich – den Förderkarren (*Herkunftswörterbuch,* S. 295).

(2) Aus der verächtlichen Bedeutung, die so am Hund haftet, erklären sich die vielen geringschätzigen Zusammensetzungen wie *Hundeleben, Hundewetter, hundemüde* auch das Verb *hunzen.* Auch die Redensarten *unterm Hund* oder *unter allem Hund sein*; *vor die Hunde gehen* ‚zuschanden werden, entzwei gehen' gehören in diesen Zusammenhang (*Die sprichwörtlichen Redensarten im deutschen Volksmund,* S. 238).

Andere interessante volksetymologische Darlegungen findet man zum Ausdruck *ein Mann von echtem Schrot und Korn,* mit der Bedeutung ‚ein Mann von Redlichkeit und Tüchtigkeit', ‚ein Mann von alter, guter Art'. Nach Angaben des *Herkunftswörterbuches* wurde der Ausdruck aus dem 16. Jahrhundert überliefert, das Werk *Die sprichwörtlichen Redensarten im deutschen Volksmund* verweist darauf, dass die Reimformel seit dem 18. Jahrhundert bezeugt sei.

In der Vorstellung der meisten Sprachträger werden die Nomen als landwirtschaftliche Begriffe verstanden. Jedoch ist *Schrot* eine Substantivbildung zum Verb *schroten,* das in der deutschen Gegenwartssprache die Bedeutung ‚grob zerkleinern' hat. Nach Angaben des *Herkunftswörterbuches* bezeichnet das Nomen jetzt nur noch grob zerkleinertes Getreide und körnige Flintenmunition. Es ist in Komposita wie *Schrotbrot, Schrotmühle* oder *Schrotflinte* und *Schrotkugel* anzutreffen. Im Münzwesen kennt man noch die Bedeutung ‚Rauhgewicht' (Bruttogewicht oder Gesamtgewicht einer Münze) im Gegensatz zu Korn – dem Feingehalt oder Feingewicht, d.h. der Masse des in der Münze enthaltenen Edelmetalles. *Schrot und Korn* bezieht sich dementsprechend auf unverfälschte Münzen und im übertragenen Sinne auf die Charaktergröße eines Menschen.

Der Ausdruck *sich mausig machen* mit der Bedeutung ‚sich frech benehmen, sich hervordrängen, sich durch lautes Wesen unangenehm bemerkbar machen, sich keck hervortun, wichig tun' spielt nicht auf die Maus an, sondern geht auf die Mauser der Greifvögel zurück, die nach dem Federwechsel besonders angriffslustig sind. Laut *der Sprichwörtlichen Redensarten im deutschen Volksmund* wurde diese Redensart bereits im 16. Jahrhundert bezeugt. Die Falkner suchten die Mauser, wenn sie sich verzögerte oder gar ausblieb, durch besondere Mittel hervorzurufen. Man nannte dies *mäusen*, d.h. ‚den Falken mausig machen'. Und daraus ist die oben genannte Redensart entstanden, die anfangs noch durchaus lobenden Sinn hatte. Bald aber tritt der Nebensinn des Übermütigen in den Vordergrund. Das Sprachgefühl des Volkes bringt aber heute *mausig* gelegentlich mit *Maus* in Zusammenhang, so in dem niederdeutschen Sprichwort: *De sik musig maakt, den fret de Katt* (*Die sprichwörtlichen Redenarten im deutschen Volksmund*, S. 331–332).

Auch das seit dem 17. Jahrhundert bezeugte Adjektiv *mausetot* ist eine volksetymologische Umdeutung. Es wird verstanden wie ‚tot wie eine Maus'. Die erste Komponente steht jedoch nicht mit dem Substantiv *Maus* in Verbindung, sondern mit dem niederdeutschen *murs, mors* – ‚gänzlich, plötzlich'. Ein mausetotes Lebewesen ist gänzlich, endgültig tot. Von den heutigen Sprachträgern wird das Bestimmungswort als Verstärkung empfunden.

Die genannten Beispiele zeugen davon, dass das Unverständnis der sprachlichen Formen zu volksetymologischen Veränderungen führt. Die alten Traditionen leben, wenn auch in veränderter Form, in der Sprache weiter.

Literatur

Бирих А.К., Мокиенко В.М., Степанова Л.И. Словарь русской фразеологии. Историко – этимологический справочник/А.К.Бирих, В.М.Мокиенко, Л.И.Степанова . – СПб.: 1998. 704 с.

Гвоздарёв Ю.А. Пусть связь речений далека …/Ю.А.Гвоздарёв. – Ростов – н/Д.,1982. 208 с.

Гвоздарёв Ю.А. Рассказы о русской фразеологии/Ю.А.Гвоздарёв. – М.,1988. – 192 с.

КолесовВ.В. История русского языка в рассказах/В.В.Колесов. – М., 1982. – 191 с.

Мокиенко В.М. В глубь поговорки/В.М.Мокиенко. – СПб.: Паритет, 1999. – 220 с.

BARTSCHAT, Brigitte/CONRAD, Rudi (et al.) (1985): Lexikon sprachwissenschaftlicher Termini. Leipzig.

BORCHARDT, Wilhelm/WUSTMANN, Gustav/SCHOPPE, Georg (1955): Die sprichwörtlichen Redensarten im deutschen Volksmund. Leipzig.

BRUGGER, Hans Peter (1993): Der treffende Vergleich: eine Sammlung treffsicherer Vergleiche und bildhafter Formulierungen; 12000 Vergleiche, Formulierungen und Wendungen aus Umgangssprache und Literatur, nach Bedeutungsstichwörtern alphabetisch geordnet; für witzige und provozierende Texte! Thun.

Duden (1989): Etymologie: Herkunftswörterbuch der deutschen Sprache. 2., völlig neu bearb. u. erw. Aufl. Hrsg. von G. Drosdowski. Mannheim u.a.

Duden (1996): Rechtschreibung der deutschen Sprache. 21., völlig neu bearb. u. erw. Aufl. Mannheim u.a.

Herkunftswörterbuch (2005): Herkunft, Geschichte und Bedeutung der Wörter. Erftstadt.

KRAEMER Walter/SAUER, Wolfgang (2001): Lexikon der populären Sprachirrtümer. Frankfurt am Main.

MARSEN, C./EHMANN, H. (1995): Großes Wörterbuch. Deutsche Redewendungen und sprichwörtliche Redensarten. Köln.

PAWLOWSKI, I. (1911): Russisch-deutsches Wörterbuch. Leipzig.

Semantisch-pragmatische Aspekte

Nils Århammar (Flensburg)

sü måål as en meelen „so wütend wie eine Windmühle"[1]
Phraseologische Vergleiche vom Typ
Adj. + *wie* + Nomen im Sinnbereich des Zorns
(mit besonderer Berücksichtigung
der germanischen Dialekte)

1 Einführung

'Phraseologische Vergleiche' oder (inzwischen der Normterminus) 'komparative Phraseologismen' bilden eine der am einfachsten abzugrenzenden strukturellen Subklassen der Phraseologie (vgl. FLEISCHER 1997, 103–106), wurden bisher jedoch nur relativ selten Gegenstand von Spezialuntersuchungen. Einige solche thematisieren den sprach- bzw. kulturspezifischen Vergleich von Nationalsprachen wie Deutsch/Polnisch (CZOCHRALSKI 2000), Deutsch/Russisch (SCHADE 1976) und Deutsch/Ungarisch (HESSKY 1989), während dialektales Material nur vereinzelt behandelt wird (GROBER-GLÜCK 1974 mit volkskundlichem Ansatz, PIIRAINEN 2000, passim). Es sollen hier die komparativen Phraseologismen des hochaffektiven Begriffs 'böse/wütend/ zornig' hauptsächlich anhand germanischen Dialektmaterials präsentiert und onomasiologisch analysiert werden. Die Vergleichswörter umfassen Bezeichnungen für (1) Tiere (größte, reich gegliederte Gruppe), (2) Menschen und (3) 'Dinge'. Gegenüber den stark variierenden Dialektkorpora verzeichnen die gängigen standardsprachlichen Wörterbücher und phraseologischen Spezialwörterbücher gewöhnlich nur eine einzelne oder – wie die deutschsprachigen – überhaupt keine *zornig wie*-Vergleiche. Hier überwiegen die mit den *wie*-

---

[1] *sü måål as en meelen* ist Mooringer Friesisch (Frasch), der nordfriesische Hauptdialekt des Festlandes, im Handout 'Nfries. (Festl.)'. Vgl. Dialektkarte in MUNSKE et al. (Hrsg.), *Handbuch des Friesischen/Handbook of Frisian Studies*. Tübingen 2001, S. 285. Im Sachregister dieses 79 Artikel und 845 Seiten umfassenden Übersichtswerks der Frisistik fehlen die Stichwörter Phraseologie und Phraseologismus mitsamt Synonymen, was auch dem tatsächlichen Forschungsstand dieses relativ jungen Faches entspricht. Vgl. meinen Vortrag auf dem *16. Frysk filologekongres*, Dez. 2005 in Ljouwert/Leeuwarden, in dem ich Bezug nehme auf meine EUROPHRAS-Vorträge in Basel (*Phraseologismen und bildliche Ausdrücke im Helgoländischen aus drei inseltypischen Ausgangsdomänen*) und Veszprém (mit eingehenderer Berücksichtigung des Friesischen) sowie auf das EUROPHRAS-Projekt *Widespread Idioms*. Im Anhang der Druckversion in *Philologia Frisica anno 2005* (ÅRHAMMAR 2007) erscheinen die Handouts der genannten beiden Vorträge als Faksimile.

Vergleichen konkurrierenden Phraseologismen und Wortbildungen, also z.B. *eine Wut im Bauch haben* und *fuchsteufelswild*.

Die Idee zur Beschäftigung mit dem Thema erhielt ich durch die große Variation der Vergleiche vom Typ *so zornig wie* in den nordfriesischen Dialekten, die an der Nordseeküste im deutsch-dänischen Grenzgebiet gesprochen werden bzw. wurden. Damals kannte ich noch nicht die groß angelegte Marburger Dissertation von GROBER-GLÜCK (1974), die das überaus reiche Material der Fragebögen des Deutschen Volkskundeatlas auswertet. Von den erfragten 19 adjektivischen Bezugsbegriffen, zu denen übrigens *zornig wie* nicht gehörte, behandelt sie die folgenden 7: *dumm, falsch, frech, gefräßig, gesund, hungrig* und *schlau*.

Die zweitgrößte, mir bekannte Untersuchung zu komparativen Phraseologismen wurde Ende der 1990er Jahre unter der Regie der *Stiftung Niederländischer Dialekte* aufgrund einer Enquete unter Zeitungslesern durchgeführt. Der Fragenkatalog umfasste 21 verschiedene Adjektive (darunter auch hier wieder nicht unser ‚boos/kwaad‘), dazu 8 Verben und das Substantiv ‚baard (Bart)‘. Die vorbildliche Auswertung erfolgte bereits 1999 in dem Buch *Im Vergleich mit Tieren* (DE TIER/REKER 1999).[2]

Wie aus diesen beiden Untersuchungen hervorgeht, lässt sich durch gezielte i n d i r e k t e Befragung eine erstaunliche Vielfalt dialektal-regionaler und umgangssprachlicher Phraseologismen erfassen. Für ein begrenztes Dialektgebiet – das Westmünsterland – konnte E. PIIRAINEN durch langjährige intensive d i r e k t e Befragung insgesamt 4500 Phraseologismen erfassen, die sie in ihrem zweibändigen Werk mustergültig dokumentiert und analysiert hat (PIIRAINEN 2000).

2 Zur Ergiebigkeit der (Dialekt-)Wörterbücher hinsichtlich phraseologischer Vergleiche

Will man nun, wie für den vorliegenden Vortrag, eine dialekt- oder sogar sprachgrenzüberschreitende Untersuchung durchführen und kann dabei nicht auf Fragebogenmaterial zurückgreifen, beginnt eine recht zeitraubende Such-

---

[2] Den Hinweis auf dieses innovative Werk und seine Zusendung verdanke ich dr. Joep Kruijsen, Nijmegen, dem langjährigen Generalsekretär des *Atlas Linguarum Europae* (*ALE*), mit dem mich in den 80er Jahren während meiner Präsidentschaft des *Germanic Department* eine intensive Zusammenarbeit verband. Er vermittelte mir auch die *boos/kwaad*-Vergleiche aus dem nach Sachgebieten angeordneten *Woordenboek der Brabantse Dialecten* (*WBD*) III, Sectie 1: De mens als individu, Afl. 4: Karakter en gevoelens. – '1 Einführung' ist denn auch dahingehend zu ergänzen, dass der vorliegende interlinguale arealphraseologische Versuch ganz wesentlich von meiner Mitarbeit am ALE inspiriert worden ist.

arbeit. Zuallererst wurden die großen Nationalwörterbücher und die großflächigen Dialektwörterbücher der germanischen Sprachen konsultiert.³ Die Ergiebigkeit der ersteren war für unseren Zweck nicht allzu groß, obwohl sie die Literatur oft mehrerer Jahrhunderte berücksichtigen.⁴

Besondere Erwähnung verdient das inzwischen 24 Bände (bis *U*) umfassende Wörterbuch des Westfriesischen, das *Woordenboek der Friese taal (WFT)*, das diese niederländische Minderheitensprache ab 1800 erschließt und gewissermaßen einen Übergang zwischen den National- und großflächigen Dialektwörterbüchern bildet. Es erweist sich nun hinsichtlich der Phraseologie als überaus ergiebig und benutzerfreundlich; so werden die komparativen Phraseologismen sowohl unter dem Bezugswort (hier: Adjektiv) als auch unter dem Vergleichswort an einer festen Stelle im Wortartikel verzeichnet. Das Westfriesische hat 17 verschiedene *zornig*-Vergleiche aufzuweisen, von denen etwa Dreiviertel Tierkomponenten enthalten.⁵

Von den großflächigen Dialektwörterbüchern ist zuallererst das im Entstehen befindliche westdänische *Jysk ordbog* hervorzuheben. Während bereits das vierbändige jütische Wörterbuch von FEILBERG (1886–1914) 13 *zornig*-Vergleiche verzeichnete, verfügt das neu aufgebaute Wörterbucharchiv in Århus über die doppelte Anzahl (vgl. im Handout die Abkürzungen ‚Jüt.' und auch ‚Dän.'). Mein Dank geht an Chefredakteur Viggo Sørensen, der mir dankenswerterweise auch die konkurrierenden Univerbalisierungen und Vergleichssyntagmen zur Verfügung stellte.⁶

---

[3] Die Suche nach den Heteronymen bzw. Synonymen eines bestimmten Begriffs in den großflächigen und auch regional begrenzten Dialektwörterbüchern würde durch hochsprachlich-dialektale Wortregister erheblich erleichtert werden; vgl. ÅRHAMMAR, Nils: *Zur Erschließung von Dialektlexik mittels hochsprachlicher Wortregister*. In: LEHMBERG, Maik (Hrsg.) (2003): *Wörter und Namen. Festgabe für Ulrich Scheuermann zum 65. Geburtstag.* Bielefeld (Göttinger Forschungen zur Landesgeschichte; 7). S. 17–25.

[4] Die ein- und zweisprachigen Standardlexika verfahren hinsichtlich der Berücksichtigung der komparativen Phraseologismen ausgesprochen restriktiv (vgl. auch SCHADE 1976: 127). So verzeichnen die von mir konsultierten französischen Wörterbücher überhaupt keine *zornig*-Vergleiche (ab hier kurz so für *so zornig wie*-Vergleiche!). Vgl. Fußnote 10 zum Ergebnis der Suche im Internet.

[5] Anders als die in Fußnote 4 angesprochenen zweisprachigen Wörterbücher bringt das *Frysk Wurdboek* (1: *Frysk-Nederlânsk*/2: *Nederlânsk-Frysk*) praktisch das gesamte phraseologische Material des *Wurdboek fan de Fryske Taal/Woordenboek der Friese taal (WFT)*. Dies wurde dadurch ermöglicht, dass die Lexikographen des *Frysk Wurdboek* Zugriff auf die Datenbank des WFT hatten; beide wurden bzw. werden in der *Fryske Akademy*, Ljouwert/Leeuwarden, bearbeitet.

[6] Es handelt sich um die folgenden recht frequenten und variierten Typen: (1) mit Konsekutivsatz, z.B. „so zornig, dass er Funken sprühte" oder „dass man Feuer aus seinen Augen schlagen konnte". – (2) Wortbildung mit Verb oder Substantiv als erstes Element, z.B. *binde-gal* und *edder(-stinte)-gal*. – (3) mit verstärkendem Adverb (eig. Part. Präs.), z.B. *flintrende/ravruskende gal*. – Homepage: www.jyskordbog.dk, e-mail: jyskl@hum.au.dk.

Von den abgeschlossenen deutschen Dialektwörterbüchern erwiesen sich als am ergiebigsten das *Rheinische* von MÜLLER und das *Schleswig-Holsteinische* von MENSING mit jeweils 9 und 10 *zornig*-Vergleichen. Weniger bis wenig ergiebig waren dagegen das *Mecklenburgische*, *Ostpreußische*, *Pfälzische* und *Schweizerdeutsche*. Das dürfte wohl kaum daran liegen, dass hier nur vereinzelte solche *wie*-Vergleiche vorhanden sind bzw. waren, sondern vielmehr an der Art der Materialerhebung. Diese Annahme wurde mir durch Maik Lehmberg vom *Niedersächsischen Wörterbuch* in Göttingen, das ebenfalls nur relativ wenige *zornig*-Vergleiche aufzuweisen hat, bestätigt: der Vergleich sei hier seinerzeit nicht explizit erfragt worden. Das benachbarte, ebenfalls im Erscheinen befindliche *Westfälische Wörterbuch* verfügt über etwas mehr Vergleiche, von denen allerdings die meisten aus dem umfangreichen Prosawerk von Augustin Wibbelt stammen. Dank der freundlichen Mithilfe von Hans Taubken, Münster, können wir hier genaue Angaben zu einem geschlossenen Korpus machen: Wibbelt verwendet nicht weniger als 8 verschiedene *zornig*-Vergleiche, und zwar elf- bzw. sechsmal *wahn* und *giftig* sowie zweimal zu *venienig*. Als Vergleichswörter dienten ihm ausschließlich Tierbezeichnungen, am häufigsten *Pferd*, dann *Heimchen (Grille)* und *Spinne*, jedoch nicht der hier sonst mehrfach belegte Vergleich mit der ebenso wie die Spinne als giftig geltenden *Kröte (Bufo)*.

Einige Belege steuerten schließlich die phraseologischen Sammelwerke von WANDER (1867) und STOETT (1943) bei, die außer reichhaltigen dialektalen Idiomen auch nicht-deutsche bzw. nicht-niederländische verzeichnen. Da die gängigen hochsprachlichen interlingualen Lexika kaum komparative Phraseologismen bringen, ist der Bearbeiter von Fragestellungen wie der vorliegenden für den Rest auf persönliche und institutionelle Internetkontakte angewiesen.[7] Es bedürfte daher einer phraseologischen Datenbank, die auch Dialektmaterial erfasst und zugänglich macht. Auf dem sicher langen Weg dahin würde ein Netzwerk der phraseologisch arbeitenden VertreterInnen der unterschiedlichen Sprachen und Dialekte einschließlich der jeweiligen Wörterbucharchive gute Dienste leisten können; das von E. PIIRAINEN geleitete *Widespread Idioms*-Projekt verfügt ja bereits über eine ansehnliche Anzahl von Mitarbeiteradressen.

---

[7] Vgl. Fußnote 4 sowie Fußnote 10 zum 'Googeln', das hinsichtlich der (Umgangssprache der) Nationalsprachen neue, ganz andere Möglichkeiten der phraseologischen Materialbeschaffung eröffnet.

3 Die expressiv-intensivierende (elative) Funktion der *böse/zornig*-Vergleiche

Jetzt aber zum eigentlichen Thema! Es ist bekannt, dass komparative Phraseologismen in expressiv-verstärkender oder -intensivierender Funktion besonders frequent und vielfältig zur Anwendung kommen bei Adjektiva, die negativ bewertete Eigenschaften und Zustände bezeichnen. Und um solche handelt es sich zweifelsohne bei dem affektgeladenen Begriff ,böse, zornig, wütend', der – das sei hier betont – keine Eigenschaft, sondern eine vorübergehende Gemütsverfassung beinhaltet. Wer zornig ist oder wird, ist nicht nur unangenehm für sein Gegenüber, sondern schadet – außer sich geratend – auch sich selbst. Etliche *zornig*-Adjektiva haben daher auch die ältere Bedeutung ,verrückt', z.B. engl. *mad*, ndl./ndt. *dol/düll*, nordfries. *måål* und dän. *gal*. Generell ist noch darauf hinzuweisen, dass z.B. dt. *wütend* und ndl. *razend* bereits die höchste Stufe des Zorns ausdrücken. Und wenn ein Däne oder eine Dänin mit der entsprechenden Intensivierungsbetonung sagt: *Han var r a s e n d e !*, dann ist eigentlich keine Steigerung mehr nötig und möglich.

Im Übrigen büßen die traditionellen *wie*-Vergleiche – wie mir scheint stärker als andere *Zorn*-Idiome – mit der Zeit an Expressivität ein.[8] Um ein Beispiel aus meiner Muttersprache zu nennen: der einzige allgemein bekannte schwedische Vergleich *arg som ett bi* „böse wie eine Biene" ist doch recht schwach im Vergleich mit konkurrierenden Ausdrücken wie *så himla arg* und *djävla förbannad* (jeweils mit einem verstärkenden Adverb, eig. der Gen. Plur. von „Himmel" und „Teufel") oder dem älteren, aber noch brauchbaren Idiom *topp tunnor rasande*.[9] Andererseits ist die Bildungsweise Adjektiv + *wie* + Vergleichswort durchaus noch produktiv. Davon kann man sich bequem im Internet überzeugen, wobei es sich allerdings vielfach um

---

[8] Vgl. FLEISCHER (1997: 165): „Da die Expressivität sprachlicher Einheiten bekanntlich nicht konstant ist, sondern einem Verschleiß, einer Abnutzung unterliegt, ist eine ständige Tendenz zur Schaffung neuer expressiver Benennungen wirksam. Dabei können die Konstruktionen mit abgeschwächter Expressivität weiterhin als synonymische Konkurrenzformen zur Verfügung bleiben."

[9] Erweiterung von *topp rasande*, wobei *topp* eine Nebenform von *tupp* ,Hahn' sein dürfte, also „wütend wie ein Hahn" (Elof Hellquist, *Svensk etymologisk ordbok,* Malmö 1948, S. 1204); zu *tunnor*, das seit 1688 in Flüchen belegt ist, lehnt Hellquist (S. 1245) Gleichstellung mit *tunder* ,Zunder' ab und sieht darin *tunnor* ,Tonnen' als Maßeinheit. Zu der synonymen, ebenfalls noch gebräuchlichen Elativbildung *rosenrasande* s. Hellquist, S. 844 (eig. „rosen-"). – Es verdient hier hervorgehoben zu werden, dass das schwedische etymologische Standardwerk von Hellquist wie auch H.S. Falk und A. Torp, *Norw.-dän. etymol. Wörterbuch* (Heidelberg 1910/11) in großem Umfange Phraseologismen und auch Sprichwörter berücksichtigen und erklären.

Gelegenheitsvergleiche mit wenig Aussicht auf Usualisierung handeln dürfte.[10]

Was ich soeben vom Expressivitätsverlust hoch- und umgangssprachlicher *wie*-Vergleiche gesagt habe, dürfte – wenn vielleicht auch in minderem Maße – auch für die Dialekte zutreffen. Um nur ein mir besonders vertrautes Beispiel zu nennen: Auf der nordfriesischen Insel Föhr gibt es die reimenden *wie*-Vergleiche *arrig üüs en sparrig* und *doll üüs en skoll* („böse wie ein Spatz" bzw. „eine Scholle"; vgl. unter 4. und das Handout 1.6./7.), daneben auch *arrig üüs en eeks* („wie eine Axt")[11] und *doll üüs sutt* („wie Ruß", engl. „soot"). Inzwischen häufiger, da wohl expressiver, sind die aus den letzteren beiden transformierten Wortbildungen *eeksenarrig* (*eeksen-* stark betont) und *sutten-doll*; diese sind sicherlich nach dem Vorbild der älteren, recht expressiven *splitjen-arrig* und *splitjen-doll* gebildet, ein im Niederdeutschen und darüber hinaus weit verbreiteter, besonders frequenter Typus (Part. Präs. *splieten*, wörtlich „spleißend" = ‚spaltend', daneben auch *splittern-düll* u.ä.). Inwiefern zumindest in diesen und verwandten Sprachen und Dialekten eine allgemeine Tendenz zur Univerbalisierung der adjektivischen *wie*-Vergleiche (vgl. *bärenstark* und *wieselflink*) besteht, bedarf noch der Untersuchung.[12]

---

[10] Während die von mir konsultierten, auch größeren französischen Wörterbücher keine *zornig*-Vergleiche verzeichnen, ergab eine eher flüchtige Suche im Internet (Google) zu *fâché comme* die folgenden Vergleichswörter: *der Gepard, ein wütender Gorilla, Schwein, Hahn, Iltis, ein Teufel, Satan im Tempel Gottes*. Zu *furieux comme* die folgenden: *Löwe, Tiger, ein verhungerter Wolf, ein aus dem Winterschlaf gezogener Bär, Stier, Hund, Schlange, Laus*; besonders frequent war der *Stier*, gefolgt von *Tiger*, *Löwe* und *Hund* (diese vier franz. Vergleiche wurden nachträglich ins Handout aufgenommen). – Sowohl für einzelsprachliche als auch für interlingual-vergleichende Untersuchungen dieser Art erweist sich somit das ‚Googeln' als ein unentbehrliches Instrument. Auf dieses machte mich erst am Ende meiner Vortragsvorbereitungen Peder Gammeltoft, Kopenhagen, anlässlich meiner Anfrage zu den *zornig*-Vergleichen in der dänischen und norwegischen Umgangssprache aufmerksam. Einige der im Internet zusätzlich gefundenen skandinavischen Vergleiche wurden im Handout noch berücksichtigt (dän./norw./schwed.).

[11] Denselben Vergleich hat auch das Helgoländische: *gefti/wiitend es en eäks* (hier der einzige *giftig/wütend*-Vergleich). Es bestanden früher engere Verbindungen zwischen der Hochseeinsel Helgoland und den nordfries. Inseln Föhr und Amrum; auch bildeten das *Halúnder*, *Ferring-Öömrang* und *Sölring* (das Sylterfriesische) im (Früh-)Mittelalter eine Sprachgemeinschaft, das sog. Inselnordfriesische.

[12] Was das unter 1 genannte *fuchsteufelswild* betrifft, ist es nicht so sicher, dass dem bereits im 16. Jahrhundert geläufigen *fuchswild* ein ursprüngliches *wild wie ein Fuchs* zugrundeliegt (dann wohl am ehesten *wild wie ein Fuchs in der Schlinge*, vgl. Handout 1.2. s.v. *Katze*). Neben der intensivierenden Erweiterung *fuchsteufelswild* gab es anscheinend kein *teufelswild* (fehlt jedenfalls im DWB), wohl *wild wie der Teufel* (WANDER 5, Sp. 235); die vier Google-Belege mit *teufelswild* repräsentieren vermutlich eine junge Subtraktionsbildung von *fuchsteufelswild*. Zu diesem vermerkt der 'Kluge' (Etymol. Wb. der dt. Spr., 24. Aufl. bearb. von E. Seebold), S. 320: „Auch in der Form *fuchswild* bezeugt. Verstärkungswort, vielleicht zu verstehen als „wild wie ein Fuchs, wild wie ein Teufel"."

Phraseologische Vergleiche vom Typ Adj. + wie + Nomen 61

Eben verwiesen sei hier noch auf die mit den *wie*-Vergleichen konkurrierenden, ungemein vielfältigen *Zorn*-Idiome. Ich nenne hier nur einige deutsche Beispiele: *kochen, schäumen, platzen vor Wut, jmdm. platzt der Kragen* oder *läuft die Galle über, an die Decke* oder *in die Luft gehen, aus der Haut fahren* (a widespread idiom!), *eine Wut* (auch *Hunds-* oder *Mordswut*) *im Bauch haben, Gift und Galle speien* oder *spucken* usw. Von den genannten Idiomen zielt die Mehrzahl auf die äußeren Kennzeichen des Zorns, auf den unbeherrschten Wutausbruch, und nur vereinzelt auf den unterdrückten Zorn, wie in *eine Wut im Bauch haben*.

4 Motivation und Bildspenderbereiche der *zornig*-Vergleiche

GROBER-GLÜCK (1974: 161) schreibt in ihrer unter 1 erwähnten Arbeit: „Vorrangiger Gesichtspunkt bei einem zusammenfassenden Überblick über die direkten Vergleiche ist die Herkunft ihrer Bilder, ihre Motivation." Und weiter zu dem wichtigsten Bildspenderbereich, den Tieren: „Dabei versteht es sich von selbst, daß im wesentlichen Tiere der bekannten Umwelt zum Vergleich herangezogen werden, sei es von Haus und Hof [...], sei es von

---

H. Paul/W. Betz, *Deutsches Wb.* (1966: 216) äußert sich nicht zu einem eventuellen Basisvergleich *wild wie*, sondern formuliert: „In ugs. *fuchswild* ist *fuchs-* zu bloßer Verstärkung geworden; weiter verstärkt: *fuchsteufelswild*." Ähnlich W. Pfeifer et al., *Etymol. Wb. des Deutschen* (1989: 483): „*fuchsteufelswild* ‚sehr wütend' (18. Jh.); *fuchs-* hat wie in älterem *fuchswild* (16. Jh.) verstärkende Funktion." – Zu Elativa wie dt. *stockfinster* (16. Jh.) und *stockdunkel* (17. Jh.) kann es natürlich keinen Basisvergleich *finster/dunkel wie ein Stock* gegeben haben. Vgl. Pfeifer et al., S. 1726: „Aus Vergleichen (z.B. mhd. *lac er stille alsam ein stoc*) entwickelt sich *stock-* zu einem verstärkenden Kompositionselement zunächst bei Adjektiven, vgl. *stockstill, stockfinster, stockblind* (16. Jh.), [...]." und ähnlich Paul/Betz, S. 642: „In Vergleichen deutet *Stock* die Steifheit oder Bewegungslosigkeit an, daher *stocksteif, -still*, von da aus ist *stock-* zu einer Verstärkung geworden, vgl. *stockdumm* (um 1650), *-dunkel, -finster, -blind* u.a., [...]." Jedoch könnte Bruno Crome eher Recht haben, der bereits in der 1914 erschienenen 1. Lieferung des 19. Bandes des DWB (19, 1957, Sp. 88) s.v. *stockfinster* ausführte: „eigentlich so finster, wie es im *stock* (4f) stockhaus, gefängnisz ist; *stockfinster* wie im tiefsten gefängnisz, tenebricosus, spissae tenebrae (Joh. L. Frisch, Teutsch-lat. wb., 1741); [...]." Hierzu vergleichen sich die inselnordfries. Entsprechungen föhr.-amr. *oonjonk* und helg. *krochjunk* (danach auch *krochteeki* ‚ganz neblig'), für die *jonk üüs uun 'e/en oon* „dunkel wie im/in einem Backofen" bzw. **junk es uun 'e/en kroch* „dunkel wie im/in einem ‚Grapen' (der große gusseiserne Kochtopf)" als Basisvergleiche anzusetzen sind. Weitere konzeptuelle Verwandte und hinsichtlich der anzusetzenden Basisvergleiche strukturelle Parallelen sind dän. *bælgmørk* („balgfinster"), zu dem Falk/Torp (1910/11: 123) schreiben: „entsprechend d. *dunkel wie in einem Sack, sackdunkel*. Dasselbe Bild in Off. Joh. 6, 12." (*Luther-Bibel* 1544: vnd die Sonne ward schwartz wie ein harin [‚härener'] Sack ...). Vgl. DWB 14, Sp. 1618: *sackdüster*, adj., westerwäldisch *sackdeuster*, so dunkel wie in einem sacke (mit weiteren westdt. Dialektbelegen).

Straße, Feld und Wald [...]. Exotische Tiere [...], die man z.T. vielleicht nur von Bildern kennt, stehen diesem Reichtum weit nach."

Wie ein erster Blick auf unser Handout zeigt, trifft diese Feststellung im Großen und Ganzen auch auf die *zornig*-Vergleiche zu. Die Tiervergleiche machen mehr als die Hälfte der unterschiedlichen, von mir erfassten Vergleiche aus, und davon ist wiederum 1.2 aus dem Nahbereich ,Haus und Hof' die größte Gruppe – es sei denn, man fasst all die anderen als ,wilde Tiere' zu einer Hauptgruppe zusammen; dann verhält sich 1.2 hinsichtlich der Zahl verschiedener Tierarten zum Rest wie 10 zu 28. Damit ist aber natürlich noch nichts über Frequenz und Verbreitung der einzelnen Vergleichswörter ausgesagt.

Kommen wir aber jetzt zu den Motiven. Den naheliegendsten Vergleich mit einem zornigen Menschen bietet zweifellos ein großes und – wenn gereizt – gefährliches Tier. Als zentrale Metapher für den Wüterich kann der schnaubende, zum Angriff ansetzende *Stier/Bulle* gelten. Ähnliches gilt für den brüllenden *Löwen und andere Raubtiere*. Wegen ihrer Aggressivität bekannt sind der *Wachhund* sowie bestimmte Hunderassen wie *Dackel* und *Terrier*, ferner der *Schafsbock, Gänserich* und *Truthahn* (dieser auch und vor allem, weil er wie der Zornige rot anläuft).

Unter den Vögeln sind *Kiebitz* und *Seeschwalbe* angriffslustige Nestverteidiger gegen Krähen und Menschen, was allerdings seinen Niederschlag anscheinend nur in jütischen Vergleichen gefunden hat. Eine Parallele zu nordfries. *arrig üüs en sparrig* (vgl. oben unter 3) bietet die bekannte deutsche Vergleichswendung *schimpfen wie ein Rohrspatz*. Allgemein bekannt ist das aggressive Verhalten der *Wespen* und *Hornissen*, deren Stiche ja zudem giftig sind, was ja auch für den *Schlangen*biss gilt (zum *Gift*-Motiv unten Näheres). Wild wie ein Wütender gebärden sich auch *Katzen*, die sich in einer Schlinge verfangen haben, in minderem Maße die im Netz zappelnden *Schollen* (Art Plattfische). Rammelnde ,*March hares are wild or mad*', wobei – wie bereits gesagt – der Bedeutungsübergang ,wild/verrückt' zu ,wütend' häufiger zu beobachten ist (vgl. auch die Wendung *den wilden Mann spielen*). Erklärt das Paarungsverhalten vielleicht auch, warum das rheinische *Kaninchen* und der ungarische *Hamster* zu *wütend*-Bildspendern wurden?

Ich komme zu den im Anhang unter 2 genannten Personenvergleichen. Bei manchen Berufsbezeichnungen wie *Hutmacher, Müller* oder *Weber* ist es nicht ohne weiteres nachvollziehbar, wie und warum sie in bestimmten Sprachgemeinschaften im Rufe besonderer Wutanfälligkeit stehen. Von den Volksangehörigen galten die *Türken* seit dem Mittelalter in großen Teilen Europas als rabiat und furchterregend (vgl. das *Deutsche Wörterbuch* (*DWB*) 22, Sp. 1851 und WANDER 5, Sp. 1376–79). Wohl infolge der kriegerischen Auseinandersetzungen um Schleswig-Holstein haben die

Dänen im 19. Jahrhundert den *tyrker* (Türken) zum *tysker* (Deutschen) umgemünzt. – Der *Teufel* (auch in der Mehrzahl) darf natürlich beim *zornig*-Vergleich nicht fehlen.

Unter den Vergleichen mit 'Dingen' (Handout 3.1, mit dem unbestimmten Artikel) finden sich zum einen Gerätschaften, die schwere Verletzungen verursachen können: *Axt*, *Säge* und *Forke*. Aus den westfriesischen *Forke*- und *Säge*-Belegen wird deutlich, dass hier die semantische Komponente ‚verletzend mit Worten, bissig' dem Vergleich zugrundeliegt. Entsprechendes wird für die *Dornbüsche* und die unter 1.3 und 1.7 genannten *Stacheltiere* gelten (eins der ndl. *zornig*-Synonyme, *vinnig* ‚scharf, bissig', ist von *vin* ‚[stachlige] Fischflosse' abgeleitet). Bei dem in einem begrenzten schleswigisch-jütischen Gebiet auftretenden Vergleichswort *Windmühle* (vgl. den Vortragstitel) ist zu bedenken, dass ein Schlag von den rotierenden Flügeln tödlich sein kann; aber vor allem: die sich in Fahrt befindende Windmühle gibt ein unübertroffenes Bild für den wild fuchtelnden Wüterich ab.

Alle Aspekte des Zornigen vereint in sich der von den Esten und Westfriesen unabhängig voneinander realisierte Vergleich mit der *Gewitterwolke*, die sich mit Blitz und Donner entlädt. Vgl. hierzu – und überhaupt – BUCK's onomasiologisch-etymologisches Lexikon indogermanischer Synonyme sub items ‚anger' und ‚rage', ‚fury'.

Unter 3.3 finden wir dann die bekannten, in unterschiedlicher Weise mit ‚Wut' und ‚Zorn' assoziierten Vergleichsbegriffe *Feuer*, *Gift* und *Galle*. Das Feuer (vgl. auch die lodernde Flamme unter 3.1) ist eine uralte, womöglich universelle Metapher für den Zorn.[13] Das DWB schreibt s.v. *Zorn* (32, Sp. 104):[14] „das natürlichste bild des zornes ist das feuer", und unter dem Stichwort *Feuer* (3, Sp. 1587) bringt es mehrere alttestamentarische Zitate von *im Feuer meines Zorns* und Ähnlichem. Die lateinischen *Wut/Zorn*-Wörter *furor* und *ira* kookkurrieren mit den Verben *ardere*, *inflammare* und *incendi*. Das Deutsche hat die Lehnübersetzung *wutentbrannt* und das Idiom

---

[13] Ob Letzteres wirklich zutrifft, müsste natürlich erst nachgewiesen werden. Erste Zweifel ergaben sich aus der Befragung eines aus Sri Lanka stammenden Ehepaares in unserem Budapester Hotel (sie Singhalesin, er Tamile). Im Singhalesischen und Tamilischen sei ‚Feuer' kein *Zorn*-Vergleichswort, *because 'fire' has the connotation 'good'* (vgl. die indische Feuerverehrung!). Auch ‚Tiger' nicht, *as being a symbol of 'strength'*. Der Hauptvergleich sei in beiden Sprachen der ‚Stier': *pissá gornek wāgi* (Sinhala) und *vizér mādu māderli* (Tamil), beide wörtlich „mad bull like". Daneben auch der Vergleich „as mad as a dog".

[14] Der Wortartikel *Zorn* (DWB 32, 1954, Sp. 90–106 + Komposita und Suffixableitungen Sp. 107–122) ist ein gutes Beispiel für die teilweise hervorragende sprachlich-kulturgeschichtliche Darstellung des deutschen Nationalwörterbuchs. Gleiches Lob verdient der Wortartikel *Wut* (DWB 30, 1960, Sp. 2474–2488) mit Komposita und Ableitungen (Sp. 2488–2554).

Feuer im Dach haben (vgl. RÖHRIG 1994: 439) und vieles andere mehr, während das Nordfriesische den verbalen Vergleich *er läuft auf wie das Feuer* (verbreiteter allerdings *wie ein kochender Milchsuppentopf*) kennt.[15] – Die nordholländischen und nordfriesischen *Feuer*-Vergleiche in unserem Material sind wohl (friesische) Reliktvorkommen.

Zur *Galle* kann ich wieder das DWB zitieren (32, Sp. 97): „die starken äußeren erscheinungen des zornes weisen auf innige beziehungen zum körper: in der alten medizin und psychologie ist der *zorn* eine wirkung der *galle*." Und das davon abgeleitete *cholerisch* ist ja geradezu synonym mit ‚aufbrausend, jähzornig'. Ich verweise noch auf den Baseler Vortrag von E. PIIRAINEN, in dem sie *Galle/Wut*-Analogien exemplarisch für europäische Idiome behandelte, die auf Vorstellungen aus der Antike zurückgehen (PIIRAINEN 2006). Einen *zornig*-Vergleich mit ‚Galle' konnte ich aber nur im Jütischen belegen.

Das alliterierende *Zorn*-Idiom *Gift und Galle speien* leitet zum Vergleichswort *Gift* über. Nach dem DWB (4, Sp. 7438) zeigt dieses bereits im 16. Jahrhundert die partielle Bedeutungsentwicklung zu ‚Zorn', und *giftig* für ‚zornig' ist gleich alt und vor allem dialektal über große Teile des deutschen Sprachgebiets verbreitet (4, Sp. 7454f.). Das Niederlädisch-Niederdeutsche hat daneben auch die semantische Parallele *venijnig/venienig*. Das im Niederdeutschen verbreitete Auftreten der für uns harmlosen *Kröte* (*Bufo*) als Vergleichswort erklärt sich aus dem alten Aberglauben, dass das Tier sich im Winterschlaf mit Gift vollsaugt.[16] Ähnliches gilt für die *Spinne*, und *giftig/ nijdig a(l)s een Spinn* ist in Westdeutschland und den Niederlanden der frequenteste *zornig*-Vergleich. – Bei Gewürzbezeichnungen wie *Pfeffer*, *Paprika* und *Senf* stellt der scharfe Geschmack die bildliche Brücke her, bei *Hopfen* und *Ruß* wohl eher der bittere bzw. beißende Geruch.

Auf die restlichen, teilweise unmotiviert scheinenden Vergleichsbegriffe kann hier nicht weiter eingegangen werden. Einige sind wahrscheinlich

---

[15] Föhr.-amr. *hi lääpt ap üüs at ial* bzw. moor. (u.a.) *hi låpt ap as en wålingkrooge*, älter auch *as en wålnen* („wallender") *krooge*. Vgl. NISSEN, M[oritz Momme], *De fräiske findling, dat sen fräiske spräikwurde* ... [das sind friesische Sprichwörter in sieben nordfries. Mundarten mit westfries. und engl. Entsprechungen], I–X. Stedesand 1873–83. Der durchaus originelle Kommentar des verdienten nordfriesischen Schulmannes und Lexikographen zum *Zorn*-Vergleich (V, S. 107) sei hier in extenso wiedergegeben: „*Er fährt auf wie ein kochender grapen, ist leicht erzürnt. Der zornige ist dem kochenden grapen ähnlich. Wie in diesem die entwickelten dämpfe den inhalt in die höhe treiben, so treibt der zorn alle bösen gedanken über die zunge. Er überschüttet den gegenstand seines zornes mit allen denkbaren grobheiten und flüchen. Der grapen läuft aber über, wenn der koch nicht aufpaszt und der inhalt geht verloren. Bei dem zornigen ist diesz nicht minder der fall. Der zorn vernichtet die lebenskraft, er verkürzt das leben, er ist der tödtlichste rausch.*"

[16] In einem naturkundlichen Fernsehprogramm (2006) wurde allerdings ausgeführt, dass die Haut der Kröte zur Abwehr ein giftiges Sekret absondere.

Übertragungen von Vergleichen zu anderen Ausgangsbegriffen, wobei es sich auch um die bekannte Erscheinung sinnentleerter, rein intensivierender Funktionsvergleichswörter und -elemente handeln kann.[17]

In quantitativer Hinsicht, schließlich, ergibt das erfasste Material folgendes Bild: Die drei Hauptgruppen umfassen jeweils 50, 14 und 33 Vergleichswörter oder eigentlich richtiger -begriffe (vielleicht sollte man doch besser den von mir gemiedenen Terminus ‚Vergleichsmaße' gebrauchen). Zählt man die Varianten und Erweiterungen hinzu, sind das zusammen deutlich über 100 verschiedene Vergleiche. Diese können – wie oben versucht – zu Hauptmotiven zusammengefasst werden. Übrigens hat keines der Vergleichsmaße allgemeine Geltung. Die größte Verbreitung zeigen die Tiervergleiche *Hund, Katze, Stier, Gänserich/Truthahn* sowie *Wespe/Hornisse* und *Spinne*, dann noch *der Teufel*. Mehr als die Hälfte der Vergleiche konnte ich nur in einer Sprache oder einem Dialektgebiet belegen.

5 Schlussbemerkung

Für diese Studie war es mir leider nicht möglich, eine geographisch noch umfassendere Datenbasis zusammenzutragen. So fehlen hier Belege aus den keltischen und mehreren süd- und osteuropäischen Sprachen. Aufgrund meiner Erfahrungen mit der Materialsammlung habe ich oben (2, Schluss) eine Lanze gebrochen für den Aufbau eines phraseologischen Netzwerks zur Unterstützung interlingualer Forschungsvorhaben oder auch Spezialfragestellungen wie der hier behandelten.

---

[17] Vgl. hierzu GROBER-GLÜCK 1974, passim, und etwa FLEISCHER (1997: 180) sowie unsere Fußnote 12.

Anhang

„So böse/zornig wie (ein/e) x/y"
("As angry/mad as (a) x/y")

1 Vergleiche mit Tieren

1.1 Raubtiere (Beasts)

Raubtier: Finn., Wfries. – *Bär (bear)*: Ä.Dän. ("wie der wütende B."), Dt. (DWB), Eng.dial. (as mad as a bear with a sore lug ['Ohr']), Finn. (+ "wie ein in den Arsch geschossener B."). – *Löwe (lion)*: Dt. (WANDER: "wie ein angeschossener L."), Franz., Wfries. – *Luchs (lynx)*: Mazedon. < Serb.-Kroat. – *Tiger*: Dän., Franz., Wfries. – *Vielfraß (glutton)*: Norw. – *Wolf*: Norw. (arg som en varg).

Vgl. dazu noch dt. *wie ein angeschossener Eber*.

1.2 Haus- und Nutztiere (Domestic animals)

<u>Hund (dog)</u>: Dt. (DWB), Franz., Ndt. (Rhein.), Nfries. (Festl.: "wie ein 'toller' H."), Russ., Wfries. – *Hündin (bitch)*: Dän., Ndt. (Westf.). – *Kettenhund (watch-dog)*: Jüt., Ndt. (Nds.), Schwed. – *Köter (mongrel)*: Dän., Finn. – *Dachshund/Dackel*: Ndt. (Westf. Wibbelt). – *Terrier*: Dän., Norw. – <u>Katze (cat)</u>: Ndt. (Westf.), Jüt., Schwed.dial., Wfries.; Ndt. (S.-H.), Nfries. (Festl.): "wie eine K. auf der Forke/in der Schlinge/im Tau/Weideseil (Tüder)". – <u>Pferd (horse)</u>: Ndt. (Westf. Wibbelt). – *Pony (Shetland-)*: Wfries. (kedde). – <u>Schafsbock (ram)</u>: Eng.dial. (Derbyshire: as mad as a tup), Ndt. (Rhein.). – <u>Schwein (pig)</u>: Ndl.dial. (Drenthe), Ndt. (Rhein., Westf.: "Sau"), Wfries. – <u>Stier (bull)</u>: Dän., Estn., Finn., Franz., Nfries. (n. Festl.), Norw., Schwed., Wfries. – <u>Ziege (goat)</u>: Span. – <u>Hahn (cock)</u>: Schwed.dial. (toppe). – *Huhn (hen)*: Ndl. (Süd); Am.Eng.: mad as a wet hen. – *Gänserich (gander)*: Eng.dial. (so wild as a cock goose), Estn., Ndt. (S.-H.), Schwed.dial. – *Truthahn (turkey-cock)*: Jüt., Ndl. (Süd), Ndt. (S.-H., Westf.), Ungar.

Dän./Jüt.: "wie ein geneckter/gezwackter junger Hund". – Jüt. *gal som (en) Fylaks/som edder* (vgl. 3.3. Gift) *og Fylaks/som filur* (Filou) *og Fylaks* (Hundename = griech. *Phylax* 'Wächter'). – Ä.Eng. (Shakespeare 1590) *mad as a Bucke* 'Dammhirschbock'.

1.3 Feldtiere

Hamster: Ungar. – *Hase (hare)*: Eng.dial. (1784) + as mad/wild as a March hare ("wie ein [rammelnder] Märzhase"). – *Iltis (polecat)*: Ndt. (Westf.), Wfries. – *Kaninchen (rabbit)*: Ndt. (Rhein.). – *Stachelschwein (porcepine)*: Ndl. (WNT).

Vgl. auch Jüt. (Süd) "wie ein Topf voll Mäuse", ältere Bedeutung 'sauer/unwirsch' (so noch im Ndt. und Nfries.).

1.4 Amphibien und Reptilien

Eidechse (lizard): Jüt. – *Kreuzotter (adder)*: Ndt. (Ostpreuß.). – *Kröte (toad)*: Ndt. (Nds., Rhein.: wie en giftig Krott, S.-H., Westf.). – *Natter (viper)*: Ndt. (S.-H. SDithm., Westf.). – *Schlange (snake/serpent)*: Ndt. (Ostpreuß., Rhein.: onk 'Hausschlange', S.-H. Angeln), Russ.

1.5 Insekten

Biene (bee): Ndt. (Nds.), Schwed. – *Bremse (gad-fly)*: Schwed.dial. – *Grille (cricket)*: Ndl.dial. (Süd), Ndt. (Westf.). – *Hornisse (hornet)*: Ndl.dial. (Süd), Eng. – *Hummel (bumble-bee)*: Schwed., Wfries. – *Käfer (beetle)*: Wfries. – *Spinne (spider)*: Dt.dial./Ndt. (verbreitet), Ndl., Wfries. (bereits 1614); vgl. auch 3.1 Petitsatz. – *Wespe (wasp)*: Dän., Eng., Finn., Ndt. (Nds.), Norw., Poln., Schwed.dial.

1.6 Vögel (Birds)

Elster (magpie): Ndl.dial. (Süd). – *Kiebitz (lap-wing)*: Jüt. (auch: "wie ein K. auf zwei Eiern"). – *Seeschwalbe (tern)*: Jüt. – *Spatz (sparrow)*: Ndl.dial. (Brab.), Nfries. (Föhr, Sylt).

Zum Letzten vgl. dt. schimpfen wie ein Rohrspatz und wfries. tsiere as mosken "schimpfen wie Spatzen".

1.7 Fische (Fishes)

Barsch (perch): Ndl., Wfries. – *Petermännchen (greater weever*; Barschart, Rückenflosse mit giftigen Stacheln): Jüt. (fjæsing). – *Scholle (plaice)*: Nfries. (Föhr-Amr.).

Föhr auch additives *arrig üüs en sparrig* (1.6) *an doll üüs en skoll*; dieser Plattfisch zappelt wie wild im Netz im Boot.

2 Vergleiche mit Menschen

2.1 Berufsbezeichnungen

Hutmacher (hatter): Eng. – *Köchin (fem. cook)*: Dt. (WANDER). – *Leutnant*: Schwed.dial. – *Müller (miller)*: Jüt. (Süd). – *Pfeifer (Sack-)*: Eng.dial. (as mad as a piper). – *Schmied (smith)*: Jüt. (vred som en smed), Ndt. (S.-H. Ang.). – *Weber (weaver)*: Ä.Eng. (1609).

2.2 Völkernamen

Deutscher (German): Dän., Norw. (som en tysker, wohl für ält. tyrk[er]). – *Russe (Russian)*: Schwed. – *Türke (Turk)*: Dän., Nfries.

Vgl. ndt.-ostfries. *he geiht an as 'n Türk* "er wütet wie ein Türke"; verbreitet dt. *er flucht wie ein Türke*.

2.3 Sonstiges

Orson (PN): Eng.dial. (wild as O.). – *Verrückter (madman)*: Ndl.dial. (Drenthe: kwaod as en gek). – *(der/ein) Teufel (devil)*: Dt. (WANDER), Ndl.dial. (Drenthe: zo kwaod as de bliksem/duvel), Ndl. (Süd: zo kwaad als een gestampte duivel), Ndt. (Rhein.; Westf. auch: so wahn as en Pöttke met Düwels "wie ein Topf mit Teufeln"), Poln., Russ., Tschech. – *Werwolf*: Dt., Poln. (WANDER).

3 Vergleiche mit Dingen

3.1 Mit unbestimmtem Artikel

Axt (axe): Nfries. (Föhr, Helgol.). – *Dornbusch (thorn-bush)*: Jüt. – *Flamme/Lohe (blaze)*: Nfries. (Festl.). – *Forke (Heu-/Mistgabel)*: Ndl.dial. (Brab.), Wfries. – *Gewitterwolke (thundercloud)*: Estn., Wfries. – *Haus (house)*: Ndl.dial. (Brab., Fland.). – *Hecke (Dorn-; hedge)*: Eng. dial. – *Kaffkorb (chaff basket)*: Ndt. (Westf.). – *Mühle (Wind-; windmill)*: Jüt. (Süd), Ndt. (S.-H.), Nfries. (Festl.). – *Säge (saw)*: Wfries. – *Sanddorn (sea buckthorn)*: Dän.dial. (WANDER). – *Unglück*: Dän. (Moth c. 1700). – *Wecker (alarm clock)*: Wfries.

Vgl. noch dt. *geladen wie eine Gulaschkanone* 'sehr zornig' (Obersächs.). – Schwed.dial. *sint söm en kvint* (Quint), *ärg söm en tvärg* (Spinne; vgl. 1.5).

3.2 Mit bestimmtem Artikel

Nacht (night): Ndl.dial. (Drenthe): – *Pest (pestilence)*: Ndl.dial. (Brab.). Vgl. noch meng. *wroth as (the) wynde* "wütend wie der Wind" (1377-1417 in der Stabreimdichtung).

3.3 Ohne Artikel (Stoffnamen)

Feuer (fire): Ndl.dial. (NHoll.); vgl. 3.1 Flamme. – *Feuer und Flint(stein)*: Jüt. – *Feuer und Wasser (fire and water)*: Jüt. – *Flintstein (flint)*: Jüt. – *Galle (gall/bile)*: Ndt. (S.-H., Ostpreuß.).[1] – *Gift (Schlangen- u.a.; poison of snakes etc.)*: Ndl. (Süd: regaal), Schwed. (1795: etter); Jüt.: som edder og forgift/sort tobak ("schwarzer Tabak"). – *Hefe (yeast)*: Ndt. (Rhein.: "wie ein Töpfchen H.").[2] – *Hopfen*: Am.Eng. (mad as hops), Ndl.dial. (Brab.: hoppe). – *Maibutter*: Eng. (1626: mad as May-butter). – *Senf (mustard)*: Ndt. (Nds.). – *Paprika*: Serb.(-Kroat.). – *Pfeffer (pepper)*: "P. und Tabak (die zusammengerührt sind)", "P. und zerstoßenes Glas" (Jüt.). – *Pulver (Schieß-; gunpowder)*: Jüt. (krudt). – *Rattengift (rat-poison)*: Ndt. (Westf.: vernuinig os Raddenkriut). – *Ruß (soot)*: Nfries. (Föhr; auch sutten-doll/-arrig); sonst für 'bitter/beißend wie'.

Hierzu noch dt.dial. (Obersächs.) ranzig wie alte Butter 'sehr zornig'.

[1] Vgl. dt. *jmdm. läuft die Galle über* 'jmdn. packt die Wut' und *Gift und Galle speien* 'sehr wütend sein'; vgl. *cholerisch* 'jähzornig' von griech. *kholéra* 'Gallsucht'. – Ndt. (S.-H.) *giftig un gallig* 'wütend (und reizbar)'.
[2] Vgl. *hochgehen wie ein Hefekuchen* 'sehr zornig werden' (Vogtländ.).

Literatur (ohne Wörterbücher)

ÅRHAMMAR, Nils (2007): Phraseologie: ein in der Frisistik unbestelltes, aber vielversprechendes Forschungsfeld. In: Philologia Frisica anno 2005. Fryske Akademy: Ljouwert. S. 167-194.

BUCK, Carl Darling (1949): A Dictionary of Selected Synonyms in the Principal Indo-European Languages. A Contribution to the History of Ideas. Chicago/London.

CZOCHRALSKI, Jan A. (2000): Deutsche und polnische Vergleichswendungen. Ein Versuch. In: KRAMER, Undine (Hrsg.): Lexikologisch-lexikographische Aspekte der deutschen Gegenwartssprache. Symposiumsvorträge. Berlin 1997. Tübingen. (Lexikographica. Series Maior; 101). S. 151–156.

DE TIER, Veronique/REKER, Siemon (eds.) (1999): In vergelijking met dieren. Intensiverend taalgebruik volgens de SND-krantenenquête (1998). Stichting Nederlandse Dialecten: Groesbeek.

FLEISCHER, Wolfgang (1997): Phraseologie der deutschen Gegenwartssprache. 2., durchgesehene und ergänzte Auflage. Tübingen.

GROBER-GLÜCK, Gerda (1974): Motive und Motivationen in Redensarten und Meinungen. 1: Textband; 2: Kartenband. Marburg.

HESSKY, Regina (1989): Sprach- und kulturspezifische Züge phraseologischer Vergleiche. In: GRÉCIANO, Gertrud (ed.): EUROPHRAS 88. Phraséologie Contrastive. Strasbourg. (Collection Recherches Germaniques; 2). S. 195–204.

PIIRAINEN, Elisabeth (2000): Phraseologie der westmünsterländischen Mundart. 1: Semantische, kulturelle und pragmatische Aspekte dialektaler Phraseologismen; 2: Lexikon der westmünsterländischen Redensarten. Hohengehren. (Phraseologie und Parömiologie; 2/3).

PIIRAINEN, Elisabeth (2006): Widespread Idioms: Cross-linguistic and Cross-cultural Approaches. In: HÄCKI BUHOFER, Annelies/BURGER, Harald (eds.): Phraseology in Motion I. Methoden und Kritik. Akten der Internationalen Tagung zur Phraseologie (Basel 2004). Hohengehren. S. 155–173.

RIEGLER, Richard (1907): Das Tier im Spiegel der Sprache. Ein Beitrag zur vergleichenden Bedeutungslehre. C. A. Kochs Verlagsbuchhandlung (H. Ehlers): Dresden und Leipzig. (Neusprachliche Abhandlungen aus den Gebieten der Phraseologie, Realien, Stilistik und Synonymik unter Berücksichtigung der Etymologie. Hrsg. von Dr. Clemens Klöpper – Rostock. Heft XV. XVI.)

RÖHRIG, Lutz (1994): Lexikon der sprichwörtlichen Redensarten. Taschenbuchausgabe. Freiburg/Basel/Wien. (Herder/Spektrum; 4400).

SCHADE, W. (1976): Zu den komparativen Phraseologismen des Deutschen und Russischen. Am Beispiel der Vergleiche mit *wie* bzw. *kak*. In: Aktuelle Probleme der Phraseologie. Leipzig. S. 127–134.

STOETT, F. A. (1943): Nederlandsche Spreekwoorden, Spreekwijzen, Uitdrukkingen en Gezegden naar hun oorsprong en beteekenis verklaard. I–II. W. J. Thieme: Zutphen.

WANDER, Karl Friedrich Wilhelm (1987): Deutsches Sprichwörter-Lexikon. 1–5. Unveränderter Nachdruck der Ausgabe Leipzig 1867. Augsburg.

Dragica Bukovčan (Zagreb)

Phraseologie im metasprachlichen Diskurs

1 Einleitung

Der Augangspunkt für das Verstehen der im Titel des Beitrags angedeuteten Problematik der Multifunktionalität der expressiven Ausdrucksweise im metalinguistischen Umfeld ist die Erläuterung der Grundbegriffe im Rahmen des wissenschaftlichen Schreibens im Allgemeinen. Dabei sind die Bezeichnungen in englischer und in deutscher Sprache in Erwägung zu ziehen. Die deutsche Benennung „wissenschaftliches Schreiben" ist mehrdeutig und wird sehr oft mit der Methodik des Schreibens für bestimmte Zwecke gleichgesetzt. Diese konzeptuelle Verschiebung trifft hier nicht zu: Unter wissenschaftlichem Schreiben wollen wir jeden Vorgang des Schreibens verstehen, der einen wissenschaftlichen Inhalt hat und ein wissenschaftliches Ziel verfolgt. Beim wissenschaftlichen Schreiben geht es demnach um eine spezifische Schreibtätigkeit über ein wissenschaftliches Thema zu einem wissenschaftlichen Zweck bzw. um sprachlich normierte und sachlich bedingte Form der Wissensvermittlung/-kommunikation *(writing done by scholars for other scholars)*. Ein teilsynonymer, aus dem Englischen entlehnter Ausdruck „akademisches Schreiben" wird wesentlich seltener gebraucht. Die englischen Entsprechungen *academic writing* und *scientific writing* können fast als Synonyme aufgefasst werden[1], obwohl ein Unterschied im Begriffsinhalt zu notieren ist: *scientific writing* bezieht sich in erster Linie auf wissenschaftliche Publikationen in konkreten Disziplinen und ist auf feste Regeln der Inhaltsdarstellung fokussiert, wogegen bei der Bezeichnung *academic writing* das Formelle im Hintergrund und das „Gebildete" im Vordergrund steht. Als parallel existierend erscheint der Begriff „wissenschaftliche Prosa" *(academic or scholarly prose)*, der oft mit Sachliteratur gleichgesetzt wird und auch populär-wissenschaftliche Texte miteinschließt.

Das untersuchte Korpus kann als eine besondere Art des wissenschaftlichen Schreibens betrachtet werden, wobei Sprache zugleich als Beschreibungsmittel (Metasprache) und als Objekt der Beschreibung (Objektsprache) fungiert. Vereinfacht ausgedrückt, Objektsprache ist der Gegenstand der Untersuchung und Metasprache ist das „Mittel" der Beschreibung, bzw. die Sprache, in der die Untersuchungsergebnisse präsentiert werden. Man kann sagen, dass, wenn Sprache zur Wissensvermittlung über die Sprache selbst

---

[1] Internet-Belege für *academic writing* 1,250.000 und für *scientific writing* 649.000.

benutzt wird, eine metasprachliche bzw. metalinguistische Kommunikation stattfindet. Die Funktion eines solchen Sprachgebrauchs ist die Beschreibung der natürlichen Sprache oder Reflexionen über die Sprache im Sprachbewusstsein. Diese Unterscheidung ist notwendig, da eine der untersuchten Diziplinen (Rechtslinguistik) sich mit Rechtssprache als Objektsprache beschäftigt.

Es ist bereits mehrfach in der Geschichte der Sprachwissenschaft betont worden, dass es neben dem sprachlichen auch ein wissenschaftliches und eine Reihe anderer Weltbilder gibt. Das Verhältnis zwischen Sprache und Weltbild(ern) im weitesten Sinne des Wortes ist komplex und vielschichtig. So hat sich beispielsweise die expressive Ausdrucksweise in der Wissenschaftssprache fast schon überall eingebürgert. Die modernen Wissenschaftler werden als ‚eigentliche Erzähler' und ‚Herrn der Metaphern' gerühmt. Vor diesem Hintergrund scheint es der Mühe wert, sich im Rahmen des kreativen Sprachgebrauchs im metalinguistischen Diskurs auf die Produktion der das vorerwähnte wissenschaftliche Weltbild repräsentierenden phraseologischen und metaphorischen Sprachmittel zu konzentrieren. Dabei ist von der neuesten Forschungsperspektive in der Phraseologie auszugehen, wonach bildhafte Mehrwortlexeme sowohl phraseologisch als auch metaphorisch sein können.[2] So z.B. BURGER (1998: 30): „There is an intersection of phraseological units and metaphors: word combinations that are both fixed and metaphorical." BURGER weist aber auf die strukturelle Inkohärenz und wiederholte Änderung der Perspektive (ein Ursprungskonzept wird auf mehrere Zielkonzepte projiziert) beim Gebrauch von *idiomatic metaphors* hin.[3] Phraseologie wird hier im Sinne von GLEDHILL (1999: 1) als „the preferred way of expressing a delimited set of semantic and communicative roles" verstanden.

Das sprachwissenschaftliche Schreiben verweist auf die Sprachkompetenz eines gebildeten Muttersprachlers.[4] Die Hauptcharakteristiken eines solchen

---

[2] Zur Abgrenzung von Metaphern und Phraseologismen – bei F. WAGNER (2006: 247–248). Er vertritt die Meinung, dass eine trennscharfe Abgrenzung zwischen Metapher und Phraseologismus sehr schwierig ist und dass dafür semantische und pragmatische Kritierien festzulegen sind. Für Metaphern und metaphorische Phraseologismen schlägt er die „Kurzbezeichnung" ‚metaphorischer Ausdruck' vor.

[3] Auf die aktuelle Problematik des Verstehens von wissenschaftlicher Metapher oder Metapher in der Wissenschaft (*scientific metaphor/metaphor in science*) kann hier nicht eingegangen werden. Es ist aber festzuhalten, dass Metaphern in der Wissenschaft unterschiedliche Funktionen haben: durch metaphorische Bilder werden neue Phänomene mit Hilfe bekannter Begriffe beschrieben; mit Hilfe von Metaphern kann man zu neuen Erkenntnissen (Einsichten) kommen; sie haben auch eine innovative und konstitutive Funktion; sie dienen der Abstraktion und der Theoriebildung; sie verleihen Anschaulichkeit; sie tragen der präzisen Wissensvermittlung bei u.v.a.m.

[4] Eine Ausnahme bildet die englische Sprache, in der (sprach)wissenschaftliche Aufsätze regelmäßig von vielen Nicht-Muttersprachlern produziert werden. Näheres dazu bei

Sprachgebrauchs sind Kreativität und Geschicklichkeit. So entstehen aus dem im Sprachsystem vorhandenen phraseologischen und metaphorischen Bestand durch Abweichungen von der Gebrauchskonvention und durch verschiedene Kombinationen und Modifikationen kreative Mehrwortbildungen/-einheiten, die u.a. zur Textdynamik wesentlich beitragen. Oft handelt es sich dabei um polylexikale Neubildungen,[5] die, obwohl größtenteils transparent in ihrer Bedeutung, starke stilistische und/oder pragmatische Markierungen aufweisen. Nach KÜHN (1994: 420) sind Phraseologismen pragmatisch „besonders geladen" und durch einen semantischen Mehrwert ausgezeichnet.[6] Eine besondere Klasse bilden satzwertige und nichtsatzwertige Phraseologismen als vorgeprägte Ausdrücke in ihrer pragmatischen Perspektive, die bei vielen Autoren (fast schon) wie Identitätsmerkmale fungieren können, andererseits aber als sprachliche Versatzstücke[7] interpretiert werden. Vor diesem Hintergrund ist das untersuchte metasprachliche Korpus[8] zuerst näher zu bestimmen.

2 Korpus

Phraseologismen und Metaphern sind im alltäglichen Sprachgebrauch ein ‚Normalfall' und unterschiedlich vertreten. Für viele Sprachteilhaber scheint es aber merkwürdig, dass sie auch im wissenschaftlichen Schreiben/Diskurs vielfach belegt und fast üblich geworden sind. In diesem Zusammenhang nimmt die Metasprache in den Bereichen Linguistik und Rechtslinguistik eine besondere Stellung ein. Bei der Lektüre von Fachliteratur zu verschiedenen linguistischen und rechtslinguistischen Themen in deutscher und in englischer Sprache überraschen etliche phraseologische Einheiten und Metaphern, die dort nicht zu erwarten sind und die hinsichtlich der Sprachkonvention einen ausgesprochen innovativen Charakter aufweisen. Im Beitrag wird der Versuch unternommen, das metasprachliche phraseologische und metaphorische Inventar auf Grund der in den genannten Disziplinen belegten Beispiele zu

---

HOWARTH (1999) und auch bei FÖLDES (2005: 258): „Das Englische kann zweifellos auf eine konkurrenzlose Karriere als wissenschaftliche Universalsprache zurückblicken: Wissenschaftler – auch deutschsprachige – bedienen sich bei der Veröffentlichung wichtiger Forschungsergebnisse zunehmend der englischen Sprache." FÖLDES plädiert für die Mehrsprachigkeit des wissenschaftlichen Schreibens.

[5] Beispiel: *(to be) of the Chomskyan brand* (ČERMÁK 2001: 5)
[6] Näheres zum semantischen Mehrwert in 3.1.
[7] Sprachliche Versatzstücke sind vorgeprägte Ausdrücke (engl. *chunks*), feste Redewendungen oder sprachliche Routinen, die verschiedene kommunikative Funktionen erfüllen.
[8] Das Korpus wird hier als eine begrenzte Sammlung von schriftlichen Äußerungen zum Zwecke sprachwissenschaftlicher Analyse verstanden. Die deutschen und englischen Korpusquellen/Autoren sind vor der Literarurliste angeführt.

beschreiben, mit dem Ziel, eine theoretisch fundierte funktional-pragmatische Typologie des Bestandes anzubieten.

Die Korpusbelege sind durch folgende Elemente bestimmt: (1) Fachbereich: Linguistik, Fachsprachenlinguistik, Rechtslinguistik, Phraseologieforschung; (2) Fachtextsorten: wissenschaftliche Aufsätze, Grammatiken, theoretische Werke; (3) Sprachen: Englisch und Deutsch; (4) Anzahl der Belege: rund 200 (ohne satzwertige Pragmateme). Heterogenität und Mehrschichtigkeit des gewählten Korpus sollten der Gewinnung eines Gesamtüberblicks über die Besonderheiten der Ausdrucksweise im Metadiskurs dienen, der die nachfolgende Typologie (siehe 3.3) plausibel machte. Es wird aber keine formale Klassifizierung angestrebt, vielmehr ist die kategorielle Gliederung von Phraseologismen und Metaphern als ihre gebrauchssemantische und funktionsbezogene Systematisierung zu verstehen. Obwohl eine scharfe Trennung von stilistischen und pragmatischen (funktionalen) Aspekten der Korpusbelege nicht möglich ist[9], liegt der Schwerpunkt der Analyse bei den spezifischen Funktionen von Phraseologismen und Metaphern im sprachwissenschaftlichen Diskurs.

3 Funktionale Aspekte der metasprachlichen Phraseologie[10]

In der einschlägigen Literatur zur Funktionsforschung wird der Funktionsbegriff unterschiedlich aufgefasst. Die bereits bei FLEISCHER (1982) erwähnten funktionalen Eigenschaften werden von HECKEN (2003: 37) systematisch dargestellt. In Anlehnung an FLEISCHER thematisiert sie sechs funktionale Aspekte, von denen hier nur diejenigen erörtert werden, die für das untersuchte Korpus von Bedeutung sind. An erster Stelle ist die „Spezifik des Abbildcharakters" zu erwähnen, worunter sie den Unterschied zwischen nominativen Phraseologismen und kommunikativen Formeln versteht. Die nominativen Phraseologismen (zu denen man auch phraseologische Termini mit ihrer eigenen Spezifik zählen könnte) hätten kommunikative und kognitive Funktion und die formelhaften Ausdrücke sind durch „textgliedernde und kommunikationssteuernde" Funktion determiniert. An zweiter Stelle erwähnt Hecken textbildende Potenzen von Phraseologismen, die hier nicht weiter

---

[9] Einige Linguisten lehnen diese Trennung ab und gehen eher von einer Interdependenz zwischen den stilistischen und pragmatischen Aspekten der Phraseologismen aus. Diese Einsicht wird auch hier vertreten.

[10] Ein Überblick über die phraseologische Funktionsforschung ist bei FLEISCHER: *Zur funktionalen Differenzierung von Phraseologismen in der deutschen Gegenwartssprache*. In: KORHONEN (1987: 51–63) zu finden. Er gibt an, dass sich die Funktionsforschung in drei Richtungen entwickelt – in Richtung Textlinguistik und der Pragmatik im Allgemeinen, sowie in Richtung der Sprechakt- bzw. Handlungstheorie im Besonderen.

thematisiert werden können. Als sehr wichtig erscheint aber der illokutive Aspekt, der an mehreren Korpusbelegen exemplifiziert wird (s. 3.3).

Bei den Phraseologismen und Metaphern im Metadiskurs ist von ihrem hohen kommunikativen Wert sowie von ihrer Verwendungsspezifik auszugehen. Ihre Multifunktionalität ist aus dem konkreten Ko- und Kontext zu erschließen und steht in enger Relation zu den kognitiv-semantischen Aspekten der verwendeten Sprachmittel. Diese Aspekte sind auf die Absicht des Textproduzenten/Senders/Autors, gleichzeitig auf zweifache Art und Weise auf den Textrezipienten/Kommunikationspartner/Leser einzuwirken, zurückzuführen: einerseits beabsichtigt er, bestimmte Inhalte zu vermitteln bzw. Sachlich vorzugehen (darstellen, identifizieren, definieren, referieren, demonstrieren), andererseits ist er aber sehr daran interessiert, zugleich auch seine Einstellung zu dem Vermittelten/Bezeichneten zu liefern (befürworten, kritisieren, ironisieren, hervorheben, begeistern, ablehnen, überzeugen). Hier sind beide Komponenten der Bedeutung (denotative und konnotative)[11] wirksam. Vor diesem Hintergrund ist eine differenzierte Beschreibung des metasprachlichen phraseologischen und metaphorischen Inventars geboten,[12] die nicht nur potentielle Funktionen, sondern auch die zu entziffernde Intention des Produzenten berücksichtigt. Man geht dabei von der These aus, dass Phraseologismen im Metadiskurs einen semantischen, funktional-pragmatischen aber auch einen konzeptuellen Mehrwert haben können. Da der semantische Mehrwert bereits als linguistischer Terminus fungiert, wird das sprachwissenschaftliche Konzept der Aufwertung am Beispiel des semantischen Mehrwerts kurz erörtert.

3.1 Semantischer Mehrwert

In den achziger Jahren untersuchte Reger die metaphorische Funktion der Idiome und stellte im Zusammenhang mit ihrer Bildhaftigkeit und Anschaulichkeit fest, dass sie eine Tendenz zur semantischen Aufwertung zeigen (vgl. DRUMM 2005: 97). Der Begriff wurde bald in die sprachwissenschaftliche Literatur als „semantischer Mehrwert" eingeführt und von vielen Linguisten aufgegriffen.[13] Der semantische Mehrwert ist zugleich ein prototypisches

---

[11] Die Begriffe sind im Sinne von BUßMANN (2002: 152) zu verstehen: „Denotation bezeichnet die kontext- und situationsunabhängige, konstante begriffliche Grundbedeutung eines sprachlichen Ausdrucks im Unterschied zu konnotativen, d.h. subjektiv variablen, emotiven Bedeutungskomponenten [...]."

[12] Differenzierte Phraseologismusbeschreibung wird von vielen Linguisten vorgeschlagen, z.B. von KÜHN (1994), COULMAS (1981), FLEISCHER (1987) u.a.

[13] Die Liste der Autoren/innen ist zum Teil nach DRUMM (2005: 52): ČERNYŠEVA (1980a, b, 1981; 1984, 1987), FLEISCHER (1982: 202ff.), GRÉCIANO (1983, 1984, 1987, 1988, 1989),

Beispiel eines metaphorischen im untersuchten Korpus vielfach belegten Terminus, der in der Phraseologieforschung unterschiedlich definiert bzw. Interpretiert wird. In der germanistischen Phraseologieforschung wird darunter „mehrdimensionale", „konnotative" und „expressive" (metaphorische/phraseologische) Bedeutung verstanden. In der Literaturforschung wird der Ausdruck oft mit der poetischen Funktion des Textes gleichgesetzt. Semantischer Mehrwert wird vielfach auch als charakteristisches Zeichenphänomen verstanden – man spricht von einem semantischen Mehrwert in der Musik, Architektur, Kunst, Werbung, Wirtschaft, Filmindustrie und anderen Gebieten.[14] In neueren phraseologischen Untersuchungen wird der semantische Mehrwert durch die Berücksichtigung des situativen Kontextes und der vom Produzenten/Sprecher gelieferten Einstellungen bestimmt. In der Literatur zur pragmatischen Phraseologie wird semantischer Mehrwert gerade aus der Sicht der bewertenden Einstellung (emotionale Struktur des Phraseologismus) und der gebrauchssemantischen Komplexität (kognitive Struktur des Phraseologismus) interpretiert (vgl. auch DRUMM 2005: 103, 106). Beide Aspekte kommen bei der vorliegenden Korpusanalyse zum Tragen. Als weiterer wichtiger Aspekt der phraseologischen und metaphorischen Aktivität in einem spezifischen Kommunikationsfeld ist die Erforschung und Beschreibung der Funktionen des belegten Bestandes. Die Untersuchung der funktionalen Aspekte von Phraseologismen setzt bei KOLLER (1977) ein.[15]

3.2 Pragmatisch-funktionale Gliederung von Phraseologismen nach KOLLER

KOLLER (1977) untersuchte als einer der ersten Sprachwissenschaftler die Funktionen von Phraseologismen am empirischen Sprachmaterial.[16] Er definiert elf Funktionstypen, die hier kurz dargestellt und mit Belegen aus dem Korpus (soweit vorhanden) erörtert und „untermauert" werden: 1. Handlungsanweisung, Situationsorientierung, Situationsbewältigungsmuster: Dt. *Gänsehaut über den Rücken laufen lassen;* engl. *without any further ado ... .* Der Textproduzent steuert in bestimmter Weise das Denken und Handeln des

---

KÜHN (1983, 1985, 1987), BURGER (1987, 1998), EISMANN (1989), PALM (1989, 1991), SANDIG (1989, 1994).

[14] Der kreative Umgang mit dem „semantischen Mehrwert" und seine Bedeutung für die Phraseologieforschung ist der Fachliteratur zu entnehmen: so kann man z.B. (etwas) mit einem semantischen Mehrwert aufladen, oder einen semantischen Mehrwert auftragen/besitzen/erzeugen/entwickeln/liefern/zuführen/transportieren/bilden u.v.a.m.

[15] KOLLERs funktionale Klassifikation wurde mehrfach kritisiert. In der vorliegenden Arbeit kann sie als Orientierungsansatz für die Analyse der Korpusbelege dienen. Die Auslegungen zu KOLLERs Typologie erfolgen nach DRUMM (2005: 93–99).

[16] Dieses bestand aus politischer Berichterstattung, Trivialliteratur, Leserbriefen, Kriminalmeldungen und Gerichtsberichten (vgl. HECKEN 2003: 35).

Textrezipienten in einer bestimmten Situation. Die im Korpus belegten Beispiele sind sozusagen „Gemeingut" der Allgemeinsprache und der Wissenschaftssprache. Zusätzlich ist eine ironische Distanz durch die Modifikation *Haut* zu *Gänsehaut* hergestellt worden; 2. Ideologem-Funktion: Dt. *Einen Stempel aufdrücken;* engl. *It goes without saying that ...* (etwas als selbstverständlich annehmen); 3. Einverständnisherstellungs- und Bestätigungsfunktion: Dt. *Es ist Zeit, (von einem Textmodell) Abschied zu nehmen ...* engl. *to cut the knot.* Der Textrezipient wird überredet, nicht überzeugt (vgl. KOLLER 1977: 126); 4. Anbiederungsfunktion;[17] 5. Übertragungsfunktion: Sprachliche Modelle aus der Allgemeinsprache, die für die Interpretation der Ereignisse im Alltagsleben verwendet werden, werden z.B. in die Welt der Sprachwissenschaft für die Interpretation der Sprache als Objekt übernommen. Dt. *Dieser schwarze Peter wird wieder an die Juristen abgeschoben.* (BUSSE 1993: 150).[18] Engl. *to calculate costs and effects (of making judgements);* 6. Vereinfachungsfunktion: Komplexe Sachverhalte (z.B. im Bereich der Metalinguistik) werden auf bekannte Interpretationsmuster zurückgeführt. Dt. *der wissenschaftliche Schelmenstreich* engl. *hot debate (on phraseological issues)*; 7. Argumentations-Ersparungsfunktion: Es wird mit Hilfe konventioneller Sprachmodelle argumentiert, so dass keine Hinterfragung mehr notwendig ist. Dt. *(der Willkür) Tür und Tor öffnen* engl. *to pin down (the form)*; 8. Unschärfefunktion - darunter versteht KOLLER Offenheit und Flexibilität von Phraseologismen, weshalb sie in verschiedenen Situationen Anwendung finden; 9. Emotionalisierungsfunktion: Es ist bekannt, dass viele Phraseologismen auf Grund ihrer Expressivität emotional wirken. KOLLER nennt diese Eigenschaft der Phraseologismen ein „emotional geladenes Mehr" (1977: 149). Dt. *das Wort (oft) im Munde führen* engl. *to make heads or tails of (this) messy picture*; 10. Wertungs- und Bewertungsfunktion: grundsätzlich handelt es sich hier um die Stellungnahme des Autors zum Denotat (Näheres dazu in 3.3); 11. Anschaulichkeitsfunktion: Konkretes aus der eigenen Erfahrung dient zur Veranschaulichung des zu vermittelnden Inhalts. Dt. *semantische Kämpfe und Durchsetzungsgefechte;* engl. *to tease apart the strands of (conceptions).*

Obwohl KOLLERs Einteilung in Funktionsklassen vor allem von KÜHN (1994: 416) als unzureichend kritisiert und später in der Sprachwissenschaft durch textlinguistische und/oder sprachhandlungstheoretische Ansätze ersetzt

---

[17] Da diese Funktion für das untersuchte Korpus von keiner besonderen Bedeutung ist (die Linguisten biedern sich bei ihren Lesern nicht an), wird sie hier nur im Gesamtüberblick angeführt.
[18] Der Autor (Rechtslinguist) ist hier ausnahmsweise angeführt, weil sein wissenschaftliches Schreiben durch einen ausgesprochen kreativen Gebrauch von Phraseologismen und ihre zahlreichen okkasionellen Modifikationen gekennzeichnet ist.

wurde, konnte sie als Orientierungsansatz für die vorliegende Analyse zweckdienlich verwendet werden.

3.3 Phraseologismen und Metaphern im sprachwissenschaftlichen Schreiben

Im metasprachlichen Diskurs gehen die Autoren von der Situation, d.h. von der linguistischen Realität (Sprache als Objekt) aus, die es wiederum mit sprachlichen Mitteln zu erörtern gilt. So sind beispielsweise in einem wissenschaftlichen Aufsatz sog. *general academic words and phrases* zu finden, die zu den Klischees des wissenschaftlichen Schreibens gehören, leicht im Text erkennbar sind, die Aufbaustruktur des Textes übersichtlicher machen oder als wichtige Hinweise auf den Textinhalt dienen. Oft handelt es sich dabei um satzwertige Pragmateme und/oder metasprachliche Kommentierungen. Sie dienen der metasprachlichen Rahmung des Textes und der inhaltlichen Anbindung – sowohl anaphorisch wie auch kataphorisch. Auf der Makroebene deuten sie auf eine Umorientierung im Gedankengang, eine „Beweisführung", eine Rekapitulation des bereits Dargelegten oder eine Vertiefung der Problematik. Als metasprachliche Markierungen haben sie verschiedene Funktionen: Verstehens- und Interpretationshilfe: /engl./[19] *The study aims at...* /dt./ *Aus meinen Ausführungen geht deutlich hervor, dass ...;* Hinweis: /engl./ *Recent research has focused on ....,* /dt./ *All das spricht nicht etwa gegen, sondern für ... ;* Aufmerksamkeitssteuerung: /engl./ *What is interesting is that ...* /dt/ *Mit dem Bezug auf ...;* Einschränkung: /engl./ *In a sense,...* /dt./ *Das Faktum [...] erlaubt noch keinerlei Aussage.;* In Fragestellung: /engl./ *It is doubtful ...* /dt./ *Ob ein solches Verfahren zu einer Feststellung [...] führen kann, erscheint mir mehr als fraglich.* Kommentar: /engl./ *It seems that ...* /dt./ *Die These [...] ist gänzlich nichtssagend.;* Annahme: /engl./ *Taking into consideration that ...* /dt./ *Wenn man akzeptiert, dass ...* Argumentation: /engl./ *It is really no use to try ...* /dt./ *Nur wenn ich ohnehin schon weiß, ...;* Behauptung: /engl./ *The obvious conclusion is that ...* /dt./ *Es liegt auf der Hand, dass ...;* Aufforderung: /engl./ *Let us consider ...* /dt./ *In diesem Zusammenhang wäre es interessant zu erforschen ...;* Beweisführung: /engl./ *The data show that ...* /dt./ *Die Zahlen demonstrieren, dass ...;* Betonung: /engl./ *I have emphasized...* /dt./ *Diese Einsicht führt zwingend zu ...;* Rekapitulation: /engl./ *Once more, ...* /dt./ *Aufgrund sämtlicher Daten könnte man resümieren, dass...;* Feststellung: /engl./ *Not much thought has been given to this ...* /dt./*Dies bedeutet in der*

---

[19] Beispiele werden immer in englischer und in deutscher Sprache angeführt, so wie sie in den Texten belegt sind. Da sie sprachspezifisch sind, könnte die Suche nach den Äquivalenten in der anderen Sprache zu falschen Schlussfolgerungen führen und/oder das Kultur- und Sprachsystemspezifische der Aussage außer Acht lassen.

Konsequenz, dass ...; Schlussfolgerung: /engl./ *We have seen that .../dt./ So bleibt als Fazit, dass ....*

Im Gegensatz zu dieser ersten Kategorie der metasprachlichen Ausdrücke,[20] bei der die pragmatische Funktion im Vordergrund steht, weisen die phraseologischen und metaphorischen Belege im linguistischen und rechtslinguistischen Diskurs funktionale Spezifika auf, die als Grundlage für eine weitere Typologisierung dienen können. So sind beispielsweise fachspezifische Wendungen oder Einzellexeme, sog. ‚in-group' words belegt worden, die kreativ mit den Lexemen der Allgemeinsprache oder anderer Fachbereiche zu einem figurativen Ausdruck kombiniert werden, der in der Regel kaum eine referentielle, wohl aber eine wertende Funktion hat: /engl./ *a terminological mismatch; pragmatic markers device; pragmatic theoretical backbones;* /dt./ *Ausspiegelung des Begriffs; der lexikalische Haushalt einer Sprache; (geradezu) abenteuerliche Vieldeutigkeit.*

Der Versuch einer (möglichst) präzisen Typologisierung des metalinguistischen phraseologischen Korpus lässt viele methodologische Fragen offen, kann aber als zweckdienlich betrachtet werden, wenn die Identifizierung der Vielfalt von Modifikationen und der figurativen Ausdrucksweise im sprachwissenschaftlichen Metadiskurs zur Rekonstruktion der konnotativen, figurativen und/oder teminologischen Bedeutung einzelner Erscheinungsformen in der metalinguistischen Phraseologie beitragen kann.

Auf der Metaebene ist zwischen mehreren Kategorien der Korpusbelege zu unterscheiden. Das gesammelte phraseologische und metaphorische Sprachmaterial kann mit Bezug auf seine Zugehörigkeit bzw. Domäne in drei Kategorien eingeordnet werden. Eine besondere Klasse bilden die vorher kurz erörterten formelhaften Ausdrücke, die im wissenschaftlichen Schreiben im Allgemeinen frequent vorkommen (3.3.1). Zu der zweiten Kategorie gehören Phraseotermini und fachspezifische Phraseologismen und Metaphern mit einer terminbildenden Potenz (3.3.2). Die dritte, sog. Mischklasse beinhaltet phraseologische und metaphorische Ausdrücke, die durch Kombination mit den Lexemen der Allgemeinsprache oder anderer wissenschaftlichen Disziplinen entstanden sind.

3.3.1 Allgemeinwissenschaftlicher Diskurs

Beim wissenschaftlichen Schreiben *(scientific writing)* stehen satzwertige und nicht-satzwertige Pragmateme im Vordergrund. Sie haben vor allem eine inhalts- und aufmerksamkeitssteuernde Funktion, die sich auch im Bereich der Metalinguistik gezeigt hat.

---

[20] Ich verwende hierfür den Begriff „Phraseotexteme".

a) Satzwertige Pragmateme

/engl./
- *The foregoing remarks lead to an important logical conclusion.*
- *Let us conduct a mental experiment.*
- *There is as yet too little analysed data for confident statements to be made*
- *The hypothesis is being tested.*

/dt./
- *Ein darüber hinausgehendes Gesamtfazit vermag ich nicht zu ziehen.*
- *Grundsätzlich liefert die durchgeführte Analyse empirische Evidenz.*
- *Die vorliegende Untersuchung bietet für weitere Ansätze eine wichtige Voraussetzung.*
- *Dies entspricht meinen (theoretischen) Zielvorgaben.*

b) Nicht-satzwertige Pragmateme

/engl./ — *emphasize a passage; from the scientific point of view; to put it differently; in the logical sense of the term*

/dt./ — *den Versuch unternehmen; zum Tragen kommen; vor diesem Hintergrund; ohne Anspruch auf Vollständigkeit*

Neben diesem wissenschaftssprachlichen „Gemeingut" steht das fachspezifische phraseologische und metaphorische Inventar.

3.3.2 Fachspezifische phraseologische und metaphorische Mehrwortlexeme

Im untersuchten Korpus konnte eine Vielfalt von fachspezifischen Ausdrücken identifiziert werden, die unter verschiedenen Gesichtspunkten erörtert werden können. Der terminologische Blickwinkel ist auf Phraseotermini und terminologische Neubildungen gerichtet.

Phraseotermini sind eine spezielle Klasse der phraseologischen Verbindungen, d.h. sprachliche Zeichen für Fachbegriffe, deren Inhalt und Umfang den Fachleuten auf einem Fachgebiet bekannt sind. /engl./ *target word; functional bridges; syntactic frozenness; semantic network;* /dt./ *tote Metapher; mentales Lexikon; wörtliche Bedeutung; starke Verben.*

Die phraseologischen Termini (Phraseotermini) sind durch eine spezifische Stabilität gekennzeichnet, die BUDIN (1990: 67) „terminologische Stabilität" *(terminological stability)* nennt. Aus den Beispielen ist ersichtlich, dass sie den Linguisten bekannte, klar definierbare Konzepte darstellen. Ihre Produktion ist durch eine ausgesprochene Entstehungdynamik gekennzeichnet, wodurch Neubildungen dieser Art zu einer „terminologischen Kontinuität" *(terminological continuity* nach BUDIN ebd., 68) beitragen. Auf diese Weise entfernen wir uns in der Wissenschaftssprache immer mehr von der toten

Metapher in unserem mentalen Lexikon. *Phraseoterminologische Neubildungen* bzw. potenzielle Phraseotermini sind in ihrer Entstehungsphase eigentlich frei gebildete aber motivierte syntagmatische Wortkombinationen, die unter bestimmten Bedingungen zu Termini werden. Beispiele: /engl./ *a suspected idiom; linguistic union; fused element; a dummy subject;* /dt./ *harte und weiche Phraseologie; konzeptueller Mehrwert; phraseologismenverdächtige Verbindungen; feststehende Formulierungen.*

Es kann angenommen werden, dass einige von diesen Neubildungen ihren Platz im terminologischen Inventar der einen oder anderen linguistischen Disziplin finden, eben um die vorerwähnte Kontinuität zu gewährleisten. So haben beispielsweise *semantischer Mehrwert* und *feststehende Formulierungen* bereits den Prozess der Terminologisierung durchlaufen und sind (fast schon) Termini geworden. Diese Neubildungen zeigen eine ausgesprochene terminusbildende Potenz. Es steht fest, dass im Bereich der fachsprachlichen Phraseologie der Rahmen der etablierten phraseologischen und metaphorischen Denkmodelle gesprengt ist und dass weitere Forschungsergebnisse auf diesem Gebiet zu erwarten sind.

3.3.3 Mischklasse (Allgemeinsprache und/oder andere Disziplinen + Linguistik)

Phraseologismen und Metaphern aus der Allgemeinsprache oder ‚Entlehnungen' aus anderen Disziplinen können zur Vermittlung eines metasprachlichen Inhalts dienen, oder Einzellexeme werden mit linguistischen Fachbegriffen zu phraseologischen/metaphorischen Neubildungen kombiniert. Zu dieser Klasse gehören auch originäre Bildungen einzelner Autoren (Linguisten und/oder Rechtslinguisten).[21] Die Kategorie ist in drei Untergruppen eingeteilt: a) gemeinsprachliche oder zu anderen Disziplinen gehörende phraseologische/metaphorische Wortverbindungen; b) phraseologische Neubildungen/ Autorenphraseologismen; c) allgemeinsprachliche Phraseologismen/Metaphern im metasprachlichen Diskurs. Für jede Untegruppe konnten zahlreiche Belege notiert werden:

a) gemeinsprachliche oder zu anderen Disziplinen gehörende phraseologische/metaphorische Wortverbindungen: /engl./ *to make a strong case (for a phrasal dictionary); to attract the attention of (linguists); face-to-face interaction; hot debate (on phraseological issues);* /dt./ *semantische Kämpfe und Durchsetzungsgefechte; Ausspiegelung des Begriffs; mit Fug und Recht (die Interpretation steuern); der lexikalische Haushalt einer Sprache*

---

[21] Autorenphraseologismen sollten bei einer tieferen Betrachtung separat untersucht werden, da sie oft zusätzliche Informationen über den Textproduzenten und sein Fach-, Sach- und Weltwissen liefern.

b) phraseologische Neubildungen/Autorenphraseologismen

Es handelt sich um kreative/innovative expressive Bildungen, die aus dem allgemeinsprachlichen Wortmaterial und mindestens einem linguistischen/ rechtslinguistischen Fachwort bestehen. Viele von ihnen könnten bei einer weiteren Auffassung des Begriffs als ‚Autorenphraseologismen' interpretiert werden. Der Unterschied zwischen diesen phraseologischen und metaphorischen Einheiten und den terminologischen Neubildungen liegt in der terminologischen Potenz. Die Wahrscheinlichkeit, einmal Termini zu werden, liegt bei dieser Gruppe wesentlich niedriger. Beispiele: /engl./ *pure and clearcut phrasemes; phrasal sisters; ‚soft law'; a battery of syntactic transformations;* /dt./ *reizvolle Etymologie; abenteurliche Vieldeutigkeit; sprachliche Handlungsfelder impfen; das Phantom der ‚objektiven Textbedeutung'.* Diese These, die vorläufig ohne empirische Unterstützung dasteht, beruht auf der Tatsache, dass metalinguistische phraseologische und metaphorische Neubildungen größtenteils stark markiert und mit ausgesprochen negativen Konnotationen belastet sind.

Was Autorenpersönlichkeit(en) betrifft, so ist an dieser Stelle ein deutscher Rechtslinguist zu erwähnen, dessen Schreiben als Musterbeispiel ‚wissenschaftlicher Prosa' dienen kann: BUSSEs Buch „Juristische Semantik" (1993) mit dem Untertitel „Grundfragen der juristischen Interpretationstheorie in sprachwissenschaftlicher Sicht" bietet einen exzellenten Überblick über die phraseologische und metaphorische Vielfältigkeit der Ausdrucksweise im metalinguistischen Diskurs. BUSSE weist auf den metaphorischen Charakter abstrakter Rechtsbegriffe hin, die als Analogiebildungen aus Begriffen der sinnlichen Wahrnehmung entstanden sind. Für ihn scheint die metaphorische Ausdruckweise das fundamentale Prinzip der Kognition und für eristische Zwecke das treffendste Sprachmittel zu sein. BUSSEs Umgang mit der Metapher entspricht der Metapherauffassung von WOLF (1994: 149), wonach es sich bei der Metapher um eine „Einladung" handelt, „eine bestimmte Sichtweise einzunehmen", was mit einigen Beispielen aus BUSSEs Buch exemplifiziert werden kann: *dem dynamischen Prozeß sprachlicher Verständigung ein statisches Korsett einziehen; in den Geruch subjektiver Implemente bei der Textinterpretation geraten; das Verdikt 'Hermeneutik' auf sich ziehen; ausgefochtene Kontroverse um die Wortbedeutung.*

c) allgemeinsprachliche Phraseologismen/Metaphern im metasprachlichen Diskurs

Die ausgewählten Beispiele bestätigen die These von der Interdependenz des gemeinsprachlichen und wissenschaftssprachlichen Diskurses: /engl./ *jumping to conclusions; to go hand in hand; to cut the knot; to take sth for granted;*

/dt./ *Furore machen; ins Auge springen; ans Tageslicht fördern; ein Mäuslein gebären.*
Durch ihre ausgesprochene Figuriertheit tragen sie der Textdynamik und der Aufmerksamkeitssteuerung des Textrezipienten wesentlich bei. Ausgeklammert bleiben dabei geflügelte Worte/Gemeinplätze, weil sie im Gesamtaufkommen des untersuchten Korpus eine untergeordnete Rolle spielen.

4 Metalinguistische Phraseologie im Sprachvergleich

Beim Vergleich der metasprachlichen funktionalen Aspekte des sprachwissenschaftlichen Diskurses in zwei Sprachen (Englisch und Deutsch) sind auf den ersten Blick Unterschiede auf der Gebrauchsebene festzustellen: Da Englisch als ‚die' Sprache des wissenschaftlichen Schreibens fungiert und als solche von vielen Nicht-Muttersprachlern benutzt wird, sind die meisten Korpusbelege im metasprachlichen Bereich vorwiegend auf das Klischeehafte und das Formelhafte ausgerichtet, was dem Nicht-Muttersprachler den Umgang mit der Wissenschaftssprache ‚Englisch' erleichtern sollte.[22] Die deutschen metalinguistischen Quellen sind durch einen kulturspezifisch orientierten Charakter gekennzeichnet, der sich unter anderem durch den Gebrauch von zahlreichen gemeinsprachlichen Phraseologismen bestätigt.

Die logisch-semantische Grundlage der metasprachlichen Phraseologie und Metaphorik ist in beiden Sprachen ähnlich, wobei die metaphorischen Bilder bestimmte konzeptuelle Divergenzen in beiden Sprachen zum Ausdruck bringen. Metaphorische und phraseologische Neubildungen sind in der englischen metasprachlichen Literatur zahlreicher und werden öfter und lockerer als in den deutschen Texten gebraucht. Auf dem deutschsprachigen Gebiet ist der bereits erwähnte Autor BUSSE eine Ausnahme. Das darf aber nicht wundern, wenn man bedenkt, dass seine Objektsprache ein Spezifikum unter den sprachwissenschaftlichen Disziplinen ist.

In beiden Sprachen dienen die analysierten Sprachmittel gleichermaßen der Aufmerksamkeitssteuerung. Die Autoren haben die Absicht, eine gewisse Wirkung zu erzielen oder bestimmte Reaktionen beim Rezipienten bzw. eine Anregung zum kritischen Nachdenken zu weiteren Nachforschungen oder zur Diskussion auszulösen.

Das reichhaltige phraseologische/metaphorische Belegkorpus des metalinguistischen Diskurses bestätigt die pragmatische Orientierung und Aktualität bei der Behandlung von sprachwissenschaftlichen Themen. Okkurenz und Vielfalt der Modifikationen deuten auf die Kreativität der Textproduzenten, aber auch auf die angenommene Aufnahmefähigkeit der Rezipienten hin.

---

[22] Es bleibt dahingestellt, ob das tatsächlich der Fall ist. Näheres dazu bei HOWARTH (1993).

5 Fazit

Sprache und Wissen über Sprache sind eng miteinander verbunden. Metasprachliche Auseinandersetzungen mit den in verschiedenen linguistischen Disziplinen aufkommenden Fragen sind durch den kreativen, sich selbstbestätigenden Sprachgebrauch gekennzeichnet. Dadurch gewinnen Phraseologismen und Metaphern in der „Sprache über Sprache" immer mehr an Akzeptanz und Anerkennung. In diesem Umfeld erfüllen sie unterschiedliche Funktionen. Die im Korpus belegten Neubildungen in allen drei Kategorien haben eine argumentative, innovative und/oder konstitutive Funktion, fungieren als Hilfsmittel zur Erlangung neuer Einsichten und können durch den wiederholten Gebrauch zu Phraseotermini und metaphorischen Termini werden (terminusbildende Potenz). Dank ihres facettenreichen phraseologischen und metaphorischen Bedeutungspotentials können sie zur Änderung des Blickwinkels mit Bezug auf bestimmte linguistische Theorien oder Sachverhalte beitragen. Durch ihre konnotative Potenz liefern sie Wertungen, Einstellungen und Emotionen des linguistischen Fachmanns, die zu weiteren Forschungen, Diskussionen, Analysen usw. anregen sollen. Den Auslegungen entsprechend schließe ich mit dem auf der Hand liegenden Pragmatem: *Ein darüber hinausgehendes Gesamtfazit vermag ich (vorläufig) nicht zu ziehen.*

Literatur

BUDIN, Gerhard (1990): Terminological Analysis of LSP Phraseology. In: IITF Journal, vol.1, no. 1–2. S. 64–69.

BURGER, Harald (1987): Normative Aspekte der Phraseologie. In: KORHONEN, Jarmo (Hrsg.): Beiträge zur allgemeinen und germanistischen Phraseologieforschung. Oulu. S. 65–89.

BURGER, Harald (1998): Idiom and Metaphor in Theory and Text. In: ĎURČO, Peter (Hrsg.): Europhras '97. Phraseology and Paremiology. Bratislava. S. 30–36.

BURGER, Harald (1998): Phraseologie. Eine Einführung am Beispiel des Deutschen. Berlin.

BUßMANN, Hadumod (2002): Lexikon der Sprachwissenschaft. 3. aktualisierte und erweiterte Auflage. Stuttgart.

BUSSE, Dietrich (1993): Juristische Semantik. Grundfragen der juristischen Interpretationslehre in sprachwissenschaftlicher Sicht. Berlin.

ČERMÁK, František (2001): Substance of idioms: perennial problems, lack of data or theory? In: International Journal of Lexicography. Vol. 14, No 1. S. 1–20.

ČERNYŠEVA, Irina (1980a): Feste Wortkomplexe des Deutschen in Sprache und Rede. Moskva.

ČERNYŠEVA, Irina (1980b): Variabilität in Sprachsystem und Text auf lexikalisch-phraseologischer Ebene. In: Zeitschrift für Phonetik, Sprachwissenschaft und Kommunikationsforschung 33/3. S. 307–310.

ČERNYŠEVA, Irina (1981): Das phraseologische System und seine semantischen Kategorien (an deutschem Material). In: JAKSCHE, Harald/SIALM, Ambros/ BURGER, Harald (Hrsg.): Reader zur sowjetischen Phraseologie. Berlin/New York. S. 29–49.

ČERNYŠEVA, Irina (1984): Aktuelle Probleme der deutschen Phraseologie. In: Deutsch als Fremdsprache 11. S. 17–22.

ČERNYŠEVA, Irina (1987): Strukturelle Mehrgliedrigkeit sprachlicher Zeichen als kognitives Problem. In: BURGER, Harald/ZETT, Robert (Hrsg.): Aktuelle Probleme der Phraseologie. Bern. S. 29–40.

COULMAS, Florian (1981): Idiomatizität. Zur Universalität des Idiosynkratischen. In: Linguistische Berichte 27. S. 27–50.

DRUMM, Daniela (2005): Semantischer Mehrwert und Multifunktionalität von Phraseologismen in der englischsprachigen Anzeigenwerbung. Trier Univ. Diss.

EISMANN, Wolfgang (1989): Zum Problem der Äquivalenz von Phraseologismen. In: GRÉCIANO, Gertrud (Hrsg.): Europhras 88. Phraséologie Contrastive. Strasbourg. S. 83–93.

FLEISCHER, Wolfgang (1982): Phraseologie der deutschen Gegenwartssprache. Leipzig.

FLEISCHER, Wolfgang (1987): Zur funktionalen Differenzierung von Phraseologismen in der deutschen Gegenwartssprache. In: KORHONEN, Jarmo (Hrsg.): Beiträge zur allgemeinen und germanistischen Phraseologieforschung. Oulu. S. 51–63.

FÖLDES, Csaba (1996): Deutsche Phraseologie kontrastiv. Intra- und interlinguale Zugänge. Heidelberg. (Deutsch im Kontrast; 15).

FÖLDES, Csaba (2005): Wissenschaftssprache und Wissenschaftskommunikation im Spannungsfeld zwischen Deutsch, Nationalsprache und Englisch. In: NEULAND, Eva/EHLICH, Konrad/ROGGAUSCH, Werner (Hrsg.): Perspektiven der Germanistik in Europa. Tagungsbeiträge. München. S. 258–272.

GLEDHILL, Chris J. (1999): The phraseology of rhetoric, collocations and discourse in cancer research abstracts. In: BARRON, C./BRUCE, N. (eds.): Knowledge and Discourse. Proceedings of the International Multidisciplinary Conference. Hong Kong, 18–21 June 1996. S. 1–18.
/http://ec.hku.hk/kd96proc/authors/papers/gledhill.htm/ (gesehen am 26.06.2006).

GRÉCIANO, Gertrud (1983): Forschungen zur Phraseologie. In: Zeitschrift für germanistische Linguistik 11. S. 232–243.

GRÉCIANO, Gertrud (1984): Ins Bockhorn jagen. A propos de la délimitation de l'idiome. In: Verbum, VII/1, S. 63-79.

GRÉCIANO, Gertrud (1987): Das Idiom als Superzeichen. Pragmatische Erkenntnisse und ihre Konsequenzen. In: BURGER, Harald/ZETT, Robert (Hrsg.): Aktuelle Probleme der Phraseologie. Bern. S. 41–57.

GRÉCIANO, Gertrud (1988): Affektbedingter Idiomgebrauch. In: SANDIG, Barbara (Hrsg.): Stilistisch-rhetorische Diskursanalyse. Tübingen. S. 49–63.

GRÉCIANO, Gertrud (1989): EUROPHRAS 88. Auf dem Weg zur vergleichenden Phraseologie: Deutsch – Französisch. In: GRÉCIANO, Gertrud (Hrsg.): Europhras 88. Phraséologie Contrastive. Strasbourg. S.15 –163.

HECKEN, Anna Etta (2003): „Weiter im Text" – zu den kommunikativ-pragmatischen Funktionen von Phraseologismen in Texten. Universität Bern: Lizentiatsarbeit.
HOWARTH, Peter (1993): A phraseological approach to academic writing. In: BLUE, G. (eds.): Language, Learning and Success: Studying through English. London. S. 58–69.
HOWARTH, Peter (1996): How Conventional is Academic Writing? In: HEWINGS, M./DUDLEY-EVANS T. (eds.): Evaluation and Course Design in EAP. MEP. /http://www.leeds.ac.uk/languages/contact/people/howarth_docs/howarth1996c.doc/ (gesehen am 24.10.2006).
HOWARTH, Peter (1999): Phraseological Standards in EAP. In: BOOL, Hilary/LUFORD, Philip (eds): Academic standards and expectations: The role of EAP. Nottingham. S. 149–158.
KOLLER, Werner (1977): Redensarten. Linguistische Aspekte, Vorkommensanalysen, Sprachspiele. Tübingen.
KÜHN, Peter (1985): Phraseologismen und ihr semantischer Mehrwert „jemandem auf die Finger gucken" in einer Bundestagsrede. In: Sprache und Literatur in Wissenschaft und Unterricht 16. S. 37–46.
KÜHN, Peter (1983): Sprachkritik und Wörterbuchbenutzung. In: WIEGAND, Herbert Ernst (Hrsg.): Studien zur neuhochdeutschen Lexikographie. Hildesheim. S. 157–177.
KÜHN, Peter (1987): Phraseologismen: Sprachhandlungstheoretische Einordnung und Beschreibung. In: BURGER, Harald/ZETT, Robert (Hrsg.): Aktuelle Probleme der Phraseologie. Bern. S. 121–137.
KÜHN, Peter (1994): Pragmatische Phraseologie: Konsequenzen für Phraseographie und Phraseodidaktik. In: SANDIG, Barbara (Hrsg.): Europhras 92: Tendenzen der Phraseologieforschung. Bochum. S. 411–428.
PALM, Christine (1989): Die konnotative Potenz usueller und okkasioneller Phraseologismen und anderer festgeprägter Konstruktionen in Christa Wolfs Roman *Kindheitsmuster*. In: GRÉCIANO, Gertrud (Hrsg.): Europhras 88. Phraséologie Contrastive. Strasbourg. S. 313–326.
PALM, Christine (Hrsg.) (1991): EUROPHRAS 90. Akten der internationalen Tagung zur germanistischen Phraseologieforschung. Uppsala.
SANDIG, Barbara (1989): Stilistische Funktionen verbaler Idiome am Beispiel von Zeitungsglossen und anderen Verwendungen. In: GRÉCIANO, Gertrud (Hrsg.): Europhras 88. Phraséologie Contrastive. Strasbourg. S. 378–400.
SANDIG, Barbara (1994): Zu Konzeptualisierungen des Bewertens, anhand phraseologischer Einheiten. In: SANDIG, Barbara (Hrsg.): EUROPHRAS 92: Tendenzen der Phraseologieforschung. Bochum. (Studien zur Phraseologie und Parömiologie; 1). S. 549–596.
WAGNER, Franz (2006): Bewertungen mit Metaphern und Phraseologismen in Medientexten. In: HÄCKI BUHOFER, Annelies/BURGER, Harald (Hrsg.): Phraseology in Motion I – Methoden und Kritik. Baltamnnsweiler. S. 245–253.
WOLF, Stefan (1994): Mensch – Maschine – Metapher: Zur Exemplifikation des menschlichen Geistes durch den Computer. Eine wissenschaftsphilosophische Rekonstruktion der Kognitionswissenschaft als Technologie. Bamberg.

Attila Cserép (Debrecen)

The Interaction of Metaphor and Metonymy in Idioms of *Brain*, *Head* and *Mind*[1]

1 Introduction

This study is an exploration of the interaction between metaphor and metonymy[2] in 192 idiomatic expressions containing the related words *brain*, *head* and *mind* within the theoretical framework of cognitive linguistics. It was inspired by GOOSSENS's (2002) analysis of expressions denoting linguistic action. The *brain/head/mind* idioms are collected from nine corpus-based dictionaries and listed after the References. The use of idioms is studied on the basis of examples from dictionaries and – in several cases – from the web, which was searched for texts with the WebGetter utility of WordSmith 4.0. Over 50000 words were downloaded, and concordances were made using WordSmith 4.0. In addition, the BNC World corpus was also accessed online via the BNC Simple Search and FLETCHER's (2006) Phrases in English database.[3]

Cognitive linguists describe the meanings of many conventional expressions in terms of systematic mappings between the source domain and the target domain. In *have a mountain to climb*, for example, aspects of motion, more specifically, climbing up a mountain are mapped onto aspects of action: the beginning of the climb corresponds to the beginning of action, the difficulty of motion to the difficulty of action, the person in motion to the person performing the action and so on. The target domain of action is conceptualized in terms of the source domain of motion, and the metaphor in this particular idiom is called ACTION IS MOTION. In identifying the underlying metaphors and metonyms two types of sources have been used. On the one hand general collections and discussions of metaphor and metonymy (KÖVECSES 2002; LAKOFF 1993; LAKOFF/JOHNSON 1999; LAKOFF et al 1991; KÖVECSES et al 1996a, 1996b, 1998a and 1998b; RADDEN/KÖVECSES 1999), on the other

---

[1] I would like to thank Günter RADDEN for his valuable comments on several examples.
[2] Although metonymy is often distinguished from synecdoche, the latter will be regarded here as a subtype of metonymy.
[3] The BNC Simple Search displays only up to 50 random examples, while Phrases in English excludes items occurring below the threshold of three. Despite these limitations, the BNC is an invaluable source of naturally occurring data.

hand cognitive linguistic studies of expressions denoting mental processes and states (JÄKEL 1995; FEYAERTS 1999).

2 A survey of related research

GOOSSENS (2002: 353–54) examined a database of 309 phrases taken from a dictionary to give insight into how metaphorical and metonymic patterns interact in expressions pertaining to linguistic action (the target domain). In addition to motivation by pure metaphor and pure metonymy, GOOSSENS (2002: 360–67) distinguishes four interaction types. In metaphor from metonymy such as *close-lipped*, the idiom is interpreted metaphorically ('talking a lot but not giving away what one would really want to hear') with an awareness that this metaphorical reading is closely related to, and may in fact be derived from, a metonymy. In the metonymic reading the phrase means 'silent', and the lips are indeed closed. When an idiom is of the metonymy within metaphor type, a metonymic constituent word is included in a metaphorical expression. This may be illustrated with *bite one's tongue off* 'be sorry for what one has just said', where the embedded metonymic component is the body-part word *tongue*. In a third type of interaction labelled metaphor within metonymy, the metonymic phrase contains a metaphorically interpreted word. As GOOSSENS (2002: 366) explains, the addition of the word *hind* to the metonymic phrase *be/get up on one's legs* 'stand up in order to say something in public' forces the hearer to reinterpret the expression in terms of an animal standing up (i.e. a human being is conceptualized as an animal), but there remains a strong awareness of the metonymic connection between standing up and saying something in public. Demetonymisation inside a metaphor occurs in such phrases as *pay lip service*, where the metonymic reading (LIP FOR DISHONEST TALK) is abandoned in favour of the interpretation 'service as if with the lips only' (GOOSSENS 2002: 365–67). Although no example is found in his database, GOOSSENS (2002: 367–68) introduces a fifth interaction type: metonymy from metaphor. He claims that when we describe the unlikely situation of someone blowing his trumpet and expressing self-praise with *blow one's own trumpet*, the literal and figurative meanings are both relevant and can be considered to belong to the same complex domain.

Three remarks will be made at this point. *Be/get up on one's hind legs* can be regarded as a pure metaphorical expression realizing mappings between the source domain of animals and the target domain of people. GOOSSENS (2002: 366, 367) himself admits that this alternative analysis is possible owing to the strong metaphorizing influence of *hind*. What may tip the balance in favour of his treating it as metaphor within metonymy is familiarity with the variant *get on one's feet*[4], in which no metaphor is involved. The second remark is about *pay lip service*. Given GOOSSENS's (2002: 365) paraphrase "support in words, but not in fact; give loyalty, interest etc. in speech, while thinking the opposite", it is not clear why the metonymic link between lip and words/speech should be viewed as weakened or lost. It is asserted here that lip retains its metonymic interpretation, as a result of which the idiom is an example of metonymy within metaphor. The third remark concerns the category metonymy from metaphor. KNOWLES/MOON (2006: 25) use the term 'reliteralization' to refer to cases when the "literal meaning is either reclaimed, or coexists with the metaphorical one". This is also true of *blow one's own trumpet* in a scenario where somebody is engaged in both self-praise and trumpet blowing. Although the two actions do occur together and can be said to be contiguous, neither the literal nor the figurative sense is backgrounded, the phrase will be regarded as a literalized metaphor.

Figurative language is examined in corpora of naturally occurring language by DEIGNAN/POTTER (2004) in an article which addresses the issue of metaphor and metonymy in English and Italian, in terms of the figurative use of four body-part words (*nose, mouth, eye* and *heart*). Examples of four of GOOSSENS's (2002) categories can be found here: metaphor (*mouth* 'openings of tunnels or buildings'), metonymy, metonymy within metaphor (*follow one's nose, get back on one's feet*[5], *put words in sb's mouth, put money where one's mouth is, big/foul/filthy mouth*) and metaphor from metonymy (*turn one's nose up at sth, open one's mouth, bite one's lip, turn one's back, mouth-watering*). The authors do not explain why the other categories are not discussed; they may simply be absent from the corpus or may have been ignored in their study. A type of non-literal language not recognized by GOOSSENS (2002) is also identified: i m a g e (DEIGNAN/POTTER 2004: 1244). It is rather similar to metonymy and can be found in examples such as *My heart was pounding*. Although the sentence has a literal interpretation, it connotes an emotional state. Other emotional or mental states can also be described by what is essentially a literal expression. An open mouth ([...] *said Tom, his mouth open*), for example, often conveys surprise, the blaze in someone's eyes may be the sign of indignation or anger. In cognitive linguistic terminology, the literal meaning denoting the body-part action is in the foreground, while the connoted emotion is pushed into the background. This is why the

---

[4] See the *Oxford Dictionary of Phrasal Verbs* (COWIE/MACKIN 1993: 140).
[5] We note in passing that although *get back on one's feet* is treated as metonymy within metaphor by DEIGNAN/POTTER (2004: 1242), it should be analyzed as metaphor from metonymy, since it can be used metaphorically to talk about "improvements in a company's fortunes", a use which derives from the metonymic sense of "physical recovery from an illness".

above examples are felt to be essentially literal, despite being categorized as non-literal language. Following RADDEN (2002: 409) we may label them weakly metonymic. We disagree with DEIGNAN/POTTER's (2004: 1244) remark that these "[e]xpressions [...] draw on the hearer or reader's knowledge of body-mind links to encourage them to make inferences that could be seen as metaphorical". The inferences are metonymic, since they are based on the link between body part action and emotion.

Literal, metonymic and metaphorical senses are viewed as forming a continuum. We have seen that the category of image occupies the fuzzy boundary between the literal and the non-literal (metonymic). The degree of figurativity depends on the extent to which the metonymic interpretation is foregrounded and the literal is backgrounded. The metaphor-metonymy boundary is likewise fuzzy. Some metaphors seem not to be related to metonymy, since the two domains that are mapped are too distinct to suggest a metonymic origin. This is the case in *hold all the aces* (LIFE IS A GAME) or *food for thought* (IDEAS ARE FOOD). Other metaphors, however, are grounded in close experiential correlation between two scenarios. The metaphors in *high quality* (MORE IS UP), *cold shoulder sb* (UNFEELING IS COLD) and *bury one's head in the sand* (KNOWING IS SEEING) belong to what GRADY (2005) labels primary metaphors. The first is based on the everyday experience of seeing the level of a substance (or a pile) rise as the quantity increases. The second is related to the recurring experience of skin temperature and intimate interaction or affection. The third is grounded in the experience of seeing an event and knowing that it is true, or seeing something and knowing what it looks like, etc. A close inspection reveals that some of the most productive metaphors are primary metaphors such as TIME IS MOTION, STATES ARE LOCATIONS, CHANGE IS MOTION, ACTION IS MOTION, CAUSES ARE PHYSICAL FORCES, etc. (LAKOFF and JOHNSON 1999: 50–54). Complementarity, which serves as the basis of THE MIND IS THE BODY, can also be viewed as a type of experiential correlation (RADDEN 2002: 416–18). RADDEN (2002: 418–30) shows that conversational implicature, category structure and cultural models are three additional metonymic sources.

Metonymy-based metaphors (*high quality*) can be traced back to scenarios in which two events are correlated, and the phrase describing these events is interpreted both literally and non-literally (*high temperature*) (RADDEN 2002: 409–10). Similarly, instances of metaphor from metonymy are derived from scenes where two events are experienced simultaneously, enabling both literal and figurative readings (*bite one's lip, turn one's back*). In contexts where the literal reading is possible, the above examples are simply metonyms; it is when they can be interpreted only figuratively that they are metaphorical. DEIGNAN (2005: 65–67) distinguishes metonymy-based metaphor and metaphor from metonymy on the basis of ambiguity. Frequent ambiguity implies that the phrase commonly occurs in its literal sense. This is characteristic of examples of metaphor from metonymy, whose ambiguity will not always be resolved even in context. In contrast, metonymy-based metaphors are rarely ambiguous. RIEMER (2002) argues that many instances of metaphor from metonymy should be reclassified as post-metonymies, i.e. expressions which are neither clear metonyms nor metaphors. He is reluctant to consider them metaphors, primarily because no systematic mapping exists between the source and target domains (RIEMER 2002: 393). FEYAERTS (1999: 321–23) claims that hyperbolic examples such as *Er kann nicht bis drei zählen* 'He cannot count to three', despite the fact that they are not true literally, should be regarded as genuine metonymies. In this case the inability to count (effect) is the result of the property of stupidity (cause).

The scalar nature of metaphoricity and metonymicality is only one factor that adds to the analyzer's problems. Another factor is context. One and the same expression may be motivated by different figurative devices in different utterances, so that out of context it is often impossible to determine the nature of figurativity, or whether the expression is figurative at all. This requires the use of corpora as a means of checking possible contexts. The following table is based on DEIGNAN's (2005: 70) summary, with some alterations.

image	*My heart was pounding*
metonymy	(*Normally no gifts are accepted unless it has been agreed with*) *the palace*
post-metonymy/metaphor from metonymy	*close-lipped, bite one's lip, turn one's back*
metonymy-based metaphor	(a) *warm* (*welcome is assured*)
metaphor	(*He*) *shot down* (*all of my arguments*)

Table 1. The literal-figurative continuum (the holistic view)

The categories in Table 1 are based on a holistic view of expressions, which ignores any internal complexity. However, many idioms are decomposable, with constituent words having independent metaphorical or metonymic meanings (CSERÉP 2003). It is also possible, however, to see a metonymy, even if no meaning can be attached to the constituent, as in *get one's head/mind around sth* 'understand', where *head/mind* is metonymically related to understanding. GOOSSENS (2002: 367) introduces two subtypes of interaction to account for the relation between the parts of an expression and the whole: metonymy within metaphor and metaphor within metonymy, although his example illustrating the latter category is debatable. The question also arises whether interaction between two metaphors or two metonymies is possible. Can we find metonymy embedded in another metonymy? Can metaphor be embedded in another metaphor? The surveyed literature does not answer these questions. Table 2 shows the various types of embedding.

metonymy within metonymy	?
metaphor within metonymy	*be/get up on one's hind legs*
metonymy within metaphor	*bite one's tongue off, big/foul/filthy mouth*
metaphor within metaphor	?

Table 2. Embedding of metaphor and metonymy (the decompositional view)

3   Pure metonymy

Among the *brain/head/mind* idioms most phrases that belong here can be interpreted literally, but some describe impossibilities: *sb's eyes are popping out of sb's head, have eyes in the back of one's head, laugh/scream/talk one's head off*. Note, however, that in (1) below the word *seemed* suggests that the phrase is literally true, the eyes did seem to pop out.

(1) The Headmaster was shaking, stamping, sweating and screaming at everything. His *eyes seemed to be popping out of his head* in uncontrollable anger. (BNC: AMB)[6]

There are two reasons why an idiom can be regarded as metonymic. In some cases the whole expression literally refers to an entity or situation that is metonymically related to the figuratively denoted entity or situation, as in *sb's eyes are popping out of sb's head* or *laugh one's head off*. In these idioms the hypothetical effect (eyes coming out and head coming off) stands for the cause (surprise and intense laugh, respectively). More commonly, the use of an idiom constituent turns the whole phrase into a metonym, as in *have a roof over one's head, use one's head, know one's own mind, speak one's mind*. In the last example, *speak* may also be considered metonymic, as speaking stands for saying something.

4   Post-metonymy or metaphor from metonymy

A number of phrases are potentially ambiguous and some remain so in context. The expression of emotional or mental states may or may not be accompanied by body-part action. The following examples serve to illustrate the role of context and the literal-metonymic cline.

---

[6] Examples taken from the BNC are marked "BNC" followed by the original code in that corpus. Examples coming from the web are marked "WEB".

(2) "You have a lovely daughter," I said, *shaking my head* slightly to stop raindrops running into my eyes. (BNC: HTL)

(3) He became very fearful of cars, buses and stairs, eventually shutting himself in his room, with the curtains drawn, for 14 months. He began *banging his head against the wall*, vomiting up his food, lost a great deal of weight and was eventually taken to hospital. (BNC: A7Y)

(4) Doggedly she *kept her head down* over the jewel-coloured designs, trying to concentrate [...] (BNC: JY3)

(5) After the two cross-examinations, lasting perhaps ten or fifteen minutes in all, the two counsel *put their heads together* for a minute [...] (BNC: FRA)

(6) An upcoming TV miniseries about an impossibly large earthquake that strikes the West Coast has left seismic experts *shaking their heads* at what they called gross inaccuracies. (WEB)

(7) Nearly 150 heads of state, including most of the countries of the industrialized West, are *putting their heads* together to discuss how to curb the production of greenhouse gases [...] (BNC: CFH)

Citations (2) and (3) are literal, with no suggestion of any mental or emotional state in (2). The expression in (3) can be regarded as weakly metonymic, the banging of the head being a sign of insanity or other type of mental disturbance, it can be classified as an image. In citation (4) concentration is likely to be accompanied by keeping the head down, since the context suggests the action of studying designs, but with more complex or abstract activities the phrase would probably be non-literal. Similarly, in (5) the context suggests that the heads literally moved closer[7]. However, it is not clear if any gesture is involved in (6). If there is no head-shaking, we have a genuine postmetonymy, as in (7), where the number of heads is too large to allow a literal reading. The idioms *sb's eyes are popping out of sb's head, have eyes in the back of one's head* and *laugh/scream/talk one's head off* are literally not true either, yet they are regarded as metonymy, not postmetonymy, since a literal reading of these phrases is generally excluded, which means that the question of ambiguity does not arise. Whether postmetonymy or metaphor from metonymy is the appropriate name for a phrase such as in (6) or (7) depends on how closely related the literal and figurative readings are. If the conceptual distance between two events is big, it is likely to be viewed as a metaphor. The idiom *can do sth standing on one's head* can refer to physical actions that require the use of hands and legs, where body position significantly affects the difficulty of performance, or it can describe more complex and abstract activi-

---

[7] Strictly speaking a fully literal, compositional interpretation is not possible, since people cannot put their heads together in the same sense as they can put together two objects.

ties, in which case it is less metonymic, the metonymy being RESULT (doing something standing on your head) FOR REASON (doing something easily).

5   Metonymy-based metaphor

As is clear from the discussion in section 2, the majority of metaphors are metonymy-based. If ambiguity in context is one criterion for demarcating this group from the previous category, a large-scale corpus study would be necessary. Such an endeavour, however, is outside the scope of this research. Some idioms that belong here are *bite/snap sb's head off* (ANGER IS A DANGEROUS ANIMAL), *by a head* (COMPETITION IS A (HORSE) RACE), *heads roll* (PUNISHMENT IS DECAPITATION), *head of steam* (ANGER IS HEAT), *hold/put a gun/pistol to sb's head* (THREATENING IS HOLDING A GUN TO SOMEBODY'S HEAD). The metonymic basis is the link between anger and heat in *head of steam*, and the correlation between aggressive behaviour and anger in *bite/snap sb's head off*. The metonymic grounding is more obvious in the other expressions, which are very similar to postmetonymies. The reason they are listed here is the rarity of ambiguity. Contrast (8) and (9) below. The idiom *by a head* is a metonym in (8), while the phrase *heads are rolling* is a metaphor in (9).

(8)   Iza General: Raced in fifth between horses more than 5 ½ lengths behind after a half-mile, came out in stretch, made up three lengths and lost *by a head* at six furlongs running the final quarter in 24 1/5 May 12. (WEB)

(9)   The *heads are rolling* at AOL over the recent search engine data clusterfuck. (WEB)

6   Pure metaphor

The number of pure metaphors is small, since most examples of figurative language display some interaction. Idioms that belong in this group include *the head honcho, a head of steam* 'support', *knock sth on the head, raise/rear its head* and *turn/stand sth on its head*. Most of them are personifications of company (*the head honcho*), an argument or theory (*turn/stand sth on its head*) or other abstract entities (*raise/rear its head, knock sth on the head*). A *head of steam* instantiates PEOPLE ARE MACHINES (STEAM ENGINES).

7   Metonymy within metonymy

Only a few examples can be found, in this category. In most of them *head/brain* stands for the mental faculty. Additionally, in *need one's head examined* the action of medical examination stands for stupidity (something like ENSUING ACTION FOR STATE) and in *go to sb's head* (of alcohol) the journey of the drink to the head stands for the influence of alcohol (CAUSE FOR EFFECT). It is *tongue*, not *brain*, that is used metonymically in *keep a civil tongue in one's head*. The idiom *brain dead* could also belong here, but its analysis is not straightforward. RADDEN (personal communication) prefers to analyze it as metaphorical due to INTENSE EMOTIONAL/MENTAL STATES ARE DEATH (*I'm dying to see you* or *You're killing me softly*) and NONFUNCTIONAL IS DEAD (*The battery is dead*), with *brain* an embedded metonymy. An alternative analysis would be to view various brain states as contiguously related from totally healthy brain to dead brain via highly intelligent brain, stupid brain, mentally deficient brain and partially nonfunctional brain, each associated with knowledge/intelligence of a certain degree, and *brain dead* describing one such state would then stand for another state, a healthy but stupid brain (PART OF A SCALE FOR ANOTHER PART OF A SCALE). The idiom *a head case* can be analyzed along similar lines. In these two examples stupidity is expressed metonymically by referring to lack of mental health.

8 Metaphor within metonymy

This is a rare interaction type, the examples are *bird brain, brain box, a bighead, go to sb's head* (of success) and *great minds* (*think alike*). *Brain box* 'clever person' is rather complex, because the metaphor THE SKULL IS A BOX has an embedded metonymy in it (BRAIN FOR SKULL). The metaphorically used words are *bird, box, big, go (to)* and *great*, respectively.

9 Metonymy within metaphor

The majority of our database expressions belong here. The word *brain/head/mind* stands for mental processes. Some examples are *out of sight, out of mind, turn sb's head* (CAUSES ARE FORCES, HEAD FOR THINKING), *get one's head/mind around sth* (THINKING IS MOVING, HEAD FOR UNDERSTANDING).

10 Metaphor within metaphor

Only one idiom has been found: *come to/bring sth to a head* exemplifying CAUSED CHANGE IS FORCED MOTION and CRITICAL/CULMINATING STAGE IS A HEAD.

11 Conclusion

The table below summarizes the findings.

Figurativity	Example	Number (Percentage of total)
metonymy	*use one's head*	23 (12%)
metonymy within metonymy	*need one's head examined*	5 (3%)
postmetonymy/metaphor from metonymy	*scratch one's head*	11 (6%)
metaphor within metonymy	*a bird brain*	6 (3%)
metonymy within metaphor	*turn sb's head*	112 (48%)
metonymy-based metaphor	*Heads roll*	18 (9%)
metaphor within metaphor	*come to/bring sth to a head*	1 (0.5%)
pure metaphor	*knock sth on the head*	8 (4%)
other (e.g. simile)	*like a bear with a sore head*	8 (4%)
Total		192 (100%)

Table 3. Types of figurativity in *brain/head/mind* idioms

Most idioms display some interaction of figurative devices, with metonymy within metaphor being the predominant type. This is not unexpected, since *brain/head/mind* frequently refer metonymically to mental processes, while the idiom as a whole is often metaphorical.

References

AMMER, Christine (1997): The American Heritage Dictionary of Idioms. Boston/New York.
BNC Simple Search. http://www.natcorp.ox.ac.uk/ seen on November 22, 2006.
CLARI, Michela (ed.) (2002): Collins Cobuild Dictionary of Idioms. Glasgow.
COWIE, Anthony P./MACKIN Ronald (1993): Oxford Dictionary of Phrasal Verbs. Oxford.
CSERÉP, Attila (2003): The Analyzability of English Idioms. In: Ranam: recherches anglaises et nord-américaines 36.2. p. 67–78.
DEIGNAN, Alice (2005): Metaphor and Corpus Linguistics. Amsterdam/Philadelphia.
DEIGNAN, Alice/POTTER, Liz (2004): A Corpus Study of Metaphors and Metonyms in English and Italian In: Journal of Pragmatics 36.7. p. 1231–52.

FEYAERTS, Kurt (1999): Metonymic Hierarchies: The Conceptualization of Stupidity in German Idiomatic Expressions. In: PANTHER, Klaus-Uwe/RADDEN Günter (eds.): Metonymy in Language and Thought. Amsterdam/Philadelphia. p. 309–32.

FLETCHER, William H. (ed.) (2006): Phrases in English. http://pie.usna.edu/index.html seen on November 22, 2006.

GOOSSENS, Louis (2002): Metaphtonymy: The Interaction of Metaphor and Metonymy in Expressions for Linguistic Action. In: DIRVEN, René/PÖRINGS Ralf (eds.): Metaphor and Metonymy in Comparison and Contrast. Berlin/New York. p. 349–77.

GRADY, Joseph (2005): Primary Metaphors as Inputs to Conceptual Integration. In: Journal of Pragmatics 37.10. p. 1595–1614.

JÄKEL, Olaf (1995): The Metaphorical Concept of Mind: "Mental Activity Is Manipulation". In: TAYLOR, John R./MACLAURY, Robert E. (eds.): Language and the Cognitive Construal of the World. (Trends in Linguistics. Studies and Monographs; 82). Berlin/New York. p. 197–229.

KNOWLES, Murray/MOON, Rosamund (2006): Introducing Metaphor. London/New York.

KÖVECSES, Zoltán (2002): Metaphor: A Practical Introduction. Oxford.

KÖVECSES, Zoltán/TÓTH, Marianne/BABARCI, Bulcsú (1996a): A Picture Dictionary of English Idioms. Volume 1: Emotions. Budapest.

KÖVECSES, Zoltán/TÓTH, Marianne/BABARCI, Bulcsú (1996b): A Picture Dictionary of English Idioms. Volume 2: Human Relationships. Budapest.

KÖVECSES, Zoltán/TÓTH, Marianne/BABARCI, Bulcsú (1998a): A Picture Dictionary of English Idioms. Volume 3: Actions and Events. Budapest.

KÖVECSES, Zoltán/TÓTH, Marianne/BABARCI, Bulcsú (1998b): A Picture Dictionary of English Idioms. Volume 4: Thought and the Mind. Budapest.

LAKOFF, George (1993): The Contemporary Theory of Metaphor. In: ORTONY, Andrew (eds.): Metaphor and Thought. Cambridge. p. 202–51.

LAKOFF, George/ESPENSON, Jane/SCHWARTZ, Alan (1991): Master Metaphor List. 2nd edition. Berkeley. http://araw.mede.uic.edu/~alansz/metaphor/METAPHORLIST.pdf seen on June 6, 2006.

LAKOFF, George/JOHNSON, Mark (1999): Philosophy in the Flesh. New York.

MOON, Rosamund (ed.) (1995): Collins Cobuild Dictionary of Idioms. London.

NAGY, György (2003): Angol-Magyar Idiómaszótár: Angol És Amerikai Szókapcsolatok. 2nd edition. Budapest.

RADDEN, Günter (2002): How Metonymic Are Metaphors? In: DIRVEN, René/PÖRINGS, Ralf (eds.): Metaphor and Metonymy in Comparison and Contrast. Berlin/New York. p. 407–34.

RADDEN, Günter/KÖVECSES, Zoltán (1999): Towards a Theory of Metonymy. In: PANTHER, Klaus-Uwe/RADDEN Günter (eds.): Metonymy in Language and Thought. Amsterdam/Philadelphia. p. 17–59.

RIEMER, Nick (2002): When Is A Metonymy No Longer A Metonymy? In: DIRVEN, René/PÖRINGS, Ralf (eds.): Metaphor and Metonymy in Comparison and Contrast. Berlin/New York. p. 379–406.

SIEFRING, Judith (ed.) (2005): The Oxford Dictionary of Idioms. 2nd edition. Oxford.

SPEAKE, Jennifer (ed.) (2000): The Oxford Dictionary of Idioms. 1st edition. Oxford.
STERN, Karen (ed.) (1998): Longman Idioms Dictionary. Harlow.
WALTER, Elizabeth (ed.) (1998): Cambridge International Dictionary of Idioms. Cambridge.
WALTER, Elizabeth (ed.) (2006): Cambridge Idioms Dictionary. Cambridge.

Csilla Dobos (Miskolc)

Sprechakttheorie und Phraseologismen

Im Beitrag werden die Probleme der Untersuchung der Phraseologismen nach pragmatischen Gesichtspunkten behandelt. Den Ausgangspunkt der Untersuchungen bildet die Annahme, dass Phraseologismen als *Aufforderung, Feststellung, Warnung, Überzeugung, Bestätigung, Befehl, Mahnung, Erklärung* usw. fungieren können. Diese Liste könnte man mit pragmatischen Kategorien systematisieren, z.B. mit den Kategorien der Sprechakttheorie verschiedenen illokutiven Gruppen, d.h. Sprechaktklassen zuordnen.

Zu den sprechaktbezeichnenden sprachlichen Mitteln, die im Wortschatz einer Sprache zum Ausdruck der verschiedenen illokutiven Akte vorhanden sind, gehören neben den Sprechaktverben (z.B. *jemanden belügen*) auch nominale Ausdrücke (z.B. *jemandem Lügen auftischen*) und Phraseologismen (z.B. *jemandem einen Bären aufbinden*). Weitere Beispiele sind (nach HINDELANG 1983: 21):

	Sprechaktbezeichnende Ausdrücke	
Verben	Nominale Ausdrücke	Phraseologismen
loben	ein Lob aussprechen / Lob spenden	jmdn. über den grünen Klee loben
tadeln	einen Tadel aussprechen	jmdn. zur Schnecke machen
geloben	ein Gelöbnis ablegen	jmdn. sein Ehrenwort geben
empfehlen	eine Empfehlung aussprechen	jmdm. etwas ans Herz legen
mitteilen	zum Ausdruck bringen	an die große Glocke hängen
informieren	Bescheid geben	jmdn. über etwas ins Bild setzen

Im Beitrag soll der Versuch unternommen werden, die Antwort auf die folgenden Fragen zu geben:

1) Kann man den verschiedenen Sprechaktklassen nur Verben, oder auch Phraseologismen zuordnen?
2) Ist eine Klassifikation der Phraseologismen nach Sprechakten bzw. illokutiven Akten möglich?
3) Welche Eigenschaften können solche Klassifikationen haben?

1 Die Sprechakttheorie und die Sprechakte

Die Sprechakttheorie ist die populärste pragmatische Theorie und wird als Kernstück der Pragmatik begriffen. Die Sprechakttheorie wurde von dem englischen Sprachphilosophen John AUSTIN im Jahre 1955 entwickelt und der Begriff Sprechakt (grundlegende und kleinste Einheit der sprachlichen Kommunikation) wurde durch seine Schrift *How to do Things with Words* (AUSTIN 1962) populär. (Die deutsche Übersetzung – *Zur Theorie der Sprechakte* – trägt keinen vergleichbar treffenden Titel. Die ungarische Übersetzung lautet: *Tetten ért szavak.*)

AUSTIN geht in seinen Überlegungen von der Beobachtung aus, dass es in den natürlichen Sprachen Sätze gibt, denen ein Wahrheitswert zugewiesen werden kann, d.h. dass diese Sätze entweder wahr oder falsch sein können. (z.B. *Budapest liegt an der Donau. Veszprém liegt an der Donau.*) Es gibt aber auch ganz andere Arten von Sätzen, denen kein Wahrheitswert zugewiesen werden kann und mit denen man Handlungen vollzieht (z.B. *Ich verspreche es dir. Ich entschuldige mich. Ich schwöre es dir. Ich danke Ihnen sehr für Ihre Mitarbeit.*). AUSTIN nennt die Sätze der ersten Gruppe konstativ, die der zweiten performativ.

2 Konstative und performative Phraseologismen

Da eine sprechaktbezeichnende Funktion (einerseits) und ein Wahrheitswert (andererseits) nicht nur Sätzen bzw. Äußerungen, sondern auch Phraseologismen zugewiesen werden kann, können auch Phraseologismen konstativ bzw. performativ sein.

2.1 Mit den konstativen Phraseologismen können wir also eine Behauptung über die Welt machen, die wahr oder falsch sein kann: *wie die Heringe stehen, zwischen zwei Stühlen sitzen, unter dem Pantoffel stehen, ein Brett vor dem Kopf haben* usw. Besonders stark ist die konstative Komponente in den Sprichwörtern: *Der Apfel fällt nicht weit vom Stamm, Aller Anfang ist schwer, Es ist nicht alles Gold, was glänzt, Gelegenheit macht Diebe* usw. All diesen Phraseologismen bzw. Sprichwörtern kann ein Wahrheitswert zugewiesen werden.

Es gibt aber auch sehr viele Sprichwörter, in denen nicht nur die konstative Komponente, sondern auch die performative vorhanden ist. Dass man mit einer Äußerung etwas über die Welt aussagt, was wahr oder falsch ist, steht nämlich nicht im Gegensatz dazu, dass man mit einer Äußerung eine Handlung vollzieht. Beides kann in derselben Äußerung, in demselben Sprichwort vereinigt sein. Wenn wir davon ausgehen, dass die Verwendung eines Sprichworts bedeutet, dass wir eine Äußerung machen, d.h. in einer Situation und zu einem Gesprächspartner etwas sagen, dann müssen wir damit rechnen, dass jedes Sprichwort dazu bestimmt ist, eine Handlung zu vollziehen, z.b. eine Warnung (*Der Krug geht solange zum Brunnen, bis er bricht; Wer andern eine Grube gräbt, fällt selbst hinein; Lügen haben kurze Beine; Ein Unglück kommt selten allein* usw.), oder eine Aufforderung (*Verschiebe nicht auf morgen, was du heute kannst besorgen; Man soll das Eisen schmieden, solange es heiß ist; Man soll Perlen nicht vor die Säue werfen* usw.). Diese Sprichwörter werden nicht einfach dazu verwendet, um eine Proposition auszudrücken, die wahr oder falsch sein kann oder etwas konstativ festzuhalten, sondern etwas mehr mitzuteilen.

2.2 Mit den performativen Phraseologismen können wir also unter gewissen Bedingungen Handlungen vollziehen, z.B. *versprechen, vorhersagen, informieren, garantieren* oder *schwören*:

Handlung	Performativer phraseologischer Sprechakt
versprechen	*das Wort geben*
vorhersagen, prophezeien	*Den Teufel an die Wand malen.*
informieren	*jmdn. über etwas ins Bild setzen*
garantieren	*für jmdn./etwas die Hand ins Feuer legen*
schwören	*Stein und Bein schwören*

Die performativen Phraseologismen beschreiben, berichten, behaupten überhaupt nichts, sie sind nicht wahr oder falsch. Das Äußern eines performativen Phraseologismus ist – unter gewissen Bedingungen – das Vollziehen einer Handlung, die man gewöhnlich nicht als etwas sagen bezeichnen würde: *Ich gebe mein Wort. Ich schwöre es dir beim Barte des Propheten.* usw.

Zu den performativen Phraseologismen gehören auch die sog. Routineformeln (pragmatische Phraseologismen, kommunikative Formeln), die Gruß- und Kontaktformeln wie z.B. *Machs gut! Hals- und Beinbruch!*, aber auch Fluch- und Stimulierungsformeln wie *Verflixt und zugenäht! Na, wirds bald? Schwamm drüber!* usw. (BURGER 1998: 53).

3 Klassifikation der Phraseologismen nach sprechakttheoretischen Kriterien

Ein Sprechakt ist im Normalfall eine Gleichzeitigkeit von vier Akten: einem Äußerungsakt (Realisierung abstrakter grammatischer Muster: Laute, Wortformen, Sätze), einem propositionalen Akt (Realisation einer Proposition, sie kann wahr oder falsch sein), einer Illokution (die eigentliche Sprechhandlung, sie kann glücken oder nicht glücken) und einer Perlokution (der Versuch, die angesprochene Person durch das, was ich sage, zu beeinflussen). Es bedarf keiner Beweisführung dafür, dass es Tausende möglicher Sprechhandlungen (illokutiver Akte) gibt. Durch Sprechakte vollziehen wir Handlungen, die direkt mit der Äußerung einhergehen (Versprechen, Schwören, Warnen, Drohen usw.) Es sind viele Versuche unternommen worden, für die vielen verschiedenen Sprechakte ein Schema zu finden, mit dem sie in einzelne Klassen eingeteilt werden könnten. Schon AUSTIN (1962) hat versucht, Sprechakte zu klassifizieren, indem er Listen von sogenannten „Sprechaktverben" zu Gruppen zusammenstellte (z.B. *versichern, beanspruchen, bedauern, garantieren, bedrängen, schwören, bedrohen, befehlen, ersuchen* usw.). Er vermutete, dass es zwischen 1000 und 9999 solcher Verben gebe (HOLLY 2001: 20).

Bei jeder Klassifikation benötigt man Kriterien, nach denen klassifiziert wird. Bei der Klassifikation der Sprechakte bieten sich – nach SEARLE – drei Kriterien (SEARLE 1982):

1) Illokutiver Zweck (illocutionary point),
2) Anpassungsrichtung / Entsprechungsrichtung (direction of fit),
3) Psychischer Zustand / psychische Einstellung (psychological state).

Als illokutiven Zweck kann man die kommunikativen und pragmatischen Absichten bezeichnen, die ein Sprecher mit seiner Äußerung verfolgt. Dieses Kriterium ist das wichtigste Unterscheidungsmerkmal. Das Kriterium der Anpassungsrichtung erläutert SEARLE anhand der Geschichte vom Detektiv im Supermarkt. „Kauft ein Mann im Supermarkt anhand seines Einkaufszettels Bohnen, Butter, Braten und Brot ein, so passt er die Welt (d.h. das, was sich in seinem Einkaufswagen befindet) seinen Worten an. Folgt ein Detektiv dem Mann, um zu notieren, was der Mann einkauft, so passt der Detektiv die Worte (d.h. das, was er sich notiert) der Welt an." (MEIBAUER 2001: 95) Mit anderen Worten, die Anpassungsrichtung bestimmt, ob die Proposition etwas repräsentieren soll oder erfüllt werden soll. Eine psychische Einstellung ist z.B. ein Wunsch, eine Absicht oder eine Annahme, die der Sprecher mit dem Sprechakt zum Ausdruck bringt.

SEARLE (1976) hat fünf Sprechaktklassen (Repräsentativa, Direktiva, Komissiva, Expressiva, Deklarationen) nach den oben genannten Kriterien unterschieden und ihnen dann jeweils exemplarisch Verben zugeordnet. Sein Vorschlag, zwischen fünf Klassen zu unterscheiden, hat sich weitgehend durchgesetzt und spielt auch bei dem Entwurf von Alternativklassifikationen eine wichtige Rolle (MEIBAUER 2001: 99). Die Sprechaktklassifikation von SEARLE soll eigentlich im Sinne einer Klassifikation der illokutiven Akte verstanden werden.

3.1 Repräsentativa (darstellende, informierende Sprechakte)

Mit den repräsentativen Sprechakten werden im Wesentlichen Ansprüche auf wahre Darstellung der Welt erhoben. Der Sprecher legt sich (in unterschiedlichem Maße) auf die Wahrheit einer Proposition fest. Mitglieder dieser

Sprechaktklasse sind unter anderem die durch die Verben *andeuten, aussagen, behaupten, berichten, beschreiben, datieren, diagnostizieren, erinnern, erzählen, feststellen, belügen, informieren, klassifizieren, mitteilen, prophezeien, protokollieren, vorhersagen* usw. bezeichneten illokutiven Sprechakttypen. Die Anpassungsrichtung ist Wort-an-Welt, und der ausgedrückte psychische Zustand ist Glauben (MEIBAUER 2001: 95). Zu den repräsentativen Phraseologismen gehören zum Beispiel die folgenden Wendungen: *sein Herz auf der Zunge haben/tragen* (berichten, erzählen), *jmdm klaren/reinen Wein einschenken* (informieren), *zum Ausdruck bringen* (mitteilen), *den Teufel an die Wand malen* (vorhersagen), *jmdm einen Bären aufbinden* (belügen), *jmdm auf dem Laufenden halten* (informieren), *jmdm über etwas ins Bild setzen* (informieren), *an die große Glocke hängen* (erzählen), *jmdm an der Nase herumführen* (irreführen) usw.

3.2 Direktiva (auffordernde Sprechakte)

Mit den direktiven Sprechakten werden Forderungen an den Hörer gerichtet, indem der Sprecher den Hörer auf die Ausführung einer zukünftigen Handlung verpflichten will. Mitglieder dieser Gruppe sind zum Beispiel die durch die Verben *anordnen, auffordern, beauftragen, befehlen, bitten, einordnen, empfehlen, erlauben, fragen, raten, verbieten, vorschlagen* bezeichneten Typen illokutiver Akte. SEARLE zählt auch *fragen* zu den direktiven Sprechakten, weil er sie als Aufforderungen versteht, eine Antwort zu geben. Die Anpassungsrichtung ist Welt-an-Wort, und der ausgedrückte psychische Zustand ist Wunsch. Zu den direktiven Phraseologismen gehören die folgenden Wendungen: *die Hölle heiß machen* (bedrohen), *jmdn in die Schranken weisen* (zurechtweisen), *jmdm die Leviten lesen* (tadeln), *jmdm die Pistole auf die Brust setzen* (zwingen), *jmdm aufs Dach steigen* usw.

3.3 Komissiva (selbstverpflichtende Sprechakte)

Mit den komissiven Sprechakten geht der Sprecher Verpflichtungen ein, indem er sich auf die Ausführung einer zukünftigen Handlung verpflichtet. Mitglieder dieser Gruppe sind zum Beispiel die durch die Verben *anbieten, drohen, garantieren, geloben, schwören, sich vertraglich verpflichten, sich verabreden, vereinbaren, versprechen, wetten* bezeichneten Typen illokutiver Akte. Die Anpassungsrichtung ist Welt-an-Wort, und der ausgedrückte psychische Zustand ist Absicht. Komissive Phraseologismen sind: *für jmdn / etwas die Hand ins Feuer legen* (garantieren), *Stein und Bein schwören* (schwören, versprechen), *beim Barte des Propheten schwören, jmdm Brief und Siegel auf etwas geben* (versprechen), *jmdm goldene Berge versprechen, jmdm das Blaue vom Himmel herunter versprechen, jmdm etwas in die Hand versprechen, etwas hoch und heilig versprechen, um die Wette* usw.

3.4 Expressiva (Einstellungen, Gefühle ausdrückende Sprechakte)

Mit den expressiven Sprechakten werden soziale Kontakte etabliert oder aufrechterhalten. Der Sprecher bringt einen psychischen Zustand zum Ausdruck. Mitglieder dieser Gruppe sind zum Beispiel die durch die Verben *beglückwünschen, bereuen, danken, entschuldigen, fluchen, gratulieren, grüßen, klagen, missbilligen, verfluchen, wünschen* bezeichneten Typen illokutiver Akte. Expressiva haben keine Anpassungsrichtung und der ausgedrückte psychische Zustand variiert mit dem jeweiligen Expressiv. Zu dieser Gruppe gehören z.B. die folgenden Phraseologismen: *Hals- und Beinbruch, jmdm den Daumen drücken, jmdn zur Hölle wünschen, Beileid aussprechen, fluchen wie ein Bierkutscher, jmdn mit offenen Armen aufnehmen, seine Hände in Unschuld waschen* usw.

3.5 Deklarationen (Tatsachen schaffende Sprechakte)

Deklarative Sprechakte sind institutionell eingebunden, offiziell und ritualisiert. Deklarationen erfordern gewöhnlich eine bestimmte soziale Institution, wie z.B. Schule, Kirche, Gerichtssaal, Parlament. Durch die Äußerung einer Deklaration wird ein bestimmter Zustand hergestellt. Mitglieder dieser Sprechaktklasse sind zum Beispiel die durch die Verben *abdanken, begnadigen, definieren, entlassen, ernennen, festsetzen, freisprechen, kapitulieren, nominieren, taufen, trauen, verhaften, verurteilen, zurücktreten* bezeichneten Illokutionstypen. Deklarationen haben eine doppelte Anpasssungsrichtung, und sie drücken keinen psychischen Zustand aus. Zu den deklarativen Phraseologismen gehören die folgenden Wendungen: *jmdm etwas in die Schuhe schieben* (beschuldigen), *jmdm den Laufpass geben* (kündigen), *jmdm einen Denkzettel verpassen* (bestrafen) usw. Zu dieser Gruppe gehören auch solche Formeln wie: *Hiermit erkläre ich sie zu Mann und Frau; Hiermit eröffne ich die Verhandlung; Ich taufe sie auf den Namen Katharina* usw.

Klassen von illokutiven Sprechakten				
Sprechakt	Zweck	Anpassugsrichtung	Psychischer Zustand	Phraseologismen
Repräsentativa	Darstellung der Welt	Wort-an-Welt	Glaube	*Jmdn auf dem Laufenden halten*
Direktiva	Aufforderung	Welt-an-Wort	Wunsch	*jmdm die Hölle heiß machen*
Komissiva	Verpflichtung	Welt-an-Wort	Absicht	*für jmdn/etwas die Hand ins Feuer legen*

Expressiva	Ausdruck von Einstellungen und Gefühlen	keine	variabel	*jmdm Hals- und Beinbruch wünschen*
Deklarationen	Herstellung eines Zustandes	beide	keiner	*jmdm etwas in die Schuhe schieben*

Es ist offensichtlich, dass viele Phraseologismen eine feste illokutive Komponente haben. Als Beispiel nehmen wir solche Phraseologismen, die zur Gruppe der Direktiva gehören. Diese Sprechaktklasse lässt sich nach den oben erwähnten drei Unterscheidungskriterien wie folgt charakterisieren. Wenn ein Sprecher einen direktiven (auffordernden) Sprechakt vollzieht, so besteht der illokutive Zweck seiner Äußerung darin, seinen Hörer dazu zu bewegen, dass er eine bestimmte Handlung ausführt. Der Sprecher hat also den Wunsch, den Hörer auf die Ausführung einer zukünftigen Handlung zu verpflichten. Mit dieser Handlung sollen die Tatsachen so geändert werden, dass sie den Worten (dem propositionalen Inhalt seines Sprechakts) entsprechen. Die Bedeutungserläuterung, bzw. die Paraphrase der direktiven Phraseologismen, soll also auch die direktive illokutive Komponente enthalten, damit die adäquate Verwendung des Phraseologismus garantiert wird (BURGER 1998: 186). Im folgenden Beispiel haben wir eine korrekte Bedeutungserläuterung, aber offensichtlich fehlt in der Paraphrase die direktive illokutive Komponente (Aufforderung):

vor seiner eigenen Tür kehren
„statt andere zu kritisieren, sich um seine eigenen Angelegenheiten kümmern"

Anhand dieser Bedeutungserklärung wäre also die Äußerung *Er ist ein guter Mensch, er kehrt vor seiner eigenen Tür* vollkommen korrekt, obwohl sie den pragmatischen Kriterien der adäquaten Verwendung des Phraseologismus auf keinem Fall entspricht (BURGER 1998). Im Duden 11 (Duden 11: 742) finden wir den folgenden Wörterbuchartikel:

jeder kehre/fege vor seiner eigenen Tür
„jeder möge erst einmal die eigenen Fehler ablegen, bevor er andere kritisiert"
- *Hast du gehört, wie hässlich die Vorsitzende über den Pfarrer geredet hat?*
- *Jeder kehre vor seiner eigenen Tür!*

Die Paraphrase im Duden 11 enthält die nötige Information über die direktive illokutive Komponente der Bedeutung: eine Aufforderung, das zu tun, was in der Paraphrase steht.

4 Die Gelingensbedingungen der Sprechakte

Die Sprechakttheorie rekonstruiert das Wissen, das wir als Sprecher über Illokutionen haben. Dieses Wissen ist ein Bereich unserer pragmatischen Kompetenz (MEIBAUER 2001: 89–90), das wir auch explizieren können. Aus dem folgenden Dialog geht deutlich hervor, wie man dieses Wissen explizit machen kann:

- *Deine Idee passt zu unserem Konzept wie die Faust aufs Auge.*
- *Ist das eine Ablehnung?/Ob das eine Ablehnung ist?*

Die Äußerung *Mein Hund ist bissig* kann als Information, Drohung, Warnung, Empfehlung usw. interpretiert werden. Man braucht also bestimmte Informationen, die diese Explikation ermöglichen. Die Gelingensbedingungen (Glückensbedingungen) definieren die Umstände, unter denen man von einem gelungenen illokutiven Akt sprechen kann.

Die Gelingensbedingungen der entsprechenden performativen Verben und phraseologischen Ausdrücke sind identisch. Nehmen wir etwa an, dass ein Sprecher eine Äußerung X hervorbringt, mit der er verspricht, dass er etwas tun wird. X kann entweder ein performatives Verb, oder einen phraseologischen Ausdruck enthalten:

- *Ich verspreche dir, dass ich morgen komme.*
- *Ich schwöre, dass ich morgen komme.*
- *Ich beteuere, dass ich morgen komme.*
- *Ich verspreche dir in die Hand, dass ich morgen komme.*
- *Ich verspreche hoch und heilig, dass ich morgen komme.*
- *Ich schwöre beim Barte des Propheten, dass ich morgen komme.*

Wenn man sich diese Liste von kommissiven Sprechakten ansieht, dann ist es klar, dass die Gelingensbedingungen vollkommen identisch sind, obwohl in den ersten drei Äußerungen ein performatives Verb und in den letzten drei Äußerungen ein phraseologischer Ausdruck vorhanden ist. Um die in der Proposition angeführte Handlung auszuführen, müssen in beiden Fällen folgende Bedingungen erfüllt sein (nach ERNST 2002: 99):

- Der Sprecher sagt, er würde eine künftige Handlung vollziehen.
- Er beabsichtigt, dies zu tun.
- Er glaubt, er kann es tun.
- Er glaubt, dass er es nicht ohnehin im normalen Verlauf der Ereignisse tun würde.
- Er glaubt, der Hörer möchte, dass er es tut.

- Er beabsichtigt, sich zu verpflichten, es zu tun, indem er X ausspricht.
- Sowohl Sprecher als auch Hörer begreifen X.
- Beide sind bewusste, selbstverantwortliche Menschen (d.h. sie sind nicht psychisch krank, sie machen keinen Scherz o.ä.)
- Beide sind in einer normalen Lage (spielen also nicht in einem Theaterstück o.ä.)
- Die Äußerung X enthält eine illokutionäre Kraft, die nur rechtmäßig geäußert wird, wenn alle angemessenen Bedingungen zutreffen.

Die letzten vier Punkte sind allen Arten von illokutiven Akten gemeinsam (ERNST 2002: 99–100), die anderen sind für den Sprechakt des Versprechens spezifisch, unabhängig davon, ob der Sprechakt mit einem Verb oder einer phraseologischen Einheit ausgedrückt ist.

Es kann vorkommen, dass man die illokutive Kraft des Phraseologismus aus dem Kontext, bzw. aus der Situation rekonstruieren muss, aber man kann die Illokution mit dem performativ gebrauchten Verb, Phraseologismus oder mit einer Paraphrase immer explizit machen. Die Äußerung *Ich komme morgen* kann nämlich nicht nur als *Versprechen*, sondern auch als *Drohung* oder *Warnung* aufgefasst werden.

5 Zusammenfassung

Mit der Übertragung von sprechakttheoretischen Überlegungen auf die Phraseologieforschung wird eine neue Schnittstelle zwischen Pragmatik und Phraseologie bzw. Phraseologieforschung geschaffen. Die Gliederung der Phraseologismen nach sprechakttheoretischen Kriterien kann bzw. soll aber in keinerlei Sinn Anspruch auf Vollständigkeit erheben, weder was die von SEARLE bestimmten fünf Klassen der illokutiven Akte anbelangt, noch hinsichtlich der Zahl der zu den einzelnen Sprechaktgruppen gehörenden Phraseologismen.

Eine pragmatische Beschreibung, bzw. Klassifikation der Phraseologismen sollte angeben, wie man Phraseologismen verwendet, d.h. wie man mit ihnen sprachlich handelt und welche Illokutionen bzw. Handlungen man mit dem Gebrauch der Phraseologismen ausführt. Die Klassifikation der Phraseologismen nach sprechakttheoretischen Kriterien bildet einen Teil der pragmatischen Beschreibung der Phraseologismen und wie gesagt, bezieht sich nur auf einen Teil des phraseologischen Bestandes einer Sprache. Eine Zuordnung der Phraseologismen zu den von SEARLE bestimmten Typen illokutiver Akte kann aber den Sprachbenutzern und den Nichtmuttersprachlern eine nicht zu unterschätzende Hilfe bei der adäquaten Verwendung der phraseologischen Ausdrücke leisten.

Literatur

AUSTIN, John Langshaw (1962): How to Do Things with Words. Oxford.
BURGER, Harald (1998): Phraseologie. Eine Einführung am Beispiel des Deutschen. Berlin.
Duden (1992): Redewendungen und sprichwörtliche Redensarten. Wörterbuch der deutschen Idiomatik. Mannheim/Leipzig/Wien/ Zürich. (Duden; 11).
ERNST, Peter (2002): Pragmalinguistik. Grundlagen, Anwendungen, Probleme. Berlin/New York.
HINDELANG, Götz (1983): Einführung in die Sprechakttheorie. Tübingen. (Reihe Germanistische Arbeitshefte; 27).
HOLLY, Werner (2001): Einführung in die Pragmalinguistik. Berlin/München. (Germanistische Fernstudieneinheit; 3).
MEIBAUER, Jörg (2001): Pragmatik: Eine Einführung. Tübingen.
SEARLE, John Rogers (1976): A Classification of Illocutionary Acts. Language in Society, Vol. 5. S. 1–23.
SEARLE, John Rogers (1982): Eine Taxonomie illokutionärer Akte. In: SEARLE, John Rogers: Ausdruck und Bedeutung. Untersuchungen zur Sprechakttheorie. Frankfurt am Main. S. 17–50.

Dmitrij Dobrovol'skij, Tatjana Filipenko (Moskau)

Polysemie in der Idiomatik

Gegenstand dieses Beitrags bilden lexikographisch relevante Probleme der Polysemie in der Idiomatik. Dabei orientieren wir uns vor allem an zweisprachigen Wörterbüchern: Es handelt sich um Fragen, die aus unserer Arbeit am neuen deutsch-russischen phraseologischen Wörterbuch „Moderne Idiomatik" erwachsen sind.

Bezogen auf kontrastive Forschungen können diese Probleme zweifacher Natur sein:

(i) Erstens sind in einsprachigen Wörterbüchern, die bei der Arbeit an einem zweisprachigen Wörterbuch oft konsultiert werden, nicht immer alle Bedeutungen aufgelistet, die das jeweilige Idiom aufweist.

(ii) Zweitens kann ein Idiom der Sprache L1, das nur eine Bedeutung hat, in der L2 mehrere Äquivalente haben, deren Wahl durch relevante Parameter der jeweiligen Situation bestimmt wird. In diesem Fall sprechen wir von der „kontextinduzierten Äquivalenz" (vgl. DOBROVOL'SKIJ 2002).

Als Beispiel für (i) kann hier das Idiom *jmdm. das Fell über die Ohren ziehen* dienen. In (D 11) wird es als ‚jmdn. betrügen, ausbeuten, stark übervorteilen' definiert. Die Analyse der Belege zeigte aber, dass dieses Idiom auch eine zweite Bedeutung hat, und zwar ‚jmdn. stark zurechtweisen; jmdn. zeigen, dass man in einer bestimmten Hinsicht stärker ist' (s. auch DOBROVOL'SKIJ/ FILIPENKO 2003):

(1) „Das ist eine sehr gute Mannschaft", lobte Karl-Heinz Volz die Rodgauer, nachdem sie gerade dem Oberligisten kräftig *das Fell über die Ohren gezogen hatten*. (Frankfurter Rundschau, 08.08.1997)

«Это очень хорошая команда», - похвалил игроков из Родгау Карл-Хайнц Фольц после того, как они *задали жару* команде высшей лиги.

Wie viele Lesarten das betreffende Idiom wirklich aufweist, kann nur mit Hilfe der Textkorpora ermittelt werden.

Dazu ein weiteres Beispiel. Das Idiom *etw. nimmt jmdm. den Atem* wurde in (D 11) nicht aufgenommen, ist aber in (DOBROVO'LSKIJ 1997) beschrieben. Allerdings hat es dort nur eine Übersetzung, und zwar *у кого-л. перехватывает дыхание от чего-л.* (≈ „jmdm. verschlägt es den Atem wegen etw."). Die Analyse der Belege aus den Mannheimer Textkorpora zeigt jedoch, dass dieses Idiom zwei Bedeutungen hat. Die erste Bedeutung ist

‚jmd. wird wegen etw. schwach und kann nicht mehr aktiv tätig sein', die ins Russische als *кто-л. выдохся, кто-л. сошёл с дистанции* übersetzt werden kann (≈ „jmd. ist erschöpft, jmd. verließ die Strecke"). Die zweite Bedeutung des Idioms ist ‚jmd. ist begeistert von etw.', was ins Russische als *у кого-л. дух захватывает от чего-л.* übersetzt wird (≈ „jmdm. verschlägt es den Atem wegen etw.").

Der betreffende Wörterbuchartikel könnte folgendermaßen aussehen:

> *etw.* **nimmt** *jmdm.* **den Atem**
> I. *кто-л.* выдохся; *кто-л.* сошёл с дистанции (*из-за чего-л.*)
> kto-l. vydoxsja; kto-l. sošel s distancii (iz-za čego-l.)
>
> Zum harten Wettbewerb kommt das Tempo der technischen Entwicklung, das vielen Firmen *den* letzten *Atem nimmt*. (Salzburger Nachrichten, 30.12.1992)
> К высокой конкуренции добавляется ещё и темп технического развития, что заставляет многие фирмы окончательно *сойти с дистанции*.
>
> II. *у кого-л.* дух захватывает *от чего-л.*
> u kogo-l. dux zaxvatyvaet ot čego-l.
>
> Friedrich Gulda war ein Pianist, der mit einer einfachen musikalischen Linie dem Zuhörer *den Atem nahm*. (Tiroler Tageszeitung, 28.01.2000)
> Фридрих Гульда был пианистом, который мог исполнить простую музыкальную тему так, что у слушателя *дух захватывало*.

In seiner zweiten Bedeutung weist dieses Idiom eine Variante der Aktantenstruktur auf, nämlich *jmdm. mit etw. den Atem nehmen*.

Als Beispiel für kontextinduzierte Äquivalenz (ii) kann das Idiom *jmdm. zeigen, was eine Harke ist* mit seinen russischen Äquivalenten dienen. In (D 11) wird dieses Idiom als ‚jmdm. deutlich und nachdrücklich seinen Standpunkt klarmachen' definiert. Exakter ist u.E. die folgende Definition: ‚jmdm. zeigen, dass man im betreffenden Tätigkeitsbereich eindeutige Stärken hat und seine Ziele erfolgreich – besser als der Konkurrent – erreicht'.

> (2) In 35 Tagen werden wir die Bundestagwahl gewinnen und den anderen *zeigen, was eine Harke ist*. Die CDU wird dafür kämpfen, daß es nicht zu einer rot-grünen Republik kommt. (Salzburger Nachrichten, 24.08.1998)
> Через 35 дней мы выиграем выборы и *покажем* остальным, *на что мы способны*. ХДС будет бороться за то, чтобы не допустить превращения Германии в красно-зелёную республику.
>
> (3) Dieter Schwarz *zeigt* Aldi, *was eine Harke ist*. In drei Jahrzehnten hat der Schwabe ein Handelsimperium errichtet, das in Europa seinesgleichen

sucht. <...> Erster Lidl-Markt in Ludwigshafen-Mundenheim. (Mannheimer Morgen, 28.08.2001)
Дитер Шварц *показал* Альди, *как надо работать*. За три десятилетия этот шваб основал торговую империю, которой нет равных в Европе. Первый супермаркет Лидль в округе Людвигсхафен-Мунденхайм.

(4) Da hat Dominique Voynet, zuständig für Frankreichs Umwelt, noch Glück gehabt, daß sie gerade in Nantes war. Sonst *hätten* ihr die Demonstranten wohl persönlich *gezeigt, was eine Harke ist*. (Frankfurter Rundschau, 09.02.1999)
Доминик Вуане, французскому министру по защите окружающей среды, еще повезло, что она была в Нанте. Иначе демонстранты *показали* бы ей, *где раки зимуют*.

In Kontexten, in denen es eher darum geht, dass das Agens in einer bestimmten Hinsicht stärker als der Adressat ist und der Status des Adressaten dadurch gefährdet ist, kann das deutsche Idiom am besten mit dem russischen Äquivalent *показать кому-л., где раки зимуют* („jmdm. zeigen, wo die Krebse überwintern") übersetzt werden, vgl. (4). Dieses russische Idiom definieren wir folgendermaßen: ‚jmdm. zeigen, dass man dieser Person im betreffenden Tätigkeitsbereich überlegen ist und dass man dadurch einen höheren Status besitzt, was als eine potentielle Möglichkeit bzw. eine Berechtigung interpretiert wird, quasiaggressive Handlungen gegen diese Person zu unternehmen'. Wenn der Kontext, in dem das deutsche Idiom *jmdm. zeigen, was eine Harke ist* gebraucht wird, die betreffenden Bedeutungskomponenten profiliert, ist eine Übersetzung mit Hilfe des russischen Idioms *показать кому-л., где раки зимуют* möglich.

Wenn aber die Komponenten ‚höherer Status als der Adressat' und besonders ‚potentielle quasiaggressive Handlungen' ausgeblendet sind und der Kontext vor allem die Idee ‚überlegen im betreffenden Tätigkeitsbereich', d.h. die positiven Eigenschaften des Agens (nicht unbedingt in Bezug auf die Schwächen des Patiens) fokussiert, sind im Russischen andere Äquivalente angebracht, z.B. *показать кому-л. кто на что способен* („jmdm. zeigen, wozu man fähig ist").

BINOVIČ und GRIŠIN (1975: 264) geben für das Idiom *jmdm. zeigen, was eine Harke ist* zwei Übersetzungmöglichkeiten an:

1) показать *кому-л.*, как нужно работать („jmdm. zeigen, wie man arbeiten soll").

2) проучить *кого-л.*; ≈ показать *кому-л.*, где раки зимуют; показать кузькину мать *кому-л.* („jmdm. eine Zurechtweisung erteilen"; „jmdm. zeigen, wo die Krebse überwintern"; „jmdm. Kuz'kas Mutter zeigen")

Dazu ist anzumerken, dass die Bedeutungsposition 1) semantisch zu eng gefasst ist. Das Idiom *jmdm. zeigen, was eine Harke ist* bezieht sich nicht nur auf Arbeit, sondern auf die Fähigkeiten und Qualitäten des Agens im Allgemeinen; vgl. (2). Das russische Idiom *показать кузькину мать кому-л.* („jmdm. Kuz'kas Mutter zeigen") kommt als Äquivalent überhaupt nicht in Frage, weil es kulturspezifisch ist. *Kuz'ka* ist ein russischer Name und synchron gesehen ist das russische Idiom völlig unmotiviert. Die Übersetzung *проучить кого-л.* bei der Bedeutungsposition 2 in (BINOVIČ/GRIŠIN 1975: 264) ist ebenfalls kein gutes Äquivalent, weil hier die Idee der Bestrafung fokussiert wird, die in der semantischen Struktur des Idioms *jmdm. zeigen, was eine Harke ist* fehlt. Vgl. die Definition von *проучить*: ‚jmdn. bestrafen, damit er die unerwünschten Handlungen nicht wiederholt' (nach MAS).

Wichtig für unsere Ausführungen ist die Tatsache, dass die Aufsplitterung des betreffenden Wörterbuchartikels in Bedeutungspositionen 1 und 2 nicht auf Grund der entsprechenden Besonderheiten der semantischen Struktur dieses deutschen Idioms vollzogen, sondern durch die kontextinduzierte Äquivalenz aufgezwungen wird. Mit anderen Worten, je nach Kontext hat das deutsche Idiom (wenn ins Russische übersetzt) unterschiedliche Äquivalente, die unter sich keine Synonyme sind. Daraus ergibt sich die Notwendigkeit, bei der Darstellung dieses Idioms in einem zweisprachigen Wörterbuch zwei separate Bedeutungspositionen zu postulieren, wie dies von den metasprachlichen Konventionen verlangt wird. Im Wesentlichen handelt es sich dabei um die Verschiebung des semantischen Fokus (vgl. PADUČEVA 2004).

Ein weiteres Beispiel für dieses Phänomen ist das Idiom *jmdm. in die Arme laufen*. In (D 11) wird es als ‚jmdm. zufällig begegnen' definiert. Im Russischen erfordert dieses Idiom je nach Kontext zwei verschiedene Übersetzungen. Wenn es in Kontexten wie (5) gebraucht wird, in denen es sich um die Situation der Verfolgung oder der Flucht handelt – das Subjekt versucht, der Gefahr zu entfliehen, indem es den unmittelbaren Kontakt mit dem Verfolger meidet – wird es ins Russische als *попасть [угодить] кому-л. в руки [в лапы]* („jmdm. in die Hände [Pfoten] geraten") übersetzt. In Kontexten wie (6), in denen die Situation der Verfolgung nicht präsupponiert ist, kann es als *(случайно) встретиться с кем-л.; натолкнуться на кого-л.* („jmdm. (zufällig) begegnen, auf jmdn. stoßen") übersetzt werden.

(5) Wer der Polizei noch einmal *in die Arme läuft*, muss mit bis zu einem Jahr Haft rechnen. (Züricher Tagesanzeiger, 25.07.1998)
 Тот, кто повторно *попадает в руки* полиции, может получить до одного года лишения свободы.

(6) Ihren künftigen Arbeitgebern *in die Arme laufen* – das können Studierende der Technischen Hochschule Darmstadt bei der Firmenmesse „Kontakta" am 14. und 15. Mai. (Frankfurter Rundschau, 10.05.1997)

Встретиться со своими будущими работодателями студенты Технического института Дармштадта смогут на ярмарке вакансий «Контакта» 14 и 15 мая.

Es stellt sich die Frage, wie die polysemen Idiome in einem Wörterbuch (und insbesondere in einem zweisprachigen Wörterbuch) beschrieben werden sollen. Da es für den Benutzer im Grunde genommen irrelevant ist, ob das Idiom eine polyseme Struktur an sich hat oder wegen der Besonderheiten der L2, d.h. auf Grund der kontextinduzierten Äquivalenz mehrere Übersetzungen benötigt, braucht man diese zwei Typen der Polysemie lexikographisch nicht zu unterscheiden. Polysemie des Typs (i) und des Typs (ii) kann im Wörterbuch in gleicher Weise dargestellt werden. Im Folgenden bringen wir je ein Beispiel aus unserem neuen Deutsch-Russischen phraseologischen Wörterbuch „Moderne Idiomatik" für die Polysemie beider Typen.

Das Idiom *auf jmdn., etw. ein Auge werfen* wird in (D 11) als ‚Gefallen an jmdm., an etwas finden' erklärt. Die Belege aus den Textkorpora zeigten aber, dass es noch eine Bedeutung hat: ‚jmdn. beobachten, auf jmdn. aufpassen', was ins Russische als *следить, наблюдать за кем-л.; присматривать за кем-л.* übersetzt werden kann. Es handelt sich also um Polysemie des Typs (i). Vgl. den folgenden Wörterbuchartikel:

ein Auge werfen *auf jmdn., etw.* (A)
В значении **II** употребляется с различными атрибутивными модификаторами, имеющими значение «строгий контроль».
In Bedeutung **II** wird das Idiom mit attributiven Modifikatoren gebraucht, die die Bedeutung „strenge Kontrolle" haben.

I. положить глаз *на кого-л., что-л.*; присмотреть себе *кого-л., что-л.*; заинтересоваться *кем-л., чем-л.*
položit' glaz na kogo-l., čto-l.; prismotret' sebe kogo-l., čto-l.; zainteresovat'sja kem-l., čem-l.

1. <...> Marie nimmt <...> nicht zur Kenntnis, daß <...> der <...> Unternehmer *ein Auge* auf sie *geworfen hat*. (Kleine Zeitung, 12.07.1998)
Мари не замечает, что предприниматель *положил* на неё *глаз*.

2. <...> auf dieses Haus sollen die privaten Versicherungen *ein Auge geworfen haben*; hier laufen offenbar aber noch immer verschiedene Gespräche mit wahrscheinlich fünf verschiedenen Interessentengruppen <...> (Die Presse, 26.01.1995)
Говорят, что и этим домом *заинтересовались* частные страховые компании; по всей видимости, здесь всё ещё идут переговоры с примерно пятью заинтересованными группами.

3. Real Madrid, einer der populärsten Fußballklubs der Welt, hat *ein Auge* auf einen Österreicher *geworfen*. (Salzburger Nachrichten, 27.10.1998)
Реал Мадрид, один из самых популярных футбольных клубов мира, *заинтересовался* австрийским игроком.

II. следить, наблюдать *за кем-л.*; присматривать *за кем-л.*
sledit' [nabljudat'] za kem-l.; prismatrivat' za kem-l.

Künftig werden die Parkwächter *ein* strenges *Auge* auf die Hundebesitzer *werfen*. (Tiroler Tageszeitung, 10.04.1999)
В будущем охранники парка будут строго *следить* за владельцами собак.

Ein Beispiel für Polysemie des Typs (ii) stellt das Idiom *vor die Hunde gehen* dar, das in (D 11) als ‚zugrunde gehen' definiert wird. In Situationen, in denen es um den wirtschaftlichen Niedergang geht, wird es ins Russische als *разориться, прийти в упадок* (≈ „bankrott werden, verfallen") übersetzt. Andere Typen von Kontexten können wie folgt klassifiziert werden:

1) Kontexte, in denen es um Menschen geht. Hier wäre die adäquate Übersetzung *кто-л. гибнет, пропадает* (≈ „jmd. kommt um").

2) Kontexte, in denen es um geistige oder materielle Objekte geht. Die möglichen Übersetzungen sind hier *что-л. идёт прахом; что-л. загибается; какие-л. дела идут плохо* („etw. geht zugrunde", wörtl. „die Sachen gehen schlecht"). Die Übersetzungsvariante *что-л. загибается* (≈ „etw. geht zugrunde", wörtl. „etw. biegt sich um") wird als *сниж.* (*sniž.* ≈ „salopp") markiert.

vor die Hunde gehen
Часто с глаголом *lassen* в форме *jmdn. vor die Hunde gehen lassen*, ср. пример в значении **II.**
Oft mit dem Verb *lassen* in der Form *jmdn. vor die Hunde gehen lassen*, s. Beispiel in Bedeutung **II.**

I.
jmd. **geht vor die Hunde**
1) *кто-л.* гибнет, пропадает
kto-l. gibnet, propadaet

Mütter müssen mit ansehen, wie ihre Kinder an Rauschgift *vor die Hunde gehen*. (Mannheimer Morgen, 13.12.1995)
Матери вынуждены смотреть на то, как их дети *гибнут* от наркотиков.

etw. **geht vor die Hunde**

2) *что-л.* идёт прахом; *что-л.* загибается *сниж.*; *какие-л.* дела идут плохо
čto-l. idet praxom, čto-l. zagibaetsja *sniž*.; kakie-l. dela idut ploxo

Mit der Wiederwahl Scharpings *wäre* die SPD noch mehr *vor die Hunde gegangen.*
Если бы Шарпинга снова выбрали, *дела СДПГ пошли бы ещё хуже.* (Die Presse, 18.11.1995)

II. разориться, прийти в упадок
razorit'sja, prijti v upadok

Haider meinte im Interview, man werde nicht „<...> die kleinen Bauern *vor die Hunde gehen* lassen" (Kleine Zeitung, 23.08.2000)
Хайдер заявил в интервью, что мелким крестьянским хозяйствам не дадут *разориться.*

Literatur

BINOVIČ, Leonid E./GRIŠIN, Nikolaj N. (1975): Nemecko-russkij frazeologičeskij slovar' = Deutsch-russisches phraseologisches Wörterbuch. Moskva.
Duden (1992): Redewendungen und sprichwörtliche Redensarten. Mannheim etc. (Duden; 11). [= D 11]
DOBROVOL'SKIJ, Dmitrij O. (1997): Nemecko-russkij slovar' živyx idiom = Idiome der lebendigen Sprache. Deutsch-russisches Wörterbuch. Moskva.
DOBROVOL'SKIJ, Dmitrij (2002): Phraseologie und Übersetzen. In: ZYBATOW, Lew N. (Hrsg.): Translation zwischen Theorie und Praxis. Frankfurt am Main etc. S. 215–254. (Forum Translationswissenschaft, Bd. 1).
DOBROVOL'SKIJ, Dmitrij/FILIPENKO, Tatjana (2003): Moderne Idiomatik: Deutsch-russisches Wörterbuch. In: Das Wort. Germanistisches Jahrbuch GUS. Bonn. S. 367–380.
MAS – „Malyj akademičeskij slovar'" = EVGEN'EVA, Anastasija P. (Hrsg.) (1961): Slovar' russkogo jazyka. V 4-x tomax. Moskva.
PADUČEVA, Elena V. (2004): Dinamičeskie modeli v semantike leksiki. Moskva.

Textkorpora
www.ids-mannheim.de/kl/projekte/korpora/.
Korpora geschriebener Gegenwartssprache des Instituts für deutsche Sprache in Mannheim. (gesehen am 01.06.2006).

Wolfgang Eismann (Graz)

Situationsspezifische Redensarten

Die ist zu! Diese Äußerung lässt sich nur durch Einbettung in einen jeweiligen entsprechenden Kontext disambiguieren. Sie kann sich auf alle möglichen Kontexte beziehen, in denen etwas verschlossen ist. Sie kann aber auch zwei phraseologische Interpretationen haben, deren eine von einer idiomatischen Bedeutung der Komponente *zu* ausgeht, immer gebunden an Formen des Verbs *sein* (so im Duden Wörterbuch 1996: „*zu sein* (salopp; *betrunken sein*)") – also z.B. eine Aussage in einer Gesellschaft von mehreren Menschen, in der einer darauf hinweist, dass eine anwesende weibliche Person bereits betrunken ist oder nicht reagiert, weil sie betrunken ist usw.; eine andere phraseologische Interpretation kann aber auch auf eine spezifische Situation hindeuten, die sie zumeist mit Missbilligung kommentiert. Nicht zu Unrecht hat KÜPPER (1997: 956) in sein Wörterbuch die feste Phrase, Kommentarformel *die ist zu!* aufgenommen mit der Erläuterung „Redewendung, wenn einer eine Tür heftig ins Schloss geworfen hat, oder wenn der Durchzug die Tür zuschlagen ließ." Diese Redewendung ist ganz an die spezifische Situation gebunden, dass eine Tür mit zu viel Krach geschlossen wurde. Die Bestandteile behalten ihre wörtliche Bedeutung. Die Bewertung kann sich (muss aber nicht) auch durch die Intonation äußern, ist allerdings vollkommen abhängig von der Situation. Man vergleiche andere Kontexte, die sich auf diese Situation beziehen, aber durch den sprachlichen Kotext in ihrer Interpretation nicht an die Realisierung der Situation selbst gebunden sind: *Was ist mit der Tür? Die ist zu. – Er hat die Tür mit zu viel Schwung ins Schloss geworfen. Die ist zu.*

Vorab bedarf es einiger Klärungen. Was eine Situation ist, hängt von der Definition ab. Im Folgenden wird auf unterschiedliche Situationsbegriffe eingegangen wie z.B. die von COULMAS (1981: 79ff.) und anderen verwendete Kommunikationssituation, aber auch den von PERMJAKOV (1970: 19) verwendeten Situationsbegriff als Beziehungen zwischen Dingen, der zur Abgrenzung von Phraseologismen im engeren Sinne und Parömien gebraucht wurde, und auf eine weite Auffassung von Situation, im Sinne von Situationsgebundenheit sprachlicher Äußerungen als Abhängigkeit von nichtsprachlichen (und auch sprachlichen) Strukturen.

Zudem soll im Folgenden eine weitgehende Beschränkung auf Redensarten (Satzstruktur, auch wenn es sich um elliptische Sätze handeln kann) erfolgen und nur gelegentlich sollen nicht satzwertige Phraseologismen mit einbezogen werden.

Die bislang vollständigste Klassifikation aller Parömien samt ihrer pragmatischen Textfunktionen hat PERMJAKOV bereits 1972 unternommen (PERMJAKOV 1979: 140ff.). Sie wurde in den meisten Untersuchungen viel zu wenig beachtet. PERMJAKOV erfasst 25 Typen von Parömien und charakterisiert sie durch 7 verschiedene (pragmatische) Textfunktionen (Modellierend; Instruktiv-belehrend; Prognostisch; Magisch; Negative Kommunikation; Unterhaltend; Ornamental). Trotz seines dem klassischen Strukturalismus verpflichteten Vorgehens, das darin gipfelt alle parömischen Typen als „paradigmatische Formen ein und derselben Wesenheit (suščnost`)" zu sehen (PERMJAKOV 1988: 94), liegt der große Vorteil seiner Konzeption gerade darin, dass er trotz aller klassifikatorischen Bestrebungen immer wieder auf die dynamischen Übergänge zwischen den einzelnen Formen (vom Wort bis zur Parömie) hinweist und auch sein Funktionsschema ein dynamisches ist und nur die jeweils dominanten Funktionen markiert, die Übernahme anderer Funktionen aber nicht ausschließt.

Diese Übergänge sollen an einem kurzen Beispiel verdeutlicht werden: In dem bildlich motivierten Sprichwort *Der Apfel fällt nicht weit vom Stamm* haben wir es mit einem synthetischen Klischee zu tun, weil es (und das gilt für bildlich wie auch direkt motivierte Sprichwörter) auf eine Reihe von Situationen übertragbar ist.[1] Analytische Klischees hingegen beziehen sich immer nur auf eine konkrete Situation. Sehr gut wird das aus dem Vergleich des Omenspruchs (der Wetterregel) und dem z.T. ähnliche Realien verwendenden Sprichwort *Die Schwalben fliegen niedrig – es wird Regen geben* und *Eine Schwalbe macht noch keinen Sommer* (russ. *Lastočki nizko letajut – skoro budet dožd`* vs. *Odna lastočka ne delaet vesny*) ersichtlich. Deutlich wird das auch, wenn wir ein Sprichwort wie *Keine Rose ohne Dornen* mit einem russischen praktischen Spruch (practical saying, delovoe izrečenie) ähnlicher Struktur vergleichen *Baran bez šersti ne živet*, der nur als Replik auf eine Situation erklärbar ist, in der sich jm. z.B. über Haare in der Suppe beschwert und der deshalb in älteren Wörterbüchern auch den Zusatz erhält *govorjat koli šerst` popadetsja vo ščach*; oder bei DAL` (1984: 188) *skazala baba na uprek, čto vo ščach volos mnogo*.

Es ist aber so, dass viele Sprichwörter, vor allem die direkt motivierten (PERMJAKOV nennt sie im Unterschied zu den bildlich motivierten (Volks)Aphorismen), sich zwar auf eine Reihe von Situationen beziehen kön-

---

[1] Das veranlasst PERMJAKOV auch dazu, die (verallgemeinerte) thematische Klassifikation der synthetischen Parömien als Ergänzung zur logisch-semiotischen (logische Form des Inhalts) hinzuzufügen und diese als Charakteristik der logischen Substanz des Inhalts zu bezeichnen (1988: 105).

nen, dass diese Verallgemeinerungsfähigkeit offensichtlich aber sehr viel mit den in ihnen verwendeten Realien zu tun hat. Das soll hier nur an einem Beispiel gezeigt werden, das in der Regel als Sprichwort eingeordnet wird und in allen deutschen Sprichwortsammlungen zu finden ist. Es hat viel von einem Omenspruch und wird in großen russischen Wörterbüchern auch so übersetzt *Scherben bringen Glück – Posuda b`etsja k sčast`ju*. Man vergleiche dazu *Glück und Glas wie leicht bricht das. Glück muss der Mensch haben. Ein Unglück kommt selten allein. Am Glück ist alles gelegen.* Natürlich kann man sich vorstellen, dass in *Scherben bringen Glück* „Scherben" in übertragener Bedeutung gebraucht werden, z.B. „er steht vor dem Scherbenhaufen seiner Ehe, na ja, Scherben bringen Glück." Doch wird in der Regel dieses Sprichwort auf eine ganz konkrete Situation bezogen, jm. hat etwas fallen lassen, umgestoßen usw., und es ist zu Bruch gegangen. Die Verschiedenartigkeit der möglichen Situationen ist vielleicht etwas größer als in dem Beispiel mit dem niedrigen Flug der Schwalben, mit den Haaren in der Suppe, doch haben wir es immer mit ganz konkreten Scherben zu tun – allenfalls das abstrakte Glück ist vielleicht in vielfältigeren Formen vorstellbar als der Regen oder die Haare. Dennoch hat das Sprichwort eher eine prognostische Funktion wie Wetter- und Omensprüche - wenn man einmal davon absieht, dass seine kommunikative Funktion zumeist darin besteht, denjenigen, dem das „Unglück" passiert ist, dass ein gläsernes, tönernes Behältnis, ein Spiegel oder ähnliches zu Bruch gegangen ist, zu beschwichtigen oder zu trösten. Es gibt eine Reihe solcher „Sprichwörter" und „Redensarten", die aufgrund ihrer Funktion (bzw. auch ihrer usualisierten Verwendung) hart an der Grenze zu den Einheiten stehen, die wir üblicherweise zu den Sprichwörtern zählen und zwar sowohl zu den direkt motivierten als auch zu den bildlich motivierten.[2] Sie wurden und werden in Sprichwortsammlungen geführt, man sollte sie aufgrund ihrer Funktion und ihres Gebrauchs eher anderen Kategorien (Omensprüchen, idiomatischen Wendungen, Lebensregeln usw.) zurechnen.

Bereits PILZ (1978: 631ff.) hat in seiner umfang- und materialreichen Dissertation den Versuch einer Klassifikation der „satzwertigen Phraseologismen" jenseits von Sprichwörtern, Gemeinplätzen (und Topoi) unternommen und diese als „Phraseologische Formeln" (631) behandelt. Er hat vor allem bereits damals nicht nur die linguistische, sondern auch die folkloristische Literatur zu diesem Thema aufgearbeitet und ist zu einer Klassifikation ge-

---

[2] Dazu gehört z.B. russ. *V tesnote, da ne v obide* ~ „Beengt, aber nicht gekränkt", das in einem überfüllten Raum gebraucht wird, um anzudeuten, dass es zwar eng und überfüllt ist, dass man aber freundlich miteinander auskommt. Das bildliche *V nogach pravdy net* ~ ‚Es ist keine Wahrheit in den Beinen' wird gewöhnlich verwendet, um jn. zum Sitzen aufzufordern. Urspr. geht es wahrscheinlich auf den Rechtsbrauch zurück, jm. aufzuhängen und mit Ruten auf die Füße/Beine zu schlagen, um die Wahrheit aus ihm herauszuprügeln, und ist heute unmotiviert.

kommen, die grob vereinfacht aus I. Höflichkeits- bzw. Kontaktformeln und II. Kommentarformeln bestand, mit jeweils weiteren Untergliederungen.³
Die eigentliche große und unüberschaubare Gruppe (so PILZ) der Kommentarformeln teilt er in 1. sach- oder dingbezogene 2. situations- oder ereignisbezogene und 3. personenbezogene ein. Er räumt aber sogleich ein, dass es nur wenige sachbezogene, und vor allem situationsbezogene gibt und dass in den meisten Fällen gleich auch ein Personenbezug vorhanden ist, und betont, dass er die „Einteilung nach den Lebenssituationen, in denen die Kommentarformeln verwendet werden [...] für wesentlicher" hält (PILZ 1978: 700). Er selbst hat Beispiele für die Bereiche

1. Kommentarformeln bei Tisch und
2. Deutungen alltäglichen Geschehens

aufgeführt. Auch hierbei werden funktional unterschiedliche Redensarten in einen Topf geworfen, da sie nur nach einem äußeren Bezug eingeordnet werden. So sind seine Deutungen alltäglichen Geschehens zum größten Teil den Omensprüchen zuzuordnen, vgl. *Händegeben über Kreuz, Die Katze putzt sich, Drei Zigaretten an einem Streichholz anzünden, Die Nase juckt, 13 Personen am Tisch* usw.

Dennoch hat er „unliebsames" Material nicht einfach ausgeblendet, wie das für spätere Untersuchungen charakteristisch ist.

Das Kriterium der Situationsbezogenheit scheint wenig geeignet, die Grundlage für eine Klassifikation – auch nicht der Unterarten von Redensarten oder Satzphraseologismen – zu bilden. Die Typologie von PERMJAKOV mit seiner Unterscheidung von Phraseologismen als Zeichen von Dingen, Erscheinungen usw. und Parömien als Zeichen von Situationen bildet eine wesentlich bessere Grundlage, wenn man die möglichen Übergänge zwischen den einzelnen Klassen – vor allem zwischen sprichwörtlicher Redensart und Phraseologismus (EISMANN/GRZYBEK 1994) dabei berücksichtigt. Alle rigorosen Typologien im Bereich der Phraseologie kranken daran, dass sie von der Dynamik sprachlicher Einheiten abstrahieren und so die Übergänge zwischen den Formen und Funktionen notgedrungen aus ihrer Betrachtung ausklammern müssen. Dennoch sind diese Klassifikationen ein notwendiges Hilfsmittel, wenn mögliche fließende Übergänge nicht ausgeblendet werden.

Das Kriterium der Situationsbezogenheit wird durchaus unterschiedlich verstanden. So weist LÜGER (1999: 126ff.) zu recht darauf hin, dass nicht nur die von COULMAS sog. Routineformeln durch das Kriterium der Situationsge-

---

[3] Unter I. führt er Grußformeln, Konversationsformeln, Tischformeln, Beileids- Genesungsformeln u.a. auf und unter II. Entgegnungsformeln, Beschwichtigungs- und Ermahnungsformeln, Erstaunensformeln, Schelt- und Fluchformeln, Kommentarformeln (PILZ 1978: 698). Wellerismen, Merksprüche und Zungenbrecher hat er als Grenzfälle behandelt.

bundenheit charakterisiert sind (Begrüßungsformeln, Wunschformeln usw.), sondern dass auch andere Satzphraseologismen (Sprichwörter und Gemeinplätze) wie Routineformeln gebraucht werden können. Nicht umsonst unterscheidet man seit SEITEL (1969) beim Sprichwort von der Interaktions- und Sprichwortsituation die Kontext- oder Referenzsituation. Zudem beinhaltet jedes Sprichwort ein Situationsmodell (es ist in PERMJAKOVs Terminologie „synthetisch") – gleichgültig, ob es bildlich oder direkt motiviert ist. Bei direkter Motivierung kommt es zu einer tendenziellen Angleichung von Sprichwort-Situation und Situationsmodell. LÜGER (1999: 129) hat in einem verallgemeinernden Schema durch Pfeile die Übergänge zwischen situationsgebundenen und nicht situationsgebundenen satzwertigen Phraseologismen deutlich gemacht.[4] Auch BURGER (2003: 53) macht eine Unterscheidung zwischen Routineformeln, die an einen bestimmten Situationstyp gebunden sind und denjenigen, „die situationsunabhängige kommunikative Funktionen in schriftlichen und mündlichen Texten haben." Im Anschluss an die Arbeit von STEIN (1995) hat er aber darauf hingewiesen, dass man auch letzteren, obwohl sie jeweils unterschiedliche Funktionen in bestimmten Bereichen, wie Gesprächssteuerung, Textgliederung, Partnerbeziehung, übernehmen können, dominante Funktionen zuordnen kann. BURGERs Klassifikation der satzwertigen Phraseologismen in feste Phrasen bzw. topische Formeln (Sprichwörter und Gemeinplätze) berücksichtigt einige der folgenden Wendungen nicht. Sie sind auch nicht in der von ihm angeführten speziellen Klasse der Klischees unterzubringen. Mit gutem Willen könnte man sie allenfalls den „Festen Phrasen" zuordnen (2003: 39), von denen er je nach Anbindung an den Kontext drei Typen unterscheidet:

1. *Das schlägt dem Faß den Boden aus. Da liegt der Hase im Pfeffer. Da liegt der Hund begraben.* (Charakterisiert durch Bezug auf die Situation und deiktischen Anschluss an den Kontext)
2. *Jmds. Thron wackelt; jmds Aktien steigen; jmdm. fällt ein Stein vom Herzen.* (Charakterisiert durch eine Leerstelle, durch deren Aktualisierung der Anschluss an den Kontext erfolgt)
3. *Das Maß ist voll. Die Post geht ab. Das Eis ist gebrochen.*

Hierzu heißt es bei BURGER (2003: 40), dass diese festen Phrasen ohne Oberflächenelement, das Anbindung an den Kontext zeigt, seien – doch werden sie „in der Regel durch Partikeln, Adverbiale usw. unauffällig in den jeweiligen Kontext eingefügt." Das geschieht jedoch auch mit Sprichwörtern.

---

[4] Seine weitere Unterscheidung von bildlich vs. nicht bildlich ist bereits seit PERMJAKOV bekannt. Die Feinunterscheidung von geflügelten Worten und Slogans in belegbar bzw. persönlich belegbar scheint von eher geringer Relevanz. Die situationsbezogenen „Routineformeln" hat er in seiner Untersuchung ausgeklammert.

Der fundamentale Unterschied liegt darin, dass Sprichwörter alleine für sich (ohne jeden Ko- und Kontext) einen abgeschlossenen Text bilden können, diese festen Phrasen jedoch nicht, obwohl sie abgeschlossene Sätze ohne jede deiktische oder syntaktische Leerstelle sind. Sie haben z.T. sogar unterschiedliche Bedeutung, können sich auf eine Reihe von Situationen beziehen[5] und sind oft bildlich. Doch werden hier nicht wie im Sprichwort oder der Redensart Situationen modelliert (das zeigt auch die Unmöglichkeit der Verallgemeinerung, sei es durch den Allquantor, sei es durch die verallgemeinerte Implikation *immer wenn*), sondern Eigenschaften, Zustände bezeichnet, und wir haben es trotz der Satzform eher mit Zeichen für Eigenschaften, Zustände, Dinge als mit Zeichen von Situationen, d.h. Modellen, zu tun.[6] Man muss also sehr deutlich unterscheiden zwischen der syntaktischen Oberflächenstruktur und der logisch-semiotischen Tiefenstruktur. Erst durch den Anschluss an einen Kontext beziehen sich diese Phraseologismen auch auf bestimmte Situationen. Sie modellieren diese aber nicht, unabhängig von ihrer bildlichen Realisierung.[7]

Es geht in diesen festen Phrasen aber immer um eine Anbindung an eine konkrete Situation, die zu unterscheiden ist von der Situation, die in einem Sprichwort oder einer sprichwörtlichen Redensart modelliert wird und die in der „Referenz-Situation" ihre Entsprechung hat.

Die linguistische Phraseologie hat durch ihre Beschränkung auf den Satz feste Einheiten jenseits der Satzebene, vor allem auch feste Dialogstrukturen und Repliken weniger intensiv behandelt. Gerade sie sind in der gesprochenen Sprache von großer Bedeutung. Und gerade sie sind oft situationsspezifisch oder situationsbezogen.[8] Allerdings hat bereits COULMAS (1981) in seiner grundlegenden Untersuchung zu den Routineformeln nicht nur auf deren Iterierbarkeit (*Danke, nochmals vielen Dank*), sondern auch auf deren Selbständigkeit bzw. Sequenzierbarkeit (symmetrisch *Guten Tag – Guten Tag*, kom-

---

[5] Vgl. z.B. *der Ofen ist aus* nach KÜPPER (1997: 586): a) ‚der Plan ist gescheitert'; ‚die Hoffnung ist vergangen'; ‚die günstigen Aussichten sind zunichte geworden'.- b) ‚die Geduld ist erschöpft'; ‚die Lage ist nicht mehr zu retten'; ‚die Sache ist endgültig erledigt'; ‚für mich ist Schluß'. - c) ‚die Geschlechtskraft ist abhanden gekommen'. - d) ‚der Tod ist eingetreten'.

[6] Das zeigt auch die Verwendung von *das Eis brechen* als verbaler Phraseologismus in der Bedeutung ‚Anfangsschwierigkeiten überwinden' (DUDEN 11).

[7] Vgl. z.B. russ. *Derži karman šire!* ‚Pustekuchen! So siehst du aus! Keine Chance!'; wörtl. ‚Halte die Tasche weit offen!'

[8] Situation wird hier nicht im logisch-semiotischen Sinne von PERMJAKOV verstanden als Beziehung zwischen zwei Dingen, sondern als grundsätzliche Situationsgebundenheit, Abhängigkeit von nichtsprachlichen Strukturen.

plementär *Herzliches Beileid – Danke*; initiativ, reaktiv) hingewiesen und ist damit über den Satz, die Äußerung hinausgegangen.[9]

In jüngerer Zeit hat es weitere Versuche gegeben, die Routineformeln phraseographisch zu behandeln und ihrer Spezifik gerecht zu werden. So haben BARANOV/DOBROVOL`SKIJ (2001) die Routineformeln (rečevye formuly) vor allem im Zusammenhang mit der Kommunikationssituation behandelt. Sie haben dabei Formen der Redeetikette (Grußformeln usw.) mit dem Argument, sie seien zumeist regulär gebildet und nicht idiomatisch, und Sprichwörter, mit der Begründung, ihnen ermangele es am deiktischen Bezug zur Kommunikationssituation, ausgeschlossen. Dabei haben sie übersehen, dass jedes Sprichwort in seiner Anwendung immer auf eine Kontext- oder Referenzsituation bezogen wird, die nicht mit der Sprichwortsituation identisch sein muss, dass es aber usuelle Verwendungen von Sprichwörtern gibt, die diese zu „Routineformeln" für bestimmte Situationen werden lassen. Aus ihrer nicht ganz konsequenten Klassifikation, in der sie selbst die explizit ausgeschlossenen Sprichwörter an prominenter Stelle als Kommunikationsformeln anführen, wird das deutlich. Diese Einteilung in Kommentare,[10] Performative (Beteuerungen, Wünsche, Flüche), Formeln zur emotionalen Stabilisierung (Ausdruck der Verwunderung, Unzufriedenheit usw.), Antwortformeln, Frageformeln und Formeln epistemischer Modalität (Bewertung der Wahrscheinlichkeit/Unwahrscheinlichkeit des Kommunizierten) hat den Vorteil, dass zum einen Übergänge (Mehrfacheinteilungen) zwischen den einzelnen Klassen möglich sind und dass auch dialogische Strukturen berücksichtigt werden (Antworten, Fragen). Doch werden gerade in der Gruppe der Fragen, fast ausschließlich rhetorische Fragen behandelt und die Fragen, die eine direkte Aufforderung zur Handlung, zur Veränderung der Situation beinhalten, werden nicht berücksichtigt. Eine umfassende Klassifikation aller Satzphraseme (propositionale Phraseme) hat ČERMÁK (2001) für die Fertigstellung des vierten Teils des tschechischen phraseologischen Wörterbuchs konzipiert. Dieses Wörterbuch stützt sich auf das umfangreiche Korpus der gesprochenen tschechischen Sprache und wird daher auch Phraseme aufneh-

---

[9] Seine Einteilung der Routineformeln in 1. Gesprächseröffnungsformeln; 2. Höflichkeitsformeln; 3. Metakommunikative Formeln; 4. Psychoostensive Formeln; 5. Verzögerungsformeln ist für die folgenden Ausführungen kaum relevant.

[10] Zur Beweisführung für den notwendigen deiktischen Bezug auf eine Situation einer „Routineformel" führen sie das Sprichwort *Starost` ne radost`* ‚Alter ist keine Freude' an, das in seiner Anwendung natürlich immer auf eine bestimmte Situation bezogen wird und daher sicher auch als „Kommentarformel" bezeichnet werden kann – wie viele Sprichwörter, das aber immer auch alleine und ohne jeden Kontext einen Text bildet. Das gilt auch für andere Sprichwörter, die sie als „Routineformeln" anführen, wie z.B. *I na staruchu byvaet porucha* ‚Auch einer Alten unterläuft einmal ein Fehler' und *Popytka ne pytka ~* ‚Probieren geht über Studieren'.

men, die in den auf ausschließlich schriftlichen Quellen beruhenden Wörterbüchern in geringerem Maße oder gar nicht vorkommen. Die Satzphraseme werden nach formalen, funktionalen und pragmatischen Aspekten charakterisiert. Diese Mehrfach-Charakteristik ermöglicht es auch, eine große Vielfalt von Satzphrasemen aufzunehmen, die von (im syntaktischen Sinne) unvollständigen Sätzen bis zu kleinen Formen der Folklore reicht. Dazu gehören unter formalem Gesichtspunkt propositionale Phraseme und polypropositionale Phraseme (die mehr als eine Satzklausel umfassen) und ihrerseits unterteilt werden in monologische und dialogische. Die funktionale Klassifikation ist an den Sprachfunktionen Jakobsons orientiert und umfasst mit weiteren Unterteilungen Phraseme des vokativen Typs (konative Funktion), des Kontakttyps (phatische Funktion), des thematischen Typs (referentielle Funktion) und des metasprachlichen Typs (metasprachliche Funktion). Da sich nicht alle Satzphraseme eindeutig einem Sprechakt zuordnen lassen, teilt ČERMÁK diese in fünf pragmatische Basisgruppen mit jeweils weiteren Unterteilungen ein: eine faktuale Klasse, in der es um Phraseme geht, die den Sprecher veranlassen, eine bestimmte Position in Bezug auf die Wahrheit, Wahrscheinlichkeit der Äußerung einzunehmen (~ SEARLEs Repräsentative); eine voluntative oder direktive Klasse von Phrasemen (~ SEARLEs Direktive), die eine Reaktion bzw. Handlung des Zuhörers hervorrufen; eine expressive Klasse von Phrasemen (~ SEARLEs Expressive), die die Haltung des Sprechers, seine Einstellung zur Situation ausdrücken; eine emotionale Klasse von Phrasemen, die dem Adressaten die emotionale Situation des Sprechers vermitteln; eine deklarative Klasse von Phrasemen (~ SEARLEs Deklarative), die eine neue Situation schaffen, die durch das verwendete Phrasem deklariert wird. Zu diesen fünf Klassen kommen noch die Klassen der Intensivierung und Evaluierung hinzu. Eigentlich müssten mit diesem differenzierten Merkmalskatalog auch die folgenden Beispiele aufgenommen und eingeordnet werden können. Nach den russischen Äquivalenten zu „urteilen", die FEDOSOV[11] zu den tschechischen Phrasemen gefunden hat, scheinen sie jedoch zu fehlen. Viele von ihnen ließen sich ohne weiteres der Untergruppe des vokativen (imperativen) und voluntativen (Befehl, Aufforderung) Typs zuordnen, obwohl das an der Oberfläche nicht zum Ausdruck kommt.

Während COULMAS von einer Situationsspezifik spricht, die durch einen (auch kulturell) unterschiedlich bestimmten weiteren situativen Rahmen (Formen der Begrüßung, der Anteilnahme, des Glückwünschens usw., die eine bestimmte Kommunikationssituation bedingen) gekennzeichnet ist, geht

---

[11] Ich beziehe mich hier auf seinen Vortrag in Rab/Kroatien im September 2006 „Pragmatičeskaja klassifikacija propozicional'nych frazem", in dem er eine große Zahl von russischen Äquivalenten anführt, die er für die tschechischen Phraseme des Wörterbuchs von ČERMÁK geliefert hat. Das Wörterbuch selbst ist z.Zt. noch im Druck.

es im Folgenden um Einheiten, die durch ihre pragmatische Funktion und oft durch eine feste illokutive Komponente gekennzeichnet sind und sich auf ganz konkrete Situationen beziehen, auf der sprachlichen Oberfläche aber unterschiedliche, wenn auch feste Strukturen haben. Ein kurzes Beispiel soll das verdeutlichen. Man kann im Deutschen die Aufforderung eine Tür zu schließen auf unterschiedliche Weise sprachlich realisieren *Mach' bitte die Tür zu!* Weniger höflich *Tür zu!* Oder indirekt *Hier zieht's*. Es geht aber auch durch feste Phrasen in Form von Fragen *Kommt noch einer?*[12] bzw. *Habt ihr Säcke vor der Tür?* oder sprachlich noch weiter entfernt von der aktuellen Situation der Äußerung, aber doch auf sie bezogen *Wohnt ihr in der S-Bahn?* Wozu als Replik auf die Frage *Warum?* oder gleich als Antwort *Da schließen die Türen automatisch* mitgeliefert wird.

Eine Reihe von derartigen Aufforderungen sind fest geprägte Sätze und nur aus ihrem direkten Bezug zur Situation, in der sie verwendet werden, zu verstehen, d.h. ihre Bedeutung ist durch die Situation motiviert. Eine weitere feste Wendung in Form einer Frage beinhaltet indirekt die Aufforderung, die verstellte Sicht frei zugeben *Dein Vater war wohl Glaser?*[13] Dazu gibt es die regionale Variante *Ist dein Vater Vorsteher oder Glaser?*

Ferner gibt es feste Phrasen als Hinweise auf Situationen, die direkt oder auch indirekt zu deren Veränderung auffordern, obwohl diese in der Situation selbst manchmal nicht möglich ist (die eigentlich oft nur die Konstatierung einer gesellschaftlichen Normverletzung feststellen), vgl. *Hier ist die Luft so trocken*; *Der Bulle ist los*; (s.a. regional als direkte Aufforderung *Mach die Apotheke/Konditorei zu*); *Bei dir blitzt es,* russ. *subbota dol'še voskresen'ja,* kroat. (veraltet, regional) *subota dulje nedjelje;* (vgl. als Feststellung *jm. hat geflaggt*); *Dein Schuh hat Hunger,*[14] russ. *Sapogi est' prosjat; kaftan, sapog kaši prosit.*

Hierzu gehören aber auch Aufforderungen, die wörtlich zu nehmen sind, wie *Mach die Tür von außen zu!*[15] oder russ. *Nado izbu vystudit', žarko; Da ist die Tür!,* und nur in einem situativen Kontext geäußert werden können, in dem es einen verschließbaren Raum mit einer Tür gibt; vgl. russ. *Vot tebe bog, a vot tebe dveri (porog)!*

---

[12] „Kommt noch einer?: Frage an den Eintretenden, wenn er hinter sich die Tür nicht schließt." (KÜPPER 1997: 420).
[13] „Frage, wenn der Betreffende einem im Licht steht. In scherzhafter Auffassung zeugt der Glaser durchsichtige Kinder." (KÜPPER 1997: 298).
[14] „der Schuh (Stiefel o.ä.) hat *Hunger* (ist hungrig) = der Schuh ist im Zehenteil entzwei. Er »macht das Maul auf«." (Küpper 1997: 369).
[15] Andere Aufforderungen sich zu entfernen *Schieß in den Wind! Hau ab! Zieh Leine! Kratz' die Kurve! Soll ich dir erst Beine machen!* haben zumeist eine wortäquivalente phraseologische Grundform (KÜPPER: *Leine ziehen* = ‚verschwinden').

Es gibt eine Reihe weiterer Aufforderungen, die nur aus dem Situationskontext zu verstehen sind, und deren (opake) Bildlichkeit sich erst vor diesem Hintergrund auflöst. Dazu gehört z.B. das russische Sprichwort *V nogach pravdy net* ‚Es ist keine Wahrheit in den Beinen', das heute ausnahmslos als Aufforderung Platz zu nehmen, sich zu setzen gebraucht wird. Viele dieser Aufforderungen stammen aus Situationszusammenhängen, die durch einen äußeren Rahmen (z.b. den des Kartenspiels) bedingt sind: *Hosen runter!*[16]; *Ich will sehen!* als direkte Aufforderungen, aber auch *Es hat sich schon mal einer tot gemischt* als Vorwurf, das damit gut in eine der Untergruppen der expressiven Phraseme bei ČERMÁK passt, zu seiner vollständigen Beschreibung aber auch der Charakterisierung als illokutiver direktiver Sprechakt bedarf.

Sie bedürfen in ihren umgangssprachlichen Verwendungszusammenhängen keinerlei Erklärung, im Wörterbuch müssen die äußeren situativen Bedingungen jedoch angegeben werden. Das gilt auch für Wendungen aus anderen „Spiel" bereichen, wie z.B. *Hinein Onkel Otto!*[17] (‚Hinein mit dem Ball ins Tor') aus dem Fußballspiel.

Die äußeren (situativen) Rahmenbedingungen eines Spiels können auch dazu führen, dass sich die übliche Bezeichnung bestimmter Gegenstände ändert, dass diese an die Funktion der Gegenstände im Spiel gebunden ist. Dabei gilt es natürlich, zwischen auf spezifische Spiele beschränkter Spielerterminologie und weit verbreiteten Wendungen zu unterscheiden. Hierzu sei nur ein Beispiel angeführt. Man spricht gewöhnlich von einer *Vorder-* und *Rückseite* einer Münze (kroatisch: *lice–naličje, avers–revers*; russ.: *licevaja–obratnaja storona*), wenn es jedoch darum geht, ein Spiel zu machen oder eine Entscheidung durch das Hochwerfen einer Münze zu treffen, so heißt es im Deutschen *Kopf oder Zahl?*, im Kroatischen *Pismo ili glava?* und im Russischen *Orel ili reška?*[18] Die Einzelwörter dieser Wendung sind in dieser Bedeutung auch in großen Wörterbüchern nur selten anzutreffen. Auch hierbei handelt es sich um eine feste Phrase, die elliptisch in Form einer Frage gekleidet, aber aus dem situativen Kontext als Aufforderung zu verstehen ist, sich für eines von beiden zu entscheiden.

---

[16] „*Hosen* runter! = a) die Spielkarten aufgeworfen! (beim Ouvert-Spiel). Sich entblößen = die Karten offenlegen. Kartenspielerspr. 19. Jh." (KÜPPER 1997: 360).

[17] „hinein, Onkel Otto! - hinein! laßt uns eintreten! »Hinein!« ist in Sportlerkreisen (seit 1935) Abkürzung von »hinein mit dem Fußball ins Tor!«." (KÜPPER: 1997: 588).

[18] So findet man z.B. in einem großen deutsch-russischen Wörterbuch den merkwürdigen Eintrag *Kopf oder Adler? Kopf oder Schrift?*, zu dem die hier aufgeführte russische Entsprechung angegeben wird (LEPING/STRACHOWA 1980: 737). Man vgl. für die Bezeichnung des Spiels auch die entsprechenden Wendungen: kroat. *igrati se pisma-glave*, russ. *igrat` v orljanku*.

Aus der Vielfalt der situationsabhängigen festen Phrasen sollen hier noch die bewertenden Kommentare genannt werden, die eine Situation, Handlung (auch verbale) voraussetzen. Man vgl. dt. *Der Hunger treibt`s rein* (setzt eine Situation voraus, in der nicht schmackhaftes Essen gegessen wird); *Schneider sind auch Leute* (aus dem Kartenspiel, tröstend, setzt voraus, dass jm. hoch verloren hat);[19] *Der Esel geht voran* (wenn jm. einem anderen nicht den gebührenden Vortritt lässt), russ. *Prežde bat`ki v petlju ne pospevaj (ne lez`, ne sujsja)*; oder bezogen auf verbale Äußerungen *Der Esel nennt sich selbst zuerst*; in einem weiteren Sinne als Reaktion auf unbescheidenes Verhalten *Bescheidenheit ist eine Zier* (mit der fakultativen Ergänzung *doch es geht auch ohne ihr*).

Hierher gehören auch Ermahnungen und Belehrungen wie *Messer, Gabel, Schere, Licht, sind für kleine Kinder nicht*; *Man zeigt nicht mit nackten Fingern auf angezogene Leute*, die eine entsprechende Situation, Handlung voraussetzen, ebenso wie feste Wendungen vom Typ *Hast du dir auch die Hosen zugebunden?* – mit der situativen Voraussetzung, dass ein zumeist junger Mensch beim Rauchen erwischt wird, der zum ersten Mal raucht.

Eine weitere Besonderheit, die in linguistischen Untersuchungen zumeist ausgeklammert wird und die nur indirekt mit der Situationsspezifik verbunden ist, bilden Repliken, die an eine Kommunikationssituation, oft auch einen sprachlichen Ausdruck gebunden sind. Bereits von Seiler wurden diese als Entgegnungs- und Erwiderungsformeln behandelt. Es sind nicht nur die Antwortformeln auf bestimmte Fragen und Formeln, die BARANOV/ DOBROVOL`SKIJ (2001: 89f.) anführen, vom Typ *Was? – Wenn`s regnet wird es nass*; *Warum? – Warum ist die Banane krumm*; *Wie geht`s? – Danke, auch schlecht*; *Grüß Gott. – Wenn du ihn siehst*; *Umsonst ist der Tod (und der kostet das Leben)*; regional *Was soll ich anziehen? – das Hemd oben drüber*; russ. *Počemu? – Potomu čto končaetsja na u*; *Otkuda? – Ot verbljuda*; *Kak dela? – Kak saža bela*; *Privet! – Privet ot starych štiblet*; *Darom – skvorec gnezdo v`et (da i emu skvoréšnicu postav`)*; *Postoj! – Za postoj den`gi platjat (a posidelki darom)*, sondern dazu gehören auch Repliken auf längere Auseinandersetzungen und auf bestimmte Aufforderungen, wie z.B. *Du hast Recht, und ich hab meine Ruh*; *Erst können vor lauter Lachen* und viele andere.

Sie sind insofern gebunden, als sie auf eine sprachliche Situation Bezug nehmen. PILZ hat hier von Wortbezug gesprochen, und das trifft den Sachverhalt in den Fällen, in denen sie direkt an den sprachlichen Ausdruck gebunden sind, genauer.

---

[19] Bei KÜPPER (1997: 734) in der Form „Schneider sind auch nette Leute (Menschen): Trostrede an den Spieler, der knapp 30 Punkte erreicht hat."

In diesem Beitrag ging es nicht um eine vollständige Erfassung oder auch Klassifikation dieser Einheiten, sondern darum, mehr Interesse für diese festen Phrasen und ihre Besonderheiten zu wecken. Sie stammen zumeist aus der gesprochenen Umgangssprache und fehlen oft in den Wörterbüchern. Viele von ihnen liegen wegen ihrer dialogischen Struktur im Grenzbereich zwischen Linguistik und Folkloristik. Sie gehören zur Folklore, aber sie gehören aufgrund ihrer Festgeprägtheit auch zur Sprache. Diejenigen von ihnen, die in folkloristischen Darstellungen und Sammlungen aufgenommen werden, werden durch das betreffende Umfeld charakterisiert und ihre Bedeutung ist bestimmt durch dieses Umfeld und den damit verbundenen situativen Zusammenhang. Werden sie in Wörterbücher aufgenommen, wofür hiermit plädiert werden soll, so ist ihre formale, funktionale und pragmatische Charakterisierung oft nicht ausreichend. Zur Charakteristik der Gebrauchsbedingungen, zu ihrer pragmatischen Kennzeichnung als Wunsch, Befehl usw. gehören Hinweise auf die Situation, in der sie gebraucht werden, ihren situativen Bezug. Vielleicht kann man sich dabei an älteren Vorbildern orientieren (s.o. „sagt man wenn..."), vielleicht lassen sich diese Angaben auch formalisieren. Ohne Angaben zum situativen Kontext, der zu einem wesentlichen Teil die Bedeutung dieser Einheiten bestimmt, bleiben sie vor allem für Nichtmuttersprachler unverständlich.

Literatur

BARANOV, Anatolij N./DOBROVOL`SKIJ, Dmitrij O. (2001): Rečevye formuly v »Tezauruse russkoj idiomatiki«. In: BALOWSKIJ, Mieczysław/CHLEBDA, Wojciech (Hrsg.): Frazeografia Słowiańska. Księga pamiątnikowa poświęcona prof. dr hab. Halinie A. Lilicz. Opole. S. 79–92.

BURGER, Harald (2003): Phraseologie. Eine Einführung am Beispiel des Deutschen. 2., überarb. Aufl. Berlin.

COULMAS, Florian (1981): Routine im Gespräch. Zur pragmatischen Fundierung der Idiomatik. Wiesbaden. (Linguistische Forschungen; 29).

ČERMÁK, František (2001): Propoziční frazémy a idiomy v češtině. In: BALOWSKIJ, Mieczysław/CHLEBDA, Wojciech (Hrsg.): Frazeografia Słowiańska. Księga pamiątnikowa poświęcona prof. dr hab. Halinie A. Lilicz. Opole. S. 93–101.

DAL`, Vladimir Ivanovič (1984): Poslovicy russkogo naroda. T. 2. Moskva.

Duden (1992): Redewendungen und sprichwörtliche Redensarten. Wörterbuch der deutschen Idiomatik. Bearb. von Günther Drosdowski und Werner Scholze-Stubenrecht. Mannheim u.a. (Duden; 11).

Duden Wörterbuch (1996): Duden Deutsches Universalwörterbuch. 3. völlig neu bearb. und erw. Aufl. Mannheim u.a.

EISMANN, Wolfgang/GRZYBEK, Peter (1994): Phraseologismus und Sprichwörtliche Redensart. Vom Mythos der Nicht-Trennbarkeit. In: CHLOSTA, Christoph/ GRZYBEK, Peter/PIIRAINEN, Elisabeth (Hrsg.): Akten des Westfälischen Arbeitskreises

„Phraseologie/Parömiologie" (1991/1992). Bochum. (Studien zur Phraseologie und Parömiologie; 2). S. 89–132.

KÜPPER, Heinz (1997): Wörterbuch der deutschen Umgangssprache. 1. Aufl., 6. ND. Stuttgart u.a.

LEPING, Elena Ivanovna/STRACHOVA, Natal`ja Petrovna u.a. (1980): Bolšoj nemecko-russkij slovar`. Moskva.

LÜGER, Heinz-Helmut (1999): Satzwertige Phraseologismen. Eine pragmalinguistische Untersuchung. Wien.

PERMJAKOV, Grigorij L`vovič (1970): Ot pogovorki do skazki. (Zametki po obščej teorii kliše). Moskva.

PERMJAKOV, Grigorij L`vovič (1979): From proverb to folk-tale. Notes on the general theory of cliché. Moskva.

PERMJAKOV, Grigorij L`vovič (1988): Osnovy strukturnoj paremiologii. Moskva.

PILZ, Klaus Dieter (1978): Phraseologie. Versuch einer interdisziplinären Abgrenzung, Begriffsbestimmung und Systematisierung unter besonderer Berücksichtigung der deutschen Gegenwartssprache. 2 Bde. Göppingen.

SEITEL, Peter I. (1969): Proverbs: A Social Use of Metaphor. In: Genre 2. S. 143–161.

STEIN, Stephan (1995): Formelhafte Sprache. Untersuchungen zu ihren pragmatischen und kognitiven Funktionen im gegenwärtigen Deutsch. Frankfurt am Main u.a. (Sprache in der Gesellschaft; 22).

Tamás Forgács (Szeged)

Probleme der Klassifizierung phraseologischer Einheiten

1 Einleitung

Es ist ein Gemeinplatz in der linguistischen Forschung, dass phraseologische Einheiten sehr unterschiedlich sind und sich in Anbetracht der phraseologischen Merkmale (z.b. Fixiertheit, Idiomatisiertheit) sehr different verhalten. Daraus folgt, dass ihre Klassifizierung viele Probleme aufwirft: auch in dieser Hinsicht herrscht die in der Phraseologie auch sonst viel zitierte Vielfalt, sogar Chaos. Die Hauptursache dafür ist, dass die von den einzelnen Forschern verwendeten Klassifizierungsmerkmale lange nicht im Einklang waren, genau wie auch die von ihnen gebrauchten Termini. Heute ist jedoch die Lage etwas besser geworden, in vielen Fragen hat sich ein Konsens unter den Forschern etabliert und die meisten phraseologischen Gruppen werden ähnlich definiert.

Die Mehrheit der Forscher gebraucht jedoch sehr unterschiedliche Klassifizierungskriterien: es gibt syntaktische, semantische oder auch pragmatische Klassifizierungsvorschläge: meistens gewinnt von diesen diejenige die Oberhand, die aus der Sicht der gegebenen Untersuchung am relevantesten ist. Manchmal wurde der Wunsch geäußert, dass man die Klassifizierung auf ein einzelnes Kriterium, z.B. auf das syntaktische, reduziert, aber das hat sich nicht als gewinnbringend erwiesen (vgl. BURGER 1998: 33). Daher sind Klassifizierungen, die unterschiedliche Kriterien mischen, nicht selten. In diesen Mischklassifikationen befinden sich dann Einheiten, die sich auf semantischer Basis etablieren (z.B. idiomatische Fügungen und Funktionsverbgefüge) neben Gruppen, deren Klassifikationskriterium auf syntaktischer Basis steht (z.B. satzförmige Einheiten: Sprichwörter, situative Klischees). Es kommen wiederum Gruppen vor, die ihre Existenz der Stilistik oder solchen außersprachlichen Gesichtspunkten wie dem Geschmack verdanken (Gemeinplätze, Slogans) oder sogar der Tatsache, dass man die Herkunft des Ausdruckes kennt (geflügelte Worte). Dieser Wirrwarr hängt auch damit zusammen, dass es in der Phraseologie um sehr unterschiedliche Formationen geht, aber es soll trotzdem versucht werden, eine allgemeingültige und möglichst saubere, Klassifikation durchzuführen.[1]

---

[1] In meinem Vortrag in Veszprém bin ich auch auf die Klassifikation der Phraseologismen aus der Sicht ihrer kommunikativen Funktionen näher eingegangen und habe auch zur Kategorie struktureller Phraseologismus (vgl. BURGER 1998: 36f.) Kritik geäußert. Die einge-

2 Syntaktische Klassifikation der phraseologischen Einheiten

2.1 BURGER/BUHOFER/SIALM setzen sich auch mit der Problematik der Klassifizierung phraseologischer Einheiten auseinander und aus syntaktischer Sicht stellen sie die folgenden vier Gruppen auf (1982: 23):

a/ Phraseologismen, die kleiner sind als ein Satzglied. Hierher gehören die in der Literatur auch strukturelle Phraseme genannten Einheiten, also Phraseologismen in der Rolle von Konjunktionen, Präpositionen (konjunktionale bzw. präpositionale Phraseologismen), wie z.b. *wenn auch, ohne zu, an Hand von, im Laufe* usw.[2]

Außer den obigen Beispielen rechnen die Verfasser auch noch Adjektive „meist in prädikativer Stellung" (a.a.O.) – wie z.b. *fix und fertig* – hierher. Ihre Vorgehensweise ist mir aber etwas rätselhaft, da Adjektive als Attribut zwar wirklich keinen Satzgliedwert haben, als Prädikat jedoch auf jeden Fall: das Prädikat ist das wichtigste Satzglied überhaupt. Was ihr Beispiel *fix und fertig* betrifft, kann die Wendung sogar eine andere Satzgliedfunktion erfüllen: sie kann auch als Adverb in Erscheinung treten, vgl. die folgenden Beispiele:

---

schränkte Länge dieses Beitrags erlaubt mir jedoch nur, dass ich mich mit der Problematik der Kategorisierung aus syntaktischer Hinsicht befasse.

[2] Für mich ist die Existenzberechtigung dieser Gruppe etwas fraglich, da einerseits die Zahl der Einheiten, die hierher gehören, sehr begrenzt ist, andererseits sind sie zu stark in das grammatische System eingebettet (sog. Verhältniswörter), der Grad ihrer Grammatikalisierung ist zu groß, um sie einfach im (Phraseo)lexikon zu erfassen. Eine andere Frage ist für mich noch, ob man von den konjunktionalen Phraseologismen diejenigen, die oft ziemlich weit voneinander entfernt platziert sind (z.B. *nicht nur ... sondern auch*), überhaupt als Wortverbindungen definieren kann/darf.

Die präpositionalen Phraseologismen sind zudem auch sprachenspezifisch: in agglutinierenden Sprachen, wie dem Ungarischen, fehlen sie vollkommen, da in diesen statt Präpositionen Kasussuffixe gebraucht werden, die am Ende des Wortes stehen und sich mit ihm verschmelzen (vgl. dt. *auf Grund* vs. ung. *alapjá|n*). Aber selbst bei den im Deutschen vorkommenden präpositionalen Phraseologismen stellt sich die Frage, ob man sie als echte phraseologische Fügungen betrachten darf: sie haben zwar eine autosemantische Komponente, ihre weiteren Bestandteile sind jedoch nur synsemantische Gebilde (Präpositionen), die nur eine grammatische Funktion ausüben, genauso, wie die ganze Konstruktion, die schließlich auch nur eine grammatische Bedeutung hat. Es gibt zwar auch im Ungarischen Phraseologismen von deren Bestandteilen nur das eine ein Autosemantikon ist (z.B. *suba alatt* ‚im Geheimen [eigtl. unter dem Pelz(mantel)]', *kéz alatt* ‚gebraucht [eigtl. unter der Hand]'), aber als Konstruktion haben sie trotzdem eine – idiomatische – referentielle Bedeutung, während die obigen deutschen Beispiele auch als Ganzes nur eine grammatische Bedeutung haben. Dass auch deutsche Sprachteilhaber diese Konstruktionen nicht unbedingt als Phraseologismen betrachten, wird m.E. bezeugt durch die Tatsache, dass auch ihre Rechtschreibung manchmal schwankt: einige von ihnen kommen auch zusammengeschrieben vor (*aufgrund, vonseiten* usw.).

*Nach der Sitzung war er **fix und fertig**.*	– Prädikat
*Der Glaube ist jedenfalls nicht etwas, das **fix und fertig** vom Himmel fiele.*[3]	– Adverb

Diese Einheiten sollte man m.E. also schon in die nächste Gruppe einordnen.

b/ In die zweite Gruppe gehören Phraseologismen in der Rolle eines Satzgliedes. Diese können die Rollen des Adverbiale, des Subjekts/Objekts und des Prädikats ohne Objekte übernehmen und werden von den Verfassern „satzgliedwertige Phraseologismen" genannt (ebenda), z.B. *mit Fug und Recht, Hinz und Kunz, nicht leben und nicht sterben können.*[4]

c/ In die dritte Gruppe gehören „Phraseologismen in der Rolle zweier oder mehrerer Satzglieder (Prädikat + Objekt(e), Prädikat + Adverbiale), aber nicht eines vollständigen Satzes (ebenfalls als ‚satzgliedwertige Phraseologismen' bezeichnet, gegebenenfalls mit Spezifikation der syntaktischen Struktur" (ebenda), wie z.B. *ins Gras beißen, jmdn. übers Ohr hauen.* Auch diese Gruppe ist für mich jedoch problematisch, da die Verfasser m. E. die konstruktionsinternen Ergänzungen mit den konstruktionsexternen vermischen: die Wortverbindung *ins Gras beißen* besteht nämlich – als Phraseologismus – nicht aus einem Prädikat und einer adverbialen Bestimmung. Als phraseologische Verbindung ist sie eine Einheit, die als einwertiges Prädikat fungiert: das beweist auch, dass ihre lexikalische Entsprechung (*sterben*) auch die Funktion des Prädikats ausübt.

d/ In die letzte Gruppe gehören „Phraseologismen in der Rolle eines ganzen Satzes" (ebenda). Diese sind die oben als propositionale Phraseologismen bezeichneten Einheiten. Hier führen die Verfasser eine weitere Unterteilung durch:

1) Phraseologismen, die durch ein verweisendes Element an den Kontext angeschlossen sind, im übrigen aber einen ganzen Satz ausmachen („feste Phrasen"), wie z.B. *Das ist ja eine schöne Bescherung!; Das kann doch nicht wahr sein!* usw.

2) Phraseologismen, die einen vollständigen Satz ausmachen, ohne durch verweisende Elemente an den Kontext gebunden zu sein (Sprichwörter und gewisse tautologische Formeln, wie z.B. *Morgenstund hat Gold im Mund; Andere Länder, andere Sitten* usw.

Die Klassifizierung von BURGER/BUHOFER/SIALM 1982 ist also meines Erachtens in mehreren Punkten problematisch, vor allem was die satzgliedwerti-

---

[3] Vgl. Duden Bd. 11. 227.
[4] Ich glaube, gerade dieses letzte Beispiel zeigt, dass BURGER/BUHOFER/SIALM mit der Einordnung von *fix und fertig* in die Gruppe der Phraseologismen, die kleiner sind als ein Satzglied, falsch liegen.

gen Phraseologismen angeht, die in zwei Untergruppen aufgeteilt worden sind, abhängig davon, ob sie die Rolle einer oder mehrerer Satzglieder erfüllen. (Möglicherweise kann diese Unstimmigkeit auch ein Grund dafür sein, dass BURGER 1998 diese Aufteilung nicht mehr verwendet, wenn auch nicht in Frage stellt.)

2.2 Sehen wir nun, wie man die erwähnten Unstimmigkeiten der obigen Aufteilung beheben könnte. Die ungarische Forscherin, Emma ROZGONYINÉ MOLNÁR stellt eine ähnliche syntaktische Klassifikation der phraseologischen Verbindungen auf (1981: 339–347), ihr System scheint mir jedoch etwas logischer zu sein. Demnach sind Phraseologismen in drei Gruppen zu unterteilen:

a/ sog. Phrasemglosseme, d.h. Formen die ein Satzglied ausmachen, wie z.B. *egy füst alatt* ‚in einem Aufwasch [eigtl. unter einem Rauch]'; *kéz alatt* ‚gebraucht [eigtl. unter der Hand]'; *nyakló nélkül* ‚ohne Maß und Ziel'; *üggyel-bajjal* ‚mit Ach und Krach' usw.

b/ sog. Phrasemsyntagmen, d.h. Formen, die aus einem syntaktischen Kopf und dem ihm untergeordneten Glied (meistens Attribut, seltener adverbiale Bestimmung) stehen, z.B. *saját szakállára* ‚auf eigene Faust [eigtl. auf eigenen Bart]'; *ötödik kerék* ‚das fünfte Rad [am Wagen]'; *anyámasszony katonája* ‚Muttersöhnchen [eigtl. Soldat der Frau Mutter]'; *fából vaskarika* ‚ein Ding der Unmöglichkeit [eigtl. Eisenring aus Holz]'; dt. *in Gottes Namen* usw.

c/ sog. Phrasemsätze, d.h. Gebilde, die mindestens einen prädikativen Kern beinhalten, z.B. *leesik az álla* ‚große Augen machen, verwundert dreinblicken, [eigtl. ihm fällt das Kinn herunter]'; *megfogta az isten lábát* ‚im Glück sein [eigtl. das Bein Gottes erwischt haben]'; dt. *die/seine Hand für jmdn./etwas ins Feuer legen*; *die Ohren auf Empfang stellen* usw.

ROZGONYINÉ rechnet auch noch satzförmige Phraseme in diese Gruppe, egal ob sie einfache unvollkommene Sätze sind wie *Spongyát rá!* ‚Schwamm drüber!' oder *Teufel noch mal!*, ‚Ausruf des Ärgers', oder vollkommene zusammengesetzte – sub- oder koordinierende – Sätze wie *tudja, mitől döglik a légy* ‚wissen wie der Hase läuft [eigtl. wissen wovon die Fliegen sterben]'; *szemtelen, mint a piaci légy* ‚frech wie Oskar [eigtl. frech wie eine Marktfliege]' bzw. *A kecske is jóllakik, a káposzta is megmarad* ‚Die Ziege wird satt und auch das Kraut bleibt erhalten', vgl. noch engl. *eat one's cake and have it too*.

2.3 Nehmen wir nun auch ROZGONYINÉS Klassifizierung etwas genauer unter die Lupe! Einerseits fällt auf, dass Gebilde, die kleiner als ein Satzglied sind (also strukturelle Phraseologismen) aus der Klassifikation völlig fehlen. Das ist aber nicht so verwunderlich, da diese Gruppe eher von der neueren Literatur aufgegriffen wurde und – wie oben erwähnt – auch ihr Status nicht unumstritten ist.

Der Typ der Phrasemglosseme stimmt eigentlich mit der zweiten Gruppe von BURGER/BUHOFER/SIALM überein, obwohl die Beispiele etwas unterschiedlich sind. Den Fachausdruck *Glossem* gebrauchte ROZGONYINÉ im Sinne von László DEME. Laut DEME ist ein Glossem aus der Sicht der Rede das minimale Bauelement eines Satzes, das als Satzglied oder als Syntagma stehen kann, aus der Sicht der Sprache dagegen ein Morphemkomplex, der so aufgebaut ist, dass er direkt in den Satz eingebaut werden kann [...] von der Form her kann ein Glossem einfach (elementar), konstruiert oder kombiniert sein (vgl. DEME 1978: 127).[5]

Demnach können wir Phraseme mit adverbialem Wert, die mindestens aus einem Substantiv und einer Postposition oder Präposition bestehen, wirklich Phrasemglosseme nennen. Suffigierte Adverbiale des Ungarischen sind zwar Glosseme aber keine Phraseme, da sie nicht aus zwei Wörtern bestehen. Suffigierte Adverbiale können jedoch auch Phrasemglosseme sein, wenn mindestens zwei von ihnen koordinativ verknüpft werden und sich festigen, vgl. ung. *szöszön, boron* ‚für einen Spottpreis [eigtl. für Herde und Wein]'; *ebestül, macskástul* ‚mit seiner/ihrer ganzen Sippe [eigtl. mit Hund und Katze]'.[6] Im Sinne der obigen Definition können sogar Satzglieder in der Position des Subjekts ein Phrasemglossem bilden, wenn mindestens zwei von ihnen koordinativ verknüpft verfestigen, z.B. dt. *Hinz und Kunz* ‚jedermann'; *Sodom und Gomorrha* ‚ein Ort, ein Ereignis höchster Verderbtheit und Unmoral'.

Der von ROZGONYINÉ Phrasemsyntagma genannte Typ würde auf Grund der Klassifizierung von BURGER/BUHOFER/SIALM mit den Phrasemglossemen eine Gruppe bilden, da beide Gruppen nur den Wert eines Satzgliedes haben. Der Unterschied zwischen beiden Gruppen ist, dass im Falle der Phrasemglosseme entweder eine präpositionale Konstruktion oder zwei koordinativ verknüpfte suffigierte Substantive sich zu einem Phrasem verfestigen, während es sich bei Phrasemsyntagmen um die Fixierung einer untergeordneten Konstruktion (meistens eines attributiven Syntagmas, aber auch adverbiale oder objektive Syntagmen sind möglich) handelt. So kann man Formen wie

---

[5] Ein elementares Glossem ist laut DEME das Subjekt oder ein suffixloses Attribut, ein konstruiertes Glossem kann z.B. das Akkusativobjekt oder eine suffigierte adverbiale Bestimmung sein, kombinierte Glosseme sind postpositionale bzw. präpositionale adverbiale Bestimmungen. (M.E. könnte man natürlich die Gruppe der elementaren Glosseme streichen, da eigentlich auch das Subjekt und das Attribut ein Suffix, nämlich das ø-Suffix aufweisen.)

[6] Im Deutschen ist die Lage anders, da dort den ungarischen Kasussuffixen Präpositionen entsprechen, somit ist gesichert, dass solche Konstruktionen aus mindestens zwei Wörtern bestehen, vgl. z.B. *mit Kind und Kegel*; *mit Ach und Krach* usw.

auf eigene Faust oder *in Gottes Namen* tatsächlich als Phrasemsyntagmen einstufen.[7]

ROZGONYINÉs Klassifikation ließe sich also modifizieren, obwohl man zugeben muss, dass sie in Anbetracht von DEMEs – und somit ihrer eigenen – Syntagma-Auffassung eigentlich konsequent und korrekt ist. Ihre Auslegung der Phrasemsätze ist jedoch meiner Meinung nach weniger logisch und daher eindeutig zu modifizieren.

2.4 DEME definiert den Satz als ein Gebilde mit mindestens einem prädikativen Kern (vgl. 1978: 89). Demnach bestimmt ROZGONYINÉ den Phrasemsatz folgendermaßen: Ein Phrasemsatz ist eine syntagmatische Satzkonstruktion oder die Verbindung von solchen Konstruktionen. Von der Form her sind sie meistens einfache Sätze, manchmal können sie aber auch zusammengesetzte Sätze sein (vgl. 1981: 343).

Sie stellt auch die einzelnen Typen der Phrasemsätze nach ihrer Konstruktionsform dar. Demnach gehören zu den Phrasemsätzen folgende Konstruktionstypen:

a/ Phraseologische Gebilde, die nur aus einem Subjekt und einem Prädikat bestehen, wie z.B. *szorul a kapca* ‚das Wasser reicht ihm bis an den Hals; [eigtl. der Fußlappen ist zu eng]'; *rájött az ötperc* ‚er/sie ist hysterisch, er/sie tobt [eigtl. die fünf Minuten überkommen ihn]'; *kilóg a lóláb* ‚der Pferdefuß schaut heraus' usw.

b/ Erweiterte einfache Sätze als Redewendungen, wie z.B. *Nem adná egy vak lóért* ‚nicht um einen Wald voll Affen geben wollen [eigtl. nicht um ein blindes Pferd hergeben wollen]'; *Megfogta az isten lábát* ‚im Glück sein [eigtl. das Bein Gottes erwischt haben]'; *Zöld ágra vergődik* ‚auf einen grünen Zweig kommen' usw.

---

[7] Es stellt sich aber auch die Frage, warum Formen, wie die oben erwähnten *ebestül, macskástul* ‚samt Hund und Katze' von ROZGONYINÉ nicht zu den Syntagmen, sondern zu den Glossemen gerechnet werden: koordinativ verknüpfte Satglieder werden nämlich in der Literatur meistens Syntagmen genannt. Obwohl die Verfasserin auf diese Diskrepanz nicht eingeht, kann man ziemlich leicht dahinterkommen. Der Grund liegt in der engen Befolgung von Demes Terminologie. Er definiert nämlich Syntagmen als die subordinierende Verknüpfung zweier Glosseme, von denen höchstens das eine auf dem Niveau der Satzglieder (also der unmittelbaren Komponenten des Satzes) stehen kann (1978: 87). Daher schreibt auch ROZGONYINÉ, dass ein Phrasemsyntagma immer ein syntaktisches Gebilde mit einem untergeordneten Glied ist. Wenn man jedoch das Syntagma auf die in der Linguistik übliche Wiese definiert, könnten die beiden erwähnten Gruppen von ROZGONYINÉ immer noch erhalten bleiben, nur würden zu den Phrasemglossemen nur die festen postpositionalen bzw. präpositionalen Fügungen gehören (z.B. ung. *kéz alatt* ‚aus zweiter Hand, gebraucht bzw. geheim [eigtl. unter der Hand]'; dt. *vor Ort* ‚unmittelbar am Ort des Geschehens'), während zu den Phrasemsyntagmen nicht nur subordinierende sondern auch koordiniernde Fügungen gehörten. Für beide Gruppen wäre jedoch charakteristisch, dass sie höchstens die Funktion eines Satzgliedes erfüllen.

c/ Einfache Sätze mit einer defektiven, unvollkommenen Struktur, wie z.B. *Lelke rajta!* ‚das soll er mit seinem Gewissen bereden [eigtl. seine Seele ist darauf]'; *Spongyát rá!* ‚Schwamm drüber!'; vgl. dt. *Hand aufs Herz!; Hand drauf!; Kein Bein.* usw.

d/ Vollständige zusammengesetzte Sätze als Phrasemsätze. Diese bestehen meistens aus zwei, manchmal sogar aus mehreren Teilsätzen. Es überwiegen die subordinierenden Typen, die aus einem Haupt- und einem Nebensatz bestehen, z.B. *tudja, hogy mitől döglik a légy* ‚wissen wie der Hase läuft [eigtl. wissen wovon die Fliegen sterben]'; *Nem tudja a jobb kéz, mit csinál a bal* ‚die linke Hand weiß nicht, was die rechte tut [im Ungarischen umgekehrt: die rechte Hand weiß nicht, was die linke tut]'; *Azt sem tudja, melyik lábára álljon* ‚in Verlegenheit sein [eigtl. nicht wissen, auf welchen Fuß man stehen sollte]'. Ab und zu kommen aber auch nebenordnende Formen vor, z.B. *Gyomra fáj a betegnek, s a fogát húzza!* ‚<als Bemerkung für eine falsche Entscheidung> Dem Kranken tut der Magen weh und er zieht ihm den Zahn'; *Nem láttam semmit, nem hallottam semmit!* ‚<als Signalisierung, dass man sich von einer Sache fernhalten möchte> Ich habe nichts gesehen, nichts gehört!' usw.

e/ Zusammengesetzte Phrasemsätze mit einer defektiven, unvollständigen Struktur, z.B. *Kutya legyek, ha...* ‚Ich fresse einen Besen, wenn... [eigtl. Ich soll ein Hund sein, wenn...]'; *se híre, se hamva* ‚er/sie ist spurlos verschwunden [eigtl. weder eine Nachricht, noch die Asche hat man von ihm]'; *Egyszer hopp, máskor kopp!* ‚Einmal oben, einmal unten' usw.

Es ist zu betonen, dass ROZGONYINÉ über Grundformen, d. h. Formen im Wörterbuch spricht, trotzdem bin ich der Meinung, dass es verfehlt ist, alle vorgestellten Phraseologismen einer Gruppe zuzuordnen. Nimmt man nämlich die obigen Beispiele etwas gründlicher unter die Lupe, merkt man, dass manche von ihnen völlig selbständig im Text stehen können (z.B. *Egyszer hopp, máskor kopp!*), andere sind scheinbar selbständig, in Wirklichkeit sind sie aber durch ein hinweisendes Element an den Kontext gebunden (z.B. *se híre, se hamva*; *Spongyát rá!* – diese beinhalten anaphorische Suffixformen), ein bedeutender Teil der obigen Beispiele verlangt sogar schon als Lemma nach der Angabe gewisser obligatorischer (und fakultativer) Ergänzungen.

Die Wendung *szorul a kapca* steht zwar meistens wirklich allein, da sie nicht direkt an eine Person gebunden ist, eher an eine schwierige Situation. Die Konstruktion *hamis a mája* dagegen verlangt schon nach einer obligatorischen Ergänzung, da die Körperteilbezeichnungen mit einem Possessivsuffix der 3. Person Singular im Ungarischen immer Valenzträger sind. Daher sollte man eigentlich die richtige Lemmaform anders als ROZGONYINÉ angeben: *hamis a mája* **vkinek** ‚jmds. Leber ist falsch'.[8]

Im Falle der Redewendung *rájár a rúd* ‚vom Pech verfolgt werden', die von ROZGONYINÉ auch als eine Form angegeben wird, die nur aus einem Prädikat und Subjekt besteht, ist es noch eindeutiger, dass sie nach einer Ergänzung verlangt. In diesem Falle geht es nämlich um eine obligatorische Ergänzung, die vom Verbalpräfix vorgeschrieben wird (vgl. H. MOLNÁR 1969: 242) aber hier ist es noch seltener, dass man nur vom Kontext ableiten kann, wer vom Unglück verfolgt wird. Die obligatorische Ergänzung (*vkire/vmire*) wird daher meistens in die Struktur des Satzes eingebunden.

Die Lage ist auch im Falle der Gruppe b/, also der Redewendungen in der Form eines erweiterten einfachen Satzes, nicht anders. Auch die Redewendung *megfogta az isten lábát* – ‚den Fuß Gottes erwischt haben' – verlangt nämlich nach einem Subjekt als Ergänzung, das entweder vom Kontext abzuleiten ist, oder durch das Personalsuffix des Verbs signalisiert wird, oder sogar in expliziter Form (als Pronomen) erscheinen kann.[9]

Schließlich sollten wir nicht vergessen, dass auch unter den Phrasemsätzen, die in der Form eines zusammengesetzten Satzes erscheinen, manche zu finden sind, die nach dem Erscheinen einer obligatorischen Ergänzung (meistens eines Subjekts) verlangen, z.B.

Na ja, was die Anmache von Mädchen angeht, *wusste* Peter schon immer, *wie der Hase läuft.*

Wenn man das Bisherige subsumiert, kann man sehr gut sehen, dass ROZGONYINÉS Kategorie Phrasemsatz recht unterschiedliche Formationen verschmilzt, deren grammatische Eigenschaften manchmal ganz verschieden sind. In allen befindet sich zwar ein prädikativer Kern, aber es ist m.E. verfehlt, die Redewendung *zöld ágra vergődik* ‚auf einen grünen Zweig kommen', die unbedingt nach einer Ergänzung (Subjekt) verlangt, mit einer Form unter einen Hut zu bringen wie *Spongyát rá!* ‚Schwamm drüber!', die zwar in dieser unveränderter Form erscheint, aber durch ihr verweisendes Element

---

[8] Es ist eine andere Sache, dass diese Ergänzung wegbleiben kann, wenn im Text die betreffende Person früher schon genannt wurde.

[9] Phraseologische Einheiten können natürlich nicht nur eine Leerstelle haben, sondern auch mehrere, vgl. z.B. *vki tűzbe teszi a kezét vkiért* ‚jmd. legt die/seine Hand für jmdn./etw. ins Feuer' oder *jmd. sieht jmdm. zu tief ins Auge/in die Augen* ‚sich in jmdn. verlieben': Du *hast* wohl der neuen Laborantin *zu tief ins Auge gesehen*?
Die Personenbezogenheit ist sogar bei Phrasemsätzen mit einer einfachen defektiven Struktur möglich. So ist die von ROZGONYINÉ in dieser Gruppe angegebene Wortverbindung *Lelke rajta!* ‚Das soll er mit seinem Gewissen bereden [eigtl. Seine/Ihre Seele ist darauf!]' in dieser Form nur am üblichsten, sie kann aber auch auf andere Personen bezogen werden, die Personenbezogenheit kann sogar auch in der Form eines Pronomens ausgedrückt werden.

(*rá*) mit dem Kontext verbunden ist, noch weniger mit Formen wie *Türelem, baráttánc!* ‚Geduld! [eigtl. Geduld, Mönchstanz!]', die auf keiner Weise an den Kontext angebunden sind. Letztere sind nämlich echte satzförmige Klischees, sie gehören also zu den propositionalen Phraseologismen, während Phraseologismen, die nach einer Ergänzung verlangen, zu den nominativen Phraseologismen gehören.[10]

2.5 Wir haben also bisher gesehen, dass die Klassifikationskategorien von BURGER/BUHOFER/SIALM problematisch sind, da sie auch die konstruktionsinternen Ergänzungen mit berücksichtigen, wenn sie über Phraseologismen in der Rolle zweier oder mehrerer Satzglieder bzw. eines ganzen Satzes sprechen. Aber es ist klar, dass auch ROZGONYINÉS Auffassung über die sog. Phrasemsätze zahlreiche wunde Punkte hat und ihre Kategorie Phrasemsyntagma nicht der herkömmlichen Auffassung des Syntagmas entspricht. All das ergibt, dass es sich lohnt, über eine Kategorisierung nachzudenken, die andere Aspekte in den Mittelpunkt rückt. Daher schlage ich jetzt eine dritte Klassifikation vor, die zwar dem System von BURGER/BUHOFER/SIALM ähnlich sieht, aber trotzdem auf einer anderen Grundlage steht.

Meine Klassifikation stellt die Valenzfähigkeit der phraseologischen Verbindungen in den Mittelpunkt. Demnach können Phraseologismen in drei Kategorien unterteilt werden:

a/ avalente Phraseologismen, d.h. Ausdrücke, die noch keine Valenz haben, also den Grad der Valenzfähigkeit nicht erreichen. Wenn man die Existenz der strukturellen Phraseologismen akzeptiert, dann sind avalente Phraseologismen in zwei Gruppen zu unterteilen:

1) Phraseologismen, die kleiner als ein Satzglied sind (konjunktionale und präpositionale Phraseologismen), z.B. *nicht nur ... sondern auch* bzw. *im Laufe* usw.

2) satzgliedwertige Phraseologismen. Hierher gehören die von ROZGONYINÉ als Phrasemglossem bezeichneten Formen. Ihre Zahl ist relativ niedrig, sie sind meistens adverbiale Formen (mit Präpositionen bzw. Postpositionen, manchmal sogar präpositionale Formen fremder Herkunft), z.B. *egy füst alatt* ‚in einem Aufwasch'; *kéz alatt* ‚unter der Hand'; *nyakló nélkül* ‚ohne Maß und Ziel'; *ab ovo; ad acta* usw.

Nach der herkömmlichen Auffassung des Syntagmas gehören auch noch die koordinativ verknüpften adverbialen Ergänzungen, Objekte oder Subjekte in

---

[10] Dazu kommt noch, dass unter den Beispielen von ROZGONYINÉ auch solche zu finden sind, die sowohl ohne Ergänzung stehen können (als Subjekt im Satz) als auch nach einer Ergänzung verlangen können (in der Position des Prädikats), wie z.B. die Wortverbindungen *anyámasszony katonája* ‚Muttersöhnchen' bzw. *Csáky szalmája* ‚eine vernachlässigte, ungepflegte Sache [eigtl. das Stroh von Csáky]'.

diese Gruppe, wenn sie sich in dieser Form verfestigt haben, z.B. *üggyel-bajjal* ‚mit Ach und Krach'; *ingben, gatyában* ‚locker gekleidet [eigtl. in Hemd und Unterhose]'; *tejben-vajban* ‚in Milch und Butter'; *hetet-havat (összehord)* ‚Unsinn/dummes Zeug reden [eigtl. Heißes und Kaltes zusammenreden]'; *Szodoma és Gomorra* ‚Sodom und Gomorrha' usw.

Hierher gehören auch noch subordinierende feste Syntagmen, wenn ihr syntaktischer Kopf nicht das Prädikat ist, z.B. *saját szakállára* ‚auf eigene Faust [eigtl. auf den eigenen Bart]'; *az apostolok lován* ‚zu Fuß [eigtl. auf dem Pferd der Apostel]'; *telhetetlen papzsák* ‚unersättliche Person [eigtl. ein nimmersatter Pfarrsack]'; *Csáky szalmája* ‚eine vernachlässigte, ungepflegte Sache' usw.[11]

b/ **Phraseologismen, die Valenzträger sind** (regentwertige (valente) Phraseologismen): sie weisen auszufüllende Leerstellen auf. Diese bilden erst nach der Ausfüllung ihrer Leerstellen grammatisch korrekte Sätze und werden so in den Satz eingebaut. Was ihre innere Struktur betrifft, können sie ein Syntagma oder mehrere Syntagmen (eine Syntagmakombination) beinhalten oder sogar einen untergeordneten Satz als innere Ergänzung haben, aber sie sind nie vollständige Sätze, die nicht ergänzt werden sollten, z.B. *két legyet üt egy csapásra vki* ‚jmd. schlägt zwei Fliegen mit einer Klappe'; *bakot lő (vmivel) vki* ‚jmd. schießt (mit etw.) einen Bock'; *jégre visz (vmivel) vkit vki* ‚jmd. führt jmdn. (mit etw.) aufs Eis' usw.

Zu den regentwertigen Phraseologismen gehören auch die phraseologischen Vergleiche. Deren innere Struktur hat nicht die Form eines einfachen Satzes: zum (verbalen oder adjektivischen) syntaktischen Kopf gehört ein Komparativsatz, z.B. *vki gyáva, mint a nyúl* ‚ängstlich wie ein Hase'; *vki ordít, mint a fába szorult féreg* ‚brüllen wie ein Stier/Löwe [eigtl. wie der Wolf in der Klemme]' usw.

Schließlich soll unter den regentwertigen Phraseologismen eine weitere Gruppe erwähnt werden, die auch aus einem Haupt- und einem Nebensatz bestehen, bei der aber der Nebensatz keinen Vergleich ausdrückt, sondern andere syntaktische Relationen, z.B. *vki tudja, mitől döglik a légy* ‚wissen wie der Hase läuft'; *vki azt hiszi, hogy körülötte forog a világ* ‚egoistisch, eingebildet sein [eigtl. er denkt, dass die Welt um ihn herum kreist]'; *vki azt hiszi, hogy ő találta fel a spanyolviaszt* ‚eingebildet sein [eigtl. er denkt, den Siegellack erfunden zu haben]'.[12]

---

[11] Die beiden letzten Beispiele können aber auch als Prädikat stehen und bilden somit einen Übergang zur folgenden Gruppe.

[12] Im Falle einiger Ausdrücke kann selbst der Nebensatz eine auszufüllende Ergänzung sein, vgl. z.B. *a nyelvén van vkinek hogy...* ‚etw. auf der Zunge haben'; *kisebb gondja is nagyobb annál vkinek, hogy...* ‚es ist ihm schnuppe', z.B. Ich *hatte schon auf der Zunge*, dass er mir den Buckel runterrutschen soll, aber habe schließlich gut durchgeatmet und einfach „Auf Wiedersehen!" gesagt.; Was sie mit dem Geld macht, *ist mir doch schnuppe*.

c/ **Satzwertige Phraseologismen** (sie haben den Wert eines vollständigen Satzes, somit kommt ihnen keine Valenz mehr zu, da alle ihre Leerstellen gesättigt sind). Diese sind in zwei Gruppen zu unterteilen:

1) Die eine Gruppe bezieht sich auf die Gesprächssituation oder greift den Gedankengang des Partners auf. Sie haben zwar keine Leerstellen, bilden einen kompletten Satz, der aber durch einen Verweis (Anapher/Katapher) an den Kontext gebunden ist, z.b. *Itt van a kutya elásva.* ‚Da liegt der Hund begraben! = das ist der entscheidende, schwierige Punkt, an dem alles scheitert'; *Ez már mindennek a teteje!* ‚Das schlägt dem Fass den Boden aus! = jetzt ist es genug, das ist der Gipfel der Frechheit' usw.

2) Die zweite Gruppe bilden satzwertige Phraseologismen, die durch kein verweisendes Element an den Kontext gebunden sind. Hierher gehören sowohl a/ satzförmige Redewendungen, aber auch b/ die breite Gruppe der Sprichwörter.

   a/ *Veri az ördög a feleségét.* ‚Es ist Kirmes in der Hölle [eigtl. Der Teufel prügelt sein Weib <Regen bei Sonnenschein>; *Kutya van a kertben.* ‚<zum Signalisieren, dass man über ein gewisses Thema nicht reden kann, da der Betroffene in der Gesellschaft ist> Ein Hund ist im Garten'

   b/ *Kétszer ad, aki gyorsan ad.* ‚Doppelt gibt, wer schnell gibt.'
   Az alma nem esik messze a fájától. ‚Der Apfel fällt nicht weit vom Stamm.'
   Nem mind arany, ami fénylik. ‚Es ist nicht alles Gold, was glänzt.'[13]

---

[13] Hier muss noch erwähnt werden, dass BURGER (1998: 38) auch diejenigen Phraseologismen den propositionalen, also satzförmigen Redewendungen zurechnet, deren innere Struktur in ein Subjekt und ein finites Verb zu teilen ist und durch eine Leerstelle an den Kontext gebunden sind, wie z.B. *inog vkinek a trónja* ‚jmds. Thron wackelt = seine Führungsposition ist in Gefahr'; *nagy kő esik le a szívéről vkinek* ‚jmdm. fällt ein Stein vom Herzen = ist plötzlich sehr erleichtert'; *eláll a lélegzete vkinek* ‚jmdm. stockt der Atem'.
In diesem Punkt bin ich jedoch anderer Meinung als BURGER. Auch diejenigen Phraseologismen schließen sich nämlich durch die Ausfüllung ihrer Leerstellen an den Kontext, deren innere Struktur nicht den Aufbau Subjekt + Prädikat hat. Die Wortverbindung *jmdm. fällt ein Stein vom Herzen* ist aus der Sicht der Valenztheorie genauso einwertig wie der Phraseologismus *jmd. beißt ins Gras.* Wenn man behauptet, die erste Wendung sei satzwertig, die zweite dagegen nur satzgliedwertig, verwischt man die Ähnlichkeit im syntaktischen Verhalten der beiden Phraseologismen. (BURGER nennt zwar diesen Unterschied nicht, da er jedoch nur solche Einheiten, wie die oben zitierten, in der ersten Gruppe der propositionalen Phraseologismen vorstellt, man soll jedoch anhand der Beispiele eine solche Unterscheidung ableiten.) Und dabei haben wir noch gar nicht über die Ähnlichkeiten im grammatischen Verhalten von zwei- und dreiwertigen Phraseologismen gesprochen wie *vki homokot hint vkinek a szemébe* ‚jmd. streut jmdm. Sand in die Augen' oder *lecsap vkinek a kezéről vkit vki* ‚jmd. schlägt jmdm. jmdn. von der Hand'. Ich denke also nicht, dass

Somit kann man BURGERs Basisklassifikation (1998: 37) wie folgt modifizieren:

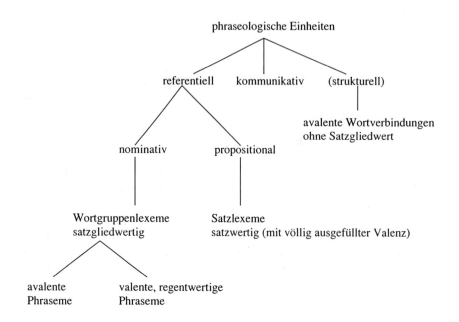

man von den Valenzträger-Phraseologismen diejenigen ausgrenzen sollte, die eine innere Grundstruktur Subjekt + Prädikat aufweisen. Aber auch aus semantischer Sicht verstehe ich nicht, wieso die erwähnten Phraseme mit nominativer Bedeutung zu den propositionalen Formen mit gesättigter Valenz gelangen sollten. Wenn nämlich der Phraseologismus *jmd. beißt ins Gras* ein nominativer Ausdruck mit der Bedeutung ‚sterben' ist, warum sollte dann der Ausdruck *jmdm. fällt ein Stein vom Herzen* mit der Bedeutung ‚jmd. ist erleichtert' ein propositioneller Ausdruck sein? Nominative Phraseologismen sind also in zwei Gruppen zu unterteilen: avalente, satzgliedwertige (ung. *kéz alatt* ‚unter der Hand, gebraucht'; dt. *vor Ort* ‚unmittelbar am Ort des Geschehens') und valente, regentwertige Einheiten (ung. *vki leteszi a kanalat* ‚jmd. gibt den Löffel ab' usw.)

Literatur

BURGER, Harald/BUHOFER, Annelies/SIALM, Ambros (1982): Handbuch der Phraseologie. Berlin/New York.

BURGER, Harald (1998): Phraseologie. Eine Einführung am Beispiel des Deutschen. Berlin.

DEME, László (1978): A beszéd és a nyelv. [Die Rede und die Sprache.] Budapest.

Duden (1992): Redewendungen. Wörterbuch der deutschen Idiomatik. 2., neu bearbeitete und aktualisierte Auflage. Mannheim/Leipzig/Wien/Zürich. (Duden; 11)

FORGÁCS, Tamás (1999): Zur syntaktischen und semantischen Valenz ungarischer Phraseologismen. In: Finnisch-ugrische Mitteilungen. Bd/Heft. 21/22. 49–71.

H. MOLNÁR, Ilona (1969): Az igei csoport, különös tekintettel a vonzatokra [Die Verbalgruppe, mit besonderer Rücksicht auf die Ergänzungen]. In: *Általános Nyelvészeti Tanulmányok VI.* 229–270.

ROZGONYINÉ MOLNÁR, Emma (1981): A szólások grammatikai tulajdonságai [Grammatische Eigenschaften phraseologischer Verbindungen]. In: Magyar Nyelvőr CV. 339–347.

Erla Hallsteinsdóttir (Odense)

Wörtliche, freie und phraseologische Bedeutung. Eine korpusbasierte Untersuchung des Vorkommens von freien und phraseologischen Lesarten bei deutschen Idiomen

1   Einleitung

In diesem Beitrag werde ich Ergebnisse aus einer Untersuchung zu Lesarten von deutschen Phraseologismen vorstellen. Zuerst gilt es, die gängigen Auffassungen von der wörtlichen Bedeutung und der phraseologischen Bedeutung zu beschreiben und den Begriff Lesart zu bestimmen. Anhand ausgewählter Beispiele werde ich die Realisierung von Lesarten deutscher Phraseologismen und das Verhältnis zwischen dem Vorkommen von phraseologischen und freien Lesarten im Korpus diskutieren. Ein wichtiges Ergebnis ist, dass man von unterschiedlichen Lesartenmodi ausgehen muss, um Lesarten von Idiomen adäquat beschreiben zu können. Zum Schluss werde ich ein Modell diskutieren, mit dem diese Modi erfasst werden können.

2   Wörtliche und phraseologische Bedeutungen

Bei den Begriffen wörtliche Bedeutung und phraseologische Bedeutung wird in der Phraseologie traditionell unterschieden zwischen: (a) der wörtlichen Bedeutung der einzelnen Komponenten eines Phraseologismus, bei der man davon ausgeht, dass sie im Sprachsystem bzw. im mentalen Lexikon zusammen mit einem Wort gespeichert wird, (b) der ganzheitlichen phraseologischen Bedeutung, die an eine lexikalisierte Mehrwortverbindung – also einen Phraseologismus – gebunden ist und z.B. in Wörterbüchern kodifiziert und im Spracherwerb gelernt wird, und (c) der kompositionellen freien Bedeutung der Komponenten in der phraseologischen Wortverbindung.[1] Eine freie Bedeutung ist demzufolge das Resultat der Addition der Bedeutungen einzelner Komponenten. Dies ist nicht ganz unproblematisch, denn eine genauere Betrachtung der so genannten wörtlichen Bedeutung zeigt, dass u.a. ein relativ häufiges Vorkommen von Polysemie die Bestimmung einer freien Bedeutung erschweren kann.

---

[1]   Als freie Bedeutung gilt häufig die ursprüngliche Bedeutung. Diese Auffassung geht allerdings von einer festen freien Bedeutung aus – somit wäre es keine freie Bedeutung mehr.

3 Lesarten

Lesarten sind nach BURGER (1998: 59) „die möglichen semantischen Realisationen einer bestimmten Wortverbindung". Da Phraseologismen als Mehrwortverbindungen „Zeichen der sekundären Nomination" (WOTJAK 1992: 33) sind, d.h. sie bestehen aus Komponenten, die als selbstständige Komponenten schon eigene Bedeutungen haben, sind Phraseologismen im Sprachsystem ihrem Wesen nach potenziell mehrdeutig. Sie haben mindestens zwei Lesarten, denn sie können prinzipiell sowohl als eine freie Wortverbindung als auch als eine lexikalisierte Mehrwortverbindung realisiert werden.

4 Bestimmung von Lesarten

Lesarten von Phraseologismen sind empirisch wenig erforscht. Es gibt Ansätze, mögliche Lesarten zu beschreiben, wobei es sich meist um introspektive Zuordnungen einzelner Phraseologismen zu Lesartengruppen handelt, die zum Teil auf semantischen Kriterien basieren und zum Teil aber auch andere Klassifikationskriterien einbeziehen. Als Beispiel dafür, das außerdem die Problematik der Zuordnung von Lesarten illustriert, dient die im folgenden Zitat dargestellte Lesartenklassifikation:

> Aus der synchronen Perspektive können wir folgendes Spektrum beobachten: frei formulierte Äußerungen, Kollokationen, Idiome mit freier Lesart (Sprichwörter), Idiome mit freier und gebundener Lesart und zuletzt Idiome ohne freie Lesart. Manchmal ist es nicht einfach, einen gegebenen Ausdruck einer dieser Kategorien zuzuordnen. (SOEHN/RÖMER: 2007)

Inwieweit die möglichen Lesarten tatsächlich realisiert werden, ist in der deutschen Phraseologie noch wenig untersucht worden (vgl. jedoch SOEHN 2006). Die möglichen Arten der Lesartenrealisierung möchte ich im Folgenden am Beispiel von *sein Schäfchen ins Trockene bringen* illustrieren.

In einer in April 2002 von Uwe Quasthoff durchgeführten automatischen Datenerhebung ergab die Suchform *Schäfchen ins Trockene* 50 Belege in *Deutscher Wortschatz* (*www.wortschatz.uni-leipzig.de*). Nur 4 Belege davon haben möglicherweise eine zusätzliche nicht-phraseologische Lesart, vgl. Bsp. 1–4:

(1) *Der Seelenhirte wollte seine Schäfchen ins Trockene bringen.*

(2) *Trotz aller Strapazen haben die Herdenführer größte Mühe, ihre Schäfchen ins Trockene zu bringen.*

(3) *Ungerührt kann er seine Herde verlassen, weil er seine Schäfchen ins Trockene gebracht hat.*

(4) *Mit „Dolly" sollen vorerst die eigenen Schäfchen ins Trockene gebracht werden.*

Weitere Beispiele habe ich durch Stichproben in Google (*www.google.de*) gefunden. Diese zeigen ausgewählte Verwendungen von *Schäfchen ins Trockene bringen*. Im Beispiel 5 ist tatsächlich eine freie Lesart intendiert, denn es geht um Schafe, die aus einem Fluss gerettet werden:

(5) *THW bringt Schäfchen ins Trockene. 581 Tiere aus Elb-Hochwasser gerettet*
[...] *Der THW-Ortsverband Dessau (Sachsen-Anhalt) stand vor einer schwierigen Aufgabe: Eine Schafherde war von den Fluten eingeschlossen und musste versorgt und schließlich geborgen werden.* (*www.thw.de/bundeszeitschrift/bz2aus00/einsatz1.htm*, gesehen am 1.2.2006)

Im Beispiel 6 bildet der Phraseologismus die Grundlage einer groß angelegten multimedialen Werbekampagne der *Union Investment Bank* und der *Volksbank*. Das Schaf Emma steht im Mittelpunkt und fordert die Kunden auf, die Produkte der Bank zu kaufen und somit ihre finanzielle Zukunft zu sichern; damit würden sie ihre Schäfchen ins Trockene bringen. Die Realisierung der Werbekampagne erfolgt u.a. als Werbespot zu einer gesponserten Fernsehsendung ohne Verbalisierung des Phraseologismus und auf der Internetseite der Bank, vgl. Bsp. 6.

Hier wird der Phraseologismus in einer Interaktion von Bild und Text sowie im laufenden Text unterschiedlich thematisiert; am Anfang mit einer Aufforderung, dann mit der Erklärung des Phraseologismus, um das richtige Verstehen seitens der Kunden zu sichern, und schließlich mit dem Angebot, dem Kunden behilflich zu sein. Außerdem erfolgt eine Realisierung als URL der Internetseite von *Union Investment*, auf der es weitere schafbezogene Angebote gibt, u.a. Spiele für Computer und Handy, in denen auch tatsächlich Schafe ins Trockene, also aus dem Regen in den trockenen Stall, gerettet werden müssen.

(6) Ausschnitt aus der Internetseite der Volksbank Chemnitz (*www.volksbank-chemnitz.de*, gesehen am 2.6.2006):

Bringen Sie Ihre Schäfchen ins Trockene ...

Die Redensart "seine Schäfchen ins Trockene bringen" kennt jeder. Und jeder weiß, dass es dabei darum geht, finanziell auf die sichere Seite zu gelangen. Emma ist somit sicher ein etwas ungewöhnliches Motiv ... aber genau richtig, für die wichtige Sache der Alters- und Zukunftvorsorge.

Wir helfen Ihnen dabei, Ihre Schäfchen ins Trockene zu bringen, denn wir lassen Sie bei Ihrer Altersvorsorge nicht im Regen stehen. Mit der ■ UniProfiRente unserer Fondsgesellschaft Union Investment schaffen Sie die Basis für Ihre private Altersvorsorge und vom Staat gibt es Geld dazu.

Mitspielen und gewinnen

Unter der Internetadresse ■ www.bring-mich-ins-trockene.de. kann jeder selbst kleine Schäfchen auf der Weide vor dem Ertrinken retten, was sich von Level zu Level schwieriger gestaltet (auch zum Herunterladen fürs Handy).

Neben der Möglichkeit, sich über diese Internetseite Informationsmaterial zum Thema Altersvorsorge zu bestellen, können Sie gewinnen. Union Investment verlost in der Zeit vom 1. Februar bis 30. Juni 2006 monatlich zwei Reisen für zwei Personen.

www.bring-mich-ins-trockene.de.

Das letzte Beispiel (7) verdeutlicht die mögliche Komplexität von Lesartenrealisierungen. Es zeigt, dass neben dem sprachlichen Inhalt auch eine visuelle Bedeutungsebene[2] realisiert werden kann, die eine Relation zur phraseologischen Bedeutung oder zu den einzelnen Komponenten hat. Mit der Frage *Wie bringt man seine Schäfchen ins Trockene?* in der Bildunterschrift wird mit dem Geld an der Wäscheleine einerseits ein Bezug zur wörtlichen Bedeutung der Komponente *Trockene* und andererseits zur ganzheitlichen phraseologischen Bedeutung ‚finanzielle Vorteile' visualisiert:

---

[2] Diese wird häufig mit der Beschreibung der Bildhaftigkeit erfasst (vgl. z.B. HÄCKI BUHOFER 1989).

(7) Schäfchen = ‚Geld' und ‚Wäscheleine' = Trockene

Scheibletten statt Segel-Turn
VON KERSTIN MEIER,
22.03.05, 07:21h
Viele Studenten haben Anspruch auf die staatliche Begabtenförderung, kurz Bafög. Die Anträge sollte man so früh wie möglich einreichen, denn nachträglich gibt's kein Geld. (*www.ksta.de*, gesehen am 4.6.2006)

Wie bringt man seine Schäfchen ins Trockene?

Die Beispiele zeigen, dass es sehr unterschiedliche Möglichkeiten gibt, Lesarten von Phraseologismen zu realisieren. Wie diese Möglichkeiten umgesetzt werden, d.h. welche Lesarten bevorzugt in der Sprachverwendung realisiert werden, wird im nächsten Kapitel diskutiert.

5 Realisierungen von Lesarten

Die zentrale Fragestellung hier lautet: Wie ist die Realisierung der potenziellen Lesarten im Korpus, d.h. wie ist das Verhältnis zwischen dem Vorkommen von phraseologischen Lesarten und nicht-phraseologischen Lesarten in der Sprachverwendung? Antworten darauf sollen durch eine Analyse von Korpusbelegen aus *Deutscher Wortschatz* gefunden werden. Die Belege stammen aus einer Untersuchung zur Frequenz von deutschen Idiomen aus Wörterbüchern für Deutsch als Fremdsprache, die im April 2002 im Korpus des Wortschatzlexikons *Deutscher Wortschatz* auf ihr Vorkommen überprüft wurden (siehe HALLSTEINSDÓTTIR 2007 und HALLSTEINSDÓTTIR et al. 2006). Der Wortschatz hatte zu diesem Zeitpunkt rund 21 Millionen Sätze mit 230 Millionen laufenden Wörtern. Für die Untersuchung wurden eindeutige Suchformen, zumeist bestehend aus dem in einer normkonformen Verwendung nicht veränderbaren nominalen Teil der Phraseologismen, manuell konstruiert. Für diesen Beitrag habe ich nach dem Zufallsprinzip einige Phraseologismen ausgesucht und die Belege für deren Suchformen auf das Vorkommen von phraseologischen und freien Lesarten ausgewertet. Ich habe für jede Suchform 100 Belege analysiert, bzw. alle Belege bei weniger als 100 Belegen. Die Resultate werden in der folgenden Tabelle zeigt.

Phraseologismus	Gesamtanzahl der Belege	freie Lesart je 100 Belege
unter die Lupe nehmen	2.868	0
ein Dorn im Auge sein	1.347	0
den Nagel auf den Kopf treffen	137	1
grünes Licht geben	3.330	1
gegen den Strom schwimmen	373	1
unter die Arme greifen	1.054	3
unter Druck setzen/geraten/stehen	9.741	6
aus dem Auge verlieren/lassen	298	6
auf Eis legen/liegen	1.999	11
aus den Augen verlieren/lassen	1.887	13
mit dem Feuer spielen	470	16
über die Bühne gehen	3.933	28
über Bord werfen	1.213	46
mit dem Strom schwimmen	91	52
ins Wasser fallen/gehen	2.425	85

Tabelle 1: das Vorkommen einer freien Lesart je 100 Korpusbelege

Die verwendete Suchform ist unterstrichen, die Gesamtanzahl der Belege für diese Suchform wird in der Spalte 2 und die Anzahl einer freien Lesart je 100 Belege in Spalte 3 angegeben:

6 Ergebnisse

Die Ergebnisse deuten darauf hin, dass die phraseologische Lesart schon beim nominalen Kern vieler Phraseologismen im Korpus stark dominiert. Bei solchen Phraseologismen ist eine zusätzliche Analyse unter Berücksichtigung der in der Suchform nicht enthaltenen Komponenten – i.d.R. Verben – notwendig, deren nominaler Bestandteil eine häufige nicht-phraseologische Lesart hat, z.B. bei *mit dem Strom (schwimmen)*, *über Bord (werfen)* und *ins Wasser (fallen)*. Es gibt keine einem Phraseologismus immanente Bedingung, dass unbedingt eine freie, kompositionelle Bedeutung der einzelnen Komponenten die primäre Bedeutung der Wortkombination sein muss. Die Ergebnisse bestätigen vielmehr die Hypothese, dass bei geläufigen Phraseologismen nicht eine wörtliche oder freie, sondern die phraseologische Bedeutung die dominante (saliente) Lesart ist, die Sprecher in der Sprachverwendung erwarten und demzufolge auch zuerst aktivieren (vgl. GIORA 1997 und die Diskussion in HALLSTEINSDÓTTIR 2001: 39ff.). Die Verwendung eines geläufigen Phraseologismus in einer freien Lesart bewirkt demzufolge immer die mentale Aktivierung der phraseologischen Bedeutung, und als Folge dessen würden rezipierende Sprecher vermutlich von einem intendierten Sprachspiel ausgehen.

Es liegt in der Natur der Sache, dass bei unbekannten Phraseologismen andere Rezeptions- und Verstehensstrategien angewendet werden müssen (vgl. HALLSTEINSDÓTTIR 2001). Wichtig ist in diesem Zusammenhang die Tatsache, dass, obwohl eine freie Lesart i.d.R. selten vorkommt, das Potenzial für kompositionelle Lesarten immer latent vorhanden ist. Diese potenzielle Mehrdeutigkeit ermöglicht das Spielen mit den Lesarten, vgl. Bsp. 6 und 7. Dieses Spielen funktioniert nur durch die Aktivierung der phraseologischen Bedeutung, deren Kenntnis u.a. von der Frequenz und der Geläufigkeit des Phraseologismus sowie der individuellen Sprachkompetenz abhängig ist.

7   Theoretisch-methodische Überlegungen

Die Ergebnisse der Untersuchung zeigen durchaus eine Lesartenvielfalt, allerdings nicht im erwarteten Sinne, dass sowohl freie als auch phraseologische Lesarten von Phraseologismen vorkommen. Die Korpusbelege widerspiegeln mit anderen Worten nicht die in psycholinguistischen Studien nachgewiesenen ‚vielen möglichen individuellen Lesarten' (vgl. HÄCKI BUHOFER 1999: 214). Die Vielfalt existiert vielmehr im sprachtheoretischen Sinne, dass von unterschiedlichen Lesartenebenen oder Lesartenmodi ausgegangen werden muss. Schon recht früh hat HÄCKI BUHOFER darauf hingewiesen, dass „man den linguistischen und den psychologischen Standpunkt zunächst grundsätzlich auseinanderhalten muß." (HÄCKI BUHOFER 1993: 148 und 1999: 213). Auch die hier vorgestellten Ergebnisse bestätigen einen erheblichen Unterschied in der Beschaffenheit der Sprachdaten aus empirischen Untersuchungen zur mentalen Verarbeitung (das Wissen der Sprecher) einerseits und den textuellen Fakten andererseits („textual evidence", vgl. COWIE 2003: 73).

Hier stellt sich die Frage nach übergeordneten Kriterien für die theoretisch-methodische Erfassung und die Beschreibung der Lesartenmodi, eine Frage, auf die ich – trotz der gelegentlichen Hinweise auf den Datenunterschied – in der gegenwärtigen Forschung keine zufrieden stellende Antwort gefunden habe. Weder Saussures Aufteilung der langage in langue und parole noch Chomskys Kompetenz und Performanz reichen als Beschreibungsrahmen aus, denn diese sehen nur jeweils zwei Beschreibungsansätze vor. Andere sprachtheoretische Ansätze wie z.B. Coserius System, Norm und Rede sind auf ihre Adäquatheit noch genauer zu überprüfen.

Mein Lösungsvorschlag besteht in einem Beschreibungsrahmen, der die in den letzten Jahren hinzugekommenen Möglichkeiten der Korpuslinguistik, sprachliche Zeichen im Diskurs empirisch zu untersuchen, einbezieht, und der folgende drei Lesartenmodi auseinander hält:

(a) Das Lesartenpotenzial ist das Verwendungspotenzial der Phraseologismen, das sie als abstrakte sprachliche Zeichen im Sprachsystem haben, d.h. die potenzielle Mehrdeutigkeit von Phraseologismen im Sprachsystem.

(b) Die Lesartenrealisierung ist das Vorkommen von Bedeutungen in der Sprachverwendung, d.h. die konkrete Realisierung von Lesarten im Text. Die Bestimmung üblicher Lesarten erfolgt durch Analysen von Korpusbelegen.

(c) Die Lesartenrezeption, d.h. die mentale Verarbeitung von Phraseologismen, wird erfasst mit der Beschreibung der Sprachverarbeitungsmöglichkeiten bei den Sprechern, hierzu zählen z.b. Eigenschaften wie die Motivierbarkeit, phraseologische Bilder und die Transparenz der phraseologischen Bedeutung.

Der Beschreibungsrahmen ermöglicht somit einen methodisch getrennten Zugang zu drei Dimensionen der Sprache, mit denen zwischen den entsprechenden unterschiedlichen Konstituierungen der Sprache unterschieden wird: Sprache (a) als abstraktes Konstrukt im Sprachsystem, (b) als empirisch erfassbares Produkt von Sprachhandlungen in Korpora, und (c) als mentales Phänomen in der Sprachverarbeitung. Die bewusste Trennung der Dimensionen ist eine notwendige methodische Konsequenz in der sprachwissenschaftlich orientierten Phraseologieforschung, deren primäres Ziel hier als die Beschreibung des abstrakten Sprachsystems anhand von Daten aus der Sprachverwendung und der Sprachverarbeitung angesehen wird. Mit diesem Modell wird ein Werkzeug bereit gestellt, mit dem, unabhängig von theoretischer Sprachauffassung, bei sprachwissenschaftlichen Untersuchungen unterschiedliche Zugänge zur Sprache erfasst werden können, und mit dem genau definiert werden kann, in welcher Beziehung diese zueinander und zum Untersuchungsziel stehen. Dass eine strikte Trennung der Ebenen u.U. Probleme bereiten kann, wird nicht bezweifelt, denn letztendlich sind sie bei jedem Sprecher eng verflochten und gegenseitigen Bedingungen unterworfen.

Eine grundlegende Voraussetzung des Modells ist die Auffassung von Phraseologismen als arbiträre sprachliche Zeichen. Dass das Prinzip der Arbitrarität auch für Phraseologismen gilt, darauf ist schon sehr früh hingewiesen worden, u.a. von Burger (1973) und Rothkegel (1973, vgl. ausführlich dazu FARØ 2006), später von HÄCKI BUHOFER (1989: 170) und zuletzt hat FARØ (2006, 2006a) überzeugend dargelegt, dass für Phraseologismen von einer prinzipiellen Arbitrarität ausgegangen werden muss – nicht im Sinne einer Beliebigkeit oder der traditionellen graduellen Skala von Motiviertheit und Idiomatizität, sondern im Sinne der Konventionalität sprachlicher Zeichen (vgl. HÄCKI BUHOFER 1999: 213). Die Arbitrarität ist eine äußerst notwendige methodische Voraussetzung, um den Gegenstand Phraseologie ohne subjektive, theoretische oder andere Vorannahmen betrachten zu können. Die Arbitrarität steht hier nicht als Gegenpol zur Motiviertheit. Das Modell ermöglicht vielmehr eine Auffassung von Motiviertheit, die nicht als eine graduelle Eigenschaft von sprachlichen Zeichen im Sprachsystem angesehen wird, sondern als die Möglichkeit der retrospektiven Herstellung (vgl. FARØ 2006) einer Beziehung zwischen Form und Inhalt, eine Remotivierung (vgl. GRÉCIANO 1991), die als **Motivierbarkeit** eine Fähigkeit der Sprecher umfasst, nämlich die Fähigkeit, den Inhalt komplexer Zeichen auf der Basis des eigenen Wissens zu interpretieren (vgl. HALLSTEINSDÓTTIR 2001).

Das Modell bietet nicht zuletzt auch eine Grundlage, um die Mehrdimensionalität (vgl. DURCO 1994, HÄCKI BUHOFER 1993 und 1999) der Phraseologie adäquat zu erfassen. Es verbindet kognitive, korpusorientierte und sprachsystematische Perspektiven. Somit wird eine Möglichkeit eröffnet, den Denkfehler aus dem Weg zu räumen, dass die „traditionelle" Auffassung von Phraseologismen als Einheiten mit der Annahme einer kompositionellen Verarbeitung nicht vereinbar sei. Das eine schließt das andere nicht aus: es handelt sich um unterschiedliche Perspektiven, die unterschiedliche Sprachdaten beinhalten und die unterschiedlicher Herangehensweisen bedürfen.

Literatur

BURGER, Harald (1998): Phraseologie. Eine Einführung am Beispiel des Deutschen. Berlin.
COWIE, Anthony P. (2003): Exploring native-speaker knowledge of phraseology: informant testing or corpus research? In: BURGER, Harald/HÄCKI BUHOFER, Annelies/GRÉCIANO, Gertrud (Hrsg): Flut von Texten – Vielfalt der Kulturen. Baltmannsweiler. S. 73–81.
ĎURČO, Peter (1994): Probleme der allgemeinen und kontrastiven Phraseologie am Beispiel Deutsch und Slowakisch. Heidelberg.
FARØ, Ken (2006): Idiomatizität – Ikonizität – Arbitrarität. Beitrag zu einer funktionalistischen Theorie der Idiomäquivalenz. Kopenhagen [unpublizierte Dissertation].
FARØ, Ken (2006a): Ikonographie, Ikonizität und Ikonizismus: Drei Begriffe und ihre Bedeutung für die Phraseologieforschung. In: Linguistik online 27, 2/06. S. 57–71. http://www.linguistik-online.de/27_06/faroe.pdf, gesehen am 25.9.2009.
GIORA, Rachel (1997): Understanding figurative and literal language: The graded salience hypothesis. In: Cognitive Linguistics 8 (3). S. 183–206.
GRÉCIANO, Gertrud (1991): Remotivierung ist Textsortenspezifisch. In: PALM, Christine (Hrsg.): EUROPHRAS 90. Uppsala. S. 91–100.
HÄCKI BUHOFER, Annelies (1989): Psycholinguistische Aspekte der Bildhaftigkeit von Phraseologismen. In: GRÉCIANO, Gertrud (Hrsg): EUROPHRAS 88. Strasbourg. S. 165–175.
HÄCKI BUHOFER, Annelies (1993): Psycholinguistik der Phraseologie. Zum Stand der Forschung. In: DURCO, Peter (Hrsg.): Phraseology in Education, Science and Culture. Nitra. S. 148–160.

HÄCKI BUHOFER, Annelies (1999): Psycholinguistik in der Phraseologie. In: Studia Germanica Universitatis Vesprimiensis. Jg. 3, Heft 2. S. 199–216.

HALLSTEINSDÓTTIR, Erla (2001): Das Verstehen idiomatischer Phraseologismen in der Fremdsprache Deutsch. Hamburg. www.verlagdrkovac.de/ 0435_volltext.htm, gesehen am 25. 9. 2009.

HALLSTEINSDÓTTIR, Erla (2007): Wörtliche, freie und phraseologische Bedeutung. Eine korpusbasierte Untersuchung des Vorkommens von freien und phraseologischen Lesarten bei deutschen Idiomen. In: KRŽIŠNIK, Erika/EISMANN, Wolfgang (Hrsg.): Phraseologie in der Sprachwissenschaft und anderen Disziplinen. Ljubljana.

HALLSTEINSDÓTTIR, Erla/ŠAJÁNKOVÁ, Monika/QUASTHOFF, Uwe (2006): Phraseologisches Optimum für Deutsch als Fremdsprache. Ein Vorschlag auf der Basis von Frequenz- und Geläufigkeitsuntersuchungen. In: Linguistik online 27, 2/06. S. 117–136. http://www.linguistik-online.de/ 27_06/hallsteindottir_et_al.pdf, gesehen am 25. 9. 2009.

SOEHN, Jan-Philipp/RÖMER, Christine (2007): Wann ist ein Idiom ein Idiom? Eine Analyse von Phraseologismen ohne freie Lesart. In: HÄCKI BUHOFER, Annelies/BURGER, Harald (Hrsg.): Phraseology in Motion II. Theorie und Anwendung. Baltmannsweiler. S. 3–15.

SOEHN, Jan-Philipp (2006): Über Bärendienste und erstaunte Bauklötze. Idiome ohne freie Lesart in der HPSG. Frankfurt M.

WOTJAK, Barbara (1992): Verbale Phraseolexeme in System und Text. Tübingen.

Regula Hohl Trillini, Andreas Langlotz (Basel)

To Be Or Not To Be –
Is Existence a Question of Phraseology?

1 Introduction

English idiom dictionaries contain countless expressions such as *every dog will have its day, to the manner born, in one's mind's eye* or *know a hawk from a handsaw* which originate from Shakespeare's *Hamlet*. Indeed, many Shakespearean collocations, phrases and sentences have become part of the English phrase stock. One of them – probably the most-quoted literary fragment ever – is *to be or not to be* (which for convenience's sake will be referred to as *Toby* in the following). Consider the following examples:

(1) To be or not to be intimidated. *self-help book title*
(2) Tofu Or Not Tofu. *TV series* Sex and The City *1998*
(3) To Be Or Net To Be. *web community name*
(4) Said Hamlet to Ophelia,
     I'll draw a sketch of thee,
     What kind of pencil shall I use?
     2B or not 2B? *Spike Milligan 2002*

(4) illustrates that *Toby* is often quoted for intertextual reference to Shakespeare or *Hamlet*. But, as (1) – (3) show, *Toby* can also be described as a phraseological construction: it has a salient structural, semantic, and discourse-functional core, and it is lexicogrammatically productive, i.e. open to creative adaptations to specific textual environments: Yesterday's quotations are today's phraseological units. This may seem self-evident, but there is very little research on the diachronic process of their phraseologization, i.e. the historical process by which quotations become part of the phrasal lexicon (cf. BURGER et al. 1982: Ch. 8; BURGER 1998: Ch. 6). Closing this lacuna is highly desirable because treating quotations as phraseological constructions promises interesting insights into lexicalization processes, given that they offer data which historical idiom research lacks: a base or 'original' form and – usually – a date of origin.

Taking the results of a pilot study on contemporary uses of *Toby* as a point of departure, this paper aims to sketch an interdisciplinary, corpus-based model of how frequently quoted fragments from literary texts become phraseologized. The model combines concepts from literary intertextuality studies and Shakespeare reception with research on idiom variation and variability (LANGLOTZ 2006) as well as an evolutionary account of language change (CROFT 2000).

To establish our model, we will first outline its research context, the *HyperHamlet* project, which provides the corpus of data analyzed in this paper. In a next step, *Toby* is characterized as a phraseological construction by a description of its formal and semantic features. This provides the basis for analysing its specific presence and flexible behaviour in actual discourse. Extrapolating from this variational behaviour, the contemporary linguistic status of the construction is explained as an effect of its diachronic evolution. This theoretical account enables a set of motivated hypotheses along which *Toby's* diachronic development could be traced in future research projects.

2 The *HyperHamlet* project – research background and database

In *Word, dialogue, and the novel,* KRISTEVA (1986) established *intertextuality* as a central concept of literary study: "Any text is constructed as a mosaic of quotations, any text is the absorption and transformation of another." But if we want to investigate claims that Shakespeare made a major contribution not only to literature, but to the English language, intertextuality is posited more generally as a field for collaboration between linguistics and literary studies. Is the English language partly made up of Shakespeare quotations? Is it shaped by the absorption and transformation of intertextual references to its most acclaimed author? To substantiate these questions and to trace the influence of Shakespeare as a diachronic process rather than to continue to accept it as a well-supported myth, we must bring texts that are usually analyzed by literary scholars under linguistic scrutiny, and non-literary, indeed non-fictional, texts need to enter into considerations of Shakespeare reception. This, exactly, is the focus of the *HyperHamlet* project at Basel University.

The *HyperHamlet* project is developing an online corpus of quotations from and references to Shakespeare's *Hamlet.* The database comes in the shape of a hypertext of the play, in which every line provides clickable access to text passages in which it is quoted (http://www.hyperhamlet.ch). The aim of the project is to research, upload and edit roughly 8,000 entries by 2009, including several hundred *Toby* tokens.[1] The electronic format enables a multi-dimensional approach: Verbal, visual and multi-media references from

---

[1] International contributions from 'Hamlet spotters' to help us reach this goal are warmly welcomed. All kinds of texts – written, oral and web-published – are of interest. To add entries just go to http://www.hyperhamlet.unibas.ch.

every cultural area are coded for a number of parameters such as date, author, genre, language or marking. The parameters have been chosen to make the emerging corpus potentially useful to linguists and language historians as well as scholars in literary and cultural studies.

In this way, intertextuality theory is applied and embodied by analysing concrete linguistic data. Electronic storage of Shakespeare fragments as promoted by the *HyperHamlet* corpus lends itself very well to an approach which identifies quoted phrases as feature bundles, and in what follows, tokens from *Toby's* various intertextual habitats will indeed come under close phraseological scrutiny for selected relevant parameters.

3 *To be or not to be* as a phraseological construction

To describe *to be or not to be* as an entrenched phraseological construction, it is first necessary to demarcate its formal boundaries relative to the original text.² Of course, the phrase introduces Hamlet's most famous soliloquy. But what part of this text has become phraseologized? Is it the phrase *to be or not to be* alone? Is it this string plus the tag *that's the question*? Or should we include *whether it is nobler in the mind* and so on? A brief search in the *British National Corpus* (*BNC*) helps to solve this demarcation problem. A simple phrase-search for tokens of the string *or not to* yields 438 hits overall. 75 of them are tokens of *to be or not to be,* and only 7 of those include the tag *that's the question*: Obviously, *to be or not to be* demarcates the core baseform of this phrasal item.

With regard to the symbolic structure of this lexicalized phrase, one can describe the following formal and semantic characteristics. Lexically, *Toby* consists of Anglo-Saxon monosyllables, i.e. basic and frequent lexical and grammatical words that belong to the very core of the English wordstock. Formally, the phrase is highly salient thanks to assonance, parallelism, the positive-negative pattern and its striking beginning, the phrase-initial *to be*. Semantically, *Toby* is layered. First, there is the simple either-or, yes-no dilemma, a semantic core which is general to the point of emptiness: the structure is the meaning. If, on the other hand, the verb *to be* is evoked as a full verb, *Toby* assumes its full existential value, opening profound dimensions of identity and existence. Thirdly, Hamlet himself in his soliloquy ponders the narrower question of whether to commit suicide, a potential meaning which has become part of the phrase's intertextual heritage.

---

² We would like to thank Marcel Dräger for pointing this problem out to us at the EUROPHRAS conference.

This structural description of *Toby* seems straightforward, but it must be highlighted that the construction is only relatively fixed: 52 of the 75 phrase-tokens in the *BNC* display variations on its base-form. This seems to contradict orthodox views of phraseological units as fully fixed, and indeed we want to counter-argue that a phrase's increased variability must be seen as a strong indicator of its process of becoming entrenched in the phrase stock of English. In what follows, this claim is substantiated by means of *HyperHamlet* data.

4 The contemporary use of *Toby* – an indicator of its phraseologization?

The discussion of the phraseologization process which *Toby* has undergone since 1600 will focus on three particularly relevant parameters:

a.) Variation: how does *Toby* adapt to various contextual exigencies in actual use?
b.) Function: how is the phrase integrated into the quoting context?
c.) Marking: how (if at all) does the context signal that *Toby* is a quotation and, more specifically, an extract from *Hamlet*?

These parameters can be seen as indicators of *Toby's* status in the grammar of English. From this, we intend to extrapolate the diachronic processes underlying its phraseologization.

4.1 Variation

The *HyperHamlet* corpus reveals a number of salient patterns in the way in which *to be or not to be* adapts to its contexts, lexico-semantically and syntactically. The most common lexical modifications are substitutions, with innumerable tokens of [*to* V *or not to* V], which usually narrow and trivialize the semantic content:

(5) A little moment since the power was mine, / To see, or not to see thee! (*1821*)
(6) And now I was to launch out into the Ocean, and either to venture, or not to venture. (*Novel 1719*)
(7) To beat or not to beat: is it a class question? (*Article 1985*)

In the synchronic data from the *BNC*, the [*to* V *or not to* V] pattern is the most frequent (50 out of 75 tokens). It seems that this construction reflects the contemporary phraseological distillate of the *Hamlet* quotation in present-day English. In other words, these tokens clearly support the view that yesterday's quotations are today's phraseological constructions.

Syntactic variations are not equally frequent, but still many can be found in the *HyperHamlet* corpus. They are usually extensions in which the infinitive *to be* is syntactically activated to form a copula (8) or to become an auxiliary for passive constructions (9). The copula introducing adjective (8a), prepositional (8b) or noun phrases (8c) elides the existential either-or dilemma, reducing the choice to something specific vs. its absence. When *to be* is extended by a past participle (9), the semantic emptying of the phrase is taken one step further.

(8)   a.) To be or not to be at Cancun (*Forbes business website 2003*)

     b.) To be or not to be British (*Book review 2000*)

     c.) To be or not to be Cupid (*Title of painting post-1990*)

(9)   To be or not to be admitted (*Yale student's blog 2002*)

All these extensions are actually tokens of a pattern with three variations: [*to be or not to be* N/ADJ/PP] or, more rarely, [*to be* N/ADJ/PP *or not to be*] or [*to be* N/ADJ/PP *or not to be* N/ADJ/PP]. Significantly, all three preserve the salient string *or not to be*. Moreover, extension does not seem to co-occur with verb substitution: we have found no phrases such as *to see or not to see the problem*. We suspect that two steps of change – extension AND substitution – make a string unrecognizable as derived from *to be or not to be* and thus uninteresting to use (cf. LANGLOTZ 2006: 215–220). Other possibilities such as reduction and repetition would also obscure the salient structural features. Conversely, this may explain why the title of Erich Fromm's bestseller *To Have or To Be* is not usually taken as a *Hamlet* joke: it, too, involves modification of two salient elements, avoiding as it does *both* the verb parallelism and the positive-negative pattern.

Next to verb substitution and syntactic extension, a third group of specimens play with spelling, sound and ungrammaticality (see also examples (2)–(4) above):

(10)   To bäh or not to bäh, that is the question. (*G. F. Lichtenberg 1782*)

(11)   To BOP or not to BOP. (*World Resources Institute blog 2006*)

Such jokes may concern any of the parts of *Toby*, but do, again, not usually combine with syntactic extension.

In short, the phrase's salient anatomy and its relative flexibility enable it to be recognized in many variations along the patterns outlined above as long as modification is limited to one dimension. From among the three defining elements, the *or not to*-string, the parallelism and certain graphemic or phonological surface elements, at least two need to be present.

4.2 Function

The second parameter to index the degree of phraseologization is the textual function which a quoted phrase occupies in the quoting text. Like any quoted phrase, *Toby* may appear as a discrete 'quoted' element or it can be syntactically integrated into the text. The latter possibility appears in the following examples:

(12) a.) I have his leave to wed or not to wed! (*Play 1893*)

b.) You can contract to do or not to do, easily enough. (*Novel 1895*)

When *Toby* is integrated syntactically, lexical substitution is more frequent than a form of *to be*. The trivialising of the existential aspect is strongest here, while, ironically, the residuary literary allusion spices up the more mundane dilemmata under discussion.

The first possibility, however, is far more frequent – unsurprisingly so, because it corresponds to the original context, where the anaphoric pronoun *that* refers to the phrase as a relatively autonomous unit: *To be or not to be, that is the question*. In fact, the phrase is very popular as an autonomous item: it is frequent in titles or slogans, often specified and trivialized by extensions or appositional subtitles (13) – (14).

(13) a.) Notification of Venereal Diseases: To be, or not to be? (*1937*)

b.) Immigration for Victoria: To be, or not to be? A refutation (*1861*)

c.) To see but not to see: a case study of visual agnosia (*1997*)

(14) a.) To be – or not to be? (*Medical article on abortion 1999*)

b.) To be born or not to be born. (*Article on pre-natal diagnostics 1965*)

In these cases, lexical substitution is frequent (13c), except where we have contexts such as abortion, pre-natal diagnostics or euthanasia, where the existentiality is of course apt (14). If the writer does not trust the force of that association, a participle may re-spell out the existentiality with a somewhat bathetic effect (14b).

Within the body of a text, *Toby* is more often than not a self-contained, noun-phrase-like element which may be modified or extended but does not interact with the syntax of the surrounding text, and which feels 'quoted':

(15) The Hamlet Tankini: Why name a maternity swimsuit after Shakespeare's Dane? Because to Bikini or Not to Bikini is today's question for Hot Mamas to be. (*Advertisement 2004*)

(16) We no such nice Distinction woven see, / As 'tis To be, or Not to Be. (*Poem pre-1667*)

Here, the syntactic function corresponds to marking (see below).

Finally, and not surprisingly, an important functional sub-group comes from *Hamlet* spoofs:

(17) To Puff, or not to Puff – That is the question – /Puff by all means, say I, it helps digestion. (*1791*)

(18) To swing! – or not to swing! – perhaps to fall!/Whence?-whither?-Questions! dreadful questions all! (*1796*)

Here, the textual function is to use the context for parody. Therefore, this functional class is closely associated with the pun variants given above.

In brief: the alternative functions which *Toby* assumes in quoting texts represent a continuum that ranges from being a relatively inconspicuous phraseological construction, through working as a conscious and rather salient *Hamlet* allusion, to acting as a joke which sends up that very salience. In combination with formal and semantic variability, the range of this continuum provides a further indicator for the increasingly open and variable function of *Toby* in English usage.

4.3 Marking

After variation and function, marking can be used as a third indicator for phraseologization. 'Marking', incidentally, is a word from literary intertextuality studies, while linguists might use terms like 'semantic' or 'conceptual priming' (cf. LANGLOTZ 2006: 219p.) for the same notion. Although its singularly bland components do not make *Toby* immediately conspicuous as an archaism or a folksy commonplace, like other idioms, its formal salience makes it nevertheless visible as a pre-existing item 'from another form of discourse' in most texts. However, being a quotation, i.e. an idiom of known textual origin, it may be marked not only as a discursively 'agrammatical' item, but also for its origin. This can happen by explicit mention of *Hamlet* the play or Hamlet the character (either by name or by circumlocutions such as "the melancholy Prince"), by the word *Shakespeare* (see 15 above), the semantic element 'suicide' (19) or extracts from the soliloquy that extend beyond the *that's the question*-tag (20).

(19) To be or not to be: A Study of Suicide. (*1933*)

(20) To strike or not to strike, that was the problem;
Whether to take up arms at once, and nobble 'em
Bring 'em to terms by violence and riot,
Or sign the document and take things quiet? (*Play 1860*)

Very often, these markers are humorous, counting for their effect on pre-recognition of the disparity between highly-valued cultural origin and banal new context, and implying, self-referentially, how unnecessary they are between readers 'in the know'.

To sum up this analytical part, the *HyperHamlet©* data challenge certain concepts of 'idiom-ness' in (historical) phraseology which concern variability, anonymity and context. *Toby* blurs the boundary between entrenched phraseological unit and quotation, which defines the former by anonymity, because the phrase does not seem to need to function as either quotation or fixed phrase. It can be marked for *Hamlet* or Shakespeare and yet behave like an adaptable, anonymous phraseological construction. It is quoted by hearsay, by many people who have neither seen nor read *Hamlet*, but first met the construction as a part of the phrase stock of English – yet a phrase that is tagged for the Bard. The truly universal popularity of both Shakespeare's text fragments and 'The Bard' as a cultural icon has enabled *Toby* to exist simultaneously as a fully functional and lexicalized phrase and as a clearly intertextual element of the English language. It can go into innumerable kinds of texts and take Shakespeare as an omnipresent symbol into the most varied surroundings and non-fictional genres. The conclusion is that Shakespeare, that *Hamlet* himself, are lexicalized, i.e. generally available and recognizable without the original context. So *Toby's* independent evolution as a lexicalized phrase in so many shapes and so many contexts is a miniature exemplar of the Shakespeare success story; but it is also an excellent example for modelling the diachronic process of phraseologization.

5 Towards an evolutionary model of phraseologization

William CROFT's usage-based model of language change (CROFT 2000) provides an interesting theoretical contextualization for the phraseological spread of *to be or not to be*. This model develops an analogy with biological evolution which conceives language change as the selective proliferation or extinction of linguistic constructions by interaction with their environments. In the case of language, environments obviously consist of the specific contexts of language use.

Speaking in these evolutionary terms, we have seen that *Toby* has become a very successful linguistic construction indeed. It has left its original usage-context – *Hamlet* – and has spread to novel linguistic habitats, be they Shakespeare parodies or very general usage contexts. This spread is accompanied by its shifting use as either a specific quoted intertextual reference or a more general lexicalized phrase. The shifting use is further reflected and accompanied by its increasing formal and functional variability. But how can we model this development?

Following CROFT's model, any type of language change is mediated through utterances. An utterance is defined as a concrete spatio-temporally bound instance of language use, which can appear as writing, speaking to an audience, performing a piece of drama, and so forth. To produce and understand such utterances, language users depend on their grammars – the knowledge of linguistic conventions that resides in the cognitive representations of individuals. Thus, grammar is conceived as a cognitive pool of conventional constructions that is shared by the members of a speech community. It provides speakers with a repertoire of coding alternatives that may flow into novel utterances to shape them. But being the shared knowledge of linguistic convention, grammar is itself derived from utterances, and this is where the analogy to biological evolution comes in.

Just as the genes of natural organisms interact with their environments and adapt to them, grammatical constructions must adapt to their novel communicative habitats. So when being activated in concrete novel utterances, entrenched constructions always become subject to reanalysis and reassessment. This subtle balancing of convention and novelty results in the variation and adaptation of the meaning, form and function of constructions. This is also reflected by our tokens of *Toby*. Through this constant re-performance, convention becomes a dynamic phenomenon. In other words, the synchronic status of any construction is a historical distillate: it is the result of its communicative evolution through its complex lineage of usage-events. Of course, the same can be claimed for *Toby*. The conventionalization as well as the relative flexibility of this Shakespeare fragment is the result of its previous evocations in increasingly wider usage-contexts as well as its lineage as part of the Shakespeare myth.

From a literary perspective, this socio-cognitive linguistic model of language change can be nicely adapted to BAKTHIN's notion of *intertextuality* (BAKTHIN 1981). If we conceive utterances as re-assembled quotations of specific social voices, including literary fragments, then the cognitive grammars as well as the shared langue of speakers can be seen as a pool of voices that have become de-contextualized as part of the shared grammar. Therefore, they are subject to repeated entextualization within novel usage contexts (cf. BLOMMAERT 2005: 46–47): speakers appropriate such quotations for their own purposes even if they are not aware of quoting a literary fragment. Linguistically speaking, this is reflected in the variation of quotations and their subsequent sedimentation as autonomous constructions.

However, this intertextual evolution of a 'voice-species' such as *Toby* is not only determined by its successful socio-cognitive adaptation to novel habitats. Rather, it is also the result of its language-internal competition with other voices. By analogy with biological organisms, constructions are always in competition with other constructions for their selection in concrete utterances (cf. SMITH 1996: Ch. 6). From the *BNC* data it is obvious that *Toby* is in competition with another construction that has a similar communicative function. Among the 438 hits retrieved with the *or not to* phrase-search, the most prominent set of tokens belongs to the *decision/decide (etc.) whether or not to* construction. For this (variable) constructional type 309 hits can be found, which makes this construction quantitatively far more prominent than *to be or not to be*. Interestingly, however one can also find instances of formal blends between the two competing phrases:

> (21) Also the decision to employ or not to employ is based on the particular case: ... (BNC, BPE: 27).

Such blends (the *BNC* contains 13 instances) indicate that the structurally simpler and more salient *to be or not to be* is on its way to gaining ground relative to the *whether or not to* construction.

Indeed, from the perspective of evolutionary linguistic competition, it must be asked: What made *Toby* so successful? What promoted its spread, its variability and its use instead of other constructions? Our analysis of tokens form the *HyperHamlet* corpus suggests that the combined impact of three core characteristics constitutes *Toby's* evolutionary advantage:

 a) Structural salience including
 – the [to X or not to X] structure
 – parallelism
 – the sound pattern
 – basic lexical elements
 – the open valency of *to be*
 b) Semantic salience thanks to the either-or decision and the existential dimension
 c) Cultural salience through the Shakespearan origin

The combined and recurrent evocation of these factors strengthens the rich associative networks that are activated in the cognitive grammars of speakers when they produce or perceive tokens of *to be or not to be*. This promotes its relative activation strength and communicative power in actual use (LANGLOTZ 2006: Ch. 6), and these characteristics in turn have led to the diachronic spread and entrenchment of the construction as a phraseological unit in the grammar of English.

6 Conclusion – Hypotheses for future research

On the basis of our theoretical outlook, two central hypotheses can be proposed for future empirical investigations into the diachronic development of *Toby* in particular and into phraseological expressions in general.

a.) Hypothesis 1: The phraseologization of *to be or not to be* correlates with its increasing use in contexts which are not marked for Shakespeare. Therefore it is representative of more general phraseologization processes
Following CROFT's model, the evolutionary entrenchment of a phrase must be correlated with its spread to new contextual habitats. The salient origin of *to be or not to be* makes it possible to track down the historical spread of the phrase to new communicative contexts and genres. On the basis of good historical corpora (including the *HyperHamlet* corpus) this claim can be substantiated by modelling the intertextual trajectory of the Hamlet quotation or other phraseological constructions.[3]

b.) Hypothesis 2: The phraseologization of *to be or not to be* correlates with its increasing degree of lexicogrammatical variability
The spread of quotations and original phrases to novel contextual habitats leads to increasing structural, semantic, and functional reanalysis and reassessment. Accordingly, the phraseologization of a construction must be claimed to correlate with the increasing variability of some of its form and discourse-functional meaning in correlation with the stabilization of a strongly lexicalized structural core (e.g. *or not to*). This hypothesis both qualifies and runs counter to traditional conceptions of historical phraseology, which usually correlate phraseologization exclusively with increasing fixedness and formal and semantic stabilization.

Again, this hypothesis can be empirically tested by means of historical corpora.

In short, widening the scope of an empirical analysis to include non-literary 'quotations' can be expected to shed additional light on what it means "to become or not to become a phraseological unit". With this contribution to *Toby's* phraseological history, we invite both phraseologists and literary scholars to substantiate or falsify our claims by contributing to future research in intertextuality and diachronic phraseology.

---

[3] The phraseologization of literary quotations can be compared with the diachronic development of lexicalized metaphors from 'everyday' domains such as games, seafaring, farming, etc. For instance, terms and phrases from the word fields of 'games' or 'war' have become very frequent metaphors in sports commentaries, whereas sports terms are themselves evoked as metaphors in economic discourse, etc. This indicates that the contextual spread and generalisation of these specific 'terminological quotations' does not differ, qualitatively, from the contextual extension of a literary quotation such as *Toby*.

References

BAKHTIN, Mikhail (1981): The Dialogic Imagination: Four Essays. Austin.
BLOMMAERT, Jan (2005): Discourse: A Critical Introduction. Cambridge.
BURGER, Harald (1998): Phraseologie. Berlin.
BURGER, Harald, Annelies Buhofer und Ambros Sialm (1982): Handbuch der Phraseologie. Berlin & New York.
CROFT, William (2000): Explaining Language Change. An Evolutionary Approach. London.
GIVÓN, Talmy (1979): On Understanding Grammar. New York.
HOHL TRILLINI, Regula (2005): "Hamlet und die Folgen." In: Uni Nova 101. p. 31–32.
KRISTEVA, Julia (1986): "Word, dialogue and the novel." In: MOI, Toril (ed.): The Kristeva Reader. Oxford. p. 89–136.
LANGLOTZ, Andreas (2006): Idiomatic Creativity – A Cognitive Linguistic Model of Idiom-Representation and Idiom-Variation in English. Amsterdam & Philadelphia.
SMITH, Jeremy (1996): An Historical Study of English: Function, Form and Change. London.

Erika Kegyes (Miskolc)

Phraseologische Einheiten als Gendermarker in studentischen Aufsätzen

1 Einführung: Gendermarker und Genderrollen

Genderrollen und Gendermarker sind Schlüsselbegriffe aller Gendertheorien und Genderkonzepte. Einerseits werden die Genderrollen als herkömmliche Geschlechterrollen interpretiert, ganz im Sinne der soziologischen Rollentheorie. In diesem theoretischen Rahmen wird darauf reflektiert, dass die Geschlechterrollen all die relativ stabilen Verhaltensweisen und Verhaltensmuster als Frau bzw. als Mann manifestieren. Andererseits wird des Öfteren die performative Art der Genderrollen betont. Performance/Performativität wird oft mit der Theater-Metapher (Maskerade, Rollenspiel, Kostümierung, Inszenierung) in Verbindung gebracht. Die Gendermarker sind die verbalen und nonverbalen Mittel, die die Genderrollen signalisieren, aktualisieren und inszenieren. Da die Genderrollen soziokulturell bestimmt und auch sprachlich verankert sind, kann am Beispiel von phraseologischen Strukturen gezeigt werden, wie die Genderrollen sprachlich konstruiert und durch sprachliche Mittel wie z.B. auch die Phraseologismen ausgedrückt werden. All die phraseologischen Sprachmittel, die Genderrollen beschreiben und/oder zuweisen, können als Gendermarker fungieren. Am Beispiel von phraseologischen Einheiten kann aber auch gezeigt werden, wie die Geschlechter zu ihren Rollen kommen, aus welchen Komponenten eigentlich ihre Rollen bestehen. Bei der sprachlichen Darstellung der Geschlechterrollen spielen die Traditionen, die unter anderem auch in Form von phraseologischen Einheiten in einer Sprache jederzeit vorformuliert zur Verfügung stehen, eine entscheidende Rolle. Eben dieses traditionsreiche und traditionsbestimmte, sprachlich vorfabrizierte Element der Männer- und Frauenrollen kann in den Phraseologismen entdeckt und aufschlussreich analysiert werden.

2 Phraseologische Einheiten als Genderrollen zuweisende Kategorien

Für die Herausarbeitung genderrelevanter Fragen bieten die phraseologischen Einheiten, vor allem die Redensarten und Sprichwörter, die zahlreiche kulturelle und historische Merkmale der Geschlechterbilder mit transponieren, ein reiches und aufschlussreiches Quelleninventar. Dieses Quelleninventar muss aber in unserem Fall ganz speziell segmentiert werden, da die Germanistikstudenten, also die eigentlichen Probanden meiner Untersuchung, einerseits mit einem fremdsprachlichen empirischen Quellenmaterial in ihrer Hochschulausbildung konfrontiert werden, andererseits kann der Einfluss ihrer Muttersprache nicht ausgeschaltet werden. Viele Redensarten und Sprichwörter, sogar ein Teil der geflügelten Worte und Aphorismen, formulieren allgemeine, ganz oft essentielle Aussagen und Gemeinplätze über die Charakterzüge der Geschlechter. Viele von ihnen überschneiden sich im Deutschen und im Ungarischen. Der Bereich der Aphorismen wird den Studenten oft in einer zweisprachigen Sammlung zur Verfügung gestellt (z.B. Grimm Verlag, 2000). Aphoristische Gedanken großer Autoren finden die Studenten auch im Rahmen literarischer Seminare vor. Textteile vieler Lieder dürften ihnen zum Teil aus Lehrwerken für Deutsch als Fremdsprache bekannt klingen, sowie geflügelte Worte zum Thema Mann und Frau aus verschiedenen Sprichwortsammlungen. Für Studenten bieten auch literarische Werke oder Filmtexte zum Thema Mann und Frau eine reiche Basis für Sprachausdrücke und dadurch auch für mögliche Genderrollen.

Der eindeutig beurteilende und wertende Charakter phraseologischer Ausdrücke kommt auch im Bereich der Darstellung der Geschlechterrollen zum Ausdruck, welcher sich in Redensarten und Sprichwörtern noch expliziter darstellen lässt. Auffällig ist dabei – schreibt BUSSMANN (1995: 136) –, dass wesentlich mehr Elemente des allgemeinen Sprichwortgutes die Frauen an den Pranger stellen, denen zufolge die negativen Eigenschaften der Frauen, wie zum Beispiel ihre Geschwätzigkeit, Launenhaftigkeit oder Boshaftigkeit thematisiert werden. Die Funktion dieser Geschlechterrollen zuweisenden Sprichwörter bestimmt BUSSMANN in der Perpetuierung bestehender Geschlechterhierarchie (1995: 136). Dieselbe Funktion üben auch phraseologischen Charakter aufweisende Aufzählungen wie *Adam und Eva, Hänsel und Gretel, Mann und Frau* aus.

Die korpusgestützte Erforschung phraseologischer Einheiten in der Geschlechterforschung stellt immer noch einen blinden Fleck dar. Viele Arbeiten lassen sich aufzählen, die sich mit dem phraseologischen Wortgut einer Sprache auch hinsichtlich des Genderaspekts beschäftigen, basieren aber auf Korpora systematisch gesammelter Sprachdaten wie Wörterbüchern und Sprichwortsammlungen. Der Aufsatz von HUFEISEN (1993) zum Beispiel bearbeitet sprichwörtliche Redensarten des Deutschen, die kontrastive Studie von RITTERSBACHER (2002) bezieht sich auf das deutsche und englische Sprichwortgut.

Die erwähnten Arbeiten gehen davon aus, dass die Geschlechter charakterisierenden Sprichwörter sowie andere Phraseologismen in dem Bewusstsein der Sprechenden als Geschlechterstereotype fungieren. Ein Geschlechterstereotyp ist eine versimplifizierte Vorstellung über mögliche Eigenschaften von

Frauen und Männern, die im Verlauf der Sozialisation als kognitive Wissensbestände übernommen wird (in Anlehnung an KROLL 2002: 377). Daraus folgt, dass vor allem die sprichwörtlichen Geschlechterstereotype kollektiv kondensierte, aber ohnehin aufgrund individueller Erfahrungen zu Stande gekommene Meinungen widerspiegeln.

Wie sich auch aus dem Obigen entnehmen lässt, sind die stereotypen Vorstellungen über die Geschlechter nach ihrer Form in der Mehrzahl Sprichwörter und feste Redewendungen. Aber auch klischeehafte Bemerkungen *(Typisch Frau! Typisch Mann!)*, idiomatisierte Wortkonstruktionen (*Weibergeschwätz, Betthäschen, Heulsuse*) sowie „geflügelte Worte" *(Der Mann ist gebildet, seine Ehefrau aber reizend)* können Geschlechterstereotype beschreiben. Thematisch gesehen sind in den idiomatischen und phraseologischen Ausdrücken die Protagonisten der Aussagen (Mann und Frau) meistens in Opposition gestellt. LEINFELLER (2002) untersuchte zum Beispiel das Stereotyp „*der redseligen Frau*" und das Stereotyp des „*schweigsamen Mannes*" und kam zum Schluss, dass Frau und Mann in der Sprache so binär dargestellt werden, wie transparent nur durch die binäre Ordnung der Geschlechter ermöglicht wird.

Wie auch aus den obigen Bespielen hervorgeht, konstruieren die Geschlechterstereotype zum Teil auch die aktuellen Geschlechterbilder mit. Die Inhalte der gängigen Geschlechterstereotype bilden einen Teil unseres Alltagswissens und haben einen Platz im Netzwerk unserer kognitiven und mentalen Strukturen. Die Sprache überliefert die stereotypen Ausdrücke, organisiert die kognitive Überprüfung ihrer Richtigkeit, nötigenfalls die Modifizierung der stereotypisierenden Bilder, und die Sprache trägt im Allgemeinem dazu bei, dass die Stereotype weiterleben (GOTTBURGSEN 2000). Anhand der Beispiele aus dem Sprichwörterlexikon (BEYER und BEYER 1987) sind diese Behauptungen durchaus leicht zu belegen: Am sprichwörtlichen Bild der Frau haftet wenig Lohn, desto mehr Kritik:

> Alte Kleider und schöne Frauen bleiben überall hängen, Auf heiterem Himmel und lachenden Frauen ist nicht zu bauen, Drei Frauen und drei Gänse machen einen Jahrmarkt, Pferde und Frauen muss man genau beschauen, Viel Frauen, viele Worte, Frauengunst und Aprilwetter sind veränderlich.

Dazu im Vergleich wird der Mann gelobt und nur wenig kritisiert: *An der Rede erkennt man den Mann, Das Herz schlägt den Mann, Der kluge Mann baut vor, Handeln macht den Mann, Kluge Rede ehrt den Mann, Ein braver Mann geht geradeaus.*

Nicht nur die konkreten Sprichwörter, sondern auch die sprichwörtlichen Redensarten, die mit den Grundlexemen Frau und Mann konstruiert wurden, konstituieren die aktuellen Genderrollen einer Sprache aktiv mit. Es ist anzunehmen, dass sich die festen Ausdrücke an der Herausbildung der heutigen Genderbilder stärker beteiligen, als die Sprichwörter von damals. Als geschlechtlich typisierende Redensarten des Deutschen fungieren zum Beispiel mit dem Grundlexem Frau die folgenden Ausdrücke: *eine Frau von Welt*, d.h. eine Frau, die im Auftreten gewandt ist, oder *eine Frau mit Vergangenheit*, d.h. eine Frau, die keinen gesellschaftlichen Respekt mehr hat. So auch in idiomatischen Sammlungen (vgl. Duden (1992) Band 11).

Dagegen dürfen zum Beispiel die folgenden Redewendungen positiven Sachverhalts auf den Mann referierend nicht fehlen: *ein gemachter Mann sein*, d.h. ‚Erfolg gehabt haben, in wirtschaftlich gesicherten Verhältnissen leben', *oder der erste Mann an der Spritze sein,* d.h. ‚die Führung oder die Entscheidungsgewalt haben'. Es ist zu bemerken, dass nur sehr wenige Quellen auch den Entstehungskontext der zitierten Ausdrücke transferieren, als eine Ausnahme gilt DUDEN BAND 11, in dem zum Beispiel bei dem Zitieren der letzterwähnten Redewendung klar erläutert wird, dass sie bildlich auf Feuerlöschen zurückgeht, und symbolisiert, wer vorn an der Wasserspritze steht, bestimmt, was zu tun ist (DUDEN (1992) BAND 11, 473).

Die Germanistikstudenten arbeiten z.B. für Seminararbeiten mit diesen Quellen der deutschen Sprache, also werden sie früher oder später auch mit Frauen und Männer charakterisierenden Sprachausdrücken konfrontiert. Aus diesem Aspekt ist es nicht zu übersehen, welche Charaktereigenschaften des Mannes in einem Sprachlexikon repräsentiert werden: *ein Mann, ein Wort* (‚redet kurz und bündig'), *ein Mann von Wort* (‚hält sein gegebenes Wort'), *ein Mann der Tat* (‚handelt entschlossen'), *Manns genug sein* (‚ist tapfer genug und kräftig') (DUDEN (1992) BAND 11).

Wenn wir Synonymwörterbücher der deutschen Sprache in die Hand nehmen und die Grundlexeme *Frau* und *Mann* aufschlagen, treffen wir auch auf sehr viele Phraseologismen, die ebenfalls als Genderrollen beschreibende sprachliche Einheiten aufgefasst werden können. Zum Beispiel im WÖRTERBUCH SYNONYME (2000), das auch die Auslandsgermanisten und unsere Studenten des Öfteren benutzen, sind die folgenden Männer-Genderrollen den Männern zugesprochen: *erwachsener Mensch, männliches Wesen* (oft scherzhaft), *Mannsperson* (umgangssprachlich), *Mannsbild* (abwertend), *Männchen* (abwertend), *Kerl* (abwertend). Die metaphorischen Ausdrücke *Knilch* und *Flegel*, so ist im WÖRTERBUCH SYNONYME zu lesen, gelten als salopp. Unter den im Wörterbuch Synonyme stehenden Phraseologismen lassen sich auch noch die folgenden mit dem Grundlexem *Mann* finden: *seinen Mann stehen* (‚tüchtig sein, sich bewähren'), *den wilden Mann spielen* (‚wütend sein'), *den starken Mann markieren* (‚muskulös sein'), *das starke Geschlecht, Mannestat* (‚Heldentat'), *Manneswort* (‚Ehrenwort'), *mannhaft sein* (‚mutig'), *männlich sein* (‚dem befruchtenden Geschlecht zugehörig'). Nach den Sprachdaten des

Synonymwörterbuches werden die folgenden Ausdrücke scherzhaft und nur mit weniger pejorativ gemeinter Konnotation benutzt: *Frauenheld, Herzensbrecher, Casanova, Frauenliebling, Belami, Schürzenjäger, Ladykiller, Courschneider, Weiberheld, Courmacher, Poussierstängel, Schwerenöter.* Wie die in diesen Metaphern gemeinten Sachverhalte belegen, haben diese Ausdrücke die Funktion, die traditionellen Männerrollen zu verfestigen.

Bei dem Lexem Frau lassen sich im Wörterbuch Synonyme (2000) die folgenden Ausdrücke auflisten: *Krone der Schöpfung* (scherzhaft), *Frauenzimmer* (abwertend), *Weibsperson* (abwertend), *Matrone* (abwertend), *Evastochter* (umgangssprachlich), *weibliches Wesen* (scherzhaft), *Weibchen.* Des Weiteren sind noch die folgenden metaphorisierenden, negativen und saloppen Bezeichnungen aufgeführt: *Lärvchen, Person, Persönchen, Schickse, Weibsstück, Schrulle, Tussi, Scharteke, Spinatwachtel, Tante, Urschel, Schreckschraube, alte Schachtel, Vogelscheuche, Schlampe, Xanthippe.* Wie auch diese Beispiele demonstrieren, wird Frauen gegenüber eine sprachlich stärker betonte negative Konnotation herausgearbeitet. Als Abschluss des zitierten Lexikoneintrages ist auch noch die Wendung *das zarte/schwache/schöne Geschlecht* in mehreren Kontexten mit einigen modellhaften Beispielen erwähnt.

Die Germanistikstudenten benutzen zur Anfertigung ihrer studentischen Arbeiten die so genannten einsprachigen Wörterbücher und die Synonymwörterbücher am häufigsten. Wie oben mit sprachlichen Daten belegt wurde, stellen all diese sprachlichen Hilfsmittel im Bereich Deutsch als Fremdsprache die Genderrollen vorwiegend stereotypisch dar.

3 Phraseologische Einheiten als Genderidentität bildende Kategorien

Es gilt, in psycholinguistischer bzw. sozialpsychologischer Sicht die oben beschriebenen Formen von Phraseologismen eingehend zu untersuchen, da sie (1) die in einer Sprache und so auch in einer Sprachgemeinschaft existierenden Genderrollen im Sprachbewusstsein aktivieren, denn (2) gerade durch die sprachliche Aktivierung werden sie im Bewusstsein der Sprechenden abgebildet, festgehalten und verankert. Aus diesem Grunde haben sowohl Linguisten als auch Sozialpsychologen am Beispiel von Sprichwörtern die gesellschaftliche Situation von Mann und Frau exemplifiziert. Die Kritik am durch die Sprache fixierten Bild der Frau (später auch an dem des Mannes) begann schon in den 70-er Jahren, und wurde zuerst eben am sprachlichen Bild in Grammatiken und Wörterbüchern wahrgenommen (z.B. RÖMER 1973, PUSCH 1984). Beide Autorinnen konnten belegen, dass auch die Struktur und Ausformung der analysierten Beispielsätze des Deutschen, die in den erwähnten Quellen als Veranschaulichungssätze zum Sprachgebrauch bestimmter grammatischer Erscheinungen dienen, dazu im Wesentlichen beitragen können, dass die über die Geschlechter vermittelten Bilder in den Geschlechterrollen operativ eingebaut werden, indem eine regelrechte Frauen- bzw. Männerwelt voneinander permanent getrennt und gegenüber gestellt wird. RÖMER (1973) überprüfte die Grammatiken bzw. Schulgrammatiken der deutschen Sprache, und kam zum Urteil, dass Kenntnis eine männliche Tugend ist, während Unkenntnis für Frauen charakteristisch ist: *Seine Intelligenz gewinnt ihm viele Freunde, Sein Verstand verfügt über große Potenzen, er ist voller Ideen* (RÖMER 1973). Römer fand so, dass die Frauen und Mädchen vor allem mit den stereotypen Wendungen *hübsches Mädchen/hübsche Frau* beschrieben werden, diesen Sprachbildern folgen Konstruktionen mit den Wendungen *reizendes Mädchen/reizende Frau*. PUSCH (1984) untersuchte das Duden-Bedeutungswörterbuch unter dem Aspekt der Genderforschung und konnte nachweisen, wie die Sprache die traditionellen Rollenbilder durch die akute Wiederholung männlicher und weiblicher Tätigkeitsfelder manifestiert. Unter ihren angeführten Beispielen ist die Anzahl der Phraseologismen auffällig:

> er hielt sie von unüberlegten Handlungen ab, sie sprach ihn um Hilfe an, sie hat ihm anvertraut, sie hing ihm treu an, unendliche Kraft strömte von ihm aus, sie ist ziemlich auseinander gegangen usw. (s. auch DUDEN (1991) BEDEUTUNGSWÖRTERBUCH).

Auch in Schulbüchern wurde das Frauen- bzw. Männerbild exemplarisch überprüft. Auch BOKEMEYER (1996) kam zum Schluss, dass das dargebotene Bild sowohl die Frauen als auch die Männer absolut stereotypisch behandelt, und zur permanenten Stereotypisierung tragen die sprachlichen Klischees, die vorfabrizierten Sprachbilder elementar bei. Erst unlängst wurden die sprachlichen Formulierungen der Genderrollen auch in der Pressesprache untersucht (z.B. LEINFELLER 2002). Sehr viele Schlagzeilen charakterisieren die Genderrollen durch die Anwendung von Phraseologismen: „Mädchen, die aus dem Dornröschenschlaf entdeckt werden sollen, Männer fluchen, Frauen tratschen, Eine Frau sorgt immer für frischen Wind, Eine Frau soll die Fäden in der Hand haben" (www.taz.de, gesehen am 02.04.2006).

Dementsprechend ist festzuhalten, dass deutschsprachige Zeitungstexte die Frauen- bzw. Männerbilder mitgestalten können.

Auch aus sprachpädagogischer sowie didaktischer Sicht ist es relevant, die Genderbilder zu untersuchen. In den Sprachbüchern sind oft ganze Kapitel zu finden, in denen das Thema Frau und Mann thematisiert wird. Bei der Zusammenstellung der fremdsprachlichen Lehrpläne wird immer betonter darauf hingewiesen, dass die Stereotype (darunter auch die Geschlechterstereotype) abzubauen sind, indem Bild- und Sprachmaterial der Lehrbücher Deutsch als Fremdsprache die heutigen Geschlechterbilder in Frage stellen, kritisieren und bekämpfen. Es ist aber wenig reflektiert, ob die Lehrbücher diese Kriterien, die einen durchaus wichtigen Punkt der indirekten Wissensvermittlung durch Sprache bilden, aber auch die Praxis berücksichtigen, oder eher nicht. In einem Pilotprojekt wurde ein Katalog der zu überprüfenden Gender-Kriterien zu Sprache und Demokratie herausgearbeitet und durch Lehrwerkanalyse erprobt (KLEYSLER-KLEEMANN und SCHUSTER 1999). Das Gesamtergebnis des Projekts konnte bestätigen, dass die Lehrbuchredaktionen den Gender-Richtlinien der Europäischen Union wenig entgegenkommen. Ein weiterer Aspekt, der keineswegs außer Acht gelassen und vernachlässigt werden darf, ist, dass die Sprachbücher auch durch die vermittelten Inhalte und Sprachformen (wie zum Beispiel die Standardübung zum Thema *Typisch Frau, typisch Mann*, sowie Frauensprache und Männersprache z.B. in den Lehrwerken *Sprachkurs Deutsch, Themen, Deutsch aktiv*) die Herausbildung der Geschlechtsidentität mitsteuern. Es ist also anzunehmen, dass sich die Germanistikstudenten im Laufe der verschiedenen Phasen des Fremdsprachenunterrichts auch schon des Öfteren mit dem Thema Frau und Mann auseinandersetzen mussten.

Es darf also mit Recht behauptet werden, dass Gender „in den studentischen Köpfen" auch sprachlich mitkonstruiert wird, vor allem durch die invariablen Zuweisungen der Genderrollen in Wörterbüchern, Pressetexten, Liedern, Sprichwörtersammlungen, Lehrbüchern und Lehrwerken des Fremdsprachen- sowie Mutterspracheunterrichts. Die in diesen Genres vermittelten Genderbilder werden sprachlich vorwiegend mit Phraseologismen verschiedenster Art ausgedrückt.

4 Genderrollen beschreibende phraseologische Einheiten in studentischen Aufsätzen

Wie die Studenten über Frauen und Männer denken und wie sie sich zu diesem Thema äußern, wurde bisher nur sporadisch untersucht. Nach einer Untersuchung von KRAMER (1978 zit. nach LINKE und OOMEN-WELKE 1995) waren Studierende in ihren Aufsätzen in den 80-er Jahren zum Beispiel der Ansicht, dass die Frauen triviale Themen besprechen, während Männer Geschichte machen. Für Frauen ist es typisch, meinten die Studenten, dass sie klatschhaft sind, während sich die Männer mit den Ereignissen der Großpolitik beschäftigen (KRAMER 1978). Auch WODAK und SCHULZ (1991, zit. nach LINKE und OOMEN-WELKE) analysierten Aufsätze von Jugendlichen und stellten fest, dass die Mädchen ihre Beziehung zu der Mutter viel ausdrucksvoller und detaillierter beschrieben als Jungen, unter anderem dadurch, dass die Mädchen wesentlich mehr Vergleiche benutzt hatten (z.B. *meine Mutter ist so schön wie die Sonne*).

Auch unter dem Genderaspekt soll hervorgehoben werden, dass Sprachunterricht und Spracharbeit als Medium von Ich-Entwicklung zu bestimmen sind (vg. auch MESSNER 1980). Die Aufsatzdidaktik beschäftigt sich seit den 70-er Jahren mit Fragen wie Identität, Persönlichkeit und Individuum. Beim Aufsatzschreiben sind Motivation, Themenauswahl, Lebenserfahrung der Textverfasser von grundlegender Wichtigkeit (SPINNER 1980). „Ich-Identität wird in neueren Identitätstheorien gewöhnlich doppelseitig gesehen: als soziale (oder Rollen-) und als persönliche Identität" (SPINNER 1980: 68), so kann der Kerngedanke des modernen Aufsatzunterrichtes resümiert werden. Hinsichtlich der Genderidentität treffen diese zwei Komponenten der Identität wohl zusammen, da das soziale Geschlecht (Gender) zum Teil durch die Erfüllung oder Ablehnung gesellschaftlich bereitgestellter Geschlechtsrollenerwartungen beschrieben werden kann, wobei zweifelsohne auch die Persönlichkeitsmerkmale des Individuums zum Vorschein treten. Sprachliche Handlungen haben auch Identität ausdrückende Funktionen sowie Dimensionen der Rollendarstellung.

All dies vor Augen haltend habe ich in den letzten fünf Jahren studentische Aufsätze im Rahmen der Studienfächer Stilübungen bzw. Schriftliche Kommunikation untersucht. Zur Analyse standen insgesamt 150 Aufsätze zur Verfügung, die mit der provokativen Überschrift *Typisch Mann! Typisch Frau!* als Hausarbeit angefertigt wurden. Provokativ in dem Sinne, dass die Studenten, die diese Arbeiten geschrieben haben, im Rahmen der beiden erwähnten Fächer (teils aber auch in den Studienfächern Methodik und Didaktik in der Hochschulausbildung für Lehramt) die Sprachbücher *Unterwegs, Sichtwechsel und Gegensätze* benutzten, die das Thema Frau und Mann so didaktisieren, dass die Lernenden zur eigenen Meinungsbildung und Argumentation gegenüber Stereotypen angeregt werden. So konnte angenommen werden, dass die Betitelung der Essayarbeit nicht die Stereotypisierung befördert, sondern ihr entgegenarbeitet.

Es wurde vor allem untersucht, welche phraseologischen Einheiten bei der Beschreibung, Darstellung und Zuweisung von Genderrollen durch die Studenten in einer größeren Anzahl benutzt werden. Bei der durchgeführten Untersuchung ging ich theoretisch davon aus, dass die Genderrollen in der Mehrheit durch phraseologische Einheiten einer Sprache ausgedrückt werden, da sie genauso vorfabriziert sind, wie die durch sie dargestellten und dargebotenen Geschlechterrollen.

Zuerst wurde am Material die Herausfilterung der phraseologischen Einheiten, dann die Gruppierung des Sprachmaterials unter dem Genderaspekt und nach der Sprachform (nach FLEISCHER 1997) vorgenommen. Bei der Beschreibung des Frauenbildes kamen größtenteils metaphorische Idiome (z.B. *den Herd hüten*), phraseologisierte bzw. idiomatische Wortverbindungen (z.B. *im Haus viel zu tun haben, es schwer haben, schnell in Tränen ausbrechen*) sowie Funktionsverbgefüge und Kollokationen (z.B. *den Haushalt führen, die Hausarbeit verrichten, auf andere Rücksicht nehmen, in den Hintergrund gedrängt sein, gern Streit anfangen, immer Fragen stellen*) vor. Die meist benutzten phraseologischen Einheiten waren jedoch Teil-Idiome oder verbale Phraseme (z.B. *Wärme ausstrahlen, Fürsorge zeigen, gute Figur haben, sich auf Männer verlassen, auf Männer angewiesen sein, auf Gefühle hören, sich um Kinder und Kranke kümmern*). Nach der Häufigkeit der benutzten Einheiten ist die Zahl der lexikalisierten Wortmetaphern oder attributiven Einheiten gering (z.B. *kochendes und putzendes Geschöpf, Waschkönigin, Putzfee, Heulsuse*). In einer noch geringeren Anzahl sind vergleichende Phraseologismen registriert worden (z.B. *für die Frau sei eine Beziehung ohne Emotionen wie kalter Kaffee*). Kein einziges Sprichwort war im Sprachmaterial zu finden, desto öfter waren aber die festen Phrasen (z.B. *das schwache Geschlecht, das schöne Geschlecht*), oft auch in paraphrasierter Form (z. B. *das Geschlecht, welches so schwach ist*), verwendet. Neben aktivischen Bedeutungen sind in einer großen Zahl passivische Konstruktionen und nichtaktivische Bedeutungen zu registrieren.

Bei der Beschreibung des Männerbildes kamen lexikalisierte Wortmetaphern (z.B. Einzelgänger, Frauenheld) und metaphorische Idiome (z.B. *mit beiden Beinen im Leben stehen, im Leben die Hauptrolle spielen, das Wort haben, gern den Pascha spielen, immer seinen Mann stehen, schnell in die Höhe fahren*) ganz oft vor. Dies war bei der Beschreibung des Frauenbildes nicht der Fall. Sehr oft wurden Funktionsverbgefüge und Kollokationen zur Darstellung des Männerbildes benutzt (z.B. *Frauen in Schutz nehmen, Karriere bauen, Kriege führen, Ratschläge geben, einen kühlen Kopf haben, Sinn für Humor haben, den Ton angeben, für Ansehen kämpfen*). Auch hier waren die vergleichenden Phraseologismen (z.B. *ein lügender Mann steht wie ein begossener Pudel da*) untypisch. Feste Phrasen wie *das starke Geschlecht* kamen genauso oft vor, wie bei der Beschreibung des Frauenbildes. In diesem Teil des Korpus ist die Anzahl der Teil-Idiome (z.B. *Gefühle beherrschen, auf Vernunft hören*) gering, und kein Sprichwort kam vor. In der Anzahl sind die Elemente des Männerbildes nicht nur geringer, sondern auch in formaler Hinsicht nicht so breit angelegt, wie die Komponenten des Frauenbildes. Nach den Sprachdaten der deutschen Wörterbücher hätte man erwarten können, dass das Männerbild transparenter gemacht wird, wie es auch die vielen Beispiele aus dem WÖRTERBUCH SYNONYME (2000) präsentierten. Die benutzten phraseologischen Einheiten sind aber alle aktivisch, kein einziges Beispiel konnte für passivische Bedeutungen gefunden werden.

5 Zusammenfassung

Die untersuchten phraseologischen Strukturen haben gezeigt, wie die Geschlechterrollen im ungarischen Kulturkontext inszeniert werden. Die phraseologischen Einheiten aus dem Korpus sind Belege dafür, wie die Geschlechter zu ihren Rollen kommen, aus welchen Szenen, Akten oder Aufzügen ihre Rollen bestehen. Wie das aktuelle Gender-Szenario in ungarischen studentischen Köpfen aussieht, kann größtenteils dadurch bestimmt werden, wie die Frauen- und Männerrollen von ihnen sprachlich formuliert werden, (1) wenn auch in der Fremdsprache und (2) wenn auch dieses Sprachmaterial manchmal durch Hungarologismen belastet oder gefärbt ist. Zwei weitere Aspekte der Untersuchung stehen noch offen: (1) die Gender-Typik bei der Stereotypisierung (d.h. wer phraseologisiert mehr?), und (2) die Gender-Typikalität bei der Stereotypisierung (d.h. wem gegenüber wird mehr phraseologisiert?).

Literatur

BEYER, H./BEYER, A. (1987): Sprichwörterlexikon. Leipzig.
BOKEMEYER, Ch. (1996): Sprachbücher als Leitmedien für gleichstellungspolitische Zielsetzungen? In: Der Deutschunterricht 1. S. 27–41.
DROSDOWSKI, H./SCHOLZE-STUBENRECHT, W. (Hrsg.) (1992): Duden. Redewendungen und sprichwörtliche Redensarten. Wörterbuch der deutschen Idiomatik. Mannheim, Leipzig, Wien, Zürich.
DROSDOWSKI, H./SCHOLZE-STUBENRECHT, W. (Hrsg.) (1993): Duden. Zitate und Aussprüche. Herkunft und aktueller Gebrauch. Mannheim u.a.
FLEISCHER, W. (1997): Phraseologie der deutschen Gegenwartssprache. Tübingen.
GÖRNER, H./KEMPCKE, G. (Hrsg.) (2000): Wörterbuch Synonyme. Frankfurt am Main.
GOTTBURGSEN, A. (2000): Stereotype Muster des *doing gender*. Wiesbaden.
GREBE, P./KÖSTER, R. et al (Hrsg.) (1991): Duden. Bedeutungswörterbuch. Mannheim, Leipzig, Wien, Zürich.
SPINNER, Kaspar H. (1980): Identitätsgewinnung als Aspekt des Aufsatzunterrichts. In: SPINNER, Kaspar H. (Hrsg.): Identität und Deutschunterricht. Göttingen. S. 67–80.
HUFEISEN, B (1993): Frauen und Pelze wollen oft geklopft sein. Zur Darstellung der Frau in Sprichwörtern, Redewendungen und sonstigen feststehenden Ausdrücken. In: HUFEISEN, B. (Hrsg.): Das Weib soll schweigen. Wiesbaden. S. 153–173.
KREYSLER-KLEEMANN, Ch./SCHUSTER, W. (Hrsg.) (1999): Sprache, Geschlecht, Demokratie. Wien.
KROLL, R. (Hrsg.) (2002): Gender Studies – Geschlechterforschung. Metzler Lexikon. Stuttgart.

LEINFELLER, E. (2002): Die redselige Frau, der schweigsame Mann und andere sprachliche Stereotype. In: BAIER, W.6/WUKETIS M., F. (Hrsg.): Sexualität. Wien.
LINKE, A./OOMEN-WELKE, I. (Hrsg.) (1995): Herkunft, Geschlecht und Deutschunterricht. Freinurg.
MESSNER, R. (1980): Grundmuster des Sprachunterrichts und Schüleridentität. In: SPINNER, Kaspar H. (Hrsg.): Identität und Deutschunterricht. Göttingen. S. 101–117.
PUSCH. L. (1984): „Sie sah zu ihm auf wie zu einem Gott". Das Duden-Bedeutungswörterbuch als Trivialroman. In: PUSCH, L. (Hrsg.): Das Deutsche als Männersprache. S. 135–145.
RITTERSBACHER, Ch. (2002): Frau und Mann im Sprichwort. Einblicke in die sprichwörtliche Weltanschauung Großbritanniens und Amerikas. Heidelberg.
RÖMER, R. (1973): Grammatiken, fast lustig zu lesen. In: Linguistische Berichte 28. S. 70–79.

Ana Mansilla (Murcia)

Ironie aus phraseologischer Sicht[1]

Bis die Ironie als sprachliches Phänomen erforscht wurde, galt sie vor allem als literarisches (romantische Ironie) oder rhetorisches Mittel. Ironie als pragmatisches Phänomen gilt als indirekter[2] Sprechakt[3] innerhalb der Sprechakttheorie. FRANK (1975: 219) definiert den Begriff des indirekten Sprechaktes wie folgt:

> Ein indirekter Sprechakt liegt dann vor, wenn der mit den sprachlichen Indikatoren angezeigte Illokutionstyp nicht mit der ‚eigentlich' intendierten illokutiven Funktion übereinstimmt. (Beispiel: die Behauptung *es zieht* als Aufforderung, das Fenster zu schließen).

GRICE (1975: 45) behandelt die verbale Ironie eher rudimentär und führt sein Kooperationsprinzip sowie die Konversationsmaximen in den Sprechakt ein. Er geht davon aus, dass der Sprecher bestimmte Maximen[4] beherrschen muss, um erfolgreich mit anderen kommunizieren zu können. Bei der „Theorie der konversationellen Implikatur" greift GRICE auf den allgemeinen Prozess des Verstehens einer Äußerung zurück, bei dem der Hörer zum Verständnis der Äußerung bestimmte Inferenzen (*conversational implicatures*) generiert. Im Falle, dass der Sprecher ironisch vorgeht, verstößt er offensichtlich gegen die Wahrheits- oder Qualitätsmaxime.

Nach STEMPEL (1976: 234) verweist die Ironie auf eine komplexe illokutive[5] Komponente innerhalb der Sprechakttheorie:

---

[1] Diese Arbeit ist im Rahmen eines mit FEDER Geldern subventionierten Forschungsprojekts des spanischen Ministerio de Educación y Ciencia (HUM2007-62198/FILO) zu deutsch-spanischer Phraseologie (FRASESPAL) entstanden, das von Frau Dr. Carmen Mellado Blanco an der Universität Santiago de Compostela geleitet wird.
[2] Es gibt drei Hauptsprechakte: direkte, nicht-direkte und indirekte Sprechakte. In Bezug auf den direkten Sprechakt deutet EGGS (1979: 219) darauf hin, dass der Sprecher sich sprachlich in gewohnter Art und Weise so wie gewöhnlich ausdrückt, d.h. dass er die Wörter in ihrer normalen und gewöhnlichen Bedeutung verwendet.
[3] Ein indirekter Sprechakt ist implizit, indem der propositionale Gehalt der wörtlichen Äußerung nicht explizit thematisiert wird, sondern impliziert ist.
[4] Die Maximen der Qualität, Quantität, Relation und Modalität.
[5] In der Pragmatik unterscheidet man illokutive von perlokutiven Sprechakten. Es gelten als illokutiv folgende Verbklassen: feststellen, fragen, befehlen, raten usw., und als perlokutiv: überzeugen, überreden, beleidigen, erschrecken, usw.

Dies hat nun zur Folge, dass wir der Ironie als Sprechhandlung eine komplexe illokutive Komponente zuweisen müssen. Sie reicht bis zu dem Punkt, wo das Verständnis des ironischen Verfahrens bei der zweiten oder einer dritten Person erzielt worden ist und erzeugt als perlokutiven Effekt die Lächerlichkeit, die der dritten Person mit komischer Wirkung vermittelt wird.

OOMEN (1983: 35) kritisiert die unzureichende Begriffsbestimmung der Ironie, d.h. Ironie als Ausdruck des Gegenteils des Gemeinten. Sie betont die Mehrdeutigkeit der Ironie und nimmt zur Kenntnis, dass die wörtliche Bedeutung einer Äußerung ein „Mehr" an Bedeutungen entfaltet. OOMEN stellt fest, dass der Sprecher ironische Äußerungen verwendet, um die Situation aus der Distanz zu beherrschen:

> Die wörtliche Bedeutung ist also nicht einfach gelöscht, sondern die ironische Bedeutung baut gerade auf dem Spannungsverhältnis zwischen wörtlicher und abgeleiteter Bedeutung auf. Aus diesem Spannungsverhältnis ergibt sich das ‚Mehr' an Bedeutung der ironischen Äußerung. Dieses ‚Mehr' impliziert stets einen Verweis auf das Auseinanderklaffen von Erwartung und Wirklichkeit und damit auf eine Einstellung des Sprechers, mag es sich um Enttäuschung, Vorwurf oder Kritik handeln.

Wenn eine Aussage nicht in ironischer Absicht begriffen werden kann, muss der Sprecher bestimmte Indikatoren wie die I r o n i e s i g n a l e verwenden, um die Ironie zu verdeutlichen. Schon in der antiken Rhetorik wird die Intonation als Ironiesignal in der gesprochenen Ironie erwähnt. Die Ironiesignale sind auf keinen Fall systematisch, sie verfügen über keinen eigenen Code, sondern sie lassen sich von den unterschiedlichen Sprechakten beeinflussen.

WEINRICH (1974: 61) führt als Ironiesignale die Häufung bombastischer Ausdrücke, gewagte Metaphern, überlange Sätze, Wortwiederholungen oder - in gedruckten Texten - Kursivdruck und Anführungszeichen an. Manche Autoren wie EGGS (1979: 430) sprechen nicht von Ironiesignalen, sondern von konkreten ironischen Intentionen in sprachlichen Situationen, in denen das Anzeigen des Durchbrechens der kommunikativen Kohärenz zustande kommt.

MÜLLER (1995: 137ff.) behandelt in ihrer Arbeit ein konkretes Korpus aus Zeitungsabschnitten, deren Überschriften an ironischen Formulierungen sehr reich sind. Einige der möglichen ironischen Anspielungen werden in den folgenden Beispielen anschaulich:

Ironie durch W o r t n e u b i l d u n g : *Wirtschaftswunderlich;*[6] Ironie durch A n - s p i e l u n g : *Es darf gegrunzt werden;*[7] Ironie durch A l l i t e r a t i o n : *Flotte*

---

[6] Die Zeit 35/91. Es geht um die DDR, die viel früher hätte zusammenbrechen müssen, als es in der Tat passiert ist.

[7] Anspielung auf eine alte Fernsehsendung („es darf gelacht werden"). Dieser Ausdruck bezieht sich auf die Stadtflüchtlinge, die typische Landgerüche kritisieren.

Fünfziger (zu dem Thema „Junge Senioren"); Ironie durch W o r t s p i e l : *Der einzige mit weißer Weste* (zu dem Thema „Der Platzmeister des deutschen Bundestages geht in Pension").

Ironiesignale führt MÜLLER (1995: 138) ebenso an, und im Folgenden werden einige zitiert:

- Anführungszeichen: *Feuerwehr rettet Tauben - Wie München gegen eine Plage „kämpft".*
- Ausrufezeichen: *sowas von Sensibelei!*
- Orthographie: *ein Fest in aller Gemüüüüüüüüüüütlichkeit* (auf das Oktoberfest und dessen zunehmende Kriminalität bezogen).
- superlative und bombastische Ausdrücke (*Supermeisterpokalpokalist*).[8]

Darüber hinaus soll darauf hingewiesen werden, dass der adressierte Hörer mit dem Sprecher das notwendige Wissen teilen muss, damit bei jenem die ironische Äußerung gut rezipiert wird. HARTUNG (2002: 151) verweist auf vier Wissensbereiche, welche zu einer präzisen Auffassung ironischer Aussagen beitragen: kulturelle Werte, Sachkenntnis, Personenkenntnis und Gesprächsverlauf.

1 Die idiomatische Ironie

Die Problematik der konventionalisierten oder „erstarrten" Ironie ist ein kompliziertes Phänomen, das die Phraseologie zu lösen versucht. Wir sind uns darüber im Klaren, dass die Idiome bzw. Phraseologismen die Grundlage für verschiedene Sprachspiele bilden, die Mittel für Humor, Spott, Satire oder Ironie darstellen. Von daher sollte uns im Prinzip die Ironie als phraseologisches Phänomen selbstverständlich vorkommen.

DIETZ geht (1999: 237) jedoch von der Prämisse aus, dass es „keine Wörter und ebenso auch keine umfassenden Verbindungen [gibt], die *a priori* ironisch sind". Im Laufe seiner Darstellung stellt sich allerdings heraus, dass es doch ironische Formeln gibt, die kurze Sätze sind und in ihrem Gebrauch und Sinn verbindlich konventionalisiert sind:

Das ist eine schöne Geschichte!; Das kann noch lustig werden!

---

[8] „Mit dieser erfundenen Würde wird das gesamte Prinzip der Sportmeisterschaften und Titulaturen ironisiert. Als Fiktion ist dieser Titel alten Superlativtiteln wie *König der Könige* nachgebildet". MÜLLER (1995: 152)

Im Beispiel *das ist ja ein feiner Freund!* stellt sich die Kombination *feiner Freund* im Prinzip als Tautologie dar, und deswegen fällt dieser Satz als ironisch sofort auf.

BERG (1978: 91) lehnt kategorisch ab, dass Beispielsätze wie *das ist ja eine schöne Geschichte* ironisch sind. Mit seiner Behauptung, es gäbe keine idiomatische Ironie, hält Berg es für fraglich, dass es überhaupt semantische Transformationen innerhalb der Phraseologie gibt. Aus diesem Blickwinkel betrachtet, erscheint uns die Stellungnahme Bergs im Bereich der Phraseologie als verwirrend und widersprüchlich, denn ein Phraseologismus ist meistens auf seine nichtliterale Bedeutung festgelegt (idiomatisch). DIETZ (1999: 238) formuliert zur These BERGs Folgendes:

> Wollten wir uns nämlich seiner These anschließen, so müssten wir konsequenterweise gleichfalls behaupten: es gibt keine idiomatische Metaphorik (*den Bock zum Gärtner machen*), keine idiomatisierten Metonymien (*soweit das Auge reicht*), Euphemismen (*in Krieg bleiben*) usw [...].

Innerhalb der ironisierten Formulierungen sind zwei Stufen voneinander zu unterscheiden: okkasionelle von konventioneller Ironie. O k k a s i o n e l l e I r o n i e innerhalb der Phraseologie bezieht sich auf die Phraseologismen, die nicht usuell ironisch verwendet werden, sondern nur in sehr okkasionellen und punktuellen Zusammenhängen. Eines der Hauptmerkmale der Ironie liegt in erster Linie in der Doppeldeutigkeit/Ambiguität des Gesagten. Bei der okkasionellen Ironie tragen die Phraseologismen eine polysemische Bedeutung: einerseits können sie literal erfasst werden, anderseits weisen sie auf eine ironische Bedeutung hin.

K o n v e n t i o n e l l e I r o n i e befasst sich mit Phraseologismen, die aufgrund des häufigen Gebrauchs ironisch geworden sind, so dass es nicht mehr erforderlich ist, auf die Doppeldeutigkeit der Ironie zurückzugreifen. Im eigentlichen Sinne des Wortes bezeichnet man eine verbale Form als nicht konventionell ironisch, wenn sie regelmäßig sowohl in eindeutigem als auch in mehrdeutigem Gebrauch verwendet wird.

Nun stellt sich die Frage, ob es leicht erkennbar ist, welche Phraseologismen okkasionelle bzw. konventionelle Ironie bezeichnen.

Wenn wir die ‚verfestigten' ironischen Phraseologismen betrachten, ist festzustellen, dass sie nicht allzu häufig anzutreffen sind.

Bei den k o n v e n t i o n e l l e n i r o n i s c h e n W e n d u n g e n lassen sich hier einige Beispiele illustrieren:

Konventionelle ironische Phraseologismen	
DEUTSCH	SPANISCH
Das fehlte gerade noch!	*¡Pues, lo que faltaba!*
Da/jetzt/nun haben wir die Bescherung *Schöne Bescherung!*	*¡Menuda faena!, buena la has hecho/liado!*

Das ist ja noch schöner/ das wäre ja noch schöner!	*¡Esto es el no va más!*
Da hat man uns ja ganz schön angeschmiert!	*¡Menuda faena!*
Da hast du ja was Schönes angerichtet!	*¡Buena la has hecho!*

Werfen wir einen Blick auf die genannten Beispielsätze, so lässt sich konstatieren, dass die Mehrheit im Deutschen Modalpartikeln enthalten. Dieses Phänomen zeigt die Wichtigkeit der Partikeln innerhalb der Ironiebedeutung, denn diese Elemente verstärken noch die ironische Intention des Sprechers. Im Spanischen treten zur Ironieintensivierung Demonstrativpronomen bzw. Personalpronomen: *ésta, la,* oder Adjektive wie *buena, menuda* auf.

Der Beispielsatz *da haben wir die Bescherung!* kommt sehr oft nur in ironischer Absicht vor. In literaler Bedeutung kommt *wir haben die Bescherung* nur am Weihnachtstag in Bezug auf das Verteilen von Weihnachtsgeschenken zum Ausdruck:

‚Wir haben die Bescherung' sage ich ‚immer um halb acht gehabt.' ‚Und wir haben sie um sechs gehabt' sagt die Frieda. ‚Um sechs Uhr schon Bescherung', [...] [eine Weihnachtsgeschichte].[9]

Auffällig ist die Verwendung von verbalen Ironiesignalen wie *da, nun, jetzt, ja* in den Beispielsätzen:

d a haben wir die Bescherung; das ist j a eine schöne/nette[10]/Bescherung; J e t z t / n u n haben wir die Bescherung!; N u n , das ist eine schöne Bescherung!

Diese Komponenten *da, nun, jetzt, ja* verleihen der Formulierung, die einen unangenehmen oder ärgerlichen Sachverhalt charakterisiert, eine ironisch-metaphorische Bedeutung.

Stilistisch gesehen ist *da haben wir die Bescherung* dem Euphemismus gleichzusetzen. Der Sprecher beabsichtigt, mit der Sprache zu spielen, indem er in der Form eines Tadels[11] jemanden/etwas lobt (Tadel als Lob). Aus Höflichkeitsgründen scheint eine ironische Bemerkung effektiver und aussagekräftiger, um jemanden, bzw. eine konkrete Situation zu tadeln, als eine natürliche und „plumpe" Aussage.

---

[9] http://www.ndrkultur.de/ndrkultur_pages_stdep/0,2515,OID859980,00.html, gesehen am 30.05.2006

[10] Im Duden 11 steht als gleichwertige Variante *eine nette Bescherung.* Im Internet haben wir ermittelt, dass keine Beispiele in ironischem Gebrauch mit dieser Formulierung anzutreffen sind.

[11] Der Sprecher verbirgt seine wahre Einstellung bzw. Meinung zum Gesagten.

Na das ist ja eine schöne Bescherung. Ausgerechnet am Fest der Liebe (Weihnachtstag) endet der gemeinsame Abend in Streit und Enttäuschung.[12]

Bei der Formulierung *das wäre ja noch schöner!* lassen sich einige Varianten bilden:

Wäre ja noch schöner

Wäre ja noch schöner, wenn der Staat vorschreiben kann, wann man ein Motorrad kauft. Wer will, kann schon mit 12 eines kaufen. Fahren darf er dann halt erst wenn er den Führerschein hat.[13]

Na, das wäre ja noch schöner

Na, das wäre ja noch schöner, wenn wir auch noch die Dekorationen unseres Eigentums vorgeschrieben bekämen![14]

Die konkrete Redesituation: *das wäre ja noch schöner, dass solchen Leuten (den Rechtsradikalen) auch noch Zentren ermöglicht werden,* charakterisiert einen unzulässigen Sachverhalt. Dieser Beispielfall kann nur in seiner ironischen Bedeutung aufgrund der Verwendung der Modalpartikel *ja* und des Adjektivs *schöner* gebraucht werden. In ihrer wörtlichen Bedeutung würde man auf die Ironiesignale *das* und *ja* verzichten: es *wäre schöner, wenn dies nicht erforderlich wäre; es wäre schöner, wenn das Programm besser würde,* etc.

Okkasionelle ironische Phraseologismen	
DEUTSCH	**SPANISCH**
*Du bist mir **aber/ja** ein toller Hecht!*	*¡Pero hay que ver qué majo eres!*
*Du bist **mir** der Richtige!*	
*Du bist **mir** ein Held!*	
*Du bist **mir** ei Du bist mir ein guter Freund!*	
*Du bist **mir** vi Du bist mir **vielleicht** ein schöner Freund!*	
*Das kann **ja** heiter/lustig werden! Das ist **ja** heiter!*	*¡Qué gracia me hace! ¡Me hace una gracia loca!*
*Das ist **ja** ein Ding!*	*¡Ésta sí que es buena!*
*Das fängt **ja** gut an!*	*¡Empezamos bien!*

Wenn wir das Beispiel *das kann heiter werden* berücksichtigen, so kann man nur eine ironische Sprecherintention annehmen, wenn diese Formulierung mit anderen verbalen und nonverbalen Ironiesignalen vervollständigt wird. Aus

---

[12] http://www.radiobremen.de/online/weihnachten/geschichten/harmonie.html, gesehen am 31.05.2006 (Abschnitt aus der Geschichte „Harmonische Weihnachten" von Hendrik PLAß).
[13] http://spotlight.de/zforen/mtr/m/mtr-1142232250-21647.html, gesehen am 01.05.2006
[14] http://www.mieterbund.de/poll/poll12.php?c_page=5, gesehen am 01.05.2006

situativen Zusammenhängen lässt sich ohne größere Mühe schließen, ob der betreffende Sprechakt nun tatsächlich ironisch zu verstehen oder nicht doch ernst gemeint ist.

a) Literale Bedeutung (Lesart 1)

Hase und Hase - d a s k a n n h e i t e r w e r d e n ! Sie können viel Spaß zusammen haben. Ob diese Beziehung von Dauer wird, das kann man nur schwer vorhersagen, auf alle Fälle sind sie ein gutes Team.[15] (Chinesische Astrologie)

b) ironische Bedeutung (Lesart 2)

Kommunisten gegen Gaullisten[16] *– d a s k a n n h e i t e r w e r d e n . Bauen oder Nicht-Bauen, das ist derzeit in Lyon und anderen französischen Großstädten die Frage.*

Bei der Formulierung *Du bist mir ein Held* lassen sich sowohl die literale als auch die ironische Lesart aufzeigen:

a) Literale Bedeutung (Lesart 1)

Hi Martin! D u b i s t m i r e i n H e l d . Deine Page is echt nicht schlecht. Aber du könntest mich auch bei Greetz grüßen. Du kennst mich zwar erst seit ein paar Tagen, aber das is doch egal. Man sieht sich im MAG oder bei Katjas genialen Partys.[17]

b) ironische Bedeutung (Lesart 2)

denn homos mit necrophilen gleichzusetzen ist jetzt wirklich die höhe schlechthin. als nächstes sind schwule kinderschänder, vergewaltiger und schuldig, für den untergang der gesellschaft. d u b i s t m i r e i n h e l d . und du willst mir sagen, dass du homos nicht hasst? vielleicht solltest du mal darauf hören was du hier sagst.[18]

Diese Beispiele sind sehr kontextabhängig und können nur in bestimmten Zusammenhängen ironisch gemeint werden. An anderer Stelle haben wir schon darauf hingewiesen, dass die Ironiesignale dazu beitragen, Ambiguitäten zu vermeiden. In der mündlichen Kommunikation kommt den Aspekten der Intonation und der Satzmelodie eine nicht zu unterschätzende Bedeutung

---

[15] http://chinesische-astrologie.de/sternzeichen/hase/hase.html, gesehen am 31.05.2006
[16] Der Gaullismus ist grundsätzlich konservativ. Er strebt nach einem zentralistischen Staat und legt Wert auf die internationale Bedeutung Frankreichs. Gaullisten sind in der Regel gemäßigt rechts, nationalistisch und stehen der Europäischen Integration ambivalent gegenüber.
[17] http://www.arbeitsplatzvernichtung-durch-outsourcing.de/marty44/oldgb.html, gesehen am 31.05.2006
[18] http://www.animania.de/forum_neu/printthread.php?t=42&page=3&pp=25, gesehen am 30.04.2006

zu. Des Weiteren sind nonverbale und suprasegmentale Ironiesignale mit einzubeziehen.

Eine letzte Gruppe von ironischen Phraseologismen, die hier hinzuzufügen sei, bezieht sich auf die satzwertigen Ausdrücke, die zwar als phraseologische Fügungen festgelegt werden, aber keineswegs immer als ein ironischer Sprechakt anzusehen sind. Sie werden von uns als p s e u d o i r o n i s c h e   P h r a s e o l o g i s m e n „etikettiert". Die Ironiesignale übernehmen hier eine herausragende Bedeutung.

Pseudoironische Phraseologismen	
	Ironische Lesart
Reden wie ein Wasserfall	Tja, du reeeeeeedest wie ein Wasserfall (lachen)
Hablar por los codos	*Puff, habla por los codos*
Leben wie Gott in Frankreich	Ha ha, er lebt wie Gott in Frankreich
Vivir como un rey	*Qué gracia me hace, dice que vive como un rey!*
Durch dick und dünn mit jdm. gehen	Ha ha, mit dir gehe ich durch dick und dünn
Ser uña y carne	*No veas, Pepe y Juan son uña y carne.*
Es regnet wie aus Kübeln	Aha, es regnet wie aus Kübeln?
Caer chuzos de punta	*(un vasco a un almeriense), si, claro que están cayendo chuzos de punta.*
Essen wie ein Spatz	Der dicke Bernhard, der isst wie ein Spaaaaatz!
Comer como un pajarito	*El pedazo de animal de Manolo por supuesto que come como un pajarito!, sólo hay que verlo*

2 Zusammenfassung

Einen zentralen Diskussionspunkt für das gesamte Gebiet der Phraseologie stellt nach wie vor das Problem der Ironie dar. Die ironischen Beispielsätze, die hier vorgestellt wurden, haben eine sehr ausgeprägte kommunikative Funktion. Aus pragmatischer Sicht würden viele ironisch formulierte Phraseologismen ohne verbale Ironiesignale wie Modalpartikeln, Ausrufe, Demonstrativpronomen schwer verständlich sein.

Wir sind uns dessen bewusst, dass es sehr wenige Phraseologismen gibt, in denen die Ironie erkennbar ist (Phraseologismen, die eindeutig eine ironische und keine ambivalente Bedeutung haben wie *da haben wir die Bescherung*, d.h. deren uneigentlicher Sinn zum eigentlichen geworden ist). Die meisten Formulierungen weisen zwei oder drei Lesarten auf: *das kann lustig werden*.

Eine Berücksichtigung pragmatischer Aspekte innerhalb der Idiomatik ist erforderlich für die korrekte Erfassung ironischer Sprechabsichten. (*wir haben die Bescherung* und *d a / n u n / j e t z t haben wir die Bescherung*).

Darüber hinaus beggnen wir Phraseologismen, bei denen eine ironische Bedeutung nicht in Frage kommt, die jedoch durch bestimmte (verbale und nonverbale) Komponenten in die gegenteilige Bedeutung umschlagen, d.h. ironisch werden (die pseudoironischen Phraseologismen). Strittig ist aber, wie sich diese Gruppe innerhalb der Phraseologie systematisieren lässt, es fehlen im Moment bestimmte Kriterien zu einer genaueren Analyse.

Es wäre ein Irrtum, anzunehmen, dass die Ironie kein problematisches Phänomen nicht nur in der Idiomatik, sondern überhaupt in der Alltagskommunikation darstellt. Was noch in zukünftigen Studien weiter untersucht werden sollte, wäre eine strukturelle Analyse der Ironie aus phraseologischer Sicht, die auf einem definierten Korpus basiert.

Abschließend lässt sich sagen, dass die Ironie ein sehr weites Untersuchungsfeld zur Erfassung der Sprache anbietet, das weit über die Grenzen der Sprache hinausführt, denn Ironie ist nicht nur ein semantisches, pragmatisches oder sogar idiomatisches Phänomen, sondern eine Lebensphilosophie *par excellence*.

Literatur

BERG, Wolfgang (1978): Uneigentliches Sprechen. Zur Problematik und Semantik von Metapher, Metonymie, Ironie und rhetorischer Frage. Tübingen.

DIETZ, Hans-Ulrich (1999): Rhetorik in der Phraseologie. Zur Bedeutung rhetorischer Stilelemente im idiomatischen Wortschatz des Deutschen. Tübingen.

Duden (2002): Redewendungen. Wörterbuch der deutschen Idiomatik. Band 11. Mannheim.

EGGS, Ekkehard (1979): Eine Form des uneigentlichen Sprechens: Die Ironie. In: Folia Linguistica 13. S. 413–435.

FRANCK, Dorothea (1975): Zur Analyse indirekter Sprechakte. In: EHRICH, Veronika/FINKE, Peter (Hrsg.): Beiträge zur Grammatik und Pragmatik. Kronberg/Ts. (Skripten Linguistik und Kommunikationswissenschaft; 12.). S. 219–231.

GRICE, Paul (1975): Logic and Conversation. In: COLE, Peter/MORGAN, Jerry (Hrsg.): Speech acts (Syntax and Semantics; 3). S. 41–58.

HARTUNG, Martin (2002): Ironie in der Alltagssprache. Eine gesprächsanalytische Untersuchung. Radolfzell. (Verlag für Gesprächsforschung).

MÜLLER, Marika (1995): Die Ironie. Kulturgeschichte und Textgestalt. Würzburg. (Epistemata: Reihe Literaturwissenschaft; 142).

OOMEN, Ursula (1983): Ironische Äußerungen: Syntax - Semantik - Pragmatik. In: Zeitschrift für germanistische Linguistik 11.1. S. 22–38

STEMPEL, Wolf-Dieter (1976): Ironie als Sprechhandlung. In: PREISENDANZ, Wolfgang/WARNING, Rainer (Hrsg.): Das Komische. München. S. 205–237.

WEINRICH, Harald (1974): Linguistik der Lüge. Heidelberg.

Internetquellen

http://www.ndrkultur.de/ndrkultur_pages_stdep/0,2515,OID859980,00.html, gesehen am 30.05.2006

http://www.radiobremen.de/online/weihnachten/geschichten/harmonie.html, gesehen am 31.05.2006

http://spotlight.de/zforen/mtr/m/mtr-1142232250-21647.html, gesehen am 01.05.2006

http://www.mieterbund.de/poll/poll12.php?c_page=5, gesehen am 01.05.2006

http://chinesische-astrologie.de/sternzeichen/hase/hase.html, gesehen am 31.05.2006

http://www.arbeitsplatzvernichtung-durch-outsourcing.de/marty44/oldgb.html, gesehen am 31.05.2006

http://www.animania.de/forum_neu/printthread.php?t=42&page=3&pp=25, gesehen am 30.04.2006

Sonia Marx (Padua)

Phraseologie im Spiegel italienischer Binnenansichten. Eine interdisziplinäre Fallstudie

1 Vorüberlegungen

Wie der ungarische Nobelpreisträger Imre Kertész treffend beobachtet, gibt es Wörter, die in verschiedenen Sprachen anscheinend das Gleiche bedeuten – und doch sagt man sie je nach Sprache, mit anderen Gefühlen, einem anderen Beiklang: ital. *fraseologia* und dt. *Phraseologie* sind ein Beispiel dafür.

Die Einstellung zur Phraseologie und ihre Bewertung im italienischen Sprachraum weist im Vergleich zum deutschen Sprachraum wesentliche Unterschiede auf. Meine Feststellung stützt sich auf eine Reihe von Studien, die den Begriff in seiner kulturgeschichtlichen Verankerung spiegelbildlich und in doppelter Hinsicht beleuchten. Nicht bloß die Abwandlung und das Durchspielen der Möglichkeiten in der Mutter- bzw. Bildungssprache, sondern das Eingehen auf den „anderen" Blickwinkel der Fremd- bzw. Nachbarsprache, das Eingehen auf „fremde" Ansprüche, trägt Momente der Findung in sich. Das sichtbare Ergebnis dieses seit etwa sechs Jahren in die Praxis umgesetzten „doppelten" Sichtwechsels sind Publikationen. Eine in italienischer Sprache verfasste Monographie (MARX 1999) und verschiedene Beiträge anlässlich der EUROPHRAS-Tagungen in Tunesien (2003) und Basel (2005) (MARX 2003/04, 2006a) sowie im Rahmen des Sonderforschungsbereichs über Mehrsprachigkeit (C.I.P) der Universität Udine (MARX 2005), die in eine zweite, in deutscher Sprache verfasste Monographie (Marx 2006b) eingeflossen sind. Die Differenz zwischen Objekt- und Forschungssprache ergibt sich in diesen Arbeiten zwingend durch ihre materialkontrastive Ausrichtung Ital./Dt. und Dt./Ital. Der vorliegende Beitrag vertieft den Einfluss, den die landesspezifische „Tradition" im italienischen Kulturraum auf die Darstellung durch Sprache und die Betrachtungen über Sprache ausübt. Zu diesem Zweck soll der Begriff Phraseologie aus synchroner Perspektive in einer lexikographischen „Momentaufnahme" kritisch beleuchtet werden.

2 Wörterbücher auf dem Prüfstand: der Begriff *fraseologia* im lebendigen italienischen Sprachgebrauch

Der tägliche Umgang mit fachsprachlicher Mehrsprachigkeit in Forschung und Lehre legt eine kritische Auseinandersetzung mit Begriffen, ihren theoretisch-methodischen Hintergründen und ihrer Wirksamkeit in der europäischen Bildungs- und Wissenschaftstradition nahe. Angesichts dieser Tatsache sind sowohl auf der Ebene der wissenschaftlichen Arbeit als auch auf der ihrer Vermittlung mehrsprachige fachsprachliche Kompetenzen gefragt. In seinem Fachwörterbuch *Dizionario di Linguistica e filologia, retorica, metrica* weist allerdings der Sprachhistoriker BECCARIA darauf hin, dass im Zuge der rasanten Entwicklung der Sprachwissensch*aften* (*Scienze del linguaggio*) immer mehr hochspezialisierte terminologische Begriffsapparate entstehen, die sich stark voneinander differenzieren und z.T. hermetisch abgeschlossene Begriffswelten bilden. Haben schon Vertreter der gleichen Disziplin oft mit fachinternen Verständigungsschwierigkeiten zu kämpfen, verschärft sich die Situation in der fächerübergreifenden Diskussion beträchtlich. BECCARIAS wirkungsvoller Vergleich mit einem *polipaio terminologico* (terminologischen Quallenpfuhl) liefert ein realistisches Bild der innersprachlichen Probleme in der aktuellen italienischen Fachdiskussion. Dieser Umstand hat aber auch einen besonderen Reiz. Insbesondere die fachsprachliche Mehrsprachigkeitsforschung (wie sie etwa im *Centro sul Plurilinguismo* der Universität Udine betrieben wird) fühlt sich aufgerufen, problemorientiert und nicht fachzentriert zu arbeiten.

„Phraseologie" dient z.B. im Deutschen als vollgültiger, festumrissener Fachausdruck der Grammatik und Linguistik. Im Italienischen hingegen ist die Antwort auf die Frage, ob *fraseologia* als Benennung für Vorgeformtes, aus mehreren Lexemen fixiert Tradiertes akzeptiert worden ist, sich eingebürgert hat und im fachsprachlichen Gebrauch üblich ist, viel komplexer. Meine Untersuchungen haben ergeben, dass in Italien aufgrund der landesspezifischen Kulturtradition vielfach die rhetorische Kernterminologie bevorzugt wird. Sie hat zwei Vorteile: erstens ist sie recht stabil, zweitens gewährleistet sie eine wertneutrale, interdisziplinäre Verständigungsbasis für Sprachphilosophen, Literaturwissenschaftler, Philologen, Sprachhistoriker u.a. Zu beachten ist ferner, dass *fraseologia* nicht nur ein mehrdeutiges, sondern im Vergleich zum Deutschen auch ein stark kulturell konnotiertes Wort ist. Kulturelle Konnotationen beziehen sich auf Wertkodierungen, affektive Bedeutungsanteile und Informationen zur sprachlichen Existenzform von Sprache (Gemein- bzw. Umgangssprache, Fachsprache usw.). Sie sind variabel und je nach Generationszugehörigkeit, Bildungsschicht und Berufsgruppe Veränderungen unterworfen. In einer Zeit des inflationären Gebrauchs von Interkulturalität (FÖLDES 2003) sollen in diesem Beitrag jene Sprachträger in den Zeugenstand gerufen werden, die im italienischen Sprach- und Kulturraum dank ihrer ehrwürdigen Tradition die verlässlichste und ergiebigste Quelle der phraseologischen Erscheinungen (Idiomatik) des Italienischen (*Il Gentil Idioma*) darstellen: die italienischen Wörterbücher. Als wichtige „Instrumente der Sprachkultur" und „sprachhistorische Dokumente" erfüllen sie eine wesentliche, identitätsstiftende Funktion. In weiser Voraussicht auf den gemeinsamen Weg „Europa" bemerkt FOLENA in seinem Geleitwort zur Neubearbeitung von PALAZZIS *Novissimo Dizionario della Lingua Italiana* (1939; 2. Aufl. 1957; 3. Aufl. 1973, Neubearbeitung PALAZZI/FOLENA 1992):

> „Man kann sagen, dass jede Generation ihr eigenes Wörterbuch braucht, das sich vom vorhergehenden wesentlich unterscheidet, zumal die Zeitspanne einer Generation – aus kultureller Sicht und nicht biologischer – immer kürzer wird".

Um Einblick in den tatsächlichen Sprachgebrauch im modernen Italienisch (*la lingua effettivamente in uso oggi, nel parlato e nello scritto*) zu gewinnen, wurden vier maßgebliche Wörterbücher der italienischen Gegenwartssprache gewählt: MIGLIORINI (= MIGL; 1965), PALAZZI/FOLENA (= PAL/FOL; 1992), SABATINI/COLETTI (= DISC; 1997) und DE MAURO (= GRADIT; 1999–2003).

Das Wort *fraseologia* löst in der italienischen Umgangs- bzw. Gemeinsprache zahlreiche, aber auch unklare und zuweilen widersprüchliche Assoziationen aus. Wann immer im Alltagsgespräch das Wort *fraseologia* fällt, misst der Hörer oder Leser seine Erwartungen daran. Setzen wir den gegenwärtigen Sprachgebrauch als Maßstab, so evoziert die isolierte Nennung des Wortes *fraseologia* im Sprachbewusstsein des Durchschnittsprechers meist das Wort *frase*. Und *frase* bezeichnet in seiner Hauptbedeutung wertfrei den Satz (*proposizione*) und den Gliedersatz (*periodo*). *Frase* löst ferner verschiedene andere Begleitvorstellungen aus, die je nach Alter und Bildung des Sprechers verschieden sind. Um zu erfahren, welche Bedeutungsverwendungen „derzeit" im italienischen Sprachgebrauch dominant sind, empfiehlt sich eine kritische Durchsicht der Wortfamilie *frase*. In den vier Wörterbüchern des *uso vivo* (lebendiger Sprachgebrauch) stechen sofort zahlreiche Ableitungen von *frase* ins Auge: 5 (MIGL), 11 (PAL/FOL), 10 (DISC), 13 (GRADIT). Ich zitiere in der Folge die im GRADIT verzeichneten Stichwörter und markiere negative Wertkodierungen der Hauptbedeutung mit (-), verächtliche Bedeutungsveränderungen bei übertragenem Gebrauch mit (°): *frasaio* (-), *frasaiolo* (-), *frasaiola* (-), *frasale*, *frasario*, *frasastico* (-), *frasasticamente* (-), *fraseggiamento*,*fraseggiare* (°), *fraseggiato*, *fraseggiatore* (°), *fraseggiatrice* (°), *fraseggio*. Von dreizehn Belegen sind fünf ausschließlich negativ kodiert. Das heißt über ein Drittel der Ableitungen von *frase* wird heute im italienischen Sprachgebrauch mit negativen Wertungen assoziiert. Berücksichtigt man den abschätzigen Beiklang beim übertragenen Gebrauch von *fraseggiare* und die entsprechende Abfärbung auf die deverbalen Substantiva *fraseggiatore/fraseggiatrice*, steigt die Gesamtzahl auf acht. Das ist mehr als die Hälfte und ergibt ein unklares, schwankendes Gesamtbild.

Hellhörig machen ferner die Diminutiv- und Pejorativformen von *frase*, z.B. *fras/etta, fras/ettina, fras/accia* (DISC). MIGLIORINI verzeichnet sogar stolze sieben Belege: *fras/etta, fras/ettina, fras/ina, fras/uccia, fras/ucola, fras/ona, fras/accia*. Je nach Situation drücken sie die emotionale Stellungnahme des Sprechers zum Gegenstand der Rede aus, kennzeichnen seine Beziehung zum Gesprächspartner, verraten seine Redeabsicht, geben über sein Stil- bzw. Normempfinden Aufschluss. „Atmosphärisch" schwingen hier Stimmungen, Gefühle, Einstellungen und Bewertungen mit. Die jeweiligen Suffixe lassen sich kommunikativ wirkungsvoll wie austauschbare „Filter" einsetzen und nach Bedarf in ihrer Bedeutung durch den Klang der Aussprache modulieren. Die Verkleinerungsform *frasetta* bedeutet mehr als „kurzer Satz" (*frase breve*) oder „Sätzchen". Je nach Stimmton kann damit ein „banaler Satz" gemeint sein, aber auch ein „versteckter Hinweis" auf etwas. Der Satz *Mi ha detto una frasetta (frasina, frasettina)* hat – je nach Situation – einen humorvollen Unterton oder einen ironischen Beiklang und folglich Anspielungscharakter. Eine adäquate Wiedergabe ist nur kontextbezogen möglich. Das gleiche gilt für *frasuccia* und *frasucola*, die einen abschätzigen Beigeschmack verraten. Die Vergrößerungsform *frasona* bezeichnet nicht bloß einen „langen Satz" (*frase lunga*), sondern mehr. Unter *frasona* kann ein schwülstiger, allzu pathetischer oder dröhnender Satz (*frase grave, o troppo enfatica o sonora*), dem rednerische Geöltheit, Töne-Rhetorik, Imponiergehabe und eine gewisse Überredungsabsicht anhaften, verstanden werden. Mit *frasaccia* kann zwar ein böser/boshafter oder unheilvoller Satz gemeint sein, aber ebenso ein schlecht formulierter (*frase brutta*) oder stilistisch „derb" markierter Satz (*frase volgare*). Wie mir mein Gewährsmann auch mit Verweis auf die Pluralformen bestätigt, spielen die Art des Sprechens einer Person (*modo di parlare*), der Klang ihrer Rede und ihre Ausdrucksweise (*modo/maniera di esprimersi*) mit herein. Das impliziert eine Kontaktaufnahme (*scambio di frasi*) und verweist auf den größeren Zusammenhang der Gestaltung der Rede im Gespräch (*discorso*).

In den Wörterbüchern findet man für *frase* die Entsprechungen *modo di dire* (Wendung, Redewendung), *espressione* (Ausdruck), *locuzione* (Wortgruppe, Satzteil, Syntagma) oder spezifische „Typen" vorgeprägter Wortverbindungen (z.B. *espressione/frase idiomatica*). An den Stichwortartikeln *frase idiomatica* und *locuzione* lässt sich gut verfolgen, wie die lexikographische Praxis in Italien die Ausformung und Entwicklung der phraseologischen Fachterminologie berücksichtigt. PALAZZI/FOLENA (1992) erklärt *frase idiomatica* als *modo di dire tipico di una lingua, di solito non comprensibile a partire dai significati letterali delle parole che lo compongono* (PAL/FOL, s.v. *frase*) und zitiert exemplarisch die Redewendungen *fare il diavolo a quattro* (einen Höllenlärm machen), *sbarcare il lunario* (sein Leben fristen) (PAL/FOL, s.v. *idiomatico*). Im GRADIT (1999–2003) hingegen finden wir für *frase idiomatica* eine inhaltlich differenzierte Definition: *locuzione sintatticamente e lessicalmente cristallizata, tipica di una lingua o di un dialetto, il cui significato non è ricavabile dai significati propri dei singoli costituenti* und das Beispiel *perdere le staffe* (die Fassung verlieren) (GRADIT, s.v. *frase*). Deutlich sichtbar wird die Entwicklung der italienischen Fachterminologie beim Stichwort *locuzione*. Die Gegenüberstellung MIGLIORINI und DISC ist diesbezüglich sehr erhellend. MIGLIORINI (1965) verweist zunächst auf den literarischen, veralteten Ausdruck *loquela* (d.h. *modo di parlare*, Rede-/Sprechweise, Aussprache, Stil) und die gemeinsprachliche Entsprechung *locuzione – modo di dire*. Die fachspezifische Verwendungsweise klingt ebenfalls an: [*locuzione*] *Più determinatamente per i linguisti: gruppo di due o più parole, che sia invariabile ed esprima un concetto particolare*. Als Beleg zitiert MIGLIORINI drei typologisch verschiedene Redewendungen: *caval di battaglia* (Steckenpferd), *bagnato fradicio* (tropfend/triefend nass), *a gambe levate* (Hals über Kopf) (MIGL, s.v. *locuzione*). Im Gegensatz dazu finden wir im DISC (1997) eine sprachwissenschaftliche Definition: [*locuzione*] *insieme fisso di due o più parole che esprime un determinato concetto e costituisce un'unità lessicale autonoma* (DISC, s.v. *locuzione*). Es folgt eine Unterscheidung nach einzelnen, den Sprachgegebenheiten des Italienischen entsprechenden „Typen" adverbialer, präpositionaler, konjunktioneller, nominaler und verbaler Wendungen. So etwa (1) „*locuzione avverbiale*", z.B. *a momenti* (jeden Moment, um ein Haar*), alla larga* (sich von jdm./etw. fern halten), *a tratti* (von Zeit zu Zeit, ab und zu); (2) „*l. preposizionale*", z.B. *in luogo di* (statt), *in funzione di (*in Funktion von, abhängig von*)*; (3) „*l. congiunzionale*", z.B. *dal momento che* (da*)*; (4) „*l. aggettivale*", z.B. *bagnato fradicio* (tropfend/triefend nass*), magro impiccato* (zaundürr*)*, (5) „*l. sostantivale*", z.B. *pesce spada* (Schwertfisch*)*; (6) „*l. verbale*", z.B. *essere sul punto di*, (im Begriffe sein, dabei sein*); mandar giù*, (fig. hinunterschlucken*)*; (7) „*l. esclamativa*", z.B. *mamma mia (*mein Gott*!)*.

Interessant ist, dass im Italienischen *frase* z.T. nicht mehr ein materielles sprachliches Einzelfaktum (*espressione, locuzione, modo di dire*) bezeichnet, sondern sich allgemein auf die Ausdrucksweise (*espressione linguistica*) als Teil der Rede (*discorso*) bezieht (vgl. *atto, modo, effetto, dell'esprimere*, MIGL, s.v., *espressione*). Man denke etwa an die italienischen Wendungen *una bella frase* (eine schöne Ausdrucksweise), *una frase insolente* (eine unverschämte Ausdrucksweise), *trovare le frasi giuste* (die passende Ausdrucksweise finden) (DISC). Im weiteren Sinn ist mit *frase* (pl. *frasi*) die Redeweise und Redeart einer Person, ihre Schreib- und Sprechweise gemeint. Durch die Bedeutung von „Redeart" kann *frase* (pl. *frasi*) einen verächtlichen Beiklang erhalten (*parole vuote*, leere Worte) und entspricht dem Fremdwort Phrase, das im neueren Deutsch nicht mehr für „Redensart, Art des Redens", sondern nur noch für „leere Redensart" steht. Eine ähnliche Entwicklung lässt sich an *frase fatta* (fest geprägter Satz) verfolgen. Der Ausdruck ist zunächst wertneutral und entspricht *frase convenzionale* (feste Redewendung). Durch den abschätzigen Gebrauch von *frase* wird *frase fatta* (eigentlich „stehende Redewendung"; vgl. frz. *phrase faite* 1835) negativ eingefärbt. Diese Wertveränderung lässt sich in allen vier Wörterbüchern feststellen, da sie *luogo comune* (Gemeinplatz) als Synonym zitieren. Tiefere Ein- und Durchblicke in Bezug auf Veränderungen in der Wertbeimessung gewinnt man durch den kritischen Vergleich der einzelnen Einträge. MIGLIORINI betont den sprachlichen Wiederholungscharakter von *frase fatta*, d.h. *espressione che si suol ripetere senza ripensarla* (Wendung, die man einfach gedankenlos wiederholt, da man sie „schon" so oft gehört hat). PALAZZI/FOLENA übernimmt diesen Aspekt, führt aber durch den Verweis auf *chiacchiera* (pl. *chiacchiere*) eine stilkritische Wertung ein. Im Italienischen bezeichnet insbesondere die Pluralform *chiacchiere* (1) das Gerede, Geschwätz, (2) das Gerücht, (3) den Klatsch, die Klatscherei, den Tratsch. Es handelt sich, wie wir sehen, um eine bestimmte Art der mündlichen Realisierung der Rede durch Sprechen (*discorso*), die durch die sprachliche Wiederholung entweder (a) belanglos, inhaltsleer oder (b) doppelwertig, zweideutig (mitunter trügerisch, arglistig) oder auch (c) anonym sein kann. Als solche verstößt sie gegen die Stilkriterien der Deutlichkeit, Angemessenheit und Vermeidung des Überflüssigen und kann moralische Werturteile enthalten. Die Paraphrase *chiacchiere gonfie e vuote* (schwülstiges und inhaltsleeres Gerede) wirkt im PALAZZI/FOLENA interpretationssteuernd. Es geht um fest geprägte Sätze (*frasi*), die durch konstante Abnutzung in die Trivialität zitierfähiger Gemeinplätze abgesunken sind. Die exemplarisch zitierte Wendung *è un uomo tutto frasi* (PAL/FOL; er ist ein Schwätzer, Schönredner) belegt ebenfalls den abwertenden Gebrauch von *frase fatta*. Eine gewisse Zurückhaltung in der Wertbeimessung von *frase fatta* bezeugen der DIT und der GRADIT. Beide Wörterbücher geben dafür zunächst die wertneutrale Entsprechung *locuzione convenzionale* an. Beide tragen der Tatsache Rechnung, dass eine *frase fatta* – sobald sie als solche erkannt wird – nicht mehr wertfrei beurteilt wird, sondern negativ. Wie beim Gemeinplatz (*luogo comune*) beruht ihr Erkennen auf der „Distanz" des Zuhörens. Diese Distanz ist nicht subjektiv, sondern sozial. Sie hängt vom kollektiven Sprachgebrauch ab. Bei *frase fatta* spielen im Sprachbewusstsein und in der Einschätzung zusätzlich generations- und bildungsspezifische Faktoren eine Rolle. Bezeichnenderweise finden wir in beiden Wörterbüchern unter *frase fatta* den wertfreien Fachbegriff (*espressione convenzionale*) „und" gleichzeitig den Hinweis auf die mögliche Veränderung in der Wertbeimessung, die zu einer negativen Werte-Kodierung (Stereotypie, DISC; Gebrauchsverschleiß, GRADIT) beiträgt. Im DISC lesen wir [*frase fatta*] *espressione convenzionale, locuzione stereotipata*, z.B. *cavarsela con una frase fatta (*sich mit einer Floskel ausreden*)*. Der GRADIT definiert [*frase fatta*] als *espressione convenzionale, spec. logorata dall'uso*, z.B. *parlare per frasi e luoghi comuni (*in Klischees/Floskeln reden*)*.

Wir sehen, es geht nicht um Kultur der Sprache (womit in Italien meist die Literatursprache gemeint ist), sondern um Kultur – d.h. Kultivierung – der Rede als Sprachgebrauch. Die Wirkungsabsicht der Sprache und ihre kommunikative Funktion rücken in den Vordergrund. Nicht bloß als richtiger, korrekter Ausdruck des Denkens (wofür die Grammatik zuständig ist), sondern auch als sein klares, wirkungsvolles Organ. Auf dieser Folie sind drei weitere Ableitungen von *frase* trotz ihrer niedrigen Gebrauchsfrequenz (*basso uso*, GRADIT) aufschlussreich: *frasaio* (Adj.) [1940] und *frasaiolo/frasaiola* (Adj., Subst.)[1869]. Sie evozieren Wortfülle, Schwulst (*ampollosità*) und Weitschweifigkeit (*prolissità*). Durch diesen Verstoß gegen die Stilprinzipien der Klarheit und Eleganz sind sie doppelt negativ kodiert. (1) Die erste negative Wertkodierung bezieht sich auf die mangelnde Charakter- und Persönlichkeitsbildung des Sprechers. Sie tritt in Redseligkeit und selbstgefälliger, aufmerksamkeitsheischender Schönrednerei zutage (*chi si compiace di belle frasi senza reale significato*, PAL/FOL; *chi predilige frasi eleganti senza reale consistenza*, DISC; *chi si compiace di frasi belle ma vuote*, GRADIT). Für diesen sich selbst inszenierenden Rednertyp hält das Italienische zwei Entsprechungen bereit: *parolaio (*Wortmacher, Schwätzer*), linguaiolo (*Sprachpedant*)* (GRADIT; vgl. dazu *parole, chiacchiere*, Wortmacherei*)*. (2) Die zweite negative Wertkodierung bezieht sich auf den Aufbau und die Gestaltung der mündlichen und schriftlichen Rede. Es geht stilkritisch zunächst um den Verstoß gegen die Regeln der Formen- und Satzbaulehre. Die Willkür zeigt sich in schlecht gebauten Sätzen und in ihrer geschmacklosen Anhäufung ohne angemessene Verknüpfung und gedankliche Durchdringung ([*frasaio/frasaiolo*] *chi, che si compiace di accozzar frasi senza gusto*, MIGL; *frasaio* [Subst.] *chi accozza frasi senza costrutto*, PAL/FOL). Angeprangert wird ferner mangelhafte lexikalische Kompetenz und unscharfe Begriffsbildung, d.h. ein wortreicher, weitschweifiger (*verboso*) und geschwollener (*ampolloso*) Ausdrucksmodus im Gegensatz zu prägnantem (*asciutto*), klarem (*chiaro*), deutlichem Stil in der Gestaltung der Rede. Als Beispiele finden wir *discorso frasaiolo*, schön klingende, aber inhaltsleere Rede (*che abbonda di frasi belle ma prive di contenuto*, GRADIT; ähnlich DISC und PAL/FOL), *retorica frasaiola* (PAL/FOL), rhetorische Schönrednerei. Ähnlich abschätzig sind *frasastico* (Adj.) [1897] und *fraseologista* (Adj., Subst.) [1817]. *Frasastico* ist in der Bedeutung von *verboso, ampolloso* in FALDELLAS *Fratelli Ruffini* (GRADIT) belegt. *Fraseologista* bezeichnet einen klischeehaften Autor oder Werkstil (*di scrittore, che abusa di frasi stereotipe, vuote di senso determinato*, GRADIT; belegt in MONTIS *Proposta*). Auch *fraseggiatore* [1704], Vielredner, Schwätzer (*chi compone frasi per lo più senza significato e prive di contenuto*, DISC), Schönredner (*chi eccede nell'usare espressioni elaborate e retoriche ma povere di significato*, PAL/FOl), kurz Phrasenmacher/-drescher, gehört hierher. Die Nähe zur Rhetorik, nicht als Kunst der Überzeugung und Überredung, sondern abwertend als bloße Überredungsstrategie und Schönrednerei, ist atmosphärisch spürbar. Vorgeformtes und sprachlich Formelhaftes (im Gegensatz zu frei Kombiniertem) wird hier abwertend als Mundvorrat an rhetorischen Versatzstücken apostrophiert. Wir sehen an diesen Belegen, wie der Wortschatz der Sprache, ja das konkrete Sprechen selbst, dazu beitragen, negative kollektive Einstellungen, d.h. negative Wahrnehmungs- und Denkmuster, Gefühle, Stellungnahmen und Bewertungen zu zementieren.

Wie anfangs erwähnt, beziehen sich kulturelle Konnotationen auf Wertkodierungen und affektive Bedeutungsanteile, enthalten aber auch Informationen zur sprachlichen Existenzform von Sprache (Umgangssprache, Fachsprache, z.B. der Sprachwissenschaft, der Literaturwissenschaft, der Musiklehre). Neben der Übertragung der Termini aus dem sprachlichen Bereich in den der Musik, ist die Rückwanderung aus der Fachsprache der Musik in die Fachsprache der Sprachwissenschaft zur Bezeichnung gewisser Intonationsgestaltungen interessant. MIGLIORINIS Definition von *frase* und die gewählten Beispielsätze evozieren das Bild der ‚Klang-Rede':

> [frase] espressione linguistica significativa, caratterizzata come compiuta dal tono della voce[z.B.] „Non gli lasciò compir la frase", „Troviamo la frase giusta". Con significato simile, nella musica „Ci son belle frasi musicali, ma non propriamente motivi, arie, idee".

Als musikalischer Fachausdruck bezeichnet *frase musicale* den Tonsatz, d.h. eine in sich mehr oder weniger geschlossene Wendung (*sequenza di note che costituiscono un'unità espressiva*, DISC). Das entsprechende Verb und deverbale Substantiv lauten *fraseggiare* [1651] und *il fraseggio* [1883]. Auch das Deutsche verwendet in der Fachsprache der Musik den Ausdruck „phrasieren", aber er ist und bleibt ein Fremdwort, eine *vox peregrina*, ein Wort aus der Fremde, das nicht heimisch wird. Wie tief hingegen im italienischen Sprach- und Kulturraum die Wesensverwandtschaft zwischen der Landessprache Italienisch (*l'Idioma Gentile*) und der Sprache der Musik (*linguaggio della musica, discorso musicale*) empfunden wird und im Sprachbewusstsein der Sprecher verankert ist, beweisen die folgenden Belege der Wörterbücher.

Bezogen auf ein Musikstück bezeichnet das Substantiv *(il) fraseggiare/ fraseggio* (das Phrasieren) die Komposition *(composizione)* ebenso wie die Ausführung *(esecuzione)*. Diese unterschiedlichen Perspektiven kommen in den einzelnen Stichwortartikeln deutlich zur Geltung. [*Il fraseggiare/fraseggio*]: DISC *(modo di articolare in modo espressivo l'esecuzione di un brano)*, GRADIT *(nell'esecuzione, il porre in opportuno rilievo la struttura delle frasi)*, PALAZZI/FOLENA *(il modo di conferire l'adeguata espressione alle diverse frasi di una composizione musicale, p.es. mediante legature, accenti, variazioni dinamiche, sfumature timbriche ecc.)*. Den Hinweis auf das Stilprinzip der Angemessenheit *(adeguatezza, giustezza)* finden wir nicht nur hier. Er wird ebenso in den Stichwortartikeln des Verbs *fraseggiare* deutlich: PAL/FOL *(articolare l'esecuzione di una composizione musicale dando il giusto rilievo alle varie frasi e periodi che lo compongono)*, DISC *(analizzare e dividere le composizioni musicali in frasi, dando a ciascuna il giusto rilievo)*, GRADIT *(nella composizione e nell'esecuzione dividere il discorso musicale in frasi facendo risaltare il valore espressivo di ognuna)*. Diese Beispiele zeigen gleichzeitig, welche verblüffende Ähnlichkeit die Fachsprache der Musik und die Fachsprache der Linguistik haben. Solche gemeinsamen Termini sind z.B. *frase, periodo* (Satz), *composizione* (Satzbau, Satzbildung, Satzverknüpfung, Textgestaltung), *accento* (Betonung), *variazione* (Abwandlung, Vielfalt, Variation), *valore* (Wert, Tonwert, Funktion), *espressivo* (ausdrucksvoll, ausdrucksbetont), *valore espressivo* (Ausdruckswert), *sfumatura* (Abtönung, Nuancierung, Nuance, Unterton), *timbro* (Ton, Klangfarbe), *timbrico* (klanglich), *sfumature timbriche* (Klangschattierungen). Im Unterschied zum Deutschen besteht aber ein qualitativer Unterschied. Das Italienische als Sprache der Musik, Malerei und Architektur verwendet diese Wörter auch gemeinsprachlich. Die Einträge zu *fraseggiare* pointieren die Perspektive einer grundsätzlichen Verwandtschaft der Künste (Musik, Dichtkunst, Literatur usw.). MIGLIORINI erläutert die Bedeutungsverwendung von *fraseggiare* am Beispiel der schriftlichen bzw. literarischen Realisierung der Rede *(fraseggia bene,* er schreibt gut, flüssig) und verweist in diesem Zusammenhang auf die musikalische Fachsprache *(assai comune anche nel ling[uaggio] musicale, riferito al compositore e più spesso all'esecutore. Il fraseggiare, L'arte di valersi delle frasi, Le frasi stesse)*. Kunst ist Beherrschung der Technik ([*fraseggiare*] *usar frasi,* MIGL; die Teile der Rede [*frasi*] verwenden). Kunst ist aber mehr als mechanische Wiedergabe. Zur Kunst, die durch Technik erworben werden muss, kommt die Kunst der Darbietung durch Interpretation ([*fraseggiare*] *valersi delle frasi,* MIGL; die Bausteine der Rede *[frasi]* wirkungsvoll benutzen). Der Vergleich zwischen *fraseologia musicale* und gesprochener Sprache drängt sich auf. Jede Sprache hat ihre charakteristische Melodie, das Italienische klingt anders als das Deutsche oder das Ungarische. Die Kunst, die große Orgel der Sprache zum Klingen zu bringen und durch Einsatz von Filtern, die dem Redeanlass, dem spezifischen Publikum und den Stilarten (*genera dicendi*) entsprechende Tonart zu wählen und zu modulieren, gilt in Italien (wie auch in anderen romanischen Ländern), in denen es die Tradition der sich bewusst an rhetorischer Sprachpraxis schulenden öffentlichen Praxis gab, als erstrebenswertes Ziel.

Das Verb *fraseggiare* (im MIGLIORINI noch als literarischer Fachbegriff markiert, im GRADIT hingegen der gemeinsprachlichen Stilschicht zugeordnet) verweist auf die verbundene Rede bzw. die Syntax. Diese Bedeutungsverwendung von *fraseggiare* ist allen vier Wörterbüchern zu entnehmen. Aufschlussreich erscheinen wiederum die einzelnen Erläuterungen. Im DISC noch schlicht als Sätze bilden und verknüpfen (*comporre e connettere frasi*) erklärt, wird der Bedeutungsinhalt des Verbs im PAL/FOL und im GRADIT durch den Hinweis differenziert, dass sich Satzbildung und Satzfügung nach syntaktischen und stilistischen Gesichtspunkten ausrichten (*comporre frasi e connetterle tra di loro secondo uno stile caratteristico*, PAL/FOL; *comporre le frasi secondo un determinato costrutto sintattico e stilistico*, GRADIT). Dass in der kunstvollen Handhabe Begabung und Gefahr dicht nebeneinander liegen, verraten die folgenden Belege im GRADIT. Neben der Wendung *fraseggiare con eleganza* (sich elegant ausdrücken) finden wir *fraseggiare* in übertragener Bedeutung mit einem unmissverständlichen abschätzigen Beiklang: *parlare usando frasi eleganti ma povere di significato (*wohlklingende aber inhaltsarme Worte sprechen*).* Unabhängig von der Zugehörigkeit des Verbs *fraseggiare* zu einer bestimmten Stilschicht, können die deverbalen Ableitungen *fraseggiatore/fraseggiatrice* [1704], d.h. *chi fraseggia* (MIGL, GRADIT), besondere Stilfärbungen annehmen. Diese sind im MIGLIORINI als „ironisch", „scherzhaft", im PALAZZI/FOLENA und im DISC als „verächtlich" gekennzeichnet (s.o. *fraseggiatore, linguaiolo, parolaio*).

Wie wir anhand der Definitionen und Erläuterungen von *fraseggiare* und *fraseggio* im MIGLIORINI, PALAZZI/FOLENA, DISC und GRADIT verfolgen konnten, geht es um die einwandfreie, routinierte Handhabung des Inventars der Bauelemente einer Sprache (Kultursprache, Sprache der Musik usw.). Diese Bausteine bestehen aus vorgeformten, fest geprägt überlieferten und formelhaften Einheiten. Sie verkörpern ein Verhältnis von Sprache und Sprechen, das man analog zu einer Partitur (oder einem Partitursegment) und ihren (seinen) Verwirklichungsmöglichkeiten sehen kann. Dabei werden verschiedene Assoziationen mit der ‚Webart eines Textes' geweckt. CARDONA spricht in diesem Zusammenhang von der Grammatik der Webart (*grammatica della tessitura*) und meint damit den Stil. Im Gegensatz zur Grammatik sind jedoch in der Stilistik sowohl der Satzbau und die Satzbildung als auch ihre Verknüpfungsregeln viel elastischer. Sie hängen nicht mehr ausschließlich von der Syntax ab, sondern orientieren sich an logischen, rhetorischen und ästhetischen Faktoren der jeweiligen Geschmackskultur. Festgeformtes, Wiederkehrendes in der Rede als solches erkennen, bedeutet eine Aufwertung von *frase fatta*. Es geht nicht um die Wiederholung der Bausteine der Rede durch ihre Anwendung. Es geht vielmehr um ihre kreative Verwendung (Wiederholung und Variation). Diese funktioniert aber nur mit Bezug auf das ‚Muster' und setzt damit die Üblichkeit oder zumindest die Bekanntheit des Musters voraus.

Welche Schlussfolgerungen können wir nun für den Ausdruck Phraseologie aus italienischer Binnensicht ziehen? Im Italienischen rückt *fraseologia* [1745; 1813] in die Nähe von Terminologie, Fachsprache, Gruppensprache und Jargon und überschneidet sich in dieser Bedeutungsverwendung mit *frasario* (z.B. *fraseologia medica – il frasario dei medici*, GRADIT; *frasario burocratico*, PAL/FOL; *frasario dei politici*, DISC, GRADIT). In fachsprachlicher Verwendung bezeichnet *fraseologia* – laut GRADIT – erstens die idiomatischen Wendungen und Mehrwortgefüge einer Sprache (*l'insieme delle espressioni idiomatiche e delle locuzioni polirematiche di una lingua*), zweitens die einer Sprache eigentümliche Ausdrucksweise, den Wortschatz und Stil eines Autors (*modo di costruire la frase tipico di una lingua o di uno scrittore*). Diese zweite Bedeutung überlappt sich zum Teil mit *frasario*. In der Fachsprache der Literaturkritik steht *frasario* für Autorenrede, dichterische Phrasensammlung (*raccolta di frasi*, MIGL; *raccolta di frasi scelte di uno o più autori*, GRADIT; ähnl. DISC, PAL/FOL), z.B. *frasario dantesco* (PAL/FOL), *frasario leopardiano* (DISC). Wir sehen, *fraseologia* löst Assoziationen mit „Stil" in dem doppelten Sinn des sich Einfügens in eine bestimmte Norm- und Formerwartung und in dem der autorenspezifischen Eigenprägung aus. Ein bedeutungsvoller, unsichtbarer Bogen verbindet den „Schriftsteller" und die Kulturtraditionen, die er rezipiert, produktiv gestaltet und entwickelt, mit seinem „Schreib- bzw. Werkstil".

3 Ausblick

Welche Bilder verknüpft die italienische Sprachgemeinschaft „derzeit" in ihrem Denken, in ihrem Fühlen und in ihrer Sprache mit dem Ausdruck *fraseologia*? Der vorliegende Beitrag hat vier maßgebende Wörterbücher der italienischen Gegenwartssprache in den Zeugenstand gerufen und ihr innersprachliches Gespräch am Beispiel der Wortfamilie *frase* kritisch mitverfolgt. Kulturelle Konnotationen sind „angeklungen". Spracheinstellungen und differenzierte Gebrauchsbedingungen sind „zur Sprache gekommen". Phraseologie als „Kern des Sprachspezifischen", als das „eigentlich Eigentümliche" einer Sprache oder eines Idioms (HÄCKI BUHOFER/BURGER 2006: XV), ist „Anlass/Anstoß" für Sprachkultur, aber auch „Inhalt" von Sprachkultur. Und Sprachkultur ist Gesprächskultur. Welche gemeinsamen Werte es im zwischensprachlichen Gespräch zu entwickeln gilt, zeigen uns die traditionsreichen italienischen Wörterbücher des *uso vivo*. Ihre Botschaft ist unmissverständlich: sie ist ein Aufruf, den Sprechern und dem lebendigen Sprachgebrauch Aufmerksamkeit zu schenken ebenso wie die geschichtliche Verankerung einer Kultursprache angemessen zu würdigen.

Literatur

BECCARIA, Gian Luigi (2004): Dizionario di Linguistica e filologia, metrica, retorica. Torino.
FÖLDES, Csaba (2003): Interkulturelle Linguistik. Vorüberlegungen zu Konzepten, Problemen und Desiderata. Veszprém/Wien. (Studia Germanica Universitatis Vesprimiensis. Supplement; 1).
DE MAURO, Tullio (1999–2003): Grande Dizionario Italiano dell'Uso (GRADIT), 7 Bände und CD-Rom. Torino.
HÄCKI BUHOFER, Annelies/BURGER, Harald (Hrsg.) (2006): Phraseology in Motion I, Methoden und Kritik. Akten der Internationalen Tagung zur Phraseologie (Basel, 2004). Baltmannsweiler. (Reihe Phraseologie und Parömiologie; 19).
MIGLIORINI, Bruno (1965): Vocabolario della Lingua Italiana. Edizione riveduta del Vocabolario della Lingua Italiana di Giulio Cappuccini e Bruno Migliorini [1916; rifacimento 1945]. Firenze.
MARX, Sonia (1999): Lessico tedesco: dalla parola ai fraseologismi. Roma.
MARX, Sonia (2003/04): Deutsche Phraseologie in Italien: akademischer Stellenwert und kulturspezifische Vermittlungsprobleme. In: MEJRI, Salah (Hrsg.): L'espace euro-méditerranéen: une idiomaticité partageé. Actes du colloque international (Hammamet 2003), Tunis. (Tome 2). S. 211–229.
MARX, Sonia (2005): Italienisch-deutsche Überlegungen zum Begriff „fraseologia" (Phraseologie) in Sprachkunde und Sprachlehre. Ein erweiterter Forschungsbericht. Udine. (Stand: 15. Mai 2005; 35 Seiten, urheberrechtlich geschütztes Manuskript. Centro Internazionale sul Plurilinguismo).
MARX, Sonia (2006a): „Fraseologia"/Phraseologie in Sprachkunde und Sprachlehre. Eine italienisch-deutsche Fallstudie. In: HÄCKI BUHOFER, Annelies/BURGER, Harald (Hrsg.): Phraseology in Motion I, Methoden und Kritik. Akten der Internationalen Tagung zur Phraseologie (Basel, 2004). Baltmannsweiler. (Reihe Phraseologie und Parömiologie; 19). S. 425–437.
MARX, Sonia (2006b): „Fraseologia"/Phraseologie im italienisch-deutschen Gespräch. Eine Annäherung. Padova.
PALAZZI, Fernando, FOLENA, Gianfranco (1992): Dizionario della lingua italiana, con la collaborazione di Carla Marello, Diego Marconi, Michele A. Cortelazzo. Torino.
SABATINI, Francesco, COLETTI, Vittorio (1997): DISC-Dizionario Italiano Sabatini Coletti (mit CD-Rom). Firenze.

Wenke Mückel (Rostock)

Ein Spiel dauert 90 Minuten. und *... die Hütte voll kriegen* – Phraseologismen bei Sportübertragungen im Fernsehen

1   Phraseologismen als Elemente einer Sportsprache?

Der Spiegel titelte im November 2004 *FC Wahlkampf 06* (*Der Spiegel* 48/2004: 22), ISMAR/MITTAG (2004: 164) nennen ihren Beitrag *Fußballisierung? Wechselwirkungen von Politik und Fußball in der Mediengesellschaft,* und in der Zeit der Fußballweltmeisterschaft war wohl kaum ein Medienerzeugnis zu finden, das sich nicht sprachlicher Elemente aus dem Fußball bedient hätte. Das bedeutet, dass die Präsenz des Fußballs in der deutschen Medienlandschaft nicht nur thematisch, sondern auch sprachlich auffallend ist. Neben dem Fußball sind weitere Sportarten medial präsent, z.B. der Radsport, das Boxen und die Wintersportarten; aus diesen medienwirksamen Bereichen stammt das Sprachmaterial, das ich in diesem Beitrag verwende.

Einen maßgeblichen Anteil an der Präsenz des Sports und an seiner sprachlichen Vermittlung hat das Fernsehen, denn allein während der olympischen Winterspiele in Turin betrug die tägliche Sendezeit etwa 10 Stunden bei enormen Einschaltquoten. Daher stellt sich bei einer Untersuchung von Sportsprache m.E. die Aufgabe, auch das Medium *Fernsehen* als sprachvermittelnde Instanz hinsichtlich sportsprachlicher Elemente stärker zu berücksichtigen und die bisherigen Sprachanalysen zu ergänzen, die sportsprachliche Aspekte vor allem auf das Medium *Zeitung* bezogen haben.

Eine solche Untersuchung basiert auf der Grundannahme, dass eine spezifische Ausprägung *Sportsprache* existiert, deren wesentliche Merkmale bestimmbar sind. *Sportsprache* wäre in ihrer Definierbarkeit der *Jugendsprache* vergleichbar, und zwar in der gesamten Problematik der Bestimmung als ein vielschichtiger Soziolekt bzw. im Falle der *Sportsprache* zusätzlich als Medio- und Funktiolekt. Sie würde mindestens in den drei Sprachvariationen *Sportfachsprache, Sportjargon/ Sportslang* und *Sprache der Sportberichterstattung* (vgl. DANKERT 1969) auftreten.

Der Annahme einer Sportsprache folgend, wurden auffällige sprachliche Mittel in Texten der Sportberichterstattung und der Sportwerbung festgestellt, wie z.B. Verwendung von Kurzwörtern, Abkürzungen, Vergleichen, Alliterationen und Gleichklängen, spezielle Namengebungen und Bei-/Spitznamen, generelle Wortspiele und Wortspiele mit Eigennamen, Superlativ- und Hyperbolstil, Gebrauch metaphorischer Ausdrücke unter Bevorzugung der Bildbereiche *Theater, Technik, Krieg und Kampf, Emotionen/Psychologie*, Nutzung spezifischer Termini, gehäufter Einsatz von Phraseologismen (vgl. BEARD 1998, KNOBBE 1997). Zunächst sind m.E. alle genannten Merkmale generelle sprachliche Mittel und nicht speziell sportbezogen, aber möglicherweise erhalten diese sprachlichen Mittel in Texten der Sportberichterstattung spezifische ·Ausprägungen. Für das Feld der Metaphorik und unter dem Aspekt sprachlich-kultureller Vergleiche, die z.T. Aussagen über den kulturabhängigen Verbreitungsgrad von Sportmetaphern in der Alltagssprache einbeziehen, wurde dieser Frage bereits intensiv nachgegangen (vgl. z.B. SVERRISDÓTTIR 2003, LIU 2002).

In diesem Zusammenhang müsste m.e. auch der Bereich der Phraseologismen untersucht werden unter der Fragestellung, ob den Phraseologismen eine zentrale Bedeutung in Texten der Sportberichterstattung zukommt und sie in dieser Hinsicht als ein wesentliches Kennzeichen von Sportsprache angesehen werden könnten. Dazu erfolgt in diesem Beitrag eine exemplarische Analyse der Verwendung von Phraseologismen in einem ausgewählten textuellen Rahmen: Phraseologismen in Live-Sportübertragungen im Fernsehen, für die zunächst einige spezifische Merkmale zu benennen sind, um die Verwendungssituation der sprachlichen Mittel im Verhältnis zu der medialen Basis zu betrachten. Die spezifischen medialen Kennzeichen der *Fernseh*sportübertragung müssen insofern Berücksichtigung finden, als sie in Wechselwirkung mit den *sprachlichen* Elementen stehen und demzufolge auch mit dem Gebrauch von Phraseologismen.

Ich orientiere mich bei der Bestimmung der Text-Bild-Relation an den Ausführungen BURGERs (2005: 29f., 401ff.) in seiner Darlegung von *Mediensprache*, die allerdings stärker auf Nachrichtentexte abhebt. Auf die Charakterisierung der von mir herangezogenen medialen Situation *Live-Fernsehübertragung* angewendet, bedeutet das, dass die Produktion des Textes durch den Kommunikator (Reporter) zeitgleich mit der Ausstrahlung und der Rezeption des Textes durch den Zuschauer erfolgt. Dabei liegt zwischen Text und Bild eine synchrone Relation vor, denn beide lassen sich dem gleichen Zeitpunkt zuordnen und werden synchron wahrgenommen. (Bezüglich des Synchronitätsbegriffes könnte – in Auseinandersetzung mit den Untersuchungen von KUIPER/AUSTIN zur Reportersprache bei Pferderennen – eine Relativierung erfolgen, indem unterschiedliche Grade von Asynchronität angesetzt werden.) Bezüglich des räumlichen Verhältnisses ist m.E. von einer asyntopen Relation auszugehen, da bei einer Live-Sportübertragung der Reporter als Sprachquelle weder im Bild sichtbar ist noch sich direkt am Wettkampfort (also dem Ort, den der Zuschauer im Bild sieht) befindet, sondern in der Reporterkabine; er verfolgt meistens das Geschehen, das er kommentiert, anhand derselben (Fernseh)bilder, die der Zuschauer empfängt.

Diese Konstellation hat Auswirkungen auf die Auswahl der sprachlichen Elemente. Sie erfüllen in der von Kommunikator und Rezipienten geteilten Situation des Sporterlebnisses hauptsächlich folgende Funktionen:

a) Erklärung und Kommentierung,
b) Vergleich,
c) Herstellung von Parallelitäten,
d) Emotionalisierung und Ausdrücken gemeinsam empfundener Stimmungen (Hoffnung, Enttäuschung, Ärger, Freude, Euphorie),
e) Veranschaulichung und Illustration,
f) Bewertung,
g) Unterstreichen des Insiderstatus.

Die folgenden Beispiele für feste Wendungen aus Skilanglauf (S) und Fußball (F) sollen die benannten Funktionen verdeutlichen:

a) Erklärung/Kommentierung:

– *das Rennen/Spiel s c h n e l l   m a c h e n* (S/F); *einem (frühen) R ü c k -
s t a n d   h i n t e r h e r l a u f e n* (F); *ganz e i n f a c h e n Fußball spielen* (F)

– *Der Ball ist rund. Es fehlt die Bude. Die Null muss stehen.* (F)

Mithilfe solcher Wendungen werden Situationen zusammengefasst, und der Zuschauer wird durch eine prägnante Formulierung in Satzform oder durch Signalwörter orientiert, und zwar aus der Beobachtersicht des Kommentators. (In den Beispielen sind die Signalwörter gesperrt gedruckt.)

b) Vergleich:

– *sich b ä r e n s t a r k präsentieren* (S)

Diese Wendung, die eigentlich nicht speziell auf Sport oder eine Sportart bezogen ist, fällt durch ihren häufigen Gebrauch bei Sportkommentatoren auf. Deshalb kann davon ausgegangen werden, dass sie den als am treffendsten empfundenen Vergleich zur Beschreibung einer Sportsituation darstellt.

– *Nach dem Spiel ist vor dem Spiel.* (F)

Der Satz wird verwendet, wenn sich durch ein Spiel an der Gesamtsituation nichts geändert hat, sodass der erreichte Zustand mit dem Ausgangszustand vergleichbar ist bzw. ihm entspricht.

c) Parallelitäten:

- *hoffen auf das W u n d e r v o n x*

Der Ausdruck wird meistens in Situationen verwendet, in denen der sportliche Erfolg unerwartet käme, aber dennoch erhofft wird. Die sprachliche Fassung dieser Situation evoziert die Parallele zum *Wunder von Bern* (,Gewinn des Fußball-Weltmeistertitels 1954 für Deutschland'), sodass durch sprachliche Mittel die aktuelle Situation – zumindest implizit – in Beziehung zur damaligen Situation gesetzt wird.

d) Emotionalisierung:

- *noch mal b e i ß e n* (S); *eine S c h i e ß b u d e aus x machen* (F)

Die Wortwahl lässt zum einen die emotionale Beteiligung des Sprechers erkennen. Zum anderen werden durch den Verzicht auf eine sachlich-nüchterne Wortwahl auch die (An)spannung und Emotionalität der sportlichen Situation selbst erfasst.

- *Die Hoffnung stirbt zuletzt. Der Pokal hat seine eigenen Gesetze. Ein Spiel dauert 90 Minuten.* (F)

Alle drei Sätze zeigen die emotionale Beteiligung, denn sie enthalten die Hoffnung auf Erfolg in einer Situation, die nicht Erfolg versprechend erscheint.

e) Veranschaulichung:

- *dem Ziel e n t g e g e n f l i e g e n* (S); *den J o k e r bringen; die H ü t t e v o l l k r i e g e n* (F); *d e n S c h n e e p f l u g spielen* (S); *große L ö c h - e r in der Abwehr stopfen* (F)
- *Das Runde muss ins Eckige.* (F)

Um die sportliche Situation plastisch zu schildern und eine bildliche Vorstellung hervorzurufen, werden Metaphern verwendet, die konstant zur Charakterisierung dieser Situation beibehalten werden (d.h. es werden stets dieselben Metaphern benutzt), sodass sich fest(stehend)e Metaphern herausbilden.

f) Bewertung:

- *ein h e r v o r r a g e n d e s Rennen abliefern* (S); *spielerisch/taktisch/läuferisch ü b e r l e g e n sein* (F)
- *Die Mannschaft i s t d e r S t a r. Das Tor t u t dem Spiel g u t.* (F)

Die Einschätzung des Verlaufs eines Sportereignisses bzw. der Leistungen der Sportler erfolgt häufig mittels wiederkehrender, vorgefertigter Sprachmuster zur Meinungsäußerung, in denen positive (z.B. *hervorragend, exzellent, sen-*

sationell) und negative (z.B. *indiskutabel, unter den Möglichkeiten, nicht leistungsgerecht*) Bewertungen konserviert sind.

g) Insiderstatus:
  – *Never change a winning team.* (F)

Durch den Gebrauch von Setzungen, die zusammenfassen, was sich bewährt bzw. über längere Zeiträume als Handlungsrichtlinie herausgestellt hat, macht der Benutzer deutlich, dass er tiefere Einblicke in die sportlichen Abläufe hat.

2 Charakterisierung der in Live-Sportübertragungen des Fernsehens verwendeten Phraseologismen

Die sprachlichen Elemente, die den genannten Funktionen dienen, sind zum einen Einzelwortmetaphern (z.B. *Schwalbe* ‚vorgetäuschtes Foul im Fußball', *Torfabrik* ‚Fußballmannschaft, die ihre Torchancen gut nutzt und viele Treffer erzielt', *Favoritensterben* ‚Erfolglosigkeit der auf den vorderen Rängen Erwarteten', *Rohdiamant* ‚talentierter Nachwuchssportler, der noch austrainiert werden muss', *Sandwichsituation* ‚zwischen zwei Konkurrenten eingeschlossen sein, z.B. beim Lauf'). In diesem Zusammenhang könnte die in der Phraseologie oft gestellte Frage von Metaphorisierung und Idiomatisierung diskutiert werden, die jedoch an dieser Stelle nicht weiter verfolgt wird.

Zum anderen sind es Wendungen, die eine ganze Saison über konstant in dieser Konstruktion und in dieser durch den sportlichen Kontext definierten Bedeutung verwendet werden, und zwar von Sportlern und Trainern sowie von den Reportern auf den unterschiedlichen Kanälen. Allerdings ist auf den einzelnen Kanälen meistens ein Reporter für eine Sportart zuständig, sodass das individuelle Moment der Sprache nicht ganz ausgeschlossen werden kann.

Aufgrund dieser Festigkeit in Struktur, Bedeutung und Benutzung sind diese Wendungen m.E. als Phraseologismen zu bezeichnen. Die meisten von ihnen erscheinen als Kollokationen, sodass diese Bezeichnung voraussetzt, dass Kollokationen den Phraseologismen zugeordnet werden, was m.E. angesichts der strukturellen Festigkeit in der Verbindung bzw. des lexemartigen Gebrauchs gerechtfertigt ist.

Da die sporttypischen Wendungen oft Kollokationscharakter haben, sind sie auch außerhalb des Sportkontextes verständlich, gewinnen aber durch diesen Kontext spezifische semantische und fachliche Aspekte hinzu (a); sie verlieren an Allgemeinverständlichkeit, wenn Fachwörter oder Fachjargon hinzutreten (b):

(a) Beispiele für sporttypische Wendungen, die außerhalb des Sportkontextes verständlich sind, aber durch den Kontext spezifische Aspekte hinzugewinnen:

- *ganz einfachen Fußball spielen*

Es handelt sich hierbei immer um eine positive Einschätzung für eine geradlinige, schnörkellose Spielweise und ist nicht im Sinne von einfallslos und simpel gemeint, wie es vielleicht dem Allgemeinverständnis entsprechen könnte.

- *das Rennen/Spiel schnell machen*

Wie aus dem Allgemeinverständnis erklärbar, wird das Tempo angezogen. Genutzt wird die Wendung aber nur in dem speziellen Kontext, wenn es sich dabei um eine bewusst eingesetzte Taktik handelt und es somit einen Sportler/eine Mannschaft gibt, die im Moment der Übertragung diese Taktik einschlägt oder nach den Wünschen des Reporters einschlagen sollte.

- *den Joker bringen*

Allgemeinverständlich ist, dass eine Trumpfkarte gezogen wird. *Joker* ist aber die Bezeichnung für einen speziellen Einwechselspieler, der nie in der Startelf steht, sondern immer erst in der zweiten Halbzeit kommt und nach seiner Einwechslung regelmäßig Tore schießt. In diesem Zusammenhang wird *Joker* fast zu einem Wort des Fachjargons.

(b) Beispiele für sporttypische Wendungen, die Fachwörter oder Fachjargon enthalten:

- *große Löcher in der Abwehr stopfen*

Allgemeinverständlich ist, dass an einer wichtigen Position unerwünschte Lücken entstanden sind. Um aber diese Position und ihre Wichtigkeit genau einschätzen zu können, muss das Fachwissen darüber vorhanden sein, dass die *Abwehr* die Defensivreihe vor dem Torwart beim Fußball/ Handball ist, deren zentrale Aufgabe es ist, den gegnerischen Angriff zu stoppen.

- *den Schneepflug spielen*

Ein Verstehen der Wendung könnte durch die bildliche Vorstellung hervorgerufen werden, aber m.E. ist diese Wendung Fachjargon und kann nur mit dem entsprechenden Wissen, dass bei starkem Schneefall die ersten Läufer die Spur freikämpfen, richtig verstanden werden.

Den Kollokationen stehen verbale Phraseologismen gegenüber, die einen höheren Grad an Idiomatizität aufweisen und daher ohne Fachkenntnisse zu der Sportart schwer verständlich sind:

Beispiele für verbale Phraseologismen mit einem höheren Grad an Idiomatizität, die ohne Kenntnis der Sportart schwer verständlich sind:

- *eine Schießbude aus x machen*
- *die Hütte voll kriegen*

Beide Phraseologismen meinen, dass eine Mannschaft beim Fußball viele Gegentreffer erhält, wobei bei der 1.Wendung die Sicht der Siegermannschaft, bei der 2. Wendung die Sicht der Verlierermannschaft eingenommen wird. Der Idiomatizitätsgrad ist noch nicht sehr hoch, die Metaphorik ist noch nachvollziehbar. Ein höherer Idiomatizitätsgrad wäre in einem Beispiel wie diesem aus dem Biathlon auszumachen: *die Nähmaschine kriegen*. Die Übertragung ist nur zu verstehen, wenn man weiß, dass beim Biathlon nach einem schnellen Lauf sofort geschossen werden muss, was dazu führen kann, dass beim Stehendanschlag die Beine zu zittern beginnen.

Im Bereich des Fußballs sind außerdem Geflügelte Worte stark frequentiert, nicht zuletzt weil damit in der Kommentierung auf legendäre Autoritäten Bezug genommen werden kann:

Beispiele für populäre Geflügelte Worte im Fußball:
Der Ball ist rund.
Ein Spiel dauert 90 Minuten.
Nach dem Spiel ist vor dem Spiel.
Der Pokal hat seine eigenen Gesetze.
Das Runde muss ins Eckige.
Die Mannschaft ist der Star.

Die Häufigkeit der Kollokationen erklärt sich m.E. daraus, dass sich die Live-Übertragungen an ein disperses, mit unterschiedlichem Wissen ausgestattetes Publikum richten und also einen hohen Grad an Allgemeinverständlichkeit aufweisen müssen, gleichwohl muss aber die Fachlichkeit der Übertragung gewahrt bleiben.

Abschließend sei auf eine weitere strukturelle Auffälligkeit verwiesen: Bei den festen Verbindungen zeigt sich, dass sie des Öfteren als Varianten, d.h. usuelle Erscheinungen (vgl. BURGER 2003) auftreten. Die Variation bezieht sich auf Erweiterung oder lexikalische Varianten. Dadurch können *drei* Phänomene eintreten:

1) Durch Erweiterung kann bei der Übertragung eine zusätzliche Information (nach)geliefert und eine Präzisierung vorgenommen werden:

Beispiele:

– *einem f r ü h e n Rückstand hinterherlaufen*

Die Erweiterung um *früh* impliziert die Information, dass das Gegentor zu Beginn des Spiels gefallen ist.

– *nicht m e h r ganz rund laufen*

Die Erweiterung um *mehr* impliziert die Information, dass die leichte Verletzung während des Spiels (und nicht davor) passiert sein muss.

2) Die Variation der Wendung dient der Benennung von unterschiedlichen Aspekten oder Techniken *innerhalb* der Sportart:

Beispiele:

– *s p i e l e r i s c h / t a k t i s c h / l ä u f e r i s c h überlegen sein*

Durch die Variation werden verschiedene Faktoren eines Fußballspiels angesprochen, die eine Mannschaft überlegen sein lassen.

– die Deckung *h o c h n e h m e n / o b e n l a s s e n / f a l l e n l a s s e n / h ä n g e n l a s s e n / t i e f h a b e n*

Durch die Variation werden die Facetten der Defensivverhaltensweisen im Boxen aufgezeigt.

3) Bei Wendungen, die generelle Bedingungen von Sportsituationen bezeichnen, wird durch die Variation ein sport*art*spezifischer Charakter der Wendung aufgebrochen zugunsten einer universelleren Nutzung und Übertragung in andere Sportarten:

Beispiele für die Ausweitung auf mehrere Sportarten:

– *das R e n n e n / S p i e l schnell machen,*
– *den S p r u n g / D u r c h g a n g / W e t t k a m p f / V e r s u c h / d a s R e n n e n / S p i e l abhaken,*
– *viele R e n n e n / S p r ü n g e / S p i e l e / K i l o m e t e r in den Beinen haben,*
– *den Sieg in den F ä u s t e n / a u f d e m F u ß haben*

Die konstanten Komponenten der Wendung geben den sprachlichen Rahmen zur Bezeichnung des Umstands der Sportsituation, zugleich erfolgt durch die jeweils vorgenommene Variation eine auf die Sportart bezogene sprachliche Spezifizierung bzw. Übertragung auf vergleichbare Phänomene in anderen Sportarten (z.B. im Boxen geht es wie im Fußball um den Sieg, aber sprachlich differenziert wird das entscheidende Mittel für den Sieg, nämlich bei Ersterem die Fäuste, bei Letzterem die Füße).

Modifikation als okkasionelle Abwandlung ist dagegen nicht so häufig zu beobachten. Allerdings finden bewusste, z.T. einmalige Übertragungen von einer Sportart in die andere statt. Meistens signalisiert der Sprecher, dass die Verwendung in diesem Kontext eigentlich einen Bruch darstellt:
Beispiele für okkasionelle Abwandlungen:

- *Wir legen jetzt einen Boxenstopp ein.* (Olympia 2006; bei der Rückgabe ins Studio.)

Eine Wendung aus dem Formel-1-Sport wird aufgenommen und auf die Moderation der Sendung übertragen.

- *Wir hatten* [auf der kleinen Schanze] *einen Elfmeter und den haben wir verschossen.* (Olympia, 17.2.06; Skispringen von der Großschanze; österreichischer Trainer zum Doppelsieg Österreichs, nachdem vorher auf der kleinen Schanze aus aussichtsreicher Position keine Medaille gewonnen wurde.)

Eine Wendung aus dem Fußball wird bewusst auf das Skispringen übertragen, um das Ausmaß der vergebenen Chance zu verdeutlichen.

- *Kati Wilhelm ist heute die Chefin im Ring.* (Olympia, 18.2.06; Biathlon, Verfolgung Damen.)

Eine aus dem Boxen bekannte Wendung wird auf das Biathlonrennen übertragen, um die herausragende Favoritenrolle zu unterstreichen.

3 Zusammenfassung

Bei Live-Sportübertragungen im Fernsehen tritt eine Vielzahl konstant verwendeter, fester Verbindungen auf, die als Phraseologismen kategorisiert werden können. Diese werden im Zusammenspiel mit dem Bild funktional vom Kommunikator eingesetzt und stellen den Rezipienten vor unterschiedliche Schwierigkeitsstufen beim Verstehen. Durch die strukturelle Festigkeit der Wendungen werden dem Reporter vorgefertigte lexikalische Einheiten für die Übertragung zur Verfügung gestellt, und die fachspezifischen Aspekte werden in fest fixierten Sprachformen kodiert. Die Festigkeit wird teilweise durch Variationen relativiert, die vor allem der Produktivität eines Sprachmusters dienen; dieses variierbare Sprachmuster sichert einen größeren kontextuellen Rahmen, indem die Wendungen durch eine sportartspezifische lexikalische Variation auf eine andere Sportart übertragen werden können. Übertragungen erfolgen darüber hinaus auf einer umfassenderen Ebene: Phraseologismen aus dem Bereich des Sports erweisen sich als produktive Spracheinheiten für andere Verwendungsbereiche, vor allem für Politik, Business und Werbung, aber auch für die Alltagssprache (vgl. eine Wendung wie *am Start sein/jmd., etw. am Start haben*, die momentan stark in der Alltagssprache frequentiert ist), da mit den sprachlichen Übernahmen aus dem Sportbereich auch das positive Image des fairen, gesunden Konkurrenzkampfes und Kräftemessens mit Sport- und Teamgeist auf diese Bereiche übertragen und als dort wirksam suggeriert wird. Die Tendenz zur Übertragung sprachlicher Elemente aus dem Sportbereich im Deutschen ist denen im Amerikanischen vergleichbar, die LIU beobachtet hat. Allerdings müssten für gesicherte Aussagen über diesbezügliche Entwicklungen im Deutschen gründlichere Analysen vorgenommen werden, z.B. mithilfe der Korpora des Instituts für deutsche Sprache in Mannheim.

Literatur

BEARD, Adrian (1998): The Language of Sport. London.
BURGER, Harald (2005): Mediensprache. Eine Einführung in Sprache und Kommunikationsformen der Massenmedien. 3., völlig neu bearb. Aufl. Berlin.
BURGER, Harald (2003): Phraseologie. Eine Einführung am Beispiel des Deutschen. 2., überarb. Aufl. Berlin. (Grundlagen der Germanistik; 36).
DANKERT, Harald (1969): Sportsprache und Kommunikation. Untersuchungen zum Stil der Sportberichterstattung. Tübingen.
KNOBBE, Thorsten (1997): Linguistische Aspekte der Sportberichterstattung in der Britischen Boulevardpresse. Siegen. (Reihe Veröffentlichungen zum Forschungsschwerpunkt Massenmedien und Kommunikation an der Universität-Gesamthochschule Siegen, MuK; 107/108).
KUIPER, Koenraad/AUSTIN, Paddy (1990): They're off and racing now: the speech of the New Zealand race caller. In: BELL, Allan G../HOLMES, Janet (eds.): New Zealand Ways of Speaking English. Clevedon. S. 195–220.
LIU, Dilin (2002): Metaphor, Culture and Worldview. The Case of American English and the Chinese Language. Lanham/New York/Oxford.
MITTAG, Jürgen/Ismar, Georg (2004): „Fußballisierung"? Wechselwirkungen von Politik und Fußball in der Mediengesellschaft. In: NIELAND, Jörg-Uwe/KAMPS, Klaus (Hrsg.): Politikdarstellung und Unterhaltungskultur. Zum Wandel der politischen Kommunikation. Köln. (Reihe Fiktion und Fiktionalisierung; 8). S. 164–192.
SVERRISDÓTTIR, Oddny G. (2003): 1:1 Unentschieden. Phraseologismen und Bilder in Sportberichten deutscher und isländischer Zeitungen. In: IdS-Sprachreport 3/2003. S. 4–8.

Marija Omazić, Nihada Delibegović Džanić (Osijek)

Constraints to Mechanisms of Idiom Modification

1 Introduction

The long-standing view that idioms are formally and thus also semantically fixed has been challenged and many studies (MOON 1998; OMAZIĆ 2002a, 2002b, in print; LANGLOTZ 2006) have shown that idioms are indeed flexible both structurally and semantically to varying degrees. We often come across examples of creatively used idioms, with their original structure disrupted and their semantics affected in the process. It is argued that the ability to innovate led to evolution, it can then be argued that innovation leads to the development language, and in our case, the development of phraseology. Even in the realm of the 'most fixed' elements of language there are possibilities of assembling new and dynamic patterns. Using representative case studies, we will try to investigate here the phenomenon of innovation and creation in phraseology and examine the limits to innovation, i.e. question whether modified idioms are choreographed by a set of principles or constraints, and whether these principles are coherent.

2 Theoretical background: conceptual integration theory

One of the theories that seeks to embrace the creativity in phraseology is the Theory of Norms and Exploitations proposed by HANKS (2004) which postulates that people make meaning both by adhering to and by exploiting the normal patterns of usage in their language. Another theory that aims to give insight into the way we think, create and understand the world around us is the Conceptual Integration Theory (also called Blending Theory) proposed by FAUCONNIER/TURNER (1998, 2002) and further developed by COULSON/OAKLEY (2000; 2005). This theory aims to account for both linguistic and non-linguistic blends. Creating an integration network is a process which "involves setting up mental spaces, matching across spaces, projecting selectively to a blend, locating shared structures, projecting backwards to inputs, recruiting new structure to the inputs or the blend, and running various operations in the blend" (FAUCONNIER/TURNER 2002: 44). Establishing mental spaces, connections between them and blended spaces gives us global insight, new meaning and human-scale understanding.

FAUCONNIER/TURNER (2002: 40) define mental spaces as "small conceptual packets constructed as we think and talk, for purposes of local understanding and action." They furthermore add that mental spaces consist of elements that are usually structured by frames. Mental spaces are connected with each other and can be modified as thought and discourse change. Blends and mental spaces can be represented in the form of diagram (Fig. 1), in which circles represent mental spaces, points in the circles represent elements and lines stand for connections between elements in different spaces. Lines in the diagram represent neutral co-activations and bindings.

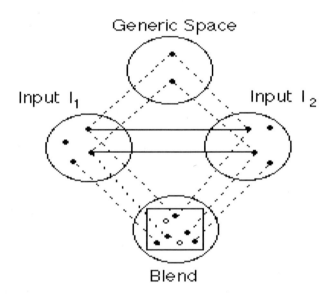

Figure 1. The conceptual integration network (FAUCONNIER/TURNER 2002: 46)

Conceptual integration network consists of minimum two input spaces, one generic space and one blended space, and there is also cross space mapping which connects counterparts in the input spaces. FAUCONNIER/TURNER (2002: 40) explain that

> such counterpart connections are of many kinds: connections between frames and roles in frames, connections of identity or transformation or representation, analogical connections, metaphoric connections, more generally, 'vital relations' mappings.

The network model of conceptual integration can consist of several input spaces and also of multiple blended spaces. The generic space maps onto each input space and characteristics that the inputs have in common are incorporated in the generic space. The blended space is the forth mental space in the network. It develops the emergent structure that is not present in the inputs. The blended space also contains structures that cannot be found in the inputs. It is the composition of elements that makes relations that do not exist in the inputs possible in the blend. According to FAUCONNIER/TURNER (2002: 43), completion raises additional structure to the blend and when this structure is added the blend is integrated. The blend is modified by running of the blend or its elaboration. During the elaboration, links to the inputs are preserved, and FAUCONNIER/TURNER (2002: 44) explain that "all these 'sameness' connections across spaces seem to pop out automatically, yielding to a flash of comprehension." They further claim that this flash will take place only if counterpart links are unconsciously preserved. There are geometrical regularities that govern the network and FAUCONNIER/TURNER (*ibid*) point out that "anything fused in the blend projects back to counterparts in the input spaces."

Constitutive principles at work within the conceptual integration network include matching and counterpart connections in cross-space mapping, composition (selective projection from inputs), completion (filling out a pattern in the blend) and elaboration (simulated mental performance of the event in the blend), finally integrated in an emergent structure. The blending theory can provide an explanation of how a participant in an exchange of information might encode it on a referential level by dividing it into concepts relevant to different aspects of the scenario.

Behind the possibilities for conceptual blending, there is an entire system of interacting principles. In order to explain one of the products of this system, it is necessary to wrestle with the entire system. This system rests on conceptual compression, which has an effect on a set of relations strongly influenced by shared social experience and fundamental human neurobiology. These relations are also referred to as vital relations. FAUCONNIER/TURNER (2002) distinguish the following vital relations:

1) **Change:** a vital relation that connects one element to another element and sets of elements to other sets; mental spaces are not static, and because of that this vital relation can be present within a single mental space.

2) **Identity:** a product of complex, unconscious work; despite their differences, mental spaces are connected with relations of personal identity; objective resemblance and shared visible characteristics are not criteria for identity connections across spaces; it is not obligatory for the identity connectors to be one-to-one across spaces;

3) **Time:** a vital relation connected to memory, change, understanding the relationship of cause and effect;

4) **Space:** a vital relation that brings inputs separated in input spaces into a single physical space within the blended space;
5) **Cause-Effect:** is a vital relation that connects one element, as a cause, with another element that counts as its effect;
6) **Part-Whole:** a vital relation that fuses part–whole mappings across spaces into one;
7) **Representation:** it is possible for one input to have a representation of the other; in the conceptual integration network one input corresponds to the item represented and the other to the element that represents it;
8) **Role:** within the conceptual integration network one element, as a role, can be connected to another element that is regarded as being its value;
9) **Analogy:** a vital relation that connects two different blended spaces that through blending obtain the same frame structure;
10) **Disanalogy:** a vital relation that is based on Analogy; Psychological research has shown that people find it much more difficult to tell the difference between two things that are completely different than between those that are similar in some way;
11) **Property:** an inner-space vital relation that links certain elements with their property; an outer-space vital relation of some kind is compressed into an inner space vital relation of Property in the blend;
12) **Similarity:** an inner-space vital relation that connects elements with properties they have in common;
13) **Category:** an inner-space vital relation that links elements with categories they belong to; Analogy as an outer-space vital relation can be compressed into an inner space vital relation of Category in the blend;
14) **Intentionality:** a vital relation that includes vital relations connected with hope, desire, fear, memory, etc.; this vital relation is extremely important, because our every action, thought, feeling is based on relations it applies to;
15) **Uniqueness:** a crucial vital relation because many vital relations are compressed into Uniqueness in the blend.

FAUCONNIER/TURNER (2002) also suggest a set of optimality principles, or governing principles, that further clarify the relations within the conceptual integration network:
1) **Compression** of vital relations;
2) **Topology:** relations of the elements in the blend should be connected with the relations of their counterparts in other spaces;

3) **Pattern completion:** use integrated patterns as inputs, use a completing frame that has relations that can be the compressed versions of the important outer-space vital relations between the input;
4) **Integration:** achieve an integrated blend that can be manipulated as a single unit;
5) Maximization of vital relations;
6) **Intensification of vital relations;**
7) **Web:** the web of suitable mappings to the input spaces must be preserved in case of manipulation of the blend;
8) **Unpacking:** the blend can permit the reconstruction of the entire network;
9) **Relevance/Good reason:** every element in the conceptual integration network must be connected to other spaces and it must have a significant function in running the blend;
10) **Metonymic tightening:** when elements that are metonymically related are projected to the blend, their metonymic connections decrease the distance between them;
11) **Recursion:** the blend may serve as an input for new networks.

3 Case studies: skeletons in the closet

Blending Theory is intended to account for cases of novel inferences, but they need not be entirely novel or built from scratch. We will see now that a conventional idiomatic expression like *skeleton in someone's closet* can provide the frame to which other input spaces can project other elements of knowledge. A number of headlines and captions under photos or drawings in newspapers occurred in reference to Bush family secrets as well as political scandals related to Bush administration policy in Iraq: *Skeleton in the Bush family cupboard, The skeleton in Bush's closet that won't go away, Bush tried to sweep the skeleton under the rug,* etc. Let us now see how the principles designed within the Blending Theory account for idiom modifications identified in these headlines.

3.1 Case study I: *There is something about Bush's cupboard that makes the skeleton terribly restless*

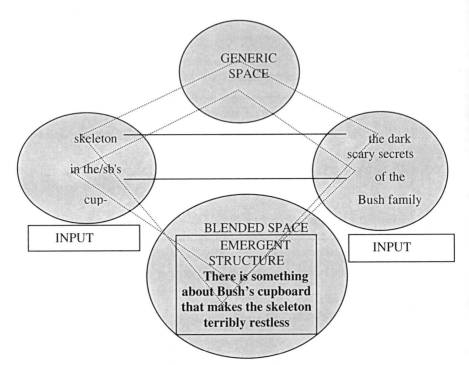

Figure 2. Conceptual integration network for *There is something about Bush's cupboard that makes the skeleton terribly restless*

All the constitutive principles are satisfied in this case: there are four spaces, matchings run across spaces, selective projections are made into the blend, the blend is composed, completed and elaborated and we have a new, emergent structure with a new meaning: the blend implies that the secrets of Bush's past are so horrid that a new skeleton may get nervous before entering his closet.

The vital relation of representation is clearly present in our example as skeletons stand for secrets, so there is a metaphorical cross-space mapping compressed in the blend. The role of the empty slot 'someone' is topologically aligned with 'Bush' and gets the new value 'Bush' in the blend. The blend is clearly a product of intentional creation, and as such it is unique, because it contains elements not present in any of the inputs: the fact that the skeleton is nervous about entering Bush's closet. Furthermore, in the blend we have the vital relation of cause and effect, a new compressed relation unique to the blend, as previous scary secrets cause the skeleton to feel fear. Not only that, there is also the compression of time, as the secrets referred to include those of both Bush Jr. and Bush senior. The two input spaces are fused into one blended space due to the vital relation of 'space'.

In addition to compressing the above discussed vital relations in the blend, the governing principles of topology and web of links are clearly evident from the cross-space mappings illustrated in Figure 2. Integrated patterns from inputs 1 and 2 are used and the compressed version of the important outer-space vital relations is present in the completing frame. The emergent blend is well integrated, i.e. it is grammatically and semantically accurate and interpretable. Furthermore, every element in the network is significant and it is connected to other spaces, thus satisfying the relevance principle. The blend itself is a compressed version of the entire network, and it can prompt for its reconstruction or 'unpacking'. If this wasn't the case, the modification that is the product of blending would be in violation of the relevance principle and would not be processable.

3.2 Case study II: *Bush tried to sweep the skeleton under the rug*

Our next example is the result of a more complex integration with three input spaces, meeting all the constitutive criteria for network creation:

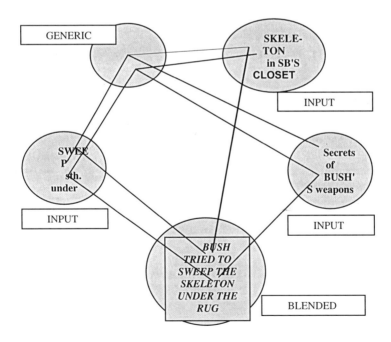

Figure 2. Conceptual integration network for *Bush tried to sweep the skeleton under the rug*.

To sweep something under the rug provides an organizing frame, and as the web of links shows, the topologies between the three inputs have been aligned. There is a clear analogy between input 1 and input 2. The organizing frame attracts new projections from inputs 2 (skeleton) and 3 (Bush). The blend, however is unique in suggesting that Bush put extra effort into hiding the secrets on non-existent Iraqi nuclear weapons, not simply hiding the skeleton in the closet, but going a step further to sweep it under the rug. Looking at the compressed blend, it easily prompts for the reconstruction of all three inputs, and the vital relations are intensified and maximized in the blend, resulting in its uniqueness.

3.3 Case study III: Blue dress in Bush's closet.

Our next example (also discussed in OMAZIĆ 2005) shows an even higher degree of complexity:

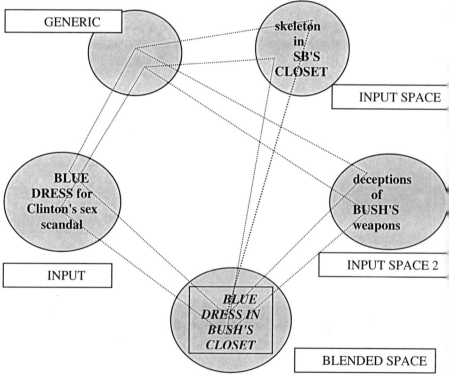

Figure 3. The conceptual integration network for *Blue dress in Bush's closet*.

The emergent structure in the blended space inherits the idiom structure from input three, and lexical projections from input spaces 1 and 2: blue dress is projected from input space 1, Bush from input space 2. The blend inherits the structure and meaning from input three 3 and different meaning elements (knowledge of world affairs and culture) from inputs one and two. Clear alignment exists between the topologies in input spaces 1, 2 and 3: the blue dress, the weapons scandal and skeletons are linked by analogy, as all three are/were to remain hidden. President roles change from inputs 1 to 2 from Clinton to Bush, the type of scandal has different values, but the similarity and analogy are still preserved. The resulting blend is a compression of all three inputs, input 3 provides the organizing frame, whereas selective salient projections run from the other two inputs. Within input 1 we have the part-for whole inner-space vital relation, where the dress stands for the Clinton-Lewinsky scandal. This inner-space relation is compressed in the blend where the blue dress stands for the scandal, but set in a new frame. What the blend implies is that the Bush weapons scandal is as shameful as the Clinton sex scandal was, that there were attempts to cover it up, that it still surfaced and may cause damage to his reputation and career. Looking at the blend itself we see that it is grammatically well-formed, and semantically, albeit highly complex, transparent. By satisfying the vital relations, constitutive and governing principles, this modified idiom is a successful novel creation.

4 Discussion

From our three case studies we may tentatively suggest that the principles and constraints to idiom modification designed within the Blending Theory apply well to accounting for instances of idiom modification. As for constitutive principles, there are one or more canonical idiom forms that serve as inputs or organizing frame(s), with one or more inputs that provide additional contextual or cultural domains of knowledge, which then project selective salient elements into the organizing frame. Projected elements are combined and elaborated, and form a manageable blend with a new emergent meaning.

Understandably this begs many questions, such as the criteria of mobilizing different inputs into the network. Are all inputs (all idioms and all domains of knowledge) equally available for blending in any network? The answer to this and such questions comes in the form of vital relations and governing principles. Not everything goes. Just the things that can establish relevant web links and inner-space relations go. Only those blends that successfully prompt for the entire network go. There is also a question of which slots in the frame-providing idioms are open, and to what extent they are open. The answer to this may be that the open slots are those that allow the efficient compression of vital relations (analogy, disanalogy, cause-effect, part for whole, time, role, etc.).

Most accounts of idiom modifications revolve around the discussions of their syntactic resilience or flexibility, as well as the issue of the range of lexical items that can be allowed or stricken out from a particular slot. All these discussions are actually instantiations of only two aspects of blending: i.e. the requirement that the blend must have relevance and must be well-integrated, i.e. manageable syntactically as a single unit. These two governing principles subsume the semantic, grammatical and lexical constraints and set limits to how far we should go in modifying an expression. It should not be modified beyond recognition as it would violate the relevance principle. Whatever new element is found in an idiom modification it has to be there for a reason (relevance), and the modification must be in line with the rules of grammar, i.e. syntax (a coherent unit). Grave violations of these principles may cause the failure of a blend – if an idiom is modified beyond recognition, violating the syntax and showing no evidence of the reason for modification, it may be perceived as a mistake or not appreciated at all.

As opposed to earlier idiom modification accounts, the blending theory not only regulates the operability of the modified form, but also sheds light on the cognitive operations leading to modification. Unlike earlier accounts that deal, for example, with lexical substitution, addition, or formal structural blending, it shows us clearly what unfolds behind these surface operations.

5 Conclusion

We hope to have shown that the Conceptual Integration Theory can be used to analyze modified phraseological material in order to provide insights into mechanisms which regulate its creation and cognitive organization. The theory not only provides insight into the way we produce, but may also give clues about the ways in which we process modified and blended figurative expressions. The Conceptual Integration Theory seems to provide us with the key for unlocking the internal cognitive choreography of idiom modifications presented in our case studies.

Constitutive principles and governing principles that regulate the blending process, together with the set of vital relations, are shown to regulate and constrain idiom modifications presented in our case studies. It is, however, yet to be established whether all types of idiom modifications are also instances of blending. Further detailed case-studies are needed to verify the scope of applying blending principles to different instances of idiom modifications.

We may present the modified idioms in our case studies using the Conceptual Integration Theory apparatus in the following way:

1) a modified idiom is a compressed version of the canonical form(s) and a new context(s);
2) a modified idiom is a completed, well-integrated, manageable language unit;
3) a modified idiom preserves and intensifies one or more of the vital relations;
4) new elements appearing in a modified idiom have to be relevant;
5) a modified idiom must prompt for its own unpacking.

References

COULSON, Seana/OAKLEY, Todd (2000): Blending basics. In: Cognitive Linguistics 11. p. 175–196.
COULSON, Seana/OAKLEY, Todd (2005): Blending and coded meaning: Literal and figurative meaning in cognitive semantics. In: Journal of Pragmatics 37. p. 1510–1536.
FAUCONNIER, Gilles (1994). Mental Spaces: Aspects of Meaning Construction in Natural Language. Cambridge/New York.
FAUCONNIER, Gilles/TURNER, Mark (1996): Blending as a central process of grammar. In: GOLDBERG, Adele E. (ed.): Conceptual Structure, Discourse and Language. Stanford. p. 113–127.
FAUCONNIER, Gilles/TURNER, Mark (1998): Conceptual Integration Networks. In: Cognitive Science 22/2. p. 133–187.
FAUCONNIER, Gilles/TURNER, Mark (2001): Conceptual Integration Networks. Expanded Web-version. http://www.wam.umd.edu/~mturn/WWW/blending.html.
FAUCONNIER, Gilles/TURNER, Mark (2002): The Way We Think: Conceptual Blending and the Mind's Hidden Complexities. New York.
GIBBS, Raymond Jr. W. (1995): Idiomaticity and Human Cognition. In: EVERAERT, Martin/VAN DER LINDEN, Erik Jan/SCHENK, André/SCHREUDER, Rob (eds.): Idioms: Structural and Psychological Perspectives. Hillsdale/New Jersey/Hove. p. 97–116.
GIBBS, Raymond Jr. W. (2000): Making good psychology out of blending theory. In: Cognitive Linguistics 11. p. 347–358.
HANKS, Patrick (2004): The syntagmatics of metaphor and idiom. In: International Journal of Lexicography 17/3. p. 245–274.
LANGLOTZ, Andreas (2006): Idiomatic Creativity: A cognitive-linguistic model of idiom-representation and idiom-variation in English. Amsterdam/Philadelphia. (Human Cognitive Processing; 17).
MOON, Rosamund (1998): Fixed Expressions and Idioms in English. Oxford.
OMAZIĆ, Marija. (2002a): Modifications of phraseological units in English – presentation of a project. In: PETROVIĆ, Elvira (ed.): The First Twenty-five Years of English Studies in Osijek. Osijek.

OMAZIĆ, Marija. (2002b): Modifications of phraseological units in English. Unpublished doctoral dissertation. University of Zagreb.
OMAZIĆ, Marija (2004): Imagery in Phraseology. In: LEWANDOWSKA-TOMASZCZYK, Barbara/KWIATKOWSKA, Alina (eds.): Imagery in Language. Festschrift in Honour of Professor Ronald W. Langacker. Frankfurt am Main. (Łódź Studies in Language; 10). p. 625–633.
OMAZIĆ, Marija (in print): Patterns of Phraseological Units Modifications. In: HÄCKI BUHOFER Annelies/BURGER, Harald (eds.): Phraseology in Motion II. Baltmannsweiler. p. 63–76.
OMAZIĆ, Marija (forthcoming). Phraseological Blends. Paper presented at EUROPHRAS 2005. Strunjan. Slovenia.
OMAZIĆ, Marija (2005): Cognitive linguistic theories in phraseology. In: Jezikoslovlje 6/1–2. p. 37–56.
OMAZIĆ, Marija (in print): Conceptual motivation and processing of idioms and idiom modifications. In: GRANGER, Sylvianne/MEUNIER, Fanny (eds.): Phraseology: an interdisciplinary perspective. Amsterdam/Philadelphia.
TURNER, Mark/Gilles FAUCONNIER (1995): Conceptual integration and formal expression. In: Metaphor and Symbolic Activity 10.3. p. 183–204.

Antonio Pamies, Beatriz Cortina (Granada)

Idioms on Drunkenness and Drunkenness on Idioms

1 Introduction

The cognitive theories of metaphors have outstandingly developed within phraseological studies (cf. LAKOFF/JOHNSON 1980; GIBBS 1994, 1999; DO-BROVOL'SKIĭ 1996, 1998; KÖVECSES/RADDEN 1998). In fact, phraseological units constitute a privileged research field for this paradigm since the notion of *idiomaticity* implies indirectly the idea of *metaphoricity* (MOKIENKO 1980, 1986). According to cognitivist postulates, idiomatic metaphors cannot be regarded as a kind of compound-words stored in a list, but as complex signs embedded within interactive mental networks of conceptual knowledge (cf. LANGLOTZ 2001; KÖVECSES 2002). However, if this is to be applied to wide phraseological fields instead of selected tailor-made examples, a more precise and economical meta-language is required. When applied to many different lexical fields, the mere collection of "one to one" correspondences between a list of sources and a list of targets would be almost as enormous and unpredictable as a proper inventory of idioms of each language.

In our previous studies, we advocated a hierarchical framework of recurrent mapping patterns between source domains and target domains, in order to prove their systematicity and productivity (PAMIES/IÑESTA 1999, 2000; PAMIES 2002; IÑESTA/PAMIES 2002). At the top of this hierarchy we find *iconic models*, i.e., a necessarily reduced number of *source domains*, which at the same time should be attested *universal semantic primes* (WIERZBICKA 1996, 1999, 2000). In a second layer we locate *archi-metaphors*, i.e., mappings with prepositional structure that should generate many metaphors (in order to avoid the circularity of the reasoning process) (cf. DILLER 1991: 210). At the bottom we situate *particular metaphors* which coincide with idiom (basic) forms of a given language. Beyond the domain of the proper linguistic system, we could eventually add a fourth level for all the speech variants, or discourse instantiation, of each idiom basic form (cf. NACISCIONE 2001, 2002, 2003),[1] though it is not indispensable if we analyze only the linguistic system.

---

[1] According to NACISCIONE (2001): "As a base form the PU is a decontextualized language unit. It is generic to all manifestations of a particular PU in discourse or a totality of discourses. The base form is a cohesiveentity per se, which provides for the existence, development and sustainability of the PU in use, that is, the base form secures the operation of the PU in discourse, including both core use and innumerable stylistic instantiations."

2 Idioms on drunkenness

Whatever its effects (positive or negative), the consumption of alcoholic drinks plays an important role in most Western cultures, as largely reflected in the rich lexical field of *inebriation,* affecting both isolated words and phraseological combinations, already studied by different linguists (SUÁREZ BLANCO 1989; LOZANO 1998; LUQUE/PAMIES/MANJÓN 1998; GIRAUD 1998; TARNOVSKA 2000; CHATELAIN-COURTOIS 2001; PAMIES/LOZANO/AGUILERA 2004; CORTINA 2005). Taking this into account, the main goal of this paper is to carry out a cross-linguistic comparison of the phraseological field of drunkenness in different languages, using the descriptive-theoretical model of archimetaphors in order to explore common regularities in spite of the obvious idiosyncratic specificity of idioms, and also to evaluate our own metalinguistic proposal.

2.1 The iconic model [ANIMAL]

The abundant zoomorphic metaphors of drunkenness seem to fit in two archimetaphors: either the drunken person is represented by an animal, or drunkenness itself is an animal.

2.1.1 The drunken person is an animal

This archimetaphor also underlies the meaning of isolated words (**Sp.** *abrevar, culebrear, serpentear, alpistarse, entromparse*) not included in our corpus since we focus on idioms. We can find a surprising collection of species representing drunkards: snakes, fishes, birds, rats, pigs, camels, etc. No animal is known for its alcoholic tendencies; however, we do not share TUTIN/ GROSSMANN's idea that zoomorphic metaphors are "arbitrary" (2002). In some cases, beasts could symbolize a force or resistance that gives them the hyperbolic function of the alcohol they imaginarily would be able to drink.

> ***Eng.*** *drunk as a hog, a sow, a dancing pig, a monkey, a dog, a lion, a camel, a fish, a badger, a skunk, a drowned mouse, a drowned rat, a bat, a big owl, a parrot, a cock, a fly, an autumn wasp, to be fish-eyed, cockeyed, as pissed as a newt, a roaring drunk, primed to the muzzle, to play camels;,* ***Sp.*** *estar borracho como un cerdo, como un puerco, como un marrano, como cola de marrano [Mex.], ponerse guarro, borracho como un buey, pillar una borrachera de camello, ponerse trompa, como un topo, serpentón, darle al alpiste, chupar más que un mosquito, chupar más que una sanguijuela, estar como piojo [Ch.], estar enzorrado [Ch.], beber mas que un macho asoleado [Col.]* ***Fr.*** *beurrer comme un cochon; se soûler la gueule comme un cochon; être soûl comme trente-six cochons; être plein comme une bourrique, être soûl comme un âne; boire en âne, être noir comme une vache, être bourré comme un rat,*

être soûl comme une grive, être gelé comme un canard, avoir chaud aux plumes, être saoul comme une tique, être bourré comme une huître, boire comme une carpe, être rond comme un lapin, être rond comme un asticot, renouveler l'abreuvoir.

In other cases, the mere animalization of a person might be enough to symbolize the drunken person's degradation, as shown by the use of general zoomorphic metaphors: **Sp.** *borracho como un animal, como una bestia, ponerse hasta las patas, estar hasta el rabo de borracho;* **Fr.** *se bourrer la gueule.*

But the most important feature seems to be the fact that motivation is not based here upon a "direct" link, but rather upon a "chain" of mappings: metaphors may overlap with previous metonymies, where a third element bridges the gap between a given animal and drunkenness:

- a great ingestion of liquid, as for fishes, camels, mosquitoes, elephants, ticks, lice... (**Eng.** *drunk as fish, drunk as a camel* **Sp.** *chupar más que un mosquito; pillar una trompa; estar como piojo,* **Fr.** *être soûl comme une tique*);
- unpleasant smell, as for pigs and skunks (**Eng.** *drunk as a sow, drunk as a skunk,* **Sp.** *borracho como un cerdo* **Fr.** *se bourrer comme un cochon*);
- waving movement, as for snakes and worms (**Eng.** *to have snakes in one's boots,* **Sp.** *estar serpentón, ir culebreando,* **Fr.** *rond comme un asticot*),
- vertigo and downfall, as for flies and wasps (**Eng.** *drunk as fly, drunk as an autumn wasp*),
- incoherent speech, as for parrots (**Eng.** *drunk as a parrot*), etc.

Since there is no direct link, an intermediate step is needed, which is not "purely conceptual", but partly linguistic, as it resorts to previous lexicalized metaphors. E.g. the bat symbolizes blindness in English, according to the attested idiom *to be blind as a bat*, and not in French. In its turn, blindness symbolizes drunkenness, according to another attested English idiom (*to be blind drunk*), which neither exist in French. Therefore, the existence of a third English metaphoric idiom resulting from a kind of "syllogism" between the two previous (*to be drunk as a bat*) is a proof of the relevance of previous lexicalized metaphors on the emergence of a new one, and its absence in French seems predictable. This mechanism could also explain that, in Spanish, where blindness is also a symbol of drunkenness (*ponerse ciego, pillar un ceguerón*), but where the zoomorphic symbol of poor sight is the mole (*más miope que un topo*), we can find an association between drunkenness and moles (*ponerse como un topo*), instead of bats.

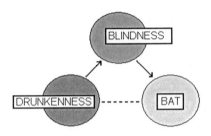

2.1.2 Drunkenness is an animal

Many of these images are sometimes related to hunting: drunkenness is an animal which may be captured, hunted or fished. Furthermore, these zoomorphic metaphors are strengthened by using images of company and aggression.

> **Eng.** *to have snakes in one's boots, to be driving the turkeys to market, driving the brewer's horse, to have the head full of bees, to see pink elephants, to cop a crane, to cop an elephant, to chase the duck, to be watching ant racings, down with the fish;* **Sp.** *agarrar una trompa, pillar la mona, matar el bicho, matar el gusanillo, pillar un cerdo, pillar un cernícalo, pillar un jurel, pillar una merluza, estar caído de la perra [Col.], chuparle el rabo a la jutía [Cub.];* **Fr.** *abreuver son cochon; charmer ses puces, se piquer la ruche, cracher un renard, charger la mule, étrangler un perroquet.*

2.2 The iconic model [MOVEMENT]

Kinetic metaphors of drunkenness are mostly based on spatial disorders, a metonymic representation of the cause-effect relation between alcoholic drinks and lack of sensorimotoric self-control.

2.2.1 Drunkenness is a rotating movement

Drunkenness is represented as the incapability of walking straight; on the contrary, it is symbolized with unnecessary turns, lateral movements, etc.

> **Eng.** *to walk on rocky socks, to slew in one's hammock, to be rubber, to have business on both sides of the way, to make Ms and Ts, can't sport a right line, can't walk a chalk, knee-crawling;* **Fr.** *faire du tricot sur les trottoirs, avoir des chaussures à bascule, marcher tout droit à reculons; avoir les jambes qui font flan-flan, en tenir une pendule, être rond comme une bille, être rond comme un boudin, rouler debout, en rouler une, attraper une allumette ronde;* **Sp.** *estar peonza, ir haciendo eses, ir haciendo equis, ir haciendo ochos, faltarle a uno acera, dar cambaladas, estar mareado, estar perdido, estar almadiado, andar de medio lado; pillar un globazo, andar tocado del ala, andar como pirinola [Mex.]).*

At the same time, these metonymies can be mixed with zoomorphic metaphors: **Eng.** *to be drunk as dancing pigs, flying on one wing;* **Fr.** *rond comme un asticot, marcher en queues de poissons*; **Sp.** *ir culebreando; estar serpentón, como cola de marrano*. Drunkenness can also produce vertigo, i.e., the subjective sensation of spinning. Such circularity may be also transferred to the drunken person through a metonymic process: **Fr.** *rond comme une boule, rond comme un disque, rond comme une queue de pelle, rond comme une soucoupe*; **Sp.** *llevar los pies redondos*.

2.2.2 Drunkenness is an upwards movement

In this group we should distinguish between hyperboles and euphemisms. In the former, the upwards movement constitutes the metaphor of loss of control, and of fantasy, contrary to the "down to earth" metaphor which symbolizes the rational control and contact with reality: **Eng.** *to top off, to be high as a kite, to be over the limit, to be one over the eight, to be over the line, to be getting up the pole, to be high up to pick cotton, to be higher than a giraffe's toupee;* **Fr.** *ne plus toucher terre, prendre une hauteur;* **Sp.** *estar fuera de órbita, estar arriba de la pelota* [Ch.], *agarrar un cuete* [Mex.], *andar subido de copas* [Mex.]). On the other hand, in euphemistic idioms, a raising gesture may symbolize drinking: **Eng.** *to be lifting the finger,* **Fr.** *lever le coude,* **Sp.** *levantar vidrios, practicar el levantamiento de vidrio, empinar el codo*.

2.2.3 Drunkenness is a downwards movement

The downwards movement is a metonymy of downfall, the major expression of psychomotor unbalance. This fall may be imminent -**Eng.** *to be ripe, to get one's skates on, to be about to cave in, to be about to go down,* e**Sp.** *estar madurito*; **Fr.** *être mûr, ne plus tenir debout; avoir une bonne descente, avoir sa pente, ne plus tenir en l'air*- or completed - **Eng.** *to be off a cloud, a bit under, at peace with the floor, to have a tumble down the sink, to be visiting the bottom of the manager, to be under the table, below the mahogany, down with the fish*; **Sp.** *ir dando trompicones, dando tropezones, cayéndose de la jumera, andar por los pisos* (Mex.), *andar midiendo las aceras* (Ch.), *estar caído de la perra* (Col.); **Fr.** *rouler sous la table*; en *rouler une, rouler tout debout; se rétamer*. This image inherits the negative connotations of abstract metaphors of descent, thus underlining the indignity of the drunken person. The axiological distribution carried out by LAKOFF/JOHNSON (1980) states *UP IS GOOD, DOWN IS BAD*, which only works -in this case- at the connotative level (**Eng.** *high as a kite,* vs. *to be under the table*), not at the denotative one, as both directions point to the same referent: drunkenness

2.2.4 Drunkenness is an inwards movement

The inwards movement is a metonymy of alcohol getting into the body until it is filled up:

> **Eng.** *to swallow a tavern token, to have cider inside one's insides, too many under the belt, to be primed to the muzzle, to be to the trigger;* **Sp.** *llenar el depósito, ponerse a tope, ponerse hasta el culo, estar hasta las trancas, estar hasta atrás (Mex.), ponerse jarto vino (And.), estar hasta el pito (Mex.), ponerse hasta los ojos, ponerse hasta las cejas, ponerse hasta las orejas, estar hasta las chanclas (Mex.), estar como un pellejo, estar como una cuba, estar como un tonel, estar como un odre, estar embotijao;* **Fr.** *faire le plein,; en avoir plein son sac, être complètement bourré, se bourrer la gueule, se bourrer comme une valise, être un sac à vin, être plein comme une barrique, comme une outre, comme un fût, être bourré comme une tonneau, avoir sa dose, avoir son affaire.*

As the agent is a liquid, this movement is connected to other images, such as irrigation, draining, washing...

> **Eng.** *to get sloshed, to wash one's brain, to wash one's ivories, to wash one's neck, to wet the neck, to dilute the blood on one's alcohol system, to be half in the bag;* **Sp.** *mojarse por dentro, bañarse por dentro, regar la garganta, remojarse la garganta, mojar la boca, mojar la canal maestra, remojar el gaznate;* **Fr.** *boire comme un trou, s'en jeter un dans la trappe, s'en jeter un dans le col, s'en jeter un derrière le bouton de col, s'en jeter un dans le colback, boire comme un évier, boire comme un tout-à-l'égout, s'humecter le pipe-line, mouiller la cafetière, s'humecter la dalle, s'humecter la glotte, s'arroser les amygdales, avoir les amygdales qui baignent, arroser le bocal, se laver le tuyau, se rincer la dalle, se rincer la gargarousse, se rincer la gargoulette, se rincer la gueule, se rincer le gosier, se rincer la bouche, se tenir le gosier au frais, prendre un bain, prendre une douche intérieure, se doucher chez Bacchus.*

Other variants are based on the retention of absorbed liquids: **Eng.** *to be an imbiber;* **Fr.** *boire comme une éponge, être plein comme une éponge, être imbibé, s'imbiber le jabot;* **Sp.** *beber más que una esponja, ponerse como una esponja, estar sopa.*

2.2.5 Drunkenness is an outwards movement

At this section we should also distinguish between hyperbole and euphemism. In the hyperboles group, this movement merges the metaphor body-recipient which is overflowed with alcohol once it is full (**Eng.** *to be blowing beer bubbles*), and the metonymy effect-cause related to flows thrown out by the drunken person (tears, vomits, etc.), which inherits the pejorative connotations underlining the explicit scatology:

> **Eng.** *to drain the cup, to flood one's sewer, to be piss-drunk, to be pissed to the ears, to be to drink more than one bleeds, can't wipe one's all with a bedsheet, to be sloppy drunk, to be shitfaced drunk;* **Fr.** *faire cracher les soupapes, faire sauter*

la gamelle, se torcher le nez; **Sp.** *tener una llorona, pillar una mierda, estar pedo, pillar la pea (And.), agarrar una peda (Mex.), andar dando jugo (Ch.).* Let's mention also **Eng.** *to drink the three outs (out of wit, out of money and alcohol).* On the other hand, some ironic euphemisms symbolize a (real) inwards movement by means of a (figurative) outwards transfer: **Fr.** *siffler une bouteille, souffler dans l'encrier;* **Sp.** *soplar vidrio, soplarse una botella.*

2.2.6 Drunkenness is lack of movement

Another metonymy associated to drunkenness is the inability of movement (**Eng.** *to be petrified, dead in the water*), which may symbolize the incapability of going back home (**Eng.** *to hold up the wall,* **Sp.** *ir abrazando farolas, ir faroleando, intimar con las farolas*), not being able of getting up (**Eng.** *to be at peace with the floor, watching ant racings, laughing at the carpet, to be horizontal, flat-ass drunk*) or, inversely, unable to lay on bed in a normal way (**Eng.** *in bed with boots on,* **Fr.** *prendre son lit en marche*). One variant represents drunkenness as a heavy burden which keeps the drunken person from moving: **Sp.** *ir [bien] cargado, estar cargadillo, andar con la jumera a cuestas, llevar encima una jumera de lo lindo, llevar un jumerón cosa fina, llevar una mierda como un piano;* **Fr.** *charger la mule, charger la brouette, être chargé à couler bas, ramasser une sacrée beurrade, ramasser une malle, trimballer une mallouse, en tenir une bonne, en tenir une sévère, en tenir une sérieuse, en tenir une gratinée.*

2.3 The iconic model [BODY PART] DRUNKENNESS IS A BODY PART MOVEMENT

Metaphoric somatisms of drunkenness tend to make anomalous associations between a given body part and a specific movement. These associations are usually effect-cause metonymic representations, either referring to the drunken person's out-of-control psychomotricity, or representing the body as a container overflowed with alcohol. Mainly, the involved body parts are head, eyes, nose, ears, mouth, arms and legs.

Eng. *about blowed one's top, Adam's apple up, out of one's head, double-headed, one's head is smoking, to have a piece of bread and teeth in the head (/attic), to have the head full of bees, to get a spur in one's head, to have a brick in one's head, to have hoary-eyes, to be banged up to the eyes, bright in the eyes, fried to the eyebrows, stewed to the eyebrows, to hop to the eyelids, to be hammered to the eyeballs, dull in the eyes, fish-eyed, to get the sun in one's eye, to have wet both eyes, brass eyes double-tongued, to be drunk till one's teeth caught cold, to have the mouth like the bottom of a baby's pram, a mouth like a vulture's crotch, a mouth like the inside of a Turkish wrestler's jock strap, the mouth like the bottom of a crow's nest – all shit and twigs the teeth well afloat, a furred tongue, ears are* *ringing, to be pissed to the ears, keeping one's nose in the cup, to have the nose to light candles at, to be arm-bending, to be crooking the elbow, to be lifting the finger, to let the finger ride the thumb too often, to burn one's shoulders, to be knee-crawling;* **Sp.** *tener la cabeza caliente, ir cabeceando, dolerle [a uno] la cabeza, salírsele los ojos de la cara, ponerse hasta los ojos, hasta las cejas, hasta las orejas, hasta las patas, hastael culo, hasta el pito, tener la baba, empinar el codo, levantar el codo, alzar el codo, encojer el codo, darle al codo, beber de codos;* **Fr.** *voir double; voir en dedans, avoir les lunettes en peau de saucisson, ne plus avoir les yeux en face des trous, avoir un coup dans les dents, avoir un coup dans les gencives, avoir chaud aux oreilles, avoir un coup dans les naseaux, avoir un coup dans le nez, avoir un coup dans le tarin, avoir le nez sale, avoir un verre dans le nez, en avoir dans le pif, se piquer le nez, lever le coude.*

2.4 The iconic model [AGGRESSION]

This model can be divided in two main archi-metaphors, based on different (cause-effect) metonymic associations, depending on the distribution of aggressor and agressed roles.

2.4.1 DRUNKENNESS IS AN AGGRESSOR

In male ex-alcoholics statements in group therapy, psychologists notice the persistency of the association between drinking and male chauvinistic stereotypes: alcohol is a symbol of *Männlichkeitsbeweisen* (SCHMITT 2005). However, in the popular phraseology of drunkenness, a drunken person's aggressiveness seems to appear in self-compassionate and masochist images, in which he hurts himself with complacency. The ambiguity between aggressor and aggressee neutralizes the critical function which cognitive-semantics conferred on warlike metaphors. (e.g. CSERÉP 2001; LAKOFF/JOHNSON 1980: 61–62, 84). The drunken person not only "catches a cold", but he/she is "blind", "drowned", "hit", "beaten", "burned", "cooked", "shot", "dead", and so on.

Eng. *to be punch-drunk, blind drunk, smashed, bitten by a barn mouse, to have been bitten by a tavern bitch, to have a kick in the guts, to be hammered to the eyeballs, flacked out, down for the count, about to cave in, burnt with low flame, to be blitzed, to be bombed, bombed out of one's skull, bombed as Hiroshima;* **Sp.** *pegarse (/arrearse) un trancazo (/castañazo /trompazo), arrearse un pelotazo, tener encima un muermazo, ponerse morado a latigazos, darse unos zurriagazos (/calambrazos), arrearse unos cuantos viajes, castigarse el cuerpo (/el físico), pillar una tajada (/bronca, /piedra, /tunda), pillar un tablón, estar fuera de combate, ponerse (/estar) ciego, pillar un cegerón de agárrese usted, estar lijado (/grogui / sonado), pillar un tajón en condiciones, estar fuera de combate, estar tocado del ala, tener encima un buen catarro (/catarrazo, /trancazo de muerte), pillar una calentura, estar ajumao (/ahumado), estar cocido, pillar una cocida (/cocedura), ponerse tibio, ponerse templado, acabar chamuscado, estar en fuego (/atizado,*

/detonado), estar paloteado (Ven.), andar como huasca (Ch.), estar huasqueado (Ch.), estar enlagunado (Col.), estar ahogado (Mex.), estar fumigado (Mex.), estar prendido (Col.), estar muerto (Ch.), pillar una borrachera de muerte; **Fr.** *se cogner, se défoncer, s'enfoncer, se péter, se filer des taloches sous le nez, prendre des coups, s'envoyer un coup d'arrosoir, prendre un coup de sabre, être atteint, s'en foutre un coup dans le mirliton, se taper (/s'enfiler) un coup dans le lampion, s'envoyer une giclée, se tordre, s'arracher la gueule, avoir son coup de bouteille, avoir un coup dans le nez (/les naseaux, /le tarin, /la crête, /l'aile, /les dents, les carreaux / les gencives /la ruche / la musette), avoir un coup de sirop (/de soleil) être allumé, être envapé, être incendié, être être cuit, asphyxié, être cassé, être cisaillé, être déchiré en loques, être éteint, être bousillé, être flingué, être fusillé.*

2.4.2 THE DRUNKEN PERSON IS AN AGGRESSOR

Aggression may be directed towards someone else, objects, and even animals, the latter reinforce the image by combining two productive iconic models in the same metaphor (animals and aggression).

Eng. *to smash the teapot, to kick up the devil, to bit one's name in, to be a roaring drunk, to be a fighting drunk, to be hunting the fox down the red lane, to kill the dog, to shoot the cat, to hurt a turtle, to chase the duck;* **Sp.** *pegarle a la botella, arrearle a la botella, echar un palo (Ven.), echar un palito (Ven.), darle un palo al burro, darle otro palito a la burra, matar el bicho, matar el gusanillo;* **Fr.** *étrangler la négresse, croquer la pie, tuer le ver, tuer le colimaçon, étrangler un perroquet.*

3 The iconic model [VEGETAL]

Phytonymic metaphors are less common than zoonymic ones. Nevertheless, they may similarly be grouped in two archimetaphors depending on whether they affect the drunken person or drunkenness itself. The vegetal simile is usually quite common in the representation of stupidity (LUQUE/PAMIES/ MANJÓN 1998), thus it is not strange to find them in the field of drunkenness (**Eng.** *to be vegetable, to be ripe;* **Sp.** *tener una filoxera, estar madurito, andar a medios chiles* [Mex.], **Fr.** *être raide comme un coing; être mûr*).

We must notice that metaphors of ripe fruit combine several productive images: vegetal, colour, and downwards movement. The whole source domain is not mapped, but rather the intersection of several source domains.

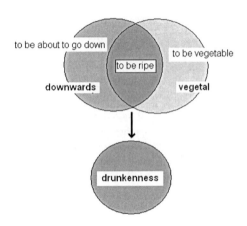

In other idioms, drunkenness itself is a vegetal element: **Eng.** *to be below the mahogany, to be high up to pick cotton;* **Sp.** *pillar una papa; pillar una castaña; agarrar un castañón (Ch.), pillar una calabaza; pillar un buen cebollino (/cebollón), pillar un cermeño; pillar una berza, pillar un melocotón (/un buen membrillo), agarrar un pepino (Ch.);* **Fr.** *avoir sa paille, avoir sa pistache, avoir sa prune.*

4 Cultural and sociological aspects

Despite the fact that the great majority of all the expressions we have found can be related to one of the models previously described, some "exceptions" still remain, whose figurative meaning is not based in personal experience or perception. They are derived from a different kind of knowledge, shared by a specific community and culturally transmitted between generations (DOBROVOL'SKIĬ 1998; CORPAS 2003), whose description doesn't fit into cognitive *embodied* schemas (DOBROVOL'SKIĬ/PIIRAINEN 2005a; 2005b; PIIRAINEN 2006). This is the case of religious beliefs, superstitions, national history, ethnic prejudices, sports and games, famous proper names, trade marks, publicity... These "culturally bound" idioms of drunkenness are treated separately in another paper (PAMIES/LOZANO/CORTINA, forthcoming), since they are more based on "local" and idiosyncratic metaphors which need a special kind of pragmatic and cultural knowledge to be understood.

5 Conclusion

As we have observed, some coincidences among languages can be drawn. In spite of the diversity and the "bizarre" character of idioms related to drunkenness, we can see how these similarities can be reduced to a small number of interconceptual mappings, based on a even smaller number of highly productive source domains taken from our environment (movement, body, animals, plants) or simple interrelations (company, aggression). The cross-linguistic comparison of this phraseological-semantic field seems to corroborate the productivity of the metalinguistic approach tested in other lexical fields like *fear, anger, poverty, hunger, voracity, injustice, effort, speed, distance, thinness* (IÑESTA/PAMIES 2002), or *sickness* and *pain* in the spontaneous speech of hospital patients (PAMIES/RODRÍGUEZ-SIMÓN 2000; 2005).

In sum, within a big variety of fields, a small number of iconic models and archimetaphors –always the same ones- allow us to analyse thousands of particular metaphors in different languages.

References

CHATELAIN-COURTOIS, M. (2001): Les mots du vin et de l'ivresse. Paris.
CORPAS PASTOR, G. (2003): Diez años de investigación en fraseología: análisis sintáctico-semánticos, contrastivos y traductológicos. Frankfurt/Madrid.
CORTINA, B. (2005): Estudio fraseológico sobre la embriaguez: hacia una borrachera universal. In: Language Design 7. p. 137–150.
CSERÉP, A. (2001): Motivation of English Idioms of Criticizing, paper presented at the Fourth International Symposium on Phraseology (Rome 2001).
DILLER, A. M. (1991): Cohérence métaphorique, action verbale et action mentale en français. In: Communication 53. p. 209–229.
DOBROVOL'SKIĬ, D. O. (1996): Образная составляющая в семантике идиом. In: Вопросы Языкознании 1. p. 71–93.
DOBROVOL'SKIĬ, D. O. (1998): On Cultural Component in the Semantic Structure of Idioms. In: ĎURČO, P. (ed.): Phraseology and Paremiology. (Europhras 97). Bratislava. p. 55–61.
DOBROVOL'SKIĬ, D./PIIRAINEN, E. (2005a): Figurative Language: Cross-cultural and Cross-linguistic Perspectives. Amsterdam.
DOBROVOL'SKIĬ, D./PIIRAINEN, E. (2005b): Cognitive theory of metaphor and idiom analysis. In: Jezykoslovije 6/1–2. p. 7–35.
GIBBS, R. W. (1993): Why idioms are not dead metaphors. In: CACCIARI, C./TABOSSI, P. (eds.): Idioms: processing, structure, and interpretation. Hillsdale (NJ). p. 57–77.
GIBBS, R. W. (1994): The poetics of mind: Figurative Thought, Language & Understanding. Cambridge.
GIBBS, R. W. (1999): Researching Metaphor. In: CAMEON, L./LOW, G. (eds.): Researching and Applying Metaphor. Cambridge.
GIRAUD, R. (1998): L'argot du bistrot. Paris.

GLÄSER, R. (1998): The Stylistic Potential of Phraseological Units in the Light of Genre Analysis. In: Cowie, A. (ed.): Phraseology: Theory, Analysis and Applications. Oxford. p. 125–143.
IÑESTA, E. M./PAMIES, A. (2002): Fraseología y metáfora: aspectos tipológicos y cognitivos. Granada.
IÑESTA, E.M./PAMIES, A. (2001): La conceptualización de la ira a través de las unidades fraseológicas. In: WOTJAK, G. (ed.) IV. Internationale Arbeitstagung zum romanisch-deutschen und interromanischen Sprachvergleich (Leipzig 7-9 okt. 1999). Berlin. p. 123–143.
KÖVECSES, Zoltán/RADDEN, G. (1998): Idioms: a view from cognitive semantics. In: Applied Linguistics 17/3. p. 326–355.
KÖVECSES, Zoltán (2002): Metaphor: A Practical Introduction. Oxford.
LAKOFF, G./JOHNSON, M. (1980): Metaphors We Live By. Chicago.
LANGLOTZ, A. (2001): Cognitive principles of idiom variation: idioms as complex linguistic categories. Studi italiani di linguistica teorica e applicata 2: 289-302.
LUQUE, J. de. D./PAMIES, A. (eds.) (2005): La creatividad en el lenguaje: colocaciones idiomáticas y fraseología. Granada.
LUQUE, J. de. D./PAMIES, A. (eds) (1998): Léxico y Fraseología. Granada: Método.
LUQUE, J. de D./PAMIES, Antonio/MANJÓN, F. (eds) (1998): El Arte del Insulto. Barcelona.
LUQUE, J. de D./PAMIES, A./MANJÓN, F. (eds.) (2002): Nuevas tendencias en la investigación lingüística. Granada.
NACISCIONE, A. (2002): Cohesion in Phraseology. In: BRAASCH, A./POVLSEN, C. (eds.): EURALEX 2002. Copenhagen. Vol. 2. p. 534–540.
NACISCIONE, A. (2003): Phraseological metaphor: Dead or alive? In FRATH, P./RISSANEN, M. (eds.): ESSE 6. European Society for the Study of English. Num. Spéc. de RANAM: Recherches Anglaises et Nord-Américaines, n.36. Strasbourg. p. 23–30.
PAMIES, A. (2002): Modelos icónicos y archimetáforas: algunos problemas metalingüísticos en el ámbito de la fraseología. In: Language Design 4. p. 9–20.
PAMIES, A./IÑESTA, E. (1999): Some considerations about multilingual phraseology: the concept of injustice. In: Acta Lingvistica 3. p. 23–32.
PAMIES, A./IÑESTA, E.M. (2000): El miedo en las unidades fraseológicas: enfoque interlingüístico. In: Language Design 3. p. 41–76.
PAMIES, A./LUQUE, J. de D. (eds.) (2000): Trabajos de lexicología y fraseología contrastivas. Granada.
PAMIES, A./LOZANO, W/AGUILERA, D. (2004): Fraseología de la borrachera en guaraní y en español. In: Paremia 13. p. 51–64.
PAMIES, A./LOZANO, W.C./CORTINA, B. (forthcoming): Las metáforas del alcohol: contraste translingüístico e intercultural. Congreso Intenacional de Fraseología y Paremiología (Santiago de Compostela, 19-22 sept. 2006).
PAMIES, A./RODRIGUEZ SIMON, F. (2000): Métaphore et pathologie de l'oüie. In: DUPUY-ENGLEHARDT, H./MONTIBUS, M. J.: Le domaine de l'audible: Actes d'EUROSEM 2000. Reims.

PAMIES, A./RODRÍGUEZ SIMÓN, F. (2005): El Lenguaje de los enfermos: metáfora y fraseología en el habla espontánea de los pacientes. Frankfurt am Main.
PIIRAINEN, E. (2006): Cultural foundations of phraseology: a comparison of standard languages and dialect. In: KÜRSCHNER, W./RAPP, R. (Hrsg.): Linguistik International. Festschrift für Heinrich Weber. Berlin et al. p. 321–336.
SCHMITT, R. (2005): Systematic Metaphor Analysis as a Method of Qualitative Research. In: The Qualitative Report 10/2. p. 358–394.
SUÁREZ BLANCO, G. (1989): Léxico de la borrachera. Cádiz.
TARNOVSKA, O. (2002): El léxico de la borrachera en ruso y ucraniano. In: LUQUE, J. de D./PAMIES, A./MANJÓN, F. (eds.): Nuevas tendencias en la investigación lingüística. Granada. p. 227–240.
TUTIN, A./GROSSMANN, F. (2002): Collocations régulières et irrégulières : esquisse de typologie du phénomène collocatif. In: Lexique: recherches actuelles; Revue Française de Linguistique Appliquée 7. p. 7–25.
VELASCO MENÉNDEZ, J. (2005): El papel de los componentes zoonímicos en la semántica de las unidades fraseológicas deanimalísticas. In: SÁNCHEZ PUIG, M. (ed.): Homenaje de los rusistas españoles al profesor y académico Y. N. Karaúlov. Madrid. p. 139–147.
WIERZBICKA, A (1996): Semantics: Primes and Universals. New York/Oxford.
WIERZBICKA, A. (1999): Emotional Universals. In: Language Design 2. p. 23–69.
WIERZBICKA, A. (2000): Primitivos semánticos y universales léxicos: teoría y algunos ejemplos. In: PAMIES, A./LUQUE, J. d. D. (eds): Trabajos de lexicología y fraseología contrastivas. Granada. p. 1–28.

Oksana Petrova (Turku)

Negative Modality in Finnish Phraseological Units

1 Introduction

Among a relatively small number of studies that somehow touch upon a problem of negation in phraseological units (PUs) the leading tendency is to focus interest on negative polarity, i.e. the ability of certain PUs to appear exclusively (or predominantly) in negative form (e.g. MARTÍNEZ 1999). As far as I know, so far practically no effort has been made to give a valid description of negative modality in PUs and its influence on their negative polarity. The present paper attempts to fill gap. Following JESPERSEN (1924) and KIURU (1977) I do not consider negative and positive polarity merely as a matter of two extremes. Between them there is a gradation of positivity and negativity that different PUs can have. Resorting to quantitative analysis of large corpora can help us to place a PU on this scale, while an explicit formal representation of a PU's conceptual structure is needed if we want to link the modality to the rest of the conceptual knowledge about this PU, on the one hand, and to those parts of discourse that linguistically encode it, on the other.

2 The present study

2.1 Objectives and data

The purpose of my study is to investigate the role of negation in the Finnish biblical PU *heittää helmiä sioille* (throw pearl$_{PTV\ PL}$ pig$_{ALL\ PL}$) – *to cast pearls before swine* (henceforth HHS). Strictly speaking, it cannot be called a "genuine" negative polarity PU, as it does not have negation explicitly represented in its base form (KARI 1993: 33). On the other hand, inherited from the negative imperative form of the PU's original context[1] as well as motivated by its inner form, negation is implicitly present in its semantics. It is a part of a modal evaluation of the preformed action as inexpedient, unsuitable or pointless and therefore undesirable and inadvisable. Henceforth I will refer to this kind of modality as the PRNESS→Neg, where PRNESS stands for "must, have to, ought to, should" and NEG indicates negation.. In the system of modality it

---

[1] "Älkää antako koirille sitä, mikä on pyhää, älkääkä heittäkö helmiänne sikojen eteen…" (1992, MATT 7: 6) "Do not give what is holy to the dogs; nor cast your pearls before swine…" (NKJV, MATT 7: 6)

falls within the scope of practical necessity which means a necessity explained by ordinary reasoning: a situation is evaluated and on the basis of this evaluation a practical conclusion is drawn whether a certain thing should or should not be done in order to achieve a wanted goal (HAKULINEN et al. 2004: 1482).

My interest in connection to this subject concerns three major questions:
- How can the PRNESS→NEG modality be represented in HHS's semantic structure?
- In what linguistic forms does it manifest itself? What are the morphosyntactic means of its realization in discourse?
- Does the presence of the PRNESS→NEG modality in HHS's semantics affect the frequency of its occurrences in negative form/negative contexts?

I will try to answer each question in the following sections of this paper. My analysis is based on empirical data from the field of computer-mediated discourse. All examples have been obtained from authentic postings in Usenet discussion groups on 12.11.2006. Google Groups[2] that provide the Web's most comprehensive archive of Usenet messages worldwide were used as a search engine in order to gather the data. The database for HHS consists of 348 tokens (each token represents a graphic sentence that contains a single PU) distributed between a group of seven structurally and semantically related constructions shown in Table 1. I will refer to them as the HHS **construction family.**

Constructions		Tokens	%
COMPN1N2	*kuin helmiä sioille* 'like pearls to pigs'	11	3
COMPVtr$_{COND}$N1N2	*kuin heittäisi helmiä sioille* 'like to throw pearls to pigs'	24	7
N1$_{GEN}$DVtrNN2	*helmien heittäminen sioille* 'throwing of pearls to pigs'	17	5
N1N2$_{ALL}$	*helmiä sioille* 'pearls to pigs'	101	29
N1VintrN2	*helmiä menee sioille* 'pearls go to pigs'	23	7
NEGN1$_{PTV}$N2$_{ALL}$	*ei helmiä sioille* 'no pearls to pigs'	51	15
VtrN1N2	*heittää helmiä sioille* 'to throw pearls to pigs'	121	34

Table 1

COMP = comparative, Vtr = transitive verb, Vintr = intransitive verb, N1 = helmi 'pearl', N2 = sika 'pig', DVtrN = deverbal noun

---

[2] http://groups.google.fi/?hl=fi& accessed on 14.11.2006.

The VtrN1N2 construction is represented by 121 tokens (34% of the whole construction family), followed by verbless N1N2 and NEGN1N2 constructions which respectively make up 29% and 15% of the total.

My claim is that the PRNESS→NEG modality is not an exclusive feature of HHS, but is present in other PUs with semantics of inexpediency. For the purpose of comparative analysis presented in Section 2.4 an additional database has been compiled, using the above mentioned method. Ten Finnish phrasal PUs have been selected, nine of them are represented by a single construction, which is normally the base form; one is taken in its two most frequent variants – transitive and intransitive verbal constructions (items HLPM and LMPM in Table 2). The total 2250 tokens are distributed between the 11 constructions as shown in Table 2:

PU	Abbr.	Tokens
X EI TULE HULLUA HURSKAAMMAKSI Y:STÄ (X NEG come$_{NEG}$ mad$_{PTV\ SG}$ devout$_{CMP\ TRA\ SG}$ Y$_{ELA}$) lit.: X doesn't become more devout than a madman from Y, 'X still doesn't understand Y, X does not get anything out of Y'	ETHH	258
HEITTÄÄ LAPSI PESUVEDEN MUKANA (cast child washing water$_{GEN\ SG}$ with) lit.: to throw the child with the washing water, 'to loose something valuable while getting rid of something unwanted'	HLPM	128
HEITTÄÄ LUSIKKA NURKKAAN (cast spoon corner$_{ILL\ SG}$) lit.: to cast the spoon into the corner, 'to die'	HLN	102
KAIKUA KUUROILLE KORVILLE (sound deaf$_{ALL\ PL}$ ears$_{ALL\ PL}$) lit.: to sound for deaf ears, 'to be ignored'	KKK	163
LAPSI MENEE PESUVEDEN MUKANA (child go$_{SG3}$ washing water$_{GEN\ SG}$ with) lit.: the child goes with the washing water, 'something valuable becomes lost while getting rid of something unwanted'	LMPM	253
MAALATA PIRUJA SEINILLE (paint devil$_{PTV\ PL}$ wall$_{ALL\ PL}$) lit.: to paint devils on the walls, 'to describe a situation in a grim way'	MPS	282
MENNÄ MERTA EDEMMÄS KALAAN (go sea$_{PTV\ SG}$ further fish$_{ILL\ SG}$) lit.: to go fishing further than the sea, 'to seek for something farther than it is necessary'	MMEK	413
OTTAA LUSIKKA KAUNIISEEN KÄTEEN (take spoon beautiful$_{ILL\ SG}$ hand$_{ILL\ SG}$) lit.: to take the spoon into the beautiful hand, 'to reconcile to a situation'	OLKK	230
PANNA JÄITÄ HATTUUN (put ice$_{PTV\ PL}$ hat$_{ILL\ SG}$) lit.: to put ice into the hat, 'to restrain one's zeal'	PJH	130
PANNA PILLIT PUSSIIN (put whistle$_{PL}$ bag$_{ILL\ SG}$) lit.: to put whistles into the bag, 'to quit'	PPP	192
PITÄÄ KYNTTILÄÄ VAKAN ALLA (keep candle$_{PTV\ SG}$ bushel$_{GEN\ SG}$ under) lit.: to keep one's candle under the bushel, 'to keep one's talents in secret'	PKVA	100

Table 2

2.2 Negative modality in the PU's semantic structure

The formal representation of HHS (or its default VtrN1N2 construction to be more exact) shown in Figure 1 contains the rule-based mapping between its phonological structure, syntactic structure and "literal" conceptual structure (CS) as well as idiosyncratic phraseological conceptual structure (CS/PU). For the purpose of phraseological semantic analysis I have adapted the formal apparatus of conceptual semantics – a cognitive approach developed by JACKENDOFF (1997) and NIKANNE (1990, 2005). Conceptual structure encodes linguistic meaning and is composed of several tiers: the thematic tier, the action tier, the temporal tier etc.

Nikanne argues that CS has to include the modal tier, which is needed to describe the probability, possibility, negation etc. of the situation or its parts expressed by the proposition. The modal tier is a separate part of the LCS and its primitives are e.g. features like Prbl (probability), Pot (potentiality), Cert (certainty), Neg (negation) etc. This featured can be expressed in language by various means: modal verbs and adverbs, infinitive constructions etc. The modal tier features are linked to the thematic tier functions and to each other by means of selection ($\rightarrow$), i.e. a feature selects some thematic function or other modal feature as its immediate scope.

Figure 1 features an implicit PRNESS$\rightarrow$NEG constituent in the modal tier of the CS/PU. The modal features have no counterpart on the level of syntax. They are implicit in all constructions of the HHS construction family except for the verbless NEGN1_{PTV}N2_{ALL} construction (*ei helmiä sioille* 'no pearls to pigs'), where negation becomes overtly manifested. The construction's formal analysis is shown in Figure 2. As it can be seen here, the NEG feature of the PRNESS$\rightarrow$NEG modality has a direct correspondence to the negative *ei*[3] which is a part of the construction's lexico-syntactic structure.

---

[3] The negative *ei* can function either as an indeclinable particle or as an "auxiliary verb" (it would be more correct, though, to call it a functional head in a finite clause), when it agrees with the grammatical subject (*e-n, e-t, e-i, e-mme, e-tte, e-ivät*) while the finite verb appears in its negative form.

Negative Modality in Finnish Phraseological Units 241

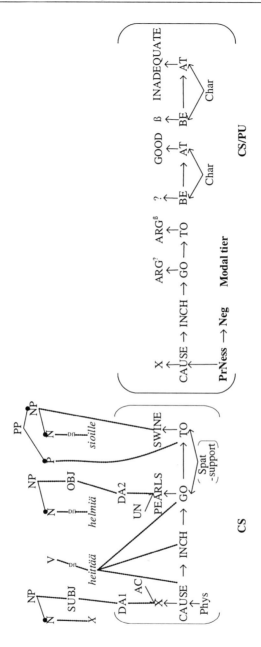

Figure 1 PRNESS→NEG modality in VtrN1N2 construction (*heittää helmiä sioille* 'to throw pearls to pigs')

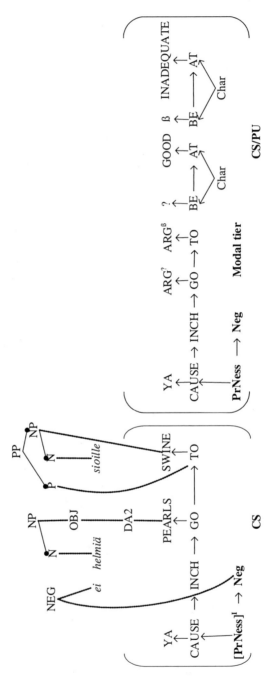

Figure 2 PRNESS→NEG modality in NEGN1$_{PTV}$N2$_{ALL}$ construction (*ei helmiä sioille* 'no pearls to pigs')

2.3 Morphosyntactic means of representing the PRNESS→NEG modality in discourse

In this section I will concentrate on describing various ways that are used to linguistically encode the PRNESS→NEG modality in the Finnish language, illustrating them with examples from my database for HHS and some other constructions. Frequencies of occurrence of these different forms in all 12 constructions will be presented in Table 6 in Section 2.4, together with other means of explicit and implicit negation.

2.3.1 Modality and overt negation

On the one hand, not all means of conveying the PRNESS→NEG modality are explicitly negative, i.e. they contain one of the overt morphosyntactic forms that are used for expressing negation in Finnish. On the other hand, although negation and modality often intertwine, the negative *ei* by itself does not explicitly express the PRNESS→NEG modality, as it can only denote that some state of affairs simply does not take place; while modality, which stands for the reason why it does not take place, remains implicit, e.g.:

(1) *Emmehän me nyt toki helmiä sioille jakele* [...].[5]

   $NEG_{PL1\ hAn}$ we now certainly pearl$_{PTV\ PL}$ pig$_{ALL\ PL}$ deal out$_{PRES\ ACT\ NEG}$
   Lit.: 'We are certainly not dealing out pearls to pigs now [...]'.

The same is true for such a verb form as MA-infinitive in abessive case (*-mAttA*) which has a negative meaning, e.g.:

(2) *Maalailematta piruja seinille, haluaisin vain sanoa, että* [...].[6]

   Paint$_{mA\text{-}INF\ ABE}$ devil$_{PTV\ PL}$ wall$_{ALL\ PL}$, want$_{COND\ ACT\ SG1}$ only say$_{A\text{-}INF}$, that [...].
   Lit.: 'Without painting devils on the wall, I just want to say, that [...]'.

It does not express the PRNESS→NEG modality by itself, unless it is a part of the composite verb *olla* 'be' + $V_{mA\text{-}INF\ ABE}$, which in its turn is combined with a necessive modal verb (e.g. *täytyä* 'must', *pitää* 'must', *kannattaa* 'be worth while') or appears in a verb chain in a necessive construction, like *olla* 'be' + *ADJ PRED* + *olla* 'be' + $V_{mA\text{-}INF\ ABE}$, e.g. *on pakko ~ syytä ~ hyvä ~ paras(ta) ~ tarpeellista ~ oleellista* etc *olla nauramatta* 'it is compulsory ~ advisable ~ good ~ best ~ necessary ~ essential etc not to laugh', or:

---

[5] http://groups.google.fi/group/sfnet.keskustelu.psykologia/msg/549093019aef9fa0?hl=fi& accessed on 16.11.2006

[6] http://groups.google.fi/group/sfnet.harrastus.lemmikit.koirat/msg/f73db2add93bd1d4?hl =fi& accessed on 17.11.2006

(3) *Taitaa* <*olla* *parasta*> *vastaisuudessa* <*olla*> *maalaile* <*matta*>PRNESS→NEG *piruja seinille* [...].[7]

SeemPRES ACT SG3 beA-INF bestPTV SG futureINE SG beA-INF paintmA-INF ABE devilPTV PL wallALL PL [...]

Lit.: 'It seems that in future <it is best not>PRNESS→NEG to paint devils on the walls [...]'.

(4) <*Oleellista on*> *kuitenkin* <*olla*> *heittä*<*mättä*>PRNESS→NEG *lasta tunkiolle pesuveden mukana* [...].[8]

EssentialPTV SG bePRES ACT SG3 however beA-INF throwmA-INF ABE childPTV SG rubbish heapALL SG washing waterGEN SG with [...].

Lit.: However <it is essential not>PRNESS→NEG to throw the child into a rubbish heap with the washing water [...].

2.3.2 Modal verbs

A highly productive way to express the PRNESS→NEG modality is a combination of the negative *ei* with a modal verb in negative form, e.g.:

(5) <*Ei*> *minun* <*kannata*>PRNESS→NEG *heittää helmiä sioille.*[9]

NEGSG3 IGEN SG worthPRES ACT NEG throwA-INF pearlPTV PL pigALL PL.

Lit.: <It is not worth> my <while>PRNESS→NEG to throw pearls to pigs.

Different PUs can "prefer" different modal verbs. As it can be seen in Table 3, which shows the distribution of modal verbs in the HHS-data, the verb *kannattaa* 'be worth' is the most frequent for this PU. However, it is not the case for MMEK, which has *tarvita* 'need' as the most used modal verb, as shown in Table 4.

---

[7] http://groups.google.fi/group/sfnet.harrastus.autot/msg/cc6c3972442a409a?hl=fi& accessed on 17.11.2006

[8] http://groups.google.fi/group/sfnet.keskustelu.varaventtiili/msg/2eda26af9b689a3d?hl=fi& accessed on 17.11.2006

[9] http://groups.google.fi/group/sfnet.keskustelu.filosofia/msg/bdf29b56c9c77e80?hl=fi& accessed on 17.11.2006

MV in HHS	Tokens	%
AIKOA 'intend'	1	4
HALUTA 'want'	1	4
KANNATTAA 'be worth'	9	36
KUULUA 'have to'	1	4
SAADA 'may'	2	8
SUOSTUA 'agree'	2	8
TARVITA 'need'	1	4
VIITSIÄ 'be bothered'	8	32

Table 3

MV in MMEK	Tokens	%
AIKOA 'intend'	1	1
HALUTA 'want'	2	1
KANNATTAA 'be worth'	51	35
MEINATA 'mean'	1	1
PITÄÄ 'must'	8	6
TAITAA 'seem'	1	1
TARVITA 'need'	76	52
VIITSIÄ 'be bothered'	5	3

Table 4

2.3.3 Negative imperative forms

The negative *ei* has imperative forms for SG2 (*älä*) and PL2 (*älkää*) while the finite verb appears in the negative form:

(6) *Koska he eivät keskustele tällä keskustelualueella, niin <älä>*$_{PRNESS \rightarrow NEG}$ *sinäkään enää jaa helmiä sioille täällä.*[10]

Because they NEG$_{PL3}$ converse this$_{ADE\ SG}$ discussion area$_{ADE\ SG}$, so NEG$_{IMPV\ ACT\ SG2}$ you$_{kAAn}$ anymore distribute$_{PRES\ ACT\ NEG}$ pearl$_{PTV\ PL}$ pig$_{ALL\ PL}$ here.

Lit.: Because they don't converse in this discussion area, so <don't>$_{PRNESS \rightarrow NEG}$ you either distribute pearls to pigs here anymore.

Negative imperative for PL1 is expressed in colloquial Finnish by the negative *ei* plus a finite verb in the passive negative form:

---

[10] http://groups.google.fi/group/finet.harrastus.rautatiet/msg/607f6209f92d5556?hl=fi& accessed on 19.11.2006

(7) *Toisaalta, ei tämän yhteiskunnan ihmisillä ole paljon aivoja rakentamaan mitään parempaa, joten <eipä heitetä>*$_{PRNESS \rightarrow NEG}$ *turhaan helmiä sioille.*[11]

On the other hand, NEG this$_{GEN\ SG}$ society$_{GEN\ SG}$ people$_{ADE\ PL}$ be$_{PRES\ ACT\ NEG}$ much brain$_{PTV\ PL}$ build$_{MA-INF\ ILL}$ anything$_{PTV\ SG}$ good$_{CMP\ PTV\ SG}$, so NEG$_{pA}$ throw$_{PRES\ PSS\ NEG}$ in vain pearl$_{PTV\ PL}$ pig$_{ALL\ PL}$.

Lit.: On the other hand, people of this society don't have much brain to build anything better, so <let's not>$_{PRNESS \rightarrow NEG}$ throw pearls to pigs in vain.

The imperative mood represents deontic modality. In HAKULINEN et al. (2004: 1511) it is said that a directive or permission expressed by an imperative is always originated by the situation and the utterer, while deonticity indicated by other means has its source in norm, custom, law or some other authority outside the situation. This does not seem to apply to PUs. It is true that the choice of the PU by the speaker and the use of the imperative mode are motivated by the situation, like in (6) and (7). However it would be inaccurate to say that deontic modality in this case comes only from the situation, as we assume here that it is inherent in the PU.

2.3.4 The necessive construction *ei ole X {syy, tarpeen, aika, tarkoitus, pyrkimys etc}* V_{INF} 'there is no X {reason, necessary, time, intention, striving} to V_{INF}'

According to HAKULINEN et al. (2004: 1502) this construction too expresses deontic modality:

(8) *Mutta <ei ole "tarpeen">*$_{PRNESS \rightarrow NEG}$ *maalata pirua seinälle,* [...].[12]

But NEG be$_{PRES\ ACT\ NEG}$ necessary paint$_{A-INF}$ devil$_{PTV\ SG}$ wall$_{ALL\ SG}$, [...].

Lit.: But <it is not necessary>$_{PRNESS \rightarrow NEG}$ to paint a devil on the wall, [...].

2.3.5 Implicitly negative forms

2.3.5.1 Rhetorical questions

Rhetorical questions are utterances that are formally interrogative, but do not have an information-seeking function and are not meant to be answered. Instead they imply statements. According to KIURU (1977: 60) rhetorical questions in positive form usually correspond to negative sentences and vice versa:

---

[11] http://groups.google.fi/group/sfnet.keskustelu.huumeet/msg/8b4d54ae19a71366?hl=fi& accessed on 19.11.2006

[12] http://groups.google.fi/group/sfnet.keskustelu.uskonto.kristinusko/msg/a4445760db503aeb?hl=fi& accessed on 19.11.2006

(9) <*Miksi*>_PRNESS→NEG_ *antaa helmiä sioille.*[13]
Why give_A-INF_ pearl_PTV PL_ pig_ALL PL_.
Lit.: '<Why>_PRNESS→NEG_ give pearls to pigs.'

(10) *Vai* <*mitä sitä*>_PRNESS→NEG_ *helmiä sioille heittelemään, vai mitä?*[14]
Or what_PTV_ this_PTV SG_ pearl_PTV PL_ pig_ALL PL_ throw_MA-INF ILL_, or what_PTV_?
Lit.: 'Or <why>_PRNESS→NEG_ throw pearls to pigs, or what?'

(11) [...] *mutta* <*pitääkö*>_PRNESS→NEG_ *tässä nyt sitten lähteä merta edemmäs kalaan...?*[15]
[...] but must_PRES ACT_ kо this_INE SG_ now then go_A-INF_ sea_PTV SG_ further fish_ILL SG_...?
Lit.: [...] but now then, <must>_PRNESS→NEG_ one go fishing further than the sea...?

2.3.5.2 Implicitly negative verbs, e.g. *varoa* 'beware of', *välttää* 'avoid' etc:

(12) <*Varo*>_PRNESS→NEG_ *vaan heittelemästä helmiä sioille!*[16]
Beware_IMPV ACT SG2_ just throw_MA-INF ELA_ pearl_PTV PL_ pig_ALL PL_!
Lit.: Just <beware of>_PRNESS→NEG_ throwing pearls to pigs!

2.3.5.3 The construction *(on) turha(a)* 'it is unnecessary, useless, pointless' + V_{INF}

This implicitly negative construction is a negative counterpart for the necessive modal verb *kannattaa* 'be worth while' (HAKULINEN et al. 2004: 1482):

(13) <*On*> *kuitenkin* <*turha*>_PRNESS→NEG_ *heittää helmiä sioille.*[17]
Be_PRES ACT SG3_ however pointless throw_A-INF_ pearl_PTV PL_ pig_ALL PL_.
Lit.: However, <it is pointless>_PRNESS→NEG_ to throw pearls to pigs.

(14) <*Turhaa*>_PRNESS→NEG_ *heittää helmiä sioille :–* [18]
Pointless_PTV SG_ throw_A-INF_ pearl_PTV PL_ pig_ALL PL_.

---

[13] http://groups.google.fi/group/sfnet.keskustelu.seksi/msg/517691b01058d2da?hl=fi& accessed on 19.11.2006
[14] http://groups.google.fi/group/sfnet.keskustelu.laki/msg/1e076c9181cc9afc?hl=fi& accessed on 19.11.2006
[15] http://groups.google.fi/group/sfnet.harrastus.ruoka+juoma/msg/33b6a2aea9546e0c?hl=fi& accessed on 19.11.2006
[16] http://groups.google.fi/group/sfnet.keskustelu.seksi/msg/ff7d795e7d22edfe?hl=fi& accessed on 19.11.2006
[17] http://groups.google.fi/group/sfnet.viestinta.nyyssit/msg/b4f5d187a8a445cc?hl=fi& accessed on 19.11.2006
[18] http://groups.google.fi/group/sfnet.atk.laitteet.pc/msg/4b2dc68f14567706?hl=fi& accessed on 19.11.2006

Lit.: <It is pointless>$_{PRNESS \rightarrow NEG}$ to throw pearls to pigs.

2.3.5.4 The construction *suotta* 'in vain, unnecessarily' + V_{INF}

(15) <*Suotta*>$_{PRNESS \rightarrow NEG}$ *heittää lasta pesuveden mukana*....[19]

In vain throw$_{A-INF}$ child$_{PTV\ SG}$ washing water$_{GEN\ SG}$ with...

Lit.: <It is in vain>$_{PRNESS \rightarrow NEG}$ to throw the child with the washing water...

2.4 Frequencies of negation

According to HAKULINEN et al. (1980: 120) 9% of all clauses in a Finnish running text (neutral documentary prose, 10149 clauses, and 66851 words) contain negation expressed by *ei*. Insofar as my data represents another text genre, I performed a separate quantitative analysis of negation in a sample consisting of 29 whole Usenet messages (700 graphic sentences, 9569 words). According to my estimates about 30% of the sentences contain various types of negation. The question which I formulated in Section 2.1 of this paper was whether or not the presence of the PRNESS→NEG modality in the PU's semantic structure will influence the frequency of its occurrences in negative form/negative contexts. To answer this question the data containing HSS was compared to the 11 constructions, presented in Section 2.1, Table 2.

HSS was represented in this analysis by its base form construction VintrN1N2. It was essential to take into account that different constructions of the HSS construction family exhibit different degrees of ability to undergo negation. Table 6 demonstrates that three of them (two comparative and one verbless) never occur in negative form, while the NEGN1$_{PTV}$N2$_{ALL}$ construction is always negative.

HHS constructions	Internal negation in all sentences that contain this construction (%)
COMPN1N2	0
COMPVtr$_{COND}$N1N2	0
N1$_{GEN}$DVtrNN2	6
N1N2$_{ALL}$	0
N1VintrN2	13
NEGN1$_{PTV}$N2$_{ALL}$	100
VtrN1N2	61

Table 5

---

[19] http://groups.google.fi/group/sfnet.keskustelu.politiikka/msg/bf7e4b75d91e8133?hl=fi& accessed on 19.11.2006

The choice of the 11 other items can be explained as follows. ETHH can be regarded as a negative polarity item due to the fact that both its dictionary form and meaning (KARI 1993: 39) contain negation. It was chosen in order to find out whether there is any difference in negation frequency between a genuine negative polarity PU and PUs with the PRNESS→NEG modality. HLPM, LMPM, MPS, MMEK and PKVA were chosen as conceivably similar to HHS, i.e. they do not have negation in their base form and meaning, but include the PRNESS→NEG modality. Together with the HHS they constitute the first control group (G1), and according to my hypothesis will show quite similar results. The second control group (G2) includes HLN, KKK, OLKK, PJH and PPP, which contain neither negation nor PRNESS→NEG modality and were chosen to demonstrate the influence of the PRNESS→NEG modality on negation frequency.

Different types of explicit and implicit negation which were counted are shown in Table 6. Both construction-internal and external scope of negation was considered. For each construction two values have been obtained representing:

1.) percentage of all negative tokens in the item's database
2.) percentage of item-internal negation in all negative tokens

These pairs of values were compared with the help of the scatter chart presented in Figure 3 below. The chart shows that there is a clear gap between G1 and G2. The average difference is 66% on the scale of construction-internal negation (value X axis) and 42% on the scale of both internal and external negation (value Y axis). There is also some difference between ETHH and G1: on average it is 16% for the value X axis and 28% for the value Y axis.

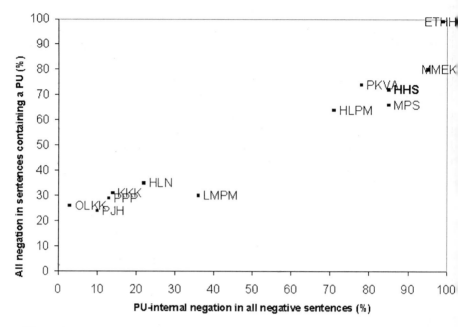

Figure 3

Besides this evidence for the obvious influence of the PRNESS→NEG modality on negation frequencies we have another interesting result: despite this modality, LMPM positioned itself among the items of G2. This fact points to the conclusion that the conditions in which a certain construction is used play an important role in its ability to undergo negation. My data shows that LMPM is used primarily as a statement or prediction of an event: 'X happened/happens/will happen'.

The items in G1 and G2 also differ in regard to what types of construction-internal negation can be applied to them. Table 6 presents a summarized overview of frequencies of different types of explicit and implicit negation that have been detected in my data.

PU	ABE	EI	ei ole X	EI +MV	IE	NEG IMPV	NEG IMPV$_{PSS}$	INEGV	RQ	turha	suotta
ETHH	1	97							2		
G1											
MMEK	1	3	1	46		1	4		32	11	1
MPS	5	12	3	37		17	18		3	5	
HHS	1	26		35		12	4	1	16	5	
PKVA		43		10		24			2	21	
HLPM	2	26	3	36		7	24				2
G2											
LMPM		85		4	7				4		
HLN		62		25	13						
KKK		100									
PPP		57	14	29							
PJH		100									
OLKK		50	50								

Table 6

ABE = MA-infinitive in abessive case, MV = modal verb, IE = ilman että 'without', $_{NEG}$IMPV = negative imperative forms of *ei*, $_{NEG}$IMPV$_{PSS}$ = negative imperative expressed by passive, INEGV = implicitly negative verb, RQ = rhetorical question

According to KURIKKA (1979), in 76% of all cases negation is expressed in Finnish by *ei*. The average frequency of *ei*-negation among the items in G2 is indeed 76%. This was the only type available for two of them (KKK and PJH). In G1 this average was considerably lower, only 22%, as it yields the palm to those forms that express the PRNESS→NEG modality. G2 items, on the contrary, use very few of these forms.

4 Conclusions

In this paper I have examined the role of negative modality in a PU that does not have negation explicitly represented in its base form and meaning and therefore cannot be called a negative polarity PU in a strict sense. In Section 2.2 I have argued that this modality of inexpediency and inadvisability (PRNESS→NEG modality) is a part of the phraseological conceptual structure (PCS) of this PU. It is implicit in all constructions of the PU's construction family except the NEGN1N2 construction, where negation is an overt and compulsory constituent of its lexical structure. In Section 2.3 I have on the basis of empirical data described various morphosyntactic means that are used to linguistically encode the PRNESS→NEG modality in the Finnish language. Some of them are explicitly negative, while others contain implicit negation. In Section 2.4 I have presented results of the quantitative analysis of negation in 12 constructions which showed a considerable difference that exists between PUs with the PRNESS→NEG modality and those that don't have it in their semantic structure. Apparently, there seems to be a clear connection between the presence of the PRNESS→NEG modality and the degree of PU's negative polarity, although conditions in which a certain construction is used represent another important factor.

References

HAKULINEN, Auli/KARLSSON, Fred/VILKUNA, Maria (1980): Suomen Tekstilauseiden Piirteitä: Kvantitatiivinen Tutkimus. (Department of General Linguistics University of Helsinki Publications; 6). Helsinki.
HAKULINEN, Auli/VILKUNA, Maria/KORHONEN, Riitta/KOIVISTO, Vesa/HEINONEN, Tarja Riitta/ALHO, Irja (2004): Iso Suomen Kielioppi. Helsinki.
JACKENDOFF, Ray (1997): The Architecture of Language Faculty. Cambridge.
JESPERSEN, Otto (1924): The Philosophy of Grammar. London.
KARI, Erkki (1993): Naulan kantaan. Nykysuomen idiomisanakirja. Helsinki.
KIURU, Silva (1977): Suomen Kielen Kieltohakuiset Verbit. Helsinki.
KURIKKA, Ulla (1979): Kielto 1960–luvun Suomen Yleiskielessä. (Oulun yliopiston suomen ja saamen kielen laitoksen tutkimusraportteja; 17). Oulu.
MARTÍNEZ, Ignacio M. Palacios (1999): Negative Polarity Idioms in Modern English. In: ICAME Journal vol. 23. p. 65–115. http://icame.uib.no/ij23/ accessed on 19.11.2006
NIKANNE, Urpo (1990): Zones and Tiers. Helsinki.
NIKANNE, Urpo (2005): Constructions in Conceptual Semantics. In: ÖSTMAN, Jan-Ola/FRIED, Mirjam (eds.): Construction Grammars: Cognitive Grounding and Theoretical Extensions. Amsterdam/Philadelphia. p. 191–242.

Sonja Poulsen (Ullerslev)

Break an Appointment:
A Functional and Cognitive Study in Phraseology

1 Introduction

If you are puzzled by the nature of a physical object, it may be a good idea to turn it over and take a fresh look at it. Assuming that this is equally useful for theoretical questions, I have looked at verbonominal collocations from a functional and cognitive perspective. I will comment on the traditional approach to phraseology before outlining a functional and cognitive alternative. I will then report on my case study of *break an appointment* and briefly conclude on the theoretical implications of my findings.

2 The traditional approach to phraseology

My account is based on recent work by COWIE (1998), MOON (1998) and HOWARTH (1996). These authors give a comprehensive overview of results achieved by this approach, but also point to the need for further research. First of all, collocations are characterized as syntagmatically restricted in the sense that the meaning of the verb is defined by the noun, as reflected by the notion 'restricted collocation'. This means that they are seen as deviating from an assumed norm of full compositionality. By contrast, free combinations are assumed to be fully compositional. The problem is that full compositionality is not the norm, since words are typically polysemous. Consequently, I claim that syntagmatic restrictedness cannot be used to distinguish between *meet the demand* as a restricted collocation and *meet a friend* as a free combination. Because of the polysemy of *meet,* the meaning of the verb is defined by its syntagmatic relationship with the noun in both cases.

If a word combination is transparent in that the meaning of the collocate is literal, this is taken as evidence that it is outside the phraseological spectrum, which includes restricted collocations and figurative as well as pure idioms (Fig. 1 below). As a consequence, expressions like *open or close a window* and *write* or *send a letter* are excluded, although they are 'institutionalized'. According to BAUER (2001: 244), while institutionalized expressions "still form part of a synchronically productive series [...] by being used, they have come to have a specific reference". By comparison, he characterizes figurative and pure idioms as 'lexicalized', because they have diverged from their original form or meaning to the extent that they could not be 'contemporary coinages'.

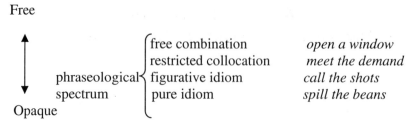

Fig.1. The phraseological spectrum, based on COWIE (1999: 71), in POULSEN (2005: 59)

Collocations are also characterized in terms of arbitrary paradigmatic restrictedness. The paradigmatic set is defined by the syntagmatic relationship of collocation, and it is taken as evidence of restricted collocability if sets cannot be freely extended to include synonyms. This line of argument is supported by showing how restricted substitutability makes it necessary to discriminate between verbs like *assume, acquire, take on* and *adopt* that are thought of as near synonyms, in order to form acceptable combinations with nouns like *importance, form, role* and *mantle* (COWIE 1986: 64). It is implied that the normal state of language affairs would allow all (near) synonyms to replace each other. I would argue that the phraseological status of combinations like *adopt a role/a form* should not depend on whether **adopt importance* or **adopt a mantle* are conventional or not. This is extrinsic evidence, whereas intrinsic evidence needs to be based on an analysis of the actual constituents of an expression and their mode of integration.

The problem is that many institutionalized expressions fail to live up to the strict categorial criteria that have been set up, and the response has been to relax the criteria as suggested for example in HOWARTH (1996: 31). But if the defining criteria are loosened in a model that is based on classical categories with criterial attributes, according to LANGACKER (1987: 16), "there is no non-arbitrary stopping point, and the relaxed criteria hardly serve to distinguish class members from other entities."

2.1 A functional and cognitive approach

The traditional approach to phraseology outlined above is strongly influenced by the systematic approach to categorization of the classical Russian tradition. Taking a foreign learner's perspective, phraseologists have viewed collocations as problematic, because they are not predictable, and strict categorization has been seen as the best way to deal with the problem (HOWARTH 1996:

30; COWIE 1998: 2). By contrast, a functional and cognitive approach looks at entrenched combinations as useful language routines. Language is seen as an inventory of form-meaning pairings ranging from the most schematic grammatical constructions over more or less entrenched collocations to the most substantive or 'lexically filled' idioms (CROFT/CRUSE 2004: 249; FILLMORE/KAY/O'CONNOR 1988: 505). A functional and cognitive approach involves giving up classical categories with strictly defined criteral membership in favour of prototype categories with graded membership and possibly fuzzy boundaries (ROSCH 1973, 1975; GEERAERTS 1997, TAYLOR 1995). This implies shifting the focus from the object of categorization to the process of categorization, as prototypicality is related to 'goodness-of-example ratings'. Thus a chair with four legs is likely to be judged a better member of the category CHAIR[1] than a chair without legs. Likewise, *to answer the door* may be considered a better member of the category COLLOCATION than *to open the door*.

Words are typically polysemous and are construed as complex catetories, or networks, of related meanings LANGACKER (1988: 51pp.). Consequently, word combinations are never additive, and full compositionality is not taken to be the norm: "[...] component structures are not the building blocks out of which it [a composite structure] is assembled, but functions instead to motivate various aspects of it" LANGACKER (1987: 449, 453). Word meaning in a cognitive framework is 'encyclopaedic', i.e. it is based on our kowledge about the world. It is related to the ability of words to evoke cognitive models called 'semantic frames' (FILLMORE 1982, 1985; FILLMORE/ATKINS 1994), which are abstracted from our knowledge of typical situations in which the word is used. For example, it is not possible to understand words like *diameter* and *hypotenuse* without evoking the frames of a circle and a triangle respectively.

Since words are typically polysemous, the same word may evoke a range of different frames corresponding to its network of meanings, and the frames evoked by word combinations can be identified by analysing the internal structure of the words as component structures as well as their mode of integration. The way in which frame semantics makes it possible to distinguish between entrenched collocations and free combinations is based on the hypothesis that in entrenched verbonominal collocations the dominant frame is evoked by the noun, whereas in combinations that are not entrenched, it is the verb that evokes the dominant frame. Thus *to take a point* is categorized as an entrenched collocation, because it is *point* rather than *take* which evokes the dominant frame; *to take a spoon*, on the other hand, is categorized as a free combination, because the dominant frame is that of 'taking'. Fillmore and his

---

[1] Lexical categories are printed in capital letters.

associates working on the FrameNet project make this distinction, referring to the noun as 'frame-bearing' and to the verb as having a support-verb function (JOHNSON/FILLMORE/BAKER/ELLSWORTH et al 2003), which implies that the verb in entrenched collocations has a functional, grammaticalized role as support verb.

3 Case study: break an appointment

For the purposes of my thesis, I set up the following claims (POULSEN 2005: 114):

1) The contexts of situation to which entrenched collocations contribute and their underlying frames can be identified by analysing the internal structure of component items and their mode of integration. In this entrenched collocations do not differ from other composite structures.

2) In entrenched collocations consisting of a verb and a nominal object, the noun evokes the dominant frame while the verb profiles a specific aspect of the frame. In collocations that are not entrenched, it is the verb that evokes the dominant frame.

3) Entrenched collocations can be characterized in terms of prototypicality that varies with the schematicity of the verb and its salience in the frame evoked by the noun.

4) The verb in entrenched collocations has a functional, grammaticalized role as support verb.

To test the claims I carried out a case study of the collocation *break an appointment*. The study was based on corpus data from The British National Corpus (BNC) which includes over 100 million words of contemporary English. My data for *break* (*break, breaks, breaking, broke, broken*) included 1000 concordances out of a total of 10,494 in the BNC. After editing, a total of 910 were included in the analysis. My data for *appointment* included all of the 908 concordances found in the BNC. After editing, 931 were included in the analysis.

The first claim relates to what entrenched collocations have in common with other composite structures. It was tested by first analysing the two component items separately. The analysis for each item was divided into three steps: (1) domains and referential range, (2) image-schemas and event structure, and (3) construction type. The analysis in terms of domain reflects a semasiological approach recording what referential situations are being categorized while the other two analyses reflect an onomasiological approach asking how image-schematic structure and construction type are used for conceptualization.

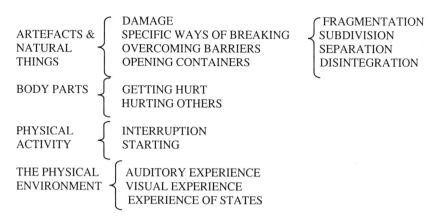

Fig. 2. BREAK: Sensorimotor domains (POULSEN 2005: 133)

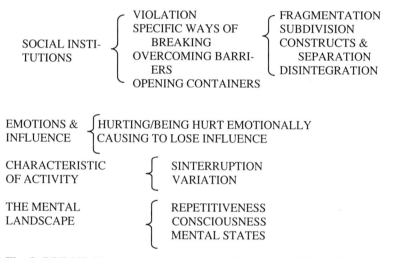

Fig. 3. BREAK: Nonsensorimotor domains (POULSEN 2005: 133)

The analysis in term of domains and referential range resulted in a first hypothesis about the internal structure of BREAK and APPOINTMENT. In the former category, *break* was found to categorize a wide range of experience both in the sensorimotor and in the nonsensorimotor domain (see Figs 2 and 3 above). The category was construed as a schematic network with 'artefacts and natural things' as the most basic sensorimotor domain, which was seen as the source domain for metaphorical extension to the less basic sensorimotor domains 'body parts', 'physical activity' and 'the physical environment'. Furthermore, the internal structure of the nonsensorimotor domain was seen as reflecting that the sensorimotor subdomains are systematically exploited to structure experience in the nonsensorimotor domain.

As was to be expected, the referential range was much narrower in the case of APPOINTMENT. 99% of the examples were found in five nonsensorimotor subdomains coding different types of 'social institutions and constructs' categorizing action as well as the result of action. The remainder were from three subdomains of the sensorimotor domain 'artefacts and natural things'. In the APPOINTMENT category, the nonsensorimotor subdomains in which *appointment* is a noun of action seems to be most basic and can be seen as motivating the use of the term to categorize the result of action and maybe even to refer to physical objects somehow associated with the action.

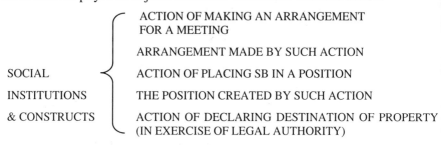

SOCIAL INSTITUTIONS & CONSTRUCTS
- ACTION OF MAKING AN ARRANGEMENT FOR A MEETING
- ARRANGEMENT MADE BY SUCH ACTION
- ACTION OF PLACING SB IN A POSITION
- THE POSITION CREATED BY SUCH ACTION
- ACTION OF DECLARING DESTINATION OF PROPERTY (IN EXERCISE OF LEGAL AUTHORITY)

Fig. 4. APPOINTMENT: Nonsensorimotor domains (POULSEN 2005: 188)

ARTEFACTS
- ACCESSORIES/OUTFIT FOR PEOPLE
- ACCESSORIES FOR VEHICLES/APPLIANCES
- ACCESSORIES/EQUIPMENT FOR ROOMS, ETC.

Fig. 5. APPOINTMENT: Sensorimotor domains (POULSEN 2005: 188)

In the second type of analysis, the aim was to show that lexically specific image-schematic structure can be related to metaphors underlying the conceptualization of causation and events in general (LAKOFF/JOHNSON 1999: 178p.). The object event structure metaphor, which is based on the primary metaphor that ATTRIBUTES ARE POSSESSIONS, is the metaphor underlying much of the use of *break* both in the less basic sensorimotor domains, as in *break the surface* or *break a rhythm*, and in the nonsensorimotor domains, as in *break an appointment* or *break a taboo*, while it was argued that, in the case of phrasal verbs, the location event structure metaphor that STATES ARE LOCATIONS provides the underlying image-schematic structure, as in *break into tears*. In the APPOINTMENT category, the image-schematic structure of the two subdomains 'arranging/arrangement for a meeting' and '(placing sb in) a position' was analysed. The use of basic level verbs like *make* and *break* was construed as reflecting that these domains are conceptualized in terms of the sensorimotor source domain 'artefacts and natural things' and also as exemplifying object event structure.

In the third type of analysis carried out for both lexical categories, the focus was on construction types. In the case of BREAK, the sensorimotor subdomain 'artefacts & natural things' was compared with the nonsensorimotor domain 'social institutions & constructs' in terms of six construction types:

(1) transitive verb + noun (obj.), active form
(2) transitive verb + noun (subj.), passive form
(3) noun (subj.) + intransitive verb
(4) past participle of verb + noun
(5) noun + past participle of verb
(6) nominalization of verb

A number of differences were found between combinations coding 'damage' in the sensorimotor domain of 'artefacts and natural things' and combinations coding 'violation' in the nonsensorimotor domain of 'social institutions and constructs'. The most striking difference was that, in the former domain, the construction past participle + noun (*broken glass, broken legs*), which profiles only the final stage of a process, was found in almost three out of four examples, while, in the latter domain, it was only found in about one in every sixteen examples (*broken hearts, broken appointments*). Conversely, processual predications with a transitive verb (*break, breaks, broke, breaking* + object), which profile the process itself, accounted for almost nine out of ten examples in the latter domain, but only for a little over one in ten in the former. It was suggested that these differences would be compatible with a construal of *break* as a full verb in the sensorimotor domain and as a support verb in the nonsensorimotor domain, in which it is predominantly used to turn nominal predications, like *appointment*, into complex processual predications like *make* or *break an appointment*.

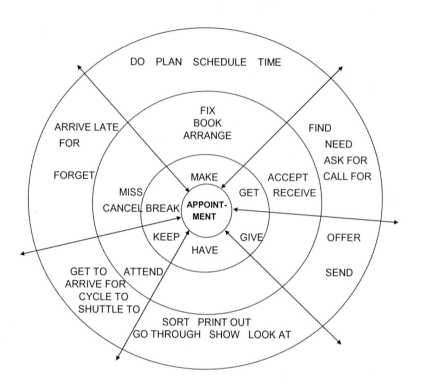

Fig. 6. Schematic frame APPOINTMENT I: 'arranging/arrangement for a meeting' (POULSEN 2005: 215).

Fig. 6 above shows the combinations categorized as belonging to the 'schematic' APPOINTMENT frame 'arranging/arrangement for a meeting', which can be subdivided into a number of 'specific frames' (JOHNSON/FILLMORE/BAKER/ELLSWORTH et al 2003: section 6.1.4). Each specific frame imposes a certain perspective on the overall frame, it can be said to 'activate a zone' (LANGACKER 1999: 62p.). In each specific frame, we find a continuum ranging from the most schematic verbs such as *break* to more specific expressions like *arrive late for*. These data support the second claim that, in entrenched collocations, it is the noun which evokes the dominant frame while the verbs each profile a specific frame. Moreover, they support the third claim, that entrenched collocations can be characterized in terms of the prototypicality of the verb and its salience in the frame evoked by the noun.

These claims are further pursued by the analysis of the composite structure *break an appointment* in terms of the autonomy/dependence alignment of verb and noun (LANGACKER 1987: 356pp.). This analysis shows that, on the one hand, an entrenched collocation can be analysed like any other composite structure, but, on the other hand, entrenchment involves a shift in the autonomy/dependence alignment of verb and noun. While the verb, as a relational predication, is always dependent on elaboration by the noun, I claim that in an entrenched collocation, the noun has substructure, corresponding to the specific frames, which requires elaboration by the verb. This is seen as being consistent with a construal of the noun as evoking the dominant schematic frame and the verb as having a support-verb function in elaborating a specific frame (POULSEN 2005: 232pp.).

My third claim, that entrenched collocations can be characterized in terms of prototypicality, is tested by an analysis which focuses on capturing variability as a dimension of entrenchment. A typology of collocations is posited based on the notions of salience and schematicity (see Fig. 7 below). Salience is related to the degree to which the verb is seen as elaborating a specific frame of a dominant schematic frame evoked by the noun. The range of verbs elaborating a specific frame, while all being high in salience, will vary in schematicity. They are construed as a lexical set with the most schematic verb (*make, get, give, have* or *break*) as the prototype, which is most likely to be entrenched, and less schematic verbs as alternatives that may or may not be entrenched. This notion of the lexical set differs from HALLIDAY's (1966: 152) notion of a set whose members have "like privilege of occurrence in collocation". Rather it is seen as representing a functionally motivated range of variability at the place of the verb and as cutting across the borderline between those combinations that are entrenched and those that are not.

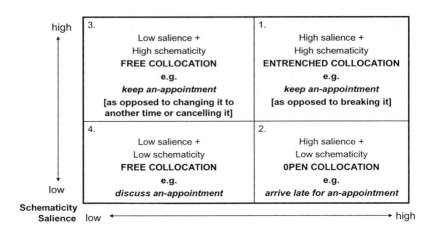

Fig. 7. A typology based on continua of salience and schematicity (POULSEN 2005: 241)

In this typology, an entrenched collocation like *break an appointment* is both highly salient and highly schematic, while an open collocation like *arrive late for an appointment* combines high salience with low schematicity. Free collocations include the combinations that evoke the frame of the verb rather than that of the noun. They may be highly schematic, but low in salience, like *keep an appointment* meaning 'not change or cancel it', or they may be low in both schematicity and salience, like *discuss an appointment*. The reason why I have named them 'free collocations' rather than 'free combinations' is that the emphasis in this typology is on the continuity between expressions that are entrenched and alternative expressions that are not. Exactly where the borderline is will depend on whether a given combination is construed as evoking the frame of the noun or the frame of the verb.

In the discussion of my last claim, that the verb in entrenched collocations has a functional, grammaticalized role as support verb, a case is made for a prototype category of support verb constructions. The discussion is based on the view that grammatical structure forms a continuum with the lexicon (LANGACKER 1987: 18p.) and that the grammaticalization of a lexical item involves a shift toward the grammatical end of the continuum (HASPELMATH 1999: 1045) which is associated with a more functional role. Following SWEETSER (1988: 393), grammaticalization is seen as involving metaphorical extension to an abstract domain of grammatical meaning. In the case of *break* as a support verb, it is argued that the extension is to the domain of causes and events, where, by analogy with its meaning in the sensorimotor domain of 'artefacts and natural things', *break* expresses object event structure and actionality. A prototypical support verb construction would be *make an appointment*, which consists of a delexical verb with general meaning and a deverbalized noun with a suffix that form a predicative unit. I have argued that entrenched collocations with *break* can be included in such a category, although not as one the most prototypical members. This is supported by the evidence of formal constraints on the use of *break* in the nonsensorimotor domain, which were brought out by the analysis of construction types.

Finally, the claim that support verbs are more grammatical than full verbs and that some support verbs are more grammatical than others is discussed in terms of two parameters proposed by LANGACKER (1987: 35p.): 'level of specificity' and 'overlap between standard and target'. According to the first parameter, while lexical morphemes are typically quite specific, grammatical morphemes are highly schematic, but still meaningful. I have claimed that the verbs in prototypical entrenched collocations tend to be highly schematic, which pulls them towards the grammatical end of the continuum.The second parameter is related to the degree to which the semantic content of the verb overlaps with that of the noun. In the case of *make an appointment* the overlap is substantial, in fact the noun may be said to almost exhaust the content of the verb. In the case of *break an appointment* there is less overlap, because of the element of negation which is included in the verb, but not in the noun. All things considered, the conclusion again is that *break* can be categorized as a grammaticalized support verb, although it is not the most prototypical example.

4 Conclusions

The traditional approach to phraseology takes the perspective of the foreign learner of English, which implies that collocations are seen as inherently problematic, because they are not fully compositional. Consequently the focus has been on categorization in terms of criterial features based on restrictedness. By comparison, a usage based functional and cognitive approach looks at collocations as a language resource, and full compositionality is not seen as the norm, because words are generally polysemous. Consequently the focus is on variability, and categorization in terms of prototype categories which allow for graded membership. Rather than being identified by deviation from an assumed norm of full compositionality, entrenched verbonominal collocations like *break an appointment* are identified in relation to semantic frames. Because it is the noun that evokes the dominant schematic frame while the verb profiles a specific frame within it, these collocations are construed as constituting a prototype category of support verb constructions.

References

BAUER, Laurie (2001): Morphological Productivity. Cambridge.
COWIE, Anthony P. (ed.) (1998): Phraseology. Theory, Analysis, and Applications. Oxford.
Cowie, Anthony P. (1986): Collocational Dictionaries – a Comparative View. In: MURPHY, M. (ed.): Proceedings of the Fourth Anglo-Soviet English Studies Seminar. London.
CROFT, William/CRUSE, Allan (2004): Cognitive Linguistics. Cambridge.
FILLMORE, Charles J. (1985): Frames and the Semantics of Understanding. In: Quaderni di Semantica 6.2. p. 222–254.
FILLMORE, Charles J. (1982): Frame Semantics. In: Linguistics in the Morning Calm. Seoul. p. 111–137.
FILLMORE, Charles J./ATKINS, Beryl T.S. (1994): Starting Where the Dictionaries Stop: the Challenge of Corpus Lexicography. In: ATKINS, Beryl/ZAMPOLLI, Antonio (eds.): Computational Approaches to the Lexicon. Oxford. p. 349–393.
FILLMORE, Charles J./KAY, Paul/O'CONNOR, Mary C. (1988): Regularity and Idiomaticity in grammatical constructions: the case of *let alone*. In: Language 64. p. 501–538.
GEERAERTS Dirk (1997): Diachronic Prototype Semantics: A Contribution to Historical Lexicology. Oxford.
HALLIDAY, Michael A. K. (1966): Lexis as a Linguistic Level. In: CATFORD, John C./BAZELL, Charles E./HALLIDAY, Michael A. K./ROBINS, Robert H. (eds.): In Memory of J. R. Firth. London. p. 148–162.
HASPELMATH, Martin (1999): Why is Grammaticalization Irreversible? In: Linguistics 37. p. 1034–1068.
HOWARTH, Peter A. (1996): Phraseology in English Academic Writing. Tübingen.
JOHNSON, Christopher R./FILLMORE, Charles J./PETRUCK, Miriam R. L./BAKER, COLLIN F. et al. (2003): FrameNet: Theory and Practice, Version 1.1. http://www.icsi.berkeley.edu/~framenet/book/book.html#whatgetsannotated. Seen on November 19, 2006.
LAKOFF, George/JOHNSON, Mark (1999): Philosophy in the Flesh. The Embodied Mind and its Challenge to Western Thought. New York.
LANGACKER, Ronald W. (1987): Foundations of Cognitive Grammar. Volume I. Theoretical Prerequisites. Stanford.
LANGACKER, Ronald W. (1988): A View of Linguistic Semantics. In: RUDZKA-OSTYN, Brygida (ed.): Topics in Cognitive Linguistics. Amsterdam/Philadelphia. p. 49–90.
LANGACKER, Ronald W. (1999): Grammar and Conceptualization. Berlin/New York.
MOON, Rosamund (1998): Fixed Expressions and Idioms in English: A Corpus-based Approach. Oxford.

POULSEN, Sonja (2005): Collocations as a Language Resource. A Functional and Cognitive Study in English Phraseology. Ph.D.-thesis. Odense.
ROSCH, Elinor (1973): Natural Categories. In: Cognitive Psychology 4. p. 328–350.
ROSCH, Elinor (1975): Cognitive Reference Points. In: Cognitive Psychology 7. p. 532–547.
SWEETSER, Eve (1988): Grammaticalization and Semantic Bleaching. In: AXMAKER, Shelley/JAISSER, Annie/SINGMASTER, Helen (eds.): Proceedings of the Fourteenth Annual Meeting of the Berkeley Linguistics Society. Berkeley. p. 389–405.
TAYLOR, John R. (1995): Linguistic Categorization: Prototypes in Linguistic Theory. New York.

Roberta V. Rada (Budapest)

Phraseme im Slang

1 Einstieg

Im folgenden Beitrag wird eine bestimmte Gruppe der deutschen phraseologischen Einheiten unter die Lupe genommen, nämlich solche, die wir gleichzeitig als Slangausdrücke einstufen dürfen. Es wird beabsichtigt, ausgehend von den Ergebnissen der modernen Slangforschung, die Slang-Phraseme der deutschen Gegenwartssprache unter synchronem Gesichtspunkt zu charakterisieren. Dazu muss im ersten Schritt der Slangbegriff bestimmt werden, zumal unter Slang in der linguistischen Fachliteratur recht unterschiedliche Phänomene verstanden werden. Außerdem wird der Terminus Slang in der deutschen Linguistik eher vermieden. Das auf Grund des definierten Slangbegriffs erstellte Korpus wird nach verschiedenen Kriterien ausgewertet. Nach der Bestimmung der dominanten Phrasemklassen und deren prozentuellen Anteils am Korpus werden die dominanten onomasiologischen Bereiche ermittelt, die durch phraseologische Einheiten im Slang bezeichnet werden. Im dritten Schritt erfolgt die Untersuchung der Leistung des sprachlichen Bildes bzw. des Spiels mit dem sprachlichen Bild bei den Phrasemen im Slang.

2 Begriffliche Merkmale des Slangs

Der Slang gilt in der Linguistik als ein sehr komplexer und heterogener Begriff, den – wie der ungarische Forscher PÉTER treffend formuliert – zwar jeder kennt, den aber jeder anders definiert (PÉTER 1999: 25). Bei der Bestimmung des Begriffs des Slangs stütze ich mich auf die Ergebnisse der angelsächsischen bzw. der ungarischen Slangforschung. (Dabei konzentriere ich mich nur auf die begrifflichen Merkmale des Slangs, die hinsichtlich der Zielsetzung relevant sind.)

Die Probleme der exakten Begriffsbestimmung sind einerseits damit verbunden, dass der Slang im Varietätensystem der einzelnen nationalen Sprachen eine unterschiedliche Stellung aufweist. Der russische Slang bezieht sich beispielsweise sowohl auf die Umgangssprache als auch auf eine Art des Substandards der städtischen Volkssprache (JELISTRATOV 1998). Im Finnischen dagegen hatte der Slang ursprünglich eine ganz andere Funktion, da er die einheitliche Gruppenbildung von finnisch- und schwedischsprachigen Jugendlichen bezweckte (NAHKOLA/SAANILAHTI 1999). Anderseits wird die Slangbestimmung auch durch die zahlreichen vorhandenen Konkurrenzbezeichnungen kompliziert, z.B. für den englischen Begriff „slang" steht im Französichen „jargon", im Russichen „argot". In der modernen deutschsprachigen Linguistik wird mit dem Begriff „Slang" kaum gearbeitet, im Gegensatz zu den Termini „Jargon" und „Argot" wird auf diesen Terminus fast gänzlich verzichtet.

Unter Slang wird für die Zwecke dieses Beitrags eine „besondere Abart der Alltagsrede, die vor allem durch lexikalisch-phraseologische und onomasiologisch-semantische Merkmale gekennzeichnet ist" (PÉTER 1981: 197, vgl. auch PÉTER 2001) verstanden. Somit meint der Slang eine bestimmte Menge von lexikalischen Einheiten, darunter auch zahlreiche phraseologische Einheiten, die wir im Sinne der Definition Slang-Phraseme nennen möchten.

Die Slang-Ausdrücke im Allgemeinen gelten in der Sprache als Nichtstandard-Elemente, sind also unter der kodifizerten Norm angesiedelt (DOMASCHNEW 1987). Sie werden primär mündlich gebraucht, ihre Verwendung ist typisch für informelle Situationen, den alltäglichen Sprachverkehr (vgl. dazu ausführlich KÖVECSES 1998). Der Slang-Begriff umfasst nach ANDERSSON/TRUDGILL (1999: 69) ein weites Spektrum vom kolloquialen bis hin zum vulgären Wortschatz.

Slangausdrücke unterscheiden sich von den Elementen der Fachsprachen (i.S.v. Fachjargons), wie z.B. Sportjargon, und von denen des Argots (i.S.v. Sprache der Unterwelt als Sondersprache) dadurch, dass sie weit verbreitet und allgemein verständlich sind. Von vorhandenen regionalen Unterschieden der Slangausdrücke (vgl. den Vortarg von ERNST in diesem Band) wird in diesem Beitrag abgesehen.

Das grundlegende sprachliche Merkmal des Slangs ist das Anderssagen, d.h. der von dem Konventionellen abweichende Gebrauch der sprachlichen Mittel (CRYSTAL 2003, DUMAS/LIGHTER 2002). Das Anderssagen ist im Slang duch einen gewissen kulturell-sozial-politischen Nonkonformismus motiviert. Dieser Nonkonformismus meint eine bestimmte Sprechereinstellung dem Sachverhalt gegenüber (DUMAS/LIGHTER 2002, PÉTER 1999) und schlägt sich in der Absicht des Sprechers nieder, vom Standard bewusst abzuweichen, gegen das Gewohnte, Alltägliche zu rebellieren, das bis hin zum Brechen der Normen und Konventionen gehen kann (zu weiteren Motiven vgl. PARTRIDGE 2002). Im Rahmen einer solchen Sprechereinstellung bleibt aber die Anwendung der Slangausdrücke immer „ins Belieben des Sprechenden gestellt" (PORZIG 1957: 253).

Mit dem Nonkonformismus durch Anderssagen erklärt sich die hohe Zahl von Ersatzausdrücken für die üblichen Ausdrücke der Standardsprache, wodurch im Slang die sog. Hypersynonymität entsteht, z.B. *abdüsen, abhauen, abdampfen, verduften* im Deutschen für *weggehen*. Die Hypersynonymität nährt sich auch aus einer anderen Quelle. Die meisten Slang-Ausdrücke haben nur eine begrenzte Lebensdauer (EBBLE 1999), ihre Originalität kann parallel zu ihrer Verbreitung verloren gehen, weshalb ein ständiges Nominationsbedürfnis besteht.

Die Slangsynonyme zeichnen sich durch Expressivität und durch wertende Komponenten aus. Außerdem ist für die Slangausdrücke die Neigung zum Bildhaften charakteristisch (vgl. z.B. SCHIPPAN 1992), z.B. *bat, bag, dog, digger, money mad, knockout* für ‚Frau' im Englischen.

Wie eingangs erwähnt, wird der Terminus Slang in der deutschsprachigen linguistischen Fachliteratur eher vermieden, was mit den oben erörterten definitorischen Problemen des Slangs zusammenhängen könnte.

Um aber den Gegenstand dieses Beitrags, d.h. die Gruppe der Slang-Phraseme in der deutschen Gegenwartssprache, bestimmen zu können, musste nach Begriffen aus der deutschsprachigen Fachliteratur gesucht werden, die mit dem oben skizzierten Slangbegriff kompatibel sind.

3 Die Deutung des Slang-Begriffs in der einschlägigen deutschen Fachliteratur

Bei der Suche nach entsprechenden kompatiblen Begriffen in der deutschen linguistischen Fachliteratur konnte ich mich als Quelle auf ältere phrasographische Werke sowie auf Arbeiten im Bereich der Soziolinguistik und der Lexikologie stützen.

In den modernen deutschen phraseographischen Werken wird – im Gegensatz zu ungarischen und englischen Wörterbüchern – mit der Markierung „Slang" überhaupt nicht gearbeitet. In einigen älteren phraseographischen Werken findet man jedoch sowohl die Markierung „Slang" als auch sehr wertvolle Hinweise in Bezug auf die Bestimmung des Slangs in der deutschen Gegenwartssprache.

GENTHE identifiziert z.B. 1892 in der Einleitung seines als *Deutsches Slang. Eine Sammlung familiärer Ausdrücke und Redensarten* (hier übrigens das Substantiv „Slang" als Neutrum) betitelten Wörterbuchs „familiäre, nicht schriftmäßige, [...] in der zwanglosen Unterhaltung allgemein gebrauchte Ausdrücke und Redensarten" (GENTHE 1892: VII) des Deutschen mit dem Slang, indem er behauptet, die beschriebenen lexikalischen Einheiten könne man „mit keiner anderen gemeinsamen Bezeichnung, als dem englischen Wort ‚Slang' zusammenfassen" (ebd.). FRIEDRICH zieht zwischen der Stilschichtbezeichnung „salopp" und zwischen dem Slang eine Parallele: „diese [saloppe – R.R.] Redeweise entspricht einigermaßen dem englischen Slang" (FRIEDRICH 1966: 13).

In der Soziolinguistik charakterisiert DOMASCHNEW die Ausdrücke des Slangs als „Wörter mit einer absichtlichen stilistischen Senkung", die „tiefer' als die neutrale literarische Norm" (DOMASCHNEW 1987: 311–312) liegt. Gleichzeitig wird Slang mit der unteren Schicht der umgangssprachlichen Schicht (low colloquial) in Zusammenhang gebracht.

Im lexikologischen Zusammenhang bestimmt SCHIPPAN den Slang als „gruppenspezifische, saloppe Ausdrucksweise" (SCHIPPAN 1992: 237), PORZIG definiert den Slang wie folgt: „Der Ausdruck bezeichnet eigentlich den Gebrauch niederer und salopper Sprechweise in guter Gesellschaft" (PORZIG 1957: 253).

Die aus der einschlägigen deutschen Fachliteratur zitierten Stellen legen einerseits (vgl. besonders GENTHE und PORZIG) einen Slangbegriff nahe, der oben, in Kap. 2 skizziert worden ist, andererseits sieht man die/eine Entsprechung des Slangbegriffs in der unteren Schicht der Umgangssprache, die man gewöhnlich als „salopp" bezeichnet.

Aus diesen Erörterungen heraus möchte ich die Slangausdrücke, Slang-Phraseme inbegriffen, der deutschen Gegenwartssprache als lexikalische Einheiten definieren, die in den deutschen lexikographischen Werken mit der Markierung „salopp" versehen werden.

4 Das Korpus

Nach der Definition des Slangs muss wegen der Vielfalt der Terminologie auch der verwendete Phrasembegriff bestimmt werden, wobei ich mich nach der Phrasemdefinition von BURGER (1998) richte und die Termini „Phraseologie" bzw. „Phrasem" synonym verwende.

Für die Korpuserstellung mussten phraseographische Werke gefunden werden, die sich der Markierung „salopp" bedienen. Die Quelle der Datenerhebung bildete daher *Deutsche Idiomatik. Die deutschen Redewendungen im Kontext* von SCHEMANN aus dem Jahre 1993. Gesammelt wurden alle Phraseme, die bei Schemann als „salopp" bzw. neben „salopp" zusätzlich auch noch mit einer anderen Markierung, genauer „selten", „Neol.", Jugendspr.", „scherzhaft" versehen worden sind. Die als „salopp, veraltend" eingestuften Phraseme wurden aus Aktualitätsgründen nicht ins Korpus aufgenommen. Insgesamt geht es um 1823 Slang-Phraseme, dabei wurden die Variationen zu den einzelnen Phrasemen nicht extra mitgezählt. Um die Daten nach den eingangs festgelegten Kriterien bearbeiten zu können, wurden weitere phraseographische Werke herangezogen, wie *DUDEN Redewendungen und sprichwörtliche Redensarten* (1992), *Lexikon der sprichwörtlichen Redensarten* von RÖHRICH (1978), *Deutsche Redewendungen: ein Wörter- und Übungsbuch für Fortgeschrittene* von HESSKY und ETTINGER (1997) bzw. *Illustriertes Lexi-*

kon der deutschen Umgangssprache in 8 Bänden, das laut Fachliteratur Züge eines Slangwörterbuches aufweist (DOMASCHNEW 1987: 313).

5 Die empirische Untersuchung der Slang-Phraseme

Die empirische Untersuchung und Auswertung des Korpus erfolgt sowohl nach formalen als auch nach semantischen Kriterien, um auf diese Weise eine vielfältige Charakterisierung leisten zu können. Dabei trachte ich danach, nur solche Merkmale der deutschen Slang-Phraseme aufzulisten, die sich aus ihrem typischen Gebrauch im Slang ergeben.

5.1 Dominante Phrasemklassen der Slang-Phraseme

Bei der Typologie der Phrasemklassen gehe ich von BURGER 1998 aus. Als typische und dominante Klassen der deutschen Slang-Phraseme gelten im Sinne der Grob- oder Basisklassifizierung von BURGER (1998: 36ff.) die referentiellen und die kommunikativen Phraseologismen. Außerdem müssen noch die komparativen Phraseologismen erwähnt werden, die bei BURGER extra behandelt werden, nämlich als Vertreter einer spezifischen Klasse, die „quer zu der vorgeschlagenen Basisklassifikation" liegt (S. 41). Aus diesem Grunde werden sie hier auch extra besprochen. In diesem Kapitel wurden nur diese belegten großen Phrasemklassen statistisch ausgewertet, nicht aber ihre Unterklassen (wie etwa für komparative Phraseologismen bei STEIN 2001 oder für kommunikative Formeln bei PILZ 1981), von denen behauptet werden kann, dass sie fast alle im Korpus vertreten sind.

Im Korpus sind die komparativen Phraseologismen mit 115 Token vertreten, sie machen somit etwa 6% des Gesamtkorpus aus, z.B. *gucken wie ein Auto, glatt sein wie ein Kinderpopo, von etw. so viel verstehen wie die Kuh vom Sonntag.*

Die Zahl der kommunikativen Phraseologismen beläuft sich auf 46, dabei ist nicht mehr als 2% des Gesamtkorpus betroffen, z.B. *Nicht schlecht, Herr Specht!, mein lieber Spitz!, geh zum Henker!*

Somit machen die referentiellen Phraseologismen, sowohl nominative, z.B. *eine miese/elende Ratte sein, das wirft den stärksten Gaul um, den Hals nicht vollkriegen*, als auch propositionale, z.B. *sich einwickeln lassen, jmdn durch die Mangel drehen*, mehr als 90% des Korpus aus. Hinsichtlich der semantischen Untergliederung gelten die referentiellen Slang-Phraseme größtenteils als Idiome, z.B. *Feuer im Hintern haben, Mattscheibe haben, kalte Füße kriegen* bzw. als Teilidiome, z.B. *ein ausgekochtes Bürschchen sein, etw. (mehrere Dinge) in einem Aufwasch erledigen, jn.. krankenhausreif schlagen.* Kollokationen kamen nicht vor.

Andere Phrasemtypen konnten nicht belegt werden. Bei einigen wenigen ergaben sich Unsicherheiten, da sie den Definitionskriterien der betroffenen Phrasemklasse nicht vollständig Genüge geleistet haben. Beim Slang-Phrasem *fix und alle sein* würde zwar die Phrasemklasse Zwillingsformel in Frage kommen, aber im Gegensatz zur Definition (BURGER 1998: 43) gehören die beiden Elemente *fix* und *alle* nicht zur gleichen Wortart.

Bei den Slangphrasemen der deutschen Gegenwartssprache dominieren also eindeutig die referentiellen Phraseologismen. Ihre Leistung besteht nach BURGER in der Bezeichnung von Objekten oder Vorgängen bzw. in ihrem Aussagecharakter über solche.

Aus diesem Ergebnis bzw. aus den Erörterungen in Kap. 2 kann die Neubenennung von bestimmten, noch näher zu bestimmenden Objekten und Vorgängen (vgl. 5.2), als typische Leistung der deutschen Slangphraseme angesehen werden.

5.2 Dominante onomasiologische Bereiche

Die im Korpus vorkommenden Slang-Phraseme dienen – ohne Berücksichtigung der Zugehörigkeit zu einer bestimmten Phrasemklasse – zur Verbalisierung folgender onomasiologischen Bereiche:

- Betrunkenheit, z.B. *stockblau sein, saufen wie ein Loch, eine Säufernase haben*
- mentale und physische Abnormität, z.B. *Kompott in der Denkschüssel haben, ein geistiger Kleinrentner sein, aufgehen wie eine Dampfnudel*
- Prügeln, z.B. *jmdm ein paar löffeln, jmdn krankenhausreif schlagen*
- Körperfunktionen, z.B. *den flotten Otto haben, einen Kaktus pflanzen, Kartoffeln abgießen*
- Sexualität (Mädchen, Geschlechtsverkehr), z.B. *ganz schön was unter der Bluse haben, einen Quicky machen, vom anderen Ufer sein*
- sowie Angst, Ärger, Tadel, Geld, schlechter Geschmack/Geruch (von Getränken und Speisen), Überraschung, Tod.

Die Slang-Phraseme liefern also Neubenennungen in erster Linie für ganz konkrete menschliche Eigenschaften und Emotionen (Betrunkenheit, Kranksein, Ärger, Angst) bzw. für einfache Sachverhalte und Handlungen (Geld, Prügeln, Sexualität, Körperfunktionen), die jedoch im menschlichen Leben besonders relevant sind.

Wenn wir bedenken, dass das ganze Korpus mit 1823 Slang-Phrasemen auf nicht mehr als 15 onomasiologische Bereiche verteilt ist, so müssen die einzelnen Bereiche durch eine Hypersynonymität der Phraseme gekennzeichnet sein. Das bedeutet m.E., dass bei den Slang-Phrasemen sogar die den

Phraseologismen im Allgemeinen zugesprochene reiche Synonymik übertroffen ist. Im Bereich „Dummheit" konnte ich etwa 60 synonyme Slang-Phraseme zusammenzählen, während im Bereich „Prügeln" alleine für die Bezeichnung der konkreten Handlung „Ohrfeige(n) geben" 18 Synonyme zu finden waren (vgl. 5.3.3).

Die Untersuchung der dominanten onomasiologischen Bereiche konnte also auch ein sehr wichtiges Merkmal der Slang-Phraseme, nämlich die Hypersynonymität belegen.

5.3 Die Leistung des sprachlichen Bildes bei den Slang-Phrasemen

Bei der Überprüfung der Bildhaftigkeit der Slang-Phraseme muss im ersten Schritt der linguistische Terminus „sprachliches Bild" definiert werden, zumal die Bildlichkeit in der modernen Phraseologieforschung „viel Verwirrungen gestiftet hat" (BURGER 1998: 92). Das kann durch die Vielfalt konkurrierender Termini (z.B. „Bildhaftigkeit", „Bildlichkeit", „bildkräftiger" Ausdruck) bzw. durch ihre kontroverse Diskussion in der einschlägigen Fachliteratur (z.B. in ihrem Zusammenhang zur Idiomatisierung, Expressivität und Metaphorisierung) erklärt werden (vgl. zur Problematik BURGER 1998, FLEISCHER 1997 und PALM 1997). Das sprachliche Bild wird in diesem Beitrag in Anlehnung an die stilistisch orientierte Theorie des ungarischen Linguisten KEMÉNY 2002 definiert.

5.3.1 Das sprachliche Bild

KEMÉNY erfasst den prototypischen Begriff des sprachlichen Bildes mit Hilfe von 4 Elementen: Dem Sachelement, das das Verglichene meint, dem Bildelement, das das Vergleichende ausdrückt sowie dem Motiv, im Sinne des tertium comparationis, und dem Modalisator. Letzteres meint grammatische Mittel zur expliziten Markierung des Vergleichs oder der Identifikation (KEMÉNY 2002: 120–121).

Im folgenden Mini-Kontext wird ein Slang-Phrasem verwendet, das alle Elemente des sprachlichen Bildes enthält:

Kapierst du, was der Werner an der Berta findet? – einem Mädchen, das (so) flach wie ein Brett ist? (SCHEMANN 1993: 101)

Dabei gilt als Sachelement die Magerheit, als Bildelement das Brett, als Motiv das Flachsein und als Modalisator gilt(/gelten) die Vergleichspartikel(n) *wie* (und fakultativ *so*).

Eine Typologie des Bildes (S. 122ff.) ergibt sich daraus, ob

– das Sachelement bezeichnet ist oder nicht, demnach kann von explizitem oder implizitem Bild gesprochen werden,

- das Motiv genannt wird oder nicht, demnach kann von motiviertem oder nicht motiviertem sprachlichen Bild gesprochen werden,
- ob ein Modalisator vorhanden ist, wobei das sprachliche Bild markiert oder nicht markiert sein kann.

Die Untersuchung des Korpus auf das sprachliche Bild hin ergab, dass der überwiegende Teil der Slang-Phraseme ein sprachliches Bild enthält. Den einzelnen ermittelten Phrasemtypen können auch typische Bildtypen zugeordnet werden. Bei den komparativen Phrasemen gilt das sprachliche Bild als motiviert, markiert und implizit, z.b. *weiß wie Kalk sein, ein Gehirn wie ein Spatz haben, aussehen, als wäre einem die Butter vom Brot gefallen.*

Bei den Teilidiomen und Idiomen haben wir es mit nicht motivierten, nicht markierten und impliziten Bildern zu tun, so bei den vielen metaphorischen und metonymischen Phrasemen, z.B. *volle Pulle spielen, ein geistiger Normalverbraucher sein, weder kalt noch warm sein.*

Für die kommunikativen Phraseologismen ist ebenfalls das nicht motivierte, nicht markierte und implizite Bild charakteristisch, z.B. *immer wieder dieselbe Platte!, angenehmes Flohbeißen!, weiß der Kuckuck!*

5.3.2 Die Leistung des sprachlichen Bildes in den untersuchten Slang-Phrasemen

Die wichtigsten Leistungen des sprachlichen Bildes bei den Slang-Phrasemen können in der Intensivierung bzw. Hyperbolisierung und in der Bewertung gesehen werden.

Auf die Funktion der Intensivierung und Hyperbolisierung bei einer Reihe von komparativen Phraseologismen machen uns BURGER (1998) und FLEISCHER (1997) aufmerksam. Die Hyperbolisierung erfolgt in den Slang-Phrasemen vorwiegend durch Vergleiche, z.B. *es stinkt hier wie in einem Affenkäfig, faul wie die Pest sein, frieren, dass einem die Zähne klappern* oder durch Wortbildungsmittel in einer Komponente des Phrasems, z.B. *stinksauer sein* oder aber durch lexikalische Mittel mit entsprechender Bedeutung, z.B. *einen Haufen dummes Zeug reden.*

Das sprachliche Bild vermittelt unterschiedliche Bewertungen bei den Slang-Phrasemen des Deutschen. Das nimmt eigentlich kein wunder, da wir seit Telija wissen, dass die „Benennung durch einen Phraseologismus [...] eine wertende Benennung par excellence" ist (TELIJA bei FLEISCHER 1997: 201). Die vermittelten Bewertungen schlagen sich in verschiedenen Konnotationen nieder, die im Sinne von PALM (1997: 17) emotionale Bedingungen des Phrasemgebrauchs widerspiegeln.

Eine scherzhaft-parodistische Bewertung dominiert z.b. in *mit dem linken Auge in die rechte Westentasche gucken können, von jm ist der Lack ab, eine alte Frau ist kein D-Zug, jmdn. zu Frikassee verarbeiten.* Das sprachliche Bild gilt bei einer Reihe von Slang-Phrasemen als Träger von Spott, Ironie und Zynismus z.B. *die muss man mit der Pinzette anfassen, im D-Zug durch die Kinderstube gesaust sein, das ist zum Wiehern!* Schließlich können auch Abwertung und pejorativer Oberton ausgedrückt werden, z.b. *ein Klatschweib sein, wie Seife schmecken, ein dürres Gerippe sein.*

Die Slang-Phraseme vermitteln also immer eine grundsätzliche negative Bewertung der Sachverhalte und Gegenstände, dies aber auf eine ganz besondere Weise. Es geht nämlich dabei um das Zusammenspiel von Auslachen und von Spiel, das nach Jelistratov gleichzeitig emporhebe und herabsetze, töte und neu gebäre (JELISTRATOV 1998). In den drastisch-frivolen Slang-Phrasemen für Tod und Sterben beispielsweise, wie *den Löffel wegschmeißen, ins Gras beißen, kalte Füße kriegen,* äußert sich keinesfalls Gefühllosigkeit oder -roheit sondern „eine Gegenkraft zum Begriffsinhalt" (LUCHTENBERG 1985: 97), wodurch der Tod „durch naturalistische Derbheit oder Humor bewältigt wird" (ebd.).

Gerade durch Spiel und Auslachen bei den Slang-Phrasemen möchte man den Ernst der Wirklichkeit entschärfen und dadurch von grober Kritik ablenken (vgl. PORZIG 1957). So könnte man etwa die Moral zusammenfassen, die sich durch die Konnotationen der Slang-Phraseme äußert.

Gleichzeitig ist es der oben erörterte konnotative Mehrwert, der für die besondere Expressivität der Slang-Phraseme verantwortlich ist. Ausgehend von den ermittelten Phrasemklassen dürfen wir sogar behaupten, dass bei den deutschen Slang-Phrasemen das sprachliche Bild die einzige Quelle der Expressivität (vgl. dazu FLEISCHER 1997: 164–165) darstellt. Dabei ist natürlich fragwürdig, in welchem Sinne wir die Slang-Phraseme als expressive Konkurrenzformen von anderen standardsprachlichen oder umgangssprachlichen Phrasemen ansehen können. Um eindeutig beweisen zu können, dass sie im Sinne des Anderssagens bewusste Ersatzformen sind, müssten exemplarische diachrone Untersuchungen bzw. Korpusuntersuchungen durchgeführt werden.

5.3.3 Die Vielfalt des sprachlichen Bildes

Die Vielfalt des sprachlichen Bildes bei Phrasemen zur Benennung des gleichen begrifflichen Feldes ist in der einschlägigen Fachliteratur in bestimmten ausgewählten Bereichen reichlich untersucht worden.[1] Die in den Kapiteln

---

[1] Ein Blick in das Programmheft der internationalen Tagung der EUROPHRAS 2006 mag diese Tatsache ebenfalls bekräftigen, da die Vorträge in vielen Fällen begriffliche Felder,

4.1 und 4.2 ermittelte Hypersynoymität der Slang-Phraseme legt eine außerordentliche Vielfalt des sprachlichen Bildes in den einzelnen onomasiologischen Bereichen nahe. Dies soll am Beispiel der Slang-Phraseme für ‚jmdm eine Ohrfeige geben'/‚eine Ohrfeige bekommen' belegt werden. Folgende Bildelemente spielen bei diesen Phrasemen in der deutschen Gegenwartssprache eine Rolle:

- „Geräusch", z.B. bei *jmdm eine zischen, jmdm eine reinknallen, eine geknallt kriegen,*
- „Essen und Trinken", z.B. bei *jmdm eine löffeln, jm eine einschenken, eine gepfeffert kriegen, jmdm eine reinsemmeln,*
- „Kleidung(sstück)", z.B. bei *jmdm etw. vor den Latz knallen, jmdm eine auf die Mütze geben,*
- „Straßenbau", z.B. bei *jmdm eine pflastern,*
- „Haushalt", z.B. *jmdm eine scheuern, jdmm eine lackieren, eine lackiert bekommen,*
- „schlagen" als übergeordneter Begriff, z.B. bei *jmdm eine reinschlagen.*

5.3.4 Spiel mit den Elementen des sprachlichen Bildes in den Slang-Phrasemen

Was für die Slang-Phraseme aber besonders charakteristisch ist, ist die schon in 5.2 angedeutete Vorliebe für das Spiel.

In vielen Phrasemen wird mit den einzelnen Elementen des sprachlichen Bildes, vor allem mit den Bildelementen gespielt. Diese Art Spiel äußert sich in den einzelnen synonymischen Reihen von Slang-Phrasemen. Dabei kann mit Bildelementen von synonymen Slang-Phrasemen gespielt werden, aber auch Bildelemente von synonymen nicht Slang-Phrasemen werden aufgegriffen.

Das Slang-Phrasem *blau sein wie eine Frostbeule* gilt z.B. als Modifizierung des Bildelementes des synonymen Slang-Phrasems *blau wie ein Veilchen sein.* Hier wird ein Bildelement aus einem ganz anderen Bildbereich gewählt, aber es ist semantisch kompatibel mit der Bedeutung der lexikalischen Komponente *blau.*

Die Modifizierung des Bildelements kann auch durch die Wahl eines anderen Elements aus dem gleichen Bildbereich erfolgen, z.B. bei den Slang-Phrasemen *das ist (doch) (alles) Käse* bzw. *das ist (doch) (alles) Quark* oder *verliebte Augen machen* bzw. *verliebte Nasenlöcher machen.*

---

wie Finanzwesen, Ärger, Zorn, Sport gute/schlechte Laune des Menschen, zu ihrem Gegenstand hatten.

Das Spiel mit dem sprachlichen Bild kann in solchen synonymen Slang-Phrasemen auch Expressivitätssteigerung bezwecken, z.b. *blau wie ein Veilchen (sein), blau wie ein ganzes Veilchenbeet (sein), voll/blau sein wie eine Haubitze, blau wie eine Frostbeule(sein), blau wie eine Strandhaubitze sein.*

Als eine Art Spiel kann auch betrachtet werden, wenn lexikalische Komponenten von umgangssprachlichen oder normalsprachlichen Phrasemen durch stilistisch niedrigere ersetzt werden, z.b. statt *Mund* erscheinen die Lexeme *Maul, Schnabel, Schnauze,* z.B. (ugs.) *eins/eine auf den Mund kriegen* vs. (sal) *eins/eine aufs Maul bekommen,* (umgs) *sich den Mund verbrennen* vs. (sal) *sich die Schnauze verbrennen,* (sal) *sich den Schnabel verbrennen.* Als Ersatz finden sich auch metaphorisch verwendete Lexeme mit dem gleichen Denotatsbezug, z.b. statt *Kopf* findet man *Rübe, Nuß, Birne,* z.B. *den Kopf für jmdn/etw. hinhalten* vs (sal) *die Rübe für jmdn/etw. hinhalten, jmdm eine/eins auf/(über) den Kopf geben* vs. *jmdm eine/(eins) auf die Nuß geben, jmdm eine/(eins) auf/(über) die Birne geben.*

Die Slang-Phraseme *scharf wie Paprika sein* bzw. *scharf wie ein Rasiermesser sein* unterscheiden sich von dem zu Grunde liegenden synonymen Slang-Phrasem *scharf auf etw./jmdn sein* dadurch, dass mit der Erweiterung durch einen Vergleich gleichzeitig auch das Bildelement („scharf") erweitert, konkretisiert wurde (*wie Paprika, wie Rasierklinge*).

Der kommunikative Phraseologismus *danke für Obst und Südfrüchte!* gilt im Vergleich zu (ugs.) *danke für die Blumen* als Kombination von Modifizierung (Wahl eines Bildelementes aus dem gleichen Bildbereich) und Erweiterung durch weitere lexikalische Komponenten.

Durch die Kontamination von lexikalischen Komponenten zweier Phraseme und den von ihnen getragenen Bildelementen wird erreicht, dass beide Bildelemente mitschwingen, z.B. *knallblau sein* aus *veilchenblau sein* und *knallvoll sein* (beides Slang-Phraseme) oder das Slang-Phrasem *fix und alle sein* aus (ugs.) *fix und fertig sein* und (normalspr.) *alle sein*.

Das Spiel mit den Bildelementen kann auf einer formalen und semantischen Analogie zu dem Muster eines nicht Slang-Phrasems beruhen, z.B. analog zu (ugs.) *aus der Mücke einen Elefanten machen* verwendet man im Slang *aus einem Furz einen Donnerschlag machen.*

Bei synonymen Slang-Phrasemen können – wie die obigen Beispiele zeigen – solche Erscheinungen nachvollzogen werden, die in der einschlägigen phraseologischen Fachliteratur im Zusammenhang mit der Variation erörtert werden (vgl. z.B. BURGER 1998 und FLEISCHER 1997: 205ff.). Während mit dem Begriff Variation ein Text-Phänomen gemeint ist, das ausschließlich kontextuell nachvollziehbar und interpretierbar ist, scheinen die Slang-Phraseme in vielen Fällen schon usualisierte, vollzogene Variationen von anderen Slang- bzw. nicht Slang-Phrasemen zu sein. Hier müssten wieder diachrone bzw. korpusbezogene Untersuchungen Klarheit verschaffen.

6 Fazit und Ausblick

Das Ziel dieses Beitrags war, die sog. Slang-Phraseme der deutschen Gegenwartssprache zu bestimmen und sie unter synchronem Aspekt zu untersuchen. Die Ergebnisse können wie folgt zusammengefasst werden:

Als Slang-Phraseme wurden auf Grund theoretischer Überlegungen in der Lexikographie, Soziolinguistik und Lexikologie phraseologische Einheiten der deutschen Gegenwartssprache betrachtet, die in den lexikographischen/phraseographischen Werken als „salopp" markiert worden sind.

Die Einführung des Begriffs Slang in Bezug auf die deutsche Phraseologie hielt ich aus dem Grunde für angebracht und berechtigt, dass in anderen Sprachen (z.B. im Ungarischen oder Englischen) der deutschen Bezeichnung „salopp" gegenüber eine Markierung „Slang" üblich ist. Auf diese Weise könnten kontrastive Untersuchungen in diesem Bereich der Phraseme durchgeführt werden. In interkultureller Hinsicht wäre z.B. der typologisch-vergleichende Aspekt von Interesse, der die innersprachlichen Quellen der Slang-Phraseme aufdeckt (metaphorisch, metonymisch usw.) oder die Bildelemente, Bildbereiche bei den Phrasemen in den einzelnen nationalen Slangs typologisiert (vgl. dazu PÉTER 2002).

Die Untersuchung der deutschen Slang-Phraseme nach Phrasemklassen ergab folgende dominante Phrasemtypen: referentielle Phraseologismen und kommunikative Phraseologismen. Ausgehend von der Dominanz der referentiellen Phraseologismen konnte das Anderssagen als wichtiges Merkmal der Slang-Phraseme nachgewiesen werden. Die Absicht des Anderssagens im Slang bewirkt die Hypersynonymität, die u.a. durch die Untersuchung der dominanten onomasiologischen Bereiche belegt werden konnte: 1823 Phraseme entfielen auf weniger als 15 Bereiche.

Die Slang-Phraseme kennzeichnen sich durch eine besondere Neigung zum Bildhaften, wobei das ihnen zu Grunde liegende sprachliche Bild sehr vielfältig, farbig und abwechslungsreich ist. Das sprachliche Bild ist für die durch diese Phraseme vermittelten Bewertungen, Hyperbolisierung und Konnotationen verantwortlich. Oft wird auch mit den Bildelementen gespielt, wobei das Spiel ebenfalls zur Erzeugung von bestimmten Konnotationen und dadurch zur Expressivität genutzt wird.

Nicht nachgewiesen werden konnte jedoch, dass die Slang-Phraseme tatsächlich eine Art bewusste Abweichung von den standardsprachlichen bzw. standardsprachenahen umgangssprachlichen Phrasemen darstellen. Die Hypersynonymität bzw. die illustrierten Möglichkeiten des Spiels mit den Bildelementen sprechen jedoch für eine solche Annahme. Wie mehrmals erwähnt, könnten hier diachrone bzw. korpusbezogene Untersuchungen entscheidend sein.

Um ein reales und objektiveres Bild von diesen Phrasemen der deutschen Gegenwartssprache zu bekommen, müsste etwa durch Untersuchung von elektronischen Korpora ausgesondert werden, welche von den lexikographisch ermittelten Slang-Phrasemen tatsächlich auch verwendet werden.

Literatur

ANDERSSON, Lars Gunnar/TRUDGILL, Peter (1999): Szleng. In: FENYVESI, Anna/KIS, Tamás/VÁRNAI, Judit Szilvia (szerk.): Mi a szleng? Tanulmányok a szleng fogalmáról. Debrecen. S. 247–260.

BURGER, Harald (1998): Phraseologie. Eine Einführung am Beispiel des Deutschen. Berlin. (Grundlagen der Germanistik; 36).

CRYSTAL, David (2003): A nyelv enciklopédiája. Budapest.

DOMASCHNEW, Anatoli I. (1987): Umgangssprache/Slang/Jargon. In: AMMON, Ulrich/DITTMAR, Norbert/MATTHEIER, Klaus J. (Hrsg.): Soziolinguistik. Ein internationales Handbuch zur Wissenschaft von Sprache und Gesellschaft. Halbbd. 1. Berlin/New York. S. 308–315.

Duden (1992): Redewendungen und sprichwörtliche Redensarten. Idiomatisches Wörterbuch der deutschen Sprache. Mannheim/Leipzig/Wien/Zürich. (Duden; 11).

EBBLE, Coni C. (1999): Szleng. In: FENYVESI, Anna/KIS, Tamás/VÁRNAI, Judit Szilvia (szerk.): Mi a szleng? Tanulmányok a szleng fogalmáról. Debrecen. S. 227–233.

DUMAS, Bethany K./LIGHTER, Jonathan (2002): Nyelvészeknek való-e a *szleng* szó? In: VÁRNAI, Judit Szilvia/KIS, Tamás (szerk.): A szlengkutatás 111 éve. Debrecen. S. 277–292.

FLEISCHER, Wolfgang (1997): Phraseologie der deutschen Gegenwartssprache. 2. durchgesehene und ergänzte Auflage. Tübingen.

FRIEDRICH, Wolf (1966): Moderne deutsche Idiomatik. Systematisches Wörterbuch mit Definitionen und Beispielen. München.

GENTHE, Arnold (1892): Deutsches Slang. Eine Sammlung familiärer Ausdrücke und Redensarten. Strassburg.

HESSKY, Regina/ETTINGER, Stefan (1997): Deutsche Redewendungen: ein Wörter- und Übungsbuch für Fortgeschrittene. Tübingen.

JELISTRATOV, Vladimir (1998): Szleng és kultúra. (Szlengkutatás 2). Debrecen.

KEMÉNY, Gábor (2002): Bevezetés a nyelvi kép stilisztikájába. Budapest.

KÖVECSES, Zoltán (1998): Magyar szlengszótár. Budapest.

KÜPPER, Heinz (1982): Illustriertes Lexikon der deutschen Umgangssprache in 8 Bänden. Stuttgart.

LUCHTENBERG, Sigrid (1985): Euphemismen im heutigen Deutsch. Mit einem Beitrag zu Deutsch als Fremdsprache. Frankfurt/M.

NAHKOLA, Kari/SAANILAHTI, Marja(1999): A finn szleng mint nyelvi és szociális jelenség. In: FENYVESI, Anna/KIS, Tamás/VÁRNAI, Judit Szilvia (szerk.): Mi a szleng? Tanulmányok a szleng fogalmáról. Debrecen. S. 51–76.

PALM, Christine (1997): Phraseologie. Eine Einführung. 2. durchgesehene Auflage. Tübingen. (Narr Studienbücher).

PARTRIDGE, Eric (2002): A szleng ma és tegnap. In: VÁRNAI, Judit Szilvia/KIS, Tamás (szerk.): A szlengkutatás 111 éve. Debrecen. S. 17–26.

PÉTER, Mihály (1981): Zur onomasiologischen Charakteristik des Slangs im Ungarischen. In: Sprachliche Sonderformen. Graz. (Grazer Linguistische Studien; 15). S. 197–210.

PÉTER, Mihály (1999): „Húsz év múlva". Régebbi és újabb gondolatok a szlengről. In: FENYVESI, Anna/KIS, Tamás/VÁRNAI, Judit Szilvia (szerk.): Mi a szleng? Tanulmányok a szleng fogalmáról. Debrecen. S. 25–39.

PÉTER, Mihály (2001): Képalkotás a szlengben. In: NYOMÁRKAY, ISTVÁN (szerk.): Hungaro-Slavica 2001. Studia in Honorem Jani Banczerowski. ELTE Szláv és balti Filológiai Intézet. Budapest. S. 212–217.

PILZ, Klaus Dieter (1981): Phraseologie: Redensartenforschung. Stuttgart. (Sammlung Metzler; 198).

PORZIG, Walter (1975): Das Wunder der Sprache: Probleme, Methoden und Ergebnisse der Sprachwissenschaft. 6. Auflage. München.

RÖHRICH, Lutz (1978): Lexikon der sprichwörtlichen Redensarten in 2 Bänden. 5. Auflage. Freiburg i.B.

SCHEMANN, Hans (1993): Deutsche Idiomatik. Die deutschen Redewendungen im Kontext. Stuttgart/Dresden.

SCHIPPAN, Thea (1992): Lexikologie der deutschen Gegenwartssprache. Tübingen.

STEIN, Barbara (2001): Feste Vergleiche im Französichen. „Comparaison n'est past raison" oder „parter comme de raison"? In: LORENZ-BOURJOT, Martine/LÜGER, Heinz-Helmut (Hrsg.): Phraseologie und Phraseodidaktik. Wien. (Beiträge zur Fremdsprachenvermittlung, Sonderheft; 4). S. 41–64.

Georg Schuppener (Leipzig)

Funktionen von Zahlen in deutschen Phraseologismen

1 Grundsätzliches

Phraseologismen verarbeiten Themen und Probleme des menschlichen Lebens und der menschlichen Umwelt, denen Alltagsrelevanz zugeschrieben wird bzw. die immer wieder Gegenstand menschlicher Reflexion sind. Komplexe Sachverhalte können über Phraseologismen zugespitzt und so zugleich vereinfacht werden.
    Zahlen spielen im Alltag schon seit alters her eine bedeutende Rolle. Das Funktionsspektrum von Zahlen ist außerordentlich breit: Zu ihren wichtigsten Funktionen gehören Zusammenfassen, Einteilen, Vergleichen und Ordnen von Objekten bzw. von Mengen. Über die Funktion des bloßen Quantifizierens und der damit verbundenen Objektivierung von Sachverhalten hinaus finden Zahlen durchaus auch in der Metaphorik Verwendung.
    Diese Aspekte spiegeln zahlreiche Phraseologismen wider, in denen Zahlen vorkommen.[1] Allein zur Zahl Drei ist eine nahezu unüberschaubare Menge von Sprichwörtern und Redewendungen belegbar. So verzeichnet beispielsweise das Lexikon von WANDER zur Zahl Drei mehrere Hundert Phraseologismen (WANDER 1987: Bd. 1, 605ff., 690ff.; Bd. 5, 1140ff., 1191ff.).[2] Bei anderen Zahlen gibt es zwar deutlich weniger Belege, dennoch erkennt man auch hier die hohe Alltagsrelevanz des Zählens.[3] Auf jeden Fall kann man festhalten, dass Zahlwörter in Phraseologismen sprachübergreifend in großer Zahl vertreten sind (FÖLDES 1993: 92ff., GONDEK 2004).
    Die kulturgeschichtliche Relevanz von Zählen und Zahlen wurde bereits unter verschiedenen Aspekten betrachtet (Z.B. MENNINGER 1979, IFRAH 1991, SCHUPPENER 1996, SCHUPPENER 2002a). Auch mit Blick auf die Verarbeitung von Zählen und Zahlen in deutschen Phraseologismen existieren schon mehrere Untersuchungen, die von eingehenden Analysen (DOBRO-

---

[1] Dass dabei unterschiedliche Arten von Numeralia, wie Kardinalia, Ordinalia, Iterativa, Bruchzahlen usw. zu finden sind, sei hier nur am Rande erwähnt. Die Verteilung von Kardinalia, Ordinalia und Bruchzahlen in Phraseologismen wird beispielsweise thematisiert bei FÖLDES (1993: 93f.).
[2] FÖLDES (1993: 101) spricht sogar davon, dass die „Drei die prototypische Zahl" sei.
[3] Z.B. zur Zahl Vier WANDER (1987: Bd. 4, 1639ff.; Bd. 5, 1793). Allgemeines auch bei FÖLDES (1993: 94ff.).

VOL'SKIJ/PIIRAINEN 1997) über Detailstudien, oft mit kontrastivem Zugang (z.B. FÖLDES 1993, PIIRAINEN 1998: 283ff., GONDEK 2004, SCHUPPENER 2005), essayistische Bearbeitungen der Thematik (GUTKNECHT 1996: 208ff.)[4] bis hin zu reinen Zusammenstellungen ohne nähere Analyse (KONDAS 1977) reichen.

Eine Darstellung, die systematisch strukturelle Funktionen von Zahlen (nicht deren Symbolbedeutung) in Phraseologismen darstellt, fehlt allerdings bislang. Auf einen Zugang zur Verwendung von Zahlen in Phraseologismen über das Konzept des „Symbols" bzw. der „Zahlensymbolik" soll hier im Unterschied zu DOBROVOL'SKIJ/PIIRAINEN (1997) bewusst verzichtet werden. Ein derartiger Ansatz, Zahlen auf ihre Symbolfunktion zu untersuchen, erscheint nämlich bezüglich der Phraseologie aus mehreren Gründen höchst problematisch:

Der erforderliche theoretische Aufwand zur Definition dessen, was unter Symbol zu verstehen ist, erweist sich als erheblich (DOBROVOL'SKIJ/ PIIRAINEN 1997: 34ff.), ohne dass das Resultat wirklich eindeutig wäre. Vielmehr dient er dazu, die Unschärfe und Angreifbarkeit des Symbolbegriffes, z.B. auch kontrastiv zur Metapher, zu vernebeln. Selbst bei einem (an sich ebenfalls nicht unbedenklichen) Rückgriff auf ein intuitives oder ein Gemeinverständnis von „Symbol"[5] bleibt dennoch eine zentrale Problematik bestehen, die in der Literatur bislang ignoriert wurde, dass nämlich Zahlen in Phraseologismen sehr häufig nicht selbständig auftreten und somit auch keine selbständige Symbolbedeutung generieren. An zwei Beispielen aus DOBROVOL'SKIJ/PIIRAINEN sei dies veranschaulicht:

1. Die Zahl Zwei wird u.a. folgendermaßen symbolisch gedeutet: „,Uneinigkeit', ‚Gespaltenheit' ist in vielen Phraseologismen eine Symbolfunktion der ZWEI" (DOBROVOL'SKIJ/PIIRAINEN 1997: 304). Als erstes Beispiel wird hierfür der Phraseologismus *Jedes Ding hat zwei Seiten* angeführt (DOBROVOL'SKIJ/PIIRAINEN 1997: 305). In der Tat enthält der Phraseologismus die angesprochene Bedeutungskomponente, fraglich ist jedoch, ob diese entscheidend durch die Zahl Zwei induziert wird. Mit vergleichbarer Bedeutung bildbar wäre nämlich auch *Jedes Ding hat mehrere Seiten*. Die Analogie in der Bedeutung legt nahe, dass die fragliche semantische Komponente von ‚Uneinigkeit' oder ‚Gespaltenheit' hier nicht primär durch die Zahl Zwei, sondern vielmehr durch die Pluralität von *Seiten* induziert wird.[6]

2. Die Symbolbedeutung ‚viel' wird bei DOBROVOL'SKIJ/PIIRAINEN mehreren Zahlen zugeschrieben. Dass diese Bedeutung sogar allen Zahlen größer

---

[4] Die spielerische Zugangsweise zeigt bereits der Titel des betreffenden Kapitels: *Zeichen, Ziffern und Zauberei. Das Einmaleins der Redewendungen.*

[5] Implizit greifen darauf zurück auch DOBROVOL'SKIJ/PIIRAINEN (1997: 36, 69, 130).

[6] Ähnlich auch bei FÖLDES (1993: 100).

eins zugeschrieben werden kann, ist eine Trivialität, die sich daraus ergibt, dass alle diese Zahlen mit Pluralität verbunden sind. Dass die betreffende Bedeutung nicht spezifisch durch die einzelnen Zahlen evoziert wird, belegt deren Austauschbarkeit in derartigen Phraseologismen, also z.B. *mit jmdm. um/über fünf Ecken verwandt sein*, aber auch *mit jmdm. um/über sieben Ecken verwandt sein* (DOBROVOL'SKIJ/PIIRAINEN 1997: 339, 349); denkbar wären in diesem Falle ferner Abwandlungen mit anderen Zahlen. Auch hier erscheint die Vielzahl wesentlich durch die Pluralform *Ecken* ausgedrückt, die dann durch die Zahlenangaben lediglich spezifiziert bzw. intensiviert wird.

Statt eines Zugangs über den Symbolbegriff, bezogen auf einzelne Zahlwörter, soll hier, wie oben bereits angedeutet, eine Betrachtung erfolgen, die darstellt, wie grundsätzliche, strukturelle Funktionen von Zahlen[7] in Phraseologismen widergespiegelt werden.

Die folgende Darstellung beschränkt sich in der Betrachtung von Beispielen auf das Deutsche. Ein Vergleich mit der Verwendung von Zahlen in Phraseologismen anderer Sprachen kann hier nicht erfolgen, sondern muss vielmehr einer weiteren Untersuchung vorbehalten bleiben.[8] Die im Folgenden dargestellten Funktionen von Zahlen sind jedoch von übergreifender Natur und finden sich mutatis mutandis auch in anderen Sprachen und deren Phraseologismenbestand wieder.

2 Die Funktion des Zusammenfassens

Da Zählen immer eine Zusammenfassung einer Menge bedeutet, ist die Funktion des Zusammenfassens eine der wichtigsten, die Zahlen in Phraseologismen wahrnehmen. Zusammenfassung stellt eine Vereinigung dar, die die Zahl Eins repräsentieren kann. Ausdruck findet dies beispielsweise in Redewendungen wie *sie erhoben sich wie ein Mann* usw. (KONDAS 1977: 14). Aber auch andere Zahlen vermögen eine Gesamtheit zu einen: Zahlreiche Bedeutungsebenen haben speziell die Phraseologismen zur Zahl Drei (SCHUPPENER 2005: 348ff.).[9] Zusammenfassende Funktion hat die Zahl in jedem Falle im Sprichwort *Aller guten Dinge sind drei*. Auch andere Phraseologismen zur

---

[7] Hierbei handelt es sich um Funktionen, die Zahlen auch außerhalb der phraseologischen Verwendung zukommen. Näheres dazu u.a. bei SCHUPPENER (2002b).
[8] Ein Vergleich von Phraseologismen aus mehreren Sprachen und Kulturkontexten, allerdings unter einem anderen methodischen Ansatz heraus, findet sich aber bei DOBROVOL'SKIJ/PIIRAINEN (1997). Zu den Einzelsprachen sei auf die einschlägigen Monografien verwiesen; jüngst erschienen z.B. LITOVKINA/MIEDER (2006), wo zahlreiche engl. Phraseologismen zu Zahlwörtern erschließbar sind.
[9] Zur besonderen Rolle der Zahl Drei vgl. auch GUTKNECHT (1996: 212). GUTKNECHT erkennt jedoch nicht als Grundlage für deren Relevanz ihre Funktion als Schwellenwert des Zählens.

Zahl Drei referieren auf die allgemeine Funktion der Zahlen, eine Vielheit zu einer Einheit zusammenzufassen. Häufig steht dabei die Dreiheit für eine allumfassende, abgeschlossene Gesamtheit.[10] Als Beispiel hierfür sei folgendes Sprichwort genannt: *Drei Dinge reden die Wahrheit: Narren, Kinder, trunkene Leute* (WANDER 1987: Bd. 5, 1143). Zahlreiche andere Sprichwörter folgen diesem Muster.

Gesamtheit ausgedrückt wird auch mit der Redewendung *alle neune neigen* ‚ganze Sache machen' (RÖHRICH 2001: Bd. 3, 1093), wobei Intension und Bildlichkeit offenbar aus dem Kegelsport herstammen. Der inhaltliche Zusammenhang zwischen dem Ausdruck von Gesamtheit und der Zahl Neun ergibt sich aus der Anzahl der Kegel, die aufgestellt werden.

Zur Funktion des Zusammenfassens einer Gesamtheit können Nebenbedeutungen treten, so die Qualifizierung, ob es sich bei der betreffenden Menge um eine große oder eine kleine Anzahl handelt.

Eine geringe Anzahl impliziert wird z.B. in folgenden Phraseologismen: *etwas in/mit drei Worten sagen* ‚etwas sehr knapp sagen' oder auch *sich etwas an drei Fingern abzählen können* ‚etwas sehr leicht, schnell erschließen können'. Ebenso drückt die Redewendung *seine Siebensachen packen* ‚seine gesamten (wenigen) Habseligkeiten zusammenpacken, um mit ihnen zu verschwinden' (RÖHRICH 2001: Bd. 4, 1474) eine geringe Anzahl (von Gegenständen) aus.

Dass die Bewertung einer Zahl als groß bzw. als klein in Phraseologismen relativ ist, belegt die Wendung *(nicht) zu den oberen Zehntausend gehören* ‚(nicht) zur obersten Schicht der Gesellschaft gehören', in der die an sich große Zahl Zehntausend eine gemessen an der Gesamtbevölkerung kleine Gruppe repräsentiert. Die Redewendung ist aus dem angelsächsischen Sprachraum übernommen worden, die genaue Herkunft wird unterschiedlich angegeben (RÖHRICH 2001: Bd. 5, 1762, LIPPERHEIDE 1976: 1041).

Insbesondere in den letztgenannten Fällen spielt der konkrete Zahlenwert für die Aussage des Phraseologismus keine Rolle, sondern steht übertragen für eine nicht genauer quantifizierte Menge.[11] Gemeinsam ist den hier genannten Phraseologismen jedoch die zusammenfassende Funktion, die durch die Zahlen ausgeübt wird.

---

[10] Zur Frage, warum dies gerade bei Phraseologismen mit der Zahl Drei erfolgt, vgl. SCHUPPENER (2005: 351ff.).

[11] Zu den Gründen dafür vgl. Kap. 4.

3 Die Funktionen von Einteilung, Vergleich und Ordnung

Weitere Funktionen von Zahlen stellen das Einteilen, Vergleichen und Ordnen dar, die in ihrer Verwendung oftmals ineinander übergehen. Denn die Erstellung einer Ordnung, einer Reihenfolge, geht in der Regel mit einem Vergleich einher. Vergleiche wiederum setzen eine vorherige Einteilung oder Ordnung voraus. Jedes Einteilen ordnet zu usw. Insofern sollen diese Funktionen von Zahlen hier zusammen betrachtet werden.

Betrachtet man die Wendung *ein zweiter Paganini sein* ‚so talentiert wie Paganini sein' (KONDAS 1977: 37), wobei der Personenname durch den einer anderen Berühmtheit austauschbar ist, so erkennt man, dass über das Numerale eine Gleichsetzung erfolgt, der implizit ein Vergleich zugrunde liegt. Strukturell vergleichbar ist auch *mein zweites Ich sein* ‚mir sehr vertraut sein' (FRIEDRICH 1993: 565).

Auf einen Vergleich beziehen sich auch die beiden folgenden Phraseologismen, nämlich *mit zweierlei Maß messen* und *sagen und tun ist zweierlei* (KONDAS 1977: 33). Da ein Vergleich in seiner elementaren Form immer zwischen zweien erfolgt, können mit Zahlwörtern zur Zahl Zwei vergleichende Gegenüberstellungen in Phraseologismen ausgedrückt werden. Dies gilt selbst dann, wenn der Vergleich über das Kardinale erfolgt: *Wenn zwei das Gleiche tun, ist es doch nicht dasselbe.*

Vergleiche bzw. Gleichsetzungen erfolgen in Redewendungen und Sprichwörtern aber auch durch die Gegenüberstellung von Anzahlen. Gerade bei Gleichsetzungen, bei denen unterschiedliche Zahlen einander gegenüber gestellt werden (also in der Form a x = b y, wobei a und b natürliche Zahlen, x und y irgendwelche Objekte sind), ergibt sich der Reiz der Phraseologismen dadurch, dass unterschiedliche Objekte durch Zahlen bewertet und miteinander verglichen werden können. Von den zahlreichen Möglichkeiten seien hier nur folgende Beispiele genannt:

Dreimal umgezogen ist so gut wie einmal abgebrannt. (KONDAS 1977: 48)

Ein guter Lehrmeister ersetzt zehn Arbeiter.

Mit großen Herren rechten, ist mit zehn Mann fechten. (KONDAS 1977: 68)

Was drei wissen, erfahren hundert. (KONDAS 1977: 81)

Ebenso in die Kategorien Anordnung bzw. Vergleich fallen Wendungen wie *Nummer eins sein* ‚der Beste, Wichtigste sein', *nur Nummer zwei sein* ‚von geringerer Bedeutung sein'. Hier steht das Kardinale nicht für eine konkrete Anzahl, sondern im übertragenen Sinne erfolgt hier vielmehr eine Wertung. Die Verwendung der Zahlen zielt also nicht auf eine Quantität, sondern auf eine Qualität. Solche qualitative Nebenbedeutung haben in der Alltagssprache ansonsten eigentlich Ordinalia. Dementsprechend gibt es als Pendant zu

Nummer eins sein auch die Wendung mit Ordinale *der Erste sein* mit identischer Bedeutung ‚der Beste sein' (KONDAS 1977: 29).

Deutlich wird die qualitative/wertende Funktion der Ordinalia in folgenden Phraseologismen: Zunächst sei genannt die Wendung *das fünfte Rad am Wagen sein* ‚überflüssig, unbedeutend sein'. Vorausgesetzt wird hier das Alltagswissen, dass in der Regel nicht mehr als vier Räder für einen Wagen erforderlich sind. Der Sachbezug intendiert also die Bedeutung der Ordinalzahl. Die mit dem Ordinale implizierte Reihenfolge weist damit dem fünften Rad mangelnde Notwendigkeit bzw. Bedeutung zu. Die betreffende Redewendung ist bereits seit dem 13. Jahrhundert belegt (GUTKNECHT 1996: 214, KONDAS 1977: 53).

Auch in der Redewendung *die zweite Geige spielen* ‚unwichtig, nachrangig sein' (GUTKNECHT 1996: 211) zeigt sich die qualifizierende Funktion der Ordinalia. Bezug genommen wird hier auf die Besetzung eines Orchesters, wobei die zweite Geige von geringerer Bedeutung als die erste ist. Dieser Bedeutungsunterschied drückt sich in der Reihenfolge aus, die über die Ordinalia gekennzeichnet ist. Völlig analog zu *die zweite Geige spielen* ist die Redewendung *die zweite Rolle spielen*, wobei hier der reale Bezug statt des Orchesters das Theater ist (KONDAS 1977: 37). Inhaltlich nur graduell anders, aber ebenfalls der Welt des Theaters entnommen, ist die Wendung *die zweite Garnitur/Besetzung sein* ‚weniger bedeutsam, weniger gut sein' (KONDAS 1977: 37). Dieselbe Bedeutung birgt schließlich auch die Wendung *nur zweite Wahl sein*. In allen Fällen gibt die Reihenfolge, die durch die Ordinalia hergestellt wird, eine Qualitätsabstufung an.

4 Darstellung unbestimmter Vielheit

Scheinbar paradox ist das Phänomen, dass in Sprichwörtern und Redewendungen Zahlen, obgleich ihre ureigene Funktion gerade in der Konkretisierung einer Anzahl liegt, dazu dienen können, unbestimmte Vielheiten auszudrücken. In Phraseologismen geht oftmals die konstitutive konkretisierende Funktion von Zahlen verloren, und es bleibt allein die Assoziation bestehen, dass Zahlen Mengen repräsentieren können. Möglich ist dies, weil es insbesondere bei sehr großen Mengen auf Grund ihrer Unüberschaubarkeit für die Qualifizierung als große Vielheit irrelevant erscheint, ob die betreffende Menge einige Elemente mehr oder weniger enthält. Umgekehrt analog lässt sich dies auch auf besonders kleine Mengen übertragen.

Ein weiterer Faktor für die Verwendung, um unkonkrete Mengen zu bezeichnen, ist ferner die Schwellenwertfunktion bestimmter Zahlen. Als Schwellenwert können solche Zahlen gelten, die den Abschluss einer Zählreihe markieren. Aus ganz unterschiedlichen Gründen trifft dies im Deutschen vor allem für die Zahlen Drei, Zehn, Zwölf, Hundert und Tausend zu (z.B. SCHUPPENER 1996: passim).[12]

Bei der Verwendung dieser Schwellenwerte in Phraseologismen geht es allein darum, unbestimmte Vielheit, nicht eine konkrete Anzahl auszudrücken. Aus diesem Grunde ist es vielfach möglich, in Phraseologismen die Schwellenwerte untereinander auszutauschen, ohne dass der Sinn wesentlich verändert würde. Von den zahlreichen Fällen können hier nur einige wenige Beispiele genannt werden:[13] Alle der genannten Schwellenwerte können beispielsweise in der Redewendung *jemandem etwas dreimal/zehnmal/dutzendmal/hundertmal/tausendmal sagen* (*Das habe ich dir schon hundertmal gesagt.*) auftreten. Eine weitere Form ist *etwas zigmal sagen* (KONDAS 1977: 69), wobei das Morphem *-zig* für den Schwellenwert Zehn und Vielfache von Zehn steht (sprachgeschichtlich geht *-zig* auf germ. **tigus* ‚Zehnheit, Anzahl von zehn' zurück [PFEIFER 1993: 1612]).

Auch bei den Redewendungen *das weiß der Zehnte nicht* oder *das kann der Zehnte nicht vertragen* steht der Schwellenwert Zehn für eine große bzw. hier durch die Negation für eine kleine Zahl. Dialektal ist die Redewendung erhalten z.B. schwäbisch *der Zehnt net* ‚fast keiner, kaum einer' (RÖHRICH 2001: Bd. 5, 1762). Denkbar ist hier auch eine Substitution der Zahl Zehn durch Hundert, z.B. *unter Hunderten nicht einer* oder *nicht der Hundertste* (FRIEDRICH 1993: 227).

Insbesondere die Schwellenwerte *hundert* und *tausend* sind häufig in Phraseologismen austauschbar. Ihre Verwendung ist aus oben genannten Gründen dadurch begründet, dass sie Vielheiten bezeichnen, die im Alltag nicht mehr überschaubar sind, so dass hier die konkrete Anzahl keine Rolle mehr spielt. Als Beispiel sei hier genannt *hundertmal/tausendmal recht haben* (KONDAS 1977: 82).

Die Redewendung *vom Hundertsten ins Tausendste kommen* ‚vom Thema weit abschweifen' (KONDAS 1977: 84) trägt in sich selbst den Austausch der Schwellenwerte, die wiederum nicht konkrete Zahlen meinen. Die bei Müller angeführte Erklärung, dass der historische Hintergrund der Redewendung wohl im Linienrechnen auf dem Rechenbrett liege, bei dem die Rechensteine in Unordnung (durch Vertauschung von Hundertern in Tausender) geraten konnten, kann bezweifelt werden (MÜLLER 1994: 278), denn der Aussagekern der Wendung ist nicht in der Unordnung zu sehen, sondern in der Steigerung der Vielzahl, die mit den Zahlen Hundert und Tausend verbunden ist.

---

[12] Den Aspekt der Schwellenwertfunktion berücksichtigt PIIRAINEN (1998) überhaupt nicht, sondern bleibt allein auf die Symbolbedeutung fixiert. Über diesen Aspekt hätten viele der dort als ungeklärt bestehenden Fragen gelöst werden können.
[13] Weitere Beispiele zur Austauschbarkeit, auch über die hier genannten Schwellenwertzahlen hinaus, z.B. bei GONDEK (2004: 124f.).

Unabhängig vom konkreten Zahlenwert für Vielheit steht auch die Zahl Drei, z.B. in folgenden Phraseologismen: *Das dauert (ja) ewig und drei Tage.* ‚Das dauert überaus lange.' *Er macht ein Gesicht wie drei Tage Regenwetter.* ‚Er hat einen sehr betrübten Gesichtsausdruck.' (KONDAS 1977: 41f.). Im letzteren Falle ist mit Variation des Schwellenwertes auch möglich: *ein Gesicht machen wie zehn Tage Regenwetter* (GUTKNECHT 1996: 219). Die jeweils gebrauchten Zahlen haben steigernde Funktion. Dies liegt auch bei *ehe man bis drei zählen kann* ‚sehr schnell', *für drei essen* ‚sehr viel essen' oder bei *Hunger für drei haben* ‚sehr großen Hunger haben' vor (FRIEDRICH 1993: 91).

Ein Beispiel, in dem die Zahl Zehn für unbestimmte Vielzahl steht, bietet die Redewendung *keine zehn Pferde konnten sie/ihn davon abbringen* ‚er/sie ließ sich nicht von seiner/ihrer Entscheidung abbringen' (GUTKNECHT 1996: 219), *das bringen keine zehn Pferde fertig* ‚das ist völlig unmöglich' (KONDAS 1977: 68). Auch hier spielt die konkrete Anzahl keine Rolle, sondern die große Anzahl soll die absolute Unverrückbarkeit des Entschlusses bekräftigen und illustrieren.

Auch in der Redewendung *alle 99 treiben* ‚sich allen Lastern hingeben' (KONDAS 1977: 80) steht die Zahl 99 stellvertretend für eine unbestimmte und unüberschaubare Vielheit (von Lastern). Hintergrund dieser Bedeutungszuschreibung ist, dass die Zahl Elf und ihre Vielfachen christlich als Zahlen der Sünde gedeutet wurden (ENDRES/SCHIMMEL 1996: 206). Keine konkrete Anzahl impliziert schließlich ebenfalls die Wendung *in die Tausende gehen* (GUTKNECHT 1996: 221).

Erwähnung verdient die Tatsache, dass in manchen Phraseologismen konkrete Zahlen nicht unbestimmte Vielheit, sondern unbestimmte Kleinheit ausdrücken können. Dies gilt insbesondere in den Wendungen *in Null Komma nichts fertig sein* ‚sehr schnell fertig sein' (KONDAS 1977: 6), *jemanden fünf Minuten sprechen* ‚jemanden eine kurze Zeit sprechen', *sich etwas an drei/fünf Fingern abzählen können* ‚den Ausgang von etwas sehr leicht voraussehen können' (KONDAS 1977: 53) oder auch bei *fünf Minuten vor zwölf* ‚im allerletzten Augenblick' (FRIEDRICH 1993: 139). In der Redewendung *nicht bis drei/fünf zählen können* stehen die Zahlen Drei bzw. Fünf für eine geringe Anzahl und damit für geringe intellektuelle Fähigkeiten (SCHUPPENER 2005: 349f.). In allen Fällen haben die betreffenden Zahlen, wie bereits oben festgestellt, eine steigernde Funktion, die entweder die besondere Größe oder die besondere Kleinheit betonen soll.

5 Andere Verwendungen

Eine weitere Funktion, die Zahlen in Phraseologismen häufig zugewiesen wird, ist die Objektivierung. Im Alltag gelten Zahlenangaben als Garant für Objektivität und Genauigkeit. Diese positive Eigenschaft reflektieren auch einige Phraseologismen:[14]

In Lexika zur Phraseologie immer wieder genannt wird die Wendung *Zahlen beweisen*, oftmals mit Erweiterung *Zahlen beweisen, sagt Benzenberg* (nach Johann Friedrich Benzenberg [1777–1846]) (RÖHRICH 2001: Bd. 5, 1754, LIPPERHEIDE 1976: 1039). Ebenfalls auf die objektivierende Rolle von Zahlen und Mathematik insgesamt bezieht sich der Phraseologismus *so sicher wie zweimal zwei vier ist* (BERGER/BUHOFER/SIALM 1982: 305).

Erwähnenswert im Zusammenhang mit der Objektivitätszuschreibung ist die Tatsache, dass selbst das Andeuten von Zahlen ausreicht, um entsprechende Assoziationen zu erzielen. Dies gilt für die Redewendung *auf Nummer Sicher gehen* ‚etwas sehr umsichtig machen', die auch gerne in der Werbung adaptiert wird (BERGER/BUHOFER/SIALM 1982: 71, 92). Eine karikierende Variante ist im Übrigen *auf Nummer Sicher sitzen* ‚in einer Strafanstalt einsitzen' (GÖRNER 1990: 132). Bemerkenswert ist hierbei, dass ein Zahlenwert durch *Nummer* angekündigt wird, dieser aber durch *sicher* substituiert wird, wobei Sicherheit als Nebenaspekt zu Genauigkeit und Objektivität gesehen werden kann. Die objektivierende Funktion, die man Zahlen zuschreibt, wird auf diese Weise übertragen.

Eng mit diesen Aspekten der Objektivität und Genauigkeit verbunden sind auch die Konnotationen von Absolutheit, Abgeschlossenheit und Vollständigkeit:

Vollständigkeit bzw. Universalität drückt die Zahlenangabe in der Redewendung *in alle vier Winde zerstreuen* ‚in alle Richtungen zerstreuen' aus (KONDAS 1977: 50), in der die *vier Winde* für die vier Himmelsrichtungen stehen. Die unbestechliche Absolutheit, die Zahlen assoziieren lassen, wird auch in der Zwillingsformel *null und nichtig sein* ‚absolut ungültig sein' genutzt (KONDAS 1977: 5). Die alliterierende Form geht zwar auf eine Doppelung zur Bekräftigung der Ungültigkeit zurück, nämlich auf die ursprüngliche Bedeutung von lat. *nulla* ‚nichts'; *null* wird heute aber als Zahlwort verstanden, dessen objektivierende Funktion dann mitgedacht wird.

Wie in diesem Falle wird auch andernorts in Phraseologismen verabsolutierend für Nichtigkeit oder geringe Bedeutung gerne auf die Zahl Null referiert. Dies gilt beispielsweise für die Wendungen *eine (reine/absolute/glatte/große) Null sein* ‚unbedeutend, schlecht sein; ein Mensch, der von

---

[14] Im weiteren Sinne dazu auch GUTKNECHT (1996: 224).

der Sache überhaupt nichts versteht', *gleich Null sein* ‚völlig bedeutungslos sein' (FRIEDRICH 1993: 343).

Umgekehrte Bedeutung haben die Wendungen *eine große Nummer sein, eine große Nummer aufziehen, durchziehen, abziehen* usw., die zwar auf Zahlen referieren, ohne sie jedoch konkret zu nennen. Bezugspunkt ist hier der hohe Zahlenwert, der für entsprechend große (vermeintliche) Bedeutung steht (z.B. GÖRNER 1990: 131).

6 Abschließende Bemerkungen

Deutlich erkennbar wird, in welch hohem Maße Zahlen in Phraseologismen Eingang gefunden haben. Bemerkenswert ist, dass bei den untersuchten Phraseologismen das Rechnen mit Zahlen nur vereinzelt thematisiert wird, obwohl gerade dieses im heutigen Alltag eine nicht unerhebliche Relevanz besitzt.

Auch allgemein ist feststellbar, dass Mathematik und Mathematisches in Phraseologismen nicht direkt, sondern meist nur in verarbeiteter Form vorkommen.[15] Bei genauerer Suche erkennt man jedoch die eine oder andere Spur, die zur Mathematik oder einer ihrer Teildisziplinen führt: Hier lässt sich beispielsweise die schon relativ alte Wendung *Das macht nach Adam Ries(e) ...* zur Bekräftigung der Richtigkeit einer Rechnung (Bezug zur Arithmetik) nennen, ferner gibt es übertragene Bezüge auf Mathematisches wie *etwas (nicht) auf der Rechnung haben* ‚etwas nicht voraussehen, berücksichtigen' oder auch aus der Jugendsprache stammende Wendungen wie *dumm hoch vier sein* ‚sehr dumm sein' (Bezug zur Potenzrechnung), *im Dreieck springen* ‚einen Wutanfall bekommen' (Bezug zur Geometrie) usf.

Die erkennbare deutliche Diskrepanz zwischen Bedeutung und Vorkommen im Alltag einerseits und Verarbeitung in Phraseologismen andererseits bedarf einer Erklärung: Nicht ohne Einfluss dürfte das gesellschaftlich weit verbreitete geringe Interesse für Mathematik als solche sein, so dass höhere Mathematik gar als Inbegriff des Unverstehbaren gilt (*Das ist für mich höhere Mathematik.* ‚Das ist unverständlich/zu kompliziert für mich.'). Darüber hinaus gibt es einen weiteren Grund, der in einer immanenten Eigenschaft der Mathematik zu sehen ist, nämlich in der strengen Regelhaftigkeit, Eindeutigkeit und Exaktheit ihrer Methoden und Ergebnisse. Gerade das Vage und Uneindeutige ist es aber, aus dem in Redewendungen und Sprichwörtern neue Bedeutungszusammenhänge entstehen können. Insofern bieten sich mathematische Operationen nicht unbedingt als Anknüpfungspunkt von Phraseologismen an.

---

[15] So findet sich beispielsweise bei WANDER (1987) kein eigenes Lemma für „Mathematik".

Ganz anders hingegen ist der Befund bezüglich der Zahlen, die immerhin die Grundlage von Mathematik bilden: Ihre Verarbeitung in Sprichwort und Redewendung liegt nicht nur auf Grund ihrer hohen Alltagsrelevanz nahe, sondern gerade wegen ihrer semantischen Multifunktionalität. Die Funktionen des Zusammenfassens, des Einteilens, des Ordnens und Vergleichens sind in fast allen Bereichen des Alltags präsent. Daher können Zahlen in Phraseologismen im übertragenen Sinne zur Verarbeitung einer Vielzahl an unterschiedlichen Themenbereichen dienen. Hierin lässt sich die Ursache für die reiche Verbreitung von Phraseologismen sehen, in denen Zahlen vorkommen.

Literatur

BERGER, Harald/BUHOFER, Annelies/SIALM, Ambros (1982): Handbuch der Phraseologie. Berlin/New York.

DOBROVOL'SKIJ, Dmitrij/PIIRAINEN, Elisabeth (1997): Symbole in Sprache und Kultur. Studien zur Phraseologie aus kultursemiotischer Perspektive. Bochum. (Studien zur Phraseologie und Parömiologie; 8).

ENDRES, Franz Carl/SCHIMMEL, Annemarie (1996): Das Mysterium der Zahl. Zahlensymbolik im Kulturvergleich. 9. Aufl. München.

FÖLDES, Csaba (1993): Numeralia als phraseologische Strukturkomponenten in der deutschen, russischen und ungarischen Gegenwartssprache. In: KROŠLÁKOVÁ, Ema (Hrsg.): Frazeológia vo vzdelávaní, vede a kultúre. Nitra. S. 92–104.

FRIEDRICH, Wolf (1993): Moderne deutsche Idiomatik. Alphabetisches Wörterbuch mit Definitionen und Beispielen. 4. Aufl. München.

GÖRNER, Herbert (1990): Redensarten. Kleine Idiomatik der deutschen Sprache. 6. Aufl. Leipzig.

GONDEK, Anna (2004): Numeralia in den polnischen und deutschen Phraseologismen. In: FÖLDES, Csaba/WIRRER, Jan (Hrsg.): Phraseologismen als Gegenstand sprach- und kulturwissenschaftlicher Forschung. Baltmannsweiler. (Phraseologie und Parömiologie; 15). S. 119–133.

GUTKNECHT, Christoph (1996): Lauter spitze Zungen. Geflügelte Worte und ihre Geschichte. München. (Beck'sche Reihe; 1186).

IFRAH, Georges (1991): Universalgeschichte der Zahlen. 2. Aufl. Frankfurt/New York.

KONDAS, Gerda (1977): Phraseologisches Pensum II. Zahlen in Redewendungen, geflügelten Worten, Sprichwörtern und Wortverbindungen. Tartu.

LIPPERHEIDE, Franz von (1976): Spruchwörterbuch. Sammlung deutscher und fremder Sinnsprüche, Wahlsprüche, Inschriften an Haus und Gerät, Grabsprüche, Sprichwörter, Aphorismen, Epigramme, von Bibelstellen, Liederanfängen, von Zitaten aus älteren und neueren Klassikern, sowie aus den Werken moderner Schriftsteller, von Schnaderhüpfln, Wetter- und Bauernregeln, Redensarten usw., nach den Leitworten, sowie geschichtlich geordnet und unter Mitwirkung deutscher Gelehrter und Schriftsteller herausgegeben. 8. Aufl. Berlin.

LITOVKINA, Anna T./MIEDER, Wolfgang (2006): Old Proverbs Never Die, They Just Diversify. A Collection of Anti-Proverbs. Burlington/Veszprém.

MENNINGER, Karl (1979): Zahlwort und Ziffer. Eine Kulturgeschichte der Zahl. 2 Bde. 3. Aufl. Göttingen.

MÜLLER, Klaus (1994): Lexikon der Redensarten. Gütersloh.

PFEIFER, Wolfgang (Hrsg.) (1993): Etymologisches Wörterbuch des Deutschen. 2 Bde. 2. Aufl. Berlin.

PIIRAINEN, Elisabeth (1998): Phraseology and Research on Symbols. In: ĎURČO, Peter (Hrsg.): Europhras '97. Phraseology and Paremiology. Bratislava, S. 280–287.

RÖHRICH, Lutz (2001): Lexikon der sprichwörtlichen Redensarten. 5 Bde. Freiburg/Basel/Wien. (Herder spektrum; 5200).

SCHUPPENER, Georg (1996): Germanische Zahlwörter. Sprach- und kulturgeschichtliche Untersuchungen insbesondere zur Zahl 12. Leipzig.

SCHUPPENER, Georg (2002a): Die Zahl 60 in der Kulturgeschichte – Von den frühen Hochkulturen bis heute. In: VILD, Jaroslav/MACH, Jan/PŘÍHONSKÁ, Jana (Hrsg.): Mezinárodní konference „60 = $2^2 \cdot 3 \cdot 5?$". 11.-12. září 2001. Sborník příspěvků, 2. část. Liberec. S. 39–46.

SCHUPPENER, Georg (2002b): Die ersten Schritte des Zählens – Sprachgeschichtliche Betrachtungen zu Verben des Zählens. In: KNOBLOCH, Eberhard/MAWHIN, Jean/DEMIDOV, Serguei S. (Hrsg.): Studies in History of Mathematics dedicated to A. P. Youschkevitch. Turnhout. (De Diversis Artibus; 56). S. 73–80.

SCHUPPENER, Georg (2005): „Aller guten Dinge sind drei." Die Zahl Drei in Phraseologismen. In: FIX, Ulla/LERCHNER, Gotthard/SCHRÖDER, Marianne/WELLMANN, Hans (Hrsg.): Zwischen Lexikon und Text. Lexikalische, stilistische und textlinguistische Aspekte. Leipzig. (Abhandlungen der Sächsischen Akademie der Wissenschaften. Philologisch-historische Klasse; 78. Hf. 4). S. 348–357.

WANDER, Karl Friedrich Wilhelm (1987): Deutsches Sprichwörter-Lexikon. Ein Hausschatz für das deutsche Volk. 5 Bde. Kettwig: Athenaion. [Unveränderter reprografischer Nachdruck. der Ausgabe Leipzig 1867].

Karolina Stammel (Eichstätt)

Modifikation – ein phraseologisches Paradox?[1]

1 Vorbemerkung

Der Beitrag gehört in den Bereich der verwendungsorientierten, sprecher-, funktions- und textbezogenen Phraseodynamik (GRÉCIANO 1996: 217), wobei nicht die in Wörterbüchern kodifizierten, sondern die in Pressetexten aus *Le Monde* und *Libération* modifizierten Phraseologismen hinsichtlich ihres Beitrags zur Textkonstitution und ihrer kommunikativen und pragmatischen Funktionen betrachtet werden. Dabei bleibe ich auf der Ebene der *parole* und gehe nur sporadisch auf die Systemebene der *langue* ein.

2 Zum Begriff der Modifikation

Per Definitionem ist der Phraseologismus im engeren Sinn ein Zeichen des „*discours répété*" (COSERIU 1966: 195) mit den Merkmalen der Polylexikalität, relativen Festigkeit und Idiomatizität. Paradoxerweise werden die Phraseologismen in der Presse keineswegs nur in der festen, kodifizierten Form wiederholt, sondern im realen Gebrauch zeigt sich eine sehr große Variabilität. Die Möglichkeit der Variation hängt vom Grad der Idiomatizität ab, die sich in der Nicht-Summativität der phraseologischen Bedeutung manifestiert. Die Zeichenbeschaffenheit der doppelten Lesart erlaubt eine Modifikation des Phraseologismus, wenn die Übertragungsmechanismen Metapher und Metonymie kognitiv durchschaubar sind und das Bild, möglicherweise auch nur subjektiv, motivierbar ist. Voraussetzung ist die semantische Autonomie einzelner Komponenten (vgl. SABBAN 1999: 541f.).

Bei Modifikation handelt es sich um kreative, bewusste, einmalige Variation eines Phraseologismus in einem bestimmten Textzusammenhang. DOB-ROVOL'SKIJ (1999: 368f.; 2001: 253, 255, 262) betont die Unabhängigkeit der technischen Aspekte, d.h. der formalen Veränderung des Phraseologimus durch z.B. Expansion, Substitution oder Eliminierung von Konstituenten, von

---

[1] Für wertvolle Anregungen danke ich allen Diskussionsteilnehmern bei der Europhras-Tagung 2006, besonders Frau Professor Dr. Sabban, Frau PD Dr. Fiedler, Herrn Dr. Ettinger sowie Herrn Professor Dr. Gsell. Der Beitrag behandelt einen Teilaspekt meiner Dissertation, in der ich mich aus einer kognitiven Perspektive mit Phraseologie in der sehr seriösen, als Institution geltenden französischen Tageszeitung *Le Monde* (*LM*) sowie in der äußerst innovationsfreudigen Tageszeitung *Libération* (*Libé*) beschäftige.

den intentionalen/pragmatischen Aspekten der Variation. Eine kreative, bewusste Modifikation hängt von der Intention des Sprechers und der Akzeptanz des Rezipienten ab. Durch die Modifikation müssen „nichttriviale semantische und pragmatische Effekte" (DOBROVOL'SKIJ 1999: 368) erzielt werden. Ich tendiere zu einer weiten Auffassung von Modifikation, da auch nichtsprachspielerische Abwandlungen zur Einbettung in den Kontext absichtlich vom Autor vorgenommen werden.

Verweise im Kontext sind für den Rezipienten wesentlich für die Einschätzung der Modifikation als intentionale Abänderung. Dabei ist aus kommunikativer Perspektive das als gemeinsam unterstellte Sprach- und Weltwissen von Adressat und Rezipient entscheidend. Z.B. könnte die Überschrift eines Artikels über das Ausscheiden der französischen Nationalmannschaft bei der Fußball-WM 2002 in *Libération* (12.06.02: 2) *Les Bleus sont tombés sur la tête* als textsemantische Modifikation[2] des Phraseologismus *être tombé sur la tête* in der Bedeutung des deutschen Phraseologismus ‚auf die Schnauze gefallen sein' interpretiert werden. Das Wissen über die französische Kultur legt eine metaphorische Lesart durch die Anspielung auf den Filmtitel *Les Dieux sont tombés sur la tête* nahe. *Les Bleus* sind die Fußballgötter, die vom ‚Fußball-Himmel' abgestürzt und von dieser Situation völlig überrascht sind.

3 Kommunikativ-pragmatische Funktionen und Gründe für Modifikation

Die formalen und/oder textsemantischen Modifikationen stellen im Text eine markierte Verwendung dar und werden von den Journalisten bewusst zur Textgestaltung eingesetzt. Die Beziehung von Textgestalt und kommunikativer Funktion greift das von SABBAN (2003: 241f.) weiter entwickelte Konzept der „textbildenden Potenzen" auf, das den „Zusammenhang zwischen Phrasemen und ihrer Verwendungsweise einerseits und dem Text in seiner spezifischen Beschaffenheit, seiner ‚Konstitution', sowie den damit verbundenen Funktionen andererseits" betont.

3.1 Textkonstitution

In der Zeitung stellt die Schlagzeile wegen ihrer Selektionsfunktion (BURGER 2005: 114) einen besonders wichtigen Teil des Artikels dar. Sie hat bei primär

---

[2] Unter textsemantischer Modifikation verstehe ich eine durch den Kontext bewirkte veränderte Bedeutung eines formal, d.h. in seiner Struktur unveränderten Phraseologismus. *Etre tombé sur la tête* ‚être fou' (DEL: 755) bedeutet ‚verrückt sein', die wörtliche Übersetzung lautet ‚auf den Kopf gefallen sein'. Laut BURNIER (1997: 123ff.) sind Anspielungen auf Filmtitel in der französischen Pressesprache sehr beliebt.

informierenden Artikeln oft die Funktion der thematischen Zusammenfassung des Artikels (BURGER 2005: 118). Der durch zwei Adjektive erweiterte Phraseologismus *cheval de bataille* konstituiert die Schlagzeile des relativ neutralen, jedoch mit einigen kommentierenden Elementen durchsetzten Berichtes in *Libération* (03.06.02: 2–3) über die hervorragenden Umfrageergebnisse des Premierministers für die Wahlen (*législatives*): *Raffarin, bon cheval de bataille législative.* Interessanterweise sind die Adjektive in ihrem Genus nicht identisch. Das maskuline *bon* bezieht sich auf den gesamten Ausdruck. Es ist mit der wörtlichen Bedeutung ‚Streitross', aber nicht mit der konventionellen phraseologischen Bedeutung ‚Lieblingsthema' durch den Bezug auf die Person Raffarin kompatibel (vgl. DOBROVOL'SKIJ 1999: 370). Die Bedeutung ist modifiziert, da sie sich nicht auf die Beliebtheit des Themas, sondern auf die Beliebtheit der Person Raffarin bezieht. Grundsätzlich gehört der Phraseologismus in den Bereich der Konzept-Metapher POLITIK IST KRIEG (BALDAUF 1997: 214). In diesem Zusammenhang ist auch die Erweiterung mit dem Adjektiv *législative* zu sehen. Durch die feminine Form wird es direkt an das als autonome Komponente aufgefasste *bataille* angebunden und gibt einen thematischen Verweis, in welcher Beziehung Raffarin ein *bon cheval de bataille* ist (vgl. DOBROVOL'SKIJ 1999: 363; SABBAN 1999: 545). Es signalisiert den Bezug zum Text, in dem Raffarin als beliebter Wahlkämpfer, als ‚Zugpferd' der *législatives* dargestellt wird.[3]

Auch im Textinneren von politischen Berichten finden sich formale Modifikationen, wie in dem subjektiv gefärbten Korrespondentenbericht über die erfolgreiche Wahl des rechten Politikers Philippe de Villiers in *Le Monde*. Am Ende des ersten Abschnitts häufen sich Modifikationen mit einem bestimmten thematischen Kern (SABBAN 2003: 257),[4] hier aus dem Bereich der konzeptuellen WEG-Metapher (BALDAUF 1997: 143ff., 265):

> La non-candidature du maire divers droite des Herbiers [...] qui, en 1997, l'avait contraint à un second tour face au candidat des Verts, [...] lui *ouvrait un boulevard*. Au point qu'*il a fait une quasi-impasse* sur la campagne, estimant, comme il le déclarait récemment dans les colonnes d'Ouest France, « que les législatives ne changent rien à mon emploi du temps, tout le monde sait où me trouver ». (*LM* 12.06.02: 11)

---

[3] Befragung von Muttersprachlern und Überprüfung in weiteren Artikeln aus *Le Monde* und *Libération* aus den Jahren 2005 und 2006 konnten keine Belege für eine Verwendung von *cheval de bataille* ‚sujet favori, argument sur lequel on revient sans cesse [...]; sujet, terrain propice dans une discussion, une lutte politique' (NPR: 232) für Personen erbringen. Der Phraseologismus in der konventionellen Bedeutung erfreut sich in den französischen Printmedien großer Beliebtheit (vgl. BURNIER 1997: 166, 175).
[4] GRÉCIANO (1987a: 196ff.; 1987b: 195) spricht in diesem Fall von „synonymer Progression".

Bei *ouvrir un boulevard* wurde die substantivische Komponente von *ouvrir un chemin, une voie* durch das semantisch verwandte *boulevard* ersetzt, was eine Intensivierung bewirkt. Durch die Hinzufügung von *quasi* bei *quasi-impasse* wird dagegen der Phraseologismus *faire l'impasse sur qc*[5] abgeschwächt. Die Erschließung der Bedeutung der Modifikationen ist durch allgemeine kognitive Leistung und sprachliches Wissen der Leser möglich, da die Beziehung zwischen wörtlicher und übertragener Bildebene im Vergleich zum Basis-Phraseologismus ‚im Kern' gleich bleibt (vgl. SABBAN 1999: 549f.; MENA MARTÍNEZ 2003: 178f.). Die thematische Häufung von Bildern aus dem Wege-Bereich mit der Verknüpfung des Wahldurchgangs (*tour*) verweist auf den Aufstieg bei den Wahlen und hebt die Wichtigkeit des Erfolges hervor. Die Modifikationen dienen der Sachverhaltsdarstellung (Intensivierung) und der Handlungsstrukturierung (Hervorhebung) (vgl. SANDIG 1989: 394). Sie werden an exponierter Stelle zur Zusammenfassung eingesetzt und bereiten zugleich den folgenden Abschnitt über die Gründe für den Erfolg de Villiers vor.

Der letzte Abschnitt zeichnet sich durch die Verbindung der Isotopien ‚ländliche Identität' und ‚Wahlkampf' aus: *le goût des racines, identité vendéenne*. Besonders interessant ist die Verknüpfung von Landleben und Wahlkampf, die oft in der Polysemie der Wörter begründet ist wie *paysage politique, terrain*. In diesem Kontext muss auch die Modifikation *labourer le terrain*[6] statt *champ* gesehen werden. Die Substitution ist durch die Referenz auf die außersprachliche Realität des Wahlkampfes bedingt, da *terrain* immer in diesem Kontext steht. Durch den Austausch von *champ* ‚schwere körperliche Arbeit auf dem Feld' durch das Hyperonym *terrain*, hier ‚rhetorisch-politische Arbeit im Wahlbezirk', verblasst die Metaphorik. Die Modifikation in Endposition bildet ein Resümee für den Erfolg de Villiers, was durch die Einleitung mit *en effet* verstärkt wird: „*En effet, le terrain avait été préalablement labouré* par un certain Vincent Ansquer".

Nicht nur in der Rubrik Politik, sondern auch in dem stärker subjektiv geprägten Kulturteil lassen sich Modifikationen feststellen wie in der Überschrift eines Artikels in *Libération* (03.06.02: 43) über ein Rock-Konzert der Gruppe *Gallon Drunk*: *Gallon Drunk reprend du galon*. Die Variation des

---

[5] *Ouvrir un chemin* ‚frayer' (NPR: 1815) bedeutet ‚einen Weg bahnen'; *faire une impasse* ‚ne pas prendre en considération, parmi d'autres choses, en prenant un risque' (NPR: 1316) heißt ‚etwas übergehen, obwohl es mit einem Risiko verbunden ist', häufig in schulischem Kontext ‚auf Lücke lernen'; bei *boulevard* handelt es sich um eine breite Prachtstraße, bei *impasse* um eine Sackgasse.

[6] *Labourer le terrain* bedeutet ‚das Gebiet, hier Wahlbezirk beackern'; zur Verbindung von *labourer* und *champ* vgl. NPR: 1448.

Phraseologismus *prendre du galon*[7] wird von muttersprachlichen Rezipienten als usuell empfunden, da sie dem gängigen Muster zur Angabe der Aktionsart ‚iterativ' mit der Präfigierung *re-* entspricht. DOBROVOL'SKIJ (1999: 365) spricht hier von „Aktionsart-Transformationen". Auch die Wiederaufnahme im letzten Satz mit der adverbialen Erweiterung *supposément* weist aufgrund der Teilbarkeit des Phraseologismus keine besonders große Kreativität auf:

> Reformé en 2000, les vaillants flibustiers de Gallon Drunk reviennent à point nommé à l'heure où le rock'n roll débridé, pur et authentique *reprend supposément du galon.*

Durch die Verwendung in der Überschrift und im letzten Satz erfüllt der Phraseologismus die textgliedernde Funktion der Rahmung (vgl. BURGER 1987: 15f.; 1999: 81). Er rahmt als Beschreibung der aktuellen Situation der Gruppe die Darstellung ihrer erfolgreichen Vergangenheit ein. Dass der Phraseologismus bewusst vom Autor gewählt worden ist, zeigt sich in dem Wortspiel mit dem Namen der Gruppe: *Gallon* und *galon* sind homophon.

3.2 Weitere kommunikative und pragmatische Funktionen

Der ludische Umgang mit Sprache und die Freude am Formulieren zeigt sich in einem sehr subjektiv geprägten Bericht über das Fußballspiel zwischen Senegal und Uruguay bei der WM 2002 in *Libération* (12.06.02: 4). Es handelt sich um eine formale Modifikation des Phraseologismus *faire tourner les tables* ‚Tischerücken bewirken' mit einer Substitution durch ein Hyponym zur Beschreibung der hervorragenden Spielweise der Senegalesen, die sozusagen im Trance-Zustand, göttergleich gespielt haben: Spirites: Le Sénégal a joué *en faisant tourner les guéridons.*[8] Die kontext- und themenabhängige Substitution (SABBAN 1999: 544, 546f.; 2003: 259) ohne Änderung der phraseologischen Bedeutung wurde vom Autor absichtlich durchgeführt, da die Bewegung eines einfüßigen, runden Tischchens die Spielweise des senegalesischen Fußballers El Hadj Diouf als „*cousin* [...] *des derviches tourneurs les plus considérables*" besser veranschaulicht als die eines rechteckigen Tisches. Die Darstellung gewinnt durch die Modifikation an Expressivität und Emotionalität. Die Wahl eines Phraseologismus aus dem spiritistisch-religiösen Bereich (NPR: 2550) zeugt von Kontextsensibilität, da der Artikel unter dem Titel *Les dieux étaient sénégalais* steht.

---

[7] *Prendre du galon* ‚obtenir de l'avancement' (DEL: 398) bedeutet ‚einen Aufschwung nehmen'.

[8] *Guéridon* ‚table ronde, pourvue d'un seul pied central et (généralement) d'un dessus de marbre' (NPR: 1228)

In einem *Le Monde*-Kommentar über die Konsequenzen der französischen Niederlage bei der Fußball-WM 2002 findet sich der typographisch markierte Phraseologismus *tapis vert*:

> Des faillites de clubs avec des relégations à la clé pourraient alors chambouler l'organisation des compétitions et laisser la place au « *tapis vert* » plutôt qu'à la vérité du terrain. (*LM*, 12.06.02: Mondial III)

In der Regel wird *tapis vert* durch metonymische Übertragung des grünen Bezugsstoffes für den Spieltisch beim Glücksspiel (NPR: 2565) verwendet, hier steht es im Fußball-Kontext in Kontrast zu *vérité du terrain*, dem realen Spielfeld. Die Bedeutung von *tapis vert* wird durch die gleiche Form und Farbe wie der Fußballplatz metaphorisch auf das ‚Pseudo-Spielfeld' des Glücksspiels übertragen, auf die unseriöse Welt des Spieltisches, wo der Zufall entscheidet. Die Entscheidung über Organisation und Abstiegskampf fällt zufällig und nicht durch die echte Leistung im Spiel. Für viele Muttersprachler ist der Fußball-Kontext dominant und die suggestive Metapher lässt sie *tapis vert* auf ‚Rasen' umdeuten. Die kommunikative Absicht wird mit dieser Umdeutung allerdings verfälscht. Durch die Kulmination und Zusammenfassung der negativen Konsequenzen in der markierten Verwendung von *tapis vert* wirkt der Artikel expressiv und leidenschaftlich. Der Autor kann sich selbst darstellen, bezieht aber den Leser bewusst in den Dekodierungsprozess durch die Anführungsstriche ein, so dass eine Art Komplizenschaft zwischen Leser und Autor entsteht. Die Modifikation erfüllt eine phatische Funktion (vgl. SABBAN 1998: 164; 1999: 552).

Zum Übergangsbereich von Sport und Kultur zählt der Tanz. Eine Kritik des internationalen Choreographen-Treffens in *Libération* trägt den Titel La globalisation *prise à bras le corps*.[9]

---

[9] *Prendre à bras le corps* ‚en saisissant (l'adversaire) dans ses bras, [...] ou métaphoriquement, de l'action violente' (DEL: 106) ‚anpacken', wörtlich ‚mit dem Arm den Körper packen' kommt in der französischen Presse laut BURNIER (1997: 169) häufig vor.

Erst im Text, der die Komponente *corps* aufnimmt, wird ein Bezug zur wörtlichen Ebene und zum Tanz hergestellt und die ludische, poetisch-ästhetische Modifikation erkennbar:

> Le festival est tourné vers les propositions actuelles, qu'elles suscitent des spectacles aboutis ou attestent de recherches en cours, suggérant en cela l'état de la *danse* comme état du monde: sa trop grande vitesse, sa grande cruauté, ses injustices et, face à cela, *la levée des corps,* […]*, contre une globalisation* dont ils sont exclus. (*Libé* 03.06.02: 40)

Hier ist die Verwendung von *corps* als autonomes Lexem und als Konstituente eines Phraseologismus kopräsent (vgl. GRÉCIANO 1987b: 196; 1996: 219). Durch den Ausdruck der tanzenden Körper, die sich umarmen, wird gegen die Globalisierung gekämpft. Diese Interpretation wird durch die Visualisierung der Tänzer auf dem Foto unterstützt, was auf die Tendenz zum Multi-Text in der Zeitung hinweist (BURGER 2005: 232). Die Überschrift erweckt das Interesse des Lesers, da Bild und Überschrift bei rein phraseologischer Lesart nicht zusammenpassen und den Leser verwundern. In dem Titel verdichtet sich bei Bezug auf die wörtliche und phraseologische Ebene die gesamte Information des Textes. Somit konstituiert die Modifikation die Schlagzeile, deren Aufgabe in der Kontaktfunktion und der thematischen Information besteht (BURGER 2005: 114, 118).

In der Position der Oberzeile der Schlagzeile kommt der modifizierte Phraseologismus in einem subjektiven *Le Monde*-Artikel über den Erfolg der Video-Spiel-Figur Mario vor:

> Après vingt-deux ans de courses folles sur des poutrelles pour délivrer une princesse […], la créature du japonais Shigeru Miyamoto, petit plombier moustachu en bleu de chauffe, *tient toujours le haut de l'affiche* dans l'univers des jeux vidéos. (*LM* 05.10.02: 13)

Bei *tenir le haut de l'affiche* handelt es sich um eine Kontamination des in französischen Printmedien sehr frequenten Phraseologismus *tenir le haut du pavé* und *tenir l'affiche,*[10] die sich in ihrer Bedeutung gut ergänzen: was lange auf dem Spielplan steht, steht an erster Stelle. Die Beurteilung der Kontamination als fehlerhaft oder aber kreativ könnte bei Rezipient und Textproduzent unterschiedlich sein, da der Kontext wenig Hinweise auf bewusste Variation gibt. Sie könnte beabsichtigt sein, da das substituierte und das substituierende Element aus dem sozial-technischen Bereich stammen und eine neue sozial-

---

[10] *Tenir le haut du pavé* ‚de l'époque où le ruisseau occupait le milieu de la rue: occuper le premier rang' (NPR: 1876) bedeutet ‚eine große, wichtige Rolle spielen, […] die erste Geige spielen' (BARDOSI 2003: 81); vgl. BURNIER (1997: 60, 163); *tenir l'affiche* ‚être joué, attirer l'attention du public pendant une certaine période' (DEL: 9) bedeutet ‚lange auf dem Spielplan stehen, Aufmerksamkeit auf sich ziehen'.

technische Errungenschaft eine alte ablöst. Außerdem passt *affiche* in der Informatik-Bedeutung (‚Bildschirm-Anzeige') und in der Bedeutung als Werbe-Plakat für ein Schauspiel besser zu den *jeux vidéos* als *pavé*. Der Phraseologismus *tenir l'affiche* hebt die lange Dauer des Erfolges hervor, die auch ‚Mario' vorweisen kann. Der Leser fühlt sich durch die Entschlüsselung der Kontamination sprachlich kompetent, unabhängig davon, ob er sie für fehlerhaft hält oder ob er durch die Dekodierung der komplexen Bezüge das Sprachspiel goutiert. Die Kontamination erfüllt neben der gemeinschaftsbildenden Funktion auch die der Informationsverdichtung.

Die Überschrift *tourner la page*[11] steht an prominenter Stelle auf der letzten Seite im Kulturteil der *Libération*. Durch die Form im Infinitiv ist sie offen und somit ein typischer Vertreter der Rätselschlagzeile (BURGER 2005: 118ff.). Erst der Kontext löst die Spannung:

> Samira Bellil, 29 ans. Victime de « tournantes » dès 14 ans, elle tente de s'en sortir en publiant un récit autobiographique. (*Libé* 07.10.02: 44)

Einen ersten Deutungshinweis gibt die figura etymologica „*tournantes*" und „*tourner*". Die komplexen Verweise legen hier die gleichzeitige Aktualisierung der wörtlichen und der phraseologischen Bedeutung nahe: auf die wörtliche Bedeutung des Umblätterns einer Seite deutet *publiant un récit autobiographique* hin, während *s'en sortir, victime de «tournantes»* einen Bezug zur phraseologischen Bedeutung der Überwindung ihrer Vergangenheit als Vergewaltigte herstellt. Durch das Schreiben will sie ihre Vergangenheit hinter sich lassen. Somit wird der Inhalt des subjektiv-affektiven Artikels in der Schlagzeile verdichtet. Die Schlagzeile hat durch die Verwendung des Infinitivs, der in negierter Form im Französischen zur Imperativ-Bildung verwendet wird, einen appellativen Charakter an die Leser, das Buch zu kaufen und das Schicksal der *tournantes* nicht zu vergessen. Durch das Evozieren der Anteilnahme der Leser ist eine gewisse Emotionalisierung zu spüren. Der Autor kann durch seine Sprachvirtuosität und Sprachreflexion, aber auch durch sein Weltwissen den Leser beeindrucken. Die Modifikation hat durch den Appell des Autors an die gemeinsame Wissensbasis mit dem Leser phatische Funktion.

3.3 Vergleich *Le Monde* und *Libération*

Wie aus der Analyse der vorhergehenden Beispiele deutlich geworden ist, kommen sowohl formale als auch textsemantische Modifikationen in *Le*

---

[11] Das in der französischen Presse häufig verwendete *tourner la page* ‚oublier le passé' (NPR: 1821) bedeutet ‚die Vergangenheit vergessen', hier durch das Schreiben. Das Umblättern gehört in dieses Szenario. BURNIER (1997: 160) gibt es als journalistische Variante zu *changer de vie* ‚sein Leben verändern' an.

Monde und *Libération* vor. In beiden Zeitungen ist jedoch eine starke Vermischung der informationsvermittelnden und der meinungsbildenden Textsorten zu beobachten, so dass die Verteilung der Modifikationen breit gestreut ist. Grundsätzlich sind in beiden Zeitungen die subjektiven Anteile stärker mit Modifikationen durchsetzt, wie die Artikel aus den eher wertenden, affektiven und kreativen Rubriken Sport und Kultur. Aber auch in der politischen Berichterstattung finden sich Modifikationen, die dort vor allem zur Textgliederung beitragen.

In *Le Monde* überwiegen formale, weniger kreativ-ludische Phraseologismen zur Textkonstitution, während in *Libération* der innovative, originelle Sprachstil, der sich nicht nur an „zweckrationaler Kommunikation" (ADAMZIK 2001: 280) ausrichtet, vor allem durch kreative, textsemantische, sprachspielerische Modifikationen geprägt wird.

In *Le Monde* und *Libération* lassen sich die meisten Modifikationen an prominenter Stelle im Fließtext bzw. in der Überschrift feststellen, wobei in *Libération* die Tendenz zur exponierten Stellung besonders ausgeprägt ist, nämlich als Titel auf der Titelseite (*La coupe est bue, Libé* 12.06.02: 1) oder aber auf der letzten Seite mit Porträts bekannter bzw. interessanter Persönlichkeiten (*tourner la page, Libé* 07.10.02: 44).[12]

4 Zusammenfassung

Die Analyse der formalen und textsemantischen Modifikationen anhand von Beispielen aus *Le Monde* und *Libération* zeigt, dass Modifikationen als markierte Elemente des Textes bewusst von den Autoren eingesetzt werden. Besonders die in französischen Printmedien frequenten Phraseologismen werden modifiziert. Modifikationen bewirken eine bessere Realisierung der Kontexteinbindung, sie können sogar im Sinne der textbildenden Potenzen konstitutiv für den Text werden. Je nach Kontext haben sie unterschiedliche Funktionen.

Sie werden in beiden Zeitungen auch in eher objektiven, besonders aber in subjektiven Artikeltypen an zentralen Stellen im Fließtext bzw. als Überschrift verwendet, um den Text zu strukturieren bzw. eine thematische Ein-

---

[12] BURGER (1987: 15; 1999, 78f.) weist die prominente Platzierung für deutsche Phraseologismen nach, wobei er Rahmung und Modifikationen vor allem bei Kommentaren beobachtet. NACISCIONE (2001: 154–168, 257) gibt einen detaillierten Überblick über den Gebrauch von englischen Phraseologismen in Überschriften und ihre Wiederaufnahme im Text („umbrella use") und in Coda-Funktion. FIALA/HABERT (1989: 84) konstatieren eine Vorliebe für modifizierte Schlagzeilen in der französischen Presse, besonders in *Libération* in allen Rubriken, während sie in *Le Monde* im Sport- und Kulturteil dominieren. *La Coupe est bue* ‚der Kelch (der Niederlage der Franzosen bei der Fußball-WM 2002) ist getrunken' ist elliptisch zu *boire la coupe jusqu'à la lie* (NPR: 1487). Es wird zugleich auf die Weltmeisterschale (*coupe*) angespielt.

ordnung (Selektionsfunktion) zu ermöglichen, aber auch um den Adressatenbezug (Kontaktfunktion) herzustellen. Besonders bei Neugier erweckenden Rätselschlagzeilen zeigt sich Affinität zu textsemantischer Modifikation.

Neben der Textkonstitution erfüllen Modifikationen poetisch-ästhetische, ludische, appellative und phatische Funktion und tragen dabei auch zur Emotionalisierung bei.

In *Libération* ist der sprachspielerische, kreative Umgang mit textsemantischen Modifikationen stärker ausgeprägt als in *Le Monde*, in der formale Modifikationen, oft mit Intensivierungs- oder Abschwächungsfunktion, überwiegen. In beiden Zeitungen kommen die Modifikationen aufgrund ihres semantischen Mehrwerts bevorzugt in den subjektiven Textsorten aus den Bereichen Sport und Kultur, aber auch Politik vor. Aber sogar in den eher informationsbetonten Texten ist das Bemühen um ansprechende Gestaltung, um die Umsetzung der Unterhaltungsfunktion neben der Informationsfunktion, zu spüren.

Für die Einschätzung der Modifikationen durch den Leser und ihre Wirkung auf ihn ist zum einen sein individuelles Sprachwissen und sein enzyklopädisches Wissen wesentlich, zum anderen das durch den Text vermittelte Wissen und die thematischen Hinweise zur Interpretation aus dem Textzusammenhang. Je mehr für den Textzusammenhang adäquates Wissen der Leser hat, desto besser kann er die Modifikationen dekodieren und sich zugleich ob seines kognitiven Eigenbeitrags aufgewertet fühlen.

Das phraseologische Paradox der Modifikationen als Koexistenz fester im Lexikon kodifizierter Elemente der wiederholten Rede und der im Sprachgebrauch existierenden, kreativen Variabilität wird durch die Zeichenbeschaffenheit und die kontextuellen und referentiellen Hinweise für die Interpretation des Phraseologismus aufgelöst.

Literatur

ADAMZIK, Kirsten (2001): Sprache. Wege zum Verstehen. Tübingen/Basel. (UTB für Wissenschaft: Uni-Taschenbücher; 2172).

BALDAUF, Christa (1997): Metapher und Kognition. Grundlagen einer neuen Theorie der Alltagsmetapher. Bern/Frankfurt am Main. (Sprache in der Gesellschaft; 24).

BÁRDOSI, Vilmos/ETTINGER, Stefan/STÖLTING, Cécile (2003): Redewendungen Französisch-Deutsch. Thematisches Wörter- und Übungsbuch. 3. Aufl. Tübingen/Basel. (UTB für Wissenschaft: Uni-Taschenbücher; 1703).

BURGER, Harald (1987): Funktionen von Phraseologismen in den Massenmedien. In: BURGER, Harald/ZETT, Robert (Hrsg.): Aktuelle Probleme der Phraseologie. Symposium 27.–29.9.1984 in Zürich. Bern/Frankfurt am Main. (Zürcher Germanistische Studien; 9). S. 11–28.

BURGER, Harald (1999): Phraseologie in der Presse. In: FERNANDEZ BRAVO, Nicole (Hrsg.): Phraseme und typisierte Rede. Tübingen. (Eurogermanistik; 14). S. 77–89.

BURGER, Harald (2005): Mediensprache. Eine Einführung in Sprache und Kommunikationsformen der Massenmedien. 3. völlig neu bearbeitete Aufl. Berlin/New York.

BURNIER, Michel-Antoine/RAMBAUD Patrick (1997): Le journalisme sans peine. Paris.

COSERIU, Eugenio (1966): Structure lexicale et enseignement du vocabulaire. In: Actes du Premier Colloque International de Linguistique Appliquée. Organisé par la Faculté des Lettres et des Sciences humaines de l'Université de Nancy. 26–31 oct. 1964. S. 175–217.

DOBROVOL'SKIJ, Dmitrij (1999): Zu semantischen und pragmatischen Effekten kreativer Idiom-Modifikationen. In: Nouveaux Cahiers d'allemand 17. S. 363–374.

DOBROVOL'SKIJ, Dmitrij (2001): Idiome in der deutschen und russischen Presse – Aspekte der Variation. In: JAKOBS, Eva-Maria/ROTHKEGEL, Annely (Hrsg.): Perspektiven auf Stil. Tübingen. (Reihe Germanistische Linguistik; 226). S. 247–265.

FIALA, Pierre/HABERT, Benoît (1989): La langue de bois en éclat: les défigements dans les titres de la presse quotidienne française. Mots 21. S. 83–99.

GRÉCIANO, Gertrud (1987a): Idiom und Text. In: Deutsche Sprache 15. S. 193–208.

GRÉCIANO, Gertrud (1987b): Idiom und sprachspielerische Textkonstitution. In: KORHONEN, Jarmo (Hrsg.): Beiträge zur allgemeinen und germanistischen Phraseologieforschung. Internationales Symposium in Oulu, 13.–15. Juni 1986. Oulu. (Veröffentlichungen des Germanistischen Instituts; 7). S. 193–206.

GRÉCIANO, Gertrud (1996): Textwissen als Erklärungsansatz für den Phrasemgebrauch. In: Studia Neophilologica 68. S. 217–226.

MENA MARTÍNEZ, Flor (2003): Creative Modifications of Phraseological Units in English and Spanish. In: BURGER, Harald/HÄCKI BUHOFER, Annelies/GRÉCIANO, Gertrud (Hrsg.): Flut von Texten – Vielfalt der Kulturen. Ascona 2001 zur Methodologie und Kulturspezifik der Phraseologie. Baltmannsweiler. (Phraseologie und Parömiologie; 14). S. 169–181.

NACISCIONE, Anita (2001): Phraseological units in discourse: towards applied stylistics. Riga.

REY, Alain/CHANTREAU, Sophie (2001): Dictionnaire des Expressions et Locutions. Deuxième Edition, mise à jour. Paris. [= DEL]

REY, Alain/REY-DEBOVE, Josette (2002): Le Nouveau Petit Robert. Dictionnaire alphabétique et analogique de la langue française. Paris. [= NPR]

SABBAN, Annette (1998): Okkasionelle Variationen sprachlicher Schematismen. Eine Analyse französischer und deutscher Presse- und Werbetexte. Tübingen. (Romanica Monacensia; 53).

SABBAN, Annette (1999): Okkasionelle Variationen von Phrasemen im Spannungsfeld zwischen Zeichenbeschaffenheit und Kontextbezogenheit. In: Nouveaux Cahiers d'allemand 17. S. 541–554.

SABBAN, Annette (2003): Zur Rolle der Phraseme für die Konstitution und Funktion des Textes. Ein Beitrag zum Konzept der textbildenden Potenzen. In: STEYER,

Kathrin (Hrsg.): Wortverbindungen – mehr oder weniger fest. Berlin/New York. (Jahrbuch des Instituts für deutsche Sprache; 2003). S. 238–261.

SANDIG, Barbara (1989): Stilistische Funktionen verbaler Idiome am Beispiel von Zeitungsglossen und anderen Verwendungen. In: GRÉCIANO, Gertrud (Hrsg.): EUROPHRAS 88. Phraséologie contrastive. Actes du Colloque International Klingenthal-Strasbourg. 12–16 mai 1988. Strasbourg. (Collection Recherches Germaniques; 2). S. 387–400.

Textlinguistische Aspekte

František Čermák (Prague)

What One Can Do with Proverbs in Text

1 Introduction

Variability, stability and identity of language units are aspects that are closely interconnected, yet we still know very little of the relationships and limits that they are based on. How far a variant may go, how much it can batter, or destroy the initial form, and to what extent the identity of this form is still basically preserved, might be one of the central questions one might ask here.

In an attempt to delve into the nature and behaviour of proverbs in a complex way, a single English proverb *Every cloud has a silver lining* has been examined on the basis of what a corpus shows (see also GRZYBEK 1984). In the following, all its relevant formal, semantic and functional aspects will be briefly discussed.

2 Formal aspects

2.1 Formal uses and types and the method used

The proverb *Every cloud has a silver lining* is one of the most frequent in English, attested in the 100 million words of British National Corpus by its 52 occurrences. It has to be made clear, however, that, surprisingly, this frequent proverb is found in many different forms, where only a minority is represented by its full form. It has been its variability behind this that is one of the reasons why the proverb has been chosen and is scrutinized here.

Proverbs come in various sizes, ranging from two to some ten or more words. Obviously, the longer a really stable and familiar proverb is, the more possibility and space for its variability is there to arise. Due to their fixed and stable form, proverbs serve as a suitable basis for many sorts of textual creativity (in newspapapers, fiction, etc.), where what may be left out is refixed by association thanks to the proverb's firm place in one's memory. It is its full form one remembers underlying all of its uses. It seems that a safe and rough limit of the variability could be that it should not include more than 50 percent of the proverb's form. Thus, *Every cloud has a silver lining* seems to be of average length and, accordingly, its scope for variation is average, too. Yet, in the case of this particular proverb a notable exception to this "size" rule is encountered, as it is found in a much shorter form than is 50%, namely *silver lining*, too. In general, it is to be expected, of course, that variability, by far not infrequent with proverbs, implies, to a varying degree, other types and shades of meaning and function than the original one, where by "original" that one is meant that conveys general truth, often accompanied by advice.

In the following, only **contextual variability** and variants are studied, since our data show that this proverb does not have any stable variants, remembered out of context, i.e. with, perhaps, a single exception (see below). Hence, two types of the proverb **usage** are distinguished here, **reproduction**, i.e. case where it is used unchanged, and **modification**, based on a kind of partial change and, accordingly, a variant. It seems that in the former the proverb is not anchored formally in the text at all (this is taken care of by meaning only), while the latter is, due to new parts of the variant.

Proverbs are sentences and, accordingly, they are **propositions** (propositional idioms, ČERMÁK 2001a,b, 2004), too. Yet they are often modified, due to various transformations, into variants, many of these acquiring a non-sentential (non-propositional) status. In the case of *Every cloud has a silver lining* only slightly more than one third of its uses retains its sentential character, while almost two thirds function as non-sentences, resembling **collocational idioms** of many types, such as *...few could see the silver lining*. It may be surprising that out of all uses only 4 (i.e. 7,7%) are exact reproductions, amounting to unmodified uses, while the overwhelming majority (over 92%) is made up of variants. Moreover, most of these seem to prefer a changed, non-sentential status, where the ratio of non-sentential variants to sentential ones is 34 : 14 (65,4% : 27%).

Position of the proverb in the text seems to be rather simple. Due to the particular nature of its meaning, this type of proverb tends to occur more often **after** whatever is being commented on by the proverb. This means that first a mention of something wrong or hopeless happening is made that is followed by the proverb signalling some hope or possibility of improvemnet (see the concordance below). Nevertheless, rare cases of this order being reversed, at least in part, are to be found, too, such as in (6) *If there is any silver lining to their dark cloud, it is the dubious one that the super-regional banks for most of the 1980s the successes of American banking also are on their way down (or, like Bank of New England, out).*

However, the kind of the position of the proverb cannot be determined in cases where variants have not retained the sentential form, or have been transformed into a proper noun or are used as reproductions, i.e. as pure quotations.

As for the search of the corpus and **methodology** of the approach, this started with *silver lining* query only; among the 52 attested forms there has been found only one single case of a homonym, too, where the *silver lining* form is used litterally, as in

(1) ...*where the last outgoing wavelet left them; the grassy knolls girding the hollow of the bay, and the rock promontories, whose darker tones gave force to* **the silver lining of the breaking wavelet.**

The search method used here, namely *silver lining*, is based on a prominent part of the proverb, though it may be difficult to define it in general and say what it exactly consists in. Yet it produced the 52 results and is, at the same time, a proof that a different method popular with some field researchers, namely using the first half of the proverbs and expecting the respondents to provide the missing second half, may be misleading. Thus, the BNC has been also searched using the initial *Every cloud* which has, however, produced only 14 relevant concordance lines, i.e. far fewer. Most of these do overlap with the *silver lining* method, however, which has not been able to capture only one occurrence, namely *Every cloud, as they say*. This casts a shadow over the other method and supports the original *silver lining* method chosen here.

It should be noted that the BNC does not contain any evidence for another, rather a drastic variant, namely *silver line*. For reasons still to be explored, the English language seems to leave this line of language creativity unemployed.

2.2 Distribution of the proverb in types of text

It is now generally recognized that proverbs are not limited to a single text domain only, although there might be a tendency for them to occur more often in some. What one may only presume so far is a different and perhaps higher use and distribution in the spoken language. In the case of this particular proverb, the BNC gives the following domains where it has been used:

– Periodical (*The Economist, Bookseller, Guitarist* etc.) ≅ 40 % (20)

– Newspaper (*Independent, The Guardian, Daily Telegraph* etc.) ≅ 20 % (10)

– Novel (fiction)   ≅ 10 % (6)

– Book (nonfiction)   ≅ 10 % (6)

– Miscellaneous (*Trade Union Congress, Leeds United e-mail list*, pamphlets, Radio/TV programmes etc.)   ≅ 20 % (10)

The proverb has not been found in technical and other specialized or scientific texts, but its rather low turnout in fiction may be surprising. It may not be surprising, however, that the highest rate of occurrence is found in periodicals and newspapers, which may be due to the proportions, in which, the BNC is made up, at least partly.

2.3 Variation and variants

All of the variation manifested in variants and recorded here is entirely due to the authors who have used the proverb and express thus their intention to give it some additional shade of meaning. Obviously, it also depends on their ability to do so, since it is not so common to coin an acceptable change of the form of such a stable language unit as proverb and not everybody can do it. In a broad sense, the latter may be viewed as a kind of language creativity.

In what follows, no difference will be made between **variants proper** (ČERMÁK 2004a), i.e. those forms that basically preserve the proverb's identity, meaning and function, and **transformations**, i.e. those where a more substantial change made the proverb into a structurally and functionally different entity. An example of the latter is to be found in a two-word variant *silver lining* (see line 23 below in the concordance), where the resulting form is no longer the proverb, as it has lost its sentential character altogether.

Variants of form may generally be viewed as being of two types, basically, syntagmatic and paradigmatic ones. These, then, either retain the proverb's structural function (i.e. the propositional one) or change it (see more in 3.2).

The **syntagmatic** type is based on the proverb's linear character. It is, however, almost exclusively (as in this case) based on reduction or addition, the resulting form being thus shorter or longer than the starting one, such as

(2)   When parts of Hampton Court were damaged in a fire two years ago, few could **see the silver lining**.

While reduction is common with this kind of variant, it is, however, debatable if the intitial form of the proverb can be made longer. In any case it seems to occur very seldom. In

(3)   But whatever the truth, the NASA team insists that the **Pinatubo cloud does have one silver lining**.

the total length of the proverb is retained, in fact, as the inserted form *Pinatubo* is a replacement (for *Every*), not an enlargement. The only addition, being, however, of a grammatical nature only stressing the proverb's validity, is the form *does* and that may belong, at the same time, to the following type of variation.

The other type is **paradigmatic**, based on a substitution (of a word, morpheme, etc.) and is made up of replacements of some forms or their parts by others. This has already been referred to in the preceding case. Other cases of this type may be seen in variation of tense form, as in

(4)   In the seventies life was rosy for all trade unions and everyone within the organization felt secure. **Every cloud had a silver lining**.

The pure paradigmatic variation preserving the full form of the proverb is rare here, however; it does occur with shorter forms more. As we have already seen, **both types of variation** may be found at the same time quite often and even a cumulation of several subtypes in a single proverb is possible. For example,

(5) *If the sheer quantity of information about 1992 is* **clouding** *your vision, look no further for the silver lining.*

The proverb has been considerably shortened here but also some words have been added, this corresponding to a syntagmatic change, while variation on *cloud*, namely *clouding*, corresponds to a paradigmatic change and a variant, followed by a substantial shift of meaning. A different type fits, not surprisingly, the proverb into the common existential construction *There is/was*, such as in

(6) **But there was a silver lining to the cloud,** *those first natural contacts with the West paradoxically inspired groups to search out their own roots and national identification.*

A variant which, due to its reccurrence, may seem to suggest an alternative stable form to the basic form of this proverb is **But there's always a silver lining**, as in

(7) *'I can see a number of roads up ahead for you,' Mavis was saying. Whichever you take will be rough and rocky.* **But there's always a silver lining,** *isn't there, dear?*

Since in the 52 forms attested, this has been found three times (Nos 15, 25, 26 in the Appendix) it is obviously too little to base such a suggestion on. On the other hand, this *there is/was* form is the only prominent variant which is found repeatedly.

Apart from words added by the speaker to convey a meaning he/she just intends to add, syntagmatic variants may be accompanied by some standard **introducers**, too, having a different role from that of a mere variant, namely modal or structural (see ČERMÁK 2004b), such as *even, but, they say* or *there is*, etc., cf.

(8) *...so maybe it's true what* **they say** *about every silver lining having a cloud.* or

(9) **Mind you, every cloud had a silver lining.** *The brothels were free, the ladies of the night well rested and more than prepared to accept sustenance, a loaf or a jug of wine, instead of silver.*

In more than half of the cases, the proverb has been found to have lost its sentential character and is used either in a **verb construction** or a **nominal** one. The verb constructions include such verbs as *have, find, search* or *present*. They all nicely retain and support the core meaning of a rescue, help or improvement to look or hope for, sometimes in an emphasized form, such as in

(10) *AMERICA'S recession may **have a silver lining**.*

(11) *I got a bit upset, but soon **found a silver lining**.*

(12) *Kenneth Clarke, usually a man **to find a silver lining in the blackest cloud**, admitted that the government was in a dreadful hole.*

(13) *We need another Harry Cross and Ralph **to present a silver lining to** the ever present **cloud of** worthwhile issues.*

(14) *Head east, young man, and **search for the silver lining**.*

Let us now return back to the size and form of the nominal variant *silver lining* which is much shorter than anything else. One has to wonder why this very form, of all possibilities, is the shortest variant of all. Because of so few occurrences of this proverb, one can only speculate. Is it because this appeals to the user as the most likely core of the form, retaining, at the same time, its core meaning? Why can this and other forms be so drastically shortened? An indirect semantic support of this choice is found in the single case, attested in the BNC, where *silver lining* has a litteral meaning, which may seem to be marginal and extremely rare in language.

An analysis of this basic nominal variant *silver lining* shows that it is viewed as stable (to that extent that some might view it as an independent idiom now) and provides thus for a possibility of a further modification. Here, only some further variants based on it have a bearing on the canonical sentential form while other seem to have a life of its own, related to the nominal form only. It may be interesting to observe ways, in which the nominal form is further developed and modified. Compare

(15) *In 1905, something happened; **a silver lining on the cloud** of doom.*

(16) *The **tiny bit of silver lining on the cloud** is a new application by National Wind Power.*

(17) *I do hope that the **proverbial silver lining** becomes more apparent for you now.*

(18) ***The cloud in this particular silver lining** is progestogen, a synthetic form of the hormone progesterone.*

(19) ***Silver lining bonus** in slow crawl to recovery.*

In all, there are at least 10 purely paradigmatic variants (Nos 2, 6, 15, 25, 26, 28, 29, 32, 37, 46 in the Appendix) to be found here and twice as many, i.e. 20 syntagmatic ones (Nos 4, 5, 7, 11, 12, 13, 18, 21, 23, 24, 34, 38, 39, 40, 43,

44, 47, 48, 50, 51). Naturally, variants may go together forming at least 11 mixed cases (Nos 1, 2, 3, 6, 8, 16, 19, 20,22, 35, 49, see the Appendix).

Semantic variants, which may be due to and accompanied by a change of form, are more difficult to pin down, but some of these will be commented on in 3.

3 Meaning, function and use

The basic and prototypical meaning and function of proverb is generally recognized, although this may get a different wording in popular use and even general-reference sources. Thus, ENCYCLOPEDIA BRITANNICA (1997) defines it as *succinct and pithy saying in general use, expressing commonly held ideas and beliefs*, while NEW OXFORD DICTIONARY OF ENGLISH (NODE) views proverb as *a short pithy saying in general use, stating a general truth or piece of advice*.

The latter, i.e. general statement expressing accepted truth and shared experience (see also ČERMÁK 1998, 2001b, 2004), agrees more with a linguistic approach stressing the proverb's didactic, edifying nature and function, sometimes culminating in a recommendation or suggestion. Our particular proverb *Every cloud has a silver lining* is defined in NODE as *every difficult or sad situation has a comforting or more hopeful aspect, even though this may not be immediately apparent*.

3.1 Types of meaning of the proverb

Obviously, the basic, *prototypical* **meaning** of proverbs is the one that corresponds to its reproduction use (see above in 2.1), i.e. one where the proverb is quoted unchanged or with a minor change of its form only, cf. (7) *Mr McEd was acting pretty cagey about it for one thing and, when pressed, would only come up with the reassuring phrases: Every cloud has a silver lining*.

All of the (major) formal modifications and variants seem to correspond, accordingly, to a modified, though usually derived meaning, based on the prototypical one. There are various types of meaning found here, based on this formal modification.

The largest type may be called *HOPE* and ways of its expression, where the proverb is used as a signal that a bad situation may be changed for a better one and at least some hope is justified there (cases Nos 10, 11?, 13, 14?, 20, 23, 24, 25, 28, 29, 34, 37, 40, 45, 46, 47, 48, 49, 50, 51). This fits nicely the core meaning of the proverb that has been mentioned above. See, for example,

(20) *The only silver lining is the fact Strach could step right in.*

However, the proverb may be used in other senses, too, whereby the speaker **limits** or **counters** the proverb's basic function (adversative use), such as in

(21) *If the sheer quantity of information about 1992 is clouding your vision, look no further for the silver lining.*

or he/she may take a more **reserved attitude** to the proverb's validity, such as in

(22) *It won't be very good for the petrol companies that I've been visiting here today, but every cloud tends to have it's silver lining...*

There are yet other and more different uses found. Thus, conspicuous **semantic modifications** may employ the basic meaning to **stress** the inherent **opposition** (23) and to contextually **specify** what might also be meant by the word *cloud* (24), as in

(23) *But as he inspected the size of the Tories' losses on May 6th even the home secretary, Kenneth Clarke, usually a man **to find a silver lining in the blackest cloud**, admitted that the government was in a dreadful hole.*

(24) *We need another Harry Cross and Ralph **to present a silver lining to** the ever present **cloud of** worthwhile issues which can be quite a daunting thing to watch especially the 90-minute Saturday omnibus edition.*

A more or less open attempt to move the listener to wish to improve his/her situation is to be seen in

(25) *Head east, young man, and **search for the silver lining**.*

The use of the proverb, in fact of a variant, may also suggest the train of the speaker's thought and his search for words. From the example below, it is obvious that the speaker finally prefers the proverb to a simple verbal expression using *hope* or similar words and one may wonder why. In a sense this may be an evidence that idioms, including proverbs, are not necessarily secondary to words, which a primitive, false and rather widespread assumption holds. Observe now the example

(26) *Death. – Well, I wouldn't put it quite like that. But **it's** certainly – how can I put it – **the silver lining**.*

Surprisingly, even with so few cases attested for a single proverb, there are other and minor shades or interpretations of meaning to be found here, too, such as emphasis in the examples above (12, 23), etc.

3.2 Functions of the proverb

Though basic and underlying everything, meaning is not identical with function, however. Here, three basic **textual functions** (or structural functions, out of 51) may be distinguished:

A-propositional (34,6%, i.e. 18 out of 52)
B-collocational (65,4%): – verbal (some 21)
    – nominal (at least 12)

When the proverb has its propositional function (see above, in 2.1) it amounts to a sentence; when it does not amount to a sentence, but is part of it only or stands alone, this function may be called collocational. If the proverb is used in a verbal function (i.e. it is used, broadly, as a verb), then its nominal core *silver lining* is linked with verbs such as *have, see, look for, hope for, search, find*, etc. (see above in examples of formal variation 10–14), as in

(27) *When parts of Hampton Court were damaged in a fire two years ago, few could see the silver lining.*

The nominal function is almost always related to the prototypical core form of *silver lining* and its core meaning, too.

(28) *I do hope that the **proverbial silver lining** becomes more apparent for you now; surely it's about time.*

However, some of these functions can take a peculiar shape, such as in

(29) ***The cloud in this particular silver lining** is progestogen, a synthetic form of the hormone progesterone.*

where the proverb has a nominal shape and function but it manages to retain *the cloud* which is often omitted.

A special use and function is to be found in those cases where the proverb, usually transformed into its nominal core, is used as ***proper name*** or part of it (Nos 10, 14, 40, 45), such as in

(30) *Organisations range from Brownies, Cub-Scouts, Scouts and Guides to the **Silver Lining Club** for the Senile Citizens, as they tend to be called locally.*

Due to polysemy or rather homonymy of *silver lining*, there is also a scope for some ***punning*** to be created, based on contrasting the idiomatic and litteral meaning, such as in

(31) ***THE Silver Lining Pillow Company** based in Middlesbrough used the show to launch a travelling version of their orthopaedic pillow.* or

(32) *It seems that **even the toxic cloud** that rose over Seveso in 1976 **has had a silver lining**.*

At the same time, this last case is a fine example of a simultaneous mix of both the litteral and proverbial meaning. A case of punning is to be seen also in the example (5) above.

In contradistinction to these formal textual functions, the proverb in its full form does always have a **communicative function** as well (ČERMÁK 2001, 2004). It has a factual or directive function, or, more usually, a combination of both in the sense that it states a fact and, to a varying degree, suggests an action or possibility of an action that might or should be taken. Statements of the fact are easy to detect, usually, as in

(33)   *Traditional peg tiles have been in great demand since the storms of the past few years, so for Tenterden tile makers Spicer,* ***the clouds had a silver lining.***

But suggesting a hope, that is a possibility to await or, perhaps, contribute to it, may become more obvious in other cases, as in

(34)   *Mr McEd was acting pretty cagey about it for one thing and, when pressed, would only come up with the reassuring phrases:* ***Every cloud has a silver lining.*** *Edor Don't worry son, you father's not such an old fool as he looks.*

Naturally, in the sense that the choice and use of the proverb is motivated by the speaker's knowledge and evaluation of the particular situation in question, virtually all of the standard uses of the proverb have an **evaluative, pragmatic function**, too. In the following example, the speaker (Mavis) evaluates the future course of things, which may not be too easy, but suggests also, evidently due to her experience, that the solution will be successful and whoever is being addressed, will eventually be lucky. Thus, the overtone is one of reassuring the listener.

(35)   *'I can see a number of roads up ahead for you,' Mavis was saying. Whichever you take will be rough and rocky.* ***But there's always a silver lining****, isn't there, dear?*

4   Conclusions

From the multitude of aspects briefly discussed here, at least two may be worth finally stressing. Formally and contrarary to expectation, perhaps, proverbs, as seen in the case examined here, do display a rather unusually high degree of variability. Semantically and functionally, proverbs appear to be far from the accepted view that they primarily or exclusively convey an accepted truth used in a prominently didactic way, prototypically by elders to youngsters. Thus, to return to the title of this contribution, it is evident that one can do a lot of things *with* and *to* a proverb.

References

ČERMÁK, František (1998): Usage of Proverbs: What the Czech National Corpus Shows. In: ĎURČO, Peter (ed.): Europhras '97. Bratislava. p. 37–59.
ČERMÁK, František (2001a): Substance of Idioms: Perennial Problems, Lack of Data or Theory? In: International Journal of Lexicography 14. p.1–20.
ČERMÁK, František (2001b): Propoziční frazémy a idiomy v češtině. In: BALOWSKI, Mieczysław/CHLEBDA, Wojciech (eds.): Frazeografia słowiańska. Opole. p. 93–101. (=Propositional Phrasemes and Idioms in Czech).
ČERMÁK, František (2003): Paremiological Minimum of Czech: The Corpus Evidence. In: BURGER, Harald/HÄCKI-BUHOFER, Annelies/GRÉCIANO, Gertrud (eds): Flut von Texten – Vielvalt der Kulturen. Ascona 2001 zur Methodologie und Kulturspezifik der Phraseologie. Hohengehren. p. 15–31.
ČERMÁK František (2004): Propositional Idioms. In: PALM-MEISTER, Christine (ed.): Europhras 2000. Tübingen. p. 15–23.
ČERMÁK, František (2004a): Jazyková variabilita: případ přísloví. In: HLADKÁ, Zdena/KARLÍK, Petr (eds.): Čeština – Universalia a specifika 5. p. 99–109 (= Language Variability: the Case of Proverbs).
ČERMÁK, František (2004b): Text Introducers of Proverbs and Other Idioms. In: FÖLDES, Csaba/WIRRER, Jan (eds.): Phraseologismen als Gegenstand sprach- und kulturwissenschaftlicher Forschung. Hohengren. p. 27–46.
ĎURČO, Peter (2005): Sprichwörter in der Gegenwartsspasche. Trnava.
GRZYBEK, Peter (1984): How to Do Things with Some Proverbs: Zur Frage eines parömi(ologi)schen Minimums. In: GRZYBEK, Peter/EISMANN, Wolfgang (eds.): Semiotische Studien zum Sprichwort. Simple Forms Reconsidered I. Tübingen. p. 351–358.
GRZYBEK, Peter (1995): Foundations of Semiotic Proverb Study. In: De Proverbio. An Electronic Journal of International Proverb Studies 1/1. http://info.utas.edu.au/docs/flonta/
MIEDER, Wolfgang (1982, 1990, 1993): International Proverb Scholarship. An Annotated Bibliography. 4 Vols. New York.
MIEDER, Wolfgang (1995): Paremiological Minimum and Cultural Literacy. In: De Proverbio 1/1. http://info.utas.edu.au/docs/flonta/
MIEDER, Wolfgang (1999): Sprichwörter/Redensarten – Parömiologie. Heidelberg.
MIEDER, Wolfgang (2004): Proverbs. A Handbook. Greenwood Press Westport London.
MOON, Rosamund (1998): Fixed Expressions and Idioms in English. A Corpus-Based Approach. Oxford.
SEARLE, John R. (1979): Expression and Meaning: Studies in the Theory of Speech Acts. Cambridge.
WHITING, Bartlett Jere (1989): Modern Proverbs and Proverbial Sayings. Cambridge, Mass.

Appendix

Concordance of the Proverb *Every cloud has a silver lining*
(British National Corpus, modified).
Search: *silver lining*.

1-When parts of Hampton Court were damaged in a fire two years ago, few could **see the silver lining**.

2-Traditional peg tiles have been in great demand since the storms of the past few years, so for Tenterden tile makers Spicer, **the clouds had a silver lining**.

3-The good news, meanwhile, is that reformed shopaholics almost always **speak of a silver lining to the cloud** which hung over their lives (and bank accounts).

4-Bite One: The Secretary of State **told us about the silver lining** he told us nothing about the *dark clouds on the horizon*.

5-AMERICA'S recession may **have a silver lining**.

6-**If there is any silver lining to their dark cloud**, it is the dubious one that the super-regional banks for most of the 1980s the successes of American banking also are on their way down (or, like Bank of New England, out).

7-Head east, young man, and **search for the silver lining**. With top City firms forced to ask some of their young accountants to take unpaid leave, CHRISTOPHER FILDES advises a nephew on profitable ways of utilising his time off.

8-In 1905, something happened; **a silver lining on the cloud** of doom.

9-There was so much of loveliness in every scene, my mind was surfeited with joys: how the far-spreading bay, with its expanse of white shell-sand, was girded by a sea which placidly reflected the blue of heaven; and how the seaweeds left their markings in curious lines just where the last outgoing wavelet left them; the grassy knolls girding the hollow of the bay, and the rock promontories, whose darker tones gave force to **the silver lining of the breaking wavelet**.

10-Organisations range from Brownies, Cub-Scouts, Scouts and Guides to the **Silver Lining Club** for the Senile Citizens, as they tend to be called locally.

11-The most appropriate technology for many people will be one that helps a country to organise a postal system so that stamps are available, to bring radio within everyone's reach and that holds out the possibility of early telephone links. **Silver lining**?

12-It seems that **even the toxic cloud** that rose over Seveso in 1976 **has had a silver lining.**

13-So I suppose I shall have to **rely for my silver lining** upon Carrie Schlegel of Capistrano Beach, California, who was kind enough to write to this magazine to say that I was God.

14-For instance, Jeff Beck's **hit Hi Ho Silver Lining** had a bit in the middle where he double-tracked the guitar and, just for a moment, it breaks into harmony.

15-CHRISTOPHER COLUMBUS: THE DISCOVERYTOM SELLECK as the King of Spain! Rachel Ward as his missus! Marlon Brando as Marlon Brando! Crap editing! Crap acting! Crap script! **But there's always a silver lining.**

16-THE **cloud** that engulfed the market on Black Wednesday **had a silver lining** for electric gadgets maker Kenwood.

17-Mr McEd was acting pretty cagey about it for one thing and, when pressed, would only come up with the reassuring phrases: **Every cloud has a silver lining.** Ed or Don't worry son, you father's not such an old fool as he looks.

18-I got a bit upset, but soon **found a silver lining.**

19-But whatever the truth, the NASA team insists that the **Pinatubo cloud does have one silver lining.**

20-The **tiny bit of silver lining on the cloud** is a new application by National Wind Power they want to reduce the number of proposed turbines from 15 to 12.

21-But as he inspected the size of the Tories' losses on May 6th even the home secretary, Kenneth Clarke, *usually* a man **to find a silver lining in the blackest cloud,** admitted that the government was in a dreadful hole.

22-But the worst local-election result ever? The Tory performance was in fact one and a half percentage points better in The Economist's regular sample of provincial English districts than it was three years ago, at the height of the rebellion against Mrs Thatcher's poll tax (see table 1). However, in 1990 **there was a silver lining.**

23-Those attending the Börsenverein's Frankfurt seminar gave many examples of numbers received which were not compatible with country codes. **Silver lining.** But there is a bright side.

24-I may no longer be the best thing that Limerick has yet produced. That's why. STUDIO UPDATE HIGH HOPES. **SILVER LINING.** JACKIE HAYDEN TAKES *A LOOK AT THE BLACK CLOUD* CURRENTLY OVER THE MUSIC INDUSTRY HERE, BUT OFFERS HOPE OF A BRIGHTER FUTURE.

25-**But there was a silver lining to the cloud** those first natural contacts with the West paradoxically inspired groups to search out their own roots and national identification.

26-I can see a number of roads up ahead for you,' Mavis was saying.' Whichever you take will be rough and rocky. **But there's always a silver lining**, isn't there, dear?'

27-...when pressed, he would only come up with the reassuring phrases: **Every cloud has a silver lining,** Ed or Don't worry son, you father's not such an old fool as he looks.

28-The ultimate PR coup, Celia said harshly. Death. Well, I wouldn't put it quite like that. But it's certainly how can I put it – **the silver lining.**

29-I do hope that the **proverbial silver lining** becomes more apparent for you now; surely it's about time.

30-3 to give practice in changes in intonation: Teacher A bird in the hand. Student A bird in the hand? Teacher To live from hand to mouth. Student To live from hand to mouth? Teacher **Every cloud has a silver lining.**

31-Teacher Every cloud has silver lining. Student **Every cloud has a silver lining?**

32-In the seventies life was rosy for all trade unions and everyone within the organization felt secure. **Every cloud had a silver lining.**

33-He's offered to go away and come up with incriminating evidence, Robert. Facts and figures about unethical disbursement of club funds and that kind of thing. Christ! You better make sure he doesn't get murdered as well. Although it would be a help in reducing the number of suspects by one, I suppose. **Every cloud has a silver lining, what!**

34-I'm trying to decide if reducing it to four **is a silver lining,** said Amiss.

35-But that did mean she was also between me and Prentice, who was hovering trying to cut off my retreat as well, so *maybe it's true what they say* **about every silver lining having a cloud.**

36-...life was hard in Paris. Yuletide and Twelfth Night passed with only the occasional carols in church, for no one dared to go out at night. **Mind you, every cloud had a silver lining.** The brothels were free, the ladies of the night well rested and more than prepared to accept sustenance, a loaf or a jug of wine, instead of silver.

37-**The only silver lining** is the fact Strach could step right in.

38-AREN'T YOU SICK OF IT Worried About Being Taken Over? Competitors Threatening Your Market?... **Every Cloud Has a Silver Lining Croner's Europe!** Some publishers are making heavy weather of 1992.

39-If the sheer quantity of information about 1992 is clouding your vision, **look no further for the silver lining.**

40-If you're feeling under the weather as yet more 1992 bumf lands on your desk, **order the silver lining, CRONER'S EUROPE** on 10 days free approval now.

41-How's the boy who was run over? Driving us nuts. His foot's still elevated, so he can't fidget about, and that's tough on a little boy....Oh, well, **they say every cloud has a silver lining.** How's the little chap on the railings? Jeremy? He's fine. Going home tomorrow.

42-And you know what **they say about every cloud having a silver lining,** well could young Joey Beecham be United's ray of hope?

43-The sun was shining at the Manor Ground but Oxford finished under **a cloud the silver lining was the form of** some of the young players especially Matthew Keble who was making his debut.

44-We need another Harry Cross and Ralph **to present a silver lining to** the ever present **cloud of** worthwhile issues which can be quite a daunting thing to watch especially the 90-minute Saturday omnibus edition.

45-**THE Silver Lining Pillow Company** based in Middlesbrough used the show to launch a travelling version of their orthopaedic pillow.

46-**The cloud in this particular silver lining** is progestogen, a synthetic form of the hormone progesterone.

47-This is the 10th year the Celebrities Guild has presented its Unsung Heroes Awards to people who help the disadvantaged for no personal reward. Forest flyer puts Blues in cup mood Happy Howie **sees silver lining** HOWARD KENDALL is ready to keep faith with the men.

48-Ex-Red **hopes for silver lining** to injury disaster.

49-**Silver lining bonus** in slow crawl to recovery.

50-The current difficulties may **have a silver lining,** added Mr Bootle.

51-**It's a silver lining** the Chancellor desperately needs amidst the current spate of doom and gloom, most recently this weekend C B I report showing industry in recession.

52-It won't be very good for the petrol companies that I've been visiting today, **but every cloud tends to have it's silver lining,** and I, I think I can say with some confidence that the last factor that we're considering is pouring over the revenues and wondering how much is coming in, that, that really hasn't much come into it.

Sabine Fiedler (Leipzig)

Phraseology and Proper Names: Textual Occurrences in the Press and in Literature

1 Introduction

Phraseological units (PUs) are defined as polylexical, lexicalised linguistic units which are semantically and syntactically relatively stable and mainly idiomatic. Because of their connotational content they are often used in texts for expressive and stylistic purposes. PUs can be classified on the basis of different criteria (function, structure, degree of idiomaticity, semantic aspects). They can also be subdivided with reference to the lexical elements they include, into so-called phraseological microsystems. It has been shown – irrespective of linguistic and cultural boundaries – that there are elements of the lexicon which are especially productive as phraseological constituents. These are colour terms, terms naming parts of the human body, numbers, animals, and proper names. It is this last subclass that this paper focuses on. Its aim is twofold. First, it will give an overview of the major types of onymic PUs in English. Secondly, it will throw some light on their usage in texts.

2 Onymic phraseological units: a mirror of culture

Onymic PUs can be found in many languages, as the following examples illustrate, although their frequency can differ from language to language (cf. FLEISCHER 1997: 95/96; FÖLDES 1989: 127):

German: *böhmische Dörfer* (lit. Bohemian villages; 'sth. incomprehensible')
French: *cheval de Troie* (a Trojan horse)
Polish: *nitka Ariadny* (the thread of Ariadne)
Czech: *otevřít Pandořinu skříňku* (open Pandora's box)
Bété: *Ô kè Boli na yiri* (lit. he has the eyes of Boli; so. wants to know the core of the matter; cf. ZOUOGBO 2003: 291).

Onymic PUs represent a fascinating subgroup in phraseology because they are deeply embedded in the cultural tradition of a speech community. A look into historical dictionaries is often necessary to learn about an event, place, or person that left their marks in the language in this way:

to cross/pass the Rubicon ('to act in a way that there is no turning back; to make a decision that cannot be changed and has important consequences')

The expression refers to Julius Caesar's decision to cross the River Rubicon in 49 BC. This little river in Northern Italy formed part of the border between Italy and Cisalpine Gaul, the province conquered by General Julius Caesar. Caesar crossed the river with his army against the orders of the Roman senate and this act not only led to war but also had results that changed the history of Rome.

Sometimes there are several theories about the origin of a PU, as the article on *to send so. to Coventry* ('to punish so. by ignoring, especially refusing to talk to them') in Linda and Roger FLAVELL's *Dictionary of Idioms and Their Origins* (1992: 62–63) shows:

> There are several suggestions as to why this Midland town lends its name to the idiom.
> The first claims that during the English Civil War (1642–1649) supporters of Parliament in Birmingham rose against small groups of their fellow citizens who were known to have pledged allegiance to the Crown. Some they killed, others were sent as prisoners to neighbouring Coventry, a town which was staunchly pro-Parliamentarian. This story comes from a passage in Clarendon's True Historical Narrative of the rebellion and Civil Wars in England. Whether the facts can be relied upon or whether they are coloured by the author's own royalist persuasion, the description of the events includes the words 'and sent them to Coventry'. The literal sense has since become a figurative expression of ostracism.
> A second theory is that the towns-people of Coventry so disliked having soldiers garrisoned in their town that if a woman was caught speaking to one she would instantly be shunned by her neighbours. The soldiers, of course, had no desire to be sent to Coventry where social contact was so difficult. No one knows at what period this aversion to soldiers is supposed to have arisen but the phrase was well-known by 1777. It has been suggested that this also happened during the turbulent period of the Civil War.
> Collins (1958) suggests that the term might be linked to the 'covin-tree', an oak which supposedly stood in front of a former castle in Coventry in feudal times and was used as a gallows. Those to be executed were sent to the covin-tree. The town's name, Coventry, may derive from 'covin-tree'.

Expressions like these often cause translation problems, as in the following report on an English public school. Although the translator uses an explicative paraphrase (*Was so viel hieß wie, dass in dieser Zeit niemand mit mir reden durfte* – 'which meant that during this time nobody was allowed to talk to me'), the meaning is not clear or is misunderstood in a literal sense, as a survey among several German-speaking readers revealed.

Mit 14, ich war noch kein Jahr in Eton, wurde ich bei meinem Tutor wegen Schikanierens verpetzt: Zusammen mit einem Freund hatte ich ein paar Neuen die Hosen runtergerissen – debagging nannten wir das. Es war mies von mir und sehr erniedrigend für sie. Meine Strafe bestand aus drei Teilen und wurde vom House Master abgesegnet. Erst wurde ich von meinen Wohngenossen rituell gebagged, dann vom House Captain verprügelt und anschließend zwei Wochen nach Coventry geschickt. Was so viel hieß wie, dass in dieser Zeit niemand mit mir reden durfte. Das war die schlimmste Strafe, die je in meiner Schulzeit gegen mich verhängt wurde. (Park Avenue 1/2006: 127)

Another specific group of onymic PUs allude to Greek mythology and ancient literature in their origins:

a/the sword of Damocles ('an imminent threat')

cleanse the Augean stables ('to reform a big business thoroughly; to purge away corruption')

a Herculean task ('a task needing a lot of effort and strength')

an Achilles' heel ('a weak point, especially in sb's character [that is otherwise without fault]')

a Trojan horse ('a disguised thing or person that is used to deceive the enemy')

a labour of Sisyphus ('useless, fruitless, endless work')

to rise like a phoenix from the ashes ('to be powerful and successful again')

Because of their classical status, expressions like these are often marked as 'literary' or 'educated', as the usage of the PU *to open Pandora's box* ('start a process which – after it has once begun – will cause many problems that cannot be solved') in the following scene of NOTTING HILL (Screenplay by Richard Curtis) is to show:

Spike: Come on – open up – this is me – Spikey – (...) What's wrong?
William: Well, okay. There's this girl ... (...) She's someone I just can't – someone who ... self-evidently can't be mine – and it's as if I've taken love-heroin – and now I can't even have it again. I've opened Pandora's box. And there's trouble inside.
Spike: Yeh. Yeh ... tricky ... tricky ... I knew a girl at school called Pandora ... never got to see her box though.

Nationality words in PUs sometimes reflect either rivalry between countries dating from the past or stereotypes, such as *to take French leave* ('run away secretly without permission'), which is supposed to reflect French soldiers' lack of courage. Interestingly enough, the French use *s'en aller à l'anglaise* ('to take English leave'), yet with the same meaning.[1] Further examples of this type of onymic PUs are:

Dutch courage ('courage obtained from drinking alcohol')

to go Dutch ('to share the costs of a meal, etc.; have separate bills')

to be (all) Greek to sb. ('too difficult to understand')

Generally in languages, the basic function of a proper name is to identify an object, a person, a place, event, etc., to make it individual or even unique. Some of the names used in PUs, however, are especially chosen to denote the common, the prototypical example of a person or thing. *Any/every Tom, Dick and Harry* meaning 'the ordinary people rather than the people with special qualities or those you know' is the classic example. Furthermore, the name *Jack*, known from the children's nursery rhyme *Jack and Jill*, has found its way into quite a number of PUs:

a j/Jack of all trades (and master of none) ('smb. who can do a large number of different things, but not a single one of them very well')

I'm all right, Jack ('I'm very well' – used to express that smb. doesn't care about other people's problems)

Jack is as good as his master ('an employee is not necessarily inferior to his employer')

every man j/Jack ('every person')

All work and no play (makes Jack a dull boy) ('smb. who spends all his time working will be a dull and uninteresting companion')

Finally, the PU *keeping up with the Joneses* belongs to this group. It means trying to reach the same social level and to have the same standard of possessions as one's friends and neighbours. The expression was invented by New York *Globe* cartoonist Arthur R. Momand, who first used it in 1913 as the title of his successful comic strip. It was based on his own efforts to keep up with his neighbours. In a personal letter, Momand wrote about the name he had chosen: "At first I thought of calling it *Keeping up with the Smiths*, but finally decided on *Keeping up with the Joneses* as being more euphonious." (quoted from FLAVELL/FLAVELL 2000: 114)

---

[1] It should be mentioned, however, that *un anglais* was a French term for a creditor in the 17th century.

3 Universal or culture-specific?

The discussion of proper names as frequent elements in PUs focuses on an important question. Is phraseology a universal phenomenon or is it rather something culturally specific? There are in fact arguments for both. On the one hand, as was shown in the case of *to send sb. to Coventry*, onymic PUs can be regarded as untranslatable and typically English. This is also true for some winged words that have their roots in history or literature (e.g. *to read sb. the riot act; a catch-22 situation*). On the other hand, a high percentage of English PUs is truly international. Identical expressions can be found in many languages because of loan translation, common sources (such as the Bible or Greek mythology) as well as – and this seems to be a factor of growing relevance to a lingua franca like English – language contact.

Yet there is still another aspect regarding PUs. Some expressions, for example, *to carry coals to Newcastle*, seem highly culture-dependent, being based on the fact that Newcastle-upon-Tyne once was a centre of coal-mining in England. Similarly, the Russian equivalent *ехать в Тулу со своим самоваром/ездить в Тулу со своим самоваром* ('to go to Tula with one's own samovar') seems to be typically Russian since the Russian town Tula is/was the centre of samovar production. A comparison of the two expressions, however, makes obvious that their common meaning 'to do sth. that is completely unnecessary'[2] is based on the same image 'to transport something

---

[2] Subtle differences, as described by DOBROVOL'SKIJ (2002), are negligible here.

to a place/to provide so. or sth. with sth. where there are plenty of them already/although it is not needed'. This model is verified by PUs in other languages:

    German: *Eulen nach Athen tragen* ('carry owls to Athens')
    Hungarian: *a Dunába vizet hord* ('carry/pour water to the Danube')
    Polish: *wozić drwa do lasu* ('carry wood to the forest')
    Spanish: *vender miel al colmenero* ('sell honey to the beekeeper')
    Chinese: *hua she tian zu* ('paint snake add feet'; i.e. to paint feet on a snake)
    Japanese: *da soku* ('snake, feet')
    Hausa: *sai da baba a ruga* ('sell indigo in a Ful settlement')

Language contact might be a reason for correspondences among European languages or for the equivalence between the Japanese and Chinese PUs, but is not a reason for the similar models in, say, Chinese and Hausa. The variety of images created by the different cultures that express the same content in PUs points to the fact that universal laws in human cognition and also people's extralinguistic associations and collective experience have to be considered for their explanation as well.

4   Onymic phraseology in use

When we now move on to the use of these PUs in communication, in texts, and this is where they develop their connotational potential to the full, five observations can be made.

The **first** one is that authors employ these PUs in creative-innovative ways. All types of modifications can be found.

THE KNOWLEDGE SAAB

Everything you wanted to know about cars but were afraid to ask

When viewed against the frenzied output of its rivals, Saab appears to proceed at a glacial pace. In 55 years it has built only seven basic models, and each has had an extraordinarily long showroom life. Moreover, annual Saab production has never exceeded 200,000 units.

Yet it has plenty of innovations to its credit, including becoming Europe's first serious manufacturer of turbocharged cars in 1977, with the 99 Turbo. In addition, it has always managed to maintain its status and desirability.

Svenska Aeroplan AB (Swedish Aircraft Ltd) diversified into cars after the second world war. It used a 1930s Swedish bestseller called DKW — an import from Germany — as inspiration for its first car, the Saab 92 of 1949. This had a thrifty two-stroke engine and front-wheel drive. Like an aircraft it had aerodynamic styling, and like the Ford Model T it came in one colour only, in its case green.

The 92 was a hit, and exports followed, Saabs going on UK sale in 1960. The marque's reputation was boosted when the similar 93 model won the Monte Carlo Rally twice and Britain's RAC Rally three times between 1961 and 1963. Saabs became more mainstream with the 99 model of 1967, which had a four-stroke engine that has been the foundation of all Saab's own power units since. During the 1970s the company focused on safety features, pioneering headlamp wash/wipers and impact-absorbing bumpers.

Saab merged with the lorry-maker Scania in 1969, but still had trouble funding new models. Consequently its executive car of 1984, the 9000, was a joint venture with Fiat. Five years later General Motors bought a 50% stake in Saab's car division, exercising its option to buy the rest in 2000, and finally severing Saab's glamorous aerospace connection.

Example 1. (*The Sunday Times* 28 March 2004)

(1) is an example of a reduction or elliptical allusion to a PU. In this cartoon, accompanying an article on the manufacturer SAAB (which stands for Swedish Aircraft Ltd. [Svenska Aeroplan AB]), only the proper name (*Joneses*) is mentioned and is sufficient to activate the figurative meaning of the whole expression *to keep up with the Joneses*. The Headline (2) is a substitution. Since the new element belongs to the same semantic field (numbers), the

phraseological basis can be easily identified – *double Dutch* ('sth. that cannot be understood').

Example 2. (*The Observer* 28 September 2003)

Further possible modifications are permutations (i.e. change of order of phraseological elements) and expansions (i.e. addition of lexical elements). The types of modification described (reduction, substitution, permutation, expansion) relate to the four basic categories of change in rhetoric, *detractio, immutatio, transmutatio, adiectio*, which were already known and applied to the training of orators for public speaking in classical Greece and Rome.

A **second** pattern is the polysemantic use of PUs, as in example (2). In addition to (or better in combination with) the substitution described, the author employs a phraseological pun here, playing around with the two readings.[3] As

---

[3] A. NACISCIONE (2001: 236–237) defines a phraseological pun as follows: "an instantial pattern where two interpretations can be assigned to the case of use: direct and figurative. [...] This is a technique of double exposure where two pictures appear on top of each other without coinciding. The dual perception results in a dual reading of the lines."

the article refers to a hat-trick performed by the Dutch football player Ruud van Nistelrooy, both the literal meaning and the figurative meaning of the PU seem to be relevant.

A **third** frequent pattern is that the use of a PU with a proper name is induced by the topic, i.e., in the press, for example, an article deals with a person or place having the same name, such as *Larry* in (3) or *Daniel* in (4), and the person's character or the story is semantically connected with the content of the PU. Additional puns (as with *bonny* in [5]) are popular.

(3) HAPPY AS LARRY
LARRY ELLISON, GURU OF ORACLE AND THE LUCKIEST PLAYBOY IN SILICON VALLEY (*The Guardian* 8 July 2001)

(4) *Daniel in the lion's den* (*The Observer* 28 September 2003; review on the book *Who killed Daniel Pearl?*)

(5) *Not bonny – but plenty of Clyde* (*The Observer* 28 September 2003)

A **fourth** and even more frequent technique in the corpus of newspaper texts on which this analysis is based is shown in (6) – (10). In these examples a personal name or place name that is relevant in the text possesses an identical or similar form as a (non-onymic) phraseological element. The effect can be compared to that of phraseological puns described before.

(6) *Easy projects come, Easy Jet shares go for Stelios* (*The Daily Telegraph* 19 February 2004)

(7) *100m fans go potty for Potter* (*Daily Star* 3 May 2001)

(8) *Dougie's sting in the Tayl* (*The Daily Mail* 3 May 2001)

(9) *Cookie crumbles and cleans up £400,000* (*The Observer* 28 September 2003)

(10) *Happy ever After* (*Daily Star* 28 November 2002)

Hit... JK Rowling

100m fans go potty for Potter

FANS around the world have snapped up 100million Harry Potter books, it was revealed yesterday.

Tales of the teenage wizard have been translated into 42 languages, from Albanian to Zulu.

Author J.K. Rowling's agent Christopher Little said: "Korea, Chile, Germany – wherever you go it's number one."

Single mum Rowling, 35, wrote the first book in an Edinburgh cafe. She is now writing the fifth after raking in £65million. The first Potter film is out this year.

Top book is The Bible, with a six-billion sale. Chinese dictator Mae Tse-Tung's "Little Red Book" has sold 900million.

(7)

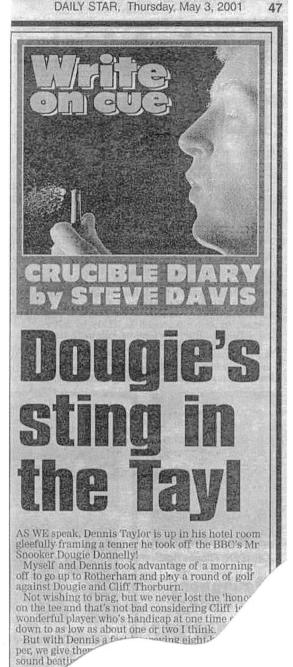

(8)

(9)

In these examples, the focus is on the phraseological meanings: in (6) – 'What is easily gained, is easily lost', in (7) – 'be crazy', in (8) – 'an unexpected but important fact made known at the end of a story', in (9) – 'that is how things are and one must accept them', and in (10) – The formula usually found as a stereotypical closing signal of a fairy tale. However, at least punctually, a semantic switch occurs, that is, for a short moment the real objects (the airline *Easy Jet, Harry Potter*; the snooker player *Dennis Taylor, Robin Cook,* and *After Eight*) are actualised.

As example (9) effectively illustrates, a mere allusion to a PU can be sufficient to evoke the complete unit (*That's the way the cookie crumbles*) in the reader's mind. In (10) *After* is an allusion to the chocolate product *After Eight*. The formula, usually found as a stereotypical closing signal of a fairy tale, is insofar motivated as the article presents the success story of the chocolate company.

Similar uses can also be found in literature. In addition, here, in literature or films we can often find a **fifth** type of usage: PUs including a proper name are picked as a theme in a part of the story. Examples are given in (11), a scene with *Mona Lisa Smile*, where *keep up with the Joneses* is made the topic, and (12), where David Lodge toys around with the PU *lose one's marbles*.

(11) *I'm surprised I was invited.*
Well, look around you. Who wasn't?
You ever hear the expression "Keeping up with the Joneses"?
Of course.
Mr. and Mrs. Gordon Jones. The actual, historical family they invented the phrase about. (Screenplay *Mona Lisa Smile*)

(12) *Alexandra is my shrink, my current shrink. Dr Alexandra Marbles. No, her real name is Marples. I call her Marbles for a joke. If she ever moves or retires, I'll be able to say I've lost my Marbles.* (D. Lodge *Therapy* 1995: 14)

5 Final remarks

It has been shown that the characteristics of PUs offer a wide range of possibilities for creative applications. They are popular with authors in the press and in literature, with copy writers and cartoonists as well as with readers because of their stylistic effects, especially the production of humour and intellectual joy.

Onymic phraseological units represent a considerably large and productive subgroup in the phrasicon. Their fascination is based on the fact that – on the one hand – the pattern to use proper names as well as some models of their formation are known in many different cultures and languages and that – on the other hand – the majority of expressions are so deeply rooted in the cultural tradition of a speech community that extensive background knowledge is necessary to understand them. When onymic PUs are used in texts, they offer excellent opportunities for modifications, puns and allusions; for two items come together – the PU and the proper name – that lend themselves to an author's desire to be creative and productive with language.

References

DOBROVOL'SKIJ, Dmitrij (2002): Phraseologismen in kontrastiver Sicht. In: CRUSE, D. Alan/HUNDSNURSCHER, Franz/JOB, Michael/LUTZEIER, Peter Rolf (Hrsg.): Lexicologie Lexicology. Ein internationales Handbuch zur Natur und Struktur von Wörtern und Wortschätzen. An International Handbook on the Nature and Structure of Words and Vocabularies. Berlin/New York. p. 442-450.

FLEISCHER, Wolfgang (1997): Phraseologie der deutschen Gegenwartssprache. 2., durchgesehene und ergänzte Auflage. Tübingen.

FLAVELL, Linda/FLAVELL, Roger (2000): Dictionary of Idioms and Their Origins. London.
FÖLDES, Csaba (1989): Onymische Phraseologismen als Objekt des Sprachvergleichs. In: GRECIANO, Gertrud (Hrsg.): Europhras 88. Phraséologie Contrastive. Actes du Colloque International 12-16 mai 1988. Strassbourg. p. 127–140.
NACISCIONE, Anita (2001): Phraseological Units in Discourse: Towards Applied Stylistics. Riga.
ZOUOGBO, Jean-Philippe (2003): Bété-Sprichwörter im Vergleich mit dem Deutschen und Französischen. In: BURGER, Harald/HÄCKI BUHOFER, Annelies/GRÉCIANO, Gertrud (Hrsg.): Flut von Texten – Vielfalt der Kulturen. Baltmannsweiler. p. 289–302.

Variationslinguistische Aspekte

Peter Ernst (Wien/Veszprém)

Österreichische Phraseologismen als Teil des österreichischen Deutsch und ihre Stellung innerhalb der gesamtdeutschen Phraseologie

1 Problemlage

In der Germanistischen Sprachwissenschaft herrscht heute im Großen und Ganzen Konsens darüber, dass das Deutsche eine plurizentrische Sprache darstellt. Wenn wir diesen Gedanken konsequent weiter verfolgen, bedeutet dies, dass es eben keine deutsche „Einheitssprache" gibt, wie sie etwa in den 70er Jahren noch als selbstverständlich vorausgesetzt wurde. So verwendet ihn BAUSINGER (1972: 13) in seinem Buch *Deutsch für Deutsche* ernsthaft und ganz ohne Anführungszeichen. Wir müssen vielmehr davon ausgehen, dass die deutschen Standardsprachen in Deutschland, Österreich, Südtirol, Liechtenstein, Luxemburg, Ostbelgien und in der Schweiz mit ihren „nationalen Voll- und Halbzentren" (die Begriffe stammen aus dem *Variantenwörterbuch* von AMMON et al.) einander ergänzen. Dies schließt natürlich nicht aus, dass es weiterhin sprachliche Zeichen gibt, die im gesamten deutschen Sprachraum quasi unmarkiert verwendet werden, z.B. das Wort *Haus*. Soweit ich sehe, ist allerdings theoretisch noch nicht geklärt, ob diese „gemeindeutschen" Wörter und Zeichen (*Variantenwörterbuch*) mit den nationalen Varianten auf einer Ebene stehen oder in welchem Verhältnis das „Gemeindeutsche" mit den nationalen Varianten steht. Mein Vortrag soll als kleiner Beitrag zum Versuch einer Klärung verstanden werden.

Das sprachliche Zeichen steht nicht nur in einem horizontal (diatopisch) und vertikal (diastratisch) definierten Spannungsfeld, es ist auch durch die Äußerungssituation diaphasisch bestimmt:

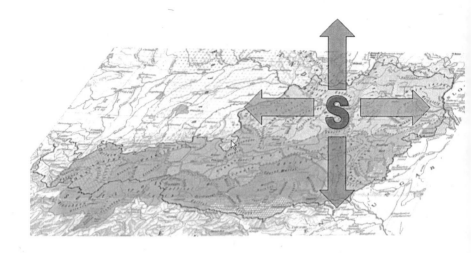

Diese dreifache Verankerung des sprachlichen Zeichens gleichsam in Zeit und Raum muss auf alle Fälle berücksichtigt werden, wenn man als deskriptiver Linguist die deutsche Sprache beschreiben, erfassen und kodifizieren will. Dies wollen wir im Folgenden am Beispiel der österreichischen Phraseologie demonstrieren.

2 Das österreichische Deutsch als nationales Vollzentrum des Deutschen

Seit 1951 erscheint das *Österreichische Wörterbuch*, das als Initialzündung für die Erforschung des „österreichischen Deutsch" angesehen werden kann. In den 70er Jahren begann dann die systematische Erforschung des österreichischen Deutsch. Auf folgenden sprachlichen Ebenen wurden bisher Besonderheiten des österreichischen Deutsch konstatiert:

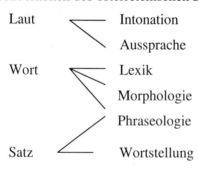

Allerdings sind nicht alle sprachlichen Ebenen gleich gut erforscht. Auf Satzebene konnte bisher PATOCKA (2002) zeigen, dass die standarddeutsche Abfolge von Auxiliarverb + Modalverb + Hauptverb im Nebensatz (Muster: ... *dass ich es habe hören können.*) im österreichischen Deutsch offenbar öfter in der Variante Hauptverb + Auxiliarverb + Modalverb vorkommt („österreichisches" Muster: ... *dass ich es hören habe können.*). Am besten Bescheid wissen wir über Aussprache und Wortschatz. Die Phraseologie wurde – vor allem von EBNER – im Rahmen der Lexik „mitbetreut", aber im Gegensatz zur Lexik noch nie systematisch aufbereitet. Diesem Ziel dient das *Wörterbuch zur österreichischen Phraseologie*, das Elke PEYERL, Alexandra GRÖLLER, Greta QELLO und ich im Rahmen eines FWF-Projektes derzeit vorbereiten und das 2007 erscheinen soll. Als Motto kann eine Aussage von FÖLDES (1998: 112) dienen:

> Will man über die Standardsprache hinausgehen, so wäre es ein ebenfalls mögliches Konzept, die bzw. alle Phraseologismen zu sammeln und zu erfassen, die in Österreich (oder in einem bestimmten Dialektgebiet) zu einem gegebenen Zeitpunkt gebraucht werden.

Aber auch das *Variantenwörterbuch* (AMMON 2004) hat sich offenbar dieses Ziel gesetzt. Dieses Buch hat nicht nur einen völlig neuen Wörterbuchtyp im Deutschen verwirklicht, sondern stellt insgesamt eine vorbildliche Forschungsarbeit dar. Da es auch aus phraseologischer Hinsicht äußerst wertvoll ist, stellt sich die Frage, ob man mit seiner Hilfe eine „Phraseogeografie" entwerfen kann.

2.1 Diatopischer Aspekt

Trägt man die bei AMMON 2004 enthaltenen Varianten nach den Angaben für die regionale Gültigkeit mit derselben phraseologischen Bedeutung ein, ergibt sich für die Strecke A–AD (auf mehr kann aus Platzgründen hier nicht eingegangen werden) folgendes Bild:

VARIANTENWÖRTERBUCH A–AD	CH [gesamt]	D [gesamt]	D-nord/ mittel	D-südwest	D-ost/ südwest	D-mittelost/ südost	D-südost	A [gesamt]	A-ost
3 ‚weit ab, fern ab'	ab der Welt								
3 ‚ab und zu, gelegentlich'	ab und an (selten)		ab und an						
4 ‚daran gibt es keinen Zweifel'	Das schleckt keine Geiss weg	Da beißt die Maus keinen Faden ab (Grenzfall des Standards)							
5 ‚im letztmöglichen Augenblick'		auf den letzten Drücker						im letzten Abdruck	
	Heilige Abend	Heilige Abend						Heilige Abend	
5 ‚zu Abend essen'	zu Abend essen, zu Nacht essen, nachtessen	zu Abend essen (ohne nordost)	Abendbrot essen	zu Nacht essen					
5 ‚bei jmdm. nicht mehr beliebt sein, es sich mit jmdm. verscherzt haben'					bei jmdm. abgegessen haben				
5 ‚jmdn. abweisen, abblitzen lassen'		jmdn. abfahren lassen (salopp)							
‚etw. spielt sich ab; etw. ist los; etw. geht rund'	etw. geht [voll] ab (salopp)	etw. geht [voll] ab (salopp)							

9, 15 ‚jmdm. verdirbt es schlagartig die Laune'	jmdm. löscht es ab – jmdm. stellt es ab							
10 ‚Zahlung an den Vermieter bzw. die Vermieter oder an den Vormieter bzw. an die Vormieterin ohne entsprechende Gegenleistung'		verbotene Ablöse						
12 ‚blossgestellt sein; den Kürzeren gezogen haben'			mit abgesägten Hosen [dastehen]					
12, 253, 336, 471, 511, 578 ‚sich entfernen; verschwinden; abhauen' [Querverweise unter „abschleichen"]			Leine ziehen (Grenzfall des Standards)	[die/eine] Fliege machen (salopp)	[die/eine] Mücke machen (salopp)	Leine ziehen (ohne südost, Grenzfall des Standards) – die Platte putzen (ohne mittelost, südost, Grenzfall des Standards)	sich über die Häuser hauen (salopp, Grenzfall des Standards)	
13 ‚Das ist nicht mehr zu begreifen'						Da schnallst du ab!		Da schnallst du ab!

17 ‚schmutziges Geschirr reinigen'	den Abwasch machen	den Abwasch machen (ohne südost)				
17 ‚auf einmal, zugleich'	in einem Abwasch – im gleichen Aufwisch (selten) – in einem Aufwisch	in einem Abwasch (ohne südost) – in einem Aufwasch (ohne südost)		in einem Aufwaschen	in einem Aufwaschen	
21 zur Verabschiedung von Personen, mit denen man per du ist					Pfiat di/Euch [Gott]	Pfiat di/Euch [Gott]
21 zur Verabschiedung von Personen, mit denen man per Sie ist [Querverweise unter „ade"]					auf Wiedersehen	auf Wiedersehen

Auf den ersten Blick fällt das auf, was man nicht sieht: nämlich die Lücken. Diese dürfen nicht so interpretiert werden, dass es für die Phraseologismen in den anderen, sozusagen „leeren" Varietäten keine Ausdrücke gibt, es sind nur eben keine Phraseologismen (z.b. für „zu Abend essen", „nachtmahlen"). Aus den wenigen Beispielen ist bereits das Wesentliche abzulesen: Es gibt keine „lückenlose" Phraseo-Geografie, oder mit anderen Worten: Nicht für jeden Phraseologismus gibt es phraseologische Gegenstücke in den anderen Varietäten. Wir können dies auch an einem Einzelfall (in der obigen Tabelle fett gesetzt) demonstrieren, nämlich die phraseologischen Ausdrücke für ‚sich entfernen, verschwinden abhauen'. Standardsprachlich würde dem m.E. im ganzen Sprachraum etwa *sich aus dem Staub machen, die Kurve kratzen* entsprechen, aber diese Redewendungen sind (da sie offenbar nicht regional begrenzt sind) nicht im Variantenwörterbuch eingetragen).

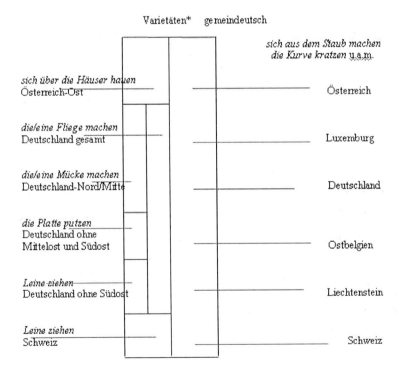

* aus: *Variantenwörterbuch* (2004).
Die Querverweise lauten:

abhauen (gemeindt.): *abfahren, abschieben, abschleichen, dünnemachen, Fliege: *die/eine Fliege machen, *sich über die Häuser hauen, Leine:*Leine ziehen, Mücke: die/eine Mücke machen, Platte: die Platte putzen, putzen, schleichen, trollen, verdrücken, verduften, verkrümeln, verpissen, vertschüssen, verzupfen, zupfen*

2.2 Diastratischer Aspekt

Es erhebt sich die Frage, ob die genannten Beispiele diastratisch miteinander vergleichbar sind. Auf den ersten Blick fällt auf, dass bis auf *Mücke machen* alle Varianten für ‚verschwinden' als „Grenzfall des Standards" markiert sind, und selbst „die Mücke machen" wird als „salopp" gekennzeichnet, sodass wir es durchaus auch als „Grenzfall des Standards" ansehen dürfen. Das Variantenwörterbuch vermeidet klugerweise das Merkmal „umgangssprachlich". Dennoch wird dieser Begriff sachlich vorausgesetzt, etwa wenn von Gebrauch der Standardsprache, Umgangssprache und Dialekt in Österreich (S. XXXVI ff.) berichtet wird: Als „Umgangssprache" in Österreich werden die Register zwischen Standardsprache auf der einen und Dialekt auf der anderen Seite gesehen. So gesehen müssen sich „Grenzfälle des Standards" zwangsläufig an der Grenze zur Umgangssprache befinden, und tatsächlich *kann sich über die Häuser hauen* in Ostösterreich nur in sehr vertrauen Situationen (gar als Aufforderung!) verwendet werden, und es kann sogar die Bedeutung des „Götz-Zitats" annehmen. Für die bedeutungsgleichen Varianten in anderen Regionen fühle ich mich nicht kompetent, aber es ist der Frage nachzugehen, ob sie wirklich 1:1-Entsprechungen darstellen oder ob es nicht doch stilistisch-diastratische Unterschiede gibt.

3 Diaphasischer Aspekt

Damit sind wir auch gleich bei der Frage nach der Verwendungssituation. *Sich über die Häuser hauen* kann, wie gesagt, in Österreich nur in sehr inoffiziellen Situationen verwendet werden und gilt gemeinhin auch als „derb". Darüber hinaus kann es auch im Sinn des „Götz-Zitates" verwendet werden: *Hau' dich über die Häuser!* Wir wollen in der Folge einen Versuch zur geographischen Verwendungsweise der im *Variantenwörterbuch* angegebenen Varianten zu ‚verschwinden' machen:

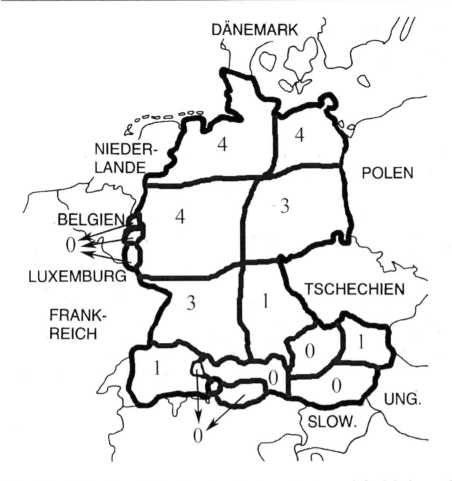

Für die im Variantenwörterbuch unterschiedenen Regionen läßt sich demnach eine unterschiedlich hohe Anzahl von onomasiologischen Synonymen feststellen:
Deutschland-Nordwest: 4 (*die/eine Fliege machen; die/eine Mücke machen; die Platte putzen; Leine ziehen*)
Deutschland-Nordost: 4 (*die/eine Fliege machen; die /eine Mücke machen; die Platte putzen; Leine ziehen*)
Deutschland-Mittelwest: 4 (*die/eine Fliege machen; die eine Mücke machen; die Platte putzen; Leine ziehen*)
Deutschland-Mittelost: 3 (*die/eine Fliege machen; die/eine Mücke machen; Leine ziehen*)
Deutschland-Südwest: 3 (*die/eine Fliege machen; die Platte putzen; Leine ziehen*)
Deutschland-Südost: 1 (*die/eine Fliege machen*)

Schweiz: 1 (*Leine ziehen*)
Österreich-West: 0
Österreich-Mitte: 0
Österreich-Südost: 0
Österreich-Ost: 1 (*sich über die Häuser hauen*)
Südtirol, Liechtenstein, Ostbelgien, Luxemburg: 0

Rein geographisch würde diese Karte suggerieren, dass die Anzahl der s y n ‑
o n y m e n Varianten im deutschen Sprachraum von Südosten nach Nordwesten wellentheorieartig zunimmt. Zudem hätten fast das gesamte Österreich, Liechtenstein, Südtirol, Ostbelgien und Luxemburg nur die gemeindeutsche Variante „sich aus dem Staub machen" oder ein Äquivalent wie „die Kurve kratzen". Allerdings müssen wir davon ausgehen, dass die angeführten Phraseologismen, wie schon am ostösterreichischen Beispiel gezeigt, nicht als vollkommen synonym betrachtet werden dürfen. Die Verwendung von *die Mücke machen* und *die Fliege machen* in Norddeutschland setzen mit Sicherheit einen anderen sprachexternen Kontext voraus, und es lässt sich anzweifeln, ob *Leine ziehen* in der Schweiz und *sich über die Häuser hauen* in Ostösterreich wirklich vollkommen kontextfreie Standardvarianten darstellen.

Es erhebt sich also die Frage, ob und wie Phraseologismen diastratisch (schichtspezifisch) und diaphasisch (situationsgebunden) sind und wie man dies erfassen und eventuell darstellen könnte, etwa nach folgendem, frei erfundenen Muster:

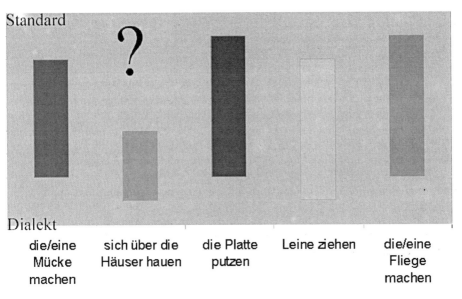

| die/eine Mücke machen | sich über die Häuser hauen | die Platte putzen | Leine ziehen | die/eine Fliege machen |

Meine Vermutung geht daher in die Richtung, die ich schon bei *sich über die Häuser hauen* angedeutet habe: Dass der Linguist in besonderem Maß die Verwendungssituation, den diaphasischen Aspekt, also die Sprachpragmatik, in seine Überlegungen einbeziehen muss. Als Resümee der bisherigen Überlegungen lässt sich daher folgende These bzw. Forderung an die Phraseologie stellen: Substandardformen sind in hohem Maß, vielfach stärker als bisher berücksichtigt, von der Situation abhängige Verwendungsweisen sprachlicher Zeichen. Dies gilt in besonderem Maß für Phraseologismen.

Literatur

AMMON, Ulrich et. al. (2004): Variantenwörterbuch des Deutschen. Die Standardsprache in Österreich, der Schweiz und Deutschland sowie in Liechtenstein, Luxemburg, Ostbelgien und Südtirol. Berlin/New York.
BAUSINGER, Hermann (1972): Deutsch für Deutsche. Dialekte, Sprachbarrieren, Sondersprachen. Frankfurt am Main.
EBNER, Jakob (1998): Wie sagt man in Österreich? Wörterbuch des österreichischen Deutsch. 3. Aufl. Mannheim/Leipzig/Wien/Zürich. (Duden-Taschenbücher; 8).
EBNER, Jakob (2004): Redensarten & Redewendungen. Wien. (Wörterbücher in Rotweißrot).
ERNST, Peter/PEYERL, Elke (2004): Das „Wörterbuch zur österreichischen Phraseologie". Eine Projektbeschreibung. In: FÖLDES, Csaba (Hrsg.): Res humanae proverbiorum et sententiarum. Ad honorem Wolfgangi Mieder. Tübingen. S. 79–88.

ERNST, Peter/GRÖLLER, Alexandra/PEYERL, Elke/QELLO, Greta (in Vorbereitung): Wörterbuch zur österreichischen Phraseologie (WÖP).

FÖLDES, Csaba (1996): Deutsche Phraseologie kontrastiv. Intra- und interlinguale Zugänge. Heidelberg. (Deutsch im Kontrast; 15).

FÖLDES, Csaba (1998): Gibt es eine „österreichische Phraseologie"? In: HARTMANN, Dietrich (Hrsg.): „Das geht auf keine Kuhhaut." Arbeitsfelder der Phraseologie. Akten des Westfälischen Arbeitskreises Phraseologie/Parömiologie 1996 (Bochum). Bochum. Unveränderter Nachdruck 2001. (Studien zur Phraseologie und Parömiologie; 16). S. 109–125.

MALYGIN, Victor T. (1996): Österreichische Redewendungen und Redensarten. Wien.

Österreichisches Wörterbuch (2006). 40. Auflage. Wien.

PATOCKA, Franz (2002): Die Großstadt als syntaktisches Spannungsfeld. In: WIESINGER, Peter (Hrsg.): Akten des X. Internationalen Germanistenkongresses Wien 2000 „Zeitenwende – Die Germanistik auf dem Weg vom 20. ins 21. Jahrhundert". Unter Mitarbeit von Hans DERKITS. Band 3. Bern u.a. (Jahrbuch für Internationale Germanistik, Reihe A; 55). S. 243–248.

Kerstin Knop (Trier)

Der kennt e Gääß zwische de Hörner kisse –
Zu einigen Besonderheiten der Phraseologie des Pfälzischen

1 Vorbemerkungen

Untersuchungen der Phraseologie deutschsprachiger Dialekte haben seit einigen Jahren Eingang in die Forschung gefunden. Inzwischen gibt es erste Monographien, die dieses Thema aufgreifen. Zu nennen sind hier v.a. Elisabeth Piirainens Untersuchung zum Westmünsterländischen (PIIRAINEN 2000) und Natalia Filatkinas Dissertation zum Luxemburgischen (FILATKINA 2005), kleinere Aufsätze zur schweizerdeutschen Phraseologie von BURGER (2002) bzw. BURGER/ZÜRRER (2004). Einen Einblick in die aktuelle Forschungslage und die Zusammenarbeit der beiden Disziplinen Dialektologie und Phraseologie gibt PIIRAINEN (2006: 198).
Das pfälzische Dialektgebiet in seiner Gesamtheit wurde zwar intensiv von R. POST (u.a. POST 1992) und seinen Vorgängern während der Bearbeitung des Pfälzischen Wörterbuchs (1965–1997) untersucht, die Phraseologie des Pfälzischen wurde allerdings noch nie umfassend analysiert.

2 Materialgrundlagen und Methoden zur Untersuchung der pfälzischen Phraseologie

2.1 Das Pfälzische Wörterbuch

Als einzige Quelle, die Phraseologismen des gesamten pfälzischen Dialektgebietes dokumentiert, kommt für weitere Untersuchungen das Pfälzische Wörterbuch in Frage. Als eines der sog. großlandschaftlichen Dialektwörterbücher des Deutschen wurde es von 1965 bis 1997 in sechs Bänden publiziert. Das Bearbeitungsgebiet des Pfälzischen Wörterbuchs ist weitgehend identisch mit dem pfälzischen Dialektgebiet.
Weitere Sammlungen sog. ,Redensarten und Sprichwörter' existieren, wie für viele andere Mundarten, auch für das Pfälzische. Sie enthalten entweder nur Phraseologismen eines Teilgebietes des Pfälzischen (z.B. KARMANN 1974, THIELEN 1986) oder stammen aus dem ausgehenden 19. oder begin-

nenden 20. Jahrhundert; allen gemeinsam ist der populärwissenschaftliche Ansatz und ihr relativ geringer Umfang (von z.T. 30 oder einigen hundert Einträgen, nur selten übersteigt die Anzahl 1000 Redensarten). Zudem handelt es sich um reine Sammlungen, die das Material nicht weiter auswerten. Sie können zwar als Quelle für weitere Erhebungen zur Bekanntheit von Phraseologismen genutzt werden, jedoch weniger zur Erstellung einer ersten umfassenden Materialbasis. Zur Feststellung des aktuellen Gebrauchs und der Bekanntheit von Phraseologismen im Dialekt sind weitere Umfragen unumgänglich.

2.2 Phraseologismen im Pfälzischen Wörterbuch

Im Gegensatz zu anderen Dialektwörterbüchern des Westmitteldeutschen – exemplarisch sei hier nur das Rheinische Wörterbuch[1] genannt – bietet sich das Pfälzische Wörterbuch für weitere Untersuchungen des enthaltenen phraseologischen Materials an. Um daraus eine Sammlung pfälzischer Phraseologismen zu erstellen, müssen diese allerdings erst aus dem gesamten Wörterbuch exzerpiert, aufgearbeitet und ausgewertet werden. Einem solchen Vorhaben kommt die einheitliche und übersichtliche Mikrostruktur des Pfälzischen Wörterbuchs entgegen: Phraseologismen sind an bestimmten Stellen innerhalb des Artikels eingeordnet und zumeist mit den Siglen „RA." für Redensart und „SprW." für Sprichwort markiert; an die gekennzeichneten Phraseologismen schließt sich größtenteils eine Bedeutungserläuterung an. Dennoch findet man auch an nicht gesondert markierten Stellen innerhalb eines Wörterbuchartikels Phraseologismen; dies gilt besonders für Routineformeln oder Kollokationen (wie z.B.: *Denk emol aan!* im Sinne von ‚höre nur und staune' oder *eem die Zeit biede* für ‚jemanden grüßen'). Für die vorliegende Untersuchung spielt dies keine Rolle, da Routineformeln und Kollokationen ebenso außer Acht gelassen werden wie Sprichwörter; untersucht werden nur Phraseologismen im engeren Sinne, Idiome, die als zentral für die Phraseologie angesehen werden.

Die lexikographische Darstellung der Phraseologismen im Pfälzischen Wörterbuch soll an dieser Stelle nicht beurteilt werden. In Dialektwörterbü-

---

[1] Im RheinWb. werden zwar auch Idiome verzeichnet, aber oft ohne vorangehende Sigle. Eine zusätzliche Schwierigkeit, Phraseologismen innerhalb des Artikels zu finden, besteht in der recht unübersichtlichen Struktur der Wörterbuchartikel selbst. Als Materialbasis für weitere Untersuchungen des phraseologischen Inventars scheint das RheinWb. deshalb kaum geeignet.

chern findet man z.T. die gleichen Defizite, die vielfach für standarddeutsche Wörterbücher festgestellt wurden.[2]

3 Besonderheiten der Pfälzischen Phraseologie

Als Materialbasis einer laufenden umfassenden Untersuchung zur Pfälzischen Phraseologie dienen primär Idiome, die aus dem Pfälzischen Wörterbuch exzerpiert, in einer Datenbank gesammelt und – neben anderen Gesichtspunkten – nach semantischen und bildlichen Aspekten geordnet werden.[3]

Ziel des folgenden Beitrags ist es, einige Besonderheiten der pfälzischen Phraseologie aufzuzeigen und damit dialektspezifische Eigenarten des phraseologischen Inventars herauszustellen. Als Vergleichsbasis wird die Phraseologie des Hochdeutschen herangezogen.[4]

Die bisherigen Untersuchungen der Pfälzischen Phraseologie lassen folgende erste Arbeitshypothesen zu: Die Pfälzische Phraseologie zeigt im Vergleich zur standarddeutschen Phraseologie einige Charakteristika, die besonders in folgenden Bereichen auftreten:

in der Bildlichkeit
in semantischen Feldern
in Teilbereichen der Pragmatik

3.1 Besonderheiten in der Bildlichkeit

Als spezielle Ausgangsdomänen der pfälzischen Phraseologie wurden ‚Nahrung' und ‚Nutztiere' neben ‚Somatismen' ermittelt. In der Forschung ist seit langem bekannt, dass Idiome mit ‚Somatismen' einen großen Teil der Phraseologie aller bisher untersuchten Sprachen ausmachen (u.a. DOBROVOL'SKIJ/PIIRAINEN 2005: 41). Deshalb können diese bei der weiteren Untersuchung außer Acht bleiben. Als spezielle Ausgangsdomänen der pfälzischen Phraseologie werden deshalb die Bereiche ‚Nahrung' und ‚Nutztiere' weiter untersucht.

---

[2] Die Problematik kann hier nicht weiter ausgeführt werden. Erla HALLSTEINSDÓTTIR (2006: 103) verweist in ihrem Aufsatz auf zahlreiche Abhandlungen, die sich mit der Darstellung von Phraseologismen in Wörterbüchern beschäftigen.
[3] Die Anlage der Datenbank orientiert sich an dem Schema, das E. PIIRAINEN (2000) für das Westmünsterländische entworfen hat.
[4] Als Vergleichsbasis mit dem Hochdeutschen dienen bekannte phraseologische Wörterbücher (SCHEMANN 1992, Duden 2002, Bd. 11).

Innerhalb des Ausgangskonzepts ‚Nutztiere' repräsentieren v.a. Ziegen oder Hühner die ländliche Lebenswelt der Bevölkerung; vgl.:[5]

(1) *der kennt e Gääß zwische de Herner kisse* „der könnte eine Ziege zwischen den Hörnern küssen", ‚er ist mager'

(2) *der loßt sich von de Hinkel kään Dreck ins Au kratze* „der lässt sich von den Hühnern keinen Dreck ins Auge kratzen", ‚er ist gescheit'

In Idiom (1) bildet die Ziege in ihrer äußeren Erscheinungsform das Ausgangskonzept. Das Idiom wird aufgrund des Wissens verarbeitet, dass ein Mensch, der besonders schmal ist, auch einen schmalen Kopf hat, der zwischen die Hörner einer Ziege passt; er „könnte sie zwischen den Hörnern küssen".

Die Eigenart von Hühnern, gerne im Dreck zu scharren, konstituiert das Bild in Idiom (2).

Kleintiere (Ziegen und Hühner) waren zentraler Bestandteil der ländlichen Lebenswelt der Bevölkerung. Aus quantitativer Sicht nehmen Konstituenten dieser Domäne breiten Raum des phraseologischen Bestandes ein.

In das Ausgangskonzept ‚Nahrung' können einerseits Phraseologismen eingeordnet werden, die Eigentümlichkeiten in der konkreten Bildlichkeit aufweisen:

(3) *de Rahm abscheppe un die Sauermillich iwwerich losse* „den Rahm abschöpfen und die Sauermilch übrig lassen", ‚jmdn. übervorteilen'

Beispiel (3) zeigt die Möglichkeit der Erweiterung des im Hochdeutschen bekannten Phraseologismus *„den Rahm abschöpfen"* durch die dialektale Ergänzung ([...] *die Sauermillich iwwerich losse*); das dadurch entstandene konkretere und anschaulichere Bild gegenüber dem Hochdeutschen ist ein Kennzeichen, das auch in der Phraseologie des Westmünsterländischen anzutreffen ist (PIIRAINEN 1991: 39–41).

Andererseits treten besondere Merkmale hervor durch die Verbindung der Ausgangsdomäne ‚Nahrung' mit dem Zielkonzept ‚Aussehen'.

(4) *mer määnt, der wär mim Gesicht in die Linsesupp gefall* „man meint, der wäre mit dem Gesicht in die Linsensuppe gefallen", ‚er hat Sommersprossen'

(5) *der hat die reinschde Pannkuche im Gesicht* „der hat die reinsten Pfannkuchen im Gesicht", ‚er hat Sommersprossen'

Die besondere Bildlichkeit ergibt sich durch direkte Beobachtung und einen indirekten Vergleich der Sommersprossen im Gesicht von Menschen mit Elementen der Nahrung (Linsensuppe und Pfannkuchen); gleichzeitig lassen die Phraseologismen Ironie und Spott erkennen, denen Menschen, die in ih-

---

[5] Die folgenden Aussagen können aus Platzgründen nur durch ausgewählte Beispiele belegt werden, obwohl eine Vielzahl weiterer Belege existiert.

rem Aussehen von der Norm abweichen, ausgesetzt sind. Im Hochdeutschen findet sich nichts Vergleichbares.

Die Ausgangskonzepte ‚Nutztiere' und ‚Nahrung' zeigen, dass die Bildlichkeit der ländlich geprägten Umwelt und der Alltagswelt entstammt; sie sind Bereichen der sog. materiellen Kultur zuzuordnen (DOBROVOL'SKIJ/PIIRAINEN 2005: 224). Im Gegensatz zu der realen Welt gibt es eine große Anzahl von Phraseologismen, die aus Domänen einer vorwissenschaftlichen Konzeptualisierung der Welt stammen (DOBROVOL'SKIJ/PIIRAINEN 2005: 236). Beispiele hierfür sind:

(6) *er hat sich de Herzbännel abgesoff* „er hat sich das Herzbändel abgesoffen", ‚er hat sich zu Tode gesoffen'

(7) *ääm de Seelsack rausärjere* „einem den Seelsack herausärgern", ‚jemanden zu Tode ärgern'

In beiden Idiomen bezeichnen die unikalen Konstituenten *Herzbännel* und *Seelsack* imaginäre Körperteile, die einer vorwissenschaftlichen anatomischen Weltsicht entstammen: Ein Band, an dem das Herz befestigt ist, existiert ebenso wenig wie ein Sack als Behälter der Seele. In ihrer Bedeutung sind beide ‚Organe' jedoch als überlebenswichtig anzusehen, denn deren Fehlen führt zwangsläufig zum Tod.

Auch Beispiel (8) kann in diese konzeptuelle Domäne eingeordnet werden:

(8) *do kennt mer grad die Gääßegichdere krien!* „da könnte man gerade die Geißengichtern bekommen", Ausruf, wenn man sich stark über etwas oder jemanden ärgert

Bei dem Substantiv *Gääßegichtern* handelt es sich um eine alte Krankheitsbezeichnung für Angstkrämpfe, große Angst (PfälzWb. III, 145).[6] Schon im Mittelhochdeutschen ist das Wort ‚giht' in der Bedeutung „Zuckung, Krämpfe" belegt (LEXER I, 1014,29). Die Verbindung der Bezeichnung *giht* mit Ärger, Wut ist belegt in der Quelle ‚Mai und Beaflor': eine Frau wird infolge eines Wutausbruchs von *giht* befallen, sie bekommt Krämpfe.

Komparative Phraseologismen werden hier exemplarisch herangezogen, da anhand ihrer weitere Eigenheiten der Bildlichkeit erläutert werden können. Besonderheiten – im Vergleich zum Hochdeutschen – sind hyperbolische, komische, ins Absurde gehende Vergleiche:

(9) *er macht e Gesicht wie e Mott, wann's blitzt* „er macht ein Gesicht wie eine Motte, wenn es blitzt, ‚er macht ein erschrockenes Gesicht'

---

[6] Das Simplex *Gichtern* wird im PfälzWb III, 310 erklärt mit „1.) heftige, von Angstzuständen begleitete Krämpfe, bes. bei Kindern 2.) Pferdekrankheit". Auch im Elsässischen Wörterbuch (I, 197b) ist das Kompositum *Geißegichtern* erläutert als „ [...] furchtbare Angst, bes. unbegründete große Furcht, panischer Schreck".

(10) *er sitzt do wie e Aff um Schleifstään* „er sitzt da wie ein Affe auf dem Schleifstein", ‚er sitzt in einer ungelenken Haltung'

(11) *der lacht wie e verliebter/verheirader Maikäwwer* „er lacht wie ein verliebter/ verheirateter Maikäfer",er verzieht beim Lachen sein Gesicht'

(12) *der macht e Gesicht wie e Pann voll Deiwel* „der macht ein Gesicht wie eine Pfanne voller Teufel" ‚er macht ein missmutiges Gesicht'

Aus dem phraseologischen Kontext herausgelöst, entstammen die Konstituenten einem Bereich der Realität (dem Bereich Tiere, Gebrauchsgegenstand (Pfanne) und Werkzeug (Schleifstein)). Erst durch den direkten Vergleich werden Konzepte miteinander in Bezug gesetzt, die real in dieser Verbindung nicht vorkommen. Es wird ein untypischer Kontext und eine imaginäre, irreale Welt erzeugt, die komisch, absurd und grotesk zugleich wirkt. Die Metaphorik wird erst verständlich durch Vorstellungsvermögen und Weltwissen, das der Sprachgemeinschaft eigen ist. Besonders für das Zielkonzept ‚Gestik und mimische Erscheinungsformen des Menschen' sind solche Versprachlichungen typisch.

3.2 Besonderheiten in semantischen Feldern

Im Folgenden wird exemplarisch ein semantisches Feld der pfälzischen Phraseologie betrachtet, das Besonderheiten gegenüber dem Hochdeutschen aufweist. Obwohl es auch im Hochdeutschen eine größere Anzahl verhüllender Phraseologismen zu dem semantischen Feld ‚prügeln' gibt, ist keine derart vielfältige Bildlichkeit vorhanden wie es sie im Pfälzischen gibt; v.a. die pragmatische Spezifik des Androhens von Prügel ist im Hochdeutschen nicht in dieser Weise zu finden. Schon Ernst CHRISTMANN, der Leiter der Materialsammlungen für das PfälzWb. weist 1937/38 in seiner kurzen Abhandlung „Von der Poesie pfälzischer Wut" auf „Redensarten" hin, die man in der Pfalz gebraucht, wenn man jemandem Prügel androht.[7]

(13) *dei Arsch hat glei Kirbe!* „dein Arsch hat gleich Kirmes", ‚gleich werde ich dir Prügel erteilen'

(14) *ich gei d'r die Fasenaacht an,* „ich geige dir die Fastnacht an", ‚gleich werde ich dir Prügel erteilen'

Kirmes ist in (13) als Metapher für „buntes Treiben" anzusehen. Hintergrund für (14) ist der Brauch, den Beginn der Fastnacht mit Musik einer Geige anzukündigen. Das darauf folgende ausgelassene Leben wird ebenfalls nur implizit angekündigt, ebenso wie die Schläge. Die Beispiele (13) und (14) vereinigen unterschiedliche Stilmarkierungen: sie sind drohend, ironisch und stark

---

[7] Hierbei handelt es sich um einen frühen Aufsatz, der in Ansätzen das Wortfeld ‚jmdn. schlagen' behandelt.

verhüllend zugleich. Damit verbunden ist eine erzieherische Absicht, die u.a. durch Anspielung und Metaphorik erreicht wird.

3.3 Besonderheiten in der Pragmatik (Euphemisierung)

Das Mittel der Euphemisierung wird nicht nur in Verbindung mit drohender, erzieherischer Absicht genutzt, sondern ebenfalls, um sog. gesellschaftliche Tabuthemen anzusprechen (PIIRAINEN 2000: 358–359).
Typisch ist der Bereich Schwangerschaft. Neben der relativ direkten Benennung einer Schwangerschaft, *die hat e dicke Bauch,* kommen im Pfälzischen Phraseologismen mit größerem euphemistischem Potential vor:

(15) *die hot die Keez voll* „die hat den Rückenkorb voll", ‚sie ist schwanger'

Eine Köze ist ein aus Weiden geflochtener Rückenkorb mit Tragebändern, die über die Schultern gehen; in der Landwirtschaft wird sie eingesetzt zum Mist-, Futter- oder Leseholztragen (PfälzWb. IV, 507). Jemand, der eine „Köze" auf dem Rücken trägt unterscheidet sich durch sein Aussehen von anderen Menschen. Eine volle Köze steht hier verhüllend für „dicker Bauch".

Ein uneheliches Kind zu bekommen, bedeutete für eine Frau, von der Gesellschaft herabgesetzt zu werden, weil sie gültige Normen nicht beachtet hat. In Idiomen mit der Bedeutung ‚ein uneheliches Kind bekommen' tritt der Aspekt des Unglücks und Missgeschicks besonders hervor (PIIRAINEN 2000: 167). In Idiom (16) wird deutlich, dass dieses Unglück eine Frau nur an einer versteckten Stelle (hinter der Hecke) treffen kann.

(16) *die hott sich ebbes hinner der Heck uffgeles* „die hat sich etwas hinter der Hecke aufgelesen", ‚sie bekommt ein uneheliches Kind'

4 Ergebnisse

Zusammenfassend lassen sich aus den kurz erläuterten Beispielen folgende Hypothesen formulieren, die als Zwischenergebnisse der noch laufenden Untersuchung zu betrachten sind:

1. Einerseits werden bisherige Untersuchungsergebnisse der dialektalen Phraseologie bestätigt:
a) Das Pfälzische hat eine eigene, konkretere und reichere, im Standarddeutschen nicht bekannte Bildlichkeit. Diese entstammt vor allem der Alltagswelt und der ländlichen Kultur.
Im Unterschied zu den bisher untersuchten Dialekten (Westmünsterländisch und Luxemburgisch) kann in qualitativer Hinsicht allerdings keine nur für das Pfälzische gültige Ausgangsdomäne festgestellt werden (wie im West-

münsterländischen das Niederdeutsche Hallenhaus oder im Luxemburgischen der Weinbau).

Die spezifische Bildlichkeit äußert sich vielmehr in besonderen metaphorischen Modellen, die auf dialekt- und kulturspezifischem Weltwissen zu beruhen scheinen, eine irreale Welt erzeugen und vorrangig mit Hintergrundwissen, das den Dialektsprechern eigen ist, verständlich wird.

b) Bestätigt werden außerdem die Feststellungen, dass Dialekte stärker als das Standarddeutsche zu Euphemisierungen neigen. Dies wird – ähnlich wie für das Westmünsterländische – anhand des Bereichs ‚Schwangerschaft' nachgewiesen (PIIRAINEN 2000: 165 u. 361).

Eine Eigenart des Pfälzischen scheint aber in der Ausweitung des euphemisierenden Potentials auf weitere Zielkonzepte zu liegen, die in anderen Dialekten nicht in dem Maße festgestellt wurden (z.B. ‚Prügel erteilen' oder ‚andersartiges Aussehen').

2. Charakteristische Merkmale des Pfälzischen liegen u.a. im kommunikativ-pragmatischen Bereich: In einer großen Anzahl von Phraseologismen können Ironie, Spott, Drohungen und Komik als typische Stilmarkierungen nebeneinander vorkommen. Geschlechtsspezifische Gebrauchsrestriktionen wurden hingegen eher selten festgestellt.

3. Weitere Eigenständigkeit der pfälzischen Phraseologie konnte in Bezug auf semantische Felder festgestellt werden:

a) Die Kombination eines semantischen Feldes mit bestimmten Ausgangsdomänen (Aussehen – Nahrung). Hier könnte man von einem dialekteigenen ‚mapping' sprechen.

b) Ob man sogar von dialektspezifischen semantischen Feldern sprechen kann (z.B. für das Feld ‚Prügel erteilen'), muss noch durch die weitere Untersuchung des Materials belegt werden.

5 Ausblick

Mit diesem Beitrag konnten nur erste Tendenzen der Untersuchung der Phraseologie des Pfälzischen aufgezeigt werden. Mit einem für die weitere Arbeit wegweisenden Zitat aus dem Pfälzischen Wörterbuch soll der kurze Einblick beendet werden (PfälzWb. VI, Schlusswort):

„Wenn auch das Pfälzische Wörterbuch in den Jahren 1965–1998 publiziert wurde, so dokumentiert es doch in der Regel den Stand des Pfälzischen zu Beginn des 20. Jahrhunderts […] und den einer ländlich geprägten, vorindustriellen Sprach- und Sachkultur."

Aus diesem Zitat müssen folgende Schlussfolgerungen für die weitere Untersuchung gezogen werden: Das Pfälzische ist eine heute noch gesprochene, durchaus lebendige Mundart (auch bei Jugendlichen). Die Überprüfung der aktuellen Kenntnis und des heutigen Gebrauchs pfälzischer Phraseologismen bedarf weiterer Umfragen. Die daraus gewonnenen Ergebnisse werden in die Arbeit einbezogen und runden das Gesamtergebnis ab.

Literatur

BURGER, Harald (2002): Dialektale Phraseologie – am Beispiel des Schweizerdeutschen. In: PIIRAINEN, Elisabeth/PIIRAINEN, Ilpo Tapani (Hrsg.): Phraseologie in Raum und Zeit. Akten der 10. Tagung des Westfälischen Arbeitskreises „Phraseologie/Parömiologie" (Münster 2001). Baltmannsweiler. S. 11–29.

BURGER, Harald/ZÜRRER, Peter (2004): Sprichwörter des Höchstalemannischen im Sprachvergleich. Methodologische Probleme und Fallstudie. In: GLASER, Elvira/OTT, Peter/SCHWARZENBACH, Rudolf (Hrsg.): Alemannisch im Sprachvergleich. Beiträge zur 14. Arbeitstagung für alemannische Dialektologie in Männedorf (Zürich) vom 16.–18.9.2002. Stuttgart. S. 51–70.

CHRISTMANN, Ernst (1937/38): Von der Poesie pfälzischer Wut. In: Unsere Heimat. Blätter für saarpfälzisches Volkstum 3. S. 174–175.

DOBROVOL'SKIJ, Dmitrij/PIIRAINEN, Elisabeth (2005): Figurative Language: Crosscultural and Cross-linguistic Perspectives. Amsterdam etc.

Duden (2002): Duden Redewendungen. Wörterbuch der deutschen Idiomatik. 2. neu bearb. und aktualisierte Aufl. Mannheim u.a.

Elsässisches Wörterbuch (1899-1907): Wörterbuch der elsässischen Mundarten. Bearbeitet von Ernst MARTIN und Hans LIENHART. Im Auftrage der Landesverwaltung von Elsass-Lothringen. 2 Bde. [Nachdruck Berlin/New York 1974].

FILATKINA, Natalia (2005): Phraseologie des Lëtzebuergeschen. Empirische Untersuchungen zu strukturellen, semantisch-pragmatischen und bildlichen Aspekten. Heidelberg.

HALLSTEINSDÓTTIR, Erla (2006): Phraseographie. In: Hermes – Journal of Language and Communication Studies no 36, S. 91–128.

KARMANN, Paul (1974): Pfälzer Redensarten, in der Nordpfalz gebräuchlich. In: Nordpfälzer Geschichtsverein 54. S. 36–37.

LEXER, Matthias (1872–1878): Mittelhochdeutsches Handwörterbuch. 3 Bde. [Nachdruck Stuttgart 1992].

PIIRAINEN, Elisabeth (1991): Phraseologismen im Westmünsterländischen. Einige Unterschiede der westmünsterländischen Phraseologie im Vergleich zum Hochdeutschen. In: Niederdeutsches Wort. Beiträge zur Niederdeutschen Philologie 31. 33–76.

PIIRAINEN, Elisabeth (2000): Phraseologie der Westmünsterländischen Mundart. Teil 1. Semantische, kulturelle und pragmatische Aspekte dialektaler Phraseologismen. Baltmannsweiler.

PIIRAINEN, Elisabeth (2006): Phraseologie in arealen Bezügen: ein Problemaufriss. In: Linguistik online 27, 2/06. S.195–218.

Pfälzisches Wörterbuch (1965–1997): Begründet von Ernst CHRISTMANN, fortgeführt von Julius KRÄMER, bearb. von Rudolf POST unter Mitarbeit von Josef Schwing und Sigrid Bingenheimer. 6 Bde. Wiesbaden/Stuttgart.

Rheinisches Wörterbuch (1928–1971): Im Auftrag der Preuß. Akademie der Wissenschaften [...] bearbeitet und herausgegeben von Josef MÜLLER, Heinrich DITTMEIER, Rudolf SCHÜTZEICHEL und Mattias ZENDER. 9 Bde. Bonn/Berlin.

POST, Rudolf (1992): Pfälzisch. Einführung in eine Sprachlandschaft. 2. Aufl. Landau. Landau/Pfalz

SCHEMANN, Hans (1992): Synonymwörterbuch der deutschen Redensarten. Stuttgart.

THIELEN, Rainer (1986): So rerre mer dehäm, ‚hundsgewehnliche' Sprich' an Glan und Nahe. Über 1100 heimische Redewendungen alphabetisch zusammengestellt. Bad Kreuznach.

Elisabeth Piirainen (Steinfurt)

Phraseologie und Areallinguistik: ein interdisziplinärer Forschungsansatz

1 Zur Einführung

Dieser Beitrag ist insofern interdisziplinär, als Arbeitsweisen geographischer Forschungsrichtungen, darunter Kartiermethoden, mit Phraseologie in Verbindung gebracht werden. Für die Erforschung sprachlicher Phänomene im Raum hat sich der Terminus *Areallinguistik*,[1] in der Definition des Dialektologen Jan GOOSSENS (1973: 454), gegenüber *Sprachgeographie* und *Geolinguistik* weitgehend durchgesetzt; er begegnet jedoch auch außerhalb der Dialektologie, z.b. in der linguistischen Typologieforschung.[2] Gemeinsam ist den sprachräumlichen Forschungsvorhaben, regionalen Sprachatlaswerken ebenso wie europaweiten Projekten, die Herangehensweise, die von einer Projektion der an Messpunkten gewonnenen Daten auf Karten zur Interpretation räumlich differenzierbarer Phänomene fortschreitet.

Der traditionellen Phraseologieforschung, die sich fast ausschließlich an schriftsprachlichem Material orientierte, stellte sich die Frage der Beziehung zum Raum nicht, da die Verbreitung von Idiomen zumeist gleichgesetzt wurde mit der arealen Ausdehnung der betreffenden Einzelsprache. Erst in jüngerer Zeit bildet sich ein Bewusstsein dafür, dass Idiome einerseits (in den regionalen Sprechsprachen) nur begrenzt und andererseits über Einzelsprachen hinaus in größeren Räumen verbreitet sein können. Für beide Vorkommensweisen fehlt es jedoch noch an groß angelegten Datenerhebungen, die für kartographische Darstellungen und exakte diatopische Markierungen genutzt werden könnten. Die Varietätenlinguistik indes, die sich intensiv mit der Verbreitung sprachlicher Phänomene im Raum befasst, hat Phraseologismen bisher ausgeklammert (vgl. für das Deutsche z.B. STICKEL 1997; EICHINGER/KALLMEYER 2005). Gleiches gilt für Sprachatlaswerke: Bis auf einzelne Routineformeln (z.B. bei EICHHOFF 1977: 47) haben feste Wortverbindungen dort kaum Eingang gefunden.

Aufgrund zweier arealphraseologischer Forschungsansätze (s. Abschnitt 3–5) wird für das Verhältnis von Phraseologie zum Raum die folgende – zu-

---

[1] Zu Verwendungsweisen des Terminus vgl. STERNMANN/GUTSCHMIDT (1989: 271ff.); SIMPSON (2006).
[2] Vgl. den Terminus *Arealtypologie* u.a. bei GOEBL (2001).

nächst heuristische – Distributionskategorisierung vorgestellt. Ein Idiom kann verbreitet sein:
1. innerhalb eines Dorfes, einer Bauernschaft
2. innerhalb einer regionalen Umgangssprache
3. innerhalb einer Standardvarietät
4. innerhalb eines Staatsgebietes
5. innerhalb des gesamten Geltungsbereichs einer Sprache
6. in mehreren Einzelsprachen, z.B. Europas
7. in Sprachen mehrerer Kontinente

Aus Raumgründen werden hier nicht alle Verbreitungskategorien der Reihe nach, sondern einige Problemkomplexe übergreifend erörtert. Für die Kategorien 1. bis 5. ist eine Beschränkung auf Probleme aus germanistischer Perspektive erforderlich, weil Studien zu arealen Phänomenen anderer Sprachen nicht zur Verfügung stehen. Auch werden nur Beispiele des Hochdeutschen (Hd.) gewählt; der große – für areallinguistische Fragen zentrale – Komplex der Dialekte muss aus Raumgründen ebenfalls ausgeklammert werden.

2 Kleinräumig regionale Verbreitung von Idiomen

Es scheint der Vorstellung von einem Idiom zu widersprechen, wenn sein Bekanntheitsradius kaum über den eines Dorfes hinausreicht. Dennoch gibt es diese Fälle. Sie lassen sich an Idiomen mit einem Flurnamen als Konstituente veranschaulichen. Mikrotoponyme, die bestimmte Flurstücke gegenüber anderen individualisieren, verfügen nur über einen geringen Geltungsbereich. Überregional bekannte (und motivierbare) Idiome können naturgemäß keine Flurnamen enthalten, dies im Unterschied zu (ebenfalls hd.) Idiomen, die durch kontaktbedingte Interferenzen mit den örtlichen Dialekten entstanden sind, vgl. (1).

(1) *er geht nach Mehners Bülten* ‚er liegt im Sterben'

Diese Wortfügung erfüllt alle Definitionskriterien eines Idioms, auch wenn sie nur von den Bewohnern einer kleinen Bauernschaft, Wennewick im westlichsten Westfalen, aktiv verwendet wird. Vor allem ist sie klar motivierbar: Dem Weltwissen der Sprachteilhaber zufolge handelt es sich bei *Mehners Bülten* um den Namen des Friedhofs von Wennewick, der auf dem gleichnamigen, einst zum Hof *Mehnert* gehörigen, höher gelegenen Flurstück (*Bülten*) angelegt worden war.[3]

---

[3] Dem Idiom liegt ein phraseologisches Modell zu Grunde, dem zufolge das Zielkonzept ‚im Sterben liegen' durch *jemand geht nach* in Verbindung mit dem Namen des örtlichen

Aufgrund teilnehmender Beobachtung könnte eine Vielzahl solcher Idiome genannt werden, die nur in dieser Region des westlichen Westfalens aktiv verwendet und verstanden werden. Wie Beispiel (1) lässt sich Vieles durch direkte Transferenz aus dem früher dort gesprochenen Niederdeutschen erklären. Es handelt sich um ein bekanntes Phänomen der Kontaktlinguistik: Die Bewohner dieser Region waren einige Generationen hindurch zweisprachig. Wenn es erforderlich wurde, sich auf Hochdeutsch auszudrücken, so konnte ein im Niederdeutschen geläufiges Idiom (z.b. *he geht nao Mehners Bülten*) problemlos in hd. Form wie in (1) realisiert werden. Solche „Übersetzungen" gehören bis heute zu den aktiv verwendeten Bestandteilen der Sprechsprache jener Region. Kleinräumig gültige Idiome dieser Art (Verbreitungskategorien 1 und 2) gibt es in den regionalen Umgangssprachen zu Tausenden. Eher zufällig erscheinen einige davon in schriftlichen Texten (z.b. bei der Wiedergabe mündlicher Äußerungen in der lokalen Tagespresse). Die Phraseologieforschung hat sie bisher nicht zur Kenntnis genommen.

3 Verbreitung innerhalb einer Standard- oder nationalen Varietät

Dagegen hat sich die germanistische Phraseologieforschung im Hinblick auf areallinguistische Probleme[4] vergleichsweise intensiv mit der „Plurizentrik", d.h. mit Verbreitungskategorie 4 befasst (vgl. BURGER 2003: 195ff.). Viele der nur in der Deutschschweiz, in Österreich oder in Deutschland gültigen Idiome wurden in das „Variantenwörterbuch des Deutschen" (AMMON et al. 2004) aufgenommen, dies im Unterschied zu der großen Menge der regional begrenzten Idiome von Kategorie 1 und 2, die dort nicht erfasst wurden. Hier sei ein Paradebeispiel eines schweizerhochdeutschen Idioms genannt (2), dem gern Idiom (3) als „binnendeutsche" Entsprechung gegenüber gestellt wird.[5]

Friedhofs versprachlicht wird. Andere Bauernschaften haben andere Friedhöfe und andere Idiome für ‚jemand liegt im Sterben' (vgl. PIIRAINEN 1999: 131f.).

[4] Ansätze zur Erfassung regionaler Varianten gingen nicht von Sprachkarten, sondern vom einzelnen Sprecher aus. So finden sich KORHONEN (1992) zufolge in der südwestdeutschen Regionalsprache (zwischen Main und Bodensee) mehrere Idiome, die sich vom hd. Standard unterscheiden, wie aus Tonbandaufnahmen authentischer Sprecher hervorgeht. Dem Idiom *jmdm./für jmdn. spanische Dörfer sein* der Standardsprache entspricht im südwestdeutschen Raum die Form im Singular, da ein Sprecher über ein Hotel sagt: *des isch jå für üs alles a, a schpanisches Darf gsi* (ebd. 57). Der Unterschied zur Dialektologie wird deutlich: Seit Wenkers Fragesatz-Erhebungen (WENKER 1881) ist es üblich, pro Ortspunkt mehrere Sprecher zu befragen, um zu Kartierungen zu gelangen.

[5] Eine Entsprechung im österreichischen Standard gibt es nicht. Für viele wertvolle Hinweise dieser Art möchte ich mich bei Hanno Biber, Evelyn Breiteneder und Regula Schmidlin bedanken.

(2) *etwas ist Hans was Heiri* (schweizerhochdeutsch)
(3) *etwas ist Jacke wie Hose* (binnendeutsch)[6]
‚etwas ist einerlei, es macht keinen Unterschied, auf welche Weise es gemacht wird'

Das „plurizentrische" Konzept stimmt jedoch mit der Sprachrealität innerhalb Deutschlands oft nicht überein. Unter der Markierung „binnendeutsch" wäre zu verstehen, dass Idiom (3) in ganz Deutschland in einer einheitlichen Form vorkommt. Aus einer vor rund fünf Jahren durchgeführten „Umfrage zur Bekanntheit von Redensarten in Deutschland"[7] mit dem Ziel, für vermutlich nicht in ganz Deutschland verbreitete Idiome eine Lokalisierung zu ermöglichen, ergab sich, dass zwar viele Varianten von (3) in Umlauf sind (z.B. *etwas ist Hose wie Jacke/ Hemd wie Hose/Jacke wie Ärmel*), sich diese aber überwiegend zwei arealen Schwerpunkten zuordnen lassen. Auf die Karte projiziert fällt deutlich die so genannte „Mainlinie" ins Auge, die in der Dialektologie als markante Trennlinie zwischen dem nord- und süddeutschen Raum bekannt ist. So treten die Formen *Jacke wie Buxe/Büxe wie Jacke* im Norden und *Jacke wie Joppe/Joppe wie Jacke* im Süden als sprechsprachliche Varianten von (3) hervor. Die Schweizer nationale Variante (2) wird davon nicht berührt.

---

[6] AMMON et al. (2004) wählen ein Spiel mit den wörtlichen und phraseologischen Lesarten als Textbeleg: *Ob Hemd oder Bluse, Hose oder Rock, Krawatte oder Halstuch – Geschlechtsunterschiede sind da Jacke wie Hose.*

[7] Daten der Fragebögen, die von 3000 Personen aus dem gesamten Raum der Bundesrepublik Deutschland ausgefüllt worden waren, wurden der geographischen Karte Deutschlands zugeordnet, und zwar auf der Basis des Herkunftsortes der Probanden. Ausführlich dazu: PIIRAINEN (2002, 2003a, b und 2009a).

Phraseologie und Areallinguistik: ein interdisziplinärer Forschungsansatz 365

Karte 1: *gehopst/gehupft wie gesprungen* im deutschen Sprachraum

In anderen Fällen kommt den Staatsgrenzen jedoch keine raumbildende Funktion zu, wie die mit (2–3) quasisynonymen Idiome (4–5) erkennen lassen. Die gleiche Umfrage ergab hier wiederum eine Zweiteilung des Sprachraumes entlang der „Mainlinie": Neben zahlreichen Varianten[8] wurden in Norddeutschland mehrheitlich die Form (4) und im süddeutschen Raum die Form (5) angegeben:

(4) *etwas ist gehopst wie gesprungen* (norddeutsch)
(5) *etwas ist gehupft wie gesprungen* (süddeutsch)

Als Entsprechung des österreichischen Deutsch nennt FÖLDES (1996: 45) ein Idiom *etwas ist g'hupft wie g'hatscht*. Dies ist jedoch, wie Kenner des Österreichischen mitteilten, eine dialektale, auf Wien begrenzte Form. Vielmehr gehen sowohl das Österreichische als auch das Schweizer Hd. (hier findet sich auch *gehüpft* neben *gehupft*) zusammen mit dem „süddeutschen Binnen-

---

[8] Z.B. *etwas ist gehoppt wie gedoppt/gehopst wie gedopst/gehupft wie getupft/gehupst wie gedubst/gehüppelt wie gesprungen/gehüpfelt wie gedüpfelt* u.a.m.

deutsch", so dass die Idiome (4) und (5) auch als zum norddeutschen bzw. süddeutschen Standard (Kategorie 3) gehörend bezeichnet werden können. Bei der Projektion der Bekanntheit von Idiomtyp (4–5) auf die Karte zeichnete sich für den ostdeutschen Raum kein klares Bild ab; besonders für den Süden der ehemaligen DDR wurde er vergleichsweise selten gemeldet. Dies hat seinen Grund, denn hier muss ein weiteres quasisynonymes Idiom (6) betrachtet werden (vgl. Karte 2):

(6)   etwas ist rum wie num

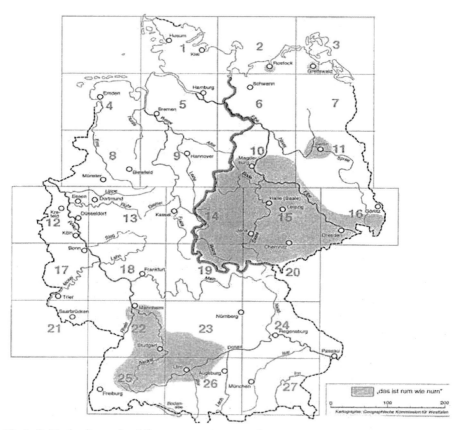

Karte 2: Verbreitung des Idioms *etwas ist rum wie num*

Die Methode der Kartierung (Projektion der Umfragedaten auf die Planflächen der Deutschlandkarte) zeigte für Idiom (6) ein exaktes Ergebnis: Das Idiom ist in zwei klar umrissenen Arealen (in Südwestdeutschland sowie im Süden der ehemaligen DDR, in Thüringen und Sachsen) sehr lebendig, außerhalb davon jedoch völlig unbekannt. Die Karte müsste so interpretiert werden, dass es sich um ein einst zusammenhängendes Gebiet handelt, wobei sich das – im Veralten begriffene – Idiom in zwei sprachlich konservativen Räumen behaupten konnte.

4 Verbreitung im Raum der ehemaligen DDR – ein Sonderfall?

Karte 2 zeigt ein Weiteres, nämlich dass die einstige innerdeutsche Grenze deutliche Spuren in der Phraseologie hinterlassen hat: Erkennbar wird, dass das kompakte Verbreitungsareal von *rum wie num* auf Seiten der ehemaligen DDR an keiner Stelle die Grenze nach Westen überschreitet, aber Ausläufer in Großstädten im Norden der DDR aufweist. Der Einfluss der ehemaligen deutsch-deutschen Grenze auf phraseologische Sprachverhältnisse war zuvor nicht bekannt. Die Entdeckung von rund 30 Idiomen, die ausschließlich in der DDR verbreitet waren,[9] gehört zu den wichtigsten Ergebnissen der „Umfrage zur Bekanntheit von Redensarten". Viele dieser Idiome gehen (ähnlich wie Beispiel 1) auf Transfer aus den örtlichen (thüringischen und obersächsischen) Mundarten zurück und ergeben ein relativ gleichförmiges Kartenbild: Sie sind in dem obersächsischen Ballungsgebiet dicht belegt und expandieren zum Teil in den Norden der DDR, gelangen jedoch nicht nach Westen.

Die Phraseologieforscher in der DDR selbst hatten dies nicht bemerkt; in ihren Publikationen werden areal begrenzte Idiome wie *Habchen und Babchen, sich ein Bewerbchen machen, etwas unter Ulk verbuchen, Fettlebe machen, sich an etwas ein Gütchen tun* behandelt, als seien sie im gesamten deutschen Sprachraum verbreitet, obwohl sie in Westdeutschland völlig unbekannt waren. So konnten einige Arbeiten Leipziger Provenienz als Quelle zur Auffindung DDR-spezifischer Idiome genutzt werden. Offen bleibt die Frage, ob diese Idiome der Verbreitungskategorie 2 (regionale Umgangssprachen) oder – als eine vierte „(quasi)-nationale" Varietät – Kategorie 4 zuzuordnen sind.

5 Verbreitung in Europa und darüber hinaus

Eine Phraseologieforschung in europäischen Bezügen und darüber hinaus steht noch in den Anfängen und verlangt ebenfalls nach umfangreichen empirischen Erhebungen. Eurolinguistik, eine noch junge Forschungsdisziplin,[10]

---

[9] Ausführlich dazu PIIRAINEN (2003b).
[10] Die Begründung der Eurolinguistik wird zumeist mit dem Jahr 1999 verbunden, als sich der „Eurolinguistische Arbeitskreis Mannheim" (ELAMA) konstituierte (vgl. URELAND 2003), doch werden ihre Anfänge z.T. weit früher angesetzt, unter Berufung nicht nur auf voran-

setzt sich zum Ziel, an die Stelle der weitgehend einzelphilologisch orientierten Linguistik eine europaweite Herangehensweise zu setzen und statt des Trennenden das Gemeinsame der Sprachen in den Vordergrund zu rücken. In diesen Rahmen fügt sich ein weiteres zum Teil in der Arealphraseologie angesiedeltes Projekt mit dem Arbeitstitel „Widespread Idioms in Europe and Beyond". Die Verbindung zu dem bisher Dargestellten liegt in der Beziehung phraseologischer Daten zum Raum, nunmehr zum europäischen Sprachraum. Ein Ziel des Projektes ist es, all jene Idiome zu ermitteln, die tatsächlich in vielen Sprachen verbreitet sind (ausführlich dazu: PIIRAINEN 2005, 2006, 2008, 2009b; s. auch www.widespread-idioms.uni-trier.de). Bisher haben rund 250 Personen an dem Projekt mitgewirkt, indem sie Fragebögen mit 350 vermutlich weit verbreiteten Idiomen für ihre Muttersprache ausgefüllt haben; zurzeit sind 70 europäische und einige außereuropäische Sprachen in dem Projekt vertreten.

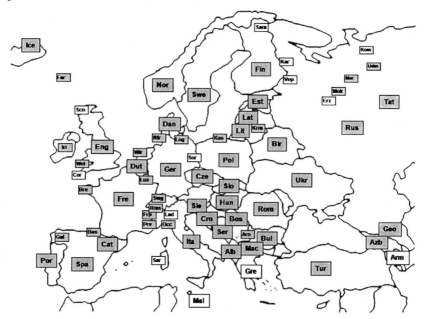

Karte 3: Vorkommen des Idioms *eine Stecknadel im Heuhaufen suchen* in Sprachen Europas

Die europäische Phraseologieforschung blickt auf eine reiche Tradition kontrastiver Studien zurück; Gemeinsamkeiten der Idiome mehrerer Sprachen

---

gegangene eurolinguistische Symposien und Publikationen, sondern auch auf eine direkte Verbindung zum Prager Linguistenkreis der 1920er Jahre (ebd. 1ff.).

sind daher seit langem bekannt. Eine Projektion dieses Phänomens auf den Raum, d.h. auf Karten, konnte bisher nicht vorgenommen werden, da jeweils nur einige Sprachen verglichen wurden. Gelegentlich wird mit Erstaunen festgestellt, dass sich weitreichende interlinguale Übereinstimmungen von Idiomen erkennen lassen. Doch handelt es sich dabei um zufällige Beobachtungen. Erst aus einer umfassenden, europaweiten Untersuchung geht hervor, dass viele Idiome nicht nur in zwei, drei oder vier Sprachen in einer ähnlichen lexikalischen und semantischen Struktur existieren, sondern in 40, 50 oder mehr Sprachen. Dazu sei Idiom (7) betrachtet, das in mehreren kontrastiven Arbeiten vorkommt und tatsächlich weit verbreitet ist (vgl. Karte 3):

(7) *eine Stecknadel im Heuhaufen suchen*
‚etwas ohne oder nur mit geringen Erfolgsaussichten suchen'

Im Rahmen des Projektes „Widespread Idioms" wurden Entsprechungen des Idioms bisher für 56 europäische Sprachen unterschiedlicher Sprachfamilien (u.a. Baskisch, Tatarisch, Udmurtisch, Georgisch) mitgeteilt.[11] Karte 3 stellt eine schematische Abbildung des Vorkommens in den Sprachen Europas dar. Angesichts mehrerer sich räumlich überlagernder Sprachen werden keine Verbreitungs- sondern Vorkommenskarten erstellt. Siglen auf grauem Hintergrund bedeuten, dass in der betreffenden Sprache eine Entsprechung des Idioms existiert, jene auf weißem Hintergrund besagen, dass die betreffende Sprache zwar im Projekt repräsentiert ist, eine Idiomentsprechung jedoch nicht nachgewiesen wurde. Karte 3 kann als repräsentativ für die Verbreitung einer Reihe weiterer im Rahmen des Projekts abgefragter Idiome gelten.

Als letztes sei Kategorie 7, die interkontinentale Verbreitung eines Idioms, anhand eines Beispiels betrachtet.

(8) *Krokodilstränen weinen/vergießen*
‚Traurigkeit zeigen, die nicht ernst gemeint ist, geheuchelte Tränen vergießen'

Idiom (8) führt vermutlich auf alte Fabeltraditionen seit der Antike zurück, die sich durch das „Panchatanra" (z.T. aus dem 2. Jahrhundert v. Chr.) in indischen, arabischen und europäischen Kulturräumen ausbreiteten. Das Idiom ist den Umfragen zufolge nicht nur in 53 europäischen Sprachen (darunter Maltesisch, Türkisch und Georgisch), sondern auch in afrikanischen und asiatischen Sprachen nachgewiesen. Als kartographische Basis müsste hier eine Weltkugel gewählt werden. Das Idiom ist auch im Arabischen (Marokkanisch, Tunesisch und Ägyptisch), außerdem im Swahili, im Farsi, in verschiedenen Sprachen Indiens (u.a. Telugu, Malayam und Hindi) bekannt, ferner wurde es für

---

[11] Unter den außereuropäischen Kontrastsprachen wurde das Idiom nur für Arabisch und Mongolisch gemeldet: *өвсөнд зүү хайхтай адил (övsönd zuu haihtai adil)* ‚etwas ist so, als ob jmd. eine Nadel im Heuhaufen sucht'.

Thailändisch, Vietnamesisch, Mongolisch, Chinesisch und Tagalog nachgewiesen. Vermutlich sind es noch weit mehr Sprachen.

Die Verbreitung dieses Idioms übertrifft zwar die der übrigen abgefragten, weit verbreiteten Idiome, ist dennoch kein Einzelfall. Das Vorkommen eines in europäischen Sprachen weit verbreiteten Idioms auch in Sprachen anderer Kontinente konnte mehrfach beobachtet werden, besonders bei Idiomen, die auf eine bekannte Quelle zurückgehen. An erster Stelle sind es Biblismen wie *Perlen vor die Säue werfen* oder *gegen den Strom schwimmen*, die fast ausnahmslos auch in die asiatischen Kontrastsprachen (Farsi, Koreanisch, Chinesisch, Mongolisch, Japanisch, Vietnamesisch) gedrungen sind. Ein Zusammenhang zwischen der Verbreitung jener Idiome und der Vertrautheit der Teilhaber der Sprachgemeinschaften mit biblischen Traditionen ist nicht zu erkennen, vielmehr sind andere Mechanismen der Verbreitung wirksam, die es zu erforschen gilt.

Es zeichnen sich bereits einige Ergebnisse ab, auf die hier aus Raumgründen im Einzelnen nicht eingegangen werden kann. So können bisher unscharfe Vorstellungen von der Einheitlichkeit der Phraseologie der europäischen Sprachen und von dem oft postulierten Einfluss des Englischen auf andere Sprachen als deren Ursache in einigen Aspekten modifiziert werden. Auch der Anteil des so genannten „gemeinsamen antiken und christlichen Kulturerbes" als Hauptfaktor der weiten Verbreitung von Idiomen stellt sich anders dar, als bisher angenommen (vgl. PIIRAINEN 2008, 2009). Im weiteren Verlauf des Projektes wird zu untersuchen sein, in welchem Maße kontaktbedingte (Übersetzungs)Transferenzen aus überdachenden oder angrenzenden großen Standardsprachen in die kleineren oder weniger vitalen Sprachen für die europaweite Ausbreitung jener Idiome verantwortlich sind. Für die Expansion der „bildungssprachlichen" Idiome ist zu erkennen, dass sie weniger auf mündliche Sprachkontakte als auf den gemeinsamen Bildungskodex der lesekundigen europäischen Bildungsschicht zurückzuführen sind. In jüngerer Zeit sind es andere Medien, z.B. Filmproduktionen, die die Entstehung neuer Idiome und deren Verbreitung über viele Sprachgrenzen hinweg begünstigen.

6 Ausblick

Mit diesem Beitrag sollen das Phänomen der Arealität stärker ins Blickfeld gerückt und die Gleichsetzung von „Sprache" und „Raum" der traditionellen Phraseologieforschung problematisiert werden, sowohl nach innen, da Idiome (oft aufgrund ihrer dialektalen Herkunft) regional begrenzt gültig sein, als auch nach außen, da bestimmte Idiome in vielen Einzelsprachen gleichermaßen existieren können. Die Beobachtungen zu den verschiedenen Distributionskategorien von Idiomen stehen in Beziehung zueinander. Der kontaktlinguistisch bedingte Transfer von Idiomen der örtlichen Dialekte in die regionalen Sprechsprachen könnte als ein Modell auch zur Erklärung anderer Verbreitungskategorien herangezogen werden. Interferenzen aufgrund einer Zweisprachigkeit, allerdings in der umgekehrten Richtung einer Übernahme aus den großen in die kleineren Sprachen sind mehrfach zu erkennen. Diese Beobachtungen haben Konsequenzen nicht nur für die Theoriebildung der Phraseologieforschung, die ein stärkeres Bewusstsein für die Raumbezogenheit vieler Idiome schaffen muss, sondern auch für die Praxis: Die Phraseographie sollte zu verlässlichen diatopischen Markierungen von Idiomen gelangen und darüber hinaus gegebenenfalls deren Verbreitung über Einzelsprachen hinaus verzeichnen.

Literatur

AMMON, Ulrich et al. (2004): Variantenwörterbuch des Deutschen. Die Standardsprache in Österreich, der Schweiz und Deutschland sowie in Liechtenstein, Luxemburg, Ostbelgien und Südtirol. Berlin/New York.

BURGER, Harald (2003): Phraseologie. Eine Einführung am Beispiel des Deutschen. Berlin.

EICHHOFF, Jürgen (1977): Wortatlas der deutschen Umgangssprachen. Bd. 1. Bern/München.

EICHINGER, Ludwig M./KALLMEYER, Werner (Hrsg.) (2005): Standardvariation. Wie viel Variation verträgt die deutsche Sprache? Berlin/New York.

FÖLDES, Csaba (1996): Deutsche Phraseologie kontrastiv. Intra- und interlinguale Zugänge. Heidelberg. (Deutsch im Kontrast; 15).

GOEBL, Hans (2001): Arealtypologie und Dialektologie. In: HASPELMATH, Martin et al. (eds.): Language Typology and Language Universals. An International Handbook, Vol. 2. Berlin/New York. S. 1471–1486.

GOOSENS, Jan (1973): Areallinguistik. In: ALTHAUS, Hans Peter et al. (Hrsg.): Lexikon der Germanistischen Linguistik. Tübingen. S. 445–453.

KORHONEN, Jarmo (1992): Besonderheiten der Verbidiomatik in der gesprochenen Sprache. Dargestellt am Beispiel südwestdeutscher Mundarten. In: GROSSE, Rudolf/LERCHNER, Gotthard/SCHRÖDER, Marianne (Hrsg.): Beiträge zur Phraseologie – Wortbildung – Lexikologie. Festschrift für Wolfgang Fleischer zum 70. Geburtstag. Frankfurt/M. u.a. S. 51–62.

PIIRAINEN, Elisabeth (1999): Karmis Wäide und Botterhööksken. Mikrotoponymie und Phraseologie aus kultursemiotischer Perspektive. In: Niederdeutsches Wort: Beiträge zur niederdeutschen Philologie 39. S. 127–149.

PIIRAINEN, Elisabeth (2002): ‚Landschaftlich‘, ‚norddeutsch‘ oder ‚berlinisch‘? Zur Problematik diatopischer Markierungen von Idiomen. In: Deutsch als Fremdsprache 39/1. S. 36–40.

PIIRAINEN, Elisabeth (2003a): Areale Aspekte der Phraseologie: Zur Bekanntheit von Idiomen in den regionalen Umgangssprachen. In: BURGER, Harald et al. (Hrsg.):

Flut von Texten – Vielfalt der Kulturen. Ascona 2001 zur Methodologie und Kulturspezifik der Phraseologie. Baltmannsweiler. S. 117–128.

PIIRAINEN, Elisabeth (2003b): Es ist noch nicht im Topf, wo's kocht. Zu Idiomen aus dem Raum der ehemaligen DDR. In: Niederdeutsches Wort: Beiträge zur niederdeutschen Philologie 43. S. 203–219.

PIIRAINEN, Elisabeth (2005): Europeanism, internationalism or something else? Proposal for a cross-linguistic and cross-cultural research project on widespread idioms in Europe and beyond. In: Hermes – Journal of Linguistics 35. S. 35, 45–75.

PIIRAINEN, Elisabeth (2006): Widespread Idioms: Cross-linguistic and Cross-cultural Approaches. In: HÄCKI BUHOFER, Annelies/BURGER, Harald (Hrsg.): Phraseology in Motion I. Methoden und Kritik. Akten der Internationalen Tagung zur Phraseologie (Basel, 2004). Baltmannsweiler. S. 155–173.

PIIRAINEN, Elisabeth (2008): Phraseology in a European Framework: A Cross-linguistic and Cross-cultural Research Project on Widespread Idioms. In: GRANGER, Sylviane/MEUNIER, Fanny (eds.): Phraseology: an Interdisciplinary Perspective. Amsterdam. S. 243–258.

PIIRAINEN, Elisabeth (2009a): Areale Phraseologie aus germanistischer Sicht. In: ĎURČO, Peter/KOZMOVÁ, Ružena/DRINKOVÁ, Daniela (Hrsg.): Deutsche Sprache in der Slowakei. Festschrift für Prof. Dr. Ilpo Tapani Piirainen zum 65. Geburtstag. Internationale Fachtagung Piešťany, den 13.–15. Juni 2007. Trnava/Bratislava. S. 141–155.

PIIRAINEN, Elisabeth (2009b): Common features in the phraseology of European languages: cultural and areal perspectives. In: KORHONEN, Jarmo et al. (Hrsg.): Phraseologie global – areal – regional. Akten der Konferenz EUROPHRAS 2008 vom 13.–16.8.2008 in Helsinki. Tübingen. (im Druck).

SIMPSON, J. M. Y. (2006): Areal linguistics. In: ASHER, Ronald E./ SIMPSON, J. M. Y. (eds.): The Encyclopedia of Language and Linguistics. Vol. 1. Oxford u.a. S. 206–212.

STERNMANN, Reinhard/GUTSCHMIDT, Karl (1989): Einführung in die vergleichende Sprachwissenschaft. Berlin.

STICKEL, Gerhard (Hrsg.) (1997): Varietäten des Deutschen. Regional- und Umgangssprache. Berlin/New York.

URELAND, P. Sture (2003): Introduction. In: URELAND, P. Sture (eds.): Convergence and Divergence of European Languages. Studies in Eurolinguistics, Vol. 1. Berlin. S. 1–24.

WENKER, Georg (1881): Sprach-Atlas von Nord- und Mitteldeutschland: Text und Einleitung: auf Grund von systematisch mit Hülfe der Volksschullehrer gesammeltem Material aus circa 30000 Orten. Bearb., entworfen u. gezeichnet von G. Wenker. Strassburg.

Kontrastive Aspekte

Péter Balogh (Székesfehérvár)

Vers la typologie des faux amis phraséologiques (Difficultés d'emploi lors de l'usage des locutions)

1 Deux critères importants pour classifier les constructions lexicales : la variabilité et la transparence du sens.

D'après les définitions traditionnelles, par le terme «locution» ou «expression», la plupart des locuteurs entendent une construction qui combine plusieurs éléments («mots»). Du point de vue de la transparence du sens et de la variabilité de l'ensemble, c-à-d. de la construction en question, on peut distinguer plusieurs niveaux de la description.

a) Le niveau inférieur est celui des constructions libres où le sens de la construction est la somme, pour ainsi dire, du sens des éléments, indépendamment de leur catégorie grammaticale: *une voiture rouge, boire du café, assez rapidement,* etc. En ce qui concerne la combinaison des éléments, il ne faut pas négliger les critères sémantiques et (en général...) on ne peut pas dire **une voiture hirsute, *boire du livre,* etc., mais à ce niveau on ne rencontre, en principe, que des restrictions de ce type.

b) Au niveau suivant, on trouve les constructions avec un sens (plus ou moins) transparent, mais la possibilité de combinaison des éléments, c'est-à-direque la variabilité n'est pas aussi libre et on rencontre d'autres difficultés qui apparaissent, par exemple, lors de l'apprentissage des langues étrangères: c'est que, grâce à la transparence du sens, le locuteur reconnaît facilement l'équivalent dans sa langue maternelle, mais l'inverse n'est pas vrai. Les constructions de ce type sont souvent nommées collocations. Pour le français *un célibataire endurci,* on dit tout de suite en hongrois «megrögzött agglegény» pourtant l'adjectif *endurci* ne peut être traduit par «megrögzött» que dans ce contexte. En hongrois, ce participe apparaît avec quelques autres substantif (toujours au sens péjoratif), mais son équivalent est un autre adjectif ou participe : on peut aussi dire

(1) megrögzött *hazudozó* vs. *un* fieffé *menteur*
 megrögzött *alkoholista/tolvaj* vs. *un alcoolique/un voleur* invétéré
 megrögzött *bűnöző* vs. *un* repris de justice (nom composé)

et c'est à peu près tout − avec (au moins) quatre équivalents en français qui marchent parfois avec d'autres substantifs comme, par exemple, «fieffé» avec *un ivrogne/un coquin fieffé* d'après le Petit Robert[1].

c) Les locutions ou les phrasèmes peuvent représenter le troisième type des constructions où le sens n'est pas transparent du tout et le nombre des composantes peut être assez élevé (au moins par rapport aux deux premiers niveaux) et la variabilité est très restreinte. Les locutions jouent un rôle important dans chaque langue et elles ont toujours attiré l'attention des spécialistes, mais la place de la phraséologie parmi les autres domaines de la linguistique ainsi que la définition et la classification des locutions sont largement débattues.

2   Remarques sur les locutions phraséologiques (les phrasèmes)

Pour pouvoir (correctement) utiliser les unités phraséologiques même au sein d'une seule langue (c'est-à-dire afin que l'on puisse faire une référence à des connaissances collectives), il faut parfois connaître l'origine, la formation et l'évolution de l'unité phraséologique en question − au sein de la communauté linguistique (autre que la sienne, mais assez souvent même au sein de la sienne) : il est donc évident que le facteur historique occupe une place importante et cela est particulièrement vrai lors d'une comparaison contrastive des locutions de langues différentes comme on va le voir.

Lors de l'apprentissage d'une langue étrangère, les unités phraséologiques causent beaucoup de difficultés aux apprenants. On peut observer plusieurs types de difficultés:

1) Certaines difficultés d'emploi (et de compréhension) viennent tout d'abord du fait que beaucoup de locutions ne peuvent pas être comprises d'après leurs éléments constituants, car la connaissance de la signification des éléments constituants ne veut pas dire automatiquement la compréhension globale de la locution (cf. le problème de la transparence du sens plus haut). Par exemple, en français «fermer son parapluie» est employé au sens de 'mourir' et suggère une image bien claire, mais on peut voir qu'il s'agit ici d'une unité, d'un tout (sémantique) qui n'est pas tout simplement la somme des éléments, mais a une signification globale et indivisible. Parfois, l'image même n'est pas compréhensible ; en hongrois, au sens de 'tuer (qqn)' on peut employer la locution «eltesz (vkit) láb alól» qui veut dire (littéralement) en français «enlever qqn de dessous ses pieds»; du point de vue du sens, l'équivalent est à peu près «envoyer qqn ad patres».

---

[1]   Pour présenter les restrictions éventuelles, cf. la théorie des classes d'objets, p. ex. in : Langages N° 131 : «Les classes d'objets» (par D. Le Pesant et M. Mathieu-Colas), Larousse, Paris, 1998.

Vers la typologie des faux amis phraséologiques 377

2) Les langues parlées en Europe emploient des images très fréquentes qui reflètent des observations communes dans la culture européenne; il s'agit des observations populaires ou bien des locutions d'origine biblique, mythologique, etc. Certaines images de ce type reflètent toujours la même signification, on les appelle «paneuropismes». Par exemple, la locution «nul n'est prophète en son pays» est d'origine biblique (Jean 4: 44) et se trouve pratiquement dans chaque langue du monde chrétien: hongr. *Senki sem próféta a maga hazájában*, angl. *No one is prophet in his own country*, allem. *Ein Prophet gilt nicht in seinem Vaterlande*, ital. *Nessuno è profeta in patria*, etc. Dans ces cas-là, le risque du malentendu n'existe pas.

Mais malheureusement, il y a bien des images communes dont la signification varie d'une langue à l'autre. En fait, on peut constater ici une double difficulté :

a) d'une part, un locuteur aura tendance à identifier les locutions de sa langue maternelle à celle d'une autre langue (en lui attribuant exactement la même valeur et le même sens) et

b) de l'autre, à employer une locution étrangère avec la même image qui existe dans sa langue sans avoir consulté des dictionnaires pour connaître la signification exacte de la locution en question.

3) À ces types de difficultés s'ajoute une difficulté encore plus grave, c'est qu'on peut rencontrer des locutions qui ne s'emploient qu'avec certaines restrictions (grammaticales, pragmatiques, etc., et peut-être seulement dans l'une des deux langues).

L'objectif principal de notre communication est de présenter les bases d'une classification générale de quelques problèmes d'emploi qui peuvent émerger lors de l'apprentissage des locutions de la langue française pour les locuteurs hongrois.

3 Les difficultés d'emplois des phrasèmes

Lors de l'usage des unités phraséologiques d'une langue étrangère, on peut rencontrer des difficultés imprévues qui ne peuvent être surmontées qu'à l'aide de certaines connaissances pragmatiques que l'on ne peut trouver ni dans les grammaires, ni dans la plupart des dictionnaires : la cause principale de ces difficultés est surtout la connaissance incomplète du champ d'application de la locution en question. Le risque d'erreur d'emploi est dû à plusieurs facteurs. On peut facilement (et assez souvent) trouver des locutions qui ont, du point de vue de la forme, un équivalent exact dans une autre langue et on reconnaît la traduction directe de la locution de l'autre langue qui a (pratiquement) le même champ d'emploi :

(2)   – être malade comme un chien   – *vki olyan beteg, mint a kutya* ;
     – tourner la tête à qqn.   – *elcsavarja vki fejét*, etc.

À propos de la première paire de locutions, on peut remarquer que quand la locution est une comparaison, quand on a une forme [épithète ou verbe + **comme** + N], on peut « deviner » l'équivalent de sa langue maternelle et le champ d'application, car l'épithète (ou le verbe) peut préciser la signification et ainsi le risque de se tromper est insignifiant malgré les différences lexicales éventuelles, car l'élément principal de la locution (en italique) est exprimé d'une façon évidente, p. ex. :

(3)   – *fort* comme un taureau / Turc   – *erős, mint a bivaly*
       [fr. fort comme un buffle]

     – *être maigre* comme un clou   – *sovány*, **mint** egy agár
       [fr. maigre comme un lévrier]

Mais le risque n'est éliminé que dans le sens [langue étrangère → langue maternelle] : si on essaie de traduire (mot à mot) une locution de sa langue, le risque de se tromper est beaucoup plus grand, car certains éléments de la locution peuvent évoquer pour les locuteurs de l'autre langue d'autres locutions avec une signification tout à fait différente (comme on va le voir).

L'emploi d'une comparaison peut d'ailleurs causer des difficultés même en langue maternelle : par exemple, on peut dire en hongrois :

(4)   [...] *mint a nyúl* [... 'comme le lapin']

et la locution pourrait être complétée de *gyáva/gyors/szapora* [lâche/rapide/« prolifique »] ; les équivalents français sont « (c'est une) paille mouillée/vif comme un cabri (pour les deux premiers seulement ; pas d'équivalent exact pour la troisième variante). En hongrois, c'est le contexte ou bien la connaissance exacte de la situation qui peut dissiper le malentendu.

On peut constater que dans les cas où l'adjectif ou le verbe constituent la base réelle de la signification (c'est-à-dire qu'ils seraient suffisants en eux-mêmes pour pouvoir comprendre la locution, ou plus exactement l'idée exprimée par la locution), le risque de se tromper n'est pas grand. Mais la langue aime bien les jeux et parfois on rencontre des locutions qui nous permettent d'observer une sorte de contraste entre les éléments principaux de la locution et ce contraste est la source d'un effet humoristique suggéré par la locution :

(5)   a) « il est bronzé comme un cachet d'aspirine » hongr. '*vki olyan, mintha pincében napozott volna*' [fr. '... comme s'il avait pris un bain de soleil dans la cave']

     b) « cela [vêtement] lui va comme un tablier à une vache » hongr. '*vkin vmi [ruha] úgy áll, mint tehénen a gatya*' [fr. '... comme un pantalon...']

c) « prendre des vessies pour des lanternes » hongr. *'összekeveri a szezont a fazonnal'* [fr. 'confondre la saison avec la façon']

Ces exemples montrent bien que l'effet humoristique et la signification (c-à-d. le résultat) sont les mêmes, mais les images sont plus ou moins différentes.

A part ces types de difficultés, il existe encore une autre grande classe de difficultés d'emploi : c'est que certaines locutions ne s'emploient qu'avec des restrictions grammaticales ou sémantico-pragmatiques bien précises. La locution française « avoir une langue de vipère » a un équivalent hongrois (cf. *'viperanyelve van'*), mais les champs d'emploi ne sont pas exactement les mêmes. En français, l'expression se dit surtout de femmes tandis que son équivalent hongrois s'emploie également pour des hommes : il s'agit donc d'une restriction, car le champ d'emploi de l'une des locutions est moins large que celui de l'autre.

On peut aussi avoir une forme différente dont on peut trouver un équivalent de signification (plus ou moins exacte) dans l'autre langue (avec une image différente), mais les différences qui concernent les champs d'emploi sont les mêmes que dans le cas précédent. Par exemple, « faire feu de tout bois » a pratiquement la même signification que *'minden követ megmozgat'* [en fr. 'mouvoir toute pierre'] en hongrois, mais la locution française a une connotation spéciale (souvent des moyens malhonnêtes) qui manque à l'équivalent hongrois.

La négligence de ces restrictions mène à un emploi abusif dont les conséquences peuvent être imprévues. Par exemple, notre interlocuteur peut comprendre justement le contraire de ce que nous voulons dire. Les restrictions les plus importantes peuvent être de deux types[2] :

1) restrictions grammaticales (syntaxe, temps verbaux, mode) ;
2) restrictions sémantico-pragmatiques (les locutions de ce groupe se réfèrent à une situation concrète ou à un nombre bien défini de situations ; les conditions d'emploi précises, s'il y a lieu, seront indiquées après la locution).

3.1 Restrictions grammaticales

3.1.1 Difficultés syntaxiques

Les différences syntaxiques de l'emploi de deux locutions peuvent augmenter le risque d'un malentendu. C'est que certaines locutions françaises exigent une transformation – p.ex. le changement du sujet – afin de pouvoir les utiliser correctement. Cf. « *szemet vetettem rá* » [fr. 'j'ai jeté les yeux sur qqn',

---

[2] Pour la plupart des détails – surtout en ce qui concerne l'aspect lexicographique du problème – voir BÁRDOSI (1997).

par exemple une femme] – les locuteurs (qui ne connaissent pas encore le champ d'emploi de cette locution) commencent automatiquement à traduire la phrase par j'ai..., pourtant le français saisit un autre aspect de la situation en question et on dit « elle m'a tapé dans l'œil ».

Il y a un autre exemple qui montre bien que ce phénomène n'est pas unique : le prédicat latent[3] de la locution hongroise « *szabad a gazda* » [fr. 'le maître est libre'] suggère évidemment la troisième personne. Cependant, le français saisit de nouveau un autre aspect : c'est moi qui ne peux pas trouver la réponse à la devinette : « **je** donne ma langue au chat ». Cette locution réserve un autre problème pour les apprenants hongrois qu'on va rencontrer parmi les faux amis ; c'est qu'au premier coup d'œil elle nous évoque une autre locution hongroise dont le champ d'application et le sens sont bien différents (« *elvitte a cica a nyelvét* » [fr. 'le petit chat a emporté sa langue'] au sens de 'il se tait').

3.1.2 Restriction du temps verbal : la locution française s'emploie (seulement ou le plus souvent) au passé :

(6) a) « bouffer/manger du lion » (au passé) *'tele van energiával'* [fr. 'il est plein d'énergie'] (la restriction est valable en hongrois)

b) « c'est ici que les Athéniens s'atteignirent » (s'emploie au passé simple) *most ugrik a majom a vízbe'* [fr. 'c'est maintenant que le singe saute dans l'eau'] – uniquement au présent de l'indicatif

c) « rouler sa bosse » (au passé composé) *'nagy világjáró'* [fr. 'il est grand globe-trotter'] (surtout au présent).

3.1.3 Restriction modale : la locution française s'emploie (le plus souvent ou uniquement) au conditionnel ou à l'impératif :

(7) a) « tondre un œuf » *'fogához veri a garast'* [fr. 'battre les sous à sa dent'] (en hongrois : à l'indicatif)

b) « se jeter dans le feu pour qqn. » *'vkiért tűzbe megy (/menne)'* [fr. 'aller dans le feu pour qqn'] (en hongrois : à l'indicatif ou au conditionnel)

c) « se mettre martel en tête » (surtout à l'impératif négatif : Ne te mets pas martel en tête.) *'emészti magát'* [fr. *'se digérer'] (cf. *Ne emészd magad!* fr. *Ne te digère pas.*], mais ce n'est pas obligatoire ; marche aussi à l'indicatif.)

---

[3] En hongrois, la copule, c-à-d. la partie verbale du prédicat verbo-nominale n'apparaît pas à la troisième personne.

d) « tourner sept fois sa langue dans sa bouche » [avant de répondre] (Il faut / Tournez...) 'Számoljon (magában) háromig, mielőtt válaszol !' [fr. Compter jusqu'à trois avant de répondre.] (la même restriction en hongrois)

3.2 Restrictions (sémantico-)pragmatiques

Tandis que les locutions analysées jusqu'ici (sous 3.1) se rapportent tout d'abord à la forme de la locution, ce deuxième sous-type de restrictions concerne surtout le champ d'emploi des locutions. Les restrictions grammaticales se réfèrent aux phénomènes purement linguistiques (temps verbal, mode, etc.) tandis que les restricions sémantico-pragmatiques ne concernent pas la forme de la locution, mais il y a toujours « un élément de plus » qui s'ajoute implicitement à la locution et, de cette façon, complète la signification, le champ d'application. On peut définir les types suivants :

3.2.1 Locutions qui ne s'emploient qu'avec une restriction sémantique du verbe:

(8) a) (passer) « en coup de vent » *'mint a szélvész'* (en fr. et en hongr. après des verbes de mouvement) ;

b) « à l'œil » *'potyán'* (après les verbes *avoir, entrer, voyager*, etc. en fr. comme en hongrois) ;

c) « à brûle-pourpoint » *'nem sokat teketóriázott'* (en fr., après un verbe de déclaration : *dire*, etc. en hongrois aussi avec d'autres verbes)

3.2.2 Locutions qui ne s'emploient qu'avec un sujet de nom de chose

Certaines locutions phraséologiques de la langue française ne peuvent pas avoir un sujet vivant. Le phénomène n'est pas inconnu en hongrois non plus ; on peut bien dire :

(9) a) « qch. coûte trois fois rien » - *'vmi szinte ingyen van'* [fr. 'qqch est presque gratuit']

mais on ne peut pas dire: – « *Paul coûte trois fois rien. » – « **Pál szinte ingyen van.* »

Néanmoins, les champs d'emploi d'une locution française et d'une locution hongroise peuvent être différents. Par exemple, on peut bien dire :

b) [le projet] « être sur le tapis » '[*a terv*] *van terítéken/(a) szőnyegen*',

mais le sujet de l'équivalent hongrois peut être une personne: « [*János*] *van terítéken.* », mais en français on ne peut pas dire (au sens figuré) : « **Paul est sur le tapis.* » - à cause de la restriction pragmatique (qui indique la différence de champ d'emploi) qui exclue l'emploi de cette locution en parlant d'une personne.

3.2.3 Locutions qui s'emploient surtout en parlant d'enfants

Certaines locutions ne s'emploient qu'en parlant d'enfants. Parfois, la même locution a une signification bien différente en parlant d'adultes, ainsi, le malentendu est inévitable si l'on ne connaît pas exactement le champ d'application de la locution en question. La plupart des équivalents hongrois n'ont pas la même restriction : on peut les employer aussi en parlant d'adultes. Voyons donc quelques exemples :

(10) a) « le marchand de sable est passé » '*laposakat pislant*' [fr. 'cligner des plats']

b) « avoir du sable dans les yeux » '*majd leragad a szeme [az álmosságtól]*' [fr. 'ses yeux restent presque collés (de sommeil)']

c) « avoir le diable au corps » '*belebújt a kisördög*' [fr. 'le petit diable s'est installé dans lui']; et surtout :

d) « rire aux anges » '*angyali mosollyal alszik*' [fr. 'dormir avec un sourire angélique'] (mais cf. en parlant d'adultes, l'équivalent hongrois est '*vihog, mint a fakutya*' [fr. 'ricaner comme un chien de bois']).

3.2.4 Locutions qui s'emploient en parlant de femmes

De même façon, certaines locutions du français ne s'emploient qu'en parlant de femmes, mais cette restriction n'est pas valable pour les équivalents hongrois. Par exemple :

(11) a) « jeter son bonnet par-dessus les moulins » '*fittyet hány az illemnek*' [fr. 'faire fi à la bienséance']

b) « se crêper le chignon » '*hajba kapnak*' [fr. 'agripper les cheveux']

c) « avoir une langue de vipère » '*viperanyelve van*'.

3.2.5 Locutions avec une connotation spéciale

L'emploi des locutions de ce groupe implique un élément sous-entendu pour tous ceux qui connaissent ces locutions. Quelquefois il s'agit d'une valeur péjorative ou ironique qui peut provoqer le rire ou bien blesser l'interlocuteur. Il faut donc faire attention à ces éléments latents dont l'emploi est restreint, se limitant aux situations qui sont conformes à ces connotations spéciales (c.s.) :

(12) a) « faire de l'oeil à qqn » [c.s. : pour l'aguicher] '*szemez vkivel*' [fr. *'oeiller avec qqn']

b) « filer le parfait amour » [c.s. : ironique] '*turbékolnak*' [fr. 'roucouler']
c) « ne pas avoir les yeux en face des trous » [c.s. : avoir trop bu, être mal réveillé] '*ködös az agya*' [fr. 'son cerveau est brumeux']
d) « rire dans sa barbe/sous cape » [c.s. : par malice] '*somolyog a bajsza alatt*' (en hongrois, littéralement '*sous* sa barbe') ;
e) « faire feu/flèche de tout bois » (c.s. : moyens malhonnêtes) '*minden követ megmozgat*' [fr. 'mouvoir toute pierre'].

3.2.6 Locutions qui s'emploient sous forme d'un conseil

Certaines locutions reflètent « une sagesse populaire », c'est pourquoi elles existent tout d'abord sous forme d'un conseil. La forme la plus fréquente est indiquée entre parenthèses et commence le plus souvent par « il faut... ». Ces locutions forment un groupe autonome - par rapport aux locutions où l'impératif rend possible une approche plutôt grammaticale. Néanmoins, leur fonction est semblable ; il existe ainsi un lien entre ces deux groupes :

(13) a) « mélanger torchons et serviettes » (Cf. Il ne faut pas...) '*mindent egy kalap alá vesz*' [fr. 'prendre tout sous le même chapeau']
b) « laver son linge en famille » (Cf. Il faut laver ...) '*nem teregeti ki a szennyesét*' [fr. 'ne pas étendre /étaler son linge sale']

Les locutions elles-mêmes existent sans « il faut... », bien sûr. C'est l'usage quotidien qui a fixé ces formes, car c'est plutôt la construction impersonnelle qui reflète cette valeur de conseil : l'impératif peut avoir - dans la plupart des cas - une valeur d'un autre type (p. ex. une obligation, une interdiction, etc.) et exige un contact personnel direct tandis que la construction impersonnelle peut attester « la sagesse populaire » éternelle qui est toujours valable.

3.2.7 Locution qui s'emploie sous forme d'une constatation (impersonnelle)

Il existe des locutions qui peuvent être considérées comme "des constatations figées" lors de certaines situations qui sont (plus ou moins) toujours semblables. Par exemple, la locution suivante se dit après le dénouement heureux d'une situation dangereuse. De cette façon, il est évident que le sujet de cette locution ne peut pas être une personne et cela est aussi valable pour la langue hongroise, mais avec une grosse différence. C'est que la phrase hongroise « *egy hajszálon múlott az élete* » est absolument grammaticale, la phrase française suivante « *il s'en est fallu d'un cheveu de sa vie » est absolument agrammaticale : il faut toujours une subordonnée (au subjonctif, bien sûr, et éventuellement avec *ne* explétif). La traduction correcte de la phrase hongroise est (par exemple) la suivante : « Il s'en est fallu d'un cheveu que sa vie (ne) soit perdue. » Donc ici, on observe un grand risque de se tromper, de commettre une grosse faute d'emploi : 'il s'en faut / s'en est fallu d'un cheveu' (que + prop. sub.) en hongr. « *hajszál híja (volt) annak, hogy...* ».

4   Les faux amis phraséologiques

Pour la comparaison contrastive des locutions de deux langues, outre les difficultés d'emploi que nous venons de présenter, il faut faire attention tout d'abord à deux faits qui doivent toujours constituer la base de notre analyse : la forme et la signification. Elles peuvent apparaître dans les combinaisons suivantes:

1) forme différente et signification différente : du point de vue de la comparaison, cette variante ne présente aucun intérêt, car il n'y a rien à comparer;

2) forme identique et signification identique : ce sont les calques déjà mentionnés quand on a la traduction directe d'une locution étrangère dans sa langue maternelle avec la même signification;

3) forme différente et signification identique : phénomène très fréquent. Cette fois-ci, par forme différente on entend une image différente , mais la signification et le champ d'emploi des images différentes sont les mêmes : en général, il n'y a pas de problème d'emploi;

4) forme identique et signification différente : une locution de ce type est la traduction littérale de la locution d'une autre langue, mais avec une signification nettement différente. Par signification, on entend également le champ d'emploi : une différence dans le champ d'emploi signifie également une différence importante. Les paires de locutions de ce type pourraient être appelés *faux amis phraséologiques*. On peut les classer en trois sous-groupes d'après l'origine des difficultés d'emploi:

   1. **Les faux amis complets**: forme entièrement identique avec une signification tout à fait différente (p. ex. « mettre les points sur les i » est la traduction (presque mot à mot) du hongrois « *felteszi a pontot az i-re* », dont la signification est tout à fait différente ('terminer'); du point de vue du sens, elle veut dire en hongrois « *tiszta vizet önt a pohárba* »);

(14)

1. « mettre les points sur les i »	« *tiszta vizet önt a pohárba* » [l'image en fr. 'verser de l'eau pure dans le verre'] (et non : « *felteszi a pontot az i-re* » au sens de 'terminer')
2. « avoir la gueule de bois »	*másnapos* (et non : « *fapofája van* » c-à-d. 'se montrer / être indifférent')
3. « avoir une mémoire d'éléphant »	*jó memóriája van* (et non : *olyan (a memóriája), mint a kiselefánt(é)* – *könnyen tanul, nehezen felejt*[4])
4. « presser qqn. comme un citron »	« *kiszívja vki vérét* » (et non : « *kifacsarja, mint egy citromot* » la même image au sens de 'épuiser qqn' – plus faible en hongrois)

b) Parfois on reconnaît l'élément le plus caractéristique dans une locution de sa langue, mais il y a encore d'autres éléments (différents) dans la locution de l'autre langue. On observe donc une forte ressemblance entre deux locutions (mais il ne s'agit pas de la traduction), c'est pourquoi ils pourraient être appelés **faux amis de ressemblance**. La limite entre ce groupe et le groupe précédent est assez étroite, mais bien claire: p. ex. dans « promettre qqc. la main sur le cœur », on a 'la main sur le cœur' qui évoque pour les Hongrois la même image: '*szívre tett kéz*' qui suggère aussitôt une locution: « *tegye a szívére a kezét* » [en fr. 'mettez vos mains sur le cœur' – c-à-d. pour dire la vérité] qui a une signification nettement différente; l'élément à l'aide duquel on peut saisir la différence, c'est 'promettre', qui complète et précise la signification, c'est-à-dire le champ d'emploi qui implique les situations dans lesquelles on peut utiliser correctement la locution en question.

(15)

1. « promettre qch. *la main sur le cœur* »	« *(becsület)szavát adja* » [fr. 'donner son mot d'honneur'] (et non : « *szívére teszi a kezét* » au sens de 'dire la vérité', etc.)
2. « mordre la poussière »	« *beletörik a bicskája* » [fr. 'son canif se casse'] (et non : « *fűbe harap* » [fr. 'mordre dans l'herbe'] au sens de 'mourir')
3. « se faire de la bile / du mauvais sang »	« *halálra idegeskedi magát* » [fr. 's'inquiéter jusqu'à la mort'] (et non : « *forr az epéje* » [l'image en fr. : 'sa bile bout'] au sens de 'être en colère' ou « *rossz vért szül* » [fr. 'accoucher d'un sang mauvais'] au sens de 'faire scandale')

---

[4] En hongrois, l'éléphant (et surtout « le petit éléphant ») est le symbole de la stupidité, car « il apprend lentement, mais oublie vite » (traduction littérale) de l'expression.

4. « donner sa langue au chat »	« *szabad a gazda* » [fr. 'le maître est libre'] (et non : « *elvitte a cica a nyelvét* » [fr. 'le petit chat a emporté sa langue'] au sens de 'se taire' ou 'ne pas vouloir dire un mot')

c) **Les 'semi-faux amis'**: la signification de la locution en question est complexe et l'équivalent apparent ne couvre qu'une partie de la signification de la locution de l'autre langue. Par exemple, ce n'est que partiellement que « *felül a magas lóra* » est l'équivalent de « monter sur ses grands chevaux », malgré la même image, car la locution française veut dire 'se mettre en colère et parler avec autorité', mais le motif 'se mettre en colère' n'apparaît pas du tout dans la variante hongroise « *felül a magas lóra* » (qui signifie seulement 'parler avec autorité').

(16)

1. « faire dresser les cheveux sur la tête [à qqn] » ('inspirer de la peur')	« [*vkinek*] *égnek áll a haja* » (de la peur, mais en hongrois aussi du dégoût [pour qch])
2. « monter sur ses grands chevaux » ('se mettre en colère ET parler avec autorité')	« *felül a magas lóra* » (mais en hongrois (seulement) 'parler avec autorité')

Ces paires de locutions montrent bien la différence possible des champs d'application. La difficulté d'emploi vient donc du fait suivant : on risque de traduire mot à mot les locutions - et on leur attribue une fausse valeur de signification.

4 Conclusions

4.1 Critères de classification

Pour classifier les « locutions » (c-à-d. les unités qui se composent de plusieurs éléments ou de plusieurs « mots »), nous avons besoin de quelques critères. L'analyse de la forme (y compris la variabilité) et de la transparence du sens semblent suffire au début. Cela permet d'établir trois groupes : a) les constructions libres (qui sont variables avec un sens transparent), b) les collocations (variabilité étroite avec un sens plus ou moins transparent) et c) les locutions phraséologiques, les phrasèmes (variabilité minimale avec un sens imprévisible).

4.2 Les types de difficultés

On peut constater que d'après la nature des difficultés il existe deux types de base : il y a les faux amis phraséologiques (une locution d'une langue évoque immédiatement une autre locution pareille d'une autre langue qui a une signification plus ou moins différente) et un deuxième groupe (plus nombreux) dont les locutions ne s'emploient qu'avec certaines restrictions (grammaticales ou sémantico-pragmatiques). Parmi les locutions de ce deuxième groupe, on trouve aussi des locutions qui évoquent des locutions d'une autre langue, mais leur signification est plus ou moins identique (ou similaire au moins: on peut trouver un ou plusieurs élément(s) commun(s) lors de l'analyse sémantique), par conséquent il ne s'agit pas de faux amis.

Les difficultés d'emploi des unités phraséologiques sont de plusieurs types différents. Beaucoup de locutions sont employées avec certaines restrictions de nature diverse: certaines ne se disent qu'en parlant de femmes (restriction pragmatique) ou bien on ne les utilise qu'au passé (restriction grammaticale), etc. L'ensemble de ces caractéristiques d'emploi peut être désigné par le terme « champ d'emploi » de la locution. Ce champ d'emploi varie de locution à locution et aussi de langue à langue : pour pouvoir employer correctement une locution, il faut l'analyser et le comparer avec l'équivalent de sa langue maternelle afin de mettre en évidence les différences éventuelles. Le regroupement proposé des locutions qui causent beaucoup d'embarras pour les locuteurs magyarophones lors de leur emploi semble contenir les principaux types de difficultés que les apprenants peuvent rencontrer, parfois avec des explications (historiques, grammaticales, etc.).

Ces difficultés semblent insurmontables et imprévisibles au premier coup d'œil (surtout à cause de leur quantité et diversité), mais après avoir établi la typologie de ces difficultés, on peut réussir beaucoup plus facilement.

Bibliographie

BALOGH, Péter (1999): De quelques types des faux amis phraséologiques. In: Revue d'Etudes Françaises N° 4. Université Loránd Eötvös de Budapest. Département d'Etudes Françaises. Budapest. p. 11–22.
BÁRDOSI, Vilmos (1997): Francia-magyar szólásszótár. Tematikus gyűjtemény és gyakorlókönyv. Budapest.
ECKHARDT, Sándor/KONRÁD, Miklós (1999): Magyar-Francia Szótár. Budapest.
ECKHARDT, Sándor/OLÁH, Tibor (1999): Francia-Magyar Szótár. Budapest.
Le Petit Robert 1. Dictionnaire de la langue française (1992). Le Robert. Paris.
Lexis. Dictionnaire de la langue française (1991). Larousse. Paris.
O. NAGY, Gábor (1966): Magyar szólások és közmondások. Budapest.
REY, Alain/CHANTREAU, Sophie (1986): Dictionnaire des expressions et locutions françaises. Paris.

Anneli Baran (Tartu)

On German Influences on Estonian Phraseology

In this paper I would like to give a brief overview of the period which marked the beginning of Estonian literary language and phraseology (16th–19th century), the period during which Estonia shared the common culture area with Germany. In this particular period, the German impact was truly remarkable.

In the following I will take a closer look at the very first Estonian sources presenting minor forms, including phraseology. Having worked at analysing Estonian phrases and idioms, I have, every now and again, realised that the earlier layer of Estonian phrases includes numerous expressions that are not only known in the Estonian language and have often direct or indirect equivalents in the German language. Arvo KRIKMANN (2002), professor and scholar of minor forms, has argued that one should be cautious while identifying phrases of earlier sources as the very first records of proverbs/phrases of Estonian origin.

The issue of sources, as such, has remained relatively obscure – one of the reasons is definitely the complicated authentication of German sources, in which the local literati of German background found inspiration.

1 Religious literature

1.1 The earliest texts preserved fragmentarily

The oldest written records in Estonian language are mostly associated with church literature. It is known that in the history of the Estonian Church, in the 16th century (during the most acute struggle of the Catholic and Reformation Church) there was a demand to start giving sermons in the language of the people. This explains the preparation of Estonian-language materials by church ministers at the time. Printed and manuscript religious literature from the late 17th century and particularly from the 18th century is quite numerous, but already in the late 16th century the Estonian clergy had relatively abundant instructional material in the Estonian language, though mostly in the form of manuscript copies – pericopes, catechisms and hymn texts.[1] Unfortu-

---

[1] The earliest Estonian language texts – both in manuscript and printed form – are available in digital form. The material has been digitised for the constructed corpus of old Estonian literary texts (available at http://www.murre.ut.ee/vakkur).

nately, the majority of publications containing Estonian texts have been lost in wars or have been banned and destroyed.

Before discussing phraseological material in published sources, I would like to introduce the background situation and take a cursory look at the first Estonian-language publications known so far. The two oldest extant texts are both catechisms:

1) The Kullamaa manuscript or *the Kullamaa Catechism* from 1524–1532 is generally considered the very first text in the Estonian language; only 11 tattered pages have been preserved of this manuscript.

2) *The Wanradt-Koell Catechism*, published in 1535, is considered an important source of the development of Estonian literary language, and serves as an evidence of this development before 1600.

While comparing this catechism with other sources of older literary language, several common features have been found, attesting to the existence of a certain tradition of literary language in the first half of the 16th century, although most likely only in the form of manuscripts. The first, only partly extant Estonian-language book draws on printed sources of Wittenberg, Strasbourg and Cologne from 1520–1541, and has been printed in Hans Lufft's printshop in Wittenberg, where only a year before the German biblical translation by Martin Luther, leader of Protestant Reformation, had been published. The discovered pages represent the end part of about 120-pages-long catechism, which is printed in two languages – the Low German text on left-side pages and the Estonian translation right next to it on right-side pages. The print-run of the book is truly remarkable for Estonia at the time, constituting 1,500 copies.

1.2 The earliest manuscripts and printed sources preserved intact

Next to the fragmentarily preserved texts described above, another source of somewhat obscure origin emerged in the 16th century. Some authors, like MASING (1999: 8), tend to regard the manuscript translation by an Estonian pupil Hans Susi (also Hansken Sussy) from 1551 an important original source of religious literature in Estonian language, but unfortunately the text has not been preserved and no definite references were published in the works of later authors, thus making it impossible to determine whether these claims are valid. The most significant successor of this translation of pericopes and song texts, referred to by KRIKMANN (1986: 12) as quasi-hypothetical, is *Meddy Kircko Ramat* or *Meie Kirikuraamat*, which was used by the congregation of the Church of the Holy Spirit in Tallinn.

However, 39 fragments of sermons from the period of 1600–1608 by Georg Müller, pastor of the already mentioned Church of the Holy Spirit in Tallinn, have been preserved. Among the more extensive sources in the Estonian language, these are the oldest. Linguists consider Müller, whose ethnic identity has proven impossible to determine, the most brilliant preacher of his time. It has been assumed that while studying in Germany, he might have been in contact with the figures whose collections of sermons he quoted. Müller's sermons, especially in terms of phrases beneath the proverb category, contain versatile material – next to many biblical expressions they include the translation loans of German phrases into Estonian and also illustrative evidence of his proficiency in using devices of Estonian phraseology (a particularly fine example of the latter is the abundance of word pairs and chains of words translated into Estonian).

As to translation loans, some authors[2] have emphasised that these are forcefully adopted German phrases, which were completely incomprehensible for the Estonians and whose meaning became clear only after verbatim literal retranslation into German. Here are some examples:

kus tal king kõige kõvemini pigistab ("er weiss, wo ihn der Schuh drückt"),

kellelegi ninanipsu lööma ("einem ein Schnippchen schlagen"),

raske kivi langeb sydamelt ("ein schwerer Stein fällt vom Herzen"),

risti enese peale võtma ("sein Kreuz auf sich nehmen"),

õige tee peale juhatama ("jmdn auf den richtigen Weg bringen").

In addition to verbal compounds, Müller's sermons include other literally translated phrases, e.g. substantive compounds like *põrgukoer* "Höllenhund", *jumalavits* "Gottes Rute", *lapsemäng* "Kinderspiel" and adverbial compounds *kaela peal lesima* "einem auf dem Halse liegen", *kõrvust saadik* "bis über die Ohren", *pealaest jalatallani* "von Kopf zu Fuss", *üks juuksekarv* "um ein Haar". While Müller's proficiency in the Estonian language was the most pronounced in word pairs, his sermons include several loan phrases which later became remarkably popular, such as *ihust ja hingest\ihu ja hingega* "mit Leib und Seele", *luu(st) ja liha(st)* "Fleisch und Bein", *öö ja päev* "Tag und Nacht".

The plethora of translation loans among the phrases in Müller's texts is on the one hand considered a subconscious choice, but on the other hand it is speculated that a striking figurative expression or metaphor inspires its direct translation into another language, and Müller, whose vivacity, figurativeness and precision of utterances in his sermons, may have very well used the German phrases in Estonian translation consciously.

A consequential series in the history of Estonian literary language *Handund Hausbuch für das Fürstenthumb Ehsten in Liffland 1–4* (1632–1638) by a literary clergyman Heinrich Stahl is, in fact, an amalgamation of several ear-

---

[2] About this topic see KINGISEPP (2001).

lier Estonian-language sources, including the aforementioned Georg Müller's manuscript translations and translations from German, and containing, to a small extent, vernacular language (e.g. *Saksamaa kukk*, lit. "the German rooster", meaning 'turkey', or *luud-kondid*, lit. "bones", in German "Beine und Knochen", an expression very extensively used in later biblical translations).

The copious two-volume collection of Stahl's sermons in Estonian and German entitled *Leyen-Spiegel* (1641; 1649) is generally categorised among the brilliant works of the art of printing in his time. The work was also remarkable in its phraseological content, including numerous word pairs, though it is clearly evident that the Estonian word pairs and lines do not exactly correspond to their German equivalents – e.g. in some cases, a single-word German phrase corresponds to a word pair in Estonian, or vice versa (e.g. the compilation scheme of the compound word *lõukoer* is 'Löwe' + 'Hund', meaning 'lion'; with this word we can find such a phrase like *nagu noor lõukoer* "wie ein junger Löwe").

As KRIKMANN (2002) has noted, the texts of both Müller and Stahl contain proverbs and phrases that may appear to be of Estonian origin at a superficial glance, and thus very old records of written texts, but most of these phrases do have German equivalents and (in Stahl's work more often than in Müller's) they are often simply mechanical translations of the corresponding German proverbs into Estonian.[3] In Stahl's work, the German equivalent evidently serves as the 'source phrase' and the Estonian phrase as the 'translation':

mammonat teenima ("dem Mammon dienen"),

hoorajahti pidama ("Hurerey treiben"),

siidis ja sametis ("in Samt und Seide"),

oma silmas palki ei näe, aga teise silmas pindu näeb

("den Balken im eigenen Auge nicht sehen, aber den Splitter im fremden"),

ninatark ("ein Naseweis").

Some authors have vehemently attacked Stahl's proficiency in the Estonian language, calling it even 'non-Estonian'. Anyway, the improving of Stahl's hymnal was soon undertaken and in 1656 *Neu Ehstnisches Gesangbuch*, the third volume of the book *Hand-, Haus- und Kirchenbuch für die Pfarrherrn und Haus-Väter Ehstnischen Fürstenthumbs* was published. The book is essentially the first verse hymnal in the Estonian language, consisting of transla-

---

[3] Even though both Müller and Stahl wrote in High German, these loans are mostly in Low German. Reputed Estonian linguist ARISTE (1981: 104) noted that the Estonian population speaking Low German at the time functioned as a melting pot of a kind, in which ethnically and linguistically different Germanic and Finno-Ugric elements were amalgamated together.

tions of Lutheran hymns from poetically-minded theologians of the time – Heinrich Göseken, Reiner Brockmann, Georg Salemann, and Martin Gil(l)äus. The spread of these translations was furthered by numerous new editions in the following two centuries, and this way their contents may have entered the Estonian oral vernacular. KRIKMANN (ibid.) has indicated that the role of spiritual literature in introducing synonymic set phrases, in particular, in Estonian phraseology has been quite significant, though on the other hand, alliteration and parallelism are the most popular stylistic devices in Estonian folklore. As research into translations of Estonian church hymns (mostly from German language) has been relatively scanty, it is impossible to make any claims as to which Estonian phrases entered the tradition on the influence of religious literature, and what the church literature adopted from Estonian phraseology.

Concluding from what has been said before, the first books in Estonian language were catechisms, and for a long period the different editions of Stahl's *Hand- und Hausbuch* (first edition 1632–1638) with a printrun of 20,000 in six editions in the 17th century, and with a circulation of 94,000 in sixteen editions in the first 70 years of the 18th century were the only available reading material.

1.3 The first biblical translations

The so-called 'German factor' cannot be overlooked in the first biblical translations, first mentioned in the mid-17th century records, either.

Linguist, clergyman and writer Johann Gutslaff, who was the first to translate the Old Testament into the Estonian language in the middle of the 17th century (the translation draft manuscript dates back to the 1650s), relied heavily on Luther's translation, although he translated directly from Hebrew. The following translation manuscript by Andreas and Adrian Virginius, dating back to the 1690s, is based on Luther. They were also responsible for the translation of the New Testament in South-Estonian dialect (in Estonian *Vastne Testament*), published in 1686. This was, in fact, the very first fully Estonian book, which was unfortunately withdrawn from use owing to intrigues in the clerical circles.

The first biblical translation in the Estonian language published in 1739 is associated with a literary clergyman Anton Thor Helle. The Estonian translation edited by Helle (though translated by Gutslaff and anonymous translators) is based on the Hebrew language, and is source-oriented. The translation consists of two parts of principally different origin – the text of the New Testament is consistent with the redaction of the second edition in North-Estonian dialect, published in 1729, which dates back to the 1680s and even earlier (and contains traces of translation and editing by different authors), whereas the text of the Old Testament was translated directly from the original source language in the 1720s–1730s, without consulting previous translation attempts and according to the established translation principles worked out by Helle. The sale of the translation was not the success it had hoped to be – out of the 6,015 copies only 2,500 copies were sold in the following three years. Still, the unsold copies were sent to churches for free and thus reached the common people.

Biblical phraseology is international by nature and can be found in the tradition of almost all countries of Christian background. But what may be the ratio of phraseological expressions and popular phrases in Bible translations? As KRIKMANN (2002) has argued, units of phraseological nature in Bible translations may migrate in both ways – either from the Bible to oral tradition, or from oral tradition to the Bible. Proceeding from this argument, he posed the following questions:

(i) whether and to which extent does the Bible reveal traces of actual knowledge and use of Estonian proverbs and phrases;

(ii) some biblical texts (e.g. gospels, epistles) definitely served as source texts for sermons and songs; might these (particularly the songs) play any role in adopting biblical phrases and proverbs in the Estonain oral tradition?

Kristiina ROSS (2005: 13), scholar of Estonian biblical translations, mentioned that the Estonian language used in Bible translations is the product of a long-term linguistic and cultural adaptation, conveying traces of earlier indirect loans, by the mediation of Latin and German, from the Hebraic culture of Ancient Hebrew and the Greek culture of Hellenic Early Christians, to which the influences of medieval Latin culture were permeated by the Latin Vulgata and other liturgical texts and models representing the German-language Lutheran worldview, which became predominant in the 16th century.

Since the Old Testament was translated into Estonian from the original source language, the Estonian Bible contains only a few Hebraisms, or direct loans from Hebrew, not known in, say, Latin or German: such expressions are, for example, *tühi töö ja vaimu närimine, tema päevad said/aeg sai täis* ('vanity and vexation of spirit', 'her days were/her time was fulfilled').

There are also a number of expressions from Biblical Hebrew, the adaptation of which into the Estonian language either by oral routes to the Estonian vernacular or by means of written translation in the Estonian spiritual language is rather difficult to determine. Even more so because these are often expressions used in the more popular biblical stories which have been adopted in general language use. ROSS (2003: 255) has demonstrated this illustratively with the phrase *näost ära langema* "im Gesicht abfallen, seine Gebärde/Miene verstellen", which is derived from Hebrew, but the original popular meaning of which was 'kõhnuma' or 'to become thinner', a Germanic loan in Estonian, and from the 18th century onwards the initially additional meaning 'being startled/scared' became the primary meaning of the phrase (being the only possible meaning in the context of the scene described in the Old Testament).

2 Grammars and dictionaries[4]

Now I will move on to the next of the earliest layers in the development of literary language – namely, the first Estonian-language grammars and dictionaries, and historical figures who are attributed a monumental role in the development history of Estonian literary language. The latter are mostly Estonian-born men who later worked in Estonia as pastors, but were educated, mainly in the field of theology, at German universities (primarily at the Halle-Wittenberg University and the University of Kiel). Three major works published in the 17th century were the following:

1. The grammar *Anführung zu der Ehstnischen Sprach* (1637) by Heinrich Stahl includes the German-Estonian bilingual dictionary which presents about 100 linguistic units of phraseology, but is less important in terms of phraseology than other works by Stahl, as it contains very little new material.

2. Heinrich Göseken's grammar book *Manuductio ad Linguam Oesthonicam* (1660) is a more consequential phraseological source. The grammar book contains both materials of earlier sources and material directly from oral language use. It also contains a number of non-proverbial phrases (approximately 300), that is terminological paraphrases of figurative origin, e.g. *Saksamaa härg* (lit. "German ox") for 'buffalo', *Saksamaa kana* (lit. "German hen") for 'turkey', *Saksamaa kägu* (lit. "German cuckoo") for 'pigeon', *Saksamaa pähkel* (lit. "German nut") for 'chestnut', *Saksamaa õun* (lit. "German apple") for 'lemon'.

3. Regardless of its major significance in the history of literary language (as a reformer of Estonian grammar), Johann Hornung's *Grammatica* (1693) is less interesting in terms of phraseology – the presented sentences are modelled according to the German examples (M.F. Petri, C. Lehmann).

This list must definitely include *Lexikon Esthonico Germanicum*, dated already to the 18th century, by provost Salomo Heinrich Vestring. This is an Estonian-German manuscript dictionary (compiled in the 1730s, published in print for the first time in 1998), whose abundant phraseological mate-

---

[4] Here I would like to point out two brilliant studies about the role of 16th–19th-century grammar books and dictionaries in enriching vocabulary with phraseology – WEICKERT (1997) and KNAPPE (2004).

rial derives from Estonian vernacular and which is the finest example of the Estonian vernacular of this period.

The most consequential publication of the earlier period is the grammar (/dictionary) *Kurtzgefasste Anweisung zur Ehstnischen Sprache* (1732) by A. Thor Helle, previously mentioned in connection with the first Estonian-language Bible translation. Helle's monumental importance in the study of minor forms is also emphasised by KRIKMANN (2002), who tentatively categorises the initial period of the Estonian paremiological history (before major folklore collection campaigns, when the publication of texts was far more numerous than the adaptation of new material) in two subperiods: (i) from the so-called initial beginning to Helle and (ii) from Helle to Wiedemann. This periodisation thus proceeds from the work of Helle. The first period is characterised by the use of the Estonian language material for the purpose of improving the Estonian language skills of German pastors, whereas the second period is characterised by an academic study of Estonian language. Helle's work incorporates all the previous sources of Estonian language of any consequence, and with its 525 entries of Estonian proverbs and phrases it exceeds all the previous sources. The traditional character of the material is confirmed by later archive texts, thus rendering the question of the 'vernacular authenticity' of proverbs and phrases insignificant. In Helle's publication, the proportion of German loans is negligible, especially if compared against other sources of the period.

The impact of Helle's grammar on later publications is truly immense, particularly so in the bilingual dictionary (German–Estonian; Estonian–German) *Ehstnische Sprachlehre für beide Hauptdialekte* (1780; 1818) compiled by clergy literate August Wilhelm Hupel. Since most of his texts were borrowed from Helle's grammar book, Hupel's dictionary provides little new material on minor forms. In fact, Hupel's equivalents in South-Estonian dialect derive the less known manuscripts by Johan Christoph Clare (a manuscript Estonian-German dictionary from the 1730s) and are also mere "translations" of the North-Estonian textual material (as has been determined about Helle's grammar).

KRIKMANN (2002) suggested that all the later publications containing minor forms are based on Hupel's material – the manuscript materials of figures involved in the publishing of the first Estonian magazine *Beiträge*, and *Õpetatud Eesti Selts/Gelehrte Ehstnische Gesellschaft* (which brought together the most important promoters of Estonian language and culture of the time); didactic eighteenth-nineteenth-century popular books; the manuscript material of Friedrich Reinhold Kreutzwald; the work *Üks kubu Wanu-sõnu ja wanu könekombeid* ('A Bunch of Proverbs and Language Use of the Past', 1875; contains 1,261 proverb and phrase texts and is thus the first "proper" collection of minor forms) by reputed folklore collector Victor Stein; the main work of Ferdinand Johann Wiedemann, the first Estonian linguist; the texts by correspondents of folklore at the time of and after Jakob Hurt, the initiator of the collection of Estonian folklore and its academic publishing.

Next to the already mentioned grammars I should mention the manuscript (South-)Estonian–German dictionary, compiled most probably within the period of 1831–1841 by Johann Friedrich Heller, a literary clergyman and linguist of German origin. Heller's manuscript of the dictionary of South-Estonian dialect is a valuable and rich lexicographical source, a significant additional material in dialectal research and also an excellent paremiological and phraseological source (containing nearly 1,000 units). The dictionary introduces unique material in Võru dialect, recorded directly from local correspondents. The latter fact deserves extra attention, since the regional origin of the language material provided by pastors generally remains obscure (and even the most thorough study of sources may not yield conclusive answers). Of phraseologisms adopted as translation loans, the following phrases well known in the Estonian language might be pointed out: *viies ratas vankri all* ("fünftes Rad am Wagen sein"), *aega andma* ("jdm Zeit lassen"), *Aidaku jumal!* ("Helf dir Gott!)".

While Heller's manuscript has remained relatively unknown up to this day (even to scholars of language and literature), the legacy of the following literary figure has been considered the foundation scholarly research into the Estonian language.

The miscellany *Aus dem inneren und äusseren Leben der Ehsten* (1876)[5] and the Estonian–German bilingual dictionary (*Estnisch–Deutsches Wörterbuch*) (first ed. 1869) by F. J. Wiedemann, the first Estonian linguist and member of the St. Petersburg Academy of Sciences, are the most monumental works concerning the Estonian language. The first of the two publications includes more or less the complete material on Estonian minor forms, customs and traditions, games, etc. existing at the time, including also about 4,500 entries of proverbs and phrases. The number of proverbs in the second publication is already considerably smaller, though it is very rich in other types of phrases. Here the first attempt to categorise Estonian expressions is presented. The categories are:

---

[5] This work, which is categorised among the major works by Wiedemann, is available online, linked from the home page of the Department of Folkloristics at the Estonian Literary Museum — http://www.folklore.ee/rl/pubte/ee/vanad/aiale/.

(i) proverbial expressions;
(ii) figurative expressions and metaphors;
(iii) comparisons;
(iv) wishes, curses, nicknames, etc.

The entries of texts of minor forms appear in alphabetical order, and each entry is equipped with a literal translation into German, in some cases also with the explanations of semantics.

Most importantly, Wiedemann collected material for his Estonian-German bilingual dictionary and Estonian grammar (*Grammatik der Ehstnichen Sprache*, 1875) personally on collecting expeditions. At the same time he also consulted nearly all published sources and manuscripts about or in Estonian language that he had access to – in addition to publications (including the repeatedly mentioned Hupel's materials), also manuscript eighteenth-century dictionaries, the manuscript materials of *Õpetatud Eesti Selts/Gelehrte Ehstnische Gesellschaft* and *Eesti Kirjameeste Selts/Ehstnischer Literatenverein*, and other later manuscript materials. Wiedemann's work is also of immense importance in the history of Estonian minor forms – to the first edition published in 1876, which was the first most extensive collection of Estonian proverbs, a worthy successor – the academic edition of Estonian proverbs – follows only a century later, in 1980–1988.

3 Conclusion

It must be admitted that unravelling the tangle of loan relations, especially if done centuries later, is an extremely complicated venture and in most cases we have to settle with mere speculation. The proportion of German loans in Estonian phraseology is difficult to determine even in very general terms. Since the database of Estonian phrases,[6] is still partly under construction (containing at the moment 170,000 phraseological units), perhaps in a few years, when other language corpora, including those containing older literary language, will be added to the database, at least some conclusions may be drawn on the more precise extent of these influences. Of course, it has to be remembered that in Estonia such foreign influences are quite natural, since the earliest texts recorded in Estonian language were not created *by* ethnic Estonians, but were created *for them*, in order to provide guidance. No doubt, the earliest products of Estonian clerical literature follow the contemporary tradition of rhetorics and stylistics of the German spiritual literature. And these texts played a crucial role in mediating German phrase loans into Estonian. Pres-

---

[6] Available in Estonian at http://www.folklore.ee/justkui/.

ently we have to settle with the realisation, developed in the course of time, that the influences were more extensive than we, scholars, can even imagine and that many phrases so far categorised as authentic may, in fact, prove to be loans.

References

ARISTE, Paul (1981): Keelekontaktid. Eesti keele kontakte teiste keeltega. Tallinn.
KINGISEPP, Valve-Liivi (2001): Mida teame G. Müllerist tänapäeval? In: Vana kirjakeele korpus. Available on the Internet at http://www.murre.ut.ee/vakkur/Korpused/Myller/myllerist.htm, seen on 7.11.2006.
KNAPPE, Gabrielle (2004): Idioms and Fixed Expressions in English Language Study before 1800: A Contribution to English Historical Phraseology. Frankfurt am Main.
KRIKMANN, Arvo (1986): Fraseoloogiline aines Eesti vanimais grammatikates ja sõnastikes. Tallinn.
KRIKMANN, Arvo (2002): Eesti lühivormide allikaloost. Available on the Internet at http://www.folklore.ee/~kriku/ALLIK/, seen on 7.11.2006.
MASING, Uku (1999): Eesti vanema kirjakeele lood. Tartu.
ROSS, Kristiina (2003): Fraseoloogiline etüüd vennatapu ainetel. In: LEPAJÕE, Marju/GROSS, Andres (eds.): Mille anni sicut dies hesterna...: studia in honorem Kalle Kasemaa/Universitas Tartuensis, Facultas Theologica. Tartu. p. 248–255.
ROSS, Kristiina (2005): Kohandav ja kohanev tõlge: eestikeelne Vana Testament 1739 ja nüüd. In: SARAPIK, Virve/KALDA, Maie (eds.): Kohanevad tekstid. Tartu. p. 13–24.
WEICKERT, Rainer (1997): Die Behandlung von Phrasologismen in ausgewählten Sprachlehren von Ickelsamer bis ins 19. Jahrhundert. (Philologia – Sprachwissenschaftliche Forschungsergebnisse; 23). Hamburg.

Hana Bergerová (Ústí nad Labem)

Zum semantischen Feld des Ärgers.
Am Beispiel deutscher und tschechischer Phraseme

1 Einleitende Bemerkungen

Der Beitrag widmet sich einem Teilbereich des phraseologiereichen semantischen Feldes[1] der Emotionen. Meine Wahl fiel hierbei auf das Feld des ÄRGERS, denn es wurde mehrfach festgestellt, dass insbesondere negative Emotionen häufig phraseologisch ausgedrückt werden. Zum Beispiel in der Arbeit von MÖHRING (1991) zu verbalen Emotionsphraseologismen, in der 148 phraseologische Einheiten beschrieben werden, bilden Phraseologismen aus dem semantischen Feld des Ärgers ein ganzes Drittel.

Mein Beitrag untersucht die Phraseologismen aus interlingualer deutschtschechischer Perspektive, wobei das Deutsche als Ausgangssprache betrachtet wird, der das Hauptaugenmerk gilt. Der vorliegende Beitrag versteht sich als Ausgangspunkt für detailliertere vergleichende Untersuchungen zur Phraseologie der beiden Sprachen in einem semantisch klar abgesteckten Bereich.

Der deutsche Ausdruck „Ärger" wird im Folgenden als eine Art Ober-, Leit- oder Schlüsselbegriff für verschiedene Ausprägungen dieser Emotion gebraucht, die von Unmut, Missstimmung, Gereiztheit über Ärger und Zorn bis hin zur Wut und Raserei reicht, obwohl mir bewusst ist, dass dies nicht der von der Psychologie erarbeiteten Differenzierung entspricht.[2]

---

[1] In der Studie von HARTMANN (2005: 57, 59) zu Clusterbildungen und Phraseologismuslücken im phraseologischen Wortschatz der deutschen Standardsprache anhand DORNSEIFFs „Der deutsche Wortschatz nach Sachgruppen" besetzt die Hauptgruppe „Fühlen, Affekte, Charaktereigenschaften" Rang 3 unter den phraseologismenreichen Hauptgruppen, wobei die Sachgruppe „Zorn" an erster Stelle steht.

[2] Im Brockhaus-Lexikon Psychologie wird der Begriff „Ärger" erläutert als leichter bis mittelschwerer aggressiver Affekt in Reaktion auf ein Ereignis, das subjektiv als unzuträglich oder hinderlich betrachtet wird (2001: 54). Als „Wut" definiert man dort den „Zustand hoher affektiver Erregung mit motorischen und vegetativen Begleiterscheinungen (z.B. Blasswerden, Zittern, Pulsbeschleunigung), der sich in einer als Beeinträchtigung der Persönlichkeits- oder Vitalsphäre erlebten Situation aus einem aggressiven Spannungsstau entwickelt und sich in Form von verbalen Angriffen, Schreien und zerstörerischen Akten entladen kann (Wutanfall)" (2001: 691). Unter „Zorn" versteht man ebenda (890) einen elementaren Affekt, der mit unterschiedlich starker aggressiver Tendenz, z.T. mit vegetativen Begleiterscheinungen (Erblassen, Erröten u.a.) verknüpft sei. Durch den Gehalt an rationalen und normativen Komponenten unterscheide sich der Zorn von der Wut; er sei eine spezifisch menschliche Reaktion.

2 Zum Korpus

Der Ausgangspunkt der Studie war die Zusammenstellung des Korpus, das eine verhältnismäßig repräsentative Zahl von deutschen und tschechischen phraseologischen Einheiten verschiedenen Typs zusammenfasst. Das Korpus beinhaltet neben den mehr oder weniger idiomatischen Phraseolexemen/Wortidiomen (PL) (*sich schwarz ärgern, ein rotes Tuch für jmdn. sein;* tsch. z.B. *být vzteky bez sebe, vyskočit jako čert/čertík ze škatulky/z krabičky*) auch Routineformeln (RF) (*Zum Kuckuck [noch mal]! Jetzt/Nun reicht es [aber]!;* tsch. z.B. *To přestává všechno!*) und Kollokationen (*toben vor Wut, eine Stinkwut (auf jmdn.) haben, der Unmut entlädt sich, die Wut verraucht;* tsch. z.B. *bejt načuřenej/našňupnutej (z něčeho), s někým lomcuje vztek, soptit hněvem*). Das deutsche Korpus der PL und RF wurde hauptsächlich aus dem Duden Bd. 11 exzerpiert, ergänzt wurde es aus SCHEMANN (1991). Die deutschen Kollokationen wurden mit Hilfe der Kookurrenzanalyse des elektronischen Korpus COSMAS II des IDS Mannheim erstellt. Die tschechischen Phraseologismen wurden zum großen Teil dem Wörterbuch der tschechischen Phraseologie und Idiomatik von ČERMÁK u.a. entnommen, vereinzelt wurden passende phraseologische Wortverbindungen durch Informantenbefragung gewonnen. In das Korpus wurden sowohl standardsprachliche als auch substandardsprachliche Einheiten aufgenommen. Berücksichtigt und ausgewertet wurden auch phraseologische Wortverbindungen, die im Hinblick auf die von ihnen bezeichnete Emotion polysem sind und neben ÄRGER noch eine andere Emotion bezeichnen können wie z.B. KUMMER in *jmdm. an der Leber fressen* oder STOLZ in *jmdm. schwillt der Kamm*. In die Untersuchung wurden weiterhin solche Einheiten einbezogen, die auf Grund ihrer Bedeutungsweite nicht nur ÄRGER bezeichnen, sondern auch andere mit ihm eng zusammenhängenden und von ihm nicht klar zu trennenden Emotionen wie Empörung, z.B. in *jmdm. platzt der Kragen* (vgl. MÖHRING 1991: 24).

2.1 Zur Korpusanalyse

Die Korpusanalyse bestätigte einmal mehr (vgl. z.B. DOBROVOL´SKIJ 1995: 19), dass die Phraseologie eine radiale Kategorie mit „besseren", d.h. prototypischen, und „schlechteren", also peripheren, Vertretern darstellt. So wird wahrscheinlich jeder als typischen Vertreter der ÄRGER-Phraseologismen solche Einheiten wie *jmdm. platzt der Kragen* oder *jmdm. auf die Palme bringen* (tsch. z.B. *moct vyletět z kůže, vyletět jako čert ze škatulky*) betrachten, wogegen feste Wortgruppen vom Typ *jmd. hat es satt* oder *jmdm. ist eine Laus über die Leber gelaufen* (tsch. z.B. *někomu přelítlo něco přes nos*) wohl eher als schlechtere Vertreter dieses semantisches Feldes gelten dürfen, obwohl auch in ihrer Bedeutungsstruktur das Sem „Ärger" eine Rolle spielt, jedoch nicht den Kern der Bedeutung ausmacht. Noch peripherer dürften Phraseologismen wie *jmdm. den Kopf waschen, sich in die Haare geraten* oder *bei jmdm. ins Fettnäpfchen treten* (tsch. z.B. *vjet si do vlasů*) anmuten, deren Kernbedeutung mit Begriffen ZURECHTWEISUNG, STREIT bzw. KRÄNKUNG wiedergegeben werden könnte, sekundär ist aber auch hier das Sem „Ärger" vertreten.

In einem ersten Schritt konnte das gesamte Korpus in zwei große Gruppen gegliedert werden: in A) Phraseologismen, die den Ärger beschreiben und B) Phraseologismen, die den Ärger ausdrücken (siehe Diagramm). Da ich mich im Folgenden aus Platzgründen nur der ersten Gruppe widmen werde, möchte ich zuerst skizzieren, welche Einheiten ich der zweiten Gruppe zuordnete. Es handelt sich in erster Linie um Routineformeln zum Ausdruck der Verärgerung: *Jetzt/Nun reicht es [aber]! Zum Donnerwetter! Herrgott noch mal! Das ist doch die Höhe! Da hört (sich) doch die Gemütlichkeit auf!* (tsch. z.B. *Teď toho mám tak akorát dost! To přestává všechno! No, to snad ne!*). In diese Gruppe gehören aber auch bestimmte Idiome, deren Bedeutungsparaphrasen nicht unbedingt die Emotion des Ärgers hervorrufen. Allerdings drücken diese Redewendungen den „Ärger" beim Gebrauch in bestimmten morphologischen Formen aus – bevorzugt in der 1. Person Singular. Gemeint sind Äußerungen vom Typ *Dem werd' ich aber was husten!*[3] oder *Jetzt habe ich die Nase aber gestrichen voll.*[4] *Es ist zum Haare-Ausraufen* (vgl. auch MÖHRING 1991: 16).[5]

3   Versuch einer Synopsis des semantischen Feldes ÄRGER

Bei der Gruppe A erwies sich eine Dreiteilung des gesamten Korpus als notwendig. Der Ausgangspunkt war dabei die Überlegung, was der konkrete Phraseologismus besonders hervorhebt, ob die verärgerte Person, also den Träger der Emotion (1.), oder den Auslöser (2.), sei es eine Person, ein Objekt, ein Zustand, Vorgang oder eine Handlung von Personen, die bewusst und gezielt oder unbewusst jemandes Ärger hervorrufen. Schließlich kommen in meinem Korpus Phraseologismen vor, die die Situation voller angespannter, gereizter Stimmung (3.) ausdrücken, ohne dass dabei deren Träger oder Auslöser genannt wird.

---

[3] Duden 11, 380 *jmdm. [et]was/eins husten* = 'nicht jmds. Wunsch, Aufforderung entsprechend handeln, weil man ihn als Zumutung empfindet'
[4] Duden 11, 538 *[von jmdm., etw.] die Nase [gestrichen] voll haben* = 'jmds., einer Sache überdrüssig sein'
[5] tsch. z.B. *Mám toho tak akorát plný zuby. To je k zbláznění.*

3.1 Kommentar zu Gruppe 1

In dieser Gruppe kommen Phraseologismen vor, deren Subjektvalenz normalerweise durch die Nennung des Emotionsträgers besetzt ist. Sie beschreiben, wie dieser mit seinem psychischen Zustand umgeht. Nur bei den festgeprägten prädikativen Konstruktionen bezeichnet das Subjekt nicht den Emotionsträger, sondern ist ein fester, nicht variabler Teil der Wendung und gehört somit zu ihrer inneren Valenz. Der Emotionsträger erscheint in solchen Fällen als ein zur externen Valenz gehörendes Objekt (*[mit] jmdm. gehen die Nerven durch, jmdm. steigt das Blut schnell/rasch/leicht in den Kopf, jmdm. ist eine Laus über die Leber gelaufen, jmdm. platzt der Kragen*).

Gehen wir davon aus, dass der Emotionsträger zuerst bemüht ist, seinen Affekt zu kontrollieren, zu zügeln, sich ihn nicht anmerken zu lassen. Dies versprachlichen zum Beispiel folgende Phraseologismen: *seinen Ärger/seine Wut/seinen Zorn [nur schwer] verbergen [können], den Ärger/die Wut/den Zorn in sich hineinfressen, den Ärger/die Wut/den Zorn hinunterschlucken, gute Miene zum bösen Spiel machen.*[6]

Wenn sich der Emotionsträger entscheidet, seinem Ärger kontrolliert Ausdruck zu verleihen, kann dies u.a. durch folgende Phraseologismen sprachlich realisiert werden: *den Unmut/den Ärger/die Wut/den Zorn herauslassen, seinem Unmut/seinem Ärger/seiner Wut/seinem Zorn Ausdruck verleihen, seinen Unmut/seinen Ärger/seine Wut/seinen Zorn nicht verhehlen.*[7]

Gerät der Affekt außer Kontrolle, heißt es dann zum Beispiel: *sich vor Wut/Zorn nicht mehr kennen, außer sich geraten [vor Wut/Zorn], [mit] jmdm. gehen die Nerven durch, rasend/blind vor Wut sein, außer sich [vor Wut] sein, vor Wut [fast/beinahe] aus der Haut fahren, nicht mehr Herr seiner Sinne sein, wüten/toben/losgehen wie eine Furie.*[8]

Bei einer bereits ausgebrochenen Emotion ist zu unterscheiden, ob es sich um eine kurzfristige Zustandsemotion wie bei *jmdm. läuft/geht die Galle über, jmdm. geht der Hut hoch, jmdm. platzt der Kragen, [mit] jmdm. gehen die Nerven durch* (tsch. z.B. *mít rozpálenou hlavu, ztratit nervy*) oder um eine beständige Eigenschaftsemotion handelt: *jmdm. steigt das Blut schnell/rasch/leicht in den Kopf, heißes/feuriges Blut haben, schnell/leicht in*

---

[6] tsch. z.B. *žrát se/užírat se vzteky/vztekem, zatnout/zatínat/sevřít/svírat pěst/pěsti/ruku [v pěst]/ruce [v pěst], zatínat zuby, rvát si vlasy, spolknout to v sobě, opanovat svůj vztek/hněv/svou zlost, dusit v sobě vztek*

[7] tsch. z.B. *neskrývat svou nevoli/zlost, projevit svou nevoli/zlost, dát volný průchod své nevoli/zlosti*

[8] tsch. z.B. *být vzteky bez sebe, řádit jako fúrie/jako tajfun, moct vyletět z kůže, zezelenat vzteky, chovat se jako nepříčetný/pominutý, být jako smyslů zbavený*

die Luft gehen, bei jmdm. ist gleich Feuer unterm Dach/jmd. hat gleich Feuer unterm Dach.[9]

Ein weiterer modaler Parameter, der eine Einteilung des Korpus ermöglicht, ist die Intensität des Affektes von *jmdm. ist eine Laus über die Leber gelaufen* und *mit dem linken Bein/Fuß [zuerst] aufgestanden sein* über *jmdm. wird es zu bunt, jmdm. langt es bis zu [schwer] geladen sein, sich schwarz ärgern* oder *außer sich geraten [vor Wut/Zorn].*[10]

Der nächste Parameter, der sich als ein relevantes Differenzierungskriterium im Rahmen des Korpus erwies, war das Versprachlichen der motorischen und/oder vegetativen Begleiterscheinungen. *Zittern vor Wut/Zorn, beben vor Wut/Zorn, rot/blass vor Wut/Zorn sein, schnauben vor Wut/Zorn, zornig (auf)stampfen, jmdm. steigt das Blut schnell/rasch/leicht in den Kopf, puterrot werden, einen roten Kopf [vor Wut/Zorn] bekommen* benennen solche Begleiterscheinungen.[11] In diese Gruppe ordne ich auch solche phraseologische Einheiten ein, die nicht auf realen, sondern auf imaginären Symptomen des Körpers beruhen wie z.B. *mit den Zähnen knirschen, einen dicken Hals bekommen, blind vor Wut sein, rot sehen* oder *sich auf die Zunge beißen.*[12]

In den meisten Fällen richtet sich unser Ärger gegen andere Menschen oder gegen etwas, viel seltener scheint der Zustand des Sich-Über-Sich-Ärgerns phraseologisch realisiert zu sein, so dass sich bei der Korpusanalyse nur eine ganz kleine Gruppe von phraseologischen Einheiten herausfiltern ließ, die diesen Parameter zum Ausdruck bringt. Außer dem gerade angesprochenem Phraseologismus *sich auf die Zunge beißen* wäre noch *sich in den Arsch beißen [können]* oder *sich die Haare ausraufen können*[13] zu nennen, wenn auch bei den beiden zuletzt genannten Phraseologismen nicht in jedem Kontext das maßlose Ärgern über sich selbst gemeint ist.

Einige Phraseologismen betonen in ihrer Bedeutungsstruktur die Tatsache, dass die gereizte Reaktion unbegründet oder zumindest durch verhältnismäßig kleine Ärgernisse verursacht ist und deshalb aus der Sicht des Sprechers als unangemessen eingestuft wird, vgl. zum Beispiel *jmdn. stört/ärgert die Fliege an der Wand* oder *mit dem linken Bein/Fuß [zuerst] aufgestanden sein, jmdn. ist eine Laus über die Leber gelaufen/gekrochen.*[14]

---

[9] tsch. z.B. *mít horkou hlavu/krev, mít prudkou/vznětlivou náturu/letoru/povahu*
[10] vgl. tsch. *někomu něco přelítlo přes nos* versus *řádit jako černá ruka*
[11] tsch. z.B. *rudnout/zrudnout hněvem, být (červený/rudý)/zrudnout/zčervenat jako krocan, probodávat někoho/probodnout někoho/zabodávat se do něhoko očima/pohledem, vystřídat/změnit barvu*
[12] tsch. z.B. *vidět rudě/červeně, skřípat zubama, zezelenat zlostí, skákat/vyskakovat až do stropu, být zaslepen/zaslepený vztekem, mít tmu před očima*
[13] tsch. z.B. *rvát si vlasy, nejraději bych se nakopl do zadku*
[14] tsch. z.B. *někdo se špatně vyspal, někdo vstal levou nohou [napřed]*

Die verschiedenen chronologisch aufeinander folgenden Phasen des Ärgers werden unter 1.2. zusammengefasst. Schwächer besetzt ist die erste Phase, in der *sich der Ärger/die Wut* in jemandem erst einmal *staut*. Diese Gruppe weist m.E. Überschneidungen und Berührungspunkte mit unter 1.1.1.1. erwähnten Phraseologismen auf, die das Unterdrücken des Affektes seitens des Emotionsträgers akzentuieren wie bei *den Ärger/die Wut/den Zorn hinunterschlucken, die Faust/die Fäuste in der Tasche ballen/(schweiz.:) die Faust im Sack machen, mit den Zähnen knirschen* oder *eine Wut im Bauch haben*.[15]

Stark vertreten ist dann die Phase des Ausbruchs bzw. des Herauslassens der Emotion, die mit unterschiedlicher Intensität vonstatten gehen kann: vgl. *an etwas Anstoß nehmen, sich die Wut von der Seele schreiben/reden* vs. *die Platze kriegen, in Rage/Wut kommen, an die Decke gehen, jmdm. platzt der Kragen*.[16] Im besten Fall *verraucht der Ärger* schnell, andernfalls haben wir es mit dem Andauern des emotionalen Zustandes zu tun. Dann heißt es zum Beispiel, dass jemand *eine Stinkwut hat (auf jmdn.), [stink(e)]sauer ist (auf jmdn.), sich schwarz ärgert (über jmdn./etw.), [schwer] geladen ist (auf jmdn.)*.[17] Die letzte Phase, das Entladen des Ärgers, kommt z.B. in *sich wieder im Griff haben* oder *sich wieder unter Kontrolle haben* zum Ausdruck.[18]

Die Emotion des Ärgers wird häufig von bestimmten Handlungen begleitet oder gefolgt. Unter 1.3. wurden sie in einer groben Annäherung skizziert. So könnten als Vertreter der Untergruppe „Zurechtweisung/Kritik/Tadel/Schimpfen" *ein Donnerwetter auf jmdn. loslassen, jmdm. den Kopf zurechtsetzen/zurechtrücken* oder *jmdn. aus den Lumpen schütteln*[19] genannt werden. Für „Streit" seien *sich in die Haare geraten/kriegen, sich in den Haaren liegen* oder *sich in die Wolle kriegen*[20] angeführt. Ärger in Verbindung mit „Antipathien/Hass/Gehässigkeiten/Anschwärzen" drücken z. B. Phraseologismen wie *an jmdm. kein gutes Haar lassen, jmdm. [am liebsten] die Augen auskratzen [mögen], auf jmdn./etw. schlecht/nicht gut zu sprechen sein*[21] aus.

Unter dem Stichwort „Aggressionslust" fasse ich zum Beispiel folgende Phraseologismen zusammen: *an jmdm./etw. die Wut auslassen, sich in Un-*

---

[15] tsch. z.B. *polykat vztek, zatínat zuby, žrát/užírat se vzteky/vztekem*
[16] tsch. z.B. *vzkypět/vzplanout hněvem, mít (už) toho /něčeho/někoho (tak právě/akorát) dost/po krk, moct vylítnout/div nevylítnout z kůže, dostat se do varu*
[17] tsch. z.B. *žrát/užírat se vzteky/vztekem, mít na někoho spadeno, nemoct někoho vystát*
[18] tsch. z.B. *zkrotit své emoce/vášně, přemoci hněv/vztek/zlost*
[19] tsch. z.B. *zvednout někomu mandle, vynadat někomu, co se do něj vešlo/vejde, pouštět na někoho hrůzu/hromy a blesky*
[20] tsch. z.B. *vjet si/vletět si do pačesů/vlasů, hádat se do krve, moct si oči vyškrábat, vyvádět/být na sebe jako (vzteklí) psi*
[21] tsch. z.B. *mít na někoho pifku, mít na někoho spadeno, nemoct někomu přijít na jméno, nenechat na někom nitku suchou, být s někým na ostří nože*

*mut/Wut/Zorn zu etw. hinreißen lassen, an jmdm./etw. sein Mütchen kühlen.*²²
Unter „andere Arten des ‚Umgangs' mit dem Ärger" assoziiere ich zum Beispiel *den Ärger/den Zorn hinunterspülen* oder *die gekränkte/beleidigte Leberwurst spielen.*²³

3.2 Kommentar zu Gruppe 2

Es handelt sich um Phraseologismen, in denen der Auslöser des Ärgers die Subjektvalenz besetzt, wogegen der Emotionsträger bzw. der Verärgerte – falls genannt – die Objektvalenz ausfüllt.

Der erste modale Parameter, der hier zur Sprache kommen soll, ist der der Intentionalität, denn das untersuchte Korpus lässt sich im Hinblick darauf einteilen, ob das Verärgern einer Person gezielt und gewollt durchgeführt wird, unbeabsichtigt geschieht oder beide Optionen je nach Kontext offen lässt. Intentionalität der Handlung ist logischerweise nur dann möglich, wenn das Subjekt eine handelnde Person, ein Agens, ist. Sie ist demzufolge ausgeschlossen bei Phraseologismen, deren Subjekt kategorial-semantisch gesehen ein Abstraktum ist wie in *jmdm. an die Nieren gehen* oder *jmdm. [schwer/wie Blei] im Magen liegen.* Aber auch die Idiome *ein rotes Tuch für jmdm. sein* oder *jmdm. ein Dorn im Auge sein,*²⁴ in denen sowohl „etwas" als auch „jemand" als Subjekt in Frage kommt, drücken keine beabsichtigte Handlung des Subjekts aus.

Eine eindeutige Absicht liegt dagegen vor bei *jmdn. einen Streich/Possen spielen, jmdn. [bis] zur Weißglut bringen/reizen* oder *jmdn. bis aufs Blut reizen/ärgern.*²⁵ Die meisten Vertreter dieser Subgruppe lassen beide Optionen zu: *die Wut schüren, jmdn. auf achtzig bringen, jmdn. in Harnisch bringen, jmdn. auf die Palme/(selten:) Pinie bringen (od. treiben)* oder *jmdn. in Wallung bringen* kann man sowohl absichtlich als auch ohne Absicht.

Im Hinblick auf die Intensität der Emotion sind leichtere Formen der Verärgerung wie bei *jmds. Unmut wecken, sich jmds. Unmut zuziehen, jmdm. ein Dorn im Auge sein, jmdm. an die Nieren gehen*²⁶ oder *jmdm. einen Streich/Possen spielen, bei jmdm. Anstoß erregen* von heftigeren zu unterscheiden: *jmdn. auf achtzig bringen, jmdn. in Harnisch bringen, jmdn. [bis] zur Weißglut bringen/reizen.*

Bei der Analyse des chronologischen Ablaufs des Ärgers lassen sich drei Phasen herausfiltern. Am stärksten besetzt ist die Entstehungsphase des Är-

---

²² tsch. z.B. tsch. *vylít si/vylévat si/vybíjet si na někom/něčem zlost/vztek, zchladit si na někom zlost/žáhu*
²³ tsch. *utápět vztek/zlost (v alkoholu), hrát si na uraženého*
²⁴ tsch. z.B. *být někomu trnem v oku/očích, ležet někomu v žaludku*
²⁵ tsch. z.B *dělat něco někomu na zlost/vztek, dělat někomu naschvály*
²⁶ vgl. tsch. *vyvolat/vzbudit (něčí) nevoli, být někomu trnem v oku/očích*

gers, also die Phase des Hervorrufens oder Provozierens der Emotion. Hierher gehören Idiome wie *jmdm. einen Streich/Possen spielen, böses Blut machen/stiften* oder *jmdn. bis zur Weißglut bringen/reizen* genauso wie Kollokationen *Unmut/Ärger hervorrufen/auslösen/erregen, jmds. Unmut wecken, jmds. Zorn entfachen/erregen, sich jmds. Unmut/jmds. Zorn einhandeln, jmdn. in Wut versetzen, für Unmut/Ärger sorgen, die Gemüter erhitzen.*[27]

In der zweiten Phase wird das Andauern des Ärgers akzentuiert: *jmdm. [schwer/wie Blei] im Magen liegen, jmdm. an die Nieren gehen, [jmdm]. sauer/übel aufstoßen,*[28] unter Umständen ist ein Intensivierungsparameter vorhanden (*Öl ins Feuer gießen*).[29] Schließlich kommt die Phase der Beruhigung, die z.B. durch *die Wogen glätten* und *Öl auf die Wogen gießen, den Unmut/den Zorn besänftigen/dämpfen* repräsentiert wird.[30]

Schließlich sollen noch kurz Phraseologismen angesprochen werden, die die verschiedenen Ursachen des Ärgers bezeichnen. Zu diesen gehört vor allem Kränkung/Beleidigung: *jmdm. auf die Zehen treten, jmdn. vor den Kopf stoßen, jmdn. auf den Schlips treten, (bei jmdm.) ins Fettnäpfchen treten,*[31] weiter dann Belästigung wie in *jmdm. den letzten Nerv rauben/töten, jmdm. auf die Nerven fallen/gehen.*[32]

3.3 Kommentar zu Gruppe 3

Es handelt sich um die kleinste Gruppe in meinem Korpus, die die Emotion selbst benennt. Als sinnvoll hat sich die Einteilung nach dem chronologischen Parameter erwiesen, denn auch hier sind wieder verschiedene Phasen des Ärgers zu unterscheiden. Die Entstehungsphase wird z.B. durch *der Zorn/der Unmut enzündet sich an etw., der Unmut regt sich, die Wogen [der Empörung, Entrüstung o.Ä.] gehen hoch* oder *die Gemüter erhitzen sich (an/über etw.)* repräsentiert. Die Phase des Andauerns benennen z.B. *es herrscht Unmut/Wut, es ist/herrscht dicke Luft, es ist Rauch/Qualm in der Bude/Küche* oder *der Unmut wächst, verbreitet sich, schwelt, mehrt sich.* Die Phase des Abklingens des Ärgers kann z.B. durch *der Zorn/die Wut verraucht, der Ärger über etw. verfliegt, die Wogen glätten sich* oder *der Zorn/der Unmut/die Wut entlädt sich*[33] versprachlicht werden.[34]

---

[27] vgl. tsch. *hnout/pohnout někomu žlučí, rozzuřit někoho do nepříčetnosti, uvést/přivést/dostat někoho do varu, rozžhavit někoho do běla*
[28] vgl. tsch. *pít někomu krev, být někomu trnem v oku, ležet někomu v žaludku*
[29] *nalít/přilít/přilévat/lít oleje do ohně, přilévat oleje do ohně*
[30] vgl. tsch. *zkrotit vášně, lít olej na rozbouřené vlny*
[31] vgl. tsch. *šlápnout někomu na kuří oko/voko*
[32] vgl. tsch. *jít/lézt někomu na nervy*
[33] vgl. tsch. *je tam dusno, panuje/vládne tam napjatá atmosféra, vztek pomine/vyprchá/utiší se*

4 Ausblick

Wie bereits anfangs betont, ist dieser Beitrag als ein Ausgangspunkt für weiterführende interlinguale deutsch-tschechische Studien zu betrachten. Sein Anliegen waren Überlegungen zur Zusammenstellung eines repräsentativen zweisprachigen Korpus und dessen Gliederung in Gruppen, die verschiedene Aspekte des Ärgers bezeichnen. Viele andere Aufgaben bleiben weiteren Untersuchungen vorbehalten. Darunter verstehe ich z.B. die Erforschung von Äquivalenzbeziehungen. Eine genaue Analyse von Belegen aus den elektronischen Korpora der beiden Sprachen würde wichtige Informationen über morphosyntaktische Restriktionen sowie Gebrauchspräferenzen der einzelnen phraseologischen Einheiten liefern, die in deren Beschreibung einfließen würden und für die Suche nach den bestmöglichen Äquivalenten in der jeweils anderen Sprache von großer Relevanz wären. Dies wiederum könnte eine Verbesserung der lexikographischen Darstellung der ausgewählten Phraseologismen in deutsch-tschechischen allgemeinen sowie phraseologischen (Lerner-)Wörterbüchern zur Folge haben. Nicht zuletzt könnte von den Ergebnissen solcher Untersuchungen der DaF-Unterricht für Tschechischmuttersprachler auf verschiedenen Sprachniveaus und in verschiedenen Altersgruppen profitieren, für dessen Belange zum Beispiel die Frage zu klären wäre, welche Phraseologismen aus dem gewählten semantischen Bereich zum phraseologischen Minimum, besser gesagt Optimum, bei Deutsch lernenden Tschechischmuttersprachlern gehören sollten.

Literatur

ČERMÁK, František u.a. (1983–1994): Slovník české frazeologie a idiomatiky. Praha.
Der Brockhaus Psychologie. Fühlen, Denken und Verhalten verstehen (2001). Leipzig/Mannheim
DOBROVOL'SKIJ, Dimitrij (1995): Kognitive Aspekte der Idiom-Semantik: Studien zum Thesaurus deutscher Idiome. Tübingen.
DOBROVOL'SKIJ, Dimitrij (1997): Idiome im mentalen Lexikon: Ziele und Methoden der kognitivbasierten Phraseologieforschung. Trier.
DUDEN (1998): Redewendungen und sprichwörtliche Redensarten. Wörterbuch der deutschen Idiomatik. Mannheim/Leipzig/Wien/Zürich. (Duden; 11).

---

[34] Im folgenden Beleg sind Phraseologismen aus allen drei Gruppen vertreten: *Die Wogen* sollen nun in kleinerer Runde *geglättet werden*, bevor im Präsidium ein neuer Anlauf für eine sachlichere Auseinandersetzung genommen werden soll. Norbert Schmitt war gestern Nachmittag erkennbar bemüht, kein weiteres *Öl ins Feuer* zu *gießen*: „Es war einfach *Rauch in der Bude*. Vielleicht *sind* wir alle *mit dem linken Fuß aufgestanden*." (Cosmas II-Korpus, M01/111.86629, Mannheimer Morgen, 14.11.2001)

HARTMANN, Dietrich (2005): Onomasiologische Strukturen im phraseologischen Wortschatz des Deutschen. In: Der Deutschunterricht 5/2005. S. 54–61.

HESSKY, Regina/ETTINGER, Stefan (1997): Deutsche Redewendungen. Ein Wörter- und Übungsbuch. Tübingen.

MÖHRING, Jörg (1991): Phraseologischer Thesaurus. Komplexe Mehrebenendarstellung verbaler Emotionsphraseologismen in onomasiologischer Anordnung. Diplomarbeit. Leipzig.

SCHEMANN, Hans (1991): Synonymwörterbuch der deutschen Redensarten. Stuttgart/Dresden.

Zum semantischen Feld des Ärgers

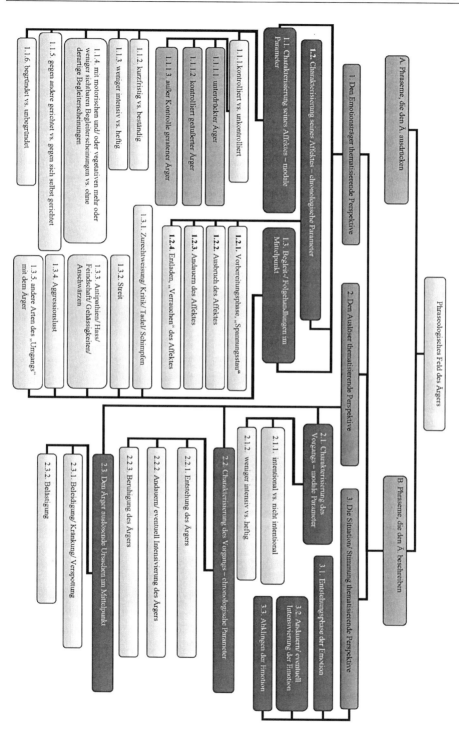

Lina Chen (Kaohsiung)

Bilder in deutschen und chinesischen Traurigkeits-Phrasemen

Jeder Mensch hat Emotionen (Wut, Traurigkeit, Angst usw.) und das Bedürfnis, den Mitmenschen seinen Gemütszustand zu zeigen. Wie stark ist eine Emotion? Anfang, Dauer und Intensität lassen sich verbal schwer ausdrücken. Phraseme leisten dabei gute Dienste. Sie bringen Emotionen in anschauliche Bilder. Diese Bilder haben ihren Ursprung meist in geschichtlichen oder gesellschaftlichen Begebenheiten, in naturbezogenen und vor allem in körperlichen Erfahrungen. Deswegen liegt der Schluss nahe, dass die sprachliche Formung der Bilder in unterschiedlichen Kulturen unterschiedlich ausfällt. Ein Vergleich macht die Denkschemata der Kulturen transparenter. Wie Menschen in der Sprache denken, erkennt man besser, wenn man Sprachen miteinander vergleicht, und zwar gerade Sprachen, die einander sehr fremd sind und sich unabhängig voneinander entwickelt haben wie das Deutsche und das Chinesische. Eine sprachvergleichende Studie zeigt Gemeinsamkeiten und Unterschiede der Sprachen.

Ziel dieser Studie ist die Antwort auf die Frage, ob sich deutsche und chinesische Phraseme[1] ebenso fremd sind wie die beiden Sprachen selbst, die einerseits dem isolierenden (Chinesisch) und anderseits dem flektierenden Sprachtypus (Deutsch) angehören; oder ob auf Grund gleicher Grundschemata zumindest Teile der Phraseme gleichgeartet sind. Die Antwort darauf wird mittels der kognitiven Metapherntheorie (von George LAKOFF und Mark JOHNSON) überprüft. Ein Grundpostulat dieser Metapherntheorie ist, dass die Metaphorisierung nicht nur ein sprachliches (in der Poetik, Rhetorik beschreibbares) Phänomen ist, sondern dass sie primär als ein konzeptuelles

---

[1] Chinesische Phraseme in dieser Arbeit werden mit den traditionellen chinesischen Schriftzeichen aufgeführt und nicht mit den auf dem chinesischen Festland verwendeten vereinfachten Schriftzeichen (da meine Heimat Taiwan ist). Ich schließe mich in der phonetischen Transkription dem *Hanyu pinyin* System an, das mit lateinischen Buchstaben realisiert wird. Der entsprechende Ton wird nicht bezeichnet.

Chinesisches Phrasem	Grafische Darstellung der Phraseme
哭倒長城ku dao chang cheng [weinen/fallen/lang/Mauer] <weinen, dass die chinesische Mauer fällt>	Chinesische Schriftzeichen Phonetische Transkription [wörtliche Wiedergabe der einzelnen Komponenten] <Wortwörtliche Bedeutung>

Phänomen verstanden wird. Das heißt, die Konzepte sind metaphorisch. Konzeptuelle Metaphern sind beispielsweise: GLÜCKLICH SEIN IST OBEN, WUT IST HITZE, ANGST IST KÄLTE etc. (vgl. LAKOFF/JOHNSON 1980; DOBROVOL'SKIJ 1997; KÖVECSES 2000). Konzepte für Traurigkeit – die am wenigsten untersuchte Emotion in der kognitiven Metaphernforschung – werden in dieser Arbeit diskutiert.

1 Traurigkeit

Ich bin traurig, sagt eine Person, weil die favorisierte Mannschaft das Fußballspiel verloren hat, oder weil die Person die Prüfung nicht bestanden hat, oder weil eine geliebte Person tot ist. Aus vielen Gründen kann ein Mensch traurig sein. Jeder meint zu wissen, was traurig bedeutet, bis man ihn fragt, was dieser Begriff eigentlich beinhaltet. Im Duden, Deutsches Universalwörterbuch (1996: 1553) steht für *traurig*: „Trauer empfindend, ausdrückend, bekümmert, betrübt; in niedergedrückter Stimmung"; und „Trauer, Kummer, Betrübnis hervorrufend, verursachend; schmerzlich, beklagenswert". Das Abstraktum *traurig* wird durch ein Abstraktum *Trauer* erklärt. *Trauer* ist ein „[tiefer] seelischer Schmerz über einen Verlust od. ein Unglück" (Duden, Deutsches Universalwörterbuch 1996: 1552) und stammt von dem althochdeutschen Wort *trūrēn* ab, welches ursprünglich die Gesten der Traurigkeit *den Kopf sinken lassen* oder *die Augen niederschlagen* bedeutet (vgl. KLUGE 2002: 926). Das deutsche Wort *traurig* ist also bereits metaphorisch. Metaphorisch sind auch die chinesischen Wörter für *traurig* – 難過 und 傷心:

我很傷心 wo hen shang xin
[ich/sehr/verletzen (Wunde)/Herz]
<Mir ist das Herz sehr verletzt – Ich bin sehr traurig>
我很難過 wo hen nan guo
[ich/sehr/schwer (schwierig)/passieren (vorbeigehen)]
<Diese Situation ist für mich sehr schwer zu überstehen – Ich bin sehr traurig>

Die obigen Beschreibungen lassen darauf schließen, dass Traurigkeit ein seelischer Prozess ist, der bekümmerte, betrübte, niedergedrückte, schmerzliche und beklagenswerte Stimmungen hervorruft; diesem Prozess kann der Betroffene nur schwer entkommen. Betrachtet man diesen Ablauf genauer, ergibt sich folgendes Traurigkeits-Szenario (vgl. ZIMMER 1981: 160ff.; KÖVECSES 2000: 144f.):

Beteiligte Kräfte:

I (Ich)	= Gefühlsträger
Unmittelbarer Grund der Traurigkeit	= Angriffsvorgang
Trauriges Verhalten	= Vergeltung

1) Phase : Angriffsvorgang
   Der Angriffsvorgang missfällt I und verursacht Traurigkeit.
2) Phase: Existenz von Traurigkeit
   – I erlebt physiologische Effekte (z.b. verminderter Blut- und Muskeldruck, Mundtrockenheit, flache Atmung, blasse Gesichtsfarbe).
   – Die Traurigkeit übt eine Kraft auf I aus und beeinträchtigt das sensomotorische Verhalten (z.b. beklommener Gesichtsausdruck, gebeugte Körperhaltung, Langsamkeit der Bewegungen usw.).
3) Phase: Versuch, die Traurigkeit zu kontrollieren
   – I setzt eine Gegenkraft ein, um die Traurigkeit zu kontrollieren.
   – Die Intensität der Traurigkeit übersteigt den Traurigkeits-Endpunkt, welchen I ertragen kann, sodass die Traurigkeit I überwältigt.
4) Phase: Vergeltung
   – I zeigt trauriges Verhalten (Schreien, Weinen, Schluchzen, Bewegungsdrang).
   – I sehnt sich danach, was während des Angriffsvorgangs verloren gegangen ist. Wenn I die Situation für ungerecht hält, jammert und wehklagt I.
5) Phase: Die Intensität der Traurigkeit sinkt.

Das Traurigkeits-Szenario deutet darauf hin, dass zur Traurigkeit nicht nur Lähmung (Phase 2), sondern auch Bewegungsdrang (Phase 4) gehört, der in den Phrasemen der Gruppe A3 (siehe unten) versprachlicht wird. Wenn man demgegenüber den Schmerz, der mit Traurigkeit einhergeht, betonen möchte, sind die Phraseme in der Gruppe B typisch. Wie man einen Gemütszustand in Worte fasst, hängt also direkt von der jeweiligen Gemütslage ab, in der man sich befindet.

2 Traurigkeit schadet dem Körper

Um die konzeptuellen Metaphern des Deutschen und des Chinesischen vergleichen zu können, wurde zuerst eine Liste von Phrasemen beider Sprache zusammengestellt und zwar aus den Lexika,[2] die jeweils einen onomasiologischen Zugriff ermöglichen.[3] Stellt man die Phraseme einander in ihren

---

[2] Hinzugezogen wurden drei deutsche Lexika – von SCHEMANN (1989), MÜLLER (1994) und HESSKY/ETTINGER (1997) – und drei chinesische Lexika – von 陳 [CHEN] (2000), 夏/王 [XIA/WANG] (1999) und das Elektronische Chinesische Wörterbücher des Ministeriums für Bildung.

[3] Es werden insgesamt 55 deutsche und 64 chinesische Phraseme zusammengestellt. Phraseme, die zwar aus unterschiedlichen Komponenten bestehen, aber ein gleiches Bild hervorrufen, werden als eine Einheit betrachtet, z.B. *sich die Augen ausweinen/rot weinen/aus*

Bildern gegenüber, sind zwei vorherrschende Schemata zu erkennen, nämlich
TRAURIGKEIT SCHADET DEM ÄUSSEREN KÖRPERTEIL (Gruppe A)
und TRAURIGKEIT SCHADET DEM INNEREN KÖRPERTEIL (Gruppe
B).

A. TRAURIGKEIT SCHADET DEM ÄUSSEREN KÖRPERTEIL

Die Beschädigung des Körperteils ist direkt von außen beobachtbar und lässt
sich in folgende Schemata unterteilen: A1. Lähmung (niedergeschlagene Körperhaltung); A2. Änderung des Gesichtsausdrucks; A3. Wehklage des Betroffenen.

A1 Lähmung (niedergeschlagene Körperhaltung)

Mit der Traurigkeit eng verbunden – wie im Traurigkeits-Szenario schon dargestellt – ist die Unfähigkeit zum Handeln, die Lähmung des Körpers. Diese
Lähmung lässt sich in beiden Sprachen auf die gleiche Weise durch hängende
Körperteile und handelnde bzw. wandelnde Leichen ausdrücken.

– *einen schweren Weg gehen* – *den Kopf/ die Ohren/ die Schultern/ die Flügel hängen lassen* – *aussehen wie eine lebende/ wandelnde Leiche*	– 垂頭喪氣 chui tou sang qi [hängen/ Kopf/ verlieren/ Pneuma (Mut)] <**den Kopf hängen**, den Mut verlieren> – 行屍走肉 xing shi zou rou [gehen/ Leiche/ gehen/ Fleisch] <jd ist **wie eine wandelnde Leiche** bzw. ein Stück gehendes Fleisch>

A2 Änderung des Gesichtsausdrucks

Während die Phraseme folgender Gruppe im Deutschen eher auf das ganze
Gesicht bezogen sind, werden im Chinesischen mehr Gesichtsteile eingesetzt,
vor allem die Augenbrauen. Augenbrauen kommen insofern zur Sprache, als
sie bei Personen, „welche an tiefer Niedergeschlagenheit leiden oder voller
Sorgen sind, eine schräge Stellung annehmen" (DARWIN 2000: 197).

---

dem Kopf weinen. Es ist leider nicht möglich, alle Phraseme in diesem Beitrag aufzulisten.
Insofern kann nur ein Teil des gesamten Korpus als sprachliche Beispiele dargelegt werden.

Bilder in deutschen und chinesischen Traurigkeits-Phrasemen

– ein Schatten fliegt/ huscht/ gleitet über js Gesicht –eine Leichenbittermiene machen/aufsetzen – ein finsteres **Stirnrunzeln** (machen)	– 一臉苦瓜 yi lian ku gua [ein/ Gesicht/ bitter/ Melone] <ein Gesicht wie eine bittere Melone> – 愁眉苦眼 chou mei ku yan [traurig/ Augenbraue/ bitter/ Auge] <traurige Augenbrauen, bitterschmerzvolle Augen> – 蹙額愁眉 cu e chou mei [runzeln/ Stirn/ traurig/ Augenbraue] <**gerunzelte Stirn**, traurige Augenbrauen>

Bei den folgenden Phrasemen wird der rhetorische Tropus Hyperbel in beiden Sprachen verstärkt eingesetzt. Einerseits werden Rotz und Tränen in Form von Flüssen, Regen und Strömen dargestellt. Andererseits wird das Weinen so übertrieben, dass man Blut weint. Im Deutschen werden sogar die Augen ausgeweint.

– *Ströme von Tränen vergießen* – *Rotz und Wasser heulen* – *bittere Tränen weinen* – *blutige Tränen weinen* – *sich die Augen ausweinen/ rot weinen/ aus dem Kopf weinen*	– 淚如泉湧 lei ru quan yong [Träne/ wie/ Fluss/ sprudeln] <Tränen wie sprudelnde Flüsse> – 涕泗滂沱 ti si bang tuo [Rotz/ Rotz/ strömen/ strömen] <Rotz strömt> – 血淚俱下 xie lei ju xia [Blut/ Tränen/ beide/ unten] <**Blut und Tränen** fließen herunter> – 以淚洗面 yi lei xi mian [mit/ Tränen/ waschen/ Gesicht] <mit Tränen das Gesicht waschen>

A3 Wehklage des Betroffenen

– *klagen und stöhnen* – *Ach und Weh schreien* – *sich die Seele aus dem Leib schreien* – *ein Bild des Jammers* – *zum Heulen sein* – **weinen, dass es einen Stein erweichen könnte** *(zum Steinerweichen weinen)*	– 泣血捶膺 qi xie chui ying [weinen/ Blut/ schlagen/ Brust] <Blut weinen und sich an die Brust schlagen> – 叫苦連天 jiao ku lian tian [schreien/ bitter/ verbinden/ Himmel] <Jammer erreicht den Himmel> – 啼天哭地 ti tian ku di [heulen/ Himmel/ weinen/ Erde] <zum Himmel heulen, zur Erde weinen> – 哭倒長城 ku dao chang cheng [weinen/ fallen/ lang/ Mauer] <**weinen, dass die chinesische Mauer fällt**>

Zu Äußerungen der verschiedensten Art kommt es, wenn man sich grämt, sich nach dem Verlorenen sehnt und an seinem Verschwinden verzweifelt. Hält eine Person den Verlust für ungerecht, jammert, lamentiert und wehklagt sie (vgl. Traurigkeits-Szenario in der vierten Phase). Somit steht ein Bewegungsdrang, der durch einen selbstzerstörerischen Impetus charakterisiert ist, bei dieser Gruppe im Vordergrund. Die Wehklage wird bei den Chinesen oft an den 天 Himmel[4] gerichtet, also an den Allmächtigen, an das Schicksal. Der Allmächtige wird von den Weinenden so berührt, dass ein Stein erweicht[5] (im Deutschen) und die Chinesische Mauer fällt[6] (im Chinesischen). Beide Phraseme zeigen trotz ihrer verschiedenen kulturell-weltanschaulichen Überformung eine Gemeinsamkeit: Der Allmächtige wurde von der Weinenden bewegt und gab ein magisches Zeichen, dass das Flehen bzw. die Wehklage angekommen ist, wobei etwas Starkes, Hartes erweicht oder zerfällt. Die wehklagenden Szenen, die die folgenden Phraseme beinhalten, erinnern an ein in Taiwan oft geübtes Trauerritual, nämlich die Totenklage. Die Totenklage ist bei der Trauerfeier ein zeremonielles Klagen und Weinen von Familienmitgliedern, wofür oft berufsmäßige Klageweiber oder Klagegemeinschaften eingesetzt werden. Auch in westlichen Kulturen ist diese Tradition nichts Ungewöhnliches. „Die T. [Totenklage] war und ist in vielen Teilen Europas und des angrenzenden Mittelmeerraumes verbreitet" (Brockhaus. Band 22. 1999: 209). Allerdings wird sie heutzutage in Deutschland nur noch selten praktiziert, während sie im chinesischen Kulturraum weiterhin häufig vorkommt, wie z.B. bei Trauerfeiern, im Theater, im Fernsehen usw.

---

[4] wird hier nicht als *Gott* übersetzt, da der Begriff *Gott* eher auf den *Gott des Christentums* verweist.

[5] Das Motiv tritt in einer hessischen Sage zutage: „Bei Fulda im Wald liegt ein Stein, in dem man Furchen sieht. Da hat Frau Holl über ihren Mann so bittere Thränen geweint, daß der harte Stein davon erweichte" (RÖHRICH 1999: 1542).

[6] Das Phrasem stammt aus einer Sage: Der Ehemann von Meng-Jiang-Nü (孟姜女) wurde zum Bau der Chinesischen Mauer gerufen und ist dabei ums Leben gekommen. Die Witwe (孟姜女) kam zur Chinesischen Mauer, weinte, schrie und wehklagte zum Himmel, sodass ein Stück der Chinesischen Mauer fiel.

B. TRAURIGKEIT SCHADET DEM INNEREN KÖRPERTEIL

– jm einen Stich ins Herz geben – jm ins Herz schneiden – jm blutet das Herz	– 心如刀割 xin ru dao ge [Herz/ wie/ Messer/ schneiden] <das Herz ist wie von einem Messer geschnitten>
– etwas beschwert jmdm. das Herz – etwas betrübt das Herz – etwas nagt/frisst am Herzen	– 心在滴血 xin zai di xie [Herz/ sich befinden/ tropfen/ Blut] <das Herz blutet>
– jmdm. das Herz brechen – jmdm. das Herz zerreißen – das Herz krampft sich zusammen	– 痛入心脾 tong ru xin pi [Schmerz/ eintreten/ Herz/ Milz] <der Schmerz tritt ins Herz und in die Milz ein> – 肝心若裂 gan xin ruo lie [Leber/ Herz/ wie/ zerbrechen] <die Leber und das Herz sind wie zerbrochen>
– jmd. dreht sich das Herz im Leib(e) herum	– 愁腸百結 chou chang bai jie [traurig/ Darm/ hundert/ Knoten] <der traurige Darm hat hunderte Knoten>
– einen Knacks am Herzen haben/ bekommen	– 肝腸寸斷 gan chang cun duan [Leber/ Darm/ Zoll/ abbrechen] <die Leber und der Darm sind Zoll für Zoll abgerissen> – 五內俱崩 wu nei ju beng [fünf/ innen/ beisammen/ zerfallen] <die fünf inneren Organe[7] sind alle zerfallen>

Bei dieser Gruppe, in denen innere Körperteile als Komponenten vorkommen (Statistik wie folgende Tabelle), sind zwei Merkmale abzulesen:

13 deutsche Phraseme	24 chinesische Phraseme
Herz (13)[8]	Herz (15), Darm (8), Leber (4), Gallenblase (2), Milz (1), fünf innere Organe (2).

---

[7] Das ist der Inbegriff der fünf Hauptorgane – Herz, Milz, Leber, Lunge und Niere – in der chinesischen Medizin (siehe Fußnote 11).
[8] Die Zahlen in Klammern geben an, wie häufig das jeweilige Organ in den aufgenommenen Traurigkeits-Phrasemen vorkommt.

1) Das Herz ist in beiden Sprachen besonders betroffen: Das Herz ist das zentrale Organ des Menschen. Wenn man den Schmerz betont, wird die Verletzung des wichtigsten innersten Organs versprachlicht. Deswegen ist das Herz in beiden Sprachen besonders betroffen, sowohl im chinesischen[9] wie auch im abendländischen Kulturraum:

> „Aristoteles hat in seiner Studie über das bebrütete Ei das Herz als einen roten, sich bewegenden Punkt gesehen, das erste Zeichen von Leben. Aus diesem Grund legte er sowohl die Intelligenz als auch die Gefühle ins Herz. Dieser Sitz der Gefühle wurde in alle westlichen Kultursprachen übernommen und zu der vielleicht meist gebrauchten Metapher" (FÅHRÆUS 1967: 446).

2) Während im Deutschen nur ein Organ – das Herz – eine Rolle spielt, sind es im Chinesischen fünf Organe, wobei der Darm eine herausragend charakteristische Rolle spielt.[10] Dieses Phänomen ist insofern zu verstehen, als bei einer starken traurigen Empfindung unser Magen-Darm-System beeinträchtigt wird, was im Chinesischen stark zur Sprache gebracht wird. Außerdem ist die enge Ver-

---

[9] In der chinesischen Medizin werden die inneren Organe und deren Status metaphorisch beschrieben: Das Herz ist der Herrscher. Die Lunge ist der Minister. Die Leber ist der General. Die Galle ist der Beamte für die Aufrechterhaltung der Ordnung usw. (vgl. UNSCHULD 1980: 62).

[10] Die enge Verbindung zwischen *Traurigkeit* und *Darm* ist nicht nur in Phrasemen zu beobachten, sondern auch in anderen sprachlichen Einheiten, wie folgende geflügelte Worte belegen: 酒入愁腸, 愁更愁 jiu ru chou chang, chou geng chou <Fließt der Wein in den Traurigkeits-Darm ein, wird die Traurigkeit noch trauriger.> und 斷腸人在天涯 duan chang ren zai tian ya <Eine Person mit abgeschnürtem Darm befindet sich an der Himmelsgrenze – [Dies beschreibt die Traurigkeit (und das Heimweh) eines Reisenden.]>

bindung zwischen der Emotion Traurigkeit und dem Organ Darm in der chinesischen Medizin[11] zu erkennen.

Die vorliegende Studie zeigt, dass TRAURIGKEIT SCHADET DEM KÖRPER das essenzielle Konzept in deutschen und chinesischen Traurigkeits-Phrasemen ist. Ein wichtiger Grund für die Gemeinsamkeiten der beiden Sprachen besteht darin, dass die Menschen den gleichen Naturgesetzen unterliegen. Unabhängig von den kulturellen Besonderheiten reagieren die Menschen in ähnlicher Form auf einen Angriff, auf eine Krankheit oder auf ein (Un)Wohlsein ihres Körpers. Wird diese Erfahrung ins Konzept aufgenommen und anschließend versprachlicht, entstehen gemeinsame Konzepte als Grundkonzepte bzw. prototypische Konzepte – TRAURIGKEIT SCHADET DEM ÄUSSEREN KÖRPER und TRAURIGKEIT SCHADET DEM INNEREN KÖRPER. Kommt der kulturelle Einfluss hinzu, variiert die sprachliche Formulierung. Im Deutschen ist das Herz betroffen, während im Chinesischen außer dem Herz noch andere Organe, vor allem der Darm, beeinträchtigt werden. Die sprachlichen Gemeinsamkeiten sind biologisch erklärbar, und somit erweist sich, dass beide Sprachen psychosomatisch geprägt sind.

Literatur

Brockhaus – Die Enzyklopädie in 24 Bänden (1996–1999). 20., überarbeitete und aktualisierte Auflage. Leipzig/Mannheim

DARWIN, Charles (2000): Der Ausdruck der Gemütsbewegungen bei dem Menschen und den Tieren. Kritische Edition, Einleitung, Nachwort und Kommentar von Paul Ekman. Übersetzt von Julius Victor Carus und Ulrich Enderwitz. Frankfurt am Main

---

[11] Ähnlich wie die westliche mittelalterliche Viersäftelehre wird die chinesische Medizin mit der naturphilosophischen Auffassung koordiniert. Nach der chinesischen Fünf-Phasen-Lehre in der chinesischen Medizin lassen sich die Erscheinung der Welt in einen Fünf-Gruppen-Rhythmus einordnen, wobei der Darm und die Emotion Traurigkeit zur gleichen Gruppe gehören (siehe unten).

五行wu xing **Die chinesische Fünf-Phasen-Lehre**

Elemente	Holz	Feuer	Erde	Metall	Wasser
Jahreszeiten	Frühling	Sommer	Spätsommer	Herbst	Winter
Organe 臟zang	Leber	Herz	Milz	Lunge	Niere
腑fu	Gallenblase	Dünndarm	Magen	Dickdarm	Harnblase
Emotionen	Wut	Freude	Grübeln	Traurigkeit	Angst

(vgl. UNSCHULD 1980: 52; 黃[HUANG] 1983: 16)

DOBROVOL'SKIJ, Dmitrij (1997): Idiome im mentalen Lexikon: Ziele und Methoden der kognitivbasierten Phraseologieforschung. Trier.

Duden, Deutsches Universalwörterbuch (1996). Bearbeitet von Günther DROSDOWSKI und der Dudenredaktion. Mannheim u.a.

FÅHRÆUS, Robin (1967): Grundlegende Fakten über die Pathologie der Körpersäfte und ihre Relikte in Sprache und Volksmedizin. In: GRABNER, Elfriede (Hrsg.): Volksmedizin. Probleme und Forschungsgeschichte. Darmstadt. S. 444–458.

HESSKY, Regina/ETTINGER, Stefan (1997): Deutsche Redewendungen. Ein Wörter- und Übungsbuch für Fortgeschrittene. Tübingen.

KLUGE, Friedrich (2002): Etymologisches Wörterbuch der deutschen Sprache. Bearbeitet von Elmar Seebold. 24., durchges. und erw. Auflage. Berlin.

KÖVECSES, Zoltán (2000): Metaphor and emotion: language, culture and body in human feeling. Cambridge.

LAKOFF, George/JOHNSON, Mark (1980): Metaphors we live by. Chicago.

MÜLLER, Klaus (1994): Lexikon der Redensarten. Gütersloh.

RÖHRICH, Lutz (1999): Lexikon der sprichwörtlichen Redensarten. Freiburg.

SCHEMANN, Hans (1989): Synonymwörterbuch der deutschen Redensarten. Straelen.

UNSCHULD, Paul U. (1980): Medizin in China: eine Ideengeschichte. München.

ZIMMER, Dieter E. (1981): Die Vernunft der Gefühle. Ursprung, Natur und Sinn der menschlichen Emotion. München.

夏明華/王清芳 [XIA, Ming-Hua/ WANG, Qing-Fang] (1999): 分類成語典 [Semantisch klassifiziertes Wörterbuch der Cheng yu]. Taipei. Taiwan.

教育部國語辭典 [Elektronische Chinesische Wörterbücher vom Ministerium des Bildungswesens].Taiwan. http://www.edu.tw/clc/dict/. gesehen am 22.09.2006.

陳春城 [CHEN, Chun-Cheng] (2000):活用成語分類辭典 [Semantisch klassifiziertes Wörterbuch der Cheng yu zur praktischen Anwendung]. Kaohsiung. Taiwan.

黃三元 [HUANG, San-Yuan] (1983): 中醫入門 [Einführung in die chinesische Medizin]. Taipei. Taiwan.

Melanija Larisa Fabčič (Maribor)

Eine kognitiv-semantische Interpretation der phraseologischen Äquivalenz am Beispiel der EPHRAS-Datenbank (Kontrast: Deutsch-Slowenisch)

1 Einleitung

Der vorliegende Beitrag befasst sich mit der Problematik der Bestimmung und Erklärung der phraseologischen Äquivalenz, dargestellt am Sprachenpaar Deutsch-Slowenisch. Es wird die Hypothese aufgestellt, dass bestimmte Äquivalenztypen zu einer besonderen Form von Speicherung der Äquivalent-Paare bei bilingualen Sprechern führt, die einerseits Intereferenzen, andererseits aber auch Bedeutungserweiterung (oder sogar Bedeutungsveränderung) bei dem jeweiligen Idiom-Paar zur Folge haben kann. Untersucht wurden deutsche und slowenische Idiom-Paare, die dem Wörterbuchteil des viersprachigen (Deutsch-Slowenisch-Ungarisch-Slowakisch) elektronischen phraseologischen Lernmaterials EPHRAS[1] entnommen sind. Der Beitrag konzentriert sich auf ausgewählte Beispiele der partiellen, der funktional-semantischen und der sog. Pseudo- bzw. Quasi-Äquivalenz. Sie werden unter dem Aspekt der kognitiv-semantischen Theorie der konzeptuellen Integration (blending theory – im Folgenden: BT) und teilweise im Sinne der kognitiven Theorie der Metapher (im Folgenden: CMT – conceptual metaphor theory) untersucht, weil wir davon ausgehen, dass die beiden Sprachen beim Modellieren von Idiom-Bedeutungen teilweise unterschiedliche Elemente der außersprachlichen Realität profilieren und für die Erklärung dieser Tatsache werden wir auf beide Theorien zurückgreifen. Um mit den Termini der BT zu sprechen: es werden in den beiden Sprachen bei der Konstruktion der Idiom-Bedeutung aus den Input-Räumen (teilweise) verschiedene Elemente in den sog. Integrationsraum (blended space) übertragen, was entweder in einer teilweise unterschiedlichen funktional-semantischen Bedeutung oder sogar in einer Pseudo-Äquivalenz resultieren kann. Wir gehen weiterhin davon aus, dass eine kognitiv-semantische Interpretation der Äquivalenz hilfreich sein kann beim Ver-

---

[1] Die CD-ROM ist das Ergebnis des EU-Projekts EPHRAS (an dem die Autorin dieses Beitrags beteiligt war), das im Zeitraum von Oktober 2004 bis September 2006 durchgeführt wurde und von der EU im Rahmen der Aktion Socrates, Lingua 2 finanziell unterstützt wurde.

stehen von genau dieser Art von Unterschieden zwischen Idiomen in zwei- oder mehrsprachigen phraseologischen Wörterbüchern.

2 Die Methode: BT im Dienste der Erschließung der phraseologischen Äquivalenz

Wir gehen in diesem Beitrag von einem kognitiv-basierten Idiom-Begriff (DOBROVOL´SKIJ 1995: 20–44) aus, der bei Idiomen zwar alle traditionell als klassenbildend verstandenen Merkmale annimmt (polylexikal, lexikalisiert, hochgradig irregulär),[2] aber in verschiedenen Kombinationen und bei unterschiedlicher gradueller Ausprägung der einzelnen Merkmale. Der kognitiv-basierte Idiom-Begriff erlaubt uns eine kompositionelle Interpretation bestimmter Idiome im Sinne einer teilweisen formal-semantischen Gliederbarkeit, was sich als besonders geeignet für die Interpretation von Beispielen der funktionalen Bedeutungsäquivalenz und der Pseudo-Äquivalenz erweist. Darüber hinaus ermöglicht die kognitiv-linguistische Auffassung des Idioms als einer radialen Kategorie und des Phraseolexikons als radial strukturiert kontrastiv gesehen interessante Einblicke v.a. in die kognitive Verarbeitung der asymmetrisch äquivalenten Idiompaare.[3]

Es gibt, generell gesprochen, zwei Hauptrichtungen bezogen auf die Verwendung kognitiver Methoden bei der Idiom-Analyse: die psychologische Perspektive und die linguistische. Bei der letzteren, zu der auch der vorliegende Beitrag gezählt werden kann, geht es um die Implementierung sowohl kognitiver als auch linguistischer Methoden bei der Analyse phraseologischer Daten, wobei kognitive Heuristiken das Erklärungspotential traditioneller Methoden erweitern sollen. Für diesen Beitrag sind v.a. die Frage nach der kognitiven Basis der Motivation der Idiome und die Frage der Funktion der zugrunde liegenden mentalen Bilder für die Bedingungen des Idiomgebrauchs von Relevanz. Bisher wurde bei der Idiom-Analyse vor allem die CMT appliziert. Wir hingegen wollen die BT für die Erklärung der Motivationsbasis bzw. der Bedeutungskonstruktion der funktional bedeutungsäquivalenten und pseudo-äquivalenten Idiom-Paare fruchtbar machen. Die CMT und die BT

---

[2] Das letztere Merkmal wird von DOBROVOL´SKIJ (1995: 27-44) in mehrere Aspekte untergliedert: figurative Bedeutung, Non-Kompositionalität, Allomorphie zwischen der formalen und semantischen Struktur, semantische Simplizität, syntaktische Undurchlässigkeit, konnotativ-pragmatische Markiertheit ...

[3] Wenn das Phraseolexikon einer Sprache eine semantische Vernetzung seiner Bestandteile voraussetzt (DOBROVOL´SKIJ 1995: 45), dann müssen ähnliche Relationen auch zwischen den Phraseolexika zweier (oder mehrerer) Sprachen angenommen werden und diese kann man besonders gut an zwei- oder mehrsprachigen Idiomatik-Wörterbüchern, wie z.B. der EPHRAS-Phrasemdatenbank, beobachten.

sind teilweise konkurrierende und teilweise komplementäre Theorien. Der auffälligste Unterschied zwischen den beiden Theorien ist die Anzahl der Domänen bzw. Räume, zwischen denen die Übetrtragung bzw. das Mapping stattfindet. Die erstere nimmt 2 Domänen an (die Ausgangs- und die Zieldomäne) und die letztere 4 Räume: zwei sog. Input-Räume und einen generischen Raum, der die konzeptuelle Struktur darstellt, die sich die beiden Input-Räume teilen, sowie einen Integrationsraum, in dem das Material aus beiden Input-Räumen interagiert und sich mischt. Es wird allgemein angenommen, dass sich die CMT vornehmlich mit wiederkehrenden Mustern der figurativen Sprache, mit stabilen Wissensstrukturen (die im Langzeitgedächtnis repräsentiert sind) befasst, während sich die BT mit Einzelrealisierungen der (nicht nur) figurativen Sprache beschäftigt und versucht die dynamische Entwicklung des Online-Diskurses der Sprecher zu modellieren. Die Wahrheit liegt – bezogen auf die Phraseologieforschung – wie so oft dazwischen. Idiome sind zwar gefestigte sprachliche Strukturen, basierend auf stabilen konzeptuellen Strukturen, sie eignen sich jedoch besonders gut für spontane Modifikationen und das ist auch der Aspekt, der in der Idiom-Analyse bisher vornehmlich behandelt wurde. Wir wollen die beiden Theorien teilweise verbinden und somit ihre Komplementarität unter Beweis stellen, andererseits wollen wir auf die besondere Eignung der BT für die Erklärung der Bedeutungskomprimierung, die bei der Speicherung von äquivalenten Idiom-Paaren zustande kommt, aufmerksam machen. Nach FAUCONNIER (2002: 323) ist das Blending ein (konzeptuelles) Komprimierungsinstrument par excellence. Im Falle von äquivalenten (speziell von funktional bedeutungsäquivalenten und pseudo-äquivalenten) Idiom-Paaren haben wir es mit einem Blend aus 2 Blends zu tun, was durchaus als ein Beispiel und Beweis dafür angesehen werden kann, dass Blending eine konstante mentale Operation ist, die aber eben nicht nur für die Erklärung der Idiom-Modifikation eingesetzt werden kann, sondern auch für die Erklärung der speziellen Blends – der als Makroeinheiten gespeicherten Äquivalent-Paare. Es geht hierbei um den Versuch einer Erklärung des Übergangs von einer Online-Einzelrealisierung der Bedeutungen von funktionalsemantisch und pseudo-äquivalenten Idiom-Paaren zur Festigung des Blends (der Makroeinheit), was zu einer potentiellen Bedeutungserweiterung (bis hin zur Polysemie) eines oder beider Idiome führen kann.

3 Äquivalenzrelationen

Aufgrund der noch nicht abgeschlossenen Evaluierung des Materials kann an dieser Stelle nur über eine ungefähre und vorläufige Statistik gesprochen werden (die im Rahmen einer umfangreicheren Studie der Äquivalenzbeziehungen zwischen den Sprachen Deutsch und Slowenisch im Idiombestand der

EPHRAS-Datenbank erstellt wird), aber sie ist nichtdestotrotz interessant und vielsagend: bei einem Gesamtbestand von 1000 deutschen Idiomen existieren für 80% der Idiome slowenische Äquivalente (das ergibt eine 20%-ige Nicht-Äquivalenz). Im Falle der äquivalenten Idiom-Paare tritt am häufigsten partielle Äquivalenz auf, dicht gefolgt von totaler Äquivalenz und an dritter Stelle erscheint in diesem Fall die funktionale Bedeutungsäquivalenz. Seltener haben wir es mit dem Phänomen der Pseudo-Äquivalenz (allerdings nie in der Extremform der Enantiosemie) zu tun, die in vielen Fällen auf die Polysemie der Idiome in einer der beiden Sprachen zurückzuführen ist. Wir wollen uns in diesem Beitrag nur auf bestimmte Äquivalenztypen[4] beschränken, daher werden wir auf monolexikale Äquivalente (z.B. vor Augen führen – predočiti), und auf Beispiele der Voll-Äquivalenz (semantische Äquivalenz, weitgehende formale Kongruenz – z.b. ein unbeschriebenes Blatt sein – biti nepopisan list) nicht näher eingehen. Partielle Äquivalenz (semantische Äquivalenz, formale Teilkongruenz) werden wir am Beispiel des Idiom-Paars *aus der Haut fahren – skočiti iz kože* analysieren und zwar v.a. im Sinne der CMT. Dies soll in erster Linie der Kontrastierung mit der bei anderen Beispielen verwendeten Methode der BT dienen, wobei schon an dieser Stelle eine Ergänzung durch die BT vorgenommen wird. Die funktionale Bedeutungsäquivalenz (semantische Äquivalenz, formale Inkongruenz) wollen wir am Beispiel des Idiom-Paars *die Beine in die Hand nehmen – vzeti pot pod noge* erklären und die Pseudo-Äquivalenz (Idiome, die im Komponentenbestand (beinahe) übereinstimmen, aber in der Gesamtbedeutung größere oder kleinere Abweichungen zeigen) am Beispiel *das Herz auf der Zunge tragen – nositi srce na dlani*. Diese beiden Äquivalenztypen wollen wir v.a. in Anlehnung an die BT-Methode analysieren und sie im Sinne einer kompositionellen Auffasung der phraseologischen Bedeutung erklären.

3.1 Partielle Äquivalenz

Wir wollen zuerst an einem Beispiel der partiellen Äquivalenz eine kognitivsemantische Analyse im Sinne der CMT vornehmen, um eine Vergleichsbasis zu haben; wir gehen davon aus, dass die Methode der CMT besser geeignet ist für die Analyse von nur in wenigen Punkten voneinander abweichenden Idiom-Äquivalenten. Als Beispiel dient uns das Idiom *aus der Haut fahren – skočiti iz kože*, das in der EPHRAS-Datenbank zum Metalexem bzw. Taxon (sensus DOBROVOL´SKIJ 1995: 96–105) „Ärger" gehört. Die Zugehörigkeit des Idioms zu diesem Taxon lässt sich einigermaßen plausibel mithilfe der

---

[4] Bei der Definition der verschiedenen Äquivalenztypen beziehen wir uns auf FÖLDES (1996).

konzeptuellen Metapher (bzw. des ihr zugrunde liegenden „image-Schemas"[5] ANGER IS A HEATED FLUID IN A CONTAINER) erklären. Natürlich mit Einschränkungen: bei unserem Idiom-Paar haben wir es vielmehr mit dem etwas abstrakteren „image-Schema" der Eingrenzung, Einkapselung („containment") von Energie zu tun, die bei einer internen Druckerhöhung zu einer Explosion führt.[6] Hitze ist in diesem Fall kein (notwendiger) Bestandteil des „image-Schemas", aber das Konzept des ansteigenden Drucks in einem eingegrenzten Raum (Behälter) ist nach der allgemeinen, rekurrierenden sensorischen und kinestethischen Erfahrung des Menschen durchaus verbindbar mit der Emotion der Wut; diese „image-schematische" Struktur wird also auf die Zieldomäne der Emotion Wut gemappt und ermöglicht ein besseres Verständnis und Strukturierung der Wut-Erfahrung im Sinne der Eingrenzung von Energie. Aus der Haut **fährt** oder *springt* (*skočiti = springen*) man, wenn sich die negative Emotion, die man empfindet (innerhalb des Körpers=Behälters), soweit gesteigert hat, dass sie in Form von mimischen, gestischen und/oder verbalen Reaktionen äußerlich sichtbar, hörbar, fühlbar wird (heraustritt). Als eine zusätzliche Komponente aus dem Input-Raum (Ausgangsdomäne) des menschlichen Körpers kommt durch den Prozess der Kompletion (FAUCONNIER 2002: 48) noch das Konzept der Dualität Körper – Seele/Geist hinzu; der Mensch wird während einer Wut-Erfahrung quasi zweigeteilt, denn die Seele/der Geist/das denkende, fühlende Ich des Menschen (repräsentiert durch seine Wut) verlässt in diesem Fall den ihn einengenden Körper. Anders gesagt: der Mensch ist im Falle des Idioms *aus der Haut fahren – skočiti iz kože* sowohl Behälter als auch die heraustretende Energie. Diese Zweiteilung lässt sich im Rahmen der CMT nicht wirklich gut erklären, sie ist jedoch gut erklärbar im Sinne der BT, die bei metaphorischen Blends eine besondere Form der Fusion der Elemente im Integrationsraum vorsieht, wobei gewisse Aspekte bzw. Informationen aus einem der Input-Räume blockiert bzw. nicht in den Integrationsraum gemappt werden. Die beiden Idiome weisen einen Unterschied in der Lexik auf, u.z. in der verbalen Komponente: *fahren* (duratives Verb) – *skočiti/springen* (perfektives Verb), was auf die unterschiedliche Profilierung der Merkmale aus der Ausgangsdomäne verweist: das durative Verb bewirkt, dass im deutschen Idiom nicht der temporale Aspekt, sondern eher der Aspekt der Intensität, mit der sich die

---

[5] Vgl. JOHNSON (1987: xiv, xvi) und GIBBS (1996: 312), der das Zustandekommen der konzeptuellen Metaphern folgendermaßen erklärt: aus image-Schemata, die auf körperlicher Erfahrung basieren, entstehen durch metaphorische Extension konzeptuelle Metaphern.

[6] Dies ist natürlich ein Kritikpunkt an der CMT, der durchaus eine gewisse Arbitrarität bei der Abgrenzung der Ausgangs- und Zielbereiche bzw. –domänen vorgeworfen werden kann. Vgl. BURGER (2003: 92).

Wut zeigt, fokussiert wird; das slowenische Idiom hingegen profiliert den Aspekt der Plötzlichkeit des Auftretens der Emotion (motiviert durch das – im Slowenischen – perfektive Verb *skočiti*). Wir nehmen an, dass das Idiom aus dem Deutschen ins Slowenische entlehnt wurde und zwar mit einer geringfügigen Anpassung im Bereich der verbalen Komponente.

3.2 Funktionale Bedeutungsäquivalenz

Für die Analyse der funktionalen Bedeutungsäquivalenz bietet sich als Methode die BT an. Es handelt sich bei diesem Äquivalenztyp um eine mehr oder weniger stark ausgeprägte formale Inkongruenz und eine weitgehende semantische Äquivalenz. Unser Beispiel – das Idiom-Paar *die Beine in die Hand nehmen – vzeti pot pod noge (=den Weg unter die Beine nehmen)* – weist eine teilweise Übereinstimmung der Lexik und sogar eine ähnliche syntaktische Struktur, aber eine unterschiedliche konzeptuelle Basis auf. Die lexikalische Ähnlichkeit zeigt sich in der Übereinstimmung der verbalen Komponenten (*nehmen – vzeti*) und der teilweisen (aber asymmetrischen) Übereinstimmung der nominalen Komponenten (*Beine, noge* aber *Hand, pot*). Die syntaktische Struktur des deutschen Idioms stellt sich folgendermaßen dar: *jmd.* (S) *nimmt* (P) *die Beine* (AO) *in die Hand* (PO – lokale Adverbialbestimmung); das slowenische Idiom hat eine sehr ähnliche syntaktische Struktur: *kdo* (S) *vzame* (P) *pot* (AO) *pod noge* (PO – lokale Adverbialbestimmung). Das zugrunde liegende mentale Bild des deutschen Idioms – die Beine in der Hand – lässt zwar eine literale Interpretation zu (sogar in Verbindung mit dem Prädikat *nehmen*), sie ist aber nicht wahrscheinlich (man kann sie sich höchstens im Fall eines Schneidersitzes vorstellen). Das zugrunde liegende Bild des slowenischen Idioms – *der Weg unter den Beinen* – ist als Resultat durchaus denkbar, aber in Verbindung mit dem Prädikat *nehmen* schwer vorstellbar, was eine Bedeutungsentleerung bzw. Idiomatisierung des Verbs suggeriert. Die Verbindung, die zwischen den nominalen Komponenten besteht – *Beine – pot (der Weg), Hand – Beine* –weist auf eine quasi Überkreuzstellung hin. Der Präpositionalphrase (lokale Adverbialbestimmung) *in die Hand* entspricht im Slowenischen die Präpositionalphrase *pod noge* (= unter die Beine). Das auch formal gemeinsame Merkmal – der Körperteil *Beine* – verbindet die beiden Idiome über das Konzept des Gehens als einer Fortbewegungsform: die *Beine* als Instrument des Gehens, der *Weg* als die Lokalität des Gehens; es handelt sich um eine Relation der Metonymie innerhalb des Blends des jeweiligen Idioms. Der generische Raum ist in beiden Fällen die konzeptuelle Domäne der Fortbewegung; die Input-Räume sind die konzeptuelle Domäne des menschlichen Körpers und die des (physikalisch definierten) Raumes. Die Übertragung der räumlichen Relationen und Bewegungen in den Blend entspricht jedoch nur beim slowenischen Idiom dem topologischen Optimalitätsprinzip (der Weg ist tatsächlich unter den Beinen bzw. Füßen, wenn man anfängt – auf ihm – zu gehen; fokussiert wird die Anfangsphase des Szenarios, also der Augenblick, in dem sich die räumliche Relation ´Weg unter den Füßen´ einstellt).[7] Beim deutschen Idiom kann man die Präpositionalgruppe *in die Hand nehmen* auch in Bezug auf das Idiom *in die Hand nehmen* (die Leitung von/die Verantwortung für etw. übernehmen, sich einer Sache/Handlung widmen) interpretieren, d.h. das Idiom *in die Hand nehmen* motiviert das Idiom *die Beine in die Hand nehmen* im Sinne der Entschlossenheit, die als Vorbedingung der schnellen Fortbewegung impliziert ist. Bei dieser Interpretation ist das Idiom ein Blend aus einem schon existierenden Idiom und der nominalen Komponente *Beine*, die die Ausgangs-Domäne des menschlichen Körpers assoziiert. Wahrscheinlicher erscheint jedoch eine Interpretation im Sinne der BT, die einen höheren Metaphorisierungsgrad des deutschen Idioms voraussetzt. Das bedeutet, dass aus dem ersten Input-Raum zusätzliche Informationen bezogen auf die Komponente *Hand* in den Integrationsraum gemappt wurden u.z. der autonome Symbolwert von *Hand*, der ein Primat dieses Körperteils vor z.B. den *Beinen* annimt, da die *Hand* das Hauptinstrument des Menschen ist; sie ist geschickter und schneller als die *Beine*. Von den Merkmalen der Komponente *Beine* wird im Blend v.a. die Stabilität und daraus folgend die Statik profiliert, trotz der Tatsache, dass andere Informationen über die Komponente generell gesehen größere Bedeutung tragen. Das entspricht dem Charakter der metaphorischen Blends nach GRADY/OAKLEY/COULSON (1999). Das Verständnis bzw. die Speicherung der beiden Idiome als eine Makroeinheit (Idiom-Paar) wird also zusätzlich durch die Tatsache erschwert, dass die zugrunde liegenden mentalen Bilder (»image-Schemata«) bei näherer Betrachtung auch eine – zumindest scheinbare – Ähnlichkeit aufweisen.

3.3 Pseudo-Äquivalenz

Das Phrasem-Paar *das Herz auf der Zunge tragen – nositi srce na dlani*[8] ist pseudo–äquivalent. Die hochgradige formale Kongruenz verschleiert die Tat-

---

[7] Es gibt einen feinen Bedeutungsunterschied zwischen den beiden Idiomen: das deutsche Idiom impliziert schnelle Fortbewegung, das slowenische v.a. den Zeitpunkt, zu dem man anfängt zu gehen also den Anfang des Gehens. Die Bedeutung des Sich-Beeilens kommt zwar auch im Slowenischen vor, ist aber sekundär und ist als eine Transferenz aus dem Deutschen zu interpretieren.

[8] Textbeleg für das deutsche Idiom (EPHRAS): *Daher musste sie in der Wahl ihrer Themen und Worte äußerst vorsichtig sein und durfte natürlich nicht wie früher das Herz auf der Zunge tragen. Wenn sie alles gesagt hätte, was sie sich dachte, dann hätte das später gegen sie verwendet werden können.*
Textbeleg für das slowenische Idiom (EPHRAS): *Tudi drugače je Ivan človek, ki n o s i s r c e n a d l a n i, nikomur noče nič hudega in zato ga tudi ljudje »obrajtajo«.*

sache, dass es sich semantisch gesehen zwar um verwandte, aber nicht gleiche Bedeutungen handelt; eigentlich repräsentieren die beiden Idiome teilweise sogar einander entgegengesetzte Konzepte (Rücksichtslosigkeit – Sensibilität). Das Idiom-Paar ist daher nicht in allen Kontexten als äquivalent anzusehen. Bei der Analyse der beiden Idiome im Sinne der BT werden wir uns zusätzlich auf die Key-Hypothese von Cacciari/Tabossi (1988)[9] beziehen, die von einer stark ausgeprägten autonomen Semantik und Symbolik der sog. Key-Komponenten der Idiome ausgeht und eine kompositionelle Interpretation des Idioms ermöglicht bzw. unterstützt. Ausgehend davon können wir bei den beiden Idiomen die Komponente *Herz/srce* als gemeinsames Key-Element betrachten, und die Komponenten *Zunge* und *Hand* als die zwei unterschiedlichen Key-Komponenten, die jeweils sprachspezifisch sind. Das deutsche Idiom gehört nach DOBROVOL'SKIJ 2 Taxonen (1995: 98) an: dem Taxon „Preisgabe von Geheimnissen, Geschwätzigkeit usw." und dem „Ehrlichkeits"-Taxon. Daraus kann man schließen, dass das Idiom in beiden Taxa eine ziemlich periphere Position einnimmt.[10] Das slowenische Idiom kann man aber entsprechend seiner (von der autonomen Symbolik der Komponente *Hand* ausgehenden) Bedeutung nur in das „Ehrlichkeits"-Taxon einordnen. Beide Idiome verbinden die konzeptuelle Domäne der menschlichen Emotionen mit der konzeptuellen Domäne des menschlichen Körpers und sind über den generischen Raum der Externalisierung des Inneren (Inneres wird nach außen gekehrt – Umkehrung der Innen-Außen-Relation) miteinander verbunden: das deutsche Idiom profiliert die Verbalisierung der Gefühle, das slowenische Idiom profiliert das Zeigen der Gefühle durch Mimik/Gestik. Im Falle des slowenischen Idioms werden aus dem Input-Raum, der mit der konzeptuellen Domäne des menschlichen Körpers assoziiert ist, Zusatz-Informationen (Symbolwert), bezogen auf die Komponente Hand, in den Integrationsraum übertragen: Hand als Instrument des primäre(re)n, direkteren, aber auch im positiven Sinne offeneren, weil nicht durch Sprache vermittelten, Kontakts (das Image-Schema der offenen Hand enthält u.a. die semantischen bzw. symbolischen Bestandteile Vertrauen, angebotene Freundschaft). Das deutsche Idiom hingegen profiliert die mit der Komponente *Zunge* assoziierte Eigenschaft des Instruments des Sprechens, dass zum Hauptwissen über die Symbolik des Organs Zunge gehört, aber darüber hinaus werden auch generell gesehen weniger typische bzw. in den meisten Situ-

---

[9] Es handelt sich um die Hypothese von der Existenz eines stabilen Elements in jeder idiomatischen Kette, das auch bei Modifikationen erhalten bleibt; dieses fällt nach DOBROVOL'SKIJ mit dem Träger des bildlichen bzw. symbolischen Inhalts des Idioms zusammen (DOBROVOL'SKIJ 1995: 54)

[10] In der EPHRAS-Datenbank wird das deutsche Idiom den Metalexemen BENEHMEN und REDEN – SCHWEIGEN zugeordnet, das slowenische jedoch nur dem Metalexem BENEHMEN.

ationen weniger wichtige Informationen wie: indirekter (da über Sprache stattfindender) Kontakt – (daher) rücksichtslose, auf die Gefühle des Gegenübers keine Rücksicht nehmende Art des Kommunizierens; übermäßiges, unnützes, (sogar) schädliches Reden einbezogen. Der Unterschied in der zweiten Key-Komponente bzw. in dem Konzept, das ihr zugrunde liegt, erlaubt also eine Reinterpretation beider Idiome bzw. beider Konzepte, deren Realisierungen sie sind: die Ehrlichkeit im Sinne von Naivität, Leichtfertigkeit und die Direktheit im Sinne von Gefühllosigkeit. Diese Reinterpretation ist natürlich wahrscheinlicher bei slowenischen bilingualen Sprechern (bezogen auf beide Idiome, aber in erster Linier resultiert sie aus einer Polysemierung des slowenischen Idioms), da es weitaus weniger deutsche (deutsch-slowenisch) bilinguale Sprecher gibt als slowenische und auch die Richtung des Transfers verlief geschichtlich gesehen immer von der deutschen zur slowenischen Sprache.

das Herz auf der Zunge tragen	**BLEND** aus *das Herz auf der Zunge tragen* und *nositi srce na dlani*	*nositi srce na dlani*
HERZ = Symbolwert → ‚Quasi-Organ der Gefühle'	HERZ = Symbolwert ‚Quasi-Organ der Gefühle'	← HERZ = Symbolwert ‚Quasi-Organ der Gefühle'
ZUNGE = Symbolwert → ‚Instrument des Sprechens (des verbalen Kontakts)'	ZUNGE/HAND = gemeinsamer Symbolwert ‚Instrument des Kontakts'	← HAND = Symbolwert ‚Instrument des offenen, direkten Kontakts'
Taxon ‚Ehrlichkeit, Offenheit, Aufrichtigkeit' Eigenschaften wie: direkt, ehrlich, ohne → Rücksicht auf die Gefühle anderer Taxon ‚Preisgabe von Geheimnissen, Geschwätzigkeit' Eigenschaften wie: direkt, unüberlegt	REINTERPRETATION – Ehrlichkeit im Sinne von Naivität, Leichtfertigkeit – Offenheit, Direktheit im Sinne von Gefühllosigkeit	Taxon ‚Ehrlichkeit, Offenheit, Aufrichtigkeit' Eigenschaften wie: ← ehrlich, gefühlsbetont, naiv

Der Blend aus zwei pseudo-äquivalenten Idiomen, die ihrerseits auch Blends sind:

4 Fazit

Die Annahme, dass die Bedeutung von Idiomen in Sprachenkontaktsituationen oft mit denen der Kontaktsprache konvergiert, ist inzwischen mehrheitlich akzeptiert. Nach FÖLDES (1996) handelt es sich bei volläquivalenten Phrasemen um symmetrische Bezeichnungsmuster in beiden Sprachen, die das Speichern solcher Einheiten im Gedächtnis bilingualer Sprecher entlasten – sie werden sozusagen einmal gespeichert. Das Verarbeiten und Speichern aller anderen Äquivalenztypen bei Idiomen stellt ein größeres Problem dar bzw. impliziert eine größere mentale Anstrengung. Bei pseudo-äquivalenten und bei funktional-bedeutungsäquivalenten Phrasemen des vorhin besprochenen Typs wird zwar auch eine Speicherung in Form einer Makroeinheit vorgenommen, die beide Idiome nach dem Prinzip der BT vereint, was aber bei bilingualen Sprechern einerseits zu einem besseren Verständnis diverser Verwendungskontexte des Idioms, andererseits aber zu pragmatisch (und semantisch) falschem Gebrauch führen kann, je nachdem, wie stark ihre allgemeine Sprachkompetenz und die spezifisch phraseologische Kompetenz in der jeweiligen Fremdsprache ist. Die potentiellen Fehler kann man jedoch mit Hilfe der Analyse im Sinne der BT effektiv herausarbeiten und aufzeigen und somit auch vermeiden.

Literatur

BURGER, Harald (2003): Phraseologie. Eine Einführung am Beispiel des Deutschen. 2. überarbeitete Aufl. Berlin.

DOBROVOL´SKIJ, Dmitrij (1995): Kognitive Aspekte der Idiom-Semantik: Studien zum Thesaurus deutscher Idiome. Tübingen.

EPHRAS. Ein mehrsprachiges phraseologisches Lernmaterial (2006). Hrsg. von der Projektgruppe EPHRAS (EU-Projekt Socrates Lingua 2). Ljubljana.

FAUCONNIER, Gilles/TURNER, Mark (2002): The Way We Think. Conceptual Blending and the Mind´s Hidden Complexities. New York.

FÖLDES, Csaba (1996): Deutsche Phraseologie kontrastiv. Intra- und interlinguale Zugänge. Heidelberg. (Deutsch im Kontrast; 15).

GIBBS, Raymond W. (1996): Why many concepts are metaphorical. In: Cognition 61. p. 309–319.

GIBBS, Raymond W./COLSTON, Herbert L. (1995): The cognitive psychological reality of image schemas and their transformations. Cognitive Linguistics, 6(4), 347–378.

GRADY, Joe/OAKLEY, Todd/COULSON, Seana (1999): Blending and Metaphor. In: STEEN, Gerard/GIBBS, Raymond W. (eds.): Metaphor in cognitive linguistics. Philadelphia.

JOHNSON, Mark (1987): The Body in the Mind. The Bodily Basis of Meaning, Imagination, and Reason. Chicago.

Anna Gondek (Wrocław)

Gift und Galle spucken oder *komuś w duszy gra* – menschliche Emotionen in den deutschen und polnischen Phraseologismen

Im Mittelpunkt meiner Erwägungen stehen Phraseologismen, die sich auf die menschlichen Emotionen konzentrieren. Es geht um Wut, Zorn auf der einen Seite und Freude, Glück, auf der anderen Seite. Sie werden als zwei Gegenpole des menschlichen Lebens zum Ausdruck gebracht und auf unterschiedliche Weisen verbalisiert. Diese Arten der Verbalisierung und Beschreibung waren für mich in dem Beitrag besonders von Interesse. Ich habe mich bemüht, möglichst viele Phraseologismen zu finden, die die Komponenten Wut, Zorn, Freude, Glück nicht enthalten, sondern durch unterschiedliche Bilder die genannten Emotionen schildern.

Das Untersuchungskorpus besteht aus deutschen und polnischen Wendungen, die aus verschiedenen ein- und zweisprachigen Wörterbüchern des Deutschen und Polnischen exzerpiert wurden. Die Konzeption des Phraseologismus, die ich in meiner Arbeit berücksichtige, ist von Wolfgang FLEISCHER übernommen. Die wichtigsten Merkmale der Phraseologismen sind demnach die Idiomatizität, die lexikalisch-syntaktische Stabilität, die Lexikalisierung und die Reproduzierbarkeit (FLEISCHER 1997: 29ff.).

Bevor ich zur Analyse der ermittelten Phraseologismen komme, möchte ich kurz auf die Definition der Emotion eingehen. Was sind eigentlich Emotionen?

MEYER u.a. (1993: 23) schlagen die folgende Definition des Begriffs Emotion vor:

1. Emotionen sind Vorkommnisse von zum Beispiel Freude, Traurigkeit, Ärger, Angst, Mitleid, Enttäuschung, Erleichterung, Stolz, Scham, Schuld, Neid sowie von weiteren Arten von Zuständen, die den genannten genügend ähnlich sind.
2. Diese Phänomene haben folgende Merkmale gemeinsam:
a) sie sind aktuelle Zustände von Personen;
b) sie unterscheiden sich nach Art oder Qualität und Intensität ...;
c) sie sind in der Regel objektgerichtet ...;
d) Personen, die sich in einem der genannten Zustände befinden, haben normalerweise ein charakteristisches Erleben (Erlebensaspekt von Emotionen), und häufig treten auch bestimmte physiologische Veränderungen

(physiologischer Aspekt von Emotionen) und Verhaltensweisen (Verhaltensaspekt von Emotionen) auf."

In der Psychologie (vgl. FUNKE 2005: 4) werden die Emotionen von den emotionalen Dispositionen unterschieden. Während z.B. Angst oder Wut als Emotion (genauer gesagt emotionale Episode) bezeichnet werden, wäre die zugehörige emotionale Disposition Ängstlichkeit oder Erregbarkeit. Die Emotionen unterscheiden sich nach Qualität, was bedeutet, dass wir im Stande sind, verschiedene Arten von Emotionen voneinander zu trennen, wie z.B. Trauer, Freude, Angst oder Ärger.

Sie unterscheiden sich auch nach Intensität (Quantität), da sie verschiedene Grade der Stärke aufweisen, da Wut doch intensiver als Ärger aufgefasst werden kann oder Panik eine höhere Stufe von Angst bedeutet.

Emotionen sind in der Regel zielgerichtet – sie beziehen sich vorwiegend auf Personen, Gegenstände, Situationen u.a, obwohl ihr Ziel nicht immer materiell existieren muss, es können auch Vorstellungen sein, die unsere Emotionen wecken.

Die Emotionen werden auch von Menschen bewertet, also als positiv oder negativ empfunden. Es kann jedoch gesellschaftlich oder individuell bedingt sein, was natürlich nicht allgemeinmenschliche stereotype Einteilungen ausschließt, z.B. Freude oder Glück als positive Emotionen, dagegen Zorn oder Wut als negative Emotionen zu bezeichnen. Dieses Bewerten stützt sich nicht nur darauf, dass Freude oder Glück angenehme Emotionen sind, nach denen der Mensch strebt und die ihm willkommen sind. Es ist auch damit verbunden, dass unter Einfluss von negativen Emotionen der Mensch zu gewissen Verhaltensweisen und Reaktionen fähig ist, die die Anderen z.B. ängstigen, gefährden oder schädigen können.

Das oben genannte lässt uns vermuten, dass gerade die Phraseologismen besonders dazu geeignet wären, die Emotionen zu schildern und dass wir im phraseologischen Bestand beider Sprachen viele Beispiele dafür finden können. FLEISCHER deutet darauf hin, dass sie komplexe Situationen in einem Bild „in denotativ-konnotativer Einheit fassbar, verfügbar" zu machen vermögen, sie dienen auch als „expressive Situationsabbilder" (1997: 168) und ihre „Hauptfunktion [liegt] in der Expressivitätssteigerung" (1997: 164).

Es wurden unterschiedliche Aspekte der Emotionen in Betracht gezogen, was auch die Einteilung nach verschiedenen Kriterien verursachte.

Nach der Untersuchung des gewählten Materials in beiden Sprachen schlage ich folgende Einteilung vor:

I. Der Zorn/die Wut

    1. Die Wut, der Zorn lassen sich an bestimmten Merkmalen erkennen: Zeichen der Wut/des Ärgers

a) sichtbare/wahrnehmbare Anzeichen – äußere Anzeichen:
1. physische/physiologische Reaktion des Menschen,
2. andere Reaktion,
3. eine auffällige, übertriebene und unkontrollierte Verhaltensweise.

Deutsch	Polnisch
1. rot vor Wut sein Schaum vor dem Mund haben schäumen/schnauben vor Wut mit den Zähnen knirschen mit den Füßen stampfen vor Ärger Gift und Galle speien/spucken sich grün/blau/gelb/[schwarz] ärgern jmd. könnte schwarz werden vor Ärger/Wut jmdm. schwillt die Zornesader [an] jmdm. platzt der Kragen jmdm. schwillt der Kamm die Faust/die Fäuste in der Tasche ballen jmd. finstere Blicke zuwerfen wütende Blicke/Zornesblitze auf jmdn. schießen	1. blady/czerwony/siny ze złości (blass/rot/blau vor Zorn) rumieniec gniewu (Wutröte) krew nabiega/napływa komuś do twarzy (das Blut steigt jmdm. ins Gesicht) drżeć/pienić się/pękać/ sapać/trząść się/szaleć/ tupać [nogami] ze złości (beben/schäumen/bersten/schnauben/zittern/ toben/ mit den Füßen stampfen vor Zorn) zgrzytać zębami (mit den Zähnen knirschen) mówić przez zęby (durch die Zähne reden) chmurzyć czoło (die Stirn runzeln) mars na czole/marsowe czoło/spojrzenie (vom Kriegsgott Mars: eine Marsstirn/ein Marsblick) miotać/ciskać/rzucać błyskawice [oczami] (Blitze [mit den Augen] werfen/schmeißen) miażdżące/piorunujące spojrzenia (zerquetschende Blicke/Blicke wie Blitze)
2. aus der Haut fahren aus dem Anzug steigen außer sich geraten/sein [vor Wut/Zorn] in die Luft gehen in die Höhe fahren an die Decke gehen [vor Zorn] auf die Palme gehen [ganz oben] auf der Palme sein fast platzen vor Zorn jmdm. geht der Hut hoch	2. kogoś bierze pasja/ogarnia [szewska] pasja (jmdn. ergreift der [Schumachers]Wutanfall) ktoś wpada w szewską pasję (jmd. fällt/gerät in einen Wutanfall) cholera kogoś bierze/trzęsie (Koller ergreift/ schüttelt jmdn.) dostać/dostawać kurwicy/białej gorączki/ cholery (kurwica/weißes Fieber/Koller kriegen/ bekommen) kurwica kogoś bierze (kurwica ergreift jmdn.) szlag kogoś trafia (jmdn. trifft der Schlag) płonąć gniewem (vor Zorn brennen) sadzić/rzucać cholerami/kurwami (Fluchworte (cholera, kurwa) werfen)

3. toben/wüten wie ein Berserker/ Besessener sich gebärden wie toll/wie ein Wilder wie ein wild gewordener Handfeger herumlaufen/durch die Gegend rennen	3. diabeł w kogoś wlazł/wstąpił (der Teufel ist in jmdn. gefahren) diabli kogoś biorą (die Teufel nehmen jmdn.) giez kogoś ugryzł/ukąsił (eine Bremse hat jmdn. gestochen)

Die erste Gruppe verbalisiert die mit den Augen wahrnehmbaren Symptome der Erregtheit – Wechsel der Gesichtsfarbe (*rot, blass, blau*), Anschwellen im Halsbereich, Bild des beim Balzen und bei Erregungszuständen schwellenden Kammes beim Hahn und bei männlichen Tieren verschiedener Vögel, willkürliche Bewegung der Faust, wobei man seinen Zorn machtlos zu verbergen versucht; Mienen, Grimassen verziehen, böse Blicke werfen usw.

Die zweite Gruppe deutet auf die unruhige Verhaltensweise der zornigen Person hin, sie scheint aus ihrem Leib, aus ihrem Körper heraus zu wollen, durch den inneren Druck auseinander zu reißen, fast „hoch zu fliegen". Die Komponente *cholera* bedeutet in den Phraseologismen einen heftigen Zornausbruch und entspricht demnach dem deutschen Wort *Koller*. Im Polnischen wird ein Derivat vom vulgären Fluchwort *kurwa* mit Hilfe des Suffixes *-ica* gebildet, was auf eine angebliche Krankheit hindeutet und als Intensivierung der negativen Emotion dient. Die Wut, der Zorn des Menschen kann sich auch in heftigen Flüchen, Verwünschungen äußern.

Einen Problemfall bilden hier die Wendungen wie *kogoś bierze pasja/ogarnia [szewska] pasja, dostać/dostawać kurwicy/białej gorączki/cholery*, die je nach der Auffassung als sichtbare Anzeichen bzw. unsichtbare Vorgänge betrachtet werden können.

Die dritte Gruppe verweist auf ein von der Norm abweichendes Verhalten, dass vom Zorn, von der Rage zeugen kann. Im Polnischen durch äußere Eingriffe eines Teufels, einer Bremse verursacht. Im Deutschen finden wir dagegen feste Vergleiche, die eine besondere Intensität der verwendeten Verben erzielen sollen.

    b)   unsichtbare/nicht von außen wahrnehmbare Zeichen – innere Vorgänge, innere (physiologische) Veränderungen im Körper des Menschen

Deutsch	Polnisch
jmdm. kommt die Galle hoch jmdm. läuft/geht die Galle über bei jmdm. regt sich die Galle kochen vor Wut jmdm. kocht das Blut [in den Adern] auf dem Siedepunkt angekommen/ angelangt sein	żółć kogoś zalewa (die Galle überschwemmt jmdn.) żółć się w kimś burzy/gotuje/wzbiera (die Galle wallt/kocht/schwillt an in jmdm.) żółć się komuś ulała (die Galle ist jmdm. übergelaufen) złość kipi/wrze/gotuje się/wzbiera w kimś

jmds. Blut gerät in Wallung blind vor Wut sein rot sehen Wut/Ärger/Zorn im Bauch/im Leib haben	(der Zorn kocht über/siedet/schwillt an in jmdm.) gotować się w sobie (in sich kochen) kipieć wewnętrznie (im Innern überkochen) krew się w kimś zagotowała (das Blut ist in jmdm. aufgekocht) jasna/nagła krew kogoś zalewa (ein helles/plötzliches Blut überströmt jmdn.) szlag kogoś trafia (jmdn. trifft der Schlag)

Bei zorniger Erregung erhöht sich die Ausschüttung von Galle. Der Mensch kocht im Innern (jmd. der wütet, spürt, wie es ihm heiß wird, also er kocht), spürt Blutwallung, einen Blutandrang im Kopf, der mit einem Gefühl von Hitze verbunden ist.

Durch die Wut verliert man sein Sehvermögen, im wortwörtlichen und übertragenen Sinn. Einem der wütend wird, wird es manchmal durch Blutwallung rot/schwarz vor den Augen.

2 Die Phraseologismen schildern einen Vorgang/Prozess im Verlauf (seinen Anfang bzw. sein Ende) oder einen Zustand:

a) der Mensch wird „von selbst" zornig (obwohl es natürlich selten unbegründet stattfindet), gerät in Wut:

Deutsch	Polnisch
in Harnisch geraten/kommen in Wallung geraten (selten) auf Hochtouren kommen auf achtzig/neunzig/hundert kommen [fuchsteufels]wild werden sich in Wut/Zorn reden	kogoś bierze pasja/ogarnia [szewska] pasja (jmdn. ergreift der [Schumachers] Wutanfall) ktoś wpada w szewską pasję (jmd. fällt/gerät in einen Wutanfall) cholera kogoś bierze (jmdn. ergreift der Koller) dostać/dostawać kurwicy/białej gorączki/cholery (kurwica/weißes Fieber/Koller kriegen/bekommen) szlag kogoś trafia (jmdn. trifft der Schlag)

b) der Mensch wird durch jemanden/etwas zornig gemacht

Deutsch	Polnisch
jmdn. [bis] zur Weißglut bringen/reizen/treiben jmdn. auf Hochtouren bringen jmdn. auf achtzig/neunzig bringen jmdn. auf die Palme bringen jmdn. in Galle/Harnisch/Wallung/Fahrt bringen etwas jmdm. zur Schur tun (veralt.)	rozniecać w kimś gniew (in jmdn. den Zorn entfachen) doprowadzać kogoś do białej gorączki/do szewskiej pasji (jmdn. zum weißen Fieber/[Schumachers]Wutanfall bringen)

c) Der Mensch ist zornig

Deutsch	Polnisch
in Fahrt sein in Harnisch sein auf achtzig/neunzig/hundert/hundertzehn sein [ganz oben] auf der Palme sein	zły jak diabli/wszyscy diabli/cholera/ nieszczęście/zaraza (böse wie Teufel/alle Teufel/Koller/Unglück/Pest – jmd. ist sehr zornig, aufgeregt) zły jak osa/pies/żmija/giez/chrzan/pokrzywa (böse wie eine Vespe/ein Hund/eine Otter/ eine Bremse/Meerrettich/Brennessel - jmd. ist sehr zornig) ktoś jest wkurzony/wnerwiony/wpieniony/ wkurwiony usw. (jemand ist sehr zornig, genervt – Partizipien von entsprechenden Verben)

Die Redewendungen mit der Komponente *Wallung,* können auch eine (nicht unbedingt zornige) Erregung bedeuten.

In den Gruppen a) und b) werden die „semantischen Konversen" (ENGEL u.a. 1999: 549) im Deutschen durch die Verwendung von entsprechenden Funktionsverben ausgedrückt, z.b. *kommen/bringen,* analog *bierze kogoś, dostaje/doprowadzać* im Polnischen.

Die polnischen Partizipien in den Prädikativergänzungen stammen von den Verben *wkurzać, wnerwiać, wpieniać, wkurwiać,* die die Bedeutung *zornig/ärgerlich machen* haben.

Im Polnischen gibt es eine zahlreiche Gruppe von festen Vergleichen, die sowohl die „Stärke" als auch die „Art" des Zornes nuancieren.

3   Dem Zorn wird Ausdruck gegeben, besonders in den zwischenmenschlichen Relationen

Deutsch	Polnisch
jmdm. [vor Wut] ins Gesicht springen jmdm. [am liebsten] die Augen auskratzen [mögen] einen Rochus auf jmdn. haben (*jidd.*) sein Mütchen an jmdm. kühlen ein Ventil brauchen/suchen für seinen Zorn	wyładować swój gniew na kimś (seinen Zorn auf jmdn. entladen) wylać żółć na kogoś/na czyjąś głowę (die Galle auf jmdn./jmds. Kopf ausschütten) naskoczyć na kogoś (auf jmdn. springen) być ciętym na kogoś (auch: zornig auf jmdn. sein) patrzeć na kogoś bykiem (auch: auf jmdn. zornig blicken)

4   Der Zorn/die Wut werden wie ein innerer Druck betrachtet, ein Zwang, dem man freien Lauf lassen muss.

Deutsch	Polnisch
seinem Ärger/Zorn/seiner Wut Luft machen sich (Dat.) Luft machen Dampf ablassen einen Koller haben (von Cholera= Zornausbruch)	dawać upust swojemu gniewowi/wściekłości (veralt.: seinem Zorn/seiner Wut freien Lauf lassen)

In dem letzten Fall gibt es im Polnischen vorwiegend Verben, die diesen Sachverhalt schildern, z.b. *wyżywać się na kimś, odreagować na kimś*.

Aus den o.g. Beispielen ist erkennbar, dass sich die deutschen und polnischen Bereiche der Bildlichkeit in der Regel decken, obwohl es Asymmetrien gibt, auf die ich hingewiesen habe.

II. Die Freude/das Glück

Ähnlich wie im Falle von Zorn bzw. Wut versuchte ich die Phraseologismen zu ordnen, die die positiven Emotionen, Freude und Glück benennen.

1. Zeichen der Freude/des Glückes
a) sichtbare/wahrnehmbare Anzeichen – äußere Anzeichen
b) physische/physiologische Reaktion des Menschen
c) eine auffällige, übertriebene (und unkontrollierte) Verhaltensweise

Deutsch	Polnisch
1. Tränen der Freude weinen einen Freudeschrei ausstoßen	1. łzy szczęścia (Tränen des Glückes) rumieniec szczęścia (vor Glück erröten) promienieć blaskiem (den Schein ausstrahlen) blask [szczęścia] bije od kogoś (Schein [des Glückes] schießt von jmdm.)
2. in die Hände klatschen sich vor Freude auf die Schenkel schlagen einen Luftsprung machen einen Purzelbaum schlagen an die Decke springen einen Freudentanz/Freudentänze aufführen jmdm. um den Hals fallen jmd. könnte die ganze Welt umarmen sich vor Freude nicht halten/einkriegen können sich vor Freude [gar/überhaupt] nicht zu fassen wissen fast außer sich geraten vor Freude	2. klasnąć w dłonie [z uciechy]([vor Freude] in die Hände klatschen) bić się dłońmi po bokach/po udach (sich mit Händen auf den Leib/auf die Oberschenkel schlagen) błogi/jasny uśmiech (seliges/helles Lächeln) uśmiech od ucha do ucha (ein Lächeln vom Ohr zum Ohr) skakać z radości (vor Freude springen) nie posiadać się z radości (sich vor Freude nicht halten können) cieszyć się jak dziecko (sich freuen wie ein Kind)

Deutsch	Polnisch
außer Rand und Band sein	cieszy się, jakby go ktoś na sto koni wsadził (jmd. freut sich, als ob ihn jmd. auf hundert Pferde gesetzt hätte)
ganz aus dem Häuschen sein [vor Freude]	
wie ein Vollmond strahlen	
über beide Backen/über alle vier Backen strahlen	
strahlen wie ein Honigkuchenpferd	
sich freuen wie ein Schneekönig/ein Stint	

Genauso wie im Falle von negativen Emotionen erscheinen Tränen und Wangenröte als Symptome von Freude und Glück. Auch Lachen können wir als ein Anzeichen von Freude und Glück betrachten, daher wurden auch Phraseologismen berücksichtigt, die das außergewöhnliche Strahlen hervorheben. In vielen Fällen wird die Beschreibung einer auffälligen Verhaltensweise durch die Präpositionalphrase *vor Freude* ergänzt.

b) unsichtbare/nicht wahrnehmbare Zeichen – innere Vorgänge

Deutsch	Polnisch
sich wie im Himmel fühlen	komuś jest błogo na duszy/sercu (jmdm. ist es selig auf der Seele/im Herzen)
jmdm. hüpft das Herz vor Freude	dusza/serce raduje się/rośnie (die Seele/das Herz freut sich/wächst)
jmds. Herz schlägt höher	komuś jest lekko/raźnie na duszy (jmdm. ist es leicht/munter in der Seele)/ lekko na sercu (leicht auf dem Herzen)
da lacht einem das Herz im Leibe	komuś w duszy gra (jmdm. spielt es in der Seele)

Glück und Freude werden in beiden Sprachen mit Seele und Herz assoziiert. Bemerkenswert ist die Leichtigkeit und das Streben nach oben (*höher schlagen, rosnąć*). Es kann m.E. auch als Ausdruck der Rangfolge „Oben vor Unten" (vgl. FLEISCHER 1997: 60) betrachtet werden.

2 Man befindet sich an einem bestimmten Ort

Deutsch	Polnisch
[wie] im Himmel schweben	czuć się jak/być w siódmym niebie (sich wie im siebten Himmel fühlen/im siebten Himmel sein)
im siebten Himmel sein	
sich wie im siebten Himmel fühlen	
jmdm. hängt der Himmel voller Geigen	czuć się jak w raju/komuś jest jak w raju (sich wie im Paradies fühlen/jmdm. ist es wie im Paradies)
in einem Meer von Seligkeit schwimmen	

Der Himmel (das Paradies) als Aufenthalt Gottes, seiner Engel und Heiligen wird in beiden Sprachen als Ort betrachtet, an dem man sich besonders glücklich fühlt.

Es gibt auch bildliche Wendungen im Polnischen *ktoś jest cały w skowronkach* (jmd. ist ganz in Lerchen – überglücklich) oder *ktoś jest wesoły/radosny jak skowronek* (jmd. ist froh wie eine Lerche). Die Bedeutung der Wendungen könnte vielleicht dadurch erklärt werden, dass in der polnischen Literatur der trillernde Gesang dieses Singvogels oft als besonders fröhlich hervorgehoben wurde.

Ich habe auch feste Vergleiche gefunden, die den Zustand der Freude/des Zufriedenseins ein bisschen boshaft kommentieren: *zadowolony jakby mu ktoś w kieszeń napluł/nasrał* (zufrieden als ob ihm jmd. in die Tasche gespuckt/geschissen hätte) oder *cieszy się jak głupi* (jmd. freut sich wie ein Dummer – jmd. ist hoch –, übermäßig erfreut), dagegen *cieszy sie jak nagi w pokrzywach* (jmd. freut sich wie ein Nackter in Brennesseln) bedeutet, dass jemand überhaupt nicht erfreut ist, da er sich in einer schwierigen Lage befindet und der Vergleich ironisch gemeint ist.

III. Fazit

Die Analyse der gewählten Phraseologismen hat ergeben, dass die „negativen" Emotionen, Zorn und Wut einerseits und die „positiven", wie Freude und Glück, andererseits in beiden Sprachen im Allgemeinen sehr ähnlich dargestellt werden. Das Aussehen des Menschen, der sich unter dem Einfluss von Emotionen befindet, sein Verhalten, seine Gestik und Mimik, aber auch seine Empfindungen wurden seit Jahrhunderten genau beobachtet und fanden ihren Niederschlag in der Phraseologie. In vielen Wendungen kommt die physiologische Seite der Emotionen zum Ausdruck – die Veränderung der Gesichtsfarbe, erhöhte Gallenausscheidung, beschleunigter Kreislauf, das Gefühl der Hitze, Fieber usw., oder aber unwillkürliches Lachen, Strahlen, angenehme Empfindungen im Herzbereich, das Gefühl der Leichtigkeit. Der Mensch ist auch nicht im Stande seine Reflexe zu kontrollieren: Beben, Zähneknirschen, finstere Blicke, Weinen. Charakteristisch ist seine Verhaltensweise, er ist gereizt, bewegt sich schneller: *geht, fährt* (*in die Höhe, aus dem Anzug*), *springt, umarmt jemanden*, kann aber auch handgreiflich werden. Sowohl in den Phraseologismen, die die negativen als auch in denjenigen, die die positiven Emotionen schildern, finden wir viele Verben, die ihnen eine Dynamik verleihen, z.B. *hochkommen, überlaufen, sich regen, burzyć się, naskoczyć, wyładować, klaskać*. Manche Phraseologismen, die die heftigen emotionellen Reaktionen der Menschen schildern, verlangen eine Ergänzung, da wir anderenfalls in Unsicherheit schweben, um welche Emotionen es sich genau handelt, z.B. das Herz (im Leibe) will jmdm. zerspringen *vor Leid/vor Freude*. Die konfrontative Analyse des Komponentenbestandes sowie der verwendeten Metaphern und Bilder hat im Hinblick darauf, dass es sich um zwei Sprachen handelt, die unterschiedlichen Sprachfamilien angehören, eine hohe Zahl von Parallelen und Konvergenzen ergeben. Der hohe Grad an Übereinstimmung mag wohl aus dem universellen Charakter der dargestellten Erscheinungen resultieren, nicht auszuschließen ist auch die Tatsache, dass die beiden Sprachen benachbart sind.

Literatur

ENGEL, Ulrich u.a. (1999): Deutsch-polnische kontrastive Grammatik, Bd. 1. Heidelberg.
FLEISCHER, Wolfgang (1997): Phraseologie der deutschen Gegenwartssprache. Tübingen.
FUNKE, Joachim (2005): Vorlesung Allgemeine Psychologie II: Emotion. http://www.psychologie.uni-heidelberg.de/ae/allg/lehre/emotion.pdf (gesehen am 29.11.06.)
MEYER, Wulf-Uwe/SCHÜTZWOHL, Achim/REISENZEIN, Rainer (1993): Einführung in die Emotionspsychologie, Bd. 1. Bern.

Britta Juska-Bacher (Zürich)

Der Einfluss sozialer Faktoren auf die Phraseologismenkenntnis – Eine kontrastive Studie zum Niederländischen, Deutschen, Schwedischen und Englischen[1]

1 Stand der Forschung und Ausgangsfragen für die vorliegende Studie

In zahlreichen Studien wurde bereits nachgewiesen, dass soziale Faktoren die Phraseologismenkenntnis[2] beeinflussen können. Besonders häufig wurde die Wirkung der Faktoren Alter, Geschlecht und Ausbildung untersucht. Obwohl theoretisch verschiedentlich darauf hingewiesen wurde, dass diese Faktoren interagieren können (vgl. GROTJAHN/GRZYBEK 2000: 124f.; JUSKA-BACHER 2006a: 92), wurden Interaktionen – u.a. aufgrund häufig zu geringer Probandenzahlen – bisher selten statistisch berücksichtigt (GROTJAHN/GRZYBEK 2000: 128f., JUSKA-BACHER 2006b: 266–268).

Bisherige phraseologische Arbeiten mit dieser soziolinguistischen Fragestellung haben sich auf die Untersuchung einer Sprache, im Bereich der germanischen Sprachen in der Regel aufs Deutsche, beschränkt (Ausnahme zum Englischen: CHLOSTA/GRZYBEK 2004, zum Niederländischen: JUSKA-BACHER 2006b).

In diesen Untersuchungen wurde dem Alter als einzigem Faktor übereinstimmend ein deutlicher Einfluss auf die Kenntnis von Phraseologismen bescheinigt. Die Studien, die in der Regel von tradiertem phraseologischem Material ausgingen, zeigten, dass ältere Probanden eine größere Zahl von Phraseologismen kannten als jüngere (vgl. ĎURČO 2003: 297; GRZYBEK 1991: 249f.; HÄCKI BUHOFER/BURGER 1994: 15f.).

Hinsichtlich des Einflusses des Geschlechts und der Ausbildung waren die Ergebnisse zum Teil divergent. So haben beispielsweise GRZYBEKs (1991: 247) und HÄCKI BUHOFER/BURGERs (1994: 17, ohne Kontextangabe) Arbeiten eine gleiche Phraseologismenkenntnis von Frauen und Männern ergeben, während COX´ (1997: 58) und HÄCKI BUHOFER/BURGERs (1994: 17, mit

---

[1] Das Projekt zur sprachvergleichenden Phraseologismenkenntnis, aus dem diese Ergebnisse hervorgegangen sind, wird vom Schweizerischen Nationalfonds über einen Marie-Heim-Vögtlin-Beitrag unterstützt.

[2] Zu den *Phraseologismen* werden hier auch Sprichwörter gezählt (nach BURGER 2003: 36–41).

Kontextangabe) Ergebnisse auf eine größere Kenntnis bei Frauen hinwiesen. In Bezug auf die Ausbildung der Probanden konnte GRZYBEK (1991: 248) keinen Unterschied feststellen, während HÄCKI BUHOFER/BURGER (1994: 16) die Ausbildung als hochsignifikanten Faktor auswiesen.[3]

Die hier genannten Arbeiten unterschieden sich hinsichtlich der Materialgrundlage, der Probandenauswahl und -zahl sowie der statistischen Auswertung grundsätzlich und ließen Interaktionen der getesteten Faktoren unberücksichtigt.

Aus ihnen ergaben sich für die vorliegende Arbeit zwei Fragestellungen:

1. Einzelsprachlich (zum Deutschen): Lassen sich die o.g. Ergebnisse anhand größerer Probandenzahlen und unter Berücksichtigung von Interaktionen zwischen den Faktoren bestätigen?

2. Sprachvergleichend: Können die Ergebnisse für die deutsche Sprache auf verwandte Sprach- und Kulturräume übertragen werden, d.h. handelt es sich beim Einfluss der Faktoren Alter, Geschlecht und Ausbildung um übereinzelsprachliche Prinzipien?

Die folgenden Seiten, die auf der Auswertung von gut 1.600 Fragebögen zur Phraseologismenkenntnis aus dem niederländischen, deutschen, schwedischen und englischen Sprachraum basieren, geben Antworten auf diese Fragen und zeigen die Möglichkeiten eines kontrastiven Ansatzes auf.

2 Material und Methoden

Die Materialgrundlage bildete eine 450 Jahre alte Sammlung von 157 Phraseologismen,[4] die zwar im niederländischen Sprachraum aufgezeichnet wurde, aber zahlreiche Phraseologismen enthält, die weit über diesen Sprachraum hinaus bekannt sind und sich damit für ein sprachvergleichendes Vorgehen sehr gut eignen.

Die niederländischen Phraseologismen inkl. Bedeutungsangaben wurden möglichst wörtlich ins Deutsche, Schwedische und Englische übersetzt (weit-

---

[3] Zu diesem Ergebnis ist kritisch anzumerken, dass die Interaktion Alter – Ausbildung nicht untersucht wurde. Es ist nicht unwahrscheinlich, dass das Alter der Probanden mit deren Ausbildung korrelierte (d.h. je älter die Probanden, desto besser ausgebildet). Da das Alter einen hochsignifikanten Einfluss ausübte, könnte es über die Ausbildung indirekt Einfluss auf die hier genannten Werte genommen haben. Bei einem Vergleich zu bedenken ist ebenfalls, dass die Probanden dieser Studie durchschnittlich bedeutend jünger waren als in den anderen Untersuchungen (86% Schüler(innen) unterschiedlicher Schulen und 14% ab 40-jährige Wiedereinsteigerinnen).

[4] Es handelt sich dabei um das Gemälde *Die niederländischen Sprichwörter* (1559) von Pieter BRUEGEL d.Ä. Detailliertere Angaben zur Erstellung der Phraseologismenliste vgl. JUSKA-BACHER (2006b: 245 bzw. 275–285).

gehende Äquivalenz hinsichtlich wörtlicher und idiomatischer Hauptbedeutung sowie Morphosyntax, keine Berücksichtigung pragmatischer, kommunikativer und stilistischer Aspekte).

Dieses Material ging als Volltext in einen Fragebogen ein, auf dem die Probanden die bekannten Einheiten markieren sollen. In einem Begleitschreiben wurden sie gebeten, persönliche Angaben u.a. zu Alter, Geschlecht und Ausbildung zu machen. Die Befragung wurde von Februar 2005 bis Juni 2006 größtenteils elektronisch (mit Aufrufen in verschiedenen Internetzeitschriften, Diskussionsforen sowie über persönliche Kontakte), in geringerem Umfang auch postalisch in den vier Sprachräumen parallel durchgeführt.[5]

Von den in diesem Zeitraum eingegangenen Fragebögen wurden insgesamt 1.600 für die Auswertung berücksichtigt, davon stammten 600 aus dem niederländischen, 400 aus dem deutschen, 500 aus dem schwedischen und 100 aus dem englischen Sprachraum.[6]

Die Auswertung erfolgte anhand von Varianzanalysen, wobei folgende Faktoren berücksichtigt wurden:

1. Sprache, in vier Stufen: Niederländisch, Deutsch, Schwedisch und Englisch
2. Alter in fünf Stufen: jünger als 30, 30–39, 40–49, 50–59, 60 und älter
3. Geschlecht in zwei Stufen: weiblich und männlich
4. Ausbildung in zwei Stufen: nicht studiert und studiert

Neben den einzelnen Faktoren wurden auch ihre 2- und 3-Wege-Interaktionen getestet. Mit 80 Faktorstufenkombinationen erreichte das Versuchsdesign eine hohe Komplexität, die aber dank der hohen Teilnehmerzahl trotzdem zu aussagekräftigen Ergebnissen führte. Alle Analysen wurden mit dem Statistikprogramm R (Version 2.3.0; *http://www.r-project.org*) durchgeführt.

---

[5] Online-Version des Fragebogens (von Februar 2005-Juni 2006) unter: *http://www.ds.unizh. ch/nordistik/mitarbeitende/juska-bacher/forschung.php*.

[6] Aufgrund der geringeren Teilnehmerzahlen aus dem englischen Sprachraum können diese Daten nicht ebenso repräsentativ für den gesamten Sprachraum sein wie für die anderen Sprachen. Sie wurden dennoch berücksichtigt, um zumindest einen ersten Vergleich zu ermöglichen. Bei den statistischen Tests werden die geringeren Probandenzahlen dahingehend berücksichtigt, dass Signifikanzen zurückhaltender ausgewiesen werden, d.h. dass Faktoren, die in dieser Studie im Englischen (noch) nicht signifikant waren, sich bei vergleichbar hohen Teilnehmerzahlen u.U. als genauso wichtig wie in anderen Sprachräumen herausstellen können. Die hier tatsächlich gefundenen Signifikanzen können allerdings als fundiert angesehen werden.

3 Ergebnisse und ihre Deutung

3.1 Gesamtdaten

Teilnehmer aus den verschiedenen Sprachräumen unterschieden sich deutlich in ihrer Phraseologismenkenntnis (Tab. 1). Im niederländischsprachigen Raum (durchschnittlich 50 Phraseologismen bekannt) war die Phraseologismenkenntnis deutlich höher als in den übrigen Sprachräumen (Deutsch: 36, Schwedisch: 37), im englischsprachigen Raum im Durchschnitt erheblich geringer (27). Die Vermutung liegt nahe, dass die höhere Phraseologismenkenntnis im niederländischsprachigen Raum auf die Herkunft der Sammlung aus diesem Sprachraum (vgl. Abschnitt 2) zurückzuführen ist. Das Englische weist im Hinblick auf das abgefragte Material weniger Übereinstimmungen mit den übrigen Sprachen auf als diese untereinander.

Faktoren(kombinationen)	Freiheitsgrade	F-Wert	Wahrscheinlichkeit p
Sprache	3	112.04	**< 0.0001**
Alter	4	37.20	**< 0.0001**
Geschlecht	1	0.76	0.3831
Ausbildung	1	0.06	0.8017
Alter : Sprache	12	3.15	**0.0002**
Geschlecht : Sprache	3	3.72	**0.0110**
Ausbildung : Sprache	3	3.17	**0.0234**
Geschlecht : Alter	4	0.50	0.7332
Alter : Ausbildung	4	1.74	0.1379
Geschlecht : Ausbildung	1	0.19	0.6610
Residuen	1534		

Tabelle 1: Die Ergebnisse zu den Gesamtdaten (1600 Fragebögen). Signifikante Faktoren sind fett gedruckt. 3-Wege-Interaktionen waren nicht signifikant.

Weiter hatte das Alter im gesamten Sprachgebiet einen hochsignifikanten Einfluss auf die Phraseologismenkenntnis (Tab. 1). Eine Auswertung der Kenntnis in den verschiedenen Altersstufen ergab, dass die Probanden mit zunehmendem Alter tendenziell mehr Phraseologismen kannten, wobei die Zunahme in der höchsten Altersklasse der Probanden ab 60 Jahren stagnierte bzw. wieder leicht abnahm. Dieses Ergebnis stimmt mit den in Abschnitt 1 genannten Untersuchungen zum deutschen Sprachraum überein. Die Interaktion von Alter und Sprache (Tab. 1) wies jedoch bereits darauf hin, dass dieses Ergebnis nicht für alle Sprachen gleichermaßen galt.

Die gesamtsprachliche Varianzanalyse konnte keine Beeinflussung der Phraseologismenkenntnis durch Geschlecht und Ausbildung nachweisen (Tab. 1). Die signifikanten Interaktionen dieser Faktoren mit der Sprache deuteten allerdings darauf hin, dass Geschlecht und Ausbildung in einzelnen Sprachen sehr wohl eine signifikante Rolle spielten.

Um die als signifikant ausgewiesenen Interaktionen zwischen der Sprache und den übrigen Faktoren genauer zu charakterisieren, wurden innerhalb der einzelnen Sprachen ebenfalls Varianzanalysen mit allen Faktoren (außer Sprache) und ihren Interaktionen durchgeführt, aus denen die in Tabelle 2 – 4 dargestellten Werte resultierten (hier nur als Auszug in Bezug auf die Faktoren Alter, Geschlecht und Ausbildung dargestellt; es wurden keine weiteren Signifikanzen ausgewiesen).

3.2 Einzelsprachliche Analysen

In einzelsprachlichen Varianzanalysen zeigte sich, dass das Alter nur im Niederländischen und Deutschen einen hochsignifikanten Einfluss auf die Phraseologismenkenntnis hatte, nicht aber im Schwedischen und Englischen (Tab. 2). Im Niederländischen und Deutschen kannten ältere Probanden (tendenziell) mehr Phraseologismen als jüngere (im Niederländischen durch alle Altersstufen, im Deutschen fiel die Kenntnis in der letzten Altersstufe wieder etwas ab). Im Schwedischen und Englischen hingegen gab es zwischen den Altersstufen nur leichte Schwankungen, d.h. die Kenntnis blieb etwa gleich.

Sprache	Freiheitsgrade	F-Wert	Wahrscheinlichkeit p
Niederländisch	**4**	**16.79**	**< 0.0001**
Deutsch	**4**	**6.35**	**< 0.0001**
Schwedisch	4	0.76	0.5542
Englisch	4	1.37	0.2528

Tabelle 2: Der Einfluss des Alters in den einzelnen Sprachen. Signifikante Faktoren sind fett gedruckt.

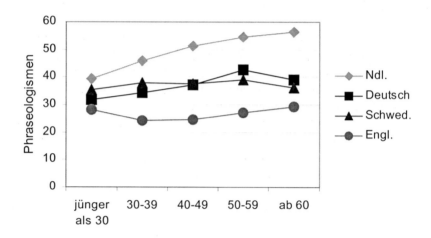

Abbildung 1: Der Einfluss des Alters auf die Phraseologismenkenntnis im Niederländischen, Deutschen, Schwedischen und Englischen.

Der Kurvenverlauf im Niederländischen und Deutschen (Abb. 1) kann sowohl auf individuellen (Lernen von Phraseologismen mit fortschreitendem Alter > Vergessen) als auch auf sprachgemeinschaftlichen Wandel (Aussterben von Phraseologismen in der Gemeinschaft > Wiederbelebung) hindeuten (vgl. ECKERT 1997: 151). Die Gerade in den beiden anderen Sprachen zeigt an, dass hier kein solcher Sprachwandel nachweisbar ist.

Da für das hier abgefragte tradierte Korpus sowohl ein lebens- wie ein sprachgeschichtlicher Wandel durchaus plausibel und zu erwarten ist, ist aufgrund der hier geprüften Faktoren nicht nachzuvollziehen, warum gerade im Schwedischen und Englischen weder individuelles Lernen noch kollektives Vergessen dieser tradierten Phraseologismen stattfinden sollte.

Auch das Geschlecht hatte in den verschiedenen Sprachräumen einen unterschiedlichen Einfluss auf die Phraseologismenkenntnis. Während es im niederländischen und deutschen Raum keinen Unterschied zwischen der Phraseologismenkenntnis von Frauen und Männern gab (wie GRZYBEK 1991 und HÄCKI BUHOFER/BURGER 1994, vgl. Abschnitt 1), war der Unterschied im Schwedischen signifikant und im Englischen fast signifikant (vgl. Tab. 3).

Sprache	Frauen	Männer	Freiheitsgrade	F-Wert	Wahrscheinlichkeit p
Niederländisch	49.9 ± 0.9	50.9 ± 1.0	1	0.66	0.4159
Deutsch	35.8 ± 0.9	36.0 ± 1.2	1	0.02	0.8851
Schwedisch	**38.5 ± 0.8**	**33.7 ± 1.2**	**1**	**9.04**	**0.0028**
Englisch	28.4 ± 1.3	24.6 ± 1.3	1	3.23	0.0759

Tabelle 3: Der Einfluss des Geschlechts in den einzelnen Sprachen. Mittelwerte ± Standardfehler und Teststatistik. Signifikante Faktoren sind fett gedruckt.

Ein Blick auf die durchschnittliche Phraseologismenkenntnis zeigte, dass Frauen im Schwedischen und Englischen deutlich mehr Phraseologismen kannten als Männer (im Schwedischen knapp 5, im Englischen gut 3,5). Gerade in einem Land wie Schweden, in dem man sich seit den 70er Jahren besonders intensiv um eine gleiche Sozialisierung und Gleichberechtigung der Geschlechter bemüht,[7] erstaunt dieses Ergebnis.

Auch der Einfluss der Ausbildung auf die Phraseologismenkenntnis fiel in den Ländern unterschiedlich aus (vgl. Tab. 4). Einzig im Schwedischen wiesen die Ergebnisse auf einen signifikanten Unterschied zwischen Probanden mit und ohne universitäre Ausbildung hin. In den drei anderen Sprachen konnten keine signifikanten ausbildungsabhängigen Ergebnisse nachgewiesen werden (Übereinstimmung mit GRZYBEK 1991, vgl. Abschnitt 1).

---

[7] Vgl. z.B. *http://www.sweden.se/templates/cs/CommonPage_14184.aspx*, gesehen am 23.10.2006.

Sprache	Nicht studiert	Studiert	Freiheitsgrade	F-Wert	Wahrscheinlichkeit p
Niederländisch	49.2 ± 1.2	50.7 ± 0.8	1	1.51	0.2197
Deutsch	37.5 ± 1.6	35.5 ± 0.8	1	0.01	0.9128
Schwedisch	**40.2 ± 1.1**	**35.6 ± 0.9**	**1**	**6.92**	**0.0088**
Englisch	28.0 ± 2.6	26.8 ± 1.0	1	0.01	0.9074

Tabelle 4: Der Einfluss der Ausbildung in den einzelnen Sprachen. Mittelwerte Standardfehler und Teststatistik. Signifikante Faktoren sind fett gedruckt.

Schwedische Probanden ohne universitäre Ausbildung kannten knapp 5 Phraseologismen mehr als Probanden, die eine Universität besucht hatten.

Einen Erklärungsansatz für die unterschiedlichen Ergebnisse in den vier untersuchten Sprachen, d.h. insbesondere die Abweichungen im Schwedischen, bietet die Annahme, dass es weitere Faktoren gibt, die die Phraseologismenkenntnis beeinflussen und mit dem Alter, Geschlecht bzw. der Ausbildung interagieren (vgl. Interaktion Sprache mit den Faktoren, Tab. 1). Eine Möglichkeit für die Interaktion des Alters wäre beispielsweise eine sich mit dem Alter verändernde Einschätzung der eigenen Sprachkenntnis, wie sie HÄCKI BUHOFER (2003: 288) festgestellt hat. Andere Interaktionen waren nicht signifikant.

4 Die Bedeutung dieser Ergebnisse für die Ausgangsfragen

4.1 Zum Deutschen

Die deutschen Analysedaten konnten die bisherigen Ergebnisse einer signifikanten Beeinflussung der Phraseologismenkenntnis durch das Alter der Probanden bestätigen. Das Geschlecht und die Ausbildung hingegen wirkten sich nicht auf die Kenntnis aus. Auffällige Interaktionen zwischen den drei Faktoren konnten im Hinblick auf das hier untersuchte phraseologische Material im Deutschen nicht nachgewiesen werden. Es ist allerdings möglich, dass die bisherigen divergierenden Ergebnisse der in Abschnitt 1 angeführten Untersuchungen zum Einfluss des Geschlechts und der Ausbildung auf die fehlende Berücksichtigung von Interaktionen (z.B. HÄCKI BUHOFER/BURGERS 1994: Möglichkeit einer Korrelation von Alter und Ausbildung, vgl. Fußnote 3) bzw. das gänzliche Fehlen einer statistischen Absicherung (COX 1997: 58) zurückzuführen sind.

4.2 Zum Sprachenvergleich

Die signifikanten Interaktionen des Faktors Sprache mit dem Alter, Geschlecht und der Ausbildung wiesen in der Analyse der Gesamtdaten (vgl. Tab. 1) bereits darauf hin, dass der Einfluss dieser drei sozialen Faktoren in den Sprachen unterschiedlich war.

Die einzelsprachlichen Analysen (Tab. 2–4) bestätigten dies und belegten damit, dass – auch bei enger Verwandtschaft der Sprache und des Kulturraums – die Beeinflussung der Phraseologismenkenntnis durch soziale Faktoren nicht vorschnell generalisiert werden darf, denn „what looks like an overall effect is quite specifically located in society and in history." (vgl. ECKERT 1997: 166).

Die besonders im Sprachvergleich auffallenden und anhand der vorliegenden Auswertungen nicht zu erklärenden Unterschiede hinsichtlich des Einflusses der untersuchten Faktoren in den verschiedenen Sprachen – besonders auffällig ist der fehlende Einfluss des Alters auf die Phraseologismenkenntnis im Schwedischen – legen nahe, dass es wahrscheinlich weitere länderspezifische Faktoren gibt, die mit den hier getesteten interagieren.

Um dem komplexen System der die Sprache beeinflussenden sozialen Faktoren näher zu kommen, ist es neben der Berücksichtigung von Interaktionen zwischen den getesteten Faktoren offensichtlich notwendig, weitere Faktoren einzubeziehen. Zum Auffinden der relevanten Faktoren ist eine äußerst sorgfältige Analyse der sozialen Bedingungen des jeweiligen Sprachraums erforderlich (vgl. u.a. ECKERT 1997: 167). Dass dabei auch innerhalb einer Sprache nicht mit einheitlichen Bedingungen gerechnet werden kann, zeigte beispielsweise eine Untersuchung zum Niederländischen, in der für die Niederlande und Belgien ein unterschiedlicher Einfluss des Alters auf die Phraseologismenkenntnis nachgewiesen werden konnte (vgl. JUSKA-BACHER 2006b: 268).[8]

Der hier vorgeführte kontrastive Ansatz erlaubt eine erste Gruppierung der untersuchten Sprachräume hinsichtlich der Ähnlichkeit ihrer sozialen Bedingungen. In Bezug auf den Einfluss des Alters, des Geschlechts und der Ausbildung auf die Phraseologismenkenntnis hat sich gezeigt, dass sich das Niederländische und das Deutsche tendenziell ähnlicher sind als beispielsweise das Deutsche und das Schwedische. Um diesen ersten Eindruck zu untermauern und um die einzelsprachlichen Unterschiede, in dieser Arbeit insbesondere

---

[8] Während in Belgien die Phraseologismenkenntnis mit zunehmendem Alter auch in den höchsten Altersklassen anstieg, sank sie in den Niederlanden bei den über 60-jährigen Probanden signifikant ab. Auch hinsichtlich dieses Unterschieds kann bisher nur spekuliert werden (Unterschiede im Lehrplan, in der Einstellung gegenüber Phraseologismen oder BRUEGEL usw.).

die Sonderstellung des Schwedischen, zu klären, bedarf es dringend weiterer empirischer Untersuchungen einzelsprachlicher wie sprachvergleichender Art.

Literatur

BURGER, Harald (2003): Phraseologie. Eine Einführung am Beispiel des Deutschen. 2., überarb. Aufl. Berlin.

CHLOSTA, Christoph/GRZYBEK, Peter (2004): Was heißt eigentlich „Bekanntheit" von Sprichwörtern? Methodologische Bemerkungen anhand einer Fallstudie zur Bekanntheit anglo-amerikanischer Sprichwörter in Kanada und in den USA. In: FÖLDES, Csaba (Hrsg.): Res humanae proverbiorum et sententiarum. Ad honorem Wolfgangi Mieder. Tübingen. S. 37–57.

COX, Heinrich L. (1997): Beobachtungen zur standardsprachlichen Sprichwort-Kompetenz deutschsprachiger Universitätsstudent(inn)en. In: MOHRMANN, Ruth-E./RODEKAMP, Volker/SAUERMANN, Dietmar (Hrsg.): Volkskunde im Spannungsfeld zwischen Universität und Museum. Festschrift zum 65. Geburtstag von Hinrich Siuts/Festschrift für Hinrich Siuts zum 65. Geburtstag. Münster. S. 43–65.

ĎURČO, Peter (2003): Unterschiede in der (Un)kenntnis von Sprichwörtern in verschiedenen Lebensaltern. In: HÄCKI BUHOFER, Annelies (Hrsg.): Spracherwerb und Lebensalter. Tübingen/Basel. (Reihe Basler Studien zur deutschen Sprache und Literatur; 83). S. 293–303.

ECKERT, Penelope (1997): Age as a sociolinguistic variable. In: COULMAS, Florian: The handbook of sociolinguistics. Oxford. S. 151–167.

GROTJAHN, Rüdiger/GRZYBEK, Rüdiger (2000): Methodological remarks on statistical analyses in empirical paremiology. In: Proverbium 17. S. 121–132.

GRZYBEK, Peter (1991): Sinkendes Kulturgut? Eine empirische Pilotstudie zur Bekanntheit deutscher Sprichwörter. In: Wirkendes Wort 2. S. 239–264.

HÄCKI BUHOFER, Annelies (2003): Psycholinguistik der lexikalischen Lebendigkeit. Phraseologismenkenntnis in verschiedenen Lebensaltern am Beispiel einiger schweizerdeutscher Phraseologismen. In: HÄCKI BUHOFER, Annelies (Hrsg.): Spracherwerb und Lebensalter. Tübingen/Basel. S. 279–292.

HÄCKI BUHOFER, Annlies/BURGER, Harald (1994): Phraseologismen im Urteil von Sprecherinnen und Sprechern. In: SANDIG, Barbara (Hrsg.): EUROPHRAS 92. Tendenzen der Phraseologieforschung. Bochum. S. 1–33.

JUSKA-BACHER, Britta (2006a): Phraseologische Befragungen und ihre statistische Auswertung. In: HALLSTEINSDÓTTIR, Erla/FARØ, Ken (Hrsg.): Neue theoretische und methodische Ansätze der Phraseologieforschung. Linguistik online 27. S. 91–116.

JUSKA-BACHER, Britta (2006b): Zur Bekanntheit und Verwendung von Pieter Bruegels „Sprichwörtern" in der Gegenwart – ein Beitrag zur empirischen Phraseologie des Niederländischen. In: Proverbium 23. S. 243–285.

Webseiten:

http://www.r-project.org, gesehen am 10.6.2006.

http://www.sweden.se/templates/cs/CommonPage_14184.aspx, gesehen am 5.10.2006.

Marek Laskowski (Zielona Góra)

Ich will Emil heißen, wenn dummer August weiß, wo Barthel den Most holt. Vornamen als phraseologische Strukturkomponenten in der deutsch-polnischen Konfrontation. Ein Beitrag zur kognitiven Phraseologie und Phraseodidaktik

Phraseologismen (Ph) können Eigennamen als Strukturkomponenten haben, die in Bezug auf die Anzahl und Mannigfaltigkeit keine Randerscheinung im phraseologischen Bestand des Deutschen und des Polnischen darstellen. Da die A n t h r o p o n y m e in unseren Überlegungen im Vordergrund stehen, hat der vorliegende Beitrag das Ziel, eine qualitative und quantitative Analyse der deutschen und polnischen Ph mit V o r n a m e n [1] als festen strukturellen Konstituenten vorzunehmen, um Divergenzen und Konvergenzen in diesem Bereich aufzuweisen. Dabei werden in erster Linie interlinguale, interkulturelle und kognitive Aspekte hervorgehoben, von denen die Ergebnisse der Translationsexemplifikation insbesondere für den Unterricht DaF ausschlaggebend sind. Die Kompliziertheit der aufgegriffenen Problematik ist schon am Beispiel des Titels dieses Beitrags veranschaulicht. Bei einer Kumulation von metaphorischen Konstrukten geht man davon aus, dass zugleich eine Reihe von evokativen Assoziationen in Betracht gezogen wird, die enkodiert werden muss, damit sie verständlich wird.

Die Grundlage des empirischen Teils dieses Beitrags bildet das Korpus mit 117 Beispielen, die in drei Gruppen der Äquivalenz eingeteilt worden sind: Nulläquivalenz, Teiläquivalenz und Totaläquivalenz. Neben der Konfrontation ist es gelungen, die Typen der Ph mit Antroponymen herauszusuchen. Im Zusammenhang damit schwingen aber Zweifel mit, ob sich Wirklichkeit versprachlichen lässt, eine dunkle Ahnung, dass Worte niemals hinreichen, um die Komplexität des Daseins zu erfassen. Aufgrund der Analyse lassen sich

---

[1] Eine eingehende Recherche in der deutsch-ungarischen Korrelation wurde von FÖLDES (1985, 1988, 1996) angestellt. Diese Problematik wurde jedoch bis heute aus phraseodidaktischer Sicht im kognitiven Hintergrund in Bezug aufdas Sprachenpaar Deutsch und Polnisch fast kaum beachtet (vgl. LASKOWSKI 2003).

jedoch konkrete kognitive Kriterien feststellen, die der Kategorisierung dienen können.

Die Ausgangsposition des vorliegenden Beitrags bilden nachstehende Hypothesen:

1) Es ist anzunehmen, dass erstens in deutsch-polnischer Konfrontation der Ph mit Vornamen Nulläquivalente zu erwarten sind.

2) Zweitens kann man vermuten, dass deutsche Mythologismen und Biblismen bei der Konfrontation mit den polnischen Ph dieser Art am häufigsten Total- oder Teiläquivalente haben.

3) Man geht von der Annahme aus, dass in deutsch-polnischer Korrelation Ph mit Vornamen meistens nulläquivalent sind. Dies betrifft in erster Linie typische deutsche und polnische Vornamen.

4) In Bezug auf die drei ersten Hypothesen ist die vierte Prämisse aufzustellen, dass die praktische, schulische und universitäre Translation der Ph mit Eigennamen sowohl intralinguale, intrakulturelle als auch interlinguale und interkulturelle Aspekte verlangt.

5) Es sei des Weiteren mit LAKOFF/JOHNSON (1980) und DOBROVOL'SKIJ (1997) darauf hingewiesen, dass die Motiviertheit vieler Idiome auf dem Wissen über entsprechende konzeptuelle Metaphern beruht. Die mentalen Bilder, die mit den Ph assoziiert werden, hängen nicht von den konkreten Konstituenten auf der semantischen Ebene ab, sondern lassen sich im Rahmen konzeptueller Metaphern explizieren, die zum gemeinsamen Wissensbestand der Sprecher gehören, was weit reichende Konsequenzen für die Phraseodidaktik aus kognitiver Sicht hat.

Im phraseologischen Bestand sind folgende phraseologische Typen mit Vornamen zu unterscheiden: sprichwörtliche Redensarten *(wissen, wo Barthel den Most holt)*, stereotype Vergleiche *(frech wie Oskar)*, kommunikative Formeln *(ich will Emil/Hans/Meier o. Ä. heißen, wenn)*, Paarformeln *(Hinz und Kunz)*, Nominationen *(der Benjamin der Familie/der Gruppe („Jüngster"))*, Sprichwörter *(Was Hänschen nicht lernt, lernt Hans nimmermehr.)*, Zitate/geflügelte Worte *(Sieh da, sieh da, Timotheus!)*. Der phraseologische Bestand eines Volkes ist sehr eng mit dessen Geschichte, Literatur und Traditionen verbunden. In vielen Fällen lässt sich die Provenienz der in den Ph benutzten Vornamen nicht bestimmen. Um ihre Entstehungsgeschichte genau zurückverfolgen zu können, muss man die Forschungsergebnisse der Kulturgeschichte, Folklore und Ethnographie berücksichtigen (vgl. FLEISCHER 1982: 103–104, FÖLDES 1985: 180; FÖLDES 1996: 138; SCHMIDT 1982: 226). Die hier zur Diskussion gebrachten phraseologischen Wortverbindungen sind in der deutschen und polnischen Gegenwartssprache ziemlich produktiv und dienen zur Charakterisierung von Personen oder Erscheinungen, die bereits einen Namen haben und gewöhnlich pragmatisch bedingt sind: *ein getreuer*

Eckart, dummer August, der deutsche Michel, Lieschen Müller, w kółko Macieju ‚immer dieselbe Leier', *głupia Kaśka* ‚dumme Trine', *głupi Jaś* ‚dummer August', *można na kimś polegać jak na Zawiszy* ‚er ist absolut zuverlässig' (LASKOWSKI 2003: 62f.).

In Hinblick auf die Rolle des Personennamens in der Phraseologie muss betont werden, dass sie innerhalb des Idioms zum Teil ihren Eigencharakter bewahren, d.h. sie bleiben onymisch, z.B. *weise wie Salomo*. Bei vielen Ph sind aber die entsprechenden Komponenten deonymisiert, d.h. sie sind nur genetisch als Eigennamen oder als scherzhafte Namen einer fiktiven Person zu betrachten, z.B. *feuriger Elias* ‚fauchende, funkensprühende Lokalbahn', *Götz von Berlichingen* ‚lass mich in Ruhe', *der Blanke Hans* ‚die Nordsee bei Sturm', *jmdn. zum Hugo machen* ‚ihn zum Narren halten, ihn veralbern', *Heiliger Bimbam* ‚dient als Tabuwort zum Ausdruck des Erstaunens und des Schreckens', wo *Bimbam* eine lautmalerische Nachahmung des Glockenläutens und zugleich der scherzhafte Name eines fiktiven Heiligen ist (vgl. RÖHRICH 1995: 197). Es sei konstatiert, dass die Verwendung der Personennamen als Strukturkomponenten in deutsch-polnischer Korrelation unterschiedlich ausgeprägt ist, was im Nachstehenden noch ausdrücklicher betont wird. Es ist evident, dass die Problematik der Äquivalenz der Ph mit Vornamen sehr eng mit deren Spezifik zusammenhängt, denn sie sind einerseits durch originelle Struktur, spezifische nationale Züge der Denkweise und historisch- kulturelle Lebensbedingungen für diese Sprache charakteristisch (z.B. *Hinz und Kunz, Eulenspiegelpossen machen*), andererseits benennen Persönlichkeiten der nationalen Geschichte, z.B. *nach Adam Riese, seinen Friedrich Wilhelm druntersetzten* (vgl. FÖLDES 1985: 174; FÖLDES 1996: 137). Bei der Übersetzung der nulläquivalenten Ph kann man einige Techniken verwenden. Mit Hilfe der Paraphrase kann die denotative Bedeutung der Ph erfasst werden. Sie können mit einem Einwortlexem oder mit einer Paraphrase wiedergegeben werden. Die Substitution durch ein Einwortlexem kann weiter in Bezug auf die verwendeten Wortarten gegliedert werden, und zwar: a) Substantiv, z.B. *dummer August* ‚klaun', b)Verb, z.B. *den alten Fritz besuchen* ‚umrzeć', c) Adjektiv, z.B. *frech wie Oskar* ‚bezczelny'. Die vorliegende Tabelle illustriert den zahlenmäßigen und prozentualen Anteil des ganzen Korpus an den einzelnen Gruppen der Äquivalenz.

Arten der Äquivalenz	Anteil am untersuchten Korpus	Beispiel
Nulläquivalenz	77 Beispiele = 65,8%	*ein Suasannenbruder sein* = być starym rozpustnikiem
Teiläquivalenz	23 Beispiele = 19,70%	*dastehen wie Buridans Esel* = stać jak posąg
Totaläquivalenz	9 Beispiele = 7,7 %	*den Stein des Sisyphus wälzen* = toczyć kamień Syzyfa
problematische Fälle	8 Beispiele = 6,8 %	*einen Augiasstall reinigen* = czyścić stajnię Augiasza

Aus der Korpusanalyse folgt, dass vollständige Äquivalente die kleinste Gruppe bilden. Diese Art der Äquivalenz ist in der Relation der Ph im Rahmen der untersuchten Sprachen sehr selten. Sie kann also nicht als Regel, eher als Ausnahme betrachtet werden und kann leider nur im begrenzten Maß als Unterstützung in der Didaktik angewendet werden. Dies ergibt sich allein schon aufgrund der gesellschaftlichen Einbettung und der historischen Entwicklung der beiden Sprachen. 23 Beispiele gehören zu der partiellen Äquivalenz. Diese Gruppe ergibt sich aus Ph der deutschen und der polnischen Sprache, zwischen denen die diversen Unterschiede in der wörtlichen Bedeutung und in der Struktur bestehen. Die größte Gruppe bildet die Nulläquivalenz mit Beispielen, die in der polnischen Sprache keine Äquivalente haben. Man kann feststellen, dass zu dieser Gruppe vor allem die Ph gehören, die spezifische Vornamen als Strukturkomponenten enthalten. Zur letzten Gruppe gehören problematische Beispiele. Die Schwierigkeiten ergaben sich aus der lexikalischen Besetzung, aus der Semantik von Präpositionen und aus der Struktur der Komponenten der untersuchten Ph. Die kontrastive Analyse der phraseologischen Einheiten erweist sich als besonders reiche Quelle für weiterführende Überlegungen in der Sprachsoziologie, Volkskunde und kognitiven Linguistik. TOPCZEWSKA (2004: 69) bemerkt, dass die separaten Varianten manchmal auch miteinander in Kombinationen erscheinen: *wie der Faust aufs Gretchen passen* (eine Variation von *wie die Faust aufs Auge passen*). Man soll TOPCZEWSKA (2004: 75) auch Recht geben, wenn sie konstatiert, dass für die besondere Expressivität oft weniger die Expressivität der einzelnen phraseologischen Konstituenten, sondern eher eine gewisse Spannung zwischen der wörtlichen und der phraseologischen Lesart eines gegebenen Ph relevant ist. Diese Entität ergibt sich daraus, dass mit Ph die meisten abstrakten Inhalte mittels konkreter Bilder ausgedrückt werden. Die Expressivität ist aber kein notwendiges Merkmal der Ph, da auch „bildarme" oder „bildlose" Phrasen einen idiomatischen Wert besitzen können. FLEISCHER (1982: 168f.) rechnet zu diesen Faktoren noch die prosodischen Eigenschaften einer Phrase (wie etwa Stabreim, Endreim, Assonanz), Doppelungen (von Synonymen oder von Antonymen) und solche Isolierungserscheinungen wie strukturelle Anomalia und unikale Lexeme. Da Sprache dynamisch ist und für die gegenseitige Verständigung im Kommunikationsprozess, für den Wissensaufbau und für die Wissensverarbeitung nützlich ist, sind in dieser Dimension kognitive Aspekte der Sprache bemerkbar. Kognitivismus strebt nämlich in dieser Hinsicht nach sprachlichen Universalien, nach Spezifika, die alle Menschen als Sprachbenutzer verbinden. Kognitive Linguistik beobachtet FORSLUND- BRONDÉN (2004: 23) zufolge die Sprache, die gegenseitigen Beziehungen zwischen Sprache und kultureller Wirklichkeit, in der sie verankert ist. Sie befasst sich mit Prozessen im mentalen Lexikon hinsichtlich der sprachlichen Konzeptualisierung, modellhaften Deskription und psycholinguistischen Untersuchung der externen Realität (FORSLUND-BRONDÉN 2004: 23). In diesem Beitrag geht es um Betonung der Ergebnisse der kognitiven Phraseologie und um den Versuch ihrer Transponierung in die Phraseodidaktik, worauf im Nachstehenden aus Platzgründen approximativ hingewiesen wird. Kognitive Phraseologie recherchiert das Verhältnis zwischen „unserem Welt- und Erfahrungswissen" (FORSLUND-BRONDÉN 2004: 24) zur Entstehung von Ph. Die relevanteste Eigenschaft für die kognitive Herangehensweise ist ihr „mentalistischer Impetus, d.h. die Vorstellung von der Zulässigkeit und Zweckmäßigkeit einer unmittelbaren Hinwendung zu nicht beobachtbaren mentalen Kategorien bei der Erklärung sprachlicher Fakten" (DOBROVOLSKI'J 1997: 8). Kognitiver Phraseologie entsprechen also die Lesarten eines Idioms „einer Repräsentation in unserem mentalen Lexikon" die wir in unterschiedlichen Situationen verwendend immer wieder neu produzieren (FORSLUND-BRONDÉN 2004: 24, vgl. auch KOVALCOVÁ 2002). Von großer Bedeutung sind hier die komplexen und abwechslungsreichen Beziehungen zwischen dem wörtlichen und übertragenen Inhalt der Ph. Ein Idiom kann sein ursprüngliches Bild auf etwas oft Abstraktes transferieren, so dass durch eine Verschiebung eine neue Konzeptualisierung und mentale Repräsentation, eine Wahrnehmungsmetapher für Abstrakta entsteht. Kognitive Phraseologie erforscht also das Phänomen der Bedeutungsübertragung, ihre Gründe und Bedürfnisse. Sie geht davon aus, dass der Mensch die Welt und Wirklichkeit wahrnimmt, kategorisiert, benennt, konzeptualisiert und dass unsere Sprache unsere Wahrnehmungen, also Konzepte, widerspiegelt. Dies impliziert somit, dass ein bestimmter Bereich unserer Erfahrung durch einen anderen konzeptualisiert und mental repräsentiert wird. BURGER (1998: 84f.) verdeutlicht das Problem am Bespiel des Lexems Quelle: Quelle – Lauf des Wassers und bringt dies mit Geldquelle – Geldtransaktion in Parallele. RICKHEIT/SICHELSCHMIDT/STROHNER (2002: 18) explizieren das Konzept als mentale Bedeutungseinheit, die auf der Zusammenfassung einzelner Objekt-Exemplare zu Klassen beruht. Für PÖRINGS/SCHMITZ (2003: 15) lässt sich ein Konzept als Vorstellung davon definieren, wie etwas in unserer Erfahrungswelt ist. „Konzepte können sich auf einzelne gedankliche Einheiten, so genannte Entitäten, beziehen [...]". Immer wenn wir etwas wahrnehmen, ordnen wir es unmittelbar in konzeptuelle Kategorien ein. Unsere Wirklichkeit wird durch unsere Kategorisierung, unsere Wahrnehmung, unser Wissen, unsere Einstellung, durch unsere menschliche Erfahrung bestimmt. Kognitive Modelle werden in der kognitiven Psychologie als Metaphern angesehen, die auf Beobachtungen oder auf Schlussfolgerungen beruhen, die aus Beobachtungen gezogen werden. Sie beschreiben die Aufnahme, Speicherung und Verwendung von Informationen. Ph sind Werkzeuge die Informationen überliefern und die als Spiegel und Archiv der Kultur gelten. Sie wecken bei den Menschen die Fähigkeit der abstrakten Weltwahrnehmung. Manchmal erschweren sie den Verständigungsprozess der zwischenmenschlichen Kommunikation, weil nicht alle Ph in jedem kulturellen Kreis, in jedem Gebiet, unter allen sozialen Gruppen bekannt sind, aber im Allgemeinen entwickeln und erweitern sie unser menschliches Denken und die abstrakte Perzeption der Welt. So können Ph mit Vornamen als Strukturkomponenten in beiden Sprachen Deutsch und Polnisch unter anderem als solche erkennbar sein.

Die Namenspaare in Form der Paarformeln können beispielsweise nach den folgenden Konzepten eingeordnet sein: 1) L i e b e : *a)* verbotene und unglückliche Liebe: Romeo und Julia, Heloise und Abaelard, Tristan und Isolde, Hero und Leandros, b) aus einer Freundschaft – Harry und Sally c) ewige – Orpheus und Eurydike, d) leidenschaftliche und unglückliche – Scarlett O'Hara und Rhett Butler, Catharin Earnshaw und Heatcliff, Siegfried und Kriemhild, e) Vorbild einer ehelichen Liebe – Philemon und Baucis, f) brüderliche Liebe Hans und Gretel, g) mütterliche Liebe – Demeter und Persephone (Kore), 2) F r e u n d s c h a f t – V o r b i l d d e r e c h t e n F r e u n d s c h a f t : *a)* treue, ehrliche und erprobte Freundschaft – Damon und Phyntias, Kastor und Pollux, Orestes und Pylades, Robinson und Freitag, b) unzertrennbare Freundschaft zwischen zwei ganz verschienen Charakteren – Flip und Flap, Paweł und Gaweł, Kargul und Pawlak, Lolek und Bolek, Max und Moritz, Asterix und Obelix, 3) v e r s c h i e d e n e s A u s s e h e n – wie Pat und Pot aussehen, Flip und Flap (Dick und Doof), Lolek und Bolek, Kargul und Pawlak, Asterix und Obelix, Max und Moritz, 4) S t r e i t – Kargul und Pawlak, Pawel und Gawel, Scarlett O'Hara und Rhett Butler, Harry und Sally, 5) b r ü d e r l i c h e r M o r d – Kain und Abel, Romulus und Remus, 6) Kampf zweier ungleicher Rivalen – David und Goliath, 7) a l l e – Hinz und Kunz, Krethi und Plethi, 8) ü b e r a l l h i n g e h e n / g e s c h i c k t w e r d e n , u m e t w a s z u e r l e d i g e n / B e m ü h u n g e n – von Hinz zu Kunz laufen, von Pontius zu Pilatus laufen, 9) a l t m o d i s c h s e i n – von Adam und Eva abstammen, 10) s e h r a l t s e i n – von Adam und Eva abstammen, 11) s e h r l a n g e d a u e r n – seit Adam und Eva, 12) s e h r l a n g e s p r e c h e n – bei Adam und Eva anfangen. Die vier genannten deutschen Paarformeln haben keine polnische Entsprechung (*von Adam und Eva abstammen, Hinz und Kunz, von Hinz zu Kunz laufen*), wobei die erste im Polnischen verwendet wird, aber nicht im phraseologischen Wörterbuch als eine registrierte Form steht. Einige Ph im Deutschen haben ihre Äquivalente im Polnischen mit anderen Konstituenten, z.B. *Krethi und Plethi* als Formel biblischer Herkunft hat ihr polnisches Korrelat *Cereci i Feleci*. Namensunterschiede sind auch bei anderen Wortpaaren zu beobachten. Wenn man in Deutschland *von Pontius zu Pilatus läuft*, läuft (oder sogar geht) man in Polen von *Annasz zu Kajfasz* (*chodzić od Annasza do Kajfasza*). Diesen Abschnitt resümierend kann man davon ausgehen, dass Kognitivismus die Verhältnisse zwischen Sprache und Kultur, zwischen Sprache und kultureller Wirklichkeit, in der sie funktioniert, untersucht. Kognitive Phraseologie erforscht die Entstehung der Ph in Zusammenhang mit dem menschlichen mentalen Lexikon. Sie geht davon aus, dass die festen Wortverbindungen als eine genaue Entsprechung der Konzepte, die in unseren Köpfen stecken, gebildet sind (vgl. ABEL 2001: 10, BURGER/BUHOFER/SIALM 1982, TOPCZEWSKA 2004: 46).

Aus den obigen Überlegungen geht hervor, dass die kognitive Phraseologie sehr genaue Hinweise für die Phraseodidaktik liefert. Kognitive Phraseologie soll eine erhebliche Resonanz in der Praxis des Unterrichts DaF finden. Aufschlussreich ist die Bemerkung von RICKHEIT/SICHELSCHMIDT/ STROHNER (2002: 143), der zufolge das Erlernen einer Fremdsprache immer vor dem Hintergrund der Erstsprache geschieht. Die Erstsprache ist sozusagen das Tor, durch das hindurch die Fremdsprache erreicht wird, und gibt damit die Perspektive auf die FS an. Die Zukunft der Theoriebildung im Fremdspracherwerb liegt in einer stärkeren Verbindung aus kognitiven und kommunikativen Ansätzen. Kognitive Theorien verknüpfen Lernen mit der Gesamtheit der Prozesse, die mit der Aufnahme von Informationen, ihrer weiteren Verarbeitung und Speicherung im Gedächtnis sowie ihrer Anwendung in spezifischen Situationen mit Aufgabencharakter verbunden sind. SEEL (2000: 18) fasst dabei charakteristische Eigenschaften der kognitiven Theorien des Lernens folgendermaßen zusammen. Er bezieht die Lernfähigkeit auf jede Komponente der Informationsverarbeitung und definiert Lernen als eine Veränderung psychischer Dispositionen. Im Spracherwerb werden Informationen verarbeitet, wobei man die entsprechende Konstruktion von Wissen sowie die Entwicklung kognitiver Fertigkeiten und Fähigkeiten braucht. Die Produktion von neuem Wissen soll aufgrund schlussfolgernden Denkens erfolgen. Wissen und Fertigkeiten sind auf neuartige Situationen zu übertragen. Dem Vorwissen schreibt man eine entscheidende Funktion für die Informationsverarbeitung und die Konstruktion neuen Wissens zu. Es wird davon ausgegangen, dass das Denken ein Prozess des Operierens mit Symbolen ist, der die Lernenden in die Lage versetzt, ihre subjektiven Erfahrungen, Vorstellungen, Gedanken und Gefühle zu repräsentieren. In kognitiven Theorien des Lernens wird in erster Linie die Rolle der Begriffe, Metaphern und Konzepte hervorgehoben (vgl. SEEL 2000: 21). Im Lernprozess der FS muss man phraseologische Ketten als Ganzes, als komplexe Blöcke erlernen. Die Lernenden müssen sich die Ph wie andere lexikalische Einheiten in zweierlei Hinsicht aneignen: zum einen für das Hören und Lesen (rezeptive Sprachkompetenz), zum anderen für das Sprechen und Schreiben (produktive Sprachkompetenz). Bei der didaktisch-methodischen Arbeit, die zum Erwerb der beiden Sprachkompetenzen führen soll, müsste den Lernenden als Erstes die Fähigkeit vermittelt werden, die Idiomatizität der Ph zu erkennen, d.h. sie zu identifizieren, und ihre Bedeutung richtig zu erschließen. Ich vertrete den Standpunkt, dass das A und O der Phraseodidaktik vor allem die entsprechende Auswahl, das richtige Erkennen, Verstehen und Dekodieren der in einem Kontext eingesetzten Ph sind. Um Schüler und Studenten den mündlichen und schriftlichen Umgang mit diesem schwierigsten Teil der FS zugänglich zu machen und zu erleichtern, sollte die Arbeit an der authentischen, thematischen und textsortenspezifischen Phraseologie mehr in eine pragmatisch- semantische Richtung gehen. Ausschlaggebend für die Fremdsprachenlehrer sind überdies die von den Kognitivisten aufgegriffenen Fragen, die u.a. Kategorisierung, Prototypen, Metaphern und kognitive Modelle betreffen.

Meiner Auffassung nach sollte man in der Phraseodidaktik folgende Tatsachen in Betracht ziehen: a) kognitive Modelle, die in verschiedenen Sprachen funktionieren, sind nicht universell, b) Kategorisierung ist nicht universell, c) Es ist eine wesentliche Differenziertheit der Kategorisierungsebenen zu beobachten, d) Man stellt eine hohe Metaphorizität einzelner Sprachen fest, e) Die Ausgangssprache und Zielsprache können sich anderer Metaphern bedienen, f) Semantik und Syntax bilden eine unzertrennliche Einheit.

Für die Zwecke des vorliegenden Beitrags habe ich einen Test erstellt und den Germanistikstudenten an der Universität Zielona Góra lösen lassen. Zudem sollen die Probanden mittels lauten Denkens nach Möglichkeiten all das versprachlichen, was ihnen bei der Bearbeitung dieser Aufgaben durch den Kopf ging. Die so erhobenen Daten sollen nun einer kurzen interpretierten Rekonstruktion unterzogen werden. In der 1. Übung sollten die Studenten 10 Sätze aus dem Deutschen ins Polnische übersetzen, z.B. Ich will *Emil* heißen, wenn das stimmt. Den Erwartungen gemäß haben die volläquivalenten Ph mit Vornamen kaum Schwierigkeiten bereitet. Problematisch waren die Nulläquivalente. In der zweiten Übung hatten die Studierenden entsprechende Vornamen in die Lücken einzusetzen, was sehr eng mit kognitiven Verarbeitungsprozessen verbunden war. Die mentalen Operationen bei dieser Übung verlangten von den Lernenden die Aktivierung des Gelernten auf der Grundlage der gegebenen semantisch-pragmatischen Kontexte, z.B. Du hast sechs Portionen Pommes frites mit Mayonnaise gegessen? Kein Wunder, dass du den heiligen *Ulrich* anrufen musstest. Die dritte Übung bestand in der entsprechenden Zuordnung der Bedeutungen zu den Ph, z.B. *[nicht] der wahre Jokob sein* ‚[nicht] das Richtige sein'. Zur Analyse der kognitiven Prozesse, die im mentalen Lexikon bei den Lernenden ablaufen, habe ich noch eine Translationsübung vorbereitet, in der die Lernenden, im Gegenteil zur 1. Übung, die gegebenen Sätze aus dem Polnischen ins Deutsche übertragen sollten, z.B. Nie przeszkadzaj mi do jasnej *Anielki*. Laut der Analyseergebnisse muss konstatiert werden, dass Ph – ähnlich wie andere lexikalische Einheiten – in konkreten Kommunikationsakten lediglich in ihrer morphosyntaktischen Form reproduziert werden, ihre Semantik dagegen wird jedes Mal neu im Wechselspiel zwischen der wörtlichen (‚direkten') und der phraseologischen (‚figurativen') Interpretation der jeweiligen Wortverbindung konstruiert (vgl. TOPCZEWSKA 2004: 82). Das Bedeutungspotenzial der Ph entfaltet sich somit erst im Gebrauchskontext. Wenn wir davon ausgehen, dass es keine universellen kognitiven Modelle gibt, bedeutet das Fremdsprachenlernen nicht nur Aneignung des Wortschatzes und der Grammatik, Gebrauch der Sprache in verschiedenen kommunikativen Situationen, Anpassung der Äußerungen an die Norm der Sprache und kontextuell-textuelle Adäquatheit, sondern die Perzeption einer anderen Welt der Fremdsprache, die in ganz anderen kognitiven Modellen, Metaphern und Kategorien als die Muttersprache kodiert wird. Die Rolle der Didaktik im Rahmen der Phraseologie ist das Enkodieren dieser semantisch-pragmatisch-kognitiven sprachlichen Wirklichkeit. Die kognitiven Modelle sind alle in unserem mentalen Lexikon verankerten Vorstellungen eines Gegenstandes, eines Wesens oder einer Erscheinung. Sie sind natürlich kulturell bedingt, was zur Folge hat, dass der Lernende sich nicht nur sprachlich in interlingualen Bereichen, sondern auch in der interkulturellen Sphäre frei bewegen muss, um kommunikativ zu sein. Aus der Analyse des Korpus und Tests ist ersichtlich, dass Ph mit Vornamen als Strukturkomponenten den Deutsch lernenden Schülern und Studenten enorme Schwierigkeiten bereiten, weil sie wie andere Idiome eine wenig durchsichtige Struktur und Bedeutung aufweisen. Nicht zu vergessen ist, dass der Prozess der Translation zwei kognitive Stufen umfasst: Rezeption des Ausgangstextes und Produktion des Zieltextes. Er ist in zwei kommunikative Situationen eingebettet, die durch zwei Sprachen und meistens auch durch zwei verschiedene Kulturen gekennzeichnet sind (LASKOWSKI 2004: 137–150, TOPCZEWSKA (2004: 150, REIß/VERMEER 1984: 134–136).

Die in diesem Beitrag unternommene Explikation und Exemplifikation interkultureller und interlingualer Äquivalenzbeziehungen auf kognitivem Hintergrund lässt mich konstatieren, dass die nicht phraseologischen Entsprechungen – in lexikalischer Hinsicht Nulläquivalente – die textuelle Funktion der ausgangssprachlichen Ph gänzlich und unter Umständen sogar besser als die entsprechenden Zielsprachenlexeme erfüllen können. Zusammenfassend kann festgehalten werden, dass die phraseologischen Wortverbindungen, die einen oder mehrere Personennamen als Strukturelemente haben, bis jetzt in ihrer Gesamtheit kaum gebührend beachtet wurden. Die Ph mit Vornamen enthalten in erster Linie männliche Namen. Für die Phraseodidaktik sind kognitivbasierte Untersuchungen von DOBROVOLSKI'J (1995: 109) ausschlaggebend, nach dem ein Ph „gleichzeitig mehreren Taxa" angehören kann, wodurch die sprachlichen Konzepte miteinander eng verbunden sind und das gegebene sprachliche Weltbild darstellen, z.B. *Otto* als Vorname in Ph folgende Konzepte versprachlichen kann: *Otto Normalverbraucher*[2] ‚Durchschnittsverbraucher', *der flotte Otto* ‚Durchfall', *Gruß an Onkel Otto* ‚Winken von Leuten aus der Menge zur Fernsehkamera', *jmdm. zum Otto machen* ‚schimpfen', *von wegen Otto* ‚Verneinung'. Mit Hilfe von Konzepten und Kategorien ist das Wissen über die Welt abzubilden und zu organisieren. Wenn der Erwerb von Ph unter dem kognitiven Gesichtspunkt betrachtet wird, stehen Konzepte oder Kategorien im Zentrum, die entwickelt und ins Einzelne unterschieden werden. Infolgedessen werden neue Objekte entweder in bekannte Kategorien einbezogen oder bilden die Grundlage für neue Kategorien. Im phraseologischen Inventar mit Vornamen werden auch Konzepte gebildet, denn hier gibt es semantische Netze, die uns ermöglichen, verschiedene intralinguale Beziehungen zwischen Ph festzustellen, z.B. *Otto Normalverbraucher = Lieschen Müller* (vgl. DOBROVOLSKI'J 1995: 108). Den Feststellungen kognitiver Lernforscher gemäß erwerben Lernende Wissen durch aktive Auseinandersetzung mit ihrer Umwelt. Die Erzeugung der kognitiven Repräsentation des Lerngegenstandes erfolgt entweder auf verbale oder nonverbale Weise. In das existierende Wissenssystem integriert man neue Begriffe und Inhalte durch schlussfolgernde Prozesse. Auf diese Art und Weise fungiert die kognitive Repräsentation als Verbindungsstück zwischen außersprachlicher Realität und menschlichem Verhalten. So beeinflusst sie die Fähigkeit des Menschen, sich den verbalen und nonverbalen Situationen flexibel anzupassen (WINKEL/PETERMANN, F./PETERMANN, U. 2006: 147, vgl.

---

[2] Dieses Konzeptmodell wird auf die Vornamen in anderen Sprachen transponiert, z.B. *Iwan* als Spitzname für Russen „Schließlich weiß man in Moskau, was Kartoffeln wert sind; preislich viermal soviel im Vorjahr, nämlich zwei Rubel pro Kilo, wobei *Iwan Normalverbraucher* mit 200 Rubel Einkommen im Monat auskommen muss." (*Frankfurter Rundschau* 1990). Dies bestätigt die These der Kognitivisten: „Kognitive Repräsentationen ermöglichen es, Wissen über bereits bekannte Objekte auf neue Objekte zu übertragen und strukturierte Netzwerke des Wissens zu bilden (WINKEL/PETERMANN, F./PETERMANN, U. 2006: 147).

auch HARDEN 2006: 141-148; ROCHE 2005: 18, 56-73). Wie aus den dargelegten Überlegungen folgt, sind die dargestellten phraselogischen Ketten mit Vornamen in der deutschen und polnischen Sprache der Gegenwart ziemlich produktiv und deswegen verdienen sie die solide phraseodidaktische Behandlung aus kognitiver Sicht, die uns erlaubt, diese Thematik mit allen intra- und interlingualen Zusammenhängen aufzufassen.

Literatur

ABEL, Beate (2001): Sprecherurteile zur Dekomponierbarkeit englischer Idiome. Wuppertal.
BURGER, Harald (1998): Phraseologie. Eine Einführung am Beispiel des Deutschen. Berlin.
DIETRICH, Rainer (2002): Psycholinguistik. Weimar.
DOBROVOLSK'J, Dmitrij (1995): Kognitive Aspekte der Idiom-Semantik. Studien zum Thesaurus deutscher Idiome. Tübingen.
DOBROVOLSKIJ, Dmitrij (1997): Idiome im mentalen Lexikon. Ziele und Methoden der kognitiv basierten Phraseologieforschung. Trier.
FLEISCHER, Wolfgang (1982). Phraseologie der deutschen Gegenwartssprache. Leipzig.
FORSLUND-BRONDÉN, Birgitta (2004): Nicht auf Sand gebaut. Diachrone und kognitive Studien zu Bibelidiomen. Uppsala.
FÖLDES, Csaba (1985): Eigennamen in deutschen phraseologischen Redewendungen. Eine etymologische und semantisch-stilistische Analyse. In. Muttersprache 95 (1984/85), 3-4. S. 174-180.
FÖLDES, Csaba (1988): Phraseologismen mit Anthroponymen in der deutschen und ungarischen Gegenwartssprache. In: HESSKY, Regina (Hrsg.): Budapester Beiträge zur Germanistik 16. Budapest. (Beiträge zur Phraseologie des Ungarischen und des Deutschen). S. 122-154.
FÖLDES, Csaba (1996): Deutsche Phraseologie kontrastiv. Intra- und interlinguale Zugänge. Heidelberg. (Deutsch im Kontrast, 15).
KELLER, Jörg/LEUNINGER, Helen (2004): Grammatische Strukturen – kognitive Prozesse. Ein Arbeitsbuch. Tübingen.
HARDEN, Theo (2006): Angewandte Linguistik und Fremdsprachendidaktik. Tübingen.
KOVALCOVÁ, Lenka (2002): Form und Funktion von modifizierten Phraseologismen in der Anazeigewerbung. Wien.
LAKOFF, George/JOHNSON, Mark (1980): Metaphors we live by. Chicago.
LASKOWSKI, Marek (2003): Europäische Pluralität in Phraseologismen mit Eigennamen im Deutschen und Polnischen und ihre Rolle im Fach Deutsch als Fremdsprache. In: Convivium. Germanistisches Jahrbuch Polen. S. 61-74.
LASKOWSKI, Marek (2003): Semantische und pragmatische Aspekte der deutschen und polnischen Phraseologie. Zielona Góra.

LASKOWSKI, Marek (2004): Toponyme im Bereich der phraseologischen Subysteme des Deutschen und des Polnischen. Ein Beitrag zu ihrer konfrontativen Untersuchung und didaktischer Potenz. In: Info DaF 6. S. 596–616.

PÖRINGS, Ralf/SCHMITZ, Ulrich (Hrsg.) (2003): Sprache und Sprachwissenschaft. Eine kognitiv orientierte Einführung. Tübingen.

REIß, Katharina/VERMEER, Hans (1984): Grundlegung einer allgemeinen Translationstheorie. Tübingen.

RICKHEIT, Gert/SICHELSCHMIDT, Lorenz/STROHNER, Hans (2002): Psycholinguistik. Tübingen.

ROCHE, Jörg (2005): Fremdsprachenerwerb Fremdsprachendidaktik.Tübingen/Basel.

RÖHRICH, Lutz (1995): Das große Lexikon der sprachwissenschaftlichen Redensarten. Freiburg/Basel/Wien.

SCHMIDT, Wilhelm (1982): Deutsche Sprache. Sprachkunde. 9. Aufl. Berlin.

SEEL, Norbert (2000): Psychologie des Lernens. München/Basel.

TOPCZEWSKA, Urszula (2004): Phraseolexeme in Paulusbriefen und ihre Wiedergabe im Deutschen und im Polnischen anhand ausgewählter Bibelübersetzungen. Trier.

WINKEL, Sandra/PETERMANN, Franz /PETERMANN, Ulrike (2006): Lernpsychologie. Paderborn.

Carmen Mellado Blanco (Santiago de Compostela)

Intensivierung durch Vergleich im Deutschen und Spanischen. Intralinguale und kontrastive Analyse der semantischen Beziehungen unter den Vergleichskomponenten

1 Allgemeine Charakterisierung der festen Vergleiche[1]

Nach dem *Metzler Lexikon Sprache* (GLÜCK 1993: 273) besteht die Intensivierung in der „Verstärkung des emotionalen Gehalts eines Ausdrucks und/oder der Intensität einer bezeichneten Eigenschaft durch formale Mittel". Zur Verbalisierung des höchsten Grades eines Zustandes, einer Qualität oder einer Handlung verfügt die Sprache über eine Fülle von rhetorischen Mitteln (Metaphern, Hyperbeln, Antiphrasen, Ironie), unter denen der Vergleich[2] nur eine Möglichkeit unter vielen darstellt. In diesem Beitrag werde ich mich mit den lexikalisierten festen[3] Vergleichen beschäftigen, bei denen das tertium comparationis entweder ein Adjektiv/Partizip (*hässlich wie die Nacht; gehupft wie gesprungen*), ein Verb (*schlafen wie ein Bär*), oder ein Substantiv (*ein Gedächtnis wie ein Elefant haben*) sein kann. Als Vergleichsmaß können Substantive mit oder ohne Attribut (*jmdn. wie ein rohes Ei behandeln; weiß*

---

[1] Diese Arbeit ist im Rahmen eines von mir geleiteten und mit FEDER Geldern subventionierten Forschungsprojekts des spanischen Kultusministeriums MEC (Code HUM2007-62198/FILO) zu deutsch-spanischer Phraseologie entstanden.

[2] Die Verstärkung der Expressivität durch Ähnlichkeitsbeziehungen scheint ein allgemein verbreitetes menschliches Denkschema zu sein (vgl. BALZER 2001: 166; HESSKY 1989: 197; STEIN 2001: 41).

[3] Der Hauptunterschied zwischen freiem und festem Vergleich liegt einerseits in der expressiven Funktion des festen Vergleichs und andererseits in der unterschiedlichen Referenzart des Vergleichsmaßes. Während beim freien Vergleich (z. B. *Maria ist so schön wie Ingrid*) die denotative Referenz des Vergleichsmaßes auf außersprachlicher Ebene liegt, ist beim festen Vergleich (*Maria ist schlau wie ein Fuchs*) der denotative Bezug des Vergleichsmaßes (*Fuchs*) nur sprachlich und konventionalisiert (als Symbol für LISTIGKEIT, vgl. DOBROVOL'SKIJ/PIIRAINEN 1997: 178) zu deuten. Im ersten Fall kann ich den Satz erst richtig interpretieren und verstehen, wenn ich extralinguistisch die Eigenschaften von Ingrid kenne; im zweiten Fall dagegen weiß ich, dass das Vergleichsmaß nur ein sprachliches Mittel zur Intensivierung – ohne wirkliches Denotat – ist (vgl. MOREIRA FLORES 2004: 50). Mit Ausnahme weniger Studien (BALZER 2001; LÓPEZ ROIG 1996) sind die festen Vergleiche des Deutschen und Spanischen bis jetzt kein Gegenstand einer systematischen Kontrastanalyse gewesen (MELLADO BLANCO i.D. und MELLADO BLANCO/BUJÁN OTERO 2007).

wie Schnee), Partizipia (*passen wie angegossen*) oder mit *als/als ob* eingeleitete Nebensätze (wie z.B. bei *dümmer, als die Polizei erlaubt*) auftreten (vgl. MELLADO BLANCO/BUJÁN OTERO 2007).

In Anlehnung an FÖLDES (2007: 426) – vgl. auch BERGEROVÁ (2003: 256–257) – wird in dieser Arbeit folgende Terminologie benutzt: Beim Beispielssatz *Peter wird immer so rot wie eine Tomate* ist *Peter* Vergleichsobjekt (VO), *rot* „tertium comparationis" (TC), *wie* „Vergleichspartikel" und *Tomate* „Vergleichsmaß"[4] (VM). Die Intensivierung der Bedeutung ‚rot' erfolgt hier durch die Addition der synonymischen Seme der Vergleichskomponenten TC und VM.

Besonders bei deutschen und spanischen Vergleichen mit einem Adjektiv als TC ist die Funktion der expressiven Verstärkung deutlich. Demgegenüber kann bei den verbalen Vergleichen auch eine modale Komponente dazu treten, die die Bedeutung des Verbs modifiziert und weiter spezifiziert (vgl. FLEISCHER 1997: 105). So sind die deutschen Vergleiche *essen wie ein Schwein/essen, als ob man es bezahlt bekäme/essen wie ein Spatz* keineswegs miteinander synonym, da jedes VM unterschiedliche Seme enthält, die durch seine freie (außerphraseologische) Bedeutung vorbestimmt sind. Ähnliches geschieht bei den spanischen Vergleichen *llorar como una Magdalena* („wie Maria Magdalena weinen" – ‚untröstlich und viel, eventuell mit Reue weinen') und *llorar como un niño* („wie ein Kind weinen" – ‚mit Unschuld und ohne Hemmungen weinen'), die unterschiedliche Bedeutungsnuancen aufweisen.

Ein weiterer Beweis dafür, dass bei verbalen Komparationen die VM nicht desemantisiert sind, ist die Tatsache, dass sie mit der semantischen Beschaffenheit des Vergleichsobjekts kompatibel sein sollen, wie aus dem nächsten Beispiel ersichtlich wird: der deutsche Vergleich *wie ein Engel schlafen* (‚friedlich schlafen') hat als VO (AGENS) normalerweise ein Substantiv [+Kind] oder [+weiblich], was bei *wie ein Bär schlafen* nicht der Fall ist.

In der Strukturformel des Vergleichs deuten das Adverb *so* und die Konjunktion *wie* gern die verstärkende Funktion an (vgl. SCHEMANN 2003: 116); es liegt also eine strukturell-semantische Invariante <X ist so (Z) wie Y>, die auf die Bedeutungskomponente ‚sehr' hindeutet. Aus diesem Grund wird behauptet, dass die Struktur des Vergleichs ein Ikon für die intensivierende Bedeutung ist. Diese strukturelle Invariante ist gleichzeitig ein Beweis für ihre

---

[4] Von dieser Terminologie partiell abweichend benutzt HESSKY (1987, 1989) den Begriff „Vergleichsobjekt" für das TC. BURGER (1973: 48; 2007: 47) verwendet die Termini der klassischen Rhetorik „comparandum" (für das VO) und „comparatum" (für das VM); STEIN (2001: 47) spricht dabei von „Aktanten" (für das VO), „Vergleichslexem" (für das VM) und „Bezugslexem" (für das TC).

phraseologische Stabilität und, wie FÖLDES (2007: 429) behauptet, sind die Vergleichspartikeln „die konkreten, wahrnehmbaren Signale des Vergleichs". Ferner impliziert die intensivierende Bedeutung der festen Vergleiche eine Verstärkung ihrer Apellfunktion. Wie STEIN bemerkt (2001: 62), beruht die Funktion fester Vergleiche „nicht lediglich auf einer Ähnlichkeitsrelation oder auf einer Form von Bildlichkeit, bei der Bild und Bedeutung mit Hilfe von Vergleichspartikeln verknüpft werden". Die Vergleiche dienen als direkte Ansprache an Adressaten, indem sie ihre affektive Teilnahme fordern. Mit Vergleichen wird mehr die Intensität eines Vorgangs als sein denotativer Inhalt ausgedrückt und sie stellen in erster Linie ein Mittel des alltäglichen Sprachgebrauchs dar. In diesem Zusammenhang teile ich die Ansicht SUŠČINSKIJS (1985: 97), dass die Ursachen für die Verwendung von Steigerungsmitteln in der Rede darin zu suchen sind, dass der Sprecher den positiven Wahrheitswert des Äußerungsinhalts bekräftigen und den Empfänger in gewünschter Richtung beeinflussen will, z. B. damit der Hörer/Leser mit dem Sprecher/Schreiber gänzlich übereinstimmt, sein Urteil über einen bestimmten Sachverhalt akzeptiert und sich dementsprechend verhält, denkt bzw. handelt. STEIN (2001: 42) spricht in diesem Kontext vom Vergleichsgebrauch als „Kommunikationsstrategie".

Das zu untersuchende Corpus besteht aus 420 deutschen und 608 spanischen festen Vegleichen, die hauptsächlich den in der Literaturliste angeführten Lexika entnommen und mit Belegen aus dem COSMAS II für das Deutsche und aus dem CREA für das Spanische vervollständigt wurden. Die Asymmetrie im Umfang des gewonnenen Materials darf nicht als Indiz für eine höhere Produktivität solcher Konstruktionen im Spanischen interpretiert werden, da sie nur den unterschiedlichen Systematizitätsgrad in der Aufnahme von festen Vergleichen seitens der phraseologischen Lexika widerspiegelt. Die Zusammenstellung von festen Vergleichen als Einheiten vorwiegend aus der mündlichen Rede ist insofern schwierig, als dass ständig Neubildungen oder individuelle Modifikationen zur Kompensierung der expressiven Abnutzung – der die festen Ausdrücke ausgesetzt sind – entstehen, von denen man nicht mit Sicherheit weiß, ob sie lexikalisiert sind oder nicht. Dieses Phänomen ist im Spanischen wegen der extremen Tendenz zur Bildhaftigkeit in der mündlichen Rede besonders extrem.[5] Manchmal ist das kurze Leben von neu entstandenen Vergleichen einfach vorherzusagen, weil sie im Hintergrund einer ganz konkreten politischen oder sozialen Begebenheit geschaffen wurden, oft fällt allerdings eine solche Prognose nicht leicht. Die fließende Grenze zwischen freien und phraseologischen Vergleichen sowie die schwache

---

[5] Im Internet sind zahlreiche Webseiten mit Wettbewerben um die einfallsreichsten Vergleiche zu finden, wie z.B. www.antonioburgos.com/galeria/varios/comparaciones.html #nuevas/.

Semantik von einigen Vergleichskomponenten wie *sein, dastehen/ser, estar* sind dafür verantwortlich, dass viele Vergleiche häufig nicht als phraseologische Vergleiche (an)erkannt und infolgedessen in die Lexika nicht aufgenommen werden.

Im Spanischen tritt bei der lexikographischen Kodifizierung von adjektivischen Vergleichen ein zusätzliches Hindernis auf, nämlich die verbreitete und in einigen Fällen obligatorische Ellipse des TC (z.B. *como una regadera*, statt **loco como una regadera*), die solche Vergleiche als unvollständig und nicht fest erscheinen lässt.

2 Typologie der semantischen Beziehungen zwischen TC und VM

Im untersuchten Corpus wurden unterschiedliche Analogietypen in der Beziehungsart – in den sogenannten „Spannungsverhältnissen" (vgl. STEIN 2001: 54) – zwischen TC und VM der deutschen und spanischen Vergleiche festgestellt, die sich direkt auf die Expressivität der gegebenen Vergleiche auswirkt (vgl. MELLADO BLANCO 2004: 46). Diese Spannungsverhältnisse können sich auf die semantische Inkompatibilität zwischen TC und VM beziehen, aber auch auf die Verhältnisse zwischen denotativer und konnotativer, wörtlicher und übertragener Bedeutung der Vergleichskomponenten.

1) „Spannungsverhältnisse" nach dem semantischen Verträglichkeitsgrad zwischen TC und VM:

1A) Zwischen TC und VM der beiden Sprachen herrscht absolute Verträglichkeit: *weiß wie Schnee*: *blanco como la nieve; schlafen wie ein Murmeltier*: *dormir como una marmota*. Hierbei liegt eine hohe Wahrscheinlichkeit für zwischensprachliche Äquivalenz vor. Die Expressivität des Vergleichs, die sich hier nicht so hoch wie bei den Vergleichen mit semantischer Inkompatibilität erweist, resultiert aus der Addition von ähnlichen Semen des TC und VM: X ist *weiß, wie Schnee* auch weiß ist; X *schläft* tief und fest, *wie* auch ein *Murmeltier* tief und fest schläft.

Trotz der semantischen Verträglichkeit zwischen TC und VM werden die Vergleiche dieser Gruppe meistens hyperbolisch gebraucht, weil die durch den Vergleich gemeinten Eigenschaften das Vergleichsobjekt meistens nicht ganz treffen: *Keiner* schläft wirklich *wie ein Murmeltier*; *keiner* wird tatsächlich so rot *wie eine Tomate*, etc.

Die Hyperbel drückt auf der Ebene der Bildbedeutung eine Grenze aus, die überschritten wird. Durch diese figurative Überschreitung wird die Verstärkung auf der Ebene der Sprachbedeutung erreicht. Man könnte somit sagen, dass durch die Überschreitung einer „Glaubwürdigkeitsgrenze" (vgl. LAUSBERG 1963: 76) der Grenzwert des höchsten Grades der Intensivierung erzeugt wird. Am hyperbolischen Vergleichssatz *Lena hat ein Gedächtnis wie ein [indischer] Elefant/Lena tiene una memoria de elefante* verweist die dem Bild zugrunde liegende Übertreibung auf eine Verstärkung in der Quantifizierung des Gedächtnispotentials der gegebenen Person.

Anhand unserer Untersuchung könnte man aus einer soziolinguistischen Perspektive sagen, dass die spanische Sprachgemeinschaft im Allgemeinen stärker als die deutsche zu hyperbolischen Äußerungen und zur Übertreibung neigt,[6] wie folgende Beweise aus dem Corpus bestätigen: a) deutsche Vergleiche haben oft Metaphern als Entsprechungen im Spanischen: *jmdn. ansehen/anschauen, als wollte man ihn fressen* vs. *comerse a alg. con los ojos* („jmdn. mit den Augen fressen"); *wie auf Eiern gehen* vs. *ir pisando huevos* („auf Eiern laufen"); *es gießt/regnet wie aus/mit Eimern/Kannen/Kübeln* vs. *llueve a cántaros* („es gießt aus Krügen"); *schmecken wie Titte mit Ei: saber a teta [de novicia]* („schmecken wie die Brust einer Novizin"); b) zahlreiche spanische Vergleiche befinden sich in einer Übergangsphase vom Vergleich zur Metapher hin, z.B. *estar como un palillo* („wie ein Stäbchen sein": ‚sehr dünn sein') wechselt sich mit *estar palillo* („Stäbchen sein") ab; c) Die Komparation der Ungleichheit – expressiver als die der Gleichheit – kommt im Spanischen viel häufiger nicht nur als im Deutschen, sondern auch als im Englischen, Französischen oder Portugiesischen (vgl. BALZER 2001: 166) vor. Vergleiche wie *más viejo que Matusalén* (*alt wie Methusalem*); *más pobre que las ratas* (*arm wie eine Kirchenmaus*); *más feo que un pecado* („hässlicher als eine Sünde": *hässlich wie die Nacht*) etc., entsprechen im Deutschen einem Vergleich der Gleichheit.

1B) Zwischen TC und VM der beiden Sprachen herrscht Unverträglichkeit. Es handelt sich dabei um synchron unmotivierte Vergleiche ohne semantische Addition zwischen TC und VM, weil diese keine gemeinsamen Seme aufweisen. Bei solchen Vergleichen beruht das expressive Potential auf dem Abstand vom TC und VM in der semischen Struktur (vgl. MOGORRÓN 2002: 43). Hier lassen sich die Gemeinsamkeiten von TC und VM nicht auf den ersten Blick herausfinden, und es ist gerade der mentale Umweg zu ihrer Rekonstruierung, der die Expressivität dieser Vergleiche in besonderem Maße erhöht. Nur die Konventionalisierung ermöglicht bei diesen Vergleichen die korrekte Dekodierung des Vergleichs durch den Hörer/Leser. In unserer Untersuchung wurde festgestellt, dass die Expressivität eines Vergleichs sich umgekehrt proportional zum Inkompatibilitätsgrad zwischen TC und VM und zur Wahrscheinlichkeit für eine zwischensprachliche Übereinstimmung ver-

---

[6] Für das Spanische macht LUQUE DURÁN (2005: 434) die gleiche Bemerkung in Bezug auf das Englische und bemerkt weiter, dass innerhalb Spaniens einige regionale Volksgruppen wie die Andalusier besonders „hyperbelfreundlich" sind. Ob das Deutsche statt zur Hyperbel zur Litotes (wie beim Englischen der Fall ist) tendiert, sei hier dahingestellt.

hält, wie bei folgenden Vergleichspaaren deutlich wird: *taub wie eine Nuß* vs. *sordo como una tapia* („taub wie eine Mauer"); *dümmer als die Polizei erlaubt* vs. *ser más tonto que Pichote* („dümmer als Pichote"); *faul wie die Sünde* vs. *ser más vago que la chaqueta de un guardia* („fauler als die Jacke eines Polizisten").

Die intensivierenden Vergleiche können aus unterschiedlichen Gründen dunkel sein: a) aus historischen Gründen, weil die Vergleichsglieder oder/und ihre Eigenschaften in Vergessenheit geraten sind (*más feo que Picio*: „hässlicher als Picio");[7] b) weil ein Vergleichskomponent elidiert wird: *bluten wie ein [gestochenes] Schwein/sangrar como un cerdo [en la matanza]*; c) weil eine wenig durchschaubare Metapher oder Metonymie vorliegt (*hässlich wie die Nacht*);[8] d) wegen der willkürlichen Wahl von einem VM (z.B. *faul wie die Sünde*), was ein absurdes Bild hervorruft (vgl. SCHEMANN 2003: 129).

2) Durch Antiphrase bedingte „Spannungsverhältnisse" zwischen TC und VM. Das Ergebnis der Antiphrase ist die verstärkte Negation der Bedeutung des TC: *passen wie dem Ochsen ein Sattel* (‚überhaupt nicht passen'). Die festen Vergleiche mit Antiphrase[9] sind gekennzeichnet durch den Bezug auf ein Denotat und dessen Gegensatz. Durch die Antiphrase – als besondere Art der in der Rede so produktiven Ironie[10] – soll das Entgegengesetzte von dem ausgedrückt werden, was der phraseologische Ausdruck eigentlich besagt, weil das VM die Eigenschaften verkörpert, die zur Bedeutung des TC widersprüchlich sind.

Bei der Untersuchung von deutschen und spanischen Vergleichen mit Antiphrase hat sich ergeben: 1) dass sich in der phraseologischen Bedeutung der Vergleiche ähnliche Zielbereiche (*target domains*) erkennen lassen: A) ‚Dummheit', ‚Ignoranz', ‚Unkenntnis' und B) ‚Unangemessenheit', ‚Unadäquatheit'; 2) dass sich unter eventuell unterschiedlichen Bildern ähnliche

---

[7] Heute weiß keiner mehr, dass Picio ein zum Tode verurteilter andalusischer Schuster des 19. Jh. war, dessen Gesicht bei der Mitteilung der Strafaufhebung völlig entstellt wurde und so blieb (vgl. IRIBARREN 1994: 181).

[8] Wahrscheinlich wegen der Vorstellung, dass man die Gesichter im Dunkeln schwer erkennt.

[9] FLEISCHER (1997: 106) nennt diese Strukturen Vegleiche „in der Funktion einer indirekten Verneinung", GLOVŇA (1992: 51) „ironische phraseologische Vergleiche", HESSKY (1987: 199) „nichtstimmige Vergleiche" und ORTEGA OJEDA (1990: 735) „comparaciones estereotipadas antifrásicas".

[10] Nach DIETZ (1999: 102) müssen ironische Äußerungen generell zwei Bedingungen erfüllen: 1) „Der Sprecher ist daran interessiert, daß sein Adressat (ggf. auch ein Dritter) die Diskrepanz zwischen Gesagtem und eigentlich Gemeintem (‚Wahrem') erkennt (somit Abgrenzung der Ironie von der Lüge); 2) Das Verhältnis zwischen Gemeintem und Gesagtem lässt sich als Kontrast oder Gegensatz im weitesten Sinne beschreiben (somit Abgrenzung der Ironie von anderen Formen uneigentlicher Rede: Metapher, Metonymie, Hyperbel, usw.)".

Denkmechanismen in beiden Sprachen auffinden lassen. Dies erklärt sich aus der Tatsache, dass die Sprecher beider Sprachen die Welt identisch oder zumindest sehr ähnlich konzeptualisieren. Im Fall der oben genannten Zielbereiche herrscht das Denkschema, dass durch einen nichtstimmigen Vergleich die Idee des ‚Nicht-Könnens' oder die der ‚Unangemessenheit' hervorgehoben wird, wie in den folgenden Beispielen der Fall ist:

2A) ‚Dummheit', ‚Ignoranz', ‚Unkenntnis': Deutsch: *von etw. so viel verstehen wie der Hahn vom Eierlegen/wie die Kuh vom Radfahren/wie die Kuh vom Sonntag/wie die Kuh vom Brezelbacken/wie die Kuh vom Schachspielen/wie das Huhn vom ABC; sich in etw. auskennen wie das Schwein in den Apfelsinen; von etw. reden wie der Blinde von der Farbe.*

Im Spanischen wurde in diesem Zielbereich ein sehr produktives strukturell-semantisches Vergleichsmodell mit Leerstellen entdeckt: *entender alg. de algo (A) como yo de algo (B)* („von etw. (A) so viel verstehen, wie ich von etw. (B)"), wobei die Inhalte von beiden Sätzen als gegensätzlich aufgefasst werden, z. B.: *Ese entiende de coches lo que yo de física cuántica* („Der versteht von Autos so viel, wie ich von der Quantentheorie [verstehe]" – ‚Der versteht gar nichts von Autos').

2B) ‚Unangemessenheit', ‚Unadäquatheit': Deutsch: *passen wie „Heil dir im Siegerkranz" zu einer Leichenpredigt; passen wie das fünfte Rad am Wagen; passen wie dem Ochsen ein Sattel; passen wie der Esel zum Lautenschlagen; passen wie der Igel zum Handtuch/zum Taschentuch; passen wie die Faust aufs Auge,*[11] *passen wie die Geier ins Taubenhaus, passen wie die Katze auf die Maus, passen wie ein schwarzer Wolf zur weißen Ziege (gleichzeitig mit antonymischen Adjektiven), passen wie ein Strumpf zu einer Gewürzbüchse, passen wie eine Maus auf einen Elefanten, passen wie eine Sonnenuhr in einen Sarg, passen wie Haare in die Suppe.*

Spanisch: *sentarle a alg. algo como a un Cristo dos pistolas* („jmdm. steht etw., wie einem Christus zwei Pistolen" – ‚etw. steht jmdm. schlecht'), *sentarle a alg. como un tiro* („jmdm. wie ein Pistolenschuss passen" – ‚jmdm. nicht passen'); *sentarle a uno tan bien como una patada en la barriga* („jmdm. so gut passen wie ein Tritt in den Bauch" – ‚jmdm. nicht passen'); *tener tanta gracia como un desfile de momias* („so lustig sein wie eine Mumienparade" – ‚überhaupt nicht lustig'), *pegar tanto como una guitarra en un entierro* („so gut passen wie eine Gitarre auf einer Beerdigung" – ‚überhaupt nicht passen'); *parecerse a alg. como un huevo a una castaña* („jmdm. ähnlich sein wie ein Ei einer Kastanie – ‚überhaupt nicht ähnlich'). Zwischen TC und VM kann auch eine explizite antonymische Beziehung vorliegen, wie im Deut-

---

[11] Die Polysemie dieses Vergleichs (‚sehr gut passen'/‚überhaupt nicht passen') ist interessanterweise auch bei der Entsprechung *caer como piedra en ojo de boticario* („wie Stein ins Auge des Apothekers fallen") vorhanden.

schen *hart wie Pudding sein* und im Spanischen *más derecho que un cuerno* („gerader als ein Horn" – ‚sehr krumm').

Zum Schluss sei noch auf ein sehr produktives Vergleichsschema mit dem TC als Leerstelle im Spanischen hingewiesen, dem auch eine Antiphrase zugrunde liegt: *tener alg. de algo* (TC: Adjektiv/Substantiv) *como yo de cura/papa* (z. B. *Ese tiene de rico lo que yo de cura*, „Der ist so gut reich, wie ich Priester bin" – ‚ich bin kein Priester, er ist also nicht reich').

3) Durch Polysemie des TC bedingte Spannungsverhältnisse zwischen TC und VM. Bei TC, die in ihrer freien Bedeutung polysem sind, entstehen oft Wort- und Gedankenspiele zwischen ihrer wörtlichen/übertragenen Bedeutung und der Bedeutung des VM. Dieses auf Dilogie basierende Wortspiel verstärkt in hohem Maße die Expressivität des Vergleichs. Solche Vergleiche sind in der Regel sprachspezifisch, da sich das betroffene TC normalerweise nur in einer Sprache als polysem erweist.[12] Einige Beispiele auf Deutsch mit adjektivischem TC sind: *blank wie'ne Eisenbahn* (‚ruiniert', nach *blank*: ‚glänzend' und ‚ruiniert'), *gerührt wie Apfelmus* (‚sehr angetan', nach *gerührt*: ‚verrührt' und ‚angetan'), *gespannt wie ein Regenschirm sein* (‚sehr neugierig auf etw. sein', nach *gespannt*: ‚straff' und ‚neugierig'), *blau wie ein Veilchen sein* (‚sehr betrunken sein', nach *blau*: ‚Farbe' und ‚betrunken'), *platt wie ein Pfannkuchen/wie eine Briefmarke/wie eine Flunder/wie Zeitungspapier sein* (‚völlig überrascht, verblüfft', nach *platt*: ‚flach' und ‚überrascht'), *scharf wie eine Rasierklinge sein* (‚geil sein', nach *scharf*: ‚spitz' und ‚begierig auf sexuelle Betätigung'), *scharf wie Papikra sein* (‚geil sein', nach *scharf*: ‚stark gewürzt' und ‚begierig auf sexuelle Betätigung').

Einige deutsche Vergleiche mit polysemem verbalem TC sind: *aufgehen wie ein Hefekloß/wie ein Pfannkuchen/wie eine Dampfnudel* (‚dick werden', nach *aufgehen*: ‚(vom Teig) durch ein Treibmittel aufgetrieben werden' und ‚aufplatzen'), *(dahin)schmelzen wie Butter an der Sonne* (‚schnell aufgebraucht werden', nach *schmelzen*: ‚zerfließen' und ‚schnell aufgebraucht werden'), *eingehen wie eine Primel/wie ein Primeltopf* (‚zugrunde gehen', nach *eingehen*: ‚absterben' und ‚zugrunde gehen'), *zusammenklappen wie ein Taschenmesser* (‚zusammenbrechen', nach *zusammenklappen*: ‚durch Einklappen verkleinern' und ‚zusammenbrechen'). Einige spanische Vergleiche mit polysemem adjektivischem TC sind: *más pesado que una vaca en brazos* („schwerer als eine Kuh auf dem Arm" – ‚sehr lästig', nach *pesado*: ‚schwer' und ‚lästig'), *más salido que el pico de una mesa* („heraushängender als eine

---

[12] Eine Ausnahme bildet der Vergleich mit polysemem verbalem TC *saufen wie ein Kamel* (‚sehr viel Alkohol trinken', nach *saufen*: ‚allgemein trinken' und ‚Alkohol trinken') und sp. *beber más que un camello* (‚sehr viel Alkohol trinken', nach *beber*: ‚allgemein trinken' und ‚Alkohol trinken'). In beiden Sprachen liegt das gleiche auf verbaler Polysemie beruhende Wortspiel vor.

Tischkante" – ‚sehr geil', nach *salido*: ‚heraushängend' und ‚geil'), *más liado que la pata de un romano* („umgebundener als das Bein eines Römers" – ‚sehr konfus', nach *liado*: ‚umgebunden' und ‚konfus'), *más pegado que una lapa* („zusammengeklebter als eine Klette" – ‚unwissend', nach *pegado*: ‚zusammengeklebt' und ‚unwissend'), *más fresco que una escarola* („frischer als eine Endivie" – ‚rotzfrech', nach *fresco*: ‚frisch' und ‚frech').

Einige spanische Vergleiche mit polysemem verbalem TC sind: *enrollarse como las persianas* („sich zusammenrollen wie die Jaloussien" – ‚lange und viel reden', nach *enrollarse*: ‚zusammenrollen' und ‚lange und viel reden'), *cantar como una almeja* („wie eine Venusmuschel stinken" – ‚sehr auffallen', nach *cantar*: ‚auffallen' und ‚stinken').[13]

4) Die Spannungsverhältnisse zwischen TC und VM entstehen, weil das VM unter der Form eines mit *als, als ob/como si* eingeleiteten Irrealis-Nebensatzes erscheint, der in beiden Sprachen einen nicht existenten Sachverhalt ausdrückt. Der besondere stilistische Effekt beruht dabei auf der Spannung zwischen der Realität der Handlung des Hauptsatzes und der Irrealität der Handlung in der Hypotaxe (vgl. HESSKY 1987: 200). Es ist gerade die Komparation des realen Objekts mit einem irrealen VM, was dem Vergleich eine so hohe Expressivität verleiht. In solchen festen Vergleichen – wie auch bei den einfachen Vergleichssätzen – fungiert die formale Struktur als Ikon für die intensivierende Bedeutung, wie im Deutschen *aussehen/ein Gesicht machen, als hätten einem die Hühner das Brot weggefressen, (so) tun, als hätte jmd. die Weisheit mit Löffeln gefressen*; und im Spanischen *conocer uno a alg. como si lo hubiera parido* („jmdn. so gut kennen, als hätte man ihn geboren" – ‚jmdn. sehr gut kennen').

Zum Schluss möchte ich noch auf einen besonderen Fall von Vergleichen hinweisen, bei denen das VM hoch desemantisiert und zu vielen TC bindungsfähig erscheint. Sie befinden sich auf dem Mittelweg zwischen festen und freien Vergleichen. Unter diesem Gesichtspunkt könnte man sagen, dass die semantische Spannung TC/VM abgeschwächt erscheint, weil der Festigkeitsgrad zwischen beiden Vergleichskomponenten relativ locker ist und die hohe Gebrauchsfrequenz solcher VM die Expressivität reduziert. Diese VM werden in der Rede als eine Art „Passepartout" (MOREIRA FLORES 2004: 57) gebraucht: *wie nur etwas, wie sonst was, wie verrückt, wie kein Zweiter, wie (die) Sau, wie nie zuvor*. Im Spanischen kommen sie häufiger als im Deutschen vor: *como nada, como un loco, como Dios, como un poseso, como el*

---

[13] Neben den oben erwähnten Vergleichstypen mit polysemem TC sei auch der produktive Typ mit polysemem substantivischen TC erwähnt, wie auf Deutsch *Einfälle haben wie ein altes Haus/wie ein alter (Back)ofen* (‚sonderbare Einfälle haben', nach *Einfall*: ‚Idee' und ‚Zusammenbruch') und auf Spanisch *tener más salidas que una plaza de toros* („mehr Ausgänge haben als eine Arena" – ‚einfallsreich', nach *salida*: ‚Ausgang' und ‚Einfall').

que más, como un animal, como un demonio, como el culo, como él solo, más ... que la hostia, más ... que Carracuca, más ... que nada, más ... que yo que sé, más ... que ni te cuento, más ... que nada, más ... que la leche (vgl. BEINHAUER 1968: 305; LUQUE DURÁN 2005: 425–426).

3 Schlusswort

In meiner Analyse hat sich die wichtige Rolle des dem Vegleich zugrunde liegenden Bildes bei der Herausbildung der phraseologischen Bedeutung und ihrer Expressivität bewährt. Bei der Untersuchung der semantischen Beziehungen zwischen den Vergleichskomponenten im Deutschen und Spanischen wurde festgestellt, dass unter eventuellen Abweichungen in der konkreten Form des Vergleichs in beiden Sprachen ähnliche Denkmuster beim Erzeugungsprozess der Vergleichsbilder funktionieren. Auf der bildlichen Ebene habe ich zwischen TC und VM der deutschen und spanischen festen Vergleiche folgende Regelmäßigkeiten festgestellt: 1) bei zunehmender Unverträglichkeit in der Semantik von TC und VM reduziert sich die Wahrscheinlichkeit für zwischensprachliche Äquivalenz auf der bildlichen und semantisch-funktionellen Ebene; 2) sowohl im Deutschen als auch im Spanischen kann die Beziehung zwischen TC und VM unterschiedliche Motivationsstufen aufweisen: je unwahrscheinlicher und hypothetischer das Bild ist, desto expressiver erweist sich der feste Vergleich in beiden Sprachen.

Literatur

BALZER, Berit (2001): Phraseologische Vergleiche, polyglott. In: Revista de Filología Alemana 9. S. 165–181.
BEINHAUER, Werner (1985/1958): El español coloquial. Madrid.
BERGEROVÁ, Hana (2003): Vergleichende verbale Phraseolexeme mit Tierbezeichnungen im Deutschen und Tschechischen. In: KORČÁKOVÁ, Jana/BEYER, Jürgen (Hrsg.): Königgrätzer Linguistik- und Literaturtage. Králové. S. 256–260.
BRUGGER, Hans P. (1993): Der treffende Vergleich. Eine Sammlung treffsicherer Vergleiche und bildhafter Formulierungen. Bern.
BUJÁN OTERO, Patricia (2007): Zum phraseologischen Status der festen Vergleiche. In: HÄCKI-BUHOFER, Annelies (Hrsg.): Phraseology in Motion II. Baltmannsweiler. S. 147–159.
BURGER, Harald (2007[3]): Phraseologie. Eine Einführung am Beispiel des Deutschen. Berlin.
CORPAS PASTOR, Gloria (1996): Manual de fraseología española. Madrid.
COSMAS II Datenbank. Aufrufbar unter http://www.ids-mannheim.de/cosmas2/ [gesehen am 15.09.06]

CREA – REAL ACADEMIA ESPAÑOLA: Banco de datos (CREA) [on line]. *Corpus de referencia del español actual*. <http://www.rae.es> [gesehen am 15.09.09].
DIETZ, Hans U. (1999): Rhetorik in der Phraseologie. Zur Bedeutung rhetorischer Stilelemente im idiomatischen Wortschatz des Deutschen. Tübingen.
DOBROVOL'SKIJ, Dmitrij/PIIRAINEN, Elisabeth (1997): Symbole in Sprache und Kultur. Studien zur Phraseologie aus kultursemiotischer Perspektive. Bochum.
Duden (^{3}2008): Redewendungen. Wörterbuch der deutschen Idiomatik. Mannheim. (Duden; 11).
FLEISCHER, Wolfgang (1997): Phraseologie der deutschen Gegenwartssprache. Tübingen.
FÖLDES, Csaba (1992): Feste verbale Vergleiche im Deutschen, Russischen und Ungarischen. In: KORHONEN, Jarmo (Hrsg.): Untersuchungen zur Phraseologie des Deutschen und anderer Sprachen einzelsprachlich – kontrastiv – vergleichend. Berlin/New York. S. 61–78.
FÖLDES, Csaba (2007): Phraseme mit spezifischer Struktur. In: BURGER, Harald/DOBROVOL'SKIJ, Dmitrij/KÜHN, Peter/NORRICK, Neal (Hrsg.): Phraseologie. Ein internationales Handbuch zeitgenössischer Forschung. 1. Halbband. Berlin/New York. S. 425–436.
GARCÍA-PAGE, Mario (1996): Más sobre la comparativa fraseológica en español. In: Lingüística Española Actual XVIII/1. S. 49–77.
GLOVŇA, Juraj (1992): Ironische phraseologische Vergleiche. In: KROŠLÁKOVÁ, Ema (Hrsg.): Die Phraseologie als Intensivierungsfaktor der Kommunikation. Nitra. S. 51–56.
GLÜCK, Helmut (Hrsg.) (1993): Metzler Lexikon Sprache. Stuttgart/Weimar.
HESSKY, Regina (1987): Objektives und Subjektives im phraseologischen Vergleich. Zur Struktur und Semantik phraseologischer Vergleiche. In: Germanistisches Jahrbuch DDR –UVR. VI. Jahrgang. S. 193–204.
HESSKY, Regina (1989): Sprach- und kulturspezifische Züge phraseologischer Vergleiche. In: GRECIANO, Gertrud (Hrsg.): EUROPHRAS 88 – Phraséologie Contrastive. Actes du Colloque International Klingenthal – Strassbourg. Strassburg. S. 195–204.
IRIBARREN, José María (1994^7): El porqué de los dichos. Pamplona.
LAUSBERG, Heinrich (1963): Elemente der literarischen Rhetorik. München.
LÓPEZ ROIG, Cecilia (1996): Las comparaciones fraseológicas y su traducción al alemán en La Colmena de C. J. Cela. In: SEGUIANO, Carlos (Hrsg.): La enseñanza del léxico español como lengua extranjera. Frankfurt. S. 225–240.
LUQUE DURÁN, Juan de Dios (2005): Las colocaciones de cuantificación por comparación: tradición e innovación en las comparaciones proverbiales. In: LUQUE DURÁN, Juan de Dios/PAMIES BERTRÁN, Antonio (Hrsg.): La creatividad en el lenguaje: colocaciones idiomáticas y fraseología. Granada. S. 409–456.
MELLADO BLANCO, Carmen (2004): Fraseologismos somáticos del alemán. Un estudio léxico-semántico. Berlin/New York.
MELLADO BLANCO, Carmen (2007): Die nicht denotativen Bedeutungskomponenten der Phraseologismen: Ihre phraseografische Behandlung im Rahmen der strukturellen Semantik. In: Deutsche Sprache 35. S. 315–333.

MELLADO BLANCO, Carmen (im Druck): Übereinzelsprachiges und Einzelsprachspezifisches bei deutschen und spanischen Phraseologismen von besonderem Strukturtyp. In: ORDUÑA PIZARRO, Javier/SIGUÁN BOEHMER, Marisa (Hrsg.): Libro Homenage al profesor Roberto Corcoll. Barcelona.

MELLADO BLANCO, Carmen (Hrsg.) (2009): Theorie und Praxis der idiomatischen Wörterbücher. Tübingen. (Lexikographica Series Maior; 135).

MELLADO BLANCO, Carmen/BUJÁN OTERO, Patricia (2007): Die festen Vergleiche im Deutschen, Spanischen und Galicischen unter einem phraseographischen Gesichtspunkt. In: KRŽIŠNIK, Erika (Hrsg.): Phraseologie in der Sprachwissenschaft und anderen Disziplinen. Ljubljana. S. 501–515.

MÉNDEZ-LEITE, Elena (2003): Diccionario de refranes, frases hechas y otros usos del lenguaje: español-alemán, alemán-español. Madrid.

MOGORRÓN HUERTA, Pedro (2002): La expresividad en las locuciones verbales en francés y en español. Alicante.

MOREIRA FLORES, Cristina Maria (2004): Zum Ausdruck des höchsten Grades im Deutschen und im Portugiesischen. Magisterarbeit. Abrufbar unter https://repositorium.sdum.uminho.pt/bitstream/1822/646/1/Capa.pdf. [gesehen am 25.09.09].

ORTEGA OJEDA, Gonzalo (1990): Comparaciones estereotipadas y superlatividad. In: Congreso de la Sociedad Española de Lingüística. XX Aniversario. Madrid. S. 729–737.

REAL ACADEMIA DE LA LENGUA ESPAÑOLA: Banco de datos (CREA) [im Netz]: Corpus de referencia del español actual. <http://www.rae.es> [gesehen am 15.09.2006].

RÖHRICH, Lutz (2004[7]): Lexikon der sprichwörtlichen Redensarten. Freiburg/Wien.

SCHEMANN, Hans (2003): Kontext – Bild – idiomatische Synonymie. Hildesheim.

SECO, Manuel/OLIMPIA, Andrés/RAMOS, Gabino (2004): Diccionario fraseológico documentado del español actual. Locuciones y modismos españoles. Madrid.

STEIN, Barbara (2001): Feste Vergleiche im Französischen: „Comparaison n'est pas raison" oder „parler comme de raison"? In: LORENZ-BOURJOT, Martine/LÜGER, Heinz H. (Hrsg.): Phraseologie und Phraseodidaktik. Wien. S. 41–63.

SUŠČINSKIJ, Iosif I. (1985): Die Steigerungsmittel im Deutschen. In: DaF 22. S. 95–100.

ULLMANN, Stephen (1973/1964): Lenguaje y estilo. Madrid.

Ilga Migla (Riga)

Eigennamen in den deutschen und lettischen Phraseologismen

1 Einleitung

Mein Studium der lettischen Phraseologismen in den modernen ein- und zweisprachigen Wörterbüchern führte dazu, dass ich die Frage gestellt habe, ob die Eigennamen überhaupt in der lettischen Phraseologie belegt sind und welche Unterschiede und Zusammenhänge im Lexembestand und in der Struktur der lettischen und deutschen Phraseologismen mit dem Eigennamen zu bestimmen sind. In diesem Beitrag werden fast zum ersten Mal die lettischen Phraseologismen mit Eigennamen in Betracht gezogen.

Das erarbeitete Korpus umfasst deutsche und lettische Phraseologismen mit einem Eigennamen als Strukturkomponente.

Als Untersuchungsgegenstand gelten Phraseologismen aus Wörterbüchern wie z.B. RÖHRICH (2001), *Duden 11* mit mehr als 10 000 Eintragungen und LAUA et al. (1996) (*Lettisches phraseologisches Wörterbuch*) mit ca. 4000 Phraseologismen, *Das Wörterbuch der lettischen Literatursprache* (LLVV 1972/1996) in acht Bänden, *Das einbändige Wörterbuch der lettischen Literatursprache* (LVV 2006), *Deutsch-lettisches phraseologisches Wörterbuch (DLW)* (1980) mit 4200 Einheiten. In den lettischen Erläuterungswörterbüchern (LLVV, LVV) kommen keine Eigennamen als Stichwörter vor, auch in den in Lettland veröffentlichten zweisprachigen Wörterbüchern sind sie selten zu finden, die einzige Ausnahme bildet das phraseologische Wörterbuch von LAUA et al (1996). Das umfangreichste Material ist aus dem Internet entnommen. Die mundartlichen Wörterbücher der lettischen Sprache sind in dieser Forschungsarbeit noch nicht in Betracht gezogen worden.

Nach den Forschungsergebnissen von GARIFULIN und ANTONOVA (1973: 155) beträgt die Zahl der phraseologischen Wendungen mit Personennamen im Deutschen ungefähr 1200–1300 Einheiten. In meiner bisherigen Forschung des modernen Lettischen habe ich fast 100 Phraseologismen mit einem Eigennamen belegt. Darunter sind nicht die lettischen mundartlichen Belege eingeschlossen. Die unterschiedliche frequenzielle Ausstatung (FLEISCHER 1997: 95f.) der beiden Teilkorpora erlaubt 2 Annahmen: zum einen, dass die deutsche Sprache über etwas mehr Phraseologismen mit einem Eigennamen verfügt, zum anderen, dass dies teilweise durch den unterschiedlichen Umfang der benutzten Wörterbücher zu erklären ist.

Meine Untersuchung stützt sich auf die Forschungen von FÖLDES und finnischer Sprachforscher über die Eigennamen im Deutschen und Finnischen.

Es zeigt sich in meiner Forschung, dass in beiden Sprachen Phraseologismen mit einem gleichen oder einem ähnlichen Lexembestand existieren. Die Analyse dieser Phraseologismen führt zu mehreren Paaren (ebenso wie bei WILSKE (1996: 267).

2 Phraseologismen mit Eigennamen im Deutschen – Phraseologismen mit Eigennamen im Lettischen

2.1 Gleiche Eigennamen im Deutschen und Lettischen

2.1.1 Gleiche Struktur und gleicher Lexembestand

Die größte Übereinstimmung findet sich bei den Phraseologismen die aus der Bibel, der antiken Literatur und Mythologie stammen. Aus der Bibel sind folgende Phraseologismen mit Personennamen entnommen: *seit Adams Zeiten/Tagen – kopš Ādama laikiem, im Adamskostüm – Ādama kostīmā, alt wie Methusalem – vecs kā Metuzāls, von Pontius zu Pilatus laufen – skriet/iet no Poncija pie Pilāta, eine Tochter Evas – Ievas meita, Jesus, Maria! – Jēzus, Marija!* Es kommen auch geographische Objekte vor wie z.B. *Sodom und Gomorrha – Sodoma un Gomora.* Aus der Mythologie stammen solche Phraseologismen: *von Amors Pfeil getroffen sein – būt ķertam no Amora bultas, die Büchse der Pandora – Pandoras lādīte, den Gordischen Knoten durchhauen – pārcirst Gordija mezglu, den Pegasus besteigen, reiten, satteln – jāt uz Pegaza, apseglot Pegazu.*

In dieser Untersuchung wurden vorläufig keine falschen Freunde des Übersetzers festgestellt.

2.1.2 Unterschiedliche Struktur und/oder unterschiedlicher Lexembestand

WILSKE (1996: 268) hat bei den deutsch-finnischen Idiompaaren mit Eigennamen festgestellt, dass es dafür nicht viele Beispiele gibt. Eine ähnliche Situation ist auch beim Vergleich der Paare mit deutschen und lettischen Eigennamen in den Phraseologismen zu konstatieren. Die Mehrzahl dieser Beispiele stammt aus der griechischen Mythologie.

Zu dieser Gruppe gehört auch das Paar *bei Petrus anklopfen* ‚sterben' – *aiziet pie Pētera* (wörtl. ‚zu Pēteris (deutsche Variante dieses Namens ist Peter, Petrus) hingehen').

Diese Phraseologismen unterscheiden sich durch ihre Lexembestände bzw. durch ihre Verben.

2.2 Unterschiedliche Eigennamen im Deutschen und Lettischen

In dieser Gruppe ist ein Beispiel mit den Flussbenennungen fixiert. Neben dem deutschen Phraseologismus *da/bis dahin fließt noch viel Wasser den Berg/den Rhein/die Elbe/die Spree o.Ä. hinunter* ‚das dauert noch eine lange Zeit' steht ein entsprechendes Beispiel auch im Lettischen mit der Benennung des lettischen Flusses *līdz tam laikam Daugavā vēl daudz ūdeņu aiztecēs* (wörtl. ‚bis zu dieser Zeit wird noch viel Wasser die Daugava hinunterfließen'). In der lettischen Sprache kommt in diesem Zusammenhang nur ein Flussname – die Daugava – vor, machmal wird dieser Eigenname überhaupt weggelassen.

Im Deutschen funktioniert ein Phraseologismus mit dem Personennamen Fortuna – dem Namen der Göttin des Glückes und Erfolges in der römischen Mythologie: *Fortuna lächelt jmdm*. Im Lettischen sind zwei Varianten dieses Phraseologismus – eine mit dem fremdsprachigen Namen Fortūna (*kādam smaida Fortūna*) und die zweite Variante mit dem lettischen Eigennamen Laima – dem Namen der Göttin des Glückes und Erfolges in der lettischnen Mythologie – belegt. Dieser Personenname ist allmählich zum Appellativum *laime* (*kādam smaida laime*) geworden.

3 Phraseologismen mit Eigennamen im Deutschen – Phraseologismen/Wortgruppen ohne Eigennamen im Lettischen

Da kommen die Idiompaare sowohl aus der antiken Literatur als auch aus der Bibel vor. Im Deutschen sagt man *ruhen wie im Abrahams Schoss*, im Lettischen tritt ein Äquivalent ohne den Eigennamen auf: *gulēt kā Dieva ausī, kā Dieva azotē, kā Dieva klēpī* (wörtl. ‚schlafen wie in Gottes Ohr', ‚schlafen wie am Busen Gottes', ‚schlafen wie in Gottes Schoss') oder *gulēt kā mātes klēpī* (wörtl. ‚schlafen wie im Schoss der Mutter').

Die deutsche Wendung *dem Neptun opfern* ‚seekrank sein und sich übergeben' hat im Lettischen ein vollständiges Äquivalent mit dem Eigennamen *ziedot Neptūnam* und ohne den Eigennamen *barot zivis* (wörtl. ‚die Fische füttern').

Es gibt zu dieser Gruppe noch weitere Beispiele wie den deutschen Phraseologismus *bei jmdm. ist/es ist Matthäi am Letzten* ‚jmd. hat/es ist das Schlimmste zu erwarten; jmd. ist am Ende' stehen im Lettischen die entsprechenden Phraseologismen ohne den Eigennamen gegenüber: *kāds ir galīgi tukšā* (wörtl. ‚jmd. ist völlig ohne Geld'), *kāds ir tukšs kā izšauta plinte* (wörtl. ‚jmd. ist leer wie eine ausgeschossene Flinte'), *kādam ir beigas* (wörtl. ‚mit jmdm. ist es aus').

Wenn man etwas Überflüssiges tut, sagt man im Deutschen *Eulen nach Athen tragen*. Im Lettischen wird derselbe Sachverhalt durch eine phraseologische Wendung ohne Eigennamen ausgedrückt, es heißt: *vest malku uz mežu* (wörtl. das Holz in den Wald bringen), *nest ūdeni uz jūru* (wörtl. ‚das Wasser ins Meer tragen'), *liet ūdeni jūrā* (wörtl. ‚das Wasser ins Meer gießen').

4 Phraseologismen mit Eigennamen im Lettischen – Phraseologismen ohne Eigennamen im Deutschen

Beispiele für diese Gruppe stammen aus den Phraseologismen mit nationalen historischen Eigennamen.

Hier kann man auch Beispiele aus der lettischen Mythologie anführen. Bei starkem und anhaltendem Regen werden die Letten sagen *līst kā pa Jāņiem* (wörtl. ‚es regnet wie am Johanni'). Im Deutschen sagt man: *es regnet/gießt wie mit Mulden/Kübeln/Kannen, es regnet Bindfäden, es regnet junge Hunde, es regnet Strippen*.

5 Fazit

Aufgrund des Belegmaterials wurde deutlich, dass die Idiompaare Deutsch-Lettisch sowohl mit nationalen als auch mit fremdsprachigen Eigennamen besetzt sind. Für jede Gruppe sind entsprechende Beispiele zu finden. Die größte Gruppe der Paare bilden die Phraseologismen mit gleicher Struktur und gleichem Lexembestand.

Literatur

DLW = CELMRAUGA, Imanta/LIVŠICA, Rahile/ROZENBAHA, Herta/SĒJĒJA, Karina/VEINERTE, Biruta (1980): Deutsch-lettisches phraseologisches Wörterbuch. Vācu-latviešu frazeoloģiskā vārdnīca. Rīga.

Duden 11 (1998): Redewendungen und sprichwörtliche Redensarten. Wörterbuch der deutschen Idiomatik. Bearbeitet von Günther DROSDOWSKI und Werner SCHOLZE-STUBENRECHT. Mannheim/Leipzig/Wien/Zürich.

FLEISCHER, Wolfgang (1997): Phraseologie der deutschen Gegenwartssprache. 2., durchgesehene und ergänzte Auflage. Tübingen.

FÖLDES, Csaba (1996): Eine besondere Strukturgruppe: Eigennamen im Bestand deutscher Verbidiome. In: KORHONEN, Jarmo (Hrsg.): Studien zur Phraseologie des Deutschen und des Finnischen II. Bochum (Reihe Studien zur Phraseologie und Parömiologie; 10). S. 245–256.

GARIFULIN, Lev Borisovič/ANTONOVA, M. K. (1973): Ustojčivye sočetanija s antroponimami (v sopostavitel'nom plane). In: Frazeologija, vyp. 1. Čeljabinsk. S. 144–165.

LAUA, Alise/EZERIŅA, Aija/VEINBERGA, Silvija (1996): Latviešu frazeoloģijas vārdnīca 2 sējumos. Rīga.

LLVV = Latviešu literāras valodas vārdnīca. 1.–8. sēj. (1972ff.). Rīga.

LVV = Latviešu valodas vārdnīca (2006). Rīga.

WILSKE, Detlef (1996): Eigennamen in der Verbidiomatik Deutsch-Finnisch und Finnisch-Deutsch. In: KORHONEN, Jarmo (Hrsg.): Studien zur Phraseologie des Deutschen und des Finnischen II. Bochum (Reihe Studien zur Phraseologie und Parömiologie; 10). S. 267–271.

RÖHRICH, Lutz (2001): Lexikon der sprichwörtlichen Redensarten. München.

Márton Náray-Szabó (Piliscsaba)

Dialogic Expressions and Foreign Language Teaching

1 From pragmatics to phraseology

Two, relatively recent branches of linguistics – pragmatics and phraseology – have research aims and domains in which there is an increasing demand for cooperation between them. However, it is not yet sufficiently recognized. While phraseology is a component of lexicology, and is basically interested in syntactic and semantic properties of a class of lexical units, pragmatics attempts to give an account on the nature of relationship between the linguistic sign and the intentions of the speaker, or the 'user', if we like (LEECH 1983: 19–45; MOESCHLER/REBOUL 1994).

Despite some exceptions, like, for example, the relevance theory of SPERBER/WILSON (1986), most pragmaticists tend to define their discipline as a part of linguistics, either integrated to grammar (DUCROT 1972; ANSCOMBRE/DUCROT 1983) or kept apart from it, being in a complementary relationship with it (LEECH 1983: 6). As such, it obviously contributes to how the linguist interprets the meaning of an utterance, in terms of speech acts, granted with a specific illocutionary and perlocutionary force (AUSTIN 1962; SEARLE 1969, 1979; RECANATI 1981).

We can accomplish speech acts in a direct way, *i.e.* by using an overt manifestation of that particular act: LEECH (1983: 205–206), for instance, distinguishes the following types of speech act verbs, implying lexically a certain type of pragmatic force (the first four lists belong to what he calls illocutionary verbs):

1. assertives, referring to a proposition of the speaker: *affirm, allege, assert, claim, forecast, predict, insist, admit*
2. directives and rogatives, referring to a request or a question: *ask, beg, bid, command, order, demand, recommend, invite, request, urge, forbid, advise, suggest, tell to, warn to; ask, query, question, inquire*
3. commissives: *offer, promise, swear, undertake, volunteer, vow, threat*
4. expressives: *apologize, commiserate, congratulate, pardon, condole, excuse, thank, greet, lament, boast*
5. locutionary verbs: *define, describe as, refer to, name, classify, identify, attribute*
6. perlocutionary verbs: *persuade, deceive, encourage, insult, reproach.*

The pragmatic content of these elementary acts is manifested in the discourse by sentences that the hearer can successfully interpret through inference, parting from its grammatical meaning, the situational setting and various contextual and conversational implicatures (LEECH 1983: 31–35; MOESCHLER/ REBOUL 1994: 251–276). A sentence like (1) *Close the window, please!* for instance, is a directive act, (2) *I don't think so* the rejecting of an idea, (3) *I cannot go* a refusal. Many of these acts can be realized in a more or less indirect way, *i.e.* not by using a speech act verb, in sentences like (4) *I'm freezing/Isn't it cold in here?/Don't you think it's a bit cold?* in order to get the hearer close the window (SEARLE 1979). In certain cases, the form of the sentence is codified in a given language, *e.g.* (5) *Could you close the window, please?/Would you mind closing the window?*

A fact that was completely irrelevant for most pragmaticists is that some of the realizations of indirect speech acts may also be semantically opaque, and very far from being interpretable via inference of any kind. This is the case for (6) *Let's call it a day!* (a directive act), (7) *Go to hell!* (an insult) in English. In French, we have (8) *Tu parles!* ('You're [just] speaking') for example, which is a sentence-like idiom, meaning 'Oh, come on, it's nonsense!' Another obvious example is the sentence (9) *La roue tourne!* ('Don't worry! / Never mind!', literally: 'The wheel keeps turning') In the first case, an illocutionary act was referred to (a doubt), while in the second one, a perlocutionary one (a consolation).

2 Dialogic expressions in the language

Most verbal idioms represented in general and in specialized phraseological dictionaries have a clear-cut semantic content, *i.e.* they are easily definable by a synonym or a periphrasis. In the simplest case, like the classical example *to kick the bucket,* the synonym 'to die' is fully satisfactory. Others, for example, *to cross/to pass the Rubicon* demand a more complex explanation: 'to make a decisive and irrevocable step'. But there can be found many sentence-like idioms, for which we are unable to determine what it actually 'means' (with a formula beginning with an infinitive), we can only indicate properties of the situation in which it is regularly used: (10) *Tu parles!* is to manifest one's feelings in case of doubt.

FÓNAGY (1982) as well as BÁRDOSI (1999), MARTINS-BALTAR (2000a) were the first to draw the attention of phraseologists to a class of uneasily analysable idioms, the so-called 'bound utterances', like (11) *Come on!*, (12) *Never mind!,* (13) *Not at all!* anchored in a specific conversational situation. The semantic content of these expressions has not much to do with their communicational function, *i.e.* the pragmatic force they transmit. In this respect, we can say that they are semantically reduced, weakened utterances. But as many of them constitute frozen structures of conversation, they must be regarded as parts of *langue* as well as those of *parole* in a Saussurian sense. In fact, they belong to a subset of phraseological units, rather than to occasionally produced 'utterances'. Our aim is to explore this frontier area from a didactic point of view, for which we need to give precise account on the definition and the typology of this class.

Dialogicity, the property of expressions and utterances occurring exclusively in oral dialogues was first described in detail by WHITE (2003: 260–262) as a part of intersubjective stance in the use of language, based on the concept of polyphony defined by BAKHTINE (1981). At this level, an idiom can either be dialogic or non-dialogic, the latter not being obligatorily bound to a dyadic conversation (ROULET et al. 1991; NÁRAY-SZABÓ 2006). A dialogic one, in turn, manifests a speech act in the Austinian sense, directed to the hearer. That is precisely the factor which leads to non-compositionality: while non-dialogic expressions tend to be opaque due to a metaphoric transfer of the literal meaning (semantic non-compositionality), dialogic ones describe unforeseeable pragmatic contents (pragmatic non-compositionality). The intention of the speaker or, in other words, the pragmatic force (RÉCANATI 1981) can be of illocutionary and/or perlocutionary types, as we have seen in the previous section.

3   Some features of dialogic expressions

The class of idioms defined above has not only two special properties in contrast to the other ones (dialogicity and unpredictable pragmatic function). In fact, they constitute at the same time an astonishingly rigid group in a syntactic, lexical and even morphological sense. In the following examples we mean by the asterisk not only ungrammatical sentences, but also those lacking idiomatic interpretation.

A sentence like (14) *Tu m'en diras des nouvelles!* ('You won't be deceived', literally: 'You will give me news about it') does not accept in its idiomatic sense any kind of subordination, not even in case of indirect speech: (15) **Il m'a dit que je lui en dirais des nouvelles* ('He told me that I would give him news about it').

Negation and changing of aspect is also forbidden, like for (16) = (10) *Tu parles!* ('It's nonsense') we cannot say (17a) **Tu ne parles pas!* ('You are not speaking!'), (17b) **Tu commences à parler!* ('You are starting to speak!').

From a morphological point of view, they are also characterized by a total blocking of variation of tense, mode, person and number: (18) *On ne dirait pas* ('One wouldn't say [that]' meaning 'It is difficult to believe') is impossible to use under the forms

(19a) **On n'aurait pas dit!* ('One wouldn't have said')
(19b) **On ne dit pas!* ('One doesn't say!')
(19c) **Tu ne dirais pas!* ('You wouldn't say!')
(19d) **Nous ne dirions pas!* ('We wouldn't say')

Lexical substitution and insertion are also completely unavailable if we wish to preserve the idiomatic sense. We cannot replace (20) *Le petit oiseau va sortir* ('Say cheese!'; literally: 'The small bird will come out') with

(21a) **Le grand oiseau va sortir!* ('The big bird will come out!')
(21b) **Le petit pigeon va sortir!* ('The small pigeon will come out!')
(21c) **Le petit oiseau va partir!* ('The small bird will fly away!')
(21d) **Le petit oiseau va maintenant sortir!* ('The small bird will come out now!')

In addition to all this, it is a striking tendency that the overwhelming majority of these expressions (NÁRAY-SZABÓ 2006) consists of personal or other pronouns filling the argument positions of a verb:

(22) = (10) *Tu parles!*
(23) = (14) *Tu m'en diras des nouvelles!*
(24) *J'y pense!* ('I am just thinking about it!', meaning 'I was about to tell you that')
(25) *Je m'en voudrais!* ('I would be cross with myself', meaning: 'I don't want to do that')
(26) *Ça va!* ('It goes', meaning 'All right' or 'Stop that!')

This fact, like the other features enumerated so far, results from the essentially dialogic character of these idioms: in fact, complete frozenness is a consequence of their formulaic behaviour, they constitute prefabricated units of conversation, where all actants can be referred to by deixis and anaphora.

4 Tropes in dialogic expressions

Having explored the linguistic features of dialogic idioms, let us look at their semantic content, namely on the rhetorical side. In this respect, they are to be approached to many non-dialogic idioms and simple lexemes, but as they are essentially part of everyday oral communication, interpersonal rhetorics plays an important role in their formation.

Putting aside metaphor (*Tu vois le tableau?* 'Do you see (the painting)?' → 'You see?') and metonymy, where lacking information is the consequence of what is said (*On n'a pas gardé des cochons ensemble!* 'We haven't guarded pigs together' → 'Treat me with more respect'), the two most generally used images, for which we could have found hundreds of examples, we will illustrate with examples of irony, antiphrase, hyperbole and litotes.

Irony is a very widespread figure of speech among dialogic expressions, consisting in an expression the form of which reflects the opposite of its intended meaning, creating a ridicule in which laudatory terms are used to imply condemnation or contempt. For example:

(27) *Je te souhaite bien du plaisir!*
('I wish you much pleasure.' → 'I wouldn't do that, but it's up to you.')

(28) *Tu l'auras bien cherché/voulu!*
('You've probably tried/wanted it.' → 'Sorry, it's your fault.')

(29) *Tu m'étonnes!* ('You're astonishing me.' → 'It's not new to me at all.')

(30) *Tu as trouvé ça tout seul?* ('Have you found it all alone?' → 'What a silly idea?')

(31) *C'est du propre!* ('It's something clean.' meaning 'It's something immoral/awful.')

(32) *J'en parlerai à mon cheval!* ('I will talk about it with my horse.' → 'Leave me in peace.')

(33) *Il ne manquait plus que ça!* ('We only missed that.' → 'We didn't miss it at all.')

(34) *Tu en as de bonnes!* ('You have good ones.' → 'What a stupid idea!')

(35) *Tu parles d'or!* ('You are talking about gold.' → 'You are talking nonsense.')

Antiphrases tell as well the opposite of the desired meaning, but without any malice:

(36) *Je vais me gêner!* ('It will intimidate me.' → 'I won't fear telling him that.')

(37) *On m'y reprendra!* ('I will be caught on it once more.' → 'I won't do it ever.')

Exaggerations, that we also call hyperboles, are the most frequent; we say more than what is true:

(38) *... ou le roi n'est pas noble!* ('or the king is not a nobleman' → 'That's for sure')

(39) *Tu as perdu ta langue?* ('Have you lost your tongue?' → 'Talk, please!')

(40) *Ça te coupe le sifflet?* ('Does it cut your breath?' → 'Isn't it shocking what I'm saying?')

(41) *Ça t'en bouche un coin?* ('Does it block your mouth?' → 'Isn't it shocking what I'm saying?')

(42) *Les bras m'en tombent!* ('My arms fall on hearing that' → 'I'm shocked')

(43) *C'est le comble!* ('That's the top' → 'I'm fed up!')

(44) *C'est pas vrai!* ('It's not true!' → 'Oh no!')

(45) *Mais je rêve!* ('But I am dreaming!' → 'Oh no!')

(46) *J'en mettrais ma main au feu / ma tête à couper!* ('I would put my hand into fire / my head to cut for that' → 'I'm absolutely sure of that')

(47) *Le diable t'emporte!* ('The evil take you away!' → 'Go to hell')

The opposite of this procedure is litotes, where we say less than the truth: it is precisely what gives emphasis to our proposition:

(48) *On ne peut pas se plaindre!* ('We cannot complain' → 'Everything is all right')

(49) *J'espère bien!* ('I hope so' → 'You must do that, or I'll get nervous').

5 Idioms in French as a Foreign Language (FFL)

Idioms gain constantly increasing ground in textbooks, teaching aids and dictionaries destined to learners. In English, a particular attention is drawn to phrasal verbs *(to put forward, to put on, to put off, to put up with sg)*, even in beginners' materials. In French and English, intermediate level books tend to introduce light verb (support verb) constructions like *to take the responsibility, to play a role, to have a talk with,* etc. (For the background, see GIRY-SCHNEIDER 1987 and GROSS/PONTONX 2004). In general, reference dictionaries like the most recent version of the French *Le Petit Robert,* we can find an important quantity of non-dialogic expressions (about 8000). Concerning dialogic idioms, numerous efforts to produce specialized French dictionaries of formulae have been made (CELLARD 1985; BERNET/RÉZEAU 1991; MARTINS-BALTAR 2000b; BIDAUD 2002). Recently, theoretical articles of didacticians recognize the importance of the distinction between semantically and pragmatically defined idioms in learners dictionaries and didactic products (BÁRDOSI 1992: 112). Unfortunately, the latter ones are underrepresented in textbooks at pre-intermediate level, except for the latest ones: *Tempo* (1996), *Café Crème* (2003), and the somewhat earlier *Communiquer en français* (1992).

Another problem derives from the fact that, in most cases, these expressions are more difficult to translate exactly into the target language than non-dialogic ones. It is sufficient to cite some well-known examples such as

(50) *Bon appétit!* (literally 'Good appetite!')
(51) *Les raisins sont trop verts!* (literally 'The grapes are too green')
(52) *Say cheese!*

As a result of our four-year teaching experience of French phraseology for university students, we can state that dialogic expressions in French as a Foreign Language (FFL) necessitate special teaching methods. As they are bound to oral interactions, and they constitute illocutionary and perlocutionary speech acts, didactic texts or audiovisual materials should be situationally based. During the assimilation process, learners should be informed about the exact situational settings, the pragmatic function, and also about the fact that, in some cases, the idiom is an almost obligatory response to a certain situational stimulus. We do not normally say in French, or, at least, not very often, when meeting someone we would like to ask for his/her news:

(53) *Comment va ta vie? / Quelle est l'histoire de ta dernière journée? / Comment es-tu?* but rather: (54) *Comment vas-tu? / Comment ça va? / Ça va?*

At higher levels (upper intermediate or advanced), we should also specify stylistic and sociolinguistic values of the idiom, as well as the emotional surplus or some contrastive aspects. (55a) *Ça biche?* is a colloquial variant of standard (55b) *Ça va?* while (55c) *Ça brinquebale?* has the same function in slang. (56) *Je vais me gêner!* ('Whatever you say, I will tell him what I think') has a specific emotional value (irritation) besides its normal function (refusal). From a contrastive point of view, it is important to emphasize that many situational expressions have an equivalent made up from completely different words: French (57a) *Roulez au pas* ('Roll by a step') would sound in English (57b) *Dead slow*.

As a rule, we can observe that students usually learn much easier idioms used in very recurrent (everyday) conversational situations: greetings, saying goodbye, expressing gratitude, excuse, congratulation, etc.:

(58) *Ça va?*
(59) *A bientôt!*
(60) *Je suis très sensible*
(61) *Je suis vraiment désolé*
(62) *Félicitations!*

But the more specific the situation is, the more difficult it is to remember the sentence French speakers normally react with. If we say in French (63a) *Ar-*

rête! ('Stop that/It's enough'), the reaction can often be (63b) *Il n'y a pas d'arête dans le bifteck* (literally 'There isn't any fish-bone in the beefsteak', meaning 'You can't make me stop') including a joke based on the similarity between *arête* and *arrête*. These complicated and difficultly interpretable idioms constitute particularly hard brain work for students.

The examples mentioned in this section demonstrate at the same time the necessity of learning dialogic idioms as undivided blocks, unlike collocations, where lexical variability has always to be emphasized.

6 Teaching procedures

In case the teacher intends to present an important quantity of idioms to learners (at higher levels mainly), he/she cannot exclusively rely on didactic or authentic texts and dialogues. Idiom lists, just like word lists are essential. Dialogic expressions can be mixed with words or other idioms, but it is more advisable to represent them separately, either in an alphabetical order or classified by speech acts. This latter method is particularly interesting because students can easily become and are sensible to the particular features of speech acts as elements of communication, such as intentionality and the diversity of formal realizations for one single act. Like this, dictionaries and textbooks should include alphabetic lists for idiomatic forms of greetings, turn taking or turn passing acts, promises, orders, refusals, idea rejecting acts, consolations, insults, etc. At the same time, distinction between different ways, idiomatic or not, to express similar illocutionary or perlocutionary contents (synonymy), has an equal relevance. For example, (64) *Je ne te dis que ça!* (literally 'I don't tell you anything else'), (65) *Tu sais pas la meilleure!* ('Haven't you heard the latest one!') classify under the same type of acts: 'referring the speaker to his/her own words in order to emphasize them', but they occur in slightly different situations.

Besides lists, after having explored and understood them, students should memorize these idioms either through re-use in micro-dialogues created and performed in cooperation with his/her mates in class, or by 'hunting' for idioms in text extracts including Internet blogs, forums and certain kinds of recent theatre, films and novels, especially those imitating everyday conversational style (GUITRY 1991; LAUTNER 1963, etc.).

7 Polyvalence of dialogic expressions

In the previous two sections, we have given an account on recent problems of teaching dialogic idioms from didactic, contrastive, lexicographic and stylistic points of view. Now let us analyze the semantic relations between them to which we have to draw learners' attention.

Homonymy is not really possible in fact: these idioms contain exclusively lexemes with extremely overcharged semantic content (highly frequent verbs) and deictic elements. As for synonymy, we have stated in section 6 that the difference between idioms with the same definition is to be searched at the level of situational parameter of their pragmatic content.

Instead of using the well-known term polysemy, referring to the multiplicity of interrelated senses, we shall describe an analogous phenomenon about our type of idioms as polyvalence. Very far from being ambivalent, polyvalent expressions have a clear-cut meaning in the concrete context, determined by situational settings. Polyvalent idioms often bear two opposed functions, like

(66) *Tu parles!* (doubt or confirmation)

(67) *Je vais me gêner!* (refusal or acceptance)

(68) *Ça ira loin!* (admiration or threat)

Very few examples show multiple polyvalence as well:

(69) *Ça colle!* (correctness, mental health or promise)

(70) *Ça va?* (greeting, inquiring about one's health or asking for approval)

(71) *Ça va!* (greeting, information about good health, acceptance) (intention to end conversation, irritation, rejection)

8 Conclusion

We have presented a group of pragmatically relevant idiomatic expressions that constitute an essential part of oral communication. They are 'responsible' for the organization of the dialogue and for carrying out speech acts that are bound to some highly recurrent conversational situations. Their semantic content ceded its place to a pragmatic force, so they can be defined in dictionaries parting from the illocutionary or perlocutionary act they realize.

The fact that they are completely frozen as well as some stylistic aspects like tropes makes it easier to learn them in blocks. We can make students act out micro-dialogues or search occurrences in texts of internet forums. Some of them occur very frequently in ordinary speech, there are privileged speech acts. These latter ones are sometimes polyvalent, like frequent words are often polysemic.

References

ANSCOMBRE, Jean-Claude/DUCROT, Oswald (1983): L'argumentation dans la langue. Brussels.
AUSTIN, John (1962): How To Do Things With Words. Cambridge (Massachusetts).
BAKHTINE, Mikhail M. (1981): The Dialogic Imagination. Four Essays. Austin.
BARDOSI, Vilmos (1992): Problèmes posés par le traitement lexicographique des figés dans les dictionnaires français. In: Fremdsprachen Lehren und Lernen 21. p. 104–116.
BARDOSI, Vilmos (1999): Entre fil d'Ariane et tonneau des Danaïdes. Problèmes de classification des phrasèmes français. In: Revue d'Etudes Françaises 4. Budapest. p. 23–33.
BERARD, Evelyne/CANIER, Yves/LAVENNE, Christian (1996): Tempo 1. Méthode de français. Paris.
BERNET, Charles/REZEAU, Pierre (1991): Dictionnaire du français parlé – Le monde des expressions familières. Paris.
BIDAUD, Françoise (2002): Structures figées de la conversation. Analyse contrastive français-italien. Bern.
CELLARD, Jacques (1985): Ça ne mange pas de pain. Paris.
CICUREL, Francine/PEDOYA GUIMBRETIERE, Elisabeth/PORQUIER, Rémy (1992): Communiquer en français. Livre de l'élève. Paris.
DUCROT, Oswald (1972): Dire et ne pas dire. Principes de sémantique linguistique. Paris.
FONAGY, Iván (1982): Situation et signification. Amsterdam/Philadelphia.
GIRY-SCHNEIDER, Jacqueline (1987): Les prédicats nominaux en français: les phrases simples à verbes supports. Geneva.
GROSS, Gaston/PONTONX, Sophie (eds.) (2004): Les verbes supports. Nouvel état des lieux. In: Linguisticae Investigationes. Fascicule spécial. 27.2. Amsterdam/Philadelphia.
GUITRY, Sacha (1991): Théâtre. Paris.
KANEMAN-POUGATCH, Massia (2003): Café Crème. Méthode de français. Paris.
LAUTNER, Georges (1963): Les Tontons flingueurs. Film. (dialogues de AUDIARD, Michel).
Le Petit Robert. Dictionnaire alphabétique et analogique de la langue française. CD-ROM. Dictionnaires Le Robert/VUEF.
LEECH, George (1983): The Principles of Pragmatics. London/New York.
MARTINS-BALTAR, Michel (2000a): Les énoncés usuels. De nouveaux objets pour de nouveaux dictionnaires. In: Actes de GLAT 2000. Brest.
MARTINS-BALTAR, Michel (2000b): *http://perso.wanadoo.fr/pragmalex/ds/dicomotus. html*, seen on 25/06/2006.
MOESCHLER, Jacques/REBOUL, Anne (1994): Dictionnaire encyclopédique de pragmatique. Paris.
NÁRAY-SZABÓ (2006): Les phrases à sujet figé: étude pragmatique, syntaxique et sémantique. PhD thesis. Université Paris 13 (dir. by LE PESANT, Denis).

RECANATI, François (1981): Les énoncés performatifs. Contribution à la pragmatique. Paris.
ROULET, Eddy/AUCHLIN, Antoine/SCHELLING, Marianne/MOESCHLER, Jacques/ RUBATTEL, Christian (1991): L'articulation du discours en français contemporain. 3rd edition. Bern.
SEARLE, John R. (1969): Speech Acts. Cambridge.
SEARLE, John R. (1979): Indirect speech acts. In: SEARLE, John R.: Expression and Meaning. Cambridge. p. 30–57.
SPERBER, Dan/WILSON, Deirdre (1986): Relevance. Communication and Cognition. Oxford.
WHITE, Peter R. R. (2003): Beyond Modality and Hedging: A Dialogic View of the Language of Intersubjective Stance. In: Text 23.2. p. 259–284.

Anikó Szilágyi-Kósa (Veszprém)

Völkernamen und Sprachbezeichnungen in phraseologischen Einheiten
Eine kontrastive Untersuchung: Deutsch-Italienisch-Ungarisch

1 Zur Fragestellung

Der Aufsatz geht davon aus, dass „Phraseologismen […] als prototypischer Hort des ‚kulturellen Gedächtnisses' einer Diskursgemeinschaft zu betrachten [sind]" (FÖLDES 2005: 323), die das sprachliche Weltbild der Gemeinschaft in Erscheinung treten lassen.

Stereotype und Vorurteile können das Verhältnis verschiedener Völker oder Volksgruppen oft nachhaltig prägen. Diese Einstellungen sind häufig auch in dem Wortschatz der betreffenden Völker manifestiert.

Andererseits können Ethnonyme seit den Anfängen der langen europäischen Geschichte als Träger pejorativer Bedeutungen auftreten (*hun* <engl.> ‚Barbaren', *goth* <engl.> ‚dass.', *Vandale* <dt.> bzw. *vandál* <ung.> ‚zerstörerisch'). Oft dienen sie nicht nur zum Ausdruck interkultureller Differenz oder Kritik, sondern auch als Zeugnis von Missachtung.

Im Phrasemschatz vieler europäischer Sprachen sind solche – wenn auch nicht zahlreiche – Wendungen, Redensarten, Sprichwörter verankert, in denen Völkernamen und/oder fremde Sprachen vorkommen. Die Grundlage meiner empirischen Untersuchung bildet ein dreisprachiges Korpus aus phraseologischen Einheiten, die der gegenwärtigen deutschen, italienischen bzw. ungarischen Standardsprache entnommen wurden. Ziel des Aufsatzes ist es, dieses Korpus vergleichend darzustellen, Gemeinsamkeiten und Unterschiede in den drei typologisch verschiedenen Sprachen dreier Sprachfamilien (der germanischen, romanischen und finno-ugrischen) aufzuzeigen, und die dabei eventuell entstehenden „interkulturellen Kontakträume" in Europa nachzuzeichnen.

2 Zur Terminologie

Eingangs sei der Versuch unternommen, eine für alle drei Sprachen annehmbare Definition für den Terminus ‚phraseologische Einheit' zu finden.

In der deutschen Phraseologie (als linguistische bzw. lexikologische Disziplin) werden phraseologische Einheiten am häufigsten mit Hilfe von zwei grundlegenden Kriterien definiert (BURGER 1998):
- Polilexikalität, d.h. eine phraseologische Einheit besteht mindestens aus zwei selbstständigen Lexemen,
- große, wenn auch nicht vollständige Stabilität, d.h. die phraseologische Einheit lässt keine oder eine geringe Variation zu, die einzelnen Bestandteile sind nicht frei austauschbar.

Häufig erscheinen in den Definitionen weitere Kriterien:
- Lexikalisiertheit, d.h. der Phraseologismus erscheint im Lexikon der Sprache als Einheit, und wird sowohl beim Spracherwerb als auch in der Sprachproduktion als Einheit wahrgenommen, also nicht aus einzelnen Bestandteilen wieder aufgebaut (FLEISCHER 1982: 41–69);
- Idiomatisiertheit, d.h. die Gesamtbedeutung der phraseologischen Einheit ist mit der Summe der Bedeutungen der einzelnen Bestandteile nicht identisch. (PALM 1997: 9).[1]

Bei der vorliegenden Arbeit werden unter Phraseologismen/phraseologischen Einheiten/Phrasemen solche mehrgliedrigen lexikalischen Einheiten verstanden, die bei ihrer Verwendung keine oder nur eine geringe Variation zulassen und häufig idiomatisiert sind.

Die Klassifizierung der phraseologischen Einheiten ist z.B. auf Grund ihrer kommunikativen Funktion, ihrer Struktur oder ihrer Bedeutung möglich. Darüber hinaus deklariert die Fachliteratur anhand der in ihnen enthaltenen „besonderen Komponenten" verschiedene Gruppen von phraseologischen Einheiten (PALM 1997: 43–45 und HADROVICS 1995: 147). Solche (in vielen Sprachen vorkommenden) besonderen Bestandteile sind z.B. Numeralien (dt. *nicht bis d r e i zählen können,* ital. *non c'è d u e senza t r e* oder ung. *h á r o m i g se tud számolni,*), Eigennamen (dt. *frech wie O s k a r,* ital. *essere un E r c o l e* oder ung. *nem külőnb a D e á k n é vásznánál*), Farbbezeichnungen (dt. *eine Fahrt ins B l a u e,* ital. *far vedere il b i a n c o per n e r o* oder

---

[1] Die ungarische Fachliteratur definiert die phraseologischen Einheiten enger: In den zusammenfassenden Werken erscheint die Idiomatizität als grundlegendes Merkmal. Nicht in den Untersuchungsbereich der Phraseologie zählt O. NAGY (1982: 14) demnach die nicht-idiomatisierten, „farblosen Ausdrücke", die im Deutschen (s. z.B. BURGER 1998) als Kollokationen trotz fehlender oder geringer Idiomatizität in den Kreis der Phraseologismen gehören. Neuere ungarische Phraseologiesammlungen (z.B. BÁRDOSI et al. 2003) enthalten jedoch neben Redewendungen und Sprichwörtern auch Kollokationen.

ung. *majd ha p i r o s hó esik*) oder – bei der vorliegenden Untersuchung – Ethnonyme (dt. *einen T ü r k e n bauen,* ital. *essere un p o r t o g h e s e* oder ung. *t ó t á g a s t áll*).

3 Über die Materialsammlung und Zusammenstellung des sprachlichen Korpus

Es war beabsichtigt, ein Korpus von möglichst allen Phraseologismen zusammenzustellen, die einen Völkernamen enthalten und in der gegenwärtigen deutschen, ungarischen bzw. italienischen Standardsprache bekannt und/oder gebräuchlich sind. Dieses Korpus soll bei der kontrastiven Untersuchung als Vergleichsgrundlage herangezogen werden. Bei der Zusammenstellung des Korpus war ich bestrebt, aus der dreibändigen deutschen Phrasemsammlung von RÖHRICH (1991), den ungarischen Sammelwerken von O. NAGY (1982) und BÁRDOSI (2003), bzw. den italienischen Sammlungen von PITTÀNO (1982) sowie FÁBIÁN/GHENO (1989) alle betreffenden Phraseologismen herauszusuchen.

Es sei an dieser Stelle bemerkt, dass diese Wörterbücher einerseits zu viel, andererseits zu wenig boten. Bei dem Lemma *cigány* („Zigeuner') sind in der einen ungarischen Sammlung (O. NAGY 1982) 48(!) Wendungen aufgezählt, weitere 29(!) enthalten das Lexem *cigány* als einen Teil eines Kompositums. Von diesen 77 phraseologischen Einheiten waren nur fünf mit keiner Markierung versehen, die Markierung *népies* („volkstümlich') bei weiteren fünf Wendungen ließ auf ein größeres Verwendungsgebiet schließen, 67 dagegen waren als ausgesprochen dialektal oder als veraltet markiert. So musste m.E. der Kreis der aufgeführten Phraseologismen enger gefasst werden.

Andererseits fehlten bei O. NAGY (1982) *őrült s p a n y o l* („ein verrückter Spanier'), *a n g o l o s a n távozik* („sich auf englisch verabschieden') sowie bei RÖHRICH (1991) *(keine) j ü d i s c h e Hast*.

Bei der Untersuchung wurden außer Phrasemen mit Ethnonymen in engerem Sinne auch solche Einheiten herangezogen, die Ländernamen oder Sprachbezeichnungen enthalten, da diese Lexeme in den meisten Fällen auf einen gemeinsamen Etymon zurückgehen (dt. *sich auf französisch verabschieden/wie Gott in F r a n k r e i c h leben,* ital. *scoprire l ' A m e r i c a/fare l ' a m e r i c a n o,* ung. *m a g y a r á n megmondva/megeemlegeti a m a g y a - rok istenét*).

So ergab sich ein dreisprachiges Korpus mit 24 deutschen, 21 italienischen und 31 ungarischen Phrasemen. Wegen des schwer objektivierbaren Kriteriums „in der Sprachgemeinschaft allgemein verbreitet" (d.h. ohne soziale, dialektale oder zeitliche Einschränkung gebräuchlich) erhebt meine Zusammenstellung keinen Anspruch auf Vollständigkeit.

4 Über den Aufbau der Völkernamen enthaltenden Phraseologismen

Trotz der sprachtypologischen Unterschiede weist das Korpus einige strukturelle Gemeinsamkeiten auf: In keiner der drei Sprachen waren parallel aufgebaute phraseologische Einheiten (der Typ *Hinz und Kunz, a poco a poco* bzw. *se szó, se beszéd*) mit Ethnonymen zu finden, alle drei Sprachen verfügen aber über Verbalphrasen (dt. *etwas auf gut Deutsch sagen,* ital. *sedere alla turca:* „auf türkisch sitzen", d.h. ‚im Schneidersitz', bzw. ung. *csehül áll:* „tschechisch stehen", d.h. ‚schlecht stehen'), Nominalphrasen (dt. *polnische Wirtschaft,* ital. *alle calende greche:* „im griechischen Kalender", d.h. ‚niemals', bzw. ung. *vkinek vmi kínai:* „etwas ist chinesisch für jemanden", d.h. ‚etwas ist unverständlich') Phraseme in Satzform bzw. Kommunikativformeln (dt. *So schnell schießen die Preußen nicht!,* ital. *Và in Egitto!:* „Geh nach Ägypten!", d.h. ‚Geh' zum Teufel!', bzw. ung. *Nem hajt a tatár!:* „Die Tataren treiben uns/dich nicht!", d.h. ‚Nur keine Eile!'), die einen Völkernamen oder eine Sprachbezeichnung enthalten. Die Zahl der phraseologischen Vergleiche ist in allen drei Sprachen verhältnismäßig hoch: z.B. dt. *wie Gott in Frankreich leben, es geht zu wie in einer Judenschule, preußischer als die Preußen sein, stolz wie ein Spanier,* ital. *fumare come un turco* („rauchen wie ein Türke", d.h. ‚stark rauchen'), *essere come un turco alla predica* („dastehen wie ein Türke bei der Predigt", d.h. ‚nichts verstehen'), *parlare francese come una vacca spagnola* („so französisch sprechen wie eine Kuh spanisch", d.h. ‚sehr schlecht französisch sprechen'), bzw. ung. *berúgott, mint az albán szamár* („betrunken sein wie ein albanischer Esel", d.h. ‚sehr betrunken sein'), *úgy veszekednek, mint a cigányok* („streiten wie die Zigeuner", d.h. ‚sehr laut/vor anderen streiten'), *otthagyta, mint Szent Pál az oláhokat* („jemanden stehen lassen wie der Heilige Paulus die Walachen/Rumänen", d.h. ‚jemanden wortlos/plötzlich stehen lassen').

Im Deutschen treten die Völkernamen oft als Attribute auf *(polnische Wirtschaft, jüdische Hast),* im Italienischen stehen sie meist neben bedeutungsschwachen Verben als selbstständige Substantive *(essere un portoghese, fare l'indiano),* im Ungarischen sind die Ethnonyme häufig Bestandteile von Determinativkomposita, deren erstes, bestimmendes Glied ein Ethnonym ist, das die Bedeutung des zweiten Gliedes determiniert, einschränkt, abwertet *(cigányútra megy, tótágast áll).*[2]

---

[2] ZOLNAI (1963: 200) nennt diese Elemente „Bewertungswörter", und hebt das Wort *cigány* (‚Zigeuner') als häufig vorkommendes Bewertungswort im Ungarischen hervor (vgl. auch BALÁZSI 2001).

5 Zur Bedeutung und Funktion der Völkernamen in den Phraseologismen

5.1 Phraseologismen mit Völkernamen dienen oft zum Ausdruck einer nicht normgerechten Art von einer Handlung/einem Sachverhalt. Dieser Bedeutungsaspekt lässt sich nachweisen im Deutschen: *böhmisch/englisch/polnisch einkaufen* („stehlen'), *böhmische/polnische Wirtschaft* („unordentliche Verhältnisse'), im Italienischen: *fare il portoghese* („den Portugiesen machen", d.h. ‚sich irgendwo ohne Karte hineinschleichen'), *andarsene alla francese/all'inglese* („auf französische/englische Art weggehen", d.h. ‚weggehen ohne zu bezahlen/ohne sich zu verabschieden'), *lavorare per il re di Prussia* („für den preußischen König arbeiten", d.h. ‚umsonst arbeiten') und auch im Ungarischen: *cigányútra megy* („etwas geht auf den Zigeunerweg", d.h. ‚ein Stück Speise oder ein Schluck Getränk gerät in die Luftröhre statt in die Speiseröhre, jemand verschluckt sich'), *csehül áll* („auf Tschechisch stehen", d.h. ‚schlecht stehen').

5.2 In einigen Fällen steht das Ethnonym für die Funktion der Verstärkung bzw. Modifizierung einer Eigenschaft oder eines Sachverhaltes. So z.B. im Deutschen: *preußischer als die Preußen sein* (‚sehr dogmatisch'), *stolz wie ein Spanier* (‚sehr stolz'), im Italienischen: *bestemmiare come un turco* („fluchen wie ein Türke", d.h. ‚sehr laut/heftig fluchen'), *fumare come un turco* („rauchen wie ein Türke", d.h. ‚sehr stark rauchen') sowie im Ungarischen: *berúgott, mint az albán szamár* („betrunken sein wie ein albanischer Esel", d.h. ‚sehr betrunken sein'), *erős, mint az oláh ecet* („stark wie der rumänische Essig", d.h. ‚sehr stark').

5.3 In manchen phraseologischen Einheiten sind die Völkernamen Relikte von kulturhistorischen Tatsachen. So z.B. im Deutschen: *einen Türken bauen* (‚etwas vortäuschen') – in diesem Phrasem blieb nach RÖHRICH (1991) ein alter Militärfachausdruck (der Türke: ‚imitierter/vorgetäuschter Angriff während einer Militärübung') erhalten; *Mit seinem Latein am Ende sein* (‚nicht mehr weiter wissen') – Latein galt vom Mittelalter bis ins 20. Jh. europaweit als wichtigste Wissenschaftssprache; Im Italienischen: *alle calende greche* („im griechischen Kalender", d.h. ‚niemals') – der Ausdruck verweist auf die Schaltjahreskorrektur, die beim Übergang vom Julianischen auf den Gregorianischen Kalender im Jahre 1582 verwirklicht wurde, und durch den die Zeitrechnung der griechisch-orthodoxen Kirche von der römisch-katholischen abwich und gleichzeitig einige Tage aus dem von der griechisch-orthodoxen Kirche gebrauchten Kalender „verloren gingen"; Im Ungarischen: *(azt hiszi, hogy) föltalálta a spanyolviaszt* („jemand glaubt, den spanischen Wachs erfunden zu haben", d.h. ‚jemand glaubt, etwas bereits Bekanntes erfunden zu haben') – der zum Versiegeln verwendete Stempelwachs galt im Mittelalter als spanischer Exportartikel, *úgy hiányzik, mint üveges tótnak a hanyattesés* („etwas fehlt einem wie dem slowakischen Glasermeister das Hinfallen", d.h. ‚etwas fehlt einem überhaupt nicht') – in Ungarn war die Glasindustrie seit ihrer Erscheinung in tschechischer bzw. slowakischer Hand, „mobile" Glasscheibenhändler slowakischer Abstammung zogen mit ihrer Ware bis ins 20. Jahrhundert durchs Land, denen das Hinfallen selbstverständlich nicht fehlte.

6 Die in den Phrasemen erscheinenden Völker und Sprachen

Innerhalb des Belegmaterials der Phraseologismen mit Ethnonymen lassen sich verschiedene Gruppen der in den Phraseologismen auftretenden Völker abgrenzen.

6.1 In vielen Phrasemen erscheinen Völker, mit denen die Sprecher der drei Sprachen (Deutsche, Italiener und Ungarn) in sprachlichem/kulturellem Kontakt bzw. Nachbarschaft leben oder lebten, in diesen Fällen wurden m.E. wahrgenommene kulturelle Unterschiede versprachlicht. Im Deutschen z.B. *böhmische Dörfer, wie Gott in Frankreich leben, Holland in Not!, jüdische Hast, Noch ist Polen nicht verloren., polnische/böhmische Wirtschaft, So schnell schießen die Preußen nicht!* bzw. *preußischer als die Preußen sein;* Im Italienischen: *parlare (in) arabo/greco* („arabisch/griechisch sprechen", d.h. ‚unverständlich sprechen'), *parlare francese come una vacca spagnola* („so französisch sprechen wie eine Kuh spanisch", d.h. ‚sehr schlecht französisch sprechen'); Im Ungarischen u.a. zahlreiche Wendungen mit dem Völkernamen „Zigeuner": *akkor is, ha cigánygyerekek potyognak az égből/hacsak cigánygyerekek (vénasszonyok) nem potyognak az égből* („auch wenn Zigeunerkinder (alte Weiber) aus dem Himmel fallen", d.h. ‚in jedem Fall'), *Nem szokta a cigány a szántást.* („Der Zigeuner ist das Pflügen nicht gewohnt", d.h. ‚jemandem fällt eine Arbeit schwer'), bzw. *otthagyta, mint Szent Pál az oláhokat* (Walachen/Rumänen), *tótágast áll* („als slowakischer Zweig dastehen", ‚auf dem Kopf/umgekehrt stehen'), *jár-kel, mint a zsidó az üres boltban/mint zsidóban a fájdalom* („auf- und abgehen wie der Jude im leeren Geschäft/wie der Schmerz im Juden", ‚ziellos auf- und abgehen'), *ott van, ahol a mádi z s i d ó* („steht da, wo der Jude von Mád", ‚nicht vorwärts kommen').³

Dabei zeichnen sich im Zusammenhang mit den drei in dem Korpus vertretenen Sprachen drei europäische Konträume ab: in den deutschen Phrasemen eine west-mitteleuropäische (mit den Ethnonymen und Ländernamen Frankreich, Holland, preußisch, böhmisch, polnisch, jüdisch), in den italienischen eine südeuropäische (arabisch, griechisch, französisch, spanisch) und in den ungarischen eine ost-mitteleuropäische (mit Tschechen, Slowaken, Rumänen, Zigeuner, Juden).

6.2 Als spezieller Fall der Völkerkontakte können Kriege und Perioden von Fremdherrschaft angesehen werden, die sich in den nachstehenden Sprachen widerspiegeln, so z.B. im Deutschen: *ein alter S c h w e d e* (‚ein gerissener Kerl') als sprachliches Abbild des Dreißigjährigen Krieges) oder im Ungarischen: *Nem hajt a t a t á r!* („Die Tataren treiben uns nicht!", d.h. ‚Nur keine Eile!'), *Rossz szomszédság: t ö r ö k átok.* („Eine schlechte Nachbarschaft ist ein türkischer Fluch", ‚es geht um eine schlechte nachbarschaftliche Beziehung'), *T ö r ö k ö t fogtam, nem enged/ereszt.* („Ich habe einen Türken gefangen, doch er lässt mich nicht mehr los.", ‚jemand hat etwas erreicht/bekommen, was er sich sehr gewünscht hat und nun ist man davon so enttäuscht, dass man es wieder loswerden möchte'), *annyian vannak, mint az o r o s z o k* („es sind so viele, wie die Russen", d.h. ‚sehr viele').⁴

6.3 Zu manchen der in den Phrasemen festgehaltenen Völker besteht bzw. bestand kein unmittelbarer Kontakt, sie werden aber an Hand einer (angenommenen) charakteristischen Eigenschaft erwähnt, in diesen Fällen werden

---

³ Für die Entstehungszeit der obigen ungarischen phraseologischen Einheiten ist es charakteristisch, dass einige der in ihnen vorkommenden Völkernamen als Archaismen gelten und durch andere abgelöst worden sind. Diese Erscheinung betrifft ausnahmslos die Bezeichnungen von Völkern, die mit den Ungarn lange in sprachlich-kulturellem Kontakt standen bzw. areal verbunden sind oder waren. Bei der einstigen Bezeichnung *oláh* ‚walachisch' ging es um Lehnübertragung der früheren Selbstbezeichnung, die durch *román* ‚rumänisch' abgelöst worden ist. Der frühere Völkername *tót* ‚slowakisch' wurde durch das Lexem *szlovák* ‚dasselbe' ersetzt. In dem politischen Sprachgebrauch wird statt *cigány* ‚Zigeuner' (europäischen Vorbildern folgend) *roma* gebraucht. Diese neueren Völkernamen kommen in Phraseologismen nicht vor. Auch in dieser Hinsicht trifft also auf phraseologische Einheiten zu, dass sie sprachliche Fossile darstellen, die ältere sprachliche Elemente aufbewahren.

⁴ Im Ungarischen sind die Türken und Tataren vor allem im Zusammenhang mit der lange anhaltenden türkischen Herrschaft zwischen 1526 und 1686 in „schlechter Erinnerung" behalten worden, russische Heere schlugen zwei ungarische Freiheitskämpfe (1848/49 bzw. 1956) nieder.

oft Ethnostereotype⁵ versprachlicht, d.h. den Völkern werden bestimmte Charakteristika zu- oder abgesprochen.

Im Deutschen z.B. *etwas ist nicht gerade die feine e n g l i s c h e Art* (,etwas ist nicht gerade höflich/elegant erledigt', Engländer – Höflichkeit), *sich als Herrscher aller R u s s e n fühlen* (,sich sehr mächtig fühlen', Russen – zahlreich?), *hinter s c h w e d i s c h e Gardinen kommen* (,ins Gefängnis kommen', Stahl – schwedisches Erzeugnis), *stolz wie ein S p a n i e r sein* (,sehr stolz sein', Spanier – Stolz), *fare l ' a m e r i c a n o* (,,den Amerikaner machen/spielen", d.h. ,mit Geld um sich schmeißen'), *fumare come un t u r - c o* (,,rauchen wie ein Türke", d.h. ,stark rauchen'), *berúgott, mint az a l b á n szamár* (,,sich betrinken wie ein albanischer Esel", Albanien – Esel).⁶

6.4 Das eigene Ethnonym in den Phrasemen

Es ist nicht selten, dass in den phraseologischen Einheiten Eigenbezeichnungen vorkommen, hier sind zumeist positive Inhalte sprachlich manifestiert. Im Deutschen z.B. *D e u t s c h mit jemandem reden, etwas auf gut D e u t s c h sagen, nicht D e u t s c h verstehen wollen* – in diesen Phrasemen erscheint die Sprache des eigenen Volkes, wobei sie sich auf eine verständliche, klare Äußerung bzw. ehrliche Meinung bezieht. Im Ungarischen: *megemlegeti a magyarok istenét* (,,den Gott der Ungarn kennen lernen", als Drohung: ,jemand wird noch bestraft werden'), *magyarán/magyarul szólva/meg-*

---

⁵ Ethnostereotype existieren in dem Bewusstsein der Menschen wahrscheinlich seit der Entstehung der Nationen, z.B. „[...] über die unhöflichen und leichtsinnigen Franzosen, die nichts tuenden und eingebildeten Spanier, die langweiligen und trockenen Deutschen (nicht zu vergessen die ungezügelten, mit gezogenem Schwert herumlaufenden Preußen) und so weiter. Es ist merkwürdig, kommt aber häufig vor, dass selbst die Opfer am beständigsten an diesen Stereotypen festhalten, sie sogar aus Trotz oder mit einer selbstzerstörerischen Absicht verstärken." (HILL 1999: 13, übersetzt ins Deutsche von der Verfasserin)

⁶ Die Ethnostereotypen erreichen ihren Höhepunkt mit Sicherheit in den so genannten ethnischen Witzen, in denen ein Volk oder ein Stamm eine unvorteilhafte Eigenschaft verkörpert und dafür lächerlich gemacht wird. In den Witzen der Ungarn erscheinen z.B. Zigeuner als listige, sympathische Schwindler, die die heikelsten Situationen mit naiver Lügerei zu retten versuchen, in den Judenwitzen wird oft ein übertriebener Hang zum Materiellen, in den so genannten Schottenwitzen die grenzenlose Sparsamkeit lächerlich gemacht. In den Witzen über Sekler („Székely" ist eine Volksgruppe ungarischer Muttersprache in Westsiebenbürgen/heute Rumänien, die in Folge ihres Status als Grenzschützer Jahrhunderte lang große Unabhängigkeit genoss) dienen absolute Starrköpfigkeit und Unbeugsamkeit als Quelle des Humors bzw. des Spotts.

mondva („auf Ungarisch gesagt", ‚sich ganz klar/eindeutig ausdrücken, ohne Umschweife reden'), *Három a magyar igazság!* („Drei zählt die ungarische Wahrheit!", ‚etwas muss dreimal gemacht werden', ~ ‚aller guten Dinge sind drei').

7 Ausblick

Bei einer dieser phraseologischen Einheiten scheint es um eine in ganz Europa verbreitete Redewendung zu gehen, in der Franzosen und Engländer im Rufe stehen, ohne zu bezahlen/sich zu verabschieden weggehen/verschwinden, dieses Wanderphrasem lautet in den verschiedenen Sprachen: *sich auf Französisch verabschieden/auf Französisch Abschied nehmen* im Deutschen, *to take French leave* im Englischen, *filer á l'anglaise* im Französischen, *andarsene/filarsela alla francese/all'inglese* im Italienischen, *zmizet pro anglicku* im Tschechischen, *angolosan távozik* im Ungarischen. Die obigen Beispiele sind Variationen eines Internationalismus (Europäismus), „[der] in der Mehrheit der Sprachen mit analogem kulturellen Hintergrund anzutreffen [ist]". (FÖLDES 2005: 326)

Es ist ebenfalls in mehreren Sprachen üblich, dass die unverständliche, nicht klare Rede bzw. das Unverständnis durch die Gleichsetzung mit einer fremden Sprache ausgedrückt wird: *etwas kommt einem spanisch vor* im Deutschen, *it's all Greek to me* (griechisch) im Englischen., *c'est du chinois/c'est de l'hébreu* (chinesisch oder hebräisch) im Französischen, *parlare in greco/turco/arabo/ostrogoto* (griechisch/türkisch/arabisch/ostrogotisch) im Italienischen, *valakinek valami kínai* (chinesisch) im Ungarischen.

In derselben Bedeutung wird im Slowakischen (m.E.) eine Kontamination zweier Phraseme verwendet: *Je to pre mňa ako španielska dedina* („das sind spanische Dörfer für mich", d.h. ‚unverständlich'), wobei eine Lehnbeziehung zum Deutschen (vgl. *böhmische Dörfer*) als möglich erscheint.

Für die verständliche, klare, eindeutige Rede bzw. Formulierung steht dagegen sowohl im Deutschen als auch im Ungarischen (aber auch in weiteren Sprachen) die eigene Sprache: *etwas auf gut Deutsch sagen, Deutsch mit jemandem reden, kein Deutsch verstehen wollen* im Deutschen, *to tell in plain English* im Englischen, *magyarul/magyarán szólva vagy megmondva* im Ungarischen.

8 Zusammenfassung

Feste Wortverbindungen sind universelle Kulturphänomene, die nicht nur das in sprachlicher Form erscheinende kollektive Wissen, sondern auch versprachlichte kollektive Vorurteile in Erscheinung treten lassen. Unabhängig davon, ob sie auf der Grundlage der Völker- und Sprachenkontakte oder auf Grund von Ethnostereotypen entstanden sind, spiegeln sich in phraseologischen Einheiten mit Völkernamen sowohl im Deutschen als auch im Ungarischen meist negative Vorurteile über die betroffenen Völker wider. Sie sagen jedoch nicht nur etwas über die in ihnen vorkommenden, sondern auch über die sie anwendenden Völker aus, wobei ethnische Vorurteile meist auf Gegenseitigkeit beruhen (vgl. im Französischen: *chercher une querelle d'allemand*, ‚einen Streit vom Zaune brechen', *kleje jako Maďar* im Tschechischen ‚schimpfen/fluchen wie ein Ungar' oder *má uherskou nemoc:* „eine ungarische Krankheit haben", d.h. ‚sehr faul sein').

Auch bei unserer korpusorientierten Untersuchung fällt auf, „dass es zwischen der deutschen und ungarischen Phraseologie viele punktuelle wie auch konzeptuelle Gemeinsamkeiten und Ähnlichkeiten gibt" (FÖLDES 2005: 326) – jedenfalls mehr als im Vergleich zum italienischen Korpus.

Die phraseologischen Einheiten mit Ethnonymen bzw. Sprachbezeichnungen machen m.e. einen – quantitativ betrachtet – geringen Teil des Phrasemschatzes aus, sie sind heute (wohl wegen ihrer politischen „Inkorrektheit") eher Bestandteile des mündlichen Sprachgebrauchs, schriftlich dürften nur einige von ihnen verwendet werden. Ob und inwieweit ihre Verwendung in den verschiedenen europäischen Sprachen alters-, geschlechts-, schichten- oder medienspezifisch ist, müsste zum Gegenstand einer weiteren Untersuchung gemacht werden.

Literatur

BALÁZSI, József Attila (2001): A cigány szó és származékai pejoratív kifejezésekben. In: Magyar Nyelv XCVII. S. 313–323.
BÁRDOSI, Vilmos/BALÁZS, Géza/BALOGH, Péter/HESSKY, Regina/KISS, Gábor (2003): Magyar szólástár. Budapest.
BURGER, Harald (1988): Phraseologie. Eine Einführung am Beispiel des Deutschen. Berlin.
CEPPELLINI, Vicenzo (1998): Il Dizionario Pratico di grammatica e linguistica. Novara.
Duden (2000). Redewendungen. Mannheim. (Duden; 11)
EISMANN, Wolfgang (1994): Nationales Stereotyp und sprachliches Klischee. Deutsche und Slawen im Lichte ihrer Phraseologie und Parömiologie. In: SANDIG,

Barbara (1994): EUROPHRAS 1992. Tendenzen der Phraseologieforschung. Bochum. S. 81–107.
FÁBIÁN, Zsuzsanna/GHENO, Danilo (1989): Italianizmusok. Locuzioni della lingua italiana. Budapest.
FLEISCHER, Wolfgang (1982): Phraseologie der deutschen Gegenwartssprache. Leipzig.
FÖLDES, Csaba (2005): Kulturgeschichte, Kulturwissenschaft und Phraseologie: Deutsch-ungarische Beziehungen. In: HAUSNER, Isolde/WIESINGER, Peter (Hrsg.): Deutsche Wortforschung als Kulturgeschichte. Beiträge des Internationalen Symposiums aus Anlass des 91–jährigen Bestandes der Wörterbuchkanzlei der Österreichischen Akademie der Wissenschaften. Wien. S. 323–345.
HADROVICS, László (1995): Magyar frazeológia. Történeti áttekintés. Budapest.
HESSKY, Regina (1980): Zur kontrastiven Untersuchung idiomatischer Wendungen. In: JUHÁSZ, János (Hrsg.): Kontrastive Studien Ungarisch-Deutsch. Budapest. S. 65–76.
HILL, Richard (1999): Mi, európaiak. Budapest.
KOMENDA, Barbara (2003): Sekundäre Bedeutungen von Nationalitäts- und Länderbezeichnungen im Deutschen und Polnischen. Frankfurt am Main.
Magyar Értelmező Kéziszótár (1992). [Erklärendes Handwörterbuch des Ungarischen]. Hrsg. von JUHÁSZ, József et al. Budapest. [MÉKSz[1]]
Magyar Értelmező Kéziszótár (2003). Hrsg. Von PUSZTAY, Ferenc et al. Budapest. [MÉKSz[2]]
MARGALITS, Ede (1990): Magyar közmondások és közmondásszerű szólások. Budapest.
O. NAGY, Gábor (1982): Magyar szólások és közmondások. Budapest.
O. NAGY, Gábor (1988): Mi fán terem? Magyar szólásmondások eredete. Budapest.
PALM, Christine (1997): Phraseologie. Eine Einführung. Tübingen.
PITTÁNO, Giuseppe (1982): Frase fatta capo ha. Dizionario dei modi di dire, proverbi e locuzioni. Milano.
RÖHRICH, Lutz (1991): Das große Lexikon der sprichwörtlichen Redensarten. Freiburg.
ZAHARIA, Casia (2004): Der „Deutsche" in der rumänischen Phraseologie und Parömiologie. In: FÖLDES, Csaba/WIRRER, Jan (Hrsg.): Phraseologismen als Gegenstand sprach- und kulturwissenschaftlicher Forschung. Baltmannsweiler. S. 431–444.

Lexikographische Aspekte

Monika Bielińska (Sosnoviec)

Behandlung der Phraseologismen im Umspann allgemeiner einsprachiger Wörterbücher. Kriterien der Evaluation

1 Einleitendes

Die lexikographische Behandlung der Phraseologismen lässt sich nur dann entsprechend beurteilen, wenn bei der Evaluation eine Reihe von Kriterien berücksichtigt wird. Neben der äußeren Selektion des Materials, der Anordnung der Phraseologismen in der Makrostruktur des Wörterbuchs, ihrer mikrostrukturellen Einordnung, der Verweis- und Zugriffsstruktur, den angewandten Notationsformen, der Qualität der Bedeutungsexplikationen, den Angaben zur morphosyntaktischen/transformationellen Defektivität des Phraseologismus sowie zu seinen Beschränkungen im Bereich der semantischen Verknüpfungspotenz u.a. zählen zu den zu bewertenden Aspekten auch die linguistische und die metalexikographische Behandlung der Phraseologismen in Rahmentexten. Ziel des Beitrags ist das letztgenannte Evaluationskriterium näher zu erklären.

Die Behandlung der Phraseologie im Umspann deutscher einsprachiger Wörterbücher wird u.a. von KORHONEN (2005; in *DUDEN Das große Wörterbuch der deutschen Gegenwartssprache*), KÜHN (2003; in Lernerwörterbüchern) und STANTCHEVA (1999; in acht Wörterbüchern verschiedenen Typs) thematisiert. Zahlreiche weitere Aufsätze beschäftigen sich mit der Lexikographie der Phraseologismen, sei es in allgemeinen oder phraseologischen Wörterbüchern, z.B. BURGER (1989), DOBROVOL'SKIJ (2002), FÖLDES (1996), GRÉCIANO (2005), HARRAS/PROOST (2002), KORHONEN (1990, 2002), STANTCHEVA (2002, 2003), WOTJAK/DOBROVOL'SKIJ (1996) u.v.a.

2 Fragenkatalog

Anhand der einschlägigen Literatur (siehe vor allem STANTCHEVA (1999) und ihre Präzisierung des von LINKE übernommenen Ausdrucks „phraseologisches Bewusstsein", KÜHN (2003) und KORHONEN (2005)) und der Rahmentexte allgemeinsprachiger Wörterbücher lässt sich ein – sicherlich noch ergänzungsbedürftiger – Katalog der Fragen zusammenstellen, die als Kriterien der Evaluation der Behandlung von Phraseologismen in Rahmentexten der

Wörterbücher gelten können (die Reihenfolge der Fragen ist nicht hierarchisch). Die Fragen betreffen mehrere Aspekte der lexikographischen Behandlung der Phraseologie im Umspann:

- den metalexikographischen Aspekt, der Informationen über das Wörterbuch umfasst (z.b. Angaben zu Selektionsverfahren, Notationstechniken etc.),
- den sprachtheoretischen Aspekt, der sich auf linguistische Informationen über den untersuchten Gegenstand – Phraseologie – bezieht, wobei es sich hier sowohl um Informationen für einen Laien, als auch um an Linguisten adressierte handeln kann,
- den Aspekt ‚Sprachbenutzung und Sprachwissen', d.h. die Vermittlung von Sprachkompetenz und Sprachwissen (was unter „Lernkomponenten des Wörterbuchs" subsumiert werden kann)

und schließlich

- die technische Seite der Wörterbuchbenutzung.

Es ist dabei jedoch nicht möglich, jede Frage eindeutig einem Einzelaspekt zuzuordnen.

Die Fragen werden aufgesplittert, weil es für die Zwecke der Analyse günstig ist, nur Ja/Nein-Antworten zu erhalten. Einige der Fragen bedürften aber noch weiterer Aufsplitterung, die hier aus Gründen der Übersichtlichkeit nicht vorgenommen wird.

Die als erste zu stellenden Fragen beziehen sich allgemein auf die Beschaffenheit des Umspanns und auf die konzeptionelle Seite der Behandlung der Phraseologismen im Wörterbuch.

1) Wird die Phraseologie und deren lexikographische Behandlung im Rahmenteil des Wörterbuches thematisiert?
2) Gibt es dort einen gesonderten Abschnitt zur Phraseologie?
3) Gibt es eine Zweiteilung der Umspanntexte?

Wichtig sind uns hier die Fragen, ob sich Texte mit Informationen zur Phraseologie getrennt an einen durchschnittlichen Benutzer und an einen ausgebildeten Linguisten wenden und ob die Benutzungshinweise bezüglich der Phraseologie nicht mit linguistischen und metalexikographischen Angaben vermischt sind, die für Fachleute bestimmt sind.

4) Entspricht der Genauigkeitsgrad der linguistischen und (meta)lexikographischen Beschreibung der Phraseologismen den Bedürfnissen des Textadressaten? Ist er also – unabhängig vom Vorhandensein der Mehrfachadressierung des Umspanns – adressatenangemessen?

5) Spiegelt die linguistische Beschreibung den im Erscheinungsjahr aktuellen Forschungsstand im Bereich der Phraseologie wider?

Es ist auch hier natürlich wichtig, dass die theoretischen Annahmen im Umspann dem entsprechen, was im Wörterverzeichnis unter den einzelnen Termini (wie ‚Phraseologismus', ‚Redensart', ‚Idiom' usw.) zu finden ist. Da dieser Aspekt aber die Grenzen des Umspanns und zwangsläufig der vorliegenden Analyse überschreitet, wird er in der unten stehenden Tabelle nicht berücksichtigt.

6) Spiegelt die Konzeption der lexikographischen Beschreibung der Phraseologismen den aktuellen Stand der Metalexikographie, darunter auch der Phraseographie wider?

Die weiteren Fragen betreffen die Gegenstandsbestimmung:

7) Werden die im Umspann verwendeten Termini (wie ‚Phraseologismus', ‚Redensart', ‚idiomatische Wendung' etc.) dort auch definiert?

8) Sind die Definitionen adressatenspezifisch/-angemessen?

Es gilt u.a. zu überprüfen, ob den verschiedenen Bedürfnissen von Laien und Linguisten Rechnung getragen wird, ob z.B. einem durchschnittlichen Wörterbuchbenutzer erklärt wird, worin der Unterschied zwischen einem Phraseologismus und einer freien Wortverbindung besteht und was aus diesem Unterschied für die lexikographische Behandlung und folglich für die Wörterbuchbenutzung (und -benutzer selbst) folgt. Wichtig ist auch, ob die Definitionen mit Beispielen versehen sind.

9) Enthält der Umspann eine Typologie der Phraseologismen mit entsprechender Terminologie sowie mit Angaben zur lexikographischen Behandlung der einzelnen Typen? Sind Beispiele zu den angeführten Typen eingebracht?

Weitere Punkte beziehen sich auf die generelle Frage, ob der Umspann den Benutzer darüber informiert, was ihm das Wörterbuch bietet.

10) Werden die Kriterien angegeben, nach denen das Sprachmaterial ausgewählt wurde, d.h. gibt es Informationen zur äußeren Selektion?

11) Werden Angaben über den Umfang der aufgenommenen Phraseologismen gemacht (ggf. mit Berücksichtigung ihrer diverser Typen)?

12) Befinden sich in dem Wörterbuch Angaben zur inneren Selektion, d.h. Angaben darüber, welche Informationen zu Phraseologismen es im Wörterverzeichnis und ggf. in den Einschüben wie im Umspann (letzteres betrifft vorwiegend einsprachige Lernerwörterbücher) enthält?

Gemeint sind damit solche Informationen wie Bedeutungserklärung, Etymologie, Modifikationen und Varianten, Beispiele, diastratische, diachronische etc. Markierung, Angaben zur Textsortenspezifik der Phraseologismen u.a.

sowie Angaben zur morphosyntaktischen/transformationellen Defektivität, unter letztgenannten Angaben zu Möglichkeiten der Passivbildung, Bildung der Tempusformen oder zur Negierbarkeit.

13) Entsprechen die obengenannten Angaben den strukturellen, semantischen und pragmatischen Eigenschaften unterschiedlicher Typen von Phraseologismen?

Wird also der Umstand beachtet, dass Phraseologismen keine homogene Gruppe bilden und nicht nach **einem** Muster beschrieben werden können (vgl. etwa die Anforderungen an die Beschreibung von Routineformeln und vollidiomatischen Phraseologismen)?

Die folgenden Punkte betreffen die Frage, ob der Umspann Informationen über den Zugriff zu Phraseologismen enthält, d.h. ob der Wörterbuchbenutzer nach Lektüre des Umspanns weiß, wo und wie er den gegebenen Phraseologismus finden kann.

14) Gibt der Umspann Aufschluss über die makrostrukturelle Anordnung der Phraseologismen, d.h. darüber, unter welchem Stichwort ein Phraseologismus im Wörterverzeichnis zu finden ist? Wird der Benutzer in die Lage versetzt, einen Phraseologismus effektiv, also bei minimaler Gefahr des Scheiterns einer Wörterbuchkonsultation, nachzuschlagen?

15) Gibt es Informationen über die mikrostrukturelle Einordnung der Phraseologismen?

16) Wird bei der mikrostrukturellen Einordnung zwischen den verschiedenen Typen der Phraseologismen unterschieden (z.B. zwischen vollidiomatischen und nicht idiomatisierten)?

Diese Frage wird nur für Phraseologismen gestellt, die nicht generell am Ende des Wörterbuchartikels oder in getrennten Einträgen stehen.

17) Hilft der Umspann dem Benutzer, Phraseologismen im Wörterbuchartikel schnell zu erkennen, d.h. gibt der Umspanntext an, ob und wie sie gekennzeichnet sind?

18) Wird explizit darauf eingegangen, dass verschiedene Typen von Phraseologismen unterscheidend markiert sind, also etwa mit ‚R' [Redensart], ‚in der Wendung' mit einer Raute o.ä. eingeleitet werden?

19) Wird der Benutzer über das im Artikelteil entwickelte Verweissystem informiert?

Es geht hier sowohl um die Verweise ‚Phraseologismus ohne Bedeutungserklärung' => ‚Phraseologismus mit Bedeutungserklärung', als auch um die Verweise zwischen zwei bzw. mehreren Phraseologismen mit Bedeutungserklärung („onomasiologisches Netz") und um die Verweise zwischen Einwortlexemen und Phraseologismen.

20) Enthält der Umspann ein Schema des Wörterbuchartikels (am besten auf dem vorderen Vorsatzblatt), das die lexikographische Erfassung und Beschreibung der Phraseologismen adäquat und überschaubar darstellt?

Die folgenden Punkte betreffen das Problem, ob und wie die Umspanntexte den Benutzer befähigen, die im Wörterbuch enthaltenen Informationen zu Phraseologismen zu rezipieren und folglich das Ziel der (i.S.v. WIEGAND (1998: 844–974) konfliktbedingten oder nichtkonfliktbedingten) Wörterbuchkonsultation zu erreichen?

Dabei ist zu beachten, ob der Benutzer davon in Kentnis gesetzt wird, welche Informationen ihm die Notationsform selbst liefert und welche Informationen der lexikographischen Beschreibung zu entnehmen sind.

Diesbezüglich wären folgende Fragen zu beantworten:

21) Werden die Notationstechniken erklärt? Wird dem Benutzer erklärt, wie man die festen Bestandteile des Phraseologismus, d.h. dessen Grundform erkennt, wie man einerseits die festen Komponenten von den fakultativen unterscheiden kann und andererseits die festgelegten Komponenten von den Variablen? Wird der Benutzer in die Lage versetzt, Objektsprachliches von Metasprachlichem zu unterscheiden?

22) Wird die Funktion der verwendeten Symbole, Abkürzungen, Klammern etc., also aller typographischen und nicht-typographischen Mittel erklärt?

23) Kann dem Umspann entnommen werden, welche Informationen die Morphosyntax der Grundform des Phraseologismus enthält, was bei der Benutzung des Wörterbuches als Hilfe beim produktiven Gebrauch von Phraseologismen von besonderem Belang ist?

Findet der Benutzer beispielsweise Antworten auf Fragen, wie: Wenn ein Phraseologismus in einer der Vergangenheitsformen aufgenommen wurde, bedeutet das, dass nur diese Form (und nicht das Präsens oder das Futur) korrekt ist? Bedeutet eine Negation in der Aufnahmeform des Phraseologismus, dass er eine obligatorische Negationskomponente enthält? Ist z.B. die 2. Person oder der Plural falsch, wenn das Verb als Komponente des Phraseologismus in der 3. Person Singular steht? usw.

24) Kann dem Umspann entnommen werden, welche Informationen bezüglich des Gebrauchs des Phraseologismus dessen Beschreibung im Wörterbuchartikel liefert?

Es handelt sich hier sowohl um die o.g. morphosyntaktischen Beschränkungen, als auch um die semantische Verträglichkeit des Phraseologismus mit der Umgebung (also um seine extrinsischen Merkmale) und pragmatische Aspekte des Gebrauchs (expressiver Wert, Textsortenspezifik etc.)

Die Analyse der Rahmentexte nach diesen Kriterien liefert präzise Informationen darüber, was der Umspann enthält. Ferner gilt es zu untersuchen, inwieweit die lexikographische Konzeption der analysierten Wörterbücher adäquat, d.h. adressatenangemessen und zielgerichtet ist und folglich, ob und in welchem Grade der Umspann die dargestellte Konzeption im Wörterverzeichnis auch tatsächlich realisiert.

3 Abschließende Bemerkungen

Die meisten Wörterbuchbenutzer lesen keine Umspanntexte. In Bezug auf den hier besprochenen Vorspann stellt LANDAU (2001: 148) sogar fest: "it is widely believed among lexicographers that no one reads it" [Hervorhebung – M.B.]. Diese Tatsache spricht jedoch keinesfalls dafür, dass den Texten auch seitens der Lexikographen keine Aufmerksamkeit geschenkt wird. Ganz im Gegenteil: zu Aufgaben der Wörterbuchautoren gehört u.a. eine eingehende Auseinandersetzung mit dem Problem der lexikographischen Behandlung der Phraseologismen und eine exakte Darlegung der ausgearbeiteten Arbeitsmethoden. Es ist ja zurecht anzunehmen, dass sich die Qualität der lexikographischen Konzeption in der Qualität der lexikographischen Beschreibung im Wörterverzeichnis deutlich niederschlägt.

Eine nach den oben vorgeschlagenen Kriterien durchgeführte Analyse der Rahmentexte könnte als ein erster Schritt zur ganzheitlichen Analyse der lexikographischen Behandlung der Phraseologie in allgemeinsprachigen Wörterbüchern betrachtet werden. Die Behandlung der Phraseologie im Umspann stellt dabei einen wichtigen Faktor und den Ausgangspunkt der Evaluation dar. Die Beschäftigung mit den einzelnen Aspekten der lexikographischen Beschreibung, nicht als Wörterbuchkritik verstanden, sondern eher als Wörterbuchpflege, kann wesentlich dazu beitragen, dass immer bessere Wörterbücher entstehen.

Literatur

BAŃKO, Mirosław (2001): Z pogranicza leksykografii i językoznawstwa. Warszawa.
BIELIŃSKA, Monika (2006): Lexikographische Behandlung der Phraseologismen in den Außentexten der Wörterbücher Deutsch als Fremdsprache. In: MIELCZAREK, Zygmunt (Hrsg.): Erinnerte Zeit. Festschrift für Lothar Pikulik zum 70. Geburtstag. Częstochowa. S. 233–253.
BRAASCH, Anna (1988): Zur lexikographischen Kodifizierung von Phrasemen in einsprachigen deutschen Wörterbüchern – aus der Sicht eines ausländischen Wörterbuchbenutzers. In: HYLDGAARD, Jensen Karl/ZETTERSTEN, Arne (Hrsg.): Symposium on Lexicography IV. Tübingen. S. 83–100.
BURGER, Harald (1989): Phraseologismen im allgemeinen einsprachigen Wörterbuch. In: HAUSMANN, Franz Josef/REICHMANN, Oskar/WIEGAND, Herbert Ernst/

ZGUSTA, Ladislav (Hrsg.): Wörterbücher/Dictionaries/Dictionnaires. Ein internationales Handbuch zur Lexikographie. Bd. 1 (HSK 5.1). Berlin/New York. S. 593–599.

BURGER, Harald (²2003/1998): Phraseologie. Eine Einführung am Beispiel des Deutschen. Berlin.

DOBROVOL'SKIJ, Dmitrij (2002): Phraseologismen im *de Gruyter Wörterbuch Deutsche als Fremdsprache*. In: WIEGAND, Herbert Ernst (Hrsg.): Perspektiven der pädagogischen Lexikographie des Deutschen II. Untersuchungen anhand des *de Gruyter Wörterbuchs Deutsch als Fremdsprache*.Tübingen. S. 363–374.

FÖLDES, Csaba (1996): Gesucht... und gefunden? Idiomlexika und Deutsch als Fremdsprache. In: Fremdsprache Deutsch 15. S. 64–67.

GRÉCIANO, Gertrud (2005): Phraseographische Prioritäten, erfüllt und unerfüllt. In: GOTTLIEB, Henrik/MOGENSEN, Jens Erik/ZETTERSTEN, Arne (Hrsg.): Symposium on Lexicography XI. Tübingen. S. 59–71.

HARRAS, Gisela/PROOST, Kristel (2002): Strategien der Lemmatisierung von Idiomen. In: Deutsche Sprache 2. S. 167–183.

KORHONEN, Jarmo (1990): Zur (Un-)Verständlichkeit der lexikographischen Darstellung von Phraseologismen. In: MAGAY, Tamás/ZIGÁNY, Judit (Hrsg.): BudaLEX '88 Proceedings. Papers from the 3rd International EURALEX Congress, Budapest, 4–9 September 1988. Budapest. S. 197–206.

KORHONEN, Jarmo (2002): Zur Einrichtung der Phraseologiekomponente von Wortartikeln in einsprachigen Wörterbüchern des Deutschen. In: WIESINGER, Peter (Hrsg.): Akten des X. Internationalen Germanistenkongresses Wien 2000. „Zeitenwende – Die Germanistik auf dem Weg vom 20. ins 21. Jahrhundert". Bd. 2: Entwicklungstendenzen der deutschen Gegenwartssprache – Lexikologie und Lexikographie, Frankfurt a.M. [u.a.]. S. 365–371.

KORHONEN, Jarmo (2005): Phraseologismen im GWDS. In: WIEGAND, Herbert Ernst (Hrsg.): Untersuchungen zur kommerziellen Lexikographie der deutschen Gegenwartssprache II. Tübingen. S. 109–128.

KÜHN, Peter (2003): Phraseme im Lexikographie-Check: Erfassung und Beschreibung von Phrasemen im einsprachigen Lernerwörterbuch. In: Lexicographica 19. S. 98–118.

LANDAU, Sidney I. (2001): Dictionaries. The Art and Craft of Lexicography. Cambridge.

STANTCHEVA, Diana (1999): Zum Stellenwert der Phraseologie im einsprachigen deutschen Bedeutungswörterbuch des 20. Jahrhunderts. In: Linguistik online 3, 2/99. http://www.linguistik-online.de/2_99/stantcheva.html (gesehen am 9.11.2006).

STANTCHEVA, Diana (2002): Tradition und/oder Dynamik in der Kennzeichnung von Phraseologismen im allgemeinen einsprachigen Wörterbuch des Deutschen. In: KRAMER, Undine (Hrsg.): Archaismen, Archaisierungsprozesse, Sprachdynamik. Klaus-Dieter Ludwig zum 65. Geburtstag. Frankfurt a.M. [u.a.]. S. 263–296.

STANTCHEVA, Diana (2003): Phraseologismen in deutschen Wörterbüchern. Ein Beitrag zur Geschichte der lexikographischen Behandlung von Phraseologismen im allgemeinen einsprachigen Wörterbuch von Adelung bis zur Gegenwart. Hamburg.

STEFFENS, Doris (1989): Untersuchung zur Phraseologie der deutschen Gegenwartssprache unter lexikographischem Aspekt. In: Beiträge zur Erforschung der deutschen Sprache 9:1. S. 79–93.

WIEGAND, Herbert Ernst (1998): Wörterbuchforschung. Untersuchungen zur Wörterbuchbenutzung, zur Theorie, Geschichte, Kritik und Automatisierung der Lexikographie. 1. Teilband. Berlin/New York.

WOTJAK, Barbara/DOBROVOL'SKIJ, Dmitrij (1996): Phraseologismen im Lernerwörterbuch. In: BARZ, Irmhild/SCHRÖDER, Marianne (Hrsg.): Das Lernerwörterbuch Deutsch als Fremdsprache in der Diskussion. Heidelberg. S. 243–264.

Axel Heinemann (Salzburg)

Le traitement métalexicographique des unités phraséologiques dans les dictionnaires du XVIIe au XIXe siècle

1 Introduction

> Le discours lexicographique n'est pas neutre, il véhicule un contenu culturel, il émet des jugements de condamnation ou de valorisation qui s'expriment par rapport à une norme linguistique et culturelle qui prend pour référence l'univers langagier de la culture dominante. (GIRARDIN 1987: 76).

Le but de cette communication est de montrer l'efficacité dictionnairique d'un échantillon de dictionnaires qui s'échelonnent du XVIIe au XIXe et dont chacun caractérise de manière décisive son siècle. Il s'agit pour le XVIIe siècle, ou plus précisément pour la fin du XVIIe siècle, des trois grands dictionnaires de langue monolingues en français, à savoir du *Dictionnaire françois (contenant les mots et les choses [...])* de RICHELET (1680), du *Dictionnaire Universel (contenant généralement tous les Mots françois tant vieux que modernes, et les Termes de toutes les Sciences et des Arts [...])* FURETIERE (1690), et du *Dictionnaire de l'Académie françoise* (1694).

En ce qui concerne le XVIIIe siècle, on a pris à titre d'exemple le Dictionaire Critique de FERAUD (1787) et le Dictionnaire Universel François et Latin [dit de Trévoux], contenant la signification et la definition [sic] tant des mots de l'une & de l'autre langue [...] (1743–52) ; pour le XIXe siècle on présentera un monument lexicographique, à savoir le Dictionnaire de la langue française [...] (1863–1877) LITTRE. L'article que nous proposons se divise en deux parties. Dans la première partie sera présentée brièvement la genèse des différents dictionnaires, la deuxième partie expliquera à partir d'un échantillon d'unités phraséologiques la méthode métalexicographique (système des renvois, répartition des unités phraséologiques, indicateurs du statut phraséologique, etc.) des dictionnaires susmentionnés tout en mettant en relief les traits communs et les différences dans cette procédure.

2 Le Dictionnaire françois de RICHELET (1680), le Dictionnaire universel de FURETIERE (1690) et le Dictionnaire de l'Académie Françoise

2.1 Le Dictionnaire françois

Tandis que les langues italienne et espagnole disposent dès 1612 (Crusca) et 1611 (Covarrubias) de leur premier dictionnaire entièrement monolingue, la France n'aura le sien qu'en 1680 avec le *Dictionnaire françois* de RICHELET. Et ce pour plusieurs raisons: premièrement, comme on le sait, COLBERT poursuivaient une politique repressive à l'égard du travail intellectuel, dont RICHELET a été victime; deuxièmement, l'Académie bénéficiait d'un scandaleux privilège qui interdisait toute production lexicographique monolingue de 1674 à 1714; RICHELET a donc été contraint de faire paraître son *Dictionnaire* à l'étranger, plus précisément à Genève, d'où il a été introduit clandestinement en France.

L'auteur du *Dictionnaire françois* dépasse les dictionnaires de son temps pour avoir introduit la pratique du marquage lexical dans le domaine de la lexicographie.

2.2 Le Dictionnaire universel

FURETIERE (1619–1688) a édité son *Dictionnaire universel* sous la direction de BAYLE. Bizarrement, l'auteur est beaucoup plus connu pour la querelle qu'il eut avec l'Académie française pour – à ce qu'on disait – avoir utilisé, falsifié et plagié le matériel lexical élaboré par la Compagnie. Cette querelle conduisit à la condamnation de FURETIERE et à son exclusion de l'Académie Française, de sorte que le *Dictionnaire Universel*, lui aussi, parut à l'étranger, en Hollande, malheureusement deux ans (1690) après la mort de son auteur.

Avec BRAY (1990: 1800) on sait que cette *Encyclopédie de Langue Françoise* la personne de FURETIERE n'ont été redécouvertes qu'après les travaux des WEY (1852) et d'ASSELINEAU (1858–1859). FURETIERE attache une grande importance à la description des technolectes comme nous l'apprenons de la part de BAYLE dans la préface du dictionnaire en question:

« C'est dans le termes affectez aux Arts, aux Sciences, & aux professions, que consiste le principal." (BAYLE, apud préface du *Dictionnaire universel*, **2v°).

2.3 Le Dictionnaire de l'Académie Framçoise

Le *Dictionnaire de l'Académie Françoise,* dont le travail rédactionnel remonte à 1639 (!) ne paraît qu'en 1694. Ce répertoire a pour but principal la description et l'explication « de la langue comune, telle qu'elle est dans le commerce ordinaire des honnestes gens, & telle que les Orateurs et les Poëtes l'employent » (Préface).

La nouveauté et la particularité de ce dictionnaire proviennent de l'abandon de l'agencement alphabétique de la macrostructure pour classer celle-ci par ordre morphosémantique:

> On a jugé qu'il seroit agreable & instructif de disposer le Dictionnaire par Racines [...] Dans cet arrangement de Mots, on a observé de mettre les Derivez avant les Composez, & de faire imprimer en gros Caracteres les mots Primitifs comme les Chefs de famille de tous ceux qui en dependent, ce qui fait qu'on ne tombe guères sur un de ces mots Primitifs qu'on ne soit tenté d'en lire toute la suite, parce qu'on voit [...] l'histoire du mot, & qu'on en remarque la Naissance & le Progres [...] (Préface).

L'Académie, elle, se proposait non seulement de décrire mais de prescrire le bon usage de la langue française.

3 Les XVIIIe et XIX siècles: TREVOUX, FERAUD et le LITTRE

3.1 Le Dictionnaire de TREVOUX

Le *Dictionnaire universel françois et latin, vulgairement appelé de TREVOUX* – son nom est dérivé de la petite ville de Trévoux située au nord de Lyon[1] – paraît pour la première fois en 1704. Il s'agit alors d'un plagiat grave de la deuxième édition du *Dictionnaire Universel* de FURETIERE élaboré par BASNAGE DE BEAUVAL qui a été copiée jusqu'aux fautes. Ainsi GOUJET (1740: 243) nous en dit dans la *Bibliotheque françoise*:

> La vérité est cependant, que c'est le même dictionnaire qu'on avoit imprimé à Roterdam, & qu'il n'y manque que le nom de l'abbé Furetiere & celui de M. Basnage. Celui-ci s'en plaignit vivement dans son histoire des ouvrages des Savans. Il montra par le détail que ce n'est pas seulement un seul & même ouvrage en substance, ni à l'égard des mots en général, mais littéralement, & copié mot à mot, jusqu'aux fautes d'impression: Que tout y est semblable: méthode, orthographe [sic], exemples [...].

Pour le présent travail, on a donc choisi la quatrième édition de 1743–1752 qui est à la charnière entre les dictionnaires de la fin du XVIIe siècle susmentionnés et le paysage lexicographique du XIXe siècle. Cette édition trévoltienne « porte avec plus de justice [que nul autre] le titre de *Dictionnaire Universel* », car « il est certain qu'il embrassa universellement tout ce qui a

---

[1] Cette dénomination n'a même pas été changée alors que le lieu de publication n'était plus TRÉVOUX mais Paris.

quelque rapport à la Langue & qu'il n'exclut que les faits purement historiques » (Préface).

3.2 Le *Dictionaire* [sic] *Critique* de Jean-François FERAUD

« La place du *Dictionaire Critique* de FERAUD est véritablement éminente dans la lexicographie de langue du XVIIIe siècle, en France et à l'exception de Johnson, en Europe; et il est plus <moderne> que nul autre. » (REY 1987: 15).

En effet, dans son *Dictionaire Critique* de 1787 FERAUD rompt avec la pratique métalexicographique de ses devanciers tels RICHELET, FURETIERE, etc., qui mirent le lexique en simples paragraphes sériels; l'efficacité dictionnairique féraldienne consiste en une consultabilité et lisibilité plus faciles de la microstructure à laquelle l'auteur confère une plus grande cohérence textuelle, tel un texte codifié. L'utilisateur y trouve pour la première fois l'indication systématique de la prononciation.

3.3 Le Dictionnaire de la langue française d'Émile LITTRE

Le *Dictionnaire de la langue française* d'Émile LITTRE est publié pour la première fois entre 1863 et 1877. Selon REY (1990: 1819) 'le Littré' est à la fois un aboutissement et un point de départ. L'originalité du dictionnaire littréen se révèle par le fait que, d'une part, l'auteur n'amasse pas simplement le vocabulaire comme ses devanciers en matière (méta)lexicographique, mais qu'il essaie de le trier plus judicieusement. Néanmoins, LITTRE remonte chronologiquement beaucoup en arrière et par là surcharge son dictionnaire quand il nous dit dans la préface:

> Une autre source de mots très abondante serait fournie par les auteurs du seizième siècle, du quinzième, et même par les auteurs antérieurs, s'il était possible d'y puiser sans réserve. Mais ici la plus grande discrétion est commandée; ce qui est tout à fait mort doit être abandonné. Cependant, dans ce riche amas de débris, il n'est pas interdit de choisir quelques épaves qui peuvent être remises dans la circulation, parce que les termes ainsi restitués ne choquent ni l'oreille ni l'analogie, et qu'il se comprennent d'eux-mêmes.[2]

Une autre innovation par rapport aux dictionnaires du XVIIe et XVIIIe siècles concerne la lemmatisation des préfixes et suffixes dans le *Dictionnaire de la langue française* même si l'auteur ne l'applique pas systématiquement.

---

[2] Cité également par GOSSE (1983: 360).

4   Le traitement métalexicographique des unités phraséologiques[3]

Bien qu'attestées, bon nombre des unités phraséologiques que nous avons pris en considération pour notre analyse métalexicographique ne sont pas lemmatisées dans tous les dictionnaires étudiés. C'est p.ex. le cas de l'entrée *jeter son bonnet par-dessus les moulins* (3) que ni RICHELET, ni FURETIERE, ni TREVOUX n'enregistrent. Se joignent à ce groupe les mots vedettes *ne pas y aller par quatre chemins*, attesté dès 1656, (7 [s.v. chemin]), *tenir à qc/qn comme à la prunelle de ses yeux* (9) (1306, Joinville), *loin des yeux, loin du cœur* (vers 1330) (11), *mâcher à vide* (12) ainsi que *de fil en aiguille* (15) qu'on cherche tous en vain dans le *Dictionnaire françois* de RICHELET. Pour ce qui est de ces lexèmes dans les autres dictionnaires, il y a toute une gamme de marques diasystématiques allant de *se/on dit proverbialement* à l'entrée *ne pas y aller par quatre chemins* (FUR 1690, AC 1694, TREV 1743–1752), en passant par *style familier* (FER 1787 dans la même entrée), *familièrement* (LITTRE 1863–1877), *fig.[urément], st.[yle] familier* (au lemme *tenir à qc/qn comme à la prunelle de ses yeux* (9), dans le *Dictionaire Critique* de FERAUD) et *proverbe* (dans le *Dictionnaire de la langue française* d'Emile LITTRE) en ce qui concerne le lemme *loin des yeux, loin du cœur*.

Ces exemples montrent donc que le système de marquage est loin d'être généralisé! Dans cet ordre d'idées, il est intéressant de noter que plus de 100 ans après RICHELET, FERAUD est le seul à ne pas enregistrer l'unité phraséologique *il faut que jeunesse se passe* (1), ce qui signifie – selon LITTRE (p.ex.) – « qu'on a bien de la peine à modérer ses passions ».

Prenons l'entrée *cœur*, où se trouve le sous-lemme *se ronger le cœur* (i.e. 's'afliger, se tourmenter'): Seuls FURETIERE et TREVOUX ne l'enregistrent pas, les autres le lemmatisant certes, mais sans pour autant spécifier son caractère phraséologique; seule exception: le *Dictionnaire françois* de RICHELET, qui le marque doublement, à savoir, d'une part, explicitement en écrivant « ce mot entre encore figurément » et d'autre part, typographiquement par l'astérisque dont on parlera tout à l'heure. FERAUD remarque vaguement dans son *Dictionaire Critique* que « ce mot entre dans beaucoup d'expressions », tandis que le *Dictionnaire de l'Académie françoise* de 1694 ainsi que le *Dictionnaire Universel François et Latin, vulgairement appelé Dictionnaire de Trévoux* se passent de tout marquage diasystématique. La même chose vaut par exemple pour les entrées (8) *ne pas y aller de main morte* 'frapper (et, abstraitement, agir, intervenir, etc.) violemment', que RICHELET lemmatise sous la forme courante au XVIIe siècle *ne toucher pas de main morte* tout en le renvoyant au figuré par l'étoile [astérisque] et (12) *mâcher à vide* qui exprime l'idée « que

---

[3]   Pour les exemples commentés nous renvoyons le lecteur au tableau synoptique à fin de notre étude.

quelqu'un n'a de quoi vivre ou qu'il n'a pas de la besogne pour travailler & gagner sa vie » (TREVOUX, s.v. *mâcher*). La deuxième entrée (12) est dépourvue de marque diasystématique dans les dictionnaires de l'Académie française, de FERAUD et de LITTRE, FURETIERE et TREVOUX le qualifiant de proverb(ial), la première (8) est enregistrée sans indication métalexicographique dans le *Dictionnaire Universel* de 1690 ainsi que dans ceux de l'Académie Française et de TREVOUX, tandis que le lecteur qui consulte le *Dictionaire Critique* de FERAUD et/ou le *Dictionaire de la langue française* de LITTRE apprend qu'il s'agit d'une sous-entrée de caractère proverbial (cf. FER en style proverbial, LIT: proverbe).

Ce qui étonne c'est de ne trouver pas moins de 15 entrées sur 105 au total où l'unité phraséologique est lemmatisée sans marque diasystématique.

Que dire du statut de l'expression *faire la figue* (2) dont on s'attendrait à ce qu'elle soit marquée diastratiquement ou diaévaluativement pour sa valeur sexuelle. *Faire la figue à quelqu'un*

> est une locution obscène, empruntée au XIIIe siècle aux langues romanes (italien et espagnol), à la fois en occitan et en français. Elle est courante à la Renaissance (par ex.: Rabelais, Montaigne) et représente la traduction verbale d'un geste culturel de mépris (la plupart de ces gestes ayant une valeur sexuelle ou scatologique). (*Appeler les figues figues* [...] cf. *appeler un chat un chat* est une allusion à ce sens.). (cf. REY/CHANTREAU 1994: 363)

Certes, les 6 dictionnaires examinés l'enregistrent, mais seul FERAUD marque cette unité diatextuellement en indiquant une source littéraire valable de La Fontaine (la fable de la *Chauve-souris*), qui lui de par son prestige ne prête pas aux associations répréhensibles dans l'accès scientifique à la sexualité de l'homme: « Plusieurs se sont trouvés, qui d'écharpe changeans *Aux* dangers, ainsi qu'elle, *ont* souvent *fait la figue*. Cette maxime n'est ni sage, ni honête. – Cette expression me paraît bâsse et populaire. L'*Acad.* dit qu'elle est du style fam. »

Pourtant, FERAUD « condamne » cette unité phraséologique par un double marquage diaévaluatif et diastratique (« cette expression *me* paraît basse et populaire ») tout en validant son jugement par le renvoi à l'Académie Française qui elle aussi – cependant seulement à partir de la seconde édition de 1718 – qualifie l'expression de style familier. Ce double marquage s'effectue également dans les dictionnaires de FURETIERE et de TREVOUX qui spécifient la notion de proverbe en renvoyant – diaintégrativement – à l'étymologie.

Bien qu'attesté depuis 1694 dans le *Dictionnaire de l'Académie françoise*, ce dernier ne marque pas l'entrée comme *locution*, mais se contente d'écrire simplement « on dit prov.[erbialement] », tandis qu'on ne trouve le terme de *locution* que presque 180 ans après cette première attestation dans le dictionnaire d'Émile LITTRE.

Une dernière catégorie du travail métalexicographique, si je puis dire (car ce ne sont que les débuts d'un système de marquage diasystématique) ne concerne cette fois que le dictionnaire de RICHELET. Dans le domaine du français moderne, l'auteur est l'un des premiers lexicographes à signaler les restrictions d'emploi des lexèmes qu'il enregistre par des signes spéciaux tels la croix †, l'étoile et la croix ou vice-versa la croix et l'étoile. Quant à ces signes spéciaux, RICHELET nous dit dans ses *EXPLICATIONS DES MARQUES QU'ON a mises aux Mots, & des accens dont on les a marquez*:

> La croix † qui est vis à vis du mot, ou de la façon de parler veut dire que le mot ou la façon de parler n'ont proprement leur usage que dans le stile simple, dans le comique, le burlesque, ou le satirique. Mais lorsqu'on trouve à côté du mot, ou de la phrase une étoile & une croix, ou une croix & une étoile, *†, ou †*, cela signifie que le mot ou la façon de parler se prennent figurément, mais qu'ils n'ont cours que dans le stile le plus simple, comme dans les vaudevilles, les rondeaux, les épigrammes, & les ouvrages comiques. Et L'E'toile * qu'on met à côté d'un mot, ou d'une phrase montre que le mot, ou la phrase sont au figuré, & lorsqu'il n'y a nule marque au côté du mot, ou de la phrase, c'est à dire que le mot, ou la phrase sont dans le sens propre.

Plusieurs entrées en témoignent: le double marquage typographique par la croix et l'astérisque ou vice versa accompagne l'unité phraséologique *il y a un peu de jeunesse en cela* (1), *faire la figue* (2), dont on parlait tout à l'heure, et *tirer le diable par la queue* (4). Pour ce qui est de l'unité phraséologique *avoir un coup de hache* (5), i.e. « *c'est à dire, être un peu fou* », il est intéressant de voir que la marque typographique change selon la sous-lemmatisation: à l'entrée *coup*, l'utilisateur du dictionnaire trouve la marque typographique simple (par astérisque *), associée à un commentaire métalexicographique explicite: « ce mot entre dans plusieurs façons de parler proverbiales & figurées », au mot vedette *hache*, en revanche, RICHELET met la marque typographique double par la croix et l'étoile sans commentaire explicite supplémentaire.

5 En guise de conclusion

Même si le corpus ci-dessous n'est que partiel et que la liste des unités phraséologiques ici étudiées du point de vue métalexicographique pourrait facilement être élargie, l'impression générale qui en ressort ne laisse aucun doute: le système de marquage est loin d'être généralisé et on peut souvent constater le glissement vers un discours lexicographique continu pour contextualiser les mots vedettes et par là (pouvoir) compenser la vaste gamme de marques diasystématiques non seulement au niveau *inter*dictionnairique mais *intra*dictionnairique.

Bibliographie

ASSELINEAU, Charles (1858/1859) (ed.): Recueil des Factums d'Antoine Furetière, de l'Académie françoise, contre quelques-uns de cette Académie, suivi des preuves et piéces historiques données dans l'édition de 1694. 2 tomes. Paris.

BRAY, Laurent (1990): La lexicographie française des origines à Littré. In: HAUSMANN, Franz-Josef et al. (eds.): Wörterbücher. Dictionaries. Dictionnaires. Ein internationales Handbuch zur Lexikographie. An International Encyclopedia of Lexicography. Encyclopédie internationale de lexicographie. Zweiter Teilband/ Second Volume/Tome second. Berlin/New York. p. 1788–1818.

FERAUD, Jean-François (1787): Dictionaire critique de la Langue Française, par M. l'abbé FERAUD, Auteur du Dictionnaire Gramatical, dédié à Monseigneur de BOISGELIN, Archevêque d'Aix, &c. l'un des Quarante de l'Académie Française, &c. [A] Marseille. Trois tomes: Tome premier: $A - D$. Tome second: $E - M$. Tome troisième: $O - Z$. Reproduction fac-simile, avec une préface de Philippe CARON et Terence Russon Wooldridge. Tübingen. (Lexicographica/Series Maior ; 51). [FER 1787]

FURETIERE: Le dictionnaire universel d'Antoine FURETIERE, préfacé par Pierre BAYLE; Illustré par CALLOT, Abraham BOSSE et les plus grands graveurs du XVIIe, choisis par Claude HELFT, précédé d'une biographie de son auteur et d'une analyse de l'ouvrage par Alain REY. Suivi d'un index thématique, et d'un index des principaux auteurs cités. 3 vol. T. 1: $A - D$. T. 2: $E - O$. T. 3: $P - Z$. Paris 1978. [FUR 1690]

GIRARDIN, Chantal (1987): Système des marques et connotations sociales dans quelques dictionnaires culturels français. In: Lexicographica 3. p. 76–102.

GOSSE, André (1983): Le choix des mots et des exemples dans le dictionnaire de Littré. In: ROGER, Jacques (ed.): Actes du Colloque Littré. Paris, 7–9 octobre 1981. Paris. p. 357–366.

GOUJET, Abbé Claude-Pierre (1740): Bibliotheque françoise, ou Histoire de la littérature françoise. Paris. p. 230–248.

GOUJET, Abbé Claude-Pierre (~1785–1805): Suplément du Dictionaire Critique de la langue française, publié par le G.E.H.L.F. 3 vol. I (1987): A-D. II (1988): E-O. III (1988): P-Z. [Reproduction en fac-similé du ms inédit (9782859290306). Paris 1987-1988, (Collection de l'École normale supérieure de jeunes filles 37).

Le Dictionnaire de l'Académie françoise, dédié au Roy. 2 vol. Paris. [AC 1694]

LITTRE, Maximilien-Paul-Émile (1863–1877): Dictionnaire de la langue française, contenant: 1° Pour la nomenclature: tous les mots qui se trouvent dans le dictionnaire de l'Académie française, et tous les termes usuels des sciences, des arts, des métiers et de la vie pratique [...], 3° Pour la signification des mots: les définitions, les diverses acceptions rangées dans leur ordre logique, avec de nombreux exemples tirés des auteurs classiques et autres [...], 4° Pour la partie historique: une collection de phrases appartenant aux anciens écrivains, depuis les premiers temps de la langue française jusqu'au seizième siècle, et disposées dans l'ordre chronologique. 4 vol. [1863–1873] + Supplément [1877]: Supplément au Dictionnaire de la langue française, suivi d'un dictionnaire étymologique de tous les mots d'origine orientale. Paris 1863–1877. [LIT 1863–1877]

REY, Alain (1987): Préface. In: Groupe d'étude en histoire de la langue française (G.E.H.L.F.) (ed.): Études critiques sur Féraud lexicographe. Tome 1. Paris. p. 9–15.

REY, Alain (1990): La lexicographie française depuis Littré. In: HAUSMANN, Franz-Josef et al. (eds.): Wörterbücher. Dictionaries. Dictionnaires. Ein internationales Handbuch zur Lexikographie. An International Encyclopedia of Lexicography. Encyclopédie internationale de lexicographie. Zweiter Teilband/Second Volume/ Tome second. Berlin/New York. p. 1818–1843.

REY, Alain/CHANTREAU, Sophie (1994): Dictionnaire des expressions et locutions. Paris. (les Usuels).

RICHELET (1970): Dictionnaire françois: Contenant les mots et les choses: plusieurs nouvelles remarques sur la langue françoise; ses expreßions [sic] propres, figurées [et] burlesques, la prononciation des mots les plus difficiles, le genre des noms, le regime des verbes; avec les termes les plus connus des arts [et] des sciences; le tout tiré de l'usage et des bons auteurs de la langue françoise. Réimpression de l'édition de Genève 1680. 2 vol. Genève. [RICH 1680]

TREVOUX (1704): Dictionnaire universel françois & latin, contenant la signification et la definition tant des mots de l'une & de l'autre langue, avec leurs differens usages: que des termes propres de chaque éstat [sic] & de chaque profession. La description de toutes les choses naturelles et artificielles; leurs figures, leurs especes, leurs usages et leurs proprietez. L'explication de tout ce que renferment les Sciences et les Arts, soit Libéraux ou mechaniques, […]. 3 tomes, tome 3 en deux parties. Trévoux (s.n.) 1704 [2e éd. 1721 (5 vol.), 3e éd. 1732, 1734, 1740 (5 vol.), 4e éd. 1743 (5 vol.), 5e éd. 1752 (7 vol.), 6e éd. 1771 (8 vol.)]. [TREV]

WEY, Francis (1852): Antoine Furetière. Sa vie, ses œuvres, ses démêlés avec l'Académie française. In: Revue contemporaine II (Juin/Juillet). p. 594–618; III (Août/Septembre). p. 49–78.

Joanna Konieczna (Krakau)

Zur lexikographischen Darstellung mehrwortteiliger Einheiten in einem bilingualen Fachwörterbuch

1 Mehrwortverbindungen als syntagmatische Einheiten

Das Interesse der vorliegenden Untersuchung richtet sich auf die Methodologie der lexikographischen Darstellung mehrwortteiliger Einheiten im bilingualen Fachwörterbuch. Die Beispiele, die zur Veranschaulichung der einzelnen Punkte des hier erörterten Problems herangezogen werden, stammen aus dem bilingualen *Wörterbuch der Wirtschaftssprache. Bankwesen. Finanzen. Recht* von KIENZLER (2004, im Weiteren: WW).

Die Untersuchung zielt darauf, die Konzeption des genannten Nachschlagewerks zu ermitteln. Diese Konzeption soll der Prüfung unterzogen werden, inwieweit die hier angewandte Darstellungs- und Bearbeitungspraxis den Bedürfnissen des aktiven Gebrauchs der Fachlexik im kontrastiven Umgang mit Fachtexten entgegenkommt. Um dieser Frage auf den Grund zu gehen, sollten die Eigenschaften der Lemmata im genannten Fachwörterbuch ermittelt werden.

Den Großteil der Lemmata im WW bilden mehrwortteilige Einheiten, deren Bedeutung meist die Summe von Bedeutungen der einzelnen Lexeme ist, die jedoch – im Unterschied zu freien Wortverbindungen – einen hohen Grad der Festigkeit in der Fachsprache aufweisen. Dieser Zustand liegt in der Art der fachsprachlichen Formulierungen begründet. Der Sachlichkeit halber verzichtet nämlich die Fachsprache auf eine bildhafte Ausdrucksweise, was den Gebrauch von Phraseologismen zwar beschränkt jedoch nicht ausschließt. Dies sollte aber nicht damit gleichgestellt werden, dass Phraseologismen in der Fachsprache nicht gebraucht werden. Immerhin sind die meisten polylexikalen, in der Wirtschaftssprache anzutreffenden Einheiten, fachsprachliche Kollokationen, die bei BERGENHOLTZ/TARP (1994: 400f.) als „Mehrwortverbindungen" bzw. „Mehrworttermini" definiert werden.

WILSS behandelt die Mehrwortverbindungen im Kontext der Adjektiv/Substantiv-Kollokationen. Sie werden vom Sprachbenutzer „formal (syntagmatisch) und funktional (semantisch und pragmatisch), einzeltext- und textbezogen" erfasst (WILSS 1997: 73ff.). Diese verfestigten Bedeutungsgefüge, die „nur ein Minimum an syntaktischer Aktivität" verlangen, verhelfen bei der Bildung „griffige[r] Formulierungen", wie: *leistungsfähige Wirtschaft, serienreife Produktion, preisgünstiges Angebot, kostenintensiver Betrieb, strukturschwache Region, inflationssichere Wirtschaft, europasichere Währung* (Beispiele nach WILSS ebd.).

Unter der Bezeichnung *mehrwortteilige Einheiten* verstehe ich zur Terminologie gewordene sprachliche Gebilde, die als komplexe Sinneinheiten fungieren (vgl. WILSS ebd.) und den Status der Lexikalisierung besitzen. Mit meiner Untersuchung beabsichtige ich die Ermittlung eines der Aspekte der lexikographischen Praxis, nämlich die Integration dieser Einheiten in die Makrostruktur des Wörterbuches sowie ihre Semantisierung. Ferner soll im Anschluss an BERGENHOLTZ aufgezeigt werden, wie das Wörterbuch bei der Semantisierung dieser Einheiten vorfährt. BERGENHOLTZ geht davon aus, dass die Fachwörterbücher nicht nur die Aufgabe haben, „Fachwörter anzuführen, sondern [sie] sollten sie auch in ihrem fachlichen Zusammenhang erklären und demonstrieren" (BERGENHOLTZ 1994: 54).

Die Untersuchung wird unter dem Aspekt der Benutzerfreundlichkeit durchgeführt, wobei als Benutzungssituation die Übersetzung von Fachtexten angenommen wird. Diese Perspektive gewährt es, die Anpassung des WW an den aktiven Sprachgebrauch zu beobachten.

Zum Ausgangspunkt habe ich in meiner Untersuchung jeweils den deutschen Wörterbuchteil genommen, was durch die zwei der möglichen Benutzungssituationen bestimmt wird: Übersetzung von einem polnischen Wörterbuchbenutzer bzw. Rezeption eines Fachtextes mit Deutsch als Ausgangssprache. Bei der ersten von den bereits genannten Benutzungssituationen muss die Relevanz einer präzisen äquivalenten Angabe mit ihrer morphosyntaktischen Beschreibung in den zu vergleichenden Sprachen hervorgehoben werden.

2   Mehrwortverbindungen als Lemmata

Ich möchte das Thema, das diesem Beitrag zugrunde liegt, mit der Frage nach der Lemmatisierungspraxis im WW beginnen. Die Analyse hat deutlich gemacht, dass es ein Substantiv ist, das als Schlüsselwort fungiert. Das hier Gesagte möchte ich am Beispiel des Wörterbuchartikels zum Lexem *Bilanz* veranschaulichen. Im deutschen Teil sind fünf Kollokationen verzeichnet, die jeweils eine Verbindung Substantiv im Akkusativ und Verb darstellen:

1)   die Bilanz aufstellen;

2)   die Bilanz fälschen;

3)   die Bilanz frisieren;

4)   die Bilanz prüfen;

5)   die Bilanz ziehen.

Zu einem anderen Ergebnis kommt der Wörterbuchbenutzer, für den das Polnische die Ausgangssprache ist und der den Wörterbuchartikel zum polnischen Lexem *bilans* konsultiert. Außer den bereits angegebenen Kollokationen sind im Wörterbuch weitere Ausdrücke verzeichnet, die aufgrund des Merkmals pragmatische Stabilität (vgl. LASKOWSKI 2003: 36) als feste Wortverbindungen gelten:

6) *naciągnąć bilans (die Bilanz frisieren);*
7) *sfałszować bilans (die Bilanz fälschen);*
8) *sprawdzić bilans (die Bilanz prüfen);*
9) *sporządzić bilans (die Bilanz aufstellen / ziehen);*
10) *zamknąć bilans z deficytem (mit einem Verlust abschließen);*
11) *zamknąć bilans ze stratą (mit einem Verlust abschließen);*
12) *zamknąć bilans z zyskiem (aktiv abschließen);*
13) *zamknąć bez zysków i strat (break even).*

Die Angabe der Wortverbindungen im Wörterbuch in der Form, wie es bereits dargestellt wurde, ist als reine Auflistung anzusehen. Ein Nachteil dieser Methode ist, dass dabei keine Unterscheidung zwischen Kollokationen, wie z.B. *Bilanz aufstellen* und einem Phraseologismus, z.B. *Bilanz ziehen,* die einen anderen pragmatischen Inhalt vermitteln, gemacht wird. Dadurch wird die Mehrdeutigkeit, die der polnischen Wendung *sporządzić bilans* zugrunde liegt, nicht geklärt.

Das Problem der Grenzziehung zwischen terminologisierten wörtlichen und phraseologischen Wendungen betrifft mehrere Lemmata mit einem Lexem, das mehr als eine Lesart besitzt.

Zur Untermauerung des Gesagten möchte ich lexikalisierte Wortverbindungen mit dem Lexem *Geld* unter die Lupe nehmen. Aus den im Wörterbuchartikel aufgelisteten Wendungen bespreche ich diejenigen, die einen höheren Grad der Idiomatizität besitzen und im deutsch-polnischen Vergleich semantische oder strukturelle Divergenzen aufweisen.

Der Terminus *heißes Geld* in der Bedeutung *fluktuierende Gelder, die in das Land mit der jeweils größten erwarteten Währungsstabilität fließen* wird im polnischen Wörterbuchteil als *pieniądz „gorący"* lemmatisiert. Der im Wörterbuch angegebene polnische Terminus entspricht mit seinem Bedeutungsinhalt dem Ausgangsbegriff. Anzumerken ist jedoch, dass der Ausdruck in der Form *gorący pieniądz* gebraucht wird (vgl. den polnischen Teil des WW und auch online Wörterbuch: http://www.newtrader.pl/130,slownik.html).

Eine dem vorangehenden Ausdruck ähnliche Struktur hat auch die Wendung *knappes Geld,* die, phraseologisch begriffen, *drogi pieniądz (teures*

Geld) bezeichnet. Dieser Terminus ist auf der Grundlage der englischen Bezeichnung *tight money* entstanden. Das Adjektiv *drogi/teuer* wird in dieser Wendung in der mentalen Bedeutung aktiviert als *selten, richtig geschätzt*. Das Konfrontieren mit dem polnischen Wörterbuchteil lässt vermuten, dass *knappes Geld* eine auf dem englischsprachigen Hintergrund basierende Gelegenheitsbildung bzw. freie Wortverbindung ist, weil im polnisch-deutschen Wörterbuch diese Phrase nicht lexikographisch belegt ist.

Des Weiteren verzeichnet das WW phraseologische Wendungen, die vorwiegend auf den Umgang eines Menschen mit Geld referieren. Ein Teil davon machen phraseologisch gekennzeichnete Wendungen aus, die auf mentale Handlungen referieren:

14) *Geld auf die Straße hinauswerfen;*

15) *Geld auf die hohe Kante legen;*

16) *Geld aus einem Geschäft ziehen;*

17) *Geld auf Zinsen leihen;*

18) *Geld zum Fenster hinauswerfen;*

19) *„schweres" Geld;*

20) *zu Geld machen.*

Die meisten von den angegebenen Beispielen sind ins Polnische mit Phraseologismen übersetzbar.

Interessant aus der Perspektive der bilingualen Lexikographie, die auf die Übersetzung der Texte aus dem Bereich Bankwesen, Finanzen und Recht zielt, sind fachsprachliche Kollokationen und Termini mit dem Stichwort Geld. Bei diesen Einheiten taucht die Frage auf, unter welchem Lemma sie zu verzeichnen sind. Lemmatisiert werden in dem zur Diskussion stehenden Wörterbuch folgende Ausdrücke:

21) *Geld überweisen;*

22) *Geld verwalten;*

23) *Geld oder Sacheinlagen der Gesellschafter;*

24) *kurzfristiges / langfristiges Geld;*

25) *Abruf von Geldern.*

Bei der Analyse der Methodologie der lexikographischen Praxis ergibt sich, dass die meisten Kollokationen unter dem Sinn tragenden Substantiv und unter dem Verb aufgelistet werden. Diese Methode ist, obwohl sie der aktiven Benutzung des Wörterbuches Rechnung trägt, im Hinblick auf seinen Umfang nachteilig.

Nur beschränkt finden somatische Phraseologismen Aufnahme in das WW, wie:

26) *unter der Hand verkaufen;*
27) *jmdm. freie Hand lassen;*
28) *freie Hand haben;*
29) *in andere Hände übergehen*

Auch in diesem Fall sind diese genannten Somatismen ein Untersuchungsgegenstand der praktischen Lexikographie, die auf die Erstellung der allgemeinen Sprachwörterbücher gerichtet ist. Somit ist ihre Berücksichtigung in einem Fachwörterbuch als überflüssig anzusehen.

Im nächsten Punkt möchte ich die Problematik der lexikographischen Behandlung der fremden Lexik, darunter auch Neologismen, die einen bedeutenden Teil der Fachlexik ausmachen, anschneiden. Es stellt sich nämlich die Frage, in welchem Ausmaß Fremdwörter, die aus der Wirtschaftkommunikation nicht wegzudenken sind, ihren Platz im sprachlichen Nachschlagewerk finden sollten. Im WW sind in erster Linie englische Termini vorzufinden. Als Anhaltspunkt bei der Erörterung dieses Problems kann erneut der Wörterbuchartikel zum Lemma *bilans* im polnischen Wörterbuchteil herangezogen werden. Die letzte von den früher angegebenen Kollokationen *zamknąć bez zysków i strat* wird mit dem englischen Terminus *break even* übersetzt, ohne Hinweise auf eine deutsche Entsprechung. Die Untersuchung der Struktur der fremden einwortteiligen Termini, führt zum Ergebnis, dass sie an die Morphologie des Deutschen angepasst werden, je nachdem, welcher Wortklasse sie angehören. Die strukturelle Anpassung der fremden Lexik zeigen beispielsweise folgende Belege auf:

30) *jobber* (in der Bedeutung *Börsenspekulant* und in der zweiten Bedeutungsvariante *Händler an der Londoner Börse, der nur in eigenem Namen Geschäfte abschließen darf*) sowie ein Verb, das eine damit zusammenhängende Handlung bezeichnet
31) *jobbern (sich als Jobber betätigen* mit der polnischen Bedeutungsparaphrase *spekulować na giełdzie)*;
32) *Roll-over-Kredit* (zu dem das polnische Äquivalent angegeben wird, das dem ausgangssprachlichen Ausdruck ähnelt *kredyt roll-over* und das weiter enzyklopädisch erläutert wird *kredyt eurowalutowy wielkorotnie odraczany)*;
33) *Rebus-sic-stantibus-Klausel – klauzula rebus sic stantibus.*

Dieser lateinische Ausdruck wird nicht nur mit dem polnischen Äquivalent wiedergegeben, sondern auch mit der Erläuterung „(...) oznaczająca, że umowa obowiązuje tylko dopóki stosunki istniejące przy jej zawarciu nie ulegną zasadniczej zmianie" (bedeutet, dass der Vertrag solange gilt, bis die Umstände unverändert bleiben – Übersetzung J.K.).

Mit dem vorgeführten Beispiel ist ein wichtiger Aspekt der lexikographischen Praxis zu nennen – die Einbeziehung enzyklopädischer Informationen in ein Sprachnachschlagewerk. Diese Methode, Fachtermini definitorisch zu bestimmen, findet an mehreren Stellen des Wörterbuches Anwendung, um nur ein Beispiel darzustellen:

34) *joint venture* (und die Definition als Äquivalentangabe im Polnischen *spółka krajowa z kapitałem zagranicznym*. Im polnischen Wörterbuchteil funktioniert der englische Terminus *joint venture* mit der deutschen Übersetzung *Gemeinschaftsunternehmen* und ein zu demselben Stichwort angegebener Ausdruck *przedsiębiorstwo joint venture – Partizipationsgesellschaft*).

Die erwähnte Methode zeugt davon, dass die zweisprachigen Fachwörterbücher nicht ausschließlich für diejenigen Übersetzer konzipiert sind, die volle fachsprachliche Kompetenz besitzen. Die Problematik der Aufnahme enzyklopädischer Informationen in ein zweisprachiges Wörterbuch wird bei ROSSENBECK (1994: 133–159) angeschnitten. ROSSENBECK begründet die Konzeption eines Fachwörterbuches, das sowohl sprachliche als auch sachbezogene Informationen mit einbezieht, mit dem Argument, dass „es selbst gewiegten Fachleuten an einer wichtigen fachlichen Dimension mangeln [kann], nämlich der Vertrautheit mit der realen Fachwelt, die im Bereich der Zielsprache herrscht und die sich von der im Bereich der Ausgangssprache herrschenden erheblich unterscheiden kann." (ebd. 138).

Für die Übersetzungspraxis ist es von großer Bedeutung, dass die Fachlexik nicht nur im Hinblick auf ihre Bedeutung beschrieben wird, sondern dass ein Wörterbuch die Fachlexik in ihrem sprachlichen Gebrauch erklärt und demonstriert (vgl. BERGENHOLTZ 1994: 55). Dies bedarf einer präzisen Angabe zur Distribution des jeweiligen Lexems.

Im Zusammenhang mit dem bereits Gesagten ist es völlig begründet, dass das WW Wortverbindungen verzeichnet, wie die unten genannten:

35) *Gefahr in Verzug (niebiezpieczeństwo zwłoki);*

36) *in Verzug geraten / in Verzug kommen (mieć zaległości);*

37) *in Verzug setzen (opóźnić);*

38) *mit einer Rate in Verzug geraten (być opóźnionym w spłacie raty);*

39) *mit der Lieferung 10 Tage in Verzug sein (być opóźnionym z dostawą o 10 dni);*

40) *einen Wechsel per Vollmacht unterzeichnen (podpisać weksel z upoważnienia);*
41) *Schutzbereich des Patents (zakres ochrony patentowej);*
42) *den Konkurs anmelden;*
43) *in den Konkurs gehen;*
44) *jmdn. mit Verlust seiner Güter strafen;*
45) *jmdn. mit Wort und Tat beleidigen;*
46) *hierdurch wird bekannt gemacht;*
47) *eine Anleihe ablösen;*
48) *Effekten ablösen (wykupić papiery wartościowe).*

Diese Formen zeigen nämlich die morphosyntaktischen Regelmäßigkeiten des Deutschen, die verschieden von denen des Polnischen sind.

Anschließend soll in der Diskussion zur Methodologie der fachsprachlichen lexikographischen Praxis die Aufmerksamkeit auf Phraseologismen im engeren Sinne (nach BURGER 2003) gelenkt werden. Die in der Wirtschaftssprache gebrauchten und im WW lemmatisierten Phraseologismen sind u.a.:

49) *tote Hand (Bezeichnung der Kirche im Vermögensrecht, da sie erworbenes Vermögen nicht veräußern durfte; aus dem Lateinischen: Manus mortua)*
50) *alle Register ziehen (użyć wszelkich środków);*
51) *jmdm. eine Strafe aufbrummen (wlepić komuś karę);*
52) *jmdn. an Geld und Gut strafen (ukarać kogoś grzywną);*
53) *jmdn. an Leib und Leben strafen (skazać kogoś na śmierć).*

Im letzten Punkt wende ich mich terminologisierten Namen von Institutionen sowie den in der Fachkommunikation gebrauchten Formulierungen zu. Ihre Aufnahme in das bilinguale Wörterbuch ist für die Übersetzungspraxis von besonderer Bedeutung. Mit einer Frage und schlimmstenfalls mit einem Missverständnis kann nämlich die Suche nach einem Äquivalent in einer anderen Sprache ausgehen, wenn man beispielsweise folgenden Bezeichnungen begegnet:

54) *Amt der Europäischen Gemeinschaft für humanitäre Hilfe (ECHO) (Biuro Pomocy Humanitarnej Wspólnoty Europejskiej (ECHO));*
55) *Amt für Untersuchungen der Betrugsbekämpfung (Urząd ds. Zwalczania Korupcji);*
56) *Güterklassifikation in Verbindung mit den Wirtschaftszweigen (europejska klasyfikacja działalności (EKD));*

57) *Abkommen über den Handel und die handelspolitische und wirtschaftliche Zusammenarbeit zwischen Polen und der Europäischen Wirtschaftsgemeinschaft (umowa w sprawie handlu i współpracy handlowej i gospodarczej między Polską a Europejską Wspólnotą Gospodarczą);*
58) *Europaweites Mobilitätsprogramm für den Hochschulbereich (TEMPUS) (Transeuropejski Program Wymiany Uniwersyteckiej (TEMPUS).*

Die genannten Gefüge, die auf gewisse Institutionen referieren, sind nicht frei zu übersetzen oder zu bilden, sondern sie fungieren in den beiden Sprachen als Termini. Somit ist ihre Aufnahme in das WW für die Zwecke der Übersetzungspraxis völlig begründet.

3 Ausblick

In meinem Vortrag habe ich versucht, die Vielschichtigkeit der lexikographischen Praxis im Bereich der Wirtschaftslexik am Beispiel eines bilingualen Wörterbuches darzustellen. Die Untersuchung, die ich unternommen habe, ergab sich aus der Frage nach einer möglichen Methode der kontrastiven Beschreibung von Fachlexik für die Zwecke der bilingualen Lexikographie. Als Anhaltspunkte galten bei der Analyse diejenigen Aspekte, die für die lexikographische Beschreibung grundlegend sind, d.h. die Art der Lemmatisierung, als die Festlegung der Form eines festen Ausdrucks sowie seine Anordnung zu einem Lemma begriffen, und die mikrostrukturelle Beschaffung von Wörterbuchartikeln im Fachwörterbuch. Die Untersuchung führt zur Schlussfolgerung, dass im Bereich der Fachterminologie nicht allein die äquivalenten Angaben, sondern auch enzyklopädische Informationen wichtige Komponenten der lexikographischen Beschreibung sind. Anhand des hier behandelten Wörterbuches ist es zu begrüßen, dass die Fachinformationen in sprachliche Nachschlagewerke aufgenommen werden. Immerhin muss festgestellt werden, dass die Entwicklung der Konzeptionen zur Verbindung des Sprach- und Fachwissens und dessen Darbietung in einem Fachwörterbuch ein Desiderat der künftigen fachsprachlichen Lexikographie ist.

Literatur

BERGENHOLTZ, Hennig (1994): Zehn Thesen zur Fachlexikographie. In: SCHAEDER, Burkhard/BERGENHOLTZ, Hennig (Hrsg.): Fachlexikographie. Fachwissen und seine Repräsentation in Wörterbüchern. Tübingen. S. 43–56.

BERGENHOLTZ, Hennig/TARP, Sven (1994): Mehrworttermini und Kollokationen in Fachwörterbüchern. In: SCHAEDER, Burkhard/BERGENHOLTZ, Hennig (Hrsg.): Fachlexikographie. Fachwissen und seine Repräsentation in Wörterbüchern. Tübingen. S. 385–419.

BURGER, Harald (2003^2): Phraseologie. Eine Einführung am Beispiel des Deutschen. (Grundlagen der Germanistik; 26). Berlin.

GRUCZA, Franciszek (1991): Teoretyczne podstawy terminologii. Wrocław.

KIENZLER, Iwona (2004): Wörterbuch der Wirtschaftsspache Deutsch-Polnisch/Polnisch-Deutsch. Bankwesen, Finanzen, Recht. Warszawa.

LASKOWSKI, Marek (2003): Semantische und pragmatische Aspekte der deutschen und polnischen Phraseologie. Zielona Góra.

Online-Wörterbuch: *http://www.newtrader.pl/130,slownik.html*, gesehen am 15. Mai 2006.

ROSSENBECK, Klaus (1994): Enzykopädische Information im zweisprachigen Wörterbuch. In: SCHAEDER, Burkhard/BERGENHOLTZ, Hennig (Hrsg.): Fachlexikographie. Fachwissen und seine Repräsentation in Wörterbüchern. Tübingen. S. 133–159.

WILSS, Wolfram (1997): Adjektiv/Substantiv-Kollokationen. Ein Beitrag zum Verständnis von Textbausteinen. In: GRABIĆ, Nadja/WOLF, Michaela (Hrsg.): Text – Kultur – Kommunikation: Translation als Forschungsaufgabe; Festschrift aus Anlass des 50jährigen Bestehens des Instituts für Übersetzer- und Dolmetscherausbildung an der Universität Graz. Tübingen. S. 67–82.

Jarmo Korhonen (Helsinki)

Sprichwörter und zweisprachige Lexikografie. Deutsch-schwedische und deutsch-finnische Wörterbücher im Vergleich

1 Einleitung

In einer kleinen Studie, die vor drei Jahren erschienen ist, habe ich mit Andrea ALBERTSSON gezeigt, wie Sprichwörter in drei neueren deutsch-schwedischen Wörterbüchern dargestellt werden (ALBERTSSON/KORHONEN 2004). Die lexikografische Erfassung der Sprichwörter wurde in dieser Untersuchung unter folgenden Gesichtspunkten betrachtet: Äußere Selektion, d.h. Auswahl der Sprichwörter; Kennzeichnung und Einordnung der Sprichwörter in den Wörterbuchartikeln; Festlegung des Zuordnungslemmas, d.h. der Komponente, unter der ein Sprichwort im Wörterbuch aufgeführt wird; Gestaltung der Nennform; Adäquatheit der deutsch-schwedischen Äquivalenz; Mehrfachlemmatisierung. Die Ergebnisse von ALBERTSSON/KORHONEN (2004) werden dem vorliegenden Beitrag zugrunde gelegt und mit Befunden zu drei neueren deutsch-finnischen Wörterbüchern konfrontiert. Ein zusätzlicher Aspekt, der unten berücksichtigt werden soll, sind die Informationen zur Phraseologie und zu Sprichwörtern in den Umtexten der Wörterbücher. Darüber hinaus wird kurz gezeigt, wie die Sprichwörter in einem neuen deutsch-finnischen Großwörterbuch, das im Jahre 2008 erschienen ist, beschrieben worden sind.

Die Wörterbücher, die unten als lexikografische Primärquellen dienen sollen, sind folgende: NORSTEDTS TYSK-SVENSK ORDBOK (1980) (= N 1), PRISMAS STORA TYSKA ORDBOK (1984) (= P), NORSTEDTS TYSKA ORDBOK (2002) (= N 2) sowie die deutsch-finnischen Wörterbücher von Paul KOSTERA (= PK), Ilkka REKIARO (= IR) und Aino KÄRNÄ (= AK). Diese Werke lassen sich als allgemeine Handwörterbücher charakterisieren; ihr Umfang wird von den Verlagen wie folgt definiert: In N 1 sind ca. 84.000 Wörter und Wendungen, in P ca. 60.000 Lemmata und eine große Zahl sonstiger Konstruktionen, in N 2 ca. 73.000 Wörter und Wendungen, in PK ca. 50.000 Lemmata und zumindest ebenso viele Wortfügungen, Wendungen und Sätze, in IR ca. 40.000 und in AK ca. 43.000 Lemmata und sonstige Konstruktionen enthalten. Zum Vergleich sei angemerkt, dass in das neue deutsch-finnische Großwörterbuch (KORHONEN 2008) ca. 10.000 Lemmata, ca. 86.000 Anwendungsbeispiele sowie ca. 9.000 Idiome und Sprichwörter aufgenommen wurden. Zur Kontrolle der Formen und Bedeutungen der untersuchten

Sprichwörter wurden folgende lexikografische Nachschlagewerke herangezogen: Duden (2002). Redewendungen (= DUR), Duden (2003). Deutsches Universalwörterbuch (= DUW) und Langenscheidt (2003). Grosswörterbuch Deutsch als Fremdsprache (= LGDaF). Die Sprichwörter, auf die sich die Darlegungen konzentrieren werden, stammen aus einer Liste in BAUR/CHLOSTA (1994). In dieser Liste kommen insgesamt 70 Ausdrücke vor, von denen jedoch einer (*Es ist noch nicht aller Tage Abend*) nicht als Sprichwort, sondern als Satzidiom zu klassifizieren ist.

2 Informationen zur Phraseologie und zu Sprichwörtern in den Umtexten

Die deutsch-schwedischen Wörterbücher enthalten keine expliziten Angaben zur Phraseologie oder sind sehr arm daran. Der einzige Hinweis auf Phraseologie in P ist die Abkürzung „ordspr." für *ordspråk* ‚Sprichwort' im Abkürzungsverzeichnis (S. 5). In N 2 kommt die gleiche Abkürzung an entsprechender Stelle vor (S. XIV), und daneben findet sich unter den Benutzungshinweisen (S. XXX) ein kurzer Vermerk zu „fraser" (gemeint sind wohl Phraseologismen). Danach werden phraseologische Ausdrücke unter dem ersten sinntragenden Wort oder unter dem Wort eingeordnet, das aus der Sicht der Übersetzung besonders interessant ist.

In den Umtexten der deutsch-finnischen Wörterbücher sind die phraseologiespezifischen Informationen nicht viel ausführlicher. In den Benutzungshinweisen von PK wird festgestellt, dass Wortfügungen, Wendungen und Sätze meistens einem semantisch relevanten Lemma (ab und zu aber auch einem anderen Lemma) zugeordnet sind, dass manchmal Verweise verwendet werden und dass eine Wendung nur selten unter mehreren Lemmata aufgeführt wird (S. 25). In der ersten Auflage von PK heißt es außerdem, dass an die Lemmata zahlreiche Anwendungsbeispiele (Wortfügungen und Sätze) sowie eigentliche Phraseologie, d.h. feste Wendungen (‚Phrasen und Idiome') angeschlossen werden und dass der Verfasser bemüht ist, sowohl für die Lemmata als auch für die Wendungen jeweils nur die wichtigsten und treffendsten finnischen Entsprechungen anzuführen (PK 1991: 12, 21). AK (1995: 7) wiederum nennt in den Benutzungshinweisen nur Idiome bzw. feste Wortverbindungen und Wendungen. Sie werden als Ausdrücke definiert, deren Bedeutung eine andere sei als die Summe ihrer Bestandteile. Im Unterschied zu PK und AK wird in IR keine Auskunft über Phraseologie erteilt. Im Abkürzungsverzeichnis der ersten Auflage von IR (1992: 6) taucht die Markierung „fr" für ‚Phrasen' auf, in der zweiten Auflage ist sie aber nicht mehr vorhanden.

3 Äußere Selektion

Von den parömiologischen Einheiten von BAUR/CHLOSTA (1994) sind in N 1 insgesamt 39, in P 45 und in N 2 39 verzeichnet. Da in den deutsch-schwedischen Wörterbüchern jeweils mehr als die Hälfte der Sprichwörter registriert ist, kann die zahlenmäßige Repräsentation deutscher Sprichwörter in diesen Quellen als relativ gut betrachtet werden. Es fällt jedoch auf, dass geläufige deutsche Sprichwörter, die im Schwedischen Entsprechungen in Form eines Sprichwortes besitzen, in den Wörterbüchern nicht aufgeführt werden. Zu solchen Ausdrücken zählen z.B. *Erst die Arbeit, dann das Vergnügen., Einmal ist keinmal., Was du heute kannst besorgen, das verschiebe nicht auf morgen.* und *Ein blindes Huhn findet auch [ein]mal ein Korn.*, für die es im Schwedischen sogar identische oder fast identische Äquivalente gibt, vgl. *Plikten först, nöjet sedan., En gång är ingen gång., Uppskjut inte till i morgon/morgondagen vad du kann göra i dag.* und *En blind höna finner också stundom ett korn.*

Mit Ausnahme von PK, das 37 deutsche Sprichwörter verzeichnet, ist der parömiologische Bestand in den deutsch-finnischen Wörterbüchern wesentlich geringer: AK enthält 16 und IR nur acht Sprichwörter. Ähnlich wie für die deutsch-schwedischen Wörterbücher lässt sich auch hier beobachten, dass mehrere bekannte deutsche Sprichwörter weggelassen wurden, obwohl das Finnische dafür nah verwandte Äquivalente hätte. Beispiele dafür sind u.a. *Erst die Arbeit, dann das Vergnügen., Gelegenheit macht Diebe., Ein blindes Huhn findet auch [ein]mal ein Korn.* und *[Die] Zeit heilt [alle] Wunden.* Die entsprechenden finnischen Ausdrücke lauten *Ensin työ, sitten huvitukset/leikki., Tilaisuus tekee varkaan., Kyllä sokeakin kana joskus jyvän löytää.* und *Aika parantaa haavat.* Interessanterweise finden sich in beiden Listen der fehlenden Sprichwörter zwei gleiche deutsche Einheiten. Das kann ein Zufall sein oder vielleicht auch damit zusammenhängen, dass diese Sprichwörter in die deutsch-finnischen Wörterbücher deshalb nicht aufgenommen wurden, weil sie auch in den deutsch-schwedischen Wörterbüchern fehlen. Auf der Grundlage bestimmter lexikografischer Beobachtungen hat man nämlich den Eindruck, dass die deutsch-schwedischen Wörterbücher nicht selten von den Verfassern der deutsch-finnischen Wörterbücher konsultiert wurden.

4 Kennzeichnung und Einordnung in den Wörterbuchartikeln

Phraseologismen werden heutzutage in allgemeinen Wörterbüchern bereits relativ oft mit besonderen Mitteln kenntlich gemacht; dabei wird meistens von Abkürzungen oder Symbolen (oft in Verbindung mit Fettdruck), manchmal aber auch von bestimmten Kommentaren Gebrauch gemacht. In den deutsch-schwedischen Wörterbüchern ist für die Kennzeichnung der Sprichwörter die Abkürzung „ordspr." (vgl. oben) vorgesehen, denn sie ist im Abkürzungsverzeichnis jedes Wörterbuchs zu finden. Im Lemmateil der Wörterbücher begegnet diese Kennzeichnung jedoch höchst selten. In N 1 und P ist das jeweils nur einmal, in N 2 zweimal der Fall, vgl. *Kleider machen Leute.* (N 1) und *Aus den Augen, aus dem Sinn.* (P) sowie *Kleider machen Leute.* und *Wer [nicht] wagt, [der nicht] gewinnt.* (N 2). Darüber hinaus kommt in N 2 bei einem Sprichwort die Abkürzung „bildl." vor: *Hunde, die [viel] bellen, beißen nicht.* Für die Kennzeichnung der Sprichwörter lässt sich also in den drei deutsch-schwedischen Wörterbüchern keine Systematik nachweisen.

In den deutsch-finnischen Wörterbüchern werden die Sprichwörter nicht gesondert markiert, sondern entweder explizit oder implizit mit Satzidiomen („Redensarten") zusammengefasst, wobei Ersteres auf PK, Letzteres auf AK zutrifft. Im Abkürzungsverzeichnis von PK erscheint zu der Abkürzung „sananl" die Erläuterung *sananlasku tai -parsi* (‚Sprichwort oder Redensart'), in AK lautet die entsprechende Angabe „san" für *sanonta* (‚Idiom, Redewendung; Redensart'). In IR wiederum stehen die acht Sprichwörter ohne jede Markierung (vgl. auch oben die Anmerkung zum Fehlen einer Abkürzung im Abkürzungsverzeichnis). Bei der Kennzeichnung der Sprichwörter im eigentlichen Wörterbuchteil gehen die beiden deutsch-finnischen Wörterbücher PK und AK viel systematischer vor als ihre deutsch-schwedischen Pendants. In PK kommt eine Markierung 34-mal vor: 27-mal mit „sananl", 4-mal mit „sanal" (ein Tippfehler), 2-mal mit „kuv" (‚bildlich'; bei *Einem geschenkten Gaul sieht/schaut/guckt man nicht ins Maul.* und *Auf Regen folgt Sonnenschein.*) und 1-mal mit „idiom" (bei *Wie du mir, so ich dir.*). Den folgenden drei Sprichwörtern wurde keine Kennzeichnung zugeordnet: *Ausnahmen bestätigen die Regel.*, *Eigenlob stinkt.* und *Über [den] Geschmack lässt sich nicht streiten.* Entweder ist dies ein Versehen, oder der Verfasser ist der Ansicht, dass es sich hier nicht um Sprichwörter handelt. In AK ist die Kennzeichnungspraxis am konsequentesten: Hier schließt sich an jedes Sprichwort die Markierung „san" an.

In nicht wenigen allgemeinen ein- und zweisprachigen Wörterbüchern hat sich in den letzten Jahren ein Usus durchgesetzt, nach dem Phraseologismen (und darunter auch Sprichwörter) entweder am Ende des Beispielteils der betreffenden Bedeutungsvariante eines Lemmas oder am Ende des gesamten Wörterbuchartikels aufgeführt werden. Dieses Prinzip der Einordnung von Sprichwörtern in Wörterbuchartikeln wird in keinem der untersuchten Wörterbücher angewendet, was sich im Falle der deutsch-schwedischen Wörterbücher z.T. aus dem Alter von N 1 und P erklären dürfte. So können Sprichwörter in den Artikeln der Wörterbücher an jeder Stelle auftauchen: entweder am Anfang oder am Ende des Beispielteils oder von sonstigen Beispielkonstruktionen umgeben. In den Artikeln der deutsch-schwedischen Wörterbücher wurden die Sprichwörter meistens nach dem Kasus des jeweiligen Lemmas eingeordnet, für die deutsch-finnischen Wörterbücher ist dieser Gebrauch nicht nachweisbar. Wenn Sprichwörter weder systematisch gekennzeichnet noch eingeordnet werden, führt das dazu, dass sie sich nicht von anderen, d.h. phraseologischen oder nichtphraseologischen, Wortfügungen unterscheiden. Am deutlichsten macht sich dies bei den deutsch-schwedischen Wörterbüchern und in IR bemerkbar.

5 Zuordnungslemma

Für die Zuordnung von Phraseologismen zu Lemmata wurde in der neueren phraseografischen Forschung eine wortklassenspezifische Hierarchie entwickelt, nach der das erste Substantiv des Ausdrucks bzw. – wenn kein Substantiv vorhanden ist – das erste Adjektiv, Adverb, Verb usw. als Zuordnungslemma festgelegt wird. In den deutsch-schwedischen Wörterbüchern wird ein solches Prinzip nicht verfolgt, d.h. als Zuordnungslemma kann z.B. das zweite Substantiv, anstelle eines Substantivs ein Adjektiv oder ein Verb, oder in Sprichwörtern mit zwei Verben das zweite Verb fungieren, vgl. *Gelegenheit macht D i e b e.* (N 1, N 2), *S t i l l e Wasser sind/gründen tief.* (N 1, N 2, P), *Auf Regen f o l g t Sonnenschein.* (N 1, N 2, P) und *Was sich liebt, das n e c k t sich.* (P). Bezüglich der Zuordnung wurden in N 2 keine größeren Änderungen vorgenommen. Hier sei nur auf die folgenden zwei Sprichwörter hingewiesen: *Wer die Wahl hat, hat die Qual.* (in N 1 unter dem zweiten, in N 2 unter dem ersten Substantiv eingeordnet) und *Es ist noch kein Meister vom Himmel gefallen.* (in N 1 unter beiden, in N 2 unter letzterem Substantiv lemmatisiert). Einen Sonderfall stellt das Sprichwort *[Die] Zeit heilt [alle] Wunden.* dar (in N 1 ist es nicht vorhanden, in N 2 ist es dem zweiten Substantiv zugeordnet).

Die deutsch-finnischen Wörterbücher halten sich wesentlich enger an das moderne Zuordnungsprinzip der Phraseologismen als die deutsch-schwedischen. Im gesamten Material finden sich nur fünf Fälle, in denen das erste sinntragende Wort nicht als Zuordnungslemma angesetzt wurde, vgl. z.B. *In der Kürze liegt die W ü r z e.* (PK, IR) und *Wer rastet, der r o s t e t.* (PK). In AK sind keine Ausnahmen von der oben erwähnten Wortklassenhierarchie nachzuweisen.

6 Nennform

Für eine Vielzahl von Phraseologismen ist zwar eine syntaktisch-lexikalische Stabilität charakteristisch, es gibt aber nicht wenige Idiome und Sprichwörter, die sich in verschiedenen Varianten realisieren lassen, wobei die Variation sowohl quantitativ als auch qualitativ erfassbar ist. Die quantitative Variation kann minimal sein, d.h. sie kann sich nur auf einzelne Laute beziehen, vgl. *Morgenstund[e] hat Gold im Mund[e]*. Die beiden deutsch-schwedischen Wörterbücher, die dieses Sprichwort aufgenommen haben (P und N 2), führen hier jedoch nur die längere Form an. Dass sowohl ein Artikel als auch ein Pronomen in einem Sprichwort von einer quantitativen Variation betroffen sein können, zeigt sich am Beispiel des Sprichwortes *[Die] Zeit heilt [alle] Wunden*. Während N 2 dafür nur die längere Form vermerkt, hat es für ein anderes Sprichwort mit einer fakultativen pronominalen Komponente die Variation berücksichtigt: *Hunde, die [viel] bellen, beißen nicht.* Ein umgekehrter Fall, d.h. die Markierung einer Komponente als fakultativ entgegen den Angaben in einsprachigen deutschen Wörterbüchern, wäre die Nennform *Wer A sagt, muss [auch] B sagen.* (N 1, N 2, P). Zum Beispiel in DUR 25, DUW 73 und LGDaF 1 ist *auch* nicht eingeklammert.

Im Bereich der qualitativen Variation lassen sich alternative Repräsentationsformen vor allem für die Lexik feststellen. In den untersuchten Sprichwörtern kann z.B. die zweite substantivische Komponente, das Verb oder die Präposition, variieren, vgl. *Der Krug geht so lange zu Wasser/zum Brunnen, bis er bricht.*, *Einem geschenkten Gaul sieht/schaut/guckt man nicht ins Maul.* und *Durch/Aus Schaden wird man klug.* Der Wechsel im ersten Sprichwort wurde in P berücksichtigt, in N 1 dagegen nicht, wo die Nennform *Der Krug geht so lange zum Wasser, bis er bricht.* lautet. Für die Verbkomponente des zweiten Sprichwortes kennen die deutsch-schwedischen Wörterbücher keine Variation, vgl. *sieht* in N 1 und N 2 und *schaut* in P. Als Präposition des dritten Sprichwortes ist in den deutsch-schwedischen Wörterbüchern nur *durch* vorgesehen.

Was oben zur Darstellung der Sprichwörter *Morgenstund[e] hat Gold im Mund[e].* und *Hunde, die [viel] bellen, beißen nicht.* in den deutsch-schwedischen Wörterbüchern festgestellt wurde, gilt auch für PK. Für folgende Sprichwörter gibt PK keine quantitative Variation an: *Über [den] Geschmack lässt sich nicht streiten.* und *Wie man in den Wald [hinein]ruft, so schallt es [wieder] heraus.*; das zweite Sprichwort weist in PK die Nennform *Wie man in den Wald hineinruft, so schallt es heraus.* auf. Demgegenüber findet die Verbvariation bei *Einem geschenkten Gaul sieht/schaut/guckt man nicht ins Maul.* in PK Berücksichtigung, wobei allerdings die dritte Variante fehlt. Wie in den deutsch-schwedischen Wörterbüchern, kommt auch in PK im Sprichwort *Durch/Aus Schaden wird man klug.* kein Wechsel der Präposition vor; die einzige Möglichkeit ist *durch*. In IR wiederum wird nur *aus* als präpositionale Repräsentationsform angegeben.

7 Adäquatheit der deutsch-schwedischen bzw. deutsch-finnischen Äquivalenz

Im Lichte der Einträge in den deutsch-schwedischen Wörterbüchern besitzt ungefähr die Hälfte der Sprichwörter bei BAUR/CHLOSTA (1994) Sprichwortäquivalente im Schwedischen. Dabei lassen sich die deutsch-schwedischen Sprichwortpaare in die vier Entsprechungsklassen totale Äquivalenz, partielle Äquivalenz, partielle Differenz und totale Differenz einteilen. Ein Beispiel für die erste Klasse ist *Ein Unglück kommt selten allein. – En olycka kommer sällan ensam.* (P), für die zweite Klasse *Der Klügere gibt nach. – Den klokaste ger efter.* (P, N 2), für die dritte Klasse *Der Apfel fällt nicht weit vom Stamm. – Äpplet faller inte långt från trädet.* (N 1, N 2, P) und für die vierte Klasse *Wie gewonnen, so zerronnen. – Lätt fånget, lätt förgånget.* (N 1, N 2, P). Es stellt sich heraus, dass besonders in N trotz der Existenz einer totalen oder partiellen Äquivalenz gebräuchliche Sprichwörter des Deutschen weggelassen worden sind. Demgegenüber sind Sprichwörter der partiellen und totalen Differenz gleichmäßiger auf die drei deutsch-schwedischen Wörterbücher verteilt.

Einige Male sind deutsche Sprichwörter in den deutsch–schwedischen Wörterbüchern mit zwei schwedischen Sprichwörtern versehen. In solchen Fällen wird ein Äquivalent, das dem deutschen Sprichwort strukturell näher steht, an erster Stelle angeführt: *Kleider machen Leute. – Kläderna gör mannen., Som man är klädd blir man hädd.* (N 1). Wenn es für ein deutsches Sprichwort im Schwedischen kein Äquivalent in Form eines Sprichwortes gibt und die Bedeutung der Ausgangseinheit daher paraphrasiert werden muss, liegt phraseologische Nulläquivalenz vor. Dann erscheint in den deutsch-schwedischen Wörterbüchern vor der Paraphrase manchmal die Markierung „ung." für *ungefär* ‚etwa', vgl. *Was sich liebt, das neckt sich.* – (ung.) *Man gnabbas gärna med den man älskar.* (P) und *Wer die Wahl hat, hat die Qual.* – ung. *Det är svårt att bestämma sig när man har mycket att välja på (bland).* (N 2). In P wird diese Markierung auch vor einigen Sprichwortäquivalenten verwendet, vgl. *Ohne Fleiß kein Preis.* – (ung.) *Utan möda ingen föda.* – In den Klassen partielle und totale Differenz ist zwischen den Phraseologismen von L1 und L2 nicht immer eine völlige semantische und pragmatische Äquivalenz gegeben. Eine genauere Betrachtung der deutsch-schwedischen Sprichwortpaare zeigt jedoch, dass sich die deutschen und schwedischen Sprichwörter in den Wörterbüchern im Hinblick auf die Semantik und Pragmatik in den meisten Fällen relativ gut decken.

In den deutsch-finnischen Wörterbüchern ist die Zahl der finnischen Sprichwortäquivalente etwas höher als die der schwedischen in den deutsch-schwedischen Wörterbüchern. Wie die deutsch-schwedischen, können auch die deutsch-finnischen Sprichwortpaare den oben genannten vier phraseologischen Entsprechungsklassen zugeordnet werden, vgl. totale Äquivalenz: *Irren ist menschlich. – Erehtyminen on inhimillistä.* (PK, AK); partielle Äquivalenz: *Ausnahmen bestätigen die Regel. – Poikkeus vahvistaa säännön.* (PK, IR; wörtl.: ‚Die Ausnahme bestätigt die Regel.'); partielle Differenz: *Lügen haben kurze Beine. – Valheella on lyhyet jäljet.* (AK; wörtl.: ‚Eine Lüge hat kurze Spuren'); totale Differenz: *Es ist noch kein Meister vom Himmel gefallen. – Ei kukaan ole seppä syntyessään.* (PK, AK; wörtl.: ‚Niemand ist bei seiner Geburt ein Schmied.').

Die Praxis, zwei Entsprechungen zu einem deutschen Sprichwort anzugeben, lässt sich für zwei deutsch-finnische Wörterbücher, und zwar PK und AK (in Letzterem allerdings nur einmal), belegen. Dabei können beide Entsprechungen Sprichwörter sein, oder eine Entsprechung ist ein nichtphraseologischer Ausdruck, vgl. *Es ist noch kein Meister vom Himmel gefallen. – Ei kukaan ole seppä syntyessään., Tyvestä puuhun noustaan.* (PK) und *Wer rastet, der rostet. – Sitä rapistuu, ellei liiku., Vierivä kivi ei sammaloidu.* (PK; ersterer Ausdruck ist kein Phraseologismus). Im Falle phraseologischer Nulläquivalenz begegnet vor den finnischen Entsprechungen in der Regel kein Kommentar, vgl. *Wer die Wahl hat, hat die Qual. – Valinnan tekeminen on vaikeata.* t *On runsauden pula.* (PK). Die erste Entsprechung ist eine Paraphrase, die zweite besteht aus dem Substantividiom *runsauden pula* und dem Prädikatsverb *on.* Dagegen taucht vor einem finnischen Sprichwortäquivalent hin und wieder die Markierung „läh" für *lähinnä* ‚etwa' auf: *Was sich liebt, das neckt sich. –* läh *Kaikki tiiliskiveä pienempi on rakkautta.* (PK).

Unter den finnischen Entsprechungen gibt es einige Fälle, die Anlass zur Kritik geben. So wurde der Fakultativität bestimmter Komponenten finnischer Sprichwörter nicht immer Beachtung geschenkt, vgl. *Es ist nicht alles Gold, was glänzt. – Ei kaikki ole kultaa, mikä kiiltää.* (AK, IR) und *Andere Länder, andere Sitten. – Maassa maan tavalla.* (PK, IR). In der ersten Entsprechung sollte *ole* eingeklammert, in der zweiten wiederum *[tai maasta pois]* am Ende angehängt werden. Das Sprichwort *Ende gut, alles gut.* besitzt im Finnischen ein totales Äquivalent (*Loppu hyvin kaikki hyvin.*) in einem Wörterbuch wurde dafür aber ein Teil eines anderen finnischen Sprichwortes (*Alku aina hankalaa, lopussa kiitos seisoo.*) als Entsprechung gewählt: *Lopussa kiitos seisoo.* (PK). Der folgende Beleg wiederum ist ein Beispiel dafür, dass die Bedeutung der finnischen Entsprechung zu spezifisch ist: *Wo ein Wille ist, ist auch ein*

Weg. – Kyllä sopu sijaa antaa. (PK). Die Bedeutung des finnischen Sprichwortes kann wie folgt umschrieben werden: ‚Verträgliche Leute finden auch in einem kleinen Raum Platz.'; eine adäquate Entsprechung im Finnischen wäre *Halulla ei ole hankea ja uskolla ei ole umpea.*

8 Mehrfachlemmatisierung

Das Fehlen eines eindeutigen Zuordnungsprinzips von Sprichwörtern zu Lemmata in den deutsch-schwedischen Wörterbüchern hat dazu geführt, dass Sprichwörter hier relativ oft mehrfach lemmatisiert werden. In N 1 kommen sechs und in N 2 vier Sprichwörter jeweils unter zwei Lemmata vor. Dabei fällt ins Auge, dass ein Sprichwort nicht etwa unter zwei Substantiven, sondern unter dem Verb und dem zweiten Substantiv aufgeführt wird, vgl. *Viele Köche v e r d e r b e n den B r e i.* (N 1; in N 2 sind *Koch* und *verderben* die beiden Zuordnungslemmata). Noch seltsamer ist die Entscheidung, bei *Durch Schaden wird man klug.* nicht das Substantiv und das Adjektiv, sondern die Präposition und das Adjektiv als Zuordnungslemmata zu wählen (N 1; in N 2 erscheint dieses Sprichwort nur unter dem Substantiv). Neben dem zuletzt zitierten Sprichwort sind *Es ist noch kein Meister vom Himmel gefallen.* und *Wie du mir, so ich dir.* in N 2 nur noch einmal lemmatisiert (das erste in N 1 unter *Meister* und *Himmel*, in N 2 unter *Himmel*, das zweite in N 1 unter *wie* und *ich*, in N 2 unter *wie*). Auf der anderen Seite finden sich im Material zwei Belege für eine umgekehrte Entwicklung: *Andere Länder, andere Sitten.* ist in N 1 unter *Land*, in N 2 unter *Land* und *Sitte* und *Was ich nicht weiß, macht mich nicht heiß.* in N 1 unter *heiß*, in N 2 unter *wissen* und *heiß* lemmatisiert. Nicht immer ist die Beschreibung eines Sprichwortes unter zwei Lemmata identisch, was aus der Sicht eines ausländischen Wörterbuchbenutzers problematisch ist.

Die Differenzen können sich z.B. auf die Form des schwedischen Äquivalents oder auf die Kennzeichnung und die Zahl der Äquivalente beziehen, vgl. *Was ich nicht weiß, macht mich nicht heiß. – Det man inte vet har man inte ont av (lider man inte av).* vs. *Det man inte vet, har man inte ont av.* (N 2) und *Kleider machen Leute. – Som man är klädd blir man hädd.* vs. ordspr. *Kläderna gör mannen., Som man är klädd blir man hädd.* (N 1)

In P stehen sogar elf Sprichwörter unter mehr als einem Lemma. Als Zuordnungslemmata können jeweils zwei Substantive, ein Substantiv und ein Adjektiv bzw. ein Verb sowie ein Adjektiv und ein Verb dienen, aber darüber hinaus gibt es noch einen Fall, in dem ein Sprichwort unter drei Lemmata erscheint: *D u r c h S c h a d e n wird man k l u g.* Bei *Frisch gewagt ist halb gewonnen.* hätte man eher erwartet, dass das erste und nicht das zweite Adjektiv als Zuordnungslemma angesetzt wird. Wie in N, können auch hier die

Beschreibungen eines Sprichwortes voneinander abweichen. Dabei kann z.B. die Zahl der Äquivalente variieren: *Es ist noch kein Meister vom Himmel gefallen. – Ingen föds mästare.* vs. *Ingen föds mästare., Alla barn i början.*
In den deutsch-finnischen Wörterbüchern lässt sich für die Mehrfachlemmatisierung nur ein Beleg nachweisen: *F r i s c h   g e w a g t   ist halb gewonnen.* (AK). Die Beschreibungen sind hinsichtlich der finnischen Äquivalente, die beide als Sprichwörter zu klassifizieren sind, unterschiedlich, außerdem fehlt in einem der metasprachlichen Kommentare ein Komma, vgl. (san, läh) *Rohkea rokan syö.* vs. (san läh) *Ei se pelaa joka pelkää.* Wie unter 5. festgestellt wurde, wird in den deutsch-finnischen Wörterbüchern, von fünf Ausnahmen abgesehen, das Prinzip verfolgt, ein Sprichwort unter dem ersten Substantiv, Adjektiv usw. einzuordnen. Dazu ist noch zu bemerken, dass in PK zusätzlich mit Verweisen operiert wird. Das bedeutet also, dass ein Sprichwort nicht mehrmals eine volle Beschreibung erfährt, sondern dass von einer anderen Komponente auf das Zuordnungslemma verwiesen wird, vgl. *Wer die Wahl hat, hat die Qual.*, wobei von *Qual* auf *Wahl* verwiesen wird. Dies ist eine besonders benutzerfreundliche Methode, sie wird aber in PK nicht ganz systematisch angewendet. So wird beispielsweise bei *Eigener Herd ist Goldes w e r t.* nicht von *eigen, Herd* und *Gold* auf *wert* verwiesen. Gerade dann, wenn ein Sprichwort nicht unter dem ersten Substantiv, Adjektiv usw. lemmatisiert wird, wäre ein Verweis von den betreffenden Lemmata auf das Zuordnungslemma nützlich.

9   Fazit und Ausblick

Die Analyse hat in aller Deutlichkeit gezeigt, dass die Erfassung von Sprichwörtern, sowohl in der deutsch-schwedischen als auch in der deutsch-finnischen Lexikografie, in mehrfacher Hinsicht unbefriedigend ist (für die deutsch-schwedischen Wörterbücher dürfte dies allerdings z.T. auf das Erscheinungsjahr von N 1 und P zurückzuführen sein). Genauer gesagt können für keinen der untersuchten Aspekte Beschreibungen nachgewiesen werden, die völlig frei von Mängeln und Unzulänglichkeiten wären. Zwischen den deutsch-schwedischen und deutsch-finnischen Wörterbüchern lassen sich keine gravierenden Unterschiede feststellen. Einmal ist die Darstellung in den deutsch-schwedischen, dann wieder in den deutsch-finnischen Wörterbüchern adäquater; Ersteres gilt für die äußere Selektion und die Angemessenheit der L2-Äquivalente, Letzteres etwa für die Festlegung des Zuordnungslemmas und für die Mehrfachlemmatisierung. Im Hinblick auf eine zufrieden stellende lexikografische Darstellung von Sprichwörtern wären an neue allgemeine deutsch-schwedische bzw. deutsch-finnische Wörterbücher folgende Forderungen zu stellen: 1. Die Wörterbücher sollten in den Benutzungshinweisen über die Darstellung von Phraseologismen, darunter von Sprichwörtern, und über die äußere Selektion genaue Auskunft erteilen. 2. Sprichwörter sollten systematisch mit Hilfe von Abkürzungen oder Symbolen gekennzeichnet und zusammen mit Idiomen in einem separaten Block am Ende von Wörterbuchartikeln untergebracht werden. 3. Der Zuordnung von Sprichwörtern zu Lemmata sollte eine Wortklassenhierarchie als Grundlage dienen (eine ausführliche Beschreibung der Einzelheiten der Hierarchie in den Benutzungshinweisen würde Verweise und eine Mehrfachlemmatisierung überflüssig machen). 4. Bei der Gestaltung der Nennform von Sprichwörtern sollten sowohl die quantitative als auch die qualitative Variation möglichst vollständig erfasst werden. 5. Bei der Findung schwedischer bzw. finnischer Äquivalente deutscher Sprichwörter sollten neben allgemeinen Wörterbüchern auch einschlägige Spezialwörterbücher, Sammlungen und Onlinedatenbanken zurate gezogen werden.

Bei der Erstellung des neuen deutsch-finnischen Großwörterbuchs sind die oben erwähnten Postulate berücksichtigt worden. So ist in der Benutzungsanleitung ein Kapitel über die Phraseologie vorhanden, in dem auch über die Wahl der Sprichwörter berichtet wird (es wurden z.B. alle Sprichwörter der Liste von BAUR/CHLOSTA 1994 aufgenommen). Die Sprichwörter sind mit dem Kommentarsymbol • gekennzeichnet und stehen, wie die Idiome auch, von sonstigen Konstruktionen getrennt am Ende von Wörterbuchartikeln. Die Festlegung des Zuordnungslemmas basiert auf einer Wortklassenhierarchie, an deren Spitze das erste Substantiv des jeweiligen Sprichwortes steht. Ist in einem Sprichwort kein Substantiv vorhanden, dann gilt die Ordnung das erste Adjektiv – Adverb – Numerale – Verb – die erste Interjektion – das erste Pronomen – die erste Konjunktion. Der formalen Variation der Nennformen wurde besondere Aufmerksamkeit geschenkt; für die Markierung der quantitativen Variation werden eckige Klammern, für die der qualitativen Variation der Schrägstrich verwendet. Die finnischen Äquivalente der deutschen Sprichwörter können Sprichwörter, nichtphraseologische Ausdrücke oder beides sein. Hierbei gehen die Sprichwörter den nichtphraseologischen Äquivalenten voran, wenn es die Semantik und Pragmatik erlauben. – Wie der Block der Sprichwörter im Phraseologieteil eines Wörterbuchartikels aussieht, kann anhand folgenden Beispiels illustriert werden:

Hund […]

■ *müde sein wie ein ~* […]
• *~e, die [viel] bellen, beißen nicht* ei haukkuva koira pure; *die ~e bellen, und/aber die Karawane zieht weiter* koirat haukkuvat, karavaani kulkee; *viele ~e sind des Hasen Tod* monta vastustajaa vastaan on turha taistella;

ein alter ~ lernt keine Kunststücke ei vanha koira opi istumaan; *getroffene ~e bellen* se koira älähtää, johon kalikka kalahtaa

Die Sprichwörter stehen in eigener Zeile hinter den Idiomen, die mit dem Kommentarsymbol ■ versehen sind. Für die Reihenfolge von Idiomen und Sprichwörtern mit gleichem Zuordnungslemma wurde ein genaues Ordnungsprinzip entwickelt. So gilt z.B. für Sprichwörter mit einem substantivischen Zuordnungslemma, dass die entsprechenden Einheiten zuerst nach dem Kasus des Substantivs (Hierarchie der Kasus: Nominativ – Akkusativ – Dativ – Genitiv) angeordnet werden. Danach folgen Sprichwörter mit Präposition + Substantiv, und zwar in der alphabetischen Reihenfolge der Präpositionen. Wenn mehrere Sprichwörter z.B. mit einem Substantiv in einem bestimmten Kasus vorhanden sind, werden die Einheiten wie folgt angeordnet: 1. Substantiv ohne Artikel, 2. Substantiv mit Artikel, 3. Substantiv mit Pronomen, 4. Substantiv mit Adjektivattribut. Wie sich dem Beispiel entnehmen lässt, ist im Falle von mehreren Adjektiven die alphabetische Reihenfolge der Adjektive ausschlaggebend. (Zu den hier dargelegten Beschreibungsprinzipien vgl. KORHONEN 2002.)

Literatur

ALBERTSSON, Andrea/KORHONEN, Jarmo (2004): Zur Darstellung von Sprichwörtern in deutsch-schwedischen Wörterbüchern. In: FÖLDES, Csaba (Ed.): Res humanae proverbiorum et sententiarum. Ad honorem Wolfgangi Mieder. Tübingen. S. 15–25.
BAUR, Rupprecht S./CHLOSTA, Christoph (1994): Kennen Kinder heute noch Sprichwörter? Überlegungen zur Altersgrenze in Arbeiten zur empirischen Parömiologie. In: CHLOSTA, Christoph/GRZYBEK, Peter/PIIRAINEN, Elisabeth (Hrsg.): Sprachbilder zwischen Theorie und Praxis. Akten des Westfälischen Arbeitskreises „Phraseologie/Parömiologie" (1991/1992). Bochum. S. 1–30.
Duden (2002). Redewendungen. Wörterbuch der deutschen Idiomatik. 2., neu bearb. und aktualis. Aufl. Hrsg. von der Dudenredaktion. Mannheim u.a. [= DUR]
Duden (2003). Deutsches Universalwörterbuch. 5., überarb. Aufl. Hrsg. von der Dudenredaktion. Mannheim u.a. [= DUW]
KÄRNÄ, Aino (1995/2002): Saksa-suomi opiskelusanakirja. Porvoo u.a. 1995. Saksa-suomi sanakirja [= durchges. Ausg. von KÄRNÄ 1995]. Helsinki 2002. [= AK]
KORHONEN, Jarmo (2002): Alles im Griff. Homma hanskassa. Saksa-suomi idiomisanakirja. Idiomwörterbuch Deutsch-Finnisch. Unter Mitarb. von Kaija Menger und der Arbeitsgruppe Deutsch-Finnische Phraseologie. 2. Aufl. Helsinki.
KORHONEN, Jarmo (Hrsg.) (2008): Saksa-suomi suursanakirja. Großwörterbuch Deutsch–Finnisch. Helsinki.

KOSTERA, Paul (1991/2000): Saksa-suomi sanakirja. 1. Aufl. Helsinki 1991. 2., neu bearb. und erw. Aufl. Helsinki 2000. [= PK]

Langenscheidt (2003). Grosswörterbuch Deutsch als Fremdsprache. Neubearb. Hrsg. von Dieter GÖTZ/Günther HAENSCH/Hans WELLMANN. In Zusammenarb. mit der Langenscheidt-Redaktion. Berlin u.a. [= LGDaF]

NORSTEDTS TYSK-SVENSK ORDBOK (1980). Andra upplagan. Stockholm. [= N1]

NORSTEDTS TYSKA ORDBOK (2002). Tysk-svenska delen. Andra upplagan. Stockholm. [= N2]

PRISMAS STORA TYSKA ORDBOK (1984). Tysk-svenska delen. Stockholm. [= P]

REKIARO, Ilkka (1992/1999): Saksa-suomi sanakirja. 1. Aufl. Jyväskylä/Helsinki 1992. 2., erw. und neu bearb. Aufl. Jyväskylä/Helsinki 1999. [= IR]

Franziska Wallner (Jena)

Aspekte der lernerlexikographischen Bearbeitung von Kollokationen

Nach Langenscheidts *Großwörterbuch Deutsch als Fremdsprache* (LDaF) und dem *Wörterbuch Deutsch als Fremdsprache* vom de Gruyter-Verlag (GDaF) ist das im Jahr 2004 erschiene PONS *Großwörterbuch Deutsch als Fremdsprache* (PDaF) das nunmehr dritte große einsprachige Lernerwörterbuch für Deutsch als Fremdsprache. Da die lexikographische Bearbeitung von Kollokationen im LDaF und im GDaF bereits vor der Herausgabe des PDaF eingehend begutachtet wurde (vgl. v.a. LEHR 1998 und KÖSTER/NEUBAUER 2002), stellt sich die Frage, ob in dieses Wörterbuch die Erkenntnisse bereits vorliegender Untersuchungen eingeflossen sind bzw. inwieweit Kritik und Verbesserungsvorschläge zur Bearbeitung von Kollokationen Beachtung gefunden haben.

Die Aufmerksamkeit des folgenden Beitrages richtet sich gezielt auf eine Auswahl bereits hinsichtlich des LDaF und des GDaF angesprochener Problembereiche, wie bspw. den uneinheitlichen Eintragungsort von Kollokationen im LDaF, die fehlende Differenzierung zwischen Kollokationen und freien Verbindungen im GDaF sowie die mangelnde Systematik in der artikelinternen Reihenfolge in beiden Wörterbüchern. Im Mittelpunkt des Interesses stehen dabei die Materialauswahl und das Kollokationsverständnis der Autoren sowie Aspekte der Auffindbarkeit, der Art der Darstellung und der Anordnung verbonominaler Kollokationsangaben. Daran anknüpfend sollen schließlich einige Überlegungen in Hinblick auf ein – für den Bereich Deutsch als Fremdsprache bislang noch ausstehendes – Kollokationswörterbuch angestellt werden.

1 Materialauswahl, Kollokationsverständnis und Eintragungsort von Kollokationen im PDaF

Das PDaF basiert auf dem PONS *Großes Schulwörterbuch Deutsch*. Es benennt Deutschlerner, Germanistikstudenten, ausländische Studierende, Ausländer in der Berufsausbildung, Dozenten und Lehrende des Faches Deutsch als Fremdsprache als Zielgruppe und ist laut Vorwort „speziell auf den Lerner des Deutschen als Fremdsprache zugeschnitten". In welcher Art und Weise diese „Zuschneidung" erfolgte, wird allerdings nicht näher ausgeführt. Da keine präziseren Angaben zur Materialauswahl gemacht werden, richtet sich die Aufmerksamkeit im Folgenden darauf, ob das Kollokationsverständnis der Autoren möglicherweise Rückschlüsse bezüglich der Auswahl der aufgeführten Kollokationen gestattet.

Dem Terminus *Kollokation* begegnet man im PDaF erstmals in den Hinweisen für die Benutzung mit der Aussage, dass Kollokationen Abbild der „typischen sprachlichen Kontexte, die das ‚natürliche Umfeld' eines Stichwortes bilden" (PDaF 2004: 7), sind. Später kommen die Autoren noch einmal auf den sprachlichen Kontext der Stichwörter zurück und subsumieren darunter die Synonyme, die Antonyme und die wichtigsten Kollokatoren (ebd.). Man sucht allerdings vergebens nach einer näheren Erläuterung des auf HAUSMANN (u.a. 1989 und 2004) zurückgehenden Terminus *Kollokator*. Zudem findet der zugehörige Begriff *Basis* nicht einmal Erwähnung. Selbst im Stichwortverzeichnis wird auf diese beiden Termini verzichtet. Lediglich unter *Kollokation* ist folgendes nachzulesen:

> **Kollokation** [...] SPRACHWISS. eine charakteristische, häufig auftretende Verbindung von Wörtern, zum Beispiel „bellen" und „Hund".

Abgesehen von dieser eher allgemein gehaltenen Definition, könnte in Anbetracht der verwendeten Terminologie davon ausgegangen werden, dass die Autoren an der Unterscheidung zwischen Basis und Kollokator festhalten. Da in den Hinweisen zur Benutzung ferner betont wird, dass das PDaF insbesondere die aktive Sprachproduktion unterstützt (PDaF 2004: 7), ist eine in Zusammenhang mit der Unterscheidung Basis vs. Kollokator empfohlene textproduktionsfreundliche Verzeichnung von Kollokationen unter der Basis (vgl. HAUSMANN 1989) zu erwarten. Stichproben zur Verzeichnung verbonominaler Verbindungen wie z.B. *ein Stück einstudieren, den Tisch decken, einen Baum fällen, jmdm. einen (Weisheits-)Zahn ziehen*, die in der einschlägigen Fachliteratur den Kollokationen zugerechnet werden (u.a. bei KÖSTER/NEUBAUER 2002, HAUSMANN 2004 und WOTJAK/HEINE 2005), haben jedoch gezeigt, dass diese meist lediglich unter der verbalen Komponente, dem Kollokator, aufgeführt werden. Unter der substantivischen Komponente werden demgegenüber häufig nur wenige, teils gar keine verbalen Kombinationspartner angegeben. Hier sei jedoch angemerkt, dass die Anzahl der zur Verfügung gestellten verbalen Kombinationspartner stark variiert und sich vereinzelt auch Einträge finden, die bis zu zehn verbale Kombinationspartner auflisten.[1] Ein stichprobenartiger Vergleich mit den beiden anderen Lernerwörterbüchern hat allerdings ergeben, dass das PDaF bei den substantivischen

---

[1] Die folgende Auflistung soll das exemplarisch verdeutlichen: *Schuh* (10), *Krankheit* (8), *Preis* (5), *Krawatte* (5), *Diät* (3), *Tisch* (3), *Rekord* (2), *Kommentar* (1), *Antwort* (1), *Feier* (1), *Schmuck* (1), *Konto* (0), *Reform* (0), *Denkmal* (0).

Einträgen auffallend weniger verbale Kombinationspartner bereitstellt und damit in Sachen Textproduktionsfreundlichkeit gegenüber den anderen Lernerwörterbüchern deutlich zurücksteht (vgl. Tabelle 1).

Kollokationsbasis	Kollokator	LDaF	GDaF	PDaF
Antwort	erhalten	x		
	geben	x	x	x
	schuldig bleiben		x	
	warten		x	
Feier	abhalten	x		
	begehen	x		
	einladen			x
	veranstalten	x	x	
Hunger	bekommen	x	x	x
	haben	x	x	x
	herrschen		x	x
	kriegen		x	
	leiden		x	
	plagen	x		
	stillen	x	x	x
	sterben		x	
	verspüren	x	x	x
Rekord	aufstellen	x	x	x
	brechen	x	x	
	einstellen		x	x
	fahren		x	
	halten	x	x	
	laufen	x	x	
	springen	x		
	verbessern	x	x	
	verteidigen	x		
Schmuck	ablegen	x	x	
	anlegen		x	
	besitzen	x	x	
	tragen			x

Tab. 1[2]

Die eher allgemein gehaltene Definition des Terminus *Kollokation* sowie die uneinheitliche Anzahl der aufgeführten verbalen Kombinationspartner bei den

---

[2] Die in der Übersicht dargestellten Beispiele sowie die Informationen zur Verzeichnung der verbalen Kombinationspartner im LDaF und im GDaF wurden von KÖSTER/NEUBAUER (2002: 300ff.) übernommen und hinsichtlich des PDaF ergänzt. Berücksichtigung fanden dabei lediglich die verbalen Kombinationspartner, die in mindestens einem der genannten Lernerwörterbücher aufgeführt werden.

substantivischen Einträgen deuten daraufhin, dass die Auswahl der entsprechenden Wortverbindungen nicht auf Grundlage einer spezifischen Kollokationsauffassung erfolgt ist. Daher soll nun geprüft werden, ob sich die angesprochene „Zuschneidung" auf die Bedürfnisse eines Lerners des Deutschen als Fremdsprache in der Art der Darstellung und der Anordnung von Kollokationsangaben niedergeschlagen hat.

2 Art der Darstellung und Anordnung von Kollokationsangaben/Angaben zur syntagmatischen Kombinatorik

Die Kollokationen werden in den Wörterbuchartikeln des PDaF weder typographisch hervorgehoben noch gesondert ausgewiesen. Die meisten Wortverbindungen (in einem Kontinuum von nicht- bis teilidiomatisch, die, je nach zugrunde liegendem Kollokationsbegriff, den Kollokationen und freien Wortverbindungen zugerechnet werden) finden sich im Demonstrationsteil, der sich wiederum aus Syntagmen und Beispielsätzen zusammensetzt. Eine in Hinblick auf die Zielgruppe durchaus sinnvolle Differenzierung zwischen den aus fremdsprachendidaktischer Sicht besonders fehleranfälligen Kollokationen (vgl. u.a. BAHNS 1997: 47 und 65f.) und den freien Wortverbindungen wird nicht vorgenommen.[3]

Die Auswahl bzw. Wahl der Reihenfolge der genannten Darstellungsformen ist in den einzelnen Wörterbuchartikeln verschieden und erscheint eher willkürlich getroffen worden zu sein.

Tagebuch [...] Tagebuch führen, Sie konnte nicht glauben, dass er in ihrem Tagebuch gelesen hatte., seine intimsten Gedanken dem Tagebuch anvertrauen [...]

Mond [...] Der Mond ist aufgegangen., abnehmender/zunehmender Mond, Der Mond beeinflusst Ebbe und Flut.[...]

Abgesehen davon, dass eine uneinheitliche Wahl der Reihenfolge der Darstellungsformen eher Verwirrung stiftet, liegt die Vermutung nahe, dass die im Syntagma dargestellten Wortverbindungen frei kombinierbar seien, während die in den Beispielsätzen enthaltenen Wortverbindungen spezifischen Gebrauchsrestriktionen unterliegen. Zudem bergen Beispielsätze die Gefahr, dass der Nichtmuttersprachler die potentiellen Kombinationspartner mitunter gar nicht zu identifizieren vermag (KÖSTER/NEUBAUER 2002: 290).

---

[3] Da die Autoren des PDaF nicht zwischen Kollokationen und freien Wortverbindungen differenzieren und eine Überprüfung des Kollokationsstatus an dieser Stelle nicht erbracht werden kann, wird im Folgenden hinsichtlich der untersuchten Beispiele von Wortverbindungen die Rede sein.

Auch im Explikationsteil sind potentielle Kombinationspartner des Stichwortes enthalten, was jedoch nicht in den Außentexten thematisiert wird. Entsprechend sind diese Informationen für den Benutzer wohl kaum von Nutzen. Mitunter erscheinen die im Explikationsteil verwendeten Verben erneut im Demonstrationsteil, was jedoch zu der Schlussfolgerung führen könnte, dass Wörter, die nicht wiederholt werden, nicht als Kombinationspartner in Frage kommen.

Zudem findet sich im Explikationsteil auch eine ganze Reihe von Wortverbindungen, die im Wörterbuch unter keinem der Stichwörter, aus denen sie sich zusammensetzen, benannt werden[4] oder gar Komponenten enthalten, die im Stichwortverzeichnis fehlen.[5]

Im Demonstrationsteil erfahren die verbonominalen Wortverbindungen in der Regel eine alphabetische Anordnung.

Krawatte [...] die Krawatte ablegen/binden/lockern/zurechtrücken/zuziehen [...]

Hin und wieder wurde auch eine antonymische Abfolge vorgenommen – allerdings ohne einen entsprechenden Hinweis auf die antonymische Beziehung, was für einen fremdsprachigen Benutzer eine durchaus nützliche Information gewesen wäre.

Plan [...] einen Plan aufgeben/verwirklichen [...]

In einigen Artikeln ist das Anordnungsprinzip nicht auf den ersten Blick durchschaubar, wie die folgenden Beispielartikel zeigen:

Brief [...] einen geschäftlichen/privaten Brief schreiben, den Brief in den Umschlag stecken/zur Post bringen/in den Briefkasten einwerfen [...]
Preis [...] Die Preise steigen/bleiben stabil/sinken/schwanken. [...]
Schmutz [...] Ich muss noch den Schmutz zusammenkehren/aufwischen. [...]

Zum Teil ist erkennbar, dass inhaltliche Kriterien bei der Anordnung eine Rolle gespielt haben. So erinnern einige Abfolgen (vgl. Brief) an so genannte prototypische Reihenbildungen, die zur Beschreibung typischer Handlungsabläufe notwendig sind und bereits bei KÜHN (1998: 54) als didaktisch durchaus empfehlenswertes Anordnungsprinzip vorgeschlagen werden. Da eine solche an Szenarien orientierte Anordnung im PDaF eher die Ausnahme darstellt, liegt die Vermutung nahe, dass kein einheitliches Konzept zugrunde liegt.

Zusammenfassend sei festgehalten, dass die Anregungen zur lexikographischen Bearbeitung von Kollokationen aus der Forschungsliteratur sowie die Verbesserungsvorschläge aus den bereits existierenden evaluierenden Arbei-

---

[4] So bspw. *Interesse lenken* unter dem Stichwort *interessieren*.
[5] So bspw. *Doktorwürde* in *jmdm. die Doktorwürde verleihen* im Explikationsteil zum Stichwort *promovieren*.

ten zum LDaF und dem GDaF bei der „Zuschneidung" des PDaF auf die Bedürfnisse der Lerner des Deutschen als Fremdsprache anscheinend kaum Beachtung gefunden haben. Allerdings sollte bei aller Kritik berücksichtigt werden, dass

- Lernerwörterbücher vielen verschiedenen Bedürfnissen (z.B. verschiedene Benutzungsanlässe, relativ breites Benutzerspektrum) gerecht werden müssen,
- die Kollokationen nur einen Bearbeitungsaspekt unter vielen darstellen und
- aufgrund von Druckraumbeschränkungen eine Reihe von Kompromisslösungen in Kauf zu nehmen sind.

Daher soll an dieser Stelle der bereits mehrfach geäußerten Forderung nach einem Kollokationswörterbuch für Deutsch als Fremdsprache, welches im Besonderen auf die Unterstützung der Textproduktion ausgerichtet ist, Nachdruck verliehen werden.

3 Überlegungen zu einem produktionsorientierten Kollokationswörterbuch Deutsch als Fremdsprache

Die folgenden Überlegungen resultieren aus den bisherigen Ausführungen in diesem Beitrag und konzentrieren sich auf die hier besprochenen Aspekte. Sie enthalten keine fertigen Lösungsangebote, sondern sind als Anregungen zu verstehen, die bereits vorliegende Empfehlungen zur lexikographischen Bearbeitung von Kollokationen in Hinblick auf ein produktionsorientiertes Kollokationswörterbuch modifizieren bzw. ergänzen. Zudem sei betont, dass sich die Überlegungen auf die Printversion eines Kollokationswörterbuchs beziehen. Wenngleich außer Frage steht, dass durch ein online verfügbares Kollokationswörterbuch sich die lexikographische Bearbeitung von Kollokationen maßgeblich verbessern ließe,[6] kann in Anbetracht der unterschiedlichen technischen Voraussetzungen und Möglichkeiten des potentiellen Benutzerkreises (v.a. Lernende und Lehrende des Deutschen als Fremdsprache) auf das Buchformat nicht verzichtet werden.

Für ein Kollokationswörterbuch unverzichtbar ist ein klar definierter Kollokationsbegriff, der Kollokationen so eindeutig wie möglich von anderen Wortverbindungen wie Funktionsverbgefügen und Phraseolexemen auf der einen Seite, sowie von freien syntagmatischen Verbindungen auf der anderen Seite abzugrenzen vermag. Wenngleich an dieser Stelle kein adäquater Kollo-

---

[6] Vgl. u.a. die Vorschläge von KÜHN (1998) hinsichtlich der Aufnahme von Skript- und Frame-Konzepten/Lexikographischen Erzählungen

kationsbegriff entwickelt werden kann, sei darauf hingewiesen, dass eine Kollokationsdefinition, die mit Häufigkeitsbewertungen und statistischen Signifikanzsetzungen operiert, für die lexikographische Praxis als durchaus sinnvoll erachtet werden kann. Auf diese Weise wären Kollokationen anhand von Korpora empirisch ermittelbar und damit zugleich eine Grundlage für die äußere Selektion geschaffen. Aus wortschatzdidaktischen Überlegungen sollten bezüglich der äußeren Selektion neben Korpora auch weitere Quellen wie Lernerwörterbücher und Wortschatzlisten für fortgeschrittene Niveaustufen (z.B. für das Zertifikat Deutsch) in Betracht gezogen werden. Nur so kann eine adressatengerechte, d.h. den kommunikativen Bedürfnissen der Benutzer gerecht werdende, Materialauswahl getroffen werden. Zudem könnte unter Zuhilfenahme von Wortschatzlisten eine zielgruppenorientierte Einschränkung der aufzunehmenden Kollokationen vorgenommen werden, da der begrenzte Druckraum in einem Printwörterbuch – selbst wenn es sich ausschließlich auf die lexikographische Kodifizierung von Kollokationen konzentriert – eine spezifische Auswahl erforderlich macht.

Bezüglich des Eintragungsortes ist die bereits mehrfach geforderte Verzeichnung der Kollokationen unter beiden Komponenten (sofern Kollokationen als ausschließlich zweigliedrige Wortverbindungen aufgefasst werden)[7] zu favorisieren. Um auch hier Druckraum zu sparen und inhaltliche Wiederholungen zu vermeiden, wäre es denkbar, die Kollokationen zwar unter beiden Komponenten aufzuführen, jedoch lediglich unter einer Komponente ausführliche Informationen (wie Gebrauchsüblichkeiten und -restriktionen) anzugeben. Durch ein gut ausgebautes Verweissystem könnte der Benutzer schließlich von einer Komponente zur vollständigen Kollokation zuzüglich weiterer Angaben gelangen. Hier erscheint die teils kritisierte Unterscheidung von HAUSMANN zwischen Basis und Kollokator (vgl. LEHR 1998: 270f.) als durchaus sinnvoll, da auf diese Weise eine stringente Unterscheidung zwischen Komponenten, unter denen ausführliche Informationen gegeben werden, und Komponenten, die lediglich mit einem Verweis versehen sind, getroffen werden kann. Für die zweisprachige Lexikographie wird daher von HOLLÓS (2004) hinsichtlich eines syntagmatischen Wörterbuchs für ungarische Deutschlerner vorgeschlagen, ein Verzeichnis der Basen mit ausführlichen Informationen und ein Verzeichnis der Kollokatoren mit entsprechendem Verweis zur jeweiligen Basis einzurichten – eine durchaus

---

[7] Nachdem Kollokationen lange Zeit auf Zweierverbindungen beschränkt wurden, wird in der jüngst erschienenen Literatur eingeräumt, dass sich Kollokationen durchaus auch über mehrere Einheiten erstrecken können (SCHAFROTH 2003: 408, HAUSMANN 2004: 316f.). Inwieweit diese Erweiterung des Kollokationsbegriffs in der lexikographischen Bearbeitung von Kollokationen berücksichtigt werden kann, sollte noch eingehend geprüft werden – wobei die Schwierigkeiten in erster Linie hinsichtlich der Kollokationspraxis in einem Printwörterbuch zu erwarten sind.

begrüßenswerte Vorgehensweise, die sich sicher auch für ein Kollokationswörterbuch für Deutsch als Fremdsprache adaptieren ließe und vor allem die aktive Textproduktion zu unterstützen vermag. Unter der Basis könnte dann eine aus Textkorpora gewonnene und zusätzlich mit Wortschatzlisten abgestimmte Auswahl möglicher Kombinationspartner aufgelistet werden. Darüber hinaus könnten an dieser Stelle weitere Informationen zu morphosyntaktischen, semantischen und pragmatischen Besonderheiten und Restriktionen Erwähnung finden.[8] Wichtig erscheint hierbei vor allem eine festgelegte, leicht nachvollziehbare Reihenfolge und systematische Gruppierung der Angaben. Dabei kommen unterschiedliche Anordnungsprinzipien in Betracht. Neben einer Anordnung nach der Vorkommenshäufigkeit wäre nach formalen Kriterien eine alphabetische Reihenfolge, eine Anordnung nach Strukturtypen oder auch eine Anordnung mit sich steigernder Komplexität denkbar. Weiter könnte eine Anordnung nach inhaltlichen Kriterien, wie nach paradigmatischen Relationen (z.B. Synonymie, Antonymie), nach Sachgruppen oder Szenarien vorgenommen werden. Selbstverständlich sind auch mehrere Anordnungsprinzipien miteinander kombinierbar, sofern die Nachvollziehbarkeit gewährleistet bleibt. Besonders vielversprechend erscheint die inhaltliche Anordnung nach Szenarien, wie sie sich im PDaF bereits andeuten. In der Spracherwerbsforschung gelten sie schon länger als geeignetes Anordnungsprinzip zur Systematisierung und Memorierung des Wortschatzes (vgl. BAHNS 1997, LÜTGE 2002). Kombiniert mit einer Anordnung nach Strukturtypen[9] – um eine gewisse Übersichtlichkeit zu erhalten – wäre eine solche Anordnung der Textproduktion in mehrerer Hinsicht zuträglich: Einerseits erleichtert sie das Auffinden und Erschließen eventuell unbekannter Kombinationspartner. Andererseits eröffnet sie den Blick auf den für ein gesamtes Szenarium erforderlichen Lexembestand und liefert damit gegebenenfalls über die konkrete Suchanfrage hinausgehende Informationen. Ferner wird auf diese Weise auch die Memorierung sowohl der gesuchten Kollokation, als auch dazugehöriger Wortverbindungen unterstützt. Damit dient eine solche Anordnung nicht nur der Textproduktion, sondern vermag darüber hinaus auch Sprachlernbedürfnisse zu befriedigen.

Um den angesprochenen Sprachlernbedürfnissen der Benutzer noch einträglicher gerecht zu werden, könnte ein Kollokationswörterbuch idealerweise durch Übungsmaterialien ergänzt werden, die zum erfolgreichen Umgang mit

---

[8] In welcher Form und in welchem Umfang diese Informationen ermittelt und lexikographisch kodifiziert werden, soll im Rahmen eines Promotionsvorhabens eingehend behandelt werden.

[9] Folgende Strukturtypen wären denkbar: Adjektiv + Substantiv (*blonde Haare*), Substantiv als Subjekt + Verb (*Ruhe kehrt ein*), Verb + Substantiv als Objekt (*Zähne putzen*), Adverb + Verb (*prächtig gedeihen*), Adverb + Adjektiv (*unheilbar krank*), Substantiv + Substantiv (*eine Prise Salz*).

dem Wörterbuch, zum Durchdringen der Kollokationsphänomene wie auch zur praktischen Anwendung anleiten. Anhand dieser Anregungen dürfte deutlich geworden sein, dass es trotz des lauten Rufs nach einem Kollokationswörterbuch für Deutsch als Fremdsprache[10] noch eingehender Überlegungen zu dessen Konzeption bedarf. Dabei sollten sowohl neuere Erkenntnisse der einschlägigen Fachliteratur zu den Kollokationen und deren lexikographischer Kodifizierung (insbesondere die korpusgestützte Materialauswahl) als auch Erkenntnisse zur Wortschatzsystematisierung aus der Spracherwerbsforschung zur Unterstützung der Lernfunktion des Kollokationswörterbuchs Berücksichtigung finden.

Literatur

BAHNS, Jens (1996): Kollokationen als lexikographisches Problem: Eine Analyse allgemeiner und spezieller Lernerwörterbücher des Englischen. Tübingen.
BAHNS, Jens (1997): Kollokationen und Wortschatzarbeit im Englischunterricht. Tübingen.
HAUSMANN, Franz Josef (1989): Le dictionnaire de collocations. In: HAUSMANN, F.ranz Josef/REICHMANN, Oskar/WIEGAND, Herbert Ernst/ZGUSTA, Ladislav (Hrsg.): Wörterbücher. Dictionaries. Dictionnaires. Ein internationales Handbuch zur Lexikographie. Erster Teilband. Berlin/New York. (Handbücher zur Sprach- und Kommunikationswissenschaft; 5.1). S. 1010–1014.
HAUSMANN, Franz Josef (2004): Was sind eigentlich Kollokationen? In: STEYER, Kathrin (Hrsg.): Wortverbindungen – mehr oder weniger fest. Berlin/New York. (Institut für Deutsche Sprache. Jahrbuch 2003). S. 309–334.
HEINE, Antje (2006): Funktionsverbgefüge in System, Text und korpusbasierter (Lerner) Lexikographie. Frankfurt am Main.
HOLLÓS, Zita (2004): Lernerlexikographie: Syntagmatisch. Konzeption für ein deutsch-ungarisches Lernerwörterbuch. Tübingen. (Lexicographica. Series Maior; 116).
KÖSTER, L./NEUBAUER, F. (2002): Kollokationen und Kompetenzbeispiele im de Gruyter Wörterbuch Deutsch als Fremdsprache. In: WIEGAND, Herbert Ernst (Hrsg.): Perspektiven der pädagogischen Lexikographie des Deutschen II. Untersuchungen anhand des „de Gruyter Wörterbuchs Deutsch als Fremdsprache". Tübingen. (Lexicographica. Series Maior; 110). S. 284–310.
KÜHN, Peter (1998) : Langenscheidts Großwörterbuch Deutsch als Fremdsprache und die deutschen Wörterbücher. In: WIEGAND, Herbert Ernst (Hrsg.): Perspektiven der pädagogischen Lexikographie des Deutschen. Tübingen. S. 34–63.
Langenscheidts Großwörterbuch Deutsch als Fremdsprache. Das einsprachige Wörterbuch für alle, die Deutsch lernen. Hrsg. von GÖTZ, D./HAENSCH, G./WELLMANN, H., Berlin/München u.a. 2003. [= LDaF]

---

[10] Vgl u.a. HAUSMANN (2004: 312)

LEHR, Andrea (1998): Kollokationen in Langenscheidts Großwörterbuch Deutsch als Fremdsprache. In: WIEGAND, Herbert Ernst (Hrsg.): Perspektiven der pädagogischen Lexikographie des Deutschen. Tübingen. S. 256–281.

LÜTGE, Christiane. (2002): Syntagmen und Fremdsprachenerwerb. Frankfurt am Main.

PONS-Großwörterbuch Deutsch als Fremdsprache. Bearb. von BALHAR. S. Barcelona/Stuttgart u.a. 2004. [= PDaF]

ROTHENHÖFER, Andreas (2004): Struktur und Funktion im einsprachigen Lernerwörterbuch. Das „de Gruyter Wörterbuch Deutsch als Fremdsprache" und „Langenscheidts Großwörterbuch Deutsch als Fremdsprache" im Vergleich. Hildesheim.

SCHAFROTH, Elmar (2003): Kollokationen im GWDS. In: WIEGAND, Herbert Ernst (Hrsg.): Untersuchungen zur kommerziellen Lexikographie der deutschen Gegenwartssprache. „Duden. Das große Wörterbuch der deutschen Sprache in zehn Bänden". Print- und CD-ROM-Version. Tübingen. S. 397–412.

STEYER, Kathrin (2002): Wenn der Schwanz mit dem Hund wedelt. Zum linguistischen Erklärungspotential der korpusbasierten Kookkurrenzanalyse. In: HASS-ZUMKEHR, Ulrike/KALLMEYER, Werner/ZIFONUN, Gisela (Hrsg.): Ansichten der deutschen Sprache. Festschrift für Gerhard Stickel zum 65. Geburtstag. Tübingen. (Studien zur deutschen Sprache; 25). S. 215–236.

STEYER, Kathrin. (2004): Kookkurrenz. Korpusmethodik, linguistisches Modell, lexikografische Perspektiven. In: STEYER, Kathrin (Hrsg.): Wortverbindungen – mehr oder weniger fest. Berlin/New York. (Institut für Deutsche Sprache. Jahrbuch 2003). S. 87–116.

Wörterbuch Deutsch als Fremdsprache. KEMPCKE, G. unter Mitarbeit von B. SEELIG u.a., Berlin/New York. 2000. [= GDaF]

WOTJAK, Barbara (2001): Phraseologismen im Lernerwörterbuch – Aspekte der Phraseologiedarstellung im de Gruyter Wörterbuch Deutsch als Fremdsprache. In: HÄCKI BUHOFER, Annelies/BURGER, Harald/GAUTIER, Laurent (Hrsg.): Phraseologiae Amor. Aspekte europäischer Phraseologie. Hohengehren/Baltmannsweiler. S. 263–279.

WOTJAK, Barbara/HEINE, Antje (2005): Überlegungen zur Abgrenzung verbonominaler Wortverbindungen (Wortidiome, Funktionsverbgefüge, Kollokationen): Vorleistungen für die (lerner-) lexikographische Praxis. In: Deutsch als Fremdsprache 3/2005. S. 143–153.

ZÖFGEN, Ekkehard (1986): Kollokation, Kontextualisierung, (Beleg-)Satz. Anmerkungen zur Theorie und Praxis des lexikographischen Beispiels. In: BARRERA-VIDAL, Albert/KLEINEIDAM, Hartmut/RAUPACH, Manfred (Hrsg.): Französische Sprachlehre und bon usage. Festschrift für H.-W. Klein zum 75. Geburtstag. München. S. 219–238.

Übersetzungswissenschaftliche Aspekte

Berit Balzer, Consuelo Moreno, Rosa Piñel, Margit Raders (Madrid)

Te trataré como a una reina
Soll ich dich wie eine Königin behandeln oder lieber auf Händen tragen?
Phraseologische Untersuchungen zur Adäquatheit deutscher Übersetzungen von Rosa Monteros Werk

1 Vorbemerkungen

Phraseologische Einheiten zählen zu den größten sprachlichen Hürden bei der Übersetzung, da die Suche nach phraseologischen Entsprechungen eine enorme Sprach- und Kulturkompetenz in Ausgangs- und Zielsprache erfordert. Phraseologismen besitzen bekanntlich eine inhärente formale und inhaltliche Komplexität, die in vielen Fällen den Originaltext stilistisch prägt. Die adäquate Wiedergabe dieser Markierung im Zieltext gehört zu den schwierigsten Übersetzungsproblemen überhaupt.

Wir stimmen mit CORPAS (2003) darin überein, dass phraseologische Einheiten authentische und abgeschlossene Übersetzungseinheiten sind. Als solche werfen sie im traduktologischen Prozess (objektive) Übersetzungsprobleme und (subjektive) Übersetzungsschwierigkeiten (NORD 1990, 1991) auf. Wir teilen auch CORPAS' Meinung, dass es sich beim Übersetzen hauptsächlich um einen ‚textuellen Prozess' handelt; phraseologische Einheiten können demzufolge nicht losgelöst von ihrem kommunikativen und pragmatischen Kontext übersetzt werden, sondern müssen innerhalb eines bestimmten Ko-Textes übertragen werden. Die Arbeit des Übersetzers besteht folglich zunächst darin, den Stellenwert und die Funktion der phraseologischen Einheiten im Ausgangstext zu eruieren. Nur so wird er in der Lage sein, die phraseologischen Einheiten im Zieltext adäquat wiederzugeben. Im vorliegenden Beitrag soll dieser Sachverhalt anhand einer Analyse von phraseologischen Einheiten aus dem Werk Rosa Monteros überprüft werden.

Die 1951 in Madrid geborene Rosa Montero gehört zu den meistgelesenen spanischen Gegenwartsautorinnen. Sie ist Journalistin von Beruf und hat für alle bekannten Zeitungen und Zeitschriften Spaniens Artikel und Essays verfasst. Seit vielen Jahren schreibt sie regelmäßig Kolumnen für *El País*, und ihre journalistischen Beiträge wurden mit mehreren Preisen ausgezeichnet. Ihr erster Roman erschien 1979, und seitdem hat sie zahlreiche weitere Romane, Erzählungen, Biographien usw. veröffentlicht, die ihr nationale und internationale Auszeichnungen einbrachten, wie z.B. der Roman *Die Tochter des Kannibalen*, für den sie 1997 den „Premio primavera de Novela" erhielt. Monteros Romane wurden in viele Sprachen übersetzt. In deutscher Sprache erschienen bereits zehn Titel (Romane, Biographien und Erzählungen) von ihr – also fast die Hälfte ihrer literarischen Produktion –, die allesamt von zwei Übersetzerinnen ins Deutsche übertragen wurden: Susanne Ackermann und Astrid Roth.

Die beiden Romane, deren deutsche Fassungen wir für diesen Beitrag untersucht haben, weil sie den Erzählstil der Schriftstellerin besonders exemplarisch veranschaulichen, sind: *Te trataré como a una reina* (1983) – *Ich werde dich behandeln wie eine Königin* (dt. Erstveröffentlichung 1990) und *La hija del caníbal* (1997) – *Die Tochter des Kannibalen* (dt. Erstveröffentlichung 2000). Auch die Tatsache, dass sich die zwei Romane hinsichtlich des Sprachniveaus sowie der Funktiolekte maßgeblich voneinander unterscheiden, macht diese beiden Werke zu einem besonders interessanten Studienobjekt.

Im Roman *Ich werde dich behandeln wie eine Königin* stehen die Personen und nicht die Handlung im Mittelpunkt des Interesses: Die alternde Belle singt im Madrider Nachtclub ‚Désiré' Abend für Abend ihre Boleros, deren Texte sie aus der Sackgasse ihres derzeitigen Lebens in eine utopische Traumwelt entführen. Als ihr der geheimnisvolle Poco seine Erlebnisse im ‚Tropicana' von Havanna schildert, steigert sich Belle in die Illusion hinein, mit ihm eines Tages dort ein neues Leben anfangen zu können. Doch Poco will lieber die junge Vanessa erobern, die ihrerseits mit Belles früherem Liebhaber Antonio einen Flirt beginnt. Es geht also bei allen Hauptfiguren des Romans in erster Linie um unerfüllte Sehnsüchte.

Die Tochter des Kannibalen dagegen ist ein spannender Kriminalroman, in dem nicht die Charaktere oder deren Ausdrucksweise, sondern die Handlung im Vordergrund steht: Lucia und ihr Mann wollen zum Jahreswechsel nach Wien fliegen. Lucias Mann verschwindet auf der Flughafentoilette. Sie verständigt die Polizei, die jedoch mit ihren Nachforschungen nur schleppend vorankommt. Deshalb nimmt Lucia mit Hilfe zweier Nachbarn die Sache selbst in die Hand: der eine ist ein attraktiver Zwanzigjähriger, der andere ein achtzigjähriger Rentner, Felix, der seinen beiden Kumpels wiederholt von seinen Abenteuern als Anarchist, Torero und Untergrundkämpfer während der Franco-Diktatur erzählt. Felix' Lebenserinnerungen spiegeln die Geschichte des spanischen Volkes mit seinen Idealen, Illusionen und Enttäuschungen im 20. Jahrhundert wider. Diese Lebenserinnerungen werden im Roman auf verschiedenen Erzählebenen mit dem Szenario des Entführungsfalls verknüpft.

Wir werden in diesem Beitrag aufzeigen, mit welchen sprachlichen Mitteln die Übersetzerinnen der beiden untersuchten Montero-Romane[1] phraseologische Einheiten auf der Mikroebene des Textes ins Deutsche übertragen haben. Für die Makroebene ist generell festzustellen, dass die jeweils gewählten Sprachregister der deutschen Übersetzungen durchaus den Soziolekten entsprechen, die im Rotlichtmilieu und anderen Ambientes der spanischen Metropole gebräuchlich sind. Wortschatz und Ausdrucksweise, wie Rosa Montero sie in *Ich werde dich behandeln wie eine Königin* für die Madrider Halbwelt und deren Umkreis (Angehörige, Sittenpolizei, Kriminalbeamte, Kleinkriminelle usw.) schildert, sind glaubwürdig in die entsprechende deutsche Sprachvarietät übertragen worden. Auch der Roman *Die Tochter des Kannibalen* gibt die Ausdrucksweise der dargestellten Hauptpersonen in überzeugender Weise wieder. Allerdings sind die beiden Texte im spanischen Original nicht diatopisch markiert, was die Übersetzung ins Deutsche wesentlich erleichtert hat. Diastratische Markierung erfolgt lediglich bei der direkten Rede einiger Randfiguren, nicht jedoch in den narrativen Passagen.

Auffällig ist, dass in beiden Übersetzungen fehlende deutsche Entsprechungen für die zahlreichen umgangssprachlichen Floskeln und Idiome, die sich im spanischen Text auf geradezu ‚organische' Weise ergeben, durch den Einsatz von deutschen Phraseologismen an anderer Stelle kompensiert werden. Das heißt, wo im Original ein nicht-idiomatischer Wortlaut vorkommt, steht im deutschen Zieltext manchmal ein phraseologischer Ausdruck, der sich im betreffenden Zusammenhang anbietet oder gar aufdrängt. Gängigen Translationstheorien zufolge sollte sich jeder literarische Übersetzer zum Ziel setzen, die vom Autor in der Ausgangssprache geschaffene Welt mit Worten einzufangen und wiederzugeben, denn die einzig existierende Wirklichkeit ist die subjektive Vorstellung des Lesers von jener Welt. Also geht es für den Übersetzer darum, den Kosmos des Ausgangstextes (im Folgenden AT) durch Worte neu erstehen zu lassen. Dies leistet er mit Hilfe der sprachlichen Mittel, die ihm in seiner eigenen Sprache zur Verfügung stehen.

Eine allgemein anerkannte Prämisse der Übersetzungstheorie besagt, dass die Zahl möglicher Übersetzungen ebenso groß ist wie die Anzahl von hypothetischen Übersetzern, da bekanntlich jeder Übersetzer auch Leser (mit einem je eigenen Verständnis und einer je subjektiven Interpretation des AT) ist. Die Produktionsphase einer Übersetzung hängt also direkt von der Verständnisphase ab, und diese ist von Leser zu Leser unterschiedlich.

Der Zieltext (im Folgenden ZT) soll den begrifflichen und emotionalen Gehalt des Ausgangstextes wiedergeben, wobei die Form des ZT wesentlich von der des AT abweichen kann, außer bei solchen Texten, deren Form dis-

---

[1] *Ich werde dich behandeln wie eine Königin* wurde von Susanne Ackermann und *Die Tochter des Kannibalen* von Astrid Roth übersetzt.

tinktiven Charakter hat und den Text einer bestimmten Textsorte zuordnet. Der Skopos-Theorie zufolge ist das wichtigste Übersetzungskriterium, dass der ZT eine Wirkung auf die Zielkultur ausüben muss, die der Wirkung des AT auf die Ausgangskultur entspricht. Anderen Prinzipien dieser Skopos-Theorie stimmen wir hingegen nicht zu, vor allem, was den Begriff ‚Adäquatheit' anbelangt.

Wir verwenden diesen von Reiss/Vermeer geprägten Begriff nicht, sondern folgen vielmehr der funktionalen Theorie NORDS und der linguistischen Theorie, die den Begriff ‚Adäquatheit' durch ‚Äquivalenz' ersetzt hat. Nach Reiss/Vermeer muss der Übersetzer den Zweck seiner Übersetzung in Bezug auf den Rezipienten des ZT bestimmen, und seine Übersetzung muss diesem Zweck dienen. Die Form ist dabei nicht relevant. Wichtig ist nur, das der ZT dieselbe kommunikative Funktion wie der AT ausübt. In diesem Zusammenhang drängt sich die Frage auf, ob denn andere Aspekte wie Lexik, Konnotation, Stil usw. außer Acht gelassen werden dürfen. In Übereinstimmung mit Ladmiral und der hermeneutischen Theorie sind wir der Meinung, dass man Texte und nicht kleinere Einheiten wie Wörter oder Sätze übersetzt (s. auch RADERS 1990: 238), aber wir teilen dessen Annahme nicht, dass diese kleineren Einheiten für die Übersetzung irrelevant sind. Sie können im Gegenteil den Stil, die Bedeutung und den pragmatischen Gehalt eines Textes bestimmen, vor allem, was die phraseologischen Einheiten (im Folgenden PE) betrifft, die unsere Untersuchung zum Gegenstand hat. Es ist zutreffend, dass der Übersetzer eine Auswahl derjenigen Aspekte bzw. Kriterien vornehmen muss, die seine Übersetzung bestimmen sollen, aber wir halten es für verfehlt, dass der Rezipient – also der Leser – die Modalität der Übersetzung bestimmt. Für uns beinhaltet der AT eine konkrete, vom Autor fixierte *Message*, die nicht beliebig verändert werden kann. Die *Message* der Übersetzung darf also nicht von der des Originaltextes abweichen. Doch kann der Übersetzer die übersetzungsrelevanten AT-Elemente (nach NORD) oder ‚Invarianten' des AT (in der Terminologie der linguistischen Theorie) bestimmen, die im ZT erhalten bleiben müssen. Diese Elemente machen für NORD die ‚Loyalität' gegenüber dem AT-Autor und dem ZT- Empfänger aus und sind gleichzusetzen mit der ‚Äquivalenz' in der linguistischen Theorie.

Eine beliebte Übersetzungsstrategie besteht darin, PE in der Ausgangssprache, die in der Zielsprache kein Äquivalent haben, durch teilidiomatische Einheiten oder durch paraphrasierende Idiome zu übersetzen. Der linguistische Ansatz bei der Translationstheorie bestimmt die Invariante als einen Faktor, der für eine gelungene Übersetzung in die Zielsprache ausschlaggebend ist. Da es – laut Koller – fünf verschiedene Arten von Invarianten gibt – denotative, konnotative, text-normative, pragmatische und formal-ästhetische –, existiert eine Totaläquivalenz zwischen zwei Sprachen nur, falls alle fünf gleichermaßen erhalten bleiben. Auf der Mikrotextebene der PE ist dies offensichtlich nur bei den sogenannten Europäismen vom Typ *den Rubikon überschreiten* oder *aus der Not eine Tugend machen* der Fall. Bei anderen PE gehen eine oder gar mehrere Invarianten zugunsten der übrigen verloren.

Der Übersetzer muss also entscheiden, welche Invariante(n) bzw. Äquivalenz(en) für ihn am relevantesten ist/sind, und sich demgemäß die eine oder andere Übersetzung wählen. Bei der Übersetzung der PE sind neben der denotativen Äquivalenz besonders die konnotative und die pragmatische (auf der Mikrotextebene) sowie die formal-ästhetische, also stilistische Äquivalenz (auf der Makrotextebene) von Bedeutung.

Idiome bereiten dem Übersetzer dabei besondere Schwierigkeiten, die er überwinden muss, wenn er eine akzeptable, d.h. äquivalente Übersetzung vorlegen will. Nach CORPAS (2003: 263) sollte der Übersetzer auf der Mikrotextebene vier Phasen durchlaufen:

1) die PE im AT identifizieren,
2) diese PE im Kontext richtig verstehen,
3) die lexikalische Entsprechung für den ZT finden,
4) die kommunikative Entsprechung für den ZT bestimmen.

Bei unserer Untersuchung haben wir uns zum Ziel gesetzt, folgende Fragen zu beantworten:

– Haben die Übersetzerinnen alle vier Schritte korrekt vollzogen und – falls nicht – woran sind sie gescheitert?
– Für welche Äquivalenz, d.h. für welche der fünf oben erwähnten Invarianten haben sie sich entschieden?
– Ist diese Äquivalenz – unserer Meinung nach – jeweils die beste Lösung?

Da wir im zeitlichen Rahmen dieses Beitrags selbstverständlich nicht alle im AT und ZT vorkommenden PE behandeln können, haben wir uns bei der Analyse unseres Korpus, das aus ca. 400 PE im AT und ZT besteht, auf zwei Typen von Translationsproblemen bzw. -schwierigkeiten beschränkt:

– keine PE im spanischen Originaltext, jedoch PE in der deutschen Übersetzung und
– ungerechtfertigte Auslassungen von PE in der deutschen Übersetzung des spanischen Originaltexts.

2 Analyse

2.1 Monolexematische Einheit im AT → PE im ZT

Eine relativ große Gruppe bilden in unserem Korpus diejenigen deutschen Phraseologismen, die im ZT ein nicht-idiomatisches Verballexem des AT wiedergeben.

Beide Übersetzerinnen haben sich in diesen Fällen für eine phraseologische Einheit – statt für eine monolexematische Einheit wie im AT – entschieden. Es stellt sich die Frage, warum sie diese Lösung gewählt haben und ob es ihnen dabei gelungen ist, eine totale oder lediglich eine partielle Äquivalenz zu finden, und auch, um was für einen Äquivalenztyp es sich dabei handelt.

In dieser Gruppe treten nur Teiläquivalenzen auf, was beim Übersetzen von Phraseologismen in der Regel der Fall ist, da nach CORPAS „eine Totaläquivalenz erst vorliegt, wenn einer phraseologischen Einheit im Ausgangstext eine phraseologische Einheit im Zieltext entspricht, welche die gleiche denotative und konnotative Bedeutung, den gleichen Bildspender und die gleiche Verbreitung und Frequenz im Gebrauch, die gleichen konventionellen Implikaturen, die gleiche pragmatische Intensität und ähnliche diastratische, diaphasische und diatopische Restriktionen aufweist" (2003: 217).[2] Und das ist bekanntlich – außer bei den bereits erwähnten Europäismen – nur bei Lehnübersetzungen und denominativen bzw. terminologischen Einheiten der Fall.

In unseren Belegen ist der deutsche Phraseologismus eine konnotative und/oder pragmatische und/oder stilistische Teiläquivalenz des spanischen Lexems, jedoch nie eine denotative oder normative. Die normative Äquivalenz ist hier allerdings nicht von Bedeutung, da es sich um literarische Texte handelt und bei expressiv-fiktionalen Texten keine festen Strukturvorschriften bestehen.

– **Konnotative Äquivalenz**

Dieser Äquivalenztyp liegt in fast allen Belegen vor, z.B. in:

(1) *Salieron hacia el banco a la hora que ella había dicho, en torno a las once de la mañana [...]* (H: 51)[3]

[*Sie gingen [...] zur Bank.*][4]

---

[2] Übersetzung von den Verfasserinnen.

[3] Aus Gründen der besseren Lesbarkeit werden beim Zitieren der verschiedenen AT und ZT folgende Siglen verwendet: H für *La hija del caníbal*, T für *Die Tochter des Kannibalen*, R für *Te trataré como a una reina*, K für *Ich werde dich behandeln wie eine Königin*.

[4] Die wörtlichen Übersetzungsvorschläge in eckigen Klammern [...] stammen von den Verfasserinnen.

>   *Sie machten sich zu dem von ihr bestimmten Zeitpunkt gegen elf Uhr morgens auf den Weg zur Bank.* (T: 44)

oder:

(2) *Usted miente. Yo callo. Usted cree que me ha e n g a ñ a d o.* (H: 303)
   [[...] Sie glauben, dass Sie mich b e t r o g e n haben.]
   Sie lügen. Ich schweige. Sie glauben, daß Sie mich *h i n t e r s L i c h t g e f ü h r t haben.* (T: 277)

wo die Komponenten *salir hacia/sich auf den Weg machen, engañar/jdn. hinters Licht führen* einen unterschiedlichen denotativen Gehalt haben, jedoch einen im AT und ZT ähnlichen konnotativen. In dem Beleg:

(3) *Estaba convencida de no haber d e j a d o d e v i g i l a r la entrada de los servicios durante todo el tiempo.* (H: 14)

   Ich war mir sicher, daß ich die Toilettentür während der ganzen Zeit nicht einmal a u s d e n A u g e n g e l a s s e n hatte. (T: 10)

steht der deutsche Ausdruck *etw. nicht aus den Augen lassen* als Entsprechung für *vigilar*. Im diesem Fall kann man von einer fast gelungenen Übersetzung sprechen, aber in *vigilar* gibt es ein Sem, das in dem deutschen Ausdruck fehlt. So kann man im Spanischen nicht nur mit den ‚Augen', sondern auch mit den ‚Ohren' *vigilar*, während das ‚Sehen' im deutschen Phraseologismus das relevanteste Sem ist. Interessant ist hier auch, dass die Entsprechung eines hypothetischen deutschen AT *etw. nicht aus den Augen lassen* in einem spanischen ZT nicht *vigilar*, sondern ein Idiom – *no perder de vista* – wäre. Das heißt, der Übersetzungsprozess wäre nach NORDS Theorie nicht zufriedenstellend durchgeführt, denn die Loyalität des ZT gegenüber dem AT wäre nicht gewährleistet.

– **Pragmatische Äquivalenz**

Einige dieser phraseologischen Strukturen mit konnotativer Äquivalenz weisen auch eine pragmatische Äquivalenz (diastratische, diaphasische und situationelle Adäquatheit) auf, sodass im ZT eine besonders präzise Übersetzung vorliegt.

Eine diastratische Invariante finden wir in folgendem Übersetzungsbeispiel:

(4) *[...] a l r e m e m o r a r todos esos instantes siempre los sentimos como imágenes exteriores, como recuerdos de otro.* (H: 64)

   Wenn man sich diese Situationen ins G e d ä c h t n i s z u r ü c k r u f t, erscheinen sie einem wie äußere Bilder, wie die Erinnerungen eines anderen. (T: 55)

Im AT ist das Verb *rememorar* ebenso diastratisch markiert wie der deutsche Phraseologismus *sich etw. ins Gedächtnis zurückrufen*. In einem weiteren Beleg:

(5) *¡Pero tía, que se te está saliendo el agua, estás c h a l á !* (R: 227)
*Aber Lady, das ganze Wasser läuft über, h a s t d u n i c h t m e h r
a l l e T a s s e n i m S c h r a n k ?* (K: 240)

ist das Wort *chalá* eine Abkürzung des Spanischen *chalada* (*estar chalado* heißt wörtlich: ,beknackt sein, spinnen'). Dieses Wort stammt aus der Zigeunersprache, und seine Verwendung im Diskurs deutet auf ein umgangssprachliches Sprachniveau hin. Die deutsche Redewendung spiegelt die kontextuelle Atmosphäre treu wider, was den denotativen Unterschied zum AT ausgleicht.

In den bisherigen Beispielen ist es den Übersetzerinnen gelungen, eine konnotativ und pragmatisch korrekte Äquivalenz zu finden. Das ist im ZT nicht durchweg der Fall, da in manchen deutschen Beispielen bestimmte pragmatische Aspekte fehlen, so dass die deutsche Fassung von der spanischen abweicht. Unterschiedliche Markierungen, genauer gesagt diastratische Markierungen, bestehen auch bei dem spanischen Verb *desahuciar* und der deutschen Übersetzung *auf der Straße sitzen* in:

(6) *[...] porque el sindicato no tenía dinero para sostener a tanta familia
d e s a h u c i a d a .* (H: 71)
*[...] weil die Gewerkschaft kein Geld hatte, um die vielen a u f d e r
S t r a ß e s i t z e n d e n Familien zu unterstützen.* (T: 62)

Desahuciar (etwa: ,eine Räumungsklage erheben') gehört zur juristischen Fachsprache, obwohl dieses Verb auch in der Umgangssprache verwendet werden kann. In der deutschen Übersetzung fehlt eine solche fachsprachliche Markierung.

In den nächsten Beispielen gibt die Übersetzerin den pragmatisch-situativen Kontext ganz genau wieder, indem sie eine deutsche Wendung benutzt, die in einer solchen Situation üblich wäre, auch wenn diese weder denotativ noch konnotativ dem AT entspricht:

(7) *N o a v i s e a la policía o no volverá a ver a su marido.* (H: 86)
[S a g e n Sie der Polizei nicht Bescheid [...]]
*Und lassen Sie die Polizei a u s d e m S p i e l, oder Sie werden ihren
Mann nie wiedersehen.* (T: 76)

Der deutsche Satz entspricht dem Krimistil, da er mit verbalen Mitteln suggeriert, wie die Entführer und andere Kriminelle ihre Drohungen aussprechen, damit die Polizei aus dem Fall herausgehalten wird.

– **Stilistische Äquivalenz**

Wir fanden einen Beleg, in dem der Stil des Originals vollständig mit dem der Übersetzung übereinstimmt:

(8) *Usted miente. Yo callo. Usted cree que me ha engañado.* (H: 303)

Sie lügen. Ich schweige. Sie glauben, daß sie mich hinters Licht geführt haben. (T: 277)

In diesem Fall ist im AT eine dreigliedrige Figur mit einer steigenden, zur Klimax führenden Intonation zu beobachten (vergleichbar etwa mit *veni, vidi, vici*). Im ZT wird diese Dreierfigur beibehalten, und daher kann man durchaus von einer stilistischen Äquivalenz sprechen. Auch im folgenden Beleg, in dem von Lucias Hündin die Rede ist, liegt im AT eine solche Dreierfigur vor, allerdings mit einer gewissen Einbuße semantischer Intensität im ZT:

(9) *[...] no era una manifestación de cariño, sino su manera de decirme que quería hacer pis y que tenía hambre.* (H: 33)

Das war kein Ausdruck von Zärtlichkeit, sondern ihre Art mitzuteilen, daß sie Gassi gehen mußte und Hunger hatte. (T: 27)

Die Verwendung des deutschen Phraseologismus, ohne dass im AT eine phraseologische Einheit vorkommt, ist in diesem Satz völlig gerechtfertigt, da das Deutsche über eine PE verfügt, die ausschließlich für Hunde benutzt werden darf, was im Spanischen nicht der Fall ist. Die wörtliche Äquivalenz von *hacer pis* wäre das deutsche Verb ‚pinkeln', das in diesem Kontext aber nicht angebracht ist. Durch die Verwendung des Idioms *Gassi gehen* entsteht ein kleiner stilistischer Unterschied, da der Stabreim dieser Wendung dem deutschen Text einen besonderen Rhythmus verleiht, der im AT nicht existiert.

Genau dasselbe ist beim nächsten Beispiel der Fall:

(10) *Estoy agotada.* (H: 59)

[Ich bin erschöpft.]

Ich bin fix und fertig. (T: 51)

Die deutsche Zwillingsformel beschreibt treffend die im AT geschilderte Situation und passt sogar besser zum Kontext als andere mögliche Sprachvarianten, wie *ich bin total erschöpft* oder *kaputt*. Das Wortpaar zeichnet sich allerdings durch ein spezifisches rhetorisches Merkmal aus, nämlich den Stabreim (BURGER 1998: 43), der im spanischen Original nicht vorkommt.

2.2 Metapher im AT → PE im ZT

In den zwei folgenden Fällen hat die Übersetzerin eine deutsche PE im ZT für eine Metapher im AT verwendet, wodurch ihr eine konnotative, pragmatische und stilistische Äquivalenz gelungen ist:

(11) S i n t i ó un hormigueo en la boca del estómago, una b l a n d u r a en las rodillas. (R: 39)
[Sie spürte [...] eine Weichheit in den Knien.]
Sie spürte ein Kitzeln in der Magengrube, und ihre Knie wurden weich. (K: 35)

(12) [...] la conciencia a r r i n c o n a d a allá a lo lejos [...] (R: 26)
[[...] ihr Gewissen irgendwo fern in einem Winkel [...]]
[...] ihr Gewissen war irgendwo a u f d a s A b s t e l l g l e i s ge - s c h o b e n w o r d e n [...] (K: 21)

Auch im nächsten Fall wurde eine Metapher im AT als PE interpretiert:

(13) Por mí como s i t e t i r a s p o r u n d e s a g ü e [...] (R: 159)
[Meinetwegen kannst du in einen Gully springen [...]]
Meinetwegen kannst du ü b e r d e n J o r d a n g e h e n [...] (K: 163)

Hier wäre allerdings eine genauere Übersetzung anstelle der unspezifischen Vorstellung ‚Sterben' angebracht gewesen, weil der Akt des Freitodes und das Bild des ‚Sich-Wegwerfens-wie Müll' wiedergegeben werden sollte, wodurch der Sprecher seine Verachtung dem Gesprächspartner gegenüber zum Ausdruck bringt. Es liegt also ein Bruch mit der pragmatischen Invariante vor, weil diese Verachtung im deutschen ZT sprachlich nicht realisiert wird.

2.3 Abundierende oder abolierende Translation

Wir haben auch Hypertranslation (abundierende Translation) und Infratranslation (abolierende Translation) gefunden, zwei Übersetzungsstrategien, die auf der Mikrotextebene dem Sinn des AT nicht gerecht werden, jedoch geläufige makrotextuelle Kompensationsmechanismen darstellen. In den Fällen von Hypertranslation klingen die PE im ZT umgangssprachlicher als die in eckigen Klammern vorangestellten wörtlichen Übersetzungen und machen den ZT dadurch flüssiger und ansprechender.

– **Abundierende Translation**

In folgenden Beispielen erscheint die stilistische Invariante verändert, und der Phraseologismus im ZT kompensiert fehlende umgangssprachliche Pendants an anderen Textstellen. Der Kontext erlaubt diesen Bruch mit der stilistischen Invariante, weil Konnotat und pragmatische Dimension gleich bleiben. Die

Übersetzerin schafft somit einen emotionalen Ausgleich auf der Makrotextebene:

(14) *Víctor se quedó con el conductor para impedir su h u i d a [...]* (H: 105)

 [*Víctor blieb beim Fahrer, um dessen F l u c h t z u v e r h i n d e r n [...]*]

 Víctor blieb beim Fahrer, um zu verhindern, dass er sich aus dem Staub machte [...] (T: 93)

(15) *Me envenena la sangre permanecer aquí sin h a c e r n a d a.* (H: 233)

 [*Es vergiftet mein Blut, hier weiterhin u n t ä t i g h e r u m z u s i t z e n.*]

 Ich werde noch verrückt, wenn wir hier weiterhin D ä u m c h e n d r e h e n. (T: 212)

Manchmal übertrifft die Übersetzung das Original an Bildhaftigkeit, obwohl alle Invarianten beibehalten wurden. Im folgenden Beleg wurde z.B. der teilidiomatische Ausdruck im AT durch eine vollidiomatische Ikonizität in der PE des ZT ersetzt:

(16) *Últimamente Belle tenía la lágrima fácil [...]* (R: 184)

 [*In letzter Zeit kamen Belle leicht die Tränen [...]*]

 In letzter Zeit hatte Belle nahe am Wasser gebaut [...] (K: 193)

Im folgenden AT-Beleg liegt ein Somatismus vor, der durch Teilidiomatizität im ZT verstärkt wurde:

(17) *La muchacha es de una notoria vulgaridad, u n a c a b e z a l o c a [...]* (R: 198)

 Das Mädchen war so offenkundig vulgär, e i n v e r r ü c k t e s H u h n [...] (K: 209)

Die transparente spanische PE ‚ein verrückter Kopf' hat im Deutschen ein anderes Denotat, nämlich *Huhn*, welches meist – aber nicht ausschließlich – auf weibliche Personen angewendet bedeutet: ‚ein Individuum, das irrational handelt (wie ein kopfloses Huhn)'. Ebenso treffend hat die Übersetzerin den vielschichtigen spanischen Begriff ‚carroza' (ein [liebenswert] altmodischer Mensch mit überholten Ideen) durch ein Nominalkompositum in Form eines Vergleichs umschrieben:

(18) *Pareces del siglo pasado, e s t á s h e c h a u n a c a r r o z a.* (R: 42)

 Du siehst aus w i e aus dem letzten Jahrhundert, e i n M u s e u m s s t ü c k. (K: 39)

Auch die folgenden Beispiele zeigen, dass abundierendes Übersetzen häufig eine akzeptable Übersetzungsstrategie darstellt, weil dadurch ästhetischemotionale Leerstellen bei der Wiedergabe der geschilderten Welt gefüllt werden:

(19) *Ella misma, que tenía muchos más años que la muchacha [...]* (R: 56)
[*[...] die viele Jahre älter war als Vanesa [...]*]
[Belle], die weitaus mehr Jahre auf dem Buckel hatte als Vanesa [...] (K: 56)

(20) *[...] a Damián se le había quedado chica la casa [...]* (R: 199)
[*[...] Damian war das Haus zu eng geworden [...]*]
[...] weil Damian zu Hause das Dach auf den Kopf fiel [...] (K: 211)

- **Abolierende Translation**

In den Beispielen dieser Gruppe bleibt der deutsche Phraseologismus weit hinter der Plastizität der nicht phraseologischen Ausdrucksweise des AT zurück und wird auch deren Konnotat nur zum Teil gerecht. In diesen Fällen hätte die Übersetzerin besser daran getan, sich enger an das spanische Original zu halten und sich eventuell sogar für eine wörtliche Übersetzung zu entscheiden, bei der Bedeutung und Sinn des Originaltextes eher erhalten geblieben wären als beim 'erfundenen' Phraseologismus:

(21) *[...] nadie mencionó ni una sola vez su ojo machucado* (R: 181)
[*[...] ihr zerquetschtes/kaputtgeschlagenes Auge*]
[...] dass während dieser ganzen Zeit niemand [...] nur ein einziges Mal ihr Veilchen erwähnt hätte (K: 163)

Der deutsche Begriff ‚Veilchen' beschönigt nämlich die Tatsache, dass Gewalt gegen jemanden angewendet wurde, denn er spielt zwar auf die Verfärbung des Hämatoms an, evoziert zugleich aber den unscheinbaren und unschuldigen Charakter dieses Blümchens. Im spanischen Original dagegen springt die Grobheit der Schläger sofort ins Auge. Hier noch ein weiterer Beleg für abolierende Translation:

(22) *[...] luego, por la noche, carecería de resuello [...]* (R: 178)
[*[...] später, nachts, hätte er dann keine Puste mehr [...]*]
[...] später, nachts, hätte er dann keinen Atem mehr [...] (K: 186)

Diese Erwägungen des alternden Antonio angesichts seiner nachlassenden Lendenkraft, sollte er die junge Vanessa am selben Abend noch einmal befriedigen müssen, würden überzeugender klingen, wenn ‚Atem' durch ‚Puste' ersetzt würde. Beide Lexeme (‚jdm. geht der Atem/die Puste aus') sind zwar u.a. physisch konnotiert, aber ‚Atem' weist zweifelsohne eine poetischere Dimension auf als ‚Puste', ein Lexem, das als formal-ästhetische Invariante eher dem Sinn von ‚resuello' = ‚starkes, lautes Atemholen, Kraft oder Energie' entspricht. Und da es hier um eine rein körperliche Angelegenheit geht, eignet sich 'Puste' auch als pragmatische Invariante besser als ‚Atem'.

2.4 Fehlübersetzung des AT

Dass der Textsinn nicht immer richtig erfasst wurde, zeigt sich an folgender Übersetzung, die äußerst ungenau ist:

> (23) *Fracasar en algo que de por sí te parece un fracaso es rizar el rizo de la derrota.* (H: 274)
>
> [*In einer Sache zu scheitern, die schon von sich aus/in sich ein Fiasko scheint, heißt die Niederlage auf die Spitze treiben.*]
>
> *Ich trug Eulen nach Athen: Ich widmete mich einer Sache, die mir sehr läppisch vorkam.* (T: 361)

Hier sind die Komponenten falsch besetzt. Nicht *rizar el rizo* ('etwas auf die Spitze treiben') wird übersetzt, sondern die Vorstellung von ‚fracasar en algo que de por sí te parece un fracaso' ('in einer Sache scheitern, die schon von sich aus/in sich ein Fiasko scheint'). Außerdem existiert für *Eulen nach Athen tragen* das genaue spanische Pendant *llevar lechuzas a Atenas* mit der Bedeutung ‚etw. an eine Stelle tragen, wo dies im Überfluss existiert, etw. Nutzloses tun', oder auch die synonymen Wendungen *llevar agua al mar/leña al monte/hierro a Vizcaya* (‚Wasser ins Meer/Holz in den Wald/Eisen nach Biskaya tragen'). Das deutsche Adjektiv *läppisch* (‚baladí, nimio') erscheint in diesem Zusammenhang unpassend.

Voreilig als bekannt vorausgesetzt wurde die Körperhaltung eines liegenden Vierbeiners, wobei jedoch die zuvor erwähnte Fettleibigkeit von Lucias Haustier bei der Übersetzung unberücksichtigt blieb:

> (24) *[...] estaba [la perrita] desparramada por el suelo. Se me encogió el corazón.* (H: 300)
>
> [*[...] sie lag wie dahingegossen auf dem Boden. Mir zog es das Herz zusammen.*]
>
> *[...] und sie lag alle Viere von sich gestreckt auf dem Boden. Mir zog es das Herz zusammen.* (T: 275)

Im Original steht nicht *despatarrada* ('mit ausgestreckten Beinen'), sondern *desparramada* ('ausgegossen'), was sich auf die übermäßige Leibesfülle der Hündin bezieht, die tatsächlich so dick war, dass ihre Beine nicht unter ihrem Leib hervorlugten.

Andererseits gibt es auch Verbesserungen, d.h. geglückte Interpretationen eines vielleicht falsch formulierten Ausdrucks im AT, wie in folgenden Beispiel:

(25) *[...] que no parpadeaba cuando le hacían salvajadas [...]* (R: 63)
[...] der mit keiner Wimper zuckte [...] (K: 63)

Würden wir hier NORDS Umkehrprobe durchführen, also den Übersetzungsvorschlag in Form einer „Analyse der Zieltextvorgaben" in den AT zurück übertragen, so ergäbe sich ein viel korrekteres *pestañear* (‚mit der Wimper zucken') anstelle von *parpadear* (‚mit den Augenlidern klimpern'). *Sin pestañear* (‚ohne mit der Wimper zu zucken') ist eine PE im Spanischen, nicht jedoch *no parpadear*, was nur wörtlich verstanden werden kann.

2.5 Kompensierung der Intensität des AT

Ein Kompensationsmechanismus findet in folgendem Beispiel statt:

(26) *[...] y cuando al fin caí dormida, de madrugada, era con un sopor de piedra, como desmayada.* (H: 85)
[...] und als ich schließlich im Morgengrauen einschlief, schlief ich wie ein Stein, als wäre ich in Ohnmacht gefallen. (T: 75)

Im Spanischen verleiht das Verb *caer* in Verbindung mit *dormida* der Aussage eine Intensität, die bei dem deutschen Verb *einschlafen* nicht vorhanden ist. Die Übersetzerin versucht die mangelnde Intensität zu kompensieren, indem sie die kommunikative Stärke von *caer* en *caer dormida* (‚caer' = ‚fallen') im ZT auf *in Ohnmacht fallen* (‚fallen' = ‚caer') überträgt. Dadurch ergibt sich ein ausdrucksstärkeres Translem als das spanische Verb *desmayarse* ('ohnmächtig werden').

2.6 Auslassungen

Wie bereits erwähnt, sind beim Übersetzen von PE vier Schritte von Bedeutung, und wir sind der Meinung, dass das Misslingen eines der beiden ersten Schritte – 1. die PE identifizieren und 2. diese PE im Kontext richtig verstehen – der Hauptgrund dafür ist, dass die Übersetzerinnen einige PE und sogar ganze Abschnitte des Originaltexts in ihrer Übersetzung ausgelassen haben, obwohl diese entscheidend zum Verständnis der Handlung beitragen. Dabei geht für den Leser entweder eine wichtige Information oder kommunikative Intensität oder auch eine stilistische Markierung verloren. In einigen Fällen ist nicht einsichtig, warum die Übersetzerinnen die besagten Idiome bzw. Abschnitte nicht übersetzt haben, da es im Deutschen eine fast identische und leicht zu findende Entsprechung gibt. Eine sehr wichtige Information geht z.B. in Astrid Roths übersetzung *Die Tochter des Kannibalen* verloren:

(27) *Como Rosa Montero [...]: era un tanto m a r i s a b i d i l l a y a veces una autoritaria y una chillona [...]* (H: 51)
So wie Rosa Montero. (T: 44)

Im Deutschen existiert eine fast wörtliche Übersetzung für das spanische *marisabidilla*, nämlich *Besserwisserin*. Außerdem ist gerade diese Textpassage mit Selbstironie von Seiten der Autorin gespickt. Die Auslassung dieser Information hat zur Folge, dass dem Leser die Charakterzüge Rosa Monteros und die ihres *alter egos* Lucia, der Hauptperson des Romans, vorenthalten werden.

In der folgenden Beschreibung eines Morgens in Amsterdam:

(28) *La mañana [...] amaneció o s c u r a como una boca de lobo (¿por qué siempre dicen «c o m o b o c a d e l o b o »? Pobres lobos...)* (H: 235)
[*Der Morgen graute so dunkel wie ein Wolfsrachen (warum heißt es bloß immer «w i e e i n W o l f s r a c h e n »? Arme Wölfe...)*]
Am Morgen unseres ersten Tages in Amsterdam wurde es nur sehr langsam hell. (T: 215)

verwendet die Autorin einen spanischen Phraseologismus, der im Deutschen keine Äquivalenz hat, den die Übersetzerin jedoch mit einer wörtlichen Übersetzung leicht hätte wiedergeben können: *dunkel wie ein Wolfsrachen*.

Auch in *Die Tochter des Kannibalen* ist ein textrelevanter Phraseologismus völlig ungerechtfertigt unter den Tisch gefallen, nämlich *su padre se la había c o m i d o v i v a durante muchos años* (*ihr Vater hatte sie jahrelang b e i lebendigem Leib verspeist*) (H: 144), obwohl hier die doppelte Bedeutung von Kannibalismus oder Anthropophagie und somit ein für das Textverständnis wichtiges Element thematisiert wird. Auch die unproblematische Routineformel *ni mucho menos* (H: 147) hätte leicht als *nichts weniger als das* (T: 154) übertragen werden können. Warum sie wegfallen musste, ist nicht zu verstehen.

Zum Abschluss noch zwei Abschnitte, die nur zum Teil übersetzt worden sind, wobei die stilistische Dreierfigur, von der oben schon die Rede war, verloren geht. Wir haben bereits erwähnt, dass mit dieser Figur eine dreistufige Reihung mit einer aufsteigenden Intonation gebildet wird, die zur Klimax führt. Wenn ein Glied dieser Figur 'amputiert' wird, verändert sich der Stil des Textes, und er verliert an kommunikativer Prägnanz:

(29) *¿Cómo dice? – me espanté –. No. Ni hablar. Ni lo sueñe.* (H: 351)

«*Was sagen Sie?*» erschrak ich. «*Nein. Kommt überhaupt nicht in Frage.*» [*Nicht mal im Traum!*] (T: 322)

(30) *Eso va en gustos. Para los gustos hay colores. Sobre gustos no hay nada escrito.* (R: 124)

Aber das ist Geschmacksache. [*Jeder nach seinem Geschmack.*] *Und über Geschmack läßt sich nicht streiten.* (K: 127)

Im Original steht eine dreistufige Reihung, die in der Übersetzung auf eine zweistufige reduziert wurde, wodurch die Steigerung und die Figur selbst zerstört ist.

Aber auch Susanne Ackermann, der Übersetzerin von *Ich werde dich behandeln wie eine Königin*, unterlaufen unerklärliche Auslassungsfehler: u.a. bleibt ein Brief von einem Freund Pocos an diesen unübersetzt, obwohl die Übersetzung der in ihm enthaltenen PE völlig unproblematisch gewesen wäre.

3 Schlussbemerkungen

Zum Abschluss wollen wir den Titel unseres Beitrags kurz *unter die Lupe nehmen*: Die dialogische Textpassage, aus der Montero den Romantitel *Te trataré como a una reina* herleitet, lautet folgendermaßen:

– *Yo te quiero mucho.*
– *Mira qué bien.*
– *Yo te trataré como a una reina, Vanessa, como a una reina.* (R: 226)

– *Ich liebe dich sehr.*
– *Ist ja wunderbar.*
– *Ich würde dich behandeln wie eine Königin, Vanessa, wie eine Königin.* (K: 226)

Selbstverständlich würde ein deutschsprachiger Liebhaber der Frau seiner Träume wohl eher versprechen, er werde sie *auf Händen tragen*, aber die fragliche Zeile ist zugleich der Refrain eines Boleros, den Poco aus Kuba mitgebracht hat und den Belle immer wieder vor sich hin summt, weil er ihr das Leben in der Spelunke ein bisschen erträglicher macht. Sie glaubt ja fast bis zuletzt, Poco werde mit ihr auf Kuba oder sonst irgendwo in der Karibik ein neues Leben anfangen. Demnach handelt es sich um ein Zitat, das nicht verfälscht oder durch eine phraseologische Entsprechung kompensiert werden darf, weil sonst seine intertextuelle Komponente verloren ginge. Die Entscheidung, das Zitat wörtlich zu übersetzen, war folglich richtig. Der Titel des Romans ist also ein textstrukturierendes Element, das die Suche nach einer phraseologischen Äquivalenz schon an sich problematisch macht. Es bleibt hier lediglich die Möglichkeit der maximalen Textloyalität im Sinne von NORD.

Anhand dieser beiden Romane von Rosa Montero lässt sich sehr deutlich aufzeigen, mit welchen Schwierigkeiten sich auch ein qualifizierter Literaturübersetzer konfrontiert sieht. Insgesamt lässt sich das Fazit ziehen, dass die Übersetzerinnen die zu Anfang erwähnten Phasen – die PE im AT identifizieren und im Kontext richtig verstehen, die lexikalische und die kommunikative Entsprechung für den ZT finden – durchlaufen haben und die Forderung nach stilistischer Adäquatheit weitgehend erfüllen. Nur bei den Auslassungen sind sie in einigen Fällen in den ersten beiden Phasen gescheitert. Außerdem ist unserer Meinung nach die Spannung zwischen Standardsprache in den narrativen Passagen und Umgangs- bis Vulgärsprache in den Dialogen überzeugend gemeistert – nicht zuletzt durch den Einsatz von PE an geeigneter Stelle in der Zielsprache. Alles in allem ist festzustellen, dass die Übersetzerinnen der beiden Montero-Romane trotz einiger Schwächen bei der Übertragung der Phraseologismen relativ gelungene deutsche ZT vorgelegt haben.

Literatur

BALZER, Berit/MORENO, Consuelo/PIÑEL, Rosa/RADERS, Margit/SCHILLING, María Luisa (2004): Kulturelle Besonderheiten in der kontrastiven Phraseologie. In: BRDAR-SZABÓ, Rita/KNIPF-KOMLÓSI, Elisabeth (Hrsg.): Lexikalische Semantik, Phraseologie und Lexikographie: Abgründe und Brücken. Festgabe für Regina Hessky. Frankfurt am Main et al. S. 253–272.

BALZER, Berit/MORENO, Consuelo/PIÑEL, Rosa/RADERS, Margit/SCHILLING, María Luisa (2005): 'Lug und Trug': Interkulturelle Untersuchungen zu den Wortfeldern 'Lüge' und ‚Betrug' in deutschen und spanischen Phraseologismen. In: HEINE, Antje/HENNIG, Mathilde/TSCHIRNER, Erwin (Hrsg.): Deutsch als Fremdsprache – Konturen und Perspektiven eines Faches. Festschrift für Barbara Wotjak zum 65. Geburtstag. München. S. 167–180.

BURGER, Harald (1998): Phraseologie. Eine Einführung am Beispiel des Deutschen. Berlin.

CORPAS PASTOR, Gloria (2003): Diez años de investigación en fraseología: análisis sintáctico-semánticos, contrastivos y traductológicos. Madrid [Erstausgabe 1996].

CORPAS PASTOR, Gloria (1997): Manual de fraseología española. Madrid.

DOBROVOL'SKIJ, Dmitri (2004): Idiome und Übersetzung literarischer Texte. In: BRDAR-SZABÓ, Rita/KNIPF-KOMLÓSI, Elisabeth (Hrsg.): Lexikalische Semantik, Phraseologie und Lexikographie: Abgründe und Brücken. Frankfurt et al. S. 273–284.

DURCO, Peter (1994): Probleme der allgemeinen und kontrastiven Phraseologie am Beispiel Deutsch und Slowakisch. Heidelberg.

FÖLDES, Csaba (1996): Deutsche Phraseologie kontrastiv: Intra- und interlinguale Zugänge. Heidelberg.

FÖLDES, Csaba (2003): Interkulturelle Linguistik: Vorüberlegungen zu Konzepten, Problemen und Desiderata. Veszpém/Wien.

FORGÁCS, Erzsébet (2004): Zum theoretischen Rahmen bei der Untersuchung kreativer Texte mit phraseologischen Komponenten. In: FÖLDES, Csaba (Hrsg.): Res humanae proverbiorum et sententiarum. Ad honorem Wolfgangi Mieder. Tübingen. S. 101–113.

GRECIANO, Gertrud (1983): Signification et dénotation en allemand. La sémantique des expressions idiomatiques. Metz (=Recherches linguistiques; 9).

HIGI-WYDLER, Melanie (1989): Zur Übersetzung von Idiomen: Eine Beschreibung und Klassifizierung deutscher Idiome und ihrer französischen Übersetzungen. Bern (=Europäische Hochschulschriften, Reihe XIII: Französische Sprache und Literatur; 146).

JIMÉNEZ HURTADO, Catalina (2000): La estructura del significado en el texto. Análisis semántico para la traducción. Granada.

ŁABNO-FALĘCKA, Ewa (1995): Phraseologie und Übersetzen. Frankfurt.

LÓPEZ ROIG, C. (2002): Aspectos de fraseología contrastiva (alemán-español) en el sistema y en el texto. Frankfurt et al. (=Reihe Hispano-Americana; 29).

MONTERO, Rosa (1983): Te trataré como a una reina. Novela. Barcelona.

MONTERO, Rosa (2005): La hija del caníbal. Novela. Madrid (1997[1]).

MONTERO, Rosa (2000): Die Tochter des Kannibalen. Roman. Übersetzung v. Astrid Roth. München.

MONTERO, Rosa (2002): Ich werde dich behandeln wie eine Königin. Roman. Übersetzung v. Susanne Ackermann. München [dt. Erstveröffentlichung 1990].

NORD, Christiane (1988): Textanalyse und Übersetzen. Theoretische Grundlagen, Methode und didaktische Anwendung einer übersetzungsrelevanten Textanalyse. Heidelberg.

NORD, Christiane: Übersetzen lernen – leicht germacht. Kurs zur Einführung in das professionelle Übersetzen aus dem Spanischen ins Deutsche, Bd. 1 (1990), Bd. 2 (1991). Heidelberg (=Reihe th – translatorisches handeln; 5).

NORD, Christiane (1993): Einführung in das funktionale Übersetzen. Tübingen/Basel.

RADERS, Margit (1990): El análisis del texto: requisito de la enseñanza y de la práctica de la traducción. In: CONESA, J./RADERS, M.: II Encuentros Complutenses en torno a la Traducción. Madrid. S. 237–247.

VILAR SÁNCHEZ, Karin (2003): Wer die Wahl hat, hat (nicht unbedingt) die Qual. Die funktionale Textanalyse als Wegweiser bei der Wahl textadäquater linguistischer Mittel. In: Estudios Filológicos Alemanes 3. S. 79–98.

Aina Būdvytytė-Gudienė, Reda Toleikienė (Siauliai)

„Sich zwischen zwei Stühle setzen": Äquivalenzprobleme beim Übersetzen deutscher und litauischer Kinegramme

Phraseologismen sind laut EISMANN (1989: 83) trotz großer Fortschritte in den verschiedensten Teilbereichen der Phraseologieforschung ein Übersetzungsproblem geblieben. Unter den zahlreichen Literaturquellen zur Phraseologie sind nur wenige systematische Arbeiten zur Übersetzung der phraseologischen Wendungen (HIGI-WYDLER 1989: 145).

Versprachlichungen des nonverbalen Verhaltens, die sich in der Phraseologie als Terminus Kinegramme (BURGER 1976: 313) etabliert haben, werfen beim Übersetzen mehr Probleme auf, als dies bei anderen Phraseologismen der Fall ist. Hinweise auf die besondere Gruppe der Somatismen, die einen speziellen nonverbalen Hintergrund besitzen, bieten zunächst einige Aufsätze zur interlingualen und intralingualen Analyse des körperbezogenen bzw. somatischen Phraseologiebestandes (s. BŪDVYTYTĖ 2003; ČERMAK 1998; GRÉCIANO 1998; FÖLDES 1985; KEMPCKE 1988; KROHN 1994; WOTJAK 1985 u.a.).

Der vorliegende Beitrag hat zum Ziel, den Verlust des nonverbalen Hintergrunds im zielsprachlichen Kinegramm und die Kompensationsmöglichkeiten dieses Verlustes anhand der Analyse von deutsch-litauischen und litauisch-deutschen Übersetzungen zu untersuchen.

Im sprachwissenschaftlichen Paradigma ist das Kinegramm als ein interdisziplinäres Phänomen zu betrachten, wobei sich das Nonverbale und Verbale wechselseitig ergänzen. Dieses Wirkungsverhältnis wird im Kinegramm als Bezeichnung des faktischen Verhaltens, wie z.B. Körperbewegungen, Geste, Mimik, Blick, (literale Bedeutung) und Bezeichnung der Bedeutung dieses Verhaltens (symbolische Bedeutung) doppelt kodiert (BURGER 1998: 61). Mit anderen Worten: bezieht sich die erste Bedeutungsschicht des Kinegramms auf den physischen Vorgang, so verweist die zweite auf eine sozio-kulturelle bzw. psychische Realität (BURGER 1976: 317; RÜEGG 1991: 323). Das Verhältnis zwischen dem faktischen Verhalten und der Versprachlichung dieses Verhaltens gilt als Kriterium bei der Unterscheidung von zwei großen Gruppen der Kinegramme. In der Phraseologieforschung ist diese Typologie als Einteilung der Kinegramme in echte und unechte bekannt (BURGER 1976: 320). Diese zwei Typen der Kinegramme unterscheiden sich danach, wie real umsetzbar das versprachlichte faktische Verhalten ist.

Wenn das sprachlich vermittelte Bild dem faktischen Verhalten entspricht, handelt es sich um echte Kinegramme, die „nur eine beschreibende und identifizierende Funktion" erfüllen (HÜBLER 2001: 283). Den unechten Kinegrammen entspricht kein wirkliches nonverbales Verhalten mehr. Der propositionalen, inhaltlichen Bedeutung dieser Gruppe von Kinegrammen ist so HÜBLER (2001: 283) noch eine zusätzliche Bedeutungsleistung zuzuschreiben, die in der emotionalen Sprechereinstellung liegt, die diese Ausdrücke vermitteln. BURGER (1976: 320) und RÜEGG (1991: 15) nennen diese unechten Kinegramme Pseudokinegramme und weisen darauf hin, dass ihre symbolische Bedeutung sich so stark durchgesetzt hat und so gebräuchlich ist, dass eine – theoretisch durchaus mögliche – wörtliche Interpretation des physischen Verhaltens kaum mehr denkbar ist. Das vorstellbare physische Verhalten wird metaphorisch formuliert. Die oben dargestellten Unterschiede zwischen echten und unechten Kinegrammen lassen sich auch bei der Analyse von Übersetzungslösungen beobachten. Auf Grund der Realität des faktischen Verhaltens lassen sich die echten Kinegramme als Beschreibungen dieser Verhaltensweisen leichter in der Zielkultur identifizieren und entsprechend in die Zielsprache übertragen. Im Gegensatz zu echten Kinegrammen sind Pseudokinegramme wegen der kulturspezifischen Information und des metaphorischen Mechanismus, der ihnen zugrunde liegt, schwerer übersetzbar. Wie die durchgeführte Analyse von Übersetzungen der Kinegramme gezeigt hat, sind die Pseudokinegramme jedoch übersetzbar. Hilfe beim Übersetzen leisten allgemein menschliche Erfahrungen und kognitive Mechanismen, die dem Übersetzer (und anderen Nichtmuttersprachlern) sprachliche Einheiten aus fremden Kulturkreisen verstehen lassen, weil das zugrunde liegende Metaphermodell in solchen Kinegramm-Paaren, wie z.B. liežuvį atrišti („Zunge lösen") und die Zunge lösen identisch ist (vgl.: „Die Bühne löste mir die Zunge."[1] (Turmbau 1996: 536) → „Ši scena man atrišo liežuvį." (Bokšto statyba 2002: 448). Das gemeinsame kinetische Bild ‚die Zunge lösen' ist für beide Sprachgemeinschaften bildspendender Bereich, wobei Bildempfänger (s. WEINRICH 1976) in diesem Fall KOMMUNIKATIONSFÄHIGKEIT (‚jmdn. gesprächig machen') ist. Die Übersetzung der Metapher geschieht in dem o.a. Fall nach dem Übersetzungsverfahren sensu stricto (KOLLER 1992: 254), d.h. das der Ausgangsprache (AS)-Metapher zugrunde liegende Bild des Nonverbalen ist in der Zielsprache (ZS) wiedergegeben.

Dem Übersetzer wird eine Aufgabe gestellt, und zwar, das Bestreben das in Kinegrammen mitkodierte sprachlich vermittelte Bild des faktischen Verhaltens und die symbolische Bedeutung dieses Verhaltens beim Übersetzen zu bewahren. Dieses Bild, das als Realisierung der symbolischen Gesamtbedeu-

---

[1] Hervorhebungen in allen Textbeispielen von den Verfasserinnen dieses Beitrags.

tung betrachtet werden kann, gilt als Kriterium zur Herstellung der Äquivalenzrelation bei der kontrastiven Analyse zwischen den AS- und ZS-Kinegrammen (vgl. EISMANN 1989: 86).

Die Übersetzungswirklichkeit zeigt, dass das sprachlich vermittelte Bild des faktischen Verhaltens oft zugunsten der kommunikativen Funktion des Kinegramms „aufgeopfert" wird. Dadurch ändert sich die Relation zwischen dem Verbalen und Nonverbalen. Wie sich an den Übersetzungslösungen der deutschen und litauischen Kinegramme nachweisen lässt, gibt es im untersuchten Korpus zwischen den einzelnen Fällen der vollständigen Äquivalenz und dem vollständigen Fehlen eines entsprechenden Kinegramms eine große Bandbreite partieller Ähnlichkeiten und Unterschiede. Die Gründe dafür können verschieden sein: Nichtübereinstimmung oder sogar Fehlen allgemeiner menschlicher Erfahrungen und kognitiver Mechanismen, die dem Übersetzer sprachliche Einheiten aus fremden Kulturkreisen verstehen lassen, das Streben nach einer inhaltlichen Äquivalenz etc.

Nach Übersetzungslösungen für Kinegramme haben wir in den Übersetzungen von DÜRRENMATTs Romanen *Justiz* (1996), *Labyrinth* (1996), *Turmbau* (1996), *Der Verdacht* (1996) und *Das Versprechen* (1996) ins Litauische gesucht. Darüber hinaus wurde die Übersetzung eines Romans des litauischen Gegenwartsautors und Übersetzers KUNČINAS ins Deutsche, *Blanchisserie oder von Mäusen, Moder und Literatursalons* (2004) recherchiert (KUNČINAS hat im Übrigen auch einen der Romane von DÜRRENMATT ins Litauische übersetzt). Es kann hier nicht darum gehen, den vollständigen Katalog aller exzerpierten Übersetzungsfälle der Kinegramme darzulegen. Dargestellt und behandelt werden nur die auffälligsten Belege der untersuchten Werke. In unserer Untersuchung treten das Deutsche und Litauische wechselseitig als Ausgangs- und Zielsprachen auf.

Bevor auf das Beschreiben der konkreten Übersetzungverfahren eingegangen wird, sollte u.E. noch das Verhältnis der Termini Kinegramm und Phraseologismus präzisiert werden. Unter Kinegramm sind bei BURGER (1976: 316) und RÜEGG (1991: 22) nicht nur phraseologische Verbindungen (Polylexeme), sondern auch Monolexeme aufgefasst. Da phraseologische Kinegramme oft mit monolexematischen Kinegrammen übersetzt werden, stellte sich als notwendig heraus, im weiteren Text terminologisch zwischen zwei Typen zu unterscheiden. Um die phraseologischen Verbindungen von anderen Typen der Kinegramme zu trennen, verwenden wir bei der weiteren Analyse den Terminus Phraseokinegramm[2] (einschließlich der Sonder-

---

[2] Im Beitrag von BŪDVYTYTĖ und LAPINSKAS (EUROPHRAS Tagung 2004, Basel) *Phraseologische Kinegramme im Deutschen und im Litauischen: Aspekte des interkulturellen Vergleichs* schlagen sie den Terminus Kinephrasem oder Kinephraseologismus vor.

gruppe von Pseudokinegrammen). Freie polylexematische Verbindungen und Monolexeme werden als Kinegramme bezeichnet.

Unter der Berücksichtigung der oben dargestellten Besonderheiten der Kinegramme sowie der methodologischen Grundlagen der Übersetzungstheorie ließen sich im untersuchten Korpus vier unterschiedliche Übersetzungsverfahren der Kinegramme feststellen.

Übersetzungsverfahren I: Ein Phraseokinegramm wird mit einem Phraseokinegramm übersetzt. Dabei werden mit den beiden Phraseokinegrammen dasselbe Bild des faktischen Verhaltens sowie die gleiche symbolische Bedeutung kodiert.

Übersetzungsverfahren II: Ein Phraseokinegramm wird mit einem Phraseokinegramm übersetzt. Dabei werden mit den beiden Phraseokinegrammen unterschiedliche Bilder des faktischen Verhaltens kodiert. Die symbolische Bedeutung ist gleich.

Übersetzungsverfahren III: Ein Phraseokinegramm wird mit einem zielsprachlichen Kinegramm übersetzt. Die kodierten Bilder des faktischen Verhaltens können sowohl übereinstimmen als auch unterschiedlich sein.

Übersetzungsverfahren IV: Ein ausgangssprachliches Phraseokinegramm wird mit einer Spracheinheit übersetzt, die kein Kinegramm darstellt.

Dem ersten Übersetzungsverfahren sind die Übersetzungsfälle zuzuordnen, die eine vollständige Äquivalenz aufweisen. Zur Feststellung der vollständigen Äquivalenz wurden in unserer Untersuchung zwei Kriterien herangezogen: Das im Phraseokinegramm mitkodierte faktische Verhalten und die symbolische Bedeutung des Phraseokinegramms, z.B.:

„Der Arzt *zuckte die Schultern.*" (Versprechen 1996: 511) →

„Gydytojas *patraukė pečiais.*" (Pažadas 1994: 105);

„O kokios epitafijos, *pirštus apsilaižytum.*" (Blanchisserie 1997: 76) →

„Ich sage dir, da *leckst du dir die Finger ab.*" (Blanchisserie 2004: 92).

Das Übersetzen solcher Phraseokinegramme bereitet für den Übersetzer in den meisten Fällen keine Schwierigkeiten (und war deswegen für unsere Untersuchung von geringem Interesse).

Ähnlich wie bei den aufgeführten volläquivalenten Belegen verläuft der Übersetzungsprozess, wenn das für beide Sprachgemeinschaften bekannte Bild des faktischen Verhaltens leicht modifiziert (morpho-syntaktisch) oder durch zusätzliche Elemente ergänzt wird. Dabei werden in der Zielsprache,

---

Dieser Terminus ist u.E. nur in solchen Fällen zu gebrauchen, in denen phraseologische Kinegramme von anderen Phraseologismen unterschieden werden müssen.

etwas andere als in der Ausgangssprache, Elemente des faktischen Verhaltens hervorgehoben, z.B.: *fallen sich in die Arme* (Turmbau 1996: 382) → *puola vienas kitam į glėbius* („stürzen einander in die zum Umarmen ausgebreiteten Arme" (lit.: *glėbys*)) (Bokšto statyba 2002: 325); *nosies nekišdavau lauk* („die Nase nach draußen nicht gesteckt") (Blanchisserie 1997: 115) → *die Nase nicht mehr vor die Tür gesteckt* (Blanchisserie 2004: 143).

Die oben dargestellten Übersetzungsfälle können in Bezug auf unterschiedliche Auffasungen der Äquivalenz auch als Beispiele der vollständigen Äquivalenz betrachtet werden (vgl. HIGI-WYDLER 1986: 148–149). Auch diese Übersetzungen der Phraseokinegramme stellen relativ unproblematische Typen des Übersetzungsverfahrens dar. Die Gefahr beim Übersetzen besteht jedoch darin, wie die durchgeführte Analyse der Belege gezeigt hat, dass in der Ausgangsprache für die Zwecke des Textes **okkasionelle Abwandlungen** der lexikographisch etablierten Phraseologismen hergestellt werden (BURGER 1998: 27). Das treffende Beispiel bildet das litauische Pseudokinegramm „*įkąsk man į užpakalį, susna!*" („Beiß mir in den Arsch, Jammerlappen") (Blanchisserie 1997: 64) als eine okkasionelle Abwandlung des in der litauischen Sprache verankerten Phraseokinegramms *pabučiuok man į užpakalį* („Küss mich am Arsch"). Für das Kinegramm *įkąsk man į užpakalį* findet der Übersetzer ganz leicht ein scheinbar entsprechendes Kinegramm „*Leck mich am Arsch, du Jammerlappen!*" (Blanchisserie 2004: 77) mit einem ähnlichen kinetischen Bild. Dieser Fall ist ein Beispiel dafür, dass es dem Übersetzer gelungen ist, anhand der leichten Modifizierung des kinetischen Bildes für den Okkasionalismus der Ausgangssprache ein relativ geeignetes usuelles Phraseokinegramm in der Zielsprache zu finden. Beim Übersetzen der Kinegramme, die der oben dargestellten Gruppe zuzuordnen sind, ist das für beide Sprachen gemeinsame kinetische Bild einerseits Grundlage der zwischensprachlichen Äquivalenz, andererseits aber kann es eine Falle für den Übersetzer sein.

II. Dem zweiten Übersetzungsverfahren sind die Fälle zuzuordnen, in denen das im ausgangssprachlichen Phraseokinegramm fixierte kinetische Bild durch **ein anderes kinetisches Bild** in der Zielsprache substituiert wird. Ideal wäre, wenn Phraseokinegramme das gleiche faktische Verhalten und die gleiche symbolische Bedeutung mitkodieren würden. Wenn das aber nicht möglich ist, d.h. wenn ein bestimmtes in der Ausgangssprache versprachlichtes verbalisiertes kinetisches Bild fehlt oder vom Übersetzer aus unterschiedlichen Gründen nicht gefunden wird, bedient man sich des **Substitutionsverfahrens** (vgl. KOLLER 1992: 254) beim Übersetzen der Phraseokinegramme. Der Übersetzer findet dabei ein treffendes Phraseokinegramm, dem ein anderes, aber symbolischer Bedeutung entsprechendes und dem Zielspracheleser bekanntes Bild zugrunde liegt, z.B.: *Hand ins Feuer legen* (Verdacht 1996:

245) → *guldyti galvą* („seinen Kopf für jmdn. legen": ‚sich aufopfern') (Įtarimas 2002: 116); *sich aus dem Staube machen* (Justiz 1996: 631) → *dėti į kojas* („in die Beine legen": ‚schnell fortlaufen') (Justicija 2000: 49); *pūsti į akį* („ins Auge blasen": ‚schlafen') (Blanchisserie 1997: 85) → *in tiefem Schlaf liegen* (Blanchisserie 2004: 103).

Die Problematik des Substitutionsverfahrens zeigt sich zum Beispiel beim Übersetzen des litauischen Phraseokinegramms *nulenkti ranką* („den Arm niederdrücken": ‚den Arm drücken') auf. Armdrücken ist eine populäre Sportart in Litauen. Dabei messen die Männer seit Jahrhunderten die Kraft ihrer Hände und Unterarme. Das litauische Phraseokinegramm kodiert das ganze kinetische Bild des Armdrückens mit, das mit *die Hand schütteln* nicht erfolgreich übersetzt wird. Der Fehler lässt sich darauf zurückführen, dass dieses nonverbale Verhalten in der deutschen Kultur nicht so fest wie in der litauischen verankert ist, vgl.:

> „Pažinau ir ta hauptmaną, kuriam smuklėje buvau *nulenkęs ranką* – skaldė ausis prie stiebo pririš tam kurš iui." (Blanchisserie 1997: 125) → „Ich kannte ihren Hauptmann sogar persönlich, im Wirtshaus hatte ich ihm neulich *die Hand geschüttelt*, aber jetzt prügelte er auf einen an den Mast gebundenen Kuren ein." (Blanchisserie 2004: 154).

III. Zur Erforschung des Erhaltens bzw. Verlustes des nonverbalen Hintergrunds beim Übersetzen der Phraseokinegramme war die Analyse der Übersetzungstypen am aufschlussreichsten, bei denen das Phraseokinegramm mit einem Kinegramm widergegeben wird, das aber kein Phraseologismus ist. Es ist interessant, der Frage nachzugehen, warum zur Übersetzung des Phraseokinegramms ein Monolexem als Äquivalent gewählt wird. Es ist doch allgemein bekannt, dass die Phraseokinegramme in Bezug auf ihren Informationswert und auch auf die Bildlichkeit (d.h. Detaillierung des faktischen Verhaltens) inhaltsreicher sind. Wie die Analyse der Übersetzungsmöglichkeiten der Phraseokinegramme gezeigt hat, wird dieser Verlust an Bildlichkeit durch Übersetzung mit expressiven Verben kompensiert, z.B. das Phraseokinegramm *unter die Nase reiben* wird ins Litauische mit dem Lexem *patėkšti* („jmdm. etwas heftig vors Gesicht werfen": ‚jmdm. (unverblümt) etwas Unangenehmes sagen') übersetzt. Dabei wird der Umfang des kinetischen Bildes, das im Deutschen durch das Phraseokinegramm versprachlicht ist, etwas reduziert. Jedoch ist auch eine solche Übersetzung zu rechtfertigen, da es sich beim hier verwendeten Minolexem (z.B. *patėkšti*) um ein zweischichtiges monolexematisches Kinegramm handelt. Nach RÜEGG (1991: 23) können solche Lexeme durch Zusätze (oder über den Kontext) verdeutlicht werden. Dieser Zusatz ist das im litauischen Verb enthaltene Sem ‚große Intensität der Bewegung, Heftigkeit', vgl.:

„Er strahlte vor Freude, uns seine Neuigkeit *unter die Nase zu reiben.*" (Versprechen 1996: 518) → „Visas nušvito, iš džiaugsmo, galėdamas mums *patėkšti naujieną.*" (Pažadas 1996: 102).

Oder ein anderes Beispiel der Übersetzung, wenn der Verlust der Bildlichkeit, die in der AS durch ein Phraseokinegramm gewährleistet wird, in der ZS durch ein expressives Monolexem ausgeglichen wird: Das litauische Phraseokinegramm *į akis šokti* („in die Augen springen": ‚heftig protestieren') wird mit dem Verb *anrempeln* übersetzt (vgl.: „*Mazepos, tiesa, irgi nekentė, gal net smarkiau, bet į akis šiam niekas nešoko – mušeika!*" (Blanchisserie 1997: 99) → „*Mazepa mochte er natürlich auch nicht, vielleicht sogar ganz besonders wenig, aber niemand rempelte ihn an, diesen Raufbold!*" (Blanchisserie 2004: 122)).

Expressive Mono- bzw. Polylexeme sind auch in der Ausgangssprache mit im Spiel, z.B. die Verben *aufrappeln, abkratzen, glotzen, gūžtelėti* („zucken") oder andere, die mit einem Phraseokinegramm übersetzt werden. Die denotative Bedeutung dieser Verben wird von zusätzlichen Semen (oft wertenden) überlagert. In solchen Fällen gibt es in der ZS keine Entsprechung, die denselben Grad der Bildlichkeit widergeben könnte. Um den Verlust an Bildlichkeit zu kompensieren und den kinetischen Hintergrund zu erhalten, bedient sich der Übersetzer eines Phraseokinegramms, z.B.: *anstarren* → *įbesti akis* („die Augen in jmdn./etwas stecken" + ‚das Sem scharf, spitz': ‚den Blick unbeweglich, starr auf jmdn., etw. richten', vgl.: „*Starrte mich an.*" (Justiz 1996: 719) → „*Įbedė akis į mane.*" (Justicija 2000: 123).

In einem anderen Beispiel aus der Übersetzung von *Justiz* ins Litauische wird für die denotative Bedeutung des deutschen Lexems *sich aufrappeln* ‚einen Zustand von Schwäche, Krankheit überwinden' und das zusätzliche Sem ‚mit Anstrengung, Energie' das litauische Phraseokinegramm *atsistoti ant kojų* („wieder auf die Beine kommen") gewählt, vgl.: „*Aber es galt durchzuhalten, sich aufzurappeln, die Philosophie hinunterzuwürgen.*" (Justiz 1996: 607).

Beispiele einer ähnlichen Kompensation des Verlustes der Bildlichkeit sind Übersetzungen der expressiven Verben *abkratzen* mit dem litauischen Phraseokinegramm *pakratyti kojas* („die Beine schütteln": ‚sterben') oder *gūžtelėti* („die Achseln hochziehen": ‚nicht wissen, gleichgültig sein') mit dem deutschen Phraseokinegramm *mit den Achseln zucken* vgl.:

„Sonst *kratze* der ihm noch hier *ab.*" (Justiz 1996: 773) →
„Čia *pakratysiąs kojas.*" (Justicija 2000: 166);
„Taša *gūžtelėjo* – man vis tiek." (Blanchisserie 1997: 47) →
„Taša *zuckte mit den Achseln.*" (Blanchisserie 2004: 58).

Wie die o.g. Beispiele zeigen, wird beim Übersetzen der Phraseokinegramme mit Monolexemen meistens nicht dasselbe Bild des nonverbalen Verhaltens kodiert, weil die monolexematische Erfassung von nonverbalen Phänomenen nur „ganze Vorstellungseinheiten kodiert, ohne die Details genau zu beschreiben" (RÜEGG 1991: 23).

IV. Die größten Abweichungen beim Übersetzen der Phraseokinegramme sind jedoch beim vierten Übersetzungsverfahren anzutreffen, wenn die Phraseokinegramme nicht mit Kinegrammen übersetzt werden. Der nonverbale Aspekt geht in solchen Fällen völlig verloren. Als Kompensation dieses Verlustes könnte man nur die Fälle betrachten, wenn andere nicht mit Kinegrammen in der Zielsprache kodierten Inhalte mit Phraseokinegrammen übersetzt werden. Die weiter angeführten Beispiele sollten zeigen, dass in solchen Fällen nicht nur das kinetische Bild, sondern auch der Informationswert, der durch das AS-Kinegramm vermittelt wird, verloren geht, z.B.:

> *paploninti liežuvį* („die Zunge dünner machen": ‚sich einschmeicheln') (Blanchisserie 1997: 64) → *schmeicheln* (Blanchisserie 2004: 77);
>
> *ein langes Gesicht machen* (Verdacht 1996: 137) → *labai sumišo* („wurde verlegen") (Įtarimas 2002: 19);
>
> „Žmogus dėl moters ir *gerklę persirėžti* gali." („die Kehle durchschneiden": ‚sich für jmdn. aufopfern') (Blanchisserie 1997: 133) → „...dass er vom Anfang bis zum Ende alles, aber auch wirklich *alles nur um der Frau willen tut...*" (Blanchisserie 2004: 165).

Die Opferung des im Phraseokinegramm fixierten kinetischen Bildes verringert die Chancen des Lesers, das in der Ausgangsprache kodierte Bild und den dazu gehörigen Inhalt mitzubekommen. Wie die durchgeführte Analyse gezeigt hat, gibt es auch unter den Übersetzungslösungen solche Verfahren, wo ein nicht kinegrammmatisches Monolexem mit einem Phraseokinegramm übersetzt wird, z.B.:

> „*Baikit*, Lelešiau, - *pritariau.*" („Beenden, nicht weiter machen": ‚von etwas nicht mehr sprechen, sich nicht mehr vertiefen') (Blanchisserie 2004: 19) →
> „*Lassen Sie die Finger davon*, Lelesius, stimmte ich zu.*" (Blanchisserie 1997: 23);
>
> „*Mutmaßte der Literaturkritiker Lykos.*" (Turmbau 1996: 458) →
> „*Kraipė galvą literatūros kritikas Lykas.*" („den Kopf hin und her bewegen (nicht drehend)": ‚zweifeln') (Bokšto statyba 2002: 385);
>
> „*In seiner Ratlosigkeit vertraute er sich an.*" (Justiz 1996: 613) → „*Iš bejėgiškumo atvėrė širdį.*" („öffnete das Herz": ‚sich anvertrauen') (Justicija 2000: 33).

Wie aus den o.g. Belegen ersichtlich ist, werden solche gelungenen Übersetzunglösungen die Assoziations-, Verstehens- und Interpretationsmöglichkeiten bei der Rezeption erweitern.

Der Übersetzungstyp, bei dem ein Phraseokinegramm durch einen Phraseologismus (der aber kein Kinegramm ist) übersetzt wird, bedarf einer getrennten Analyse, z.B.:

„*Wäre jener mit der Wahrheit kurz und bündig umgesprungen.*" (Turmbau 1996: 400) → „*Jis daug nesukęs galvos, jau būtų žinojęs, kaip elgtis su ta tiesa.*" („ohne Kopf zu drehen") (Bokšto statyba 2002: 338).

Das Idiom *kurz und bündig* wird nicht durch ein entsprechendes Idiom *trumpai drūtai*, sondern durch einen Phraseokinegramm ersetzt. Die Auswahl des Phraseokinegramms ist in solchen Fällen als besonders gelungen zu betrachten, weil die Übersetzung an Bildlichkeit gewinnt.

Kein kinetischer Phraseologismus kann ausgewählt werden, wenn in der Zielsprache ein entsprechendes fehlt, z.B.: „*Ir neduok Dieve, jei jiems kas nutiktų. Dar kartą prisiminsiu, iš kur kojos dygsta, Kiprai.*" („woher wachsen die Beine") (Blanchisserie 1997: 108) → „*Aber verhüte Gott, dass ihnen etwas zustößt, sonst lehre ich dich Mores, Kipras.*" (Blanchisserie 2004: 134). Eindeutig ist in diesen Belegen, dass das kinetische Bild verloren geht.

Schlussfolgerung

Die Analyse der Übersetzungslösungen von deutschen und litauischen Kinegrammen hat ergeben, dass die Schwierigkeiten beim Übersetzen auf die Besonderheiten der Kinegramme zurückzuführen sind: semantische Doppelkodierung und die Unmöglichkeit der wörtlichen Interpretation des physischen Verhaltens sowie seine metaphorische Formulierung.

Während beim Übersetzen der echten Phraseokinegramme Volläquivalenz festzustellen ist, zeigt die Übersetzung der Pseudokinegramme einen niedrigeren Äquivalenzgrad. Das Vorhandensein der beiden Sprachen gemeinsamen metaphorisch vermittelten Bilder des faktischen Verhaltens ermöglicht es auch, für ein AS-Pseudokinegramm ein vollständiges Äquivalent in der Zielsprache zu finden. Fehlt das für beide Sprachgemeinschaften gemeinsame Bild des faktischen Verhaltens oder ist es nicht lexikalisiert, handelt es sich um Teiläquivalenz. Dabei wird das im Phraseokinegramm detailliert erfasste Bild des nonverbalen Verhaltens reduziert, oder der nonverbale Hintergrund des Phraseokinegramms geht völlig verloren. Im ersten Fall wird es durch expressive monolexematische Kinegramme ausgeglichen, wobei die

Expressivität dieser nicht phaseologischen Spracheinheiten meistens durch die funktionale Stilebene (umgangssprachlich, salopp, derb) oder die denotative Bedeutung des Monolexems überlagernde, meistens axiologisch markierte Seme (wertende Konnotationen) ausgedrückt wird. Um den vollen Verlust des nonverbalen Hintegrunds geht es in den Fällen, in denen ein ausgangsprachliches Phraseokinegramm mit einer Spracheinheit übersetzt wird, die kein Kinegramm darstellt. Ausgeglichen wird die Relation zwischen dem Verbalen und Nonverbalen im Text durch die Übersetzungsfälle, wenn die nicht durch Kinegramme versprachlichten Bilder mit Phraseokinegrammen übersetzt werden.

Literatur

BŪDVYTYTĖ, Aina (2003): Das Konzept KÖRPER im Deutschen und im Litauischen. Dissertation. Šiauliai, Klaipėda.
BŪDVYTYTĖ, Aina/LAPINSKAS, Saulius (2007): Phraseologische Kinegramme im Deutschen und im Litauischen: Aspekte des interkulturellen Vergleichs. In: HÄCKI BUHOFER, Annelies/BURGER, Harald (Hrsg.): Phraseology in Motion II. Akten der Internationalen Tagung zur Phraseologie (Basel, 2004). S. 151–162.
BURGER, Harald (1976): „Die achseln zucken" – Zur sprachlichen kodierung nichtsprachlicher kommunikation. In: Wirkendes Wort 22. Trier. S. 313–333.
BURGER, Harald (1998): Phraseologie: eine Einführung am Beispiel des Deutschen. Berlin. (Grundlagen der Germanistik; 36).
ČERMAK, František (1998): Somatic Idiom Revisited. In: EISMANN, Wolfgang (Hrsg.): Europhras 95. Europäische Phraseologie im Vergleich: Gemeinsames Erbe und kulturelle Vielfalt. Bochum. (Studien zur Phraseologie und Parömiologie; 15). S. 109–119.
DIURENMATAS, Frydrichas (1994): Pažadas. Vilnius.
DIURENMATAS, Frydrichas (2000): Justicija. Vilnius.
DIURENMATAS, Frydrichas (2002): Įtarimas. Vilnius.
DIURENMATAS, Frydrichas (2002): Labirintas. Bokšto statyba. Vilnius.
DÜRRENMATT, Friedrich (1996): Das Versprechen. In: DÜRRENMATT, Friedrich. Gesammelte Werke. Romane. Bd. 4. Zürich. S. 421–577.
DÜRRENMATT, Friedrich (1996): Der Verdacht. In: DÜRRENMATT, Friedrich. Gesammelte Werke. Romane. Bd. 4. Zürich. S. 119–267.
DÜRRENMATT, Friedrich (1996): Justiz. In: DÜRRENMATT, Friedrich. Gesammelte Werke. Romane. Bd. 4. Zürich. S. 577–803.
DÜRRENMATT, Friedrich (1996): Labyrinth. In: DÜRRENMATT, Friedrich. Gesammelte Werke. Romane. Stoffe, Zusammenhänge. Bd. 6. Zürich. S. 13–321.
DÜRRENMATT, Friedrich (1996): Turmbau. In: DÜRRENMATT, Friedrich. Gesammelte Werke. Romane. Stoffe, Zusammenhänge. Bd. 6. Zürich. S. 321–568.
EISMANN, Wolfang (1989): Zum Problem der Äquivalenz von Phraseologismen. In: GRÉCIANO, Gertrud (Hrsg.): Europhras 88. Phraseologie Contrastive actes du

Colloque International. Klingenthal-Strasbourg. (Collection Recherches Germaniques; 2). S. 83–95.
FÖLDES, Csaba (1985): Über die somatischen Phraseologismen der deutschen, russischen und ungarischen Sprache. Versuch einer konfrontativen Aanalyse. In: Germanistisches Jahrbuch DDR-UVR. Bd. 4. Budapest. S. 18–40.
GRÉCIANO, Gertrud (1998): Zur Phraseologie des Herzens. In: DURCO, Peter (Hrsg.): EUROPHRAS 97. Phraseologie und Parömiologie. Bratislava. S. 144–151.
HIGI-WYDLER, Melanie (1986): Zur Übersetzung von Idiomen. Eine Beschreibung und Klassifizierung deutscher Idiome und ihrer französischen Übersetzungen. Bern/Frankfurt am Main/New York/Paris. (Reihe XIII Französische Sprache und Literatur; 146).
HÜBLER, Axel (2001): Das Konzept „Körper" in den Sprach- und Kommunikationswissenschaften. Tübingen/Basel.
KEMPCKE, Günter (1988): Struktur und Gebrauch der somatischen Phraseme mit den Bedeutungskomponenten *Kopf* und *tête*. In: GRÉCIANO, Gertrud (Hrsg.): EUROPHRAS 88. Phraseologie Contrastive. Actes du Coloque International Klingenthal-Strasbourg. Strasbourg. (Collection Recherches Germaniques; 2). S. 225–232.
KOLLER, Werner (1992): Einführung in die Übersetzungswissenschaft. 4., völlig neu bearbeitete Aufl. Heidelberg/Wiesbaden.
KROHN, Karin (1994): Hand und Fuß. Eine kontrastive Analyse von Phraseologismen im Deutschen und Schwedischen. Surte.
KUNČINAS, Jurgis (1997): Kunčinas Blanchisserie, arba Žvėrynas – Užupis. Vilnius.
KUNČINAS, Jurgis (2004): Blanchisserie oder von Mäusen, Moder und Literatursalons. Aus dem Litauischen von Berthold Forssman. Roman. Oberhausen.
RÜEGG, Regula (1991): „Im Abgehen ein Schnippchen schlagend". Zur Funktion von Kinegrammen in Volksstücken des 19. und 20. Jahrhunderts. Bern. (Zürcher Germanistische Studien; 26).
WEINRICH, Harald (1976): Sprache in Texten. Stuttgart.
WOTJAK, Barbara (1985): Zur Inhalts- und Ausdrucksstruktur ausgewählter somatischer Phraseolexeme (1) und (2). In: Deutsch als Fremdsprache 22. Leipzig. S. 216–223 und S. 270–277.

Andrea Kret (Hamburg)

‚Den Trommelton angeben'.
Zur Übersetzung sprachspielerisch verwendeter Phraseologismen in Günter Grass' Roman *Die Blechtrommel* (Deutsch – Englisch/Französisch/Polnisch)

1 Fragestellung

Dieser Beitrag beschäftigt sich mit der Übersetzung sprachspielerisch verwendeter Phraseologismen im Roman *Die Blechtrommel* von Günter Grass in die englische, französische und polnische Sprache. Phraseologismen sind durch das gehäufte Auftreten ein wichtiges Charakteristikum dieses literarischen Werkes, und auch für sprachspielerisch verwendete Phraseologismen lassen sich knapp 90 Textstellen finden.[1]

Die folgende Untersuchung wird ein ‚close reading' zweier Romanausschnitte[2] sein. An diesen beiden Stellen haben die modifizierten Phraseologismen eine kritische Funktion und wirken entlarvend, wodurch sie eine zentrale Rolle einnehmen. Die Vielschichtigkeit der verwendeten Phraseologismen wird dort besonders deutlich. Bekanntlich stellen gerade solche Textpassagen den Übersetzer vor ein großes Problem. Deshalb soll in einem zweiten Schritt untersucht werden, ob der Übersetzer im Zieltext denselben Effekt erreicht wie der Autor, mit welchen sprachlichen Mitteln ihm dies gelingt, oder ob Bedeutungsdimensionen verloren gehen und möglicherweise auch die damit zusammenhängende subtile Kritik.

---

[1] Zu Sprachspielen mit Phraseologismen in den Werken von Günter Grass vgl. SCHWEIZER (1978).

[2] Zu den Abkürzungen bei den Textausschnitten: BT bezieht sich auf die deutschsprachige Ausgabe des Romans, TD auf die englisch-, LT auf die französisch- und BB auf die polnischsprachige Ausgabe. Die Einbettung in den Gesamtkontext am Anfang der beiden Beispiele sowie die Rückübersetzungen ins Deutsche stammen von der Autorin dieses Artikels.

B1	Oskars Mutter verkündet kurz nach seiner Geburt, dass er im Alter von drei Jahren eine Blechtrommel bekommen soll. Auf ihrer Beerdigung erinnert sich Oskar daran.			
	Ich hätte gerne getrommelt.	I should have liked to drum.	J'aurais aimé jouer du tambour.	Ja chętnie bym zabębnił.
	Schließlich verdankte ich meiner armen Mama die vielen weißroten Bleche.	After all I had my mother to thank for all those red and white drums.	Tout compte fait, c'était à ma pauvre maman que je devais les nombreux instruments blanc et rouge.	Ostatecznie mojej mamie zawdzięczałem wiele biało-czerwonych blach.
	Sie hatte mir, als Gegengewicht zu Matzeraths Wünschen,	As a counterweight to Matzerath's desires,	En contrepoids des vœux de Matzerath,	Ona włożyła mi w kołyskę, jako przeciwwagę do życzeń Matzeratha, matczyną obietnicę blaszanego bębenka,
	das mütterliche Versprechen einer Blechtrommel *in die Wiege gelegt*,	she had promised me a drum while I lay in my cradle,	elle avait mis dans mon berceau la promesse maternelle d'un tambour de tôle peinte ;	
	auch hatte mir Mamas Schönheit dann und wann, besonders als sie noch schlanker war und nicht turnen mußte, als Trommelvorlage dienen können. (BT: 208f.)	and from time to time Mama's beauty, particularly when she was still slender and had no need for gymnastics, had served as the model and subject matter for my drumming. (TD: 147)	et ensuite la beauté de maman, du temps qu'elle était plus mince et pouvait se passer de gymnastique, avait pu me servir de thème à variations sur le tambour (LT: 168f.)	poza tym piękność mamy, zwłaszcza gdy jeszcze była szczuplejsza i nie musiała się gimnastykować, służyła mi niekiedy za partyturę. (BB: 165)
		Rückübersetzung (3f.): Als Gegengewicht zu Matzeraths Wünschen hatte sie mir eine Trommel versprochen, während ich in meiner Wiege lag.		Rückübersetzung (3f.): Als Gegengewicht zu den Wünschen von Matzerath hat sie das mütterliche Versprechen einer lackierten Blechtrommel in meine Wiege gelegt.	Rückübersetzung (3f.): Sie hat mir als Gegengewicht zu Matzeraths Wünschen das mütterliche Versprechen einer Blechtrommel in die Wiege gelegt.

2 Kritik am kleinbürgerlichen Verhalten

In dieser Textpassage wird das Kleinbürgertum dem Künstlertum gegenübergestellt und gleichzeitig Kritik am kleinbürgerlichen Verhalten geübt. Der Phraseologismus, von dem hier ausgegangen wird, lautet *etw. ist jdm. in die Wiege gelegt worden*, was heißt, dass etwas, zum Beispiel eine Begabung, von Geburt an bei jemandem gegeben ist. Der Phraseologismus tritt nur im Passiv auf, da es niemanden gibt, der einer Person eine bestimmte Gabe verleiht – höchstens „höhere Mächte" oder Gott. Der ursprüngliche Phraseologismus ist hier dahingehend modifiziert, dass er im Aktiv steht. Es ist Oskars Mutter, die ihrem Neugeborenen „das mütterliche Versprechen einer Blechtrommel" in die Wiege legt. Durch Ausfüllung der Objektstelle durch diese Nominalphrase kommt es zu einer Inkongruenz zwischen dem Phraseologismus und seiner Ergänzung, und zwar sowohl auf der wörtlichen als auch auf der übertragenen Ebene. Denn ein Versprechen kann weder im wörtlichen Sinne irgendwohin „gelegt werden", noch ist es im übertragenen Sinne eine Gabe, die man jemandem verleiht. Dadurch, dass es in diesem Satzteil ein Agens – nämlich die Mutter – gibt, kommt es zu einem Wörtlichnehmen der Wendung, was in einer Vorausprojektion resultiert: Es wird das Bild der Mutter evoziert, welche Oskar die Blechtrommel in die Wiege legt, wie sie ihm diese auch später tatsächlich geben wird.

Mit dem Versprechen wird ihm zugleich auch das musikalische Talent verliehen, und das „als Gegengewicht" zu den Vorstellungen des Vaters, der in ihm seinen Nachfolger sieht: Oskar soll seiner Ansicht nach später den Kolonialwarenhandel übernehmen. Das Lexem *Gegengewicht* spielt auf die Waage als Symbol der Gerechtigkeit an: Damit das Gleichgewicht in der Familie gegeben ist, muss die Einstellung des praktisch und rational denkenden Vaters „aufgewogen" werden. Die Mutter vererbt Oskar die Musikalität, indem sie ihm die Trommel verspricht bzw. diese in die Wiege/Waagschale legt, womit das Gleichgewicht wieder hergestellt ist.

Mit der Wahl des Phraseologismus kritisiert der Erzähler bzw. der Autor indirekt das Kleinbürgertum, dessen Repräsentant der Vater ist. Oskar stellt das nötige Gegengewicht zur engstirnigen und faden Welt des Kleinbürgertums dar – er trommelt für das „Schöne". Die Schönheit der Mutter dient ihm dabei als „Trommelvorlage". Bereits hier ist eine Parallele zu Jesus zu erkennen, die sich durch weite Strecken des Romans zieht: Oskar wird die Fähigkeit, auf der Trommel zu spielen, in die Wiege gelegt, damit er die Welt, wenn nicht verändern, so doch beeinflussen kann. Oskar wird zum Kämpfer gegen die vorherrschenden Normen und zum Saboteur des nationalsozialistischen Systems, was auch durch die weiß-rote Lackierung seiner Trommel symbolisiert wird.

Der englischsprachige Übersetzer überträgt die Passage, welche den Phraseologismus enthält, wörtlich mit „she had promised me a drum while I lay in my cradle" – die Mutter verspricht dem Säugling etwas, "während dieser in der Wiege liegt". Ein gewöhnlicher Vorgang wird dargestellt: Eine Mutter verspricht ihrem Neugeborenen ein Spielzeug. Durch die eher wörtliche Übersetzung entfällt die Anspielung auf Oskars von Geburt an gegebenes, von der Mutter geerbtes Talent des Trommelspielens. Oskar ist hier kein ‚Auserwählter', sondern nur ein normaler Säugling. Lediglich durch das Lexem *counterweight* wird ein Spannungsverhältnis zwischen der kleinbürgerlichen Engstirnigkeit und dem künstlerischen Naturell aufgezeigt. Insgesamt ist der zielsprachliche Satz deutlich weniger kritisch als der ausgangssprachliche.

Auch in der französischen Ausgabe des Romans wird wörtlich übersetzt. Allerdings ist hier ein Anklang an den französischen Phraseologismus *dès le berceau* (auf Deutsch: *von der Wiege an*) vorhanden, womit Folgendes angedeutet wird: Da Oskar die Trommel durch das Hineinlegen in die Wiege „von der Wiege an" hat, ist auch das musikalische Talent von Anfang an vorhanden.

In diesem Zieltext ist, anders als im englischen, eine Inkongruenz zwischen dem Verb *mettre* (legen) und der Ergänzung *la promesse maternelle* (das mütterliche Versprechen) vorhanden, was im Französischen ebenfall eine ungewöhnliche Konstruktion darstellt, die den Leser eventuell aufhorchen und ihn – ähnlich wie im Ausgangstext – über Mitgemeintes nachdenken lässt.

In der polnischen Übersetzung ist eine ähnliche Lösung zu finden wie in der französischen – es wird ebenfalls wörtlich übersetzt. Auch hier ist ein Anklang an den polnischen Phraseologismus *od kołyski* (von der Wiege an) vorhanden, womit ein vergleichbarer Effekt erreicht wird. Auch hier musste sich der Übersetzer wegen der fehlenden totalen Äquivalenz auf diese Weise behelfen.

B2	Oskar berichtet von seiner Geburt.			
	Ich *erblickte das Licht dieser Welt* in Gestalt zweier Sechzig-Watt-Glühbirnen.	Well, then, it was in the form of two sixty-watt bulbs that I first saw the light of this world.	Je vis la lumière du jour sous les espèces de deux ampoules de soixante watts.	Przyszedłem na świat pod dwiema sześćdziesięcioświecowymi żarówkami.
	Noch heute kommt mir deshalb der Bibeltext "Es werde Licht und es ward Licht" wie der gelungenste Werbeslogan der Firma Osram vor. (BT: 52)	That is why the words of the Bible, 'Let there be light and there was light,' still strike me as an excellent publicity slogan for Osram light bulbs. (TD: 32)	C'est pourquoi le texte biblique "Que la lumière soit et la lumière fut" me semble toujours le slogan publicitaire le plus réussi de la firme Osram. (LT: 43)	Toteż jeszcze dziś tekst biblijny: "Niech się stanie światłość. I stała się światłość" - robi na mnie wrażenie najbardziej udanego sloganu reklamowego firmy Osram. (BB: 43)
		Rückübersetzung (1): Also, ich erblickte das Licht dieser Welt in Gestalt zweier Sechzig-Watt-Glühbirnen.	Rückübersetzung (1): Ich erblickte das Tagesicht in Gestalt zweier Sechzig-Watt-Glühbirnen.	Rückübersetzung (1): Ich bin unter zwei Sechzig-Watt-Glühbirnen zur Welt gekommen.

3 Kritik am Nationalsozialismus

Im zweiten Beispiel kommt das Sprachspiel durch eine lexikalische Substitution zustande. Der bestimmte Artikel im Phraseologismus *das Licht der Welt erblicken* wird durch das Demonstrativpronomen *dieser* ersetzt, welches die ‚Welt' präzisiert (s. SCHWEIZER 1978: 31). Somit ist das Lexem *Welt* nicht auf die gesamten Verhältnisse auf der Erde bezogen, sondern mehr auf die damals, d.h. zu Oskars Geburt und später, aktuelle Situation. SCHWEIZER (1978: 69) spricht hier von Ironie durch die Parallele *das Licht der Welt – das Licht der Glühbirnen*. Das *Licht der Welt*, ein weit umfassender, metaphorisch zu verstehender Begriff, wird auf zwei Glühbirnen reduziert, womit die Beschränktheit der Welt angedeutet wird. Das Lexem *Licht* tritt hier in drei Bedeutungen auf: eine erste, übertragene Bedeutung, die durch die Zugehörigkeit dieser Konstituente zum Phraseologismus nicht genau zu bestimmten ist, höchstens als ‚Erkenntnis' oder ‚Glaube', eine zweite, in der das *Licht* für die Lichtquelle steht und eine dritte: Das *Licht* im Sinne von ‚Helligkeit'. Auch ist ein Anklang an das Wort Christi *Ich bin das Licht der Welt* und an das *ewige Licht*, einen Begriff aus dem Sprachgebrauch der katholischen Kirche, vorhanden. Im zweiten Satz wird auf eben diese Bedeutung angespielt, wodurch die Passage einen blasphemischen Charakter bekommt. Der Glaube wird mit Marketing in Zusammenhang gebracht. Durch das Spiel mit den verschiedenen Bedeutungen von *Licht* und durch die lexikalische Substitution im Phraseologismus wird deutlich, wie weit entwickelt Oskar von Geburt an ist.[3] Er erkennt, dass *das Licht dieser Welt* in Wirklichkeit nur Glühbirnen sind. Er durchschaut von Anfang an, dass die Welt beschränkt und banal ist, was er später immer wieder bestätigt sieht – im Fremdgehen seiner Mutter, im Nationalsozialismus etc. Das Sprachspiel hat an dieser Stelle somit entlarvende Funktion.

SCHEMANN & KNIGHT 1995 geben als Äquivalent für *das Licht der Welt erblicken* den englischen Phraseologismus *to (first) see the light of day* an. Übersetzt wird im ersten Zieltext aber mit **to see the light of this world*. Das Substantiv *day* wird durch *world* ersetzt, und auch hier kommt eine Referenz durch das Demonstrativpronomen *this* hinzu. Dies ist eine Wort-für-Wort-Übersetzung des Ursprung-Ausdrucks. Der Übersetzer interpretiert hier und wählt bewusst das Lexem *world*, um die Kritik an der Welt zu verdeutlichen.

Im französischen Text findet sich an dieser Stelle die Übersetzung mit dem Ausdruck **voir la lumière du jour*, was eine Modifikation des französischen Phraseologismus *voir le jour* ist, in welchem der Bestandteil *Licht* fehlt. Durch die Erweiterung des Konstituentenbestandes erreicht der Übersetzer,

---

[3] Im gesamten Roman wiederholt Oskar häufig, dass er von Geburt an geistig voll entwickelt gewesen sei.

dass dieser Ausdruck zwei Bedeutungsebenen erhält, der Ursprungs-Phraseologismus aber trotzdem erkennbar bleibt. Allerdings fehlt der Verweis auf die ‚Welt' vollkommen, womit die Kritik an dieser entfällt.

Der deutsche Ausgangs-Phraseologismus könnte auf zwei Arten ins Polnische übertragen werden. Einmal mit *ujrzeć światło dzienne*[4] und zum anderen mit *przyjść na świat*.[5] Es fällt auf, dass in jedem der zielsprachlichen Ausdrücke ein Bestandteil aus dem deutschen Phraseologismus fehlt. Im ersten ist es die Komponente *Welt*, im zweiten die Komponente *Licht*. Der Übersetzer wählt die zweite Möglichkeit und übersetzt die übertragene Bedeutung[6] des deutschen Ursprungsausdrucks, indem er im Polnischen einen nicht-modifizierten Phraseologismus wählt. Die Reduktion des Sprachspiels auf die übertragene Ebene hat zur Folge, dass das ausgangssprachliche Spiel mit der Komponente *Licht* nicht erhalten bleibt, weshalb der Folgesatz weniger nachvollziehbar wird und der Text an dieser Stelle nicht so kohärent ist wie der Ausgangstext.

Selbst obwohl die Komponente *Welt* im zielsprachlichen Ausdruck zu finden ist, gehört diese nicht zu einem Sprachspiel, womit auch hier die Kritik an der *Welt* entfällt.[7]

4 Ergebnisse

Es wurde deutlich, dass in diesen beiden Textpassagen mit Hilfe von Sprachspielen von Seiten des Autors Kritik geübt wird – im ersten Beispiel am kleinbürgerlichen Verhalten, im zweiten an der Welt, die ein nationalsozialistisches System ermöglicht. Oskar, der Erzähler, karikiert durch die Verfremdung der Phraseologismen den selbstverständlichen Sprachgebrauch. Er bricht verfestigte Wendungen auf und erfüllt bestimmte Lesererwartungen nicht. Die Modifikationen überraschen den Leser und provozieren ihn durch etwas Unerwartetes (vgl. HIGI-WYDLER 1989). Oskar entlarvt durch den scheinbar naiven, nicht angepassten und innovativen Sprachgebrauch eines Kindes und

---

[4] Rückübersetzung: „das Tageslicht erblicken"
[5] Rückübersetzung: „auf die Welt kommen"
[6] Die übertragene Bedeutung ist: „geboren werden".
[7] Es wäre an dieser Stelle möglich gewesen, den ausgangssprachlichen Ausdruck mit der Modifikation **ujrzeć światło tego świata* (wörtlich: „das Licht dieser Welt erblicken") zu übersetzen, doch diese Lösung ist durch die darin enthaltenen Lexeme *światło* (Licht) und *świat* (Welt), welche beide auf dieselbe etymologische Wurzel zurückgehen, problematisch, da der Ausdruck für polnische Ohren ungewöhnlich klingt.

klärt dadurch auf. Der abseits der Gesellschaft stehende, das „ewige Kind", übt Kritik an der Welt der Erwachsenen.[8]

Es hängt vom Zufall ab, ob im Sprachsystem der Zielsprache ein vollständig äquivalenter Phraseologismus vorhanden ist, doch meist ist dies nicht der Fall. Jedoch wird deutlich, dass ein (sprachspielerisch verwendeter) Phraseologismus stets in seinem Kontext gesehen werden muss, da er eng mit diesem verwoben ist. Erst dann ist eine adäquate Übersetzung möglich. Oft wird nur die Bedeutungsebene übertragen, welche im Vordergrund steht (vgl. hierzu auch KRET 2005). Anspielungen, Mehrdeutigkeiten und Vielschichtigkeiten bleiben meist nicht erhalten, und somit hat der Leser des zielsprachlichen Textes auch keine Freude an der Rezeption der raffinierten Sprachspiele.[9] Auch die damit verbundene versteckte Kritik wird meist nicht übertragen.[10]

Das heißt, dass der Übersetzer in Passagen, die Sprachspiele enthalten, genauer und sorgfältiger lesen und zum Interpreten werden muss.[11] Erst dann gelingt eine Übersetzung solcher Textstellen.

---

[8] Im gesamten Roman ist zu beobachten, dass Grass selten offen kritisiert, vielmehr seine Kritik spielerisch durch unterhaltende Sprachspiele einbringt. Dadurch ist eine bessere Aufnahme durch den Leser gewährleistet.

[9] Bereits KOLLER (1977: 205) stellt fest, dass eine Übersetzung „flacher, ‚oberflächlicher', einfacher" sei als das Original.

[10] Zu weiteren pragmatischen Effekten von Modifikationen vgl. SABBAN (1999).

[11] GLÄSER (1999: 103) bezeichnet den Übersetzer als Interpreten einer künstlerischen Botschaft.

Literatur

GLÄSER, Rosemarie (1999): Zur Wiedergabe von Phraseologismen in englischen und französischen Übersetzungen ausgewählter Prosawerke von Christa Wolf. In: SABBAN, Annette (Hrsg.) (1999): Phraseologie und Übersetzen. Bielefeld. S. 99–118.

GRASS, Günter (2003): Die Blechtrommel. 14. Aufl. München.

GRASS, Günter (1998): The Tin Drum. Übersetzt von Ralph Manheim. 20. Aufl. London.

GRASS, Günter (1997): Le Tambour. Übersetzt von Jean Amsler. Paris.

GRASS, Günter (1994): Blaszany bębenek. Übersetzt von Sławomir Błaut. Gdańsk.

HIGI-WYDLER, Melanie (1989): Zur Übersetzung von Idiomen. Eine Beschreibung und Klassifizierung deutscher Idiome und ihrer französischen Übersetzungen. Bern etc.

KOLLER, Werner (1977): Redensarten. Linguistische Aspekte, Vorkommensanalysen, Sprachspiel. Tübingen.

KRET, Andrea (2005): ‚Den Trommelton angeben.' – Zur Übersetzung sprachspielerisch veränderter Phraseologismen in Günter Grass' „Blechtrommel" (Deutsch–Englisch). Hamburg. (Magisterarbeit)

SABBAN, Annette (1999): Okkasionelle Variationen von Phrasemen im Spannungsfeld zwischen Zeichenbeschaffenheit und Kontextbezogenheit. In: GRÉCIANO, Gertrud (Hrsg.) (2000): Micro- et macrolexèmes et leur figement discursif. Paris. S. 201–216.

SCHEMANN, Hans/KNIGHT, Paul (1995): German-English Dictionary of Idioms. Idiomatik Deutsch-Englisch. London/New York.

SCHWEIZER, Blanche-Marie (1978): Sprachspiel mit Idiomen. Eine Untersuchung am Prosawerk von Günter Grass. Zürich.

József Tóth (Veszprém)

Phraseologismen und ihre Übersetzung: Äquivalenz- und Repräsentationsbeziehungen zwischen Texteinheiten

1 Das Untersuchungsmaterial

Der Beitrag beschäftigt sich mit deutschen Phraseologismen und ihren ungarischen Übersetzungsvarianten. Die Beispiele stammen aus sechs ausgewählten Märchen der Brüder Grimm (1997) und deren ungarischen Übersetzungen. Ausgangssprache ist das Deutsche, Zielsprache das Ungarische. Die ungarischen Übersetzer sind: KINCSES (1997), RÓNAY (1974) und GAAL (2001). Ich habe den sechs Märchen der Brüder Grimm in der ungarischen Übersetzung der drei Übersetzer 15 phraseologische Einheiten entnommen.

2 Zielsetzung

Wenn sich der Forscher mit der Übersetzungsproblematik im Bereich der Phraseologie auseinandersetzt, kann man die Komplexität des Themenbereichs schon beim Studieren der Forschungsliteratur beobachten. Mein Vortrag setzt sich zum Ziel, zunächst einen kurzen Überblick über den Forschungsstand der Äquivalenzbeziehungen in der Phraseologie zu geben. Berücksichtigt werden nur diejenigen sprachlichen Einheiten, die in der Ausgangssprache phraseologische Einheiten darstellen. Auch in der Zielsprache findet man zahlreiche Phraseologismen, die jedoch in der Ausgangssprache keine phraseologischen Einheiten darstellen. Sie werden jetzt außer Acht gelassen. Da es relativ einfach ist, die einzelnen ungarischen Entsprechungen dem entsprechenden Äquivalenztyp zuzuordnen, verzichten wir darauf, es geht uns eher um die Problematik der mentalen Repräsentation von Phraseologismen. Mein Hauptanliegen ist, mit einer adäquaten Methode der Bedeutungsbeschreibung die Bedeutung der deutschen Phraseme und danach auch die der ungarischen Entsprechungen zu explizieren und dann der Frage nachzugehen, inwiefern die Explikation der Bedeutung der deutschen Phraseologismen zum Auffinden der ungarischen Äquivalente bzw. zum Vergleich der deutschen mit den ungarischen sprachlichen Einheiten beitragen kann.

Die Untersuchung der Äquivalenzbeziehungen in der Phraseologie blickt auf keine lange Geschichte zurück. In diesem Bereich steht uns kein einheitlicher terminologischer Apparat zur Verfügung. Kennzeichnend ist auch die Vielfalt der Entsprechungstypen. In der bisherigen phraseologischen Forschungsarbeit wurde die Hierarchie der äquivalenzbestimmenden Faktoren weitgehend berücksichtigt. Ich gehe davon aus, dass gravierende Unterschiede in den einzelnen ungarischen Übersetzungen bezüglich der untersuchten deutschen Phraseme beobachtet werden können. Es gibt zahlreiche adäquate Methoden der Beschreibung der Bedeutung der ausgangssprachlichen Phraseologismen wie z.B. die Merkmalsemantik oder die Prototypentheorie (DOBROVOL'SKIJ 1995). Es ergibt sich die Frage, ob die Explikation der Bedeutung auch auf der sog. Ereignisstruktursemantik beruhen kann. Es wird angenommen, dass sie ebenfalls eine adäquate Methode der Explikation der Bedeutung der Phraseme ist.

3 Äquivalenzbeziehungen in der Phraseologie

3.1 Kurzer Überblick über die phraseologische Entsprechungsproblematik

In der Forschungsliteratur findet man reichlich Auskunft über die Äquivalenzproblematik in konfrontativen Untersuchungen. Konfrontative Untersuchungen können zum einen auf der Basis einsprachiger Bedeutungswörterbücher der AS und der ZS oder auf den Äquivalenzangaben zweisprachiger Wörterbücher beruhen (WORBS 1994). Im Anschluss an WORBS (1994) sehen wir als Nachteil dieses Verfahrens an, dass die Bedeutungs- und Äquivalenzangaben der Wörterbücher ausgesprochen intuitiv, subjektiv und dadurch auch schwer vergleichbar sind. Diese Tatsache erschwert den interlingualen Vergleich anhand von Wörterbuchangaben. Zum anderen werden Textkorpora (Originale und Translate) – wie auch in meinem Vortrag – bei konfrontativen Untersuchungen herangezogen. In diesem Fall ist zu berücksichtigen, dass Äquivalente zunächst einmal nur für den gegebenen Text gelten können, denn im konkreten Text werden die im System potentiell vorhandenen sprachlichen Mittel erst aktualisiert. So sind die Entsprechungen auf der Textebene nicht ohne weiteres als funktional-semantisch äquivalent anzunehmen. Ich halte dieses Verfahren im Vergleich mit der Methode des Wörterbuchvergleichs eher für adäquat, wenn auch nicht hundertprozentig für legitim.

WORBS (1994) beobachtet richtig, dass auf die Notwendigkeit vergleichender phraseologischer Untersuchungen schon seit den 60er Jahren hingewiesen worden ist, doch erst in den 70er Jahren wurde der konfrontative Aspekt stärker berücksichtigt. Es ist leicht zu bemerken, dass die Zahl konfrontativer Einzeluntersuchungen konkreter Phrasemausschnitte auch seitdem von Jahr zu Jahr zunimmt (vgl. z.B. HESSKY 1987, ĎURČO 1994, FÖL-

DES 1996, HYVÄRINEN 1996, GRÉCIANO 2000, CHRISSOU 2001). Besondere Aufmerksamkeit wird u.a. auch den österreichischen Besonderheiten der deutschen Phraseologie geschenkt (vgl. z.B. EBNER 1988, FÖLDES 1992). Die bisher vorliegenden Arbeiten gehen von sehr unterschiedlichem Material und theoretisch-methodologischen Ansatzpunkten aus. Sie sind daher nur bedingt für Verallgemeinerungen geeignet. WORBS (1994: 143) plädiert deshalb dafür,

> möglichst erschöpfende Analysen überschaubarer Teilbereiche auf gleicher materieller und theoretisch-methodologischer Grundlage vorzunehmen, die eine notwendige Stufe für künftige komplexe Vergleiche ganzer phraseologischer Systeme bilden. Voraussetzung dafür sind auch ein einheitlicher terminologischer Apparat sowie dem Vergleich vorausgehende innersprachliche Analysen. Insofern nimmt es nicht wunder, daß der phraseologische Systemvergleich erst am Anfang steht.

In diesem Zusammenhang ergibt sich die Frage, ob Analysen nur auf gleicher materieller und theoretisch-methodologischer Grundlage durchgeführt werden können/sollen. Die zweite Bedingung ist u.E. unentbehrlich, die erste aber nicht unbedingt.

In der Forschungsliteratur werden einige Versuche konfrontativer Analysen als prototypische Analysen bezeichnet (WORBS 1994). Des Weiteren möchte ich in Anlehnung an WORBS (1994) einen Versuch der Beschreibung interlingualer Entsprechungsverhältnisse zwischen Phrasemen kurz vorstellen. WORBS verweist in der tragfähigen Äquivalenztypologie von Rajchštejn (1980) bei der Ermittlung von Entsprechungstypen auf das aspektuelle und das funktional-semantische Kriterium. Während das aspektuelle den Komponentenbestand und die grammatische Struktur enthält und auch die Bildhaftigkeit einschließt, meint das andere eine maximale Übereinstimmung der signifikativen und denotativen Bedeutung. Aus den unterschiedlichen Wechselverhältnissen zwischen den zwei erwähnten Kriterien ergeben sich die strukturell-semantische, die funktional-semantische und die strukturelle Äquivalenz. Aus ihnen lassen sich die folgenden Entsprechungstypen ableiten: Identität, strukturelle Synonymie, ideographische Synonymie, Hypero-Hyponymie, stilistische Synonymie, Homonymie, Polysemie, Enantiosemie (WORBS 1994). Nach WORBS (1994) überträgt Rajchštejn somit die innersprachliche Konfrontation auf die zwischensprachlichen Verhältnisse und sieht die Entsprechungen als intersprachliche Synonyme an.

Die meisten Klassifizierungsversuche zwischensprachlicher Entsprechungsverhältnisse stammen von Phraseographen. Deshalb betrachte ich die Äquivalenzproblematik im Weiteren unter phraseographischem Blickwinkel.

Die ersten differenzierten Darstellungen zur phraseologischen Äquivalenzproblematik sind in den Vorworten zum französisch-russischen phraseologischen Wörterbuch von Gak/Recker (1963) und zum englisch-russischen phraseologischen Wörterbuch von Kunin (1967) zu finden. Gack/Recker (1963) unterscheiden bei Äquivalenz zwischen vollständigen, teilweisen, absoluten und relativen Äquivalenten (WORBS 1994). Kunin (1967) differenziert in quantitativer Hinsicht zwischen Monoäquivalenten und wahlweisen oder selektiven Äquivalenten. Die Monoäquivalente sind entweder vollständige oder teilweise Äquivalente (WORBS 1994). Zu ihrer Differenzierung dienen bei Kunin fünf äquivalenzbestimmende Faktoren: Semantik, lexikalischer Bestand, Bildhaftigkeit, Stilmarkierung sowie grammatische Struktur. Kunin unterscheidet bei der teilweisen Äquivalenz drei Untergruppen (WORBS 1994): die teilweisen Äquivalente mit leichten lexikalischen Unterschieden, die teilweisen Äquivalente mit grammatischen Differenzen und die teilweisen Äquivalente, die nicht in der Bildhaftigkeit übereinstimmen.

Trotz aller Unzulänglichkeiten und Inkonsequenzen beider Klassifikationsversuche sind sie für die weitere Ausarbeitung einer Äquivalenztypologie von großer Bedeutung.

Im Laufe der weiteren Forschungsarbeit werden die Entsprechungsmöglichkeiten von Eckert (1977) in vier Typen zusammengefasst: vollständige Äquivalenz (gleiche Bedeutung, gleiches Bild), partielle Äquivalenz (gleiche Bedeutung, ähnliches Bild), Bedeutungsäquivalenz (gleiche Bedeutung, verschiedene Bilder) und interlinguale Kompensation durch Komposita, Lexeme, freie Wortfügungen. Der vierte Typ ist auch m.E. kein Äquivalenztyp, sondern ein Verfahren, mit dessen Hilfe Nulläquivalenz ausgeglichen werden kann, so ist in dieser Klassifikation die Position der Nulläquivalenz nicht ganz deutlich (WORBS 1994).

3.2 Äquivalenzbestimmende Faktoren in der Phraseologie

In der Äquivalenzforschung spielt die Diskussion über äquivalenzbestimmende Faktoren eine wichtige Rolle. Die Äquivalenzbeziehungen in der Phraseologie werden von folgenden Merkmalen der Phraseme geprägt: der formativischen Mehrgliedrigkeit des Phrasems (das ist ein strukturelles Merkmal), den Besonderheiten der phraseologischen Bedeutung (z.B. der Übereinstimmung/Nichtübereinstimmung in der Idiomatizität, Beziehungsweite, Konnotativität), der Bildhaftigkeit (der inneren Form), der Expressivität, (das ist ein nahezu kategorielles Merkmal), der Stabilität und der Reproduzierbarkeit (vgl. mehr dazu WORBS 1994). In differenzierten kontrastiven Untersuchungen zu phraseologischen Äquivalentbeziehungen, in denen es bei der zwischensprachlichen Korrelierung von Phrasemen unter Berücksichtigung der einzelnen äquivalenzbestimmenden Faktoren immer um einen sehr komplexen Vergleich geht, muss von der Hierarchie der Äquivalenzparameter und der Bestimmung des Äquivalenzgrades zwischen den AS-Phrasemen und ihren

ZS-Entsprechungen ausgegangen werden. Wir vertreten die Ansicht, dass bei der Wiedergabe von Phrasemen neben der Wahrung der Idiomatizität, die für den Grad der phraseologischen Äquivalenz entscheidend ist, gerade der Erhalt der Bildhaftigkeit ein sehr wichtiger äquivalenzbestimmender Faktor ist. Auch bezüglich der Wiedergabe der Bildhaftigkeit als einziger Quelle der Expressivität sind Abstufungen im Phrasem zu verzeichnen.

3.3 Arten von Äquivalenzbeziehungen in der Phraseologie

In Anlehnung an WORBS Arbeit *Theorie und Praxis der slawisch-deutschen Phraseographie* (1994) schlagen wir folgende phraseologische Äquivalenztypen vor:

1) Vollständige (totale) Äquivalenz o. Volläquivalenz (Sie ist eine strukturell-semantische Äquivalenz, eine Übereinstimmung zwischen AS- und ZS-Phrasem in allen Faktoren. Hierher gehören die sog. Monoäquivalente (in beiden Sprachen monosem) sowie polyseme Äquivalente (in beiden Äquivalenten gleiche polyseme Struktur). Da Äquivalenz im Allgemeinen nur bezüglich einiger Faktoren vorliegt, schlägt WORBS (1994) vor, immer den jeweiligen Parameter zu nennen, so spricht sie von denotativer, konnotativer, struktureller etc. Äquivalenz.

2) Partielle Äquivalenz und ihre Erscheinungsformen (Der häufigste Typ von Entsprechungsverhältnissen zwischen zwei phraseologischen Systemen ist die teilweise [partielle, approximative] Äquivalenz.) Ihre Untertypen sind: analoge Entsprechungen, partielle Äquivalenz durch denotative und konnotative Unterschiede, Extremfälle partieller Äquivalenz (z.B. Pseudoäquivalenz oder Formativ- bzw. Scheinäquivalenz).

3) Phraseologische Nulläquivalenz (In der Zielsprache ist eine Phrasemlücke für das AS-Phrasem vorhanden.)

Daneben kommen in der Fachliteratur auch andere Äquivalenztypen vor (vgl. z.B. CHRISSOU 2001).

Wir müssen auch berücksichtigen, dass neben dem qualitativen Aspekt auch noch eine Gliederung der Äquivalenztypen nach quantitativen Gesichtspunkten vorgenommen werden kann. Dabei geht es um die Unterscheidung von Monoäquivalenten (1:1 Phrasem-Entsprechung), wahlweisen Äquivalenten (1: viele-Entsprechungen oder Polyäquivalenz) und Nulläquivalenten (1:0-Entsprechung) (WORBS 1994).

4 Die mentale Repräsentation von Phraseologismen – Der ereignisstrukturbasierte Ansatz

Bezüglich der mentalen Repräsentation von Phraseologismen gibt es verschiedene Auffassungen wie die lexikalische und die syntaktische Auffassung sowie die Dekompositionshypothese (RÖMER/MATZKE 2003). Phraseologismen werden in Form von dynamischen semantischen Netzen repräsentiert, die DOBROVOL'SKIJ (1995) in thesaurusartigen Zusammenstellungen, die aus prototypischeren und peripheren Vertretern bestehen, abbilden will. RÖMER und MATZKE (2003) haben stark vereinfacht ein mit dem konzeptuellen Schema korrespondierendes phraseologisches Netz beispielsweise zu NEIDISCH SEIN aufgestellt. Dieses phraseologische Netz stellt die Komponenten des konzeptuellen Neidischsein-Schemas dar (RÖMER/MATZKE 2003: 167):

$$\text{JEMAND}_x \leftarrow \text{NEIDISCH SEIN}_{x,y} \rightarrow \text{AUF JEMANDEN/ETWAS}_y$$

Im Mittelpunkt unserer Untersuchung steht die Repräsentation der Bedeutungen der Phraseme. Wir sind uns dessen bewusst, dass in der kognitiven Semantik mit dem Bedeutungsbegriff der Bedeutungsinhalt, die Repräsentation und die Verarbeitung verknüpft sind (SCHWARZ 1992). Wir nehmen an, dass die semantische Repräsentation verbaler Phraseologismen darauf beruht, dass sie strukturierte Ereignisse bezeichnen. Verbale Phraseologismen, die ein Ereignis, eine Handlung bzw. einen Vorgang darstellen, beschreiben so eine Menge zueinander geordneter Ereignisse und Zustände. Dementsprechend liegen diesen verbalen Phraseologismen Ereigniskomplexe zugrunde. Den Ausgangspunkt für die weiteren Untersuchungen bilden ENGELBERGS (2000) Annahmen über die Komplexität und Sorten von Teilereignissen, die Relationen zwischen Teilereignissen, die Partizipation an Teilereignissen und über die implizierten und präsupponierten Teilereignisse.

5 Deutsche verbale Phraseologismen und ihre ungarischen Entsprechungen

Das Phrasem ... *die Königin wurde gelb und grün vor Neid* (vgl. Beispiel 8 im Anhang) referiert beispielsweise auf einen Ereigniskomplex eines bestimmten Typs. Man kann ihn wie folgt beschreiben:

$$...\textit{wurde gelb und grün vor Neid}: x^{\text{nom,}} (y^{\text{auf + akk}})$$
$$\text{E-STR}: (\rightarrow_I e^{1[+ \text{Dur}]} : x^{[+ \text{Caus}]} + y^{[\text{Neider}]}) <> (\rightarrow_I e^{2[+ \text{Ereignis/Vorgang}]} : y^{[\text{Neider}]} + z^{[\text{auf jd./auf etw.}]}) < (\rightarrow_I e^{3[+ \text{Zustand}]})$$

Es bezieht sich demnach auf ein erstes Teilereignis e^1, das von etwas oder jemandem (x) ausgelöst wird und von einer gewissen Dauer ist, und an dem der Neider (y) beteiligt ist. Zeitlich parallel dazu (<>) findet ein zweites Ereignis / ein Vorgang e^2 unter besonderer Akzentuierung des Neiders (y) statt. Der Vorgang des Neidischseins wird hier verbalisiert und des Weiteren kann der Beneidete (z) hervorgehoben werden. Abgeschlossen wird dieser Ereigniskomplex durch den nachfolgenden (<) Zustand des Neidischseins. ($\rightarrow_I$ heißt, dass das Teilereignis durch die Verbbedeutung impliziert ist.) Hier geht also e^1 (die Ursache des Ereignisses) e^2 (dem Vorgang des Neidischseins, in dem der Neider stark präsent ist) und dem möglichen z (dem fakultativen Erscheinen des Beneideten) voraus, welchem ein Nachzustand des Neidischseins e^3 folgt. Eine solche Ereignisstruktur, die die Bedeutung repräsentiert, besteht aus Entitäten, Eigenschaften und Relationen (ENGELBERG 2000, TÓTH 2006). Wir können davon ausgehen, dass sich die von verbalen Phraseologismen bezeichneten Ereignisse in ein, zwei oder drei Teilereignisse gliedern. Die von uns bevorzugte ungarische Entsprechung wäre in diesem Fall *elsárgult az irigységtől*, denn sie besitzt die gleiche Ereignisstruktur.

Nimmt man die vorliegenden ungarischen Äquivalente der deutschen verbalen Phraseologismen unter die Lupe, kann man feststellen, dass die ungarischen Entsprechungen nicht immer die gleiche Ereignisstruktur aufweisen. So können sie nicht immer vollständig oder mindestens partiell äquivalent sein. Die deutschen und ungarischen Ereignisstrukturen divergieren beispielsweise an bestimmten Komponenten beim 8. Beispiel mit den ungarischen Entsprechungen 8/A, B, C, denn die Königin kann auf Ungarisch weder *grün* noch *blau* werden. So sind die Varianten *zöldült-sárgult az irigységtől* bzw. *kékre zöldre vált az irigységtől* nicht eben die besten Äquivalente. Besonders auffallend ist die divergierende Ereignisstruktur im Ungarischen *mintha kést szúrtak volna a szívébe*. So ist das auf keinen Fall eine adäquate Entsprechung. Fraglich sind so auch die ungarischen Äquivalente 3/B, 4/C, 5/B, 6/C, 9/B, 9/C sowie 10/B, 11/C und 13/C. In den anderen Fällen liegen mögliche ungarische Äquivalente vor.

6 Schlussbemerkungen

Man kann ohne weiteres unterscheiden, welche ungarische Entsprechung welchem Äquivalenztyp zugeordnet werden kann. Zu berücksichtigen sind dabei in jedem Fall selbstverständlich auch die äquivalenzbestimmenden Faktoren. Alles in allem kann festgestellt werden, dass der ereignisstrukturbasierte Ansatz als adäquate Methode sowohl bei der Beschreibung der Bedeutung verbaler Phraseologismen als auch bei der Entscheidung der Frage der Äquivalenz angesehen werden kann. Dieser Ansatz kann auch zu einer entsprechenden komplexen kontrastiven Analyse erfolgreich beitragen. Als meine künftige Aufgabe gilt einerseits eine Ereignisontologie zu erarbeiten und die Ereignis- und die Argumentstruktur der Verben adäquat zu beschreiben, andererseits den thematischen Rollen und anderen semantischen Relationen nachzugehen.

7 Anhang

Brüder Grimm – GRIMM-testvérek/Berühmte Märchen – Híres mesék. Fordította: Kincses Edit. Versfordítások: Gyárfás Endre. Budapest 1997.	A) Brüder Grimm – GRIMM-testvérek Berühmte Märchen – Híres mesék. Fordította: Kincses Edit. Versfordítások: Gyárfás Endre Budapest: 1997.	B) Grimm legszebb meséi. Magyarra átdolgozta: Rónay György. Budapest: 1974.	C) Hófehérke és a hét törpe. Válogatott Grimm mesék. Fordította: Gaal Mózes. Nagykovácsi: 2001.
1. *Die Bremer Stadtmusikanten*	A) *A brémai muzsikusok*	B) *A brémai muzsikusok*	C) *A brémai muzsikusok*
1) Aber der Esel merkte, daß sein Herr etwas **Böses im Sinn hatte**, [...]. (S. 6)	1/A) A szamár azonban megsejtette, hogy ura **rosszat forral**, [...]. (S. 7)	1/B) A szamár azonban megneszelte, hogy **valami készül ellene**. (S. 70)	1/C) [...], de a szamár észrevette, hogy **merről fúj a szél**, [...]. (S. 97)
2) Da hab ich **Reißaus genommen**. (S. 6)	2/A) Így hát **kereket oldottam**, [...]. (S. 7)	2/B) **Az irhámat megmentettem** ugyan, [...]. (S. 70)	2/C) [...], azért **szaladtam el hazulról** [...]. S. 97
3) Es dauerte nicht lange, da saß eine Katze am Weg und **machte ein Gesicht wie drei Tage Regenwetter**. (S. 6)	3/A) Hamarosan találkoztak egy macskával, aki az úton üldögélt, és **olyan képet vágott, mint akit három napja ver az eső**. (S. 7)	3/B) [...] egy macska **ült** nem messze tőlük, az út szélén, **girhesen, búsan, akár a hét szűk esztendő**. (S. 70)	3/C) Nemsokára találkoztak az úton egy macskával. Ott ült az országúton s **olyan savanyú arcot vágott, mint egy fazék aludttej**. (S. 97)

Phraseologismen und ihre Übersetzung

4) „Wer kann da lustig sein, **wenn's einem an den Kragen geht**", antwortete die Katze. (S. 8)	4/A) – Hogyne búslakodnék, amikor **az életemről van szó** – felelte a macska. (S. 9)	4/B) – Kinek van jó kedve, ha egyszer **a nyakán a kötél?** – felelte a macska. (S. 70)	4/C) – Hogy lehetne jó kedve annak, akit **szorít a nyakravaló**, felelte a macska […]. (S. 98)
2. *Der Wolf und die sieben jungen Geißlein*	2. *A farkas és a hét kecskegida*	2. *A farkas és a hét kecskegida*	2. *A farkas és a hét gidó*
5) Das war eine Freude! Sie herzten ihre liebe Mutter und **hüpften wie ein Schneider**, der Hochzeit hält. (S. 22)	5/A) Micsoda boldogság, végre újra együtt a család! A gidák alig tudtak betelni az örömmel, és vidáman **ugráltak a mama körül, mint szabólegény a lakodalmán**, […]. (S. 23)	5/B) […] míg csak mind a hat fia ki nem ugrott a bendőből, s **ott nem táncolt körülötte**. […] Mikor mindnyájan együtt voltak már, s **alaposan ki is örvendezték magukat**, azt mondta a kecskemama: […]. (S. 14)	5/C) Micsoda öröm volt! Hogy ölelték az édesanyjukat, **hogy ugrabugráltak, mint a lakodalmát ülő szabólegény**. (S. 8)
3. *Frau Holle*	3. *Holle anyó*	3. *Holle anyó*	3. *Holle anyó*
6) Weil die Alte ihm so gut zusprach, **faßte sich das Mädchen ein Herz** und trat in ihren Dienst. (S. 56)	6/A) Olyan szívhez szólóan beszélt az anyóka, hogy **a lány összeszedte minden bátorságát**, és elszegődött hozzá. (S. 57)	6/B) Az öregasszony olyan szépen rábeszélte, hogy **a lány végül is összeszedte a bátorságát**, ráállt a dologra, és beszegődött hozzá. (S. 16)	6/C) Az öregasszony nyájas szava **fölbátorította a leánykát**, bement a házba s beállott szolgálatba. (S. 48)
4. *Aschenputtel*	4. *Hamupipőke*	4. *Hamupipőke*	4. *Hamupipőke*
7) Dann setzte es sich auf einen Schemel, zog den Fuß aus dem schweren Holzschuh und steckte ihn in den Pantoffel, **der war wie angegossen**. (S. 122)	7/A) A leányka a zsámolyra ült, levetette nehéz facipőjét, és könnyűszerrel felhúzta a topánkát, amely **úgy illett rá, mintha rászabták volna**. (S. 123)	7/B) Hamupipőke leült a zsámolyra, lehúzta lábáról a nehéz facipőt, és belebújt a topánkába. **Úgy illett rá, mintha ráöntötték volna**. (S. 65)	7/C) Leült a zsámolyra, levetette a facipőt s felhúzta az aranytopánkát. És az **úgy talált a lábára, mintha csak reá öntötték volna**. (S. 143)

5. Schneewittchen	5. Hófehérke	5. Hófehérke	5. Hófehérke és a hét törpe
8) Da erschrak die Königin und wurde gelb und grün vor Neid. (S. 128)	8/A) Megrémült erre a királyné, zöldült-sárgult az irigységtől. (S. 129)	8/B) A királyné kékre-zöldre vált az irigységtől, [...]. (S. 112)	8/C) Úgy érezte a kevély királyné, mintha kést szúrtak volna a szívébe. (S. 122)
9) Von Stund an, wenn sie Schneewittchen erblickte, kehrte sich ihr das Herz im Leibe herum, so haßte sie das Mädchen. (S. 128)	9/A) Ez időtől kezdve valahányszor csak megpillantotta a leányt, szíve gyűlölettel telt meg. (S. 129)	9/B) [...] s attól fogva egyre abban főtt a feje, hogyan pusztíthatná el Hófehérkét. (S. 112)	9/C) Olyan büszke volt a szépségére s úgy irigyelte mástól a szépséget. (S. 122)
10) Neid und Hochmut wuchsen wie Unkraut in ihrem Herzen immer höher, so daß sie Tag und Nacht keine Ruhe mehr hatte. (S. 128)	10/A) Az irigység és a gőg úgy burjánzott el benne, mint a gaz, nyugtot nem talált sem éjjel, sem nappal. (S, 129)	10/B) Nem volt többé se nappala, se éjjele, egészen belesápadt a sok emésztődésbe, úgyhogy napról napra fogyatkozott a szépsége. (S. 112)	10/C) Nagy gonoszságot ébresztett fel szívében az irigység. (S. 123)
11) „So lauf hin, du armes Kind!" Die wilden Tiere werden es bald gefressen haben, dachte er, und doch war's ihm, als wäre ein Stein von seinem Herzen gefallen, weil er es nicht zu töten brauchte. (S. 130)	11/A) – Eredj csak szegény gyermekem! Úgyis felfalják hamarosan a vadállatok, gondolta, úgy érezte mégis, mintha kő esnék le a szívéről, amiért nem ölte meg a kislányt. (S. 131)	11/B) – Menj csak, szegény kislány! – mondta, és gondolatban hozzátette: „Hamarosan úgyis föl-falnak a vadállatok." De azért nagyon megkönnyebbült a szíve, hogy nem neki kellett egy ilyen szép teremtésnek a vérét kiontania. (S. 112)	11/C) Úgy megsajnálta, no de úgy megsajnálta a vadászmester a kedves Hófehérkét, hogy szabadon engedte. Szomorúan gondolt arra, hogy a vadállatok szegénykét úgy is összetépik. (S. 123)
6. Das tapfere Schneiderlein	6. A vitéz szabócska	6. A vitéz szabócska	6. A vitéz szabólegény
12) Da lief dem Schneider endlich, wie man so sagt, die Laus über die Leber. Er packte ein Tuch und – „Wartet, ich will es euch	12/A) A szabócskát végül, ahogy mondani szokás, elfutotta a pulykaméreg, és	12/B) A szabócskát végül is elfutotta a méreg. Előkapott a sutból egy rongyot, és nagyot kiáltott:	12/C) Erre aztán a szabólegénynek nem volt galambepéje, bezzeg

Phraseologismen und ihre Übersetzung 613

geben!" – schlug unbarmherzig auf die Fliegen. Als er das Tuch wegzog, lagen nicht weniger als sieben Fliegen tot vor ihm und streckten die Beine. (S. 154)	felkapott egy kendőt. – Várjatok csak, adok én nektek! – rikkantotta és kegyetlenül a legyek közé csapott. Amikor fölemelte a kendőt, nem kevesebb, mint hét légytetem hevert szétlapítva előtte. (S. 155)	– Majd adok én nektek! Azzal irgalmatlanul odavágott. Az volt ám a pusztítás! Megszámolta az eredményt; se több, se kevesebb: hét döglött légy hevert előtte égnek meredt lábbal. (S. 39)	**felfort**, s előkerített egy darab posztót s így szólott: – Majd adok én nektek lekvárt! – és irgalmatlanul rájuk csapott a legyekre. Amikor a posztódarabot felemelte és megszámolta az agyoncsapott legyeket: éppen heten voltak. (S. 76)
13) „Ei was, Stadt", sprach er, „die ganze Welt soll es erfahren!" Und **sein Herz wackelte ihm vor Freude wie ein Lämmerschwänzchen.** (S. 154)	13/A) Az egész város?! Tudja meg az egész világ! – szólt és **örömében úgy verdesett a szíve, mint a bárány farkincája.** (S. 155)	13/B) – Ej mit nekem a város! – mondta. – Tudja meg az egész világ, ki vagyok! S **úgy fickándozott a szíve büszkeségében, akár a bárány farkincája.** (S. 40)	13/C) Mit nekem a város, – mondotta, – az egész világnak meg kell ezt tudni. És **mozgott a szíve mint a bárány farkincája.** (S. 76)
14) Das Schneiderlein rief die Jäger herbei. Die mußten sich den Gefangenen ansehen. Der Held aber begab sich zum König, der nun, er mochte wollen oder nicht, sein Versprechen halten und ihm seine Tochter und das halbe Königreich übergeben mußte. Hätte er [der König] gewußt, daß kein Held, sondern ein Schneiderlein vor ihm stand, **wäre es ihm wohl noch mehr zu Herzen gegangen.** (S. 172)	14/A) A szabócska magához szólította a vadászokat, nézzék meg a foglyot, aztán elvonult a királyhoz. Az pedig, ha akarta, ha nem, kénytelen-kelletlen betartotta ígéretét: nekiadta leányát és fele királyságát. Hátha ráadásul azt is megtudja, hogy nem egy hős, hanem csak egy szabócska áll előtte, **még jobban a szívére veszi**, hogy be	14/B) A szabócska odakiáltotta a vadászokat: – Lessetek csak be az ablakon, győződjetek meg a tulajdon szemetekkel róla, hogy ezt a feladatot is teljesítettem! Most aztán már a királynak sem volt több mentsége: akár tetszett neki, akár nem, be kellett váltania az ígéretét, oda kellett adnia a lányát és vele a fele királyságot. Ha tudta volna, hogy a veje nem is holmi világhőse,	14/C) A kis szabó odahívta a vadászokat, hadd lássák saját szemükkel a rabul ejtett vadállatot, a hős pedig egyenesen a királyhoz ment. Ez aztán, akár tetszett neki, akár nem, kénytelen volt adott szavát baváltani, odaadta fele királyságát s feleségül a leányát. Ha tudta volna,

	kellett adnia a derekát. (S. 173)	hanem csak egy eszes kis szabócska, **még jobban fájt volna a szíve miatta.** (S. 47)	hogy nem is hős, hanem jámbor kis szabó, **még nehezebb lett volna a szíve.** (S. 85)
15) Als diese den Schneider so sprechen hörten, bekamen sie Angst, **sie liefen Hals über Kopf davon**, und keiner wagte sich mehr zurück. Also war und blieb das Schneiderlein sein Lebtag König. (S. 174)	15/A) Amikor a szolgák meghallották, mit mond a szabó, megrémültek, **nyakukba szedték a lábukat**, világgá futottak, és soha többé nem merészkedtek vissza. Így hát a szabócska haláláig király maradt. (S. 175)	15/B) Azoknak meg, ahogy ezt meghallották, egyszeriben inukba szállt a bátorságuk, **nyakukba kapták a lábukat**, úgy elszaladtak onnét, mintha hét ördög kergetné őket. Így aztán a szabócska élete végéig megmaradt királynak. (S. 48)	15/C) Amikor azok a kis szabó szavait hallották, úgy inukba szállt a bátorságuk, **mintha egész hadsereg kergette volna őket. Elfutottak** s egyik sem mert szembeszállani vele. Így maradt a kis szabó holta napjáig király. (S. 86)

Literatur

Grimm-testvérek (1997): Híres mesék. Fordította KINCSES Edit. [Brüder Grimm Berühmte Märchen. Übersetzt von KINCSES, Edit]. Budapest.

CHRISSOU, Marios (2001): Deutsche und neugriechische Phraseologismen mit animalistischer Lexik. Eine kontrastive Analyse auf der Wörterbuch- und der Textebene. (Essener Linguistische Skripte – elektronisch; Jg. 1, H. 1). S. 89–121. /http://www.elise.uni-essen.de/elise/elise_01_01/elise_01_07_01.pdf) (gesehen am 01. 12.2006)

DOBROVOL'SKIJ, Dmitrij (1995): Kognitive Aspekte der Idiom-Semantik. Studien zum Thesaurus deutscher Idiome. Tübingen.

ĎURČO, Peter (1994): Probleme der allgemeinen und kontrastiven Phraseologie. Heidelberg.

EBNER, Jakob (1988): Wörter und Wendungen des österreichischen Deutsch. In: WIESINGER, Peter (Hrsg.): Das österreichische Deutsch. Wien/Köln/Graz. (Schriften zur deutschen Sprache in Österreich; 12). S. 99–187.

ENGELBERG, Stefan (2000): Verben, Ereignisse und das Lexikon. Tübingen. (Linguistische Arbeiten; 414).

FÖLDES, Csaba (1992): Zu den österreichischen Besonderheiten der deutschen Phraseologie. In: FÖLDES, Csaba (Hrsg.): Deutsche Phraseologie in Sprachsystem und Sprachverwendung. Wien. S. 9–24.

FÖLDES, Csaba (1996): Deutsche Phraseologie kontrastiv. Intra- und interlinguale Zugänge. Heidelberg. (Deutsch im Kontrast; 15).

GRÉCIANO, Gertrud (2000): Phraseologie: Spezifische Merkmale, intra- und interlingual. (Revista de Filología Alemana; 8). S. 233–251. /http://www.ucm.es/BUCM/revistas/fll/11330406/articulos/RFAL0000110233A.PDF/ (gesehen am 01.12.2006).

Grimm legszebb meséi. (1974) Magyarra átdolgozta [überarbeitet ins Ungarische von] Rónay György. Budapest.

HESSKY, Regina (1987): Phraseologie. Linguistische Grundfragen und kontrastives Modell deutsch – ungarisch. Tübingen.

Hófehérke és a hét törpe. Válogatott Grimm mesék. (2001) Fordította [übersetzt von] Gaal Mózes. Nagykovácsi.

HYVÄRINEN, Irma (1996): Zur Semantik von deutschen und finnischen Verbidiomen. In: KORHONEN, Jarmo (Hrsg.): Studien zur Phraseologie des Deutschen und des Finnischen II. Bochum. S. 345–439.

RÖMER, Christine/MATZKE, Brigitte (2003): Lexikologie des Deutschen. Eine Einführung. Tübingen.

SCHWARZ, Monika (1992): Kognitive Semantiktheorie und neuropsychologische Realität. Repräsentationale und prozedurale Aspekte der semantischen Kompetenz. Tübingen. (Linguistische Arbeiten; 273).

TÓTH, József (2006): Was tun in der Verbalsemantik? Überlegungen zur Repräsentation der Verbbedeutung. In: KARNOWSKI, Paweł/SZIGETI, Imre (Hrsg.): Sprache und Sprachverarbeitung/Language and Language-processing. Frankfurt am Main/Berlin/Bern/Bruxelles/New York/Oxford/Wien. S. 199–203.

WORBS, Erika (1994): Theorie und Praxis der slawisch-deutschen Phraseographie. Mainz. (Mainzer Slawistische Veröffentlichungen, Slavica Moguntiaca; 16).

Interkulturelle Aspekte

Annelies Häcki Buhofer (Basel)

Phraseology as a Prototype of Intercultural Academic Work

1 The concept of interculturality in the context of cultural studies

The term "interculturality" is more than well known to us all. What it actually means is less clear though.

Interculturality, as a substantial code word of contemporary scientific discourse, needs to be applied to academic orientation and practice, if its use is not to be without content. I should like to pursue some aspects of this concretisation with the example of phraseology, which unites us as members and guests of Europhras.

The question corresponds to various demands put forward by secondary literature, for instance by HORNSCHEIDT (2003), who proposes to approach the historiography of scientific research areas as a field of cultural study, thus for example the history of linguistic discourses as intercultural communication (8pp.). The concept of interculturality belongs to the context of cultural studies and we can interpret it in the context of the booming avowal to cultural studies. Such a notion reverts to the word-formation and develops its concept of interculturality from the basic word "culture".

Of late, cultural studies have been granted much attention in the humanities and social sciences. A number of anthologies were published: NÜNNING (2003), HANSEN (2003), BRENNER (2003). However, in these contexts, linguistics is often conspicuously absent. One of few exceptions is the anthology by STIERSTORFER et al. (2005) with an essay by Gabriele LINKE about "Kulturwissenschaft und Linguistik". She represents a position which is comprehensible to and also correct from a linguistic perspective, but yet other disciplines are not aware of this linguistic claim: cultural studies should be interested in and consider linguistic research and results because their themes like identity, power and difference contain language and communication in a crucial way (206p.).

However, those who approach the question of linguistics as cultural studies inevitably come to the conclusion that it is linguistics that has paid little attention to cultural studies, or to the cultural turn, which is interconnected with the former. This comes as a surprise inasmuch as the cultural turn refers to the linguistic turn not merely in the structure of the term. But the linguistic turn too was barely noticed by linguists themselves.

From a linguistic point of view, however, the linguistic turn was a kind of "foreign term" – so to speak. It is the discovery of the meaning of language for science, of which linguistics can only say with good reason: "Finally, we've always known, it is our core subject after all. It is just as well that the others have realised this too." Accordingly, the discovery of culture for linguistics is considered less spectacular, because in many respects linguistics has always presupposed a connection between the two.

Today, language studies in part adapt their terminology explicitly to that of cultural studies, and place themselves within the context of cultural studies in order to continue much older traditions. There have been culturally conscious language studies at least since the 18th century with Herder and Karl Philipp Moritz, and especially in the 19th century with Humboldt and the Neogrammarians. If we are talking about a culturally conscious theory of language, much earlier periods – for instance the baroque period – should be involved.

In the 20th and 21st centuries, the spectrum of culturally conscious linguistics is again extremely broad and encompasses a large part of linguistics (see LINKE 2005) – with the exception of structuralism and generative grammar –, which, as rigorous though they may be, nevertheless have proved essential for the progress of language studies.

It is not simply presupposed here that language has always been connected to culture, but the study of language is 'per se' the study of culture. Although one could see the possibility of holding this position, it still appears too abstract to me to be of any use to practical work, it is too cheap or too simple. However, there are many linguistic domains which belong in the context of a cultural discussion, and which today are increasingly discussed in this context again. In particular, these days the history of language is often considered as equivalent to the history of culture (cf. LINKE 1996; GARDT 1999; STIERSTORFER 2005).

The question whether modern cultural studies has changed linguistics in the second half of the 20th century, is often not as a matter of course answered with yes – on the contrary. According to HANSEN's introductory volume "Kultur und Kulturwissenschaft" (2th edition) linguistics has persistently cut itself off, even though an opening up to the concept of culture could have disposed of two deficits: semantic abstinence and an incorrect notion of the definition and signification of rules (HANSEN 2000: 390).

In these areas, semantics and definition and signification of rules – phraseology, as a linguistic discipline –, is not abstinent. All the more reason why the discipline ought to have picked up on this point much earlier, and should pick up on it today. The activity of phraseologists in semantics and discussion of rules may be a consequence of but certainly is a basis for phraseological cultural studies.

Considering that for several years now, interdisciplinary working methods have been popular, particularly in gender studies, one has been marvelling for years at the relative isolation of language studies – until realising that this isolation is systematic and the mechanisms of this system are easy to recognise: linguistics is not explicit in this respect of the paradigm shift and does not react on theoretical developments in neighbour disciplines, although some scholars work in these areas but look for their interdisciplinary partners in other philologies, not in history, arts, literature or philosophy. Interphilology certainly offers broader insights, but eventually should lead to intercultural work beyond the boarders of linguistics. Otherwise the linguistic marginalisation will never have an end.

Just as explicit linguistic culture studies are not practised very often – even though many linguists are of the mostly explicit opinion that they work in a cultural context –, interculturality is not a frequently used concept in language studies. Consequently, the publication of FÖLDES "Interkulturelle Linguistik. Vorüberlegungen zu Konzepten, Problemen und Desiderata" (2003) is a helpful and welcome source of views over previous uses of this concept and offers an evaluation and appraisal of hitherto existing material – both in the area of Culture Studies as well as in the field of interculturality. FÖLDES (2003) does not only present a whole array of the almost countless culture definitions (which are almost as diverse as the notorious definitions of the phrase), but also of the variations of cultural studies (56) – roughly Cultural Studies of a British and of North-American imprint and Cultural Studies of a German imprint.

NÜNNING/NÜNNING (2003) distinguish further models:

a)   New Historicism, Cultural Poetics, Visual Studies, Postmodern Anthropology and Postcolonial Studies in the U.S.

b)   Amsterdam School of Cultural Analysis

c)   Eastern European School of Cultural Semiotics

d)   Mentality History Research as well as Art and Culture Sociology in France

e)   Investigations into the political range of cultural importance, which come from Italy (cf. NÜNNING/NÜNNING 2003)

Under interculturality in a scientific domain we can understand the following: interculturality means first: the choice of a perspective as well as the object of analysis are examined with respect to their cultural determination and from the perspective of a different culture (thus e.g. HERMANNS 1996: 339).

If we want to examine phraseology as an example of intercultural procedure in linguistics more closely, that means first that we will stay within the boundaries of language studies, but go beyond individual schools and traditions in the context of one and only one philology. For an intercultural linguistics which focuses its own procedures and which grounds its object-based research on this subject of discussion and reflection, this means specifically that at least the following aspects must be taken into consideration:

a) The diversity of languages
b) The divergences in language use and acquisition
c) The various ways of both metalinguistic reflection and scientific use

This last aspect of metalinguistic reflection should be stressed in a situation in which linguistic studies are not really or not in many cases aware of what they are doing in interdisciplinary and intercultural sense. On one hand intercultural linguistics could form and do form already a part of the existing scientific paradigm of linguistics. From general human ways of behaviour such as greetings, which however are realised in a culturally specific manner (OKSAAR 2003), to linguistically coined conceptions of man which are described linguistically, philologically and historically by linguistic anthropology (HERMANNS 1996), up to culture concepts in dictionaries (HASS-ZUMKEHR 2001) – in many disciplines the aspect of culture has become a relevant topic.

At the same time and on the other hand the conception of linguistics which refers to its own interculturality ought not to totally be integrated analogously into the existing paradigm of linguistics; it is rather considered to be system-transcendent (FÖLDES 2002 following RASTER 2002). For linguistics as an object of intercultural linguistics, for the aspect of interculturality in language studies this means that language studies themselves are guided by the insight that they exist in various ways in various cultures. In the sense of KNIFFKA (1995: 17) we could even say that we are dealing with a culture-contrastive linguistics, because we reflect practical research in situations of cultural contrast.

In this respect too, interculturality can be regarded as a version or concretisation of linguistic interdisciplinarity. Multiperspectivity and interdisciplinary discursive connectivity are essential ingredients (cf. NÜNNING/NÜNNING 2003, chap. 1). The congruity with the concept of interdisciplinarity lies in the intended integration of different methods, theories and concepts that transcends mere combination and addition. The productivity of this transgression of boundaries marks a central feature. It is not trivial to regard interculturality as a new formulation of the concept of interdisciplinarity, whereby the mediated cultures are those of scientific practice. While interdisciplinarity denominates the exchange and enrichment through questions, methods and concepts of related disciplines, or disciplines concerned with a common problem, interculturality builds on this understanding and moreover analyses the connected disciplines as cultures.

Those who have always compared the phraseological units of two languages, that is, have argued that the phraseological units of a language are characteristic of the speakers' culture, should nonetheless not regard such approaches as a simple confirmation of their opinion, but ought to incorporate their views in a theoretical discussion be it of "Kultureme" (OKSAAR), of world view linguistics or of culturological linguistics etc. (cf. FÖLDES 2003). DOBROVOL'SKIJ and E. PIIRAINEN in their study "Figurative Language, cross-cultural and cross-linguistic perspectives" (2005) have given an excellent example of the theoretical underpinning of conventional figurative language by choosing an orientation towards culturally relevant knowledge structures. They distinguish culture-based phenomena, which cannot be understood without cultural knowledge from culture-specific, which presupposes a cross-linguistic perspective.

I would like to put particular emphasis on an element of intercultural linguistics with regard to phraseology, which hitherto has been less prominent in linguistics than in literary studies. It is this the notion of otherness. From the point of view of intercultural literary theory, otherness, the concept and determination of the other by means of a demarcation between other and self, actually marks the big cultural resource, some even say the most important cultural resource of cultural history, therefore also in presence. On the whole, "Interkulturelle Linguistik verspricht ein reizvolles theorie-, problem- und phänomenotientiertes Forschungsfeld zu werden." And he claims: "Daher müsste sie sich ein integratives und äusserst dynamisches und zudem genuin inter- bzw. transdisziplinäres Forschungsparadigma zulegen." (FÖLDES 2003: 57).

Interculturality does not only comprise an analysis of another scientific school's results, concepts and questions, but also demands a certain tolerance. If we need to deliver presentations and publications in a second language, we are dependent on our first-language audience and editors not to carry their untamed corrective impetus to extremes. Organising approximately 300 linguists interested in phraseology from about 40 countries in our European Society of Phraseology offers good conditions for a fertile scholarly interculturality. But an intercultural situation won't come about automatically.

The use of these favourable preconditions, the realisation of a fertile interculturality presupposes – on the level of scientific research just as much as on the level of transmission – an overcoming of the obstacles concerning the scholars' naturally restricted multilingual, professional and linguistic competences – an overcoming which requires considerable personal and institutional energy. Researchers most often work in a language other than that of their institution and their students (e.g. a Swiss researcher in Italian in Basel), and they often publish in a third language; thus for example a Russian scholar who publishes in English or in German. Also in the case of French-German studies, Spanish-English studies and German-French studies, the object language differs from the language of the institution and the students. In these cases too, the publication language is often a third language, which moves between the constraints of international comprehensibility and an effort to validents a scientific language that corresponds to the analysed language. Of course many Hungarian scholars would love to publish in Hungarian.

Generally considered, these linguistic situations, which are familiar to us in most of our individual cases, are really very complex and diverse. First language studies in particular (i.e. the researchers behind) – whether in Russia, Tunisia or in Spain – do not likely have a specific or language political interest in presenting their results in a language other than that in which they are researching and which simultaneously corresponds to that of their institution and the first language of the majority of their students. Therefore, while Spanish studies in Spain or Latin America are interested in publishing about Spanish phraseology in Spanish – an interest that is orientated on Spanish as a scientific language –, they nevertheless may prefer English as a scientific language due to the receptive capacity of their works.

The multifarious differences between the languages of institutions, scholars, students, science and the object of analysis, result from the regionally widely divergent interest in the scientific object of phraseology in all the various individual language studies in one speech area as well as from the sum of interested speech areas on the one hand, and on the other hand from the desire for an interdisciplinary and intercultural communication and discussion, which, amongst others, expresses itself in the Europhras membership and in choosing for example English or German as a more or less common language. The many studies orientated on contrastive object languages – such as Ukrainian/German or Italian/German – inevitably encounter a divergence between object language and scientific language. The German specialists from the German-speaking area, who do research on the German language and its variants and publish in German, represent an exception numerically and in view of the history of science significant, but still an exception. Still this is the reason for the overwhelming presence of German in phraseology.

On the one hand, professional discussion beyond the linguistic boundaries of phraseology as a science is generally desired; on the other hand, this is not easy to achieve even in an economically comfortably equipped Europe. For those research groups with the numerically very high interest in phraseology in Russia and Eastern and Central Europe which are lesser privileged as regards research means and research foundations, it is even more difficult.

Where reliable and easily accessible electronic connections and internationally equipped libraries are not the rule in every European country and in many non-European countries, intercultural academic work requires even more personal energy.

In addition, there is a further crucial restriction for intercultural analyses if we understand them as interculturality in linguistics only: Most of us lack the extensive language skills necessary for an actually intercultural comparative view on multiple languages: Even those who have acquired three, four, even five or six different languages still only perceive a small part of all languages to be compared, and an evaluation regarding a comparison of form and meaning (of the lexical and semantic structure) without productive and receptive competence remains restricted – even if an individual speaker can hardly achieve more than that. Even when multilingualism occurs, we lack the knowledge of connotations and differentiated conditions of use, which we can master in one or two first languages. This problem is more important for phraseology as an object of scientific work than for the scientific work itself.

Nevertheless, phraseological research could become a prototype of intercultural academic work and Europhras as a whole will certainly have to work more intensive in that directive because of the gain of theoretical profundity, the theoretical underpinnings of phraseology which deserve more attention and a development of phraseology as a general, broad, extensive global theory of language.

Many very diverse regional and philologically specific traditions of interests, methods and analyses have developed, the further development of which would be or is already being stimulated beyond the commonplaces of the various philological approaches by the perspective of and contribution from a foreign phraseologist school. Each phraseologist school has its own focus and therein its differentiated, historically and theoretically well founded questions, concepts and analytic methods, its specialities. In particular the philology of a language, which is based in a language area to which "its" object language represents a second or third language, – for instance German Studies in France or English Studies in Switzerland – is interested in second language learning processes of phraseological units, in proverbs and idiom minima, in collocation acquisition and – often from a translation-orientated point of view – in terminology. Terminology is also of further interest from a perspective on Europe and on other larger economic, cultural and specialist regions, which are dependent on analogous structures of terminological vocabulary. It is desirable that more translations are presented, of the kind strongly promoted by Galician phraseology, and that, on the occasion of symposia where such translations are not possible, specific translation and discussion workshops be set up.

When analysing publications from the "phraseology and paremiology series" (as of 1999), and from the anterior "studies in phraseology and paremiology" (1994–1998), as well as the older anthologies to this respect, it becomes clear very quickly that it is the editors of a series who – implicitly and not so much because of explicit regulations – coin the preferred and most frequent choice of language of the articles, provided that the individual authors' linguistic competence and linguo-political intention do not disagree, in which case a different choice may be taken consciously or by necessity. In this perspective, a certain dominance of the German language as a phraseologist scientific language accounts for the intensity of congress meetings and of publication activity in the German-speaking area, as well as for the widespread German specialists, particularly in Eastern Europe and Russia, who form the basis of the reception of German articles.

2 Promising areas of application for the concept of interculturality in phraseology

Four examples should demonstrate the scope and merits of a stronger emphasis on an intercultural working method. An explicitly intercultural perspective as regards concretisations and explanations of similarities and differences can be of valuable service in the field of terminology (classification against the background of various scientific interests), when using corpora (method), when elaborating a syntagmatic approach (theory) and when comparing phraseological analyses in different speaking areas (scientific history and interference with layperson's understanding).

An intercultural perspective is not concerned with rejecting other positions, but with understanding their backgrounds, with integrating the interests connected to these backgrounds, and explicitly with deducing its own chosen position against the background of a distinction from a valorised – not devaluated – other position. This involves a lot of work and effort, which is not a side effect, but which is appreciated, and which we need to strive towards. I cannot see any way around this, if we want to avoid a hotchpotch of positions, scientific schools and single language studies running parallel without any essential touching points, the inevitable encounters between which would only cause irritation and incomprehension and would confirm the notion that – although we are united in one large international society – we will make more scientific progress in small familiar groups, which, incidentally, better ought not have too much to do with one another. That is not a sufficient explication for a wonderful growing society like Europhras.

In his text, FÖLDES demands that "the philosophy" of an intercultural linguistics must consist in an enhanced reflection on the "cultural determination" of linguistic activity, and in investigating the cultural phenomenon of language from an intra- and extra-cultural perspective with respect to system, use and function (2003: 36). What could this mean with respect to terminology?

2.1 Terminology

It stands to reason that "in an intercultural research field such as this, both the conceptual and the terminological lexicon [are] multilayered and complex" (FÖLDES 2003: 36). In scholarly discussion, this situation is often met with sighs and complaints, with irritation and spite.

If we – like HANSEN – conceive of culture as a mass of "standardisations" which are obtained "in collectives" (HANSEN 2003: 39), then few of us will actually perceive the sum of these standardisations. Next to our members who can read in several languages, it is the editors of the HSK compendium on Phraseology – BURGER, DOBROVOL'SKIJ, KÜHN and NORRICK – in their article on "Phraseology: subject matter, terminology and areas of research" (2007), who have the best prerequisites for this. Instead of trying to unify the terminology in all languages and clarify the correct translations – this theoretically speaking may be a reasonable intention and we would all be grateful – if we were allowed or legitimated to further use our own terminology – they write: "The following contribution is meant to demonstrate, amongst other things, the reasons due to which it is ultimately not sensible to insist on unification. At the same time we intend to show how intra-professional communication can be achieved despite terminological differences. This contribution is also meant to serve as an incitement to abandon terminological idiosyncrasies in the future provided this can be done in a linguistically and factually responsible manner." To discuss how intra-professional communication can be achieved despite terminological differences is based upon virtual intercultural work.

2.2 Understanding and handling corpora

From a methodological perspective – this is the starting point for the two volumes Phraseology in Motion 1 and 2, the Basel lectures of 2004 – phraseology more and more turns towards working on data and often on corpus data: However, the term corpus is used in multiple ways. Mainly in Eastern Europe and in the French-speaking area, corpus is understood to be a collection of phenomena of interest. By implication, it forms a comparatively large and systematic collection, the elements of which make up a more than coincidental compilation of phenomena, and have more than a mere exemplary significance, but which are geared towards a qualitatively determined, broad spectrum up to a quantitatively complete collection. A collection of tokens from an object of interest, that usually permits the arbitrary inclusion or non-inclusion of an exemplar, a token. The events are subject to retrieval procedures and retrieval decisions, wherefore they are controllable.

A lot of English and German corpus projects are more concerned with text corpora, in which the phenomena of interest first need to be identified and found. In this second notion of corpus, the linguistic phenomena remain in their context and thus in their "habitat" and can be analysed accordingly. Today, this usually implies large quantities of text which cannot be searched by a perceiving consciousness, but for the analysis of which other methods must be found. A large quantity of material which must be rendered searchable. In such a search, the object to be found is partially known; the particularly interesting findings, however, are not the objects, which we already know, but those which are not known yet, variants of what we know. This is a tremendously difficult task though. DURČO who uses both notions of corpus shows in his article in "Phraseology in Motion I" (2006), how to get much variation out of a Corpus – the famous Mannheimer Corpus – by looking for models and abstract structures than one could think. Some more of our members have specialised in corpus work like ČERMÁK (2003), COLSON (2003), FELLBAUM (2000) and her group and have found different methods for successful searching. Considering for instance the controversial minima of phraseological units and proverbs which individual researchers filter out of phraseological collections, a large corpus can well prove of good service for determining the conditions of use especially as regards phraseological units and proverbs. If a corpus is big enough, if it is proportional, diversified and stratified it offers a most reliable and valid basis for culture based and culture specific analyses – the latter of course only in comparison to another corpus the one is compared to.

3   Collocations, set phrases, formulae and their evaluation

The continuous work with corpora – corpora in the second meaning above – is leading us to a syntagmatic approach: linearity, syntagmas turn out to be important. The change of evaluation has cultural and intercultural roots: it is the interest in everyday language, in a broad range of different languages uses, in second language learning that has led to a change of evaluation which is the base for scientific attention. Large corpora have encouraged an interest in syntagmatic structures – partly instead of paradigmatic ones. The syntagmatic approach is interested in the use of language in respect to its bits and pieces and the possibilities of alluding to pieces only and evoke the whole set phrase but in a syntagmatic linearity combine pieces with other lexical elements and therefore evoke two or more strings of meaning and combine them – without having to combine two syntagmas.

Phraseology originated from an interest in idioms and started off semantically and theoretically. Since the early 80's, German studies have been propagating an expansion of the concept. In Slavic contexts there has always been a strong interest in proverbs. In an English speaking context collocations have to be integrated. There are specific cultural reasons for each one of these interests and decisions to include a certain group of phenomena, a certain subclass.

The price to be paid for an extended conception of phraseology was the loss of a concise combination of characteristics with an equally concise hierarchy of characteristics. Not all phraseological units carried an idiomatic meaning; some were merely fixed, formulaic and were of interest not so much because of their constitution of meaning than because of their textual and cognitive functions. Set phrases for instance are interesting, because they have cognitive functions of economizing and – as a prefabricated piece of language – can be used as creative as one wishes as an element of a text. While a prefabricated house wall is integrated in a single house and in no bigger or more complex structure, a prefabricated phrase can be part of much more complex structures. The prefabrication of a phrase is not at all different from the prefabrication of a word, which is lexicalised, conventional etc.

The aspect of frozenness became increasingly of interest – not only in linguistics but also in psycholinguistics. Of interest with the so called frozenness is not so much the productive or non-productive side; that would be the old notion of a general reproduction of phraseological units, of which one can only repeatedly say that it is generalising and inaccurate (HÄCKI BUHOFER 2007). Instead of this productive process, which is usually handled in an all but a trivialising manner – in the sense of all phraseological units are reproductive –, what acquired increasing interest was the possibility of generalisation in statements concerning all phraseological units, as well as the significance of these fixed ('frozen') word combinations for the modelling and appearance of a competent speaker, which is mostly of importance as regards young first-language speakers and second-language learners. This focus is encouraged by a change of the base of interests: Someone interested in L2 will rather consider pedagogical and practical perspectives, cf. LUBENSKY/MCSHANE in their article on "Bilingual phraseological dictionaries":

> We will call phraseological units 'phrasemes' in order to circumvent the more semantically restricted label of 'idiom'. [...] The rationale for discussing phrasemes instead of idioms per se is that pedagogical and practical (e.g. in natural language processing) experience has shown that knowledge of a broad range of (semi-)fixed entities is advantageous. (LUBENSKY/MCSHANE 2007).

Against this background, it seems interesting to ask for coined and stereotyped language in its historical, discourse related and individual development: Coined and stereotyped language, the use of language patterns, has a sociocultural dimension, patterns have a cultural basis. If this is the case, these cultural patterns should emerge in the linguistic change of different sorts of texts, genres and discourses. Coined and stereotyped language was not highly esteemed; patterns and formula are despised by linguistics that focuses mainly on principles of creativity. The currently evolving syntagmatic approach wants to point out the efficiency, change, characteristics and development of stereotyped language: parts of this efficiency are the particularities of each historical period and its discourses. Therefore, intercultural perspectives are most adequate.

4   Scientific history

Russian and German phraseology are considered to have been well researched as regards content and method and are regarded as independent branches of language studies in German-and Slavic-speaking countries. If one analyses the situation in Italy – as S. MARX does - and examines to what extent phraseology in Italian-speaking areas can only develop slowly it turns out to be due to the culture-and language-specific terminological problems not so much in the scientific community as in the whole society. We know that fixed word combinations and their combinatory conventions can be perceived as hackneyed phrases, as "recycling speech" and are thus read in opposition to dynamic, individual and creative expressions. According to S. MARX (2006), German is on the one hand highly regarded in Italy as a cultural and cultivated language and is accepted in its peculiarity. A particular peculiarity is its idiomatics. The older use of the term thus leads to a newer use: through its idiomatics, the idiom becomes tangible in its idiomaticity and is connoted positively. In Italy it is the contact with another language and culture – German language and culture – that helps to overcome the old and negatively connoted notion of preformed language.

It must be the connection to everyday evaluation and layperson's opinion and the meanings in everyday language that can have an impact even on scientific work as for instance the negative connotation of "fraseologia" in Italy which can be brought forward in contact with an other language – German – in which "phraseology" is nothing more nor less than a scientific term without negative connotation.

Terminological systems are related to the culture of a language area, to the culture of science, but also to the general social language use and its cultural based everyday judgements. In French "phraséologie" can have a negative connotation outside of the linguistic discipline too. That is why MEJRI (2006) focuses on the term "frozenness" (equivalent of the French expression "figement") as a principal trait of phraseological phenomena, but without denominating the area consistently.

5 Conclusion

For an intercultural phraseology, translating our academic work – in parts, in summaries etc. – is important, which has been conducted in an exemplary fashion by our Spanish colleagues. In Switzerland, we made an analogous effort to translate Russian literature twenty years ago (JAKSCHE/ SIALM/BURGER 1981).

We know that translating is a process of comprehension and interpretation; with scientific texts it is a process of scientific comprehension and interpretation. BRENNER (2003) dedicates two chapters of his introduction to the basic principles of intercultural understanding, which he terms "Cultural Hermeneutics", and under the heading "Intercultural Hermeneutics" he broaches the issue of the various problems deriving from a theory of understanding "the cultural other".

It is particularly our multilingual members and colleagues which are addressed here. Personally, being a specialist in German studies in a German speaking part of my country, I am unfortunately professionally monolingual and only – or still – functionally multilingual. And of course, we all find reception easier than production.

Phraseology is predestined to cultivate intercultural work and to profit in terms of theoretical profundity. Cultural coinage has to be analysed in everyday languages too; therefore corpora are needed. The modern corpus work requires a syntagmatic approach. A syntagmatic approach to qualitative or quantitative data may overcome the inhibition of negative connotations of many of the less spectacular types of set phrases and collocations. To understand some of our scientific evaluations as culture based bias leads to possibilities of a modern theoretical underpinning of phraseological structures and functions which allow progressive intercultural analyses on the basis of broader knowledge of the differences and similarities of our research. Phraseology would also be predestined to cultivate intercultural work beyond the borders of linguistics. This should be our long-term objective even when not likely a first step.

References

BRENNER, Peter (2003): Kultur als Wissenschaft. Aufsätze zur Theorie der modernen Geisteswissenschaft. Münster.

BURGER, Harald/DOBROVOL'SKIJ, Dmitrij/KÜHN, Peter/NORRICK, Neal R. (eds.) (2007): Phraseology I. An International Handbook of Contemporary Research. Handbooks of Linguistics and Communication Science/[HSK] 28/1–2. Berlin/New York.

BURGER, Harald/DOBROVOL'SKIJ, Dmitrij/KÜHN, Peter/NORRICK, Neal R.: Phraseology: subject matter, terminology and areas of research. In: BURGER, Harald/DOBROVOL'SKIJ, Dmitrij/KÜHN, Peter/NORRICK, Neal R. (eds.) (2007): Phraseology I. An International Handbook of Contemporary Research. Handbooks of Linguistics and Communication Science/[HSK] 28/1. Berlin/New York. S. 1–19.

ČERMÁK, František (2003): Paremiological Minimum of Czech: The Corpus Evidence. In: BURGER, Harald/HÄCKI BUHOFER, Annelies/GRÉCIANO, Gertrud (Hrsg.): Flut von Texten - Vielfalt der Kulturen. Ascona 2001 zur Methodologie und Kulturspezifik der Phraseologie. Hohengehren.

COLSON, Jean Pierre (2003): Corpus Linguistics and Phraseological Statistics: a few Hypotheses and Examples. In: BURGER, Harald/HÄCKI BUHOFER, Annelies/GRECIANO, Gertrud (Hrsg.): Flut von Texten – Vielfalt der Kulturen. Ascona 2001 zur Methodologie und Kulturspezifik der Phraseologie. Hohengehren.

DOBROVOL'SKIJ, Dmitrij/PIIRAINEN, Elisabeth (2005): Figurative language: cross-cultural and cross-linguistic perspectives. Amsterdam.

DURČO, Peter (2006): Methoden der Sprichwortanalysen oder Auf dem Weg zum Sprichwörter-Optimum. In: HÄCKI BUHOFER, Annelies/BURGER, Harald (Hrsg.): Phraseology in Motion I: Methoden und Kritik: Akten der Internationalen Tagung zur Phraseologie, Basel, 2004. Hohengehren.

FELLBAUM, Christiane (eds.) (2000): WordNet: an electronic lexical database. Cambridge.

FÖLDES, Csaba (1996): Mehrsprachigkeit, Sprachenkontakt und Sprachenmischung. Flensburg (Flensburger Papiere zur Mehrsprachigkeit und Kulturenvielfalt im Unterricht; 14/15).

FÖLDES, Csaba (2003): Interkulturelle Linguistik. Vorüberlegungen zu Konzepten, Problemen und Desiderata. Wien.

FÖLDES, Csaba et al. (Hrsg.) (2004): Phraseologismen als Gegenstand sprach- und kulturwissenschaftlicher Forschung: Akten der Europäischen Gesellschaft für Phraseologie (EUROPHRAS) und des Westfälischen Arbeitskreises "Phraseologie/Parömiologie". Hohengehren. (Loccum 2002).

GARDT, Andreas et al. (Hrsg.) (1999): Sprachgeschichte als Kulturgeschichte. Berlin.

GRANGER, Sylviane/PAQUOT, Magali/RAYSON, Paul (2006): Extraction of multiword units from EFL and native English corpora: The phraseology of the word "make". In: HÄCKI BUHOFER, Annelies/BURGER, Harald (Hrsg.): Phraseology in Motion I: Methoden und Kritik: Akten der Internationalen Tagung zur Phraseologie, Basel, 2004. Hohengehren. p. 57–68.

HÄCKI BUHOFER, Annelies/BURGER, Harald (Hrsg.) (2006): Phraseology in Motion I: Methoden und Kritik: Akten der Internationalen Tagung zur Phraseologie, Basel, 2004. Hohengehren.

HÄCKI BUHOFER, Annelies: Psycholinguistic aspects of phraseology: European Tradition. In: BURGER, Harald/DOBROVOL'SKIJ, Dmitrij/KÜHN, Peter/NORRICK, Neal R. (eds.) (2007): Phraseology I. An International Handbook of Contemporary Research. Handbooks of Linguistics and Communication Science/[HSK] 28/2. Berlin/New York, Art. 70. p. 836–853.

HANSEN, Klaus P. (2000): Kultur und Kulturwissenschaft: eine Einführung. 2. Auflage. Tübingen.

HANSEN, Klaus P. (2003): Kultur und Kulturwissenschaft: eine Einführung. 3. Auflage. Tübingen.

HASS-ZUMKEHR, Ulrike (2001): Deutsche Wörterbücher – Brennpunkt von Sprach- und Kulturgeschichte. Berlin.

HERMANNS, Fritz (1996): Sektionsbericht [Interkulturelle Linguistik]. In: WIERLACHER, Alois/STÖTZEL, Georg (Hrsg.): Blickwinkel. Kulturelle Optik und interkulturelle Gegenstandskonstitution. Akten des III. Internationalen Kongresses der Gesellschaft für Interkulturelle Germanistik. Düsseldorf 1994. p. 339–342.

HORNSCHEIDT, Antje (2003): Sprach(wissenschaft)liche Kulturen. Plädoyer für eine linguistische Partizipation an einem konstruktivistisch begründeten kulturwissenschaftlichen Projekt transdiszplinärer Forschung am Beispiel der Interkulturellen Kommunikation. In: Linguistik Online 14/2.

JAKSCHE, Harald/SIALM, Ambros/BURGER, Harald (eds.) (1981): Reader zur sowjetischen Phraseologie. Berlin/New York.

KNIFFKA, Hannes (1995): Elements of Culture-Contrastive Linguistics. Elemente einer kulturkontrastiven Linguistik. Frankfurt am Main.

LINKE, Angelika (1996): Sprachkultur und Bürgertum. Zur Mentalitätsgeschichte des 19. Jahrhunderts. Stuttgart/Weimar.

LINKE, Angelika (2005): Kulturwissenschaft und Linguistik. In: STIERSTORFER, Klaus (et al.) (Hrsg.): Kulturwissenschaft interdisziplinär. Tübingen.

LUBENSKY, Sophia/MCSHANE, Marjorie: Bilingual phraseological dictionaries. In: BURGER, Harald/DOBROVOL'SKIJ, Dmitrij/KÜHN, Peter/NORRICK, Neal R. (eds.) (2007): Phraseology I. An International Handbook of Contemporary Research. Handbooks of Linguistics and Communication Science/[HSK] 28/2. Berlin/New York, Art. 76.

MARX, Sonia (2006): Phraseologie in Sprachkunde und Sprachlehre: eine italienisch-deutsche Fallstudie. In: HÄCKI BUHOFER, Annelies/BURGER, Harald (Hrsg.): Phraseology in Motion I: Methoden und Kritik: Akten der Internationalen Tagung zur Phraseologie, Basel, 2004. Baltmannsweiler. (Reihe Phraseologie und Parömiologie; 19). p. 425–437.

MEJRI, Salah (2006): Structure inférentielle des proverbes. In: HÄCKI BUHOFER, Annelies/BURGER, Harald (Hrsg.): Phraseology in Motion I: Methoden und Kritik: Akten der Internationalen Tagung zur Phraseologie, Basel, 2004. Baltmannsweiler. (Reihe Phraseologie und Parömiologie; 19). p. 174–187.

NÜNNING, Ansgar et al. (2003): Konzepte der Kulturwissenschaften: theoretische Grundlagen, Ansätze, Perspektiven. Stuttgart.
OKSAAR, Els (1988): Kulturemtheorie. Ein Beitrag zur Sprachverwendungsforschung. Göttingen. (Berichte aus den Sitzungen der Joachim-Jungius-Gesellschaft der Wissenschaften e.V. Hamburg; 6,3).
RASTER, Peter (2002): Perspektiven einer interkulturellen Linguistik: von der Verschiedenheit der Sprachen zur Verschiedenheit der Sprachwissenschaften. Frankfurt a. M./Berlin/Bern/Bruxelles/New York/Oxford/Wien.
STIERSTORFER, Klaus et al. (Hrsg.) (2005): Kulturwissenschaft interdisziplinär. Tübingen.

Wolfgang Mieder (Burlington)

"Don't Swap Horses in the Middle of the Stream".
An Intercultural and Interdisciplinary Study
of an International Proverb

The detailed study of the origin, history, dissemination, use, function, and meaning of a single proverb must by necessity be based on intercultural and interdisciplinary research methods. Such investigations can quickly become involved case studies that result in extensive monographs, drawing on such scholarly disciplines as anthropology, folklore, history, linguistics, literature, philology, philosophy, political science, psychology, religion, sociology, etc. (see MIEDER 2004a: 117–159). Special attention must also be paid to the appearance of the particular proverb in the mass media and oral discourse, always citing references in context in order to interpret the polysituativity, polyfunctionality, and polysemanticity of the piece of folk wisdom. In the case of an internationally disseminated proverb, the fascinating aspects of loan processes enter into this complex picture, and all of this has great significance for the inclusion of the text in various types of dictionaries.

While there exists a fair number of investigations of individual proverbs (see MIEDER 1977 and 1982–2001), most scholars have shied away from such comprehensive studies. And yet, they prove to be utterly fascinating for the paremiological sleuth, and an argument can be made that every serious student/scholar of paremiology or phraseology ought to undertake this type of involved research from time to time, thus adding to a better understanding of how proverbs originate and evolve into rather ambiguous metaphors expressing general truths that are not necessarily universally true. The relatively "new" proverb "Don't swap horses in the middle of the stream" and its variants with their international dissemination may well serve as an example to illustrate the complexity of paremiological scholarship once the questions regarding origin, history, and meaning of but one proverb are raised.

1 The role of Abraham Lincoln

There is no doubt that the "swapping horses"-proverb is connected to Abraham Lincoln not only in the consciousness of American citizens but quite often also in the minds of those speakers who employ the proverb in English in other countries or in various loan translations throughout the world. And yet, already in 1931 A. TAYLOR, the doyen of proverb studies in the twentieth century, expressed the following caveat without being able to offer any proof for his conjecture at that time: "Lincoln said, *Don't swap horses in the middle of a stream.* It is generally believed that he was inventing the proverb, although it is possible that he was merely using one that was already current" (TAYLOR 1931: 37). TAYLOR knew, of course, that proverbs have repeatedly become attached to historical persons without any proof that they ever uttered them.

Lincoln's association with the proverb started on June 9, 1864, when he responded orally to his nomination for a second term as president. With typical humility Lincoln uttered the following words at the political convention in Baltimore:

> I can only say, in response [...] that I am not entirely unworthy to be intrusted with the place I have occupied for the last three years. I have not permitted myself, gentlemen, to conclude that I am the best man in the country; but I am reminded, in this connection, of a story of an old Dutch farmer, who remarked to a companion once that "it was not best to swap horses when crossing streams." (BASLER 1953, vol. 7: 383–384)

This is the way Lincoln's statement was reported on June 10, 1864, in various newspapers, notably also the New York *Tribune*, whose story was picked up by other papers throughout the country (*Tribune*, June 10, 1864: 5). How quickly such a journalistic account can change, however, can be seen from the following newspaper report concerning Lincoln's remarks from that time:

> I can only say in response [...] that I am not entirely unworthy to be intrusted with the place which I have occupied for the last three years. But I do not allow myself to suppose that [...] I am either the greatest or best man in America, but rather [...] it is not best to swap horses while crossing the river, and [...] that I am not so poor a horse that they might not make a botch of it in trying to swap. (LINCOLN 1894, vol. 2: 531–532)

This account is indeed folklore in the making with the embellishments intended to show Lincoln as a folksy raconteur of stories and tall tales (see FEHRENBACHER 1996). This reported version of Lincoln's remarks does not include the reference by Lincoln to the story by the "old Dutch farmer," leading lexicographers who cite only this text to believe that Lincoln might be the originator of the proverb. In any case, both variants are not especially "catchy," and it is thus not surprising that many variants exist in American parlance, as the folk has tried to find the special proverbial ring for this obvious piece of folk wisdom: "Don't change horses in the middle of the stream," "Don't change horses crossing a stream," "Don't swap horses crossing a stream," "Don't swap horses in the middle of the road," "Don't swap horses in the middle of the stream," and "It's no time to swap horses when you are in the middle of the stream," etc. (MIEDER/KINGSBURY/HARDER 1992: 311; MIEDER 2000: 34–35). As is true for folklore in general, proverbs also exist in variants with a dominant text becoming the standard form over time.

2   Pre- and post-Lincoln references of the proverb

Biographers of Lincoln, compilers of quotation dictionaries, cultural historians, linguists, and phraseologists or paremiologists have held on to the erroneous claim that Lincoln originated the proverb far too long. It is high time to abandon unsubstantiated and lingering claims like this statement from 1934:

> On June 9, 1864, Abraham Lincoln said in part, "I have not permitted myself, gentlemen, to conclude that I am the best man in the country; but I am reminded in this connection of the story of an old Dutch farmer, who remarked to a companion that it was not best to swap horses when crossing a stream." Here originated the proverb now so common and generally heard as, *don't swap horses in the middle of a stream*. (ANONYMOUS 1934: 43)

It is of interest to point out that the British journal *Notes and Queries* printed a number of short notes in 1911 that attempted to find the origin of the proverb "Never swap horses when crossing the stream." They cite both versions of Lincoln's remarks cited above, with MATTHEWS of Boston very acutely making this final comment: "But while this proves that Lincoln used the expression in 1864, it does not follow that he was the first to use it; and my impression, though I am unable to support it with proof, is that I have met with it earlier" (MATTHEWS 1911: 433–434; see also p. 269 and p. 358).

If lexicographers were in fact checking the scholarship by cultural historians, phraseologists, and paremiologists instead of simply copying from each other for the most part, then quotation dictionaries that appeared after 1962 could long have corrected such misconceptions. It was at this time that the two German-American philologists H. SPERBER and TRITTSCHUH published their invaluable volume of *American Political Terms: An Historical Dictionary* that features two columns on "swap horses," including a reference from the American newspaper *Hamilton Intelligencer* from September 10, 1846, that shows once and for all that Lincoln did not originate the phrase:

> 1846: No Time to Swap Horses. There is a story of an Irishman who was crossing a stream with mare and colt when finding it deeper than expected, and falling off the old mare, he seized the colt's tail to aid him in reaching the shore. Some persons on the bank called to him, advising him to take hold of the mare's tail, as she was ablest to bring him out. His reply was that it was a

very unseasonable time for swapping horses. (SPERBER/TRITTSCHUH 1962: 446–447; SAFIRE 1978: 181)

SPERBER and TRITTSCHUH located this fantastic reference long before the appearance of the internet and various electronic databases. Today, with the possibility to "google" almost everything and with ever more resources being added to websites, additional references of the proverb predating Lincoln might come to light. My friend Fred Shapiro from Yale University provided me with the following reference that appeared in the *American Register* on April 4, 1840:

> 1840: An Irishman in crossing a river in a boat, with his mare and colt, was thrown into the river, and clung to the colt's tail. The colt showed signs of exhaustion, and a man on the shore told him to leave the colt and cling to the mare's tail. "Och! faith, honey! this is no time to swap horses." (*American Masonic Register and Literary Companion*, April 4, 1840: 245)

This text is obviously related to the previous one from 1846, with Lincoln picking it up by changing the Irishman of the story or anecdote to the Dutch farmer. Variations like this belong to the tradition of folk narratives, and present no particular problem in the development and dissemination of the proverb. It is, however, a disappointment that I have not been able to find any reference to this somewhat humorous folktale (perhaps a tall tale) in any of the standard tale indices. My friend H.-J. UTHER from the University of Göttingen, one of the world's specialists in tale type indices, was also unable to find it in his many catalogues (see UTHER 2004).

Certainly, however, Lincoln's use of the proverb in his short speech on June 9, 1864, caught on quickly, as can be seen from dozens of contextualized examples from 1864 on to the present day. The use of the proverb during Lincoln's reelection campaign must have disseminated it so widely that by the late 1860's the "swapping horses"-proverb and its variants had gained general currency among Americans, and often without reference to Lincoln:

> 1868: We [Repulicans] said, in 1864, that it was not good to swap horses in the middle of a stream; yet we did swap one horse of the team which had carried us to victory [the exchange of Vice President Hannibal Hamlin by Andrew Johnson]. (ANONYMOUS 1868: 116)

There are numerous other citations from literary works from the late nineteenth century that show that the proverb can be employed in a multitude of contexts without necessarily referring to presidential elections, with the proverb often merely being used as a truncated allusion.

3   Literary references from the twentieth century

While the dominant use of the proverb for political purposes remains in tact, it is also employed as a ready-made piece of folk wisdom to argue against various other types of change. Authors often do not cite the entire text, knowing very well that their readers will understand its authoritative if not manipulative message. It was President Lincoln who in 1864 lifted the proverb from its rather limited currency into the limelight of the political stage, but with time passing, the proverb that became solidly attached to him is falling back into the realm of anonymity that is, after all, part of the definition of a true folk proverb:

> 1900: The Argument Against "Swapping Horses."
>
> There are thousands [...] who believe that it would be prudent and wise to grant President McKinley a lease of four years more in which to complete many matters that are not now in a condition to be turned over to a new set of men. (ANONYMOUS 1900: 270–271)

By 1929 it is clear that the proverb is well established in Great Britain, as can be seen from this dialogue in G. B. SHAW's play *The Apple Cart*, where it is once again cited in a political context with plenty of ironic wordplay:

> 1929: Proteus: [...] I have lost my health, and almost lost my reason, trying to keep this Cabinet together [...]. I have had enough of it. I resign.
>
> Crassus: But not at such a moment as this. Don't let us swap horses when crossing a stream.
>
> Nicobar: Why not, if the horse you have got is subject to hysterics?
>
> Boanerges: Not to mention that you may have more than one horse at your disposal. (SHAW 1937: 1017; see also BRYAN/MIEDER 1994: 150)

In the same year, the British author R. GRAVES went so far as to claim the proverb for his native England in his autobiography *Good-bye to All That*, paying no heed to its association with Lincoln and the United States. All of this proves that the proverb had long made the jump across the Atlantic and that it had established itself solidly as a folk proverb:

> 1929: 'But if ours [Catholicism] is the true religion, why do you not turn Catholic?'
>
> Having to put him off somehow, I said: 'Reverend Father, we have a proverb in England, never to swap horses while crossing a stream.' (GRAVES 1980: 252)

Many additional contextualized excerpts from various works by lesser known authors could be cited, including the book title *Horses in Midstream* (1999) with the explanatory subtitle *U.S. Midterm Elections and Their Consequences*,

1894–1998 (BUSCH 1999). Readers will understand the truncated proverb without any particular difficulty. The fact that the proverb appears in numerous variants and as mere allusions is a clear indication that it is not as fixed as one would expect from a standard proverb. Certainly the proverb is very much alive in various types of books, where it adds much metaphorical color with but very few references to Abraham Lincoln.

4 Proverbial chaos in the mass media

The frequent appearance of the proverb in the mass media likewise shows that English speakers have not yet zeroed in on *the* standard form. It should be noted, of course, that I could never have located these materials without the help of the internet and various textual databases. My rich materials, which I gathered with the help of my work-study student Erin Regan, can be divided according to five major variants for which I can cite but one example each:

> 1981: In Virginia, there is an old saying. "We don't change horses in midstream." We are not going to change now. (*The New York Times*, October 14, 1981: A26)

> 2002: Maybe [George W.] Bush wants to show up his father, who missed the opportunity years ago to capture Saddam Hussein. Or maybe he's thinking, as usual, of the next election. There's an old saying, "Don't change horses in the middle of the stream." Maybe he'd like to get the popular vote next time. (*Milwaukee Journal Sentinel*, August 11, 2002: 5J)

> 1967: President Lyndon Johnson intends to run again by appealing to patriotism and national unity in a time of war and crisis. This approach has numerous precedents, including Lincoln's "don't swap horses in the middle of the stream" in 1864 and Franklin Roosevelt's 1940 and 1944 campaigns. (*The New York Times*, July 2, 1967: 96)

> 1908: Never Swap Horses While Crossing A Stream. [a cartoon with a man sitting on a "G.O.P." elephant looking down on a small "DEMOCRACY" donkey crossing a stream. (*Cleveland Journal*, October 17, 1908: 1)

> 1984: I [novelist Mark Helprin] will not speak about politics – unless they ask me a political question. I think it's an abuse to switch horses in midstream like that without invitation. I would never do that. (*The New York Times*, March 25, 1984: BR16)

It is fair to say that the variants "Don't change horses in midstream (in the middle of the stream)" and "Don't swap horses in the middle of the stream" are the most popular in more recent decades. Certainly a strong argument can be made to include at least these two alternate formulations in various types of dictionaries. They are somewhat removed from Lincoln's wording who spoke of crossing a stream or river and who does not speak of this happening in the middle of the waterways.

5 Franklin D. Roosevelt and "swapping horses" as political slogan

The proverb as campaign slogan gained considerable popularity during Lincoln's attempt to gain a second term in the White House, and it was also used in 1916 when Woodrow Wilson was seeking a second term (SHANKLE 1941: 41). This went so far that H. A. ROBE wrote a poem during that year entitled "Never Stop Horses When You're Crossing a Stream" that was put to music by J. WINTER. The song certainly played its role in the campaign and helped to keep Woodrow Wilson as president in the middle of World War I:

> Never swap horses, when you're crossin' a stream.
> And let well enough alone;
> Plant all your confidence in that good team,
> That's haulin' you straight to your home.
> Don't overlook facts for the promise that's new
> Let Wilson and Marshall keep haulin' you through,
> Just stick to their backs, that's the sensible scheme,
> And never swap horses, when you're crossin' a stream.
> (ROBE 1916; see also SOBIESKI/MIEDER 2005: 190–191)

Many Americans will have thought of Abraham Lincoln who had elevated the proverb into a campaign slogan. The Lincoln association added considerable support to Wilson's reelection effort together with his Vice President Thomas R. Marshall.

But the proverb gained even more political clout during the four presidential campaigns of Franklin Delano Roosevelt. When he ran for president the first time in 1932, the Democrats used a parody of the proverb to embarrass President Herbert Hoover and his failing economic policies. The Hoover camp had actually chosen the modified proverb "Don't swap horses – stand by Hoover" as its campaign slogan (URDANG/ROBBINS 1984: 276), but with considerable irony the Democrats claimed that the Republican motto should be "Don't swap barrels while going over Niagara" (MENCKEN 1942: 1168; REES 1995: 340; RAWSON/MINER 2006: 104 and 516). In other words, the Republicans are selling the country down the river. This satirical slogan based on a well-known proverb played a significant role in ridiculing Hoover and in turn getting Roosevelt elected, whose supporters used the slogan "Swap horses or drown" (SAFIRE 1978: 181).

Actually, though, then Governor Roosevelt had already had some fun with the "swapping horses"-proverb during a speech on April 18, 1932, as he began to attack President Hoover:

> There will be many in this nation during the coming months who will implore you not to swap horses crossing a stream: there will be others who will laughingly tell you that the appeal should have been worded – "do not swap toboggans while you are sliding downhill." (*The New York Time*, April 19, 1932: 16)

This is a revealing paragraph showing not only Roosevelt's wit but also his obvious understanding and appreciation of the power of proverbial language as a communicative strategy (MIEDER 2005b: 187–209).

6 "Swapping horses" parodies and anti-proverbs

But here are a few more intentionally changed or parodied references that play off the traditional proverb to add a bit of humor, irony, or satire:

> 1928: Don't swap horses in the middle of the street. (*The New York Times*, October 22, 1978: 6)

> 1949: An election year and don't change horses while you're cleaning house. (EVANS 1949: 172)

> 1968: One of the most important things to remember about infant care is: Never change diapers in midstream. (ESAR 1969: 423)

> 1989: Don't change houses in mid-dream. (FARMAN 1989: no pages)

> 1997: Don't swap horses in the middle of a raging river. (EWING 1997: 28)

> 2001: Changing camels in mid-dune. (*The Economist*, February 2001: 29)

> 2006: Don't change horses ... until they stop running. (A statement by a first grader found on May 6, 2006)

Texts like these, often with appropriate illustrations in the form of cartoons and caricatures, can be understood as proof of the general popularity of the proverb. After all, it is the juxtaposition of the innovative anti-proverb with the traditional proverb that results in meaningful communication (see MIEDER/TÓTHNÉ LITOVKINA 1999: 70–71).

7 The Berkeley Folklore Archives and "swapping horses"

The analysis of the use, function, and meaning of any given proverb ought also to include references from oral comments by informants. While I have done no particular field research of my own for this study, I have been able to once again make use of the rich holdings of the Berkeley Folklore Archives which Alan Dundes together with his hundreds of folklore students established at the University of California at Berkeley. Interestingly, only two student reports mention the association of the proverb with Abraham Lincoln, yet another indication that the proverb is ever more becoming a folk proverb of its own. On the other hand, several informants recalled the use of the proverb as a reelection slogan for President Roosevelt, but even this association has for the most part been lost with the newer generations. Once again, the students also registered the proverb in a number of variants:

> 1995: "Don't change horses in midstream" means that once you start something one way you should finish it. I think this proverb is clearly made in America. The literal image of changing horses in midstream has connotations of a cowboy on a cattle drive. The figurative meaning is also very American, placing much importance on finishing a job that you started.

> 1969: "Don't change horses in the middle of the stream" implies that you shouldn't change leadership during crises because you're taking a chance that the whole structure will collapse. It is taken from covered wagon days when traveling across the country. The animals weren't changed mid-stream or the owner might lose his whole rigging. My informant heard this in use by Pres. Roosevelt in a campaign speech in 1944.

> 1969: The proverb "Don't swap horses in the middle of the stream" is associated with Abraham Lincoln when he was running for reelection. It means that when you are in the midst of doing something difficult, you should not change.

> 1968: "Don't switch horses in midstream" means that once you are about halfway through doing something you should not start doing something else. The informant learned this from her mother who used to say this to her whenever she was about to give up on something and start on something else.

For most informants the proverb – with its two major variants once again being "Don't change horses in midstream (in the middle of the stream' and "Don't swap horses in the middle of the stream" – is very much an anonymous folk proverb without any association with any historical persons. And several informants look at the proverb as an American piece of wisdom that argues against change in the middle of an uncompleted action.

8 The paremiographical treatment of the "swapping horses"-proverb

As other lexicographers, paremiographers also have the unfortunate tendency of copying from each other without paying enough attention, if at all, to proverb variants, archaic proverbs that are no longer in common use, new proverbs that have hitherto not been recorded, detailed studies of individual proverbs, and the necessity of conducting field research in order to record proverbs in oral communication rather than only from books and the print mass media. Paremiographers also need to be working together much more with lexicographers of language dictionaries so that the issue of proverb equivalencies will be handled in a more accurate fashion. Having reviewed thirty-two major proverb collections spanning a time period of one hundred years, it can be said that paremiographers have actually done an impressive job of registering the many variants of the proverb, frequently stating that the proverb probably was coined in the early nineteenth century. They also now and then refer to the two versions that have been recorded of Lincoln's spontaneous remarks, and they show by means of numerous contextualized references that the proverb is well established in the Anglo-American language. Some of these scholarly proverb collections list up to seven variants, showing that this proverb is not at all as fixed as paremiologists might have assumed. Folklore by definition is based on variation, and there is no reason to think that proverbs do not follow this general trend. However, there are also plenty of collections that do not deal with the issue of variants, and future paremiographers should indeed list at least the major variants that can be combined into the inclusive lemma "Don't swap (change) horses in midstream (the middle of the stream)". It might be added here that paremiographers seem to lean towards preferring the more descriptive verb "swap." I do count myself into this camp and know that I use the proverb in that way quite often. It is doubtlessly the older variant that is prevalent from the earliest reference from 1840 via Lincoln and through the nineteenth century. The use of the verb "change" comes in only in the twentieth century, most likely since "swap" is not as common and never was particularly current in Great Britain.

But even though the paremiographical picture is actually quite solid for this particular proverb, it is clear that many of the paremiographers rely primarily on the proverb collections preceding their own. Many include the same contextualized references, without a whole-hearted attempt to locate additional references. Without wanting to diminish the value of two of the major Anglo-American proverb collections and their editors, the following remarks are necessary to illustrate a basic problem in lexicography in general and in paremiography in particular. It simply is not acceptable that major research tools go through a number of editions without making use of new findings or without trying to go beyond the previous edition. For example, W. G. SMITH published the first edition of the invaluable *Oxford Dictionary of English Proverbs* in 1935, the second edition was prepared by P. HARVEY in 1948, and in 1970 F. P. WILSON took care of the third edition, with a fourth and enlarged edition being long overdue. And yet, in thirty-five years nothing whatsoever was changed under the lemma of "Don't swap horses when crossing a stream." The same is true for most other entries, and it must honestly and fairly be stated that this is not impressive for one of the leading academic publishers.

Unfortunately the same is true for the smaller but also very useful *Concise Oxford Dictionary of Proverbs* that my friend J. A. SIMPSON from the Oxford University Press edited for the first time in 1982. Again, the entry under the more modern lemma "Don't change horses in mid-stream" is not bad at all, and it offers considerably more references than the third edition of the much larger *Oxford Dictionary of English Proverbs* in that it cites Lincoln as well as three contextualized references and also refers to another proverb collection. And yet, the second (1992), third (1998) and fourth (2003) editions prepared by J. SIMPSON with the assistance of J. SPEAKE feature the absolutely identical entry. As is well known, J. SIMPSON is the renowned editor of the 2nd edition of the *Oxford English Dictionary*, having proven himself as a word sleuth *par excellence*. But why should editors of scholarly paremiographical publications not with the same eagerness hunt for new proverbs (SIMPSON/SPEAKE have added some new proverbs to their editions) and additional references for older proverbs (see DOYLE 1996; TÓTHNÉ LITOVKINA 1996), especially since the internet and giant data-bases will lead to truly revealing contextualized references that might otherwise never be located (see WINICK 2001, RITTERSBACHER/MÖSCH 2005)? Some of the younger paremiologists and paremiographers are clearly engaged in this modern electronically based research – but for heaven's sake let us not throw out the proverbial baby with the bath water (MIEDER 1993: 193–224) and ignore the older scholarship and the vast printed sources that are not yet digitalized! As we move ahead, it behooves us all to approach our studies and collections from a truly interdisciplinary and intercultural perspective based on diachronic and synchronic research methods.

9 The internationalization of the American proverb

But speaking of intercultural perspectives, let us now consider whether the proverb "Don't swap horses in the middle of the stream" or its variants has been able to conquer the international market, so to speak? The question might also be phrased as whether this American proverb has undergone an internationalization by way of being spread in its original English language or by loan translations into other languages? Much is known about how proverbs from classical antiquity, the Bible, and the Latin of the Middle Ages were translated into most European languages, with Erasmus of Rotterdam's *Ada-*

gia (1500ff.) being one of the vehicles that was of considerable help in this process (see SEILER 1921–1924; TALLGREN-TUULIO 1932; KUUSI 1994: 123–130). The numerous polyglot proverb collections present ample proof of how some of the most common proverbs in many languages have the same root in distant times, with Gyula Paczolay's magisterial collection of *European Proverbs in 55 Languages* (1997) being the *magnum opus* of modern comparative paremiography (PACZOLAY 1997; MIEDER 1999 and 2004b). But we must also take a look at the modern *lingua franca* of English and its role in the dissemination of proverbs during the recent past and, of course, especially today.

As expected, the "swap horses"-proverb has long spread to other English speaking countries of the world. As my Canadian friend Elizabeth Dawes, phraseologist at the University of Winnipeg, informed me in a letter of March 21, 2006, the proverb appears already in 1865 with direct reference to Abraham Lincoln in a speech by Archibald Woodbury McLelan before the Nova Scotia House of Assembly: "The illustration given by the late Abraham Lincoln, that 'it is no time to swap horses when you are crossing a stream,' ought to be sufficient for these gentlemen" (MCLELAN 1865: 3). Already by April 21, 1870, the proverb appears in Canada without reference to Lincoln. In fact, it is even employed with the introductory formula "old saying" to add traditional authority to the proverb: "There had been talk of turning the present government out of office, but the House [of Commons] ought to remember the old saying that it was dangerous to swap horses crossing the stream" (ANONYMOUS 1979: 1130). Dawes also located several French references from between 1993 to 1998 in the newspaper *Le Monde* that show that the proverb is at least somewhat current in France in the loan translation of "On ne change pas les chevaux au milieu du gué" or its variant "On ne change pas de cheval au milieu du gué." French speakers of Canada, especially in the province of Québéc, might well have come across the French version of the proverb in this newspaper, and Dawes did supply me with the French variant "Les gens ne veulent pas changer de cheval au milieu de la course" from the Québéc newspaper *La Presse* (September 26, 1998: B4), thus indicating that the proverb is being used in French-speaking Canada.

I received similarly helpful and revealing responses from a number of other dear colleagues and friends, especially Koenraad Kuiper (New Zealand), H.L. Cox (Holland), Fionnuala Carson Williams (Northern Ireland), Christine Palm Meister (Sweden), Jarmo Korhonen (Finland), Anita Nasiscione (Latvia), Eva Glenk (Brazil), Grzegorz Szpila (Poland), František Čermák (Czech Republic), Peter Ďurčo (Slovakia), and others. While I am not able to review all of the data that I received from them here, I can certainly offer the general statement that the proverb "Don't swap horses in the middle of the stream" has not particularly caught on in the Romance languages, and the same is true for the Scandinavian and Baltic languages. Finnish and Hungarian have also not taken over the proverb, but German and Russian (and other Slavic languages) have definitely adapted the proverb as a loan translation which in turn has become truly proverbial. I will, therefore, concentrate my remaining remarks on the amazing situation in German and Russian, predicting that the proverb will gain more or new currency in other languages as well in due time.

At this point it is best for me to admit that my conjecture in my article from 2005 of the proverb being of possible German origin is most likely not valid (MIEDER 2005a). Based on the fact that I had found the German proverb "Mitten im Strom soll man die Pferde nicht wechseln" (Don't swap horses in the middle of the stream) in the fourth volume of K. F. W. WANDER's *Deutsches Sprichwörter-Lexikon* (1876; WANDER 1863–1880, vol. 4, col. 922, no. 22), I thought that the "Dutch farmer" mentioned by Lincoln might in fact be referring to a "German farmer," quite a common confusion of national identity in the United States. Pursuant to this, I reasoned that German immigrants might have taken the proverb with them to the United States where it was loan translated into English. Of course, with the two references from 1840 and 1846 speaking of an "Irish farmer," I have now become less certain of the German connection. There is also the problem that no other German proverb dictionary registered the proverb, except for H. and A. BEYER's *Sprichwörterlexikon* (1985) which is an unscholarly compilation out of WANDER's lexicon comprised of five massive volumes (BEYER 1984: 567; STRAUSS 1994, vol. 2, p. 722). The BEYERS did, of course, do well to select the "swapping horses"-proverb for their collection since it was gaining currency in Germany at that time. If only WANDER had listed a source for the proverb, but in this case he simply jotted it down from memory of having come across it somewhere.

I now have a new conjecture of how the proverb found its way into WANDER's dictionary: It is my belief that he might have found it in the German press in the summer of 1864 that reported on Abraham Lincoln's short address and his reelection campaign. But, and this is an important point, the German loan translation did not become proverbial at that time! As I have shown by way of numerous contextualized examples, the proverb started to appear in German quotation dictionaries with direct reference to Abraham Lincoln only in the 1970s. My friend Kathrin Steyer, phraseologist at the Institut für deutsche Sprache at Mannheim, helped me in finding many German references in the mass media from 1971 to the present time, showing that the proverb without mentioning Lincoln has indeed taken a hold in the German language during the past three decades. In fact, the proverb with its variants is so current in modern German that it is high time to register it in language dictionaries and proverb collections of that language. But since I was not able to find references before then, I doubt very much that the 1873 entry in Wander had any influence on the dissemination of the proverb. Its modern German history thus begins in the 1960s as a loan translation from the American proverb. Unless, of course, we want to claim polygenesis.

Finally, let me offer what has happened in Russia as an example that the American proverb with its easily understandable metaphor and in its multifaceted applicability will be accepted into ever more linguistic cultures. Just as in Germany, the American proverb has by now gained a strong foothold in Russia, and that despite of the many years of the Iron Curtain! Editors of a series of English-Russian proverb dictionaries published between 1956 and 1987 do not give a Russian equivalent for the American proverb but instead provide only translations and explanations of its meaning (KUNIN 1956: 565; ABASQULIYEV 1981: 54–55, BUKOVSKAIA 1985: 110). But then, starting with a collection of *English Proverbs and Sayings* (1987) with Russian translations or equivalents, the Russian text "Konei na pereprave ne meniaiut" (Don't change horses at the [river] crossing) appears that now has been picked up by other paremiographers as well (KUSKOVSKAYA 1987: 72; DUBROVIN 1993: 81, MARGULIS/KHOLODNAYA 2000: 116). In other words, these paremiographers consider the American proverb "Don't change (swap) horses in midstream (in the middle of the stream)" to have a direct equivalent in the Russian loan translation "Konei na pereprave ne meniaiut." That this is so can be seen clearly from the fact that Harry WALTER and Valerii MOKIENKO included it as a Russian proverb with three anti-proverbs in their collection of *Antiposlovitsy russkogo naroda* (2005), of which one from 2005 is particularly interesting: "Na pereprave meniaiut konei ... ezhegodno" ('Change horses in midstream ... annually') (WALTER/MOKIENKO 2005: 224). The fact that anti-proverbs have been formed on the basis of "Konei na pereprave ne meniaiut" is ample proof that this text is current as a proverb loan translation in Russia. It is, however, somewhat surprising that MOKIENKO did not yet include it two years earlier in his collection *Novaia russkaia frazeologiia* (2003) that registers new phraseologisms (MOKIENKO 2003).

What all of this shows is that paremiography is an evolving science and that it takes time until paremiographers do in fact register the truly new proverbs. In any case, when I contacted my friend V. MOKIENKO at the University of Greifswald for help in establishing that "Konei na pereprave ne meniaiut" is truly current as a loan proverb in Russian, he responded on March 10, 2006, with a list of 18 (selected from many others) contextualized references that he found on the Russian internet. The proverb is used in discussions of economics, jobs, sports, and everyday life, with most contexts coming from the world of politics. None of the references found in the Russian mass media from between 1998 to 2005 mention Abraham Lincoln, yet another sign that we are dealing with a proverb and not a quotation. Let me at least quote this one reference that helps to show that the American proverb in its Russian loan translation is known among native Russian speakers: "One of the expressions particularly appealing to the English language public is well known to the Russian speaking reader: 'Don't change horses at the [river] crossing, but for asses – you must.' *Financial News*, 2002)." This text might even be considered an anti-proverb, but its true significance is that it establishes the intercultural relationship between the American proverb and its Russian loan translation that has become proverbial!

This leads to the question of how the American proverb is in fact entering other languages. Since the proverb as a loan translation is already well established in German and Russian, these two languages might well help to spread the proverb to other languages. However, I would think that it is primarily English as the *lingua franca* of the world which is disseminating the proverb slowly but surely throughout Europe and beyond.

Clearly much more work needs to be done just on this one American proverb to see how far and wide it has been taken over by now. I have just given some major developments, and I have concentrated my comments on American-European intercultural aspects. Other scholars with more linguistic expertise can carry on from here to see how international this proverb has become (see DAĞPINAR 1982: 186–187; YURTBAŞI 1993: 44). It is my informed conjecture now that it is not of German or even Irish but of American origin with Abraham Lincoln deserving the credit of having popularized it in the United States and beyond. In several European languages the "swapping horses"-proverb has gained considerable currency as a loan translation, and it ought to be registered in new proverb collections and bilingual dictionaries.

There is no doubt that the proverb finds its primary use in political rhetoric where it is a ready-made metaphorical piece of wisdom to be employed whenever an argument is being made against change in any type of leadership. But the proverb is also employed in many situations where the desirability or unwillingness of change come into play. In any case, the American proverb "Don't swap horses in the middle of the stream" (and also its variants) serves as a strategically employed rhetorical sign in effective human communication, and as such it is without any doubt on the fast track of becoming a truly international metaphor not just in English but in a multitude of languages.

References

ABASQULIYEV, Tofiq (1981): English Proverbs with Their Azerbaijan and Russian Equivalents. Baku.
ANONYMOUS (1868): Proceedings of the National Union Republican Convention. Held at Chicago, May 20 and 21, 1868. Chicago.
ANONYMOUS (1900): The Progress of the World. In: The American Monthly 20,3. p. 270–271.
ANONYMOUS (1934): Origin of Things Familiar. Cincinnati, Ohio.
ANONYMOUS (1979): House of Commons Debates [1870]. Ottowa, Ontario.
BASLER, Roy P. (eds.) (1953): The Collected Works of Abraham Lincoln, 8 vols. New Brunswick, New Jersey.
BEYER, Horst and Annelies (1985): Sprichwörterlexikon. München.
BRYAN, George B./MIEDER, Wolfgang (1994): The Proverbial Bernard Shaw: An Index to Proverbs in the Works of George Bernard Shaw. Westport, Connecticut.
BUKOVSKAIA, M. V. (1985): A Dictionary of English Proverbs in Modern Use. Moscow.
BUSCH, Andrew E. (1999): Horses in Midstream: U.S. Midterm Elections and Their Consequences, 1894–1998. Pittsburgh, Pennsylvania.
DAĞPINAR, Aydin (1982): A Dictionary of Turkish-English English-Turkish Proverbs and Idioms. Istanbul.
DOYLE, Charles Clay (1996): On "New" Proverbs and the Conservativeness of Proverb Dictionaries [especially *The Concise Oxford Dictionary of Proverbs*]. In: Proverbium 13. p. 69–84.
DUBROVIN, M. (1993): A Book of English and Russian Proverbs and Sayings, Illustrated. Moscow.
ESAR, Evan (1969): 20,000 Quips and Quotes. Garden City, New York.
EVANS, John (1949): Halo in Brass. A Paul Pine Mystery. New York.
EWING, Ida (1997): Cow Pie Ain't No Dish You Take to the County Fair and Other Cowboy Facts of Life. Phoenix, Arizona.
FARMAN, John (1989): You Can't Tell a Rook by Its Cover [sic]. London.
FEHRENBACHER, Don E. and Virginia (eds.) (1996): Recollected Words of Abraham Lincoln. Stanford, California.
GRAVES, Robert (1980): Good-bye to All That. New York.
KUNIN, A. V. (1956): Anglo-russkii frazeologicheskii slovar'. Moskva.
KUSKOVSKAYA, S. (1987): English Proverbs and Sayings. Minsk.
KUUSI, Matti (1994): Mind and Form in Folklore. Selected Articles. Ed. by Henni Ilomäki. Helsinki.
LINCOLN, Abraham (1894): Complete Works, Comprising His Speeches, Letters, State Papers, and Miscellaneous Writings. Ed. by. John G. NICOLAU and John HAY. 2 vols. New Work.
MARGULIS, Alexander/KHOLODNAYA, Asya (2000): Russian-English Dictionary of Proverbs and Sayings. Jefferson. North Carolina.
MATTHEWS, Albert (1911): Never Swap Horses When Crossing the Stream. In: Notes and Queries. 11th series, 3. p. 434–434.

MCLELAN, Archibald Woodbury (1865): Speech on the Union of the Colonies. Halifax, Nova Scotia.
MENCKEN, H. L. (1942): A New Dictionary of Quotations on Historical Principles. New York.
MIEDER, Wolfgang (1977): International Bibliography of Explanatory Essays on Individual Proverbs and Proverbial Expressions. Bern.
MIEDER, Wolfgang (1982–2001): International Proverb Scholarship: An Annotated Bibliography, 4 vols. New York.
MIEDER, Wolfgang (1993): Proverbs Are Never Out of Season: Popular Wisdom in the Modern Age. New York.
MIEDER, Wolfgang (1999): Sprichwörter des Kontinents. In: KÖPKE, Wulf/SCHMELZ, Bernd (Hrsg): Das gemeinsame Haus Europa. Handbuch zur europäischen Kulturgeschichte. München. p. 956–965.
MIEDER, Wolfgang (2000): The Proverbial Abraham Lincoln. An Index to Proverbs in the Works of Abraham Lincoln. New York.
MIEDER, Wolfgang (2004a): Proverbs. A Handbook. Westport, Connecticut.
MIEDER, Wolfgang (2004b): Viele Wege führen nach Europa: Sprichwörtliche Stereotypen und interkultureller Ausgleich. In: WIENKER-PIEPHO, Sabine/ROTH, Klaus (Hrsg.): Erzählen zwischen den Kulturen. Münster. p. 275–304.
MIEDER, Wolfgang (2005a): „Mitten im Strom soll man die Pferde nicht wechseln": Zur Geschichte eines deutsch-amerikanischen Sprichworts. In: Zeitschrift für germanistische Linguistik 33. p. 106–124.
MIEDER, Wolfgang (2005b): Proverbs Are the Best Policy: Folk Wisdom and American Politics. Logan, Utah.
MIEDER, Wolfgang/KINGSBURY, Stewart/HARDER, Kelsie B. (eds.) (1992): A Dictionary of American Proverbs. New York.
MIEDER, Wolfgang/TÓTHNÉ LITOVKINA, Anna (1999): Twisted Wisdom: Modern Anti-Proverbs. Burlington, Vermont.
MOKIENKO, Valerii M. (2003): Novaia russkaia frazeologiia. Opole.
PACZOLAY, Gyula (1997): European Proverbs in 55 Languages with Equivalents in Arabic, Persian, Sanskrit, Chinese and Japanese. Veszprém.
RAWSON, Hugh/MINER, Margaret (2006): The Oxford Dictionary of American Quotations. New York.
REES, Nigel (1995): Phrases & Sayings. London.
RITTERSBACHER, Christa/MÖSCH, Matthias (2005): A Haystack of Precious Needles: The Internet and Its Utility for Paremiologists. In: Proverbium 22. p. 337–362.
ROBE, Harold A. (1916): Never Swap Horses When You're Crossing a Stream. Musical score. Words by Harold A. ROBE, music by Jesse WINTER. New York.
SAFIRE, William (1978): Political Dictionary. 3rd ed. New York.
SEILER, Friedrich (1921–1924): Das deutsche Lehnsprichwort. 4 vols. Halle/Saale.
SHANKLE, George Earlie (1941): American Mottoes and Slogans. New York.
SHAW, George Bernard (1937): The Complete Plays of Bernard Shaw. London.
SIMPSON, John A. (1982): Concise Oxford Dictionary of Proverbs. Oxford. 2nd ed. 1992, 3rd ed. 1998, 4th ed. 2003 with Jennifer SPEAKE.

SMITH, William George (1935): Oxford Dictionary of English Proverbs. Oxford. 2nd ed. 1948 by Paul HARVEY, 3rd ed. 1970 by F.P. WILSON.
SOBIESKI, Janet/MIEDER, Wolfgang (eds.) (2005): "So Many Heads, So Many Wits": An Anthology of English Proverb Poetry. Burlington, Vermont.
SPERBER, Hans/TRITTSCHUH, Travis (1962): American Political Terms: An Historical Dictionary. Detroit, Michigan.
STRAUSS, Emanuel (1994): Dictionary of European Proverbs. 3 vols. London.
TALLGREN-TUULIO, O. J. (1932): Locutions figurées calquées et non calquées. Essai de classification pour une série de langues littéraires. In: Mémoires de la société néo-philologique de Helsingfors 9. p. 279–324.
TAYLOR, Archer (1931): The Proverb. Cambridge, Massachusetts. Rpt. ed. by Wolfgang MIEDER. Bern. 1985.
TÓTHNÉ LITOVKINA, Anna (1996): A Few Aspects of a Semiotic Approach to Proverbs, with Special Reference to Two Important American Publications [W. MIEDER, American Proverbs (1989) and W. MIEDER et al., A Dictionary of American Proverbs (1992)]. In: Semiotica 108. p. 307–380.
URDANG, Laurence/ROBBINS, Ceila Dame (1984): Slogans. Detroit, Michigan.
UTHER, Hans-Jörg (2004): The Types of International Folktales. A Classification and Bibliography. Based on the System of Antti AARNE and Stith THOMPSON. 3 vols. Helsinki.
WALTER, Harry/MOKIENKO, Valerii M. (2005): Antiposlovitsy russkogo naroda. Sankt-Peterburg.
WANDER, Karl Friedrich Wilhelm (1867–1880): Deutsches Sprichwörter-Lexikon. 5 vols. Leipzig.
WINICK, Stephen D. (2001): "Garbage In, Garbage Out," and Other Dangers: Using Computer Databases to Study Proverbs. In: Proverbium 18. p. 353–364
YURTBAŞI, Metin (1993): A Dictionary of Turkish Proverbs. Ankara.

Parömiologische Aspekte

Peter Barta (Budapest)

French Compound Proverbs

1 Introduction

The subject of this study is a particular way of twisting French proverbs by using more than one phraseological unit (of which at least one is a proverb or a proverb pattern) (see BARTA 2003–2005: 119). Let us name that phenomenon mixing (rather than contamination)[1] (these terms have already had such use (see e.g. LITOVKINA 2005: 47–48 and LITOVKINA/MIEDER 2006: 24), and its result a compound proverb.[2] I have gathered 70 French compounds from printed sources and the internet. The space limits do not allow giving an English translation for the proverbs and the compounds.

The universality of proverbs is now common place. Their twisting has also a long history: ERASMUS (1993: vol. 2/1, p. 66) already draws attention to games consisting in putting proverbs into contexts they do not fit into. Mixing is probably as old as proverbs are.

In this study, no difference will be made between "proverbe" and "dicton", though they are often differentiated in French: I will call both genres "proverbs". Also for simplicity's sake, "proverbial expression" will be used for all non-proverbial phraseological units.

2 Study of the compound proverbs

2.1 Number of original units

Let us first see the number of original phraseological units in the compound proverb. There may be

- 2 units (I have found 66 such compounds), e.g. *Comme on fait son coulis, on se mouche*[3] ← *Comme on fait son lit on se couche* × *Qui se sent morveux (, qu'il) se mouche*
- 3 units (I have found 2 such compounds), e.g. *Il ne faut pas vendre la peau de l'ours avant que la goutte d'eau n'ait poussé mémé dans les*

---

[1] Thanks to GRZYBEK (2006) for his relevant remark that contamination supposes that one of the mixing elements is dominant.
[2] We could also call the phenomenon "blending" and its result "blend", the proverbial metalanguage not being worked out fully yet.
[3] confl0

orties[4] ← *Il ne faut pas vendre la peau de l'ours avant de l'avoir tué* × *C'est la goutte d'eau qui fait déborder le vase* × *Il ne faut pas pousser mémé dans les orties*

- 5 units (I have found 1 such compound): *Les chiens aboient, la caravane n'amasse pas le moine, et d'ailleurs, tant va la cruche à l'eau qu'elle ménage sa monture*[5] ← *Les chiens aboient, la caravane passe* × *Pierre qui roule n'amasse pas mousse* × *L'habit ne fait pas le moine* × *Tant va la cruche à l'eau qu'à la fin elle se casse* × *Qui veut aller loin ménage sa monture*

- 7 units (I have found 1 such compound): *Il ne faut pas vendre l'œuf que l'on vient de voler sinon la charrue perdra la goutte d'eau qui fait déborder le bœuf qui, au pays des borgnes, est le roi qui remue le couteau dans les oreilles des murs*[6] ← *Il ne faut pas vendre la peau de l'ours avant de l'avoir tué* × *Qui vole un œuf vole un bœuf* × *Il ne faut pas mettre la charrue avant les bœufs* × *C'est la dernière goutte qui fait déborder le vase* × *Au royaume des aveugles, les borgnes sont rois* × < remuer le couteau dans la plaie > × *Les murs ont des oreilles*

2.2 Nature of original units

Compound proverbs can be classified on the basis of the quality of their original phraseological units. They may contain:

- only proverbs (46 compounds), e.g. *Pierre qui roule mène à Rome*[7] ← *Pierre qui roule n'amasse pas mousse* × *Tous les chemins mènent à Rome*

- at least one proverb and a proverbial expression (18 compounds), e.g. *Il ne faut pas mettre la charpie avant les yeux*[8] ← *Il ne faut pas mettre la charrue avant les bœufs* × < mettre qc en charpie >

- a proverb and a proverb pattern (3 compounds), e.g. *Mieux vaut un grand chez soi qu'un petit chez les autres*[9] ← *Il n'y a pas petit chez soi* × *Mieux vaut* + clause + *que* + comparison

- a proverbial expression and a proverb pattern (3 compounds), e.g.: *Il vaut mieux avoir le cul entre deux chaises que deux chaises dans le cul*[10] ← < le cul entre deux chaises > × *Il vaut mieux* + clause + *que* + comparison

---

[4] hardware
[5] penseesjl
[6] skons
[7] college
[8] derives, rigoler, bonze
[9] skons
[10] fatal

It is interesting to note that if a compound contains a proverb pattern or a proverbial expression, it always contains only one of them, while there may be several original proverbs to be found in the same compound.

2.3 Linkage

The linkage between the mixing units can be analyzed as follows: units can be:

- isolated (A + B, 50 compounds), e.g. *On ne fait pas d'omelettes sans voler un bœuf* [11] ← *On ne fait pas d'omelette sans casser d' [des/les] œufs* × *Qui vole un œuf vole un bœuf* or
- embedded (A_1 + B + A_2, 20 compounds), e.g. *Il faut battre la peau de l'ours pendant qu'il est encore chaud* [12] ← *Il faut battre le fer pendant qu' il est chaud* × *Il ne faut pas vendre la peau de l'ours avant de l'avoir tué*

One can find a connection between the quality of the phraseological units contained and their linkage: in the compounds containing only proverbs, isolation is by far dominant,[13] while in the compounds containing proverbial expressions and proverb patterns, the two ways of linkage are more or less in balance.[14]

The low number of the compounds with more than two original units does not allow to establish a trend.

2.4 Frequency of original units

The frequency of the original units used for the mixing can also be analyzed.

From the 6 proverb patterns in the corpus, 3 are identical: ***Il vaut mieux** [Mieux vaut] ... que* + clause, one of the most productive patterns in the French stock.

Among the 21 original proverbial expressions, there is none to appear more than twice.

On the other hand, the original proverbs show a much wider range as to frequency:

9 × *Il ne faut **pas** [jamais] vendre la peau de l'ours avant de l'avoir tué*

9 × *Il ne faut pas mettre la charrue avant les bœufs*

8 × *Pierre qui roule n'amasse pas mousse*

---

[11] derives
[12] skons
[13] 38 cases out of 46
[14] respectively 13 cases of isolation out of 21, and 2 cases of isolation out of 6

7 × *L'habit ne fait pas le moine*
6 × *C'est la (dernière) goutte (d'eau) qui fait déborder le vase*
5 × *Qui vole un œuf vole un bœuf*
3 × *Qui dort dîne*
3 × *Qui sème le vent récolte la tempête*
3 × *Une hirondelle ne fait pas le printemps*
2 × *Comme on fait son lit on se couche*
2 × *Il **suffit d'une** [ne faut qu'une] étincelle pour allumer un (grand) incendie*
2 × *L'appétit vient en mangeant*
2 × *Il faut battre le fer **quand** [pendant qu'] il est chaud*
2 × *Il faut tourner sept fois sa langue dans sa bouche avant de parler*
2 × *Il n'y a que la vérité qui **blesse** [fâche]*
2 × *Les chiens aboient, la caravane passe*
2 × *Les murs ont des oreilles*
2 × *Ne fais pas à autrui ce que tu ne voudrais pas qu'on te fît*
2 × *Ne remets pas à demain ce que tu peux faire **aujourd'hui** [le jour même]*
2 × *Qui se sent morveux (, qu'il) se mouche*
2 × *Tant va la cruche à l'eau qu'à la fin elle se **casse** [brise]*
2 × ***Tous les chemins** [Toutes les routes] mènent à Rome*

All the other original proverbs are used only once to make a compound.

I have compared the notoriety of the original proverbs used for several compounds and that of the original proverbs used for one compound, making use of ARNAUD's (1992) survey. The former ones have twice more the double notoriety among native speakers than the latter ones. Therefore, with a reserve on the size of the corpus, we can say that there is direct proportionality between the notoriety of a proverb and its use to form compounds.

2.5 More viewpoints

I have examined the compounds according to the following viewpoints and the result turned out quite modest:

- topics: 1 compound proverb is about sexuality, 1 is about women, 1 is about alcohol
- stylistic labels: 2 are rude, 4 are colloquial
- mixed metaphor, absurd: the exact number of mixed metaphors and absurd is contestable, but the phenomenon is frequent.

French Compound Proverbs 659

Thus, the compounds proved to be much more presentable than the anti-proverbs in general. Their restraint, their relative compliance with the norms can perhaps be attributed to their semantical saturation: the two (or more) original units (not to mention the mixed metaphor and the absurd) fill the utterance and do not leave space for other elements.

2.6 Integrity of original units

One can examine the compounds on the basis of the integrity of the original units: assuming that the original units all consist of two parts, is the first/second part of the first/second unit present or absent in the compound? If it is present, does it appear in an unmodified or a modified form?

2.6.1 General overview of integrity

The global answer to these questions is given in the 1st table:

				proverb + proverb (46)	proverb + proverbial expression (18)	proverb + proverb pattern (3)	proverbial expression + proverb pattern (3)
1st unit [15]	1st part	absent		1	0	1	0
		present	unmodified form	32	9	0	3
			modified form[16]	13	9	2	0
			Σ present	45	18	2	3
	2nd part	absent		17	7	0	0
		present	unmodified form	7	3	1	3
			modified form	22	8	2	0
			Σ present	29	11	3	3
2nd unit	1st part	absent		21	2	3	3
		present	unmodified form	5	10		
			modified form	20	6		
			Σ present	25	16		
	2nd part	absent		8	0		
		present	unmodified form	24	15		
			modified form	14	3		
			Σ present	38	18		

---

[15] The units are considered 1st or 2nd unit depending on the order in which they appear in the compound. When a proverb and a proverbial expression are combined, the first to appear in the compound seems always to be the proverb.

[16] Modification means here any addition, truncation, permutation or other alteration.

I will not deal with the third and fourth column because of the modest number of compounds containing proverb patterns, and because of the impossibility to determine in a compound the relative order of a proverb pattern compared to a proverb or a proverbial expression.

Remarks are first to be made about the presence/absence of parts of the original units:

1) Whatever the place of a unit (1st or 2nd), whatever its quality (proverb or proverbial expression), there is always a majority number of presence of the unit. That means that the use of more than half of the unit is more frequent than the use of just one half of it. One can seek an explanation for this phenomenon in the conciseness of the phraseological units: it is difficult to shorten them much.

2) The first part of the first unit is practically always present. The reason may be the need for the interlocutor to identify as early as possible at least the first unit. The anti-proverb may be a puzzle, but it should not be too difficult to decipher. The second part of the first unit is absent in more than one third of the cases.

3) In the second unit, we see exactly the opposite tendency. The first part of the second unit is much easier to leave out than the second part.

Two more remarks crop up about the form (unmodified/modified) the original unit takes when appearing in the compound:

4) In the first unit, the unmodified form is much more frequent in the first part and less frequent in the second part.

5) On the other hand, in the second unit, the modified form is more frequent in the first part and less frequent in the second part.

If we combine these 5 remarks, they lead to a sort of chassé-croisé in the composition of the compound:

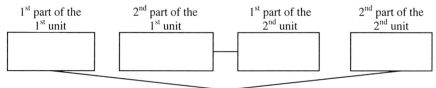

the first part of the first unit and the second part of the second unit (i.e. the extreme quarters) are compulsory (i.e. present) and more fixed in the wording (the unmodified form is mostly used), while the second part of the first unit and the first part of the second unit (i.e. the inner quarters) can be more easily left out or modified.

2.6.2 Proverbs' and proverbial expressions' integrity

Now let us see whether there is a difference in the way proverbs and proverbial expressions fit into a compound.

			proverb (110)	proverbial expression (18)
1st part	Absent		22 (20%)	2 (11%)
	Present	unmodified form	46 (42%)	10 (56%)
		modified form	42 (38%)	6 (33%)
		Σ present	88 (80%)	16 (89%)
2nd part	Absent		32 (29%)	0 (0%)
	Present	unmodified form	34 (31%)	15 (83%)
		modified form	44 (40%)	3 (17%)
		Σ present	78 (71%)	18 (100%)

2nd table

Remarks:

1) The absence of both parts of the proverbial expression is rarer than in the case of the proverb.

2) The proverbial expressions (their first and second part as well) appear more frequently in an unmodified form than the proverbs.

3) In the light of the remarks about 1st table, it means that the proverbial expression is more fixed than the proverb (because both parts are more often present and dominantly in an unmodified form). This fixity seems to contradict the definition of these two units, which we traditionally oppose by saying that the proverb is more fixed than the proverbial expression. But the proverbial expression being generally shorter than the proverb, any alteration would endanger its identification.

4) One may argue that the comparison between proverbs and proverbial expressions should be done bearing in mind that proverbial expressions are always second in order of appearance in the compound, so one may want to compare the behaviour of proverbial expressions and that of proverbs as 2nd unit only (using the 1st table). This leads to the same result as the comparison of the proverbial expressions and of all the proverbs based on the 2nd table.

2.6.3 Distribution of absent, unmodified and modified forms of the original Units

1st unit						2nd unit						prov + prov	prov + prov expr	Σ
1st part			2nd part			1st part			2nd part					
absent	unmodified	modified	absent	unmodified	modified	absent	unmodified	modified	absent	unmodified	modified			
+			+			+			+			1	0	1
	+		+			+			+			7	1	8
	+		+			+					+	1	0	1
	+		+					+		+		1	0	1
	+		+				+				+	0	3	3
	+		+								+	3	1	4
	+		+			+					+	1	0	1
	+			+			+				+	2	1	3
	+				+	+					+	5	0	5
	+				+	+					+	2	0	2
	+				+		+				+	0	1	1
	+				+		+				+	1	0	1
	+				+			+				4	0	4
	+				+					+		4	2	6
	+				+						+	1	0	1
		+	+			+					+	2	0	2
		+	+				+				+	1	0	1
		+	+							+		0	1	1
		+	+								+	2	1	3
		+		+		+				+		0	1	1
		+		+		+					+	1	0	1
		+		+			+			+		0	1	1
		+		+					+			2	0	2
		+			+	+					+	1	0	1
		+			+		+			+		0	3	3
		+			+		+				+	0	1	1
		+			+			+	+			1	0	1
		+			+					+		1	1	2
		+			+						+	2	0	2

3rd table

One more interesting point is the distribution of the absent, unmodified and modified forms of the original units and parts of units when making up a compound.[18]

Taking into account that two parts of the same unit cannot be absent at the same time, there are 63 combination possibilities in theory,[19] but only 29 of them (i.e. less than one half) are exploited by the 64 compounds. The previous table being too complex, it seems reasonable to simplify it in a way to unite "unmodified" and "modified" into one group called "present". This leads to a picture easier to analyze.

1st unit				2nd unit				proverb + proverb (46)	proverb + proverbial expression (18)	Σ (64)
1st part		2nd part		1st part		2nd part				
absent	present	absent	present	absent	present	absent	present			
+			+	+		+		1	0	1
	+	+			+		+	10	1	11
	+	+		+		+		1	0	1
	+	+			+		+	6	6	12
	+		+	+			+	9	0	9
	+		+	+		+		7	0	7
	+		+		+		+	12	11	23

4th table

Remarks:

1) There is a slight difference in the preferred categories between compounds made up of proverbs only and those made up of a proverb and a proverbial expression, but one can consider them together without misinterpreting the results.

2) The table shows that in the mixing of proverbs, there is a clear preference for the categories where at least 3 out of 4 parts are present. The most productive category (gathering more than one third of all the compounds) is that in which all 4 parts are present (line 7).

3) The compounds have in common that the 1st part of the 1st unit is always present (except 1 case, line 1).

4) Taking into account that two parts of the same unit cannot be absent at the same time, there are 10 theoretical possibilities,[20] but only 7 are

---

[18] This table contains only the combinations where examples could be found. Lines with no examples were ignored.
[19] $= 3^4 - [2 \times 9]$
[20] $= 2^4 - [2 \times 3]$

used. For 2 categories (lines 1 and 3), there is only 1 example. So we can say that out of 10 possibilities, just 5 (i.e. one half) are practically used. It makes it possible to determine a low number of compound patterns (5). In order of frequency:

line 7

1st unit: 1st part: present, 2nd part: present
2nd unit: 1st part: present, 2nd part: present

- *Il n'y a que le premier pas qui blesse*[21] ← *Il n'y a que le premier pas qui coûte* × *Il n'y a que la vérité qui blesse*
- *Qui vole un œuf met la charrue avant les bœufs*[22] ← *Qui vole un œuf vole un bœuf* × *Il ne faut pas mettre la charrue avant les bœufs*

an interesting subcategory of this is when all 4 parts (i.e. both units) are present in an unmodified form, e.g.

- *La fortune vient en dormant, l'appétit en mangeant et ma belle-mère en râlant*[23] ← *La fortune vient en dormant* × *L'appétit vient en mangeant*
- *Qui dort dîne ? Or, l'appétit vient en mangeant ! Donc, l'insomnie fait maigrir.*[24] ← *Qui dort dîne* × *L'appétit vient en mangeant*

another subcategory too is worth mentioning: 3 parts (i.e. one and a half units) are present in an unmodified form and 1 in a modified form, e.g.

- *C'est la goutte d'eau qui met le feu aux poudres, mais l'étincelle fait déborder le vase*[25] ←*C'est la (dernière) goutte (d'eau) qui fait déborder le vase* × < *mettre le feu aux poudres* > × *Il suffit d'une étincelle pour allumer un (grand) incendie*
- *Trop, c'est mieux que rien du tout*[26] ← *Trop, c'est trop* × < *c'est mieux que rien du tout* >

line 4

1st unit: 1st part: present, 2nd part: absent
2nd unit: 1st part: present, 2nd part: present

- *Pierre qui roule vaut deux hommes avertis*[27] ← *Pierre qui roule n'amasse pas mousse* × *Un homme averti en vaut deux*

---

[21] rouen
[22] derives
[23] afreubo
[24] penseespr, rigoler
[25] skons
[26] francis

- *Qui veut semer la paix doit récolter les armes*[28] ← *Qui veut la paix, prépare la guerre* × *Qui sème le vent récolte la tempête*

line 2

1st unit: 1st part: present, 2nd part: absent
2nd unit: 1st part: absent, 2nd part: present

It is the second preferred pattern for compounds containing only proverbs, characteristically with the first part of the 1st proverb and the 2nd part of the 2nd proverb appearing both in an unmodified form, e.g.

- *La plus belle fille du monde n'amasse pas mousse*[29] ← *La plus belle fille du monde ne peut donner que ce qu'elle a* × *Pierre qui roule n'amasse pas mousse*
- *Tout ce qui brille ne fait pas le moine*[30] ← *Tout ce qui brille n'est pas or* × *L'habit ne fait pas le moine*

line 5

1st unit: 1st part: present, 2nd part: present
2nd unit: 1st part: absent, 2nd part: present

- *Comme on fait son coulis, on se mouche*[31] ← *Comme on fait son lit on se couche* × *Qui se sent morveux (, qu'il) se mouche*
- *Il n'est jamais trop tard pour attendre*[32] ← *Il n'est jamais trop tard pour bien faire* × *Tout vient à point à qui sait attendre*

a special case in this category: the first unit appears in full, e.g. constitutes an integral proverb, e.g. *Les murs ont des oreilles pour tout le monde*[33] ← *Les murs ont des oreilles* × *Le soleil luit pour tout le monde*

line 6

1st unit: 1st part: present, 2nd part: present
2nd unit: 1st part: present (i.e. in modified form, in every case), 2nd part: absent

---

[27] macgeneration
[28] scarlet
[29] college
[30] fatal
[31] conf10
[32] francis
[33] rouen

- *C'est l'étincelle qui fait déborder le vase*[34] ← *C'est la (dernière) goutte (d'eau) qui fait déborder le vase* × *Il suffit d'une étincelle pour allumer un (grand) incendie*
- *Il faut battre la peau de l'ours pendant qu'il est encore chaud*[35] ← *Il faut battre le fer pendant qu'il est chaud* × *Il ne faut pas vendre la peau de l'ours avant de l'avoir tué*

2.7 Common points of original units

The original units making up one compound have often[36] common points between them: the same sentence pattern,[37] other common syntactic elements[38] or lexical components. There is no coincidence: these similarities help unite the different proverbs into one compound.

Out of 46 compounds containing only proverbs, 33 show common points between the original units (i.e. 71%); out of 18 compounds containing proverbs and proverbial expressions, 9 show common points between the original units (i.e. 50%). This large difference is explained by the form of the units: it is much more probable for proverbs to be similar among themselves than to have common points with proverbial expressions. This tendency is largely confirmed by the fact that only compounds composed of proverbs show several common points between the original units.[39]

2.8 "Twins"

I call twins compounds made up of the same original units. They are usually pairs, i.e. there are two of them but they may be quadruplets:

- *Il ne faut pas vendre la peau de l'ours avant d'avoir mis la charrue avant les bœufs;*[40] *Il ne faut pas mettre la charrue avant d'avoir tué la peau de l'ours;*[41] *Il ne faut pas vendre la charrue avant d'avoir tué les bœufs*[42] and *Il ne faut pas vendre la charrue avant les bœufs*[43]
- *Une hirondelle ne fait pas le moine*[44] and *L'habit ne fait pas le printemps*[45]

---

[34] skons, purple, fatal
[35] skons
[36] in 42 cases out of 70
[37] 13 cases
[38] 8 cases of negation, 7 cases of general subject
[39] 22 compounds show 2 common points, 3 compounds 3 common points and 1 compound 4 common points.
[40] skons
[41] skons
[42] derives, skons, maya, matilda, rigoler
[43] skons, purple
[44] macgeneration

- *Pierre qui roule mène à Rome*[46] and *Tous les chemins n'amassent pas mousse*[47]
- **Ne fais pas à autrui ce que tu peux** *[faites pas à autrui ce que vous pouvez] faire le jour même*[48] and *Ne fais pas à autrui ce que tu peux remettre à demain*[49]

The number of examples is quite low (4), but we can try to make an inventory of their characteristics:

- number of original units: 2
- linkage: isolation (with one exception: *Il ne faut pas vendre la charrue avant d'avoir tué les bœufs*)
- quality of original units: all are proverbs
- 4 out of the 8 original units are exactly the 4 proverbs most frequently used for mixing
- common elements are to be found in the original proverbs in most of the cases.

3 Conclusion

Compounds – as anti-proverbs in general – are in fact the manifestation of linguistic and conceptual game. The transformations on which they are based do not indicate any ideological direction; their end is in themselves, they are "technical" (stylistic) bravura, manifestations of a cerebral sport. This is confirmed by the fact that original proverbs themselves, bases of the anti-proverbs, do not form a homogeneous moral system: the very high number of pairs of antonymous proverbs proves it well enough.

The majority of compound proverbs are formed from proverbs, but one can often find among the original units a proverbial expression and a proverb pattern in addition to the proverb(s). It is to be noted that a compound proverb can derive from a proverb pattern and a proverbial expression only, without an original proverb: out of 70 compounds in our corpus, this is the case for 3 utterances. This indicates that the proverb pattern is as immanent an element of the proverb as its vocabulary or stylistic features. Attention has also been drawn on the fact that the majority of compounds contain two original units

---

[45] macgeneration
[46] college
[47] college
[48] skons, benoit
[49] francis

(never more than seven) and that a limited number of compound structures can account for most of the representatives of this genre.

The survey also covered the integrity of the original units of the compounds made up from two original units when these latter ones are proverbs or proverbial expressions, assuming that each original unit contains two parts. Thus it appeared that the first part of the first unit and the second part of the second unit are compulsory and more fixed in the wording, while the second part of the first unit and the first part of the second unit can be more easily left out or modified.

It was found that the original units constituting a compound proverb often have syntactic, lexical or other elements in common.

The study of compounds – and of anti-proverbs in general – enhances the study of proverbs: the use of original proverbs for mixing or twisting sheds light on the present popularity of individual proverbs and their different variants.[50]

The present study has shown that compounds are worth being considered separately from twisted proverbs in general (see e.g. T. LITOVKINA/VARGHA 2005: 15–16).

References

ARNAUD, Pierre J. L. (1992): La connaissance des proverbes français par les locuteurs natifs et leur sélection didactique. In: Cahiers de lexicologie 60/1. p. 195–238.

BARTA, Peter (2003–2005): La place des proverbes-valises parmi les proverbes détournés du français. In: Annales Universitatis Scientiarum Budapestinensis de Rolando Eötvös nominatae, Sectio Linguistica 26. p. 119–132.

ERASMUS (1993): Opera omnia Desiderii Erasmi Roterodami: Adagiorum chilias prima. Amsterdam.

GRZYBEK, Peter (2006): Personal communication at the *Disciplinary and Interdisciplinary Phraseology* International Conference (Institute of German Studies of the Pannonian University – European Society of Phraseology, Veszprém, June 9–11, 2006).

HRISZTOVA-GOTTHARDT, Hrisztalina (2006): Bulgarische Antisprichwörter – Ergebnisse einer Internetrecherche. In: Proverbium 23. p. 191–210.

LITOVKINA, Anna T. (2005): Old Proverbs Cannot Die, They Just Fade into Paro-DY – Anglo-American Anti-Proverbs. Habilitation thesis. Budapest.

LITOVKINA, Anna T./MIEDER, Wolfgang (2006): Old Proverbs Never Die, They Just Diversify – A Collection of Anti-Proverbs. Vermont/Veszprém.

T. LITOVKINA, Anna/VARGHA, Katalin (2005): Viccében él a nemzet – magyar közmondás-paródiák. Budapest.

---

[50] As pointed out by HRISZTOVA-GOTTHARDT (2006: 208).

Sources of the compound proverbs as seen on 15 May 2006

benoit = http://perso.wanadoo.fr/benoitongas/benoitongas_paged_acceuil_dictons_prov.parodiques.htm
actuelle = http://www.actuellecd.com/cat.e/am_074.prs.html#2414000
afreubo = http://www.afreubo.u-psud.fr/afreubo/proverbes.html
bonze = http://bonbonze.free.fr/v2/aqua/offrande.php
caen = http://www.discip.crdp.ac-caen.fr/lettres/cinema/dscriptif.html
caraibes = http://www.caraibes-webdo.net/Humour/humour.php?article=maximes.html
college = http://www.ed4web.collegeem.qc.ca/prof/rthomas/mtt.htm#perverbes
confnumber = http://www.proverbes-citations.com/confnumber.htm
derives = http://oferriere.free.fr/provderives.htm
fatal = http://www.fatalspicards.com/csforum/read.php?id=16298
fatrazie = http://worldserver2.oleane.com/fatrazie/Calis_26.htm
francis = http://francis14.free.fr/sissou/index_fichiers/poeme/proverbe.htm
funhumour = http://www.funhumour.com/home/blagues/categ/?cat=Les_bretons
globetrotternumber = http://pages.globetrotter.net/mcordeau/mediternumber.htm
harcher = http://harcher81.webzzanine.net/mediter-page-frame3.html
hardware = http://forum.hardware.fr/hardwarefr/Discussions/sujet-26455-2.htm
infinit = http://pages.infinit.net/zyabsurd/humour/proverbe.htm
lycos = http://membres.lycos.fr/sebcy/dictons.html
macgeneration = http://forums.macgeneration.com/vbulletin/showthread.php?t=48204
magic = http://forum.magicmaman.com/votrevie/Loisirs/proverbes-stupides-D-sujet-1729084-1.htm
matilda = http://www.passionmatilda.com/pensees_humours.htm
maya = http://www.chezmaya.com/proverbes.htm
méditernumber = http://planetedudelire.free.fr/amediternumber.htm
penseesjl = http://oferriere.free.fr/Pensees/penseesjl.htm
penseespr = http://oferriere.free.fr/Pensees/penseespr.htm
purple = http://www.20six.fr/PurpleFiction/archive/2003/11/
rigoler = http://www.rigoler.com/Blagues3/vrac19.shtml
rigolons = http://rigolons.danboss.com/Article295.phtml
rouen = http://www.ac-rouen.fr/ecoles/fleurville/ateliers_ecriture/perverbe.htm
scarlet = http://home.scarlet.be/lmdp/prov.html
skons = http://skons.free.fr/php/proverbes.php3?all=1

Printed sources of the original proverbs and proverbial expressions

ARNAUD, Pierre J. L. (1992): La connaissance des proverbes français par les locuteurs natifs et leur sélection didactique. In: Cahiers de lexicologie 60/1. p. 195–238.
BARTA, Péter's collection of over 1.800 French anti-proverbs.
ECKHARDT, Sándor (1973): Dictionnaire français-hongrois. Budapest (revised by BARTA, Péter) (manuscript).

GAAL, Georg von (1830): Sprüchwörterbuch in sechs Sprachen, deutsch, englisch, latein, italienisch, französisch und ungrisch. Wien.
GORELOVNÉ ZOMBAI, Ildikó (1996): Les proverbes dans l'enseignement du français. M.A. thesis. Budapest.
KLIMÓ, Mihály (1905): Francia szállóigék. Budapest.
KOÓS, Ferencz (1900): 1000 franczia-magyar példabeszéd. Brassó.
KUBÁNYI, Melinda (2000): Le monde du travail dans les proverbes français. M.A. thesis. Budapest.
Lexis Larousse (1975). Paris.
MONTREYNAUD, Florence/PIERRON, Agnès/SUZZONI, François (1984): Dictionnaire de proverbes et dictons. Paris.
PACZOLAY, Gyula (1997): European Proverbs in 55 Languages with Equivalents in Arabic, Persian, Sanskrit, Chinese and Japanese. Veszprém.
PRADEZ, Élisabeth (1914): Dictionnaire des gallicismes les plus usités. Paris.
REY, Alain/CHANTREAU, Sophie (1979): Dictionnaire des expressions et locutions figurées. Paris.
SZŐTS, Dávid (2000): Notions religieuses dans les proverbes français et hongrois. M.A. thesis. Budapest.
TAKASHIMA, Taiji (1991): Közmondások öt nyelven. Budapest.
VÉGH, Béla/RUBIN, Péter (1969): Gallicizmusok – 5000 francia szólás és kifejezés. Budapest.
VIBRAY, Cte Henri de (1934): Trésor des proverbes français. Anciens et modernes. Paris.

Dóra Boronkai, Anna T. Litovkina (Szekszárd)

Appreciation of Humor in Anglo-American Anti-Proverbs

1 The Purpose of this study

In this study we analyze the results of a sociolinguistic survey conducted by T. LITOVKINA in the USA. The main purpose of this study is to employ the methods of correlational and quantitative sociolinguistics to assess how age and sex influence the appreciation of humor in anti-proverbs (i.e., deliberate proverb innovations with parodic intent, often used as satirical, ironic or humorous comments on a given situation; see MIEDER 1982, 1985, 1989, 1998; MIEDER/TÓTHNÉ LITOVKINA 1999; T. LITOVKINA/MIEDER 2006; WALTER/MOKIENKO 2005; VARGHA 2004). American respondents in the study received a list containing 39 American anti-proverbs (which were identified as "proverb transformations"[1] in the survey) and asked to evaluate each item according to its "rate of funniness,"[2] from 0 to 10 (0 = the least funny, 10 = the funniest). Additionally, participants were asked to provide minimal personal background information: their sex, age, and state of residence.

This study focuses on three major questions. First, how do sex and age influence the overall response to the questionnaires? The second goal was to consider the ways in which differences of sex and age influenced responses to the thematic categories treated in the anti-proverbs, particularly sexuality, obscenity, males, females, and family. Finally, our aim was also to establish and analyze the lists of the funniest and least funny anti-proverbs.

This study is just a preliminary presentation to be followed by a more solid statistical analysis. Bearing in mind that our sample of 60 American subjects is too small, it may be too early for far-reaching conclusions. Some of our statements might be disproved in the course of our further work. To our

---

[1] The 39 anti-proverbs selected for the questionnaire were collected by T. LITOVKINA and taken primarily from American and British written sources. The texts were located in hundreds of books and articles on puns, one-liners, toasts, wisecracks, quotations, aphorisms, maxims, quips, epigrams, and graffiti, which can be found in two collections of Anglo-American anti-proverbs compiled by MIEDER and T. LITOVKINA (see MIEDER/T. LITOVKINA 1999; T. LITOVKINA/MIEDER 2006).

[2] Many humor researchers (e.g. ZIV/GADISH 1990: 250) use the word *funniness* while also talking about *humor* and *humorousness*. Thus, in the context of this paper, the word *funny* could be considered synonymous with the word *humorous*, which is used by many other humor scholars.

knowledge,[3] nobody has previously undertaken such a survey of the humor of American anti-proverbs, and even though our sample is a relatively small one, we still hope that the study will be of significance for understanding some of the influences at work in evaluation of humor in anti-proverbs.

2 The design of the study

2.1 Subjects

For the present study we used the data of 60 American residents.[4] The sample group was distributed equally by sex, with 30 males and 30 females responding. The average age of the American respondents was 44,45; the average age of females was 43,03, and that of males 45,87; the youngest informant was 21 and the oldest 71. The sample of 60 subjects was divided into six age cohorts in ten-year intervals. Figure 1 shows distribution of the respondents according to age cohort. As can be seen from the figure, subjects were not proportionally distributed among the six age cohorts. When they responded to the survey, 53 subjects (88,33%) lived in California, 2 (3,33%) in Illinois, 2 (3,33%) in Louisiana, 2 (3,33%) in Texas and 1 (1,66%) in Michigan.

---

[3] Some research has already been conducted concentrating on perception of humor of anti-proverbs in Hungary (BORONKAI 2006; BORONKAI et al. 2006; BORONKAI/T. LITOVKINA 2007). In our major study in regard to Hungarian culture 360 questionnaires were analyzed (BORONKAI/T. LITOVKINA 2007). The questionnaire was similar to, but more detailed than the questionnaire used in our American survey. Thus, Hungarian subjects were asked to rate a list of 41 anti-proverbs from 0 to 10 according to their funniness. They were also asked to list any proverb transformations they were familiar with, as well as to write their sex, age, educational level, place of residence (county), and type of residence (city/town, village) that they occupied before age 18 as well as their current place and type of residence. See also the preliminary results of the Hungarian survey based on the analysis of only 120 questionnaires (BORONKAI 2006).

[4] The questionnaire for the survey was compiled in 1999 by T. LITOVKINA. The first part of the survey was conducted by T. LITOVKINA in 1999 in California, during her work as a Fulbright research scholar at the University of California at Berkeley (53 subjects). Later, in 2005/2006 some additional questionnaires were distributed among T. LITOVKINA's friends or their friends in Illinois, Louisiana, Texas and Michigan (7 subjects). In selecting the subjects, an attempt was made to include equal number of males and females.

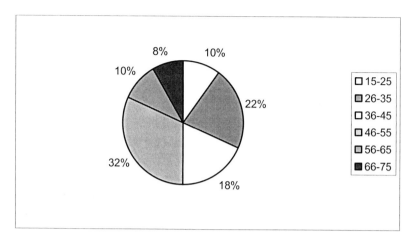

Figure 1. The distribution of American informants by age (%)

2.2 The thematic types of examined anti-proverbs

The most frequent themes treated in the anti-proverbs are as follows. Topics are listed according to their frequency, and the numbers in parentheses indicate the number of anti-proverbs in which the topic was markedly present:

(1) male (N= 21): *A bachelor is a man who looks before he leaps – and then he doesn't leap. {Look before you leap}*[5]

(2) female (N= 17): *Women should be obscene and not heard. {Children should be seen and not heard}; A woman on time is one in nine. {A stitch in time saves nine}*

(3) sexuality (N= 15): *Make love slowly! {Make haste slowly}; Chaste makes waste. {Haste makes waste}*

(4) family (N= 11): *The male was made to lie and roam, but woman's place is in the home {A woman's place is in the home}; There's no fool like an old fool who marries a young fool. {There's no fool like an old fool}*

(5) obscene[6] (N= 5): *If at first you don't succeed, just keep suckin' till you do*

---

[5] For the reader's ease all anti-proverbs in this study are followed by their original forms, given in { } brackets.

[6] Anti-proverbs considered obscene in this study mention or refer to excretory functions and products, urinating and some aspects of sex (e.g., fellatio, masturbation, orgasm). It is impossible to give a universal definition of obscenity; furthermore, what is considered obscene by one group or culture may not be considered obscene by another. Moreover, what challenges one's sense of modesty or decency today might become innocent tomorrow, or vice versa. READ wrote (1934: 385), "What is innocuous in one period may become indecent in the next in a manner quite unpredictable." MILLER remarks (1959: 140), "To discuss

suck seed. {If at first you don't succeed, try, try again}; Christmas comes but once a year. Thank God I'm not Christmas. {Christmas comes but once a year}

(6) politics and money (N= 4): *"An 'aye' for an I,"* muttered the candidate as he voted for himself. {An eye for an eye}; *Money makes the nightmare go.* {Money makes the mare go}

(7) alcohol (N= 2): *A soft drink turneth away company.* {A soft answer turneth away wrath}; *One swallow doesn't make a summer but too many swallows make a fall.* {One swallow doesn't make a summer}.

Some parodies treat several thematic categories simultaneously, and thus in the process of coding the material these examples were assigned to two or more different categories: e.g., the anti-proverbs *"Every little bit helps," as the old lady said when she pissed in the ocean to help drown her husband* {Every little bit helps} and *"Business before pleasure," as the man said when he kissed his wife before he went out to make love to his neighbor's* {Business before pleasure} can each be assigned to four thematic categories. Both focus on 1) a female, 2) a male, and 3) family values. The fourth theme engaged in the first anti-proverb is obscenity (the reference to urinating), and the fourth theme of the second is sexuality (thus, a mere kiss given to a wife is opposed to a pleasure of committing an adultery).

Mentioning or referring to a male in an anti-proverb frequently involves mentioning or referring to a female as well (and vice versa). This phenomenon is common[7] not only in anti-proverbs but in proverbs as well, e.g., *Man works from sun to sun, but woman's work is never done; Men make houses, women make homes* (for more on Anglo-American proverbs about men and women, see T. LITOVKINA 2000: 117–123). Just as males and females often appear in the same anti-proverb, sexual topics often appear in combination, with references to males (*The penis is mightier than the sword* {The pen is

---

the nature and meaning of obscenity is almost as difficult as to talk about God." HALPERT (1962: 191) states, "within each culture, there is constant change in what is considered obscene, and these changes occur at varying rates of speed, at various levels of society." Some scholars consider obscene primarily those acts that involve bodily functions (excretory or urinating) and genitalia. According to BECK, "this is an inaccurate evaluation; there is much that is obscene and has nothing to do with these functions. William Faulkner in recreating a folk-culture makes an obscene act out of eating gingersnaps. The Iroquois in their practices of torture often achieved the same result." (BECK 1962: 199) According to *Webster's Dictionary* the word "obscene" has three different meanings: "1. offensive to modesty or decency; lewd; impure; as, obscene language or pictures. 2. foul; filthy; repulsive; disgusting. 3. inauspicious; ill-omened. Syn. Impure, indecent, lewd, indelicate" (Webster 1983: 1234). The third meaning is considered by the dictionary obsolete. We will not offer a new definition of obscenity but will instead use the first two listed above.

[7] Other such pairs include *old – new, Devil – God, good – bad,* and *black – white*.

mightier then the sword}) or to females (*The breasts on the other side of the fence look greener* {The grass on the other side of the fence looks greener}), or even to both males and females (*"Silence gives consent," as the man said when he kissed the dumb woman* {Silence gives consent}). Sometimes, the sex of the subject is not stated outright, but rather implied, as in the two proverbs above mentioning male and female body parts, and in the following sexual parody: *A pill a day keeps the stork away* {An apple a day keeps the doctor away}, which definitely refers to sex between heterosexuals. Furthermore, some sexual anti-proverbs on our list (but not all!) can be also treated as obscene, e.g., *One orgasm in the bush is worth two in the hand* {A bird in the hand is worth two in the bush}.

3 Results

Let us now look at the variables possibly influencing the evaluation of funniness of the anti-proverbs in our survey. The variables considered in our study are SEX and AGE. We will also briefly discuss correlations of these two factors. In addition to presenting the overall scores for these variables, we will consider how the various topics treated in our list of anti-proverbs were evaluated by subjects belonging to different age and sex groups.

3.1 Sex

First we examine the factor of SEX. On the whole, the respondents' average score of funniness was 3,1; women, however, enjoyed the items on the list a little bit more (3,19 vs. 3,01). The anti-proverbs popular with both males and females were political-financial (3,31 vs. 3,28), as well as obscene (3,27 vs. 3,27). The two anti-proverbs about alcohol got the lowest score from both sexes (2,25 vs. 2,09).

Figure 2 displays the degree of funniness in anti-proverbs according to sex. A number of interesting patterns emerge. First, it can be seen clearly from the figure that the only significant difference in the scores that males and females assigned to the various topics was in their responses to anti-proverbs on the topic FAMILY. Thus, while on average males gave 3,23 to the items, females were significantly more negative in their evaluations (rating them 2,67 on average). If we consider the fact that many of the items about family can be interpreted as anti-feminist (e.g. *One word to the wife is sufficient: say "Yes."* {One word to the wise is sufficient}), we may be able to account for the difference in ratings (for women in Anglo-American anti-proverbs, see T. LITOVKINA 2005: 100–106, 2006a, 2006b).

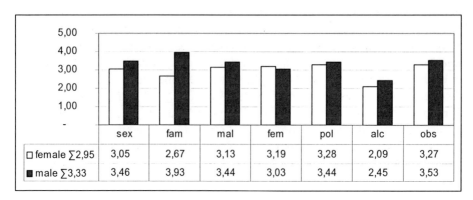

Figure 2. Evaluation, on average, of the degree of funniest of anti-proverbs, according to topic and sex of respondent[8]

3.2 Age

To explore correlations between age and funniness, the sample of 60 subjects was divided into six age cohorts in ten-year intervals. Our data have shown that the youngest respondents assigned the anti-proverbs higher scores than the older respondents[9] did. Thus, our youngest age cohort (15–25 year-olds) enjoyed the humor of the anti-proverbs on the list most of all, judging them on average 3,97. Second comes the age-group of 36–45 year-old participants (3,07), followed by 66–75 year-olds (3,3). The participants who gave the lowest scores to the anti-proverbs were 56–65 year-old (2,49), followed by 26–35 (2,85) and 46–55 (2,9) year-old respondents.

Figure 3 details the ratings of the participants according to age. As can be seen from the figure, age does not seem to be a significant factor in judging the funniness of different themes. The anti-proverbs most often preferred by all the subjects of our survey were obscene (3,27–3,45), and political-financial (3,31–3,44), while the least funny category was alcohol (2,22–2,37).

---

[8] Abbreviations used here: sex – sexuality, fam – family, mal – male, fem – female, pol – politics and money, alc – alcohol, obs – obscene.

[9] This is in line with some studies conducted elsewhere. Thus, according to the results of the survey conducted by Sven Svebak et al. in Norway – the main goal of which was analyzing sense of humor in relation to age, sex, and some health indicators – older people tend on average to assign lower scores than younger people do (2004: 130).

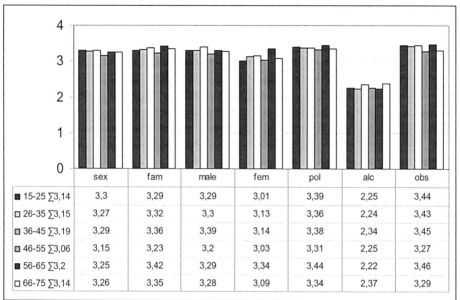

Figure 3. Evaluation, on average, of the degree of funniness of anti-proverbs, according to topic and age cohort[10]

3.3 The correlation of sex and age

Of the possible combinations of sex and age we have compared the answers of young men (two youngest age cohorts, age 15–35) with those of 'elderly' women (two oldest age cohorts, age 56–75). In accordance with our hypothesis, the biggest difference was experienced in the relative appreciation of the humor of sexual and obscene sayings (see Figure 4). Of these two variables, obscenity elicited dramatically different responses: young males' scores of the obscene items (3,13) were more than twice as high as the scored assigned by elderly females (1,52). Similarly, the young men rated sexual topics more highly than elderly women did, but by a smaller margin (2,95, versus 2,47).

---

[10] Abbreviations used here: sex – sexuality, fam – family, mal – male, fem – female, pol – politics and money, alc – alcohol, obs – obscene.

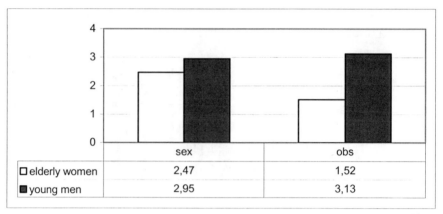

Figure 4. The correlation between sex and age (young men vs. elderly women)[11]

3.4 The funniest and the least funny anti-proverbs

None of the 39 anti-proverbs on the list was given a maximum score by all the survey participants. Even the funniest one (*A fool and his money are soon partying* {A fool and his money are soon parted}) received a surprisingly low average score of 5.[12] Proverbs judged by the participants of our survey as the funniest (ranging from 5 to 4,03) are listed below. The anti-proverbs are arranged according to their funniness; numbers in parentheses show the average score that each item received.

(1) *A fool and his money are soon partying. {A fool and his money are soon parted}* (5)

(2) *People who live in stone houses shouldn't throw glasses. {People who live in glass houses shouldn't throw stones}* (4,22)

(3) *Christmas comes but once a year. Thank God I'm not Christmas. {Christmas comes but once a year}* (4,18)

(4) *If your son asks for something he shouldn't have, don't be afraid to refuse him: It's a wise father that no's his own son. {It's a wise father that knows his own son}* (4,14)

(5) *One orgasm in the bush is worth two in the hand. {A bird in the hand is worth two in the bush}* (4,03)

---

[11] Abbreviations used here: sex – sexuality, obs – obscene, w – women.

[12] An anti-proverb considered funniest in our Hungarian survey, *Nyugalom, a hosszú élet ritka* [Calm down, long life is rare] {*Nyugalom a hosszú élet titka* [Calmness is the secret of long life]}, got a score of 7,17 (BORONKAI/T. LITOVKINA 2007).

Interestingly, the 'champion' on the list is about money.[13] The second funniest doesn't treat any thematic categories discussed in our study but contains an interesting technique of proverb alteration, i.e., *spoonerism* or *metathesis* (the words *glass* and *stones* are interchanged). Among the five anti-proverbs considered to be the funniest, two items (N3 and N5) are about sexuality and obscenity, and N4 is about family, in particular males (father and son).

And, finally, the 5 proverbs with the lowest scores are listed below (ranging from 1,53 to 2,14). The anti-proverbs are arranged according to the evaluation of their funniness (the least popular at the top); numbers in parentheses show the average score:

(1) *The male was made to lie and roam, but woman's place is in the home.* {A woman's place is in the home} (1,53)

(2) *"Silence gives consent," as the man said when he kissed the dumb woman.* {Silence gives consent} (1,78)

(3) *Make love slowly!* {Make haste slowly} (1,97)

(4) *"Two heads are better than one," as the cabbage-head said to the lawyer.* {Two heads are better than one} (2,04)

(5) *A soft drink turneth away company.* {A soft answer turneth away wrath} (2,14)

The anti-proverb judged least funny (N1) is about family, and in particular, males and females, and is very demeaning to women. The second on the list also mentions a male and a female. Interestingly, the two lists have one trait in common: the five proverbs with the highest scores and the five with the lowest scores both include two sexual proverb transformations (in the second list N2 and N3). The sexual items on the list of the least funny anti-proverbs, however, are not obscene. N5 is about alcohol, the topic which is considered least funny by all the participants in our survey, regardless of age or sex. The anti-proverb N4 treats the most frequently ridiculed professional group in American society: lawyers (for more on professions and occupations in Anglo-American anti-proverbs – in particular, lawyers, politicians and doctors – see T. LITOVKINA 2005: 107–112, 2006c). The respondents to our survey, however, did not find this particular proverb transformation too funny at all.

---

[13] Money is one of the most frequently treated topics in Anglo-American anti-proverbs, as well as the most common subject for the source proverbs most frequently parodied in Litovkina's corpus of Anglo-American anti-proverbs. Thus, of the 20 proverbs most frequently transformed in T. LITOVKINA and MIEDER's second collection of over 5000 Anglo-American anti-proverbs based on 580 proverbs (2006: 12–13), there are five proverbs containing the word "money": *Money talks; A fool and his money are soon parted; Money [The love of money] is the root of all evil; Money can't [doesn't] buy happiness; Money isn't everything.*

4 Summary

The following factors were examined for their potential influence on evaluation of humor of Anglo-American anti-proverbs: SEX and AGE. As we have seen, overall scores were a little bit higher for females than males, and they declined with age. The most impressive conclusion to be drawn from our analysis is that AGE does not exert any strong influence on humor evaluation of the topics discussed in the study, while SEX influences the evaluation of humor only in relationship to the topic FAMILY. However, when AGE is correlated with SEX, the topics of SEXUALITY and OBSCENITY are judged significantly funnier by young males than by elderly females.

5 Implications for further research

It must be stressed that in light of the sampling procedure used and the small number of subjects involved, any attempt to generalize our findings to the whole of the USA would be highly problematic. The questions we focus on here necessarily involve a more complex statistical approach. Thus, among the main goals of our further anti-proverb research there should be a more solid statistical analysis of evaluation of humor in American anti-proverbs; such an analysis requires obtaining evaluations from many more respondents.

Among our goals for further anti-proverb research are conducting a more detailed analysis of scores of funniness, and presenting lists of the proverbs considered most and least funny by males and females, as well as by different age cohorts. It would be also interesting to analyze how different types of proverb alterations (e.g., adding of a word or words, word change, word omission, punning, proverb mixing; see T. LITOVKINA 2005; T. LITOVKINA/VARGHA 2004, 2005a, 2005b, 2006; VARGHA 2004; VARGHA/T. LITOVKINA 2006; T. LITOVKINA et al. 2007, 2008) influence the evaluation of humor in Anglo-American anti-proverbs.

The relevance of these findings in American culture can be properly evaluated only in the context of comparative research embracing other cultures (e.g. Hungary).[14] In cooperation with Péter Barta and Hrisztalina Gotthardt-Hrisztova, we will conduct similar socio-linguistic surveys in other countries as well, including Germany, France, and Russia. We hope that our research will encourage further cross-linguistic studies of humor of anti-proverbs.

---

[14] Thus, our analysis of humor evaluation of anti-proverbs in Hungary has shown that Hungarian respondents tend to give higher scores to anti-proverbs (BORONKAI/T. LITOVKINA 2007) than the American respondents; their overall scores were 5,03 on average (compared with 3,13 for the American subjects).

6 Acknowledgements

We wouldn't have been able to conduct the research alone. We wish to express our appreciation to all the American respondents who devoted their time to answering the questions and evaluating the anti-proverbs. Without their kind help this study would have never come to light. We owe much gratitude to Professor Carl Lindahl (University of Houston) for his friendly help in proofreading the study, his critical comments, and suggestions. We would also like to thank Professor Salvatore Attardo (Youngstown University) for reading an early draft of this article and offering valuable critical comments that have helped us to improve it.

References

BECK, Horace P. (1962): Say Something Dirty! In: Journal of American Folklore 75, No. 297. p. 195–199.
BORONKAI, Dóra (2006): Kinek a pap, kinek a paplan. A magyar anti-proverbiumok humorának értékelése szociolingvisztikai felmérések alapján. In: Heltai Pál (ed) (2006): MANYE XVI. Nyelvi modernizáció 3/2. p. 489–495.
BORONKAI, Dóra/T. LITOVKINA, Anna (2007): Appreciation of Humor in Hungarian Anti-Proverbs. In: Acta Ethnographica Hungarica 52 (1). p. 105–134.
BORONKAI, Dóra/T. LITOVKINA, Anna/ATTARDO, Salvatore (2006): Appreciation of Humor in Anglo-American and Hungarian Anti-Proverbs (unpublished paper read before the 18th International Society of Humor Studies. Conference at the Danish University of Education, 4 July, 2006).
HALPERT, Herbert (1962): Folklore and Obscenity: Definition and Problems. In: Journal of American Folklore 75, No. 297. p. 190–194.
T. LITOVKINA, Anna (2000): A Proverb a Day Keeps Boredom Away. Szekszárd/Pécs.
T. LITOVKINA, Anna (2005): Old Proverbs Cannot Die: They Just Fade into ParoDY: Anglo-American Anti-Proverbs. (Habilitációs dolgozat, ELTE, Budapest). (manuscript)
T. LITOVKINA, Anna (2006a): A Word to the Wife Is Sufficient – to Start a Quarrel: Women in Anglo-American Anti-Proverbs (unpublished paper read before the 18th International Society of Humor Studies. Conference at the Danish University of Education, 4 July, 2006).
T. LITOVKINA, Anna (2006b): A Man's Home Is His Wife's Castle: Women in Anglo-American Anti-Proverbs (unpublished paper read before the American Folklore Society, Milwaukee, Wisconsin, 21 October, 2006).
T. LITOVKINA, Anna (2006c): Old Teachers Never Die, They Just Lose Their Principals: Professions and Occupations in Anglo-American Anti-Proverbs (unpublished paper read before the International Conference on Disciplinary and Interdisciplinary Phraseology, organised by the Institute of German Studies of the

Pannonian University of Veszprém (Hungary) and the European Society of Phraseology (EUROPHRAS), Veszprém, 11 June, 2006).

T. LITOVKINA, Anna/MIEDER, Wolfgang (2006): Old Proverbs Never Die, They Just Diversify: A Collection of Anti-Proverbs. Burlington/Veszprém.

T. LITOVKINA, Anna/VARGHA, Katalin (2004): „Addig jár a borsó a levesbe, míg fizeted a menzát". Közmondás-paródiák a PTE IGYFK diákjai tollából. In: Pécsi Tudományegyetem Illyés Gyula Főiskolai Kar Tudományos Közleményei 7. p. 112–137.

T. LITOVKINA, Anna/VARGHA, Katalin (2005a): „Éhes diák pakkal álmodik". Egyetemisták közmondás-elváltoztatásai. Budapest.

T. LITOVKINA, Anna/VARGHA, Katalin (2005b): „Viccében él a nemzet". Magyar közmondás-paródiák. Budapest.

T. LITOVKINA, Anna/VARGHA, Katalin (2006): „Viccében él a nemzet". Válogatott közmondás-paródiák. Budapest.

T. LITOVKINA, Anna/VARGHA, Katalin/BARTA, Péter/HRISZTOVA-GOTTHARDT, Hrisztalina (2007): Most Frequent Types of Alteration in Anglo-American, German, French, Russian and Hungarian Anti-Proverbs. In: Acta Ethnographica Hungarica 52 (1). p. 47–104.

T. LITOVKINA, Anna/VARGHA, Katalin/BARTA, Péter/HRISZTOVA-GOTTHARDT, Hrisztalina (2008): Punning in Anglo-American, German, French, Russian and Hungarian Anti-Proverbs. In: Proverbium: Yearbook of International Proverb Scholarship 25. p. 249–288.

MIEDER, Wolfgang (1982): Antisprichwörter. 1. volume. Wiesbaden.

MIEDER, Wolfgang (1985): Antisprichwörter. 2. volume. Wiesbaden.

MIEDER, Wolfgang (1989): Antisprichwörter. 3. volume. Wiesbaden.

MIEDER, Wolfgang/TÓTHNÉ LITOVKINA, Anna (1999): Twisted Wisdom: Modern Anti-Proverbs. Burlington.

MILLER, Henry (1959): Obscenity and the Law of Reflection. In: The Intimate Henry Miller. New York. p. 140.

READ, Allen Walker (1934): Noah Webster as a Euphemist. In: Dialect Notes 6, Part 8. p. 385.

SVEBAK, Sven/MARTIN, Rod A./HOLMEN, Jostein (2004): The Prevalence of Sense of Humor in a Large, Unselected County Population in Norway: Relations with Age, Sex, and Some Health Indicators. In: Humor 17 (1/2). p. 121–134.

VARGHA, Katalin (2004): Mai magyar antiproverbiumok. (Szakdolgozat, ELTE) Budapest.

VARGHA, Katalin/T. LITOVKINA, Anna (2006): „Hallgatni Arany, beszélni Petőfi". A magyar antiproverbiumok ferdítési módjai (formai változatok és nyelvi humor). In: Magyar Nyelv 2. p. 179–199.

[WALTER] ВАЛЬТЕР Х./МОКИЕНКО В. (2005): Антипословицы русского народа. Санкт-Петербург.

Webster's New Universal Unabridged Dictionary (1983): Deluxe second edition. New York.

ZIV, Avner/GADISH, Orit (1990): The Disinhibiting Effects of Humor: Aggressive and Affective Responses. In: Humor 3/3. p. 247–257.

Cornelia Cujbă (Iaşi)

Phraseologische Sprachporträts in Pieter Bruegels „Holländischen Sprichwörtern"

1 Präambel

Wir schreiben das Jahr 1559.

> Es war ein furchterregendes und zugleich begeistertes Zeitalter […] Es war eine Blütezeit großer Geister […] Die Erde wurde endlich erforscht […] Es war die Epoche des Humanismus und der mörderischen Religionskriege; sie war von Gelehrsamkeit erleuchtet und von Intoleranz und Hass verfinstert (MARIJNISSEN 1969).

In diesem Jahre 1559 vollendete Peter Bruegel der Ältere ein Gemälde (117 cm hoch und 163 cm breit), auf welchem er die Sprichwortweisheit seines Volkes zusammengetragen hat. Er verkörperte den bildhaften Gehalt von Redensarten in Einzelgestalten (z.B. *er rennt mit dem Kopf durch die Wand*; *Sie hängt ihrem Mann den blauen Mantel um*) und Figurengruppen (z.B. *Pass auf, dass kein schwarzer Hund dazwischen kommt*; *Sie haben einander an der Nase*; *Er bindet Gott einen flächsernen Bart um*) alles integriert in einem stilllebenhaften Beiwerk. Auf dieser von Architekturkulissen bis zum hohen Hintergrund des Meeres gestaffelten Landschaftsbühne spielt sich ein buntes Leben ab. Alle Akteure des Bildes meinen von der Wichtigkeit ihres Tuns und Treibens überzeugt zu sein und ein angespannter Eifer scheint von allen Besitz ergriffen zu haben. Jeder werkelt vor sich hin und bleibt für sich, schaut nicht nach rechts und nicht nach links und keiner nimmt die Spukgestalten wahr (z.B. *Er geht beim Teufel zur Beichte*; *Kerzen für den Teufel anzünden*; *Sie kann sogar den Teufel ans Kissen binden*) und die der Fabelwelt entlehnten Tiere (z.B. *Der Kranich hat den Fuchs zu Gast*). Eine unsichtbare Hand lässt die rund fünfzig fremd auseinander lebenden bäuerlichen, so wie die genauso vielen Höllen- und Fabelgestalten zu einer närrischen, possierlichen Welt zusammenwachsen.

Es ist nicht zu übersehen, dass Bruegel seine Bildgedanken aus der christlichen Volksmythologie, den Volksrätseln, den in seiner Zeit gängigen Sprichwörtern und Geschichten schöpft.

Auf der Berliner Tafel baut sich ein Märchendorf als Landschaft um die Sprichwortszenen. Scharfe Wirklichkeit und traumhafte Vergeistigung breiten sich über die Herbstlandschaft und die dörfliche Architektur aus. Letztere scheint unmotiviert: man betrachte das Konglomerat von Bauernhaus, Brücke,

Pranger und Türmen! Diese Undurchschaubarkeit der örtlichen Zusammenhänge ist aber ein Stimmungsfaktor des Sprichwortbildes. Neugierde, Spannung und Verwunderung ziehen den Betrachter in den Bann des Sprichworts. Die suggestive Kunst Bruegels, mit der er den Spürsinn des Betrachters anregt und durch das Gewimmel leitet, ist erstaunlich. Durch listiges Verstecken und halbe Verheimlichung bewegt er ihn zu immer neuer Findigkeit: den prallen Sonnenschein des Szenenbildes durchsetzt er mit Schattenräumen, die das Auge in ihre dunkleren Dämmerungen locken. Das Suchenmüssen nach versteckten Dingen scheint ein immer wiederkehrendes Motiv bei diesem Maler zu sein: rechts unten im Bildeck, ganz verschattet, zeichnete der Maler einen Bauern, der gebückt und mühsam vorwärtstappend mit einer Stalllaterne etwas suchen geht. *Er sucht das Beilchen* heißt die Redensart. Unmittelbar darunter steht die Signatur: Bruegel 1559. Das ist gleichsam eine Signatur in Bildschrift (wie es auch FRAENGER erkannt hat): „Sucht, wo es steckt", scheint Bruegels letzte Mahnung an die Betrachter seines Sprichwortbildes zu sein.

Wenn man die einzelnen Motive des Sprichwortbildes thematisch überprüft, so fällt auf, dass Bruegel dem grotesken Element der volkstümlichen Redensart nur wenig Raum auf seiner Tafel gönnt, obwohl der Zeitgeist ganz anders ausgerichtet war: höllische Visionen spukten auf Bildern herum oder geisterten durch die Literatur. Bruegel spielte das alles zu einer harmlosen Burleske herunter (vielleicht mit einer Ausnahme, dem krüppelhaften Gaukler, der hämisch lachend sich durch das dunkle Glasgewölbe des umgestülpten Globus zwängt und sehr bedrohlich sich dem Rahmen nähert, als wolle er das Bild verlassen und weiterkugeln in die Wirklichkeit – der Spruch lautet *Es muss sich bücken, wer durch die Welt will kommen*). Jovial und gemäßigt bevorzugt der Meister die derbe Saftigkeit rechtschaffen bäuerlicher Redensarten. Und da er wusste, dass das Skatologische eine scharfe Zutat für die Komik ist, griff er einige Male auch zu groben Ausdrücken, deren bildliche Gestaltung aber nicht die Vorherrschaft einnehmen.

In dem äußerlichen Beieinander dieser unzähligen Menschen ist keine Spur von innerer Gemeinsamkeit zu finden. Die Personen wirken verwandt und versippt, auch wenn kein gemeiner Wille, sondern eine prägnant gegenseitige Verfremdung herrscht. Jeder einzelne genießt die volle Freiheit, ist keinem anderen eine Erklärung schuldig und dennoch wird eine bildnerische Einheitsform erlangt. Um das zu erreichen, hat Bruegel die Redensarten ausgelesen, die die gleiche Lebenslage illustrieren und demnach einen durchschnittlich gleichartigen Aufwand an mimischer Aktion erfordert. Diese hat er dann automatenmäßig den Figuren aufgezwungen. Deren Treiben hängt mit dem Nutzhaften und dem Vernunftgemäßen der Alltagstätigkeiten in keiner Weise zusammen. Was hier geschieht, ist nur eine affenartige Nachahmung des Lebens. Den Automateneffekt erzielte er (und wir beziehen uns auf FRAENGER) durch die nachdrückliche Betonung der bewegungswichtigen Gelenke (Nacken, Schulter, Ellenbogen, Hüfte, Knie und Knöchel). Man betrachte die „Schafschur", die „Spinnerinnen", den „Hennentaster", den Bauer, der den Brunnen füllt, den „Pfeilenbeißer", die „Tolle Gret", den „Heringsbrater" oder den „Ritter mit der Katze" und den „Gaukler". Durch die Automatisierung der Gesamtbewegung erzwingt Bruegel die Gleichförmigkeit des gesamten, scheinbar chaotischen Treibens und erzielt somit eine bildnerische Einheitsform. Auch wenn seine monomanen Figuren ausschließlich in negativen Bindungen (wie Fremdheit, Widerspenstigkeit, Eifersucht, Argwohn, Unduldsamkeit, Feindschaft usw.) zueinander stehen, so gelangen sie dennoch – insofern sie doch das gleiche Ziel des schrankenlosen Egoismus verfolgen – zu einer Allgemeinverbindlichkeit. Man möchte meinen, dass sie ihren Zusammenhalt den Elementen der Zersetzung verdanken.

2   Typologische Gliederung

Fand der Geist des Sprichworts insgesamt, in einer für es wesenhaften Landschaft sein Fundament, so wurde jeder Einzelredensart in einem für sie wesenhaften Menschen verkörpert und schließlich aus den mannigfaltigen Figuren eine Gesellschaft gebildet und abgebildet. Einzelszenenbilder werden nicht statistenhaft „gestellt", sondern von wahren Menschen dargestellt, aus deren Wesen und Charakter die jeweilige Sprichworthandlung sich mit Notwendigkeit ergibt. Dadurch hat sich Bruegel der Schemenwelt des Allegorischen entwunden. Er typisierte die Figuren zu eindeutigen Charakteren und wusste, die vom Sprichwort vorgeschriebenen Gebärden vollkommen in die übereinkömmlichen Ausdrucksbewegungen der einzelnen Temperamente einzukleiden. So deutet er den Sinn der Redensarten durch eine anschauliche Charakterologie. Die charakterologische Vergegenwärtigung des Sprichwortsinnes wurde mit taktvoller Zurückhaltung vollzogen und der Meister ließ sich nicht zur Karikatur verführen.

Die Palette der menschlichen „Untugenden" ist unwahrscheinlich groß. Der Maler verbildlichte sie mit Humor und einer guten Prise Nachsicht. Des Weiteren werden wir einige davon festhalten und quasi aleatorisch aufzählen.

Und weil die Sprichworttafel anfangs als *Der blaue Mantel* bekannt war, beginnen wir mit dem **Betrug**. Gehen wir vom Pendantbegriff, von *Treue* als unverändert feste Verbundenheit, beständige Anhänglichkeit, Liebe und unwandelbare Zuneigung aus, so erscheint Betrug nur selten als banaler Schwindel. Meistens ist es Vertrauensbruch und grobes Hintergehen. Dafür stehen

Sie hängt ihrem Mann den blauen Mantel um ‚sie betrügt ihren Mann'

Er bindet Gott einen flächsenen Bart um ‚Betrug wird oft unter der Maske der Scheinheiligkeit begangen'

Durch das Auge/die Grifföffnung der Schere ziehen ‚auf unehrliche Weise Gewinn machen'

Der Kranich hat den Fuchs zu Gast ‚zwei Betrüger sind stets auf ihren Vorteil bedacht'

Er schleift den Klotz ‚ein betrogener Freier'

Die großen Fische fressen die kleinen

Sie haben einander an der Nase ‚sie betrügen einander'

Betrug und **Falschheit** stehen sich sehr nahe. Unehrlichkeit, Treulosigkeit, Doppelzüngigkeit und allgemein Unechtheit und Unrichtigkeit sind die unliebsamen Charakterzüge, die sich dem Oberbegriff Falschheit untergliedern. In der bunten Welt Bruegels konnte das nicht fehlen:

Sie trägt Feuer in der einen, doch Wasser in der anderen Hand ‚sie ist doppelzüngig und unaufrichtig'

Er spricht aus zwei Mündern ‚doppelzüngig, unaufrichtig'

Er küsst den Ring ‚er übt sich in falscher und übertriebenen Ehrfurcht'

Er ist ein Pfeilerbeißer ‚ein scheinheiliger Heuchler'

Demgegenüber sollte **Schlauheit** als Gewitztheit und durchtriebene Klugheit stehen, was aber auf der Sprichworttafel nicht der Fall ist, da sich nur Listigkeit zu erkennen gibt:

Wer durch die Welt will, muss sich krümmen ‚wer etwas werden will, muss schlau und charakterlos sein'

Er fängt Fische mit den Händen ‚er ist ein Schlaumeier und profitiert von der Arbeit anderer'

Er hat's faustdick hinter den Ohren ‚listiger Mensch'

Er hängt den Mantel nach dem Wind ‚sich listig den Umständen anpassen'

Er lässt die Welt auf seinem Daumen tanzen ‚alles tanzt nach seiner Pfeife'

Die Galerie der Untugenden lässt sich mit der **Habgier** als Grundlage, als seelisches Fundament der oben genannten Charaktereigenschaften fortsetzen:

Sie greift nach dem Hühnerei und lässt das Gänseei fahren ‚gierig eine schlechte Wahl treffen'

Scher sie, aber schinde sie nicht ‚sei nicht um jeden Preis auf deinen Vorteil bedacht'

Zwei Hunde an einem Bein kommen selten überein ‚Sinnbild für Habgier'

Er sieht durch die Finger ‚er schaut nicht genau hin, weil er auf jeden Fall den Nutzen hat'

Sie ziehen ums längste ‚jeder reißt sich um seinen Vorteil'

Die Liebe ist auf der Seite, an der der Geldbeutel hängt

Ihm ist es gleich, wessen Haus brennt, wenn er sich nur an den Kohlen wärmen kann ‚er nimmt jede Gelegenheit wahr, um zu seinem Profit zu kommen'

Er will zwei Fliegen mit einer Klappe schlagen ‚zuviel Ehrgeiz wird bestraft'

Im Volksmund heißt es *Faulheit lohnt mit Armut* – das war zu Bruegels Zeit natürlich nicht anders als heute und der Meister ist diesen dialektischen Begriffen mit unverkanntem Humor entgegengekommen, auch wenn **Faulheit** nicht so sehr als Müßiggang, sondern viel mehr als Arbeitsscheu, Trägheit und Bequemlichkeit dargestellt wird:

Da ist das Dach mit Fladen gedeckt ‚man lebt faul, wie im Schlaraffenland'

Sie schaut dem Storch nach ‚sie vertut ihre Zeit'

Hier zieht die Sau den Zapfen raus ‚Misswirtschaft–Nachlässigkeit rächt sich'

Der daraus resultierende Zustand ist blanke **Armut** mit Elend, Not, Bedürftigkeit und Entbehrung – auch als Folge leichtsinnigen Ausgebens und **Vergeudens** :

Was nützt ein schöner Teller, wenn nichts darauf ist?

Er kann nicht von einem Brot zum anderen gelangen ‚er kommt mit seinem Geld nicht aus'

Der eine schert Schafe, der andere Ferkel ‚der eine lebt in Überfluss, der andere in Not'

Er wirft sein Geld ins Wasser ‚er ist verschwenderisch'

Er wirft Rosen vor die Säue ‚Verschwendung an Unwürdige'

Dummheit und **Torheit** sind schon immer richtige Steckenpferde des Spötters gewesen:

Die Narren bekommen immer die besten Karten ‚die Dummen werden manchmal von der Fortuna begünstigt'

Zwei Narren stecken unter einer Kappe ‚Torheit liebt Gesellschaft'

Den Narren ohne Seife barbieren ‚mit jemandem seinen Spott treiben'

Der Hering hängt an seinen eigenen Kiemen ‚man muss die Folgen seiner Fehler selbst tragen'

Vergebliche Anstrengungen, unfruchtbares Bemühen, nutzlose Beschaffenheiten umschreiben den Begriff der **Nutzlosigkeit**:

Was kann der Rauch dem Eisen anhaben? ‚es ist nutzlos, gegen Unveränderliches anzugehen'

Er nagt immer an einem Knochen herum ‚vergebliche Arbeit'

Viel Geschrei und wenig Wolle ‚große Anstrengungen und keine vernünftigen Ergebnisse'

Er trägt das Licht mit Körben an den Tag ‚er vertut seine Zeit nutzlos'

Er schleift den Klotz ‚er rackert sich für etwas ab, was keinen Sinn macht'

Er fischt hinter dem Netz ‚nutzloses Tun; die Gelegenheit verpassen'

Er schüttet den Brunnen zu, wenn das Kalb ertrunken ist ‚erst wenn das Unglück geschehen ist, wird etwas unternommen'

Scheitern und **Misslingen** sind weitere negativ betonte Veranlagungen menschlichen Daseins und stehen mit den vorher genannten in enger Verbindung:

Die Spindeln fallen in die Asche ‚die Sache ist fehlgeschlagen'

Er sitzt zwischen zwei Stühlen in der Asche ‚nichts ausrichten; eine Gelegenheit versäumen'

Er fällt vom Ochsen auf den Esel ‚schlechte Geschäfte machen'

Er fällt durch den Korb ‚scheitern'

Er hat gegen den Mond gepisst ‚sein Unternehmen ist fehlgeschlagen'

Er fasst den Aal beim Schwanz ‚eine schwierige Sache, die misslingen wird'

Er schüttet die Federn in den Wind ‚all seine Mühen waren umsonst'

Das Bild wurde in den Anfängen nicht nur *Der blaue Mantel*, sondern auch *Die verkehrte Welt* genannt. Es ist das Gegenteil dessen, was es sein sollte und deutet, auch durch das Aushängeschild Nachttopf (12) statt Kanne auf das närrische Verhalten, auf den Verlust von Moral und Selbstachtung. Anlass zu dieser drastischen Betitelung war der an der Hausfront angebrachte Globus mit dem Kreuz nach unten und als Gipfel tiefster Missachtung steht die Verbildlichung des Spruchs

Er scheißt auf die Welt ‚er verachtet die Welt'

Klatsch und **Neugierde** als Sucht, Schlechtes über andere zu reden, und als krankhafte Begierde, die Angelegen anderer zu erfahren, nehmen im Bild den ihnen gebürtigen Platz ein:

Das Dach hat Latten ‚es gibt Lauscher'

Die eine trocknet, wenn die andere spinnt ‚üble Nachrede weitertratschen'

Sich um ungelegte Eier kümmern – der Hennetaster ‚sich um Sachen kümmern, die einen nichts angehen'

> *Es wächst zum Fenster heraus* ‚es kann nicht geheim bleiben'
> *Er kann durch ein Eichenbrett sehen, wenn ein Loch drin ist*
> *Pass auf, dass kein schwarzer Hund dazwischenkommt* ‚wo zwei Weiber zusammen sind, ist kein bellender Hund nötig'

Perseveranz und **Eigensinn** sind zwei unterschiedliche Eigenschaften, die die Ausdauer und Beharrlichkeit von Trotz und Starrköpfigkeit unterscheiden. Auf der Sprichworttafel sind eher letztere wiederzufinden:

> *Sie kann sogar den Teufel aufs Kissen binden* ‚Boshafte Starrköpfigkeit überwindet selbst den Teufel'
> *Er rennt mit dem Kopf gegen die Wand* ‚rücksichtslos und jähzornig Unmögliches versuchen'

Wir schließen die Galerie der Untugenden mit – für diesen Kontext – zwei Trumpfeigenschaften: dem **Neid** und der **Schadenfreude**, denn was nagt am Menschen mehr als der Neid und was erfreut die Seele eines armen Teufels mehr als die Schadenfreude:

> *Ihn kränkt es, dass die Sonne ins Wasser scheint* ‚Missgunst'
> *Da steckt ein Stock im Rad* ‚jemandem Knüppel zwischen die Beine werfen'

Und ganz zum Schluss eine Kategorie, die sozusagen „aus dem Rahmen fällt", die der **Besonnenheit** und **Achtsamkeit**. Auch solche Porträts sind im Bruegel-Bild zu verzeichnen, denn er ist kein Pessimist und kein Menschenverächter. Sie unterstreichen die von KUSENBERG festgehaltene Idee, dass Bruegel „dieses Bild aus Menschenliebe und nicht aus Menschenhass malte, denn so streng und so farbenfroh kann nur Liebe sein":

> *Lass ein Ei im Nest* ‚etwas in Reserve halten'
> *Er hat ein Auge im Segel* ‚er passt auf, ist vorsichtig'
> *Vor dem Wind ist gut segeln* ‚unter guten Voraussetzungen hat man leicht Erfolg'

3 Schluss

In den Sprichwörtern äußert sich die Lebenserfahrung eines Volkes. Sie gehören zum Reichtum einer lebendigen Sprache, spiegeln die Klarheit des Denkens vorwiegend bäuerlicher Menschen und sind in der Form knapp, anschaulich und treffend. Sprichwörter vermögen schwierige Situationen blitzartig zu erhellen und sind oft mit Humor durchsetzt. Humor setzt eine geistige Überlegenheit voraus, die Fähigkeit, den bedrängenden Gewalten des Alltags mit heiterer Gelassenheit zu begegnen.

Literatur

FRAENGER, Wilhelm (1999): Das Bild „Niederländische Sprichwörter"; Pieter Bruegels verkehrte Welt. Neu herausgegeben von Michael Philipp. Amsterdam.
KUSENBERG, Kurt (1949): Bruegels Sprichwörter. In: Das Kunstwerk 3. S. 14.
MARIJNISSEN, Roger-H. (1969): Bruegel. Fotos und Bildgestaltung Max Seidel. Stuttgart.

Hrisztalina Hrisztova-Gotthardt (Pécs)

Zu einer thematischen Klassifizierung von Sprichwörtern

1 Einleitung und Zielsetzung

Nach MIEDER sind Sprichwörter[1] populäre, prägnante und festgeprägte Volkssprüche, die in (oft) metaphorischer Form traditionelle Weisheiten, Erfahrungssätze und Meinungen aussprechen und von Generation zu Generation überliefert werden. Sie haben allerdings eine „mehrfache" Bedeutung, die erst im jeweiligen Kontext konkretisiert wird. Sie werden in bestimmten Situationen angewandt, um verwickelte Angelegenheiten und Fälle eindeutig zu machen, um sie zu erklären oder zu beurteilen (MIEDER 2004: 1–8; 133–134). In diesem Sinne können die Sprichwörter als Sprechakte oder Sprechhandlungen aufgefasst werden, die in verschiedenen Gesprächssituationen vollzogen werden und dem Erreichen bestimmter Ziele dienen. Es soll aber an dieser Stelle darauf hingewiesen werden, dass die Parömien ihre kommunikative Funktion stets im Rahmen einer Diskursgesellschaft übernehmen, in der gewisse kulturelle und soziale Normen gelten. Als Träger von Meinungen, Urteilen über die Welt und die Wirklichkeit und als Ausdruck von Empfehlungs- und Denkweisen lassen sie Rückschlüsse auf soziale Gegebenheiten zu (BAŃCZEROWSKI 2000: 258ff.) und demgemäß wird ihnen beim Entschlüsseln des sozialen Bildes einer Gemeinschaft eine große Bedeutung beigemessen.

Davon ausgehend besteht ein grundsätzliches Vorhaben meines Dissertationsprojektes darin, eine kontrastive Analyse ungarischer, deutscher und bulgarischer Sprichwörter im Lichte des Konzepts des sprachlichen Weltbildes durchzuführen.[2] Es wird dabei in erster Linie der Frage nachgegangen,

---

[1] Im Weiteren werden die aus dem Lateinischen (Proverbium) und aus dem Griechischen (Parömie) stammenden Bezeichnungen als Synonyme für den deutschen Begriff Sprichwort verwendet.
[2] Das Konzept des sprachlichen Weltbildes basiert auf den Thesen der Kognitiven Linguistik. Die Kognitivisten fassen den Sprecher nicht als einen Mechanismus, der Wörter und Sätze generiert, sondern als ein Individuum auf, das jeweils in einem Kulturkreis lebt und seine Tätigkeit entfaltet. In diesem Zusammenhang vertreten sie die Meinung, dass die Sprache als Forschungsgegenstand im kulturellen Kontext analysiert werden solle. Darauf aufbauend bemüht sich das Konzept des sprachlichen Weltbildes durch Untersuchung und Analyse der für die Sprachgemeinschaft typischen Wörter und festen Wortverbindungen das Sprach- und Kultursystem des jeweiligen Sprechers zu rekonstruieren. Dabei spielen die Sprichwörter als Träger von bestimmten Urteilen über die Welt und die Wirklichkeit eine

welche Gemeinsamkeiten und Abweichungen in Bezug auf die Themenkreise[3] der Proverbien, auf die mit ihrer Hilfe zum Ausdruck gebrachte Meinung und auf ihre Bildhaftigkeit festzustellen sind. Daher sollen die das Korpus bildenden Sprichwörter gezielt nach bestimmten Prinzipien organisiert, d.h. gewissen Klassen zugeordnet werden, die den Analysezwecken dienen. Die theoretischen Ausführungen zum Problem der thematischen Klassifizierung von Parömien gehören zu den Vorarbeiten meines Dissertationsprojektes und stehen im Mittelpunkt des vorliegenden Beitrages.

Im ersten Teil des Aufsatzes werden zwei bereits ausgearbeitete Klassifikationssysteme kurz dargestellt und kommentiert, nämlich die logisch-semiotische, eher deduktive Kategorisierungsmethode von Grigorij Permjakov (ПЕРМЯКОВ 1988) und das von Matti Kuusi und Outi Lauhakangas (LAUHAKANGAS 2001) angewandte pragmatische, induktive Verfahren. Im zweiten Teil wird – wenn auch nur in Grundrissen – eine weitere Methode zur Kategorisierung präsentiert, die etliche wichtige Aufbau- und Zuordnungsprinzipien der bisherigen Systeme beibehält, sich aber zugleich um die praktische Umsetzung neuer theoretischer Erkenntnisse bemüht. Es handelt sich dabei um ein Verfahren, mit dessen Hilfe ein Kategoriebaum aufgebaut wird. Die einzelnen Sprichwörter werden im Kategoriebaum von untergeordneten über übergeordnete Kategorien zur Baumwurzel geleitet.

2 Permjakovs Klassifikationssystem

Der bekannte russische Parömiologe PERMJAKOV hat als erster eine systematische Kategorisierung von Sprichwörtern vorgenommen (vgl. ПЕРМЯКОВ 1968). In einer späteren Sprichwörtersammlung (ПЕРМЯКОВ 1979) hat er das System weiter ausgebaut und sämtliche Parömien danach geordnet. Im Vorwort zu den beiden Sprichwörtersammlungen sowie in einem seiner theoretischen Werke (ПЕРМЯКОВ 1988) definiert er die leitenden Grundprinzipien, nach denen er bei der Kategorisierung gehandelt hat. Im Folgenden wird eine Kurzfassung seiner Überlegungen präsentiert.

PERMJAKOV hat aus zahlreichen Sprachen stammende Belege analysiert und ist zu der Schlussfolgerung gekommen, dass in den Sprichwörtern aller Völker die logische Struktur und die Bedeutung (die Botschaft) der Parömien im Allgemeinen übereinstimmen. Etliche Unterschiede machen sich vorwiegend im Bereich der Bilder bemerkbar, deren sich die Sprichwörter bedienen. Das ist auf die Tatsache zurückzuführen, dass diese Bilder durch die für die

---

Schlüsselrolle beim Erstellen des „naiven, alltäglichen und subjektiven" sprachlichen Weltbildes (vgl. BAŃCZEROWSKI 2000: 258–260).

[3] Vgl. dazu RÖHRICH/MIEDER (1977: 65).

konkrete Sprachgemeinschaft typischen Realien, Wörter und Wendungen geprägt sind (Vgl. ПЕРМЯКОВ 1988: 21). Die folgenden Beispiele aus den drei von mir untersuchten Sprachen (dem Ungarischen, dem Deutschen und dem Bulgarischen) sollten das Gesagte illustrieren:

Ungarisch: *Nem minden nap Jakab-nap.* (Zu Deutsch: *Es ist nicht alle Tage Jacobstag.*)[4]

Deutsch: *Es ist nicht alle Tage Sonntag.*[5]

Bulgarisch: *Всеки ден не е Великден.* [*Wseki den ne e Welikden.*][6] (Zu Deutsch: *Es ist nicht alle Tage Ostern.*)[7]

Alle drei Sprichwörter beziehen sich auf dieselbe Situation, d.h. sie fungieren als Zeichen derselben Situation. Unter „Situationen" sind nach PERMJAKOV einerseits die Beziehungen der Realitätsobjekte untereinander und andererseits die Beziehungen zwischen den Realitätsobjekten und ihren Eigenschaften zu verstehen (ПЕРМЯКОВ 1988: 21). Im konkreten Fall handelt es sich um die Beziehung zwischen einem besonderen Feier- bzw. Ruhetag (etwas Angenehmem) und einem ganz normalen Wochen- bzw. Werktag (etwas weniger Angenehmem). Anhand ähnlicher Beispiele stellt PERMJAKOV seine Thesen auf, dass bei einer thematischen Kategorisierung von Sprichwörtern nicht die an der Oberflächenstruktur angewandten Bilder die Hauptrolle spielen sollen, sondern die Situation, für die sie stehen. Bei den oben zitierten Sprichwörtern wäre das laut Duden: „Man kann nicht immer Angenehmes erwarten" (Duden 2002: 669). PERMJAKOV fasst die Situation als Invariante und die Sprichwörter, die sich darauf beziehen, als Varianten auf. Aus diesen Überlegungen schließt er, dass wir als erstes alle denkbaren Situationen kategorisieren sollten, um danach – darauf fußend – die Sprichwörter klassifizieren, d.h. den entsprechenden Situationen zuordnen zu können.

Im oben zitierten Beispiel könnte man von einer Situation, oder besser gesagt von einer logischen Beziehung von der Art ausgehen: „Wenn es eine A-Sache gibt, dann gibt es auch eine B-Sache",[8] was konkret soviel bedeutet wie: „Das Leben bietet angenehme, aber auch weniger angenehme Erlebnisse". Am Beispiel solcher thematischen Oppositionspaare (z.B. „gut – schlecht", „angenehm – unangenehm" usw.) baute PERMJAKOV seine logisch-

---

[4] Das Besondere an diesem Tag ergibt sich aus der Tatsache, dass am Jacobstag die Priester Wein trinken durften.
[5] Damit ist der Sonntag als ein besonderer Familien- und Ruhetag gemeint.
[6] Für die Transliteration wurde die Duden-Transkription verwendet (*http://www.vonrauch.de/compslav/transreg.html*).
[7] Auch für die orthodoxen Christen bedeutet Ostern das Ende der Fastenzeit.
[8] Vgl. dazu ПЕРМЯКОВ (1988: 23).

thematischen Gruppen auf, die Sprichwörter mit einer ähnlichen thematischen Struktur auflisten.

Im Weiteren stellte er fest, dass seine thematischen Gruppen gewisse logische Ähnlichkeiten aufweisen, und demgemäß in größeren Klassen zusammengefasst werden können, die nach demselben logischen Schema strukturiert sind. Er setzte sich zum Ziel, alle theoretisch möglichen Situationen, oder – anders formuliert – alle denkbaren Beziehungen zwischen den Objekten der Wirklichkeit und ihren Eigenschaften nach strengen logischen Regeln zu klassifizieren. Als Resultat seiner logisch-semiotischen Kategorisierung haben sich „formbildende Gruppen" herauskristallisiert, denen zahlreiche logisch-thematische Gruppen untergeordnet sind:[9]

3 Direkte Beziehung zwischen zwei Realitätsobjekten

a. Alle Objekte verfügen über bestimmte Eigenschaften:
z.B. logisch-thematische Gruppe „Ende – Unendlichkeit": *Alles hat ein Ende.*
b. Wenn es ein Objekt (A) gibt, dann gibt es auch ein anderes (B):
z.B. logisch-thematische Gruppe „Trennbarkeit – Untrennbarkeit": *Wo Rauch ist, da ist auch Feuer.*

In diesem Sinne ergänzt die logisch-thematische Kategorisierung der Sprichwörter ihre logisch-semiotische Kategorisierung.

4 Die Relevanz von PERMJAKOVs Klassifikationssystem für die Belange meines Dissertationsprojektes

Trotz ihrer Vollständigkeit ist PERMJAKOVs Kategorisierung aus folgenden Gründen für die Belange meines Projektes nicht vorbehaltlos anwendbar:

PERMJAKOVs Typisierung von Sprichwörtern basiert in erster Linie auf ihrer „Universalgrammatik", d.h. auf dem logischen Schema, nach dem sie aufgebaut sind. Sie geht zwar auf die Beziehungen der Realitätsobjekte untereinander und auf ihre Eigenschaften ein, das konkrete Urteil bzw. die Meinung über diese Objekte und ihre Eigenschaften, die konkrete Aussage des Sprichwortes bleibt jedoch aus. Um eine kontrastive Analyse ungarischer, deutscher und bulgarischer Sprichwörter im Lichte des Konzepts des sprachlichen Weltbildes durchführen zu können, sind außer der logischen Formel, die den Sprichwörtern zugrunde liegt, und dem Themenkreis, über den sie ein

---

[9] Aus Platzgründen wird hier zusammenfassend bloß eine formbildende Gruppe dargeboten, für detailliertere Informationen vgl. ПЕРМЯКОВ (1988: 121–128).

Urteil abgeben, das konkrete Urteil und die Bilder, mit deren Hilfe dieses Urteil zum Ausdruck gebracht wird, unbedingt vonnöten.

PERMJAKOVs Klassifikationssystem gilt lange nicht mehr als das einzige parömische Kategorisierungsverfahren. Im nächsten Kapitel wird ein weiteres, beachtenswertes Klassifikationssystem dargestellt, nämlich „The Matti Kuusi International Type System of Proverbs" (LAUHAKANGAS 2001).

5 Kuusis Klassifikationssystem

KUUSI setzte sich in den 70-er Jahren mit der Frage nach einer thematischen Kategorisierung von Sprichwörtern auseinander. Er nahm mehrmals Permjakovs Klassifikationssystem unter die Lupe. Er schöpfte daraus Inspiration (LAUHAKANGAS 2001: 16), übte jedoch auch manche harte Kritik daran aus. In erster Linie bezweifelte er die „Funktionalität" der deduktiven Klassifikationsmethode. KUUSI teilte zwar Permjakovs Meinung, dass alle Sprichwörter als Antwort auf eine Frage und dementsprechend als Zeichen einer bestimmten Situation zu verstehen sind. Er meinte jedoch, dass eine Klassifikation, die von oben nach unten, d.h. vom Generellen zum Speziellen durchgeführt wird, sich oft – insbesondere bei der Suche nach einem bestimmten Sprichworttyp[10] – als zu kompliziert und undurchschaubar erweist. Indem er alle theoretisch möglichen Situationen logisch definierte, schuf PERMJAKOV ein sehr detailliertes, aber geschlossenes System, dem nicht nur die schon existierenden, aber auch alle potenziellen Parömien zugeordnet werden können. Im Gegensatz zu ihm arbeitete KUUSI mit konkretem Sprachmaterial. Er verglich die aus mehreren verschiedenen Sprachen stammenden Sprichwörter, und suchte diejenigen aus, die dasselbe Thema behandeln und dieselbe, eine ähnliche oder eben die entgegengesetzte Meinung über dieses Thema äußern. Mit Hilfe dieser rein „induktiven", pragmatischen Methode bildete er seine thematischen Gruppen. Er baute sein Klassifikationssystem von unten nach oben, d.h. vom Spezifischen zum Generellen aus, in Form eines Wurzelbaums,[11] an dem die konkreten Sprichwörter die Blätter, und die Hauptkategorien (die Hauptthemen) die direkten Kinder der Wurzel repräsentieren:

---

[10] Mehr zum ‚Sprichworttyp': s. unten.
[11] Der Begriff stammt aus der Graphentheorie (vgl. DIESTEL 2006).

Sprichwörtertyp[12] „Das Fremde/das Ferne ist wertvoller als das Eigene, das Vertraute":
Glück und Regenbogen sieht man nicht über dem eignen Haus, sondern nur über fremdem./ Fremdes Brot ist den Kindern Kuchen./ Der Prophet gilt nichts in seinem Vaterlande.

Subgruppe[13] „Das Fremde/das Ferne ist wertvoller als das Eigene, das Vertraute – aber das Fremde kann enttäuschend sein":
Glück und Regenbogen sieht man nicht über dem eignen Haus, sondern nur über fremdem./ Fremdes Brot ist den Kindern Kuchen./ Der Prophet gilt nichts in seinem Vaterlande. ↔ Besser eignes Brot als fremden Braten.

Hauptklasse „Nah:fern/zu Hause:unter unbekannten, fremden Umständen"

Hauptthema „Soziale Interaktion"
Im Laufe seiner Arbeit suchte KUUSI nach „verwandten" Sprichwörtern mit einer ähnlichen Idee und kam zu der Schlussfolgerung, dass es unter den Parömien „nahe" und „ferne" Verwandte gibt, die nicht demselben Sprichworttyp zuzuordnen sind, zwischen denen aber eine klare semantische Beziehung besteht. Diese semantische Verwandtschaft wird im System durch Querverweise veranschaulicht. In diesem Sinne hat KUUSI – unterstützt von seiner Tochter – ein offenes netzförmiges System aufgebaut, das zu jeder Zeit weiter ausgebaut werden kann.

6 Die Relevanz von KUUSIs Klassifikationssystem für die Belange meines Dissertationsprojektes

Das Klassifikationssystem von KUUSI zeichnet sich durch innovative Ideen und Vorgehensweisen aus. Zum einen sollen die induktive, pragmatische Methode der Kategorisierung und die Anwendung von Querverweisen zwischen den verwandten Parömien akzentuiert werden, die sich bei der thematischen Klassifizierung von Sprichwörtern als effizient erwiesen haben. Zum anderen hat KUUSI ganz deutlich die drei wichtigen Aspekte festgelegt, die für die Kategorisierung von Sprichwörtern von Bedeutung sind: „the idea", d.h. der Grundgedanke, den das Sprichwort zum Ausdruck bringt; „the structure, the formula", d.h. die logische Struktur des Sprichwortes; und „the basic core", d.h. die Bilder (images), deren sich das Sprichwort bedient (LAUHAKANGAS 2001: 24).

---

[12] Laut KUUSI gehören zu einem Sprichwörtertyp Sprichwörter mit derselben Aussage.
[13] Sprichwörter, die dasselbe Thema behandeln, aber unterschiedliche Ansichten äußern, bilden die sog. Subgruppen.

Allerdings erlaubt das System nur eine vierstufige Hierarchie,[14] was die Möglichkeiten zur Kategorisierung in gewissem Maße einschränkt. Außerdem weist es einige – wenn auch kleinere – Mängel auf, die gegen seine vorbehaltlose Anwendung sprechen:

KUUSI und LAUHAKANGAS – ähnlich wie PERMJAKOV – waren bemüht, die Kategorisierung ausschließlich auf der Basis von binären Oppositionen durchzuführen. Dies ist aber nicht immer realisierbar, wie z. B. im Falle von den sog. Bauernregeln („*Mairegen bringt Segen*"). Da die Struktur mancher Parömien es nicht erlaubt, sie solchen binären Paaren zuzuordnen, sind neben den auf binären Oppositionen basierenden thematischen Gruppen auch „reine thematische Gruppen" (LAUHAKANGAS 2001: 30) ohne Oppositionen zustande gekommen, wodurch das System nicht mehr als einheitlich gilt.

Im Prozess der Bildung von thematischen Gruppen war bei Kuusi und Lauhakangas die „Idee" (idea) und nicht das sprachliche Bild (image) ausschlaggebend. In manchen Fällen ist es allerdings zu „unerwünschten Überlappungen" gekommen. Um das Gesagte durch ein Beispiel zu veranschaulichen: in der Hauptklasse „Naturelemente"/Subgruppe „Wasser und Feuer als Naturelemente" ist das Sprichwort „*Water will stand in a hollow*" aufgelistet (LAUHAKANGAS 2001: 125), das mit keinem Querverweis zu einer anderen Gruppe versehen ist, obwohl die Bedeutung dieses Sprichwortes kaum konkret, aus der Summe der Bedeutungen der einzelnen Wörter zu entnehmen ist.

7 Erste Schritte zur Herausarbeitung einer weiteren Methode zur Kategorisierung von Sprichwörtern

Die zwei Klassifikationssysteme, die in den vorigen Abschnitten zusammenfassend dargestellt wurden, entsprechen im Wesentlichen den von PERMJAKOV bzw. KUUSI aufgestellten Kriterien, sollten aber für die Zwecke einer Analyse, die im Lichte des Konzepts des sprachlichen Weltbildes durchgeführt wird, präzisiert und durch weitere Möglichkeiten zur Kategorisierung und Suche vervollständigt werden. Die im Weiteren präsentierte Kategorisierungsmethode lässt drei – und in einem späteren Ausbaustadium sogar mehr – Möglichkeiten zur Klassifizierung von Sprichwörtern zu. Die drei Möglichkeiten sind folgende:

Gruppierung der Sprichwörter nach

– ihrem Grundgedanken (d.h. nach dem konkreten Urteil, der Meinung, Beobachtung usw., die sie äußern)

---

[14] Sprichworttyp → Subgruppe → Hauptklasse → Hauptthema (LAUHAKANGAS 2001: 31–41).

- ihren Images (d.h. nach den Bildern, mit deren Hilfe der Grundgedanke zum Ausdruck gebracht wird)
- ihrer logischen Struktur oder Formel[15] (z.B. „Wenn X, dann auch Y").

Beim Erstellen des sprachlichen Weltbildes sollen m.E. zwei grundlegende Aspekte Vorrang genießen, die ebenso bei der Kategorisierung der Parömien eine entscheidende Rolle spielen werden. Auf der einen Seite sollen der Themenkreis und die konkrete Meinung über den kommentierten Sachverhalt[16] definiert werden („das Urteil" über die Welt und die Wirklichkeit); auf der anderen Seite ist es unbedingt erforderlich, die konkreten Bilder oder Images[17] (typische Wörter und Wendungen, Realien) zu beachten, mit deren Hilfe der Grundgedanke seinen sprachlichen Niederschlag gefunden hat und sie in entsprechenden Themenkreisen zu organisieren. Diese „thematische" und „bildliche" Kategorisierung könnte jedoch durch die Erläuterung der logischen Struktur bzw. Formel der Äußerungen vervollständigt werden, die wichtige Anhaltspunkte in Bezug auf die für die Sprachgemeinschaft charakteristischen gedanklichen Muster gibt.

---

[15] Dazu s. KANYÓ (1981: 110ff.)
[16] In diesem Zusammenhang sprechen LEWANDOWSKA und ANTOS über „kulturelle Schemata", die nicht nur auf sinnlich und körperlich vermittelten, sondern auch auf kulturellen Erfahrungen basieren und in den Sprichwörtern als mentale Modelle oder als „Schablonen" abgespeichert werden (LEWANDOWSKA/ANTOS 2004: 178–181).
[17] Nach FÖLDES entstammen die „Bildspender" in der Regel den direkten sozialen Praxis-, Wahrnehmungs- und Erfahrungsbereichen der jeweiligen Diskursgesellschaft. Durch sie wird spezielles, kulturell geprägtes Wissen aktiviert (vgl. dazu FÖLDES 2005: 324).

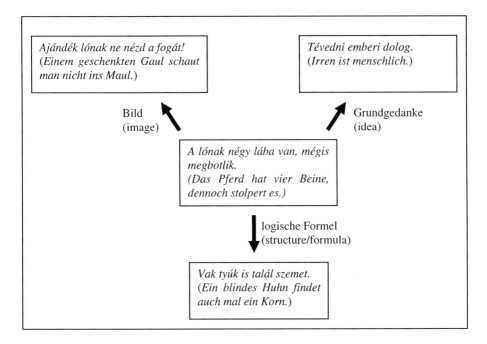

Wie aus dem oben Gesagten zu entnehmen ist, handelt es sich bei dieser Analyse um größere Datenmengen und mehr als eine Art der Klassifizierung. Die Daten werden aus mehreren Perspektiven betrachtet und dementsprechend annotiert. Aus diesem Grund hat sich eine computergestützte Datenbank als unentbehrlich erwiesen.

Die Zuordnung der Sprichwörter zu den verschiedenen Kategorien wird nach einem Verfahren, das unter dem Namen „bottom-up"-Algorithmus bekannt ist, verlaufen. Bei diesem Verfahren wird von unten nach oben ein Kategoriebaum aufgebaut. Die konkreten Sprichwörter werden als Blätter des Baumes fungieren. Ihre Bedeutung oder Grundgedanke (als Erläuterung im Sprichwörterbuch zu finden) wird als Vaterknoten über das Blatt (den Kindknoten) eingesetzt. Der Themenkreis (Lebens- bzw. Kulturbereich) dieses Grundgedankens oder der Begriff, über den das Sprichwort eine Meinung äußert, bildet die übergeordnete Kategorie, die ihrerseits auch als Kindknoten im Verhältnis zu einem weiteren Oberbegriff bezeichnet werden kann. Die einzelnen Proverbien werden so von untergeordneten über übergeordnete Kategorien zur Baumwurzel geleitet, wo sich alle Parömien unter der universalen Kategorie „Sprichwörter" vereinen.

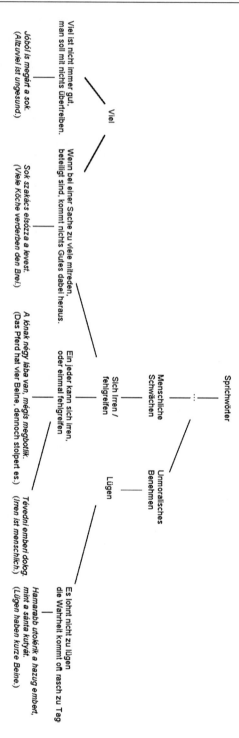

Eine ähnliche Baumstruktur wird auch die Klassifizierung nach dem Image aufweisen. Die Gruppierung auf Grund der logischen Struktur wird mit hoher Wahrscheinlichkeit die Form einer Liste mit Haupt- und Subelementen haben.

8 Ausblick

Die drei Optionen zur Typisierung von Sprichwörtern erschöpfen nicht alle Möglichkeiten, die die Datenbank bieten kann. Vorgesehen ist noch die Kategorisierung der Parömien nach Sprechabsicht. Dabei handelt es sich darum, zwischen der Äußerung von einfachen Beobachtungen, der Formulierung einer klaren Meinung (einem Urteil über bestimmte Sachverhältnisse) oder aber dem Ausdruck einer Warnung, Vorschrift, Zurechtweisung usw. zu unterscheiden.

Außerdem steht die Annotation der Belege, oder mit anderen Worten die detaillierte und präzise Beschreibung formbezogener Informationen, stilistischer Markierungen und Angaben über Herkunft oder literarische Quellen weiterhin im Mittelpunkt meiner Arbeit.

In einem späteren Stadium wird die Datenbank ins Internet gestellt und frei zugänglich gemacht. Sämtlichen Linguisten und Volkskundlern wird die Suche nach bestimmten Proverbien, thematischen Begriffen und Themen, oder nach einzelnen sprachlichen Elementen ermöglicht. Zugelassen wird ferner die Aktualisierung der sprachlichen Daten durch Hinzufügen neuer und Korrigieren schon vorhandener Angaben sowie das Erweitern des Klassifikationssystems durch neue Kategorien.

Literatur

BAŃCZEROWSKI, Janusz (2000): A nyelv és a nyelvi kommunikáció alapkérdései. Budapest.
DIESTEL, Reinhard (2006): Graphentheorie. Heidelberg.
Duden (2002): Redewendungen. Wörterbuch der deutschen Idiomatik. Mannheim. (Duden; 11).
FÖLDES, Csaba (2005): Kulturgeschichte, Kulturwissenschaft und Phraseologie: deutsch-ungarische Beziehungen. In: HAUSNER, Isolde/WIESINGER, Peter (Hrsg.): Deutsche Wortforschung als Kulturgeschichte. Beiträge des Internationalen Symposiums aus Anlass des 90-jährigen Bestandes der Wörterbuchkanzlei der Österreichischen Akademie der Wissenschaften. Wien, 25.–27. September 2003. Wien. S. 323–345.
KANYÓ, Zoltán (1981): Sprichwörter – Analyse einer einfachen Form. Budapest.
LAUHAKANGAS, Outi (2001): The Matti Kuusi International Type System of Proverbs. Helsinki.

LEWANDOWSKA, Anna/ANTOS, Gerd (2004): Sprichwörter als kulturelle Metaphern oder „Warum gebrauchen wir heute noch Sprichwörter?" Ein kultur-kognitiver Erklärungsversuch. In: FÖLDES, Csaba (Hrsg.): Res humanae proverbiorum et sententiarum. Ad honorem Wolfgangi Mieder. S. 167–186.

[PERMJAKOV] ПЕРМЯКОВ, Григорий Л. (1968): Избранные пословицы и поговорки народов Востока. Москва.

[PERMJAKOV] ПЕРМЯКОВ, Григорий Л. (1979): Пословицы и поговорки народов Востока. Москва.

[PERMJAKOV] ПЕРМЯКОВ, Григорий Л. (1988): Основы структурной паремиологии. Москва.

MIEDER, Wolfgang (2004): Proverbs: a Handbook. Westport.

RÖHRICH, Lutz/MIEDER, Wolfgang (1977): Sprichwort. Stuttgart.

T. LITOVKINA, Anna (2005): Magyar közmondástár. Budapest.

Transliterieren. *http://www.vonrauch.de/compslav/transreg.html*, gesehen am 06.12.2006.

Katalin Kocsis-Csízy (Veszprém)

Proverbien und proverbiale Redewendungen in den Werken von Julian dem Abtrünnigen

1   Über die Werke des Kaisers Julian

Mein Aufsatz verfolgt das Ziel, die Bildung des römischen Kaisers Flavius Claudius Iulianus (Herrscher von 361 bis 363 n. Ch.), seine in Schriften zum Ausdruck gebrachten politischen Schritte mit Hilfe der Proverbien zu erschließen. Der Kaiser war der letzte Vertreter der konstantinischen Dynastie, der ein Toleranz- und Restitutionsedikt zugunsten der heidnischen Kulte erlassen hat.

Julian hat trotz seines kurzen Lebens zahlreiche Werke geschaffen, obwohl das überlieferte *Corpus* nicht vollständig ist, verfügen wir über viele unter seinem Namen erhalten gebliebenen Schriften. Abgesehen von einigen Edikten hat der Kaiser nur auf Griechisch geschrieben. Zu seinen frühen Reden gehören die *Panegyrici,* d.h. die Prunkreden, die an den Kaiser Constantius und die Kaiserin Eusebia gerichtet sind. Einige literarische Briefe und Episteln wurden uns überliefert, chronologisch ist die erste Trostrede (*logos paramythétikos*) adressiert an Salustius, den kaiserlichen Präfekt. Der an den Athener geschriebene Brief beinhaltet den kurzen Lebenslauf und zugleich auch die politischen Vorstellungen des Kaisers. An den Rhetor Themistios wurde die über die Regierung formulierte *Oratio* berichtet, die der Kaiser ebenfalls in Form eines literarischen Briefs zu Papier gebracht hatte. Von ihm sind zwei längere Invektiven zu lesen, die eine dieser Streitschriften hat er gegen den Kyniker unter dem Namen Heraklios geschrieben. Der konkrete Adressat der anderen angreifenden Schrift ist nicht bekannt, diese wurde an einen ungebildeten Kyniker adressiert. Seine *Hymnen an Kybele und Helios* widerspiegeln die Wirkung der neuplatonischen Philosophie. Unter den Werken nimmt einen besonderen Platz die Satire unter dem Titel *Caesares* ein, in der Julian die ehemaligen Herrscher des Römischen Reiches nacheinander anführte. Seine letzte längere Schrift ist die an die Antiocher gerichtete angreifende, zugleich auch apologetische Rede unter dem Titel *Barthasser (Misopogon).* Wir können sein nur aus Fragmenten bestehendes *Gegen die Galiläer* oder den christlichen Lehren gegenüber abgefasstes Werk als eine Streitschrift betrachten. Diese Abhandlung legt ein Zeugnis von den ausgezeichneten biblischen Kenntnissen Julians ab. Durch viele literarische und

Privatbriefe wird die Palette belebt. Diese wurden dem aktuellen Aufenthaltsort des Kaisers nach in Gruppen eingestuft.

2 Über die Kriterien der Erkennbarkeit der Proverbien und proverbialen Redewendungen und über die Gruppierung der Proverbien

Wie können die Proverbien und proverbiale Redewendungen anhand der antiken Sammlungen und der Fachliteratur erfasst werden?

Den Ausgangspunkt der Sammelarbeit hat das kurze, in Schriften Julians vorkommende, sich auf die P r o v e r b i e n beziehende Kapitel einer Monographie des hervorragenden Professors, namens BOUFFARTIGUE, gebildet.[1] Dann haben die Anhaltspunkte die Julian-Editoren, in erster Linie BIDEZ, ROCHEFORT, LACOMBRADE und deren Kommentare gegeben.[2] In den Editionen wird hie und da, aber leider nur lückenhaft erwähnt, dass je ein Sprichwort in der Sammlung von *Paroemiographi Graeci* zu finden ist.

Von diesen Kreuzverweisen konnten wir schon betreffend der Erfassungsmöglichkeit der Proverbien ausgehen, das heißt: wir haben zuerst die einleitenden Formeln geprüft. Das Griechische *Gnome*, oder Lateinisch *sententia*, verwenden wir, wenn die Redewendung einen konkreten Verfasser hat. Im Gegenteil dazu verstehen wir unter einer *Paroimia*, auf Lateinisch *proverbium*, ein Sprichwort, das keinen Verfasser hat. Beachtenswert ist, dass Julian den Ausdruck „Gnome" nie, aber den Ausdruck *Paroimia* (1.) häufig angewendet hatte, er hatte die Sentenzen sehr oft mit dem Ausdruck „man sagt", „der Spruch ist geläufig" usw. (2.), oder mit einem Adverb mit vergleichendem Sinn: „wie man denkt" (3.) eingeleitet, oder angegeben, von wem das zum Proverbium gewordene Zitat stammt: „wie Homer sagt" (4.). Danach konnten wir schon Beispiele dafür auffinden, und diese wurden durch die Sammlungen bestätigt, wenn die grammatische Konstruktion auf das Proverb verwies (*pronomen relativum, genitivus comparationis*) (5.), darüber hinausgehend hat der Verfasser nicht verraten, dass die Rede von einem Proverb ist. (6.) Diese zuletzt erwähnte Gruppe hat den schwierigeren Teil der Nachforschungen bedeutet. Wir waren dabei bemüht, vom *Corpus* auszugehen, sodann aufgrund der anderen, in die Untersuchung einbezogenen Sammlungen die Spur je eines Sprichworts aufzufinden.[3]

---

[1] BOUFFARTIGUE, Jean (1992): L'Empereur Julien et la culture de son temps. Paris. S. 309 ff.
[2] ROCHEFORT, Gabriel (ed.) (1963): L'empereur Julien, Œuvres complètes T. II./1.: Discours de Julien Empereur. Paris. LACOMBRADE, Christian (Hrsg.) (1964): L'empereur Julien, Œuvres complètes T. II./2.: Discours de Julien Empereur. Paris.
[3] Diese waren die Folgenden: *Athos-Sammlung*, Fragmente von Klearchos, Sammlungen von STRÖMBERG und OTTO, dann die Sprüche der sieben Weisen, *Suda*-Lexikon, Sentenzen von

Die bei Julian auffindbaren Proverbien können in acht Gruppen eingestuft werden, nämlich die Folgenden:

Die erste Gruppe bilden die an die philosophischen Schulen anzuschließenden Proverbien (hierher gehören auch die Orakel) (22 Proverbien - mit einer Häufigkeit von 22,68%) (97=100%).

> Z.B.: *Rede an Themistios* – Or. VI, 260 C „Erkenne dich selbst."

Die zweite Gruppe bilden die Sprichwörter und Sentenzen, welche die Lebensweisheiten beinhalten. Diese sind oft philosophischen Inhalts und innerhalb dessen von ethischen Inhalts, jedoch nicht eindeutig mit den philosophischen Schulen zu verbinden. Von diesen stammen mehrere Zitate von Homer und den Dramatikern, von Euripides, Aristophanes, Eupolis. (19 Proverbien; Häufigkeit von 18,55%)[4]

> Z.B.: *Rede an Salustius* – Or. IV, 247 C „die Übersättigung hat den Übermut, die Entbehrung aber das sehnsüchtige im Gefolge" (Übers.: ASMUS)[5] (vgl.: Übermut tut selten gut.)

In der dritten Gruppe sind unter den Personen Myrmekides, Pheidias, Glaukos, Pythagoras, Hippokleides, Adonis und im Allgemeinen „die Götter" ohne konkrete Benennung angeführt. (7 Proverbien, Häufigkeit: 7,21%)

> Z.B.: *Caesares* – Or. X, 329 C „ein Adonisgärtlein" (Übers.: MÜLLER)[6]

Der vierte inhaltliche Gesichtspunkt ist die lebende Welt, die zugleich auch ein p h y s i o l o g i s c h e r Aspekt ist: Julian erwähnt von den Tieren Fische, Drohnen, Löwen, Vögel, Pferde, Schwäne, Ochsen, Frösche und Weihen und aus der Pflanzenwelt Fichten, Trauben, Kümmel, Eichen. Es ist gut zu entnehmen, dass er mit den Tieren verbundene Sprichwörter viel häufiger zitiert hat. (15 Proverbien, Nachweis: 15,46%)

> Z.B.: *Rede an Salustius* – Or. IV, 249 A „Die Spuren der fliegenden Vögel ausfindig machen." (Übers.: ASMUS)[7]

Die fünfte Gruppe war die Gesamtheit der sich an die Völker und die geographischen Einheiten anschließenden Sprichwörter.[8] Es ist interessant, dass es

---

Sextus, Menandros und Theognis, Anthologie von Stobaios, Kommentar von Eustathius, Sammlung der Orakel aus Delphi, zusammengestellt durch PARKE und WORMELL und *Sprichwörter* der Komiker, siehe im Literaturverzeichnis.

[4] Or. XII. 337 C: Schriftstelle verweist nur auf das Sprichwort, wir haben dies deswegen nicht als statistische Angabe berücksichtigt.
[5] ASMUS, Rudolf (1908): Kaiser Julians Philosophische Werke. Leipzig.
[6] MÜLLER, Ludwig Friedrich (Hrsg.) (1998): Die beiden Satiren des Kaisers Julianus Apostata. Stuttgart. (Palingenesia; 66).
[7] S. Anm. 5.

innerhalb dieser Gruppe mehrmals verurteilende Proverbien gibt, wenn je ein Sprichwort bezüglich der Einwohner gewisser Städte und Inseln mit negativem Vorzeichen angewendet wurden. (12 Proverbien, Nachweis: 12,37%)

> Z.B.: *Rede an Herakleios* – Or. VII, 223 B „Man sollte Dir Antikyra verordnen." (ASMUS)[9] (d.h. Du hast den Sinn verloren. – Antikyra war eine phokische Stadt, wo viel Nieswurz, ein Mittel gegen Verrücktheit, wuchs.)

Innerhalb des sechsten Themenkreises sind die sich auf die Landwirtschaft beziehenden Proverbien zu finden. Diese stehen mit dem Joch, mit dem Treibstachel in Verbindung und beziehen sich im Allgemeinen auf die Zwangsläufigkeit. (3 Proverbien, 3,09%)

> Z.B.: *Rede an Salustius* – Or. IV, 246 B „Gegen den Stachel löcken." (ASMUS)[10]

In die siebente Gruppe gehören die auch von den Parömiographen als eine gesonderte Einheit betrachteten *adynata* (Unmöglichkeiten). Julian beruft sich selten auf derartige *Proverbien*. (4 *Proverbien*, 4,12%)

> Z.B.: *Rede an Salustius* – Or. IV, 249 A „Einen Stein kochen." (ASMUS)[11]

Die achte Einheit bilden die Sprichwörter, die den oben angeführten nicht zugeordnet sind. (16 *Proverbien*, die Häufigkeit beträgt 16,49%)

3   Quellenanalyse der philosophischen Proverbien

Unter den angeführten Textstellen von Julian kommen diese in einer auffällig großen Anzahl in der philosophischen Relation vor. Zuerst möchten wir festlegen, dass diese Sprichwörter ohne Ausnahme in der Argumentation eine Rolle spielen. Es ist feststellbar, dass sich der Verfasser meistens auf die Mahnung „*Erkenne Dich selbst*" und auf das zum „*Nachfolgen der Götter*" auffordernde neuplatonische *Parainesis* beruft. Weiterhin zitiert er das sich auf den Kyniker Diogenes nachgesagte Werturteil beziehende Sprichwort „*Präge die gangbare Münze um*". Die genannten sind ohne Ausnahme Orakel in Delphi.

---

[8] Er hat dabei auf die Thessalia auch zweimal verwiesen, weiterhin beruft sich auf das Hügelgelände von *Areospagos*, auf Kolophon, auf den Berg Athos, auf Megara, Athen, die Thrakia, die Einwohner der Magnesia, auf Sardinien, Antikyra und die Einwohner der Mykonos.
[9] S. Anm. 5.
[10] Ebd.
[11] Ebd.

Zu den vom Kaiser hochgeschätzten Denkern gehörte Pythagoras und im Zusammenhang mit dem Philosophen ist es sicher, dass Julian der von im Kreis der Neuplatoniker eine große Popularität genießendem Porphyrios und Jamblichos stammende Lebenslauf bekannt war.

Unser Verfasser hat häufig aus den Dialogen von Platon zitiert. Diese Werke hatten in der rhetorischen Bildung allgemein eine bedeutende Rolle gespielt, in mehreren Fällen ist je ein Proverb konkret einem Philosophen anzurechnen. Das bestätigt jedoch nicht, dass Platon der erste war, der die Sprichwörter angewendet hatte. Diese Anführungen spielen in der Argumentation im Allgemeinen eine Rolle,[12] im anderen Falle wird dadurch die Erzählung belebt.[13]

Aristoteles wurde im Kreis der Neuplatoniker als ein besonders hoch geachteter Verfasser betrachtet. Seine Werke wurden nicht nur gelesen, sondern auch kommentiert. Julian hat vom Erzieher von Alexander dem Großen viele Ideen übernommen. Wir können im Laufe der Untersuchung der Proverbien an mehreren Stellen auf Übereinstimmungen und Ähnlichkeiten treffen.[14] Die *Nikomachische Ethik* hatte Julian nicht nur im Bereich der Sprichwörter, sondern auch der Gedankenfolge ziemlich oft als Quelle gedient. In der *Rhetorik* und unter den Fragmenten finden wir ebenfalls Berührungspunkte.[15] Julian hatte mehrmals den Gedanken zum Ausdruck gebracht, den Aristoteles in der *Physik* formuliert hatte: „der Vater unserer aller Helios".[16] In Verbindung mit dieser Lehre führt Julian eine theologische Schrift von Aristoteles an, wenn er über die Verwandtschaft zwischen den Göttern und den Menschen spricht.[17] Über die Schriften von Julian können wir zu der Schlussfolgerung gelangen, dass Aristoteles in gewisser Hinsicht eine wichtigere oder gleichwertige Rolle gespielt hatte als Platon.

---

[12] Iulian. Or. X, 314 B.
[13] Iulian. Or. I, 40 B; Or. II, 112 A; Or. IX, 197 D; Or. X, 334 A.
[14] Übereinstimmungen: Arist. NE 1095b, 1159b ~ Iulian. Sal. 245 A; Arist. NE 1132b ~ Iulian. Caes. 314 A. Ähnlichkeiten: Arist. Rhet. 1358b ~ Iulian. I Const. 19 D; Arist. Fr. 57 ~ Iulian. Sal. 247 C; Arist. NE 1121b ~ Iulian. Caes. 312 A; Arist. NE 1103a ~ Iulian Misop. 353 A.
[15] All diese Feststellungen untermauern die Tatsache, dass sich Julian an zahlreichen Stellen auf Aristoteles, in Verbindung mit der Ausführung der *monarchischen Idee* auf die *Politik* (Arist. Pol. 1285b, 1287a ~ Iulian. Them. 260 C-261 D) beruft. Als er von dem Glück geschrieben hatte, finden wir einen Verweis auf die *Nikomachische Ethik* (Arist. NE 1099b; 1177b ~ Iulian. Them. 264 B); im Zusammenhang mit der sinnvollen Tätigkeit der Seele wiederum einen Verweis auf die *Nikomachische Ethik* (Arist. NE 1098a ~ Iulian. Herakl. 206 AB).
[16] Arist. Phys. II. 2 ~ Iulian. Hel. 131 C; C. G fr. 21, 115 D.
[17] Iulian. Them. 265 B. Die Identifizierung dieses Werkes von Aristoteles ist strittig, siehe: ROCHEFORT (1963: 176.).

Im Laufe des Studiums der Proverbien sind wir bei Julian auf mehrere, vermutlich von Porphyrios stammende Schriftstellen gestoßen, aus denen darauf zu schließen ist, dass dem Kaiser gewisse Schriften des syrischen Gelehrten gut bekannt waren, so der an Markella gerichtete literarische Brief, in dem zahlreiche Proverbien enthalten waren. Wir können in der gegen die Kyniker geschriebenen Abhandlung, weiterhin in der Satire unter dem Titel *Caesares* und im Werke von Porphyrios auch inhaltliche Übereinstimmungen entdecken.[18] Wir konnten im Schriftwerk unter dem Titel *De abstinentia (Über die Abstinenz)* und ebenfalls in der gegen die Kyniker abgefassten Rede parallele Stellen aufdecken.[19] Im Laufe der Analyse konnte festgestellt werden, dass der neuplatonische Philosoph Porphyrios in der Bildung von Julian eine entscheidendere Rolle hätte spielen können als Bouffartigue angenommen hatte, schließlich wird die Gedankenverwandtschaft mit dem philologischen Argument, auch durch die Beziehung zum Kontext untermauert.

4 Untersuchung der Rolle der Proverbien in den Reden

Es stellt sich aber die Frage, ob Julian die Sprichwörter in jedem Falle bewusst und im Voraus formuliert verwendet hatte? Aufgrund dieser Überlegung haben wir die statistische Analyse in der Hinsicht vorgenommen, dass die Proverbien in der Argumentation eine Rolle spielen. Wir können feststellen, dass der Verfasser in der Mehrzahl der Fälle mit den Sprichwörtern argumentiert hatte. Sollten die Sprichwörter gemäß den rhetorischen Schulbüchern im Altertum auch allein doppelte Bedeutung haben, so können wir die sich auf diese zwei Ebenen der Auslegung beziehenden Feststellungen auch beim Kaiser auffinden. (Iulian. Or. VII 218 AB *paradeigma eskematismenon*) Im Falle der argumentierenden Sprichwörter waren wir bemüht, Syllogismen aufzustellen, die in der Interpretation der Reden eine Art und Weise der Lösungsmöglichkeiten bedeuten, falls die Proverbien an sich selbst nur *Enthymemas*, unvollständige Syllogismen sind.

---

[18] Proph. PM 9 ~ Iulian. Kyn. 187 D; Proph. PM 13-14~Iulian. 328 D.
[19] Porph. De abst. I, 47, 3 ~ Iulian. Kyn. 198 D-199 A. Unserem Verfasser war vermutlich die verlorene Abhandlung von Porphyrios unter dem Titel *Gnothi sauton* bekannt, die nur in der Wahl von Stobaios bestehen geblieben ist. Julian übernimmt, wie wir es sehen konnten, auch mehrere zwar banale Attribute, die als Tugenden des idealen Herrschers angeführt waren. Ein guter Herrscher ist zugleich auch Geistlicher, Dichter und Philosoph. (*V Plot.* 15). Ihm konnte weiterhin die Abhandlung des syrischen Gelehrten über die Höhle der Nymphen (*De antro nympharum*) bekannt sein. Von entscheidender Bedeutung ist die *Gegen die Christen* geschriebene Invektive beinahe unter gleichem Titel, bei Julian können mehrere ähnliche Gedanken entdeckt werden.

Als Ergebnis unserer Nachforschungen haben die Proverbien im Allgemeinen einen Teil des Beweises gebildet, der Kaiser hatte mit diesen Proverbien argumentiert: 97 von 84 Fällen in 86,59%.

Als Beispiel möchte ich eine Sentenz erwähnen, die eigentlich nur ein Fragment aus der altertümlichen Literatur ist und von Epicharmos, einem philosophischen Komödiendichter, stammt:

Rede an Salustius Or. IV, 247 A „Der Geist sieht und der Geist hört."

Anhand des Textes können wir den folgenden Syllogismus feststellen:

Das gesehene Bild ist durch den Geist erfasst.
<u>Mit Hilfe der Sonne werden Bilder gesehen.</u>
Mit Hilfe der Sonne funktioniert der Geist.

Von diesen im spätantiken Neuplatonismus beliebten Gedanken wurde der hervorragende deutsche Dichterfürst Goethe inspiriert, als er *Des Paria Gebet* gedichtet hatte:

Wär' nicht das Auge sonnenhaft,
Die Sonne könnt' es nie erblicken,
Läg' nicht in uns des Gottes eigne Kraft,
Wie könnt' uns Göttliches entzücken? (GOETHE 1998)

Zusammenfassend können wir feststellen, dass die uns aufgrund der Proverbien sich erschließende Bildung von Julian seine politischen und zugleich auch seine glaubenspolitischen Richtlinien widerspiegeln. Den Beinamen *Apostata* hat die Nachwelt Julian zu Unrecht „angehängt", schließlich war der neuplatonische Herrscher in der Tat nie Christ, nur ein dem Ahnenkult immerfort treuer, die heidnische Wertordnung verehrender geistlicher König.

Literatur

ASMUS, Rudolf (1908): Kaiser Julians Philosophische Werke. Leipzig.
ATHANASSIADI-FOWDEN, Polymnia (1981): Julian and Hellenism. An Intellectual Biography. Oxford.
BIDEZ, Joseph (1940): Julian der Abtrünnige. München.
BIDEZ, Joseph (ed.) (1932): L'empereur Julien: Œuvres complètes, tome I./2. Paris.
BIDEZ, Joseph (ed.) (1972): L'empereur Julien: Œuvres complètes, tome I./1. Paris.
BOUFFARTIGUE, Jean (1992): L'Empereur Julien et la culture de son temps. Paris.
BOUFFARTIGUE, Jean/PATILLON, Michel (ed.) (1977, 1979): Porphyre: De l'Abstinence. Tom. I–II. Paris.
BOWDER, Diana (1978): The Age of Constantin and Julian. London.
BRINGMANN, Klaus (2004): Kaiser Julian. Darmstadt.
CHADWICK, Henry (ed.) (1959): The Sentences of Sextus. Cambridge.
DIEHL, Ernest/YOUNG, Douglas (eds.) (1961): Theognis. Ps.-Pythagoras. Ps.-Phokylides. Lipsiae.

FUHRMANN, Manfred (1984): Die antike Rhetorik. München/Zürich.
GIEBEL, Marion (2002): Kaiser Julian Apostata: Die Wiederkehr der alten Götter. Düsseldorf/Zürich.
GOETHE, Johann Wolfgang von (1998): Gedichte und Epen I, Erich Trunz (Hrsg.): Hamburger Ausgabe in 14 Bänden, Bd. I, München.
JAEKEL, Siegfried (ed.) (1964): Menandri Sententiae. Lipsiae.
LACOMBRADE, Christian (ed.) (1964): L'empereur Julien. Œuvres complètes T. II./2.: Discours de Julien Empereur. Paris.
LEUTSCH, Ernst Ludwig von/SCHNEIDEWIN, Friedrich Wilhelm (Hrsg.) (1839, 1851, 1965): Corpus Paroemiographorum Graecorum. Tom. I, Gottingae, tom. II, Gottingae, tom. III. Hildesheim.
MASARACCHIA, Emanuella (ed.) (1990): Giuliano Imperatore Contra Galilaeos. Roma.
MÜLLER, Ludwig Friedrich (Hrsg.) (1998): Die beiden Satiren des Kaisers Julianus Apostata. Stuttgart. (Palingenesia; 66).
OTTO, August (Hrsg.) (1964): Die Sprichwörter und sprichwörtliche Redensarten der Römer. Hildesheim.
PARKE, Herbert William/WORMELL, Donald Ernest Wilson (eds.) (1956): The Delphic Oracle. Vol. I–II. Oxford.
ROCHEFORT, Gabriel (ed.) (1963): L'empereur Julien. Œuvres complètes T. II./1.: Discours de Julien Empereur. Paris.
ROSEN, Klaus (1997): Kaiser Julian auf dem Weg von Christentum zum Heidentum. Jahrbuch für Antike 40. S. 126–146.
ROSS, William David (ed.) (1955): Aristotelis Fragmenta selecta. Oxonii.
SPYRIDONIDOU-SKARSOULI, Maria (Hrsg.) (1995): Der erste Teil der fünften Athos-Sammlung griechischer Sprichwörter. Berlin/New York.
STRÖMBERG, Reinhold (ed.) (1954): Greek Proverbs. Göteborg.
THEILER, Willy (1964): Die Vorbereitung des Neuplatonismus. Berlin/Zürich.
TZIATZI-PAPAGIANNI, Maria (Hrsg.) (1994): Die Sprüche der sieben Weisen. Zwei byzantinische Sammlungen. Stuttgart/Leipzig.
WACHSMUT, Curtius/HENSE, Otto (eds.) (1958): Ioannis Stobaei Anthologii qui inscribi solent Eclogae et Ethhicae. Vol. I–V. Berlin.
WEHRLI, Fritz (Hrsg.) (1948): Die Schule des Aristoteles: Klearchos. Texte und Kommentar. Heft III. Basel.
WIEMER, Hans-Ulrich (1995): Libanios und Julian. Studien zum Verhältnis von Rhetorik und Politik im vierten Jh. n. Ch. München. (Vestigia; 46).
WYSS, Wilhelm von (Hrsg.) (1889): Die Sprüchwörter bei den Römischen Komikern. Zürich.

Barbara Komenda-Earle (Szczecin)

Moderne Sprichwörter untersuchen – das Was und das Wie, dargestellt an deutschem und polnischem Material

Das Thema neuer oder moderner Sprichwörter mag lebhafte Neugier wie leises Misstrauen wecken. Sprichwörter sind sprachlich tradierte Formulierungen in der Form von Sätzen, die eine Lebensweisheit, eine Moral oder eine Erfahrung vermitteln. Die den Sprichwörtern traditionell zugesprochene Lehrhaftigkeit und Universalität verleiten zur stillschweigenden Annahme, dass Sprichwörter in ihrem Entstehungs- und Verbreitungsprozess der Vergangenheit angehören.

Die Verzeichnung moderner Sprichwörter, die Idee ihrer Aufnahme in Wörterbücher und das Problem ihrer unzulänglichen Behandlung in der Parömiologie und Lexikographie, sind nicht neu und werden oft genug angesprochen (vgl. RÖHRICH/MIEDER 1977: 27, 114–118, MIEDER 1992: 8, 20–31, 1995, 1999: 3, 2003: 2566).

> Es gibt eben keine Kulturepoche, auch nicht die supermoderne, die sich von der Sprichwörterweisheit völlig befreien kann. [...] Es gibt keine Kulturepoche, die plötzlich von heute auf morgen dem Sprichwort den Garaus machen könnte (MIEDER 2004: 422).

Wie zuversichtlich diese Feststellungen anmuten mögen, so schwierig erscheint der methodologische Zugang zum Gegenstand. Einer Überlegung wert scheint also, wie sich die Zuversicht auf Sprichwörter moderner Zeit und das heutige Verständnis des Untersuchungsgegenstands *Sprichwort* bedingen, und falls der Begriff der modernen Sprichwörter begründet ist, wie er dann zu operationalisieren wäre.

Als Konstanten der Sprichwörtlichkeit gelten in der Parömiologie: die Satzform, die Tradierung und die kulturelle Gebundenheit (vgl. PERMJAKOV 1997, GRZYBEK 1995, MIEDER 1992, BURGER 2003: 101–105). Dem semiotischen Ansatz (hauptsächlich in der Ausprägung von PERMJAKOV) folgend, wird hiermit versucht, Merkmale festzulegen, die moderne Texte in Beziehung zur Kategorie *Sprichwort* setzen lassen.

1 Sätze identifizieren: Klischiertheit und Tradierung

Nach JOLLES (nach GRZYBEK 1995, HOFMEISTER 1995: 58–61) sind Sprichwörter sprachliche Formeln, die Erfahrungen beschließen und deswegen an die Vergangenheit gebunden sind. Semantisch betrachtet kann man von Erfahrungen nur vergangenheitsorientiert sprechen: Erfahrungen gelten als abgeschlossene Erlebnisse, gewonnene und eingeübte Erkenntnisse.

Moderne semiotische Erhebungen beweisen aber, dass eines der wesentlichsten Merkmale der Sprichwörter nicht darin besteht, eine Erfahrung oder eine Moral zu übermitteln, sondern der begleitenden sozialen Situation Rechnung zu tragen (vgl. GRZYBEK 1995, HOFMEISTER 1995: 49–56, 58–61, LÜGER 57–68).

Die Einsicht begründet zum einen die Polyfunktionalität der Sprichwörter, also die Fähigkeit ihrer flexiblen Anwendung in wechselnden außersprachlichen Situationen, zum anderen spricht sie auch dafür, dass ebenso aktuelle Zeiten ihr sprachliches Zeugnis in ihren typischen Sprichworttexten finden können.

Dass der Text der sozialen Situation Rechnung trägt, ist keine ausreichende Bedingung, ihn als Sprichwort zu erklären. Von Fertigsätzen, die leicht ins Ohr fallen, sind wir täglich umgeben. Viele Slogans, Parolen, Werbesprüche, Fragmente von Liedern und Filmdialoge, Texte in Witzkalendern und Comic-Heften sind – oft mit Absicht – so geschaffen, dass sie leicht gemerkt und gerne wiederholt werden. Dabei handelt es sich allerdings nicht immer gleich um Sprichwörter. Der Text soll zuerst die sprachlichen, stilistischen und strukturellen Merkmale eines Sprichworts enthalten: prägnante und geschliffene Form, logische Struktur eines gebundenen, gedanklich abgeschlossenen Satzes (vgl. MIEDER 1992: 25–26). Darüber hinaus muss der Text bestimmte Gebrauchsfrequenz (anders: *Tradierung* oder *Volksgeläufigkeit*) in bestimmter Zeitspanne aufweisen (vgl. MIEDER 1995, 1992: 20).

Die Geläufigkeit stellt das existenzberechtigende Kriterium der Sprichwörtlichkeit dar und bereitet leider zugleich die größten Schwierigkeiten bei der Ermittlung von neuen Sprichworttexten. Die Häufigkeit des Gebrauchs ist nämlich ein Merkmal, das nur retrospektiv festgestellt werden kann (vgl. GRZYBEK 1992: 209).

Sprichwörter, auch wegen ihres Mikrotextstatus und Folklore-Charakters, eignen sich besonders gut für diachron orientierte Analysen. Synchrone Betrachtung mag wesentlich erschwert sein, insofern als die Tradierung keiner festen Norm entspricht: es lässt sich nicht verbindlich sagen, mit welcher Frequenz, in welcher geographischer Verbreitung und während welcher Zeitspanne ein Text überliefert werden muss, um die Sprichwörtlichkeit zu erreichen (vgl. MIEDER 1992: 22, 25–26).[1]

Sprachwissenschaftler gehen mit dem modernen sprichwortartigen Sprachgut sehr vorsichtig um. Die in der jüngsten Zeit von dem polnischen Linguisten, ausgezeichnetem Kenner der Sprache der Medien, Werbung und Politik BRALCZYK veröffentlichten Sammlungen, in denen auch moderne Sprichwort-Sätze, bzw. Sprichwortkandidaten berücksichtigt werden, tragen die Titel „Lexikon neuer polnischer Sätze" (2005) und „Sprichwörter, Losungen und andere polnische besondere Sätze" (2006). Der Autor notiert viele auffallende Satzausdrücke jüngsten Datums, erklärt ihren Gebrauch und deutet dahinterstehende Inhalte, ihrer sozialen Gewichtigkeit und semiotischer Wirksamkeit bewusst, wahrt aber große Umsicht hinsichtlich ihrer linguistisch-parömiologischen Eintaxierung.

Auch in dem vorliegenden Beitrag werden die angeführten Beispiele nicht direkt als Sprichwörter bezeichnet. Es handelt sich um aktuell bekannte und benutzte Sprüche oder Kommentarformeln, die jeweils die Form von Sätzen haben, bestimmte Eigenschaften der Sprichwörter aufweisen, hinsichtlich ihrer noch relativ kurzen Lebendigkeit nicht auf die sprichwörtliche Tradierung hin geprüft werden können. In diesem Verständnis verlasse ich mich auch auf Bezeichnungen wie *neue Sprüche, sprichwortähnliche Satzphraseme, Sprichwortkandidaten* oder auch *neue/ moderne Sprichwörter*.

2 Verhältnisse gestalten, Situationen darstellen: Zeichen- und Modellcharakter der Sprichwortkandidaten

Seit PERMJAKOV pflegt man vom Modellcharakter der Sprichwörter zu sprechen. Sprichwörter sind nicht bloß einfache sprachliche Satzzeichen, mit denen wir uns auf die betreffenden Situationen beziehen, sondern auf der Folklore-Ebene dienen sie als Modelle bestimmter Situationen und Sachverhalte. Dass Sprichwörter Modelle darstellen bedeutet, dass sie die Sachverhalte nicht nur bezeichnen, sondern auch auf eigene Weise gestalten können. Das ist möglich, weil Sprichwörter in ihrer Satz-/Textstruktur eine eigene Wirklichkeit behalten, ein eigenes System von Denotaten bilden, die keine direkte Nachbildung der Denotate allgemeinsprachlicher Inhalte, sondern ein eigenes semiotisches Modell sind. In dieser sekundären Funktion dienen Sprichwörter als Vorlagen für „typenhafte reale oder gedachte Situationen des Lebens"

---

[1] Die Geläufigkeit kann nicht anders als über demoskopisch ausgerichtete Untersuchungen (Umfragen) für jedes etwaige neue Sprichwort nachgeprüft werden (vgl. MIEDER 1992: 24). Generell gilt, den Nachweis der allgemeinen Bekanntheit und Gebräuchlichkeit zu erbringen (vgl. GRZYBEK 1991).

(PERMJAKOV, zit.n. BURGER 2003: 101), die das „Verhältnis zwischen den Objekten modellieren" (PERMJAKOV 1997).

Modal gesehen sind Sprichwortsätze meistens Festlegungen, manchmal Empfehlungen. Sprichwörter haben dazu bildhaften Charakter und können mit zwei echten phraseologischen Bedeutungen verwendet werden, die beide auch als konventionelle Bedeutungen des Sprichworts zu gelten haben (vgl. BURGER 2003: 104) Die Bildlichkeit erweist sich dabei als eine Erscheinung gradueller, bzw. funktionaler Art (vgl. GRZYBEK 1992: 197). Beispiele der modernen Sprichwortsätze veranschaulichen, wie die Bildlichkeit entsteht. Durch den metaphorischen Gebrauch fallen den an sich syntaktisch einfachen Aussagen neue Bedeutungen zu, die ihre Verwendung in einer symbolischen Funktion gestatten. Auch scheinbar unwirksamen Sätzen kann mit der Zeit sprichwörtliche Metaphorik durch den Gebrauch zuteil werden.

Mit Hilfe des Sprichworts sollen Prinzipien komplizierter Vorgänge und Mechanismen jedem verständlich gemacht werden: die an sich unkomplizierte, im Sprichwort umrissene Situation wird metaphorisch (oder allegorisch) zu einer klärenden Formel.

Das Sprichwort ist an die Satzstruktur gebunden und die Einheit des gedanklich abgeschlossenen Satzes macht es zu einem Phänomen. Der Satz sagt etwas: der Satz hat seine Proposition. Die Proposition des Sprichwortsatzes lässt seinen Inhalt auf gerade bestehende Verhältnisse und Sachverhalte beziehen.

Die grammatisch abgeschlossene Form, die abgerundete gedankliche Struktur, Propositionalität und Bildhaftigkeit macht Sprichwörter als Texte interpretierbar. Dabei entscheiden für die sprichwörtliche Trefflichkeit nicht die sprachliche Formulierung und nicht die direkte Bedeutung allein. Texte und Sätze haben im Unterschied zu einfacheren Sprachzeichen keine Designate, so lassen sie sich nicht nach den beschriebenen Gegenständen prüfen. Texte – darunter auch die Sprichworttexte – zeigen eine eigene Semantik und Pragmatik (vgl. KOMENDA-EARLE 2006). Die neu klischierten Texte haben in der nicht weit abgelegenen Vergangenheit neue, ursprünglich nicht beabsichtigte und dem wortwörtlichen Verständnis nicht beiwohnende Bedeutungen bekommen, z.B. dt. *Nicht immer, aber immer öfter* kann mit der konkreten Bedeutung ‚es kann, muss aber nicht so sein' gebraucht werden, kann auch den allgemeineren Sinn bekommen: ‚nicht immer kann alles im Leben optimal verlaufen', poln. *Dziś prawdziwych Cyganów już nie ma (Echte Zigeuner gibt es heute nicht mehr)* erhält den metaphorischen Sinn ‚alles hat vorübergehenden Charakter'.

Schwierig voraussagbar ist, aus welchen Sätzen letztendlich tatsächliche Sprichwort-Modelle werden. Viele neue Sprüche passen sich in die alten Sprichwortschemata oder andere geläufige syntaktische Schablonen ein, wodurch ihre Verständlichkeit von Anfang an erleichtert wird. Vom Sprichwort erwartet man vor allem die Wirkung (vgl. BEBERMAYER 1989: 109): wenn wir die im Sprichwort vermittelte Situation verstehen, suchen wir gleich nach seinem außersprachlichen Inhalt und übersehen dabei oft den buchstäblichen Inhalt des Sprichworts (vgl. DETJE 1996: 110). Nicht die sprachliche Form selbst, sondern die Welt muss uns nach dem Sprichwort verständlich erscheinen (vgl. BEBERMAYER 1989: 109).

Nach BRALCZYK (2005: 7) verfestigen sich gegenwärtig formal und inhaltlich einfachere, weniger aussagestarke Sätze, die eine geringere Pflege um die Ausdruckspräzision erkennen lassen. Die Form scheint in ihnen wichtiger als der Inhalt zu sein, z.B. poln. *Ten typ tak ma (Der Typ hat es einfach so), Życie jest nowelą (Das Leben ist eine Novelle)*.

Besteht man darauf, Inhalte neuer, oft ironisch-skeptischer Sprüche wortwörtlich zu nehmen, entspringen ihrer Ironie nicht selten ein Hang zur Gerissenheit, z.B. dt. *Schiebung macht den Meister, Ohne Preis, kein Fleiß*, poln. *Kto daje i odbiera, ten coś ma (Wer gibt und wegnimmt, der hat was), W Polsce kto oddycha, ten konspiruje (Wer in Polen atmet, der konspiriert)*, zum Nichtstun, z.B. dt. *Müßiggang hat Gold im Mund, Arbeit ist aller Laster Anfang* poln. *Czy się stoi, czy się leży, dwa tysiące się należy (Steht man, liegt man, 2000 hat man)*, zur Bequemlichkeit, z.B. dt. *Morgenstund ist ungesund*, poln. *Odłóż do jutra to, co masz zrobić dziś (Verschiebe auf morgen, was du heute kannst besorgen)*, eine Tendenz zur Übertreibung, z.B. dt. *Ende gut, alles schlecht, Trau keinem über Dreißig!*, poln. *Life is brutal and full of zasadzkas and niespodziankas (... full of Fallen und Überraschungen)*, reiner Lebensgenuss bis Nachlässigkeit, z.B. dt. *Spaß muss sein, Freiheit geht vor Einheit*, poln. *Tylko krowa nie zmienia poglądów (Nur eine Kuh ändert die Meinung nicht)*, Trägheit bis Vernachlässigung moralischer Werte, z.B. poln. *Uczciwość nie popłaca (Ehrlichkeit lohnt nicht)*, manchmal Verzweiflung, z.B. dt. *Viele Wege führen ins Defizit*, poln. *Źle się dzieje w państwie polskim (Es ist was faul im Staate Polen), Od PIT-u nie przybędzie dobrobytu (Vom Steuerzahlen wird man nicht reich)*. Würdigt man die spielerische oder auch spielerisch-tückische Beschaffenheit des vorgeformten Sprachmaterials, lässt der Optimismus einen Grund zur sprachlichen Reflexion annehmen. Die Sätze müssen nicht in ihrer direkten Bedeutung gebraucht werden, aber dank ihrer Polysemantizität können sie in mannigfaltigen Funktionen auftreten und falls zutreffend, ist das ein Zeugnis dafür, dass es sich um polyfunktionale Sprichwortsätze unserer Zeit handelt.

Es scheint, dass größere Überlebenschancen diejenigen Satzaussagen haben, die von bekannten Persönlichkeiten: Schriftstellern, Journalisten oder

Politikern stammen (vgl. KŁOSIŃSKA 2004: 22).² Der Ausspruch Michail Gorbatschows von 1989 in seiner freien Übersetzung aus dem Russischen: *Wer zu spät kommt, den bestraft das Leben*, durch die Massenmedien verbreitet, ist in Windeseile zu einem neuen deutschen Sprichwort geworden (vgl. MIEDER 2004: 421). Die polnische Sprache haben in den letzten 15–20 Jahren Aussagen des Staatspräsidenten Lech Wałęsa beständig bereichert: *Nie chcem, ale muszem (Ich will es nicht, ich muss es aber), Jestem za a nawet przeciw (Ich bin dafür und sogar dagegen), Stłucz pan termometr a nie będziesz miał pan gorączki (Zerschlagen Sie das Thermometer, dann haben Sie kein Fieber mehr)*. Als eine unpersönliche sprachliche Autorität stellt sich die englische, genauer die angloamerikanische Sprache heraus. Leichten Eingang in die deutsche und polnische Sprache haben solche Lehnsprichwörter aus dem Angloamerikanischen gefunden wie: *Take it easy, Last but not least, Nobody is perfekt* (vgl. auch die hybride Bildung des Polnischen *Life is brutal and full of zasadzkas and niespodziankas*).

Einer der wichtigsten Gründe für den Gebrauch von neuen sprichwortähnlichen Satzphrasen ist ihre Vertrautheit: der Sprecher bedient sich eines Satzes, der auch dem Empfänger bekannt ist. Die Sätze werden gebraucht, damit sie zuerst bloß identifiziert werden (vgl. BRALCZYK 2005: 5, ARORA 1995). Nach dem kognitiven Verständnis entwickelt sich die Vertrautheit, wenn die sprachlichen Sprichwort-Formen sprachliche Sinnbilder erzeugen. Das Wesen sprachlicher Sinnbilder liegt darin, dass sie uns (selbst)verständliche Inhalte, für uns relevante Erlebnisse oder Erfahrungen zukommen lassen und deswegen am schnellsten in unser Bewusstsein eingehen. Wichtiges und Selbstverständliches vermittelnd, erlangen sie den Wert mentaler Modelle, kultureller Schablonen (vgl. LEWANDOWSKA/ANTOS 2001, 2004).

Vertrautheit kann eine Aussage wecken, indem sie in uns nahe Gegebenheiten und Werte evoziert. Moderne Satzaussagen begleiten uns bei der Arbeit, z.B. dt. *Arbeit ist aller Laster Anfang, Schiebung macht den Meister*, poln. *Szanuj szefa swego, możesz mieć gorszego (Schätze deinen Chef, du kannst einen schlechteren haben)*, in der Erholungszeit, beim Studium und beim Essen, kommentieren politische und soziale Entwicklungen, z.B. dt.

---

[2] Die von mir mit 54 Personen (29 polnischen Germanistikstudenten im Alter von 20–21 Jahren und 25 nicht an die Universität gebundenen Probanden) durchgeführte Pilotumfrage zur Bekanntheit von 30 ausgewählten modernen polnischen Sprichworttexten zeigte, dass am besten Texte bekannt sind, die aus gegenwärtigen Liedern und Werbespots (7 Texte), dann gerade aus Aussagen von bekannten Personen, Politikern oder Schriftstellern stammen (4 Texte). An der dritten Stelle platzierten sich neue Formulierungen ohne bekannte Autoren. Als ‚unbekannt' bzw. ‚verständlich, aber unbekannt' wurden Texte markiert, die Abwandlungen oder Kontaminationen klassischer Sprichwörter bilden.

Floating schützt vor Sorgen nicht, poln. *Przeżyliśmy potop szwedzki, przeżyjemy i radziecki (Schwedische Sintflut überstanden, sowjetische überstanden), Od PIT-u nie przybędzie dobrobytu (Vom Steuernzahlen wird man nicht reich), Nie matura, lecz chęć szczera zrobi z ciebie oficera (Nicht das Abitur, sondern der feste Wille macht Offiziere)* oder geben pseudopsychologische Kommentare zu menschlichen Veranlagungen ab, z.B. dt. *Trau keinem über dreißig*, poln. *Prawdziwy mężczyzna nigdy nie płacze (Ein echter Mann weint nicht), Chłopaki nie płaczą (Jungen weinen nicht), Ten typ tak ma (Dieser Typ hat es einfach so).*

Moderne Sprichwörter scheinen zuerst zu überraschen, zu provozieren und zum Nachdenken zu zwingen. Und sie erreichen mitunter eine eindringlichere Wirkung als alte, gut bekannte Parömien: kommentierte Ereignisse, aktuelle Aussagen bekannter Menschen, neu interpretierte menschliche Stärken und Schwächen werden sehr intensiv wahrgenommen, weil sie im Bewusstsein des Publikums sehr lebendig sind.

Vor allem soll die Gegenwart eine besondere Neigung zum witzigen Sprichwort haben (RÖHRICH/MIEDER 1977: 117), z.B. dt. *Misstrauen ist besser als Vertrauen, In der allerhöchsten Not schmeckt die Wurst auch ohne Brot, Für eine gute Diät ist es nie zu spät*, poln. *Od PIT-u nie przybędzie dobrobytu (Vom Steuernzahlen wird man nicht reich), Punkt widzenia zależy od punktu siedzenia (Der Standpunkt hängt von dem Sitzpunkt ab).* Diesen Charakterzug teilen moderne Sprichwörter mit Antisprichwörtern und Aphorismen (vgl. MILITZ 1987: 31): alte Sprichwörter beim Wort nehmend, setzen Antisprichwörter ihre Inhalte in Beziehung zu neuen Werten mit Hilfe des Humors, der Parodie oder des Paradoxes. Man sucht in ihnen „weniger Belehrung [...], als vielmehr eine auf die Gegenwart oder die momentane Situation treffende Bemerkung" (RÖHRICH/MIEDER 1977: 117). Die bisherigen Bilder werden entstellt, z.B. *Die Lüge hat ein kurzes Bein, Wer A sagt, muss auch -limente sagen* oder zerstört, z.B. *Arbeit ist aller Laster Anfang, Morgenstunde ist ungesund, Was lange gärt, wird endlich Wut, Spare in der Not, dann hast du Zeit dazu.* Der Ausbruch ist sozial anerkannt und Antisprichwörter bilden von ihrer Funktion her eine Art Anti-Folklore. Zur Aufgabe ‚Kulturwerte vermitteln' gehört nämlich untrennbar die Frage des Bruchs mit alten Kulturwerten, die in Formen des Humors oder der Ironie am besten realisiert wird (vgl. RUEF 1989: 381).

3 Kultur vermitteln: Folklore

Die Ebene der Folklore spielt in Sprichwörtern mit konkreter Formulierung, d.h. auf der Ebene der „Realien" (BURGER 2003: 102) unabdingbar mit. Obwohl die Realien moderner Sprichwörter uns auf den ersten Blick die Welt verfremden, sind es nicht nur sprachliche Formen oder semantische Inhalte, die uns beanspruchen sollen.

Nach BRALCZYK (2005: 5) sprechen wir die Sätze aus, aber eigentlich sprechen die Sätze selbst: über die Welt oder Fragmente der Welt, über neue und aktuelle Interpretation der uns umgebenden Wirklichkeit, über bestimmte Sehweisen der Welt. Außerdem sind die Sätze ein Zeugnis von sich selbst (vgl. BRALCZYK 2005: 5) oder anders formuliert: die Sätze geben ein Zeugnis der aktuellen Kultur ab.

Damit zeigt sich auch der sozial-anthropologische Charakter von neuen Sprüchen. Indem wir sie in konkreten, uns betreffenden Situationen äußern und uns dadurch auf konkrete aktuelle Entwicklungen beziehen, spielen wir zugleich auf andere Zusammenhänge an: assoziierte Kontexte aus Liedern, Filmen, Werbespots, aus der Politik und aus dem sozialen Leben.

Mit dieser Wahrnehmung gelangen wir langsam zur kulturellen Dimension der Ermittlung von modernen Sprichwörtern. Neue Sprüche sind zum großen Teil sog. Kultsätze, d.h. sie aktivieren eine bestimmte Anhängerschaft und entwickeln eine spezielle emotionelle Bindung (vgl. BRALCZYK 2005: 6). Zugleich sind sie Elemente anderer Kulturträger als die Sprache: sie entstammen dem Kode der Musik, der Literatur und Dichtung, bezeugen bedeutende geschichtliche Ereignisse.

Sprichwörter sind kulturgebundene Texte. Wenn man auch ihre Universalität und prinzipielle Anthropozentrik kritisch hinterfragen kann (vgl. u.a. HOFMEISTER 1995: 51–53, 59–69, LÜGER 1999: 57–68), bleiben Sprichwörter weiterhin beliebte Formeln, „mit denen man gerne Personen, ihre Umgebung und ihre Handlungen typisiert und sozial kategorisiert" (vgl. BURGER 2003: 119). Man kann annehmen, dass die Situationen, die in Sprichwörtern versprachlicht werden, auch im Bewusstsein und im sozialen Leben der Sprachbenutzer eine relevante Rolle spielen. Das Leben überträgt sich auf die Sprache, soziale Umgangsformen werden sprachlich durch modellhafte Mikrotexte fixiert.

BURGER (2003: 120) verfolgt diesen Gedankengang mit einer wesentlichen Einschränkung: „Es sind aber wohl nicht in erster Linie die traditionellen Sprichwörter, die für die Sprachpraxis der heutigen ‚kleinen Leute' zentral sind, sondern eher gruppenspezifische Formeln, in denen ihre Erfahrungen kondensiert, typisiert und generalisiert erscheinen".

Den Umgang mit Sprichwörtern, darunter auch besonders mit den entstehenden Sprichwörtern, sollte man streng auf seine soziolinguistische Differenzierung und Verbreitung hin prüfen (vgl. BURGER 2003: 120). Das Verhältnis der exemplarischen und systematischen Analysen von modernen Sprüchen kann nur dann zugunsten der letzteren ausfallen, wenn wir die Priorität des Gebrauchs konsequent ansetzen.

In der Untersuchung moderner Texte liegt die große Gefahr, dass die Bemühungen des Forschers nicht auf das parömiologische Niveau erhoben werden, sondern sich in der Sackgasse gruppenspezifischer Ausdrücke oder ohrenfälliger ‚Eintagsfliegen' festfahren. Eine Warnung davor kann man z.B. der treffenden Formulierung von Peter GRZYBEK (1991: 240) entnehmen: „Sprichwörter sind eine Form stereotyper Texte, die in einer Kultur über längere Zeit in relativ stabiler Form tradiert werden, obwohl die Kultur sich ständig verändert."

Laut der explikativen Orientierung in der Verwendung des Begriffs ‚Kulturspezifik' zeigt die Bindung der Ausdrücke an andere Kulturträger als die Sprache selbst, inwiefern der Ausdruck ‚kulturspezifisch' ist, d.h. inwiefern sich in ihm die betreffende Kultur manifestiert (vgl. SABBAN 2002).

Die Kultur kann man u.a. als Selektion aus einem Spektrum von Möglichkeiten verstehen (vgl. SABBAN 2002: 403). Bedenkt man in diesem Zusammenhang die Tatsache, dass sprichwortähnliche Sätze aus anderen kulturtragenden Texten in Lexika moderner Sprüche gelangen, stellt sich eine explizite Verknüpfung zwischen den spezifischen Ausformulierungen der Sprache und anderen Bereichen der Kultur heraus.

Untersuchungen im Rahmen der Kultur als empirischer Wissenschaft bleiben nach wie vor ein Forschungsdesiderat (vgl. GRZYBEK 1991: 241). Der semiotische Kulturbegriff inkludiert eine stärkere Wechselbeziehung von empirischer Feldforschung und semiotischen Konzeptionen (vgl. GRZYBEK 1991: 241). Dem Vorhaben „Tradierungs-, Wandlungs- und Austauschprozesse zu untersuchen, die jeweilige Korrespondenz zwischen sozialen und kulturellen Strukturen bestimmen" (GRZYBEK 1991: 241), bieten sich moderne Sprüche als greifbar nahes, weil in ihrem Entstehen begriffenes Material.

Um die Frage nach der Etablierung werdenden Sprichwortgutes mit einem echten sprichwörtlichen Satz zu rekapitulieren, könnte man besorgt sagen: Da ist guter Rat teuer. Im Zugang zur bunten Materie der modernen sprichwortähnlichen Satzphraseme empfiehlt sich dreierlei: 1. das sich anbietende linguistische Material im Auge zu behalten, 2. die parömiologische Vorsicht bei seiner Selektion und Klassifikation zu wahren, 3. den Gebrauch zu reflektieren, mit ausgewogener Geduld demoskopische Entwicklungen abzuwarten und der Chance auf echte Sprichwörtlichkeit zuzusehen.

Literatur

ARORA, Shirley L. (1995): The perception of proverbiality. In: De Proverbio 1/1. *www.deproverbio.com/DPjournal/DP,1,1,95/ARORA.html*, gesehen am 05.11. 2006.

BEBERMAYER, Renate (1989): Das gegenwärtige Comeback des Sprichworts. In: Sprachspiegel 45. S. 105–110.

BRALCZYK, Jerzy (2005): Leksykon nowych zdań polskich. Od lat 70. do dziś. [Lexikon neuer polnischer Sätze. Seit den 70-er Jahren bis heute]. Warszawa.

BRALCZYK, Jerzy (2006): Przysłowia, hasła i inne polskie zdania osobne [Sprichwörter, Losungen und andere polnische besondere Sätze]. Warszawa.

BURGER, Harald (2003): Phraseologie. Eine Einführung am Beispiel des Deutschen. 2., überarbeitete Aufl. Berlin. (Grundlagen der Germanistik).

CHLOSTA, Christoph/OSTERMANN, Torsten (2002): Suche *Apfel* Finde *Stamm*: Überlegungen zur Nutzung des Internets in der Sprichwortforschung. In: HARTMANN, Dietrich/ WIRRER, Jan (Hrsg.): Wer A sägt, muss auch B sägen. Beiträge zur Phraseologie und Sprichwortforschung aus dem Westfälischen Arbeitskreis. Baltmannsweiler. (Phraseologie und Parömiologie; 9). S. 19–38.

DETJE, Frank (1996): Sprichwörter und Handeln. Eine psychologische Untersuchung. Bern. (Sprichwörterforschung; 18).

GRZYBEK, Peter (1991): Sinkendes Kulturgut? Eine empirische Pilotstudie zur Bekanntheit deutscher Sprichwörter. In: Wirkendes Wort 2. S. 239–264.

GRZYBEK, Peter (1992): Probleme der Sprichwortlexikographie (Parömiographie): Definition, Klassifikation, Selektion. In: MEDER, Gregor/DÖRNER, Andreas (Hrsg.): Worte, Wörter, Wörterbücher. Lexikographische Beiträge zum Essener Linguistischen Kolloquium. Tübingen. (Lexikographica. Series maior). S. 195–223.

GRZYBEK, Peter (1995): Foudations of semiotic proverb study [1]. In: De Proverbio1/1.*www.deproverbio.com/DPjournal/DP,1,1,95/GRZYBEK.html*, gesehen am 05.11.2006.

HOFMEISTER, Wernfried (1995): Sprichwortartige Mikrotexte als literarische Medien, dargestellt an der hochdeutschen politischen Lyrik des Mittelalters. Bochum. (Studien zur Phraseologie und Parömiologie; 5).

KŁOSIŃSKA, Katarzyna (2004): Słownik przysłów czyli przysłownik [Wörterbuch der Sprichwörter also Bei-Wörterbuch]. Warszawa.

KOMENDA-EARLE, Barbara (2006): Das Sprichwort als (Mikro)text. In: Convivium. Germanistisches Jahrbuch Polen. Bonn. S. 279–301.

LEWANDOWSKA, Anna/ANTOS, Gerd (2001): Sprichwörter, metaphorische Konzepte und Alltagsrhetorik: Versuch einer kognitivistischen Begründung der Sprichwortforschung. In: Proverbium. Yearbook of International Proverb Scholarship 18. S. 167–183.

LEWANDOWSKA, Anna/ANTOS, Gerd (2004): Sprichwörter als kulturelle Metaphern oder „Warum gebrauchen wir heute noch Sprichwörter? Ein kultur-kognitiver Erklärungsversuch. In: FÖLDES, Csaba (Hrsg.): Res humanae proverbiorum et sententiarum. Ad honorem Wolfgangi Mieder. Tübingen. S. 167–186.

LÜGER, Heinz-Helmut (1999): Satzwertige Phraseologismen. Eine pragmalinguistische Untersuchung. Wien.

MIEDER, Wolfgang (1983): Deutsche Sprichwörter in Literatur, Politik, Presse und Werbung. Hamburg.

MIEDER, Wolfgang (1992): Sprichwort – Wahrwort!? Studien zur Geschichte, Bedeutung und Funktion deutscher Sprichwörter. Frankfurt (M.)/Berlin u.a. (Artes populares. Studia ethnographica et folkloristica; 23).

MIEDER, Wolfgang (1995): Paremiological minimum and cultural literacy. In: De Proverbio 1/1. *www.deproverbio.com/DPjournal/DP,1,1,95/MINIMUM.html*, gesehen am 05.11.2006.

MIEDER, Wolfgang (1999): Sprichwörter in den größeren allgemeinen und phraseologischen Wörterbüchern Deutsch-Englisch/Englisch-Deutsch, In: WIEGAND, Herbert Ernst (Hrsg.): Studien zur zweisprachigen Lexikographie mit Deutsch IV. Hildesheim/New York. (Germanistische Linguistik 143–144/1999). S. 1–40.

MIEDER, Wolfgang (1999a): Popular views of the proverb. In: De Proverbio 5/2. *www.deproverbio.com/DPjournal/DP,5,2,99/MIEDER/VIEWS.html*, gesehen am 05.11.2006.

MIEDER, Wolfgang (2003): Grundzüge einer Geschichte des Sprichwortes und der Redensart. In: BESCH, Werner/BETTEN, Anne/REICHMANN, Oskar/SONDEREGGER, Stefan (Hrsg.): Sprachgeschichte. Ein Handbuch zur Geschichte der deutschen Sprache und ihrer Erforschung. Berlin/New York. S. 2559–2569.

MIEDER, Wolfgang (2004): „Andere Zeiten, andere Lehren" – Sprach- und kulturgeschichtliche Betrachtungen zum Sprichwort. In: STEYER, Kathrin (Hrsg.): Wortverbindungen – mehr oder weniger fest. Berlin. S. 415–438.

MILITZ, Hans-Manfred (1987): Sprichwort, Aphorismus und Bedeutung. In: Sprachpflege 36, Heft 3. S. 29–33.

PERMJAKOV, Grigorij L. (1997): Der logisch-semiotische Aspekt der Sprichwörter und Redensarten. In: De Proverbio 3/2. *www.deproverbio.com/DPjournal/ DP,3,2,97/PERMJAKOV/PERMLOGISCH.html*, gesehen am 05.11.2006.

RÖHRICH, Lutz/MIEDER, Wolfgang (1977): Sprichwort. Stuttgart. (Realien zur Literatur; Sammlung Metzler; M 154).

RUEF, Hans (1989): Zusatzsprichwörter und das Problem des parömischen Minimums. In: GRÉCIANO, Gertrud (Hrsg.): EUROPHRAS 88. Phraséologie Contrastive. Actes du Colloque International Klingenthal-Strasbourg. Strasbourg 12–16 mai 1988. (Collection Recherches Germaniques N° 2). S. 379–385.

SABBAN, Annette (2002): Wege zu einer Bestimmung der Kulturspezifik sprachlicher Formeln. In: PALM-MEISNER, Christine (Hrsg.): EUROPHRAS 2000. Internationale Tagung zur Phraseologie vom 15.–18. Juni 2000 in Aske/ Schweden. Tübingen. S. 401–416.

Gyula Paczolay (Veszprém)

The Teachings of the Hungarian Decsi Proverb Collection of 1598

1 Introduction

The a u t h o r of the first Hungarian collection of proverbs and quotations, the *Adagiorvm Græcolatinovngaricorvm Chiliades quinque* – in short: *Adagia* – (BARANYAI DECSI 1598), János Baranyai Decsi Csimor (Ioannes Decius Baronius) was born around 1560 in Decs, in the Upper Baranya Diocese in Southern Hungary, then under Turkish rule. Nothing is known about his family. He attended school at Decs and Tolna, (also under Turkish rule), then in Debrecen and Kolozsvár mastering Latin and Greek. In 1587 he was sent as tutor of two high-ranking young men to the University of Wittenberg and has then followed his studies in Strassburg.

His first work in Latin was the description of the travel from Transylvania through Warsaw, Danzig, and Berlin to Wittenberg, published in Wittenberg (BARANYAI DECSI 1587). His thesis on selected chapters of Aristotelean philosophy, entitled *Synopsis Philosophiae,* prepared under the guidance of professor Johann Ludwig Hawenreuter was published first in Strassburg (BARANYAI DECSI 1591) then in 1595 in Wittenberg, too. – His following work, the *Syntagma institvtionvm ivris Imperialis ac Vngarici* is a 800-page comparison of Hungarian and Roman imperial law aimed at the harmonization of Hungarian law (BARANYAI DECSI 1593). It was studied by ZLINSZKY (2000). He was the first to translate Latin classics (two works of Sallust) into Hungarian (BARONYAI DETSI 1596). Based on the material of the Gyulafehérvár archive, literary sources but also on oral history reports, he wrote the history of the years 1592 to 1598, published only much later in Latin (TOLDY 1866) and then in Hungarian translation (KULCSÁR 1982). Some other works published anonymously are also attributed to him. He wrote some Latin poems and at least one Greek, too. He died in 1601. At the end of his life he was a schoolmaster at the particula of the Kolozsvár College in Székelyvásárhely, later named and now known as Marosvásárhely in Transylvania.

In publishing the *Adagia* the purpose of the author was partly to help find the proper Hungarian equivalents of the Latin and Greek sentences (it includes a number of individual words and also simple sentences), but undoubtedly also to provide practical guidance in human action, the assessment of people, considering the realities of the time, (e.g. Do not trust anyone. – In return for a good deed do not expect good. – The request of a master is a command. etc.) and also moral guidelines (e.g.: A lier is caught sooner than a lame man. – Every sin brings its punishment with it.) for his pupils.

The *Adagia* was published in Bártfa in 1598. (BARANYAI DECSI 1598) The model of this work was a Latin–Greek *Adagiorvm Chiliades* volume by ERASMUS Rotterdamus and other paremiologists of the age, like Gilbertus Cognatus, Ioannis Alexandrus, Hadrianus Iunius and others, published in Basel in 1574. It was established earlier that 3438 Latin items were taken from ERASMUS, 1349 from different authors of the same volume, some are of unknown origin or have been translated from Hungarian into Latin, like "*Procul Buda claudo – Messze Buda sánta embernek*" (TOLNAI 1911).

DECSI made a selection of the material available, omitted the explanations and in most cases instead of the translation of the Latin (and often Greek) sentences, the Hungarian equivalents were presented.

The selection was undoubtedly influenced by the social conditions of Transylvania at the end of the 16th century, and it is related to the personal experiences of the author as well. It is known that he was not in high esteem there and being a Protestant, he was considered a heretic by the Prince of Transylvania. It is also known that in general in the court of Zsigmond Báthory the Italians and not the Hungarians were considered to be the most favoured nation. In one of his letters DECSI mentions e.g. that for one of his books, dedicated to the prince, not even the price of binding was paid to him. He even planned to leave Transylvania together with some of his best students.

The *Adagia* was printed probably in 200 to 300 copies and soon became a rarity, but the 1611 Hungarian–Latin dictionary of SZENCZI MOLNÁR (1611) and its later and partly revised editions until 1801 have included about one thousand items of DECSI'S best known proverbs. The second Hungarian proverb collection (KIS-VICZAY 1713) also includes many proverbs of the Decsi collection and has contributed to their proliferation.

A more detailed general description of the *Adagia* was published earlier (PACZOLAY 2000, 2001). A study of the linguistic aspects and orthography has appeared recently (PACZOLAY 2005). A number of proverbs appear several times in the *Adagia,* indicating their popularity.

The Hungarian texts quoted from the *Adagia* are presented in modern orthography, but preserving the characteristics of the local pronunciation of Hungarian at the end of the 16th century.

2 General principles

2.1 Appearance and reality

It's a common experience that often things are not what they seem and a number of proverbs bear witness to it. A favourable appearance may hide a poor content, but the opposite of it may also happen. Some corresponding proverbs of DECSI are quoted. The four numbers referring to the quotations refer to the chilias (1–5), centuria (1–10), decas (1–10) and serial number in BARANYAI DECSI 1598. E indicates a European proverb (PACZOLAY 1997), L one of Latin origin.

'It's beautiful only outside, but ugly inside.' – *Kívűl szép, de belöl rút.* 1.7.8.10, 5.5.6.2

'The violin sounds nice, but it's empty inside.' – *Szépen szól a hegedű, de üres belül.* 3.4.7.6. 'The pepper is small but it's "strong."' (i.e. hot) – *Küczin a bors de erős.* 3.8.8.5.

'His words are nice, but his liver ('heart') is a devil.' – *Szép a szava, de ördög az eha.* 1.8.4.8.

'They only praise you in words but give nothing.' – *Csak dicsérnek szóval, de semmit sem adnak.* 4.1.9.9.

'Not all wish well to you, who smile at you.' – *Nem mind javadat akarja, aki rád mosolyog.* 5.1.8.6.

'An ape is an ape, even if clad in golden robes.' – *A majom ugyan majom, ha aranyos ruhába öltöztetik is.* 1.5.6.9.

'All are not girls who wear girls' headdress.' – *Nem minden leány, aki pártában vagyon* 1.5.6.7.

'It is not the robe that makes the priest.' – *Nem a köntös teszi a papot.* 4.4.6.1.

'Only her robe is that of a nun.' – *Csak palástja apáca.* 1.2.5.8.

'If a hen cackles much, lays few eggs.' – E *Valamely tyúk sokat kodacol, keveset tojik.* 2.10.9.7.

'Let the cobbler Varga grumble, until he makes good soles.' – *Hadd morogjon Varga Pál, csak jó talpat csináljon.* 4.1.5.2.

Note. The now common Hungarian – European proverb of Medieval Latin origin: *All that glitters is not gold. – Non omne quod nitet, aurum est. – Nem mind arany, ami fénylik* appears in Hungarian only in the 17th century.

2.2 Complexity

We have often to do with complex appearances, an item may prove to have different constituents, or when getting into a different relationship, may behave differently. Some examples:

In everything there is some d e f i c i e n c y. – *Minden dologban vagyon az fogyatkozás.* 3.1.9.6., 5.6.4.7. – Only God is without any deficiency. – *Csak Isten az, kiben fogyatkozás nincs.* 2.9.5.3. – There is no wheat without chaff. – *Nincsen búza pelyva nélkül.* 5.8.3.4. – If you want to eat sweet, suffer sour. – *Ha édest akarsz enni, keserűt szenvedj.* 4.6.4.6. – Thank God, even this trouble proved to be a favourable event for me. – *Istennek hála, még ez nyavalya is javamra lőn.* 2.9.5.7. – There is no bad man, in whom there is nothing good. – *Nincs oly hitvány ember, kiben valami jóság ne legyen.* 2.9.1.6b – Even a quadruped stumbles. – *Négylábú is botlik.* 1.7.6.8., 1.8.10.10., 4.10.8.10. – The first work one is doing is never perfect: Even the dog's first pup is not good. – *Még az ebnek sem jó az első fia.* 5.1.2.3. – You cannot always succeed. – It is not always mallow. – *Nem mindenkor papsajtja.* 5.3.2.1.

2.3 Change and permanence

Everything changes. – *Minden dolog változó.* 1.6.1.6. – Fortune is changing. – *Forgó a szerencse.* 3.6.3b.7. – Once up, once down. – *Hol fel, hol alá.* 1.3.2.10. – A rich man often becomes poor. – *Gyakran a gazdag is megszegényül.* 1.5.4.2. – Who is poor today, may turn rich tomorrow. – *Aki ma szegény, holnap gazdag lehet.* 4.1.9.6. – After every bad weather a fair weather follows. – *Minden gonosz idő után jó idő lészen.* 2.4.8.1.

On the other side:

Gold is not affected by rust. – *Nem fog aranyon a rozsda.* 3.2.8.9., 4.1.6.6. – The wolf loses its hair but not its nature. – *Csak szőrét veti el a farkas, nem természetit.* 3.3.2.2. – What one is accustomed to, is not left until death. – *Aki mihöz szokott, azt holtig el nem hagyja.* 2.4.1.1. – An ox remains an ox even if driven to Vienna. E *Az ökör ugyan ökör, ha szinte Bécsbe hajtják is.* 2.8.7.2. – Who is once wicked, will never be good. – *Aki egyszer lator, soha nem jámbor az.* 2.3.10.2.

3 Man

3.1 Some general characteristics

As a rule, men are different from one another.

So many men, so many minds. – *Ahány ember, annyi értelem.* 1.2.7.1. – Human nature does not change: It's soon seen which milk will produce a good curd. – *Még üdején megtetszik, az mely tejből túró lészen.* 1.3.2.1. – Even at an advanced age it's seen, what was one like while young. – *Még vénkorában is megtetszik, ki minemű volt ifjúkorában.* 1.8.3.5. – Man may be good to another man, but also very bad. Man is good to man. (Homo homini Deus.) – *Ember embervel jó.* 1.1.5.5. – Man is a wolf to man. (Homo homini lupus.) *Ember embernek farkasa.* 1.1.5.6. – *Két éles tőr nem fér egy hüvelybe.* – Two sharp daggers cannot exist in one scabbard. 2.2.2.5. – He likes the other man as the dog likes the cat. – *Úgy szereti, mint az eb a macskát.* 5.10.4.5. – There is nothing better than good health. – *Nincs jobb, mint a jó egészség.* 3.1.9.9.

3.2 Man regards first himself

He acts in favour of his gain, and not for anything else. – *Maga hasznáért cseleködik, nem egyebekért.* 2.1.3.9. – Every one likes his own gain. – *Akárki is szereti a maga hasznát..* 2.3.5.9. – Everybody likes himself better than anyone else. – *Kiki mind magát szereti másnál jobban.* 2.4.9.8. – Every man kindles the fire below his own pot. – *Minden ember a maga fazeka mellé szít.* 1.1.9.2., 1.3.3.6., 3.4.9.8. – For everyone his own wound is aching. – *Akárkinek is az ő sebe fáj.* 4.5.9.3.

3.3 Bias

Men are often biased in their judgements. A number of proverbs bear witness to it:

That which belongs to others, always seems to be better. – *Mindenkor jobbnak látszik a másé* 3.9.10.6. – Everyone wishes the conditions of others. – *Kiki mind más ember állapatját kívánja.* 1.5.3.7. – The lard of others seems always to be better. – *Mindenkor kövérebb a más ember szalonnája.* 1.5.3.8. – What is past seems to be better than the present. – *Az elmúlt jobban tetszik a jelen valónál.* 3.5.7.8. – The future always seems better than the present. – *Mindenkor jobbnak látszik a jövendő, hogy nem mint a jelen való.* 2.8.9.6. – You see the splinter in others' eyes but fail to notice the beam in your own. (Bible) – *A szálkát más ember szömében meglátod, a gerendát penig a magadéban nem látod.* 1.5.5.2. – One's own sin always seems to be smaller than that of others. – *Akárkinek az ő maga vétke küsebbnek látszik, hogynem a másé.* 3.3.9.9. –

For everyone his own deed is nice. – *Kinek-kinek az ő maga cselekődete szép.* 4.7.7.3.

3.4 Silence and speaking

It happens more often that men speak when they should be silent, or speak more than it is necessary, but what is important, should be told.

Rather be silent and don't say anything. – *Hallgass inkább, egyet se szólj.* 3.2.9.9. – Keep for yourself what you know, as if you did not know it. – *Amit tudsz is, tartsd magadnak, mintha ingyen sem tudnád.* 3.5.8.5. – Consider properly what you intend to tell. – *Jól meghánd magadban, mit szóllasz.* 4.6.10.3. – The corncrake (Crex crex) is caught by its voice. – *A harist a maga nyelvén fogják meg.* 1.2.1.2b – He knows nothing, and still he speaks about it. – *Semmit nem tud hozzá, mégis csacsog.* 5.3.4.6. – Tell something (considering) that you should not then be sorry for it. – *Olyat szólj, hogy meg ne bánd.* 5.6.4.6. – Telling the truth will break a man's head. – *Az igazmondás betöri embernek fejét.* 2.9.3.5. – You need not tell everything. – *Nem kell mindent kifecsegned.* 3.7.9.8. – He speaks much, but there's no essence in it. – *Eleget szól, de sem elei, sem utólja.* 5.9.8.2. – Silence is the ornament of women. – *Az asszonyiállat ékössége a hallgatás.* 4.1.10.4. – Listen and see much, speak little. – *Sokat hallj, láss, keveset szólj.* 5.4.9.4. – A long roast meat and short talk are good. – *Hosszú pecsenye jó, s rövid szó.* 4.8.6.3. – From few words sometimes much good, sometimes a great danger results. – *Kevés szóból néha nagy jó, néha nagy veszedelem következik.* 4.10.6.5. – Speak about anything if there is a good reason for it. – *Minden dologról okkal szólj.* 5.10.10.10. – The words of a dumb person are not understood even by his mother. ('One has to tell what one wants.') – *Némának anyja sem érti szavát.* 2.1.3.4.

3.5 Extreme conditions

Extreme and special conditions reveal the true characteristics of men.

[Getting] a high position reveals one's character. – *A tisztviselés választja meg az embert.* 1.8.6.9., 4.3.8.1. – Hunger teaches us much. – *Sokra megtanít az éhség.* 4.2.5.3. – It's in the misery that one can see what is one in reality. – *Nyomorúságban tetszik meg, kicsoda az ember.* 5.3.1.6. – Anger may take a man to extremes. – *A bosszúság nagyra viszi az embert.* 4.7.1.3.

3.6 Advanced age

Advanced age has both positive and negative traits.

For fighting young men, for advice an old man is needed. – *Hadra ifjúság, tanácsra vénség kivántatik.* 3.4.9.4. – Look at both sides if an old dog barks. – *Kétfelé tekints, mikor az agg komondor ugat.* 1.2.7.1. – It's difficult to ensnare an old fox. – *Nehéz az agg rókát tőrbe ejteni.* 1.8.1.3. – An old soldier sometimes overcomes the young. – *A vén katona gyakorta megveri az ifjat.* 1.1.4.7.

On the other hand:

Age itself is a trouble. – *Elég nyavalya a vénség.* 2.6.2.2. – Put less load on an old horse. – *Vén lóra könnyebb terhet rakj.* 2.8.3.7. – The wit of all old men has descended to their feet. – *Minden vén embernek a szárába száll az esze.* 1.4.2.6.

3.7 Death

It's a hard fact that sooner or later everybody dies. – Who was born, will also die. – *Valaki született, meg is hal az.* 5.3.2.10. – One cannot live for ever. – *Minem örökké élsz.* 5.3.8.3. – There is no medicine against death. E – *Halál ellen nincs orvosság.* 5.5.8.3. – Prepare for your death. – *Készülj halálodhoz.* 3.7.4.7. – Suffer quietly seeing that you have to die. –*Békével szenvedd, mikor látod, hogy meg kell halnod.* 1.8.10.3. – The life of man is a flower today and ash tomorrow. *Az ember élete ma virág, holnap hamu.* 2.6.4.9.

4 Inter-personal relations

4.1 Reciprocity and deviations from it

One of the general principles in inter-personal – and in diplomatic – relations too is the norm of reciprocity. A general study of proverbs and reciprocity, and deviations from reciprocity in various languages was made earlier (PACZOLAY 1993). In the *Adagia* more than 30 proverbs belong to this category. A selection is presented.

> To hit a nail with a nail – *Szeget szeggel ütni.* 1.1.8.3., 5.3.7.3. – Iron is sharped with iron. – *A vas vassal élesíttetik.* 1.6.4.4. – The horse draws, the horse is drawn. – *Fakó is vonsza, fakót is vonszák.* 4.6.6.10., 5.5.2.1. – To give a loan in place of a loan. – *Kölcsön helyében kölcsönt adni.* 1.1.3.9. – Like wash-basin you give me, like towel is provided for you – *Aminemü mosdót tü tartotok nékem, én is olyan kendőt tü néktök.* 3.9.4.2., 5.10.2.3.

> One hand washes the other. E – *Egyik kéz a másikat mossa.* 1.1.3.8. – If you have a sword, I have a sabre. – *Ha néked kardod vagyon, nékem is vagyon szablyám.* 2.8.9.5 – You will pay the price of the grapes. – *Megadod még a szőlő árát.* 2.2.2.1. – He that is fearful for many people, has to fear from many people. – *Akitől sokan félnek, neki is soktól kell félni.* 3.5.8.9. – Praise me and I shall praise you. – *Te is dicsérj engemet, én is tégedet.* .6.4.2. – To get much good in return for a good deed. – *Jótött helyébe bőséges jót venni.* 5.8.6.6.

Deviations from reciprocity.

Do not look at the teeth of a given horse. (Noli equi dentes inspicere donati.) *Ajándék lónak ne nézd a fogát.* (I.e. in return for a goodwill do no retaliate with criticism, that may offend the giver.) 4.4.9.6. – Do not keep an ungrateful man in your home. – *Hálaadatlan embert házadnál ne tarts.* 2.10.7.4. – In return for a good deed do not expect good. – *Jótött helyébe jót ne várj.* 2.2.8.8., 2.5.8.3., 2.5.9.6., 4.6.2.8.

4.2 Man and his master

It's hard to tell the truth to the master. – *Nehéz úrnál igazat szóllani..* 3.8.8.5. – He who quarrels with his master has only God as physician. – *Aki urával pöröl, Isten annak orvosa.* 1.1.8.2., 3.10.6.3. –The masters want it, it must be so. – *Úgy akarják az urak, s úgy kell lenni.* 3.7.5.1. – A request of a master is a command. – *Urak kérése parancsolat.* 4.9.9.9. – He who sits on the tail of someone's cart, should sing the car owner's song. – *Aki mások szekere farkán ül, annak énekét mondja.* 4.9.8.2. – As you blow the pipe, so shall I sing. – *Amint te sipolsz, én úgy táncolok.* 2.9.7.8. – The duty of a servant is only to obey. – *A szolga dolga csak engedelem.* 3.3.8.10. – A high ranking person despises the poor. – *Nagy úr megútál szegény embert.* 3.8.2.1. – Do not eat cherries with your master, as he will spit the stones at you. – *Ne egyél urval cseresznyét, mert meglövöldöz a magvával.* 1.3.3.6. – So many servants, so many enemies. – *Mennyi szolgánk, annyi ellenségünk.* 2.3.2.6. – The masters are able to take revenge, as a fool is able to beat a dog. – *Vagyon az uraknak módjok a bosszúállásban, mint Antalnak az ebütésben.* 3.7.7.5. – The king does not care much for the judge of the court. – *Igen gondol király udvarbíróval.* 1.8.5.10. etc.

4.3 Friends

It is very good to have friends, but a true friend is a rarity. – A good friend is more needed than fire and water. – *Szükségesb a jó barát mind tűznél s mind víznél.* 2.2.7.6. – Do not abandon your old friend in favour of new ones. – *Régi barátodat az újakra való képest meg ne vessed.* 3.3.7.8. – After God there is nothing better than having many friends. – *Isten után nincs jobb, mint kinek sok baráti vadnak.* 3.4.8.1. – Only that's a true friendship which is permanent. – *Csak az igaz barátság, amely állandó.* 2.3.6.8. – Man is good to his friend. – *Ember barátjával jó.* 1.2.7.9. – The true friend is a rarity. – *Ritka a hű barát.* 5.3.3.2. – In good fortune man has many friends. – *Jó szerencsében sok baráti vadnak embernek.* 3.4.9.6. – A poor man's friends are far away. – *A nyomorult embernek messzi vannak baráti.* 2.8.6.6. – Calamity shows who is a good friend. – *Nyomorúság mutatja meg a jó barátot.* 4.4.7.8.

4.4 Women

Women have long hair and short wit, they cannot be trusted, they should be silent, they are the sources of all evil.

> The perfectness of women is a rarity. – *Vay ki ritka az asszonyiállatok tökéletessége.* 3.4.7.1. – Where there are three women, there will be a (noisy) market. – *Ahol három asszonyember vagyon, sokadalom lészen ott.* 5.7.5.6. – The ornament of woman is being silent. – *Az asszonyiállat ékössége a hallgatás.* 4.1.10.4. – The woman has long hair but short wit. E – *Az asszonyembernek hosszú a haja, de rövid az elméje.* 5.2.8.1. – Do not believe a woman, but not even to your bosom. – *Nem hogy asszonyiállatnak, de még kebelednek se hüggy.* 4.4.7.3. – Don't believe a woman, even if she is dead. – *Ne hügy az asszonynak még halálakor is.* 2.9.9.9. – There is nothing more wicked than a woman. – *Nincs gonoszb asszonyállatnál.* 3.7.9.9. – The source of all evil is the woman. – *Minden gonosznak oka az asszonyember.* 2.9.9.10.

5 The assessment of men

5.1 Caution

The most important keyword in judging a man is caution, as many people do not deserve confidence, facts and not words should be considered.

> One's work really shows the man. – *Kinek-kinek munkája mutatja meg mivoltát.* 5.4.4.8. – Who believes quickly, will be cheated quickly. – *Aki hamar hüszen, hamar csalatik* 4.3.6.5 – Do not trust anyone if you do not want to be lost. – *Ne hüdgy mindeneknek, ha veszni nem akarsz.* 3.10.5.5. – Do not make friendship with anyone. – *Ne mindent végy barátságodba.* 1.8.9.7. – Do not trust anyone, except if you have tried him. – *Senkinek ne hüdgy, hanem csak akit megpróbálsz.* 2.1.2.2. – Believe your friend with reservation only. – *Kötve hüdd komádat.* 2.1.7.7., 3.3.5.6. – His word is nice but his heart [literally: liver] is a devil. – *Szép a szava, de ördög az eha.* 1.8.4.8. – I believe it if I see it. – *Akkor hüszem, mikor látom.* 3.7.10.9. – Believe only what you see with your eyes. *Csak azt hüdd, az kit szömödvel látsz.* 1.1.7.9. – One has to be careful as promises are often not kept. He promises much but fulfills little/nothing. – *Sokat ígér, de keveset/(semmit sem) teljesít.* 2.2.3.7./1.7.2.9. – He keeps his promise only until he is not outside the door. – *Csak addig áll ő a fogadásának, amíg az ajtón kilépik.* 2.5.3.1. – In front of you he tells nice words, behind you he tells calumnies. – *Szembe szépen szól, háta megett meg rágalmaz.* 3.3.5.8. – A good man makes a promise, a fool [literally: an old dog] keeps it. – *Jámbor fogad fogadást, aggeb állja meg.* 2.2.1.3.

5.2 The influence of other people

Like father – like son. – *Apja fia*. 4.3.3.9. – Like parents, like children. – *Kinek mineműek szülei, magok is olyanok*. 5.3.1.7. – You have never seen an owl having a falcon chick. – *Soha nem láttál bagolynak sólyom fiát*. 5.9.4.4. – Like friend – like man. – *Kinek minemű barátja, maga is olyan*. 3.10.7.7. – He that lives with a lame man, will learn to limp. – *Aki sántával jár, sántálni tanul*. 1.8.6.6. – Like master, like servant. – *Minemű az ura, olyan a szolgája is*. 2.5.10.2.

6 The Action to be done

In this connection positive and negative deliberate actions are considered, i.e. that may also mean refraining from an action. The meaning of the word action includes e.g. a writing, a word told, a gesture or their absence. As a general rule something is to be done: As it is possible, not as we like it. – *Amint lehet, nem amint akarjuk*. 1.6.6.9 – and: As the conditions allow it: – *Amint az alkalmatosság engedi*. 5.4.2.9.

6.1 Will and ability

For an action there should be a w i l l to do it and one must be able to do the job. One need not be shy.

That one wins, anywhere who is not shy. – *Akárhól is az nyer, aki nem röstelkedik*. 4.7.7.3. – Remove excessive shyness. – *Az fölöttébb való szömérmetességet eltávoztasd*. 5.10.10.5. – Who is shy at the table, will remain hungry. – *Éhön marad az, aki az asztalnál szömérmesködik*. 4.9.6.8.b – A shy teacher has an empty bag. – *Szömérmös deáknak hiú táskája*. 2.6.8.8. – He that tries his best, will find a way. – *Aki mire ügyeközik, módot talál abban*. 1.2.4.10. – Unwillingness ends in groaning. – *Nemakarásnak nyögés (a) vége*. 2.5.1.5., 5.10.4.4. – There is no worse deaf man than one unwilling to hear. – *Nem lehet gonoszb süket, mint az ki nem akar hallani*. 5.2.9.4. – A dog driven by a stick will never catch the hare. – *Amely ebet botval hajtnak a nyúl után, soha a nyulat meg nem fogja*. 1.6.1.8., 2.5.5.4. – Where a pig is offered, be there with your bag. – *Ahol malacot ígérnek zsákoddal ott légy*. 4.5.7.2. – Do not start something, if you are unable to do it. – *Hozzá se fogj/kezdj, ha nem vagy ember hozzá*. 2.5.4.2., 3.8.9.4., 4.3.3.1. – Stretch yourself only as far as your cover reaches. – *Csak addig nyújtózzál, amíg a lepel ér*. 2.5.3.7.,4.4.8.9. – Cobbler, don't go above your last. (Pliny the Elder, E) – *Ne feljebb varga a kaptánál* 1.4.8.10. – He understands as much of it as a foot-soldier to bellfounding. *Annyit ért hozzá, mint a hajdú a harangöntéshez*. 1.3.7.2., 2.6.7.6. – He understands as much to it, as an owl to the Ave Maria. – *Igen ért (Annyit tud) hozzá, mint a bagoly az Ave Máriához*. 1.1.2.2./2.6.1.8.

Decsi Proverb Collection of 1598 733

If there is a will to do a work or an action, then before starting it, a number of basic facts and conditions are to be clarified. Consider properly what you intend to commence. – *Meggondolt mihez kezdesz.* 1.4.9.8. – and what will be the end of it: Consider the end. – *Továbbra is gondolkodgyál.* 1.8.9.6, 5.4.3.7. etc., The "head" of each stick is at its end. – *Minden botnak a végén a feje.* 3.10.6.1.

6.2 Be prepared

Having no sandals, do not go to the forest. – *Ne indulj erdőre, ha sarud nincs.* 4.5.8.10. – To start something unwashed (i.e. without due preparations). – *Mosdatlan valamihöz kezdeni.* 1.7.6.4. – Having no ointment and cask, why do you pose as hairdresser? – *Ha nincs írod és szelencéd, miért teszed magad borbéllyá?* 4.3.8.2

6.3 Impossible, pointless, useless, counter-productive or substitute actions

They should be avoided.

What's impossible, should not be attempted. – *Ami lehetetlen, ahhoz kezdeni sem kell.* 4.10.4.3. – Where there is nothing, you can't find anything. – *Ahol nincs, ott nem vehetsz.* 4.9.10.7. – What is above our level is of no concern to us. – *Ami állapatunk fölött vagyon, nem tartozik az mireánk.* 1.5.3.5. – Do not challenge a man stronger than you. – *Náladnál erősbbel ne vetekedjél.* 3.4.5.3. – Even God has given way to a drunken man. – *Még az Isten is kitért a részeg ember elől.* 3.6.4.10. – Never look for a calf under an ox. – *Soha ne keress ökör alatt borjút.* – He expects a roast pigeon to walk into his mouth. E *Azt várja, hogy a sült galamb menjen a szájába.* 5.5.2.3. – Barking of dogs is not heard in Heaven. – *Nem hallik ebugatás mennyországban.* 1.3.9.2. – Do not throw peas on the wall. – *Ne hányj borsót a falra.* 4.7.4.6. – It's only like throwing bur on a pumpkin. – *Bizony csak olyan, mintha tökre hánnál bojtorjánt.* 1.3.7.7. – Do not waste ginger on a pig. – *Disznóra gyömbért ne vesztegess.* 1.8.10.2., 3.6.8.7. – He plays violin in a (noisy) mill. *Malomban hegedül.* 1.3.8.3. – You light a candle at noon. – *Délben gyújtasz te györtyát.* 1.6.1.1. – Weeping is of no use. – *Semmit nem használ a sírás.* 3.7.9.2. It's easy to shave a bald-headed man. – *Könnyű kopaszt borotválni.* .2.1.6. – One need not show the forest to the wolf. –*Farkasnak nem kell erdőt mutatni.* 3.4.6.10b – To carry water to the lake/sea. –*Tóba/Tengerbe visz vizet.* 2.8.1.4,/ 1.1.8.8.

Counter-productive actions.

He hunts others until himself falls into the snare. – *Addig vadász mást, hogy ő maga esik a tőrbe.* 1.8.1.1. – He who digs a pit for others, falls into it himself.

(Bible) – *Aki másnak vermet ás, maga esik belé.* 1.1.4.10., 1.7.10.10. – Do not keep a snake in your bosom. – *Ne tarts kígyót kebeledben.* 2.3.8.9. – He that wants to shoot a crow, doesn't bang his bow. – *Aki varjat akar lőni, nem pengeti íját.* 3.4.10.7. – The hand-bow breaks if overstretched. – *Eltörik a kézíj, ha fölöttébb megvonszák.* 1.4.4.10. – It is not good to put out a fire by addig oil to it. – *Nem jó tüzet olajval oltani.* 3.8.4.7. – It is not good to poke a wasp. – *Nem jó a darázst szurkálni.* 3.7.4.4. – Giving a bad advice will hit back to one who gives it. – *Magára háramlik az, ki másnak gonosz tanácsot ad.* 1.1.9.1.

Substitute actions. They are also of little if any use.

You are angry with others and you intend to show your anger on me. – *Másra haragszol és énrajtam akarod bosszúdat (ki)tölteni.* 1.5.1.6., 3.9.3.8. – Every unskilled shooter blames his arrow. – *Minden hitván lövő nyilára vet.* 1.6.1.3. – The dog bites the stone if unable to bite a man. *Az eb is a követ harapdálja, mikor az embert meg nem marhatja.* 4.2.2.8. – None is more cruel than a poor who turned rich. – *Szegényből lött gazdagnál nincsen kegyetlenb.* 5.2.3.7.

6.4 Timing

The success or failure of an action may depend on the proper timing, corresponding to the best conditions. Premature and belated actions should both be avoided.

You did not yet catch (the bird) and you are already plucking it. – *Még meg sem fogtad, s addig mellyeszted (,koppasztod',).* 3.1.10.7., 3.3.1.6 – You did not yet understand it and already intervene. – *Meg sem érted a dolgot, s addig belé szóllasz.* 3.2.9.7. Everything has its time. – *Mindennek üdeje vagyon.* 1.1.4.5.a, 5.2.7.4. – One has to consider the time. – *Az üdőhöz szabni magát.* 1.1.7.8., 1.5.1.2. – If there isn't the proper time for something, abandon it. – *Aminek mikor üdeje nincs, annak békét hagyj.* 2.1.9.9. – Time will not adapt itself to us, we have to adapt ourselves to time. – *Nem az üdő szabja magát mihozzánk, hanem mi szabjuk magunkat az üdőhöz.* 2.5.2.6. – It's nothing more pleasant, than doing something in due time. – *Semmi nem kedvesb, mint a kellete korán való.* 4.1.8.4. – If you are clever, start it in time. – *Üdején láss hozzá, ha eszed vagyon.* 5.2.5.7. – Stop anything (bad process/ action) in time. – *Mindennek elein vödd eleit.* 5.4.5.9. – Collect in summer if you do not want to hunger in winter. – *Nyárban gyöjts, ha télben éhezni nem akarsz.* 5.8.8.4. – If one doesn't collect in summer, will be sorry for it in winter. – *Aki nyárban nem keres, télben aggebül bánkodik.* 1.2.3.3., 1.5.3.1. – A day used to be praised in the evening and not in the morning. E – *Estve szokták dicsérni a napot, nem reggel.* 1.3.9.8. – A goodwill not at the proper time is often harmful. – *A nem helyén való jóakarat is gyakran árt.* 1.6.1.10. – He is a fool who builds a home in winter. – *Az is aggeb, aki télben csinál házat.* 1.4.9.7. – The time to do it is over. – *Elkölt ennek az ideje.* 2.10.3.3. – You are late, the grape collecting is over. – *Jókor jössz, elkölt a szüret...* 2.9.3.4. – You come when the market is over. – *Te is akkor jössz, mikor meglött a vásár...* 3.1.2.7. – It's late to buy when the market is over. – *Késő sokadalom után vásárlani...* 5.6.6.9. – After the battle, help is too late. – *Késő a harc után a segítség.* 3.5.10.3. – You too – as Hungarians do – take the coat after the rain. – *Te is magyar módra, megver az eső, s úgy veszed reád a köpenyeget.* 5.5.4.2. – It was baked too late. – *Késő sütve.* 1.1.3.5., 2.8.8.8., 3.4.1.4., 5.2.1.8., 5.8.10.4.

6.5 Organizing the action

A proper organization may be essential. Advice (informations) is to be collected, all those affected should be taken into consideration. There should be one person directing the work, combining forces may be useful, but one should not undertake more than one is able to do, perseverance is important and wit may prove to be of more value than force.

There's nothing better than a good advice. – *Nincs jobb a jó tanácsnál.* 2.1.5.6. – A home is not good without the host. *Nem jó a ház gazda nélkül.* 2.7.1.1. – It's not good to calculate without (considering) the host. *Nem jó gazda nélkül számot vetni.* 2.9.9.5 – It's not good to have two abbots in one monastery. – *Nem jó egy klastromban két gárdián.* 2.2.2.7., 5.2.6.6. – Among many midwives the child is usually lost. – *Sok bába közt a gyermek is el szokott veszni.* 2.6.9.7. – The common horse has scars on its back. – *Köz lónak túros a háta.* 4.7.3.7. – Two eyes see more than that one does. – *Két szöm mindenkor többet lát egynél.* 3.1.6.1. – Many hands make lighter work. – *Sok kéz könnyebbíti a terhet.* 2.3.8.7. – Many geese overpower a pig. – *Sok lúd disznót győz.* 1.4.2.9., 3.7.7.6., 4.6.2.4., 5.4.8.9., 5.5.3.10. – Trying to catch a fox, do it with both hands. – *A rókához két kézzel kell kapni.* 5.10.8.9. – To sit in two saddles with one arse. – *Két nyerget ülni egy seggel.* 1.5.6.3., 3.3.5.2. – He who tries to do many things at once, will remain between two chairs on the ground. – *Aki sok felé kap, két szék között a földön marad.* 3.3.3.7 – An oak is not felled at one stroke. – *Nem egy vágással esik le a tölgyfa.* 1.1.8.10. – Wit is more than force. – *Az ész nagyobb az erőnél.* 1.8.2.3.

6.6 Quick and slow actions

There is no overall, general rule. Often a quick action is imperative, on other occasions a slow, careful handling of a matter is advisable, or may be the only solution to a problem. We find correspondingly recommendations to both procedures.

Speed is never harmful, but rather being late is. – *Soha nem árt a gyorsaság, hanem a késedelem.* 5.3.8.9. – One has to strike the iron while it is hot. E – *A vasat is addig kell kalapálni, amíg tüzes.* 1.9.3.3. – Peel the lime tree until it peels. – *Addig hántsd a hársat, amíg hámol.* 3.4.1.10., 4.3.10.9. – Who comes sooner to the mill, grinds earlier. – *Aki előbb jön, előbb őröl.* 2.9.9.1. – You would be a good death ('You are too slow.') – *Jó volnál halálnak.* 4.5.1.1. Go slowly and you arrive earlier. – (L, E. Festina lente.) *Lassan járj, s hamarabb eljutsz/elérsz.* 1.7.1.4., 2.1.1.1. – It's better to act slowly than abruptly. – *Jobb hákkal cseleködni, hogynem mint hertelenséggel.* 2.1.1.2. – To hurry very much is never useful. – *Soha nem használ vele, aki igen siet.* 5.10.3.7 – In important matters one need not hurry. – *Nem kell sietni a nagy dolgokban.* 5.3.6.7. – A hurry in a law process is not good. – L *Törvényben nem jó a hamarság.* 5.3.6.7. – It is not good to praise one too early. *Nem jó hamar valakit dícsérni.* 5.5.7.6.

7   Some general rules of conduct

Do not violate common law. – *Közönséges törvényt meg ne szegj.* 2.10.7.8. – One has to know the laws of the land where one lives. – *Amely földön ki lakik, annak törvényét tudni kell.* 4.8.1.6. – I learn from the troubles of others. – *Más ember nyavalyájából tanulok.* 2.9.4.10. – If you have eaten the meat, you should drink its sauce, too. – *Ha a húsát megetted, a levét is megigyad.* 1.1.6.10., 1.5.3.9. – Having started the play, continue to the end. – *Ha feltötted, meg is kell játszanod.* 4.6.4.2. – One should not be like water shaking in a wash tub. – *Nem kell olyannak lenni, mint a tekenőben ingó víz.* 5.2.7.3. – Listen, do not go beyond your target. – *Hallád-é, ne tovább a célnál.1.3.9.9.* – Running away is a shame but it is useful. *–Szemérem a futás, de hasznos.* 1.8.3.4. – Reporting (on somebody) is a mean business. *–Hitvány kereset az árulkodás.* 2.9.10.9.

8   Money and wine

Money and alcoholic drinks are often important items in influencing human activity. The *Adagia* has a number of references underlining their importance.

Money will change the nature of men. – *Kiveszi az embert a pénz természetiből.* 2.4.4.3. – There is no nicer sound than the ringing of gold. – *Nincs szebb szó az arany pengésnél.* 3.3.1.8. – Money is the mother of everything. – *A pénz mindennek anyja.* 5.2.8.4. – Not even Christ's coffin is guarded for nothing. – *Krisztus koporsóját sem szokták heában őrzeni.* 2.6.8.6. – As I see, he would betray even his father for money. – *De amint látom, a pénzért az apját is elárulná.* 3.8.4.10. – He would even sell the coffin of God for money. – *Az Isten koporsóját is elárulná pénzért.* 5.2.8.4. – He would even go to hell for money. – *Pokolba is elmenne ő a pénzért.* 3.1.5.7. – Smear properly his palm, you will win him. – *Kend meg csak jól a terenyét (sic!), megnyered.* 1.2.7.10. – Even the wheel turns better if smeared. – *A kerék is hájjal fordul inkább.* 2.5.9.1., 4.6.10.7. – Open your purse and you will get what you need. – *Nyisd meg az erszényt, s meglészen, amit kívánsz.* 2.7.2.8. – To angle with a golden hook. – *Arany horogval horgászni.* 2.2.6.2. – It is a rare person, who cannot be cheated by money. – *Ritka az az ember, kit pénzvel meg nem csalhatnak.* 2.7.7.10. – To pay one debt from another. – *Egyik adósságot a másikból megfizetni.* 1.8.1.8. – It's a happy man who has no debt to anyone. – *Bódog ember, aki másnak nem adós.* 2.7.8.5. – If you have an income of one fillér, do not spend two. – *Ha egy fillér jövedelmed vagyon, ne költs kettőt.* 5.2.4.4. A (midday) meal is a poor one without wine. – *Szegény ebéd, ahol bor nincs.* 2.7.1.8. – Wine teaches eloquent speaking. – *A bor megtanít az ékösen való szóllásra.* 4.8.6.9. – It is not good to drink too much. – *Nem jó felesen innya.* 2.2.9.8. – Wine can make a fool from anyone. – *A bor akárkit is megbolondít.* 2.3.1.6. – Wine makes the truth told. – E *Kimondatja a bor az igazat.* 1.5.7.4. – A good wine is sold without advertising. E – *A jó bor cégér nélkül is elkél.* 5.8.5.4.

9 Knowledge

There is nothing more beautiful than knowledge. – *Nincs gyönyörűségesb a tudománynál.* 5.1.9.6. – Knowledge will not be lost. – *A tudomány nem veszhet el.* 5.3.3.8. – Knowledge will provide living anywhere. – *A tudomány mindenütt eltartja az embert.* 1.5.9.1. – A learned man is never in need. – *A tudós ember soha nem szűkölködik.* – There is no bad book, from which one could not learn something. – *Nincs oly hitván könyv, kiből ember nem tanulhat.* 5.1.9.4 – A hidden knowledge is of no use. – *Az elrejtett tudománynak semmi haszna nincs.* 1.6.3.2. – It is never too late to learn. – *Soha nem késő tanulni.* 2.6.2.9., 5.6.2.9. – The good priest learns until his death. – *Jó pap holtig tanul.* 5.5.3.8.

10 Sin and punishment

At the end truth and justice prevails, every sin is followed by proper punishment, coming sometimes late, but still arriving at the end.

There is no sin that is not revealed. – *Nincs oly gonoszság, mely ki nem nyilatkozik.* 1.7.3.8. – A lier is caught sooner than a lame man. – *Hamarabb megérnek egy hazug embert, hogysem egy sánta embert.* 2.3.6.7. – A wicked man will be bitten even by a mouse. – *A gonosz embert még az egér is megmarja.* 1.7.1.5. – The pumpkin goes so long to the water that its "head" will be broken at last. – *Addig jár ám a tök a jégre, hogy bétörik egyszer a feje.* 1.8.5.2. – There is no old fox, the skin of which does not end in the tan ooze. – *Nincs oly agg róka, kinek bőre a csávába nem kerül.* 2.4.10.5. – Wealth gained in a dishonest way should perish the same way. – *Ebül gyüjtett marhának ebül kell elveszni is.* 3.8.2.6. – God finds the culprit. – *Megtalálja Isten a bűnöst.* 2.5.9.10. – The punishment by God is slow to come, but still it arrives. – *Lassan jű az Isten büntetése, de ugyen elérközik azért.* 1.8.7.5. – We can never evade the punishment by God. – *Soha el nem kerülhetjük az Isten büntetését.* 2.8.9.7.

References

BARANYAI DECSI, János (1587): Hodoeporicon itineris Transylvanici, Moldavici, Rvssici, Cassvbii, Masovici, Prvssici, Borussici, Pomerani, Marchici & Saxonici, exantlati 1587. Witebergæ.

BARANYAI DECSI, János (1591): Synopsis Philosophiæ ... ad disputandum proposita in Academia Argentinensi ... Argentorati (Strassburg). (New edition: Witebergæ (1595). Reprint: Budapest 2006.

BARANYAI DECSI, János (1593): Syntagma institvtionum iuris Imperialis ac Vngarici. Claudiopoli Transylvanię.

BARONYAI DETSI, Janos (1596): Az Caivs Crispus Salvstivsnac ket Historiaia ... Lvcius Catilinanac ... orßag arulasarul ... Az nvmidiai Ivgvrta kiralynak az Romaiaik ellen viselt hadarul. Szebenben.

BARANYAI DECSI, János (1598): Adagiorvm Græcolatinovngaricorvm Chiliades quinque: Ex Des. Erasmo, Hadriano Iunio, Ioanne Alexandro, Cognato Gilberto et alijs optimis quibusque Parœmiographis excerptæ, ac Vngaricis prouerbiis, quoad eius fieri potuit, translatæ, studio ac opera succisiua Ioannis Decii Baronij. Bartphae. (chilias.centuria.decas.serial no.).

ERASMUS, Desiderus (1574): Des. Erasmi Roterodami Adagiorvm Chiliades qvatvor cvm sesqvicentvria, ex postrema authoris recognitione ... Basileae. (The first 852 pages: text of Erasmus, on the following 647 pages: texts of Hadrianus Iunius, J. A. Brassicanus, Johannes Ulpius, Gilbertus Cognatus, L.C. Rhodiginus etc.).

KIS-VICZAY, Petrus (1713): Selectiora Adagia Latino–Hungarica in gratiam & usum Scholasticae juventutis collecta et in alphabeti seriem concinnata ... Studio & vigilantia Petri Kis-Viczay p.n. Eccl. Aug. Conf. Cassov. Nat. Hung. Past. Bartphae.

KULCSÁR, Péter (1982): Baranyai Decsi János magyar históriája. (Biblioteca Historica). Budapest.

PACZOLAY, Gyula (1993): Reciprocity and Departures from it in Proverbs. In: PETZOLD, Leander (Hrsg.): Folk Narrative and and World View. Vorträge des 10. Kongresses der Internationalen Gesellschaft für Volkserzählungsforschung (ISFNR). Innsbruck 1992. Berlin. p. 639–653.

PACZOLAY, Gyula (1997): European Proverbs in 55 Languages with Equivalents in Arabic, Persian, Sanskrit, Chinese and Japanese. Veszprém.

PACZOLAY, Gyula (2000): János Baranyai Decsi and his Adagia. In: Acta Ethographica Hungarica 45/3–4. p. 271–294. Reprinted in: BARNA, G./STEMLER, Á./VOIGT, V. (eds.) (2004): "Igniculi Sapientiae" János–Baranyai–Decsi Festschrift.

Symposium und Ausstellung zum 400. Jahrestag des Erscheinens der Adagia von János Baranyai Decsi in der Széchényi Nationalbibliothek, 1998. (Libri de libris) Budapest. p. 31–64.

PACZOLAY, Gyula (2001): Az első magyar közmondásgyűjtemény és szerzője, Baranyai Decsi Csimor János. Ethnica (Debrecen) 3/3. p. 81–90.

PACZOLAY, Gyula (2005): Néhány adat Decsi János bártfai Adagiorumának magyar nyelvéről és helyesírásáról. In: A Ráday Gyűjtemény Évkönyve 11. p. 36–61.

SZENCZI MOLNÁR, Albert (1611): Dictiones Ungaricae ... quibus inspersa sunt usitatiora proverbia Ungarica ... Hanoviae.

TOLDY, Ferencz (1866): Baronyai Decsi János magyar históriája (1592–1598). (Ioannis Decii Barovii Commentariorum de Rebus Vngaricis. Libri qui exstant.) Pest.

TOLNAI, Vilmos (1911): Decsi János Adagiumainak forrása. Magyar Nyelv 7. p. 223–224.

ZLINSZKY, János (2000): Legal Studies and Works of János Baranyai Decsi. In: Acta Ethnographica Ungarica 45/3–4. p. 327–336.

Stanisław Prędota (Wrocław)

Zur deutsch-polnischen Sprichwörtersammlung von S. J. Malczowski[1]

1. Die älteste gedruckte Sammlung deutscher und polnischer Kollokationen, Phraseologismen sowie Sprichwörter, d.h. *Ein Vocabular mancherley schönen und notwendigen Sententien, der Polnischen und Deutschen Jugent zu nutz zusammen getragen*, ist bereits 1539 in Krakau erschienen (vgl. STANKIEWICZ 1984: 34). Sie erfreute sich damals einer großen und ungewöhnlichen Popularität, denn sie wurde mehrere Male in Königsberg, Thorn, Breslau und Danzig nachgedruckt. Ähnliche Publikationen dieser Art wurden dann später regelmäßig im deutsch-polnischen Grenzgebiet veröffentlicht. Sie wurden als Lehrmittel für polnischlernende Deutsche und vice versa verfasst. Zugleich zeugen sie auch von gutnachbarlichen Beziehungen zwischen Deutschen und Polen.

Eine Geschichte der Phraseographie und Parömiographie des Deutschen und Polnischen steht bis jetzt noch aus. Es gibt nur einige Ansätze dazu. In seiner einschlägigen Monographie über die polnischen Sprichwörter behandelt BYSTROŃ (1933: 45) nur am Rande solche älteren polnisch-deutschen bzw. deutsch-polnischen Sprichwörtersammlungen. Von KRZYŻANOWSKI (1969: VII–XXXIX) werden sie gar nicht in seinem Abriss der polnischen Parömiographie erwähnt. Nur einige von ihnen sind in der von ŚWIRKO (1978: 25–155) erarbeiteten Bibliographie zum neuen polnischen Sprichwörterbuch verzeichnet.

Der vorliegende Beitrag versteht sich als ein Mosaikstein zum künftigen Bild der Parömiographie des Deutschen und Polnischen. Darin wollen wir eine ursprüngliche deutsch-polnische Sprichwörtersammlung des ausgehenden 17. Jahrhunderts präsentieren, die in Riga entstanden, aber weder in der deutschen noch in der polnischen Sprichwortforschung bekannt ist. Auch in den Sprichwortbibliographien von NOPITSCH (1833), GRATET-DUPLESSIS (1969), BERNSTEIN 1900), BONSER (1967) und MOLL (1958) ist sie nicht verzeichnet worden. Es handelt sich um die Sammlung von Stanislaus Johannes MALCZOWSKI, die im Jahre 1687 im Verlag Georg Matthias Nöller in Riga erschienen ist und den Titel *Hierauff folgen unterschiedliche Proverbia und*

---

[1] Herrn Prof. Dr. Wolfgang Mieder (Burlington, Vermont) danke ich für seine wertvollen kritischen Hinweise.

Sprüchwörter, welche gebräuchlich und der studirenden Jugend nützlich seyn können trägt. Die Tatsache, dass sie von der Forschung unberücksichtigt blieb, kann vermutlich dadurch erklärt werden, dass sie kein selbständiges Buch war, sondern nur als ein Anhang zur Grammatik der polnischen Sprache dieses Autors veröffentlicht wurde (vgl. MALCZOWSKI 1687). Im vorliegenden Beitrag werden wir – der Reihe nach – auf drei Fragen eingehen:

a) die Makro- und Mikrostruktur dieser Sprichwörtersammlung,
b) ihre Ursprünglichkeit,
c) ihre Bedeutung für die Parömiologie des Deutschen und des Polnischen.

2. Nach Stanislaus Johannes MALCZOWSKI sucht man vergebens im polnischen biographischen Wörterbuch sowie in den deutschen Biographien. Angesichts dieser Sachlage versuchen wir, aus einigen über ihn bekannten Tatsachen ein Biogramm von ihm zu rekonstruieren. Es ist selbstverständlich, dass ein so ermitteltes Biogramm nur über einige Wendepunkte seines Lebenslaufs informieren kann und notgedrungen noch viele Lücken aufweisen muss.

Malczowski stammte aus einem im Kreis Chełm in Kleinpolen ansässigen polnischen Adelsgeschlecht. Weder sein Geburtsdatum noch sein Geburtsort konnten ermittelt werden. Zuerst trat er in den Franziskanerorden ein, in dem er auch die Subdiakonsweihe erhielt. Völlig unerwartet trat aber eine Wende ein, die sein bereits vorprogrammiertes Leben radikal veränderte. Aus uns unbekannten Gründen trat er noch vor der Priesterweihe aus dem Kloster aus und konvertierte zum Protestantismus. Nach seinen Studien, vermutlich in Deutschland, legte er im Jahre 1673 als Mitverfasser– zusammen mit Johannes Gontkowski aus Lemberg, seinem ebenso zum Protestantismus konvertierten ehemaligen Ordensmitbruder – eine Dissertation im Bereich der evangelischen Theologie an der Universität Rostock vor. Sie betraf eine Auseinandersetzung – vom Standpunkt des Augsburger Bekenntnisses – mit der Konzeption des Primats des Papstes in der katholischen Kirche. Wir können nur Vermutungen anstellen, warum er und Johannes Gontkowski ein Jahr später wieder als Mitautoren eine andere Dissertation – ebenso in der evangelischen Theologie – an der Universität Kiel vorlegten. Dabei scheint die Annahme durchaus denkbar, dass ihr erster Promotionsversuch aus irgendwelchen Gründen gescheitert war. In ihrer zweiten Dissertation polemisierten sie mit dem zeitgenössischen katholischen Theologen Becanus (1563–1624), dem angesehenen Verfechter des Supremats des Papstes.

Vieles spricht dafür, dass auch das zweite Promotionsverfahren misslungen ist. MALCZOWSKI selbst führte nie den Doktortitel vor seinem Namen. Auch in allen ihm gewidmeten Gelegenheitsgedichten wurde er nie als Doktor gewürdigt.

Um das Jahr 1680 wurde MALCZOWSKI als Polnischlehrer in der Vielvölkermetropole Riga angestellt, und diese Funktion übte er dann etwa zwanzig Jahre aus. Zugleich war er auch Stadtnotar in Riga. Diese Rigaer Zeit war zweifellos die aktivste und fruchtbarste Schaffensperiode seines Lebens.

Für den Polnischunterricht seiner deutschsprachigen Rigaer Lehrlinge bearbeitete und veröffentlichte MALCZOWSKI eine Reihe von originellen, von ihm konzipierten Lehrwerken. Außerdem verfasste er – in Polnisch – ein Loblied zu Ehren der Gottesmutter, das bei einem zum Protestantismus Konvertierten doch eher als ungewöhnlich anzusehen ist, sowie zwei Gelegenheitsgedichte für hohe Rigaer Würdenträger. Im Anhang zu seiner bereits oben erwähnten kompakten Grammatik *Compendium oder Kurtzer begrieff der Polnischen Sprache* (Riga 1687) befindet sich eine Sammlung von 434 deutschen Sprichwörtern mit ihren polnischen Entsprechungen, die wir hier in unseren weiteren Erörterungen präsentieren werden.

3. Die oben genannte Sprichwörtersammlung von MALCZOWSKI ist nahezu hundertprozentig homogen, was in ähnlichen zeitgenössischen Sammlungen kaum beobachtet werden kann. Insgesamt umfasst sie 434 nummerierte deutsche Sprichwörter (darunter aber keine Wellerismen) und nur zwei deutsche Phraseologismen. Die Reihenfolge der aufgenommenen Stichwörter ist dabei völlig willkürlich. In der Sammlung sind auch keine Register vorhanden, wodurch das Auffinden der gesuchten Sprichwörter beträchtlich erschwert ist.

Deutsche Phraseologismen und Sprichwörter sowie ihre polnischen Entsprechungen wurden in Fraktur gedruckt. Bei ihrer Transkription bedienen wir uns der lateinischen Schrift. Dabei bewahren wir auch dann die originelle Rechtschreibung und Interpunktion des Originals, wenn sie von den jetzt geltenden Richtlinien abweichen. Nur das so genannte gotische Komma wird durch das heute übliche Komma ersetzt.

Die Mikrostruktur der Sprichwörtersammlung von MALCZOWSKI ist sehr bescheiden. Der Wörterbuchartikel setzt sich in der Regel nur aus drei einzigen Bestandteilen zusammen. Nach der Laufnummer steht das jeweilige Stichwort, d.h. das deutsche Sprichwort bzw. der deutsche Phraseologismus. Danach folgt seine polnische Entsprechung, z.B.

383. Das Hembd liegt näher als der Rock. Bliższa koszula ciáłá aniżeli kábat.

341. Er hat ein Hasen Hertz. Zającem podszyty.

Es gilt aber hervorzuheben, dass MALCZOWSKI bereits in seiner Sammlung ansatzweise einige bescheidene Versuche unternommen hat, synonyme deutsche sowie polnische Sprichwörter zu systematisieren. In einigen Fällen wird also nach dem jeweiligen deutschen Stichwort auch noch sein Synonym angegeben, das mit der Konjunktion *oder* eingeleitet ist, z.B.

2. *Ein geschlossener Mund fänget keine Fliege.*
Oder: *Es fleucht keinem keine gebrathene Taube ins Maul.*

Dieselben Systematisierungsversuche lassen sich ebenso bei einigen polnischen Äquivalenten der deutschen Stichwörter beobachten, z.B.

83. *Sich bald schlaffen legen, und frühe auffstehen, machet Menschen reich, weise und gesund.*
Oder: *Morgenstunde hat Gold im Munde.*
Kto wczesnie idzie spać, á rano wstaje zbogaca się.
Albo: *Kto rano wstaje, temu Pan Bóg daje.*

Unsere Aufmerksamkeit verdienen auch noch zwei deutsche Proverbien, die wahrscheinlich schon zu Lebzeiten MALCZOWSKIs so unverständlich waren, dass sie einer Auslegung bedurften. Die hinzugefügten Erläuterungen, mit denen MALCZOWSKI sie versehen hat, sind auf das notwendigste Minimum beschränkt worden.

71. *Die ehrlichen Frauen haben weder Augen noch Ohren. Nemlich die Liebhaber anzusehen und anzuhören.*

277. *Ein hungeriger hat keine Ohren. Das ist läst sich nicht mit Worten abspeisen.*

Unter den Sprichwörtern in der Sammlung von MALCZOWSKI können wir Beispiele finden, die auch in anderen europäischen Sprachen vorkommen (vgl. PACZOLAY 1997 und STRAUSS 1994). Dazu gehören die aus der antiken Kultur stammenden Proverbien, z.B.

232. *Aus den Augen, aus dem Sinn.*
64. *Die Gewohnheit ist die andere Natur.*
59. *Gleich und gleich gesellt sich gern.*
192. *Eine Schwalbe machet keinen Sommer.*
24. *Ein Unglück kommt selten allein.*

Außerdem können dazu auch noch einige bekannte Proverbien biblischer Provenienz gerechnet werden, z.B.

22. *Man kennt den Baum an den Früchten. (Matthäus 12, 33)*
144. *Wann ein Blinder den (!) andern den Weg weiset, fallen sie alle beyde in die Grube. (Matthäus 15, 14).*
417. *Wer einem andern Gruben gräbt, der fället selbst drein. (Sprüche 26, 27).*
201. *Hochmuth gehet vorm Fall her, und Schande folget darauff. (Sprüche 16,18).*

Schließlich kann man dazu noch solche Sprichwörter zählen, die aus dem mittelalterlichen Latein übernommen worden sind, z.B.

93. *Das Feld hat Augen, und der Wald hat Ohren.*
429. *Des Herrn Aug mästet das Pferd.*
401. *Man soll schlaffende Hunde nicht auffwecken.*
352. *Die Katze ist gern Fisch, aber sie will nicht ins Wasser.*
283. *Der Krug gehet so lange zum Wasser, biß er einmahl bricht.*

4. Die deutschen Proverbien in der analysierten Sprichwörtersammlung von MALCZOWSKI können nach ihrem Verhältnis zu deutschen Parömien im Sprichwörterlexikon von WANDER (1867–1880) in drei Gruppen eingeteilt werden:

Gruppe 1: Sie enthält deutsche Parömien, die auch im Sprichwörterlexikon von WANDER vorkommen.

Gruppe 2: Sie umfasst deutsche Proverbien, die im Sprichwörterlexikon von WANDER eine teilweise andere Form aufweisen.

Gruppe 3: Sie enthält deutsche Parömien, die im Sprichwörterlexikon von WANDER nicht vorhanden sind.

Unser Korpus umfasst die Hälfte der analysierten Sprichwörtersammlung, d.h. 217 Wörterbuchartikel, die mit Laufnummern von 1 bis 218 versehen sind (Wörterbuchartikel 40 enthält den deutschen Phraseologismus *Er ist hungrig wie eine Mauß, die sich in der Kirche auffhält*, der nicht berücksichtigt worden ist). In unseren weiteren Ausführungen präsentieren wir der Reihe nach die oben erwähnten Sprichwortgruppen. Die dazu gehörenden Proverbien werden dabei nach ihren Stichwörtern alphabetisch angeordnet.

4.1. Gruppe 1 ist zahlenmäßig am kleinsten. Sie zählt 56 deutsche Sprichwörter, die 25,80% des untersuchten Korpus ausmachen. Diese Anzahl ist so zu interpretieren, dass etwa ein Viertel der von MALCZOWSKI aufgenommen Sprichwörter noch nicht als veraltet angesehen werden kann.

85. *Alles zu seiner Zeit* (*Alles* 28).
208. *Armuth ist kein Laster* (*Armuth* 81).
22. *Man kennt den **Baum** an den Früchten* (*Baum* 26).
48. *Es ist besser **biegen** als brechen* (*biegen* 1).
144. *Wann ein **Blinder** den (!) anderen den Weg weiset, fallen sie allebeyde in die Grube* (*Blinde* (der) 89).
160. *Die **Boßheit** thut sich offt selbst den grössten Schaden* (*Bosheit* 20).
80. *Das gegessen **Brod** ist leicht vergessen* (*Brot* 140) .

130. Wer seinen **Credit** (Glauben) verlohren hat, der ist gleichsam todt in der Welt (*Credit* 10).
193. Eine **Eiche** fällt nicht von einem Streich (*Eiche* 11).
18. Ein **Ey** ist besser heute, als ein Hun morgen. (*Ei* 26).
93. Das **Feld** hat Augen, und der Wald Ohren (*Feld* 5).
71. Die ehrlichen **Frauen** haben weder Augen noch Ohren (*Frau* 14).
123. Wer bald **giebt**, der giebt zweyfach (*geben* 164).
185. **Gelegenheit** macht Diebe (*Gelegenheit* 14).
92. Einem **Gelehrten** ist gut predigen (*Gelehrter* 3).
137. Böse **Gesellschaft** führet (bringet) viel Menschen an den Galgen (*Gesellschaft* 16).
43. Ein gut **Gesicht** ist das beste Gericht (*Gesicht* 33).
66. Ein gut **Gewissen** ist besser, als hundert Zeugen (*Gewissen* 104).
64. Die **Gewohnheit** ist die andere Natur (*Gewohnheit* 67).
82. Übel **gewonnen**, übel zerronnen (*gewinnen* 72).
59. **Gleich** und gleich gesellt sich gern (*gleich* 68).
151. Wenig **Gut**, wenig Sorge (*Gut* 312).
62. Das **Hembd** ist mir näher als der Rock (*Hemd* 3).
145. Grosse **Herren** haben lange Hände (*Herr* 341).
69. Die **Hunde** so von ferne bellen, beissen in der Nähe nicht (*Hund* 725).
176. Der **Hunger** treibt den Wolff auß dem Holtz (*Hunger* 53).
42. Eine faule **Jugend** macht ein lausicht Alter (*Jugend* 71).
61. Die **Kinder** sind der Eltern grösster Reichtum (*Kind* 507).
177. Neuer **König**, neu Gesetz (*König* 132).
86. Die **Kühe**, so am sehrsten schreyen, geben die wenigste Milch (*Kuh* 94).
56. Es ist besser eine **Laus** (Maus) im Topff (im Kraut) als gar kein Fleisch (*Laus* 3).
28. In einem kleinen **Leib** stecket offtmahls ein groß Herz (*Bauch* 96).
83. **Morgenstunde** hat Gold im Munde (*Morgenstunde* 4).
54. **Müssiggang** ist aller Laster Anfang (*Müssiggang* 17).
116. Der jenige, der einen guten **Nachbar** hat, hat einen guten Morgen (*Nachbar* 165).
95. Die **Narren** und Zänckischen machen die Advocaten reich (*Narr* 868).
38. Ein **Narr** kann mehr fragen, als zehen Kluge antworten können (*Narr* 361).
84. Einem ieden **Narren** gefällt seine Kappen (*Narr* 592).

142. *Wann man **Narren** zu Marckte schicket, so lösen die Krämer Geld* (*Narr* 1009).
213. *Die **Ruhe** ist ein grosser Schatz* (*Ruhe* 26).
189. *Wie man **säet**, so wird man erndten* (*säen* 78).
57. *Mit **Schaden** wird man klug* (*Schaden* 45).
120. *Der sich zum **Schaf** machet, den frisst leicht der Wolff* (*Schaf* 308).
196. *Ein räudig **Schaf** steckt die gantze Heerde an* (*Schaf* 93).
15. *Alle **Schlüssel** hängen nicht an einem Gürtel* (*Schlüssel* 4).
51. *Die **Schönheit** ist keine Erbschaft (erbet nicht)* (*Schönheit* 20).
173. *Es weiß niemand besser, wo der **Schuh** trucket, als derjenige, so ihn anhat* (*Schuh* 67).
70. ***Schuldner** sind Lügner* (*Schuldner* 17).
157. *Viel **Schwäger**, viel Knäbel-Spieß* (*Schwager* 23).
192. *Eine **Schwalbe** machet keinen Sommer* (*Schwalbe* 12).
198. *Was dem einen zur **Speise** dienet, ist manchmahl dem andern Gifft* (*Speise* 52).
24. *Ein **Unglück** kommt selten allein* (*Unglück* 85).
165. ***Verheurathe** deinen Sohn wenn du willst, aber keine Tochter, wenn du kannst* (*verheirathen* 4).
37. *Ein grosser **Vogel** will ein groß Nest haben* (*Vogel* 136).
91. *Frisch **gewagt**, ist halb gewonnen* (*wagen* 12).
149. *Ein **Weiser** (Verständiger) trägt allen seinen Schatz (Reichtum) bey sich* (*Weise* (der) 67).

30 von diesen Proverbien, d.h. 53,57%, kommen im modernen deutschen *Sprichwörterlexikon* von H. und A. BEYER (1984) vor. 36 von ihnen (= 64,28%) gehören zu den europäischen Sprichwörtern, die STRAUSS in seinem oben genannten *Dictionary of European Proverbs* zusammengestellt hat.

4.2. Gruppe 2 ist am größten, denn sie enthält 83 deutsche Proverbien, die 38,24% des untersuchten Korpus bilden. Sie kann so ausgelegt werden, dass es dabei um veraltete, schon zu Lebzeiten von WANDER nicht mehr gebräuchliche Sprichwortvarianten des Deutschen geht. Es wäre noch zu ermitteln, ob sie möglicherweise noch in anderen Sammlungen belegt worden sind. In eckigen Klammern vermelden wir die von WANDER angegebenen Proverbien.

153. *Leichtes und geringes **Abend-Essen** verursachet langes Leben.*
 [*Kurz Abendbrot macht lange Lebenszeit* (*Abendbrot* 1)].
8. *Ein guter **Advocat** ist ein schlimmer Nachbar.*
 [*Gute Advokaten sind schlimme Nachbarn* (*Advokat* 19)].

138. *Es ist besser ein Ding nicht **anfangen**, als nicht endigen.*
 [*Besser nicht anfangen, denn kein Ende erlangen* (oder: *als nicht beendet*) (*anfangen* 12)].
105. *Es ist wohl gethan, eine Sache wohl **angefangen**, aber besser wohl geendigt.*
 [*Wohl angefangen ist gut, wohl enden besser* (*Anfangen* 51)].
206. *Die **Armuth** ist eine rechte Mutter der Gesundheit.*
 [*Armuth ist der Gesundheit Mutter* (*Armuth* 44)].
187. *Ein **Auge** des Herren siehet mehr, als zehen der Diener.*
 [*Ein Auge des Herrn sieht mehr als vier Augen der Knechte* (*Auge* 107)].
129. *Wer nicht will **beten** lernen, muß sich auff die See begeben.*
 [*Wer das Beten nicht gelernt, der begebe sich zur See* (*beten* 55)].
114. *Der **Betrieger** wird offt selbst betrogen.*
 [*Der Betrüger wird oft der Betrogene* (*Betrüger* 3)].
58. *Es ist besser sterben als ein **Bettler**, als leben wie ein Bettler.*
 [*Besser als Bettler sterben, denn leben als Bettler* (*Bettler* 6).]
119. *Der jenige, so seinen **Beutel** (Geld) weiset, hat Lust, solches bald loß zu seyn.*
 [*Wer sein Geld öffentlich zeigt, der käme sein gern ab* (*Geld* 1145)].
124. *Wer nicht zu **bezahlen** hat, muß bitten.*
 [*Wer nicht zu bezahlen hat, muß sich aufs Bitten legen* (*bezahlen* 23)].
30. *Eine **Bohne** ist besser in der Freiheit, als alles Zuckerwerck in dem Gefägnüß.*
 [*Besser eine Bohne frei, als Zuckerwerk in Sklaverei* (*Bohne* 2)].
72. *Drucken **Brod** zu Hauß schmeckt besser, als Braten drauß.*
 [*Trocken Brot daheim schmeckt wie Honigseim* (*Brot* 221)].
143. *In all zu vielem **Disputieren** verlieret sich die Wahrheit.*
 [*Mit vielem Disputieren pflegt man die Wahrheit zu verlieren* (*Disputieren* 9)].
128. *Die **Ehren** verändern die Sitten.*
 [*Ehre verwandeln sitten und geberden* (*Ehre* 156)].
89. ***Engeland** ist ein rechtes Paradieß vor die Weiber.*
 [*Engelland ist der Weiber Paradeiss, der Knecht Fegfeuer und der Pferde Hell* (*England* 1)].
191. *Jung **Fleisch** und alte Fische sind die beste.*
 [*Junges Fleisch und alte Fische sind am besten auf dem Tische* (*Fleisch* 93)].
146. *Wie man **fraget**, so wird einem geantwortet.*
 [*Wie man fragt, so ist die Antwort* (*fragen* 123)].

154. *Freyheit* is besser denn Gold.
   [*Freiheit ist (gehet) über silber und gold* (Freiheit 27)].
186. Die alten *Freunde* und die alten Weine sind die besten.
   [*Alte Freunde und alter Wein sind am besten* (Freund 10)].
5. Man erkennet niemahlen einen *Freund*, als in der Noth.
   [*In der Not spürt man (erkennt) man den Freund* (Freund 76)].
47. Bewahre deine jungen Gänse, wenn der *Fuchs* prediget.
   [*Wenn der Fuchs prediget, so hüte die Gänse* (oder: *nimm die Hühner in Acht*) (Fuchs 291)].
199. Die *Gedult* ist die beste Artzeney vor alles Ubel.
   [*Geduld die beste Arzenei in allem Leid und Unglück sei* (Geduld 22)].
167. Das *Geld* ist offt des einen Diener und des andern Herr.
   [*Geld ist Knecht für einige und der Herr für andere* (Geld 286)].
134. Der jenige, so sich umb *Geld* verheyrathet, verkauft seine Freyheit.
   [*Wer nach Gelde heirathet, verkauft seine Freiheit* (Geld 1117)].
175. Kein *Geld*, kein Soldat.
   [*Kein Geld, keine Schweizer* (Geld 765)].
110. *Geschencke* verblenden die Leute.
   [*Geschenke machen die Weisen (Sehenden) blind* (Geschenk 22)].
109. Eine gute *Gesellschaft* dienet auff der Reise vor eine Kutsche.
   [*Gute Gesellschaft kurtzt lange meilen* (Gesellschaft 36)].
132. Die *Gesundheit* ohne Geld ist gleichsam ein halbes Fieber.
   [*Gesundheit ohne Geld ist am Rhein wie an der Tiber ein gar schlimmes Fieber* (Gesundheit 18)].
131. Mit *Gesundheit* und Geld kann man weit kommen.
   [*Gesundheit und Geld durchstreifen (ziehen frisch durch) die Welt* (Gesundheit 24)].
34. Ein *Glaß* und ein Weib sind allezeit in Gefahr.
   [*Ein Glas und ein Weib haben einen zerbrechlichen Leib* (Glas 11)].
101. *Gott* heilet, und der Doctor bekommt seinen Lohn.
   [*Gott heilt und dem Arzte wird gedankt* (Gott 6370].
100. *Gott* kommt endlich, wenn man ihn am weitesten zu seyn vermeynet.
   [*Gott kommt gern, wenn wir meinen, er sei fern* (Gott 807)].
135. Wer *Gott* nicht verleuret, der verlieret nichts.
   [*Wer Gott behält, verlieret nichts* (Gott 2124)].
197. Ein *hab* ich ist besser, als zwey hätt ich.
   [*Haben ist besser, denn hätten* (oder: *nehmen*) (haben 48)].
158. Je mehr man *hat*, je mehr man haben will.
   [*Je mehr einer hat, je mehr er haben will* (haben 82)].

169. *Viel **Hände** befördern das Werck leicht.*
    [*Viel hande machen leicht arbeit (Hand 369)*].
87. *Es muß ein jeder von seinem **Handwerck** reden und leben.*
    [*Ein jeder redet von seinem Handwerk (Handwerk 33)*].
1. *Die **Heilung** geschicht nicht so bald, als die Verwundung.*
    [*Geheilt ist nicht so schnell als verwundet (Heilen 3)*].
166. *Mache dein **Hew** zu rechter Zeit, und wenn es Sonnenschein ist.*
    [*Mache Heu, wenn die Sonne scheint (Heu 22)*].
202. ***Hochmuth** gehet vorm Fall her, und schande folget darauff.*
    [*Hochmuth kommt (geht) vor dem Fall (Hochmuth 16)*].
77. *Wenn der **Hund** das Bein nicht verschlingen kann, so naget er doch daran.*
    [*Kann der Hund den Knochen nicht beißen, so nagt (leckt) er daran (Hund 791)*].
122. *Wer sich unter die **Hunde** leget, stehet mit Flöhen wiederumb auff.*
    [*Wer mit Hunden zu Bette geht, steht mit Flöhen auf (Hund 1268)*].
214. ***Hurtig** essen, hurtig gearbeitet.*
    [*Hurtig zur Arbeit, hurtig zum Imbiss (hurtig 2)*].
13. *Eine gebrante **Katze** fürcht des heissen Wassers.*
    [*Eine gebrühte Katze scheut auch das kalte Wasser (Katze 166)*].
170. *Eine gute **Kuhe** bekommt oft ein böß (schlecht) Kalb.*
    [*Eine gute Kuh hat auch wohl ein übel (bös) Kalb (Kuh 129)*].
7. *Es ist gut einen Fisch-Angel zu verlieren, um einen **Lachs** zu fangen.*
    [*Um einen Lachs zu fangen, verliert man gern einen Angelhaken (Lachs 6)*].
113. *Der jenige, der wol **lebet**, lebet lang genung.*
    [*Wer wohl lebt, lebt lange (leben 280)*].
88. *Ein jedes **Licht** ist nicht die Sonne.*
    [*Nicht jedes Licht kommt von der Sonne (Licht 81).*]
14. *Man muß das **Meer** loben aber auff dem Lande bleiben.*
    [*Liebe das Meer und bleib im Trocknen (Meer 35)*].
180. *Es ist niemand ein **Meister** gebohren.*
    [*Es ist kein Meister geboren, sondern er muss gemacht werden (Meister 48)*].
2. *Ein geschlossener **Mund** fänget keine Fliege.*
    [*Geschlossener Mund fängt keine Fliegen (Mund 93)*].
118. *Das ist ein schlechter **Musicant**, der immer ein Lied singet.*
    [*Das ist ein schlechter Musikant, dem nur ein Liedlein ist bekannt (oder: der nur ein Liedlein hat zur Hand) (Musikant 3)*].

115. *Wer des **Nachts** läufft, ist dem Fall unterworffen.*
     [*Wer des Nachts wandert, kann leicht in eine Grube fallen* (Nacht 114)].
25. *Ein guter **Nahm** ist besser als eine güldene Kette.*
     [*Ein guter Name ist besser als Silber und Gold* (Name 24)].
107. *Erwirb dir einen guten **Namen** und schlafe alsdenn lang gnug.*
     [*Wer den Nahmen hat, dass er früh auffstehet, der mag wol biss Mittag schlafen und die leut auff jhrem wahn lassen* (Name 65)].
94. *Die **Narren** bauen Häuser, und die Weisen kauffen dieselbe.*
     [*Narren bauen Häuser und kluge Leute bewohnen sie* (Narr 687)].
38. *Ein **Narr** kan einen Stein in einen Brunn werffen, den hundert Menschen nicht wieder heraus bringen können.*
     [*Ein Narr kann einen Stein in den Brunnen werfen, den zehn Weise nicht herausziehen* (Narr 363)].
31. *Ein **Narr** und sein Geld sind leicht zu scheiden.*
     [*Ein Narr und sein Geld sind nicht lange Freund' in der Welt* (Narr 423)].
171. ***Noht** hat kein Gesetz.*
     [*Noth kennt kein Gebot* (Noth 217)].
140. *Es ist kein so gut **Pferd**, das nicht zu weilen stolpert.*
     [*Das beste Pferd stolpert und hat vier Beine* (Pferd 49)].
53. *Man muß erst eine Metze **Saltz** mit einem essen, ehe man ihn zum Freunde nimmt.*
     [*Man muss erst einen Scheffel Salz mit einem essen, ehe man ihn zum Freunde wählt* (Salz 12).]
112. ***Schenck** ist gestorben, und Wiedergeben ist kranck.*
     [*Schenken ist gestorben und Geben ist verdorben* (Schenken 25)].
36. *Ein groß **Schiff** erfordert tief Wasser.*
     [*Ein grosses Schiff bedarf viel Wasser* (Schiff 39)].
35. *Ob schon die **Sonne** scheinet, so lasse doch deinen Mantel nicht zu Hauß.*
     [*Wenn die Sonne scheint, nimm den Mantel mit auf die Reise* (Sonne 238)].
3.   *Ein Pfund **Sorge** und Bekümmernüß bezahlet nicht ein Untze Schuld.*
     [*Hundert (ein) Pfund Sorgen bezahlen kein Loth Borgen (keine Schulden)* (Sorge 30)].
181. *Man kan keinen **Stein** schinden.*
     [*Niemand kann einen Stein schinden (ihm das Fell, die Haut abziehen)* (Stein 125)].
164. *Viel **Streiche** und Hiebe fällen endlich die Eiche.*
     [*Viele Streiche fällen die (stärkste) Eiche* (Streich 30)].

201. *Warte biß auff den Abend, ehe du einen schönen* **Tag** *lobest.*
 [*Man soll den Tag nicht vor dem Abend loben (Tag 375)*].

73. *Der* **Tod** *richtet sich nicht nach dem Calender.*
 [*Der Tod hält (kennt) keinen (fragt nicht nach dem) Kalender (Tod 72)*].

6. *Es muß ein hartes* **Treffen** *seyn, da nicht ein eintziger davon oder zurück kommen sollte.*
 [*Es ist ein böser Krieg, aus dem keiner zurückkommt (Krieg 62)*].

78. **Thue** *was der Mensch sagt, und nicht was er thut.*
 [*Thue, was er (der Lehrer, Prediger usw.) sagt, nicht, was er thut (Thun 181)*].

97. *Was du selbst* **thun** *kanst, das erwarte nicht von einem andern.*
 [*Was du selbst thun kannst, dabei verlass dich nicht auf andere (Thun 227)*].

179. *Es* **trucknet** *nichts leichter, als Augen-Thränen.*
 [*Es trocknet nichts geschwinder als Tränen (trocknen 1)*].

207. **Verzeihe** *allen aber dir selbst niemahls.*
 [*Verzeihe dir nichts und anderen vil (verzeihen 5)*].

212. *Eine* **Waare** *so einem andern gefällt, ist schon halb verkauft.*
 [*Waare, die in die Augen fällt, ist halb verkauft (Waare 96)*].

184. *Wer nichts* **waget**, *bekommet nichts.*
 [*Wer nicht wagt, gewinnt nicht (wagen 61)*].

32. *Eine weisse Maur (***Wand***) dienen einem Narrn zu seinem Papier.*
 [*Weisse Wände sind Papier für Narrenhände (Wand 25)*].

139. *In den trüben* **Wassern** *ist das beste fischen.*
 [*In trüben (stillen) Wassern ist gut fischen (Wasser 211)*].

133. *Wer* **Weib** *und Kinder hat, der hat genug zu tun.*
 [*Wer Weib und Kinder hat, hat immer zu thun (Weib 1368)*].

27. *Man muß den* **Wolff** *nicht zum Hirten (der Schafe) machen.*
 [*Man mot den Wulf nich taun Schapmeester setten (Wolf 300)*].

74. *Was du* **wilt**, *daß dir die Leute thun sollen, das thu du ihnen auch.*
 [*Was du willst, dass andre dir thun sollen, musst du ihnen auch (wieder) thun wollen (Wollen 43).*]

99. *Man kann die Zeit nicht auffhalten, sie fleucht schnell dahin, und kommt nicht wieder.*
 [*Zeit, so weg, kommt nicht wieder (Zeit 725)*].

Sie weisen eine Reihe lexikalischer Archaismen bzw. veraltender Wörter auf: *Artzeney, allezeit, Bekümmernüß, Brunn, drauß, drucken* (= trocken), *endigen, Engeland, genung, gülden, Metze, niemahlen, trucknen, umb, wiederumb, zehen*.

4.3. Gruppe 3 ist die zweitgrößte, denn sie umfasst 78 deutsche Proverbien, die 35,94% des analysierten Korpus ausmachen. Dazu gehören Parömien, die WANDER in sein Sprichwörterlexikon nicht aufgenommen hat. Auf der Hand scheint die Erklärung zu liegen, dass es dabei um Sprichwörter des Deutschen geht, die im 17. Jh. noch gebräuchlich waren, die aber zwei Jahrhunderte später schon in Vergessenheit gerieten. Das „Florilegium politicum" von Christoph Lehmann, die repräsentative Sammlung deutscher Proverbien des 17. Jahrhunderts, bestätigt aber nicht diese Vermutung, denn nur 3 von den nachfolgenden 78 Sprichwörtern haben ihre Entsprechungen in dieser Sammlung.[2]

50. *Es ist besser **allein** leben, als übel verheurathet.*
188. *Von einem guten **Anfang** kommt ein gut End.*
21. *Die jenigen, welche **angebellet** werden, sind nicht alle Räuber und Diebe.*
108. *Ein guter **Arbeiter** (Künstler) ist selten reich.*
209. ***Armuth** macht Böses thun.*
182. *Es ist keine **Artzeney**, welche die Kranckheit der Liebe heilen kann.*
216. *Rotte einen **Baum** aus so wird er verdorren.*
68. *Die **Bekümmernüssen** (Trübsahl) sind die rechten Leitern, darauf man in den Himmel steigen kann.*
49. *Ein **Bettler** kann auch vor einem Könige singen.*
19. *Ein voller gespickter **Beutel** macht den Mund leicht reden.*
4. *Ein **Bogen** der lange gespannet ist, wird schwach.*
67. *Verlohrner **Credit** ist eben als ein zerbrochener Spiegel.*
211. *Ein angetragener **Dienst** stincket.*
44. *Es ist ein verdrüßlich schädlich **Ding**, alt seyn, und ist keiner, der es nicht seyn will.*
75. *Von allen zukünftigen **Dingen** ist der Tod das Gewisseste.*
125. *Der jenige, der sich mit **Durst** nieder leget, stehet gesund auff.*
121. *Der jenige, so **ehrlich** ist, ist auch weise.*
90. *Es ist kein **Esel** so gering, der sich nicht so viel einbildet, als ein königlich Pferd.*

---

[2] Dabei handelt es sich um folgende Sprichwörter: 77. Wenn der Hund das Bein nicht verschlingen kann, so naget er doch daran. Daran nagt der Hund am beim, weil er's nit gantz verschlucken kann (Hund 26); 148. Die Liebe hat eine grosse Gewalt, aber das geld noch mehr. Lieb vermag viel, Gold noch mehr (Lieb 31); 73. Der Tod richtet sich nicht dem Calender. Der Tod hat kein Calender, weder alten noch neuen. Im zunemmen nemmen wir ab, und sterben gemächiglich alle tag (Todt 3).

45. *Eine **Eule** ist der Nacht-König.*
194. *Wer nur einen **Feind** hat, hat deren schon genug.*
12. *Ein guter **Freund** auff der Reise ist besser, als ein Thaler im Sack.*
200. *Probiere zuvor deinen **Freund**, ehe du dessen vonnöthen hast.*
52. *Es ist besser, daß die **Füsse** außglitschen als die Zunge.*
55. *Es ist besser gar nicht **gebohren** seyn, als übel aufferzogen, oder unterwiesen seyn.*
204. ***Gedult** mit Gewalt ist die Artzeney vor einen dollen Hund.*
161. *Das **Geld** gehet manich mahl aus Mangel des Geldes verlohren.*
126. *Wer mit **Geld** schläget, ist des Sieges versichert.*
141. *Wann einer will, daß seine **Geschäfte** wohl gethan werden, so muß er sie selber thun.*
17. *Ein undanckbahrer **Gesell**, ist der argste Mensch von allen.*
127. *Die **Gewinner** sind die besten Spieler.*
103. *Man kan **Gott**, seinem Lehrmeister und den Eltern kein gleiches vergelten.*
106. *Mit **Gott** kan man durch alle Pforten einkommen.*
174. *Es kennet niemand das **Gut** besser, als die jenigen, die Unglück außgestanden haben.*
183. *Kein **Gut** ist ohne Mühe.*
16. *Man verliert offt sein **Guth** aus Mangel fleissig darnach zufragen.*
152. *Verlasse den Hof zu vor, ehe er dich verläst.*
147. *Wer da **Kolen** hat, wird das Feuer schon aufblasen.*
155. *Das **Leben** und der Tod stehen unter der Gewalt der Zungen.*
33. *Ein Handvoll gut **Leben** ist besser, als ein scheffel voll Wissenschafft.*
159. *Sey auff das jenige am meisten bedacht, wovon du dein **Leben** gewinnen must.*
148. *Die **Liebe** hat eine grosse Gewalt, aber das Geld noch mehr.*
60. *Die **List** (Arglist) bringt nichts ins Hauß.*
172. *Dem jenigen, der **Lust** zu etwas hat, ist nichts unmüglich.*
168. *Die meisten **Menschen** lieben mehr die Ehre als die Tugend.*
203. *Die **Mühe** wird grossen Theils erleichtert durch die Hoffnung der Ruhe.*
210. *Man vergist leicht der **Mühe** und Arbeit, wenn nur Gewinn darauff folget.*
9. *Eine magere oder gantz verdorrete **Person**, ist der Boht des Todes.*

23. Ein gut **Pferd** reisset sich aus dem Morast, und wirfft seinen Reuter drein.
63. Erwehle dir ein abgericht **Pferd**, und ein Weib, das du selbst unterrichtest.
163. Die meisten **plaudern** sehr viel, die wenigsten aber wissen wohl zu reden.
104. **Reichthum** und Güter kommen denen zu, so die wohl verwahren.
205. Die artigsten und hübschesten **Sachen** tauren am wenigsten.
11. Eine gute **Sache** ist leicht gewonnen.
178. Ein **Schlemmer**, liederlicher Werckmeister hat niemalen gut Werckzeug.
190. Ausser **Schuld**, ausser Gefahr.
136. Wer nichts **schuldig** ist, der ist reich gnung.
102. Dem **Sterbenden** erlaube zu reden.
79. Die **Tauben** gehen ihren Weg und geben nicht acht auff Scheltwort, so man gegen sie außstösset.
76. Wann du willst, daß man deine **That** nicht wissen soll, so thue sie nicht.
81. Allezeit **truncken**, allezeit durstig.
29. Es ist ein grosser **Unterscheid** unter einem Scepter und unter einem Löffel.
98. **Verdiene** ein Ding, ehe du es wünschest.
65. Die **Vergnügung** ist ein grosser Schatz.
20. Es ist nicht alles **verlohren**, was in der Gefahr ist.
156. Der Staat, welcher **Vermögen** genennet wird, ist der tauerhaffste.
26. Man muß seine **Ware** verkauffen, nach dem es des Marcktes Gang mit sich bringt.
215. Verlasse alles und folge der **Warheit** nach.
217. Ein **Wasser** daß läufft, ist besser als das jenige welches schläft.
111. An einem zänckischen oder murrischen **Weibe** spare keine Schläge.
46. Es ist besser **weise** als starck seyn.
195. Man kann nicht **weise** und verliebt zugleich seyn.
162. Man **weiß** wol wo man gebohren ist, aber nicht, wo man sterben wird.
10. Eine reiche **Wittbe** ist ein geruhig Haus.
96. Schöne glatte und schmeichlende **Worte** schinden die Zunge nicht.
218. Das **Wüten** oder der Grimm findet leicht Gewehr.
117. Der jenige, so gute **Zeitung** bringet, kann laut reden.

Zu den lexikalischen Komponenten dieser Proverbien gehören zahlreiche Archaismen bzw. veraltete Wörter: *ausglitschen, Boht, doll, Fisch-Angel, geruhig, manich mahl, Morast, niemalen, schinden, tauerhafft, tauren, truncken, unmüglich, verdrüßlich, vonnöthen, Wittbe.*

5. Aus der soeben durchgeführten Sprichwörteranalyse ergeben sich vor allem drei Aufgaben für die weitere Sprichwortforschung.

1) Erklärungsbedürftig ist die Tatsache, dass etwa 40% der deutschen Einträge aus der Sprichwörtersammlung von MALCZOWSKI im Sprichwörterlexikon von WANDER nicht belegt sind. Das „Florilegium politicum" von Christophor Lehmann bestätigt aber nicht die These, dass es dabei um deutsche Proverbien geht, die in der zweiten Hälfte des 17. Jahrhunderts noch geläufig waren, die aber zweihundert Jahre später außer Gebrauch gerieten. Eine andere, aber weniger wahrscheinliche Deutung wäre, dass es dabei etwa um Rigaer Sprichwörter bzw. um ad-hoc-Bildungen MALCZOWSKIs ginge.

2) Einer Interpretation bedarf auch noch die Tatsache, dass etwa 35% der deutschen Einträge in der untersuchten Sammlung MALCZOWSKIs Proverbienvarianten sind, die WANDER in sein Sprichwörterlexikon nicht aufgenommen hat. Es müsste also noch erforscht werden, warum sie von WANDER nicht berücksichtigt worden sind.

3) Aus der noch ausstehenden Analyse der polnischen Sprichwörter werden sich, wie es scheint, analoge Schlussfolgerungen und Fragen auch für die Parömiographie des Polnischen ergeben. Es muss dann erklärt werden, warum es in der Sammlung MALCZOWSKIs solche polnischen Proverbien und Proverbvarianten gibt, die im polnischen Sprichwörterbuch unter Redaktion von Julian Krzyżanowski nicht vorkommen. Darauf werden wir aber im Einzelnen an einer anderen Stelle eingehen.

Literatur

BERNSTEIN, Ignaz (1900): Catalogue de livres parémiologiques composant la bibliothèque de Ignace Bernstein. Varsovie.

BEYER, Horst/BEYER, Annelies (1984): Sprichwörterlexikon. Leipzig.

BONSER, Wilfrid (1967): Proverb Literature. A bibliography of works relating to proverbs. Nendeln.

BYSTROŃ, Jan Stanisław (1933): Przysłowia polskie. Kraków.

GRATET-DUPLESSIS, Pierre-Alexandre (1969): Bibliographie parémiologique. Nieuwkoop.

KRZYŻANOWSKI, Julian (1969): Dzieje przysłowia polskiego w toku pięciu wieków. In: KRZYŻANOWSKI, Julian (Hrsg.): Nowa księga przysłów i wyrażeń przysłowiowych polskich. Bd. 1. Warszawa. S. VII – XXXIX.

LEHMANN, Christophor (1630). Florilegium politicum. Politischer Blumengarten. (s.l.)

MALCZOWSKI, S. J. (1687): Compendium oder Kurtzer begrieff der Polnischen Sprache. Riga.

MOLL, Otto (1958): Sprichwörterbibliographie. Frankfurt am Main.

NOPITSCH, Christian Conrad (1833): Literatur der Sprichwörter. Nürnberg.

PACZOLAY, Gyula (1997): European Proverbs in 55 Languages. Veszprém.

STANKIEWICZ, Edward (1984): Grammars and dictionaries of the Slavic languages from the Middle Ages up to 1850. Berlin/New York/Amsterdam.

STRAUSS, Emanuel (1994): Dictionary of European Proverbs. London/New York.

ŚWIRKO, Stanisław (1978): Nowa księga przysłów i wyrażeń przysłowiowych polskich. Bd. 4. Warszawa.

WANDER, Karl Friedrich Wilhelm (1867–1880): Deutsches Sprichwörter-Lexikon. Leipzig.

Autorenverzeichnis

Prof. Dr. Nils Århammar   Gerichtstr. 60, D-25821 Bäist/Bredstedt
E-Mail: Arhammar@t-online.de

Dr. Balogh Péter   Université de la Sorbonne nouvelle - Paris 3CIEH (Centre Interuniversitaire d'Etudes Hongroises)1, rue Censier75005 Paris, France
E-Mail : peter.balogh@orange.fr

Prof. Dr. Berit Balzer   Universidad Complutense de Madrid, Facultad de Filología, Departamento de Filología Alemana, Filología Alemana, Ciudad Universitaria s/n, Universidad Complutense, 28040 Madrid, Spanien
E-Mail: balzerbe@filol.ucm.es

Anneli Baran   Estonian Literary Museum, Department of Folkloristics, Vanemuise Str. 42 1003 Tartu, Estonia
E-Mail: anneli@folklore.ee

Dr. Peter Barta   ELTE University, French Studies Department, Budapest Fillér u. 88, 1022 Budapest, Hungary
E-Mail: bar13846@iif.hu

Dr. Hana Bergerová   Jan-Evangelista-Purkyně-Universität Ústí nad Labem, Philosophische Fakultät, Lehrstuhl für Germanistik, České mládeže 8, CZ-40096 Ústí nad Labem, Tschechien
E-Mail: hana.bergerova@ujep.cz

Dr. Monika Bielińska   Schlesische Universität, Institut für Germanistik, ul. gen. S. Grota-Roweckiego 5, PL-41200 Sosnowiec, Polen
E-Mial: monika.bielinska@us.edu.pl

Dr. Dóra Boronkai   Universität Pécs, Hochschulfakultät Gyula Illyés, Institut für Literaturwissenschaft und Linguistik, Rákóczi u. 1. A/111, 7100 Szekszárd, Ungarn
E-Mail: boronkaidori@freemail.hu

Dr. Aina Būdvytytė-Gudienė   Universität Šiauliai, Geisteswissenschaftliche Fakultät, Lehrstuhl für Romanische und Germanische Philologie, Višinskio 38, 76352 Šiauliai, Litauen
E-Mail: romgerm@cr.su.lt

Dr. Dragica Bukovčan	Universität Zagreb, Polizeihochschule, Lehrstuhl für Fachsprachen, Avenija G. Suska 1, 10000 Zagreb, Kroatien E-Mail: dbukovca@fkz.hr
Prof. Dr. František Čermák	Charles University, Faculty of Philosophy, Institute of the Czech National Corpus, nám. J. Palacha 2, 11000 Praha 1, Czech Republic E-Mail: frantisek.cermak@ff.cuni.cz
Dr. Lina Chen	Wenzao Ursuline College of Languages, Department of German, 900 Mintsu 1st Road, Kaohsiung 807, Taiwan E-Mail: linataiwan@gmx.de
Prof. Dr. Moreno Consuelo	Universidad Complutense de Madrid, Facultad de Filología, Departamento de Filología Alemana, Filología Alemana, Ciudad Universitaria s/n, Universidad Complutense, 28040 Madrid, Spanien E-Mail Adresse: moreno18@telefonica.net
Beatriz Cortina-Pérez	University of Granada, Department of English Philology, Granada, Spain
Dr. Attila Cserép	University of Debrecen, Faculty of Arts, Institute of English and American Studies, Department of English Linguistics, Pf. 73, 4010 Debrecen, Hungary E-Mail: cserepa@tigris.unideb.hu
Prof. Dr. Cornelia Cujbă	Privat: Str. Misai 14, RO-6600 Iasi, Rumänien E-Mail: cornelia.cujba@gmail.com
Nihada Delibegović Džanić	University of Tuzla, Faculty of Philosophy, Muharema Fizovi a Fiska 6, 75000 Tuzla Bosnia & Herzegovina E-Mail: nihadamirza@bih.net.ba
Dr. Csilla Dobos	Universität Miskolc, Geisteswissenschaftliche Fakultät, Institut für moderne Philologie, Lehrstuhl für angewandte Linguistik, H-3515 Miskolc-Egyetemváros E-Mail: nyedobos@uni-miskolc.hu
Prof. Dr. Dmitrij Dobrovol'skij	Russische Akademie der Wissenschaften, Institut für russische Sprache, Volhonka 18/2, Moskva, Russland E-Mail: dm-dbrv@yandex.ru

Marcel Dräger	Universität Basel, Deutsches Seminar, Nadelberg 4, 4051 Basel, Schweiz marcel.draeger@unibas.ch
Prof. Dr. Wolfgang Eismann	Karl-Franzens-Universität Graz, Institut für Slawistik Merangasse 70, A-8010 Graz, Österreich E-Mail: wolfgang.eismann@uni-graz.at
Prof. Dr. Peter Ernst	Universität Wien, Institut für Germanistik, Dr.-Ksrl-Lueger-Ring 1, A-1010 Wien, Österreich E-Mail: peter.ernst@univie.ac.st Pannonische Universität Veszprém, Fakultät für Neuphilologie und Geisteswissenschaften, Germanistisches Institut, Lehrstuhl für germanistische Linguistik, Füredi u. 2, H-8200 Veszprém, Ungarn
Dr. Melanija Larisa Fabčič	Abteilung für Germanistik, Philosophische Fakultät, Universität Maribor, Koroska c. 160, SLO-2000 Maribor, Slowenien E-Mail: melanie.f@triera.net
Prof. Dr. Sabine Fiedler	Universität Leipzig, Institut für Anglistik, Geisteswissenschaftliches Zentrum Beethovenstr. 15, Haus 5, Zi. 301, 04107 Leipzig, Deutschland E-Mail: sfiedler@rz.uni-leipzig.de
Dr. Natalia Filatkina	Sofja-Kovalevskaja-Nachwuchsforschergruppe „Historische Formelhafte Sprache und Traditionen des Formulierens (HiFoS)", Universität Trier, Fachbereich II Germanistik/ÄdPh, Universitätsring 15, DM-Gebäude Postfach 10, D-54286 Trier, Deutschland E-Mail: filatkin@uni-trier.de
Dr. Tatjana Filipenko	Staatliche Lomonosov-Universität Moskau, Fakultät für Fremdsprachen und Regionalwissenschaften, Lehrstuhl für Deutsch, Lomonosovskij prospekt 31/1, Moskva, Russland E-Mail: tfilipenko@yandex.ru
Dr. Tamás Forgács	Universität Szeged, Philosophische Fakultät, Institut für Ungarische Sprache und Literatur, Lehrstuhl für ungarische Linguistik, Egyetem u. 2, H-6722 Szeged, Ungarn E-Mail: forgacs@hung.u-szeged.hu

Dr. Anna Gondek	Universität Wrocław, Institut für Germanistik, Abteilung für Angewandte Linguistik, pl. Biskupa Nankiera 15, PL 50-140 Wrocław, Polen E-Mail: agondek@uni.wroc.pl
Prof. Dr. Annelies Häcki Buhofer	Universität Basel, Deutsches Seminar, Nadelberg 4 CH-4051 Basel, Schweiz E-Mail: annelies.haecki-buhofer@unibas.ch
Dr. Erla Hallsteinsdóttir	Syddansk Universitet, Det Humanistiske Fakultet, Institut for Sprog og Kommunikation, Campusvej 55, 5230 Odense M, Dänemark E-Mail: erla@language.sdu.dk
Dr. Axel Heinemann	Universität Salzburg, Fachbereich Romanistik, Akademiestrasse 24, AT-5020 Salzburg, Österreich E-Mail: Axel.Heinemann@sbg.ac.at
Dr. Regula Hohl Trillini	University of Basel, Department of English, Nadelberg 6, CH-4051 Basel, Schweiz E-Mail: r.hohl@unibas.ch
Hrisztalina Hrisztova-Gotthardt	Universität Pécs, Fremdsprachenzentrum, Olga utca 1.X.32, H-7632 Pécs, Ungarn E-Mail: xpucuhu@gmail.com
Dr. Britta Juska-Bacher	Universität Zürich, Deutsches Seminar, Nordische Philologie, Schönberggasse 9, CH-8001 Zürich Schweiz E-Mail: britta.juska-bacher@ds.uzh.ch
Dr. Erika Kegyes	Universität Miskolc, Institut für Moderne Philologie, Lehrstuhl für Deutsche Sprach- und Literaturwissenschaft, H-3515 Miskolc-Egyetemváros, Ungarn E-Mail: kegyera@gmail.com
Kerstin Knop	Universität Trier, Universitätsring/DM 156 54286 Trier, Deutschland E-Mail: knop6102@uni-trier.de
Dr. Katalin Kocsis-Csizy	Pannonische Universität Veszprém, Fakultät für Neuphilologie und Geisteswissenschaften, Lehrstuhl für Geisteswissenschaften und Internationale Studien, Wartha V. u. 1, H-8200 Veszprém, Ungarn E-Mail: kcsizy@almos.uni-pannon.hu

Autorenverzeichnis

Barbara Komenda-Earle	Universität Szczecin, Philosophische Fakultät, Germanistisches Institut, ul. Rycerska 3, PL-70573 Szczecin, Polen E-Mail: bkomenda@o2.pl
Joanna Konieczna	Jagiellonen-Universität, Philologische Fakultät, Institut für Germanische Philologie, Al. Mickiewicza 9-11, PL-31120 Kraków, Polen E-Mail: joanna.konieczna@uj.edu.pl
Prof. Dr. Jarmo Korhonen	Universität Helsinki, Geisteswissenschaftliche Fakultät, Germanistisches Institut, Lehrstuhl für germanische Philologie, Postfach 24 (Unioninkatu 40), FI-00014 Helsinki, Finnland E-Mail: Jarmo.Korhonen@Helsinki.Fi
Andrea Kret	Universität Hamburg, Lektorin bei der SprachKontor GmbH E-Mail: nikan@arcor.de
Dr. Andreas Langlotz	Section d?anglais, Quartier UNIL-Dorigny, Bâtiment Anthropole, CH-1015 Lausanne, Schweiz E-Mail: Andreas.Langlotz@unil.ch
Dr. Marek Laskowski	Universität Zielona Góra, Geisteswissenschaftliche Fakultät, Institut für Germanistik, Lehrstuhl für Glottodidaktik und Translatorik, al. Wojska Polskiego 71a, 65-762 Zielona Góra, Polen E-Mail: mlaskowski@pro.onet.pl
Dr. Ana Mansilla-Pérez	Universidad Murcia, Facultad de Letras, Departamento de Traducción e Interpretación, Santo Cristo s/n, 30071 Murcia, Spanien E-Mail: anamansi@um.es
Prof. Dr. Sonia Marx	Universität Padua, Fakultät für Bildungswissenschaften, Lehrstuhl für Fremdsprachenphilologie und Übersetzungswissenschaft, Via B. Pellegrino, 26 IT-35137 Padova, Italien E-Mail: sonia.marx@unipd.it
Prof. Dr. Carmen Mellado Blanco	Universität Santiago de Compostela, Facultad de Filología – Dpto. de Filología Alemana, Campus Norte. Avda. de Castelao s/n, E-15704 Santiago de Compostela, Italien E-Mail: c.mellado@usc.es

Prof. Dr. Wolfgang Mieder	The University of Vermont, Department of German and Russian, 422 Waterman Building, 85 South Prospect Street, Burlington, Vermont 05405, USA, E-Mail: Wolfgang.Mieder@uvm.edu
Dr. Ilga Migla	Universität Lettlands, Institut für lettische Sprache, Akadēmijas laukums 1, LV-1050 Riga, Lettland E-Mail: ilga.migla@inbox.lv
Prof. Dr. Consuelo Moreno	Universidad Complutense de Madrid, Facultad de Filología, Departamento de Filología Alemana, Filología Alemana, Ciudad Universitaria s/n, Universidad Complutense, 28040 Madrid, Spanien E-Mail: moreno18@telefonica.net
Dr. Wenke Mückel	Universität Rostock, Philosophische Fakultät, Institut für Schulpädagogik, August-Bebel-Straße 28, D-18055 Rostock, Deutschland E-Mail: wenke.mueckel@uni-rostock.de
Dr. Márton Náray-Szabó	Péter Pázmány Katholische Universität, Philosophische Fakultät, Lehrstuhl für französische Sprache und Literatur, Egyetem út 1, 2087 Piliscsaba, Ungarn E-Mail: mnaray@yahoo.com
Dr. Marija Omazić	Josip Juraj Strossmayer University, Faculty of Philosophy, Applied Linguistics Department, Lorenza Jagera 9, 31000 Osijek Osijek, Croatia E-Mail: momazic@ffos.hr
Dr. Tibor Örsi	Eszterházy Károly College, Department of French Language and Literature, Eszterházy tér 1, 3300 Eger, Hungary E-Mail: orsi@ektf.hu
Dr. Gyula Paczolay	University of Pannonia, Egyetem u. 10, H-8200 Veszprém, Hungary E-Mail: paczolay@almos.vein.hu
Antonio Pamies Bertrán	Universidad de Granada, Facultad de Traducción-Interpretación, Departamento de Lingüística General Calle Puentezuelas 55, Granada 18002, Espa~na E-Mail: antonio.pamies@gmail.com

Oksana Petrova	Abo Akademi University, Faculty of Arts Finnish Language, Fabriksgatan 2, 20500 Turku, Finland E-Mail: oksana.petrova@abo.fi
Dr. Elisabeth Piirainen	Dumte 32, D-48565 Steinfurt, Deutschland E-Mail: piirainen@t-online.de
Prof. Dr. Rosa Piñel	Universidad Complutense de Madrid, Facultad de Dilología, Departamento de Filología Alemana, Filología Alemana, Ciudad Universitaria s/n, Universidad Complutense, 28040 Madrid, Spanien E-Mail Adresse: rpinel@filol.ucm.es
Dr. Sonja Poulsen	University of Southern Denmark, English phraseology, Campusvej 55, DK-5540 Odense, Denmark E-Mail: sonja.poulsen@gmail.com
Prof. Dr. hab. Stanisław Prędota	Uniwersität Wrocław, Philologische Fakultät, Erasmus-Lehrstuhl für niederländische Philologie, ul. Karkonoska 29 m.2, PL-53015 Wrocław 39, Polen E-Mail: alfa@predota.com
Dr. Roberta V. Rada	Eötvös-Loránd-Universität, Germanistisches Institut, Lehrstuhl für Linguistik, Rákóczi út 5, H-1088 Budapest, Ungarn E-Mail: elte.germanistik@gmail.com
Prof. Dr. Margit Raders	Universidad Complutense de Madrid, Facultad de Filología, Departamento de Filología Alemana, Filología Alemana, Ciudad Universitaria s/n, Universidad Complutense, 28040 Madrid, Spanien E-Mail: maraders@filol.ucm.es
Dr. Astrid Scharipowa	Staatliche Universität Kasan, Pr. Pobìedy 56-217, RU-420110 Kasan, Russland E-Mail: Astrid-05@mail.ru
Prof. Dr. Dr. Georg Schuppener	Universität Leipzig, Philologische Fakultät, Institut für Germanistik, Beethovenstraße 15, D-04107 Leipzig, Deutschland E-Mail: schuppen@rz.uni-leipzig.de

Karolina Stammel	Katholische Universität Eichstätt-Ingolstadt, Sprach- und Literaturwissenschaftliche Fakultät, Romanische Sprachwissenschaft, D-85072 Eichstätt, Deutschland Karolina.Stammel@ku-eichstaett.de
Dr. Anikó Szilágyi-Kósa	Pannonische Universität Veszprém, Fakultät für Neuphilologie und Geisteswissenschaften, Germanistisches Institut, Lehrstuhl für Deutschdidaktik und Sprachvermittlung, Füredi u. 2, H-8200 Veszprém, Ungarn, E-Mail: szkosa@btk.uni-pannon.hu
Dr. Anna T. Litovkina	Hochschule Pál Tomori, Fremdsprachenzentrum, Gróf Pál u. 2. 31, 7100 Szekszárd, Ungarn E-Mail: litovkin@terrasoft.hu
Dr. Reda Toleikienė	Universität Šiauliai, Geisteswissenschaftliche Fakultät, Lehrstuhl für Romanische und Germanische Philologie, Višinskio 38, 76352 Šiauliai, Litauen E-Mail: romgerm@cr.su.lt
Dr. József Tóth	Pannonische Universität Veszprém, Fakultät für Neuphilologie und Geisteswissenschaften, Germanistisches Institut, Lehrstuhl für germanistische Linguistik, Füredi u. 2, H-8200 Veszprém, Ungarn, E-Mail: jozsef.toth@btk.uni-panon.hu
Franziska Wallner	Friedrich-Schiller-Universität Jena, Institut für Auslandsgermanistik/DaF/DaZ, Ernst-Abbe-Platz 8, D-07743 Jena, Deutschland E-Mail: franziska.wallner@uni-jena.de